1. 本书是教育部人文社会科学重点研究基地华中师范大学中国农村研究院 2016 年基地重大项目"作为政策和理论依据的深度中国农村调查与研究"（16JJD810004）的成果之一。

2. 本书是华中师范大学中国农村研究院"2015 版中国农村调查"的成果之一。

天津市重点出版扶持项目

中国农村调查

（总第39卷·家户类第8卷·大家户第2卷）

徐勇 邓大才 主编

天津出版传媒集团

天津人民出版社

图书在版编目（CIP）数据

中国农村调查. 总第 39 卷, 家户类. 第 8 卷. 大家户.
第 2 卷 / 徐勇, 邓大才主编. —— 天津 : 天津人民出版社,
2020.12
　　ISBN 978-7-201-16522-6

　　Ⅰ.①中… Ⅱ.①徐… ②邓… Ⅲ.①农村调查-研
究报告-中国 Ⅳ.①F32

　　中国版本图书馆 CIP 数据核字(2020)第 194128 号

中国农村调查(总第 39 卷·家户类第 8 卷·大家户第 2 卷)
ZHONGGUO NONGCUN DIAOCHA

出　　版	天津人民出版社	
出 版 人	刘　庆	
地　　址	天津市和平区西康路 35 号康岳大厦	
邮政编码	300051	
邮购电话	(022)23332469	
电子信箱	reader@tjrmcbs.com	

策划编辑	王　玔	
责任编辑	王　玔	
特约编辑	郭雨莹	
装帧设计	汤　磊	

印　　刷	北京虎彩文化传播有限公司	
经　　销	新华书店	
开　　本	787 毫米×1092 毫米　1/16	
印　　张	40	
插　　页	6	
字　　数	1000 千字	
版次印次	2020 年 12 月第 1 版　2020 年 12 月第 1 次印刷	
定　　价	750.00 元	

总　序

　　2015 年是华中师范大学中国农村研究院历史上的关键一年。在这一年,本院不仅成为完全独立建制的研究机构,更重要的是进一步明确了目标,特别是进行了学术整合,构建了一个全新的调查研究计划。这一计划的内容包括多个方面,其中,中国农村调查是基础性工程。从 2015 年开始出版的《中国农村调查》便是其主要成果。

　　学术研究是一个代际接力、不断提升的过程。农村调查是本院的立院之本、兴院之基。本院的农村调查经历了三个阶段。

　　第一阶段主要是基于项目调查基础上的个案调查(1985—2005 年)。

　　20 世纪 80 年代开启的中国改革开放,起始于农村改革。延续二十多年的人民公社体制废除后,农村的生产功能由家庭所承担,社会管理功能则成为一个新的问题。这一问题引起我院学者的关注。1928 年出生的张厚安先生是中国政治学恢复以后较早从事政治学研究的学者之一,他与当时其他政治学学者不同,他比较早地关注农村政治问题,并承担了农村基层政权方面的国家研究课题。与此同时,本校其他学者也承担了有关农村政治研究的课题。1988 年,这些学者建立起以张厚安先生为主任的农村基层政权研究中心,由此形成了一个自由结合的学术共同体。

　　作为一个学术共同体,农村基层政权研究中心有其研究宗旨和方法。在学术共同体建立之初,张厚安先生就提出了"三个面向,理论务农"的宗旨。"三个面向"是指面向社会、面向基层、面向农村,"理论务农"是指立足于农村改革实践、服务于农村改革实践。这一宗旨对于政治学学者是一个全新的使命。政治学研究政治价值、政治制度与政治行为。传统政治学更多研究的是国家制度和国家统治,以文本为主要研究素材。"三个面向"的宗旨,必然要求方法的改变,这就是进行实地调查。自学术共同体形成开始,实地调查便成为我们的主要研究方法。

　　自 20 世纪 80 年代中期,以张厚安先生为领头人的学者就开始进行农村调查。最初是走向农村,进行全国性的广泛调查,主要是面上了解。1995 年,在原农村基层政权研究中心的基础上,成立了农村问题研究中心,由张厚安先生担任主任,由 1955 年出生的中年学者徐勇教授担任常务副主任。新中心的研究重点仍然是基层政权与村民自治,但领域有所扩大,并将研究方法凝练为"实际、实证、实验",更加强调"实"。这种务实的方法引起了学术界的关注,并注入国际学术界的一些研究理念和方法。我们的农村调查由面上的了解走向个案调查。当时,年届七旬的张厚安先生亲自带领和参与个案村庄调查,其代表作是《中国农村村级治理——22 个村的调查与比较》。这一项目在全国东、中、西三个地区选择了 6 个重点村和 18 个对照村进行个案调查,参与调查人员数十人,并形成了一个由全国相关人员参与的学术调查研究团队。

　　第二阶段主要是基于机构调查基础上的全面调查(2005—2015 年)。

　　1999 年,国家教育部为推动人文社会科学研究,启动了教育部人文社会科学研究重点基地建设。当年,华中师范大学农村问题研究中心更名为"华中师范大学中国农村问题研究中心",由徐勇教授担任主任。2000 年,中心成为首批教育部人文社会科学重点研究基地。在基地成立之前,以张厚安教授为核心的研究人员是一个没有体制性资源保障、纯因个人兴趣而结合的学术共同体,有人坚持下来,也有人离开。成为教育部研究基地以后,中心仍然坚持调查这一基本方法,并试图体制化。其主要进展是在全国选择了二十多家机构作为调研基地,为全国性调查提供相应的保障,并建立相互合作关系。

作为教育部重点基地,中心是一个有一定资源保障的学术共同体,有固定的编制人员,也有固定的项目经费,条件大为改善,但也产生了新的问题。这就是农村调查根据个人承担的研究项目而开展。这不仅会导致研究人员过分关注项目资源分配,更重要的是易造成调查研究的"碎片化"和"片断化",难以形成整体性和持续性的调查。同时,研究人员也会因为理念和风格不同而产生分歧,造成体制性的学术共同体动荡。为了改变调查研究项目体制引起的"碎片化"倾向,2005 年,徐勇教授重新规划了基地的发展,提出"百村观察计划",计划在全国选择 100 多个村进行为期 10 年、20 年、30 年以至更长时间的调查和跟踪观察。目标是像建立气象观测点一样,能够及时有效地长期观测农村的基本状况及变化走向。这一计划得到时任华中师范大学社会科学研究处处长石挺先生的鼎力支持。2006 年,计划得以试行,主要由刘金海副教授具体负责。最初的试点调查村只有 6 个,后有所扩展。2008 年,在试点基础上,由邓大才教授主持,全面落实计划,调查团队通过严格的抽样,确定了二百多个村和三千多个农户的调查样本。

"百村观察"是一项大规模和持续性的调查工程,需要更多人的参与。同时它又是一项公共性的基础工程,人们对其认识有所不同。因为它要求改变项目体制造成的调查"碎片化"和研究"个体化"的工作模式,为此,学术共同体再次出现了有人退出、有人坚持、有人加入的变化。

2009 年正式启动的"百村观察计划",取得了超出预想的成绩:一是从 2009 年开始,我们每年都要对样本村和户进行调查,调查内容和形式逐步完善,并形成相对稳定的调查体系。除了暑假定点调查以外,还扩展到寒假专题调查。每年参与调查的人员达五百人左右,并出版《中国农村调查》等系列著作。二是因为是调查的规模大,可以进行充分的分析,并在此基础上形成调查报告,提供给决策部门,由此也形成了"顶天立地"的理念。"顶天"就是为决策部门服务,"立地"就是立足于实地调查。这一收获,使中心得以在教育部第二次基地评估中成为优秀基地,并于 2010 年更名为华中师范大学中国农村研究院,由徐勇教授担任院长,邓大才教授担任执行院长。三是形成了一支专门的调查队伍并体制化。起初的调查者有相当一部分是没有受到严格专业训练的志愿者。为了提高调查质量,自 2012 年起,研究院将原来分别归于导师名下指导的研究生进行整合,举办"重点基地班"。基地班以提高学生的调查研究能力为导向,实行开放式教学、阶梯性培养、自主性管理,形成社会大生产培养模式,改变了过往一个老师带三五个学生的小作坊培养方式。至此,农村调查完全由受到专门调查和学术训练的人员承担,走向了专业化道路。四是资料数据库得以建立并大大扩展。过往的调查因为是项目式调查,所以资料难以统一保管和使用。2006 年,我们启动了中国农村数据库建设。随着"百村观察计划"的正式实施,大量数据需要录入,并收集到许多第一手资料,资料数据库得以迅速扩展。

第三阶段主要是基于历史使命基础上的深度调查(2015 年至今)。

农村调查的深入和相应工作的扩展,势必与以行政方式组织科研的现行大学体制发生碰撞。但是已经有一个良好开端的调查不可停止。适逢中国的智库建设时机,2015 年,华中师范大学中国农村研究院成为完全独立建制的研究机构,由 1970 年出生的邓大才教授担任行政负责人。

中国农村研究院独立建制,并不是简单地成为一个独立的研究机构,而是克服体制障碍,进一步改变学术"碎片化"倾向,加强整合,提升调查和研究水平,目标是在高等学校中建设适应国家需要的智库。实现这一目标有五大支撑点:一是大学术,通过以政治学为主,多学科参与,协同研究;二是大服务,继续坚持"顶天立地"的宗旨,全面提高服务决策的能力,争取成为有影响力的决策咨询机构;三是大调查,在原有"百村观察计划"的基础上构建内容更加丰富的农村调查体系,争取成为世界农村调查重镇;四是大数据,收集和扩充农村资料和数据,争取拥有最丰富的农村资料数据库;五是大平台,将全校、全省、全国,乃至全球的农村研究学者吸引并参与到农村研究院的工作中来,争取成为世界性的调查研究平台。这显然是一个完全不同于以往的宏大计划,也标志着中国农村研究院的全新起步。

独立建制后的中国农村研究院仍然将农村调查作为自己的基础性工作,且成为体制性保障的工作。除了"百村观察计划"的持续推进以外,我们重新设计了 2015 版的农村调查体系。这一体系包括"一主三辅":"一主"即以长期延续并重新设计的"中国农村调查"为主体;"三辅"包括"满铁农村调查"翻译、"俄国农村调查"翻译和团队到海外农村进行实地调查的"海外农村调查",目的是完善农村调查体系,并为中国农村调查研究提供借鉴。

现代化是一个由传统农业社会向现代工业社会转变的过程,这一转变是从农村开始的。农村和农民成为现代化的起点,并规划着现代化的路径。19 世纪后期,处于历史大转变时期的俄国,数千人参与对俄国农村调查,持续时间长达四十多年。20 世纪上半叶,日本在对华扩张中,以南满洲铁道株式会社为依托开展对中国农村的大规模调查,持续时间长达四十多年,形成著名的"满铁调查"。进入 21 世纪,中国作为一个世界农业文明最为发达的大国,正在以超出想象的速度向现代工业文明迈进。中国需要也应有能够超越前人的大规模农村调查。"2015 版的中国农村调查"正是基于这一历史背景设计的。

"2015 版的中国农村调查"超越了以往的项目或者机构调查体制,而具有更为宏大的历史使命:一是政策目的。智库理所当然要出思想,但"思想"除了源自思考以外,更要源自于可供分析的实地调查。过往的调查虽然也是实地调查,但难以对调查进行系统化的分析,并根据调查提出有预见性的结论。在这方面,19 世纪的俄国农村调查有其长处。"2015 版的中国农村调查"将重视实地调查的可分析性和可预测性,以此提高决策服务的成效。二是学术目的。调查主要在于知道"是什么"或者"发生了什么",是事实的描述。但是这些事实为什么发生?其中存在什么关联?这是过往调查关注比较少的,以至于大量的调查难以进行深度的学术开发,学术研究主要依靠的还是规范方法,实地调查难以为学术研究提供必要的基础,由此会大大制约调查的影响力。"2015 版的中国农村调查"特别重视实地调查的深度学术开发性,调查中包含着学术目的,并可以通过调查提炼学术思想,使其作为一种有实地调查支撑的学术思想也可以间接影响决策。为此,"2015 版的中国农村调查"在设计时,除了关注"是什么"以外,也特别重视"为什么",试图对中国农村社会的底色及其变迁进行类似于生物学"基因测序"的调查。三是历史传承目的。在现代化进程中,传统农村正在迅速消逝。"留得住乡愁"需要对"乡愁"予以记录和保存。20 世纪以来,中国农村发生了太多的变化,中国农民经历了太多的起伏,农民的历史构成了国家历史不可或缺的部分。"2015 版的中国农村调查"因此特别关注历史的传承。

基于以上三个目的，"2015 版的中国农村调查"由四个部分构成：

其一，口述调查。主要是通过当事人的口述，记录 20 世纪上半期以来农村的变化及其对当事人命运的影响。其主体是农民个人。在历史上，他们是微不足道的，尽管是历史的创造者，但没有哪部历史记载他们的状况与命运。进入 20 世纪以后，这些微不足道的人物成为"政治人物"，尽管还是"小人物"，但他们是大历史的折射。通过他们自己的讲述，我们可以更加充分地了解历史的真实和细节，也可以更好地"以史为鉴"。口述史调查关注的是大历史下的个人行为。

其二，家户调查。主要是以家户为单位的调查，了解中国农村家户制度的基本特性及其变迁。中国在历史上创造了世界上最为灿烂的农业文明，必然有其基本组织制度为支撑。但长期以来，人们只知道世界上有成型的农村庄园制、部落制和村社制，而没有多少人了解研究中国自己的农村基本组织制度。20 世纪以来受革命和现代化思维的影响，人们对传统一味否定，更忽视对中国农村传统制度的科学研究，以至于我们在否定自己传统的同时引进和借鉴的体制并不一定更为高明，使得中国农村变迁还得在一定程度上向传统回归。实际上，中国有自己特有的农村基本组织制度，这就是延续上千年的家户制度。家户调查关注的是家户制度的原型及其变迁，目的是了解和寻求影响中国农业社会变迁的基因和特性。

其三，村庄调查。主要是以村庄为单位的调查，了解不同类型的村庄形态及其变迁实态。农村社会是由一个个村庄构成的。与海洋文明、游牧文明相比，农业文明的社会联系更为丰富，"关系"在中国农村社会形成及其演变中居于重要地位。中国在某种意义上说是一个"关系国家"，但是作为一个历史悠久、人口众多、地域辽阔、文明多样的大国，关系格局在不同的地方有不同的表现，由此形成不同类型村庄。国家政策要"因地制宜"，必须了解各个"地"的属性和差异。村庄调查以"关系"为核心，注重分区域的类型调查，通过不同区域的村庄形态和变迁的调查，了解和回答在国家"无为而治"的传统条件下，一个超大的农业社会是如何通过自我治理实现持续运转的；了解和回答在国家深度介入的现代条件下，农业社会是如何反应和变化的。

其四，专题调查。主要是以特定的专题为单位的调查，了解选定的专题领域的状况及其变化。如果说前三类调查是基本调查的话，专题调查则是专门性调查，针对某一个专题领域，从不同角度进行广泛深入的调查，以期获得对某一个专门领域的全面认识和把握。

"2015 版的中国农村调查"是一项世纪性的大型工程，它是原有基础的延续，也是当下正在从事、未来需要长期接续的事业。这一事业已有数千人参与，特别是有若干人在其中发挥了关键性作用；当下和未来将有更多的人参与。历史将会记录下他们的功绩，他们的名字将与我们的事业同辉！

2016 年 6 月，教育部公布了对人文社会科学重点研究基地的评审结果，我院排名全国第一，并再获优秀。这既是对过往的高度肯定，也是对进一步发展的有力鞭策。为此，本院再次明确自己的目标，这就是建设全球顶级农村调查机构、顶级农村资料数据机构，并在此基础上，形成自己的学术领域和学术风格，而达到这一目标，需要一代又一代人攻坚克难，不懈努力！

徐　勇

2015 年 7 月 15 日初序

2016 年 7 月 15 日补记

凡　例

作为教育部人文社会科学重点研究基地，华中师范大学中国农村研究院历来重视农村调查与研究，《中国农村调查·家户类》是基地新版"中国农村调查"项目的重要成果，在付梓之际，特作以下说明：

1. 根据徐勇教授提出的"中国家户制度学说"，家户制度是中国的本源型传统和基础性制度，并在此基础上形成独特的中国农村发展道路。本项目旨在通过传统时期的家户调查揭示和挖掘这一本源型传统和基础性制度。

2. 在家户对象的选取上，本项目以 1949 年以前的完整家户为调查对象，并根据人口规模进行分类。其中，7 口人及以下为小家户，8 至 13 口人为中等家户，14 口人及以上为大家户。本项目所调查的家户，分布在全国绝大多数的省份，具有广泛的代表性。每一位调查员在调查之前均受过严格的学术培训，每个家户的调查时间在 15 天以上。

3. 每一篇家户调查报告分为"家户的由来与特性、经济、社会、文化、治理"五章，重点围绕家户的"特性、特色、关系与层次"开展调查和写作。同时，在每篇报告的后面附有调查员的调查小记、日记等，供读者了解整个调查的进展与历程。

4. 在报告写作中，"市县名、乡镇名、村庄名、家户名、人物名、部门单位"等均为实名。报告中出现的照片、人名、数据等信息，均得到了访谈对象或数据提供者口头或书面授权。另外，写作中引用的档案材料、政府部门提供的资料、历史材料等均标注出处。

5. 本项调查主要通过老人口述获取信息、数据；因而报告中的数据可能不甚精准，其中土地面积、粮食计量单位也实难统一，仅供参考，请各位读者、学者在引用、使用的过程中酌情处理。

6. 在考察家户变迁时，调查有时会涉及土地改革、"文化大革命"等内容，但是调查者均怀揣学术研究之心，从家户的变迁与发展的历史视角去调查和写作，力求客观、真实地反映中国家户形态。

7. 在出版方面，项目组组建了审稿与编辑小组，严格审查、校审每一篇家户调查报告，并从中遴选出优秀的报告，集结成卷出版。

8.《中国农村调查·家户类》的重点在于传统形态的调查，是一项抢救历史的学术工程。由于时间仓促，其中不免有错漏，也希望海内外学术界、读书届提出批评、建议，帮助我们提高这套丛书的质量。

《中国农村调查》编辑组

目 录

第一篇

三世同堂：务农为主的家户变迁
——内蒙古大六份村孟氏家户调查

报告撰写：刘倩倩
受访对象：孟广君

＊刘倩倩（1994—　），女，内蒙古赤峰人，华中师范大学中国农村研究院 2017 级硕士研究生。

导　语

　　内蒙古自治区赤峰市①大六份乡大六份村孟家，在 1942 年以前是一个有 28 口人且三代未分家的大家庭。孟家通过置办农具、土地开荒、购买土地、雇佣长工经营了近 300 亩土地。孟家三代都是安心进行土地经营，这 300 亩土地养育着孟家一代又一代的人，见证了孟家的发展壮大以及分家后因逃荒而各奔东西的状况。孟家三代都居住在孟家的具有北方农村传统特色的四合院之中，孟家人在这个院落之中繁衍生息、婚丧嫁娶，进出之间已有百年。但是时间并没有将孟家人的勤劳消磨殆尽，在这近百年之中，孟家有过分家，有过争执，但是这些却并没有阻挡孟家人前进的脚步。孟家几代人的辛勤劳动将这个原本不算大的院落修建得越来越大，越来越宽敞，孟家"广"字辈的七个兄弟也是在这个院落之中长大、成家，将孟家这棵家族树发展壮大。孟家几代人都从事农耕，不曾经商也不曾做官，几代人勤勤恳恳将中国农民身上的朴实和良善体现得淋漓尽致。"家有百口，主事一人"，孟家人就是在当家人孟继良的管理之下生活，日复一日年复一年地在这个并不富裕的村庄勤劳地经营着土地，充盈着家里的粮仓也充实着孟家人的生活。孟家共灶共财的有序生活一直持续到 1942 年，在换了新的当家人以后，孟家的矛盾一直难以调解，所以这个经历了百年风雨的大家户走向了分离。

---

① 1983 年 10 月 10 日经国务院批准，撤昭乌达盟建地级赤峰市，实行市管县体制。

第一章　家户的由来与特性

　　孟家在 1800 年左右举家迁徙至赤峰市,自此孟家已经繁衍十代人。孟家祖上从第五十六代开始按辈分排序,从明末第 66 代开始到第 75 代辈分为:兴毓传继广,昭宪庆繁祥。孟广君属于"广"字辈,从孟继良当家一直到孟家分家,主要就是孟家"继"字辈、"广"字辈、"昭"字辈三代。1942 年以前,孟家在当地是比较有名的大户,具体体现在以下方面:一是在人口数量与结构上,孟家没有分家以前在族谱的记录上已经有七代人,不算外嫁的女性,家里有 28口人,家里还常年雇佣 4 个长工、1 个厨师;二是在房屋情况上,孟家老宅子占地 5 亩以上,约 3330 平方米,几十间房屋立于院内,高墙环绕,墙上四角有炮楼;三是在经济实力上,孟家在最兴旺的时候有牛马大约 60 头/匹,羊近 200 只,田地近 300 亩;四是在影响力上,孟家在当地行善较多且捐钱修庙,当地最大的娘娘庙就是孟家组织修建的,所以在当地威望比较高,且受人敬仰。1942 年以后孟家分家,一个大家族就这样解散了。

一、家户迁徙与定居

　　孟家自 1800 年起便迁移到内蒙古自治区赤峰市大六份乡大六份村,孟家后人孟宪坤曾作诗一首颂扬孟家先祖的迁徙,"天灾人祸两相连,先人流徙出雄关。茫茫大漠身何处,郁郁青山有迁安。披荆斩棘初头郎,栉风沐雨狮子川。丰衣足食有教化,德隆望尊美名传"。

(一)祖居河北,暂居初头郎

　　孟家祖籍在河北宽城满族自治县亮甲台镇[①]。由于连年旱灾无法生存,清政府为解决山东、河北等地的灾民,提出迁徙塞外内蒙古借地养民的号召,孟家先祖孟衍成在近二百年前,携家眷迁至赤峰市初头郎居住。孟家逃荒的路途非常艰难,由于交通不发达,近六百里的路程全凭步行,一路上家里的男丁挑着挑子,挑子里装着平时的家用和一些食物,妇女带着孩子。一路上皆是逃荒之人,人人面黄肌瘦,甚至有人饿死在路上。孟家的先祖们凭着坚定意志终于到达了赤峰的初头郎,本以为可以安定下来,好好过日子,但是由于初头郎为山区,时常遭遇山贼草寇的骚扰,同时还面临洪水的威胁,孟家人在这里实在是过不了安生日子,甚至还有生命危险,所以孟家人只在这里居住了几年,待家里人休养得好一些,孟家便又开始了迁徙。

　　初头郎山区,不仅山贼草寇多而且耕地少,土壤也不肥沃。那里的土地特别容易长马兰,当地称为"马莲堆子",这种植物闻起来味道比较臭,但是可以入药,有清热解毒的功效。虽然马兰可为药材,但是却对庄稼的生长有害,因为马兰的根比较深,而且特别容易吸收土地的养分,在初头郎,马兰更成堆出现在田野里,致使原本贫瘠的土地变得更加贫瘠。初头郎农田

---

　　① 河北宽城满族自治县亮甲台镇:古称"永平府迁安县冷口亮甲台孟家庄"。

较少,再加上"马莲堆子"的祸害,土地的收成更低,在这种条件下,孟家自然要重新选择生活的地方,开始第二轮迁徙。

关于内蒙古的借地养民政策,一是为了解决当时内地人多地少的问题,内蒙古恰有荒地闲置,所以政府鼓励内地百姓迁至内蒙古;二是为了应对内地的灾害,清朝时期的灾害比较多,农民饱受自然灾害之苦。乾隆、康熙时期便鼓励内地百姓前往内蒙古地区开荒种地。喀喇沁三旗便属于内地百姓迁徙的目的地。喀喇沁三旗中的喀喇沁中旗就属于后来的赤峰市。由此,孟家先祖举家移民至赤峰也就有了政策上的支持。

(二)辗转迁徙,终落狮子沟

孟家举家迁往狮子沟①后,便开始在这里开垦荒地,购买牛羊,置办家当。由于政府对于荒地的管理并不严格,所以人们可以任意开垦荒地,而且政府为了鼓励人们开垦荒地,允许开垦后的荒地归开垦人所有。孟家先祖迁徙到狮子沟时,狮子沟人口较少,村子里只有几户大姓。经过发展,孟、赵家两家便成为村子里的大户。就迁徙年代来说,孟家属于当地的老户,孟家先祖通过开荒和购买,家里有了六百多亩土地,几百只牛羊,成为当地的富裕人家。后来为了调动全员持家的积极性,孟家采取树大分枝的习俗,分家迁徙。

(三)分家另过方为成家立业

谚语有云:人大分家,树大分枝。在中国,一般情况下由于人口数量越来越多,分家发展成为必然。孟家为了调动所有人的持家积极性而选择分家,分家后每个小的家庭会改变曾经对于家族过分依赖的习惯,开始以自己的家庭为中心,利用自己分到的财物来发展家庭。在分家以后,每个家庭都有一定的经济实力,在其他人面临困难的时候也可以给予帮助。

孟家先祖在采取了树大分家的习俗以后,家族成员纷纷迁徙到赤峰不同的地方。孟家的土地在分家后仍然由当家人持有,家畜及财物则是比较平均地分给了当时需要分家迁徙的"传"字辈的十二支兄弟。孟兴发的后人孟毓仓搬迁到大六份乡大六份村。孟毓存的后辈孟传禄迁入官地乡山嘴子村,孟毓存的后辈孟传礼迁入大碾子乡前梁,孟传祥迁入上地,孟传元之后迁入大六份乡大六份村,孟传义的后人迁入大六份乡大六份村三道沟和巴林右旗宝日乌苏,孟传铜、孟传钢迁往狮子沟西南沟,孟传福支脉,孟广珍迁居巴林左旗杨家营子镇大良沟居住。

孟传元和孟传义两兄弟从狮子沟搬到大六份后就一直生活在一起,按照年龄辈分,孟家的当家人是孟传元。这两家人之所以可以生活在一起是因为孟传元和孟传义是亲兄弟,皆为孟毓才的儿子,所以生活在一起比较亲近,两家的关系也比较好。在生活了几年后,家里的人越来越多,家里的房屋不足,家里的人产生私心,无法齐心过日子,不利于家庭团结,于是孟传元和孟传义两家便分家另过。分家时孟家有几百只牛、羊、马,还有几百亩土地,由于孟传义搬家到了其他的村子,所以土地就不能分走,孟传义一家就多分了牲畜。孟传义及其后人分别迁入大六份乡大六份村三道沟和巴林右旗宝日乌苏居住生活。

(四)薪火相传三世同堂之乐

孟家的十代人分别是:一世祖:孟衍成、仇钜。二世祖:孟兴喜、赵氏,孟兴喜是孟衍成的长子。三世:孟毓才、刘氏,孟毓才是孟兴喜的第三个儿子。四世:孟传元、马氏、王氏、冯氏,马氏在还未生育的时候便去世了,在其去世后孟传元又娶了王氏,生了大儿子孟继温和二儿子

---

① 狮子沟:今松山区大夫营子乡顾家营子村。

孟继良,王氏去世后续弦为冯氏,冯氏生了第三个儿子即孟继业和一个女儿孟继英。五世:孟继温、寇氏,孟继良、张氏,孟继业、宋氏。六世:孟广才、崔氏,孟广福、魏氏,孟广林、王氏,孟广有、张氏,孟广禄、李氏,孟广存、付氏,孟广君、董氏。其中老大孟广才、老三孟广福以及老五孟广林为孟继温和寇氏所育;老二孟广有、老四孟广禄、老六孟广存为孟继良和张氏所育;孟广君作为同辈中最小的老七,为孟继业和宋氏所育。七世:孟昭坤、刘氏,孟昭金、韩氏,孟昭福、宋氏,孟昭贵、魏氏,孟昭伦、刘氏、王氏,孟昭华、尹氏,孟昭杰、王氏。八世:孟宪海、王氏,孟宪和、不详,孟宪玉、迟氏,孟宪忠、董氏,孟宪军,孟宪斌、夏氏,孟宪峰、秦氏,孟宪海,孟宪江、陈氏,孟宪军、代氏,孟宪忠、郝氏,孟宪民、丁氏,孟宪达、杨氏,孟宪航。九世:孟庆华,孟庆杰、曹氏,孟庆超,孟庆龙,孟庆洋,孟庆航,孟庆衡,孟庆潼。十世:孟繁林。

在这样的一次大的分家活动后,孟家"传"字辈十二支就这样分散在赤峰各地。孟家在1942年分家后,在"广"字辈开始分成了七支,当然本文主要介绍的是孟家1942年分家以前的事情,所以这七支在分家以后的发展繁衍等在此不做赘述。

下面就是孟家的家户世袭图。

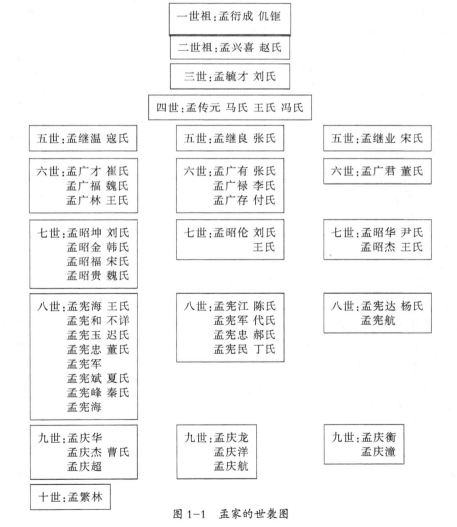

图 1-1　孟家的世袭图

5

(五)天灾人祸孟氏盛极则衰

孟家比较本分,以种田为生,家里祖上为大户,在村里算比较富裕,至少不会为了生计发愁。孟家在最兴旺的时候有牛、马大约60头(匹),羊近200只,田地近300亩。然而社会并不太平,威胁到人们生存的不仅仅是战乱和饥荒,还有疾病。

1941年左右村里发生鼠疫,落后的医疗知识和医疗条件使得鼠疫的预防和治疗无法实现,感染上鼠疫的结果是只能死掉。村子里四十天就死了四十多口人,平均每天都有至少一人死亡,孟家也因鼠疫去世三个人,分别是孟广有、孟广福的妻子魏氏以及魏氏十几岁的孩子。孟广君当时还在念私塾,因为村子里死的人太多,晚上都不敢出门。村子里有一个老中医,开了一个小医馆,一般有人得了鼠疫以后家里人就去那里开几副中药,然后就只能听天由命。孟家也找了老中医看病,其后得到一些比较寻常的中药,孟家的人还专门去娘娘庙烧香祈求神灵的保佑,然而最终孟家这三个感染鼠疫的人依然去世,这对于孟家人的打击非常大,家里的三个人就这样死了鼠疫这场灾难里。由于医疗水平落后,感染了鼠疫这样的传染病就基本逃脱不了死亡的命运,家里人只能看着得病的亲人在病痛中挣扎,脸色越来越差,在挣扎四五天以后就去世了。孟广有去世后,其妻子就一直守寡,在分家以后没了大家户的照顾就独自一人将孩子养大,并不曾改嫁。

村子里最先得鼠疫的是村里魏家的人,从他开始鼠疫全面扩散。村子里的人比较迷信,说是魏家这个人"犯天坑"才导致村子里的人相继死亡。所谓犯天坑就是指死的这个人下葬的时辰没选好,是凶时,这样就意味着在他死了以后还有几个甚至几十个、几百个人相继死亡。

人们感染上鼠疫基本必死无疑,从感染到死亡最多是五天的时间。政府的不作为,百姓的无知,物质资料的匮乏以及生活环境的恶劣造成了鼠疫的传染,一户人家有一人感染上鼠疫,与其亲近的几个人就都逃脱不了感染鼠疫的命运,孟家死去的三个家庭成员也是因为这些原因感染上鼠疫而后身亡。人们的防范意识也差,没有对抗传染病的经验,有人感染上鼠疫后也不会将其隔离,家里的其他人还是会和他接触,这样就大大增加了感染鼠疫的概率。

孟家大约在1936年的时候有过一次分家,那次是一个小型的分家,孟继温的儿子孟广林被分出了孟家。具体原因是,在孟广林成亲后,其妻子王氏已经育有一个孩子,算命先生算出王氏是"铁扫帚"命格,古代命理学家认为铁扫帚是个凶星,女人命中犯了铁扫帚最为不吉,克夫再嫁,乖背破家。所以孟继良就决定将孟广林分出孟家。孟广林不同意分家,但是孟继良的态度却比较强硬,家里的人都畏惧当家人,所以即使有人反对也没有办法改变当家人的意愿。分家时还请了孟家比较有威望的亲戚孟继旺来当分家人,当家人在村子里的其他地方给孟广林一家置办了一个院子,并且在分家人的见证下将家里的土地、牛羊也按照相应的比例分给了孟广林一家。孟广林一家自从分出去以后就很少和大家户来往。

孟家曾经有人染上抽大烟[①]的恶习,甚至为了买大烟会从家里偷钱,因此为了防止家里被拖垮,在孟继良去世以后,新的当家人孟继业决定分家,从此孟家由一个家里有24口人的大家庭缩减为几个只有七八个人的普通小家庭,家里的长工也纷纷离开了孟家去找新的活儿干,孟家的家当被分成几份,曾经成群的牛羊、绵延的土地也被划分殆尽,分散在孟家的几

---

① 大烟:鸦片俗称大烟。

个兄弟手中。

二、家户基本情况

内蒙古自治区赤峰市大六份乡大六份村，位于松山区的西北部，东临岗子乡；南接大夫营子乡；西与大碾子乡接壤。在1942年以前，孟家有28口人，除了孟家人外还包括4个长工、1个厨师。孟家老宅子占地5亩以上，约3330平方米，有几十间房屋。孟家在当地行善较多且捐钱修庙，当地最大的娘娘庙就是孟家组织修建的，所以在当地威望比较高，且受人敬仰。

（一）儿女满堂共享天伦之乐

在1942年以前孟家的人都住在一起，家里最初的当家人是孟传元，孟传元去世后，孟家有孟继温及其妻子寇氏、孟继良及其妻子张氏、孟继业及其妻子宋氏，还有孟继英。孟广君是家里的第六代，孟广才其妻子为崔氏，孟广福其妻子为魏氏，孟广林其妻子为王氏，孟广有其妻子为张氏，孟广禄其妻子为李氏，孟广存其妻子为付氏。其中孟广才、孟广福以及孟广林为孟继温和寇氏所育；孟广有、孟广禄、孟广存为孟继良和张氏所育；孟广君作为同辈中最小的老七，为孟继业和宋氏所育。当然与孟广君同辈的还有五个姐姐，由于姐姐后来都外嫁了，所以不作为家庭成员详细介绍。当时孟继业在"继"字辈中年龄最小，甚至比"广"字辈的几个孟家人的年纪还要小。"广"字辈的七个兄弟除了孟广君都有孩子，分别是孟昭坤、孟昭金、孟昭福、孟昭贵、孟昭伦、孟桂芝、孟朝珍和孟昭萍。孟家还有4个长工、1个厨师，这5人都是外村人，所以平时吃住基本都在孟家。孟家人口众多，三世同堂，并无过继收养的事情发生。

（二）子孙三代青壮可为顶梁

1942年，孟传元及其妻子已经去世，孟广有、孟广福的妻子魏氏以及魏氏十几岁的孩子因鼠疫去世。孟继业及妻子宋氏约为40岁，"广"字辈的兄弟姐妹也有40多岁，均已成家，都有了后代。孟家的男丁主要是孟继良、孟继温、孟继业，"广"字辈的七个兄弟以及他们的儿子都曾接受教育。孟家人几代都信仰佛教，是比较虔诚的信徒，逢年过节都会去庙里烧香上供。

孟家的当家人换过三次，家长孟传元去世后，按照辈分顺序本应该是孟继温当家，但是孟继温的身体不好，不适合当家，在孟传元去世后不久，孟继温也去世了，所以当家的是孟继良。在孟继良当家期间，孟家的事务分成三部分，由孟家的三人来管理，孟继业管理土地和与土地相关的耕种、雇工、税收等。孟广林管理出门买卖和马车。孟广有负责管理家里的对外交往，一般当村长、保甲长来村里时，孟广有主要和他们打交道。在这样一个分工负责比较合理的家里，当家人只需要在屋里听取他们的汇报即可。

在1941年，孟继良的妻子去世，孟继业当家，孟广才与妻子崔氏育有1儿6女，孟广福与妻子魏氏育有一女，孟广林在孟家分家以前约1936年的时候就已经分家单过，孟广有与妻子张氏育有1儿2女，孟广禄与妻子李氏育有一女，孟广存与妻子付氏育有一女，孟广君那年并未成婚，孟继英终身未嫁。不算家里的长工，家庭的人口有24人，劳动力11人，男性劳动力5人，当然如果算上长工男性劳动力则有10人。在家庭成员概况的表中关于儿童的相关情况就不再描写了，孟广君在1941年的时候只有8岁所以也就不在表中说明。

表 1-1　孟家 1941 年基本情况数据表

家庭基本情况	数据
家庭人口数	24
劳动力数	11
男性劳动力数	5
家庭际代数	3
家内夫妻数	7
老人数量	0
儿童数量	13
其他非亲属人员数	5

表 1-2　1941 年孟家成员基本情况表

成员序号	姓名	家庭身份	性别	年龄	婚姻状况	宗教信仰	健康状况	参与社会组织情况
1	孟继良	当家人	男	未知	已婚	佛教	差	无
2	张氏	妻子	女	未知	已婚	佛教	去世	无
3	孟继业	弟弟	男	40 岁左右	已婚	佛教	良	无
4	宋氏	弟媳	女	43 岁左右	已婚	佛教	良	无
5	孟继英	妹妹	女	22 岁左右	未婚	佛教	良	无
6	孟广才	大侄子	男	50 岁左右	已婚	佛教	良	无
7	崔氏	大侄媳	女	50 岁左右	已婚	佛教	良	无
8	孟广福	二侄子	男	—	—	—	—	—
9	魏氏	二侄媳	女	50 岁左右	已婚	佛教	良	无
10	孟广有	大儿子	男	—	—	—	—	—
11	张氏	大儿媳	女	50 岁左右	已婚	佛教	良	无
12	孟广禄	二儿子	男	50 岁左右	已婚	佛教	良	无
13	李氏	二儿媳	女	50 岁左右	已婚	佛教	良	无
14	孟广存	三儿子	男	40 岁左右	已婚	佛教	良	无
15	付氏	三儿媳	女	40 岁	已婚	佛教	良	无
16	孟广君	四侄子	男	8 岁	—	—	—	—
17	4 个长工	长工	男	40 岁左右	全部已婚	佛教	良	无
18	厨师	厨师	男	40 岁	已婚	佛教	良	无

（三）占地五亩，房屋众多

　　孟家共有几十间房屋，占地 5 亩以上，约为 3330 平方米。孟家住在村子的最南边，房子前就是街道，房子后是山地，邻里之间就是传统的左邻右舍，每家每户按东西排列，村子的最南边和最北边都是山。

1942年以前,孟家有一套正房、两套厢房,其中正房和东西厢房共有房屋十几间,房子为土坯和稻草结构。院子大门是木门,大门口正对的是正房,正房东西是两间厢房,从大门进院后左边是羊圈,右边是马圈和牛圈,院子偏左的部分是晒场,房屋的后面是厕所,院子中有一口水井供全家人日常饮水、做饭、洗衣等使用。当时孟家并没有排水沟,也没有门楼。孟家院墙东面的外面是家里的菜园子,可以为家里人提供夏季的蔬菜。

在北方考虑到采光方面的问题,基本上所有的房屋都是坐北朝南,孟家的房屋同样是坐北朝南。孟家的房屋是这样分配的:正房一般给年纪和辈分较大的人居住,厢房是年纪较小的人住。家里的厅堂在厢房,有两间,当官府来人的时候就住在厅堂;伙房在西厢房,主要是平时做饭、吃饭及长工居住的地方,库房也在厢房,用来存放家里的财物。由于家里的房间多,所以足够一家人居住。下面是孟家与邻里的房屋空间结构图。

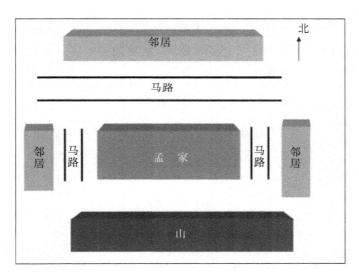

图1-1　孟氏与邻里的房屋空间结构图

(四)土地百亩,足够年吃年用

1942年前,孟家土地有300亩,全部由自家耕种,家里有长工4人,农忙时雇佣短工4人,家里有铁车1辆、犁杖5个。农忙时,除了长工短工,家里的男性劳动力也会去地里帮忙。孟家男丁比较多再加上平时雇工所以土地完全够自家耕种,不需要出租给别人,也不需要租入别家的土地。孟家的田地多为山地,没有办法浇水,所以平时地里种植的主要为抗旱的农作物,主要有:莜麦、小麦、荞麦、谷子、豌豆、黄豆等,孟家主要以种谷子为主,每亩地产量200~300斤。

伪满洲国[①]时期,在日本人的统治下每户地里有井的人家都要种大烟,并且每家每年都

---

① 伪满洲国:1931年九一八事变后,我国东北沦于日军铁蹄之下,为了名正言顺地吞并东北,日本炮制了所谓的满洲国,并于1932年3月9日,把清朝废帝溥仪扶为执政。1934年3月1日,伪满洲国改行帝制,溥仪当上傀儡皇帝。伪满洲国统治东北长达13年,1945年8月18日,随着日本的无条件投降宣告垮台。

要交够一定量的大烟,如果不能交够一定的数量就会受到当时政府的惩罚,较轻的惩罚是将人绑到凳子上灌凉水,而比较重的惩罚就是灌辣椒水。由于土地比较贫瘠,而且地里的井水并不能满足大烟生长所需的水量,人们对烟地进行浇灌的时候只能先一桶一桶地从井里打水,然后再一瓢瓢地浇灌,效率十分低下。所以在收成的时候,常常有人家不能交足政府所要求的数量,为了逃避惩罚,村民便想到一些对策,在即将收割的时候,去地里将大烟全部打倒,在保长来收大烟时,村民便说,最近村子里下冰雹,大烟遭了灾,收成不好,这样政府会适当地减免一些数量,只有在这种情况下,农民才能勉强交够大烟。一般情况下,这种谎言其实对村子里的人都有好处,自然不会有人向保长告密,如果告密了,那就相当于得罪了全村的人,无法在村子里生活下去。当然也有人为了躲避惩罚在大烟中掺假,然而这一旦被发现,不仅会被惩罚,而且还会将其所有的大烟没收,来年交的数量则要加倍。当村民们听说抗战胜利伪满洲国被推翻的时候,大家都奔走相告,"终于不用再上交大烟了!"每家都种大烟导致村里吸大烟的人数更多,孟家"广"字辈的几个兄弟就染上了烟瘾,并且成为孟家分家的导火线。在孟家人看来,日本人就是在祸害中国的老百姓,让中国人种大烟再卖给中国人,残害中国人的身体。当地根本没有几个日本人,伪满洲国统治的那些年里,村民也就见过一次日本人,其他都是中国人在压迫中国人。

表 1-3　孟氏 1942 年家计状况表

土地占有与经营情况		土地自有面积	300 亩	租入土地面积	0
		土地耕作面积	300 亩	租出土地面积	0
生产资料情况		大型农具		1 辆大车,5 个木犁杖	
		牲畜情况		牛马 60 头/匹,羊近 200 只	
雇工情况		雇工类型	长工	短工	其他
		雇工人数	4 人	4 人	厨师(长工)1 人
收 入		农作物收入				其他收入	
		农作物名称	耕作面积	产量/亩	单价/斗	收入金额	收入来源	收入金额
		谷子	200 多亩	300 斤	几分	基本不卖	卖牲畜	未知
		莜麦	25 亩	200 斤	几分	基本不卖	借贷	未知
		荞麦	20 亩	200 斤	几分	基本不卖		
		豌豆	20 亩	200 斤	几分	基本不卖	共计收入	
		小麦	35 亩	300 斤	几分	基本不卖		
支 出		食物消费	衣服鞋帽	燃料	肥料	租金		
		300 斤/人/年,共 7000 斤每年	未知	0	0	0		
		赋税	雇工支出	医疗	其他(教育)	支出共计		
		未知	约 5000 斤	0	2 石约 1000 斤	13000 斤		
结余情况		因不清楚赋税支出所以结余并不能算清		资金借贷		借入金额	0 元	
						借出金额	0 元	

(五)济困扶危,数代礼佛

孟家世代以务农为主,没有做官的人,但是孟家在村中的威望很高,因为孟家几代都是非常虔诚的佛教信徒,一直坚持积德行善,是村里的大善人。在冬天的时候每家每户的大门外都会有乞丐乞讨,孟继英每年冬天都会将身体羸弱的乞丐带回家里,将其安置在伙房管其吃住,直到来年春天天气回暖再将乞丐送走,孟家的家门口从来都没有冻死过一个乞丐。大约在1956年,孟广君在承德师范学院进修时遇到了一个退伍的军官,进行了简单的交流后,那位军官得知孟广君是大六份孟家人,就进一步询问是否是大六份住在村子最南边的那一家,得到孟广君的肯定回答后,这位军官变得十分激动,对孟广君说起孟家与他的渊源以及他对孟家无尽的感激,原来这位军官就是当年孟家救助过的一个乞丐。那位军官表示,他当时穷困潦倒身无分文,逃荒来到村里时已是寒冷的冬天,他认为一定会冻死在这冰天雪地之中,然而在孟家的帮助下,他熬过了那个冬天。后来机缘巧合之下加入了八路军开始了保家卫国的战斗,经过几年的战斗后被提拔成了连长,如今已经退伍。那位军官对孟广君说,以后有机会一定要去看望孟家人,亲自表达自己对孟家的感激之情。

孟继英身体一直不好,因为腰腿方面的问题错过了嫁人的年纪,所以后来孟继英就一直在家里没有嫁人。平时做鞋、卖鞋补贴家用,剩下的钱就捐给娘娘庙修庙。孟继英是一个非常虔诚的佛教信仰者,不仅体现在烧香礼佛、平时食素,还体现在她本人的善良和救济穷人上。

孟家没有克扣过长工的工钱,甚至与其他人家相比,对长工还很好。每个长工每年的工资是两石粮食,一般大户人家在发粮食的时候,都会用木板将每一斗冒尖的部分拨平,但孟家不会这样做,每个长工能多得到几斤粮食。长工家里如果有困难需要帮忙,孟家都会尽力帮忙,借给长工的粮食基本上是"尖斗借,平斗还",孟家讲究吃亏是福,所以一般不会计较这些。孟家的长工和孟家的家庭成员吃的饭菜一样,在农忙时,孟继业还会在中午将饭菜送到地里给长工吃。

孟家的亲戚孟继旺在当地也是比较有威望的人,算得上是孟家的大人物。孟继旺与孟家并不在同村,而是在距离大六份村20里左右的狮子沟,孟继旺曾经和同村有威望的人共同组织修建娘娘庙,这是当地最大的庙,庙里有几十间房屋,佛像是找当地的能工巧匠雕塑,有一人多高,栩栩如生。庙门口的两间门房是马殿,正对门口的是正佛殿,正佛殿里供奉的是观音和圣佛,东面的厢房是仓库,用来放村民捐的粮食,富裕人家捐的粮食都是用马车拉到庙里,庙里的厢房装有满满的粮食。村中山顶上有一座小庙,叫作娘娘庙,平时有的人家求子就会去那里,非常灵验。所以在山下修大庙是为了不冲撞娘娘庙,也就起了和其一样的名字。修建娘娘庙历时多年、花费巨大,其间少不了捐钱捐粮,当时捐助的主要就是附近几个村子比较富裕的家庭,孟家也捐了粮,孟继英更是将平时卖鞋的钱捐到了寺庙帮助修庙。在娘娘庙建成后,孟继旺和其他的几个组织修庙的人一起成了娘娘庙的管事,被称为"孟总理",修庙实属功德一件,他在当地非常有威望。

(六)行善积德,大六份老户

在保甲制下,孟家被评为头等户。孟家自孟传元起就搬到了本地生活,孟家搬到村子里时当时只有几户人家,孟家在本地生活近百年,熟知当地的生活习惯,在平时村子与保甲长之间的联系中起着重要的作用,所以算得上是当地的老户。孟家人救助乞丐、乐于助人,是行善积德之户。

第二章　家户经济制度

孟家在未分家以前,家里有 300 亩土地,分布在村子的外面,这些土地是孟家祖上通过不断开荒和购买所得,土地归孟家全体家庭成员所有;孟家的老房子占地约五亩,三千多平方米的土地,十余间房屋供全家人一同居住,孟家的房屋也是家庭成员共有;孟家的集体劳动工具也是孟家家庭成员共同所有。孟家的消费由家庭统一支出,当家人负责家里的一切花销,家庭成员并不需要为家中的消费支出而操心。孟家在荒年的时候地里收成不好,由于家里没有其他的收入来源,所以就要通过借贷来维持一大家人的生活,以及缴纳繁重的赋税。孟家世代以务农为主,很少从事商业及手工业有关的事务。在家户分配的过程中,孟家由当家人做主,孟家在对外交换活动时以整个家户为主体,交换的主要场所就是距离村子比较近的集市。

一、家户产权

孟家土地、房屋齐全,家庭成员不需要为日常的生活发愁,孟家的消费由当家人统一负责,家庭成员并不需要为家中的消费支出而操心。孟家在荒年的时候地里收成不好,由于家里没有其他的收入来源,所以需要通过借贷来维持一大家人的生活,以及缴纳繁重的赋税。当孟家庄稼收成比较好、余粮比较多的时候,孟广才会赶着大车去集市上卖粮。

(一)家户土地产权

孟家的土地产权明确、地界分明。孟家的当家人孟继良会对比较大的土地问题如:土地买卖、土地租赁等进行决策。对于一些土地生产方面的人员分配、播种收割,以及种植的作物种类等问题都是由孟继业管理,最后只需要向当家人汇报即可,当家人一般不会进行比较细致的管理。除了孟继良和孟继业,其他人在土地方面都处于从属地位,无权做决定,但是可以提意见。孟家的土地一直没有出现过被侵占的情况,外界的村民或政府对于孟家的土地产权都给予认可。

1.土地三百亩

孟家的土地以旱地为主,土质很差,土壤中甚至还会有石块。当时没有河流来灌溉土地,所以庄稼生长所依赖的水源都是雨水,当时所施肥料是农家肥,种地就是靠天吃饭,若是赶上荒年土地的收成就会很低, 甚至难以维持一家的吃用。孟家的土地最多的时候就是 300亩,在分家后土地被分到各房,土地就减少了。经过分家以后曾经的几百亩土地,最后也就分成每小家的几十亩。孟家的土地大约在 1936 年的时候还进行过一次划分,那次是一个比较小型的分家,孟继温的儿子孟广林被分出了孟家,同时也分走了孟家十几亩的土地。

当时政府对于土地并不管理,所以土地不曾被村庄收回,自然也不曾被统一分配,由于孟家各支在"毓"字辈起就迁徙到了其他地方,虽然亲戚之间也经常走动,但是宗族的约束力很小。当时孟家有自家的坟地,也就是祖坟,每年清明或者过年的时候都要去上坟。

2.祖先拓土开荒,世代传承

孟家的土地来源主要有两个:一是买卖,另一个就是开荒。孟家购买土地的对象主要是村里要搬迁的村民,有的村民因为遇上荒年开始逃荒,逃荒前就要卖掉自己家里的土地,也有的村民因为要去外地工作或者是去投奔亲戚,所以举家搬迁自然也是要处理自己的土地,孟家也就是在这些契机之下开始买一些土地。当时买卖主要的交易物并不是钱币而是粮食,因为当时战乱,时局动荡,货币的价值并不稳定,只有粮食才不会贬值,并且是人们生活中一直需要的东西,可以救人性命。土地产量很低,而且都是旱地,没有可以灌溉的水井或河流,基本上是靠天吃饭,一些农家肥效果并不是很好。每亩地的平均产量也就是 200~300 斤,当时买卖土地所需的粮食并不会太多。孟家在孟广君爷爷辈孟传元当家时买过土地,在孟继良当家时没有进行过土地的购买,到了孟广君的父亲孟继业当家的时候,购买了一些土地。

开荒而来的土地在孟家的土地中占有很大的比例,孟家自从搬到村子里就开始了土地开荒,村子里只有几户人家,却有大片的荒地再加上政府鼓励开荒,孟家几乎有一半以上的土地是开荒得来。当时孟家开荒的地点就是村子外的大片的荒地,实际上在同一地区土地的质量都相差无几,开荒后的土地也是旱地,土质很差并不肥沃,甚至土壤里还有石块,土地产量也很低。自从开荒后取得土地开始,孟家的土地就这样一代代传承下来,经过每一代的开荒和购买,土地面积不断扩大,为孟家提供赖以生存的基础。

孟家的土地是所有人通过开荒劳动得来的,虽然土地的管理者是当家人,但是土地实际上是全家人共有,家里每个人都有份。在孟家并没有出现私房地、养老地的情况。孟继英平时是自己做鞋卖鞋挣钱,在治好了自己的病以后就用攒下来的钱买了一些土地,不过这些土地却不是孟继英的私房地,孟继英并没有将这些地作为自己的所有物,而是全部交给了当家人处理,由当家人将这些地和自家原本就有的地放在一起耕种,最后的收成也是全家人共有。

孟家土地每个成员都有份,这一点可以参考孟家分家的情况,孟家分家时土地是按照人口分的,即每房有几口人,根据人口多少分地。当然已经出嫁的女儿是不能分到地的,毕竟"嫁出去的女儿泼出去的水",除了这种情况以外,家里的每口人都可以分到地,即使是儿童、老人、儿媳妇也能分到地。当然家里的长工只是孟家的雇工,并不属于孟家人肯定是不可能分到家里的土地。

孟家人认为土地应该属于全家人所有,因为家里土地的增加是全家人一起努力的结果。当然土地分给个人也是好的,毕竟分给个人会增加劳动积极性。但是当时土地的生产力低下,个人劳动会因为农具比较少,劳动的速度降低,对于每亩地的投入降低,这就会使得收成更少。孟家当家人有对土地的支配权利,可以决定土地种什么,什么时候除草等,当家人能力比较高的时候土地产量也比较好,但是当家人滥用权力的时候不免出现挪用公款的情况。比如在孟继良当家的时候,因为其抽大烟,烟瘾严重所以就会拿家里的粮食财产出去换大烟来抽,这就出现了用一家人辛勤劳动的成果来供养一个人的情况,这就是很严重的不公平的情况。孟广君认为当家人需要管理一大家子二十几口人的生活,如果将土地分给个人,这实际上就大大减少了当家人的工作量。但是将土地分给个人就意味着家里的每个人都有自己的收入,而且收入也不用上交,这就打破了不分家的"共灶共财"的原则,其实这样就不能算是一家人,家里也就不再团结。所以孟家人认为即使土地分给个人有一些积极的方面,但是如果是想作为一个大家庭而存在,为了这个大家庭的长远发展,最好还是不要将土地分给个人。

3.家户边界清晰,人人认同

田埂为界:孟家的土地的边界就是田埂,当土地明确成为自己家的所有物的时候,就可以将土地的尽头与其他家土地相邻的部分用土堆起田埂形成边界。一般在买卖土地和土地开荒以后,都会明确一下自家土地的界限,以防止和地邻发生纠纷。村子里的人在比较清楚自家土地边界的情况下,大多都会安分地种自己的土地,并没有出现过跨过土地边界进行生产的情况。毕竟都是在一个村住着,低头不见抬头见也不好做得过分,而且当时荒地很多政府也不会限制开荒,这样每家其实可以通过自己开垦荒地来增加土地,并不需要跨界生产,而且当时土地产量很低,即使是一亩地的产量也不过二百多斤,跨越界限在别人家土地上耕种那么一小块也产不了多少粮食,还闹得两家人关系不好,实在是得不偿失。

血缘认同:孟家的土地皆为孟家人自行耕种,分家时土地都是按照人口分的,即每房有几口人,依据人口多少分地。当然已经出嫁的女儿是不能分到地的,除了这种情况以外,家里的每口人都可以分到地,即使是儿童、儿媳妇也能分到土地。当然外人没有分到土地的权利,比如家里的长工就是外人,在分家的时候并没有分给长工土地。对于已经分家的人,是不能再和大家一起耕作和继承的,比如孟广林,当时因为其妻子的"铁扫帚"命格被强制分了出去单过,分家时就分走了家里的部分土地,所以在孟家大家进行分家的时候,孟广林不能再分得土地。

内心认同:由于孟家的家庭成员会参与到土地的耕种开荒过程中,所以家里的每个人都会清晰地认识到家里的土地在哪里,即使是妇女,因为会参与到土地的除草工作,所以也是可以清晰地认识到自家土地的位置, 当然家里的儿童因为不用下地干活自然也就不知道自己家里土地的面积和位置了。孟家的土地属于全家成员所有,在这种认同感之下,每个家庭成员对于土地都有保护的权利,自然就绝对不会容忍他人对于自家土地的侵占。如果这种事情发生,全体家庭成员都难以忍受。

自家人管理:孟家的土地经营权归全体家庭成员所有,孟家在孟继良当家的时候家里成员就有明确的分工,孟继业就是负责管理与家里的土地有关的事宜,每年春天种什么都由孟继业决定,但是基本上种植的就那几样,谷子、豌豆、黄豆、小麦等,当时地里还没有种玉米的。土地的产出归整个孟家所有,土地的耕种、除草、收割等相关事宜基本上是所有与土地有关的事情都归孟继业管理,平时只需要向当家人汇报即可。关于土地的治理外人和已经分家出去的人是无权干涉的,孟家家里的土地外人没有发言权。关于买来的土地边界一般不会再变动。在分家后土地随之分到各家,从此也就归每家自己管理。

4.家长支配主导,他人只能服从

在孟家的土地买卖、租赁、置换、典当事务中,当家人是实际的支配者,如果当家人不在家里时则由家里管理土地的人来管理。在孟继良当家的时候,孟继业就是负责管理土地这方面的相关事务。但是实际上孟家的当家人孟继良长年在家,在土地买卖、租赁、置换、典当等大事上,只有当家人有支配权,孟继业虽然也能管理,但是只是在一些小的方面比如土地的耕种、收割等事宜进行管理。孟家的土地统一耕种、统一管理,所以各屋并没有私房地,即使是有私房地,当家人也不会随意支配。

土地买卖的相关事宜一般是由当家人安排,不需要和家里人商量,但是如果事情比较重大,关系到家里日后的生活,当家人还是会和家里的成年男性讨论一番,如果家里其他人对当家人的决定有意见可以私下向当家人提出, 由当家人根据意见是否有道理来决定是否需要修改。当时的保甲长并不会管理这方面的事情,所以也就不用向保甲长请示,孟家受宗族的约束较小,所以也不用向宗族请示,土地买卖是自家的事情,与外人无关,自然也就不需要向四邻告知。在孟家,家里的人都有提意见的权利,即使是妇女也有。但是家里的人可以提意见,最后做主的人仍然是当家人,其他人不能代替当家人做决定。不过在当时,妇女的地位比较低下,即使是可以提出意见也很少有人提,甚至很少关注家里的大事,其丈夫也一般有一些大男子主义的思想,很少和妻子讨论家里的大事,这就导致妇女对于家里的事情除了柴米油盐等小事外,大事了解得很少,更不用说提什么意见。孟家的土地是统一耕种、统一管理的,所以各屋并没有私房地,即使是有私房地,这也是属于各屋自己的财产,当家人也不会进行买卖。

孟家的土地足够自家耕种,所以不会租入土地,由于土地产量不高,孟家的土地自家耕种有余出租则不足,所以也没有出现过出租土地的情况。即使是有相关的事情,也是由当家人说了算。

孟家并没有出现过土地置换和土地典当的相关事情,就像孟广君所说,土地是农民的根本,如果需要用钱用粮可以去借贷,但是绝对不会对土地进行典当。而且当时邻近的地方也没有可以典当的地方,也不方便典当。

孟家的其他家庭成员除了可以在土地买卖等活动中提一些意见,没有其他权利,孟家的土地支配者是当家人,其他人只是从属者。当时孟家有几个"广"字辈的兄弟抽大烟,有的时候就会偷家里的东西去买。一般是偷粮食衣服却不会偷着卖地,因为村子里的人都知道每家每户由谁当家,即使是有人偷着卖地,外人也知道他做不了主,自然也就不会与他进行买卖交易。

5.相处和睦土地无人侵占

大六份村里的人之间相处得非常和谐,没有发生过土地侵占的相关事件。孟家在村子里比较有威望,平时乐善好施,坚持积德行善,是村里的大善人。每年冬天都会救助一些饥寒交迫的乞丐。在与村民的相处中,孟家一直坚持吃亏是福,很少与他人斤斤计较,但是在事关自家声誉、尊严方面非常看重,村子里的人也知道,所以侵占土地这种不仅侵犯他人利益而且还是轻视他人表现的行为定会招致严重的反击,所以不管是对孟家,还是村子里的其他人家都少有被侵占土地的事情发生。

6.土地产权,认可与保护

其他村民对家户土地产权的认可与尊重:村子的其他村民都承认孟家有对土地的所有、耕作、收益的权利。一般村民都大致知道哪一块土地属于哪一家,即使是不知道也不会觊觎他人的土地,村民只要知道自己的土地属于哪一块并安分耕种自己家的土地即可。村子里的其他村民会承认孟家的土地归其所有的原因很简单, 在土地开荒的时候秉承的原则就是土地归其开荒者所有,买卖后也是归买者所有,村民也许不太清楚具体情况,但是看到哪家在哪块土地上耕种自是可以的,时间一长也就不言而明了。如果村民想要买卖、租用、置换孟家的土地都会和孟家人商量,一般都会和当家人孟继良商量。如果孟继良不同意,村民也只能作罢,自然不会出现什么强买强卖的事情。孟家的土地都是孟家统一管理,并没有出现私房地,所以也就没有大家庭保护私房地的事情发生。

家族对家户土地的认可与保护:在孟家一直都是在大分支之下的孟传元这一支单独在大六份村生活,即使和其他亲戚会走动,但是家族观念并不是非常强,就是说并不存在有一个凌驾于孟家当家人之上的孟家人来管理或者说保护孟家。当然,如果孟家有大事发生,还是会请"老亲"即年纪和辈分都比较大的血缘关系比较近的孟家人来主持大局。在这样的情况下,孟家的家族实际上并不能对家户的土地进行保护或者是管理。对于分家出去的小家来说,大家就是家族,那么对于在1936年分家出去的孟广林来说,大家户孟家就算是家族。如果在外面有什么难事,回去找家里的话,家族会进行管理和保护,但是孟广林不曾找家里帮忙。

村庄对家户土地产权的认可与保护:在孟家所在的村庄,保甲长并不会对家户的土地进行管理,村民在土地买卖、典当过程中只需自行找到中间人再订立契约即可,并不需要保甲长的同意与参与。在这种关系下,保甲长不知道孟家有哪些土地,但是因为要收取赋税,所以保甲长会知道每家家里大约有多少土地。保甲长是不可以随意侵占孟家的土地的,当然也不会买卖村民的土地,如果有这方面的要求保甲长需要和孟家的当家人商量,如果不同意,保甲长也不能强买强卖。

政府对家户土地产权的认可与保护:孟家的土地受到当时官府的承认,因为在孟家祖上土地开荒的时候,秉承的原则就是土地归其开荒者所有,而且经过这么多代传承下来,土地自然是受到官府认可的。政府不可随意侵占村民土地,如果需要买卖、租用、置换孟家的土地需要和孟家的当家人孟继良商量,如果当家人不同意是不能强买强卖的。伪满洲国时期,政府并不对土地进行管理,也不会颁发官方的田契等具有证明力的东西,政府只会在需要收税的时候根据各家土地的多少收取一定的赋税。所以孟家的土地并没有"红头契约",但是每次买地的时候,都会有中间人公证,而且双方都会签订契约。孟家并没有发生过土地侵占的事件。

孟家1942年分家前,伪满洲国政府对土地的管理最多的就是进行征税,在土地地籍问题还没有解决的情况下,政府基本上并不能对农民的土地产权进行保护,所以可以这样认为,即使孟家出现了土地被侵占的事件并且找到了政府来解决,政府也不会进行管理。

(二)家户房屋产权

孟家的房屋占地约为五亩,共计十余间房屋,房屋均为孟传元所留,经过几代人的翻新和扩建才形成如今繁荣的景象,孟家的房屋归孟家全家人所有,并且每家房屋的用途清晰,房屋的具体用途由孟家的当家人来做决定,其他的家庭成员全都处于从属地位。在1942年以前,并没有外人侵占过孟家的房屋,家族内外的成员对孟家的房屋产权非常认可。

1.三千平方米,十余间房

相较于村庄的其他人家,孟家的房屋众多且分工明确,不仅包括自家人的住房,而且还有给客人居住的客房。孟家的两间厢房,主要用来招待官府的人员。因为官府里来人的时候都住在孟家,孟广有负责和这些人打交道,当官的一来,家里就要杀鸡开库房好吃好喝招待着,孟家在当时其实说是大户,倒不如说是"受气大户",家里的钱财被当官的压榨着,还不能反抗,像其他村子里的家里有武器的武装大户,人家就不用受这些人的气。孟家的伙房在西厢房,主要是平时做饭、吃饭及长工居住的地方,孟家的伙房比较大,足够家里四个长工和一个厨师居住,甚至冬天的时候孟家收留的乞丐也安排在伙房。库房也是在厢房,主要用来存放家里的财物。

孟家的房屋发生最大变化的一次就是 1942 年分家的时候,家里的房屋也随之进行了划分。据孟广君介绍,当时家里的房屋在分家时是在分家人的见证下抓阄分配的,这样自然也就没有了孟家以前房屋分配时的规矩,每个人自然就只能按照抓阄得来的房间居住。1949年后,孟家人就不能再住在自家的祖房里,因为孟家当时被划分的成分是大户,作为大户,就不能再住在"靠压榨农民"得来的房屋了,而是要住在村里小户人家的家里,小户人家则是搬进大户的家里居住,孟家的房屋自此不再属于孟家人,孟家此后要修缮的房屋就是分配下来的小户人家的房子。

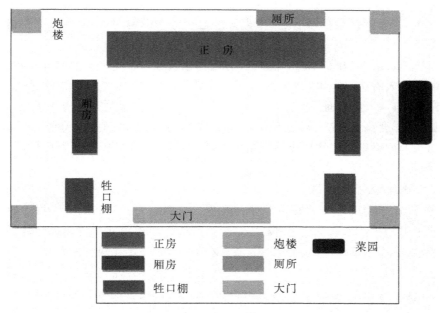

图 1-2 孟氏老宅院落平面图

2.祖上所传,翻新扩大

孟家的房屋是祖上修建而来,自孟家搬到大六份村后就开始修建房屋,一直修建到孟继业那一辈才修建结束。孟广君自出生时起老家的房屋就存在,房屋由石头和泥土砌成,后来经过不断翻新,房屋也不断扩大,当时修建房屋所需的费用是由当家人用家里的共有财产来支付的,孟家人修建房屋以粮食为主要支付媒介。

3.全家所有,家长管理

孟家的房屋属于全家人,当时正房由年纪较大和辈分较大的人居住,厢房是年纪和辈分较小的人住,家里基本上每间房都有固定的人居住。在孟家,当孩子还没有成家的时候是和父母一起居住的,当成家以后,男子结婚后当家人会在家里单独安排一个房间,女子则是直接嫁到夫家生活,回门时也是和其父母在一个房屋居住的。孟家的伙房、厕所公用,因为大家平时吃饭的时候是在一起的,即使是将饭端回自己屋吃,平时吃的饭也是大锅饭,也就是说

17

是全家人共用一个伙房,孟家的厕所在正房的后面,平时是整个孟家人所公用的。分家时,孟家的房屋按照人口来划分,不管是小孩还是妇女都可以被算在内。当然嫁出去的女儿不能分到房子,家里的其他人、外人,比如长工也不能分到房子。

孟家人认为不分家的话房屋的所有权最好不要分给每个人,因为那样不利于统一调配。相对于家里的其他人来说,当家人在房屋产权上拥有更大的权力,可以对房屋进行分配。如果没有分家的话,房屋划分给每个人并不好,因为这样不利于家里的团结,当时孟家有几个人抽大烟,平时还会偷家里的东西去卖,他们偷过家里的粮食甚至还偷过孟继英的衣服。在这种情况下,如果将家里的房屋产权分给各屋,那么在家里有抽大烟,"不正干"即不务正业的人的情况下,为了买大烟肯定会将家里属于自己的房子卖掉,而且当时家里的妻子对于丈夫的约束力很小,再加上孟家的媳妇性格都很温和,根本就管不了丈夫,当家人将房子分给各屋后必定不能再管其如何处理,他如果将他的那一间房屋卖给其他人居住,他们一家就只能风餐露宿了,当时生活条件艰苦,其他人肯定也很难帮助他们,这样原本完整的一个家就会被破坏。

孟家房屋是否需要修缮主要由当家人决定,当家人在做决定时也会和家里的男丁商量,如果家里的其他人有意见也可以和当家人提,当家人会根据意见的合理性来考虑。孟家人认为"家有百口主事一人",管理一大家子人绝对不是一件容易的事情,当家人不能一味地听从别人的意见,这样会犹豫不决,不好下决定,孟继良作为当家人的时候,就是一个非常严厉且雷厉风行的人,如果他做了决定基本上就不会改变,家里的其他人对这个当家人也是畏惧的,所以一般不会有人反驳当家人的决定。

4.院墙为界,他人不可逾越

院墙为界:孟家与四邻主要是以院墙为边界,院墙以内是自己家人活动的空间,院墙以外是村子的街道和其他人家的房屋,既然已经有了边界,那么其他人家自然就不能在这个边界范围内活动,更不能修建房屋,如果这样做,必然会引发一场比较大的矛盾。

血缘认同:孟家的房屋由自家人享有,只有孟家的自家人才有使用房屋、继承房屋的权利,外人没有这一权利不能继承,当然出嫁的女儿作为"泼出去的水"自然也不能继承。孟广林曾经在大家分家以前就作为小家分了出去,所以在1942年大家分家的时候,对于房屋,孟广林一家没有继承权。

内心认同:家里的每个人对于家里的房屋所有权都有着清晰的认知,这就意味着每个人都有责任和义务来保护自家的房屋使其不受外人侵占,如果自家的房子被别人家侵占了,这对于自家人来说绝对是奇耻大辱。

自家人管理:孟家的房屋由当家人来管理,房屋的买卖、拆除、修缮、重建由当家人来决定,当然事先还是要和家里的男丁商量一下,如果家里的其他人有意见也可以和当家人提,当家人会根据意见的合理性进行考虑。当家里的房屋进行买卖时,没有优先次序,自然是谁出的钱多卖给谁。对于专属小家庭所有的房屋当家人并没有处置的权力,因为这并不属于全家人共有的财产。

5.房屋私有,不曾被人侵占

孟家的房屋不曾被人侵占,村里的人之间相处得非常和谐,并不会侵占别人家的房屋,当然也不会有人来侵占孟家的房屋。毕竟都是在一个村住着,低头不见抬头见也不好做得过分,而且还闹得两家人关系不好,被村子里的其他人笑话,实在是得不偿失。

6.房屋私有,外界认可尊重

孟家人对自己房屋的产权得到了村民、家族、村庄以及政府的认可,虽然没有相关文字材料的证明,但是在村民的习惯和约定俗成中,其他的人都不可以任意侵占孟家的房屋。

(三)生产资料产权

孟家在1942年以前家里有犁杖五个、有大铁车一辆、牛马60头/匹、羊二百只、鸡鸭三十只,同时每年还会养两头猪。孟家的生产资料全部归孟家的家庭成员所有,当家人对家里的生产资料有直接决定的权力,其他家庭成员除了孟继业以外则处于只能提意见的从属地位,在生产资料的购买、修补、外借等方面听从当家人的决定。孟继业在孟家管地亩,这也就意味着与土地相关的一切事情他都可以管理,生产资料和土地息息相关,所以孟继业可以在生产资料的借取来往、使用等方面自行决定。在孟家还有一个人也就是孟广才,负责管理买卖方面的事务,这些事情一般会用到自家的大车,所以长此以往孟家的大车实际上也归孟广才管理。孟家的生产资料曾经有被土匪侵占过,但是普通的村民承认孟家对自家生产资料的所有权利。

1.牛马成群更有农具若干

孟家有专门的长工去放马、放羊,家里也会割一些草作为饲料,冬天的时候就把夏天的草晾干后再喂给这些牲畜。种田的时候一般不会用牛来耕地,因为牛耕地比较慢,效率低下,所以一般都是用马、骡子、驴等耕地。当时孟家的大型农具主要有犁杖、耙犁而且还有一辆大铁车,小农具也比较齐全,比如锄头、碌碡、耩子、二尺钩、铁锹、耙子等。

2.当家人购买所得

孟家的家禽、家畜主要是购买而来,而犁杖、铁车、耙、锄头等在村中找铁匠、木匠做成。孟家的犁杖是木制的而车是铁制,其中车轮是木制的轮子外面包裹着铁皮,这些农具制作时所花费的财物很多。铁匠、木匠的工钱主要是用粮食来支付,因为当时几乎每户人家里最缺的东西就是粮食,而且当时每户人家的外部交易比较少,家里的钱很少,因此平时支付的媒介主要是粮食。孟家的这些生产资料全部由当家人用家里共有的粮食支付,所以孟家的生产资料属于全家人共有。

3.全家所有,统一调配

孟家的生产资料的所有权归全体孟家人所有。嫁出去的女儿没有份,嫁进来的媳妇有份,分家的兄弟没有份,小孩子也有份。长工在家里干活时可以使用生产资料,但是能使用并不意味着他们可以将生产资料收归自己所有。

孟家人认为如果不进行分家,生产资料的所有权最好不要分给每个人,因为那样不利于统一调配。相对于家里的其他人来说,当家人在生产资料的所有权上拥有更大的权力。

4.家长支配,他人从属认同

在孟家,当家人是生产资料的实际支配者,生产资料的购买、维修、买卖都需要由当家人来安排。孟继业负责管理地亩,所以像这些农具方面的事宜一般都需要他来张罗,这中间的维修过程都是孟继业来跑腿,孟继良只需要做决定即可。孟家的其他人也可以提一些意见,比如家里的哪个农具坏了,需要修了就可以和当家人说一声。

在生产资料的借用中一般都由当家人或者是家里的男性来处理,一般都是孟继业来管理家里借取来往这些事情。出去借别人家里的生产资料一般都是在家里比较忙的情况下,所需的车、马、牛等不能满足家里目前的需要,通常都是由"广"字辈的几个兄弟去借,家里的妇女只负责管家里的劳动,并不会出去和其他村民打交道。由于孟家在村中威望较高,行善较多,村民们都会借给孟家使用,一般使用半天到一天就会归还。

虽然理论上说家里的生产资料所有家庭成员共有,但是这并不意味着家庭其他成员在生产资料的处理中有决定性的作用,只是能够在当家人做决定的时候提一些建议而已。

5.土匪侵占不曾归还

孟家的院子里曾经发生过一次土匪围剿八路军的事件。当时只有三个八路军战士,这三个八路军战士包括一个吕姓政委和两个士兵,当他们被围到孟家的院子里后,孟广君的家人就立刻紧闭大门阻止土匪闯入,土匪当即命人在门口堆柴火意欲放火烧人,当时八路军人数过少,敌我力量悬殊,所以八路军本想自杀以明志,但是孟继业劝道:枪没有了还可以再找到,但是命没有了就什么都没有了。当时的土匪都是当地人,离大六份村只有15里,大家都认识,孟继业就去和土匪谈判:"如果八路军战士将枪上交,你们就不能危害到他们的性命,也不可打骂他们。"后来土匪同意了孟继业的提议,在双方意见达成一致后,孟家的大门也打开了,土匪冲进院子,一部分土匪就开始搜刮家里的财物,一部分土匪抓住了三个八路军战士开始进行殴打,孟继业立即跑上前去护住了八路军战士,村民也纷纷声援:"政委是好人,放了政委!"后来土匪就放了这三个八路军战士。孟家人都在保护八路军战士,所以就没有来得及对侵占自家财物的土匪进行阻止。土匪中比较大的一个官和孟继业认识,孟继业就指着被抢走的棉被、粮食、马匹说这是我们家的东西,希望能还回来。那个土匪头子就私下里和孟继业说,这算是破财免灾了,现在他在这里可以让手下将东西还回来,但是等他前脚走,后脚那些土匪就会再来将这些东西抢走,甚至还会打你们一顿。后来孟继业也没有办法,只能自认倒霉。在这种由土匪造成的侵占中,普通百姓没有办法反抗,保甲长也不会为了普通百姓而出头,在这种情况下就只能选择隐忍。

6.家户私有,外人认可

(1)其他村民对生产资料产权的认可与尊重

其他村民当然是承认孟家对其生产资料所拥有的一系列权利,他们没有侵占过孟家的生产资料,如果想要买卖和借用都要和孟家进行商量,征得其同意以后方可借用。一般村子里有人来孟家借东西孟家都会借给他们的。但是如果孟家不同意,村民不可以强行借用、买卖。

(2)家族对家户生产资料的认可与尊重

孟家的家族尽管从根本上说并不住在一起而且联系较少,但是家族亲戚还是认可孟家对本家户的生产资料的产权,即使是家里的亲戚也不可以随意侵占自家的生产资料,如果想要借用家里的生产资料就一定要和孟家进行商量,只有在人家同意的基础上才可以借用。一般情况下对于亲戚想要借东西的请求,家里都会同意的,所以也没有出现过强行借用的情况。当然如果有人侵占孟家的生产资料,亲戚会在力所能及的范围内给予帮助,但是像土匪那种情况亲戚也没有办法。

(3)村庄对家户生产资料的认可与保护

孟家所在的村庄承认孟家对本家户生产资料的产权,即使是村子里的保甲长也不能随意侵占家户的生产资料。如果村子里想要借用孟家的生产资料则需要和孟家的当家人商量,只有在当家人同意的前提下才能够借用。当然如果村庄强行侵占,普通家户其实也没有办法和村庄的保甲长抗衡。

(4)政府对家户生产资料的认可与保护

官府承认孟家对本家户生产资料的产权,但是平时普通村民和政府的接触并不是很多,也很少产生联系。当时政府不会对村民的生产资料进行管理,也没有什么由政府出具的可以证明村民对生产资料所有权的证明。也没有出现过政府侵占村民生产资料的事情。

(四)生活资料产权

孟家属于当地的大户人家,家里人口众多,生活资料齐全,家里有水井,还有碾子、石磨等生活资料,像板凳、桌椅、柴米油盐这些生活资料孟家自然也是齐全的。家里的生活资料多为购买而来,也有一部分是找村子里的木匠制作而成。家里的生活资料全家人都有份,当家人对于生活资料的购买、维修、借用等有着实际的支配权力,其他的家庭成员只是处于从属的地位。孟家的生活资料没有被村民和官府侵占过,但是曾经有被土匪侵占过,除了那次被土匪侵占,孟家还是拥有对自家生活资料的绝对控制权,并且受到大家的认可和尊重。

1.生活资料,种类齐全

孟家有晒场,当地的叫法是"场院",面积大约有4亩,在家里的院子左边有水井,当时水位较浅,挖大概10米就可以挖到水源,所以水井自家就可以挖而且还比较容易挖。家里的桌椅板凳等家具,油盐酱醋等生活用品更是种类齐全。像桌椅板凳一般没有坏就不会换新,而油盐酱醋在家里二十口人的情况下消耗比较快,家里的油多是动物油,不需要购买,直接用家里的肥肉就可以炼制出猪油。盐、醋、酱等生活用品大概半年就要置办一次。那时候家里还有两个石磨、两个碾子和磙。

2.木匠制造,家户购买

孟家的桌椅板凳由同村的木匠制造,家具制作所需要的费用可以用粮食支付,所需要的粮食约为一石左右。孟家的调味品等需要自家去集市上购买,有的也可以在货郎那里买到。孟家生活在农村,生活花费一直不高,特别是在食物方面,粮食由自家生产,蔬菜由自家种植,到了冬天就是白菜豆腐也可以自给自足。像衣服一般一年到头做上一件,只需要买几匹布,由自家人来缝制,并不需要花钱。

3.全家所有,共同保护

孟家的生活资料全家人所共有,因为当时购买时所支付粮食是全家人共同劳动所得,是家里人的共同财产。在家里换季需要做衣服的时候就是由当家人统一购买几匹布以后分发给各屋,再由各屋自行分配做衣服。分配后多出来的棉花和布匹都是统一交给当家人由当家人处理。分家时孟家的生活资料按照人口来划分,不管是小孩还是妇女都可以被算在内。

二、家户经营

在1942年分家以前,孟家劳动力充足。家中还饲养鸡、鸭、鹅等家禽,骡子、马、牛、羊也有饲养,平时可以用于农作也可以贩卖。孟家祖上没有手艺人,也没有发展工商业等副业,家里一直都是以种地为主。1949年前农村是没有种玉米的人家的,平时种的最多的是谷子。那时候家里没有化肥、农药,还不能灌溉,真的是完全意义上的靠天吃饭,一般都是一亩地打二百到三百斤粮食,仅够年吃年用,若是赶上了灾年甚至还要出去借贷。

(一)生产资料

1942年以前,孟家的土地有近三百亩,家里的男性劳动力只有六个,家里长工有4个,到了农忙的时候孟家还会再雇五个左右的短工。在这种情况下,孟家的人手够用而且牲口和农具更是齐全,孟家的土地全部都是由孟家自己耕种,没有往外租土地。

1.分工合理且有雇工帮忙

孟家的女性都会参加生产劳动,如果不参加不仅会被家里人批评,而且还会被村子里的人说,其中说的内容不仅涉及不参加劳动的女性本人甚至还会上升到其娘家家里,给娘家蒙羞。当然如果有人出现生病、怀孕等情况,当家人会视情况为其安排一些比较轻的工作或者是允许其休息。未成年的儿童是不会参加生产劳动的,因为平时是需要上私塾。而且就算参加生产劳动,小孩子什么都不懂也帮不了什么忙,家里的孩子一般要到十五六岁的时候才开始下地劳动。外人如果和家里没有雇佣关系是不会无缘无辜参加家里的生产劳动的。

1942年分家以前孟家的劳动力比较够用,家里并没有人外出打工,因为家里的地够种,平时只需要种自家的地就已经很忙了,完全不需要外出找事做。虽说家里的劳动力很多,但是相对于孟家庞大的生产劳动来说还是需要请长工的,孟家家里就有五个长工,到了农忙的时候还要请几个短工来帮忙。

孟家也会有请帮工的时候,在自己家里的事情较多的时候就会请帮工,帮工一般都是由孟继业来安排。家里是否需要请帮工以及请多少帮工只要和当家人孟继良说一声就可以,当家人同意了就可以去请帮工。一般情况下家里的帮工都会请自家前后左右的邻居,基本上就是看哪家事情比较少就去哪家请,出面去请帮工的都是"广"字辈的几个兄弟及孟继业。家里对于帮工支付报酬就是粮食,具体的数量应该是根据帮工所干的工作量来定的。

当然孟家也会有换工的情况,平时在村子里住着低头不见抬头见,每家都会遇到需要帮助的难事,因此对于孟家人来说相互帮助很重要。孟家平时出去换工的都是家里的男丁,也就是"广"字辈的几个兄弟。

孟家的长工有的是同村土地较少的人,有的是外村来到孟家打工的人。孟家雇佣长工的决定权在当家人手中。在孟继良当家的时候,孟继业管理家里土地方面的事务,所以家里雇工的相关事务也可以由孟继业管理。家里雇工是自家的事情,并不需要告知四邻、家族、保甲长。当时雇工费用的支付都是用粮食,长工一般是家里管吃管住,一年给两石粮食。

2.牛马农具家户全部自给

正如上文所述,孟家的牲畜及农具齐全,平时完全可以满足自家的需求。但是在农忙的情况下也需要借用其他村民的农具,一般情况下都是由"广"字辈的几个兄弟去借。如果村子里有人来孟家借用农具,孟家也会借出。孟家的犁杖是木制,而车是铁制,其中车轮是木制的轮子外包铁皮,由此估算可知这些农具所花费的财物一定会很多。

(二)生产过程

孟家以从事农业生产为主,家里主要就是种植谷子、豌豆、莜麦、荞麦等。耕作的基本过程就是耕地、耙地、种植、除草、秋收、平整晒场等。家中饲养着牛、马、羊等牲畜,家里的牲畜一般都是由男性来喂养而家禽则多是由女性喂养。孟家没有手艺人也同样没有外出打工的人。

1.农业耕作另有分工负责

1942年以前,孟家一直从事农业耕作,家里也饲养牛、马、猪、羊等,家里并没有人从事手工业等其他副业。所以孟家主要是由孟继业负责决定家里种植什么农作物。孟家的土地采用的是轮作制,比如说今年这亩地种荞麦,明年就种谷子豌豆什么的,这种在同一块土地上在不同年间种植不同的农作物的制度是一种很好的养地办法,这样可以及时恢复由于一种农作物的种植造成的土壤不肥沃的现象,这在没有化肥的年代可以说是养地的极好办法。荞麦、莜麦实际上是十分破坏土壤营养的农作物,所以在种植这两种农作物以后,同一块土地在第二年就要种植谷子来恢复土地的养分。

在孟家的农业生产中一直都是分工明确的。家里的妇女主要负责除草即可,男丁和长工则负责其他的农业生产。在农忙的时候孟广君的父亲孟继业并不上山劳动,有的土地离家比较近干农活的人就可以在吃饭的时间回家吃饭,而离家比远的地自然就需要有人去送饭了,所以孟继业平时负责给上山劳动的人送饭。家里的女性则是负责帮助家里的大师傅做饭,负责处理家里的相关事务。

2.饲养家畜,妇女为好手

孟家主要雇佣长工来放羊放牛,平时家里的猪、鸡、鸭等由家里的妇女来喂养。家里的家畜平时需要喂草,夏天的时候会喂一些新鲜的草料,还会有人将牛羊赶到草比较肥沃的地方放养,到了冬天主要就是喂一些干草。当时家里养的猪主要是自家养大了过年的时候杀了吃肉的,平时主要是家里的妇女喂养。家里的一些鸡、鸭养大了杀了吃肉,同样是由家里的妇女喂养。

由于生产条件很落后,所以牲畜生病较多,一般情况下病死的牲畜会被焚烧以防止病传染到人身上,自然也就不会食用了。家里处理病死的牲口不用告知四邻、家族、保甲长。如果当家人不在,孟继业和几个"广"字辈的兄弟就可以处理。

3.老实本分,世代躬耕务农

孟家并没有人从事手工业等其他副业,家里也没有手艺人,更没有可以传承的手艺。尽管孟广君比较佩服手艺人,不管在哪儿基本上有一手好手艺就不会饿到自己,就能吃饱饭,但是孟家家里确实是没有手艺人,孟家的小孩从小就上私塾,并没有人去手艺人那里当学徒学手艺。

4.外出赶集,贩卖粮食

在孟家,孟广才负责家里粮食的买卖,所以会外出离家30千米左右的集市去卖,一般要耗费六七天,孟广君小的时候就跟着大人去卖过粮食。其间他还看到了集主,发现集主算账的时候在纸上写几笔就算出来了,都不用算盘,当时还挺惊讶的,毕竟小的时候上私塾不学算数,所以在纸上算数对于他来说实在是一件比较新鲜的事情。卖粮食的钱一般是直接交给当家人,这些钱平时不会分到各屋而是留着支付家里的花销。如果有人需要钱也可和当家人说明情况。外出时不需要告知他人,只需要征得当家人的同意即可。当时外出去集市贩卖粮食为了节省时间,到了集市以后,如果东西没有卖完就会住在距离集市比较近的地方,第二天再继续卖东西直到卖完后再回家。

(三)生产结果

孟家每年收获一季的粮食,在年景比较好的时候谷子的亩产会高一些,大约为三百斤,在年景不好的时候一般也就亩产一百斤左右。孟家自家饲养的家禽都是供自家食用的,不会外卖,年景好的时候家里的粮食会外卖一些,有的时候家里也会卖一些牲畜,不过都是直接卖活的并不是杀了卖肉。

1.农业收成可供全家花销

孟家三百亩的旱田一年基本上可以产 60000 斤左右的粮食,土质、温度、降水量等都会影响农作物的收成。一般在种地之后从出苗的时候到结出果实之前就可以知道粮食收成的好坏。虽然粮食收成和土质、温度都有关系,但是实际上起决定作用的还是降水量。在以前,农村庄稼收成的好坏一般都要看那一年降水量的多少,降水量多收成就好,降水量少收成就差。有的时候赶上荒年,庄稼甚至会颗粒不收,那时候就只能靠家里的存粮,但是家里人口多还要交税,所以当家人还要出去借粮,这样才能维持家里一年的生活。俗话说"民以食为天",家里庄稼的收成关系到一家人在今后一年时间里的生活,所以家里的人都会关心收成的。家里的粮食都统一存入粮仓由当家人统一管理。在1942年以前孟家的粮食基本上可以满足一家人一年的需求,收成好的时候还可以卖掉一些粮食以增加收入。收成不好的时候或者是遇到荒年的时候,家人可以吃粮仓里的存粮,在存粮不够的情况下就可以去围场借粮,并且约定在来年庄稼收成后再连本带利归还。

2.家畜饲养,改善伙食

孟家圈养的牲畜一般是先满足家里人的生活需求,在满足家里人需求的前提下再进行买卖活动,这些活动相关的收入都交给当家人统一支配。家里的鸡蛋、鸭蛋不会外卖而是会满足家里人的生活需求,在过年的时候会杀猪改善伙食,在过节的时候家里也会杀鸡来庆祝节日。一般官府来人的时候都是由孟家招待,这个时候孟家就会杀几只鸡、鸭来招待这些人。有的时候家里会卖上几头牛或几只羊来改善一下家里的生活条件,不过也卖不了多少钱,倒不如自家留着。

三、家户分配

在家户分配的过程中,孟家都是由当家人做主,也就是说当家人处于主导地位。分配的对象就是自己家里的成员,农业收入是家里的主要收入来源,因此也是分配的主要来源。在分配时一般会考虑全家人的需求,并且保持家里的收支平衡。家里的食物、衣服、人情等各种开销都是由当家人统一分配的,有的时候当家人也会不定期给全家人一些零花钱以供各屋自行支配。

(一)分配主体

在进行家户分配的过程中,主要以家户为分配主体,孟家都是由当家人做主进行分配的,也就是说当家人在分配中处于主导地位。孟家的事情都是由孟家人自己说了算,外人没有做主的资格,更不要说插手孟家的分配事宜了。

1.以家户为主体分配

在孟家的家庭分配中,家里的零花钱、布匹等都是由家长统一分配的,因此家户分配是孟家的重要分配方式。孟家的家庭成员在分配过程中是以家户为基本分配单位,家户分配主要是在一家人的范围内展开。当然一家人中已经分家出去的人或者是嫁出去的女儿并不参与分配。常年住在家里的长工主要就是在年末领取两石粮食的工资,并不参与其他方面的分配活动。

2.他人服从当家人

在孟家,除了当家人以外的家庭成员在分配中主要是处于可以提一些意见的地位,一般是在当家人做出决定以后,如果家里的其他成员有意见则可以在私下向当家人提出,当家人觉得意见比较有道理就会采纳。家里的人都可以提意见,不管是妇女还是儿童,孟家对于提意见的主体没有要求,关键就在于其提出的意见否是合理。

3.小家庭听从大家户的分配

孟家在大家庭的分配后,是否需要进行小家庭的分配是由小家庭自行决定,家里在大家庭分配时并不干涉小家庭的分配,当家人也不能决定小家庭的分配,小家庭的相关事务由其自己决定和解决。比如在孟家,当家人孟继良有的时候会给各屋发一些零花钱,零花钱发到各屋后怎么处理当家人是不管的,有的人比较精明会将这些钱拿出去放贷,收一些利息补贴家用,而有的人就"不正干",只是将钱用于买大烟来吸。

4.外人不得干预内部分配

在孟家内部进行分配时,不会请示四邻、家族、保甲长,因为这是家户自家的事情,并不会影响到外部也与外部无关,同样的四邻、家族、保甲长也不会介入家户的内部分配。

(二)分配对象

孟家的分配来源主要就是孟家平时的务农收入,分配对象就是孟家自家的人员,外人无权参与家户分配,邻居、朋友这种家户外部成员更没有资格参与家户分配。孟家在进行分配时,分配物主要是家里买来的,而买东西的钱的来源主要是家里在农业上的收入。

1.家庭分配人人有份

孟家在进行分配时,分配对象就是全体家庭成员,这里的家庭成员就是指在同一口锅吃饭的人,像家里"继"字辈的辈分最高的成员孟继良和孟继业,"广"字辈的年轻人,以及"昭"字辈的小孩子以及家里的妇女等都享受着参与分配的权利。

2.分配来源,家户收入

孟家在进行分配时,分配物主要是家里从外面买来的东西,比如冬天的时候在集市上买来的棉花和布料,就需要分配给孟家各房。孟家买东西的钱的来源主要是家里在农业上的收入,在没有钱的情况下也可以用自家的粮食换取物品。

(三)分配类型

孟家的收入分配的来源主要就是农业收入,孟家既没有从事副业,也没有从事手工业,自然也就没有这两方面的收入。家户的收入中一部分就是用于缴税的,当时的税收种类繁多,而且收税全凭官府的人的心意,给家户增加了很大的负担。家户内部分配的时候还会进行零花钱、衣服等方面的分配,全部由当家人主导,小家庭不用担心。

1.农业分配,纳税为主

孟家的农业收成主要就是孟家地里的收入,每年还要缴纳赋税,赋税的多少主要根据家里土地的多少决定,孟家的土地较多,同样需要缴纳的税也很多。如果遇到荒年,政府会根据情况适当地减少赋税。平时的税款是由保甲长亲自来村子里收,税款可以交钱也可以交粮食。在孟家孟广有主要就是负责和官府打交道,当保甲长来村子里时,就是由他来安排其食宿。家里的收成一般需要先交足税款,剩下的用来满足家里的需求。有的时候官府催得比较急,家里难以快速凑齐税款,这就需要家里去外面借粮来缴税。如果交不上税一般会受到惩罚,以当时政府要求交大烟为例,伪满洲国时期,在日本人的统治下每家都要种大烟,并且每家都要在每年交够一定量的大烟,如果不能交够一定的分量就会受到当时的政府的惩罚,较轻的惩罚是将人绑到凳子上灌凉水,而比较重的惩罚就是灌辣椒水。

孟家缴税这方面的事情由当家人管理,当家人是第一责任人。当时的税款种类繁多,不仅有粮食税还有屠宰税、牛羊税、车税等,农民的负担也很重。在当时孟继业还因为缴税被打。事情是这样的,有一天孟继业去山上看地,回来的时候遇见了骑着马的甲长和一个财务局的人,对孟继业说要收屠宰税,孟继业表示现在没有带钱需要回家拿钱来缴税,但是那个财务局的人听了就开始打孟继业,打完后也没有要税就骑着马扬长而去。孟继业回家后把这件事和当家人以及"广"字辈的几个兄弟说了,他们都觉得这个财务局的人欺人太甚,于是就去找村长解决,村长知道后就立即派人将那个财务局的人追了回来并抓了起来,这件事后来就惊动了县财务局,孟家人就决定和那人打官司,于是事情就交给大碾子警察署来处理,官司打了几年,孟家给警察署送了很多的粮食和财物,最终就是判孟家获胜并且罢免了财务局那人的职务。孟家当时虽然是大户,但是却是"受气大户",家里没有人在官府当值,就只能被当官的欺负,即使是家里进行反抗最后还是自己家里花钱,也没有什么补偿。

2.家户整体收入分配类型

孟家的收入分配主要是零花钱的分配,其他的都是当家人统一分配,没有其他需要用钱的地方。当时家里发的零花钱都是现钱,家里的粮食都是存放在粮仓并不会分给各屋。

(四)家长在分配中的地位

孟家的当家人在分配中占有实际的支配地位,孟家的粮食、钱财一般不会分配而是放在一起全家人共用,当家人偶尔也给各房零花钱。像衣服这类物品家里很少买,只有在年末买年货的时候会买上几匹布分给各屋让其自己做衣服。家里的粮食全部存在粮仓而钱财一般掌握在当家人手中并不进行分配。

1.家长分配,主导作用

在孟继良当家的时候,当家人从来没有出过远门,基本上都是在家里,所以不存在当家人不在其他人做主的情况。当时孟家并没有统一分配过私房钱,家里也没有私房地。私房钱全凭各屋自觉,也就是自己想办法去攒钱。

2.衣物分配,家长做主

孟家在换季的时候会添置新衣服,过年的时候也会添置新衣服,一般不用家庭成员主动要,当家人就会安排。那时候的衣服基本上都是自己家里做的,没有买现成的。所以孟家的衣服一般都是在统一买完布以后,将布分给各屋再由各屋自己制作。在冬天的时候也会分发棉花。家里成家的男子的衣服是由媳妇缝制,孩子的衣服是由父母缝制,当家人的衣服是由儿媳妇或侄媳妇轮流缝制。当时负责家里买卖的是孟广才,所以布和棉花也由他负责买。

3.家长主持事务分配

孟家的食物由当家人统一分配,实际上也不存在分配的问题,因为当时家里吃的都是大锅饭,即都是由家里的厨师统一做好后一起吃,当然当家人和妻子吃的是小锅饭,由孟继英负责当家人孟继业的伙食,除了当家人以外家里的其他人包括长工吃的都是一样的大锅饭。关于家里吃什么的问题是家户内部问题,其他人包括四邻、家族、保甲长都无权管理。

4.零花钱分配以家长为中心

孟家的零花钱是由当家人做主以各屋为单位分配的。零花钱的分配并不固定,全凭当家人做主,家里的其他成员一般不会主动要。零花钱发到各屋后怎么处理当家人是不管的,有的人比较精明会将这些钱拿出去放贷,来收一些利息补贴家用,而有的人就"不正干",只是将钱用于买大烟。

(五)家庭成员在分配中的地位

孟家的其他成员在分配中处于被支配地位,他们在衣物、零花钱、缴纳赋税等方面全部听从当家人的安排,可以提意见,但是不可以擅自做决定,在食物方面因为是共灶吃大锅饭,所以也就不存在分配问题。

1.其他成员可以提建议

在孟家,除了当家人以外的家庭成员在分配中主要是处于可以提一些意见的地位,一般是在当家人做出决定以后,家里的其他成员有意见则可以在私下向当家人提出,当家人觉得意见比较有道理就会采纳。家里的人都可以提意见,不管是妇女还是儿童,孟家对于提意见的主体没有要求,关键只是在于提出的意见是否是合理的。当时孟家的土地都是统一耕种,家里并没有私房地,当然也不会统一分配私房钱。

2.衣物分配,当家人做主

家里的衣物分配由当家人做主,家里的其他成员一般会就布匹的花色等提一些意见,一般情况下当家人都会采纳。在购置布料前,当家人多会向家中负责缝制衣服的妇女询问,在了解到他们的需求后再进行购买。

3.全家共食,无需担忧

孟家一家人吃的都是大锅饭,即由家里的厨师统一做好后一起吃,当家人和妻子吃的是小锅饭,由孟继英负责当家人孟继业的伙食,除了当家人以外家里的其他人包括长工吃的都是一样的大锅饭。平时家里就是吃小米饭、莜麦面、荞麦面,荞麦面还分甜荞麦和苦荞麦。家里的菜园子里夏天会种一些茄子、柿子、黄瓜等蔬菜,所以夏天的菜比较丰富,冬天的时候家里就吃腌酸菜、咸菜,没有新鲜的蔬菜。

4.零花钱分配,其他人员从属地位

孟家的零花钱由当家人做主,家里的其他成员无法决定,毕竟家里的全部财产是掌握在当家人手里,其他人并没有做主的权利,最多是在零花钱分配时就零花钱分配的时间、多少提一些意见,至于是否采纳就取决于当家人的想法。

5.赋税租金,无法做主

伪满洲国时期,苛捐杂税繁多,每年要交的税款在家庭的支出中可以说是一大部分了,所以只有掌握着家里资金的当家人才可以做决定,当然除了当家人以外,孟家管地亩的孟继业也有权力管理。具体要交多少税款是根据自家土地多少决定的,自家人无法决定。

(六)分配统筹

孟家在分配时所分配的东西主要就是衣物和零花钱,家里的粮食是由当家人统一管理,并不需要分配,对于需要分配的东西除了当家人以外其他人都是平均分配,不能偏心。

1.考虑:全家需要,收支平衡

孟家在分配的时候,主要是以满足全家人的需要为前提,要照顾到全家所有人的需要,

一般不会出现偏心的情况,孟家当家人孟继良是非常严厉公正的,一般不会在分配时偏向哪一屋。

2.次序:食物分配为先

孟家在分配自家产品的时候,"自家消费,地租赋税"这几样是以赋税为先,其次是自家的消费。一般遇到荒年的时候,自家家里不够吃就算是出去借贷也是要缴税的,因为当时非常的严厉,如果不交税,不仅会挨打还有可能被抓,俗话说"民不与官斗",孟家不会抗税。

3.数量:分配规则

孟家在分配的时候主要是按照平均分配的原则,因为如果不平均分配,家里人很容易产生矛盾,破坏家庭团结。分配的时候一般是按照人口进行分配的,人口越多分配的东西就越多。病人和孕妇是特殊群体需要补充营养所以在分配的时候会多分配一些。家里人对于这种情况是比较理解的,不会质疑也不会反对。在农忙的时候家里的雇工比较多,除了一部分要送到地里吃,剩下的回到家里吃的都要先吃,也就是说家里的人要等长工们吃完了,去地里干活后家里的其他人再吃饭,这就算是长工的特权了。当家人在分配的时候是有特权的,比如家里平时吃饭的时候其他人吃的是大锅饭,当家人吃的就是"小灶",当家人孟继良的小灶由孟继英负责。除了这一特权以外,当家人还可以自行贩卖自家的粮食,孟继良当家时会抽大烟,当家里种的大烟抽完了以后就要再买大烟,当时孟继良就有拿家里的粮食出去换大烟的情况。家里人知道这种事情但是却不会对当家人产生怀疑,因为当家人在孟家的权威是非常大的,家里人都很敬畏当家人,所以也不会说什么。

当年景不好的时候,家里人分配的零花钱会少一些,甚至不分配,新衣服少做一些,或者是不做新衣服,家里平时吃的饭省一些,这样基本就可以度过一年了。

(七)分配结果

孟家在分配的时候都是尽量做到公平公正,收支平衡。家庭成员基本上没有不服从当家人的,全部听从当家人的分配。

1.结果:家庭分配的比重

当时家里在赋税、衣物、零花钱等方面进行分配的具体比重孟广君也记得不是很清楚,但可以估算一下,因为当时的税有粮食税、屠宰税、大车税等,孟家的东西比较齐全,这些税款基本上都是要交的,再加上孟家的土地也比较多,所以赋税在孟家的分配中应该占有一半的比重。而其他的分配比如衣服、零花钱就不是很多了,而且可以根据家里的生活条件灵活调节。如果年景不是很差,孟家的分配完全可以自给自足。

2.调整:根据年景

对于已有的分配结果家庭成员一般都会服从,并不会提出反对意见,因为家庭成员是非常敬畏当家人的。孟家每年的分配结果不一样,一般会根据年景进行调整,年景比较好的时候会多分配一些,年景不好,甚至是荒年的时候就少分配一些甚至节衣缩食。

四、家户消费

(一)家户消费及自足程度与主体单元

孟家的耕地充足,这样实际上就减少了家里平时粮食消费上的支出,孟家的牛马、农具比较齐全,除了在最初置办的时候需要花费一些钱,到后期实际上不需要家里支出。平时家里在零花钱的分配和衣物上的支出并不多,家里在医疗方面的花费也比较少,当时村子里也没有什么比较正式的医院,平时家人的体质比较好,基本上不会花钱买药。关于教育的花费是比较多的,孟家的适龄男丁基本上都要上私塾,所以教育上的花费比较多。当时人情支出实际上并不多。以上所列举的花费都是基本上的,在年景比较差的时候家里分配的零花钱会少一些甚至不分配,新衣服少做一些,或者是不做新衣服,除了这些以外其他的消费还是要满足的。家里的消费全部由当家人安排,小家庭不需要花费。

尽管孟家有近三十口人的花销,但是孟家在粮食、蔬菜、衣物、医疗、教育、人情等方面的消费都是可以自给自足的,无需外借。孟家的粮食不需要外购,家里的蔬菜同样也不需要外购,这样家里花费比较多的实际就是在衣物和教育方面,人情方面的消费比较少。

孟家每年的粮食、食物、衣物、医疗、教育、人情等消费都需要本家户来负担,并没有宗族、村庄等负担的部分。在孟家,这些消费都是由当家人安排,有的时候需要与家里人商量一下,并不需要告知四邻及保甲长等。

在孟家,除了当家人以外的家庭成员在消费中主要是处于可以提一些意见的地位,一般是在当家人做出决定以后,如果家里的其他成员有意见则可以私下向当家人提出,当家人觉得意见比较有道理就会采纳。家里人都可以提意见,不管是妇女还是儿童,孟家对于提意见的主体没有要求,关键只是在于提出的意见是否合理。在实际消费中并没有先后次序之分,有的时候当家人可能会先消费,但是这样的情况比较少,有的时候是按照辈分大小确定先后次序,但是大多数情况还是一家人一起消费。

(二)家户各类消费情况

1.家户负担总体消费,富有盈余

孟家一年的具体花费总体上说不多,孟家的粮食是地里产的,不需要外购,家里的青菜由自家种植,当时家里也不用买种子和化肥,所以家里在生活方面的支出并不是很多。其中有一部分收入要用来交学费。孟家的收入基本上可以维持一大家人的花费,不过也有不能维持的情况,就是在荒年的时候,家里的土地收成不好,这时候就只能出去借粮了。

孟家在消费时,费用主要由自家负担,宗族以及村庄不会负担。即使是有些消费无法负担那也是自家想办法解决,其他人是不用承担本家户的消费。

2.粮食自给,家户负担

孟家的粮食产量完全足够孟家的家庭成员的消费,不需要外购。在年景不好的时候孟家人就要节衣缩食或者是出去借粮。即使是这样,孟家在分家以前还是没有人逃荒。不过在分家以后,在1949年的时候,孟广禄、孟广林就逃荒。逃荒前一般会将家里的房屋和土地卖给其他人,对于家里的孩子,年纪较大的女孩子就在逃荒前嫁给别人,只带着家里年纪小的孩子逃荒。孟广禄当时有抽大烟的恶习,在孟家分家以前还有当家人管理,但是分家以后没有人管了,孟广禄就开始倒卖家里的东西来换大烟抽,以至于后来实在是不能维持生活,只能逃荒。孟广禄在逃荒的时候将女儿留给了孟广有,自己则带着妻子逃荒到了围场,当时逃荒依旧是个很困难的事情,一路上饿死的人不计其数,孟广禄和妻子的目的地是围场,当时孟广君也不知道他们最后是不是到了围场,是否在路上出了意外,因为孟广禄一家至今也没有音讯,孟家重新写家谱的时候还专门找了孟广禄及其后人,但是除了当时被留给孟广有抚养的女儿外其他人都没有找到。孟广林逃荒的时候则是挑着筐,筐的一边是孩子,一边是锅碗等家当,当时也没有什么值钱的家当,更没有钱买吃的,所以就只能沿途乞讨,孟广林就这样带着自己的三个孩子一边乞讨一边逃荒到了林东,至今家里人依旧在林东生活。

粮食消费实际上算是孟家比较大的一笔支出,但是由于孟家的粮食可以自给自足,所以倒不用想其他办法来满足此项消费,而且即使是在荒年,在粮食方面的消费村庄也不会负担,一切全凭家户自己解决。

3.家户承担食物消费

孟家的蔬菜是自己种植,孟家的东墙外有一个菜园,菜园里主要种植一些白菜、萝卜、茄子、土豆、豆角等,因此在夏季家里的蔬菜是非常充足的,完全不需要外购。到了其他季节家里会储存一些蔬菜,比如腌的酸菜、咸菜等。孟家还有养鸡、鸭、鹅等家禽,这些家禽下的蛋都由自家食用,家里也会杀猪、羊等来提供自家生活所需要的肉类。孟家自产的食物完全可以满足自家的需求,只有过年的时候需要上集市买一些海带、粉条、酒等。家里的食物完全可以维持自家的生活需要,如果是年景不好的时候则需要家里减少食物的消费,节衣缩食。

孟家在食物方面的消费全凭本家户自行承担,其他人不会负担本家户的消费,村庄也不会负担本家户的消费。而且孟家的蔬菜、蛋、肉全部可以自给,实际上每年的花费并不是很多,家户完全可以负担。居住在农村,家里的菜园里可以种植各种蔬菜,再加上平时家里有饲养家禽、家畜,家户完全可以在不怎么花钱的情况下满足家里人对于食物的需求。即使有时候本家户对于食物消费无法负担,那也是自家想办法解决,其他人不用承担本家户的消费。

4.衣物消费,布匹外购

当时一般在换季的时候会添置新衣服,过年的时候也会添置新衣服,一般不用家庭成员主动要,当家人就会安排。那时候的衣服基本上都是自己家里做的,没有买现成的。所以孟家的衣服一般都是在统一买完布以后,将布分给各屋再由各屋自己制作。当然在冬天的时候也会分发棉花。家里成家的男子的衣服是由媳妇缝制,孩子的衣服是由父母缝制,当家人的衣服是由儿媳妇或侄媳妇轮流缝制。缝补衣服也是一样。当时负责家里买卖的是孟广君的大哥孟广才,所以买布和棉花也由他负责。家户平时的衣物消费完全可以满足自家人的需要,并不需要借他人的衣服穿。如果年景不好,家里的衣物消费就需要节约了,一年就要少做几件衣服甚至是不添置新年衣服。

孟家在衣物方面的消费全凭本家户自行承担,其他人不会负担本家户的消费,村庄也不会负担本家户的消费。本家户的衣物消费并不多,而且平时只是买一些布匹,衣服是自家缝制,因此衣物消费的成本更是不高,本家户完全可以负担。即使有时候本家户对于衣物消费无法负担,那也是自家想办法解决,其他人不用承担本家户的消费。

5.住房消费,房屋充足

孟家有十几间房屋,完全可以满足孟家人的居住需求,并不需要借住或者租住别人的房屋。家里闲置的房屋会等到有男丁成家的时候分给其居住,所以即使家里有闲置的房屋也不会外租。

6.医疗消费,花费很少

孟家人身体比较健康,基本不生病,生病的时候一般也就是有一些头痛脑热,根本不用去看医生,喝点姜汤、红糖水,盖着被子发发汗,基本上一晚上就好了。而且当时村子里只有一家私人诊所,诊所里的医生是个中医,平时家里有谁身体不太好就可以去找他看病,或者是有的时候其他人家有了药方，可以直接去中医那里抓药，不过当时的花费并不多，所以孟家基本上没有什么医疗消费。不过孟继英年轻的时候身体不好，腰腿一直疼需要长期吃药，但是孟继英的医药费主要是自己来负担。平时她会做一些鞋子，当时商品经济不发达，村子里卖东西的很少更不要说卖鞋了，所以孟继英卖鞋的销量很好，自己能挣很多钱，孟继英挣的钱不用交给当家人，主要用于给自己买药治病，孟继英的病治疗了很长时间，以至于错过了嫁人的年纪，到后来病虽然治好了，孟继英也因此一直没有嫁人。孟家在村子里遭遇鼠疫期间有三人感染上了鼠疫，在治疗的时候买药的医药费就是家里的当家人出的，不过感染鼠疫后四五天就去世了，所以医药费的花费并不多。

孟家在医疗方面的消费全凭本家户自行承担，其他人不会负担本家户的消费，村庄也不会负担本家户的消费。孟家在医疗消费方面的支出非常少，因为当时的人体质好，基本上不得病，生病时也不用看医生，自己喝点姜汤、红糖水发发汗就好了。

7.人情消费，礼轻情意重

孟家在分家以前的人情消费并不多，平时走亲戚主要带一瓶酒或者一些点心，花费也不是很多。人们生活得并不富裕，所以即使是喜事也不会大操大办。礼物多以实用为主，比如布匹、鸡蛋、粮食等。孟家的人情消费都是根据自家的生活情况量力而为，并不存在攀比的情况，所以人情消费的压力较小。孟家的亲戚之间会通过随礼等活动相互走动。

8.红白喜事，家户可以维持

当地的红事白事的消费其实并不多，因为当时家里的生活条件并不是非常富裕，所以在这些事情上只需要摆几桌酒席就可以解决，而且家里的肉菜等都不需要出去买，所以最后只是在酒上花一些钱。孟家平时在村子里的威望比较高，和孟家人交好的人也比较多，所以来参加的人还是比较多的。当时家里办红白喜事的消费一般都量力而为，毕竟生活困难，在办完这些事情后还要过日子，若是为了办这些事情就卖房子卖地那实在是得不偿失，最后还要被村子里的人在暗地里嘲笑说家里人"不正干"。

孟家的红白喜事消费由当家人做主，家里的其他成员可以提意见，但是不可以做决定。在红白喜事的酒席的安排上当家人是可以做主的，但是当家人一般不会安排，像这种事情当家人一般都是安排家里的男性年轻人也就是孟继业和几个"广"字辈的兄弟去做，当家人主要就是在最后决策上发表看法。像红事，也就是家里有人结婚时，出力最多的实际上就是结婚的那个人的父母，在喜宴、流程、请客这些方面都是由他们来张罗，当家人只需要在听取他们的想法后将所需要的财物给他们就可以了。

9.教育消费，可以维持

1942年前，孟广君在村里上私塾，孟家的几个兄弟都上过私塾。学费为每年两石粮食，刚开始上私塾的时候家里还要请老师吃顿饭，逢年过节的时候还要给老师送一些烟酒之类的礼物，这样主要就是为了表示对于老师的尊重。孟家非常重视教育，孟家的男丁基本上全都上过私塾，在私塾读差不多六七年才停止读私塾。由于孟家人重视教育所以并没有出现辍学的情况，孟广君在私塾没有学完五经是因为1949年后私塾停止经营了，并不是因为家里人不让读书了。孟家的男丁不仅读过私塾，孟广才和孟广有的孩子还读过日本人办的学堂，当时学堂的收费也比较高，由此可以看出孟家人非常重视教育。

10.其他消费,偶有外购

孟家需要外购的东西比较少,只有在每年过年的时候会出去赶集,买一些年货,如海带、粉条、冻梨等。

孟家在其他方面的消费全凭本家户自行承担,其他人不会负担本家户的消费,村庄也不会负担本家户的消费。即使有时候对于其他方面的消费无法负担那也是自家想办法解决,其他人不用承担本家户的消费。

11.教育衣物,花费较多

孟家每年的粮食、食物、衣物、医疗、教育、人情等消费中粮食属于平时地里的产出,并不需要外购,同样的一些食物也多为自家自产自销并不需要外购,衣物大概每年会买几匹布来做,其实花销也不大,如果家里收成不好这部分的花销可以舍去,医疗方面的花费其实就更少,教育上大概每人每年两石米,人情消费根据当时的情况其实并不多。由此比较孟家在衣物和教育方面的消费还是比其他消费高一些的。

五、家户借贷

孟家家里有几百亩地实际上不需要借贷,但是有一个无法忽视的问题是,孟家的土地完全是靠天吃饭,在年景好的时候收成比较好,家里的粮食也够用,能够满足家里的各种需求,但是在年景不好的时候,也就是荒年的时候地里几乎颗粒无收,这时候孟家就会去围场借贷粮食。

(一)借贷单位

孟家借贷的原因大多是因为年景不好,家里的存粮不够,不能满足全家人的生活以及纳税需要,而且这个时候家里凭借存粮也无法支付家里长工的工钱。借贷多是以本家户为单位,由当家人安排,也存在个人借贷的情况,当家人不会干预个人借贷,但是个人借贷后还贷也是自己还,家里人如果不是到了万不得已的时候不会帮助还贷。

1.荒年低产靠借贷

孟家在分家以前也和别人借贷过,当时孟家借贷的原因大多是因为年景不好,家里的存粮不够,不能满足全家人的生活及纳税需要,并且家里的存粮也不能支付长工的工钱。如果家里需要的粮食不多,就会同本村家里土地比较多的人家借粮,这样如果借的不多在来年还粮的时候也不用还利息,如果家里需要的粮食比较多那就要去借高利贷了,当时借贷借的一般都是粮食。而借高利贷的人会看一下家里有多少土地,估计一下,觉得在来年收成的时候能还得上才借,否则是不借的。高利贷有很多种形式,一般是"五分利""一个俩""驴打滚"和"一米三谷",五分利是春借一石秋季还一石半;"一个俩"是指春借一石秋还两石;"驴打滚"就是利上加利也就是利滚利;至于"一米三谷"就是指春天借一斗米秋天还三斗谷。当时孟家借高利贷的情况多为"五分利"或者是"一个俩"。

2.借贷单位为家户

当时借贷的时候都是以本家户为借贷单位,很少有几家人一起借贷的情况。村庄更是不会作为借贷的主体存在,即使是在荒年,借贷仍旧是本家户内部的事情。孟家并没有和其他家户一起借贷的情况,但是有的家户是有这种情况的,因为当时的借贷要看家户有没有偿还能力,像有一些家户家里比较贫穷根本不具备借贷的条件,因此就需要几户人家一起作为借贷的共同主体,将家里的土地一起作为抵押,这样才可以借到一些粮食。

3.家庭借贷自主性

孟家在 1942 年分家以前的借贷都是自己家里统一借贷,由当家人安排。当时借贷一般是为了满足自家人的生活需求和纳税需求以及为了给家里的长工发工钱。全部都是由当家人做主并不需要请示和告知四邻、家族、保甲长。

(二)借贷主体

在孟家,当家人在借贷活动中处于主导地位,其他人属于从属地位,借贷的具体事宜是由当家人决定的。不过虽然当家人是决策者,但是关于借贷的具体事宜还是由家里的年轻人去办理,毕竟当家人孟继良年事已高,不适合奔波到围场借贷。

1.家户借贷,当家人主导

在孟家的借贷中,当家人是实际支配者,孟家的当家人孟继良常年在家,并不存在不在家的时候由其他人做主的情况。因为借贷对于全家人来说是一件非常重要的事情,关系到家户未来一年的生活,所以必须由当家人来做决定。

2.委托借贷需家人

当时孟家在借贷的时候不需要当家人出面,由当家人打发家里的年轻人去借贷即可,借贷的协议上写的是去借贷的人的名字。但是当家人并不需要写委托书,大家知道就可以了。因为当时并没有分家,家里的财产粮食都是在一起的,借贷来的粮食是大家一起用,还贷的钱也是家里人共同负担,所以当家人只是在内部做决定,其他人无论是谁出去进行借贷都是代表着本家户,所以并不需要写委托书。不过虽然不需要写委托书,但是还是需要口头上的委托,否则家庭成员私自去借贷的后果是不会由本家户来承担的。当时孟继良就会打发孟继业或者是几个"广"字辈的兄弟前去借贷,为了防止有人私自借用当家人的名义去借贷,每次借贷前当家人都会在全部家庭成员面前委托一人或几人前去借贷。

3.其他成员不做主

当家人处于主导地位,家里的其他成员则是处于从属地位,可以就具体事宜提一些意见,但是却不能做决定。并且家里的其他成员也是可以代替当家人前去借贷的,当然这需要有当家人的委托。

(三)借贷责任

当家人是第一责任人,今后的还贷工作则由全家人共同承担。但是在本家户以外像家族的亲戚并没有帮助家户还贷的责任。借贷后的还贷责任是属于全家人的,并没有明确规定谁的责任比较少,谁的责任比较多,但是在未来的农业活动中,家里的成年人都要付出劳动,所以应该是家里成年人的责任比较多。

1.第一责任人

如果是大家庭借贷,当家人是第一责任人,其他家庭成员也有责任还贷,不过家庭之外的人比如家里的亲戚、四邻等没有享受到借贷的好处,因此也就没有承担责任的义务。如果是小家庭借贷,小家庭的借贷人就是第一责任人,小家庭里的人是有还贷的责任的,大家庭的其他人是没有义务帮助小家庭还贷的,更不要说是家族里的人了。当然当家人不会把家里的事情管得太细,毕竟家里的人很多,事情也多,所以像个人借贷这种情况也是存在的,借贷的这个人自然就是第一责任人,他本人就有还贷的责任,家里的其他成员不需要帮助他还贷。

2.当家人主导

孟继良常年在家,很少出门。在孟广君的记忆里,孟继良就是一个十分威严的大家长,坐在炕上,手上拿着烟袋锅子,家里的大事小情都要由他来做主。如果是借贷的时候当家人不在,其他人是无法做主的,但是如果是还贷的时候当家人不在,做主的人就是当时被当家人委托去借贷的人,由他去还贷。

3.偿还贷款,人人有责

贷款实际上是全家人的事情,家里之所以贷款是因为家里的存粮不足以支撑家里人度过整整一年,借贷实际上是为了全家人的生活需求,所以借贷以后家庭成员都有责任来还贷。

(四)借贷过程

当地借贷不需要抵押,借贷方会根据农户的还贷能力决定是否借贷给对方,借贷还需要请保人,立协议的时候还需请保人吃饭。孟家并没有参加用钱组织。

1.契约签订,实际借贷人署名

借贷虽然无需抵押,但是需要写贷款协议。借条上会写清借贷期限,注明还贷时间,借条的署名是当家人。当然这实际上是看情况的,如果是家里的当家人去借贷的,就是当家人署名,如果是家里的其他人去的,署名就写去的那个人。孟家一般实际去借贷的人都是家里的年轻人,所以署名一般不会是当家人。

2.宴请保人,当家人安排

借贷需要请保人,一般请自己家里的亲戚或者是同村的人当保人。借贷完成以后要摆酒席,请保人吃饭以表示感谢,座次方面是保人在上座其他人则是按辈分依次向下排。既然是请人吃饭就一定会喝酒的,当时家里一般在过年期间买酒,不过不会喝光,剩下的就留着平时宴请的时候用,以备不时之需。

3.利息约定俗成

在当时贷款的利息早有规定,当家人并不能决定和更改。高利贷有很多种形式,上文已经说明。孟家借高利贷的情况多为"五分利"或者是"一个俩"。

(五)还贷情况

当时还贷是要送到对方的家里,这是约定俗成,一般是在来年秋收之后还贷。孟家并没有借贷还不上的情况,当时存在父债子还,夫债妻偿的情况。孟家在分家后债务也会分割。

1.男丁主导还贷

当地是在来年秋收之后还贷,当时贷的全部是粮食,还的时候也是一次性还完。孟家主要是家里的男丁也就是孟继业和"广"字辈的几个兄弟去还,一般情况下是去借贷的那个人去还贷。孟家在还贷的时候都是一次性还完,不过当时也有的人家一次还不完就要分批归还了。就还贷来说,一般是当时借的是什么就还什么,不过"一米三谷"这种借贷形式可以在春天借一斗米秋天还三斗谷。

2.到期偿还否则重新担保

孟家基本上都可以还清贷款,但是也有第二年在规定日期还不了贷的,这就可以和对方商量是否可以分期还贷,不过这就要重新写协议,请保人。

3.分家以后,债务分割

在当家人去世以后,家里的贷款要偿还,主要是由新的当家人来偿还贷款,如果在当家人去世后就分家了,那么家里的债务同样也分开,一般根据分家后每个人分到家产的多少来分摊债务。如果兄弟已经分家了,兄弟的债务其他兄弟是没有义务偿还的,如果没有分家兄弟是以家户的名义借贷,那么其他兄弟是有义务还贷的,但是如果是以自己的名义借贷,其他兄弟即使没有分家也是不需要帮助其还贷的。如果子孙不能偿还,债主是可以拿家里的其他东西抵债的。不过鉴于孟家的生活条件很好,所以并没有出现欠债不还用家产抵债的情况。

孟家在当家人孟继良去世以后,接下来的当家人孟继业还是要偿还孟继良当家的时候欠下的债款的,因为即使当时借贷的名义上是孟继良但是借贷的用途是为了整个孟家,所以新的当家人还要继续还清债款。

4.父债子偿,夫债妻偿

如果是父亲欠了债,儿子是需要帮忙还债,当然如果父亲还健在父亲就是主要的还债人,债主平时讨债也是只找父亲,如果父亲去世了,那么儿子就要帮忙归还了。如果是丈夫欠了债,妻子需要帮忙归还,因为在中国人看来,夫妻本是一体的,妻子有义务对丈夫做的事情负责。不过如果妻子在丈夫借债后和丈夫离婚了,或者是在丈夫去世后改嫁了,那么不需要帮忙还债。

孟家在没有分家的时候在大家户范围内不存在这种情况,因为在孟家只要是以整个孟家的名义借的钱都由整个大家户来偿还,但是在孟家的小家庭内实际上是存在私自借钱的情况的,在这种情况下就只能由小家户内部自行偿还了。比如孟家有的几个"广"字辈的兄弟就有抽大烟的恶习,因此欠下了很多债务,在这种情况下,大家户就不负责偿还了,在分家后,这些抽大烟的小家户还因为欠债只能卖房卖地逃荒去别处。

六、家户交换

1942年以前,孟家在对外交换时,主要是以整个大家庭为主体,当家人孟继良是孟家的代表,孟广才是孟家交换活动的主要实施者。各个小家庭处于从属地位。交换的客体比较广泛,主要包括集市、卖货郎。

(一)交换单位

孟家在进行交换活动的时候主要是以家庭交换为主,家内的小家和个人很少有交换行为发生,有时是当家人孟继良委托家里的成年男性去交换,一般是以整个大家庭为出发点进行交易,不代表个人的利益。

1.家庭交换

孟家进行经济交换时一般是由当家人安排的,具体的情况是由孟广君的大哥孟广才负责。当然这种经济交换属于家里的内部事务不需要请示四邻、家族、保甲长。在孟家,家里的小家庭也是可以单独展开经济交换活动的,事先不需要和四邻、家族、保甲长请示。

2.个人交换

在孟家,个人也是可以单独展开经济交换活动的,事先不需要和四邻、家族、保甲长请示。孟继英就是经常进行个人交换,平时会做鞋去卖,卖鞋得来的钱也不需要交给当家人,自已处理就好。

（二）交换主体

孟家进行经济交换时一般由当家人孟继良安排,具体的情况是由孟广才负责。孟广才负责赶车到距离家里 30 里的集市去进行经济交换,在六天左右后回到家里将这期间赚到的现金交给当家人。当家人在其他一些需要进行交换的活动上并不一定是亲力亲为,亦可以委托他人。

1.当家人交换

当家人孟继良由于年岁已高,一般家里去集市的交换事宜是由孟广才负责。事后和当家人汇报即可。

2.其他家庭成员交换

在家户中,除了家长之外的家庭成员是处于从属地位的,在交换的过程中,家人在大型的交换活动上不可以擅自交换。但是在一些比较小的事情上,比如是在货郎那里买一些针线什么的,其他家庭成员可以做主。

（三）交换客体

孟家在日常生活中的交换客体有很多,比如集市、货郎,但是当地没有粮食行,孟家在家里有余粮的时候会在集市上将粮食卖掉,买卖粮食的交易一般不会在粮食行进行,当时在当地并没有"人市"。在集市上充当管理者的人是集主,集主会负责管理集市上商品的定价,价格偏低或者偏高都不被允许。

1.集市交换,专人负责

在孟家,当家人并不是和集市打交道的代表,具体负责这一方面的是孟广才。孟广才一般会赶车到距离家里 30 里的集市,之所以去这个集市是因为这是离家里最近的集市了。去集市的距离较远而且要卖的东西较多所以孟广才一般要出门六天左右。当时集市上有专门负责集市价钱的协调者,被称为"集头",当开始摆摊卖东西时,集头就会出现并和卖方进行协商,定好价格后才开始正式做生意。

2.卖货郎,货郎挑

村子里有流动商贩,被称为"卖货郎",一般卖货郎会挑着"货郎挑"走街串巷卖一些针头线脑小玩意儿。一般家里面如果哪个屋缺少某些东西就自己和当家人说明情况,当家人将钱给他然后让其自己去和卖货郎进行交易,并不需要当家人出面。

3.集市交换,集主管理

集市上有专门负责集市价钱协调的人,被称为"集头",当家人可以和集主打交道,但是孟家当家人一般不出面,全都是由孟广才打交道。

（四）交换过程

在孟家,整个交换过程中的具体负责人是孟广才,交换活动并不需要当家人亲自出面,同时在交换过程中进行的货比三家和选择交换对象的活动也是由孟广才来负责,集市上没有赊账的情况,即使是熟人之间也是不会赊账的。孟家没有过赊账交易。

1.家户买货,货比三家

孟家在交换的过程中,会货比三家,经常与熟人交换,彼此之间熟悉了价格就会便宜。当时村里有在集市上做买卖的,买东西的时候也会先买自己认识的人的东西。买东西的人不一定是当家人，谁去购买都可以和熟人交换，不需要得到当家人的特殊授权。

2.余粮买卖需过斗、过称

孟家除去自己吃的粮食、结算给工人的粮食、做种子的粮食之外，其余的粮食是会拿出去卖的，都会过斗、过称，就是由收粮的人提供斗，当时东北的斗是日本人统一的，五十两为一斗，很好换算。

当时孟家在集市上交换的时候是没有赊账的，因为当时集市上买卖的人都不固定，如果赊账，后续还账不好处理。

第三章　家户社会制度

  孟家在未分家之前,家里的大多数成员都已经结婚,在定亲成婚的时候一般都讲究门当户对,但是灵活变通,并不教条。在婚配原则上讲究"兄长优先,长幼有序",但是并不教条。孟家可以说是人丁兴旺,各支下面均有后人,家里的人也都能生育,家里并没有未婚生育的状况发生。孟家一共发生过两次分家的事情,第一次是小家庭的分家,发生在孟继良当家的时候。第二次分家就是比较大规模的分家,是在孟继良去世后。对于孟家来说家户赡养是家户的内部事务,在未分家以前,孟继良的养老由全家共同负担。在孟家分家以后,孟继英在分到一部分养老钱和养老地后,同孟继业一家生活,孟继业去世后孟广君承担着赡养老人的义务。孟家的父子之间、夫妻之间和婆媳之间以及妯娌和兄弟之间的关系十分融洽,没有发生过大的冲突,彼此之间互帮互助、互相关爱。孟家在对外关系方面也十分融洽。

一、家户婚配

  孟家基本上没有打光棍的人,也没有守寡的人,但是孟广君的姑姑孟继英一直未嫁,吃住都在孟家,平时负责当家人孟继良的饮食。当地讲究父母之命,媒妁之言,并没有自由恋爱的情况发生,子女基本上都是听从父母的安排。在婚配原则上讲究"兄长优先,长幼有序",但是并不教条。孟家在婚配形式上出现过续弦的情况。

(一)家户婚姻情况

  1942 年未分家以前,孟家"广"字辈的七个兄弟除了孟广君外已经全部结婚,孟继英则是一心向佛,并未嫁人。孟家的姐妹也已经嫁人,其中三个嫁到了本村。当时婚姻范围比较广,可以在同村结婚也可以在离家较远的外村找对象。孟广君说,在婚姻过程中讲究门当户对。一般都会找和自己家里家庭条件差不多的人成婚。

1.适龄青年已完成婚配

  孟家在 1942 年分家以前,孟广才与妻子崔氏育有 1 儿 6 女,1949 年前已经有几个结婚的了,孟广福与妻子魏氏育有一女,孟广林在孟家分家以前约 1936 年的时候就已经分家单过,所以在此并不算在内,孟广有与妻子张氏育有 1 儿 2 女,孟广禄与妻子李氏育有一女,孟广存与妻子付氏育有一女,孟广君年龄尚小此时并未成婚,孟继英终身未嫁。

2.近亲不可通婚,结亲并非门当户对

  在当地近亲不可以结婚,如果两家没有亲戚关系但是姓氏相同的两方可以成婚,基本上出了五服以后就不算是近亲关系,且非近亲可以结婚。本村和本村的人可以结婚,本村和外村的人自然也可以成亲。在婚姻过程中讲究门当户对,大户人家大多数会与大户人家的人通婚,当然也有例外情况,这种门当户对并非等级森严,不可逾越。如果是对方比较适合且家世

清白,那么也不会过于拘泥于对方是否是和自己一样水平的人家,孟家虽然是大户人家但是没有封建社会的一些陋习,门当户对只是一个标准而已,像孟广禄在分家后妻子去世后也有续弦,是一个寡妇,其身份实际上完全不符合门当户对这一要求,但是也不会有人反对。当时家庭规模对于结婚的讲究其实影响并不是很大,毕竟结婚的具体程序每家差不多,影响大的是在结婚时的当家做主方面,如果家庭成员比较少,父母做主即可,但是像孟家这种三代同堂的大家庭,除了需要父母做主还需要家里的当家人孟继良做主。

(二)婚前准备

在结婚之前,一些具体的事情都由父母做主,对于对方的相貌、年龄、家庭环境都是由父母通过媒人和对方的熟人来进行了解,最后要由当家人做决定。当时是没有自由恋爱的,男性家庭成员结婚所需要的聘礼和其他花销差不多,女性家庭成员的陪嫁也相同,那时候在这方面的花费当家人都尽量做到公平、公正,以防止家庭成员心生芥蒂,不利于家庭团结。

1.父母张罗,当家人做主

在孟家,适龄儿子娶媳妇由父母提出,同时也要征求当家人的意见,如果当家人不同意,那么这门亲事只能作罢。当然儿子本人如果不同意,父母也是要考虑儿子的意见的。当家里的儿子到结婚年龄时父母就会开始找媒人,给自己的儿子介绍合适的对象。当然一般媒人对于男方女方两边都是比较了解的,这样才能比较客观地向双方介绍。以孟广林为例,在孟广林成亲后,其妻子王氏已经育有一个孩子了,但是在这个时候却被算命先生算出王氏是"铁扫帚"命格,所以孟继良就决定将孟广林分出孟家。在这方面,当家人有绝对的话语权。

2.通婚关注性格品质

对于女方的标准:媒人介绍的时候一般会说女方的年龄、身高、长相,对于年龄的要求不算太大,在当时男女一般相差两三岁左右,孟广君的妻子比孟广君大三岁,因为当时还讲究"女大三,抱金砖"。媒人对于女方长相的介绍比较笼统,大概就是"俊""不丑"等形容词。最重要的还是女方身体要健康,没有残疾,当时有人给孟广君介绍的女方里就有一位眼睛有问题,孟广君就没有同意这门亲事。男方女方在结婚前从来没有见过面,所以一些外表上的要求不是特别严格,毕竟媒人的描述也不一定准确,在外表、性格不一定准确的情况下,比较重要的标准就变成了家庭。一般情况下要求女方的家庭和男方的家庭差不多,不能差距太大,同时女方的家世一定要清白,在一个好的家庭影响下的女方的品格一般也不会太差。

对于男方的标准:相对于女方来说要简单许多,身体要健康,过日子不会不务正业,当然有一些女方还希望男方的姐妹不要太多,比如孟广君当时有三个姐姐都在本村生活,在给孟广君介绍的女方中有一个就是因为这一点,认为嫁人后和大姑子的相处会比较困难就没有同意这桩婚事。

当时在介绍人介绍以后,家里的人也是要去打听对方的家庭情况及其本人的一些情况,毕竟这关系到家里孩子的终身幸福。如果是外村的,就比较难办了,这时候就要由家里的父母赶车去对方的村子里和村里的村民打听情况,最好是偷偷地去,这样比较容易知道实际的情况。

一般娶妻对于整个家户来说都是比较大的事情,这关系到整个家户在未来的发展,小户人家关注得比较少,而大户人家的标准就比较高,不仅仅要求本人要贤良淑德,长相端正,更重要的是生辰八字一定要相合,女方一定不能是"铁扫帚"等不吉利的命格,这种命格的人容易克夫再嫁,乖背破家。

3.家庭可谓为后盾

孟家人认为婚姻最主要的目的就是传宗接代和养老,在当时婚姻是父母之命、媒妁之言,因为爱情走到一起的少之又少。在孟家,结婚是个人的事情,不会上升到家族层面,结婚后就是找到了一个可以和自己过一辈子的伴侣。孟广君和妻子两人就是一路扶持走了六十多年,一起度过了无数个艰难的岁月,"文化大革命"时,孟广君被批斗、被体罚,身心受到了巨大的摧残,孟广君无数次想到了死亡,但是看到了自己的儿女,想到了自己的家庭,孟广君又咬牙挺了过来。婚姻从那时起就不仅仅是为了传宗接代而建立的一段关系,而是给予人生活的勇气,支持人在面对艰难时走下去的动力。

4.父母之命,媒妁之言

孟广君比较推崇自由恋爱,因为在自由恋爱下,男女双方可以在结婚前充分了解彼此,在经过几年的相处后才确定是否结婚,这样婚姻幸福的可能性就大大增加了。但是在当时孟家是没有自由恋爱的,有的只是父母之命、媒妁之言,家里也没有人通过自由恋爱走到一起。在当时对于自由恋爱比较排斥,虽然家里没有明令禁止,但是也不会有人去尝试,因为对于自由恋爱的人,村子里的人会嘲笑这样的人,连带着家户的声望也会降低。当时不仅仅是自由恋爱不被允许,男方或者是女方在自己的婚事上面比较主动也是会被嘲笑的,这种现象其实和当时比较保守的社会现状有关。当时孟家没有"出门子",也就是没嫁人的女性连出门都是比较少的,平时为了自己和家户的声誉更是不会和其他人家的男子过多地接触,连基本的交流都做不到,就更不要说自由恋爱。

5.两石粮食,许其一生

在当地聘礼一般是两石粮食,每个儿子的聘礼都差不多,女方会要求男方准备一定数量的聘礼,因为这也是女方价值的体现,聘礼越高女方的价值就越大,在下聘之前双方父母会针对这个问题进行协商以达到双方都满意的程度。因为下聘的时候是公开的,所以村子里的其他人也大概能够看出聘礼是多少,如果聘礼数量多那么对于女方及其家人来说都是一件很有面子的事情,但是如果聘礼太少,其实是从侧面表明女方的人品或者是相貌不好。这种现象其实和当时严重的重男轻女的社会现状相关,孟广君表示,当时的人们普遍认为女儿是"赔钱货",是给别人家养的,所以在聘礼方面会要得比较多,这样也算是没有"白养"一个女儿,与之相对的就是在嫁妆方面给的会比较少,而且男方对于女方的嫁妆的要求也比较少,基本上一个挂钟或者插掸瓶就可以。定亲在当时又被称为"换盅",就是男女双方的家长和介绍人在男方家里吃一顿饭,期间女方并不出面,当然男方需要出面,在定亲过程中,男女双方的家长交换酒杯,意为成为亲家,"换盅"也就是由此而来的。"换盅"也被称为"会亲家",那就不是简单地吃顿饭就可以了,当时未婚的男女需要在找好日子定亲的时候,男方将聘礼送到女方家里,女方家里收纳之后,要将聘礼放在祖先牌位前,双方父亲并肩而跪,以酒盅斟酒互相递换,先祭拜祖先,然后互相敬酒,这就是"换盅"。"换盅"之后,就是正式订立婚约了。

(三)婚配过程

孟家的家庭成员在结婚的时候,都是由父母来张罗结婚的相关事宜,不过在最终确定结婚对象以前还要和当家人进行汇报以征求当家人的最终意见。在孟家,具体的结婚方案由双方父母来商量,其他的家庭成员除了当家人以外一般不插手结婚的具体事宜,但是在筹办婚礼的过程中会给予帮助。

1.父母为安排者,当家人为决策者

对于结婚相关事宜进行安排的是父母,媒人也是由父母进行安排的,当时在结婚的时候是没有婚帖的,邀请人来家里参加婚礼一般都是直接去别人家里请,口头通知。在这一系列过程中,当家人并不参与婚礼的具体事宜的决定,但是需要有人向当家人汇报最终的方案,由当家人来做决定。婚礼也比较简单,就是在男方家里摆几桌酒席,邀请男女双方的亲戚以及同村的人来参加,期间婚礼的花费由当家人承担。在大户人家一般也是由父母进行张罗,当家人做主。在婚礼仪式上介绍人是主婚人,新郎和新娘只需要拜天地即可,并不需要拜父母,也没有夫妻对拜,我们平时所知道的"三拜",在孟广君所在的村庄结婚时就只有"一拜",所以并不复杂。

2.家庭成员,提出意见

在孟家婚礼过程中,当家人和父母处于起决定作用的地位,而其他成员可以就婚礼的相关事宜提意见,但是并不能擅自替父母和当家人做决定。在孟家,如果当家人就是结婚者的父母,那么就可以全权负责结婚者的婚事,不需要征求其他人的意见,但是如果结婚者的父母不是当家人,其父母就要在为结婚者物色完结婚对象以后再征求当家人的意见,如果当家人不同意,父母也要听从当家人的意见,为结婚者另选他人。如果不顾当家人的意见坚持为结婚者选择当家人所不认可的结婚对象,那么就有可能导致被当家人分出大家户另过。在三世同堂、四世同堂的大家庭,爷爷奶奶也是可以在一定程度上起决定作用,做决定的。

(四)婚配原则

孟家在结婚的次序上有要求,讲究"长幼有序"。在婚礼的花费上,在男性娶亲这方面的花费基本上相同,女性的陪嫁也基本相同,当家人一般不会偏向某一个人,当然如果小家庭的父母为自己的女儿或者儿子准备的比较多的情况要除外。

1.长幼有序,兄长优先

年纪大的人要先结婚,比如孟家"广"字辈有七个兄弟,这就要按照先后次序来结婚,如果老大迟迟不能找到合适的结婚对象,为了不耽误后面几个人的婚姻也可以越过老大直接张罗老二的婚事。

2.婚礼花费,平均公正

在结婚的时候,娘家的花销比较少,而男方家里需要给女方两石粮食,大约是三百斤粮食作聘礼。婚礼的主要花费就是摆酒席请亲朋好友吃饭。在农村,粮食、蔬菜、肉都可以自给,婚礼的花费一般就是几瓶酒、几盒烟,而且婚礼的花费由当家人承担。当家人会尽量让每次婚礼的花费比较均等,以防家里的人心生芥蒂。

当时结婚不像现在这样大操大办,即使是在大户人家,也就是比普通人家多摆上几桌酒席,并不会在婚礼上大做文章,因为当时的生活条件并不好,生活也不安稳,婚礼只是一个形式,并不需要为这个形式花费过多。毕竟当时时局动荡,而且农民主要就是看天吃饭,如果婚礼上花费太多,就无法为以后的意外做准备,如果遭遇荒年,那么家里就没有办法生活了。

(五)其他婚配形式

孟家有续弦的情况发生,但是孟广君比较确定的是家里并没有纳妾的相关事情,同样孟家也没有童养媳、改嫁、入赘的情况,有守寡的人,但有的守寡时间不长就去世了,也有守寡

一段时间后家里就分家了。由于孟家有的情况并不是很全,所以下文中的一些例子是孟广君所知道的人或者是同村发生的事情。

1.纳妾

孟家并没有纳妾的情况发生,一般特别有钱的大户人家会纳妾,比如村里的保长就有一个妾,保长的妾是他从妓院里赎回来的,当时保长的生活作风不是很好,经常逛"窑子",也就是妓院,他纳的妾就是他在妓院里比较合心意的一个女性,当时对于这件事情保长的父母并不同意,其妻子更是反对,但是家里的当家人是保长,其他人即使再反对也没有办法起到实质性的作用, 最终保长还是如愿以偿纳妾。不过当时结婚尚且没有婚事契约更不用说纳妾了,当时保长手上只有将那个妾赎出妓院的契约,当时婚礼更是简单,基本上摆几桌酒席就算是走完了程序,毕竟纳妾而且还是一个曾经做过妓女的妾更是不可能大操大办,如果那样做,在村子里就会成为人家的话柄,而且保长在纳妾的时候其妻子并不赞同,甚至还闹得比较厉害,但是当时的女子地位太低,其妻子最后也没有办法,只能同意,若是婚礼再大操大办,实际上对其妻子的打击会更大,更加不利于家庭和睦。

只有家里有钱有权像保长那样的大户人家才会纳妾,普通人家生活甚至娶妻尚且成问题,更不用说纳妾了,在大户人家,有时候正房不生育或者是生不出男孩的时候会纳妾,不过在普通人家如果有这种情况更多地会选择抱养或者是过继这种方式。不过当时在村子里,即使是大户人家纳妾也就是纳普通人家或者是贫困人家的女孩,一般富贵人家的女孩不可能做妾。在当时村子里纳妾的情况只有这一个,由于比较特殊,所以并没有正常的纳妾应该有的一些程序。

2.童养媳

孟家没有童养媳,童养媳在以前被叫作"团圆媳妇",在村子里都是家里非常穷的人家才有童养媳。当女方家里很穷的时候其父母就开始在村里找家里条件不太好二十多岁还没有娶媳妇的男方,在找到以后就将女儿以一石或两石粮食的价格卖给男方家里作童养媳。一般情况下女方大多数才十一二岁,而男方已经二十多岁,年龄差距非常大。双方家长一般不会签订契约,基本上是口头上说明,村里的四邻、保甲长也不会管理这方面的事情。孟广君说,家里虽然没有童养媳,但是也知道一些关于童养媳的事情,童养媳一般过得都很惨,小小年纪就被卖到婆婆家,而且什么事都还不懂的时候就要在婆婆家干活,婆婆家里对她也不好,打骂都是常有的事,童养媳也没有娘家人可以帮忙,所以受了委屈也不会有人管,一般村子里的人家如果不是太穷都不会把自己家的女儿卖给人家做童养媳。

3.改嫁

孟家没有改嫁的情况,但是村子里有一些改嫁的案例。女方在被丈夫休掉,或者是家里的丈夫去世的情况下可以改嫁,如果是丧偶的情况,改嫁前女方一般都在婆家住,而婆家一般认为女方命硬,"晦气",所以会急于将女方嫁给别人,婆家会向男方要一定的彩礼,但是不会给女方准备嫁妆。改嫁的女子在当时很难嫁到比较好的人家,一般都是家里很穷,或者是鳏夫,再或者就是年纪很大的光棍。即使是女方不想改嫁,婆家也不会同意,有的婆家还会强迫女方改嫁,甚至是将女方卖给别的需要娶媳妇的人家。改嫁的人没有契约,而且婆家不会花费任何费用,改嫁后的夫家会花钱摆酒席举行婚礼。

4.入赘

孟家没有入赘的情况，但是村子里有一些入赘的案例。在当时入赘又被称为"养老女婿"，一般情况下女方家里没有儿子的时候会招养老女婿，而男方家里儿子太多也会同意儿子入赘到女方家里。对于女方来说，在招养老女婿前会先在村子里找一个儿子比较多的人家，在其众多儿子中找到比较符合条件的人，然后找介绍人去男方家里说一下这件事。招养老女婿的流程和正常结婚的情况差不多，两者的不同之处就在于入赘过程中的定亲、结婚都在女方家里举行，花费也是由女方承担。同样入赘也没有契约文书等。入赘的男方不会被人看不起，但是男方在女方家里能否生活得比较好主要取决于女方对于男方的重视程度。如果女方不重视男方，家里的人会欺负男方，同样村子里的人也会比较轻视男方。

5.续弦

孟家有续弦的情况发生。孟家的第四代当家人孟传元就有过两次续弦，孟传元的第一个妻子是赤峰松山区岗子乡大六份村的马氏，和孟传元同村，但是在结婚后身体不好还没有生育就去世了，孟传元的续弦是邻村狮子沟的王氏，王氏育有两个儿子，分别是孟继温和孟继良，还育有三个女儿。王氏去世后，孟传元的续弦为邻村大夫营子村的冯氏，冯氏育有一儿二女，儿子孟继业。孟广禄在分家后妻子去世后也有续弦，是一个寡妇，后来在荒年的时候随孟广禄一起逃荒了。

(六)婚配终止

在婚配终止的多种情况之中，孟家的案例比较单一，除了正常的婚嫁情况外，便是守寡，孟家人对于守寡的人比较照顾，在平时的生活中，寡妇可以和家里人一起生活劳动并且参与家庭分配，在育有儿子的情况下，还可以和丈夫一起埋入祖坟。

1.休妻

孟家没有休妻的情况发生，在村子里有人家休妻，一般是因为女方作风不端正，不好好过日子，在男方家里实在无法忍受而且导致家里成为村里的笑柄的情况下才会休妻。休妻一般是由丈夫提出，当然提出以前也会和父母商量，而且有的时候也是公婆实在是不喜欢儿媳，或者是儿媳和公婆关系不好，公婆就会和儿子提出离婚的建议。在一般情况下，当时很少有人休妻，也没有离婚的情况发生，那时离婚被称为"活离"。因为男方娶媳妇很不容易，娶到媳妇以后会尽量好好过日子，如果不是不能忍受的事情发生就不会离婚。

2.守寡

孟家守寡的情况比较少，因为孟家大多数都是女性成员先于丈夫去世，孟继温由于身体不好去世后，其妻子寇氏便开始守寡。在守寡期间寇氏生活在孟家，没有改嫁，由于寇氏身体也不是很好，所以在孟继温去世不久，寇氏也去世了。孟家在村子里爆发鼠疫的时候孟广有去世了，所以其妻子张氏就一直守寡，在孟家分家以后就自己抚养孩子单过，并没有改嫁。当时孟家在分家的时候会将守寡者已经去世的丈夫应该分到的东西分给守寡者，而且如果守寡者一直没有改嫁且已经为家里生育了男丁，死后可以和其去世的丈夫一起埋到祖坟。

二、家户生育

孟家人丁兴旺，各支下面均有后人，家里的人也都能生育，家里并没有未婚生育的状况发生。在当时生育就是为了传宗接代和养老。生孩子与否都是由夫妻决定，并且顺应自然，但是当时重男轻女思想比较严重,都比较期待生育男孩,因为男孩可以养老送终。在当时女子怀孕的时候还可以做一些比较轻的活儿,到快生产的时候就会有婆婆和孟广君的姑姑孟继英照顾着。坐月子的时候饮食会比较好。家里生了小孩会请满月酒,生男孩和女孩的仪式也差不多。请满月酒的钱都是由当家人出,本家户承担。

(一)生育基本情况

孟家在当地属于大户人家,生活条件比较好,所以在孟家很少发生孩子夭折的情况。孟家的家庭教育比较严格,所以家里并没有未婚生育的状况发生,但是在孟家所生活的村子里当时是存在这种情况的。

1.人丁兴旺,孩子鲜少早夭

孟家在其"传"字辈有十二男六女,"继"字辈有三男五女,在"广"字辈算上孟广君有七男五女,再往下就是子侄辈有七男十七女。孟家毕竟人口众多所以子女也多。当时家中生育的子女没有丢弃、溺婴或者买卖的情况,但是有夭折的情况,夭折顾名思义就是在未满十八周岁死亡的孩子,孟家魏氏的孩子,在十几岁的时候死于鼠疫。受当时社会现状的影响,不同的家庭生育状况也不同,大户人家的孩子数量比较多,死亡率也低,毕竟大户人家的孩子不会面临吃饭这方面的困难,与之相对的小户人家,家里出生的孩子较多,但是同时死亡率也高,孩子生存更容易面临吃饭、生病等方面的困扰。

2.未婚生子,家人蒙羞

孟家没有出现过未婚先育的情况,村子里却存在相关的情况。一般情况下女方怀孕的月份如果比较小会喝中药打胎,如果怀孕的月份比较大,打胎就有生命危险很可能会一尸两命,所以一般会采取让女方先将孩子生下来,然后将孩子弄死或者送给别人。在村子里,在1956年左右,孟广君所在的学校就有一个男老师和女老师在没有结婚的情况下走到了一起,而且女方还怀孕了,当时男方是有妻子的,这就导致了男方不可能对女方负责,后来这件事情就曝光了,男老师被开除教籍,劳动改造,女老师也被开除教籍,当时女老师的家人就让女老师将孩子生了下来,准备生下来后将孩子弄死,但是由于当时找了接生婆,接生婆知道了这件事情,所以即使最后孩子死了,女老师的名声也没有了,不过最后女老师还是嫁了出去,嫁到了离家里非常远的不知道这件事的村子里。

(二)生育的目的与态度

生孩子与否或者是什么时候生孩子都是由夫妻决定,并且顺应自然,但是当时重男轻女思想比较严重,都比较期待生育男孩,因为男孩可以养老送终。对于孟家人来说,也是比较看重家里的男孩子,并且鼓励小家庭的夫妻多生男孩子。

1.儿子可传宗接代

孟家人认为生育的最主要目的就是传宗接代,在当时重男轻女思想十分严重,如果家里没有男孩就会被同村的人笑话,并且会被说"绝户",更严重的是没有儿子,在死后无法被葬入祖坟。对于小户人家来说,家里生育了男孩就意味着家里又多了一个劳动力,可以代替家里目前已经身体衰弱的人的劳动位置,为家里的农业生产出力,传宗接代的意义其实是小于劳动力的意义的,但是大户人家则不同,孟家的孩子参加劳动的年纪比较晚,基本上是在成家立业以后才开始参加劳动,在此之前都一直在读书,所以在大户人家,孩子在传宗接代方面的作用大于劳动这一方面。

2.多生儿子可谓之福

在子女的生育上,村民倾向于生男孩,因为中国的传统就是男孩可以传宗接代,可以将家族延续下去,而且只有男孩才可以养老送终,女孩是不可以送终的,在葬礼上女孩不能"扛幡",在送葬的时候女孩不能去坟地,因为女子阴气重会破坏坟地的风水。在这种习俗之下,为了让自己在去世的时候有人送终,基本上每个人都倾向于生男孩。而且女孩子在出嫁以后就是"泼出去的水",实际上就和家里人没有关系了,甚至都不能养老,所以有的人称女孩为"赔钱货"。

3.未婚先孕,害人害己

孟家人认为未婚先育的人是对自己不负责任的表现,在当时这是一件很丢人的事情,如果被他人知道会令全家蒙羞。而且当时如果未婚先孕了,这种事情在小村子里是很难瞒住的,村子里的人都会知道这件事情,这样女方基本上就没有什么机会嫁到比较好的人家了,村子里的人也不会做她的介绍人,当时唯一的办法就是嫁到比较远的村子,但是这件事情实际上就会成为悬在女方头上的一把刀,从此担惊受怕,很难再安心过日子。

4.寿命短暂只得婚育趁早

孟家一般是十五六岁就开始准备结婚事宜,孟广君 17 岁结婚,一般结婚后一年左右就开始生孩子,按着现在的标准来说属于早婚早育。在当时生产力低下,人们的寿命比较短,早婚早育实际与人们的寿命有关系,寿命短就要求人们将结婚生子这些事情提前,这样才能在死亡以前完成这些事情并且将子女抚养长大,在儿女们都成家以后才比较放心。

5.贫富不论皆重男轻女

孟家人认为孩子在 4 个左右就比较好,因为在当时的环境下生太多孩子就不好养活,容易夭折,而且对于妇女来说身体负担也比较大,不过当时村子里不管是家里穷还是富都倾向于多生孩子。村子里儿子比较多的人家生活比较困难,甚至都不容易给儿子娶媳妇,在没有办法的情况下就只能让儿子入赘或者是买童养媳。当时村子里儿子多的人家会有比较多的人羡慕,但是如果这家人的家庭条件不好,那么村子里也会有很多人说风凉话"都穷成这样了,儿子再多有啥用,都说不上媳妇"。

当时大户人家对于男孩就比较看重,因为家里的家业需要有人来继承,家里需要儿子来继承下去,在有了男孩的情况下,对于女孩就会比较好,如果是没有男孩只有女孩,那样的话家里人就会比较讨厌女孩,甚至给女孩起一些名字比如"招弟""跟兄"这样来表示对于男孩的期待。

(三)生育过程

生孩子与否是由夫妻自己决定的,但是当时人们在生孩子方面的观点实际上是差不多的,那就是孩子越多越好,且多子多福。在孟家,当家里的女子在怀孕的时候还是需要干活的,但是可以做一些比较轻松的事情,当妇女临近生产的时候就会有婆婆和孟广君的姑姑孟继英照顾着。妇女坐月子的时候是不用干活的且饮食会比较好。

1.生儿育女,夫妻双方决定

是否生孩子由夫妻二人决定,并且重男轻女思想严重,如果没有儿子,还会被人说是"绝户",在这种压力之下,即使家户不要求多生孩子、生男孩,夫妻双方也是会自己努力的,甚至还有人专门去村子外的娘娘庙求子,据孟广君所说娘娘庙还是比较灵验的,而且香火十分旺盛。在比较大户的人家,特别是三世同堂、四世同堂的大家庭,对于儿媳的生育实际上是看得非常重要的,如果生不出男孩,会影响儿媳和婆婆之间的关系。当时医疗水平还是比较落后的,夫妻之间生多少孩子双方是无法自己决定的。大多数人希望可以多生男孩,不过孟家也有没有男孩,只有女孩的情况,像孟广福就是在其妻子及儿子去世以后就只留下了一个女儿。

2.家户照顾,孕妇休养

孕妇做轻活:在孟家妇女被确定怀孕以后,当家人会专门给孕妇安排一些比较轻的活计,这时候孕妇是不用上山干农活的。平时在家里自己的婆婆和孟继英会对孕妇多加照顾。在饮食上孕妇的丈夫会专门给孕妇买一些比较有营养的食物,家里的人也会把一些比较有营养的食物留给孕妇,孕妇在怀孕期间胃口不好可以不用吃大锅饭,其婆婆和丈夫会专门为孕妇准备饭菜。

丈夫或婆婆请产婆:当时生产不会去医院,基本上都是在自己家里生孩子,那时候村子里就有接生婆,孕妇快要生的时候由丈夫或者是婆婆去将接生婆请来接生。孕妇生孩子的时间并不固定,为了不耽误生产,都会提前几天将接生婆请到家里。

费用家户承担:孟家生孩子所需要的费用都是由当家人承担,也就是家户承担。当时生育的花费并不多,一般就是接生后请接生婆吃两顿饭。

婆婆照顾:当时产后要坐月子,一般就是三十天,一个月左右。坐月子都是在婆家坐,当时没有在娘家坐月子的人,如果在娘家坐月子实际上是十分不给婆家面子,只有在儿媳和婆家的矛盾十分严重而且难以调和的时候才会在娘家坐月子。坐月子的时候自己的丈夫、婆婆都会来照顾,有的时候娘家也会专门来人照顾,饮食上也会有提高,一般会吃一些鸡蛋、肉类的食物来补充营养,月子结束后就要去干活了。

家户间有差异:在当时人们的生活水平普遍都不是很好,孟家还算是生活比较好的人家,孕妇还是有人照顾的。但是在小户人家,特别是在家里农忙的时候是没有人有时间来照顾孕妇的,也不会有人伺候月子的,那时候妇女就只能全都靠自己了。一般妇女在怀孕后身体都不好,需要坐月子来休养,但是在没有条件的人家,孕妇得不到很好的照顾,这也是当时妇女寿命比较短的原因之一。

(四)生育仪式

孟家会请满月酒,不管是男孩还是女孩都会请,宴请的宾客一般是来"下汤米"的人。在中国,举行生育仪式是一个习俗,代代相传,代表了人们对于孩子美好的期许和祝愿,所以在孟家,无论是生男孩还是女孩,都是会举行生育仪式的。孟家在未分家期间,举行生育仪式的费用都需要由当家人来承担。

1.下汤米,满月酒,庆新生

当地不管生育男孩女孩都会请满月酒,满月酒一般是在孩子满月以后也就是三十天以后再请。当时宴请的人其实都是有说法的。在孩子出生到满月这一段时间,会有亲戚或者是邻居和同村的人拿着鸡蛋或者是粮食等来看望孩子和孕妇,以表达对于家里新生儿和孕妇的祝福,这就是所谓的"下汤米",这时候家里会把在这段时间来"下汤米"的人记下来,在请满月酒的时候就按着这个名单来宴请,没有来"下汤米"的人不会被邀请。被邀请来的人因为已经下过汤米了,所以不需要准备什么礼物,只需要来吃顿饭,表示一下祝福就可以。在农村,"下汤米"是一个比较重要的事情,如果亲戚没有来家里"下汤米",这实际上是非常影响亲戚之间的感情的,甚至是亲戚之间决裂的主要原因,孟广君认为下汤米是为了表达对于新生儿的祝福而进行的活动,如果亲戚不来"下汤米",那么就是对于家里人不重视的表现,所以在请满月酒的时候自然也不会请这些人。

2.渡难关,存期望

在孟家人看来,请满月酒主要是为了祝福孩子渡过难关,并且为孩子的未来祈福,希望孩子健康成长。并且向他人展示自家新添人丁的喜悦。

孟家当时在请满月酒的时候还有一些专门针对孩子的仪式,比如满月当日,会为婴儿剃胎发,在剃发之后还会用蛋黄与葱汁混合物在头上涂抹,一是为了使头发去垢。二是因为"葱"与"聪"音相同,希望自己的孩子以后可以聪慧。孟家在给孩子剃发以后,还会把剃下来的头发与石头包在红纸内,然后抛上屋顶。当时对剃头发的人也有要求,一般都是请十一二岁的比较机灵的孩子来剃头发,这样就是期望自己的孩子以后也会聪明机灵。

3.仪式费用,家户负担

孟家的钱都是由当家人统一掌握,因此请人吃饭喝酒的费用也是由当家人承担,都是统一支配,统一花销。请酒席的花销也不是很多,当时的饭菜不需要外购,也不需要给宾客准备礼物,有花销的地方实际上也就是买点烟、酒、糖。满月酒的时候不收份子钱,"下汤米"的时候有份子钱,份子钱一般都是统一交给当家人管理,小家庭是不能保留份子钱的,毕竟满月酒席由当家人出钱办。

4.大户小户,花销不同

在满月酒的具体流程和一些仪式上大户人家和小户人家其实差不多,具体在宴请方面花销实际上并不相同,毕竟比较大的家族家里的亲戚朋友会比较多,需要宴请的人也会更多。相比之下,小户人家的亲戚朋友比较少,需要宴请的人少,花费自然也就少。

(五)孩子起名

一般由父亲给孩子起名字,孟家的名字的中间字已经按辈分排好,所以父母只要起孩子名字的最后一个字即可。按照辈分,孟家的名字的中间字为:兴毓传继广,昭宪庆繁祥,孟广君就是属于"广"字辈。一般在快要上私塾的时候才会有比较正式的大名,平时家里一般都会叫小名,相比较大名来说小名一般都比较随便,而且当时人们都认为贱名好养活,所以起的小名多为"柱子""狗剩"之类。像家里女儿比较多,希望多生男孩的会给女孩起名为"跟兄""招弟"等。其实不管是大名还是小名都蕴含着父母对于孩子的美好祝福与寄托,都是父母对孩子期待的表现。在孟家所在的村子,不管是大户人家还是小户、中户人家,起名字都是孩子的父母或者是爷爷,在四世同堂的家庭还有可能是太爷爷起名字。

名字的特殊意义其实在字面上就可以看出来,比如"孟广君"就表达了父母希望孟广君性如君子的期待;"孟广才"就表达了父母希望其才高八斗的愿望。孟家的名字都表达了家里人对于孩子的期许,都有比较丰富的意义。

三、家户分家与继承

孟家一共有过两次分家的事情,第一次是小家庭的分家,发生在孟继良当家的时候,孟广林一家因为其妻子的命格问题,从孟家这个大家分了出去。孟家的第二次分家就是比较大规模的分家,是在孟继良去世后,按照辈分轮到孟继业当家,但是在当时孟继业年纪比较小,作为叔叔的孟继业的年龄比侄子孟广才和孟广福还小,年纪上的差距使其在家里的威信较低,并不能使家里人听从他的指挥,再加上当时"广"字辈的兄弟中有人染上抽大烟的恶习,为了买大烟从家里偷钱、偷粮食,因此为了防止家里被拖垮,1942年孟继业决定分家。分家是当家人说了算的,孟家分家的时候请了几个老亲当分家人,列好分家单后每人保留一份就算正式分家。在孟家,只有与当家人有直系血缘关系的男丁才有继承权,对于孟家的继承权与分家问题,外人一般不会提出质疑。

(一)分家

在孟家的两次分家中,第一次分家的规模比较小,所以第一次分家的情况就在这里大概说一下,主要以第二次分家为主。当时是在孟广林成亲后,并且在其妻子王氏已经育有一个孩子的情况下,王氏被算命的算出是"铁扫帚"命格,古代命理学家认为,铁扫帚是个凶星,女人命中犯了铁扫帚最为不吉,克夫再嫁,乖背破家。所以当家人孟继良就决定将孟广林分出孟家。当时分家虽然是一次规模比较小的分家,但是当家人也请来了老亲孟继旺作为分家人,当时分了孟广林一家一个村子里的房子,还有一定数量的牛羊和田地,并且双方签订了分家单。不过实际上孟广林家在其他人都没有分家的情况下是不想分家的,但是,当家人已经决定了的事情是没有办法更改的,更何况孟继良作为当家人十分有威望,其他人也不敢说情,就这样孟广林一家就被分出了孟家。

1.威望较低,及时止损

孟继良去世后,按照辈分轮到孟继业当家,孟继业年纪比较小,作为叔叔的孟继业的年龄比侄子孟广才和孟广福还小,年纪上的差距使得孟继业在家里的威信较低,并不能使家里人听从他的指挥,再加上当时"广"字辈的几个兄弟中有人染上抽大烟的恶习,为了买大烟从家里偷钱、偷粮食,因此为了防止家里被拖垮,1942年孟继业决定分家,从此孟家由一个家里有几十口人的大家庭缩减为七八个人的普通小家庭。在孟家的这次分家中,分家是由当家人提出,结合当时家里的情况,再不分家生活就会影响家庭的和睦和发展,所以当时家里人基本上都同意,亲戚和同村的人也表示理解,当然家里也有少数人不同意的,对于这部分人家里的多数派就会进行劝说直到其同意为止。当然,在分家这样的大事上一般提出意见的都是家里的男性,家里的女性一般不敢提什么意见,毕竟当时妇女的地位比较低,在家里的大事比如分家上是不敢发表什么意见的,更不用说是提出分家了。在当时村子里分家的人也比较多,所以分家这件事还是比较容易理解的,并不会在舆论上对分家的家庭进行谴责。当时还流传这样一句话:"该分不分,粮米遭瘟",也就是说在一大家子人过不下去的时候就只能选择分家,如果不分家实际上对于整个家户也不好。

2.家庭成员,平均分配财产

在分家时,只有家里的内部成员可以分得家产,外部成员是没有资格分到家产的,因为家产是家里的内部成员共同劳动得来的,外部成员比如说家里的长工平时的劳动是获得了相应的报酬了的,所以是没有资格分到家产的。而对于家里的内部成员来说,分家是按照每个小家庭的人口来划分家产的,基本上是小家庭的人口越多,分得的家产就越多,女儿也可以分到家产,当然出嫁的女儿就不可以分到了,孟家并没有过继、抱养、改嫁等相关的例子,所以也就不存在这些人是否可以分得家产的问题。在分家的相关问题上大户和小户之间的差别比较明显,大户人家分家涉及的问题比较多,分家资格需要仔细地审查,但是小户人家的人口少,家里分家涉及的问题也比较少,分家相对来说会比较容易。

3.老亲见证以期服众

分家的见证人又被称为"分家人",在孟家分家人是由孟继业也就是当家人请来的,是孟家的亲戚。分家人主要是来制定分家的细节,以及一些分家的形式。分完家以后基本上分家人就完成了他的任务,当然如果日后家里又因分家之事产生了矛盾则可以请分家人来进行调解,如果分家人去世,那么他的责任也就随之结束,他的后代不需要承担这一责任。孟家当时找的见证人就是在孟家的亲戚中辈分高且有威望的人,其中包括住在狮子沟的亲戚孟继旺。

除了当家人以外,其他家庭成员并不可以安排见证人,因为涉及分家的严肃性和统一性,如果分家人过多会影响分家的效率,日后有矛盾时也不好处理。家庭外部成员更加不可以安排分家人,因为分家是家户内部的事情,家户以外的人没有资格干涉,更不要说是安排分家人了。

在分家人的身份上,其实不同的家户的差别也不是很大,不管是大户人家还是小户人家,一般都会请家里的德高望重的亲戚来当分家人,不同类型的家户在分家人方面的区别也就是在于大户人家请的分家人会比较多,而小户人家请的分家人就比较少。

4.当家人做主,分家人见证

在孟家,分家主要由当家人做主,其他家庭成员可以提意见但是不能做主,家庭外部的人也有参与分家的,也就是上面所提到的分家人,分家人是分家的主持人,当时就是将家里的所有的东西都列好摆在分家人的面前,几个分家人开始讨论,然后将家里的东西尽量平均分配,关于家里的房屋分配则是按照抓阄的方式来进行,这样才能尽量使得分家比较公平。

在分家的做主和参与的问题上,大户、小户、中户之间的差异实际上比较小,因为不管是什么样类型的家庭分家,做主的人都是当家人,而分家的参与者都是家庭的内部成员以及家里来担任分家人的亲戚。

5.分家单为证,不可反复无常

分家需要分家单,分家单由分家人撰写,所有参与分家的人都要署名和按手印,分家单上主要是写清分家的缘由,家里的财产及来源,还有家里的财产的具体分配结果。分家以后各个小家庭都要保留一份分家单,因为如果在分家以后有的家庭对于分到的东西有异议了,其他的小家庭就可以拿出分家单来反驳有异议的人员。家庭外部的成员除了分家人以外是不能干预本家户内部分家单的内容的。在分家单的问题上,不同类型的家户的分家单不同,大家户的分家单就会比较详细,而且比较正式,而小户人家的分家单就不会特别正式,甚至连分家单都不写。

6.家户分家,外界认可

家族也就是孟家的亲戚都认可孟家分家这一情况,因为亲戚也知道孟家的情况,知道实在是不能在一起过,再过下去对哪家都不好。村庄也是认可分家的,分家以后在纳税时要对保甲长说明一下自家的情况,家里的税款要分开来交了。当时政府对村子基本上不管,所以即使分家了,也不需要和政府说明情况。

(二)继承

在孟家只有男性有继承权,外嫁的女性没有继承权,孟家在平时不会涉及继承问题,分家的时候会涉及继承问题,虽然孟家的女性没有继承权,但是孟继英作为一直没有结婚的女性可以参与家里的财产继承。关于继承的事情,家人和外人没有任何异议,都服从与承认当家人和分家人的做法和决定。

1.家庭成员可参与继承

只有孟家的内部成员才有继承的资格,家庭外的成员不会有继承的资格。在家里的内部成员之中,只有儿子孙子等男性有继承资格。不同的继承人在继承权方面比较平等,或者说同一辈分的继承人在继承权上比较平等。继承的次序按照辈分划分,先是儿子辈的继承,比如孟家孟传元有一份遗产,先是孟传元的三个儿子继承,将遗产分三份,然后孟传元的孙子再从自己父亲的手上继承到相应的份额。虽然说外嫁的女儿没有继承权,但是没有外嫁的女儿可以继承一些,数量会比较小。孟继英就是在分家的时候继承了一部分的养老钱。

2.男性可继承

继承的条件一般是由当家人决定,一般是儿子享有继承权,而且无论儿子本身的品质等怎样都可以继承到一定份额的东西,在孟家其实在分家以前并不存在继承的问题,因为家户所有的东西是家人共有,只有在分家的时候才涉及继承问题。孟家分家的时候孟继良已经去世,孟继业作为新的当家人辈分虽然大但是年纪小,并不涉及养老问题,所以孟家的继承都是按照辈分来的,继承的次序是按照辈分划分的,先是儿子辈的继承,然后儿子辈再给孙子辈划分应继承的财物。家庭的外部成员只是作见证,并不能实际影响到继承。

3.家产继承不涉及职位

继承的内容主要是家里的房屋田地等,身份不能继承,且孟广君家里并没有为官之人,故不存在职位继承。而且在当时如果不分家并没有继承的相关问题,只有在分家时才涉及将祖辈留下的财产分到各家的问题。

4.遗嘱为继承之本

在前任当家人去世之前,会根据家里的情况对于以后可能发生的事情进行嘱托,如果遗嘱提到了继承的问题,小辈们必须完全依照遗嘱来行事。孟家在继承权的问题上并没有产生过纠纷。

四、家户过继与抱养

孟家并没有过继与抱养的情况,但是在村子里的其他人家有相关的事情发生。过继是要请中间人作为见证的,抱养则不用,过继和抱养都是不需要花费钱财的,一般两家人商量着进行。在当时,过继和抱养不需要相关政府和村庄的认可。

(一)过继

孟家没有过继的事例,一般情况下,过继主要就是希望有孩子来继承家业、延续香火、赡养老人。过继需要有中间人见证,过继后也会有"回继"的状况发生。

1.过继男孩以延续香火

过继一般是在自己家里没有儿子的情况下发生,当自己家里没有儿子而自己的兄弟或者是其他亲戚家里男孩过多时,而且两家的关系还非常要好,在这种情况下两家的家长就可以商量过继事宜。孟家并没有过继的事例,过继主要就是希望有孩子来继承家业、延续香火、赡养老人。

2.过继无先后次序要求

孟家所在的村庄,过继并没有次序上的要求,也就是说不管亲疏远近,一般以先同意过继的家庭优先,而且对于过继的孩子的长幼也没有要求,主要就是看两家研究的结果。过继的孩子有十几岁的也有二十几岁的并不固定。

3.父母张罗,当家人决定

在过继的相关事宜上起决定作用的是出继者的父母,如果父母已经同意且意志坚定,当家人自然也就不便插手。当然事先最好还是要和当家人说一下,同时也要告知孩子具体情况。

过继的形式由两家共同协商决定,入继家庭不需要给出继家庭钱财,因为如果给了那么就更像是买卖孩子,性质上就变了。入继家庭在这个过程中需要找中间人,中间人一般为家里的亲戚,并不需要给中间人报酬,过继结束后只需要请中间人吃一顿饭就可以。中间人需要帮忙写过继单,双方家长在过继单上签字后生效。当然也要考虑出继者的意愿,如果出继者实在不同意,双方家庭也不能逼迫孩子同意,就只能另想办法。在孩子的父母不在的情况下,家里的其他成员并不能决定出继事宜。

4.回继时有发生

既然有出继自然也就不能避免回继这一状况的发生。一般回继有两种情况,一是过继者在过继家庭生活得不好,出继家庭父母不忍心让孩子受苦,于是开始着手准备回继事宜。还有一种情况就是出继者不适应过继家庭的生活,自行回到自己原来的家庭,这种情况也时有发生,有的孩子在过继家庭生活了快五年,随着自己慢慢懂事便不愿在过继家庭生活,于是就执意回到自己原本的家庭。这种情况下两个家庭的出继与过继的关系只能就此终止。关于出继的相关事宜一般都是两个家庭决定,其他人无论是亲戚还是官员都不能插手。过继结束后就会默认过继家庭有了一个孩子,相关户籍税收自然也会改变。

在当时,村子里即使有过继的事情发生,但是如果不是实在没有回旋的余地都不会过继,因为过继对于家户本身来说并不稳定,虽然过继是为了养老送终、传宗接代,但是由于过继时出继者的年龄已经比较大,对于过继家户的情感比较少,所以很难真正地做到孝顺过继者,村子里就发生过继者将家里的财产全部都给了出继者以后,出继者在过继者瘫痪后没有赡养过继者,甚至导致过继者在死后才被人发现。

(二)抱养

在当地,抱养的目的和抱养的情况比较单一,抱养的目的以养老送终为主,而被抱养的人家的生活条件则比较差,甚至已经到了需要逃荒的境地。在农村,抱养的程序比较简略,只要双方同意即可达成约定,为了保证抱养的性质,双方也不会发生财物方面的往来。

1.抱养以养老送终

抱养一般在自己家里没有儿子的情况下发生,当自己家里没有儿子而同村或者是认识的人家里儿子较多,在这种情况下两家的家长就可以进行商量抱养事宜。进行抱养的双方家庭并非是亲戚,但是会比较了解,因为毕竟涉及孩子以后生活的问题,所以双方还是比较慎重的。孟家并没有抱养的事例,一般情况下,抱养主要就是希望有孩子来继承家业、延续香火、赡养老人。

2.家境贫困,无力抚养

被抱养者的家庭条件一般不是很好,甚至说是比较贫穷,而且家里男孩较多无法兼顾,所以会同意抱养。而抱养者的家庭一般比被抱养者的家庭要好上很多,大多数选择抱养孩子的家庭夫妻年龄都会比较大,在实在是没有男孩的情况下不得已选择抱养孩子。

抱养过程一般不需要中间人也不需要写契约书,基本上会选择抱养年纪较小的孩子,这样孩子会和抱养家庭比较亲。在抱养完成后,被抱养的孩子在抱养家庭会受到比较平等的待遇,即使抱养父母又有了孩子也不会冷落被抱养的孩子,因为当时的人比较迷信,如果是在抱养了孩子以后家里才又生育了男孩,那么家里人就会认为被抱养的孩子就是家里的福星,给家里带来了幸运,所以还是会一如既往地善待孩子。被抱养的孩子同样享有继承家产的权利与赡养老人的义务。

3.父母张罗,当家人做主

在抱养的相关事宜上起决定作用的是被抱养者的父母,如果父母已经同意且意志坚定,当家人自然也就不便插手。当然事先最好还是要和当家人说一下,同时也要告知孩子具体情况。抱养的形式一般由两家共同协商决定,抱养家庭并不需要给被抱养家庭钱财,因为如果给了那么就更像是买卖孩子,性质上就变了。如果被抱养家庭实在比较困难,抱养家庭一般也会给其一些财物,但是给被抱养家庭这些财物或者粮食是为了表示对被抱养家庭的感谢。抱养过程一般不需要中间人也不需要写契约书,当然也要考虑被抱养者的意愿,如果其实在不同意,双方家庭也不能逼迫孩子同意,就只能另想办法。在孩子的父母不在的情况下,家里的其他成员并不能决定抱养事宜。在孟家所在的村庄,抱养并没有次序上的要求。

4.两家商量后续事宜

在抱养一段时间后,如果抱养孩子的家庭不满意是可以反悔的,同样被抱养家庭也可以反悔,抱养并没有固定程序,全凭两家自行商议,如果实在不能继续两个家庭的抱养关系,那也没有办法,不能强求,只能说孩子和抱养家庭"没有缘分"。

5.家户抱养被认可

家族认可抱养,并且会将抱养来的孩子写到家谱上。抱养来的孩子一般也会受到比较公平一致的对待,并不会出现歧视的现象和行为。如果家里被抱养的孩子被欺负,家里的人会为孩子讨回公道。村庄和政府并不会对家里的抱养事宜进行干预,被抱养的孩子在收税和户籍上与抱养家庭挂钩。

(三)买卖孩子

孟家及其所在的村子没有出现过买卖孩子的事件,而且在当时的社会环境下,即使有相关事件发生,政府也不会进行管理。

五、家户赡养

孟家在未分家以前孟继良的养老问题实际上很容易解决,因为作为当家人,孟继良掌握着家里全部的财物,家里的儿子、侄子都不敢不管老人。孟家分家以后,孟继英由于终生未嫁所以分到了养老钱和养老地,并且与其同父同母的孟继业一家生活,孟继业去世后,孟广君承担着赡养老人的义务。

(一)赡养单位

在孟家赡养是整个家户内部的事情,比如在1942年分家以前,孟继良的年纪比较大,已经到了需要人来照顾的阶段,当时是全家人一起照料,比如说今天孟广存家里没有事情,就由孟广存家里进行相关的照顾,如果孟广禄家里没事就由孟广禄家里照顾,未出嫁的女儿也需要照顾老人,当然已经出嫁的就不需要照顾。

(二)赡养主体

孟家是属于儿女较多的人家,孟继良有三个儿子四个侄子,除了一个早已分家的侄子以外都会对其进行照料。在孟家所在的村庄里也有一些家里没有儿子的老人,有一些失去了劳动能力的老人甚至会沦落到乞讨的地步。在这种家庭,如果已经出嫁的女儿还有余力会照顾一些,如果女儿尚且自顾不暇自然也就无法赡养老人。

(三)赡养形式

孟继良在去世以前一直是家里的当家人,因此其养老问题并不是一个比较困难的问题。孟继良一直住在家里的正房,由侄子和儿子家里轮流去其屋里照顾,孟继良作为当家人掌握着家里全部的财物,因此也不用担心物质上的问题,也不用家里的其他人出钱赡养。

在孟继良去世孟家分家以后,孟继英由于终生未嫁所以分到了养老钱和养老地,并且与其同父同母的孟继业一家生活,孟继业去世后孟广君承担着赡养老人的义务。

(四)治病与送终

在孟家,承担治病与送终责任的自然是老人的儿女,至于钱财的问题前面已经提到,孟继良作为当家人完全可以支配家里的钱财。至于送终的丧葬费自然也是由家里的公共财产统一支出。而孟继英的相关丧葬费用则是由孟广君一家承担。

在丧葬中,儿子女儿要守灵,所谓守灵就是儿女端坐或蹲在地上,不能坐凳子及高处,日夜不离亡者。长子和其余的儿子的不同的职责就在于长子需要在出殡时持绳背棺,这被称为"背大头",长子还需要承担摔瓦盆扛引路幡的职责。女儿不管出嫁与否都不可以扛幡。

(五)外界对家户赡养的认可与保护

赡养是家户内部的事情,家户之外的人并不能干预,只是在老人无人赡养的情况下会对一些亲戚儿女的不孝行为进行谴责,但是也不能强制干预。孟家所在的村庄对于家户赡养非常认可,如果有儿子不承担赡养责任会被村子里的人看不起,不过村子里的人是没有办法干预家户内部事务的,所以就更不要说对于不承担赡养责任的人进行惩罚了。当出现赡养纠纷的时候,保甲长不会出面管理。政府虽然也是认可家户赡养的,但是也不会干预家户内部的事务,就更不要说是惩罚和处置。所以外界对于家户赡养一般都认可,但是却缺少对家户赡养的保护,所以在当时就会有许多在外面乞讨的老人。

六、家户内部交往

孟家的父子之间、夫妻之间和婆媳之间,以及妯娌和兄弟之间的关系都很融洽,没有发生过大的冲突,彼此之间都是互帮互助、互相关爱的。孟家的家教都是倾向于"家和万事兴"的,在这样的家教之下,孟家的人不管是和自家人相处还是和外人相处都是比较随和的,很少有冲突发生。

(一)父子关系

在孟家,父子之间的权责关系比较明确,而且儿子多敬重父亲,不会同父亲顶嘴,所以父子之间一般不会有冲突。大部分情况都是父亲单方面地教训儿子,儿子很少会反驳父亲。

1.父慈子孝且有权威

父亲对儿子有抚育的责任,还要给儿子娶媳妇,如果不给儿子娶媳妇会被认为是一个不合格的父亲,父亲可以为了教育儿子打骂儿子,但是最好还是以理服人并且打骂也要有限度,不可威胁到儿子的生命,在孟家并没有将儿子逐出家门的事情发生,更别提将儿子卖掉了。

而且在孟家儿子对于父亲的话也不一定要全面地无条件地服从,当父亲做错事时儿子一般很少会对父亲提出批评,因为毕竟父亲是长辈,对于父亲还是有一定程度的恐惧。在过去,好父亲的标准就是:讲道理、以身作则、以理服人、可以和孩子讲道理说服孩子。而好儿子的标准就是:孝敬父母、团结兄弟姐妹、礼貌待人等。

2.父子融洽

在孟家,平时孟广君和父亲的相处很融洽,父子之间会一起喝酒、聊天,孟广君虽然有一些怕父亲但是有些心里话还是会和父亲交流的。在孟广君看来父亲是一个很和善的人,平时待人很温和,乐于助人,是一个很好接近的人。

孟广君年少时就开始上私塾,在私塾先生的教育下,孟广君十分尊敬父母,并不会和父亲发生冲突。如果父亲训斥孟广君,孟广君一般都会默默地承受,并且反思自己的行为,当时的父权思想实际上非常地深入人心,孩子一般都不会反抗父亲,所以基本上就不可能和父亲发生冲突。

(二)婆媳关系

在孟家,媳妇尊敬婆婆帮助婆婆做家务,婆婆会在媳妇怀孕和坐月子期间照顾媳妇,还会帮忙照看小孩,所以孟家的婆媳关系很融洽,没有冲突。孟家是一个比较注重家人之间关系的家庭,孟家人一直尽力避免冲突的发生,所以婆媳之间在日常交往中常常是互相尊敬的状态,很少有冲突发生。

1.身份界限明确

婆婆需要负责给媳妇坐月子,否则会被家里人批评,婆婆一般还是会指导媳妇做一些家务的。当然婆婆也可以指使媳妇做一些活计,但是并非随意指使,而且婆婆不可以打骂媳妇,因为毕竟两人是平等的个体,婆婆需要给媳妇适当的尊重。媳妇并不需要完全服从婆婆,当婆婆做错事时,媳妇一般也不会批评婆婆,因为这在当时是属于不给婆婆面子的行为。

如果是在大户人家即有权有势的人家,婆婆和媳妇之间的权利义务关系会更加复杂,媳妇在这样的人家的生存会更加艰难,因为在大户人家里会有许多人来对媳妇的行为进行监督、挑错。在当时好婆婆的标准就是讲道理、尊重媳妇、和善,而好媳妇的标准就是:孝敬公婆、尊老爱幼、勤俭持家等。在小户人家的婆媳之间的权责关系实际上就不是很明确了,婆婆虽然会在生活中调教儿媳,但是儿媳因为婆家的家庭关系并不复杂受到的约束比较少,所以是敢于反对婆婆的观点和行为的。

2.相处融洽

孟家婆媳时常会一起做家务,做针线活,还会一起聊家常。当然婆婆作为长辈,媳妇还是会怕的,在媳妇看来婆婆比较好相处,因为婆婆为人比较和善,待人亲切温和。

3.没有冲突

婆媳之间并没有发生过冲突,因为双方都懂得相处之道在于互相尊重,而且双方遇到什么问题会进行沟通,所以相处得比较融洽,并不会发生冲突。

(三)夫妻关系

孟家的媳妇都属于比较温和的类型,大多数都是以夫为纲,非常的尊敬丈夫,丈夫也尊敬妻子,而且夫妻之间一般不会发生冲突。夫妻之间虽然没有比较明确的权责关系,但是在一些事情上面都约定俗成,比如丈夫要照顾妻子,还要负责养家等。

1.分工明确

在孟家,如果妻子病了,丈夫需要给妻子看病,照顾妻子,并且还要负责养家。丈夫应该尊敬妻子,夫妻之间相敬如宾,丈夫不可随意打骂妻子,当丈夫做错事的时候妻子可以劝说。比如在孟家,有人有抽大烟的恶习,其妻子就会对其进行劝说,但是一般不会强制进行干预,毕竟在那个以夫为纲的年代妻子也不能过度干预丈夫。而且当时连当家人孟继良也抽大烟,妻子根本没有办法让丈夫改掉抽大烟的恶习,所以就只能忍让。在过去,好丈夫的标准就是:尊敬妻子、善待妻子、和妻子认真踏实地过日子,而好妻子的标准就是:尊敬丈夫、在生活中照顾丈夫、温柔贤惠、为家庭传宗接代。

2.相处和睦

孟家夫妻之间很少吵架,并且还会经常在一起商量家里的事情,妻子不会惧怕丈夫,夫妻双方的地位也比较平等。在不同类型的家户里,夫妻关系会存在差异,在大户人家,夫妻之间的相处是要受到大家庭的管理的,如果夫妻之间相处得不好,不和谐,往往会被家庭中的当家人或者是家里的长者批评教育。在小户人家家庭关系比较简单,夫妻关系不会被家里的人关注,家里人一般不会干涉夫妻之间的生活。

3.冲突很少

在孟家,夫妻之间很少发生过冲突,因为双方都懂得相处之道在于互相尊重,而且双方遇到什么问题会进行沟通。比如当孟广存抽大烟的时候,其妻子对其进行阻止和劝说,两人因此就发生了口角,这次冲突实际上就是夫妻之间的一件小事,并没有引起大家户的介入,而且这件事情即使是大家户介入了也是会站在妻子的立场上批评丈夫,类似这种因抽大烟引发的夫妻之间的冲突还是比较多的,不过这种冲突除了戒掉大烟这一条路以外没有别的解决办法,所以就又给这种冲突增添了一些无奈的色彩。

(四)兄弟关系

孟家的几个兄弟相处得比较融洽,相互尊重,一般不会有冲突发生。在孟家,日常生活中哥哥会教育弟弟,当弟弟做错事情的时候,兄长可以批评弟弟,弟弟在接受批评的同时也可以质疑兄长。

1.分工明确

常言道,"长兄如父"。所以在当时,如果家里父母去世较早,兄长应该承担起父亲的一部分责任,在日常生活中教育弟弟,并且当弟弟到了适婚的年龄应当为弟弟娶媳妇,还要教弟弟谋生之道。兄长可以批评弟弟,但是不可以任意打骂随意役使。弟弟并不需要完全服从兄长的话,当兄长做错事时弟弟一般也不会批评,最多也就是委婉地指出兄长的错误。

2.相处融洽

兄弟时常会一起聊天喝酒,平时兄弟相处和睦,关系亲密,如果家里的兄弟在外面受了欺负,家人会为其讨回公道。孟广君的五哥孟广林当时由于妻子的命格原因被分出了孟家这个大家户,在村子里单过,遇到困难的时候,家里的几个兄弟都会帮忙。

3.兄弟之间没有冲突

在孟家,兄弟之间并没有发生过冲突,每个兄弟结婚了以后,就开始各自过着自己的小日子,兄弟之间的相处就比较少了,就更不会发生冲突。

(五)妯娌关系

妯娌之间一般没有比较明确的权利义务关系,因为双方是比较平等的个体,在血缘上也没有关系,只是比较亲近的亲戚关系。妯娌之间一般只要相互尊重,在平时的交往中没有口舌之争,互相谦让就算是好嫂嫂好弟媳。在孟家,妯娌之间并没有发生过冲突,各个小家庭就是关起门来过自己的小日子,平时交流也比较少。

(六)其他关系

孟家在没有分家的时候家里有长工,所以与长工之间的相处也是家里日常交往的重要组成部分。一般来说,一个好的雇主就是不拖欠长工的工钱,并且可以体谅长工,必要时还可以给予长工一定的帮助。在孟家,每年在给了长工工钱以后,如果长工家里还有困难,家里还是会伸出援助之手的,比如会给长工家借粮,一般是"尖斗借平斗还"。而好长工的标准不外乎就是认真工作,不偷奸耍滑,不乱传播雇主家的事情,等等。由于孟家对长工比较好,双方之间的相处还是比较融洽的,孟家即使是在荒年也是会通过借贷来给长工工钱,所以长工对孟家很满意,双方基本上没有冲突发生。孟家和长工之间虽然是雇佣与被雇佣的关系,但是长工在孟家的地位并不低,相反的是,孟家并不是谁都可以指使长工干活,一般只有当家人孟继良夫妇和当家人的三个儿子以及家里管地亩的孟继业说的话长工才会听从,其他人像孟广君的大爷的三个儿子说的话家里的长工不会听从。

孟家在没有分家的时候家里还有一个厨师,也被称为"大师傅",厨师在孟家也是与长工差不多的地位,平时吃住都在孟家,主要就是负责给孟家人做饭。孟家对于厨师也很好,一般家里如果来了较多的人时,其他人就会去伙房帮助厨师做饭,这实际上就是孟家和厨师之间相处的比较好的表现。

七、家户外部交往

孟家与外人的关系比较融洽,如果村子里谁家有什么事情来找孟家帮忙,孟家都会帮忙张罗。孟家和邻里之间发生过冲突,但是冲突都比较小,双方私下里就可以解决,并不用惊动村子的保甲长来处理。在平时的交往中双方的相处比较和睦。

(一)无权责关系

(1)邻里街坊之间

一般情况下,家户和外人之间并没有比较明确规定的权利义务关系,有的只是出于善良而进行的帮助。在孟家,平时和邻里之间的相处比较好,所以一般邻居有事求助的时候,孟家都会帮忙,但是帮忙也很有限度,如果涉及家庭内部的事情,比如分家等大事,孟家作为外人会尽量避嫌,不会参与。但是如果是邻居家筹办红白喜事需要帮手,孟家会给予帮助。

（2）地邻之间

孟家与地邻之间的相处关系十分融洽，因为如果和地邻相处得不好，就会引发土地方面的纠纷，所以一般地邻有事情需要孟家帮忙，孟家一般都会帮的，当然同样是尽量避免参与地邻家里的内部事情。

（3）亲戚之间

与邻居和地邻相比，亲戚之间需要承担的责任和义务就会比较多了，毕竟如果是拒绝帮助邻居和地邻很少会受到他人的谴责，而如果在有能力进行帮助的时候拒绝亲戚的求助，就会在家族里受到其他亲戚的谴责。如果亲戚家里有事情需要孟家帮忙，不管是家务事还是筹办红白喜事等孟家都是尽力帮忙的，比如当时分家的时候就是请家里的亲戚当分家人的，孟家人如果被亲戚邀请当分家人一般都会同意。

（4）朋友之间

孟家人结交的朋友比较多，但是朋友之间并没有比较明确的权利义务关系，当时比较公认的就是在朋友需要帮助的时候，在力所能及的范围内出手帮助朋友解决危机。

孟家并没有外租土地，所以不存在主佃关系。当时一般的活动范围都是限制在本村的范围内的，平时很少和外村的人进行交往，而且大家都不怎么认识，那就更不要说是两者之间的权利义务关系。

（二）互相帮助

（1）邻里之间

因为在平时会互相帮助，而且邻里之间的交往是建立在平等且互相尊敬的基础上的，所以邻里之间并不存在一方惧怕另一方的情况，因为孟广君的父亲是负责家里的土地和借取来往的，所以在日常交流中孟广君的父亲也负责邻居亲戚之间的往来与沟通。

（2）街坊之间

孟家与街坊之间平时相处比较融洽，一般与街坊进行往来的都是孟继业和"广"字辈的几个兄弟。街坊之间平等相处，虽然孟家在村子里属于大户，但是孟家人是比较和善的，平时和人相处也以"吃亏是福"为标准，所以并不存在一方惧怕另一方的情况。

（3）地邻之间

孟家与地邻往来的都是孟继业和"广"字辈的几个兄弟。地邻和孟家之间是平等的，虽然孟家在村子里属于大户，但是孟家人是比较和善的，平时和人相处也以"吃亏是福"为标准，所以并不存在一方惧怕另一方的情况。

（4）亲戚之间

孟家与亲戚虽然不是同村，但是如果亲戚有困难孟家还是会帮助的，与亲戚间交往的是家里的长辈。亲戚之间的关系平等，如果家里的亲戚比较厉害或者说是有威望，孟家人都会引以为傲。

（5）朋友之间

孟家和朋友农闲时期经常在一起聊天，和朋友之间的交往当然是由孟家与之交往的人负责的。当时交朋友一般都会交和自己家里"肩膀头一边儿齐"的朋友，这样两家人的家庭条件都是差不多的，自然就不会出现一方惧怕另一方的情况。孟家并没有外租土地，所以不存在主佃之间的关系。

(三)冲突较少

1.冲突单位

当时孟家处理对外冲突的单位就是本家户。处理对外冲突的代表可以是当家人,因为当时孟家的当家人一般不太管这方面的事情,所以在一般情况下这些方面的问题由孟继业负责。除了当家人和孟继业,孟家其他人比如"广"字辈的几个兄弟也可以处理这些冲突。比如前面所提到的孟家的一次比较大的和外村的财务局的人发生的冲突就是孟家的当家人决定,村子里的保甲长给予帮助,孟家"广"字辈的几个兄弟处理的一次冲突,不过这次冲突是靠打官司解决的,所以也可以说这次冲突的解决者是警察署。

2.处理边界

孟家人一直都有这样一种信念,孟家的利益高于个人的利益。所以在解决冲突的问题上一般都会首先考虑家户的利益。在处理时,可以由当家人孟继良做主,也可以由孟继业,家里的地亩管理者做主。当冲突已经波及外人的时候,比如前面所提到的孟家的一次比较大的和外村的财务局的人发生的冲突就是孟家的当家人决定,村子里的保甲长给予帮助,孟家"广"字辈的几个兄弟进行处理的一次冲突,不过这次冲突是靠打官司解决的,所以也可以说这次冲突的解决者是警察署,这就表明外人也可以做主处理家户的冲突。

3.冲突过程及家长的作用

孟家与外界的冲突比较少,冲突发生的时候孟家会选择退让,因为孟家讲究"吃亏是福",所以一般不会斤斤计较,能退且退。所以发生冲突时,两家私下就可以解决。在处理时,可以由当家人孟继良做主,也可以由孟广君的父亲孟继业,家里的地亩管理者做主。比如孟家曾经因为家里的菜园问题和邻里发生过冲突。孟家的东墙外面是菜园,当时修的时候邻居并不同意,因为农村的马路比较窄,孟家修了菜园以后影响邻居在马路上赶车,所以两家因为这件事吵了一段时间,孟家因为不想影响家里修建菜园的进度,所以就由当家人出面,宴请了邻居一家,并且在饭桌上又进行了一番沟通,邻居这才同意孟家继续修菜园。

第四章　家户文化制度

　　孟家的教育经费都由大家户统一支出,分家后各个小家户就只能自行承担孩子的教育花费。孟家的家庭成员一直就具备深厚的家户意识,在重大的节日期间,孟家都是全家人一起准备。在婚丧嫁娶方面孟家也有比较多的讲究。在信仰方面,孟家几代人都是比较虔诚的佛教信徒,孟家对佛教的信仰不仅表现在家里对佛像的供奉上,还体现在对庙宇修建的帮助上。

一、家户教育

　　孟家不管是在分家前还是在分家后,都十分重视家里孩子的教育,不过由于当时重男轻女的思想比较严重,所以孟家人只会让男孩去私塾读书。未分家时,孟家的教育支出由当家人承担,分家以后孩子的教育花费都是孩子自家管理。孟家非常重视自家孩子的学习,孟广君当年在外地求学的时候,父母在家里都不会用家里的事情打扰儿子的学习,家里人都希望孩子可以好好学习光宗耀祖,但是如果孩子实在不想读书,家长也没有办法勉强。

(一)家户教育概况

　　1949 年以前,在孟家,孟传元、孟继良、孟继温、孟继业、"广"字辈的几个兄弟都上过学。在孟广君这一代一般都是九岁开始上学,每人大约读五年的书。一般都是在这几年把比较基本的国学经典学习完毕,学习得差不多时就结束教育。在孟家,男子全部能上学读书而女孩子则不能上学。关于孩子的读书问题一般都是孩子的父母管理,当孩子到了上学的年纪就开始找私塾,并且由当家人来交孩子上学的学费。孟家送孩子上学的目的最主要的就是对孩子进行教育使孩子懂得做人的道理。所谓的光宗耀祖并不一定是指加官晋爵、家财万贯,孟家人认为在读书后懂得遵纪守法、做事合情合理、孝敬父母、尊老爱幼、家庭和睦就是光宗耀祖。

(二)私塾教育

　　孟传元、孟继业和"广"字辈的几个兄弟都在私塾读书,孟家的男子全部会去上学读书,而女孩子则不会被允许上学读书。关于孩子的读书问题一般都是孩子的父母进行管理,当孩子到了上学的年纪就开始找私塾,并且由当家人来交孩子的学费。孟广君刚开始上学的时候是到离家里 20 里远的私塾去读书,吃住都在学校解决。平时上课时讲究一天三背书,分别是早晨、中午和晚上,当时背书时的情形就是老师坐在那里,到时间后孩子们一个个去找老师背书,老师先开头说某一句,学生就顺着这句开始往下背,如果背不下来就要挨打,那时候老师手里有一把戒尺,学生有一句不会背就伸出手,老师就用戒尺打手心一下。孟广君住在学校里,冬天的晚上还要读夜书。学校在晚上的时候就在学房里点上蜡烛,学生们在学房开始读书。大约九点的时候，学校就安排学生们吃夜饭，那时候夜饭就相当于是夜宵，在吃完夜饭以后，学生们就可以休息。当时只有冬天的时候才有夜读，因为冬天"夜长"，也就是晚上的时间比较多，六点左右天就黑了，早晨的时候七点多了天才亮，所以学校才会安排夜读，不过夏天的时候夜晚的时间就比较短了，白天的时间相对来说比较长，所以学校就不会再占用学生们的休息时间安排夜读。

孟广君11岁的时候，村子里有了私塾，于是孟广君又回到村子里接着读书。村子里很少有孩子到距离村子20里的地方读私塾，而在村子里有私塾以后，村内适龄的孩子就都可以上学。去上学的大部分都是男孩子，一个班里只有一个女孩子，那个女孩子还比较笨，老师安排背的东西她很多时候都背不下来。私塾是设在老师家里的，老师在家里开辟一个学房，学生们在学房里上课。平时学习的内容有：《三字经》《百家姓》《弟子规》《千字文》，当孩子们有了一定的基础后就开始读四书，即《论语》《大学》《孟子》《中庸》，当读完四书后才开始接触五经。在孟广君12岁时没有继续读私塾，当时孟广君正学到四书，所以没有接触到五经。孟广君在村里的私塾读书时，在早晨六点左右吃完饭便去学堂，中午回家后吃完饭再继续读书，晚上六点左右放学回家。

学生一般都是自己去私塾上学，很少有人家会把私塾老师请到家里上课。当时过年时学生不需要去给老师拜年，但是家长一般会给老师送去一些礼物，比如酒、肉等，老师在当时还会接受这些礼物。

(三)学校教育

在伪满洲国时期，距离孟广君家里30里的地方有日本人办的学堂。孟广才和孟广有的儿子在上完私塾后就开始去这个学堂读书。当时还要交学费，在没有分家的时候学费由当家人提供。学校主要教国语、算数、日语等。

如果孩子强烈反对读书，家长也不能强求。孟广才和孟广有骑着马，送两个孩子去学堂念书，其中孟广有的大儿子孟昭伦就偷偷地跑回了家，不想去上学，后来家里人没有办法也就只能不再勉强孩子继续读书。在孟家，孩子是否要接受教育，什么时候接受教育由孩子的父母决定，当家人一般只负责给孩子交学费。孟家送孩子上学的目的最主要的就是对孩子进行教育使孩子懂得做人的道理。所谓的"光宗耀祖"并不一定是指加官晋爵、家财万贯，孟家人认为在读书后懂得遵纪守法、做事合情合理、孝敬父母、尊老爱幼、家庭和睦就是光宗耀祖。小孩子对于自己为什么读书，读书有什么意义这些事情其实不太了解，这些都是需要父母和老师来教育。孟家人一般不会告诉孩子上学是为了光宗耀祖，而是会说上学对于他自己的好处，让小孩子有学习的乐趣。

(四)教育的家户单位

孩子小时候的教育主要是来源于家庭，当然家人大多只会从家里的一些事情上教育孩子，并不会特意对孩子说什么大道理，男孩子的教育从上学时才开始。孟家的女孩子主要由母亲教育，教育的内容多为针线活、做饭等家务，目的是为了女儿在嫁人后不会被婆家批评。家户里承担主要的教育责任的是孩子的父母，而孩子的爷爷奶奶一般不会教育孩子，而且还会比较宠溺孩子。父亲教育孩子一般是在平时的言行上以身作则，以自己的行为告诉孩子应该做什么，不应该做什么。在孩子大约到了十五六岁的时候父母开始给孩子张罗婚事，且孩子也可以下地干活。在劳动的时候，父母就会在旁边告诉孩子应该怎么做，为什么要这样做，孩子了解得多,日后结婚就可以好好过日子。

家里的其他亲戚会教孩子一些做人的道理,比如有的时候亲戚来家里做客,发现孩子的一些行为习惯不太好,比如浪费粮食,脾气不好,这时候亲戚就会告诉孩子,那样做是不对的,应该改正。

邻居一般不会管别人家里的家务事,也不会教育别人家孩子这方面的事,俗话说"饭菜是人家的香,儿女是自家的好",邻居如果贸然教育别人的孩子有可能会引发两家的矛盾。同龄人对于孩子的成长影响很大,所以孟家一般不会让家里的孩子和坏孩子一起玩,如果发现自家的孩子和坏孩子玩,孩子的父母就会把孩子领回家然后进行教育。和家庭教育相比,亲戚、邻居、同龄人对于孩子的教育作用相对来说比较小,所以孟家比较注重家庭教育。

(五)家教与人格形成

在当时孩子接触最多的主要就是家人,给孩子影响最大的就是家里的人和事。平时父母亲人的为人处世方法会对孩子产生深刻的影响。孟广君家里信仰佛教,所以孩子小的时候就会接触一些佛教的思想,比如与人为善、乐于助人等。当孩子犯错误的时候父母会及时教育以防止孩子养成不好的习惯。孟广君家里一直信奉"勤劳致富""家和万事兴"。孟广君在遇到困难的时候,家里人为孟广君提供了帮助和动力。在最困难的时期,孟广君被批斗、被体罚身心受到了巨大的摧残,甚至想到了死亡,但是看到了自己的儿女,想到了自己的家人,在那时家人就是给予他生活的勇气,支持他在面对艰难时走下去的动力。一个人不能够离开家庭而生活,离开家庭的人很难在社会中生存。

(六)家教与劳动技能

孟家的孩子一般在十五六岁的时候开始去地里干活,在上山以后由父兄亲自示范指导。女孩子的家务劳动主要由母亲来指导,女孩子要在娘家学会针线活及一些基本的家务劳动,否则嫁入夫家后会被人家看不起,娘家也会因此而蒙羞,女孩子在家里的时候还要帮助父母照顾弟弟妹妹。小孩子不用学习劳动技能,孩子大约到了十五六岁的时候家人才会比较系统地教导孩子学习一些劳动技能。对于男孩子来说,劳动技能是必备技能,因为在成家以后,男孩子就肩负起养家的责任,如果不学习劳动技能,没有办法养家糊口,而且会被人瞧不起,也没有女孩子会嫁给这样的人。

二、家户意识

孟家的家庭成员一直就具备深厚的家户意识,不管是未分家之前的大家,还是分家之后的各自小家,都有着家户意识,具有血缘、亲缘的自家人肯定要比亲戚、外人亲密得多。孟家的家人互相扶持,发达致富是每一个孟家人的共同心愿,家庭和睦、多子多福是每一个孟家人的生活目标,积德行善是每一个孟家人实践的标杆。

(一)自家人意识

孟家人认为同一个爷爷或者太爷爷的亲戚会被认为是比较亲近的自家人,或者说没有分家以前住在一起的家人是自家人,与此相对的其他人自然就是外人。对于自家人的一些要求就是希望其遵纪守法、尊老爱幼、孝敬父母、不做违反道德和原则的事情。对于孟家人来说与自家人和外人的交往不同,在和自家人交往的时候会比较自在,在礼节方面虽然也要注重,但是和自家人交往会比较舒服,没有太多的忌讳。当时孟家的厨师和长工虽然也在孟家和孟家人一起吃住,但是没有血缘关系就算是外人。在家里有困难的时候最先想到的就是自家人而不是外人。当时孟家一般不会主动介入亲戚家的事情,只有当亲戚找来请求帮忙时才会介入。孟家对于亲戚家的家事,采取的是"不告不理"的原则,而对于邻居街坊的家事,也不会介入。因为俗话说,"清官难断家务事",孟家人作为外人不了解邻居家的家事,贸然介入非但解决不了矛盾还会加深矛盾。其实这一点从分家上就可以看出,分家算是家户比较重大的事了,分家时找分家人一般都会找自己家的亲戚而不会找邻居街坊,这样自家人和外人的亲疏远近就可见一斑。

对于孟家来说,和自家人交往与和外人交往是不同的,自家人之间虽然不是无话不说,但是和自家人交往更加的自在,有些问题不必避讳,可以聊的话题也比较多,在礼节上也不必太讲究,在借钱的时候,肯定是先借给自家人,帮忙的时候也是自家人优先。

(二)家户一体意识

孟家一直保持着互相帮助的意识,当家里的亲人有困难的时候,其他人都会尽自己所能帮助家人。孟家的共同目标就是希望家庭和睦,家人平安健康,在此基础上发家致富。孟家每次去娘娘庙祈福的时候,都是希望神明可以保佑家里人平安健康。

1.家人相互扶持

孟家的兄弟之间会相互扶持,相互帮助。孟广君的姑姑孟继英平时在家里就会做鞋卖钱,攒下来的钱除了用来向庙里捐赠,剩下的钱就会接济家里需要帮助的人。孟继英用自己挣的钱买的地也是和家户的土地一起耕种、一起收割,不会把土地当作自己的私房地。当家里有人被欺负的时候,自家人就会联合起来一起对付外人,例如孟继业被财务局的人打了以后,孟家人知道就会联合起来和财务局的人打官司,用家里的钱给警察署的人送礼,几年以后官司才打赢了。家户一体意识深入人心,一个人代表的就是整个家户的脸面,这个人被欺负了,就是整个家户被人瞧不起的表现,所以家户要尽全力讨回公道。孟家在分家以后,因为孟家有人抽大烟,所以生活的就不是很好,其他的几个兄弟一般都会在秋收的时候给他们一些粮食,不过如果是遭遇荒年,每家的收成都不好,就没有办法接济生活不好的兄弟。

2.家户一体共富裕

发家致富是孟家的目标,家里的每个人都应该为发家致富而努力,这种事情实际上"一荣俱荣",家里富裕了,每个人自然也就生活得好了,当时孟家的每个人都非常的勤劳,积极参加劳动,实际上目的就是为了发家致富,所以可以说这是家里每个人的目标。

光耀门楣是每个孟家人的心愿,孟广君会努力读书,家里人也要求家里的孩子读书,而且当时孟家也是要求家里人踏实肯干,实际目的就是为了光耀门楣。孟家的人都希望自己的家庭可以家庭和睦,枝繁叶茂。孟广君认为家庭发达了,全家人都可以沾光,因为家里的每个人都为一体。

孟家每次去娘娘庙祈福的时候,都是希望神明可以保佑家里人平安健康。当时孟家供奉着观音和圣佛,这两个神明实际上就是保佑家庭和睦,家人健康平安的。

(三)家户至上意识

孟家的家户至上意识比较鲜明,基本上都是将家庭利益放在首位。当家庭利益和个人利益发生冲突的时候都会选择维护家庭利益。孟广君的家里比较重视读书,不会让孟广君为了家庭放弃读书的机会。孟家的劳动力比较多,并不需要孟广君放弃读书的机会去帮家里人做农活。孟家的每个男孩都有读书的机会,因为家里的生活条件比较好,不需要孩子为了家庭放弃什么。孟家很少有为了家庭放弃婚姻机会。

1.家庭与个人关系

孟家人认为个人属于家庭,并且这一点很重要,双方一荣俱荣、一损俱损,所以孟家认同"没有家庭就没有个人"这个观点。孟广君在做事情的时候会先考虑到家庭。孟广君在上私塾的时候,父母常常会和孟广君说:好好读书,听先生的话,别给家里丢脸。

2.家庭与个人利益

在孟家基本上很少发生家庭利益与个人利益相冲突的情况,不过孟继英曾经面临过这样的选择。孟家的当家人孟继良在去世以前,一直由其妹妹孟继英照顾,在孟继良去世的那天,他将家里仓库以及家里的装有家里财物和各种契约的箱子的钥匙给了孟继英,并且对孟继英说让她自己留下一些作为养老钱,但是孟继英在孟继良去世以后,并没有从中获取钱财,甚至都没有打开过箱子就将钥匙等原封不动地交给了下一任当家人孟继业。其实孟继英本可以为个人谋利益,留下一些钱财的,但是她本人确是没有私心的,即使这并不会比较大地影响到家庭的利益,但是在家庭利益和个人利益面前她还是选择了前者。

在孟家,由于家户本身的教育问题,如果家里有人先考虑个人的利益会被家里的人批评。比如孟家有人抽大烟,在自己的小家庭没有钱的情况下就去偷家里的粮食,甚至还偷家里人的衣服去换大烟,这严重影响了家庭的利益,在当家人知道这种情况后就会比较严厉地批评他们的行为。当家人在做事情的时候也会先考虑整个家族的利益,其他家庭成员同样也是以家庭利益为重。

3.家庭与读书

孟家比较重视读书,且生活条件较好,因此不会让家里的孩子为了家庭放弃读书的机会。孟家的劳动力比较多,并不需要孟广君放弃读书的机会去帮家里人做农活。

4.家庭与工作

1949年后,孟广君在承德师范学校进修三年,其间孟广君的父母为了不打扰孟广君学习不会表示希望孟广君回家。毕业后,孟广君凭借优异的成绩,获得了留校的机会,为了赡养父母,孟广君还是回到了距离家里比较近的学校教书,放弃了在大学任教的工作机会。

5.家庭与婚姻

孟家的儿女在婚姻方面需要听从家里的安排,孟家人不会在婚姻上与父母发生冲突。当家人也不会拆散夫妻双方,以孟广林为例,即使其妻子王氏是"铁扫帚"命格,当家人孟继良也没有劝说孟广林夫妇离婚,而是决定将孟广林分出孟家。

(四)家户积德意识

在没有分家的时候孟家会在祠堂为下一代祈福,祠堂当时被称为"家堂",孟家的家堂在家里住的屋子的北墙附近,有佛像和家堂。孟家当时会做善事,收留饥寒交迫的乞丐,其中一些人在后期加入八路军,甚至建立了军功。

孟家还会捐钱修庙,一般来说修庙是一件很有功德的事情,会福荫子孙。孟家的人虽然有积德意识并且会帮助穷人、乞丐,但是并不属于"爱管闲事"的人,孟家的人不会主动去管别人家里的家事。孟家的人都比较信命,相信恶有恶报,善有善报,孟家人还是比较虔诚的佛教信徒。孟广君认为,只要坚持行善积德,即使不一定会使家里人升官发财,至少问心无愧。

三、家户习俗

孟家在未分家之前,都是全家一起过节的,如春节、元宵节、清明节、端午节、中元节、中秋节、重阳节、冬至等。关于婚丧嫁娶也有诸多的讲究,程序也较为复杂。孟家不管是节庆习俗,还是红白喜事都是以家户为单位,并且在孟家当家人的带领下进行。

(一)节庆习俗概况

在1949年以前,当地不同的传统节日都有着不同的习俗。孟家关于红白喜事的习俗也是很多,且家人都需要遵守。在白事方面,父母在去世的三年内,儿子家在三年之内不能贴对联,外嫁出去的姑娘家里则可以贴对联。

1.重大节日习俗

孟家在腊月十四五就开始准备过年,主要的准备工作有磨面、杀猪、卖粮。到了腊月二十二、二十三的时候家里就开始扫房。过年的时候家家户户都要贴春联,孟家的春联在分家以前都是孟继业和"广"字辈的几个兄弟负责写,当然也有不贴春联的人家,在父母去世的三年内,儿子家不能贴春联,但是外嫁的姑娘家里可以贴春联。

过年的时候孟家"广"字辈的几个兄弟要到坟地祭祖,祭祖的相关事宜主要是由家里当家人来负责,当然女性不能参加祭祖。在当时如果家里实在没有儿子就可以请侄子帮忙祭祖,实在没有办法也可以请外嫁女儿的儿子来帮忙祭祖。

春节的时候也要走亲戚,走亲戚时一般是全家一起,而当家人因为年纪较大也可以不用出去。走亲戚一般会去离家比较近的亲戚家,基本上一天的时间可以走上一个来回,距离家里实在太远的亲戚可以不走动。

过年时家里的年夜饭一般都是全家人一起参加,外人不可以参加。在分家后,即使居住在同一院落也是不可以参加的。孟家在大年三十的晚上不让家里人出门,孟继良当家的时候在某一年年三十的晚上,家里的几个儿子和侄子辈的人就没有听当家人的话自行出去了,当家人知道后就让人将家里的大门锁上,吃年夜饭的时候,几个出去的人回到家里却发现不能进门,就在外面让家里人开门,但是当时钥匙由当家人拿着,当家人不说开门别人也没法开,当家人决定惩罚这几个人,所以就真的过了好久也不让人开门,最后是孟继英说服当家人把钥匙给她然后去开了大门,经过这件事以后,孟家人都严格遵守家里的规矩,再也不违背当家人的话。

春节拜年的时间是正月初一,一般都是先给年长、辈分高的人拜年,拜年的范围仅限于自己家的亲戚,不用给保甲长、村长等拜年。拜年不需要带礼物,而且年纪比较大的当家人不需要出去拜年。

过年时村里会请秧歌队,秧歌队的成员都是男性,因为当时比较保守,女性一般是很少抛头露面的,秧歌队的化妆和服装都是需要钱的,所以在秧歌队挨家挨户表演完以后,每家也会给秧歌队相应的报酬。

在正月十五也就是元宵节的晚上,村子里会组织撒灯,就是用纸包住一些麦麸,饭后用油泡上,到了晚上将一个个的小纸包点燃,放到村子里比较危险的地方和行车的地方。这个习俗的起因就是说在村子里这些危险的地方会有一些徘徊不去的冤死的鬼魂,点上灯以后,这些鬼魂就会在灯的指引下投胎从而还村子一片太平,这些地方也就不会再出现事故。

2.红白喜事

在当地娶媳妇时还有一些习俗,主要体现在整个婚礼的流程之中。当时新娘离家时也要哭,是为哭嫁。首先是男方将女方从家里背出来放到马车上,那时候大户人家才用马车结婚,小户人家根本没有马车,就直接骑马去接新娘,村子里没有人用轿子。马车到婆家后在家门口停下,媳妇从马车下来后站到一小块毡子上面,媳妇走完第一块毡子后站到第二块毡子上,然后别人再将第一块毡子移到前面,由此循环直到到达屋门口,这就被称为滚毡。接着就要拜天地,在这个村子结婚时只需要拜天地即可,拜天地的时辰是根据新人的生辰八字推算出来的,拜过天地以后新郎就可以将新娘的红盖头掀起并甩到房顶上,等到红盖头被风吹起的时候再拿下来。在当时主持这一系列仪式的是男女双方的媒人。之后新郎就可以将新娘送回房间,新娘盘腿坐在炕上,大概要坐一天左右才可以下地,是"坐福"。等到新郎和新娘喝过交杯酒后新娘方可自由活动。

当地还找七八岁左右的男孩子睡在新房,是谓"压炕",这是代表了对于女子怀孕后生儿子的一种期望。婚礼的第二天,妻子要起床给公婆盛饭、倒水,并且在结婚后的几天里都要坚持给公婆铺炕、叠炕,实际上就是给新娘一个下马威,免得新娘在嫁进家里以后"不服管"。在出嫁三天后妻子要回门,回门时要有丈夫陪同,同时男方也要给岳父岳母带上一些礼物以表心意,一般对于礼物没有要求,多是一些点心、酒之类的。回门的主要目的就是让女方的父母看到夫妻之间的相处是否和谐恩爱,这样也是为了让女方的父母放心。回门的时候女方的父母要设宴款待女婿,女婿也要在这个时候改口称呼女方的父母为"爸妈"。在结婚以前要去祭祖,有告慰祖先之意,这时候要给祖先烧纸,还要在坟上压上红纸。

在白事方面,村子里有哭灵的习惯,而且在出殡的时候,女儿只能送到村外,不能去坟地也不能看死者下葬,因为如果看到了会破坏祖坟的风水,不利于子孙后代的发展,当时有俗语说,"风水不破,人财两旺"。非正常死亡的人不可以被埋到祖坟,横死者不可以被埋入祖坟,"少亡"者也不可入祖坟,只能埋到其他地方,这里的"少"多指18岁以下。同时没有儿子的人也不让入祖坟,这里的没有儿子是指没有亲生的儿子也没有过继或者抱养的儿子。上坟的时候小孩子也不能去,因为小孩子不能去鬼地,也就是坟地,传说中小孩子可以看到不干净的东西,如果去坟地可能会吓到孩子。

白事方面比较具体的流程如下:家里有人去世的时候,在家里人停好尸以后,首要的是请阴阳先生。阴阳先生到了以后,画了符,贴在门楣、窗框、大梁等有关地方,以防殃气落在上面。阴阳先生还要负责"撵殃",写文书,开光等。在家里有人去世的第一天就要去村子里西面的山上"告庙",当时村子里的西山上有一个非常简易的小庙,每家每户有人去世都要去那里"告庙",告庙时家里人都要去那里哭。在家里有人去世后,长子需要第一天就在村子里给各家各户磕头,表示家里有人去世,希望村子里的人可以帮忙。在出殡以前,死者要停在家里,停的时间也有讲究,六十岁以上的人去世就是"老丧",老丧要在家停三天,这三天还分为"大三天"和"小三天","大三天"是指去世的时间是早晨,这样从去世这天到出殡那天这三天就是"大三天","小三天"是指去世的时间是下午或者晚上。六十岁以下的人去世在家停的时间就比较短,只有一天,或者是去世当天就出殡。死者停在家里的时候,家里要搭灵棚来安放死者,在死者停在家里的这三天里,需要儿子来守灵,守灵要守三天,这三天要烧纸、烧香,期间香火是不能断的,在这三天里亲戚朋友都会来灵前哭灵,死者的儿子和侄子要给前来哭灵的人磕头。在这三天里,死者的子女们要准备好"盘缠",也就是纸人、纸车、纸牛和纸马,按照习俗,死者为男要送纸马,死者为女要送纸牛。同时阴阳先生还要写好文书,文书的主要内容就是死者生前的业绩,死者的子女的数量以及死者的子女都分别为死者买了什么。文书就放在纸车里,"送盘缠"的时候会一起烧掉。

在出殡以前,阴阳先生要算好出殡的时辰,并且为死者"开光",所谓开光就是打开棺材,由阴阳先生来摸死者的头、口、眼等,调研员还在网上查到了开光咒,亡人开光咒:"开头光,亮堂堂,头顶上苍八宝香。开眼光,看西方,极乐世界是家乡。开耳光,闻十方,无量天尊法中王。开鼻光,嗅妙香,万法熏修开会光。开口光,吃斋香,不与畜类结仇肠。开心光,显性相,万法圆融妙吉祥。开手光,抓钱粮,手握莲花奔西方。开脚光,莲台上,众圣接引登乐邦。"在开光的时候,死者的儿女侄子等可以守在棺材旁边,看死者最后一面。在此以后,死者的儿子们就可以将棺材移出灵堂,放到灵车上了。在抬棺材的时候长子在前面,村子里的人在棺材周围将棺材抬起来是为"举重"。

开始出殡的时候需要长子、长孙肩扛"引魂幡"排在前面。儿子扛白幡,孙子扛红幡。在出殡的路上需要撒纸钱是为开路,这样小鬼什么的就不会拦路了。在到达坟地以后,需要用活的公鸡的鸡冠子上的血染红镐头,然后再开始挖坟。将棺材埋入坟中,最后要将坟填平,不能有坟包,堆坟包是在出殡后的第二天,太阳没有升起的时候由长子或者侄子去坟地,在距离坟地一百米处取土然后将坟包堆起来,是为圆坟。在圆坟以后,死者的女儿们就可以去坟地。在出殡那天的下午,太阳落山的时候就要在坟地"送盘缠"也就是把给死者扎的车、马、人等烧给死者。

在出殡后的第二天,阴阳先生就要用五谷杂粮"撵殃",就是将死者的灵魂及家里因停尸造成的死气从家里撵走,让死者好好上路。在出殡的三天以后就是"头七",此后每隔七天,丧家要设宴祭祀,一直到"七七"为止,民间称为"过七"。除了这以外,还要"过百天",也就是死者去世满一百天的时候,这时就需要儿子带祭品到坟地祭奠。死者去世满周年时,家人也要举行祭祀活动,头周年、二周年时,祭祀活动基本同于过百日。儿子上坟祭拜、贡献生前喜吃食品水果,上香烧纸。三周年就不同了,一般家里都要大操大办,几乎同于出殡时,邀请家族、亲戚,制作多种纸火,上坟一起祭拜,丧家摆设酒席,招待来宾。

(二)家户习俗单元

当时过年的时候全家人在一起过,毕竟过年讲究的是团圆,不过分家后不用聚在一起,各个小家庭在一起过年即可。当时外人是不会在自家过年的,毕竟过年是要和自家人团圆的,如果没有特殊情况也不会在亲戚家里过年。过年时全家人是要聚在一起吃团圆饭的,分家前是家里的一大家子人聚在一起,分家后就是小家庭的团聚了。

1.家户过年,全家团聚

孟家在过年的时候以家庭为单位,在自己已经分家出去的前提下是在自己家里过的,比如当时孟家在1942年分家以前,孟广林就已经和家里分家另过,在过年的时候孟广林一家就不会和孟家一起过年。

2.家户习俗，忌讳颇多

在以前，嫁出去的女人不可以在家里过年，毕竟嫁出去的女儿就已经是别人家里的人了已经冠夫姓了，而且过年讲究的是团圆，如果女儿出家后回娘家过年对于婆家来说就不是团圆了。大约是在正月初三的时候当家里将贡品全部撤下去以后，嫁出去的女儿才能够回娘家，因为当时人们认为如果贡品被女儿女婿看到，娘家家里以后就不能兴旺发达。

一般来说去亲戚家里过年只有一种情况，那就是家里只剩下一个人，孤身一人过年过于冷清就只能去比较近的亲戚家里过年。

已经分家出去的人不会在大家户中过年，比如孟广林一家分出去以后，在过年的时候孟广林就不会和孟家人一起过年，年夜饭自然也就不在一起吃。在1942年分家以前孟家人就是在一个院子居住的所以会在一起吃年夜饭，在分家以后即使还在一个院子居住也不会在一起过年。在过年的那几天孟家人会和至亲的亲戚家吃轮流饭。

孟家人认为大年三十的晚上是百神下界的日子，在这个时候家里人都要开心，不能打人、骂人，也不能做违背道德的事情，只有这样家庭才会得到神仙的庇护。这一天的晚上也不能扫地。家里的儿子需要在这一天晚上去村子门口喊："老祖宗回来过年"，这就是请家神，在正月初三的时候就要以同样的形式将老祖宗送走。在清明节、鬼节的时候孟家还要去坟地上坟、祭祖。

四、家户信仰

孟家几代人都信仰佛教，是比较虔诚的佛教信徒，所以家里一直都供奉圣佛和观音，逢年过节的时候家里人都会去村子里的龙王庙和邻村的娘娘庙烧香。孟家的近亲孟继旺还是娘娘庙的修建者和管事之一，孟家也经常向庙里捐钱、捐粮。

(一)宗教信仰概况

1949年以前孟家人都有宗教信仰，孟家人信佛教的人居多，基本上全家甚至连长工都信仰佛教，孟家对于佛教的信仰由来已久，几代都信仰佛教。因为信仰佛教，所以孟家十分注重积德行善，家庭一直都很和睦。在孟家，孟继英是比较虔诚的佛教信徒。孟继英早年身体不好，腰腿一直不太方便，所以在养病期间，孟继英就开始礼佛，平日里会烧香拜佛，在吃药治病的同时也通过礼佛来为心理上提供慰藉，后来身体好了，但是却错过了出嫁的年纪，孟继英索性就更加虔诚地将自己的所有心思都放在了信仰上，她开始吃素，几十年如一日，直到她去世都没有改变自己吃素的习惯。孟继英还会常常向庙里捐钱捐粮，在当时生活还比较困难的时候仍然坚持自己的信仰，坚持一个佛教徒的信念，积德行善，救助乞丐。

对于孟家来说对佛教的信仰是几代人共同的习惯，在孟家，小孩从小开始就接受家里的佛教的熏陶，耳濡目染自然会信仰佛教。有时候如果嫁到孟家的媳妇并不信佛，在孟家经过一段时间的熏陶与感染也会信佛的。

(二)家长的宗教信仰

孟家的当家人信仰佛教，在孟家其他人不信仰佛教的情况下，当家人也不能强迫。孟家人所在村庄不管是穷人还是富人都信仰佛教。由于世道比较混乱，所以穷人富人都会在信仰上寻求慰藉，在遭遇天灾的时候村民也会去娘娘庙、龙王庙求神拜佛。富人平时会向庙里捐钱、捐粮食,穷人家里没有多余的粮食就会去庙里上香。

当家人孟继良平时会给庙里捐粮食,也会鼓励孟家人去庙里礼佛或者是参加庙会,并且还会嘱托家人为庙里捐香火钱。

（三）家庭成员的宗教信仰

孟家人的宗教信仰并不强制,虽然当家人信佛教,但是家庭成员和家长可以信仰不同的宗教,在当时社会的宗教界限也不是很明显。不过孟家的家庭信仰基本上一致,家里的人全部信仰佛教,所以关于信仰不一致所产生的矛盾孟家实际上没有发生过。

孟家当家人并不会强制家里的人信仰佛教,或者是说不允许家里的人信仰其他宗教,在这方面孟家比较开明。孟广存的妻子付氏在刚刚嫁入孟家的时候并没有信仰佛教,所以孟家的人在礼佛的时候她一般不参与,但是孟家也没有对其进行强迫,不过在孟家的时间长了以后,她就开始了解关于佛教的一些事情。孟家虽然信仰佛教,但是除了孟继英外,家里的其他人还是一般的佛教信徒,所以付氏在了解佛教方面的事情的时候还比较容易,通过对佛教的了解,付氏开始对这些事情感兴趣,后来孟家所在的村子大六份村遭遇旱灾,孟家人就去村子的龙王庙求雨,付氏也跟随着一起去了,在经历过那种氛围以后,付氏也开始和孟家人一起信仰佛教。

（四）家神信仰及祭祀

1942年分家以前,孟继英所在的房间的北墙供奉着祖先以及佛像。孟家信奉神明是为了保佑家人平安。家神是以家庭为主要活动场,孟家会把家神称为"家神爷",在平时孟家人会对家神精心供奉,因为孟家人如果忽视对家神的侍奉,家神就会惩罚家人。所以在春节的时候会给家神烧黄纸,以期家神会保佑家里平安健康,而且还要给家神供奉食物,在孟家,家神不仅仅包括自己家里供奉的圣佛菩萨,还包括家里的"灶王爷""门神"等,在春节的时候百神下界,每家每户和和睦睦才会得到家神的认同,家神才会保佑家户平安。孟家人认为,在所有的家神里面,灶神既是"一家之主",又是决定一家祸福吉凶的专使。因此在送灶神的过程中孟家人都会说一些吉祥话讨好灶神。

（五）祖先信仰及祭祀

孟家人祭拜祖先是为了保佑家里人平安,也是为了表达对逝去的人的怀念。在祭祀祖先的过程中起支配作用的是当家人。孟家在清明和春节的时候都要祭拜祖先,在祭拜祖先的时候一般都是当家人孟继良主持,负责给祖先烧纸供奉。在家里有人结婚的时候也要祭拜祖先,这时候就可以是家里的男丁负责去祖坟烧纸并且在坟头压上一张红纸以告知祖先,家里有人结婚这件事情。

女儿不能去祭拜祖先,祭拜祖先的时候小孩子也不能去,因为小孩子不能去鬼地,也就是坟地,因为这样可能会吓到孩子。

（六）庙宇信仰及祭祀

孟家所在的村子里有一个庙,是龙王庙,这个庙距离孟家大约1里左右。庙的规模比较小,主要是村民用来求雨,求不下雹子等,希望庄稼能得到一个比较好的收成。孟家每年过年的时候都会去烧香拜神,时间一般是大年三十,年初一到初五,一般的时候派一个年轻的男性作为代表去就可以。

距离村庄三十里左右有一个大庙,被称为娘娘庙,其庙堂就有几十间,佛像是泥塑,大约有一个成人的身高那么高,每年的三月三、四月八、四月十八、九月初九就是庙会。去娘娘庙的时候一般会带一些馒头作为贡品。孟家的每个人都可以去庙里拜神。

娘娘庙由孟继旺组织修建,孟继旺曾经和村子里一些比较有威望的人一起组织修建了娘娘庙,可以说是当地最大的庙。娘娘庙的修建历时几年,并且花费巨大,其间少不了捐钱捐粮,当时进行捐助的主要就是附近几个村子比较富裕的家庭,孟家也捐了粮,孟继英更是将平时卖鞋的钱捐到了寺庙帮助修庙。在娘娘庙建成后,孟继旺和其他的几个组织修庙的人一起成了娘娘庙的管事,被称为孟总理。娘娘庙之所以被称为娘娘庙是因为在这座庙所在山的山顶上有一个小庙被称为娘娘庙,这座小庙在很久以前就存在了,并且香火也比较旺盛,一些求子的村民都会上这里烧香以求娘娘保佑家里可以生一个孩子,据说这座庙比较灵验,所以当时修庙时考虑到这个情况就将新修的大庙也命名为娘娘庙了。

孟继英平时在家里会利用空闲的时间做鞋,出去卖鞋,再将卖鞋得来的钱捐赠给寺庙,帮助修建寺庙。平时还会接济家里的人,如果有哪个屋缺钱就把钱给哪个屋救急。

五、家户娱乐

孟家的娱乐活动实际并不多,家里人不会参与打牌等被认为是"不正干"的活动,像平时串门什么的因为家里很忙也没有时间。不过孟家人品行比较好还乐于助人,所以交友比较广泛,朋友很多,而且志趣相投。孟家由于信佛所以参加的庙会比较多,平时家里也会有人去庙里烧香祈福。过年的时候村子里请人来扭秧歌,孟家也会将扭秧歌的人招进院里为家里人表演,当然也会适当地给一些演出费。

(一)结交朋友

在孟家,家庭成员都有自己的朋友,当然一般是男性出门结交朋友,女性则不可以,因为男女授受不亲,所以女性一般不能随意结交男性,但是可以结交一些女性。

一般家里结交朋友的类型都是和自家生活条件差不多的人,相差太多的一般很少交往。所以孟家交往的朋友也是农民。平时交往的朋友都是品质比较好,看上去比较老实的人,一般不会结交獐头鼠目的人。小孩子都会有玩伴,父母不会太限制其交友范围,但是还是会对其朋友的家庭进行了解,如果家世不清白,父母也会禁止孩子与其来往。

如果朋友家有困难,孟家人会在力所能及的范围内给予帮助。孟家也有交朋友的不成文的规定:朋友要老实厚道,獐头鼠目的朋友不能交。

(二)逛庙会

孟家会出去逛庙会,一般是和家里人结伴而行,庙会就在外村,距离三十里的娘娘庙举办,每年的三月三、四月八、四月十八、九月初九会举办庙会。会捐钱捐粮烧香,也会看戏,捐的钱是当家人出,在庙会上吃住不花钱,寺庙承担。女性也会去逛庙会,去之前也会和当家人请示,当家人对于拜佛的行为大多数都是支持的。

(三)其他娱乐活动

过年时村里会请秧歌队,秧歌队的成员都是男性,秧歌队会挨家挨户表演,每家也会给秧歌队相应的报酬。

在正月十五也就是元宵节的晚上,村子里会组织撒灯,撒灯即用纸包住一些麦麸,饭后用油泡上,到了晚上的时候将一个个的小纸包点燃,放到村子里比较危险的地方和行车的地方。这个习俗的起因就是说在村子里这些危险的地方会有一些徘徊不去的冤死的鬼魂,点上灯以后,这些鬼魂就会在灯的指引下投胎从而还村子一片太平,这些地方也就不会再出现事故。

孟家没人打牌,在当时打牌会被认为是不务正业,因为有的人打牌就会有赌注,就会赌钱,有的甚至输得倾家荡产,所以孟家人是不会参与赌钱的。同样孟家人也很少出去串门聊天,因为孟家属于大家户,家里的事情很多,比较忙,基本上没有时间出去串门。

第五章　家户治理制度

　　孟家的当家人只有一个,那就是孟继良,孟家还有三个分别管理地亩、出门买卖以及对外交往事务的人,在这样一个分工负责比较合理的家庭里当家人只需要在屋里听取他们的汇报即可。在分家前,孟家的当家人共换过三次,原因基本上都是老的当家人去世或者是生病。但是在当家人的选拔方面基本上也是遵循长幼有序、男性当家原则,在一个以男性为尊的家庭里,女性是没有决策权力的。孟家在未分家之前,家庭成员其实并不是一个分散的个体,而是聚集在一起的整体,而且家户可以为家庭成员提供庇护,孟家遭遇过很多天灾人祸,但是就是因为有了大家户的庇护,家庭成员才可以渡过这些危机。在这个家庭中生活是要遵守一些规矩的,这些规矩并没有明文规定,但在家庭中口口相传,需要在生活中遵守的。孟家参加的村庄公共事务比较少,而且当时的管理不成体系,村庄的公共事务也不多,一般就是纳税和修井。

一、家长当家

　　孟家根据辈分来选择家长,其中三次当家人更换莫不如是。俗话说,"家有百口,主事一人",当家人有决定一切家事的权力,孟家的兄弟分工明确,分别负责孟家的土地、买卖以及人情往来等相关事务。在这样一个分工负责比较合理的家庭里当家人只需要在屋里听取他们的汇报即可。

(一)家长的选择

　　孟家的当家人有过三次更换,开始的时候是孟传元当家,孟传元去世后,按照辈分顺序本应该是孟继温当家,但是孟继温的身体不好,不适合当家,在孟传元去世后不久,孟继温也去世,孟继良便成了当家人,在孟继良去世后就轮到了孟继业当家。辈分是判定是否可以当家的主要标准,即使孟继业年纪较小,甚至比其侄子的年龄都小也改变不了他当家的事实。在孟家,家里的家长和具体管事的人都是当家人,当家人的权力一般比较大。

　　女性的社会地位比较低下,所以一般很少有女性当家的事情发生,但是如果是家里丈夫去世而儿女尚小,女方一般就不会改嫁而是会在家里养育子女,在家里也就自然而然地取得了当家的地位。

　　在孟家一直都会尊敬当家人,即使是当时孟继业当家时因为年纪比其侄子小,家里会有人在私下里不听安排但是在平日大家都是尊敬并且信任当家人的。一般对当家人不满意的时候家里也不会另立当家人,只是会在家里实在难以为继的时候选择分家。

　　在被选为当家人后,家里人的称呼还是按照辈分来叫,但是在对外面称呼当家人的时候一般都会称为"我们当家的"。

(二)家长的权力

当家人的权力是在漫长的家庭集体生活中一代代形成并流传下来的，当家人在财产管理、制衣分配、劳动分配、婚丧嫁娶管理、对外交往权力等方面都是有发言权的,他是全家的代表,家庭成员对他表示服从。但是如果当家人有什么做得不对的地方,家里的人也可以提出来。

1.权力的来源与范围

孟家人认为家长的权力是祖先赋予，在漫长的家庭集体生活中一代代形成并流传下来的。当家人管理家里方方面面的事情,管理的对象就是没有分家的在院里生活的家人。当家人在遇到大事的时候会和家里的男性成员进行商量，有时会在家里当家人住的房间召开家庭会议,家里的其他男性成员可以针对一些事情发表看法。

2.财产管理权

在1942年分家以前孟家的收入主要有两方面,一方面是家里种地的收入,另一方面是家里卖牛羊得来的收入。在当时家里的财产是全权由当家人支配和管理的。家里重要的现金、地契等都由当家人保管,当家人将这些重要的东西放在柜子里锁上,钥匙只有一把且为当家人保管。当家人有时也会给各屋一些零花钱,这些零花钱一般分配得比较平均且各屋可以任意支配这些零花钱,有的屋会拿这些钱出去放贷,这样自己屋里就会有一些额外收入,当家人一般也不会阻止各屋自己挣钱。

儿女婚嫁的彩礼和嫁妆都由当家人来决定。家里对于嫁妆聘礼一般都是在儿女适龄的时候才开始准备,所以一般分家的时候不会考虑这方面的事宜,儿女的嫁妆聘礼也就由分家后自己的父母来准备了。

当家人在遇到土地买卖方面的事情的时候,会和家里的男性成员进行商量,有时会在家里当家人住的房间召开家庭会议,家里的其他男性成员就可以针对这些事情发表看法。但是对于家里的大事女性是不能发表看法的,一般只有对于比较小的事情女性才能发表看法。

当时孟家的粮食都是放在粮仓里供大家统一食用的，家里每天吃什么都是由伙房的人来定的。孟家有人抽大烟,就会偷偷拿家里的粮食出去卖,被人发现后一般就由当家人处置,在孟继良当家时,面对自己的儿子、侄子一般也没有办法,只能骂一顿了事,而到了孟继业当家时,面对着这些比自己年龄还大的侄子们,连骂其实也是做不到的,这就是孟家后来分家的导火索。在当时家里的房屋买卖、土地买卖等协议上的落款人都是家里当家人的名字。

3.制衣分配权

孟家的衣服的分配一般都是由当家人来决定，比如冬天时做棉衣需要用到的棉花就是由当家人按照各屋的人口来分配的,如果在分配后还有剩余就由当家人来保管,如果各屋有剩余则由各屋自己处理。

当时孟家在孟继良当家的时候他的衣服由其妻子制作，在妻子去世后则是由其儿媳妇和侄媳妇来做。家里其他男性的衣服是由自己的妻子做,小孩子的衣服则由其母亲做。

4.劳动分配权

在孟家,劳动生产由孟继业来安排,一般情况下是由妇女负责除草,其他的农活则是由长工和家里的男性来完成。在孟家六十岁以上的老人不做农活,家里的孩子一般是在十五六岁的时候开始做农活。

5.婚丧嫁娶管理权

娶媳妇、嫁儿女一般都是父母来张罗,在最后决定时也要听从当家人的意见,一般如果当家人不同意这门婚事也就只能作罢。当时离婚的情况少之又少,如果当家人在结婚后并不满意儿媳妇,一般会考虑让这一房分家分出去。比如孟广林就是在孟家还没有分家以前就分出去了。

孟家当家人在去世以前会立遗嘱,一般情况下都是将家里的人全部叫到身边,将自己放心不下的人或事嘱托给家人,并且在这个过程中叫人将老人的话全部记录下来。在当时当家人嘱托的时候一般都会答应当家人,表示自己会依据其嘱托办事,但是也会有在以后违背当家人遗嘱的行为。比如说,孟继良在去世前嘱托几个儿子和侄子不要抽大烟,要服从新的当家人孟继业的决定,对于这两点自然是没有人遵守,孟继业当家的时候,家里的人就会偷工减料,阳奉阴违,最终导致分家。

村子还流行"教言"一说,就是让死后的人重新回来告诉后人关于家族的过去以及对于后人的嘱托。当时主持进行"教言"的"谭主"叫刘子忠,从来都没有念过书,有一年他生了一场大病,基本上就剩下一口气但是挺了几天,后来竟然又恢复了过来,据他所说,在这几天的时间里他一直都在阴间,还在阴间喝过茶水,而且恢复过来以后,刘子忠竟然无师自通,能够识字,而且基本上所有的字都认识。所以刘子忠自然就是主持"教言"的人,孟继良去世后家里曾经组织过"教言",孟广君亲眼见证了这一过程,其中玄妙至今仍无法解释。当时的情形是这样的:"教言"的仪式是在孟家的佛堂举行的,组织"教言"的有"谭主"刘子忠,其副手以及一个负责誊录的私塾老师。在地上放一个高桌,高桌上面放一个沙盘,沙盘上放一个木笔,木笔是特制的,顶端有两个扶手方便操作。在做好这些准备后就开始等待,孟广君回忆,当时木笔突然之间就立了起来开始自行写字,谭主主要是扶着木笔,其副手一边扶着木笔一边在木笔写完一个字后将沙盘清理干净再开始写下一个字。就这样一个字、一个字地写,并且由誊录人负责记录,基本上要耗费几天的时间。在当时,开始"教言"后,全家人都要跪守在旁边聆听教诲,当时"教言"时所说的事情以及对屋里人的称呼都是只有自家人才知道的比较私密的事情,外人根本不可能知道,所以也就排除了是外人捏造的可能。在"教言"时,孟继良说了这样一件事,当时负责照顾孟继良的是其妹妹孟继英,也就是孟广君的姑姑,在孟继良快要去世的弥留之际曾经将锁着家里所有财物的钥匙交给了孟继英,并且让孟继英从这些财物中拿出一部分来养老,但是孟继英并没有动这些东西,甚至都没有打开看一下,在孟继良去世后就直接将钥匙交了出去,让家里的人处理。这一事情在"教言"中就被提到了而且还对孟继英大加赞赏称其公正无私。

6.对外交往权

在对外关系中,当家人可以代表整个家庭,亦可以家庭的名义出去借贷。比如当时在农业收成不好的时候,没有办法交租税款,家里就只能出去借贷,当时借贷一般都是粮食,像高利贷有的是五分利,比如今年借1石粮食,明年的时候就要还1.5石粮食,还有一种高利贷方式就是今年借1石粮食,明年还2石粮食。当家人是缴纳税款的主要责任人,在孟家,一般情况下税款是由孟继业管理,因为孟继业在孟家主要管理的范围是地亩,所以缴纳税款正好在其职能范围内。

7.家长权力的约束

孟家选择当家人的标准主要就是辈分,而非能力等其他方面。当时孟家并没有出现当家人私自借债不还的情况。在孟继良当家的时候,孟继良有抽大烟的习惯,在家里的大烟不够的时候就会拿家里的粮食出去换大烟,但是在这种情况下家里人也还是不敢批评当家人,当家人在家里有绝对的权威。

在当时,如果一个家庭的后辈全部都是女人,那么就只能是女性当家,不会请本家的人来当家,毕竟这样名不正,言不顺。孟家当家人的位置是按照辈分确定,辈分最高的人便可以成为当家人。

(三)家长的责任

作为家长,需要管理家里方方面面的事情,而且家长一般不会出远门。如果家里没有粮食了,那么就需要当家的人出去借,当然也可以是家里管理地亩的人出去借。当家人还要维护家里的和睦,家里小孩子的事情一般是由孩子的父母管理。

一个好的当家人应该要管理好家庭的事务,将家庭管理得井井有条,而且还要保持家庭和睦,减少家里的内部矛盾。当家人在身体不好或者在不能胜任家里事情的时候,就可以换当家人,不过孟家一般都是在当家人去世以后才会换当家人。家里只能有一个当家人,"家有百口,主事一人"不外如是。

(四)家长的更替

孟家在没有分家的时候,当家人的选择至关重要,因为这涉及家庭的和睦与发展,孟家将辈分作为选择当家人的主要标准。

1.更替的情况及人员

在孟家当家人不会出远门,孟家的事务分成三部分由孟家的三人来管理,孟继业管理地亩部分,平时和土地相关的家里的税收、土地的耕种、家里的雇工以及借取来往都是由孟继业管理。孟广林管理孟家的出门买卖,就是一般家里需要出远门进行的交易一般由孟广林管理,所以与之相应的家里的车也是由孟广林管理。孟广有负责管理家里的对外交往的事情,一般当村里的村长、保甲长来村里时,相关的接待都是由孟广有来负责。所以在这样一个分工负责比较合理的家庭里,当家人只需要在屋里听取他们的汇报就可以了,根本就不用亲自出远门办事。而且如果当家人生病的话,家里的这三个人也可以将家里的事务打理得井井有条。

2.更替的顺序

在孟家,当家里老的当家人去世后需要换当家人时,还是需要告诉家里的亲戚,特别是开始换当家人的时候还需要由家里的年纪比较大的亲戚来主持。

辈分是判定是否可以当家的主要标准,所以就算当时孟继业年纪较小,甚至比其侄子的年龄都小也改变不了他当家的事实。在孟家,家里的家长和具体管事的人都是当家人,所以当家人的权力一般比较大。

女性的社会地位比较低下,所以一般很少有女性当家的事情发生,但是如果是家里丈夫去世而儿女尚小,女方一般就不会改嫁而是会在家里养育子女,在家里也就自然而然地取得了当家的地位。如果在以后这个寡妇要改嫁,也是会采取招赘的形式,并且这也不能改变其当家人的地位。

3.更替的表现

在孟家换当家人的时候，前一任当家人所拥有的权力都会移交给现任当家人。家里所有的财物家产都由现任当家人管理，表现形式就是将钥匙移交给现任当家人。孟家当时就是前任当家人孟继良先将钥匙交给孟继英保管，然后再由孟继英将钥匙交给孟继业，就是现任当家人。在换了当家人以后就要告知其他的亲戚以及四邻，在官府方面不需要主动告知，只需要在官府来收税时告知即可。

二、家长不当家

孟家家长不当家的情况比较少，唯一的一次是在孟传元去世后，按照辈分顺序本应该是孟继温当家，但是孟继温的身体不好，不适合当家，在孟传元去世后不久，孟继温也去世了。所以在孟传元去世后，当家的是孟继良。孟家并没有家长不当家、妻子当家，家长不当家、长子当家以及家长不当家、其他人当家的情况。

三、家户决策

孟家家长有当家做主的权力，因此孟家的大事小情皆由其做主，其妻子也有一定程度的决策权力，但是也要遵循"以夫为纲"的传统观念。所有的家庭成员需要遵从当家人的决定，不可以当面顶撞当家人。

（一）决策的主体

孟家家长做出的决策家里的人都必须要服从，在孟家基本上没有不服从的情况，在孟家的当家人孟继良决定让孟广林一家从家里分出去的时候，即使家里有人不同意也是可以强制执行的，因为当家里所有的财政大权掌握在当家人的手上的时候，其他人根本无力反抗当家人的决定。

（二）共同协商

当家人在遇到大事的时候会和家里的男性成员商量，有时会在当家人在的房间召开家庭会议，家里的其他男性成员就可以针对一些事情发表看法。一般家里遇到像土地买卖，借贷等情况时需要一起商量。家里的女性成员在家户面临着比较重大的事情上是没有发言权的，当时的女性地位比较低，家里的大事不能做主，但是还可以提一些意见。

四、家户保护

孟家在未分家之前，家户会为家庭成员提供庇护，家庭成员遇到问题后都可以向家族里的人倾诉，并且寻求解决方法。孟家也遭遇过旱灾、雹灾、虫灾等自然灾害，最严重的时候甚至会颗粒不收，这时候就只能靠家户外出借贷来解决家里的粮食危机。大六份村也曾遭受土匪的侵扰，孟家也修建有炮楼，但是却没有枪炮等可以抵御土匪的武器。

（一）社会庇护

在孟家，当家里和外面发生矛盾的时候，如果矛盾较小，孟继业就可以处理，如果矛盾较大则需要家里的当家人孟继良来处理，像小孩子之间的矛盾基本上是由其父母来调解。

如果家里人在外面遇到了困难，大多数会向家里寻求帮助。比如前面所提到的孟继业被财务局的人打的事件，就是由孟家人出面进行解决，当家人孟继良决定打官司，然后使用家里的财物送礼最终取得了官司的胜利。

如果家里人和外人发生矛盾,毫无疑问,孟家人会站在自己家里人这一边,如果是自己家人有错在先,孟家人当然也不会蛮不讲理,而是会和对方交流解决。

在家里人被欺负的时候,孟家人自然还是会为其讨回公道,同样可以参考孟继业挨打事件。如果家里有人犯错,家里的人会帮助隐瞒,实在瞒不住也就只能让当家人了解这件事,并且由当家人进行惩罚。

(二)情感支持

如果家庭成员在外面受到了委屈,一般会和家里人诉说,而其所诉说的对象并不固定,大多数是和自己平时关系比较好的家人。在和家人诉说之后家人都会对其进行安慰,这样家庭成员自然会在家里找到情感归宿。如果出嫁的女儿在婆家受到委屈也是会回到家里的,娘家人会去婆家和婆家人讲道理,并且对女儿进行安慰,村里很少有离婚的事情发生,家里的人只能尽量去解决事情却不会去劝说双方离婚。

常言道家是避风的港湾,所以一般家庭成员在外面受到委屈或者是过得艰难的时候就会比以往更加想家。孟广君的父母就十分重视他的读书,孟广君当时在承德师范学院读书,读书期间孟广君的父母尽量不去打扰他的学习,孟广君的父母对于他的学习抱有很大的期待,当然如果学有所成回家就会比较高兴,如果学无所成回家就会比较失落,觉得对不起父母,但是也要回家。

(三)防备天灾

孟家的主要生活来源是务农,而受天气的影响庄稼在灾年往往收成低,难以满足孟家人生存的需求。此时,当地多数人会去围场①借贷粮食。在这样特殊的时期,为了稳定家人的情绪,当家人会教导家人要团结一致,共同抵御饥荒,因此孟家人即使在灾年也不曾逃荒。

1.同舟共济,共渡灾难

孟家经历过旱灾、涝灾、雹灾、虫灾,最严重的时候甚至会颗粒不收。这个时候,如果家里的存粮不够就要出去借粮,但是在这种灾害之下,一般附近的村子都收成不好,所以大多数人会去围场借贷粮食,高利贷有的是五分利,比如今年借1石粮食,明年的时候就要还1.5石粮食,还有一种高利贷方式就是今年借1石粮食,明年还2石粮食。在伪满洲国统治时期,灾荒发生后政府不会采取什么救济措施,最多是根据情况少征一些税。村里更是没有应对灾荒的方法,实在没有办法村民只能烧香拜佛祈求老天。而且在当时周围村子里真正有钱有势的大户或者有武装势力的大户家里存粮很多,孙家、朱家、郭家三家都会趁着灾荒放高利贷以获得暴利。

当灾荒发生的时候,家里的人更是要团结一致,听从当家人的安排。

2.分家遇灾只能逃荒

灾荒比较严重的时候村子里逃荒的人有很多,孟家的人在分家以前,也就是1942年以前并没有逃荒的事情发生,因为家里的存粮可以支撑一大家子人的生活,但是在分家以后,家里所有的东西全部分成数份,小家庭在抵御灾难方面远远不如大家庭,所以在分家以后也就是在1949年的时候,孟广禄、孟广林就逃荒了。逃荒前一般会将家里的房屋和土地卖给其

---

① 围场:今属河北省承德市。

他人,对于家里的孩子,年纪较大的女孩子就在逃荒前嫁给别人,只带着家里年纪小的孩子逃荒。孟广禄在逃荒的时候将女儿留给了二哥孟广有,自己则带着妻子逃荒到了围场,至今也没有音讯。

孟广林逃荒的时候则是挑着筐,筐的一边是孩子,一边是锅碗等家当,孟广林就这样带着自己的三个孩子一边乞讨一边逃荒到了林东。孟家所在的村子并不富裕,所以一般逃荒离开的人就不会再回来了。

(四)防备匪患

孟家所在的村子在 1949 年以前有土匪,规模还不小,算上本村以及邻近村子的土匪大概有 200 个,即使说土匪很少抢村民的东西,但是土匪也并非善类,如果是见到家庭条件比较好的人家还是会抢的,孟家就曾被土匪抢过。

1.盗匪武装不可抵抗

孟家所在的村子在 1949 年以前有土匪, 算上本村以及邻近村子的土匪大概有 200 个,但是这些土匪并不是通常意义上的土匪,这些土匪就是以孙家、朱家、郭家等大户人家为首的,这些人以前是跟着日本人做事,在日本人被打走了,抗日战争胜利了以后,这些人就自行武装起来,和国民党一样打八路军。这些土匪本身是大户人家的人,所以并不缺钱,再加上村里的人实在太贫穷,所以打家劫舍的事情很少发生。还有一些跟着这些土匪做事的人开始都是村子里普通的村民,后来加入土匪也是想要威风一下,随大流。村子里有小偷,但是村里的人非常的穷,小偷一般去地里偷一些庄稼,而且不常偷,都是家里实在过不下去了才偷,所以就算是抓到了小偷也不会怎么惩罚。

2.家户被抢,无力反抗

即使土匪很少抢村民的东西,但是土匪也并非善类,如果是见到家庭条件比较好的人家还是会抢。孟家就曾经因为庇护八路军,在保护八路军的时候家里的东西被土匪抢走了。当时家里人都在保护八路军,所以就没来得及对侵占自家财物的土匪进行阻止。土匪中比较大的一个官和孟继业认识,孟继业就指着被抢走的棉被、粮食、马匹说这是我们家的东西,希望能还回来,那个土匪头子就私下里对孟继业说,这算是破财免灾了,现在他在这里可以让手下将东西还回来,但是等他前脚走,后脚那些土匪就会再来将这些东西抢走,甚至还会打你们一顿,后来孟继业也没有办法,只能自认倒霉。在这种由土匪造成的侵占中,普通百姓是没有办法反抗的,保甲长也不会为了普通百姓而出头。在这种情况下就只能选择隐忍。

当时即使是家里有高墙炮楼也没有办法抵抗土匪,毕竟土匪人多势众而且还有武器,所以如果被土匪抢了也就只能自认倒霉,孟家也没有人守夜更不要说是用石块反击了。

(五)防备战乱

在战乱时期,村里的人也没有机会得到枪支,只有当地有钱有势的武装大户家里才有枪支。孟家的房子的墙上是有炮楼的,大约是在孟传元的时候就已经修了。土匪主要打八路军,但是百姓在心里面偏向于八路军,所以每次土匪来村子里的时候,村里人就去给八路军报信防止其被捉住。

虽然当时的世道并不太平,但是在抗日时期赤峰地区的日本人实际上非常少,主要对中国百姓进行压迫的还是汉奸,所以当时的战争也很少,再加上当地土匪的特点,村子里并没有挖地道,甚至村子里也没有巡夜的,总的来说孟广君所在的村子还比较安定。

1949 年后这些土匪有一部分家里有钱有势,就跟着国民党逃到中国台湾了,还有一些没有逃走的, 没有杀过人且民愤不大的就被放了, 而一些杀过人且民愤比较大的就被枪毙了。还有一些死的比较惨,是被人把脚拴在绳子上,用马拉着绳子跑,生生把人拖死。

(六)其他保护

孟家在村子里算是经济条件比较好的人家,虽然不如那些有钱有势的大户,但是家里土地牲畜很多倒也不至于潦倒,孟家实际上就是"受气大户",所谓受气大户就是指孟家虽然家里经济条件比较好,但是在官府并没有亲戚,所以就只能被官府的人欺压,只有受气的份。

如果村子里有人来借粮,孟家一般都会借给对方,如果借的数量不多家里实在是比较穷还不起粮,孟家也就只能放弃让其归还,在平时借粮的时候也是"尖斗借,平斗还",孟家主张"吃亏是福",所以家里一般不会和村民斤斤计较。

五、家规家法

孟家有着朴实、忠厚、善良的良好家风,并且在祖辈的坚守中得到了很好的传承,但是孟家并没有形成成文的家规家法,都是一些默认的,在日常生活中约定俗成的且每个人都要遵守的规矩,比如吃饭、座位、请客等方面的规矩,这些规矩都是全家人需要遵守的,并且还是要求小辈们学习。

(一)成文家规

孟家并没有成文的家规家法,都是一些默认的、约定俗成的规矩,家里的当家人按照规矩做事,家里的其他家庭成员自然也按照规矩行事,还会将规矩教给小孩子们,这样上行下效,当家人以身作则,孟家的规矩也就得到了很好的传承与发扬。孟家并没有成文的家规家法,这也就意味着家里的规矩不是靠背的,而是靠家里的人在日常生活中相互提醒、耳提面命,因此小孩子在这样的家庭氛围中也就会在潜移默化中学到规矩。

(二)默认家规及主要内容

孟家并没有成文的家规,孟家的家规多是老一辈口口相传下来的,一般体现在老一辈对于小辈的教诲之中。孟家的家规是在日常生活中约定俗成的且每个人都要遵守的规矩,比如吃饭、座位、请客等方面的规矩,这些规矩都是全家人需要遵守的,并且还要求小辈们学习。

1.家规形式及由来

孟家的家规并没有比较明确的规章制度,更多的可以说是一种劝诫,一种默认的家规,比如当家人常常会教诲后辈:不能做坏事、要和村里人团结和睦、不能欺辱他人、乐于助人、救苦救难等。一般对于女性的要求多是:尊老爱幼、妯娌之间团结互助、不泼米撒面等。对于女性的束缚其实还比较多,比如媳妇应该听公婆的话,如果要出去串门要事先和丈夫商量,只有丈夫同意以后才能出去。而且女性不可和其他非亲非故的男子随意交往,如果这样做了不仅对女性本身的名声不好,甚至还会影响整个家族在外的名声威望。女儿出嫁后其实就算是夫家的人了,平时应该待在夫家,不能随便地、频繁地回娘家,如果这样做了,会被婆家认为对婆家不满意,甚至是对于这段婚姻不满意以至于不想和丈夫好好生活。

家里的家规家训所约束的范围仅仅是自己的家庭,对于外人没有约束力。

2.做饭及吃饭规矩

在孟家平时有专门的厨师来做饭,后来则是各屋的媳妇轮流来做饭,一般情况下一个人就可以完成。家里吃什么饭由伙房决定，而孟继业是可以管理伙房的，所以他也可以决定家里每天吃什么，当然当家人孟继良和妻子是吃的小锅饭，即由其妻子或妹妹孟继英负责，并不会和家里的其他人一起吃，所以当家人并不干预家里的做饭事宜。当时每家每户都有菜园，所以并不需要出去买菜。家里吃饭的地点是在伙房，伙房里平时吃饭的地方有一个长方形的大木桌子，桌子旁边摆着板凳，平时家里人可以去伙房取饭回到自己屋里吃，也可以直接在伙房吃，一般在家里人面前吃饭并没有太多的规矩。吃饭时一般都是男人先吃，在男人吃完以后妇女才可以上桌吃饭。当时对于粮食都非常的珍惜，所以平时吃饭时并不允许有剩饭，吃饭的时候米粒也不可以掉到桌子上，当然吃饭还有一些餐桌礼仪即：不能用筷子敲碗，筷子应平放在碗上不能插在碗中间。在孟家除了当家人可以吃小锅饭，家里的孕妇和病人也可以不用吃大锅饭，特别是对于孕妇，其婆婆和丈夫都会为其做一些营养比较丰富的饭菜。家里的洗碗工作是由做饭的人负责的，即谁做饭谁洗碗。

平时农忙的时候，因为孟家有几百亩地，所以有的土地离家里比较近，在这些土地里干活的人就可以回家吃饭，有的土地离家里则非常远，在这些地方干活的时候就需要有人送饭，在孟家负责送饭的是孟继业。家里的长工吃的饭菜和家里人是一样的，长工吃的饭也是家里平时做饭的人负责，在农忙的时候基本上就要保证长工回到家里就可以吃到饭。

孟家开始的时候也有专门负责做饭的大师傅，不过他负责的主要就是家里大多数人的大锅饭，并不负责当家人的饭菜，大师傅吃的饭菜和孟家其他人一样。

3.座位规矩

在孟家平时吃饭的时候当家人只是在自己的屋里吃，并不去伙房且当家人就是孟家辈分最高的人，所以在当家人不在的情况下，孟家人一起吃饭并没有比较严格的规矩，在座次上也没有什么要求。但是当家里宴请客人的时候，一般会让客人坐在上座，上座一般是指正对屋门的位置。当宴请亲戚的时候则是按照辈分，辈分最大的坐在上座依次这样排下来。当家里举行大型宴请活动如红白喜事的时候，一般不会请村长、保甲长等人，座位方面也是分男桌和女桌，并不分主桌和客桌，客人来后可以自己选择位置，每桌都会有自家人来陪客。在特殊宴请活动中，如自家新房落成需要宴请木匠、石匠、泥匠且为上座，村里一般不会主动宴请村长、保甲长等人。

4.请示规矩

在生产活动中，关于土地的所有事情包括：耕地、犁地、播种、收割等活动全部由孟继业来管理，家里是否需要雇工也是由孟继业来决定的，平时只需要向当家人孟继良汇报请示一下即可，家里的借取来往等事务也都是由孟继业管理。

在孟家，基本上所有的事情都需要和当家人说明，在当家人同意以后才可以再做具体安排，孟家在各个方面有专门的负责人，但是这并不意味着不需要请示了，有时即使当家人不太了解，不能做决定也要和当家人口头说明一下。

5.请客规矩

孟家请长工时需要请"上工酒"和"下工酒"，所谓"上工酒"一般是在正月十五以后上工的时候家里请长工吃饭，而"下工酒"则是指在腊月十五以后最晚是腊月二十三家里人在长工放假以后请长工吃的饭。家里发生土地交易以后更是需要请客的，一般需要宴请卖家、中间人以及地邻等相关人员。当然类似于借取来往就不需要请客了。

在孟家,家里定亲、结婚、孩子满月等都需要宴请客人,当然孟家当时并不兴过寿,所以即使是当家人也不会因为生日而宴请宾客。当时宴请的宾客一般都是家里的亲戚、邻居等,只需要派家里人去告诉一声即可,并不需要写请帖。当时孩子上学也是要请老师吃饭的,家里和外人发生矛盾后,矛盾解决了也要请调解人吃饭。

在邀请客人方面,并没有什么特殊要求,当时通信手段也不发达,只能挨家挨户上门去请,口头邀请即可,不需要制作请帖。在宴请活动中,每一桌的饭菜都是一样的,并不会搞特殊,如果说每桌的饭菜都不一样难免会让客人心里不舒服,甚至还很可能会引发矛盾。

座位方面是分男桌和女桌,并不分主桌和客桌,客人来后可以自己选择位置,每桌都会有自家人来陪客。对于陪客的人的自身条件并没有什么要求,并不需要能说会道,也不需要能喝酒,一般安排陪客只是体现主人家的重视,心意到了即可。

开席的时间一般由每桌陪客的人掌握,大约上2~3个菜的时候陪客的人就会招呼各桌的人开始吃饭,当然如果是在比较严肃的场合,动筷前还是需要在主人的提议下共同饮酒,然后宾客自然就可以吃饭了,散席的时间是由客人来掌握的,如果客人放下碗筷并且表示自己吃好了,那么就意味着散席的时间到了,宾主尽欢后自然就可以散席了。

在孟家所在的村子"贵客"特指女婿,并不是什么人都可以被称为"贵客"。一般贵客来的时候陪客的人多是其岳父岳母,不过对于饭菜并没有什么特殊的要求,一般体现出家里的重视即可。

6.房屋以及居室的规矩

平时家里的休息时间并没有明确的规定,起床睡觉自然也没有次序要求,在农忙的时候起床会很早同时休息也会很早,在农闲的时候起床会相对晚一些,睡觉的时间一般不会调整。在孟家像厕所、伙房等是属于公共空间,已经分配给各人的房屋自然属于私人空间。一般对于在这些地方需要遵守的规矩孟家并没有明确规定,但是最基本的规矩礼貌还是要遵守。

房屋的修建和布局都需要看风水,甚至连改门也要看风水,活人居住的地方被称为阳宅,死人居住的地方则被称为阴宅,阴宅的方位选取的不好会影响后代的气运和健康,同样阳宅修建的方位地点甚至时间选取的不好也会影响一家人的健康和发展。一般风水先生是由当家人去请,孟家人非常讲究风水,好的风水先生更是可遇而不可求,所以一般请风水先生的费用还是比较贵的。

在孟家,家庭成员结婚用的新房是从家里的空房中选取,具体哪一间房则要听从当家人的安排。女儿回娘家一般是住在自己父母的房间里,不会再单独安排房间。在孟家,家里人一般不会随意进出其他人的房间,活动范围一般都局限在自己家的房间和外面的院子中,当然如果想要去其他人的房间直接进去即可,并没有太多的规矩。

家庭议事一般是在家长的房间,其他家庭成员要进入家长的房间自然要和家长打一声招呼以示尊敬。

7.制衣、洗衣的规矩

孟家的衣服主要是由家里的妇女来做,已婚男子的衣服由妻子来制作,未婚男子以及未婚女子的衣服都是由自己的母亲制作,老人的衣服则是由其儿媳妇做的。孟家在孟继良当家的时候,其衣服主要是由其妻子和妹妹孟继英洗。已婚男子的衣服由妻子来洗,未婚男子以及未婚女子的衣服都是由自己的母亲洗,长工的衣服则是由其自己洗。这并不是什么规矩,只能算是长时间生活在一起而养成的习惯。

一般洗衣服都是在自己家里,用洋皂来搓洗,并且为了洗得更加干净还会用到搓衣板,平时洗衣服的盆就是家里的洗脸盆,洗完衣服后,洗衣水直接倒到院子里即可,因为院子里面的地面是土,所以即使是将水倒到院子里水也会很快渗到地下,并不会影响日常生活。衣服一般由洗衣服的来晾晒。家里有专门的晾衣服的地方,一般都是统一来晾衣服,当然各屋也可以在不影响院子里其他人活动的地方自己来拉晾衣绳。

(三)家规家法的制定执行和影响

孟家的家规家法都是从上一辈传下来的,都是孟家人在日常生活中总结出来的,这些家规家法都已经延续了孟家几代人,如今还被后人写到了孟家的族谱之上。

孟家在当时并没有什么成文的家规家法,所以也就不存在所谓的执行问题,大部分的时候都是当家人孟继良对于言行不规范的小辈进行批评教育。

家庭成员对于家规家法的学习一般都是当家人的言传身教、以身作则,而且还包括家人在日常生活中的提醒,家庭成员对于家规家法的认知已经渗透到了日常生活中的方方面面。所以说,孟家的家规已经影响到了孟家人生活的方方面面。

(四)家庭禁忌

在当时,家庭禁忌比较多,在农业生产上、生活上,比如红白喜事,过年过节,怀孕生产等方面都有禁忌。在平时的生活中,家里的每个人都要听从当家人的提醒,不可违反禁忌,否则会被当家人批评。孟家并没有成文的族规族法,一般都是在生活中、口头上说出家里的规矩。

1.生产上的禁忌

在孟家所在的村子,农业生产方面其实比较有讲究,一般家里"开犁"的时间都是风水先生经过占卜才定下来,否则在秋季的时候庄稼的收成就会不好。在打雷期间,不能犁田、翻地、播种,如果犯忌,将会雨水不顺,虫灾不断,庄稼歉收。

2.生活上的禁忌

在葬礼上扛白幡的是儿子,扛红幡的则是孙子。当地也有孝子一百天不能剃头的禁忌,但是由于在当时一百天不剃头非常的不方便,所以也有人不遵守,当然这并不会引起人们的议论。小孩子不能看葬礼、上坟,因为小孩子的天灵盖未闭合容易被阴气侵扰而得病,所以为了避免孩子被吓到,也不能让孩子去上坟。

当地逢年过节的忌讳比较多,比如当地有"正月里剪头发死舅舅"的俗话,所以一般人们都不会在正月里剪头发;在当地正月初三的时候当家里将贡品全部撤下去以后,嫁出去的女儿才能够回娘家,因为当时人们认为如果贡品被女儿看到,娘家家里以后就不能兴旺发达;还有就是初一不能倒垃圾,不能动剪子。还有就是家里如果今年有人过世,在三年的时间里都不能贴春联。过年的时候在语言方面的禁忌特别多,不能说"死"之类的不吉利的话,要多说"吉祥话",像恭喜发财之类。

孟家的媳妇在怀孕的时候不能干重活、不能端盆、不能生气,家里人不能搬动家具和装修;孕妇不能去看望病人、也不去参加葬礼,因为这样会"喜丧相冲",不能出席喜庆场合这样会"喜喜相冲";孕妇更不能吃丧礼的食物、喜宴、喜糖、喜饼等。在孕妇怀孕期间室内不能挂人物画像。孕妇产后也有一些禁忌,比如产后不能吹风;要避免伤心流泪,否则会退奶。

在平时的生活中也有一些禁忌,比如在吃饭的时候不能把筷子插在碗中间,一般这是上供的时候才会有的形式,平时吃饭这样会不吉利。吃饭的时候不能敲打碗筷,因为平时只有乞丐才会在吃饭时用筷子敲碗来乞讨,自己家人这样吃饭会受穷的。建房盖屋一定要选择吉日,忌讳冲犯太岁,因为不能在太岁头上动土。

六、奖励惩罚

当时一家人过日子,什么东西都属于大家,一般也不会有什么奖励,顶多就是有的时候家里的收成比较好,当家人会多发一些零花钱。

惩罚也没有像体罚之类的事情发生,最多就是在前面所提到的家里人违反家里的规矩在大年三十的晚上出去,回来的时候当家人不让进大门。平时的惩罚主要就是当家人的批评,当时人都已经成年娶媳妇了甚至孩子都有了,被当家人批评实际上是很没面子的事,在精神层面这种惩罚还是比较严重的。

七、村庄公共事务

孟家所在的村子里村内的公共事务实际上很少,没有村务会议,没有征税会议等各种会议。村子里曾经修过庙,就是村头的龙王庙,村子里还打过井。村子里做这些事情一般是出力居多,像捐钱什么的一般是村子的大户人家才会做。

(一)参与主体

孟家所在的村子里村内的公共事务实际上很少,没有村务会议,没有征税会议等各种会议。村子里曾经修过庙,就是村头的龙王庙,村子里还打过井。

1.村务会议

孟家所在的村子并没有村务会议,因为在当时会议可以说是比较民主的形式,整个村子自上而下并没有这种意识,而且也没有人来组织这种会议。

2.征税会议

孟家所在的村庄并没有征税会议,关于征多少税这些事情是不会通知或者是和被征税人商量的。而且当时税种繁多,财务局的人会不定时地来村子里征税,如果不交税还会被打。当时孟继业就是因为去交税款慢了一些就被人用鞭子抽了一下。

3.修桥、修路、修庙

孟家所在的村子并没有修过桥和路,但是却修过庙。村子里曾经修过龙王庙,龙王庙并不是以村庄公共事务的形式开始修建的,而是村里的村民自发组织的。当时参与的人主要是当家人同意后才参与的,一般都是有钱的出钱,有力的出力。

4.打井、淘井

村子里打井、淘井全村人一起,因为当时村子里有两口公共井,全部是由村民自发修建的,因为这是满足全村人需求的必需品,所以一般只要有一家号召,村里人就会纷纷响应。打井、淘井并不花费钱,只需要每家出力即可,劳动期间,各家都是回自己家里吃饭。

5.开展集体活动

过年时村里会请秧歌队,秧歌队的成员都是男性,因为当时比较保守,女性一般是很少抛头露面的,秧歌队的化妆和服装都是需要钱的,所以在秧歌队挨家挨户表演完以后,每家也会给秧歌队相应的报酬。

对于村庄举行的集体活动孟家基本上全家都会参加，但是在参加前还是要和当家人说一声，不过当家人一般都不会反对家人参加这些活动。村子里对于参加这些具体活动的人并没有限制，女人小孩都可以参加。

因为孟家在村子里算是大户，所以一般村子里组织集体活动的时候孟家都是很早就会知道的，不需要邻居告知，有的时候孟家人还要帮忙通知其他村民。

6.村费征收

当时村民需要上交给村庄的一般只有税款，除此之外并没有其他的费用需要上交给村庄。

7.治理灾害

在孟家所在的村子里发生过旱灾，在发生灾害的时候，都是每家每户自行抵御灾害，就像孟家在发生旱灾收成不好的情况下，一般都会去借贷粮食。而像村子里有一些人家没有能力借贷就只能逃荒。村子不会为村民提供庇护。

8.维护村庄治安

当村庄发生战乱的时候，村庄是不会号召大家一起维护村庄治安的。孟家所在的村庄曾经遭遇过土匪，孟家还被土匪抢走过一些财物，但是村庄却不会对此提供帮助和保护，所以每家每户根本无力抵抗土匪，就只能任其抢劫。

（二）筹资筹劳

村子里的庙是全村人共同出资出力修建的，修庙也是为了村子以后的风调雨顺，故命名为龙王庙。在修庙期间，村子里的每户人家都是有钱出钱，有力出力，每户人家都为村子里修庙做过贡献。村子里的水位浅，打井比较容易，不需要花钱，只需要每家出力即可，劳动期间，各家都是回自己家里吃饭。

八、国家事务

孟家在没有分家的时候，伪满洲国统治时期，村民会根据自家土地的面积交粮食的，当时税种繁多，屠宰税、牛羊税、车税，等等。孟家没有当兵的人，也没有被抓过壮丁。孟家所在的村子是一个比较小的村子，在村子里主要是以每家每户为基本单位进行活动，除了纳税等，村民们基本上很少和政府交流也很少见到政府中的人，当时村子里会纳税，也会征兵，在政府有需要的时候村子里的人还会被抓去当壮丁，但是村子当时没有摊派劳役，因为需要村民的时候直接抓壮丁就可以，并不需要劳役摊派，同时村子里也没有选举这种活动，当时老百姓在村庄事务上根本就没有发言权，就更不要说选举了，村庄的保甲长等全部都是直接由政府任命的，百姓不需要进行选举。

（一）纳税

在当地纳税是以家户为单位，纳税是按照每家每户的土地面积，当时的税款种类繁多，不仅有粮食税，还有屠宰税、牛羊税、车税，等等，农民的负担也很重。在伪满洲国统治时期，对于每年应该交多少税并没有固定份数，农民缴税时可以交粮食，也可以交钱财。

收税的时候一般是由保甲长来村里通知，孟家是由家里管地的人也就是孟继业来缴税。

一般情况下，政府什么时候要就什么时候交，如果没有粮食就要出去借粮，交不上税还会被打，打完后还是要缴税。甚至还会将家里的男丁抓走，只有交了税款才会将人放出来。当然村子里也有逃跑的人，但是逃跑后还是要回到村子，赶上下次缴税还是要一起上交。

在伪满洲国时期，一般在大年三十晚上，官府就会来家里抓男丁，目的就是要趁着家里人全的时候抓人，来达到从村民家里搜刮钱财的目的。在某年年三十的晚上，孟家的人还在准备年夜饭，这时有人听到了马蹄声，知道是官府又来抓人了，孟家院子里的男丁立即就逃跑了，当官府的人到孟家的时候，发现家里没有男丁，就问院里的妇女："家里的男人呢？"妇女回答："去围场借钱了"，这样实在是找不到人了，官府方才作罢，再去找其他的人家。

每家每户都要交各种税款，因为家里人口较多，花销很大，最后只能够年吃年用，有时还要去借几石的粮食。村子里税款种类繁多，不仅有粮食税还有屠宰税、牛羊税、车税，等等，人们的负担都非常重。老人对于税款的具体额度记忆并不清晰。

（二）征兵

在伪满洲国统治时期，当时征的兵被称为"国兵"，因为在当时参军后可以吃饱穿暖，所以报名参军的人比较多。当时比较贫苦的人家就会被抓壮丁，日本人在修建飞机场的时候到村子里抓过壮丁，不过孟家既没有人参军，也没有被抓过壮丁。

1.征兵

在伪满洲国统治时期，当时征的兵被称为"国兵"。征兵时一般每个村里有固定的名额，只需要报名即可，当时对于应征的人的要求有"年轻、长相周正、会骑马"。当时政府会给新兵佩洋刀。对于当时比较穷苦的村民来说，当兵的诱惑还是很大的，所以当时征兵时报名的人很多，根本不用家户派兵，由于报名的人很多，所以筛选还是比较严格的，不过虽然当兵的人比较多，但是村里并没有买兵的事情发生，因为村子里去当兵的都是比较穷的人，并没有钱进行买兵。

2.抓壮丁

当时日本人修建土城子飞机场①的时候就去村里抓劳动力，一般都抓村子里穷人家的年龄在二十岁以上的男丁，被抓的壮丁去做劳工的时候会有人监督工作，甚至会被打骂，一般一去做劳工就要等到工作完成才能回家，而且被抓的壮丁都没有工钱，政府只提供吃住，当时因为做劳工死掉的人也有很多。当时在抓壮丁的时候也有反抗的，一些反抗比较激烈的甚至会把来抓壮丁的人打了的就成功摆脱了被抓壮丁的命运。也有逃跑的，在其他地方躲一段时间再回来，也能逃脱。曾经有一个村民，在听说村子里有人来抓壮丁时，就立刻往村子外的山上跑，来抓壮丁的人看到了就会去追，但是当追上的时候，这个人反抗得特别激烈，甚至还会打抓壮丁的人，把抓壮丁的人吓到了，抓壮丁的人在这种情况下就没有抓这个人，这个人也就因此逃过一劫。

孟家所在的村子并没有劳役摊派，因为需要村民的时候直接抓壮丁就可以，并不需要劳役摊派。

（三）村庄干部，上级任命

孟家所在的村子的村长、村副、保甲长等由上级任命。1945 年之前，在赤峰其他地方也存在着委任和民选相结合的方式，也就是选委制度。在孟家所在的村庄，保甲长的产生更多的是上级任命，民众并没有参与到村庄管理者的任用之中，而且在村民看来，解决温饱问题显然比选举要重要，所以村庄管理人员的变更也不会得到村民的过多关注。

---

① 土城子飞机场：今为赤峰玉龙机场。

调查小记

其实关于家户制度的访问对象我一直找了很久，通过亲戚朋友的帮助也见过好几位老人家，但是经过一番交流就会发现这些老人都不是很符合访谈要求，连续走访了五位老人以后才通过亲戚的帮助找到了 84 岁的孟广君老人，在经过一番交流后我知道了老人家里在 1949 年前是一个有着十几、二十几口人的大家庭，家里的人在一起共灶共财，在了解到基本信息以后，我就在微信群里询问了邓老师，得到邓老师的肯定以后我终于确定了这次家户调研的对象。在确定调研对象以后我于 7 月 11 日开始对老人进行访问。

7 月 11 日

今天是对老人访问的第一天，老人的家里距离我家还比较近，坐公交车就可以到达，在之前了解的时候我和老人家里确定了访谈时间，老人每天下午 3:00 的时候结束午休，我正好可以在这时到老人家里访问。这一天的访问还是比较顺利，老人家还是比较健谈的，老人家还说了其在"文化大革命"期间的遭遇，即使"文化大革命"已经结束，老人也已经平反，但是它带给人的伤痛和阴影确是永久性的，老人说，在"文化大革命"的时候，他被批为臭老九，每天都要被批斗还有体罚，老人说在那时他曾经想过自杀，但是看到了当时去看望他的孩子，想到了自己上有老下有小，想到了自己的责任，老人就咬牙挺了过来，现在老人儿孙满堂，生活得很幸福，就是当时坚持下来的结果。因为经历过苦难，所以老人非常珍惜现在来之不易的生活，老人曾经作诗来记录过自己在"文化大革命"期间的生活以及自己的从教生涯："为国从教四十三，饱尝苦辣与辛酸。文革辱称臭老九，得救幸亏邓青天。科技第一生产力，教育从此把身翻。教者精心育青苗，桃李天下美中原。"

老人家读过几年的私塾，在 1949 年后才结束学习，后来老人又去承德师范学校进修了三年，受过私塾教育使得老人的字写得特别好，在访谈的过程中，我曾经让老人在我的笔记上画下家里老房子的平面图，老人拿到我的笔记后，由于年纪较大，手习惯性地有点抖，但是写出的字仍然刚劲有力，可见其书法功底，再看看我的字，委实有些不好意思，只能和老人说："太爷爷，我的字有些不好看。"老人家看了我一眼，特别诚实地说了个"嗯"，我就更加不好意思了，字丑的人实在是太痛苦了。

7 月 15 日

今天在访谈中令我印象比较深的一件事就是老人说的"教言"仪式，这是当时在老人的村子还比较流行的一种活动，就是让死后的人重新回来告诉后人关于家族的过去以及对于后人的嘱托。当时主持进行"教言"的"谭主"叫刘子忠，从来都没有念过书，有一年他生了一场大病，基本上就剩下一口气，但是却挺了几天，后来竟然又恢复了过来，据他所说，在这几天的时间里他一直都在阴间，而且还在阴间喝过茶水，而且恢复过来以后，刘子忠竟然无师自通，能够识字，而且基本上所有的字都认识。所以刘子忠自然就是主持"教言"的人，老人的二大爷孟继良去世后家里曾经组织过"教言"，老人亲眼见证了这一过程，其中玄妙至今仍无法解释。老人回忆当时的情形是这样的："教言"的仪式是在孟家的佛堂举行的，组织"教言"的有"谭主"刘子忠，其副手以及一个负责誊录的私塾老师。在地上放一张高桌，高桌上面放一个沙盘，沙盘上放一支木笔，木笔是特制的，顶端有两个扶手方便操作。在做好这些准备后就开始等待，老人回忆，当时木笔突然之间就立了起来开始自行写字，谭主主要是扶着木笔，其副手一边扶着木笔一边在木笔写完一个字后将沙盘清理干净再开始写下一个字。就这样一个字、一个字地写，并且由誊录人负责记录，基本上要耗费几天的时间。

老人说这件事实在是太神奇了，直到如今，即使他想用科学的原理来解释但是也没有什么头绪，老人的妻子在几年前去世了，老人说他宁愿相信"教言"的事情时真的，如果现在还有这样的能够举行"教言"的能人，他宁愿多花钱来请他"教言"，这样至少还可以与老伴说说话，在说这句话的时候老人的眼里闪过一丝落寞，老人如今儿孙满堂，但是老伴去世了，和老人相伴走过近六十年风风雨雨的人走了，即使老人平时不曾表现出来，但是在言辞中还是可以体现出老人对妻子的怀念。

8月2日

在访谈过老人后，经过近二十天的撰写我基本上完成了家户报告的初稿，在访谈结束后，我曾经答应过老人要将我的报告留一份给他，所以今天就是我将报告送给老人的日子。今天我还是在下午3点左右到达孟家，正赶上老人的儿子也在，所以老人就让儿子帮忙看报告，老人的儿子是老人家里族谱撰写的组织者和主要的撰写人员，所以趁着这次机会我还问了他关于孟氏族谱的一些问题，他和我说了在编写族谱时的一些事情，孟氏的老族谱在"四清"的时候被烧了，所以为了让后人更加了解自己的家族，他就联系了其他的孟氏后人一起来走访家里的亲戚，并且将孟家每一支的人的情况全部记录下来，通过孟家的老人的描述来撰写孟家的经历。其实这次族谱的撰写不仅将孟家的发展记录了下来，而且还联系了孟家人之间的感情，一些平时不走动的亲戚通过这次走动了解了家里的一些事情，并且还加深了彼此之间的感情。

第二篇

种田为生：普通小农的家户延续

——晋东南上寺头村赵氏家户报告

报告撰写：段明杰[*]
受访对象：赵落凤

---

* 段明杰(1993—)，男，山西晋城人，华中师范大学中国农村研究院 2017 级硕士研究生。

导　语

　　山西省晋城市泽州县下村镇上寺头村,位于山西东南部的山区,1949 年以前,上寺头村是一个只有大约四十户、近三百口人的村庄,村庄的土地也仅近七百亩地,一般农户只有几亩到十几亩不等,村里的一个大户人家大概有五六十亩地,当然相对于其他地区来说,这里的大户人家也都还是一个小户人家。村里虽然有贫富之分,但差距不是太大。

　　这个村里居住着一户从外地迁移过来赵姓人家,1949 年以前,赵家作为村里小户人家的代表,一家人在一起共同生活,在分家之前家里的人口达到 15 口,家长是家里辈分最大的男性——赵明政。他有三个儿子和三个女儿,三个女儿都出嫁了,两个儿子也都结婚了,老三没有结过婚,除了出嫁的女儿以外,大家依旧生活在一起,儿子都结婚生子,家里的人丁最多达到 15 口人,家里最多时有 15 亩地,无论是从赵家的人口还是土地来看,都属于村里的中等户。赵家原来居住在山西省太原市的一个小山村里,之所以从原居住地址迁移出来,主要是因为赵腊丑,也就是赵明政的父亲,在那个时候因为在村里面算是有点文化的人家,能识几个字,因此每天会忙于村里的一些公共事务,但家里的粮食却总是匮乏,赵腊丑的妻子早早就得病去世,自己的女儿都出嫁之后,就带着自己的两个儿子来到泽州县下村镇上寺头村,在此地落户。

　　赵家的经济状况和村子里的一般农户一样,都是勉强维持生计,刚开始地比较少,但家里的人口在不断增多,这时候家里的人就开始开荒并买地,自给自足,除了种粮食之外,家里还专门有一亩地是果园,有杏子、桃子、红果等,在农闲时会去外面卖,来增加自家的收入。家里每天也基本能够满足家庭成员的温饱。赵明政因为得病去世了,当家人去世后,大家庭没有立即分家,在赵明政的妻子陈苏孩和其长子赵香宇的经营下又保持了两年。但长子和其他孩子毕竟是同辈人,家里的长子在某些方面,并不能让其他兄弟信服,兄弟间因此难免会产生一些矛盾。小家庭间有时也会产生一些小矛盾,为了让家庭成员和谐相处,有更好的发展,在赵氏的主持下,兄弟间进行了分家。原来的大家庭分成了三个小家,已经成婚的老大和老二各一家,年迈的陈苏孩和未成婚的三儿子一家。

　　赵落凤作为赵明政的孙女,对 1949 年以前的事情记忆比较深刻,赵落凤生于 1928 年,1947 年时外嫁,对家里的事情还比较了解。

第一章　家户的由来与特性

　　赵家作为一个外来家户,赵明政带领的赵家从太原迁徙过来后,并在当地定居。定居之前,赵家人艰难打拼,为的是能够在当地落户,家庭人口能够一步步繁衍壮大,家里的房屋、田地也能够一步步扩充。定居之后,赵家在当地发展的基本情况,包括家庭经济条件和能力处于的发展水平、赵家所处的社会地位、基本政治状况和家户自身所具有的一些基本的特点与特性。

一、家户迁徙与定居

(一)由"龙城"到"凤城"①

　　赵明政家祖居是在山西省太原市的一个小山村里,后由赵明政的父亲赵腊丑带着两个儿子迁移到上寺头村,用赵家的话来说就是从"龙城迁移到了凤城",因为在山西境内,将太原市称为"龙城",因历史上有多名皇帝在此定都而得名,"凤城"指的是今晋城市,古称泽州,当时晋城为"泽州府",1985年晋城市才成立,泽州变为一个县名。在历史上因"有凤来栖"的美丽神话传说,而冠以"凤城"之美誉。当然,在国内被称为"龙城""凤城"的城市很多,在此特指今太原和晋城。

　　赵腊丑从太原来到"泽州府"的具体原因是当时他自己有点文化,在村里一直是"红笔师爷",也就是给村里写东西的人,而每天忙于村里的公共事务,无暇顾及家里,家里粮食匮乏,家人填不饱肚子,赵腊丑的妻子早早就得病去世了,他的女儿也都早早出嫁了。迫于当时的生存情况,赵腊丑就决定带着自己的两个儿子离开那个地方,来到泽州县下村镇上寺头村,并在此地落户。之所以迁到这里,其中一个重要的原因是因为这个村里的人基本都姓赵,彼此间的认同感比较高,当地人也不会因为赵家来自外地而特别排斥。在这里定居下来后,赵家一代代地繁衍下去,从赵明政这一辈开始算,上有父辈,下有儿子辈、孙子辈和重孙辈,从在这里定居到1949年,这里共生活了五辈人。而对于祖上具体繁衍了多少代,因为没有成文的家谱,因此难以追溯。

(二)孤身打拼,绵延香火

　　赵家能够得以在当地定居、传宗接代,主要得益于赵腊丑的努力,他带着两个十几岁的孩子,孤身来到上寺头村,一开始靠给别人打工谋得生路。作为一个文化人,靠自己能写会算的本领,很快有了一些积蓄,先是在大户人家里住着,后来用自己的积蓄在村里修了属于自己的房子,就在这里安了家,并且也为两个孩子成了家,这个家族从此在这里开始延续。赵明

---

　　① "龙城"指今山西太原,"凤城"指今山西晋城。

政后来有了三个儿子三个女儿,儿子们又都纷纷成家,1949年以前,赵明政家有了四代人,赵明政一代、赵明政的孩子辈赵香宇这一代,孙子辈一代,以及赵明政的长孙赵科头后来成了婚也有了孩子。在赵腊丑的打拼下,赵家的香火开始在这里绵延。

二、家户基本情况

(一)扎根当地

赵腊丑为赵明政在当地的扎根打下了重要的基础。赵明政曾经娶过两任妻子,第一任是下村镇杨山人,结婚一年左右,妻子因病去世,没有生过孩子;后来赵明政又娶了第二任妻子赵氏(陈苏孩),是下村镇河东人,也就是后来这个家庭的内当家,赵家的内务在赵氏的管理下井井有条。赵明政娶第二任妻子的时候,赵腊丑已经去世,是他自己通过媒人引荐,最后结婚的。从这个时间点开始,这个来自外地的家户才得以继续传承下去,也是赵腊丑生前最大的愿望,希望自己的子嗣能够在这里繁衍下去。

1949年以前,赵家共有15口人,四世同堂。从上到下依次有:赵明政夫妇,儿子及其儿媳辈有赵香宇夫妇、赵仓宇夫妇和赵满仓5个人,赵香宇是长子,赵仓宇是次子,赵满仓排行老三。赵香宇的妻子史成爱是成庄人,他们有6个孩子,两个男孩是赵科头、赵落根。赵科头已经成婚,他娶过两个妻子,第一个妻子因为一直没有生养,后来离婚了,之后又娶了第二个妻子并生下一子叫赵天会;四个女孩中已有两个女孩嫁出去,其大女儿嫁到的了杨山,二女儿嫁到了本村,剩下赵凤和赵落凤两人还未到出嫁的年龄。赵仓宇只有两个男孩赵补孩和赵补根,都还没到成婚的年龄。赵满仓因为在结婚年龄段没有说上媒,打光棍打了一辈子,并没有像他的名字"满仓"所象征的那样,收获满满,衣食无忧,子孙满堂。

表2-1 家庭基本情况数据表

家庭基本情况	数据
家庭人口数	15
劳动力数	6
男性劳动力数	4
家庭际代数	4
家内夫妻数	4
老人数	2
儿童数	6
其他非亲属人员数	0

(二)家户组成人员

在赵家这个大家庭里,有两位老人,两对中年夫妻,一对年轻夫妻,再加上打光棍的赵满仓和六个孩子。赵明政年老的时候因患上了"舌头腚"①,难以治疗而最终去世。赵氏一人管理着家里的大大小小的事务,家外的事务因为在赵明政去世前赵家还没有分家,赵香宇作为长子,自然就接下了重担,但由于他当时在村里面做过巡逻、看秋等工作,经常不在家,次子赵

---

① 舌头腚:指脚趾是脆的。

仓宇也对家里的事情进行打理,而赵满仓作为一个被安排者,也在积极地为家里贡献自己的一份力量,听从他两个哥哥和母亲的话。赵香宇后来得了胃病,吃不下东西,吃药、看医生也没有看好,在分家之后没几年就过世了。赵家没有收养过孩子,一是因为自家有儿有女,家产有人继承,后代有人传承,家里的劳动力也够用;二是因为家里没有多余的粮食再去供养一个人,每年产的粮食也仅够维持当下家里人的食用。在村子里,类似赵家这种家庭规模的,自己家里有儿子,而且地也不多,一般就不会再去收养。赵家没有雇用过长工、保姆等非亲属成员,在农忙的时候,也没有雇用过短工,即使有时候因气候没有及时播种或者收获,也没有雇用过短工,因为家庭收入有限,没有多余的粮食和钱财去雇用其他人,碰到急需帮忙的时候,会叫邻居帮一下工,不需要给报酬,在邻居需要的时候,赵家会出人再把工还回去,一来一往,彼此互帮互助。因为邻居住的比较近,帮忙也比较方便,若是叫娘家那边的亲戚则有点远,来回都不是太方便,所以家里的小事都会叫邻居或者朋友来帮忙,一些大事情才会叫亲戚来帮忙。

表 2-2　1949 年以前的家庭成员情况表

成员序号	家庭关系	姓名	性别	教育情况	婚姻状况	健康状况	备注
1	当家人	赵明政	男	0	已婚	良	
2	内当家	陈苏孩	女	0	已婚	良	活了 70 多岁
3	长子	赵香宇	男	1	已婚	良	
4	儿媳	史成爱	女	0	已婚	良	
5	次子	赵仓宇	男	1	已婚	良	
6	儿媳	史薇薇	女	0	已婚	良	
7	三子	赵满仓	男	3	未婚	良	
8	长孙	赵科头	男	3	已婚	良	
9	孙媳	不详	女	0	已婚	良	
10	重孙	赵天会	男	3	未婚	良	
11	孙女	赵凤	女	0	未婚	良	
12	受访者	赵落凤	女	0	未婚	良	
13	孙子	赵落根	男	3	未婚	良	
14	孙子	赵补孩	男	1	未婚	良	
15	孙子	赵补根	男	1	未婚	良	

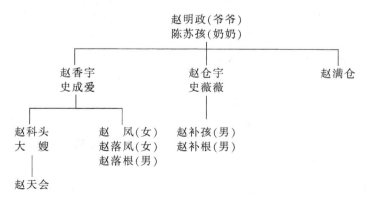

图 2-1　1949 年以前赵家家户结构图

（三）房屋逐步扩充

赵腊丑刚从太原迁过来时，身上一点积蓄也没有，在他的努力下，一个外来家庭才得以在当地安居，并修建了属于自己的房子。房子一开始就建在村子的北边，后来没有动过，只在原有的基础上不断地进行修缮和扩充。刚开始只有一座坐北朝南的三间大的房子和围墙围起来的一个院子，赵腊丑和自己的两个孩子在一起生活。两个孩子长大后，都要组建自己的家庭，结婚生子，原有的房子是住不下的，所以赵腊丑又在不远处修了一座三间大的房子，等赵明政成家后，赵腊丑就和另一个孩子搬到了村中间的那个房子里。赵明政和赵氏就在这个家里生活，后来随着生养的孩子增多，且自己的儿子也都到了结婚的年龄，他又在东西两侧各修了一座三间大的房子，长子赵香宇结婚后住在东边这个房子里。没过几年，次子赵仓宇也结了婚，他住在西面的房子里，后来赵明政又和赵香宇、赵仓宇共同在院子的西南处修了三间大的房子，是为赵满仓结婚准备的。刚修好这处房子时，是赵家的其他几个孩子住在里面，后来女儿们都嫁出去后，只有赵满仓住着，想以后作为他的婚房，可惜后来一直未娶。等到了赵香宇的孩子赵科头结婚时，赵香宇在家人共同的帮助下又在院子的东南处修了一座三间大的房子，赵科头夫妇住在这个房子里面。东南处的位置原来是厨房所在地，是个一间大的屋子，后来为赵科头修建新房，又在南面修了一间屋子作为厨房。赵家大门正对大街，和路对面邻居的门没有正对着，用这里老人们的话来说是，"门对门，矛盾生"，就是指和邻居的门不能正对着，如果门正对着的话，矛盾就会比较多，因为大门在白天一直是敞开着的，只有晚上睡觉的时候才会关，若对着门，邻居间不经意的就会侵犯到对方的私人生活，就容易产生矛盾。在院子的西南角处有一个地窖，是用来冬天放萝卜和粮食用的，防止粮食放到家里温度太高而导致腐烂。厕所在院外西北方向不远处，门口种了一棵杏树。在房屋的西面修了一个牲口棚，里面喂着一头牛和一头驴。院子里没有水井，赵家和其他村民一样都是到村头的一口公共水井里打水，然后担回来，水井里打的水是用来吃的，平时洗衣服都是到河边洗，或者有时候在下雨的时候攒点雨水，在家用雨水来洗。赵家院子里没有专门的排水道，当时村里各家各户都没有，就是将废水直接倒在外面的街道上，任其自流，赵家门口的街道上，因为经常倒水的缘故，已经自然而然形成了一条流水的槽，顺着路向地势低的地方流下去。因为家家户户都是在外面倒水，所以村里的路都是这样，形成了一条条流水道。

对于房子的居住情况，赵家虽然有大小尊卑的观念，但有时候因为考虑到方便等其他因素，也不完全按照辈分等级来确定应该居住的房间。按照辈分等级来讲，长辈应该住在正房，也就是坐北朝南的房子，赵家称其为"堂屋"，然后以东为大，西次之，南为最小，所以赵明政夫妇作为家里的长辈住在了正房，长子赵香宇住在了东边的房子，次子赵仓宇住在了西边的房子。但后来赵科头结婚，若按照辈分，作为家里最小的应该住西南处的房子，但因为当时西南方的屋子由赵满仓住着，所以就在东边修了房子，然后赵科头夫妇就住了进去，没有再遵从辈分等级。赵家所在村子人不多，总共有三十几家，两百多人，房子修建得比较散。赵家的东面和南面都有邻居，和东面邻居间的房子仅隔了一面墙，这面墙是邻居修的，因为邻居修的房子比较早，赵家的房子后来是紧挨着邻居家修建的，这面墙就作为两家共同的院墙了，赵家房子修建好后，因为共用了邻居家的院墙，赵腊丑特地给邻居送了点东西作为感谢，这也是为了之后能有个良好的邻里关系打下基础。赵家和南面的邻居是隔着街道，之间的关系处得也比较好，平时彼此间互相帮助，没有发生过大的矛盾，可能是由于赵家作为外来人口，并且在这边亲戚、本家比较少的原因,因此邻里间的关系都处得很融洽。每当自家的孩子和邻里间的小孩子发生冲突时,赵明政总是先教育自己家孩子一顿,然后再进行调解,后来赵香宇和赵仓宇也都是这样做的。

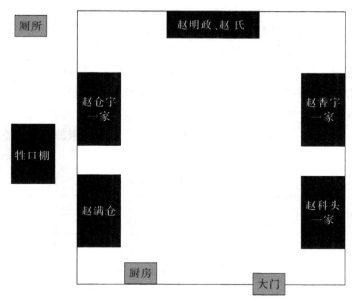

图 2-2 房屋布局图

(四)农商结合

1949 年以前,赵家大概有十五亩地,其中有五亩是自留地,赵腊丑传下来的。后来赵明政买了几亩地,开荒开了几亩地,赵家的田地比较分散,没有连在一起的特别大的地,且地与地之间的距离相隔也比较远,这些地主要靠赵家的男性,以及一头牛和一头驴来耕种,赵家的女性和小孩子多是帮忙做些地里的轻活儿,如到地里送送东西、拔草、捡捡石头之类的。像犁、楼、耙这些基本的农具赵家都有,平时若是家里的农具坏了,先是由赵香宇修理,实在修不好的才会去找村里的铁匠、木匠过来修理,或者重新购置,一般会给他们付点钱,但不多,或者会留其在家里吃饭,以表感谢。赵家只种了自己家的土地,没有再租种别人的,也没有将自己的土地租出去,因为家里的劳动力种这些地刚刚好。对于地里的农作物,赵家不仅种有粮食,主要是谷子、玉米之类的,还有专门的一亩多地用来做果园,种有红果、杏、桃之类,待其成熟的时候,到外面卖点钱,增加家里的收入。在养殖方面,家里除了养了两头牲口,主要用来种地外,还养了十几只母鸡,是用来下蛋,然后拿蛋去换盐吃,养的鸡一般不用来吃,对于死了的鸡,会直接扔了,对于一些不再下蛋老母鸡,才会等到逢年过节时宰了吃。

在农闲时间,赵科头有时候会跟着赵满仓去外面贩牲口,他们把村子里或者邻村子里的一些想卖的牲口卖到别处,从中赚取差价。大部分农闲时间主要是到外面卖果子,将自己家的红果、杏卖到别的地方,或者在冬天上山砍点木柴到外面卖,赚点额外的收入。有时候碰到农忙,赵满仓和赵科头正好在外面,赵家的男性劳动力不够,妇女和小孩子就都要发挥自己的作用,把地里粮食收回来。即使是家里的劳动力不够,一般也不会叫别人来帮忙,更不会去雇用短工,只是把原来三天能干完的活,用更多天来做。每年的粮食收入外加在外做小生意的收入也基本能够满足一年的食用和花销，但有时候碰到不好的年景，家里的粮食就不够吃,此时会有赵明政出面去向富足的家庭借粮食,借来的粮一般都是陈粮,有时候甚至是快坏了的粮食,但好在一般情况下都能够借到,还粮的时候是在来年新粮食打下来之后,足称进行偿还。

在穿着方面,是由赵家的妇女,包括赵氏和两个儿媳来负责一家老小的穿着,她们为全家人做衣服、做鞋,用的布大多数是在集市上买的。是否会制作衣服是衡量一个女性能力大小的一个重要标准,也是其地位高低的一个重要的砝码。衣服做得好的媳妇,一般也不会受婆婆气,不会做衣服或者手工活不是太灵活的媳妇就容易受婆婆气,赵香宇的三女儿赵凤比较笨,怎么学都不会,后来嫁到男方家,就因为手笨而经常受气,受气之后就会跑回来,父母安慰几句,也不好说啥,住几天就又回去了。赵科头的妻子嫁过来的时候就会制衣做鞋。史薇薇是史成爱教会的。赵家人每年都有衣服穿,衣服是由赵家妇女共同制作的。

表2-3　家计状况表

土地占有与经营情况	土地自有面积	15亩	租入土地面积	0亩
	土地耕作面积	15亩	租出土地面积	0亩
生产资料情况	大型农具	犁、耧、耙		
	牲畜情况	一头牛、一头驴		
雇工情况	雇工类型	长工	短工	其他(___)
	雇工人数	0个	0个	无

收入	农作物收入					其他收入	
	农作物名称	耕作面积	产量	单价	收入金额(折算)	收入来源	收入金额
	玉米	12	250斤/亩	0.02元	36元	贩牲口	不详
	红薯	3	不详	—	—	卖红果	不详
	小麦	1	80斤/亩	—	—	收入共计	
	油菜	不详	不详	—	—	不详	
	豆类	1	80斤/亩	—	—		
	蔬菜	不详	—	—	—		

支出	食物消费	衣服鞋帽	燃料	肥料	租金	
	不详	不详	0	0	0	
	赋税	雇工支出	医疗	其他	支出共计	
	50斤/亩	0	不详	人情消费等	不详	

结余情况	结余 0 元	资金借贷	借入金额	0
			借出金额	0

(五)普通人家

因为是外来人口,无论是赵腊丑、赵明政还是赵香宇,都没曾想在这里能担任乡长、保甲长之类的,就想能在这里安家,正常生活就好,赵香宇因为认识几个字,在村里面当过小队长。赵家与政府之间更是没有任何的特殊关系,因为在当地亲戚、本家很少,在外面也没有什么朋友。作为一户普通农户,赵家在当地没有什么声望,家人们与邻为善,平时在生活、种田方面相互帮助,也很好地融入当地,没人再觉得其是外来人口。赵家人没有更多参与政治的想法,每天都在为生计而奔波,农忙的时候会忙于在地里种地,农闲的时候又会忙着到外面去卖点果子来挣点钱,好维持一家人的吃穿。

(六)男主外、女主内的中等家户

1949年以前,赵家有四代人,赵明政在世的时候,他是当家人,家里的大事都是由他来做主,像种田、交税,为孩子们结婚,对外打交道等,家里的一些小事基本是由赵氏进行管理的,包括家人的吃饭、穿衣等。像赵家这种小户人家,不需要雇用管家,他们也雇不起。赵明政去世后,赵香宇作为长子,外面的大事就由他进行决定,他不在家的时候,赵仓宇也可以对家里的事进行决议。赵氏在分家之前一直是家里的内当家,操持着家里大大小小的事情。分家之后,赵香宇和赵仓宇分别管理自己的小家,赵满仓因为一直没有成家,光棍一人,他和赵氏一起过。赵氏在年老后,家里的孩子共同承担着赵氏的养老任务。

赵家在当地无论从人口方面,还是田地方面来看,都是一个中等家户。赵腊丑迁徙过来,在上寺头村居住几十年之后,已经不再是村民口中的外来人了,而和当地的"赵"姓人家都融为一体,变成当地人。赵家在村子里是一户再普通不过的农户而已,在所拥有的财富、土地方面,都是一般水平,在社会地位上也是一般的农户,并没有什么特殊的地方,一代传一代,在这里过着普通的生活。

赵家所在的上寺头村是一个小村,几十户人家,两百来号人,除了有一两户家里田地多,收入多的大户人家外,其余的都是中小户人家,种的田仅够糊口,有的甚至难以满足自家一年的口粮,于是就向那些大户人家借粮,作为同村人,大户人家一般都会借粮。大户人家和村里的其他农户相处都比较好,所谓的大户,就是指家里房子多、地多,然后每年收获都有结余,同时家里会雇用长工、短工等,不是必须在当地有声望,当然因为大户家的农具、牲口比较齐全,平时会有一般农户借用,当然一般都会通过帮其干活来偿还,因为其经济能力比较强,使得其有一定的社会地位,这属于大户。对于中户、小户没有明显的区别,家里人口多点就是中户,家里人口少点就是小户,但家里的经济情况都差不多,都是基本仅够糊口。

第二章　家户经济制度

赵家的家户经济制度,是以家长在生产生活中具有绝对的经营权、分配权、交换权和消费权,其他家庭成员都积极参与家庭的经营、分配、交换和消费。赵家的物质产权归所有家庭成员所有。在家户产权方面,赵家的土地、房屋、生产资料、生活资料,以及家庭的其他产权归所有家庭成员所有,赵明政有决定的支配权,不允许外界的侵犯,并得到外界的认可。在家户经营方面,赵家所有能劳动的成员都会参加生产劳动,分工有序,农商结合,自给自足。在家户分配方面,外当家和内当家将农业、手工业和副业的收入进行统筹分配,其他家庭成员积极参与。家里的收入基本满足家里的各种消费,若是需要借贷,一般是由家长出面。在交换方面,是由家户为单位,当家人为交换主体在集市、庙会等场所进行交换。

一、家户产权

(一)家户土地产权

1.土地分散

1949 年以前,赵明政家的土地拥有量总的来说一直在增加,但增加的数量有限,家里的地没有被村庄收回过,因为除了自留地以外,都是在赵明政的带领下购买和长年开荒积累得来的,对于购买来的地,因为家里的积蓄有限,不可能一次性购买很多地,通过一次次少量的购买积累下来。开荒同样是没有大片的荒地会让人去开,可能一年只开了几分地,也可能一年开一亩多地,都比较少。赵家的地比较分散,没有集中在一块,东一块、西一块、分散在各个地方,连在一起的地最多的也就三四亩,最少的有的就只有几分地,因为无论对于购买还是开荒得来的,都会造成土地的分散。正是由于土地比较分散,所以去地里干活也不是很方便,每天很多时间都会浪费在路上,在地里的时间相对较少,地也不好管理。碰到家里两个劳动力不在时,就不能够及时收获和播种。有一年,因为下雨,赵满仓和赵科头正好在外面卖杏,一去好多天,没能及时回来,地里的粮食就没能够及时收割,部分粮食因此而发霉坏了。家里人勉强收完之后,又需要及时的耕种,家里人实在忙不过来就只好找邻居来帮忙,这才赶在地里有墒的时候,能够及时的种上,没有耽误了耕种的时机。当然,对邻居的帮忙,后来家里的劳动力在邻居需要的时候也会帮助。

赵家的土地都属于旱地,无论是自留地还是后来购买和开荒得来的地都比较贫瘠,只能靠天吃饭,在雨水充足的时候,粮食能够多产一点,碰到雨水短缺的时候,赵家人就只能勒紧裤腰带过日子了。土地附近没有沟渠和河流,缺少灌溉条件,土地也基本分散在地势较高的地方,地也不平,有"后棱",有"叶边",①不好耕种。家里吃水都比较困难,村里只有一口井,赵

---

① 后棱、叶边:类似梯田的两端。

家人需要到村头的水井里挑水,更不用说往地里浇水了。因为处于北方,旱灾比较常见,最严重的一次是连续三年干旱,涝灾基本没有。施肥也仅是靠自家牲口的粪,和自家茅房里的粪,但这并不能满足土地肥料的需要,因此在很多时候赵家人都是在茅房里倒了很多水,来给地上粪,当然这样的粪肥力可想而知。因为肥料不足,当时的气候偏冷,种子质量不高等综合原因造成了粮食的产量是极低的。

2.土地来源情况

（1）从祖上继承

因为是外来人口,赵腊丑带着两个孩子过来的时候,在当地没有任何土地,靠给大户人家打工养活一家人,攒了点钱后,才置房买地,为两个孩子积累了一些原始的资本。他购买了有十亩地左右,在两个孩子分家的时候,一人分了五亩地。这五亩地就是赵明政最初的土地财产,供养着赵家最初的生活,为繁衍后代提供了生存的资本,后代的繁衍又为家里增添了劳动力,于是又有了扩展土地的能力,因此赵家的土地在不断地增加着。

（2）开荒得来的土地

随着家里人口的增多,原有的土地已经难以满足赵家人所需的口粮。由于一年赵家所赚的钱有限,难以买更多的地,所以就通过开荒来增加田地,从而增加粮食收入。赵家开了有六七块地,共有七亩地左右,开荒得来的大部分土地都是贫瘠的,位置也离赵家居住的地方比较远。有一块地,从家里走过去就要走将近一个钟头,每次家长带着孩子去地里时,走到一半,孩子就哭着喊着让家长抱。老人每次到地里的时候也已经很累了,需要先休息一会儿才有力气干活,赵明政年龄大了之后,因为体力跟不上,基本就没有去过那块地,都是赵香宇、赵仓宇他们去的。

（3）买入土地

赵香宇和赵仓宇都能够干活后,在一定程度上给赵明政分担了很多负担,后来赵满仓就替代了赵明政做小生意的活,去其他村卖点果子,赚点钱,最远的到东沟镇、大阳镇那里去卖,有时候是赶着牲口,有时候就是靠人挑着,出去的时间也不等,短的有一天就回来了,长的有时候因为路途远一走好几天,卖完了再回来。在赵家人共同努力下,积攒了一些钱,后来又买了几亩地,但因为家里劳动力有限,买太多的地也耕种不了,所以后来也就没有再买地。一直到三兄弟分家的时候,将这十五亩地,分给了三个孩子,赵香宇和赵仓宇,每人分了六亩地,赵满仓因为只有一人,最后只分了三亩地,在土改的时候,都被划为中农,地也没有增加和减少。

3.土地为家户所有

（1）共同耕种,共同享用

赵家人都认为,土地的所有权就应该归家里的所有成员,无论小孩还是老人都有份,虽然家长对土地拥有更多的支配权,但无论怎么支配,都是在家里所有成员的共同利益的前提下进行考虑的。同样,即使小孩和老人对田里的工作做得少,但是作为家里的一名成员,理所当然也应该拥有属于自己的一份,分家之前,土地属于大家庭的所有成员,分家之后,土地属于各个小家的所有成员。家里的土地都是自家耕种,没有和其他人共有的情况,因为作为一个外来户,亲戚、本家比较少,所以就不存在共有的情况,和邻居之间在土地上也不存在共有的情况,只是在农具和牲口方面有过共有的情况,会有两家共同出资置办,然后共同使用。赵家没有专门属于自己个人的土地,土地都是家里人共有的,儿媳妇嫁过来的时候没有嫁妆田。同样,赵家的女儿嫁出去的时候也没有,家里的老人也没有专门的养老地,老人的养老是儿子们共同承担的。在未分家之前,不存在私房地或体己地。

（2）入则有份,出则无

土地为家庭内所有成员所有。在赵家的家庭成员中,无论是呱呱落地的孩童,还是年迈的老人,无论是嫁进来的媳妇还是未出嫁的女儿,都拥有土地的所有权;而对于长工、保管、保姆这些外人,赵家人认为这些人不能拥有土地的所有权,当然赵家也没有雇用这些人。同时,对于嫁出去的女儿和入赘到别人家的人,也失去了土地的所有权,赵家没有入赘到别家的儿子。女儿在出嫁前,家里的土地有其一份;出嫁时,除了简单的嫁妆外,没有嫁妆田,也不会让其带走其他的任何东西;出嫁后,就不再属于赵家人,赵家所拥有的土地自然也就和其没有任何关系。对于赵家嫁进来的媳妇则正好相反,在嫁进来前的时候,没有属于她的土地,但嫁进来之后,就成了赵家的人,赵家的土地也就有属于她的部分。

（3）全家所有

在赵家人看来,土地就理所当然地应该属于全家人所有,分家之前属于大家庭里的所有成员,分家之后属于小家庭里的所有成员,整个家庭土地在共有的基础上,家庭成员才会更加的团结,心往一处想,劲往一处使,更好地发家致富、光宗耀祖。家长赵明政对土地具有一定的主导权,如地里需要种什么,如何耕种,是否要买地,买多少地等这些都有家长来最终决定的,当然家长做这些决定时,都是站在家里所有成员共同的利益上进行考虑的。作为家长,他不会胡作非为,随意进行支配,因为这关系到一家老小的生存问题。在赵家的耕地本来就少的情况时,赵明政不会为了一时的饥荒,将土地出租出去或者卖了,而是一直想方设法解决所面临的困难,同时保持家里所有的土地,在没钱的时候通过开荒,有钱的时候就买地来增加自己家庭的土地拥有量,最终目的都是为了使整个家庭发展更好,让家里所有成员都能够填饱肚子。当然,在家长做决定时,其他的家庭成员都会提出参考意见,不会任由家长随意决定。赵明政在做决定时,赵氏和三个孩子和儿媳们都可以提意见,共同商量出最好的办法。在商量的过程中,无疑会增加家庭成员内部之间的沟通与互相的理解,从而更有益于增强家庭内部的团结。

但如果土地归个人所有,家庭成员就会更多地为自己谋私利,自私就会表现得比较明显,人人自然就会各打心中的小算盘。但由于家里土地总量的限制,如果个人私有土地,那么各自所拥有的土地就会很少,各自耕种后,在劳动力、农具等方面就会存在大量的资源浪费。比如像赵氏这样的妇女显然无法独自进行耕种;若只有男性,对于一些细活也不能够很好地处理,土地的产量就会下去。此外,因为每个人都有自己土地的绝对发言权,矛盾就会增多,那时家庭的团结和睦就会可欲不可求,造成家庭的分裂,不利于更好的发展。

4.石头为界

赵家有几块地是直接在草丛里开荒的,没有紧挨着其他家的地,所以不存在边界;有几块地是自然的水渠隔开的,中间是一条比较宽的水渠,水渠隔开了左右邻家的地,对于上边和下边的地,自然的高度差也隔开了彼此;还有几块地是从一大块地中和别人家分开来种的,因为买别人的地时,有时候别人是一大块,然后赵家买了其中的一部分,就和别人存在在同一块地里,属于不同的两家,这时两块地之间就需要人为地进行分界。分界时,在两家都认可后,在界线上放上石头,表示大家都同意,以后便各种各的地,友好相处。对于赵家,作为外来人口,一般都不会轻易和别人产生冲突的,种地也一样。一般在边界上,赵家都不会去耕种,有意隔开一段距离,防止和邻家因界线的问题发生冲突。因为从赵腊丑那里传下来的"千里修书只为墙,让他三尺又何妨,万里长城今犹在,不见当年秦始皇",这就告诫赵家的人,不要争那点滴利益,这样不会带来更多的收益,反而会失去很多东西。当然,一般邻家也不会去越界耕种,侵犯赵家的地。

还有一种情况就是赵家在分家之后,几个兄弟之间地的分界,因为分家的时候,难免会存在将一块地分开给两个兄弟的情况,赵香宇就和赵仓宇有一块地在一起,同样是在中间放了石头,但仅是放了三块,两个地头和中间,不像和别家一样,中间摆放了很多的石头。赵家兄弟之间一直就相处得很好,只要大家知道边界大概在哪就好,兄弟间不会有意去越界的,没必要在中间放那么多。自家的土地除了有自然的边界,如明显的高度差,类似梯田或者是由水渠、道路隔开外,一些在一块的土地,一般都会在中间放一列石块,从一边放到另一边,隔一段距离放一块,地两头和正中间放的是大石头,其他地方放的是小石头。一般的地邻关系都较好,毕竟在一块种地,就好似家里的邻居,抬头不见低头见,所以小矛盾一般互相忍让也就过去了。

除了外面明显的边界外,其实大家心里都明白自家的地在哪里、有多少。因为对于那个时候的农民而言,土地就是生养他的根本,农民们除了下雨、下雪不能去地里外,几乎每天都在地里干活,甚至在腊月二十九都还忙着给地里上粪,所以对于那些地,农民们闭着眼睛都可以找到,闭着眼睛都不会走出边界。赵家除了还不懂事的小孩子外,所有的家庭成员都知道土地归全家共同所有,自己有责任也有义务保护自家的田地不受侵犯,明确知道自己家的地有多少,分别在哪里,每块地的边界又在哪,赵家的土地除后来进了互助组的时候被统一入社,之前无论是私人还是公家都没有被侵占过,赵家也没有侵占过别人家的土地。分家之前,赵家和外家的人之间都清楚边界在哪,分家之后,赵家兄弟之间自己心里同样清楚彼此间的界限及和别人家的界限,既保护了自己小家庭的土地,又保全了大家庭的土地。

5.家长拥有土地支配权

(1)家长对土地的主导性

赵明政在世的时候,他对家里的土地具有绝对的主导权,家里土地的买卖、租佃、置换、典当都需要他定主意,赵氏和家里的其他成员只能进行商量和参考意见,最后还是由家长来定夺的,家长是实际的支配者。赵明政去世后,由赵香宇挑起了这个重担,拥有了土地的实际支配权。但有时候当家人外出不在家的时候,如赵明政当家时,他不在家的时候,更多的由赵氏和赵香宇来做决定;赵香宇当家时,他不在家的时候,就会由赵仓宇对一些事情进行决定,但家里土地总的支配权还是掌握在赵香宇手中。

分家之后,原来的大家庭分为了三个小家,赵香宇一家、赵仓宇一家、赵满仓和赵氏一家,赵香宇和赵仓宇家的土地都是自己小家的成员进行耕种,赵氏和赵满仓家的土地有时候种不了,赵香宇和赵仓宇都会去帮忙,帮他们耕种,有时也帮他们决定耕种的粮食种类。也就是说,后来虽然看似分了家,其实只是赵香宇和赵仓宇分了家,而对于赵氏和赵满仓则还像以前一样,更多的听从赵香宇和赵仓宇的安排。后来赵香宇去世后,他的这个小家就由他的长子赵科头来当家,因为当时他已经结婚,一些种地的经验也有,而赵香宇的妻子史成爱毕竟要忙着家里比较多的事情,所以赵科头就成了这个家里的外当家,内当家由其母亲史成爱来担当。家里的一些事情有史成爱负责,对于土地方面的事情,更多的是由赵科头进行管理的,赵科头的妻子一般不管事情,都由赵科头和其母亲来决定。赵香宇去世后,赵氏那边的事情也就基本有赵仓宇帮忙,史成爱每天忙于自家的事情,帮得就比较少了。后来赵仓宇家的两个儿子也相继长大,他也只能忙着自己家的事情了,随着赵氏去世后,赵满仓就单个过,自己的一些事情就自己决定了。后来赵仓宇也去世了,各自小家之间的联系没有之前那么紧密了,都忙于自己家的事,相互参与的比较少了,更多的是在农忙的时候互相帮一下忙而已。

因此,对于赵家而言,一直是男性作为家长,支配着家里的土地,很好地继承着中国的传统,父死子继,兄终弟及。赵明政死后由长子赵香宇负责管理,赵香宇死后,这个小家的土地支配权就其长子赵科头来进行管理,当然前提是孩子已经长大成人,有一定的能力和经验能够决定一些事情。赵满仓因为单身一辈子,赵氏在世的时候,分家后他和赵氏在一起生活,赵氏去世之后,他一个人生活。后来赵香宇的小儿子过继给了他,作为他的继承者,也算是把他的香火传承了下去。而赵满仓,后来在路上被车碾死了,他的生命也就这样结束了。新的一个大家庭又开始分家,赵香宇的两个孩子,赵仓宇家的孩子,赵满仓的后继者,同样的分家故事继续上演着,用当地的话来说是"大猫挽着小猫睡,一辈传一辈"[1]。

(2)土地买卖中家长做主

赵腊丑曾经买过十亩土地,那个时候家里的一切都由他做主。后来赵明政结婚分家后,家里的事情就由自己做主。他也买过几亩地,那时候因为赵香宇和赵仓宇都已经结婚,家里人口增多,而租地又不合算,就买了几亩地。当时在本村租地的人也较少,一般都是种自己家的地,买不起地的农户就会通过开荒,来增加自己家的土地量,先凑合着种,等攒够了钱之后再买些好地来种。赵家买地的钱是家里人共同挣的,钱都是由当家人掌管的,买地的时候,家里的成员也都进行了商量,主要还是家里的男性,赵明政、赵香宇和赵仓宇,家里女性一般也不参与这些,偶尔赵氏会插几句说一下自己的意见,两个儿媳妇一般不关心。家里若决定买地,家里的成员自己商量一下就好,不会再去告知邻居或者其他的人,像买地这种大事一般都是当家人最后做决定,家里人提意见,但和外面的人没有关系。

赵家分家之后,各自小家也买过地,那时候就在这个小家庭里决定就好了,可能会和原来大家庭里的人说一下,但也仅是告知一下,他们不会影响这个的决定,不是自家的事情,别人一般也都不会过多的参与。分家之后,赵满仓曾卖过地,因为后来赵氏去世后,他忙于做生意,种不了,就把地卖了。卖之前他和赵香宇、赵仓宇进行了商量,因为那块地的质量不太好,他们都没有接手种,然后就卖给了村里的人。赵香宇家没有卖过地,所以关于卖的时候要先卖给谁,也就没有考虑过。当然在出钱一样的情况下,肯定会先卖给关系近的人,如邻居、亲戚、本家之类的。若是钱不一样,那就不一定了,有的可能会偏向给自己人,而有的可能就会卖给出钱多的人,从而多赚点钱,对于这点,村里的其他人一般不会有过多的议论的。

(3)家长负责土地置换

赵家曾经因为一块开荒的地离自己家特别远,曾想和村头的一户人家的地置换。刚开始,对方嫌赵家的土地过于贫瘠,按面积交换觉得自己吃亏,就没有达成协议,但双方置换的

---

① 大猫挽着小猫睡,一辈传一辈:指的是同样的人生,不同的故事在上演。

意愿都比较强烈,只是在数量上没有达成统一,然后他们就找了一个村里有威望的人,进行中间协调,最终没有按照地的大小进行置换,而是根据产量的多少进行置换。关于每亩地的产量,彼此完全不担心对方欺骗自己,因为村里的人都清清楚楚知道哪块地产量是多少,同时村里也有统计;再者因为土地的客观条件就摆在眼前,能产几斤几两,大家都心知肚明,所以不存在欺骗行为。根据产量来置换,因为赵家的地贫瘠,自然只能用较多的地换较少的地。最终达成协议后,双方进行了交换。之后,双方都没有义务再去管已经交换了的地,只需耕种交换之后的地即可,无论如何耕种,对方也没有插手的权力。在乡村这种熟人社会中,一般不存在欺骗和不诚信,一旦有这样的人,村里就会口口相传,使其臭名远扬,难以在村子里抬头做人,所以面对这样的代价,作为理性的农民一般不会去做这桩一点也不合算的买卖。

6.家庭成员积极参与

(1)家庭成员的参与

在赵家的土地买卖、租佃、置换和典当等事宜中,除家长之外的家庭成员不能发挥支配作用,作为家庭成员只有提意见的权利,但最终的支配权还在家长手中,家庭成员间每个人的话语分量也是不一样的。在分家之前,赵明政当家,对于赵氏、赵香宇和赵仓宇的意见和建议,他会重点考虑。而对于赵满仓和两个儿媳妇的意见,他一般考虑得较少,当然对于家里的这些事情他们参与得也少,他们认为,这就不是自己能决定了的事,所以也就会听从家长的安排。分家之后,赵香宇家,主要是他的妻子和长子参与较多,其余的孩子参与得少。后来他去世后,就主要是长子赵科头负责,因为那时他已经结婚,作为家里的长子承担起了父亲的重担,但大多决定都会和其母亲商量,共同决定。赵仓宇家则不一样,在小家分家之前,他就一直拥有支配权,其他家庭成员只能提意见,到了他的两个孩子分家之后,他的两个孩子才各自支配各自的。

(2)在土地买卖中的参与

在家庭的土地买卖过程中,一般都是家长决定的,赵明政在世的时候,他在买地中处于支配地位,赵氏作为一个内当家和长辈,提的意见可以说是最有力的,当家的会着重参考,赵香宇和赵仓宇作为已成婚的孩子,其意见也会同样的参考,但像儿媳妇们的意见当家人考虑得比较少,当然她们对于这些事一般也不会过问。赵明政去世后,就是赵香宇当家,赵氏的话语就显得更为重要,虽然是女性,但是一直操持着家里的事,赵氏作为家里辈分最大的人,他也不得不参考赵氏的意见,其次会参考赵仓宇的意见,赵家的媳妇依然不怎么参与。一直到了分家之后,两个儿媳妇才开始负责家里的更多的事情,包括家里土地的买卖会参与,但最终的决定权一直都是由做家长的男性来决定的。

(3)在土地置换中的参与

赵家有土地置换的情况,当时置换的时候是赵明政提出来的,因为年龄大了,腿脚不太灵便,那块地比较远,就想着和其他人家的地置换一下。由于自己的地比较贫瘠刚开始没谈妥,后来用产量来置换才得以达成。在这过程中,赵氏和赵香宇起了重要的作用,赵明政提出换地,刚开始没达成,他就想算了,大不了多走几步路,但赵氏建议既然都已经提出来了,就尽量能够置换成功,于是就找了一个中间人,从中进行协调,最终达成协议,按照产量来交换。在这过程中,赵仓宇正好在外卖果子没有参与这件事,在家两个儿媳妇也是只知道和谁换地,而换到哪里、怎么换、具体的交换过程则没有更多的参与,也没有提什么意见和建议。

7.无意侵占，协商解决

赵家的地很少被侵占，他们也不会去侵占别人的。即使有时被侵占，也是无意的，大家都不会放在心上，互相提醒一下就可以。有一次史成爱发现别人家的牲口跑到了自家地里吃粮食，就过去赶走了，因为当时没有看见大人在场，也就没有和对方说什么，回来后她告知了赵香宇这件事情，赵香宇也没有专门到那家里去询问，只是一次在地里的时候和对方说明了一下这个事情，对方解释说，那次是自己家的小孩子去放的牲口，因为没看住所以跑到了地里。那之后邻家的牲口再也没到过自家的地里，两家还像以前那样友好。所以赵家即使作为外来户，首先自己绝不会去侵占别人的土地，土地作为农民的生存之本，赵家人自然不会允许土地被别人侵占，从赵腊丑传下来的礼让的精神，不要轻易和别人发生矛盾。

当然这都是有底线的，若是被别人无意的侵占，或者仅是在地的边界上被人占了，这都是可以容忍的，会睁一只眼闭一只眼过去的。但如果对方有意侵占了自家的土地，则不会容忍，会认为这是对自己家的一种欺负，要找其进行一番理论。在这过程中，也没有人再来侵犯自己的土地。一般的农户都不会去侵占别人家的地，因为侵占那一点地，并不会给自己带来更多的收入，反而会被别人看扁，如果村里面发生侵占土地这样的事情，侵占者就会"一夜成名"，大家就会指着他的鼻梁数落他，因此一般村里没有故意侵占别人土地的人。若是土地被侵占，家长肯定要首先出面去找人理论，就如别人家的牲口跑到赵家的地吃了庄稼，当时是由当家的赵香宇去理论的，史成爱没有去，因为当家人作为家里的代表，可以更有力地提醒对方。

8.外界认可家户土地产权

（1）其他村民的认可与保护

赵家所在的村庄不大，农户总共只有几十户，所以谁家有多少地、分布在什么地方，村民们都比较清楚，村民之间也互相尊重彼此间的土地所有权，不会轻易地去侵占和破坏别人的土地，对于赵家有多少地、地都在哪，哪些地是开荒来的、哪些是买来的、哪些是留下来的，村民们同样清清楚楚，一般情况下他们都不会随意侵占赵家的土地。对于要买卖、租佃、置换土地，都会和赵家的当家人商量，因为和家庭其他成员商量的话也不管用，其他人不能做主。

赵家地里的粮食没有被偷过。一般本村人都不会去偷自己村里的，因为总会被人撞见，如你家的地就不在这，但你从这里走了，或者明明你的地里没有种这些东西而你却收获了，再或者明明你的地里没有长这么多，而你最终却收获了很多，村民们就会怀疑，所以村民之间一般都不会去偷盗。有时候村里的粮食丢了，大多数情况都是被外村人偷走的。在村里，对于赵家，无论是土地还是地里长的庄稼，其他村民都会认可和尊重的。

（2）家族的认可和保护

赵明政因为是跟随赵腊丑才在这里安的家，而当时赵腊丑带了两个孩子，都在当地成家，并安居下来，并且没有再和赵腊丑太原那边的亲戚有联系，所以在当地赵家的家族很小，就赵明政和其弟弟两家。后来各自的子嗣长大，赵明政自己的孩子中赵香宇、赵仓宇的儿女长大都一一成婚，才扩展开来，而赵满仓又是光棍，没有子嗣。赵家的人彼此都承认自己的土地所有、耕作、收益的权利，也清楚自家的土地，分家之后家族内的成员不会再侵占彼此的土地，家族其他成员也不能随意买卖、租用和置换自家的地。家族内若要置换，需要和双方当家人商量，如果同意则成交，若不同意则不行，不会因为某一方的要挟而达成。当然关起门来，家族内部可能会彼此有些小矛盾，但不影响家里的和谐，对外则永远是一家，所以要是有外人侵占家族里的地,家族的人们就会一致对外,维护本家族的尊严。

（3）村庄的认可与保护

村庄里的干部对于赵家有多少地、地都在哪里、每年有多少产量,都是干部亲自记录下来的,所以不用翻看记录本,他们也大概都知道。他们承认赵家的土地所有权、耕种权和收益权,不会随意侵占村民家的土地,也不能随意对村民家的土地进行买卖、租用和置换。如果村里出于公用,需要用哪块土地,都会先去和这家的当家人商量之后,用钱或粮食,或者用同样的地进行置换等方式来获得。如若出现强行买卖或侵占,首先家族内的人会出来保护,其次村里有权威的人也会出面主持公道。

（4）政府的认可与保护

赵家所在地在泽州县下村镇上寺头村,镇政府和县政府都承认赵家对自家土地的所有、耕作和收益的权利,对于具体的细节,县、镇干部可能不像村里的干部一样了解得那么详细,但是在镇政府和县政府那都有记录,县、镇政府一般也不随意侵占。若是因为某些原因要使用某家的地,也会"先礼后兵",先和当家人商量,若是同意,相互之间的条件则达成;若是村民不同意,县、镇政府可能会强行侵占,当然也会给一些补偿。对于村民而言,面对强大的政府,一般情况下都会答应,没有直接反抗的,若有怨言,也只是私下发发牢骚。

（二）家户房屋产权

1.中等规模的房屋

赵家的房屋刚开始是赵腊丑修建的,他从太原迁过来后,先在别人家里打了几年工,攒了点积蓄后才修建了属于自己的房屋,一是为了有个自己的家,不再寄居别人篱下,再一个主要原因是在当地能够繁衍自己的后代,这就需要为两个儿子成婚,需要修建房屋为他们成婚后有地方住。赵腊丑先修了一座三间的房屋,住了几年后,又在原房屋东边不远处修建了一座三间的房子,他带着赵明政的弟弟搬到了那里,原来的房子让赵明政成家后一家人住了。赵腊丑去世后,赵明政所居住的房子就分给了他,另修的房屋分给了他的弟弟。之后,赵明政随着家里人员的增多,原来的房子挤不下这么多人,就在这个老屋的基础上进行了扩建,修建了后来的样子。

1949年前,家里共有5座三间的房子,每座35平方米左右,其中一个堂屋坐北朝南,东西各修了两个屋子,相互对应,南边修了一个厨房。厕所和牲口棚都在院子外面,牲口棚在院子的西面,厕所在西北面。房屋档次在村子里算是中等的,不像村里那些大户人家的,有两进院,就是典型的两个四合院,最外面的大门很大,为了进马车用,粮食收获之后,用马车拉回来,从大门进去,拉进第一个院子里,然后再由长工或者短工将粮食一袋一袋地扛到楼上,在楼上有一个专门放粮食的粮仓,麦子、谷子、黑豆,各有各的仓,黑豆主要是用来喂牲口的,因为牲口吃了黑豆有力气干活。外面的那个门叫"监门",里面的那个门叫"罗门"。[①]赵香宇还在大户人家当过一段时间的短工,那时候,早上5点起来和他们的家人,赶上牲口给人家去东寺邑[②]糶麦子。大户人家外面修的牲口棚,喂了两槽牲口,养了有七八头牲口,有马、有牛。家里有两条狗看门,大户人家的房子防御性也比较高,粮仓是在罗门上面的那层。一般的农户

---

① 监门:指最外面的那个门;罗门:指进院子后,再进里面院子的门。

② 东寺邑:地名

不会有专门放粮食的地方,因为每年就仅够吃,没有屯粮。

赵家的房屋都是用来住人的,没有专门待客的地方。大小尊卑那时虽有说法但也不是很严格,那时候的房子讲究以北为尊,即坐北朝南的房子,叫堂屋,其次是东,西次之,南最小。老人一般住在堂屋,然后孩子按照长幼顺序,依次入住。赵家刚开始只有堂屋和一个东屋,赵明政和赵氏在堂屋住,赵香宇等孩子在东屋住,后来随着赵香宇、赵仓宇都要成婚,就在西面修了两个屋子。赵香宇先成的婚,结婚的头几年住在西边的房子里,后来赵仓宇成婚时,他又搬到了东屋,西屋就作为赵仓宇的婚房,赵满仓和未出嫁的女儿住在西边靠南的屋子里。后来在赵科头成婚的时候,赵家将原来的厨房拆了后修了一个三间的屋子,作为婚房,在南边又新修了一个一间的厨房。之前修的房子,像堂屋、东屋都是用土垒起来的,后来的西屋是用石头修的。自赵腊丑开始,房屋随着家里人口的增加,也在不断新建。

2.不断扩建房屋

赵明政家里除了堂屋是从其父亲那继承过来的,后来扩建的房子都是他和两个儿子共同修的,没有别人赠予的房屋。修这些房子的时候,这里不得不提到的一个重要人物就是他的女婿王小平,他在房屋的修建过程中起了重要的作用。在修西面的两座房子时基本就没有请外面的人,就是赵明政和两个儿子,然后叫着王小平。他在附近村子里是一个有名的木匠,在赵家新修房子的时候,他算是一个主要的工人,他自己还带了一个小工,赵家人都是搭把手,配合着做。房屋修完后王小平没有拿一分工钱,仅是在这里每天吃饭,小工的工钱,赵家如数付给了人家。赵家女儿嫁给王小平的前几年,日子过得算是比较富足的,但后来因为他迷上了赌博,一输再输,最终竟把妻子也输出去了。当时在修建西边的屋子的时候,是想顺便一起重新翻修一下祖屋,也就是赵腊丑修的堂屋,但考虑到资金问题就没有重修,一直到后来也都没有再动过,最多维修一下,因为房子年限较长,自然会出现漏雨或者其他什么问题,出现小问题就维修一下,继续住。

3.房屋归家户所有

(1)家户所有

在赵家的家庭成员来看,房屋是属于家里每一个成员所有的,房屋作为固定资产,应该属于整个家户所有,属于全家人,而不是家庭中某一个人,家长对房屋有支配权,但也要经过家里人的同意。因为只要作为家里的一份子,即使是女儿只要没有嫁出去,就属于赵家,房屋的所有权就有属于她的一份。嫁进来的媳妇也一样,嫁进来就是家里的成员,房屋也有其一份。在分家之前,无论房屋是谁主持修的,房屋都属于家里的每一个人。分家之后,家里的房屋分给了每个儿子,每个小家的成员就只拥有属于自己小家的一部分,分给其他家的房屋就不归自己所有了。

在赵家分家之前,特别是在家里的孩子都还没有结婚之前,各个屋都是可以随便住的,父母兄弟姐妹之间都没有界限。但当赵香宇和赵仓宇结婚之后,赵香宇住的东屋,赵仓宇住的西屋,那时虽然还没有分家,但是彼此就不再有之前的那么随意,即使是赵明政和赵氏也不能随意地使用和居住两个成婚孩子的屋。分家之后,各小家都有自己的一家子,三间大的房子一般都会分成两部分,一部分用柜或者布隔挡一个小卧室,睡觉一般都在里面睡。白天兄弟间可以串门,但是不能像在分家之前一样,随意动对方的东西,要使用对方什么东西,需要先打声招呼然后再用。换句话说,分家之后,房子就完全归小家庭所有,其他人是不能随意占有的。有一次,赵香宇的小儿子赵落根因为顽皮,跑到赵仓宇家来回地翻东西,就被史薇薇说了一顿,史成爱听到后,把孩子叫回来,也教训了一顿,这确实是小孩子不懂事,来回翻别人家的东西不对,毕竟不是在自己的小家可以任意妄为。

赵家分家之后,或者准确地说是在赵香宇和赵仓宇成家之后,无论是赵明政、赵氏还是他们同辈之间,一般没有什么事都不会去随意使用和居住对方的房子,只有两家的小孩子有时会出于好玩,哭着闹着要到彼此家住一晚上,家里的大人会先阻止一下,若小孩子实在闹得不行,大人们才会允许。除非遇到家里办大事,如在赵科头结婚的时候,家里的房子会被占用一两天,用来放东西或者接待亲戚朋友等。

(2)房屋的所有者

赵家的房屋归家里全部成员所有,分家之前,所有的房屋就归这个大家里的成员所有,分家之后,各个小家房屋就归各个小家庭的成员所有,不论成员是在家还是在外打工,只要是属于这个家里的人,就在成员的范围内。嫁出去的女儿就会失去房子的所有权,而嫁过来的媳妇,因为成了这一家的成员也就拥有了房子的所有权。入赘的女婿也一样,当然赵家没有入赘的女婿,在那个时候,入赘的人也是屈指可数的。未成年的儿童也有所有权,已经分家之后,各个小家庭只有所分配给自己的那一份所有权,父母的则还属于父母,和分家之后的兄弟就没有关系。在分家之后,因为赵氏和三儿子赵满仓住到了一起,赵满仓就拥有和赵氏居住的房子的所有权,而这个房子就和赵香宇、赵仓宇没有关系。赵家内没有其他非家庭成员的居住,所以也就不存在常住家里的其他非家庭成员的份。像村里的大户人家,家里一般都雇两三个长工和几个保姆负责做饭等,在他们那里,这些非家庭成员只有所居住房子的使用权而没有所有权。

(3)珍惜房屋

赵家人认为,房屋就应该属于全家人所有,这样才能更好地体现出是一家人。如果将房屋的所有权分配给个人,那么势必会影响家里的团结和睦,也就不能表现出一家人所应该的样子,反而像是外人一样,没有所有权的就不会表现出珍惜,而有所有权的人又会表现出极大的占有欲,从而造成家庭的不稳定。所以赵家人更倾向于将房屋的所有权划分给所有家庭成员,而不是个人,事实上他们也是这样做的。家长只是一个代表,不会比其他的家庭成员在房屋产权上更有权力。在赵家人看来,家长自然是在有家的前提下才会有家长的存在,若都是单个人的话,也就没有家长可言了,所以家长在房屋的所有上和其他的成员是一样的。换句话说,这个家永远属于集体,分家之前属于大集体,分家之后属于一个个小集体,不会属于单个人。

4.房屋边界明了

赵家因为住在一个小的村子里,村子里的人没多少户,且都不是聚居在同一个地方,所以赵家的邻居不多,只有东面和南面有邻居,西面的又离得较远,接触不多。东面的邻居只有一墙之隔,因为用的是同一面墙,且当年这面墙是邻居修的,在修房子的时候,赵明政给了邻居点粮食,算是给人家一点补偿,这是村里的规矩,若是两家共用一堵墙,后来修房子的要给先修房子的一点补偿。两家的门都是朝南开的。赵家南面的邻居有两家,中间隔了一条路,两个大门是相互岔开的。赵家对面的邻居重新修建房屋时,往路上扩建了一点,结果在修建的时候,主家从墙上摔了下来,村里的人就传,不应该这样做,这是老天在惩罚他,所以一般人都不会越界去修建房屋的。

自家的房屋仅归自家的家庭成员使用,外人没经过同意自然不能使用,每天大门看似完全敞开的,一般邻居来赵家的时候,都会先在门口喊一下,或者最多走到院子中央,要是没人答应就走了,不会轻易进屋子里。赵家人到别人家也一样,因为大家心里都清楚,门是敞开的,万一丢了东西,而自己进过人家屋子里,那可是有理也说不清。所以要是借用什么东西,都会等主家在的时候来拿,不会自己就拿了走,这样即使主家不说啥,也会扣上随意拿别人东西的帽子,在村子里传开了自然不好。在赵家人看来,继承是只有属于自家的人才有资格,且女儿没有继承权,因为女儿要嫁给别人,入赘的女婿,入赘后成了自家人就赋予其继承权。

5.拆除重建和修缮

赵家的家庭成员对自家所拥有的房屋很清晰,不会将自己的给别人,也不会走到别人家去,对自家的房屋有很强的心理认同,不允许家庭以外的人侵犯自己家的房子。在大家庭里的一个个小家庭也同样是这样的,小家庭彼此间也非常清楚自家的东西和私人领域。赵香宇和赵仓宇结婚以后,彼此不能轻易进对方房子里的隔间,也就是彼此的卧室,这样会让大家都不舒服,分了家之后就更是这样了,彼此之间都会保持一定的距离。

赵明政在世的时候,家里房子的拆除、重建和修缮都是由他来拿主意,全家人共同参与,每个家庭成员都会做自己力所能及的事来共同完成,比如在后来修西边的那两间屋子的时候,赵香宇和赵仓宇是主要的修建者,家里的女性也没有闲着,除了轮流做饭外,剩下的人也会帮着忙抬土、搬石头等做点能做的事情。赵氏主要是负责看好小孩,总之每个人都为修房贡献着自己的一份力量。后来赵科头结婚的时候,赵香宇为了孩子的婚事又将原来东面的厨房拆了,在那个位置上修建了三间房子,又在南面新建了一个厨房。这次是由赵香宇主持的,修建这个房子所用的费用是赵香宇小家来筹集的,原来大家庭的人也都帮了忙,赵仓宇帮着修,赵家嫁出去的女儿因为自家的事没时间来,就送了些玉米或者其他的粮食,表示自己一份帮忙的心意。

赵家房子的拆除、重建和修缮只需要自家的人决定就好,没有向邻居或者其他人请示,宗族和村庄也不能干涉。赵香宇为赵科头修房子的时候,是和赵氏、赵仓宇商量过的,因为这关系到公共资产,要在原来的院子里再修一处,还要拆除原来的那个厨房,分家后,那个厨房归赵氏所有,他们答应后,这才开始动工,赵香宇也答应要在南面再新盖一个厨房。当然一般情况下,分家后父母兄弟不会再干涉,因为这次涉及公共财产,所以才进行了商量,后来赵仓宇为自己的孩子在外面修房子的时候就没有和别人商量,自己拿的主意,虽然那个时候赵香宇已经去世了,但作为侄子的赵科头也去帮忙修建了。

6.家长拥有支配房屋的所有权

赵家在房屋的买卖、典当、出租、建造等过程中,家长为实际的支配者,这种对于家庭来说的大事,定夺之前都会先和家人商量的。赵明政在世的时候就是他做主,赵明政去世后,就由赵香宇做主,但有时因为赵香宇忙,或者不在,对于一些事情会由赵仓宇来拿主意的,这是在赵家分家之前的情况。分家之后,赵家各小家庭的事情都是由自己的当家人来决定的,若小家庭家长不在家,也是由小家庭里的家庭成员来决定相关事情,其他的小家庭是没有决定权的。如赵香宇去世后,家里的关于房屋的修缮等问题,就有其妻子史成爱和长子赵科头来决定的。对于赵氏和赵满仓的一些事情,有时候决策时难以实施,就会让赵香宇和赵仓宇来帮忙,赵香宇因为去世早,后来主要就是赵仓宇来照应的。若赵家家庭成员出现变动,在家里人商量的前提下,对于房屋空间是可以重新调配的。赵科头长大要结婚的时候,面临着没有房子住,赵香宇就在和赵氏、赵满仓商量下,将原来的厨房拆了,又在那个院子里建了三间屋子。

赵家的祖屋一直有人居住着,没有卖过,在赵家人看来,它作为先人留下来的一份重要的东西,不到万不得已是不可以出卖的。赵家没有买过已经修建好的房屋,都是自己亲手建造的,房屋的买卖不需要请示四邻、家族和保甲长,只需要自己家庭内的成员通过即可。赵家的房屋没有出租或典当过,村里人要是出租和典当房屋,要由当家人来做主,但不需要请示邻居和家族等其他人。赵家房屋的建造都是由当家人来安排的,赵明政在世的时候由他安排,去世之后,就由赵香宇来安排;分家之后,各个小家庭的事就由各自的家长来安排,赵香宇为赵科头修房子就是他来安排的。若是家长外出不在家,对于建房子这种大事情,一般都会等家长在的时候再决定。

7.家庭成员积极参与房屋的管理

对于房屋的买卖、修建和典当等,在赵家人看来这是家里的大事,只有家长能够最终来定,其他的家庭成员只能提一下意见参考,和家长商量一下,但最后的决定还是家长来做的。只要是家里的家庭成员,都可以对房屋的处理提出意见,但每个人的话语权显然不同。赵明政在世的时候,赵氏、赵香宇和赵仓宇的意见他会着重考虑一下,而儿媳妇的建议则参考较少,因为她们嫁过来之后就一直是赵氏作为内当家,没有主过事,对于房屋的事情,也很少参与,只要最后当家人做了决定,一般都听从。对于赵家人来说,无论是分家前还是分家后、大家庭还是小家庭,当家的一直都是男性。同样,对于房屋的事情,如果当家人不在家,一般都会等当家人回来处理,其他成员不会擅自决定的,他们没有这权利,也承担不起相应的责任。

8.房屋产权不可侵犯

"金窝银窝不如自己的狗窝",房屋对于人们而言,是重要的财产之一,特别是对于从外地迁过来的赵家人来讲则更为重视,有了房子才能更好地在当地定居。经过赵家人一代一代的努力,才有了现在房屋的规模。因此,他们会极力维护这一重要的标志,不会容忍别人对自己的侵犯。赵家人为人谦逊,与人为善,几代人都没有和邻居们产生过大的争执,邻居们也都没有做过什么越界的事情。村里也有发生过房屋产权被侵犯,当村民的房屋受到侵占时,首先主人会由维护自己的产权,其次其他的村民都会议论,使得侵占者长时间难以在村里抬头做人,而且总会由有威望的人出来主持公道。赵家人认为,村民们比较团结,相处得也很融洽,无论是自家人、邻居,还是全村的人都处得比较好。当发生房屋被侵占的情况时,家长则要承担主要的责任,因为保护家庭成员、保护自己的财产是家长不可推卸的责任。

9.外界尊重家户房屋产权

赵家的房屋是自己家人一手盖起来的,其他村民都看在眼里,盖房子的钱也都是自己一分一厘积攒的,通过自己奋斗修建的房屋,对其如何处置完全由赵家人自己决定,不会去和其他人商量。其他村民也都承认赵家对自己房屋的所有、买卖、置换和租用的权利。若是村民想要买买赵家的房屋,必须和赵家的家长商量,因为和家里的其他家人商量,他们也拿不定主意。村民们不会轻易地去侵占别人的房屋,也不会强行地去买卖、租用和置换,因为这于情于理都说不通。赵家虽然是从外地迁移来不久,但在这里定居之后,并在这繁衍了好几代,就成了这里的人,所在的村庄也承认他们对自己房屋的所有、买卖和租用,村庄若要买卖、租用或置换,会和赵家的当家人商量的。县级、乡镇级政府也一样,不会强行侵占,都会进行协商的。若房屋遭到侵占,政府会出面主持公道。

(三)生产资料产权

1.农具基本齐全

赵家中基本的农具都有,大型的农具主要有犁、耧、耙、石磨、绕道①、马车,小农具包括锄、镢②、耙、圪铎③、铲、镰刀等,牲口有一头牛和一头驴。每年种庄稼之前首先将地犁一下,两个牲口拉一张犁。那个时候家里用的是单铧犁④,后来家里才添置了双铧犁⑤,双铧犁效率更高,因为它能同时犁两面的地,效率是单铧犁的两倍,在犁的后面一般就拖有一个耙,在犁地的同时,将犁起的大土块碎一下,使土地平整,若还有大土块,就会用专门的圪铎打;耕种的时候,用一个牲口在前面拉着木质的耧,后面专门有人跟着摇耧,然后将种子种下去。摇耧是个技术活,没有经过专门的学习是摇不成的,会摇耧的人主要是腰部用力,两手紧握耧,一趟过去,种的是直的,不是七扭八拐的。一般都是赵香宇和赵仓宇摇耧,妇女一般不会摇。收获的时候,全家人用镰刀割谷子、麦子或豆子,然后赵满仓把割下来的粮食用马车拉到晒场,进行脱粒。粮食少的话,就是直接将其放到袋子里,由赵家的儿媳妇用棒子捶打,多的话就全部铺到地上,就由马拉着滚珠⑥,人牵着马,将粮食碾下来。没有牲口的人家,就是人拉着滚珠碾,碾下来的粮食,再由儿媳妇们用簸箕筛一下,才最终脱粒。一般需要碾三遍,每碾一遍后,翻过来晒晒再碾,晒几天再碾,晒干后就直接拉到家里了。收回来的玉米是家里人手工一粒一粒抠下来的。赵家的石磨放在家门口,磨面或者谷子的时候由牲口拉着上面的石滚珠,家里的妇女跟在后面把粮食扫到中间,好让粮食充分磨碎。

赵家大部分的农具都是通过自家人或请村里的木匠、铁匠来制作的,一般不去市场买,村民家里的农具也基本是制作的。种地常使用的农具赵家都有,一般不去借别人的使用,除非有时候一些农具坏了又着急使用,可能会去借用一下邻居的。赵家养了两头牲口,一头牛和一头驴,驴是后来赵仓宇从市场买来的,平日里都是由家里的妇女和小孩子来照看的。夏天,赵家的小孩子会赶上牲口到地里吃些杂草,或者由史成爱、史薇薇带着孩子到地里割草回来喂。赵家养了十几只鸡,主要是用来下蛋的,然后拿着鸡蛋去换盐。

2.农具归全家人所有

(1)家户所有

赵家的农具、牲畜等生产资料是属于全家人所有的,家庭成员都有份,而不是属于某个人专有。刚开始家里没有犁,是和邻居一起制作的一张犁,制作的时候,双方都出工出料了,后来也一起使用,因为自己家里地方小,所以一直是放在邻居家的,但用的时候都互相用,这个犁是属于两个家庭共有的,几年后因为时间长了犁不能再用了,赵家就单独制作了一张。在家庭中,生产资料不存在个人所有或者小家庭所有。

---

① 绕道:石碾子,因为是绕着圈来蹍,所以方言叫"绕道"。

② 镢:用途类似镐,刨土的一种工具。

③ 圪铎:是一根木棒插在一个铁球上,然后手拿木棒,用下面的铁击碎土块。

④ 单铧犁:指的是只能翻一面的土。

⑤ 双铧犁:又叫"飞机犁",可以一下犁两面的土。

⑥ 滚珠:大的圆柱体石块。

（2）拥有所有权的家户成员范围

对于赵家人而言，生产资料是归所有家庭成员所有的，只要属于这个家的成员，即无论是嫁过来的媳妇还是小孩子，都包括在内。但对于女儿而言，嫁出去之前家里的东西都有其一份，嫁出去之后，女儿就不再属于赵家人了，家里的所有生产资料就不将她计算在内，外出打工的人也都有份。在分家之前，家里的生产资料属于大家庭里的成员所有；分家之后，分给各个小家庭的生产资料，就都属于各个小家庭了。小家庭间就会有意识地分清这是谁家的，虽然对于一些东西会共同使用，但在使用的时候会提前打声招呼，不再像以前那样，归大家所有，可以随便拿用。

（3）家户所有的态度与认知

赵家人认为，粮食是大家共同吃的，庄稼是大家一起种的，土地是大家所有的，生产资料自然也应该归大家所有，而不应该将所有权分配给个人所有，那样难免家人之间会显得生疏些，在一起种地，生产工具却分你我，这样不利于家庭的和谐。在家户所有的意识下，其实像大的农具一般都是由家里的男性用，而且分工也都比较明确。像赵香宇自从学会了摇耧，基本每年播种都是由他来摇耧的。喂牲口割草主要是家里的女性负责的，这种自然的分工，大家也都习以为常，不会在意因为谁喂或者谁用就归谁所有。

3.家长拥有绝对的支配权

（1）家长是生产资料的实际支配者

家长是生产资料的实际支配者。赵明政在世的时候，家里生产资料的购买、维修和借用都是由他做主的。他去世后，由赵香宇来管理家里的这些生产资料，需要添置什么农具，什么农具需要维修，一般都是先和家长说一下，然后再去做，该制作制作、该维修维修、该借用的借用。有时家长不在家，家人若能做主的就先做了，回来再向家长汇报，不能做主的就等家长回来之后再处置，要不然可能会让家长骂一顿。

（2）家长在生产资料购买中的地位和作用

在赵家，家长在生产资料的购买活动中是最终的决定者。若当家人不同意，就不能去购买，不需要告知和请示四邻、家族和保甲长。赵家以前只有一头牛，犁地的时候则需要再借邻居家的使用，后来家里靠平时的卖果子和其他攒了点钱，赵香宇就提议再买一头牲口，这样耕地的时候用着方便，不用再借用邻居家的，平时也可用牲口来拉果子到其他地方卖，这样一次可以两个人，多拉点果子，也能多赚点钱。但赵明政没有同意，他想到赵仓宇要结婚，可能会用钱，就没有答应。因为当家人不同意，赵香宇也知道买不成，也就没再坚持，后来也没再提，毕竟当家人也是为全家人着想。后来等赵仓宇结婚之后，家里攒了点钱才又买了一头驴，赵满仓也常赶着去卖果子。在赵明政去世后，分家之前则主要由赵香宇来做主，家里的购买就主要由赵香宇来决定，家里这些农具的购置主要是男性提出，因为男性使用得多，妇女提出得少。

（3）家长在生产资料维修中的地位和作用

"新三年，旧三年，缝缝补补又三年"。对于赵家人而言，不仅是衣服，农具也是这样的，能维修一下继续使用的，就会维修，不会将坏了的就轻易丢弃。农具维修的工作主要是家里的男性来做的，农具坏了后，赵香宇和赵仓宇基本都能维修，平时赵香宇维修得比较多。除非是大问题或者是实在不会修的话,才会请村里的铁匠或者木匠来修,村子里的人来修时,对于一些容易修的一般也不要钱。对于耗材比较大的问题,都会给修理者钱,有时候因为同村人,碍于面子,修理者不会收,这是赵氏通常会给修理者家送点粮食,表示感谢。修农具一般就不需要经过家长的同意,用得较多的农具比如锄头、镰刀,哪有问题当时就修好了,而像犁、耧、耙这类的大农具,一般每次使用前都会先弄好,坏了一般情况下马上就修好了,或者放几天,也会尽快的修好,方便下次使用,这些很多时候都是由赵香宇负责的。

（4）家长在生产资料借用中的地位和作用

借出情况:对于小型的农具,像锄、镰刀、耙之类的,赵家的成员除了不懂事的小孩子外,都可以借给邻居,而大型的农具,只有赵明政有权利借出,除了当家人,其他人都不敢直接答应,若没有经过当家人的允许就借出,当家人回来后会埋怨。有一次,邻居家来借耧用,当时赵明政不在家,赵香宇没有经过请示就借给邻居了,赵明政回来之后,责骂了几句,就说要等自己回来后再借,也可叮嘱邻居需要注意的事情,因为担心农具被用坏。邻居用完还回来之后,家里人也没看,就放到一边。等到来年自家播种的时候,发现其中一个耧的腿歪了,种子下不去,赵明政就开始责备赵香宇,认为肯定就是他上次借给邻居弄坏的,还回来之后也不看看,但当时没有发现,现在也不好再去找邻居,毕竟大家都乡里乡亲的,所以就只能吃哑巴亏。自那以后,家里这种大型的农具只有当家人在的时候才会借,当家人不在家的时候,家里人没人敢私自借出去。

借入情况:赵家也借用过别人家的农具,家里种地,难免会在关键时候有农具坏了,这时候就需要和别人去借。同样,对于小型农具,家里的成员都可以去借,包括懂事的小孩子,也可以替大人跑腿到邻居家借。但对于大型的农具,一般就是家长出面去借,因为有时候家里其他成员去借的时候,对方也会考虑到对农具的保护情况,所以一般就只有家长出面,才会借,因为这样的话,双方都比较放心。

（5）家长在生产资料共用中的地位和作用

赵家的农具是一件件添置齐全的。刚开始的时候,家里的农具不齐全,和邻居一起用犁,搭伙用牲口。使用时,一般都是两家家长一起商量好,先给谁用,用完之后另一家再用。若赵明政不在家的时候,就会由赵香宇和邻居来商量相关的事情。共用和借用不同,借用可能一般都是家长出面才保证能借到,而共用的话,只要两家商量好就行。因为毕竟是两家共同置办的,都出钱出力了,所以商量就更容易些。对于农村的一些贫困的农户,家里无法置备所有的农具,但要是经常借用别人的又不是一个办法,所以就由几家人合起来买农具,大家共用,比如牲口大家搭伙用,犁、耧、耙等大型的农具分别置备一种,可以放在各个家来保管,用的时候拿出来一起用。

4.家庭成员的使用权

其他的家庭成员对生产资料没有购买权,所有的购买都要经过当家人的同意,赵家除了买牲口外,一般很少直接购买农具,都是自己或请木匠来制作,给木匠点工钱,这样的话比直接买成品要便宜得多。对于借用权,小型的农具可以借用,但一般也要告知家长一声。总的来说借用权也是家长把握的,维修权一般就是赵香宇和赵仓宇就做主维修了,这个一般不需要经过当家人的同意。

5.保护生产资料

赵家的生产资料有被侵占过的情况,不是被人明目张胆地侵占,而是家里的农具曾经被人偷过,也有被人借之后不还的情况存在。因为都是小农具,对于被人偷了的,赵家人也就当时发一下脾气然后找一下,当时找不到的话就不再去找了;对于借了别人不还的,也会碰到熟人问一下,如果都说没有借过的话,也不会专门挨家挨户去询问。有一次史成爱在家,村里有人来借锄头用,对于这种小型农具,家里的成年人都有权力借的,于是就借出去了,但之后就忘了这件事,因为那把锄一直是赵满仓用的,而那几天他正好忙着卖果子,所以也没有发现。后来有一天赵香宇无意中发现家里少了一把锄的时候,已经过去了好多天,赵香宇发现后,史成爱才想起来是自己借出去的,但是只记得借出去了,具体借给了谁,借出去之后是否还了,她也想不起来了。因为这事,赵香宇还数落了她一顿,让她以后长点心,史成爱感觉有点愧疚,也到附近邻居家问了一下,是否用自己家的锄头了,但没有找到,因为毕竟也不值几个钱,所以就是在邻居家问了一下,没有去村里其他家找。

赵家也有丢过农具的情况,有一天晚上农具在晒场上丢的。那天家里人在晒场碾谷子碾到很晚,还没有碾完,晚上回来的时候,因为考虑到第二天还要继续弄,早上一早就要过去,而且当时晒场还有人,就把簸箕和铁叉都放了晒场没有带回来。第二天早上赵氏想着先过去把前一天晚上剩的一点先簸完,结果却找不到簸箕,发现铁叉也不见了,她想可能是家里人带回家了,又专门跑回去一趟,家里人都说没有带回来,这才发现是丢了,又往晒场方向走,到了晒场就开口大骂,史成爱随后就先去邻居家借簸箕使用,见人就说,骂了一路到了晒场,可以说是路人皆知,碰到一些"爱管闲事"的人,也跟着大声吼几下,为赵氏打抱不平和助威,但也不知去哪找,只能怪自己粗心大意,自认倒霉。一年过后,才听有人说是谁谁偷的,就是村里面一个游手好闲、常偷东西的人,但又没有证据,所以也不能就直接肯定是人家干的,但据村民们的说法,应该就是他。在村里面只要不是亲眼看见和当场抓住,之后就不好再去找人家,万一找错了,人家就会说你是故意找茬,无事生非。毕竟在一个村子里面,抬头不见低头见,若是误会了,必然影响两家的和气。

在村子里一般没有明目张胆地去侵占别人的农具,有的是借了不还或者被偷了的,发生这种情况的时候,不是家长直接承担责任,而是会具体到事故原因,具体是因为家里的哪个成员而导致的,家长会对其责骂,当然若是家长的缘故,家里人也会对其抱怨。像村里一般丢了东西后,村民们首先的反应是,家里的妇女会在大街上大吼大叫,恨不得让全村的人都知道,有的男当家人会阻止家里的女人在外面骂,嫌丢人,他们看来本来自家丢了东西就是自己没有本事看好,还让村里所有的人知道,多丢人;但有的男当家会随着妇女在大街上一起骂,然后碰到爱打抱不平的人会过来问缘由,然后也跟着骂几句。像小农具丢失后,家里人就是当时发发火,火气消了之后事也就算过去了,不会再去深究,村长也不会去管。对于大农具的丢失,失主可能会去找找,但一般找不到,也就算了,所以村民们最好的办法就是看好自己的东西。

6.外界对家户生产资料的认可

赵家所在的村庄中,其他人承认赵家对其生产资料的所有权和使用权,村里人不可以随意侵占家里的生产资料,若有侵占,就会受到村里人的谴责和一些权威人士的阻止,所以一般村里要是买卖、借用家里的生产资料,都要和赵家的当家人商量,只有同意后才能达成。县、乡政府也一样,都承认赵家对生产资料的产权所有,不会随意地侵占家里的生产资料,若要买卖或者借用都会和家里的当家人商量的。要是家里的生产资料被外人侵占,首先是自己私下进行协商解决,若解决不了再找村里有威望的人士。若还不能解决就会请村长再出面,村长也解决不了,则就会请县乡政府出面进行维权。生产资料归各家户所有,只有家庭成员才有所有权和使用权,其他人不能随意将其占据和使用,其他村民如果要买卖、借用家里的生产资料,一般都会和当家人商量,小农具的借用和家里的其他家庭成员商量也可以。若由于某些原因家长不同意借用或者买卖,其他村民不能强行买卖、借用家里的生产工具。

(四)生活资料产权

1.仅够食用

1949 年以前,赵家每年收获的粮食都仅够自家当年食用,有时候碰到"歪年景"①,家里的粮食不能够支撑过这一年,就需要向有粮食的普通家庭或者大户人家借用,来年粮食产下来再如数还给人家。每年收获的时候, 赵家将从地里收割的粮食拉到自家的晒场上进行脱粒,晒场离家不远,在家的西南方向,大概有一亩地大。赵家没有水井,全村的村民家都没有水井,都是到村东头去挑水,在那里有一口公共的水井,是全村人共同出钱出力挖的。赵家没有参加过挖井,赵腊丑迁来时,那口井已经存在,村里人也没有排斥过赵家的使用,赵家人也积极参加后来淘井、维修井的活动。家里有磨、碌和碾,磨和碾是赵腊丑置办的,碌是赵明政后来置办的,因为都是平时要用的家具,若不自己置办需要经常和别人借用,用几次都还可以,如果经常借用,赵家人都会不好意思的,所以对于这些农具置办得比较早。桌椅板凳、油盐酱醋也都具备。总之,家里日常使用的东西基本都具备,食用的东西也勉强能够满足家人的基本需要。

2.自家制作

粮食。赵家的粮食都是自家种地收获的, 因为每年收获的粮食基本只能满足每年的需求,所以不会去卖粮食,偶尔略有剩余也不会去卖,而会存下来供来年食用,但一般粮食仅够当年食用,这还需要省着吃。对于赵家每天的一日三餐而言,能吃汤食,一般不会去吃干的,或者只有家里的劳动力吃点干的,家里的妇女都是吃汤的,这样才能坚持一年下来。早上一般都是吃着"米汤和煮疙瘩",煮疙瘩是一种面团,将面和好后,分成一块一块的,然后将其煮到米汤里,面一般都是高粱面、玉米面和豆面,那时候因为种的小麦少,所以白面少;中午一般是吃高粱面条、豆面面条,但都是汤面,男劳动力吃的面条多一点,家里的妇女吃的稀一点;晚上一般都是菜饭,家里常准备着一缸的野菜,有时候是用萝卜和萝卜叶子做的酸菜,在锅里面放些水和面,快熬好的时候,将缸里面的菜放进去就好了。有时候家里的粮食不够吃了,就需要和别人借,借粮的对象是有先后顺序的,一般先和邻居借,没有的话再向其他普通人家借,最后才会向大户人家去借。虽然也没有什么不同,但村民认为大户人家一般都比较坏,担心借的粮食不足称或者其他什么的,来年需要足称奉还。其实很多时候,大户人家只是因为家庭比较富有,房子和地比较多,就被贴上"坏人"的标签。但村子里的大户人家其实还是挺善良的,之所以后来被划为地主,就是因为家里那时的地比较多,但这些都是他们自己

---

① 歪年景:方言,指收成不好的年头。

平时省吃俭用和苦心经营挣钱攒钱然后换来的房子和土地。

盐。村子里没有卖盐的固定地点，平时有人专门挑着箩筐，里面放着盐，走街串巷地卖，隔三差五就会有人在大街上喊着卖盐，赵家有时候就在挑货郎那里买，有时也在赶集的时候，顺便在集市上买。赵家养了十几只鸡，主要是用来下蛋，然后拿这些蛋去换盐，对于赵家而言，鸡蛋可以少吃或者不吃，但盐是必须要吃的，除了用鸡蛋换盐吃外，每次赵满仓出去外面卖果子的时候，回来顺便捎一些。赵家买盐时，一般一次买很多，因为盐一般放不坏，那时候的盐都是粗盐，大块的，买回来后先放着，每次研碎一些，够吃一段时间，吃的时候放这些碎盐，吃完之后再研。

醋。在山西，每个家庭里的醋是少不了的，那个时候的醋都是自己制作的，家家都会做。赵家的醋主要是赵氏做的，其他家庭成员虽然知道大概做的流程，但都没有亲自上手过。做醋用的材料主要有麦子、高粱和玉米，首先用麦子在石磨上磨一下，然后用水将其和成一块，放在布袋里面捂一周。捂酸之后，拿出来分成一块一块用瓜叶子包起来晒干，这就叫做"曲"。晒干之后就可以开始下一步的工作，将高粱、玉米和麦子按相同的比例放在一锅里煮，按赵家的缸来说，一般都是熬四斤麦子，四斤谷子，四斤高粱，煮之后倒进缸里，同时将"曲"也放进去，放五斤"曲"，然后用盖子盖住，每天用木棍搅一下，一百天之后，醋就做成了。家里的醋都比较咸，因为做一次醋要吃够一年，为了防止时间一长，醋放坏了，所以放的盐比较多。

黑酱。赵家在那个时候都不吃酱油，吃的是黑酱，黑酱也是家里自己制作的，这个制作过程简单，史成爱和史薇薇都会做。制作黑酱的原料是放坏了的剩菜剩饭，或者长了毛的馒头，将这些东西都放到一个锅里，加点水，然后在火上煮煮，水煮干后，再加点水，锅里的水煮了几遍后，就可以端下，放在火旁边，让其发酵，也需要时不时地用筷子搅一搅，时间需要持续整个夏天，最后变黑后，就成了黑酱。因为赵家吃黑酱比较少，每次吃饭的时候在大锅里放一点，就会显得很黑，所以不需要做那么多。

油。油也是赵家自己做的，家里没有买过油，制油的原料是北麻，北麻都是自家地里种的，每年在地的一边种一排，收回来之后，将北麻"炒、倒、熬"之后就可以把油炼出来。炒是将北麻先放在锅里在火上炒炒，炒之后再到石磨上磨，磨成粉状后，就放锅里，加上水开始熬，熬完之后，让水沉淀下去，就可将油舀出，油就从北麻中炼出来了。

3.生活资料为家户所有

（1）共同所有，共同享用

家里的生活资料在赵家人看来是家里所有成员共有的，并且共同享用，而非个人所有。因为大家同吃同住同劳动，只是分工不同而已，男性更多地负责地里活，负责到外面卖果子赚钱，女性主要负责做饭、管理家务、照顾孩子和老人。吃饭的时候是大家在同一个锅里食用的，生活资料分不开，自然也就是大家共同享用了。那时候都没得吃，面很少，菜也不多，夏季的时候，赵家的妇女把外面的野菜都采摘回来，腌制七大缸，就基本够一冬天食用了。每次吃饭的时候，往锅里放一些。那时候的白面少，大多都是玉米面和高粱面。吃饭的时候，油也放得少，然后弄些腌制的菜，和些高粱或玉米面倒在锅里面，一锅的"菜饭"就好了。那时候大多是这样吃，配上蒸的窝窝头。窝窝头基本上都是给下地的男性吃，女性更多的就是喝点"菜饭"。

赵家在生活资料方面没有和其他家共同享用的情况，也没有专属于个人或者小家庭的生活资料。在分家之前属于家中的每一个人，包括未成年的儿童，未出嫁的女儿，嫁进来的媳妇等。分家之后，各个小家庭独自支锅做饭，此时各家自己的生活资料就属于各个小家里的每一个人，各个家庭之间有什么好吃的可以相互分享。但总的来说各自的生活资料所有是属于各个小家庭里的所有成员，和其他小家庭没有关系。

（2）全家所有，团结和睦

赵家人认为，生活资料应该属于全家所有，这样更有利于促进全家人的团结和睦。在那个生活资料匮乏的年代，赵家人紧紧团结在一起，挨了一个又一个饥饿的年头。收回来的粮食统一由赵氏管理，做饭大家一块吃，每顿吃什么，做多少，也是由赵氏说了算，儿媳妇们都配合着做。若将粮食分配给个人，但大家还在一块劳动，势必大家都会产生私心，就会导致家庭矛盾，最终不利于家庭共同的生产和生活。

4.当家人在生活资料上总的把控

赵明政作为家长，是家里生活资料的总管理者，但不参加每天具体的生活资料的安排，粮食收到家之后，他就不再管了，由赵氏来安排每天的食物，具体的赵明政也都不过问了。每天回来吃饭就好，因为像家里的粮食、油盐酱醋，除了盐需要花钱买之外，其余的都是自家种的或者自己制作的，具体这些做法当家人一般也不会去操作，都是赵氏来安排和具体做的。借用粮食的时候是当家人出去借的，别人家来自家借粮食的时候也是当家人在的时候才能做主。所以赵明政在生活资料的安排使用上参与的较少，只在总的收入、产出、借用、借出上负责。

5.生活资料的经营和参与

家里的男性除了赵明政对生活资料有一定的管理外，像赵香宇、赵仓宇一般都不会去经营的。每天做饭主要是由赵氏来安排的，在两个孩子未成婚之前，赵氏负责做饭、照看家务和孩子，儿子结婚之后，儿媳妇就是主要负责做饭，赵氏给两个儿媳妇看小孩。家里吃的东西中，粮食是自己种的，菜有萝卜、白菜，土豆，这些也都是自己家种的，油是自己炼的，醋、酱油是自家酿的。碰到歪年景，家里的粮食不够吃时，就需要和外人借，借粮时是由赵明政出面去借的，家里粮食不够吃时，赵氏就会提前和赵明政说，一般只会向别人借粮，不会借菜或者其他的东西。

6.生活资料产权被侵占

家里的粮食、种的菜都有被偷过，但因为都是在地里长着的时候丢了，也看不住，且也不会丢得太多，只能自认倒霉，或者有时候赵氏去地发现东西丢之后，在回来的路上会大声喊一路，说是别人偷了自己的东西，但也就是骂一下出出气。赵家借给别人东西后，一般都会还，有时候碰到没有还的，要是借得少的话，家里人也不会去追究，因为感觉也不值。但若是借的多的话，一般先由赵氏出面去要，如果几天之后对方还没还，赵明政才会出面。村里的人都互相尊重彼此的生活资料的产权，不会随意去侵占别人的东西，像生活资料一般相互借的少，基本都是自给自足，各家也只能顾了自己家。买卖的情况比较少，因为大多是自家制作和种植的，对于醋、油之类的，农民一般也都会制作，不需要再去买别人的，村庄、县、乡政府承认各家对自家生活资料的产权，若要买卖，一般都会和当家人商量。在赵家要是买生活资料，一般都是和赵氏商量。若是家里的生活资料被别人侵占，那么侵占者在村里面难以抬头见人,因为在村子里,即使发生一点小事,全村人都会知道,何况是侵占别人的不良行为,并且家里的大人们还会拿此来教育孩子,告诉小孩子不要像谁谁一样。除了村里的人议论外,村子里有威望的人会站出来主持公道,所以外界对家户生活资料是认可和尊重的,同时还会在一定程度上进行保护。

二、家户经营

(一)生产资料

1.家户劳动力勉强够用

对于赵家人,除了不会干活的小孩子、不能动的老人和有时生病下不了地的年轻人外,其余的情况都要去地里干活。像赵氏和家里的小孩子虽然干不了重活,但在收获的时候可以去地里捡捡谷穗、玉米;在平时的时候可以拔拔草;在耕种的时候可以挡挡牲口之类的,在农忙的时候还可以跑跑腿,到地里送点水,送点饭。赵明政在世的时候,也是每天都扛着锄头到地里,因为年龄原因做得比较慢了,一些太重的活也只能交给儿子们做了,赵香宇和赵仓宇是种地的主力军,大大小小的农活儿,虽然是由赵明政进行安排和决定的,但都是由孩子们来执行的。家里的男性做地里的重活,和外出的一些活,家里的女性除了轮流做饭以外,空闲时间都要去地里干活的,就是在怀孕期间,也还要去地里干些轻点的农活。总之,在赵家人看来,只要有劳动能力的就都要去地的,不管是老人小孩,干不了重活,就做点轻点的活。当然村里的人都是这样的,即使是村里的大户人家,也都要和家里雇用的长工、短工一起去地里干活。在村子里,若是每日不去地,在家闲着,那就会被人说闲话,说游手好闲,不误正事,甚至村子里丢东西之后都会首先被怀疑。只有劳动、干活的人在村民心中才会有好的形象。

像赵家这样的小户人家,家里的地不多,也没有雇长工或者短工的钱,即使碰巧主要劳动力不在,因为有时候赵满仓会在外面卖果子,但只要家里有两个主要的劳动力,再加上家里的女性和孩子,差不多能够干完,偶尔会叫邻居来帮工。对于邻居的帮忙是都要偿还的,在邻居需要的时候,赵家都会出人去帮工,虽然不具体来记录帮了几天工,但大家一般心里都清楚,偶尔赵家的女儿和女婿也会来帮忙,对于女儿和女婿的帮忙一般就不还了,若他们需要的话,会来叫,然后再去帮一下忙。每次需要让人来帮工的时候,都是由赵明政出面去请人,邻居也会会来帮,若是由家里的其他成员去叫,对方可能会不当回事,不来帮忙。当然,找帮工的时候会根据活儿的轻重、多少来决定请谁,若是活多又重会先找自己的亲戚,若亲戚没时间,才会再叫邻居,若活轻又少,则就让邻居帮一下就可以了。有时家里劳动力不够,为了赶农时,家里的所有人就会着急种和着急收,赵家人称其为"忙种忙收"。除了赵家自己的家庭成员以外,没有外人会无缘无故来参加赵家的生产劳动。

2.分工有序

赵家是一个拥有十几口人的家庭,男性、女性比例相当,男性多主外,女性多主内,外边有赵明政总负责,他的三个孩子是地里干活的主力军,再加上几个长大的孙子,家里有赵氏作为内当家,和儿媳妇们共同做饭、为家里大大小小的成员做衣服做鞋,看孩子等,除了这些外也经常会去地干活,因为家里的男性有时候外出卖果子或者干其他事情,这样家里的女性不仅要顾家,也要到地里做点农活。晚上的时候,有时女性就在洋油灯下做衣服,而男性可能在把玉米一粒一粒掰下来,或者喂喂牲口。赵家的孩子,在十二三岁的时候就要去外面放牲口,或者白天到外面割草等。

3.土地基本靠自给

1949年以前,赵家种了十五亩土地,这个数目对于赵家人来说正好,家里的劳动力刚好够用,祖上留了五亩土地,通过开荒得到了几亩,又买了几亩地后,发现再增加土地家里的人就种不了了,所以后来也就没有再开荒和再去买地。因为赵满仓经常会到外面卖果子,家里就会少一个劳动力。家里也没有租种过别人的地和出租过自己家的地。

4.牲口、农具逐渐备至

赵家原来只养了一头牛,平时拉东西,耕种的时候,一头牛就够用了,但犁地的时候需要两个牲口,这时就需要和别人的牲口搭套,平时都是和邻居家的牛搭套一起犁的,因为隔壁邻居家也正好只有一头牛需要和别人家搭套。每年使用的时候都是两家商量好先给谁犁,到时候是赵明政和对方家长商量,一般都是家长商量然后决定的,其他的家庭成员不参与。因为犁地花不了多长时间,所以彼此也不会太过于计较谁先谁后,也没有期限,因为两家地的亩数都差不多,犁的时间也就差不多,给一家都犁完之后再给另一家犁。一家给另一家犁的时候,这家出牲口的同时一般都要出个人,和邻居一起到地里帮邻居犁,犁完之后,同样对方也需要出个人来帮着一块犁,照看一下牲口,每天晚上犁完之后再牵回各家,第二天接着犁就好。出的人不一定非是家长,但要是成年男性,赵家一般就是赵仓宇或赵满仓去,这样的话,既可以保证牲口有人管,如果牲口出了什么状况,也好及时处理,彼此都可以放心。

5.农具自制

赵家的农具都是自己或者找村里会制作农具的人制作的,对于一些简单的农具,赵明政、赵香宇就能够自己制作了,但像犁、耧这样的农具就需要找人来制作。一般都是找认识的人作,一方面工钱少,另一方面制作的农具也耐用,坏了也好找来修理。对于制作者,赵家有时候会付给钱,对于一些不收钱的人,在他们需要帮忙的时候,也会出人进行帮忙,作为报答。有时候找木匠到自家来做农具的时候,会管木匠吃饭,然后最后再给一定的工钱。赵家的农具基本都是找熟悉的人给制作的,没有多少花费。

(二)生产过程

1949年以前,赵家以农业耕作为主,家里除了养了两头牲口用来耕地,养了十几只鸡用来下蛋以外,没有饲养过其他的家畜家禽了。在农闲时,赵满仓会出去卖果子,在冬天担点柴出去卖,或者卖点红果。赵香宇还学过一段时间的木匠和铜匠制锅。农业耕作是家庭粮食的主要来源,十几只鸡下的蛋有的用来换点盐,有的自己吃,卖果子和到外面给别人制锅赚点钱来补贴家里用,或者积攒下来用来置房买地,给孩子们结婚用。

1.农业耕作

赵家种了十几亩地,全部是旱地,一年一般只种一季,在清明和谷雨这两个节气开始种,正所谓"清明前后,种瓜点豆"。秋季收获,在秋分的时候开始。冬天地里不种东西,让地"休旱"[①],土地休息一冬天后,来年春天再接着种。有的地方在冬天会种麦子,但因为气候比较寒冷,麦子长得不好,来年收不了多少粮食。

赵家种植的农作物种类有谷子、玉米、高粱、黑豆、瓜、豆角、萝卜等,大部分的土地是用

---

① 休旱:就是指让土地休息,不耕种任何东西。

来种谷子、玉米和高粱,地里种的豆、瓜比较少。在清明前后的时候先种黑豆、豇豆,过了三月份在地里种"玉茭"①和豆角。种的时候,用锄跱②一个坑,在坑里放两个玉茭种子和一个豆角种子,之所以放两个玉茭种子,是担心长不上来,若两个都上来之后,有一掌高③左右后,就拔掉一棵,若没有长出来还会专门再补两棵,但一般这两棵长不大。豆种一棵,一般不会每个玉米坑里都种了豆角,而是隔一个坑种一个,长不起来也不会再去补了,因为即使补了,豆角也不好成活。跱坑一般都是赵家的男性,而放种子的时候,是让小孩子放,小孩子的手里会提两个袋子,一个里面放着玉米种子,一个里面放着豆角种子。赵家会在玉米地的每行的地头种两粒瓜的种子,长起的瓜秧,扯到玉米地里,让其在玉米地里长,一来长出的瓜不容易被发现,也就不会被丢,二来也可以不占那么多的空间。

赵家有的地是和邻家的地有高地落差的,若在地边种上瓜之后,有时候瓜秧朝下长,就会长到邻居家的地里,有时候因为瓜丢了也会造成互相之间的不愉快,所以一般都让瓜秧朝自己家的地长,除非下面没有地,或者高差比较大,才会任瓜秧朝下长。玉米成熟后,赵家除了做饭的人,其余的人都要来地里收玉米,先把玉米一棒一棒掰下来,之后,再由男性将其担回去或者用牲口拉回去。玉米杆是用镰刀砍下来,放到一块,由家里的男性拉回去喂牲口,剩下的茬,一般都是由家里的男性来一个一个锄的。把玉米弄回去之后,先由女性一串一串绑起来,挂在墙上晒干,冬天的时候都是晚上家人坐在一起把玉米粒脱下来。

种谷子的时候就是用耧将谷子种下去的,每次都是赵香宇来摇耧的,等谷子刚长起来的时候,家里人会去锄小苗,主要是给庄稼松土。锄小苗时,家里的男性、女性都会去锄,小孩子一般不锄,因为锄头比较大,小孩子不好操作。小孩子主要是拔拔草、捡地里的小石子,但十岁以下的孩子在地里主要是方便家长看护,做不做都无所谓。谷子长大后,因为有麻雀会吃,所以一般都会在地里插几根棍子,然后在棍子上套上布,或者用稻草做个稻草人放到地里,吓唬麻雀,当然麻雀刚开始会怕,但一来二去之后就不再怕了。插棍子是赵香宇或者赵仓宇来插的,布是赵家的儿媳妇来缠的,稻草人也是她们来编的,编好之后,由家里的男性扛到地,插到土里。高粱的耕种方法和谷子一样,也是通过耧来种的。收谷子的时候,先把谷穗弄下来装袋子弄回到晒场,晒干后,再用滚珠碾,牲口拉着滚珠,赵满仓牵着牲口来回地碾。女性一般都是在旁边负责将碾出的谷穗扫到滚珠下面,之后,男性用叉先挑一下上面的皮和谷子的杆,女性把谷子扫到一块,男性用木钎扬一下,把皮扬到一边,然后再装袋,剩下的,再由妇女用簸箕筛一下,簸箕就是妇女的工具,男性一般不怎么会用。高粱和谷子的步骤差不多,只是高粱粒脱下来之后,赵明政会把高粱杆做成扫把或者刷具用来刷锅、刷碗。

赵家也种过棉花,等棉花结桃后,赵氏去采摘,摘回来后,先晾晒,晒干之后,有时候用压花机,把棉籽轧出来,但一般都是晚上家里的人坐到一起,一粒一粒拨开取籽,然后把这些花用来纺线、装棉被或者装棉袄里。

家里种植什么,种植多大的面积,赵明政会先和家里人商量,当然最后还是他来做决定的。家里人可以提出意见,比如家里的豆角或瓜种得比较少,赵氏和儿媳妇们就可以提议多

---

① 玉茭:指玉米。

② 跱:方言,挖的意思。

③ 一掌高:大约十厘米。

种点。在种植安排方面,赵家的事不需要告知和请示四邻、家族、保甲长。

（1）犁地

一年的耕作过程主要包括犁地、耕种、除草。在犁地这一环节,因为犁地是两头牲口拉一张单铧犁,双铧犁需要三头牲口来拉,一般的家庭都是用的单铧犁,由两头牲口来拉的。犁地的时候,是先由赵满仓用一头牲口拉上马车,把犁先放到马车上拉到地里,赵明政也会牵另一头牲口到地,然后让两头牲口并排,架好犁后,一般都是赵明政在前面牵着,赵香宇扶着犁,赵仓宇在后面踩着耙,史成爱和史薇薇跟在后面把大点的土块顺便打碎,或者把牲口犁不到的地方用锄头踤一下。赵氏带着小孩子负责捡一下地里的石头,将石头捡到自带的一个小篮子里,捡到一定量的时候,把石头倒在地边,或者地界上。赵家有块地在山坡上,牲口拉车上不去,就是全靠人用锄踤,因为这地一般也比较硬,不好踤,家里的妇女踤不动,主要是由赵香宇和赵仓宇来做的。

（2）种植

在种植的时候,会根据不同的农作物和耕作的面积来采取不同的耕作方式,比如谷子和高粱,因为耕作面积大,种子籽粒小,所以一般采取用耧来种,耕种用一头牲口来拉耧即可。耕种时,赵明政在前面牵牲口,赵香宇在后面摇耧,摇耧虽然不累,但却是个技术活,一般人不会,会摇耧的人,每行种的都比较均匀,而且种下来,一行一行是直的。当然每家每户都要有一个会摇耧的人,因为每年都要种植,不可能每年都去找别人来帮忙。赵满仓负责往耧里倒种子。而对于玉米,因为种子粒比较大,家里的耧不能漏下这么大的种子,都是通过人工用锄踤个戈窝①,然后再放上种子。踤地是家里的男性来踤的,放种子是小孩子放进去即可,放完种子后,再由家里的女性跟在后面把戈窝填了,有墒的时候,不需要浇水,没墒的时候,因为担心种子长不上来,就需要先在戈窝里倒点水,然后再把种子放进去,担水则由家里的男性来担。种豆角和瓜都是和种玉米一样。

（3）除草

除草的时候是家里的男性和女性都要拿锄头去锄,小孩子一般不去,因为锄头比较大不好拿。有时候家里人会给孩子带个"小钩锄",只有 20 厘米长,前面是铁做的类似锄头的工具,比较轻巧,小孩子蹲在地上把草在前面锄一下,大人还要把孩子锄过的再用锄头踤一下,因为锄头不仅是除草还是给苗松土,松土之后,若有雨水,就可以保存住雨水了。这是小苗刚长起来的时候需要"锄小苗",等稍微大了之后,就不再锄了,赵家人开始到地里面薅草②,同时也要"打赤秧",把不是主干的茎拔掉,好让庄稼长,打赤秧一般都是由赵氏来拔的,后来由史成爱、史薇薇来拔,一是因为活比较轻,再者是因为女性比较细心、有耐心,会一棵一棵仔细观察,而男性比较粗心,小孩子又经常分不清主干和赤秧。把拔掉的草和赤秧就直接就扔到地里,一两天太阳就将其晒枯萎了。

（4）收获

赵家在收获的时候,一般家里只剩一个人负责做饭,其余的人都会到地里帮忙,对于谷子、高粱、小麦这些作物需要先割下来,家里的男性一次割得比较宽,赵香宇、赵仓宇、赵满仓

---

① 戈窝:方言,指坑。

② 薅草:方言,指拔草。

一般都是一下割七八列，而女性割四五列，小孩子割两列或者三列。收割的时候，彼此间边谈笑着边干着，将割下来的放成几堆，然后再放在马车上拉到晒场，马车一般都是赵满仓来拉。全部割完、拉完之后，赵氏会带着孩子们把地里散落的一些谷子、高粱，或者小麦捡一下。收玉米的时候，把玉米一棒一棒从玉米杆上掰下来放在袋子里，由牲口拉回来放在院子里，赵氏和儿媳妇们先把玉米一串串绑起来后，由赵满仓挂到墙上，让玉米自然风干。地理的干草、玉米杆，都会用牲口拉回来，放到楼板上，喂牲口的时候，拿下来用铡刀铡了来喂。

（5）平整晒场

赵满仓用马车拉回来的谷子、高粱、小麦都放到晒场，放成"一季"①，等个好天气，然后将谷子铺开，让牲口拉上滚珠碾，要是下雨的话，就一季先放着，当然有时候天气连阴②，就会造成谷子都捂了③，捂了之后就需要先铺开晒几天，再碾。碾的时候一般是赵满仓在前面牵着牲口绕着圈转，赵香宇负责把碾过的挑开，好继续碾。碾下来的谷子放成一堆，由赵明政来扬一下，把里面的谷壳、谷杆之类的过滤出来，扬谷子也是个技术活，不会扬的就不能将谷粒分开，经过扬之后，有的扬不出来的就由赵氏和儿媳妇们用簸箕来簸簸，最后装袋。干草都弄回去用来喂牲口。

（6）施肥

赵家施肥主要是靠家里厕所的粪和牲口棚里牲口的粪。一般都是冬天往地里上粪，担粪的时候，先在厕所里放些水，因为每年都要往地里上粪，家里的茅粪不够，所以每次弄的时候先在厕所里倒些水，然后再往地里担。担粪的时候，赵家的男性一次担三桶，女性担两桶，担到地后洒开，一天担好多担。牲口的粪是用牲口直接拉过去。赵家有一块地，因为是开的荒太贫瘠，就会把土拉到牲口棚里，让牲口踩几天，牲口的粪也都在土上，一段时间之后再把土拉出来放到地里。无论是家里的茅粪还是牲口的粪，因为有限，在里面加水，所以粪的肥力很差。

2.饲养牲畜

养牲口。赵家刚开始的时候家里只养了一头牛，后来又买了一头驴，主要是用来耕地、犁地、拉车、拉粪、拉粮食，和在农闲的时候拉果子到外面卖。一年下来牛也闲不下来，上地的粪也要牛来拉到地里。每天喂牲口两到三次，不干活的时候，一般就两次，天不亮时，赵家的儿媳妇们就要先去喂一次，把槽里放满干草，下午的时候再去喂一次；要是干活的话，早上先喂一次，中午有时候回来喂，晚上再喂。家里的女性喂牲口的次数较多，孩子有时候也去喂，就是把干草放到槽里面，在桶里面舀点水。赵家会让孩子早上出去割草，要是上学的话就放学之后再去割，割回来喂。有时候把家里种的黑豆喂牲口，因为牲口吃上黑豆有力气。家里的男性喂得少，早上起来就准备去地，晚上回来又累了一天，所以女性和孩子们喂得较多。

养鸡。赵家养了十几只鸡，在院子里有一个鸡窝，鸡在院子里面随便跑。每天早上赵氏给鸡拌点鸡食，鸡食就是早上吃了饭的刷锅水，在里面搅点糠，然后喂鸡，一天拌一次，鸡白天

---

① 一季：方言，指一堆。

② 连阴：方言，连续下雨。

③ 捂了：方言，发霉了。

就在院子里、门外跑着,地上有什么东西就吃点。下蛋的时候一般都会回来在鸡窝下,但有时候也会出现"掉蛋",就是鸡在外面的草里面就下蛋了,赵家儿媳妇会去找一下。晚上的时候,鸡会自发地回到鸡窝里睡觉。母鸡下了几年蛋之后,就不再下了,这时候会让母鸡孵出几只小鸡,让小鸡来代替老母鸡,母鸡死后赵家人一般不会吃,直接将其扔到灰堆上①,公鸡死后家里一般就炖了吃,将公鸡的毛拔下来做鸡毛掸子。

3.手工业和副业

赵明政学过木匠、铜匠的手艺,刚开始给别人打过工,后来就仅是给自己家做点东西,家里的桌子、椅子都是他做的。那时候学手艺都是跟着师傅学的,学三年,没有一点工资。赵香宇学手艺是当年赵明政看到家里生活贫困,靠种地难以维持家用,需要学点手艺,就让儿子跟着同村的人学。像铜匠、铁匠、木匠这些手艺都不是祖传的,更没有长子继承这种说法,只要收徒弟都可以教。当然这些手艺都是男性学的,女性学的是纺纱之类的针线活儿。孩子具体学什么手艺,一方面要看家长的想法,另一方面也要看孩子自己的意愿和天赋,若孩子不愿意学或者没有这方面的才能也不行,主要是家里人之间相互商量一下,不需要和邻居,保甲长商量。赵家所在的上寺头村,很多农民都会手艺,有铜匠制锅的,也有铁匠、木匠。那时的村民除了种植粮食外都要学点手艺,或者做点生意才能够更好地养家糊口。村民常说的"称姜呢、卖蒜呢、制锅呢、担担呢",就是形容家家户户都会做点其他的来养家糊口。赵家的所有农具都是自己和村里的铁匠、木匠制作的。

赵明政年轻的时候赶着牲口到外面卖果子,没牲口的时候就担着一担红果走二三十里去卖,后来年龄大了,体力不允许,就出去少了,由赵仓宇和赵满仓到外面卖东西了,冬天到外面卖点红果,捆点柴拉出去卖,或者在柿子、桃子成熟之后,担着或者拉着到端氏②去卖。外出时,一般都是在附近的村子里,一天的往返,远点的早上凌晨四五点、甚至二三点就要出发,晚上很晚才能回来;近点的话,等天亮了再出发,天黑就可以赶回来了。有时候也出去四五天到远处卖。一般就是他们两个人出去,后来赵科头长大了,赵满仓也带着他赶着牲口出去。赵家的女性不出去,因为男性搬东西有劲,而女性留在家里可以做点家务、农活,这些都是自家人决定的。村子里好多农户都有自己家的果园,都是用来卖的,赚点钱好补贴家用,果园都是以各家为单位的,在农闲的时候担上,或者用马车拉出去卖,不需要和其他人商量。

(三)生产结果

1.农业收成仅够糊口

赵家种植的农作物有高粱、谷子、玉米、豆子、小麦。谷子一亩地产一石多,十斗为一石,一斗有二十斤左右;一亩地产二三百斤麦子。那时候因为气候比较冷,小麦长得不好,很多家就不种小麦,赵家也仅种了四亩地的小麦,剩下的地都是一年只种一季,让地"休旱"。玉米的亩产也就二百斤左右,种了两亩玉米地,高粱的亩产一百斤左右,高粱种了五亩,豆角都是在玉米地里的,黑豆是种在所有地的边上,一般种几行,用来喂牲口吃。因为气候比较冷,土地贫瘠且没有肥料,种子质量也比较差等综合原因导致的亩产低。这些亩产一般情况下,雨水

---

① 灰堆上:方言,指垃圾堆。
② 端氏:地名。

充足能够多产点,但赶上连旱就产得更少了,一般情况下,不同年份的收成变动不是太大。这里都是旱地,靠天吃饭,没有水渠用来浇水。每年在庄稼开花结果实的时候,若雨水来得不及时,就会影响这一年的收成。

赵家的收成归家里所有人所有,是由赵明政和赵氏统一管理和支配的,在家庭成员中,家长比其他成员更加关心粮食的收成,因为在赵家看来,家长是要为一家人的温饱负责。当然,家里人除了小孩子以外,无论是每天在地里干活的男性,还是每天做饭的女性都会关心粮食的收成。每年的收成也基本能熬下这一年来,只不过每顿吃的量不一样,要是收成多点的话,这一年可能会多吃点干的,如果收成比较少的话,为了能够保证这一年里能够有吃的,只能多吃点稀的,可以多吃几顿,支撑下这一年。当然如果碰到歪年景,收的粮食可能会很少,那么即使是每顿都是稀饭也难以维持下这一年的食用,这时候就需要和别人借粮食来度过这一年,来年新粮食下来再还给人家。一般每年都不会有剩余的粮食,即使有也是很少,他们会攒下来等来年吃,不会卖。1949年前,家里的收成基本能够满足家庭的需要,但早晚都是稀饭,中午有时能吃干饭。

2.家畜饲养减消费

赵家养了十几只鸡,这些鸡都不是用来卖的,而是用来下蛋的,下的蛋可以拿去换盐等生活用品,减少家庭的支出;蛋平时家里可以吃,客人来了也可以招待客人,在春节等节日的时候也会杀鸡来改善一下伙食,一般都是吃公鸡,草鸡①一般不吃,即使是死了也不会去吃,而是直接扔到灰堆里。所以家里喂着鸡,一方面可以用来换东西,另一方面可以用来自家吃,不用去买鸡蛋。村子里几乎家家户户都养了鸡,养其他家畜的少。

3.副业收入缓困难

赵香宇从事过一段时间的木匠和铜匠,给别人修修房子、做做家具,或者给人制锅,因为都是业余的,他主要还是和赵明政一起种地,所以一年下来做木匠、铜匠活儿有限,但也可以为家里的收入增加一点。赵仓宇在农闲时间会出去卖果木,一年下来,比赵香宇赚得多点。他们赚回来的钱是属于全家的,都要交给赵明政统一管理和支配。

三、家户分配

(一)家长组织分配

赵家在进行家庭的分配时,是以自家的家户为分配主体,不由宗族、村庄进行分配,各家户的收成和收益各家管理,不会统一交到村庄来重新分配。在分家之前,整个家户的分配是在大家庭中进行的,赵明政和赵氏是家里的组织分配者,但赵氏的权力更大,因为大部分的分配都是吃的、用的,而这些她比较熟悉。每次分配之后,若孩子们有不满意的也可以和家长提建议,但一般情况下,大家基本没有意见,因为在分配的时候,赵氏已经根据大家的实际情况进行了分配,不会有太大出入。在大家庭分配时,赵家不是按照各个小家庭为单位的,而是按照男性、女性、小孩子来分配的。比如做鞋,因为家里的男性在地里或者在外面跑得多,一年所穿的鞋就比较多,分给家里的成年男性的鞋为四双;而女性因为在家里待的时间比较多,所以穿的鞋也少,一年有两双;家里的小孩子也一样,调皮的男孩子分的鞋可能会多一双,对

---

① 草鸡:方言,指母鸡。

于女孩子可能分得少。分家之后就是在各个小家庭内进行分配。因为收的粮食、收入都是自己小家庭进行保管的，单独吃住的赵氏也就不会参与他们的分配了。

在分家之前，赵明政去世后，家里的分配就是由赵香宇组织的，因为那时他是家里的家长，但主要的分配还是由赵氏来进行，分配有什么意见大家都可以反映，都会商量着来处理的。因为家里的财产是属于所有的家庭成员的，其他的成员有一定的知情权和反映意见的权利，但有意见后都要和当家人商量，自己不能擅自决定。在大家庭的分配中，因为是按照男性、女性、小孩子来分配的，就没有按照小家庭来分配，因此所在的各个小家庭中是没有其他的分配的。当然家户分配时，赵家的邻居、家族、保甲长是不会介入自己家的分配的。若出现邻居、家族、保甲长介入家户分配时，一般是有两种原因：一是家户主动请他们介入的，让他们做个公证人，为了分配得更加公平；另一个原因是这些主体被迫介入的，因为有一些家户在每年的分配中会大打出手，大家为了平息争吵而介入的，当然这种情况在赵家没有发生过。

（二）农业收入的分配

赵家每年的农业收入，都仅是粮食收入，金钱收入较少。赵家吃大锅饭，粮食的分配主要体现在每天的饮食上，饭准备得多少、稀稠也是按照男性、女性和小孩子来分配的。每次吃饭时，先是家里的男性和孩子吃，男性和孩子吃完后，再由女性来吃。如果吃的是面条，面的量是有限的，男性和孩子吃完后，锅里剩的面就很少了，这时一般会在面里加些自家腌制的菜，和汤搅到一起，家里的女性喝汤面。如果家里喝汤的话，男性一般都会有窝窝头配着吃，女性一般没有。

赵家没有租种过别人的地，也没有将自己的地租出去过。每年都会交公粮，交公粮都是由当家人亲自去交的。刚开始是由专门的人到家里来收，后来是自己用牲口拉到东沟①去交。交得公粮会根据地的产量来交的，地的产量是之前统一定过的，产量高交得多，产量低就交得少，每年交得都差不多，公粮是强制交的。赵明政在世的时候都是由他亲自去交的，他去世后，就由赵香宇负责去交。家里的女性一般不管交公粮的事情，在她们眼里这就是家里男性的事，和她们没有关系。她们也就不需要管。

（三）家庭手工业、副业收入的分配

赵香宇是学木匠的，每年会有给别人修房子、做家具之类的活，有时候是收钱的，有时候是换工的，比如给别人做了门窗，别人正好会做农具，就会让其做个家里用的农具。现今收入回来都交给了赵明政，由他统一管理和支配。赵满仓和赵仓宇在农闲的时候会在外面卖果子，果园是自家的，采摘下来之后，担着或者用牲口拉着到附近的村子里去卖，卖回来的钱也会如数都交给当家人，进行统一管理。当家里需要添置什么东西，或者修房的时候，都需要钱了，就需要由当家人来负责添置、修缮。无论是谁挣回来的钱，都会交给当家人管理。

（四）家庭私房钱地的分配

1.私房地

赵家没有私房地，土地属于家庭所有成员所有，大家共同耕种，共同收获，没有独自个人的私房地，嫁过来的媳妇没有，嫁出去的女儿也没有陪嫁过土地。但村子里有的人有，如赵海

---

① 东沟：地名。

会家,嫁过来的媳妇有自己的私房地,这块地是娘家陪送过来的,就直接算在媳妇名下了,耕种的时候还是他们一大家子一起耕种。

2.私房钱

对于赵家而言,个人同样没有私房钱,一是本来家里就没有多少赚钱的源头,一年下来也没有几个钱。再者,家里挣的点钱也都全部交给大家庭的家长了,自己没有私房钱,媳妇陪嫁过来的时候不会陪嫁钱。史成爱当年嫁过来的时候,娘家只陪嫁了一个小梳妆台,没有钱。即使有钱的话,之后也需要交给当家人统一进行管理和支配,需要什么向当家人要即可,但在那个时代一般都是自己自足,也不需要去买什么东西。吃饭是在一个锅里,统一进行分配的,衣服也是赵氏和儿媳妇一起做给全家人穿的。家里的农具是统一置办的,所以家里几乎没有自己需要花钱的地方。

(五)衣物按需分配

赵家的衣服全都是自家做的,冬天的棉袄也是自家在地里种了一块棉花,用来做冬天的棉袄、棉被和棉鞋。对于衣物,赵家和普通家庭一样,是"新三年、旧三年,缝缝补补又三年",所以一件衣服可以穿很多年,哥哥穿了弟弟穿,姐姐穿了妹妹穿,实在不能穿的衣服,用来做小孩子的尿布。对于赵家人而言,身上的衣服基本都是有补丁的,破了就补补,实在是不能再补了,才会重新做新的。鞋也是基本每个人三双鞋,在地里干活的男性可能比较坏得快,一般都是四双。家里的衣服是由赵氏和儿媳妇共同做的,一起做大人衣服、小孩子的衣服、鞋等,但赵氏有时候因为要看孩子,所以更多的是儿媳妇来做的。赵氏是家里衣物的支配者,按照成年男性、女性和小孩来分配。若平时缝补衣服则就是由小家庭里的人来缝补,赵明政的就是由赵氏来缝补。赵满仓是光棍,他的衣服破了,大多也是由赵氏来缝补的,她要是忙不过来,史成爱和史薇薇也会帮忙缝补。衣服穿破了,家里的女性不会受到责骂,缝补一下就好,因为当时的布的质量确实不好,而且都要干农活,衣服就更容易破了。

做衣服的布都是从集市上买的,是赵氏统一进行买的,缝衣服的线有的是买的,也有的是自家用棉花捻的线。买布时,赵氏带着儿媳妇们去市场买,那时候一个人一年穿不了两尺布。布都是粗布,被子和衣服都是一种布,一般都是蓝色或者黑色的,上面也没有其他印花之类的东西。当时有钱的人家也会将布染一下,染成各种颜色的,但赵家没有染过。

(六)家里零花钱的分配

在大家庭里,大家同吃同住,当家人统一管理钱财,赵香宇做木匠赚的钱、赵仓宇和赵满仓去外面卖果子赚的钱,回家后都要交给家长,家里添置东西的时候由家长购买,小东西则可以让家庭其他成员去买,所有家庭成员都没有私房钱。

那时候因为吃的是家里种的东西,酱油、醋这些都是家里制作的,盐是用鸡蛋换的,吃的基本就不花钱,穿的衣服是由赵氏带着儿媳妇到集市上一起买的布和线,棉花也是自家种的,买回布和线之后,由家里的女性来制作。穿的鞋也一样,鞋底是好多层布用麻绳一针一针纳好的。衣服和鞋的原料是统一买的,成品是家里的女性制作而成的,也不需要零花钱。赵明政和赵香宇都抽烟,抽的烟也是自己家种的烟叶,摘下来晒干后,上火炒炒,然后研碎,放到烟袋里抽。赵明政用的烟袋是木头烟袋,是自己做的,在那时候也有铜烟袋,是铜匠打的,也有灰蒿①烟袋,就是用灰蒿的根部,从中间穿透了,就能当做烟袋来用。所以烟和烟袋一般也不用买。小孩子顶多就是买个糖,也不买什么,在过年的时候会给孩子点压岁钱,孩子在外面买点吃的和玩的。

(七)其他家庭成员在分配中的地位

家里的其他家庭成员在私房钱、私房地、衣物、食物、零用钱、缴纳赋税等分配活动中没有支配地位,可以提出自己的一些意见,但不能擅自决定。赵家人都没有私房钱、私房地,一般也没有零花钱,在食物的分配上已经达成共识,成年男性因为在地里干的活多,吃的干饭比较多,而家里的女性更多的时候是喝的汤;衣物上也一样,男性干的体力活多比较费衣服,妇女在家不怎么费。那时候主要是求温饱,妇女谈不上化妆。缴纳公粮时,妇女一般就不会过问这些事,家里的男性负责搬运,主要是当家人去交税。

(八)统筹分配

赵家对家里的食物、衣物、财产的分配都是由家长来分配的,其他的家庭成员没有支配权,只有提意见的权利,但不能擅自做决定。家长在分配的时候会照顾到家里所有人的需要,不会偏心,会考虑到各种影响因素,让大家觉得公平。在自家产品分配的时候,是先对食物进行分配的,其他的放在后面,因为人要先填饱肚子,才有力气说其他,所以有时候碰到歪年景的时候,家里衣物,即使有的破得不成样子了,这年也不会再去买布,可能会将赚来的钱去买点粮食。每次在打下粮食之后,都要先留够所交的税,然后再对自己家要吃的进行分配,按赵明政说的话是,国家惹不起,所以先要交了税,更不会去抗税。

在家里分配的时候不是平均分配的,因为大家的活不一样,消耗的体力不一样,自然男性就需要吃得多,衣服也破得快,而女性在家较多,所以女性吃得较少,穿得也少,粮食不够吃的时候,也是会优先给家里的男性吃。家里人没有什么特权,都是根据实际情况来具体分配的,没有什么额外的分配,赵明政喜欢抽烟,烟都是自己种的,也没有花钱去买。

(九)"按需"分配

赵家的分配都是"按需"分配的,不是按照大家庭里的小家庭来分的,可能是因为人口比较少,可以直接将其看成一个家庭,家里的男性在外干活多,在吃穿方面需要得多,就给多吃点、多穿点。而家里的女性做的重体力活少,就少吃点,衣服就少换点,当然粮食、衣物都是自家自给自足的。对于这样的分配结果,其他的家庭成员没有反对,家里的女性也没有反对,认为男人们在外干活,就应该多吃点,吃好点。每年的分配结果都一样,不会有大的调整,可能收获好的时候,大家就都多吃点,而收获少时,就只能都少吃点了。

四、家户消费

(一)自给自足

在 1949 年以前,赵家的经济情况是家里有 15 口人,种了 15 亩地,自家的劳动力基本能够耕种这些土地,家里的土地没有出租过,也没有租种过别人的土地。赵家在村子里的经济状况属于中等水平,无论是人口还是家里的财富都属于一个中小户人家。在土地改革运动的时候划的成分是中农。每年的收支基本持衡,收入主要是粮食收入,除粮食收入以外,赵香宇

---

① 灰蒿:一种植物。

在外做木匠有点收入和赵满仓在外卖果子有点收入,还有就是家里养的十几只鸡下的蛋。花销主要就是打点洋油,买点布,让别人打制农具的时候,给人家点工钱。穿的衣服和鞋,是用买回来的布由家里的妇女缝制的。当时因为气候等原因,小麦产量少,主要是吃高粱和玉米,将其磨成面后吃,白面一年也就逢年过节的时候能吃上一顿,一年下来也就吃个几斤,其余的就主要是粗粮。住房方面,就一直在家里的那些房子住,人口增加,在那块地方就修一所房子,没有在其他的地方再修过。

一般情况下,家里的收入基本能够维持消费,但有时也会碰到歪年景,家里的粮食不够吃,这时所有的家庭成员就要节衣缩食,每天少吃点,才能多支撑几顿,家里实在没有东西吃了,就由赵明政出面和那些大户人家借点粮食,家里的其他成员出面去借,借家不会轻易地借出。因为在歪年景,普通的农户都没有粮食可吃,只有村子里的大户人家有存粮,向他们借点,来年再还,不借钱,只借粮。赵家人没有逃过荒,靠借粮、吃树根、树皮等,在家里硬是扛了过来。村子里有的人家外出逃荒,到陕西那边逃了几年,逃荒到那些地方的人主要是靠给别人打零工,来混口饭吃,后来听说家乡这边歪年景过去之后,才都回来,有的人逃了足足三四年,在逃荒的时候,每天足以走五六十千米。在赵家的自给过程中,所有能劳动的家庭成员都要参与其中,家长在其中起支配和指导作用,家里的其他成员积极配合,共同为家里的生产贡献自己的一份力量。

(二)家长支配所有费用

赵家的消费是以家户为主体的,家户作为一个整体,是最基本的消费单位,家户的所有消费都是由家长来进行支配的,包括家里吃的粮食、做衣物需要购买的布料、家里修房子、各种人情消费、红白喜事消费、医疗消费以及家里男性的教育消费等,这些都是由赵明政和赵氏来主导的。家里的其他家庭成员若有消费需求需向家长反映,然后由家长来决定。赵家的消费情况、是否消费、如何消费都不需要和邻居、宗族和村庄来商量,是由赵明政和赵氏来决定的。在赵家每个人一般没有什么消费,因为个人所需要满足的必需的消费即吃穿住用行,都在家户集体的消费中已经满足,对于特殊的消费,如赵明政抽烟,也是家里自己地里种的烟叶,然后回来自制。在那个时候,因为家里没有钱,家里的一些东西,能够自己满足也就不会去买了。所有的消费都是由家户自己来承担的。

在粮食、食物和衣物方面的消费,主要是内当家赵氏来统一安排的,赵明政过问得较少。赵氏安排儿媳妇们做饭、制衣。家里在外面干活的男性吃的和穿的都比女性多,若是衣服不能穿了,家里的成员可以和赵氏反映,赵氏会到集市上采购布,安排儿媳妇们缝制。在住房方面则主要是由赵明政决定的,什么时候修房,房子让谁住,家里的儿子们可以提意见,他也会考虑的。

(三)医疗消费,老人为主

赵家的医疗消费所占的比例很小,平时所见的小病就是害伤寒①、害隔落②、害发腰。对于平时伤寒之类的病,轻的话就是硬熬过去,或者多喝点水就过去了;若是病情有点重的话,如严重感冒时,若是变天的原因,家里的儿媳妇会专门熬点红果片水来喝。红果片是前一年将

---

① 伤寒:主要指感冒、发烧。
② 隔落:方言,手指头处。

红果切成片后,晒干而成的,据说这可以下火并且可以治一定的感冒,这对于上火引起的感冒非常有用,见效快,但有时候的感冒是由于受凉或感染病毒等引起的,则喝了也不管用。像冬天感冒或者发烧的话,家里都会熬些萝卜片水来喝,在水里煮一些萝卜片和葱,让患者在晚上睡觉的时候喝上,然后捂上盖地①睡一觉,第二天早上,烧就退了。最迟,感冒一周之后也就好了。所以对于感冒,赵家人不会专门去找医生来看。对于害隔落,人们手指头处经常发痒,有时候抓破了,就容易生脓,人们一般就是在地里找点艾草,回来研碎了之后,涂抹在痒的地方。

赵家的年轻人一般得个小病,不会专门去找医生来看。对于刚出生到几岁的小孩子而言,家里人一般也不会去找医生,就是找村里面会推拿的一位老人过来给推一下②,这个不给钱,偶尔由赵氏去给老人送点东西,以表示感谢,但老人一般也不会收下的。赵家的老人得病后,因为老人体虚,不好扛,所以会请医生来看一下。赵明政就是最后得了"舌头腚",没有人能够治了,最后因此去世了。当时家里的人也都去找医生,村子里的医生治不了就到大阳③找医生来治,大阳的医生治不了,赵香宇又用牛车拉着他到县里面去看,但都没有治好,回来之后就只能自己忍受着痛苦,最后去世了。赵香宇后来因为不能吃饭也去世了,应该是胃有问题,也是在附近治不了,而家里也没有钱,所以也不能到其他的地方去看,最后也因病去世了。因此,赵家的医疗消费主要是对于这些大病,小病都是自己来扛的,得了小病之后,在分家之前也主要是自己的小家庭来照顾的,赵明政和赵满仓得病后由赵氏来照顾,自家由自己家的人来照顾,赵香宇有时候感冒后,就由史成爱来照顾,给他盖上被子,然后拿着棍子在背上捶,或者有时候让小孩子在背上踩,这样好使身体出汗,出了汗之后,感冒就容易好,同时烧也容易退。分家之后就更是小家庭照顾小家庭人口了,但对于赵氏,因为和赵满仓在一起,她生病之后,有时候赵满仓照顾不过来,就是由儿媳妇轮流负责照看。

家长作为家里的老者,干了一辈子的体力活更容易生病,因此家里的医疗消费主要是用在老人身上。当然,是否花钱请医生看病,主要是家长根据家里人病情的大小来决定的,没有男女、长幼和老少的区别,只是相对于年龄而言,老人更容易得大病,年轻人正处于身体的好时期,所以一般也不会得大病,若是年轻人得了大病,家长也会带到医院进行治疗。因为家里的其他成员经历得少,一般都是按照家长的要求来做的,家长决定是否到医院进行治疗,患者和家里的其他成员也可以提意见,家长也会认真考虑的。在赵家的医疗活动中,一般不告知和请示四邻、家族和保甲长,主要由家庭成员自己商量,家长最终决定的。

(四)人情消费

对于在农村这个熟人社会中,人情消费是不可避免的,但亲戚朋友之间互相拜访,一年下来,人情消费也用不了多少,因为更多的是,你给我拿过来看看我,我再给你还回去瞧瞧你,算是回礼。一年中主要是逢年过节的时候,大家走动得多,平时彼此之间也走动得比较少。赵家所在的上寺头村一般都是送面和点心,面就是高粱面或者玉米面,点心也是用高粱或者玉米面蒸出来的。即使家里穷也少不了人情消费,碰到歪年景没有吃的话,就象征性地

---

① 盖地:方言,被子。

② 推一下:方言,就是按一下穴位。

③ 大阳:地名。

少弄点就好,因为最后都会送回来的。走亲戚时,到哪家拿什么东西、拿多少,都是由赵氏来决定的,家里的其他成员只需按照赵氏准备好的东西去送就好,他们一般不管拿什么和拿多少,也不和四邻、家族和保甲长进行商量,时间长了,基本到哪家亲戚,拿的东西和数量也基本就定下来了,每年基本如此。

1.母亲去看出嫁的女儿

赵氏每年都会去看一下自己三个出嫁的女儿,除了一个女儿嫁到本村以外,另外的两个女儿都嫁到了外村,每年会去看两次,一次是端午节的时候,一次是女儿所在村子赶庙会的时候会去,去的时候也都是蒸点馒头,带过去,有时候在女儿家住几天,有时候当天就回来了。儿媳妇的母亲也会在端午节和村里赶庙会的时候过来,来的时候也同样是带点馒头,一般不在这里住,当天来当天就回去了,附近村子里的习俗都差不多。

2.媳妇回娘家

赵家媳妇回娘家的次数也不多,一般是在过年的时候回家拜年、在娘家赶庙会的时候,和清明的时候回娘家上坟,这三个主要的节日是都要回去的,剩下的就是在农闲的时候可能会回去看看,但也很少,因为自己的一家子都需要自己来照顾,吃的、穿的,每天也比较忙,对于农村人,地里的活和家务活是永远也做不完的,只要你想去做,所以每天都很忙的。在节日的时候,史成爱和史薇薇都会带上蒸好的馒头去,拿的数量都是赵氏安排好的,当然和村里的大多数人一样,这些节日赵家出嫁的女儿也都要回来。如果在平时,她们回娘家是要和赵氏提前说一下,并且和姗娌说好了,因为家里的饭要保证有人做,商量好之后就可以回了。平时回娘家的时候不用专门带馒头,家里有什么菜,或者玉米什么的也可以带点过去,提前和赵氏说一下就好,赵氏也是通情达理之人,儿媳妇回娘家一般都不会空着手过去的,因为好不容易去一趟,若是空着手,总感觉不好意思。

(五)红白喜事消费

1.喜事费用

一个人一生经历三个重要的日子,一个是做满月,在出生百天的时候举办;一个是开锁,在13岁或者15岁的时候举办;一个是结婚。赵家孩子的这些日子,都由赵明政来包办的,办事所需要的一切经费都由家长来承担,家里的其他成员配合家长的安排。费用主要是办宴席的费用,在办事那天请邻居、亲戚过来做客,摆好几桌酒席来招待,一般是赵明政出面告知四邻、亲戚和本家的。当然,所吃的东西大部分是自己家里的,买的东西不是太多。

2.丧葬费用

给老年人办丧事所产生的费用,是由家里的儿子均摊的,若是女儿家里富足的话,有的女儿也会出一部分,但大多数是只有儿子均摊的。赵明政去世时,就主要是赵香宇和赵仓宇来均摊的,赵满仓因为是光棍,也没有什么好营生,出的钱比较少。赵家的几个女儿的家里也是仅够糊口,所以她们没有出钱。

对于红白喜事,不同家户的排场不一样,家里条件好的话可以多做点,家里条件不好的话就只能少做点,但程序是都要必须走的,该请客的还是要请客,该送礼的也要送礼。

(六)教育经费

1949年以前,上寺头村有一所学校,就在村中心的一个位置。那时候上学都需要给老师交钱,村里面只有一个老师,只要是这里的学生就都在一个教室里面,不分年级的。那时候没有什么数学、科学之类的课,就是老师教读《三字经》《百家姓》《千字文》这些,学生们就是跟着读,然后背。一般都是冬天才会去上学,其他时间家里人都会让孩子干活,不让其去学校。像家里富足的家庭可能会请老师到家里讲,然后管老师饭,在上寺头村只有大户人家有这个条件,其他的家庭都没有。赵家只有男性去读过书,女性都没怎么读过,赵落凤去学了几天,就不去了,之后还是什么也不认识。赵香宇和赵满仓都去过学校,赵香宇读过两年,赵满仓只读了一年多,学费都是由赵明政来出的,赵家的女儿都没有读过书,对于赵明政的孙子辈,赵科头、赵落凤等都去过学校,女孩子去的时间短,最后都没有去。因为家里上学的孩子不多,上的时间也不长,因此在教育上没有花多少钱。

教育经费是赵明政负责的,他负责给孩子们交学费,家里的其他成员没有决定权,有意见的话可以向他反映。要让谁上学,不让谁上学,读多长时间,一方面最后都是赵明政决定的,另一方面也要看孩子们自己的意愿,如果孩子真的不想去读,或者不好好学习,就不再去了,因为大多数人家的孩子都不怎么读书。

五、家户借贷

(一)借贷的基本情况

赵家曾经向别人家借过钱,向亲戚借过也向村里面的大户人家借过。在家里修房子的时候,因为随着家里人口的增多,原来的房子挤不下了,所以就想着再盖一座房子,而家里的积蓄又不够就只能和别人先借点钱来修。借钱主要是赵明政去借的,通过和亲戚朋友东拼西凑点,但又实在不够,就再到大户人家那里借点,和朋友亲戚借钱,大家都是记着就好,等有钱了就如数还给了人家,不会专门写字据,有时候若借的钱多的话,可能会在借钱的时候找一个证明人在场,用来证明借了多少钱,还的时候如数还就好,没有额外的利息。借钱不还的人很少,因为大家都清楚"好借好还,再借不难",谁也不知道自己遇到什么事情,而子子孙孙要在这里生存,自然应该给孩子们留后路,不能把事情做绝;另一方面来说,对于那些口碑不好的人,人们自然就不会借给他们。和大户人家借钱的时候会找一个村里的人作为公证人,同时还要写一个欠条,说明借了多少钱,什么时候还。因为都是在一个村子里,所谓的"地主"也不是什么恶霸之类的,只是家里富足了点,所以也不会强行的收取利息之类的,到时候如数还上即可。

像这种为了家里应急,修房子、操办红白喜事这些事情更容易借,而对于为了孩子上学,一是家里就没有那个意识,因为吃都是问题,怎么会去借钱给孩子上学,上学作为可有可无的事,有钱了就去学几天,没钱的话就在家待着。再一个如果是为了让孩子上学去借钱,人们一般也不会借。赌博输钱,人们就更不会去借了,因为人们明白这是一个无底洞,永远填不满的,赵家大女儿的女婿就是因为迷上赌博,最终导致家庭破产。那时他向赵家人借钱,赵家就没有借给他一分一厘,首先赵家本来家庭就不富裕,再者对于赌博而言,赵家人明白这是填不满的坑,也就不会去借。

相对于借钱,赵家人借粮更多,因为借粮更加容易些,遇到歪年景,家里的粮食不够吃,就借些过来,借家也不会担心不还,因为地里长着粮食,来年产下来就会如数奉还。此外,一般不遇到什么大事,人们借钱也没什么用,能够填饱肚子就好。

(二)家长借贷与责任

赵家的借贷情况都是以家户作为基本的借贷单位,是以自己的一个家庭为单位的,没有以几家人作为一个单位去借钱或粮,更没有以村庄为单位。对于赵家而言,没有和其他家共同借贷的情况。借贷时是家长作为家里的代表去借贷的,小家庭一般没有单独的借贷,因为在分家之前,都是由大家庭的家长来负责和支配借贷的,但在特殊的情况下,两个儿子作为两个小家庭里的家长,也可以出去和自己的朋友借。和大户人家借,都是大家庭的当家人去借的,小家庭不会去,大户人家也不会借给他们,因为他们清楚在分家之前只有家长才能更好地承担起相应的责任。所以在赵家的借贷情况中,一般都是由赵明政去借贷的,他作为当家人是实际的支配者,对于向大户人家借贷,都要家长本人去借的,家长不可以委托家里的其他人进行借贷,除非特殊情况,如赵明政在家生病的时候,而家里没有钱给他看病,就只能出去借钱。这时候借钱,就是赵香宇出去借,家里的其他人不会去。

每次遇事家里需要借钱的时候,家里人也会商量商量,和谁借、借多少,其他的家庭成员可以提意见。但对于这些事情,家里的女性是不参与的,只有家里的男性会参与这些事情,因为像这些大事情在妇女看来就应该都是男人的事情,和女人没有关系。因此,赵家每次遇到需要借钱的时候,其实就是家里的男性商量一下,赵氏最多在一旁提一下意见,儿媳妇们一般不参与,小孩子就更没有参与的权利了。在赵香宇提议修房子的时候,而家里的钱不够,他就会和赵明政商量,去哪里借钱、借多少,而不会擅自决定,也不能擅自决定。赵氏或者家里的妇女在做饭的过程中发现家里的粮食不够用的话就会和家里男性说,然后由家里的男性商量,最终由家长出面去借。

家长出面借贷,家长就是借贷之后的第一责任人,虽然借贷是代表全家人进行的,全家人需要共同承担,但家长是第一责任人,当然其他的家庭成员也有责任还贷,家庭之外的人没有责任还贷。若有时候赵明政不在家,或者后来由于身体的原因,不方便去借,这个事情就由赵香宇来做,也就是长子来出面借贷。因为赵家的财产是统一管理的,所以不存在家里成员具体谁应该还多少的情况,还的时候统一还。

(三)还贷情况

1.家长出面

对于还贷的情况,因为借钱或借粮的时候是由赵明政出面去借的,还的时候也应该是家长出面去还。若借的是粮食的话,一般情况下就是来年新粮食产下来就如数还给了人家,不会再往后拖,等借家来要就不好了,因为那样会使自家的信誉打折,若再遇到灾荒去借,就不好再借到了。借家也会考虑对方的人品,要是每次不按时偿还,那么一两次之后,借家就不会再借给他了。赵家还粮的时候,都是一次性就都还给了人家,不会先考虑粮食够不够自家这一年吃,若是粮食打得少,不够这一年吃了,那等吃完了,再出去借就好,一般不会说是先给人家一部分,因为只有这样做,才能够"好借好还,再借不难"。还的时候由赵明政扛着或者用马车拉上给人家送到家里。村里的还粮情况,一般是借的什么就还什么,除非自己家里没有种,或者这类粮食产得特别少的话,那就用等价的东西去还也是可以的,借家不会在这方面难为对方。若是借钱的话,一般就是以钱还,除非实在是没有钱,那么就把粮食按价格折算下来还给人家。借的钱多的时候,家里无法一次性还清,可以分批还完,这个到时候可以和借家商量,双方达成协议即可。有时候因为没钱不能及时还,这时候对方的家长就会过来要,当然也是找当家人要。有时自己一时赚不了那么多去还，就如赵明政当时得病的时候，家里人和外人借了钱，一时还不上，可以用工偿还，通过给借家打一定时间的工来抵消债务。赵家没有用地去抵，也没有去卖牲口来还，就是当时赵香宇去给人家打工。

2.父债子偿

赵明政得病时所借的钱就是由赵香宇、赵仓宇、赵满仓他们兄弟三人来偿还的，家里的女儿没有替父亲还债的义务和责任。因为当时借的钱比较多，而家里的收入又比较少，所以后来赵明政去世后，除了还了借家一部分的钱之后，兄弟三人还轮流给对方打了一段时间的工，以工来补偿。"父债子偿"是传统，如果父亲去世了，债务就会自然落到儿子身上，不管已经分了家没有，都由儿子们均摊偿还。若是儿子不替父亲还债，就会背上不孝顺的骂名，村里的人也会对其指指点点，他们也不好再和外人借钱。若是和借家熟识的话，且借的钱比较少，借家可能会因此就不让还了，但这样的毕竟是少数，一般都是要偿还的。

3.夫债妻偿

赵家不存在夫债妻偿的情况，是由儿子们还的，村里其他人家存在这样的情况，对于这样的人家，一般是由于父亲去世得早，儿子们还小，没有偿还的能力，所以只有妻子偿还，若借款人与家庭熟识，在金额不大的情况下，借款人可能出于同情心不再要了，这大多是在"夫债妻偿"的条件下出现的。丈夫去世后，借款人出于同情妻子就可能放弃所欠的款。有的是因为妻子还不了，就由丈夫的几个兄弟帮助偿还，金额小的话，就直接帮助还了。

六、家户交换

（一）交换单位

1.家庭交换

平时赵家和其他的家户进行交换时，一般都是在食物方面的交换，如用玉米面换高粱面，用高粱面换白面，等等，这些交换主要是由赵氏来安排的，邻居、亲戚、朋友之间互相交换就可以，不需要告知或请示四邻、家族、保甲长。交换时一般是和平时关系好的家户交换，所以很少会出现被拒绝的状况，只有对方也需要这方面的交换，或者说交换之后对彼此都没有任何的损失，那么交换就能够成功，邻里间、朋友间、亲戚间，谁都有互相需要的时候，所以只要条件允许，一般都会同意的。当然如果由于某些情况而不能交换时，这时赵氏就会拿到另外一家去交换，不会因此而忌恨对方，因为都是建立在等价交换的基础上的，对方没有或者由于其他原因，也是能够原谅的，一般不存在故意不交换的情况。

赵家在集市交易的时候，主要是用鸡蛋来换盐，或者换点其他的什么东西，这些同样由赵氏来决定的，不需要告知或请示四邻、家族、保甲长。赵家的儿子、儿媳妇都能够对家里所需要的东西提出自己的意见，但是不能够擅自决定，先和赵氏说一下原因，在一般情况下若孩子们说得有理，赵氏也会听取，不会一意孤行的。

2.不存在家内的小家交换

在赵家没有分家之前，小家庭内的一切开支都是由家长来决定的，所以在消费方面是作为一个整体来共同消费的，各个小家庭没有单独的经济活动，衣食住行都是统一安排的，因此就不存在家内的小家庭交换的情况。在村里有的家户中，虽然儿子们都没有分家，但是都有私房钱、私有财产,在这样的情况下,几个儿子、儿媳间就可以进行小家庭间的交换,但交换的东西都是各自私有的东西,不会拿大家庭里的东西交换。

(二)交换主体

在交换的过程中,交换的主体是根据交换物品的贵重程度来决定的。

1.当家人交换

在赵家的交换活动中,大的交换如土地的交换,就只能当家人来交换,其他的家庭成员是没有这些权利的。赵明政就是实际支配者,如果赵明政不在,这些大事一般就不会发生,只有当家人回来之后再进行,小的事情可以由内当家来作主。在赵明政得病期间,赵香宇代理当家的那段时间,他不能够私自进行交换,也需要先和赵明政说一声,和赵氏、赵仓宇商量一下,才能够最终拿出主意来决定。

2.当家人委托交换

当家人委托交换的东西一般不是太重要的,但又比平时的小事情重要,如在大型农具的交换使用过程中,有时候赵明政不在家,家里无论是内当家还是其他成员都是可以委托的,家长委托之后,交换若是出现了什么问题,赵明政也不会去追究其他家庭成员的责任,其他家庭成员也因为受家长的委托,也就敢于去交换了。

3.其他家庭成员交换

家里的其他家庭成员一般不去交换的,因为对于重大的交换是由当家人来进行的,而对于家里的小交换是由内当家赵氏来管的,其他的家庭成员一般不管相关的交换。有时候需要交换什么东西时,会和家长们反映一下,然后家长就会去交换。当然,对于特别小的交换使用,其他家庭成员是有权力的,不需要等家长在家,借出去后,只要回来和家长说一声,知道是和谁交换的就好,因为一般交换双方都是平时熟悉的人,不会出现和不熟悉的人交换的情况,即使出了问题也不会造成太大的损失。

(三)交换场所

1.集市是主要的交换场所

赵家需要购置物品的时候,基本上是在集市上进行。一般由内当家赵氏和集市打交道,有时候也会委托家里的人去交换。赵家一般去下村的集市,有时候去大阳,大阳的集市是每逢九有集,也就是一个月有三次,每个月的初九、十九和二十九。每次到外面赶集需要大半天时间,早上吃完饭去,过了中午回来,有时候在集市上吃点东西,有时候就是等回到了家里再吃。

2.流动商贩

在平时,会经常有流动的商贩来村子里卖东西,在村子中一路吆喝,村民们若有需要的就会出来看看,有的是用钱来买的,有的可以来换,如用鸡蛋换盐,或者换糖等。有时候若是不想跑那么远到集市上,就会在路过的小商贩手里买点东西,无论是用东西换还有用钱来买,也都差不多。

3.庙会规模小

刚开始时庙会一年一次,庙会上所卖的东西也比较少,不仅是本村,邻村赶庙会的时候,家里人都会出去转转,逛逛集市,有需要的就换点,没有的话就看看。

(四)交换过程

1.在集市或者和商贩的交换

在平时的交换过程中,无论是在集市上还是在流动商贩那里交换时,赵家人都会先了解一下当下的行情,不会立即交换,有一来一往的商议相互的交换比例。在集市上,会货比三家,然后再交换。在商贩交换时,也会货比三家,因为商贩平时来得也比较多。当然也不是必须和商家问价,有时候村里面的人是在哪里交换得实惠,或者在哪里交换后感觉自己吃亏了,大家互相一说就都知道了。

2.和熟人之间的交换

赵家在和熟人交换的时候,一般就是根据当下的行情来交换的,有时候彼此间谁吃点亏,或者谁捡拾便宜了,彼此也不会太过于计较,赵家在家户之间交换的时候,会优先和熟人交换,偶尔会有一点便宜占。赵家在集市上交换的时候,也会选择认识的人交换,因为这样的话,一般也不会吃了亏,彼此都会比较真诚地交换。

3.无经纪交易

赵家所在的上寺头村也有经纪。有一些村民有时会将粮食等物卖给一些粮贩子、菜贩子,粮食由贩子来村里收,村里专门有人负责倒买倒卖的,赵家因为每年的粮食仅够自己吃,所以没有和这些贩子有过什么交往。

4.重量心中有数

赵家每次在交易时,一般都要先在家里称一下重量,好心里有数;或者说对于一些熟人,即使被骗后,为了顾及大家的脸面不会指出来,但自己也心里清楚,日后便不再和这家进行更多交易了。对于一些大宗买卖更是会多次进行称量,确定没有问题之后才会再去交易。

5.赊账、还账

在买卖的过程中,难免会有赊账的情况,但一般都是认识的人之间才会赊账,当然也只会赊一两次,对于一些不认识的人,商家是不会轻易赊账的。赊账的时候一般由家长出面,其他的家庭成员除非得到家长的允许,否则是不敢赊账的,没有经过家长的允许赊账,回来家长是要被责骂的。当然不是一家的当家人,商铺也不会轻易赊账的,担心到时候家里人不认账,不仅要不回钱,还会得罪人。

第三章　家户社会制度

"父母之命,媒妁之言"是赵家的真实写照,赵家儿女的婚事都是赵明政和赵氏一手操办的。在赵家人眼中,结婚的首要目的就是传宗接代、养儿防老,因此有重男轻女的观念,并在养育的过程中都能够体现出这种不平等的观念。令赵家比较遗憾的是,没有给赵满仓娶上媳妇,但后来通过过继赵香宇的儿子让他后继有人,赵家没有过抱养和买卖孩子的事情。在赡养方面,赵明政是由儿子们共同赡养的,他去世后,没过几年赵家分了家,赵氏是诸子轮流赡养的方式,女儿没有赡养的责任和义务,外界对赵家的赡养都比较认可,赵家在对内和对外关系方面都处得比较和谐。

一、家户婚配

(一)家户婚姻状况

1.一子未婚

赵家除了赵满仓是打了一辈子的光棍以外,其余的都已成家,三个女儿,赵香宇和赵仓宇及赵科头到了成婚的年龄也成了婚。孩子们到了一定的年龄后,父母亲就会为孩子找媒婆说媒,那时候村里的媒婆多,和媒婆说过后,媒婆就会给你物色,看看哪家的闺女比较合适,然后就和女方家庭去谈。若是双方家长都同意的话,就可成婚,若是有一方的家长不愿意,那么媒婆就会再换下一家,媒婆说媒的范围在方圆好多村子里的。当然,媒婆在找结婚对象的时候也会特别地在意门当户对,因为这样的媒更容易说成,双方的家长会比较容易达成协议。若一个是大家闺秀,一个是穷家户的小子,则基本说不成,媒人也不会去白费这些力气。一般情况下都是大户人家和大户人家的,大户和中小户的基本没有,而中小户的人家没有明显的界限,都差不多,一样都是一年的粮食只够一年吃,只要双方的口碑都差不多的话,就有可能说成,不会去计较是中户还是小户。

赵家的两个成婚的孩子中,两个儿媳妇都不是本村的人,但都距离得不远。赵香宇的媳妇是成庄村的,上寺头村离成庄有8千米。赵仓宇的媳妇是史村的,距上寺头村有6千米,与赵落凤同辈的人,嫁娶的人也都是附近村里的。赵科头的妻子是上村的,赵落凤嫁到中村了,赵落根后来娶的媳妇是下村的。孩子们的媳妇都是在附近找的,一是因为孩子都是在家里,就是到外面做生意,也是在附近的村子里来回跑的,没有出过远门,二是因为当时都是由家里的长辈来主婚的,孩子们没有权利,父母和媒婆说好后就可以成婚。在成婚前,双方是没有见过面的,也就是说要娶的对方是什么样子都不知道,不知道对方的脸上有没有长麻子。

赵家让媒人给赵满仓说了几家后都没有合适的,同时赵明政得了病,家里人都忙着给当家人看病,随着赵满仓年龄越来越大就耽搁了,没有找上合适的,家里人也就没有再说过了。

2.家庭成员结婚年龄

赵家的小女儿是从小就做了别人的童养媳,另外两个女儿在 15 岁的时候嫁了人。赵香宇是在 16 岁时结的婚,史成爱比他小一岁。赵仓宇是在 18 岁的时候结的婚,史薇薇比他小两岁。

(二)婚前准备

1.父母主婚

在那个时候都是由父母主婚的,孩子到了结婚年龄的时候,先是父母来张罗的,父母通过媒人引荐合适的人,若双方家长同意即可成婚,一般不和孩子商量,儿子本人不同意也不行,结婚的事就由双方父母来决定,不会去请示四邻、家族和保甲长。因为那时候就是当家父母说了算数,儿子们不敢反抗,若有意见,当家人就会说:"等你扛着铲把我埋了,才轮到你做决定。"意思就是说只要父母当一天家,孩子就必须听当家的话。孩子的结婚主要是父母来操办的,双方家长会见一下面谈一下,两个小孩是不见面的,只有当天结婚的时候才会见面。赵家的儿女的婚事都是由赵明政和赵氏来主持的,对于赵科头结婚的时候,同样是赵香宇夫妇主的婚。那时候因为赵明政已经去世了,而赵氏年龄也大了,不再能管那么多事了,所以就是父母主的婚。赵仓宇孩子结婚的时候,已经分家了,就由赵仓宇夫妇主婚。给孩子找到结婚对象时,当家人会和赵氏商量一下,但仅是参考一下她的意见,不会起决定性的作用。

赵家儿子结婚办的婚礼也是赵明政夫妇一手操办的,除了儿子的朋友是儿子自己通知以外,家里的所有亲戚都是由他们通知的,婚礼当天的酒席的安排,客人的接待也都是由家长安排的,根据亲戚、朋友的人数来估算需要多少桌,用多少食材。其他的亲戚、邻居、朋友就是在结婚当天过来参加婚礼,对于当事人的婚姻就是由父母安排和主导的。

2.婚配标准

门当户对,一直是不变的真理,这也是婚姻能否成功、夫妻能否和好相处相伴一生的一个重要的前提。媒人自然会秉持着这样的原则,来为未婚男女配对。赵家对自己的儿媳妇的要求是,首先会做家务、会做针线活、为人贤惠、能生育子女,最后一条也是一个重要的要求,那时候结婚的一个重要的目的就是能够传宗接代,特别是对于赵家从外面迁过来的,想在当地繁衍壮大。赵科头娶的第一个妻子就是因为不会生育而离婚了,后来又找了一个。对于长相没有太高的要求,长得一般就可以,口碑要不错,起码没有做败坏德行的事情,孝顺公婆,一般的家庭条件就可以。那时候除了极个别的大户人家外,其他的家庭条件都差不多,这也是那时候大多数家户对自家儿媳妇的要求。那时人们穿的衣服都是家里做的,所以会裁缝也是很重要的条件。

赵家对于女婿的要求是对方首先人品要好、为人老实忠厚、勤劳能干,不能是不务正业、好酒、赌博的,家里条件一般就行。女性对男性的要求较少,对于本人只要是为人老实,积极上进,对于家庭只要家里有地就行。那时候因为家里没有吃的,后来女儿找对象的理想都是找管事务的和保管,用老人的话说是"不嫁工,不嫁干,只嫁事务和保管",就是说女儿不会去嫁给工人,也不会去找干部,而追求的目标是嫁给管事务和保管的,当然这只是人们所倡导的女儿嫁人的理想。

3.婚姻态度

在赵家,无论是对于家长还是对于儿子,结婚最主要的目的是为了生儿育女、传宗接代,结婚更多的是为了家庭,而不是为了追求个人的幸福和爱情。对于大户而言,通过结婚来扩大自己的家庭势力,结婚更是两个家族的事情。对于赵家,因为在这仅仅生活了四代人,所以对于赵明政来说,传宗接代是最重要的事情。那时候没有自由恋爱,也没有自由恋爱的土壤,因为赵家的儿子很少和其他的女性来往,也就不会和其他女性恋爱,赵家的人都是由父母主婚,媒人介绍的,没有自由恋爱。

4.兄长优先的婚配原则

赵家对于儿子的结婚是按照长幼顺序,长者先结婚,幼者后结婚,因为那时候是父母主婚,所以父母会按照长幼的顺序给孩子说媒,也就不存在老二已经找上了,而老大还没有找的情况,除非有特殊情况,比如老大是自身存在某方面的缺陷,不好找。赵家同样是遵从长幼的顺序来进行婚配的。若不是按照长幼顺序来给孩子娶妻,村里的人也都会说闲话。但是儿子娶妻和闺女嫁人不存在冲突,也就是若大哥没有娶妻,小妹是可以嫁人的,只要有媒人说了媒,有合适的就可以先嫁女儿。赵家的二女儿比赵仓宇小,但是先是二女儿嫁出去之后,他才结的婚,这并不冲突。

(三)婚配的具体过程

1.婚前聘礼

赵家两个儿子娶妻的聘礼都一样,都是给了对方五斗米,四身衣服。那个时候家里都比较穷,聘礼也不多,女儿出嫁的时候,都是陪嫁几身衣服,几个女儿陪嫁的也差不多。对于聘礼,家户经济水平不同聘礼也不一样,家里富足的聘礼相对多点,家户贫穷点的聘礼就少。结婚之前会有定亲,媒人给双方说好后,若双方都比较满意,双方家长就会见面商量,都同意后,然后选一个日子就举行婚礼,定亲之后到结婚那天,两家不走动,一直到了结婚那天,才会走动。一般情况下,同意之后的婚姻就不能毁婚,若在结婚之前发生了什么变动,某一方不愿意的话,也可以毁婚,双方家长同意即可。但彼此都冒着被别人说闲话的风险。

2.婚礼的谋划

婚配中,赵家结婚的方案都是由赵明政制定出来的,没有婚帖,而是由家里人口头告知亲戚、朋友、邻居一声,帮忙也是由亲戚、朋友和邻居来帮忙的,办事当天会摆酒席,因为人比较多,一般会占用邻居家的屋子用来坐客,由亲戚朋友邻居帮着摆桌子、端饭,专门请大师傅①来做饭,在院子里修一个火炉来放大锅。近点的亲戚全家人都会来参加,远点的就只由家长一人来参加即可。对于酒席,同样是家里经济条件好的人家会办得比较丰盛,经济条件一般的人家办得比较一般,但这些程序是都要走的。赵家经济情况一般,所以婚礼搞得也不大不小,儿媳妇是坐轿来的。除了家长是婚礼的总安排外,家里的其他成员都各有各的事,为婚礼尽自己的一份义务。

(四)其他的婚配形式

1.鲜有娶"小老婆"

娶大、小老婆,即娶两个老婆的家户很少,大老婆是正妻、小老婆是妾,只有大户人家,经济条件好的情况下才会有纳妾的可能,一般的家庭都是只有一个老婆。赵家是一个经济水平一般的家庭,无论是赵明政、赵香宇这辈人还是下一辈的没有纳妾。赵家所在的上寺头村,纳

---

① 师傅:方言,厨师。

妾的人也屈指可数。因为大部分的人养活一个老婆都困难,更不用说纳妾了。

2.童养媳

童养媳在当地常有,主要是对于一些经济条件不好的人家,家里养不起孩子,就会把女孩从小送到别人家做童养媳,这样能换几斗米来吃。赵家的小女儿就是从小给了人家做童养媳,当时给了两斗米。没有文书,也没有任何字据。因为正好赶上歪年景,家里没有吃的,于是赵明政和赵氏商量后就决定把女儿给了别人做童养媳,女儿在对方家里从小就被要求给人家做苦活、累活,也只能任劳任怨,为的是能够填饱肚子活下来。婚后就不再像一个打工的人一样,地位有所提升,不再是所有的活都让她做,且得到了家里人的认可,但是和正常娶的媳妇的地位还是有差别的。

3.改嫁

赵家没有改嫁的情况,即使赵明政和赵香宇都是先于妻子去世了,但赵氏和史成爱都没有改嫁。因为当时年龄都比较大了,家里的孩子也多,一是不好再改嫁,找不到合适的,再一个原因是若改嫁过去的人家对自己的孩子好不好也很难说。所以一般情况下,若是自己能够生存下去都不会改嫁。当然村子里存在改嫁的情况,改嫁的原因主要是丈夫去世得早,然后自己一个人难以为生,这个时候会嫁给另一个人;如果年龄稍微小一点,自己带的孩子也不多的情况下,更容易再嫁出去,改嫁的对象也更多的是二婚的,可能是因为其妻子去世或者离婚的。改嫁一般需要找媒人,媒人掌握的信息比较多,可以介绍一下,找媒人有时候就是媳妇自己找,有时候也会是开明的公公、婆婆给找。改嫁就是搭伙过日子,不会写契约,也没有什么聘礼,不会举办婚礼,也就不会通知和请示四邻、家族和保甲长。妇女改嫁所在的夫家不会给任何东西,若是带着孩子,则由第二任丈夫共同抚养。赵科头娶的第一任妻子,因为一直没有生养,后来离婚了。

4.招女婿

赵家有三个男孩子,没有被招女婿的,小女儿做了童养媳,其他女儿都嫁出去了。村子里的其他家户也基本没有招过女婿,因为村子有这样的说法,招女婿对自家以后的发展不利,所以一般家户不会去招女婿,让外人来继承自己的家产。若没有儿子的话,更多的是会过继一个,只有女孩子的家庭更愿意过继而不会采用招女婿的方式,因为过继来的都是和自己有血缘关系的人,而女婿是和自家非亲非故的。若是大家庭中没有合适的孩子过继过来,要招女婿,那么首先要过亲戚、本家这一关。老人所说的"人活九十九,不敢动老舅爷家的一只狗",就是说老舅爷不好斗,招女婿就更是这样,自家是不能轻易地去招上门女婿,需要和本家、亲戚商量,只有他们都同意了,这事才能被允许,否则的话,亲戚、本家就会从中阻拦,事情也就办不成。入赘对于男方没有什么要求,只要男方为人勤恳踏实,外人对其没有不好的口碑就可以。

(五)婚配终止

1.休妻

赵家曾经休过妻,是赵科头娶第一任妻子时,因为不生育而离婚。因为赵家在当地后代少,最希望能够有子嗣继续继承下去,虽然第一任妻子为妻贤惠,勤恳顾家,但就因为一直没有生养,后来彼此的关系就不是太好,家里人也催促让其离婚,也就是休妻。后来又通过媒人介绍娶了第二任,才有了生养。休妻是家里人提出的,主要是赵氏和史成爱提出,赵香宇做的决定,因为赵科头的第一个妻子嫁过来三年多都没有孩子,家里人就考虑让他们离婚,家长首先提出来的,赵科头也认为应该给家里添子嗣,又迫于家庭的压力,最终和妻子离婚了。休妻只要家里人决定就好,不需要请示保甲长或族长。当时就由赵科头写休书,写明原因、日期,然后妻子就走了,后来听说又改嫁到其他村子了。休妻的人好少,若是有离婚的,更多是双方都已经有离婚的意向,而不仅是丈夫单方面的意愿,但在那时的风俗是,即使双方都有离婚的意愿,也需要丈夫通过休书来宣布。

2.守寡

赵家有丧夫的人,在赵家的大家庭中,赵明政和赵香宇都曾因病去世,赵氏和史成爱后来就都成了寡妇。赵明政去世的时候,家里的孩子都长大成婚,并且也都有了孙子,除赵满仓是光棍以外。赵香宇去世的时候,家里两个女儿已出嫁,一个儿子成婚了,并已经从原来的大家庭中分了出来。赵香宇去世后,家里的东西就归史成爱和两个孩子所有,史成爱和自己已成婚的孩子住在一块,带着自己还没有长大的三个孩子一起生活,她没有再回娘家,拖家带口地回去也不方便,因为年龄也比较大了,同时自己家还有这么多的孩子,史成爱也就没有想过改嫁。虽然已经分家,赵香宇也去世了,史成爱还像以前一样,继续和赵氏保持着原来一样的关系,有时候遇到大事的时候,也会找赵仓宇来帮忙,他也尽心去帮助。史成爱也承担着很多男人应该承担的事情,后来为弟弟说媒结婚,为自己的姐姐找婆家。那时候若是因丧夫守寡,改嫁不改嫁,一方面要看公婆的意愿,有的公婆会劝儿媳改嫁,有的会让儿媳待在家里。孩子多的话,一般丧夫之后就会继续在婆家里生活,不会回娘家也不会再改嫁;若是没有孩子的话,改嫁的可能性比较大。

二、家户生育

(一)生育基本情况

1.穷生穷养

赵明政生育了三个儿子、三个女儿。赵香宇这一辈有三个兄弟,赵香宇是老大,家里有两个儿子四个女儿;老二赵仓宇家里有两个儿子,曾还生过一个女儿,生下来一年多,因病夭折了,然后就扔到沟里面去了。在村子里面夭折的小孩子不埋葬,就直接扔到沟里面,被狼或者什么动物给吃了。老三赵满仓打了一辈子的光棍,无子嗣。赵家从人口数量来看,当时在村子里是属于中户家庭,人口数量不上不下,家里虽穷,除了一个孩子因为得病夭折外,孩子也都养活下来,家里没有因为没有粮食吃或者什么而丢弃或者溺婴的情况。村子里有在歪年景因为没有吃的,而又不忍心饿死,就直接把孩子推到沟里面了。有的因为家里养活不了,也有直接给人的,换来一两斗米。那时候也不是人们在穷的情况下非要生孩子,很多时候因为避孕措施有限,只要怀上了就只能把孩子生下来了。赵家没有出现过未婚先孕的情况,那时候一般也没有未婚先孕的女子,因为女子长大后,家里人一般不让女子和男子来往,若女子和男子在一块就会有村里的人说闲话,若是有未婚先孕的,村里的人更加会有闲话。

2.倾向生男孩

在赵家看来,结婚最重要的目的就是为了生子,为了传宗接代,这是赵腊丑带着两个孩子在这里安家后的一个重要的愿望,希望在这里能够将自己的血脉传承下去。所以生男孩就是家庭成员的使命,若家里的女人没有生孩子,就像赵科头的第一任妻子一样,最后就会选择离婚,然后再娶一个。多生男孩子除了传宗接代以外,也可以增多劳动力,更好地进行农业生产。当然有的妇女生了十几个孩子,主要还和当时没有什么避孕措施有关,只要怀上孩子了就一定会生。赵明政有三个儿子,赵香宇有两个儿子,赵仓宇也有两个儿子,儿子长大了就是家里的劳动力。

那时候人们重男轻女的思想比较重,一心就是想多生儿子,若前几胎没有儿子就会选择继续生育,若没有生育,家里经济一般的可能就会离婚后再找一个,家里条件好的可能会再娶个小妾,就为生孩子。孩子多了,家里的"门事"也硬,不容易被外人欺负。再一个原因是那时候经常有孩子夭折,所以也会多生两个,防止只生一个孩子,因生病或者其他原因过世。赵家倾向于多生,在赵家眼里,每对夫妇最少生五个才算满意,最好有三个男孩、两个女儿。那时候没有什么避孕措施,所以孩子多少和家里贫富没有太大的关系,当然富裕的家庭更能养活起,而贫困的家庭,因养活不了有的会送人,有的会卖,甚至直接丢弃。

(二)生育过程

赵家的儿媳们在怀孕的前几个月还是要照常干活的,需要去地里的就要去,轮流到做饭了就要继续做饭,家里要缝制衣服了也照常做,随着临产的接近,慢慢会做轻点的活,当然也会继续干活,不会说是就在家里躺着。饮食也和平时的一样,不会有什么特殊的照顾。赵家的儿媳妇生孩子都是在自己家里生的。生孩子那天,当儿媳妇肚子开始疼了,这时赵氏会跑着去找产婆过来接生,村子里就有接生婆,生孩子的前些天,赵氏会提前和产婆说一声,要生的时候跑过去叫一下。生孩子的时候是坐在干草上,上面铺了几张草纸浸血,有的没有草纸的话,就是下面铲几铲炉灰,在上面铺上干草。产婆接生完之后就回家了,当时不给产婆任何东西,做满月的时候会通知产婆过来吃酒席,并且会给产婆送烧馍、饸饹①和馒头等吃的。生完孩子的一个月里会让孕妇多喝米汤、吃小米饭,一来是因为那个时候家里产的谷子多,二来是因为人们认为小米养人,对大人好。生完孩子之后不能多吃油,吃的菜都是清水煮过一样,多吃油怕母亲没有奶水。妇女生完孩子休息一个月后就要和其他家人一样干活,继续轮流做饭,下地。但在坐月子这一个月期间,不会让她下地,只做点家里轻点的家务活,不会有专门人照顾,不舒服的话,妯娌和婆婆都会来照顾。那时候一般家庭都想要几个孩子,生太多也不行,对于一般家庭来说是养活不了的,但由于医疗条件的限制,很多时候不是自己能够把控得了的,只要怀上了就要生,所以会出现把自己的孩子给了别人和丢弃孩子的情况,因为家里实在是养不活。

(三)生育仪式

1.拜"地神",做小满月

拜"地神"是在孩子出生后第三天,要专门去拜家里的各位"老爷",在赵家主要是赵氏负责拜一下,在生孩子一个月后,会有一个小满月,小满月主要也是拜老爷。

2.过大满月,过百天

生育之后会有过满月,过满月没有具体的时间,有过一个月举办的,也过两个月或者到了一百天才举办的。赵家的儿子、孙子过满月的时候,他们会请邻居、亲戚、本家来做客。家里女人生完孩子之后,外面的人是不能随便进去孩子所住的屋,只有满月之后才允许外面的

---

① 饸饹:面条的一种。

人进去。赵家在过满月当天，家里会蒸有各种形状的馒头，其中会蒸有羊形状的馒头。早上的时候，赵氏会端着这些馒头围着婴儿转几圈，未来求个吉利。亲戚、本家来的时候都会带礼物过来，是用篮子提着几斤面过来，送过来后，办满月的人要给亲戚家回礼，是回一半的面，然后再送两对点心，是在馒头的正中心部位点了一个红点，所以叫"点心"。收一半的面表示礼物收到了，再还人家两对点心，表示也不能让人家空着手回，所以回了人家一半面之后，还要再给人家两对点心。做满月的目的就是告知家里的亲戚、朋友，自家又添人丁，举办满月庆祝一下；同时也表示孩子渡过难关，祝愿新生儿健康成长。

过百天时，要"离骚窝"，是指小婴儿在家里吃喝拉撒，家里会有一股味道，母亲和婴儿在家里待了那么长的时间，要出去换换空气了，一百天之后赵家的儿媳妇就会去娘家住一段时间，住多少时间没有规定，有的住个十天，有的住半个月、一个月都有，史成爱和史薇薇都是生第一个孩子的时候回去住的时间长，生后面几胎的时候都住的时间比较短。

给孩子起名都是由父母来起的，生了之后才起的名字，没有学名，小名就是家里常叫的"妞妞""屎蛋儿"等。赵家不是大户人家，所以家里的名字也不是按辈分起的，起的名字只要不和自家的祖先的名字相冲就好。起的名字也都是自家赋予其意义的，赵明政的长子叫赵香宇，意味着赵家的香火绵延不断；二儿子和三儿子分别叫赵仓宇、赵满仓，希望自家的粮食年年都有收获，并且年年有余。赵香宇的小女儿赵落凤的名字蕴含着生下来落地后就成了凤凰，以后能够有辉煌的人生。

（四）妇幼保护功能

虽然赵家怀孕的妇女和其他家的妇女一样，都依然继续干活，但是赵明政和赵氏对于怀孕的儿媳妇还是非常关注的。在史成爱怀第一胎的时候受到了特别关照。在刚看出怀孕的时候，赵氏就开始和她轮流做饭，因为从嫁过来之后，家里的饭就全部是她来做的，一年之后她怀上孩子，赵氏和她轮流做饭，减轻她的劳动量，母鸡下了鸡蛋也会专门给她吃。在史成爱生孩子前后两个月里，家里的活她也基本不做了，主要是赵氏来承担。在怀后面的孩子时，史薇薇嫁了过来，两个人就会相互的照顾与分担家里的家务，正好彼此生孩子的时间是岔开的，所以一人有了孩子之后，家里的活就做少一点，妯娌就会多做一点。赵家在孩子刚出生的一个月里，都不让产妇和孩子出门，除了产妇出去上厕所以外，就一直待在这个家里，特别是孩子就不让出去，怕吹风着了凉，即使是在夏季的时候，都会让产妇和孩子穿得特别厚，怕着了风。在饮食上也格外注意，不会让孕妇吃凉的，每天喝好几次米汤，说是这样有奶水。

三、家户分家与继承

（一）分家

1.当家人管理弱化，人口增多

赵家的分家是由赵香宇提出来的，因为那个时候他作为大家庭里的当家已经有两年了，赵明政去世早，去世后家里的大小事就由长子来决定了，赵氏还是作为内当家管理着家里的事情，外面的事情很多就是由他来做决定了。赵香宇虽说是长子，但毕竟和赵仓宇、赵满仓都是同辈人，家里所有的事请由他做主，显然不合适。赵仓宇自家也是有一家子的人，虽然在明面上兄弟之间没有什么矛盾，但难免会有意见相左的时候，矛盾就会增多。然后随着赵氏年龄大了，家里杂七杂八的事情也不太能够像年轻时那样处理了，加上两个小家庭人口的增多、壮大，也不再好管理了。同时赵香宇家里人口多，而赵仓宇家人口少，但劳力多，大家心里就会有不平衡，所以赵香宇提出分家，也是大家的心愿，提出后，大家就都同意了。分家主要是自家的事情，和外面的人没有关系，亲戚、保甲长不会干涉也不会影响自家的分家。

村里人认为分家很正常，随着兄弟们各自的家庭的壮大，还在一起住的话，彼此间的矛盾自然会增多，虽然兄弟间可以不计较，但是家里的成员恐怕不行，妯娌之间、各个小家庭成员间，同时对于一般的家庭，也没有什么家业必须大家都在一起来管理。所以分了之后，反而能够更好地保持兄弟们的亲情。对于大的家庭来说，可能家族大点，能保证家里家业的统一性，能够更好地发展，分家之后会导致彼此各家自打小算盘，不利于家业的壮大。

2.长子提出分家

分家是由赵香宇提出的，因为在赵明政去世后的那些日子都是由他来做当家人的。但他发现在赵明政去世后的这两年来，自己做这个大家庭的家长虽然表面上大家都认同，但实际上大家在某些问题上还是有分歧的，而随着意见的日渐积深，一方面不利于家庭内部的和睦相处，另一方面，他也难以更好地做当家人应该做的事。赵仓宇一家显然早就想分家，只不过碍于兄弟情分和赵氏的面子，也就没有提出来。赵氏作为内当家勉强地维持着这个家相处在一起，妯娌之间有什么矛盾会尽力去解决，消除彼此间的隔阂，但毕竟年龄越来越大，有时候力不从心，难以像年轻的时候精力充沛。因此在综合的原因下，赵香宇提出了分家，他一提出来之后，大家自然也纷纷赞同，就这样原来的大家庭就分成了三个小家，赵香宇一家，赵仓宇一家，赵氏和赵满仓一家。

分家是要都同意的，若有一方不同意就不能分，除非说服那一方，家里的女性不能提出分家，若女性之间有矛盾，都需要和自家的男性来反映，最后由家里的男性来提出，自家以外的邻居、亲戚、本家就更没有提出让其分家的权力了，也无权参与分家。

3.基本均分

分家的资格。分家时，只有家庭内部的人有资格分得家产，是以家户为单位的，家庭外部成员没有资格分得本家庭内的家产，因为家产是家里成员共同挣得的，和外人没有关系，自然外人也就不会从中来分得一份，赵家的家产按三家来分，每家因为人数的不同分得的量也不一样，三个嫁出去的女儿没有资格分家里的任何东西，赵满仓虽然没有成家也应得到他应该得的那一份，女儿未出嫁也不会分得家里的家产，若分家时，女儿还没有出嫁，就会让女儿和父母生活在一起，但家里的家产依然不会给未出嫁的女儿分。

对于像赵家这样一般的家庭来说，家里除了房子和地并没有什么多余财产，房子和地也并没有多少，所以也就不需要去请专门的公证人，就是赵氏主持，大家在一块商量，最终定下的。在分家见证上，一般只有大户因家里财产比较多、兄弟也比较多，分配比较复杂，为了保证分的时候尽量公正，分之后大家不会再彼此之间有什么矛盾，才会请公证人。而一般的家庭是不会去请的，若当家人在就由当家人来主持，若当家人去世了，就由家里的长子，或者兄弟之间互相商量着决定，不会再去请见证人。因为本来就没有多少家产，不怕分的时候兄弟间达不成协议，也不担心日后兄弟间为了家产再争吵。

分家的原则，公平的原则。赵家分家产是实质上的平分，不仅是数量上的平分。赵家将房子和地都分为三份，但不是平均的三份，因为赵满仓没有结婚，只有单身一人，所以把他和赵氏分到了一起,分了一个三间房子和三亩地。赵香宇虽然家里的孩子多,但因为也是只有两个儿子,几个女儿也都快到出嫁的时候了,赵仓宇也是只有两个儿子,所以兄弟两个将家里剩下的房子和土地进行了均分,土地的均分是按照亩产来分的,分下来赵香宇虽然比赵仓宇多一亩地,但是产量是一样的。牲口和大的农具也进行了平分,没有给赵满仓分,但是用的时候,赵香宇和赵仓宇都要帮助三叔来犁地和耕种。两头牲口是各分一头,家里的大农具也是各自添置,赵香宇选了耧,赵仓宇选了犁,牲口棚和晒场还是共用。对于小农具先给赵氏留一份,剩下的各家拿几样,若是还缺什么农具各家自己添置。就这样一个原来的大家庭就分成了三个小家。

4.赵氏主持,兄弟商量

分家的时候因为赵明政已经去世了,所以就由赵氏来主持,然后三兄弟进行协调,最终达成共识,家里的女性是不能做主的。赵氏之所以没有直接做主来给孩子们分家,一方面是自己确实老了,另一方面是如果儿子们通过商量最终达成共识,这样都不会有什么怨言,也有利于日后家庭的团结。分家时是赵氏先进行总的分析,说明分家的基本原则,财产基本情况,然后再由三兄弟进行协商,赵氏不参与,最终达成协议后,她最后来做一个证明人。因为是几个小家庭里的家长彼此商量的结果,所以大家也都会服从,即使有什么意见也不会提出来,只会在自己的小家庭里抱怨一下自己的家长。除了赵氏和三兄弟以外,家里的其他成员可以提意见,但最后都是由三兄弟来做决定的,而对于赵满仓因为没有成家,平时赵香宇和赵仓宇帮着也比较多,所以其实主要是赵香宇和赵仓宇来决定,赵满仓通过就好。

家庭外部的成员不能够参与分家。因为家里的财产屈指可数,所以分家时也不需要去写分家单,最后大家口头达成协议即可,因为分家时,家里的成员都在,大家有目共睹,不用担心最后会不认账的情况。对于自家最后分家的结果,不需要和亲戚、朋友等外界公布,自家清楚就可,外人承认自家的分家结果,不会从中干涉,政府也会认可。

(二)继承

1.唯有儿子有继承的资格

赵明政有三个儿子,三个儿子都有资格继承家里的财产,无论成家与否都可继承,家里的女儿没有继承的资格,因为出嫁后就会跟别人姓,就不再是赵家人,嫁过来的媳妇随丈夫继承其中应该继承的那一份,不可单独继承。赵家没有入赘的情况,若村子有入赘的女婿,是可以像儿子一样继承属于个人的一份家产的。抱养别人的儿子和过继过来的也可以继承,女儿一般不能继承家产。赵家对于不同的继承人,根据其具体的情况会有不同的分成。家里的继承资格,外部人不能参与,有的虽然自己没有生养,但也会过继一个,抱养一个来作为自己的儿子来继承。若有的儿子不孝,或者被驱逐出门的儿子,家长有权利剥夺其继承财产的权利的。除了自家人,家庭外部成员没有继承的权利。继承的条件是大家公认的,不是某一人来指定的,除非是自己的儿子不孝顺,家长有权不让其继承。家庭外部成员不能介入和影响其继承的条件,

2.继承内容:房屋、土地和农具

赵家作为一般的家庭,除了家里的土地、房屋和种地必用的一些农具,没有其他的什么公共财产了,老人自己也没有什么私人财产。分家的时候,将这些东西按照各个家庭的需要,将其分成三份,三个儿子各一份,赵氏和三儿子在一块。房屋,基本就是原来自己住的,只不

过原来是属于整个大家庭里的财产,现在属于小家庭的;土地,按照其产量的大小和各家的耕种能力来分配;牲口就分给了大儿子和二儿子,因为三儿子是单身,只有自己一个人,就没有分,但耕种的时候,其他人要帮助其种地。

3.继承的原则

在继承上,为了保证分家之后,兄弟们仍和谐相处,所以赵氏在主持分家的时候,秉持着以下原则:①民主分配:分家的时候,当家人没有进行分配,也没有按照长幼顺序进行挑选,只是赵氏将家里的具体财产进行说明后,然后由三个儿子进行商量,他们根据自己的需求和劳动力进行商量,当家人在其中做重要的参考,最后他们之间达成协议即可。②公平分配:赵家分配的时候,不是按照数量的平均来分配的,而是按照各家的实际人口、性别比例、劳动能力来进行分配的,达到了实质性的公平,这样其他的家庭成员也不会有什么意见。③内部团结:分配必须是在有利于内部团结的基础上进行分配,而不能因为家产的分配,最终搞得家里分崩离析,在这点上,赵氏作为主要的人物进行从中调节。虽然大家分家了,但心还是在一起的,分家只是为了更好地发展,家庭成员还要一起努力,使生活更加富足。

四、家户的过继与抱养

(一)过继

1.光棍过继儿子

过继在当地也比较普遍,过继指自己家没有儿子,然后把自家兄弟的儿子过继过来的,也有将媳妇娘家兄弟的儿子过继过来的,也可以是本家的儿子过继。过继的时候主要是看,在本家、亲戚中谁家里儿子比较多,并且有意愿过继就可以。若是自家兄弟、本家和媳妇那边都有合适的话,一般会优先过继自家兄弟的孩子,然后是老舅爷家的,最后才是本家的。一般都是过继儿子,过继的女儿少,但也有这种情况,一些人因为自己没有生养、没有子女,而兄弟间的男孩子也比较少。这个时候也有会考虑过继过一个女儿来,然后再入赘一个女婿,但这样的情况在附近村子里只有个别人。过继的孩子就完全由被过继者来承担孩子的养育。过继没有年龄限制,可以是从小就过继过来,也可以是在长大点过继,只要在结婚之前就都可以。过继有为了延续香火,有为了继承家业的,也有为了最后能够给自己养老送终的,

赵家的大儿子和二儿子都有子嗣,只有三儿子因为没有娶过妻子,一直打光棍,所以没有儿子,为了老三能够有人来养老送终,同时也能够延续小家庭的香火,便想给老三过继一个儿子。而老大家正好有两个儿子、三个女儿,一个儿子结婚,两个女儿出嫁之后,老大去世了。赵香宇去世后,史成爱一人带着赵落凤和赵落根,生活比较困难,就这样把赵落根过继给了赵满仓,由他负责养育赵落根,并且为其成婚。因为赵家是刚迁到这里没几代,所以也没有什么本家,然后赵满仓又没有结婚,也就不可能有老舅爷家的孩子过继过来了,所以只能有赵香宇的孩子过继过来。

2.家长做主

过继时,只要双方的大人达成协议即可,出继者本人是没有权利决定自己的去留,当时因为赵香宇已经去世了,所以由史成爱和赵满仓同意即可。当然,当时赵科头已经成婚,他也有一定的话语权,决定权还是在史成爱手里。过继的事也和之前大家庭里的其他的成员进行

了商量,只和自家的人进行商量,不和家庭以外的人商量,按村子里的规矩,一般还要和本家进行商量,史成爱和赵满仓就和本家人商量了一下,就没有再和别人商量了。所以也就没有偷偷过继的说法,只要家里人同意就能够光明正大地过继了。

关于过继的形式有"完全过继"和"过继一半"的情况存在。完全过继就是指,自家的孩子过继过去之后就和自己没有关系了,自己的养老送终也不需要其参与;过继一半指的是,孩子长大后要两边跑,两边的养老送终,和家里若有其他需要做的事情,孩子有义务回来帮忙。赵落根过继给赵满仓的形式是,双方商量的,以过继一半的形式过继的,也就是说赵落根日后长大了,还是要回来照顾史成爱的。这个不需要和村里的管理者打报告,也不需要写过继单,也不需要请中人来介绍,因为过继是家里的人员都知道的,过继之后村里面的人也都知道了。若日后谁要反悔,就会面临家里和村子里的议论,使得其难以在村子里做人。出继时,赵满仓没有给任何东西,一是因为他确实也没有什么财产,二是因为是过继一半,所以史成爱也没有要。

在村子里有些家庭出继时,入继家庭是要给钱或者粮食的,那个时候一般都是以粮食的形式给的,给的量因孩子的年龄大小而不同;采用完全过继,可能给得多,而过继一半的形式,可能给得少,或者不给;还有过继儿子的大小,如果太小,入继家庭因为还要抚养其长大,就会给得少,如果年龄大点,入继后不需要再怎么养,为了感谢出继家庭的养育,会多给点。在村子里过继是不找人介绍的,因为过继的都是自己兄弟、亲戚或者本家的人,因此就不需要请中人。

(二)抱养

赵家没有抱养的情况,老三没有孩子,把老大的一个儿子过继给了老三,后来就都没有抱养过。抱养在村子里是存在的。抱养的家庭一般都是自己家里没有子女的,或者只有女孩子没有男孩子的,家里人会考虑去抱养一个,也有因为没有娶到到媳妇的,但又想要一个孩子来继承自己的家产或者是为自己养老送终的。一般情况下,抱养的都是男孩子,若家里有男孩子了就不会去再抱养了。抱养的孩子可以是自家亲戚的、可以是村子里面认识的、也可以是通过中间人来引荐的。把孩子抱养给别人的家庭,大多是因为自家的经济条件比价差,土地少养不起,孩子在家会挨饿,这时家里人就会考虑让别人养,有的即使只有一个孩子,但因为没有能力抚养,也会考虑直接给了别人来养的。大多数家里有好几个孩子的,一般都不会把老大给别人抱养,让抱养的一般是老二或者老三。

抱养时,首先会考虑自家亲戚的孩子,因为这毕竟有血缘关系,其次是村子里的;最后才会让人来引荐不认识人的。抱养时,若是认识的,就由抱养者去抱回来,不需要什么手续,若是不认识的,需要引荐人来引荐,一起去抱养回来。抱养之后,孩子就要改名换姓,和抱养者同姓,以后就和抱养者是父子关系,和其他的成员一样有继承的权利,但和原来的家庭就没有关系了,不再是被抱养者的家庭成员了。抱养的孩子一般很小,还没有开始记事,这样对孩子、抱养者和被抱养的家庭都比较好,对孩子伤害小,对处理日后抱养家庭及被抱养家庭的关系也比较好。

抱养时由双方父母来决定,家里的其他成员没有这样的权力,也不需要问孩子,因为孩子还小、不懂事,完全由家长做主。抱养会和家里的其他成员商量,不需要和家族族长或村庄管理者打报告。抱养时,对于家里经济条件好的,会给点粮食表示感谢,家里条件一般的也就不给了。不签订契约,抱养是大家有目共睹的,抱养是认识的两家都同意之后就可以抱养了。不认识的是通过找中人来介绍的,中人也是证人,中人由家长来请,有时候是抱养者来找的,然后通过中人找到了被抱养的家庭,有时候是被抱养者来找的,通过中人找到了抱养的家庭。事成之后,抱养者的家庭会给中人一点东西表示感谢。

抱养一段时间以后,一般情况下是不能反悔的,不管抱养的孩子日后怎么样,自己都要继续抚养下去。抱养从抱回家那一刻起,孩子就已经成了自己家的孩子,不能再送回去了。但孩子若有先天性的什么病,有的抱养家庭会强制送回去,当然作为补偿,会给被抱养家庭一些粮食。外界对抱养的小孩一般没有什么成见,只看父母如何对抱养的孩子,其他人没有什么意见的。

(三)换孩子

赵家没有换过孩子,村里也没有直接买卖孩子的,一般都是家里养活不了的就把孩子给了别人,换回几斗米来。换的孩子不仅有男孩子,也有女孩子。而换到孩子的家庭,有的是家里没有孩子,大多数是家里有孩子了,但由于家里经济条件比较好,想再多养几个孩子的。这时若有的家庭养活不了自己的孩子,就会用孩子来换几斗米。

把孩子换给别人的家庭,大多是家里太穷养活不起的,双方不管认识不认识,只要对方要,就给人家,粮食多少给一点就行,因为孩子在家的话,终究会饿死,还不如给别人了。换孩子没有什么程序,也不签订任何的契约,就是把孩子给了人家,从人家家里拿回几斗米来即可。换孩子完全是由家长来决定的,不需要和其他人来商量,孩子很小的时候就给了别人。换孩子的时候,有时候找不到换家,就需要有中人来介绍,介绍人是自己认识的人,最后会象征性地给点礼物,但不会太多。换孩子一般也是把小的给了别人。换了之后,孩子就和自己家没有关系了,收养孩子的另一家也不能反悔。换孩子是换取双方家长的事,和外界没有关系,其他人也不会插手管的。

五、家户赡养

(一)两种赡养方式

1.集体赡养

赵明政去世得早,去世的时候还没有分家,得病期间就是大家一起照顾的,妯娌们轮流做饭外,不做饭的就帮忙照顾当家人。但因为那时赵氏身体各方面还比较好,所以主要还是赵氏在一旁照顾得多,平时喂饭、喂药都是由赵氏来做的,赵氏干不了的就由家里的孩子共同来照顾,洗衣服一般是由儿媳妇们帮着洗一下。因此,在赡养赵明政的时候,采用集体赡养的方式,在一个大家庭里面,家里的人共同照顾。

2.分家赡养

赵家有三个孩子,但只有老大和老二组建了家庭,老三没有结婚,后来把老大的孩子过继了一个。分家之后,赵氏和赵满仓住到了一起,赵氏身体还比较好的时候,家里就是由赵氏来做饭。后来年龄大了,做不动了,就由赵香宇和赵仓宇轮流来送饭和照顾,赵氏住的地方没有换过,一直就和赵满仓住在堂屋,是坐北朝南的屋子。赵满仓平时一直负责赵氏的起居,赵香宇去世后,史成爱和赵科头的媳妇及孙子来照顾。嫁出去的女儿没有赡养的责任,赵氏老了以后,三个女儿除了逢年过节以外,平时也会多来几次,给她收拾家务,但都是尽心,女儿没有太多的义务。赡养老人是家庭内部的事务,其他的人不会干涉,但对于村子里一些不孝顺的孩子,不管老人,村子里的人也都会议论,若是太过分,村里有影响的人或者村庄管理者也会进行训斥。那时候全部是采用的家庭养老方式,没有其他的养老方式,若是有的老人膝下无子,就只能自己养活自己,偶尔邻居、亲戚帮一下忙。

(二)轮流照顾

赵明政去世前,因为没有分家,是家庭里的所有成员集体照顾的。分家之后,赵氏是由各个小家庭轮流赡养的,一个家庭伺候一个月,因为赵氏是和赵满仓住在一起,而他也没有成婚,所以他不参加轮流照顾,但平时每天照顾得也并不少,赵香宇和赵仓宇轮流送饭,负责给老人洗涮一下东西,其他的就是由赵满仓来照看的。赵氏健康的时候就一直在家住,在家里喂喂鸡,门口和院子里种点东西,若是生病了,身边离不开人,则会搬到要轮流的儿子家里住,一来身边一直有人比较安全,二来儿媳妇也能顺便干了家里的家务活,两不耽误。赵氏的三个女儿除了在庙会、过节的时候过来,平时也会抽空回来,给她带点吃的,洗洗东西。

养儿为防老,一直是农村人渴望生男孩的一个重要原因,自己老了之后,养老的重任自然就落到了儿子身上,一代传一代都是这样的。有几个儿子,这个养老的重任就由几个儿子来担,若只有一个儿子的话,那么这个重担就是这个儿子的了。若有两个或者更多的话,一般情况下都是轮流照顾,兄弟们事先商量好多久轮换一次,有十天的、有半个月的、也有一个月的。有的是直接把老人接到自己家,随后再把老人接到下一家住;也有的是老人一直住在一个地方,或者独自居住在家,或者是和某个孩子在一起住的家,其他孩子轮流来照顾,每天过来送饭,陪陪老人。采用何种方式来赡养,主要取决于老人,是喜欢独居,还是和孩子们在一起,当然老人决定之后,也需要看孩子们采用这种方式是否方便,若方便则就听老人的,但有时候因为孩子们每天忙,没时间来回的跑,就会和老人商量,把老人接到家里住。赡养方式只要孩子们和老人商量好就可以了,不需要请示邻居、家族、保甲长等。在赡养的过程中,名义上是由儿子来赡养老人,但是儿子代表的是整个小家庭,而在这个小家庭里,家里的妇女是主要负责家里面的事情,男人更多的是到地里干活,或者是到外面做点生意挣钱来养家糊口,所以赡养老人就主要是由儿媳妇来做的,给老人做饭,每天洗洗涮涮,儿媳妇能够提意见和儿子商量,但不能擅自决定,最后还是由儿子来决定的。

对于一般的中户和小户,都是由儿子来负责老人的养老的。而对于一些大户人家,会专门雇人来伺候老人,家里的人在伺候老人的生活起居方面就会做得比较少,当然雇人是由孩子花钱请的。

(三)养老钱粮

1.养老地

赵家分家的时候,因为赵满仓没有结婚,就把他和赵氏分成了一家,当时给他分地时,考虑到其一人的耕种能力,分得比较少,但是给他所分的地里是有赵氏的一份,因为当时赵氏身体还比较硬朗,把近点的地分给了他们。这些地就算做了赵氏的养老地。因为地也不多,所以赵氏去世后,地就归赵满仓所有,其他的兄弟不会再去分。

2.养老粮

对于赵家而言,每年的粮食基本就只够当年来食用,即使有剩余也很少,分家的那年同样是粮食只够一年吃的,所以也没有对赵氏特别地照顾,全家就是按各个小家庭里的人数和劳动力人数来按一定的比例分的,赵氏和赵满仓也同样分其中的一份。之后收的粮就是由各个家自己种的地收获的。赵氏能劳动的时候,其他的小家庭也不会来照顾,平时就是和赵满仓在一块生活,赵氏后来不能劳动了,开始轮流赡养,各个小家庭轮流给赵氏做饭,用自己家的粮食。养老房是和赵满仓一起住的堂屋。

3.外界对家户赡养的监督

赵家的养老情况,儿子们总的来说都比较孝顺,虽然家里不富足,但老人也基本都能填饱肚子。在外界看来,无论是儿子还是儿媳都比较的孝顺,虽然有时候都会有怨言,但还是该做什么做什么,不会说就不管老人了。儿子孝顺不孝顺父母,村里的人都是看在眼里的。若有孩子对当家的老人不管不顾,轻的话,村子里人就会在背地里议论;严重的话,村子里就会有权威的人或者村庄管理者进行干涉,要求孩子要赡养老人。这时候,孩子一般会改变一下以往的态度。如果还是原来的态度,其他的人也不好管,这时候老人一般就会怪自己的命不好,生了一个不孝子。

(四)治病与送终

1.老人生病

赵明政生病的时候,还没有分家,都在原来的大家庭里,生病之后,主要是赵氏照顾,当时赵氏的身体还比较好,当然毕竟年龄大了,儿媳妇们也都帮着一起照顾,总的是赵氏照顾得多,儿媳妇一般还是轮流做饭,负责整个大家庭里的家务。赵明政吃饭是由赵氏喂的,请医生就是由儿子去请,谁在家谁就去请,最后的医疗费就是从家里总的收入支出的,女儿也常回来帮忙给老人洗一下衣服,做点家务活。赵明政在分家前就去世了,分家后只有赵氏和赵满仓在一起生活,赵氏生病的时候,若是小病就有赵满仓照看了,若是病稍微大点,持续时间较长,身边离不开人的话,这时赵香宇和赵仓宇就会把她接到自己家里轮流照顾,等身体好后再回去。这时的开销是三个儿子均摊的,出嫁的女儿不需要摊钱,在赵氏生病期间,女儿会经常回来看一下,但医疗所花费的费用不会让女儿来出。

2.共同均摊丧葬费用

赵明政去世的时候还未分家,就由大家庭支付,当时是由赵香宇作为家长进行总的安排。赵氏去世的时候,因为赵香宇已经去世,赵香宇的妻子和孩子均摊了其中相应的费用,赵仓宇和赵满仓出了各自应该出的费用。出钱的多少根据各家庭的实际情况来看,赵家的女儿在分家的时候都已经出嫁了,分家的时候都没有从家里得到任何东西,所以她们也没有赡养老人的义务,家庭条件好的也会出点钱,一般情况下都不会出钱的。

家里老人去世的后事是由家人们共同负责料理的,主要是由长子负责,赵明政去世的时候,就是主要由赵香宇张罗的,赵氏去世的时候,因为长子已经去世了,赵氏的后事是由老二和老三全权安排和负责的,老大的儿子和老二、老三一起操办了赵氏的丧事。出嫁的女儿也都要回家来帮忙操办老人的丧事。

3.老人的丧葬过程

老人过世的当天,会有家里的人去报丧,赵明政是晚上过世的,于是等到第二天天亮再去,主要是和自家的亲戚和邻居们报丧。报丧的时候,就会"破布",给亲戚几尺白布,近点的亲戚给的多点,远点的给的少,告知人家,家里人去世了。三天之后会把老人放到棺材里面,一般是给老人穿五件或者七件衣服,棺材下面铺的垫子,把老人放到里面后,上面还会盖上被子,棺材就放在老人一直住的家里,每天祭拜。棺材一般是在老人在世的时候,家里的儿子就已经买好了板,然后让木匠做的,钱是儿子们均摊的。在举行葬礼的前三天请朋友都来到家里吃饭,安排葬礼那天朋友需要帮哪些忙,谁来负责,都是事先确定好的。葬礼的日子是请"阴阳"也就是风水先生看好的日子和起丧的时间。

举行葬礼的前一天需要"搭棚",是用铁架子在家门口附近找一块空地,搭起一个棚来,然后用白布缠到上面,这天下午,家里的亲戚和朋友就都来了,因为下午会"移材",就是把棺材从家里抬到外面的棚里面来,"抬材"是由老大的朋友来抬的,家里的"孝子",就是老人的儿子、儿媳、孙子、闺女、女婿等都会披麻戴孝,跟在棺材后面。家里人都要穿着白衣服,白鞋、白袜子,女性是头上盖一块白布,长子和长孙是在头上带一个尖的帽子,其他的儿子是在头上带一个帽檐形状的帽子,剩下的男性是头上缠一块白布条。若是有刚结婚不够三年的"孝子",穿的不是白衣服,而是穿一身黑色的衣服,鞋也是黑色的,头上缠一块黑布条或者是盖着黑布。

把棺材移到棚子里后,同时也会把花圈拿回来放到棚的旁边。一些家里没钱搭棚的话,就在院子里上面搭块白布,把棺材从家里抬到院子里。同时有钱的人家还专门请有"乐队",村里面敲锣打鼓的,移完棺材之后就没有什么事情了,晚上亲戚、朋友就在家里吃饭。这天晚上,家里的人会在外面的棚里守丧一晚上。

出殡当天上午,亲戚、朋友都来到棚底,有亲戚、邻居来祭拜,一般邻居会端五碗饸饹,饸饹是用机器压出来的一种面条,然后家里人会招呼,留下了两碗,给人家退回三碗,同时给人家一尺白布。中午大家早早吃完饭,等待"起丧"。"起丧"是指要抬棺材到墓地的那个时刻,等时间到了,就要开始走了。首先要把放在棺材旁边的"砂锅"由儿子拿起来摔了,表示要"起灵了"。然后"相好的"就把棺材抬起来准备走,这些帮忙的"相好",也就是朋友,家里会先一人给一块红布条,用来辟丧事的晦气。走在最前面的是举花圈的朋友,家里有钱的花圈就糊得多,没钱的就少。家里的男孝子都是走在棺材的前面,一手拿着"孝棍",是在高粱杆外糊一层白纸的棍子,一手拉着从棺材上栓的麻绳,家里的女孝子都跟在棺材后面,大家都大声哭泣着。到了墓地之后,家里的孝子都要上坟的,坟是由儿子的朋友挖好的,然后把棺材放进去。最后再由这些朋友填上土,下葬就基本完成了。

老人过世后,因为家里没有祠堂,老人的遗照是放在长子家里的。从老人过世之后,要给老人烧纸,从人死第一天开始算,每七天到坟上烧一次,一七、二七,一直到五七,还有"八日纸",即第八十天烧最后一次,以后再烧就是在七月十五和清明节的时候烧了。老人过世后,在五七之前,家里人是一直穿着白鞋和白裤的,同时也不能进别人家,怕给别人带来晦气。过了五七之后才可以进别人家里和不用穿白裤了,但是白鞋还是要一直穿着,一年之后才可以脱了白鞋。老人过世的前三年家里过年贴对联是不能贴红纸的,要贴蓝纸。家里人若要有结婚,必须在老人去世的当年或者在三年之后,中间不能办喜事的。

六、家户内部交往

(一)父子关系

1.权利义务对等

父子关系在家庭中是一个重要的关系,整个家庭的传承是一代一代的父传子,儿子对父亲而言是非常重要的,他是家里继承香火、继承家产,不可或缺的人物,所以没有儿子的就会去抱养,或去过继一个,有的有钱的家庭会再去纳妾为的是生个儿子。同时儿子也是自己老了之后的一个保障,所以儿子对于父亲是重要的。当然父亲也为儿子付出很多,从小养育,重男轻女的思想会让家里的儿子多吃点、穿好点,让儿子去读书而不让女儿去读,有手艺的话,一般也是传男不传女。因为在父亲眼里,女儿迟早是要嫁出去的,要和别人过的,靠不住。同时,儿子的婚姻大事也是父亲一手操办的,等有了孙子,父亲还是会继续看自己的孙子,直到自己看不动了,才会不再管了。儿子对父亲是唯命是从,若不听家人的话,家长就会打骂。

赵家也一样,赵明政从小对三个儿子就比较严,儿子也都怕父亲,小的时候若哪个孩子不听话或者在外面闯祸,他就会把孩子栓到桌子腿上打,儿子们也不敢反抗,儿子大点之后,父亲就不再打了,一般情况下是不会打的,骂得比较多。当然赵明政还是很爱自己的儿子的,让儿子去接受教育,没有让家里的女儿去,负责给老大和老二成婚,没给三儿子找上媳妇,他是很遗憾的。在村子里若儿子没有找上媳妇的话,村里人不仅会说儿子的闲话,更会说是家长没能力给儿子找媳妇的。

2.父子间的日常交往

在父子之间的关系中,父亲在儿子心中是有绝对权威的,赵家的三个儿子都听父亲的话。虽然赵明政平时对儿子管得比较严,但儿子们一直很尊敬和孝顺父亲。在他活着的时候,就一直生活在一起,他一直作为家长,管着家里的大小事情,儿子们还没有成婚的时候,一切完全都由父亲来做主,包括后来娶媳妇,儿子们成家以后,虽然有了一定的自主权,但小家里的有些事情,儿子们还是都会找父亲来定的。儿子和父亲之间平时说的话较少,一般生活中琐碎的事情孩子就和母亲说了。在教育、下地、学艺、做生意上都是赵明政领着做的。兄弟几个只有老三上学时间比较长,上学是赵明政强制要求去的,当时赵满仓因为不想去,还被父亲打了一顿,后来长大了,还是很感激父亲的,毕竟上过几天学是不一样的,多多少少认识几个字,老二、老三后来跟着父亲到外面卖果子,老大也由父亲引荐去学木匠。在地里的活更是父亲一手教会的,教孩子们锄地、摇耧、犁地、喂牲口等。而对家里的女孩子,父亲似乎就没有那么上心,家里的女孩子都没有上过学,主要是跟着母亲学做饭、做家务、学针线活等,父亲管得较少。

3.父子间的冲突及调适

赵家的儿子都比较听赵明政的话,有时候若孩子在外面和别的小孩子打架了,人家的家长找上门来,这时他就会打孩子一顿,教育他不要在外面惹事。孩子不敢反抗父亲,他打儿子的时候,通常赵氏会拦下他护着孩子。当然赵明政一般不会轻易地打孩子,平时若有什么做得不对,会骂,骂儿子的时候,儿子会默不作声。在生活中,父子之间产生冲突也是再所难免的,都是家内解决,不需要外人的介入,有时候若是赵明政的不对,赵氏就会从中去调解,去讲清楚事情的来龙去脉。即使赵明政刚打了孩子,一会儿彼此的气就消了,父子间是不会记仇的。村子里大部分的家庭父子关系和赵家的一样,一般的矛盾大家都很快就解决了,但对于一些积累了长期的矛盾,难以解决的话,最终结果就是分家,各干各的,互不干涉,当然虽有矛盾,但分家的时候还是会采用和平分家,目的还是为了通过分家来缓和彼此间的矛盾,保持原有的父子关系。

（二）婆媳关系

赵明政的妻子赵氏是家里的内当家，主要管理着家里的做饭、家务活，家里的针线活等，虽然婆婆是长辈但和儿媳妇们处得如同母女间关系一般，儿媳妇们也都敬重她。在家里赵氏安排儿媳们轮流做饭，她一般看管好自己的孙子孙女们。做衣服的时候，赵氏会带儿媳妇们上街买布，回来安排给家里的人缝制衣服。玉米摘下来后，有时候和儿媳妇们一起在家用手脱玉米粒等。儿媳妇在做月子期间，家里轻点的活还是要做的，但赵氏也很关心儿媳妇，儿子都去地或者出去后，赵氏帮助儿媳看孩子、哄孩子，告知儿媳妇们注意事项，怕热着冻着。赵氏一般不会打儿媳妇，有时候因为家务活做得不满意，会说儿媳几句。平时赵氏给媳妇们安排的工作，儿媳也都照着去做，都听她的话，有什么心里话也常和她说。若有时候儿媳和她想法不同，不会直接和她说，而是通过赵氏的儿子们来和赵氏反映。她年龄大了，生病了，也都是由儿媳妇们来伺候的，虽有怨言，但也不敢怠慢，每天做饭送饭，给赵氏洗涮衣服。

赵家没有发生过大的婆媳矛盾，小矛盾在平时就能得到化解。村子里大多数的婆媳关系都是这样的，彼此处得还比较和谐。不打骂儿媳，和儿媳和谐相处，在大家眼里就是好婆婆；对于媳妇来说，就是听婆婆的话，孝敬婆婆就是好儿媳。村子里也有一些强势的婆婆，在她们看来是自己好不容易才熬成了婆婆，就要用应有的权力。用村子里的话说"家生姑姑出门在外，千辈奴才熬成奶奶"，意思就是说家里的女儿嫁出去之后，一直是听人家使唤，只有等自己老了，给自己的儿子娶上媳妇，这才修成正果，才算是熬到头了，不用再听别人使唤。什么活儿都让儿媳妇做，若媳妇有什么不入婆婆的法眼的话，婆婆就会棍棒相加。当然有的媳妇软的话，就是任劳任怨；有的若是受不了的话，就会离家出走，跑回娘家去。这样的婆婆老了以后，儿媳妇们也就不怎么孝顺她，用村里人的话来说，那是应得的报应，一报还一报。

（三）夫妻关系

赵家共有四对夫妻，夫妻之间都处得比较融洽。赵明政和赵氏作为家里的长辈，家里的当家人，一个负责外面的事情，一个负责家里的内务，彼此间相互配合，才能够使这个小家的家庭成员和睦相处，共同团结为家庭。赵明政年轻的时候打骂过赵氏，但后来儿子们都长大成家之后，就主要为大家庭里的生计而忙，很少再打骂了，一来是因为年龄大了，二来是整天操劳着如何让家里的每个成员能够吃上饱饭，没有多余的精力去吵架。白天赵明政到地里干一天活，饭点的时候回家吃饭，赵氏给丈夫端过饭来吃，晚上有时候要做点其他的事情，赵氏在家做饭、缝衣服、看孩子，一天也忙个不停。孩子们长大后，家里的大事，赵明政都是和自己的儿子们来商量的，和赵氏商量得少，在他眼里，妻子毕竟是个妇道人家，很多事情没有什么主见。若谁生病了，夫妻间会互相照顾，妻子也不怕丈夫，有什么意见就提出来。

赵香宇和史成爱之间处得也很融洽，夫妻间平等相处，史成爱在家做家务，带孩子，赵香宇在外面干农活。在分家之前，他们听从着家里长辈的安排。分家之后，史成爱负责家里的一切，赵香宇负责外面的，后来赵香宇生病后，史成爱形影不离地照顾他，还兼顾着家里大大小小的事情。虽然夫妻间有过拌嘴，但都不会影响彼此间的关系。赵仓宇和史薇薇间的关系，平时都是赵仓宇脾气比较急，时而和史薇薇吵架，但史薇薇脾气比较好，所以每次吵完架，不久之后就会和好，他们之间也没有发生过大的矛盾。赵明政的长孙赵科头和他的妻子之间的关系也都挺好，他娶了两次媳妇，第一个因为不生养而离婚了，但关系还是比较好的，后来又娶了一个妻子，也处得很融洽。

（四）兄弟关系

赵家有兄弟三个,赵香宇比赵满仓大十几岁,中间还有几个姐妹,这在村子里是常见的家庭,家里有三个儿子、三个女儿。赵香宇和赵仓宇年龄相差不多,两个兄弟间处于平等关系,而他们和赵满仓间相差比较大,所以赵满仓一直在两个哥哥眼里是个小孩子,他也比较听两个哥哥的话,哥哥们及后来的两位嫂子也都很照顾他。赵明政在世的时候,没有给赵满仓娶上媳妇,后来赵香宇当了家,也和赵氏一起想着给他找一房亲事,但最后也没有找上,家里人也总感觉欠他些什么,所以后来在照顾赵氏的时候,赵香宇和赵仓宇不会要求老三太多,只要他把自己照顾好,顺便看着赵氏就行。赵仓宇也带着赵满仓到外面做生意,卖果子。平时两位哥哥叫着他一起干活,不会轻易打他,若有做得不对的才会大声吼他。赵满仓也比较听话,他和两位哥哥间更像是长辈和晚辈间的关系,平时很少开玩笑,倒是他和赵香宇的儿子在一块聊天比较多。赵香宇和赵仓宇是同辈,平时会开玩笑,经常聊天,或者一起商量家里的大事。

正因为赵香宇和赵仓宇是平辈关系,彼此间又没有较大的年龄差距,所以后来赵香宇当家后,难免有些事情赵仓宇会有意见,彼此间也难免会有冲突,但当时赵明政去世了,赵满仓又还没有成婚,赵氏不想让这个家这么快分成小家,她一直从中协调,保持两兄弟之间的关系,两兄弟也明白赵氏的意图,也在极力维持着。但随着两个小家庭的壮大,赵仓宇的孩子要结婚,赵香宇又添孙子,各自要为自己的小家庭来着想,赵氏也年龄大了,感觉赵满仓结婚也没有希望了。这时大家才放手,赵香宇主动提出要分家,各自去处理各自小家庭的事情。赵明政去世,赵氏也年龄大了,管不了家里的事情了,这才分了家。分家之后因为彼此间的生活相交叉的少了,关系也慢慢好起来,种地忙得时候互相来帮帮忙,赵氏不能照顾自己的时候,两兄弟商量好来轮流照顾,若生病了,会均摊看病的费用。

对于像赵家这样的中小户人家的兄弟,因为家里没有太多的家产,彼此间没有太多的利益,所以一般也没有太大的冲突,产生的小冲突,有时候会在父母的调解下化解,有时候彼此也不会太看重,慢慢就过去了。但是对于一些大户人家,因为家里房子、土地、其他的家产比较多,兄弟间就会为了自己所能够多分点家产而产生冲突,甚至会大打出手,兄弟间如同仇人一般不再往来。

（五）妯娌关系

赵家只有两个儿媳妇,妯娌两人自从嫁过来都是由赵氏来统一安排家里的家务活。两个儿媳妇平时轮流做饭,一日三餐,十天轮流一次,不做饭的要到地里或是做其他的家务活、看孩子等,也不会闲着。妯娌平时相处得比较好,在一起唠家常和说心里话,但毕竟在一个屋檐下,矛盾或多或少都会有的,有了矛盾之后,彼此都会忍让过去,或者是回家和自家的丈夫抱怨一下也就过去了,不会事顶事地去计较,丈夫也一切以和为贵。赵香宇做家长的那几年,虽然家里的事是由自己和赵氏来做决定的,但一般也不会去管小家庭的私事,关系到大家庭利益的才会插手。分家的时候,因为家里也没有什么家产,除了给赵满仓分的,剩下的基本是两兄弟进行了平分,两妯娌也没有什么意见。村子里也有的家庭妯娌间吵得不可开交,因为妯娌间的关系不好,搞得兄弟间都会有隔阂,然后影响整个大家庭都是不和谐的。若自己家妯娌间不和谐的话,在外人看到是会笑话的,当家的也会跟着丢脸。所以若是赵家妯娌间有什么小矛盾的话,赵氏也会从中去调解,会让一家人更加的和谐。两家的孩子经常在一块玩,玩得不好了就要打架，不管谁受欺负了，都不好受，这时候一般都是赵氏直接出面去评理，先把两个孩子都骂一顿，或者都打几下，然后再评理。儿媳妇看到也不好说什么，虽然有时候儿媳妇会抱怨婆婆，但妯娌间的直接冲突会因此减少。

（六）叔嫂关系

赵家有一个比较特殊的情况就是赵满仓没有结婚，家里分家之前一直是由赵香宇和赵仓宇的媳妇做饭的，所以这里不得不提的就是叔嫂之间的关系。两个嫂嫂来了之后，一直对赵满仓像对待自己的亲弟弟一样，他平时也听两个嫂嫂的话。在分家之前，家里的做饭就是由两个嫂嫂来轮流做的，并没有因为他没有娶媳妇做饭而有意见。两个嫂嫂认为弟弟是大家庭里的一部分，自然有义务给其做饭。分家之后，家里的兄弟在照顾赵氏的时候，也是两个嫂子照顾得多，他照顾得少。赵满仓的衣服刚开始是由赵氏来缝补的，后来赵氏老了，干不动了，嫂子也给他缝衣服。有时候两个嫂子也会有意见，但兄弟们一般都会安慰媳妇，兄弟们同情老三没有娶上媳妇。

七、家户外部交往

赵家和村子里的人都互相很熟，邻居们关系也很好，有时候大门都不关，告诉邻居们一声就好，让邻居们给看一下。或者有时候家里的人都不在，就会把家里的钥匙放在邻居家，家人回来后看着锁着门就直接到邻居家去取钥匙了。赵家和邻居们相处得都很好，家里办红白喜事的时候，邻居们都过来帮忙，一帮就是好几天，从来不会和家里要什么报酬。当然红白喜事是家家门前过，邻居家办事的时候，家里的人也都去帮忙。村子里的邻居们都比较热情，平时邻居家里若是吵架的话，附近的邻居也都会进去劝架，都比较热情。街坊之间虽然没有邻居家们的关系近，但平时也都会来往。地邻有离的家里近的街坊邻居，也有离家里远的，离家里远的平时来往得比较少，就是种地时候会彼此帮一下忙。

在赵家中，更多是家里的男性有朋友，家里的女性朋友较少，男性白天去了地后，晚上回来有时候会出去串门，到朋友家聊天，家里办红白喜事的时候，都会叫朋友到家来帮忙，有时候借钱，若朋友有的话也会借点。赵家和外村人来往得较少。

赵家的亲戚、邻居、朋友之间的关系都比较融洽，平时都有来往，彼此间都是平等的关系。家里人和外界没有发生什么大的冲突，有时候可能会因为孩子和别人的孩子发生点不愉快，大人们一般互相说一下，乡里乡亲的也不会因为小孩子的事而大打出手，还有可能是因为那个时候家里的孩子都比较多，所以家人也不会太过于重视。

第四章 家户文化制度

在家户教育中,赵家的男孩大多接受过学校教育,女孩子都没有上过学;赵家的孩子主要是通过家庭教育成长起来的,儿孙们在长辈的言传身教下,渐渐形成完善的人格,学习到生存的劳动技能。在家户意识方面,赵家坚持的家户一体、家户至上,有行善积德的意识。在家户习俗方面,赵家在各种节日的习俗以及喜事和丧事习俗进行了细致地描绘。赵家没有宗教信仰,但会祭祀祖先和家神,家里神明多样,信奉神明主要是为了保全家人平安。在家户娱乐方面,赵家人主要有结交朋友、农闲时串门聊天和参加庙会看戏等活动。

一、家户教育

(一)学校教育

赵明政和赵氏都没有上过学,那个时候家里都没有钱,吃的都没有,更不用说是上学。他们小时候村子里还没有小学,也没有私塾,只有大户人家可能会请识字的人到家里教自己的孩子,一般的家庭没有读书的条件。赵香宇、赵仓宇到上学的时候,因为家里没有人干活,他们便跟着赵明政到地里去干活了。村子里办了学校,学校就在村子里的大庙里,只有一个教书匠,不分年级,大家都在一块学,带的书是谁家里有什么书自己就带一本什么书。那时候的书大多是《三字经》《百家姓》《千字文》这类的书,就是背书,几乎不学算数等内容。有钱的家庭或者家里不缺劳动力家庭的孩子,才夏天冬天都上课,家里没有钱,又需要劳动力的家庭的孩子,在夏天是不上课的,都在地里帮忙,只有冬天的时候去学一冬天,赵香宇和赵仓宇只在学校学过一个冬天,赵满仓到了上学的年龄时,家里面有两位哥哥干活,冬天的时候就会让他去读书,去了两年就没再去了。赵香宇的孩子赵科头和赵落根十几岁的时候都去学校上过几年学。家里的女性都没有上过学,当时史成爱送赵落凤去上学,她到了学校门口就跑了,自己不愿意上,史成爱送了几次后,一直跑回来,后来就不再送了,也就没有上过。赵仓宇家的两个儿子也都上过几年。当时上的都是村子里的公办学校,那时候没有私塾。

赵家的孩子们上学一般都是就在村子里上个两三年,因为当时的"初小",也就是初级小学就只有四年,然后是"高小",也就是高级小学,"高小"在上寺头村里没有,好几个村子才有一个村子里会有"高小",当时的"高小"是在河东那边。赵家的孩子上的最多的也就只在村里上了几年"初小",都没有再去读"高小"。因为孩子们都大了,都能去地里干活了,那时候十二三岁的孩子就算是劳动力了,就要下地干活去了。让孩子早点下地干活,若是劳动力多的话,家里就可以再开点荒,或者买地了,一是来增加自家粮食的收成,使大家不必每天前胸贴后背那样饿着,另一个是孩子大了,要成婚了,要下地学学如何种地和通过干活增加点家里的收入,好为孩子们修房,也好成婚。孩子读完"初小"就不上了,整个村子里都差不多,大的环境就是这样的，自己的当家人也就不让再去读了，孩子们也默认就不读了，当然主要还是听当家的，家里的其他的家庭成员可以给家长建议，但最终还是由家长来决定的，其他的家庭成员一般是没有什么意见。在上学的过程中，赵科头上学的时间比较长，上完了三年的"初小"，因为他比较喜欢读书，自己愿意去上学。而赵仓宇家的一个孩子只上了一年就不再去了，由于在上学期间不仅不好好学，还和别的小孩子一起淘气，后来赵仓宇就没再让他去。经济条件不好的家庭和经济条件好的家庭不一样，不好的家庭，孩子不太好学，也不怎么会去强制，不好学就到地里干活就好，而富裕的家庭可能会强制孩子上学读书。

赵家没有让女孩子上学，主要的原因是家长认为女孩子上不上学也无所谓，在家学学做家务，学学针线活，到时候也好嫁人；家里的男孩子去上学了，家里就少了劳动力，需要女孩子去做点轻点的农活，如去外面割点草回来喂牲口，或者到地里送饭什么的。家庭条件好的，会让家里的女孩子去上学或者请老师在家来教学，赵家的儿子那时候上学都是小家庭里的家长决定的，然后和赵氏说一下。赵家让自己的孩子上学是为了让孩子认识点字，不至于像老一辈一样"睁眼瞎"。

（二）家庭教育

那个时候人们都不怎么上学，主要是通过家庭教育来让孩子们成长的，赵家也一样。赵家的家长对孩子的谆谆教导、言传身教，家长的一言一行在潜移默化中影响着孩子。家庭教育是孩子受教育的主要组成成分。赵明政和赵氏从小教儿子、女儿如何做人，在道德品行的树立中起重要的作用。赵明政教的儿子比较多，教儿子如何干农活，赵氏教女儿如何做饭、如何做家务、如何做针线活。在赵家，爷爷辈的主要教孩子如何做人，父亲辈的更多的是教孩子求生的本领。男性主要是教在外面的本领，比如在外面如何为人处世，如何求生，如何干活，女性更多的是教在家里的本领，比如，如何更好的照顾自己，如何和家里人相处等。教育主要是在家庭内，其他的亲戚、邻居教的孩子少，同龄人对孩子的影响比较大，因为孩子们常和同龄人在一块玩耍，互相间的影响也是比较大的，所以在孩子和别人家孩子玩耍的时候，家长会可以不让和那些调皮的孩子在一块玩。小孩子长到十二三岁的时候，男孩子能去地里干活了，或者女孩子能在家里做家务了，家长认为孩子就长大了。

（三）家教与人格的形成

因为学校教育的缺失，家庭教育则显得尤为重要，老人说的话"看妈脚后跟，就知道女儿有几层"，就说的是家长对孩子的重要影响，通过观察其母亲就知道她的孩子是什么样子。赵家的孩子中，虽然男孩子上过一段时间学，在人的形成过程中，主要还是通过家庭教育，通过父母的言传身教，形成了孩子的人格。赵明政和赵氏对家里孩子人格的养成起了重要的作用。在为人处世方面，他们就教孩子吃亏是福，不要去逮小便宜，用他们的话说是"吃亏人常在，逮便宜人死得快"，"不逮便宜不吃亏，不走小路不走背"，"逮便宜，没道理，摔死你也不敢怨艾"；孩子要多看别人的优点，少恨别人，用老人的话是，"恨人恨自己，阎王老爷在后堤"[①]，"看到旁人好，你才能活到老"；教孩子要尊老爱幼，"天翻地，不受气；地反天，受熬煎"就是教导后辈，要有长辈晚辈之分，不能没大没小；教孩子要学会说话，礼貌待人，同时也要学会圆滑处世，老人讲的是"会说话当银子，不会说话当狗使"，会说话的话就可以当银子使用，而不

---

① 后堤：就是后面的意思。

会说话就只能被别人当狗使唤了,呼来唤去。在自我修养方面,他们教孩子要学会反思,多反思自己,老人的话是"有理没理先想自己";教孩子要乐观,笑口常开,"喜气洋洋不受气"。

家庭中的相处模式和生活氛围对孩子的影响很大,若家里人性格都比较内向,和外界接触得少,孩子见的陌生人少,孩子就会显得胆小许多,小的时候见到陌生人会哭,只让家里人抱着不让外面的人抱,长大后会胆小,一直待在家里,到外面玩得少;而家里平时是热闹的,邻居、亲戚、朋友经常走动的话,孩子就会外向点,喜欢到外面玩,喜欢结交朋友。赵家的孩子若是犯错了,赵明政和赵氏就会教育。像一些大的家户,因为人多不好管理,家教就比较严格,当然,大户人家的孩子确实比一般家里的孩子更有素质。村中很看重家庭的教育,若小孩子做了不好的事情,如偷东西,村里面的人就会说这是家里影响的,大人肯定也是常偷东西,孩子犯了错,很多时候不会去怪孩子,而是会去责骂家长没教好。

(四)家教与劳动技能

赵家的孩子和村里的孩子一样,都是从十几岁的时候就开始去地里干活,做家务、看孩子,家里的男孩就跟着赵明政到地里,刚开始就是拔拔草、捡捡粪、挡挡牲口。随着年龄慢慢增长,家长会教孩子,拿镰刀割谷子、割高粱,拿锄头锄地,然后教孩子摇耧,犁地。到外面卖果子的时候,有时候也带着孩子,一方面也可以帮忙搬点东西,另一方面也可以让其跟着学学。学了这些生存的技能,以后成了家才能养活了这一家。女孩子跟着赵氏学做饭、做家务、看孩子。赵香宇他们这辈的孩子一样跟着他们学这些劳动技能。赵落凤小的时候在家看弟弟赵落根,去端煮沸的锅时,一不小心把水撒到了弟弟腿上,造成了烫伤,一年之后才好。小孩子看小孩子,难免会有危险,但那个时候家里孩子多,家里人又都要到地里干活,就让姐姐来看着弟弟妹妹。女孩子跟着家长学针线活,学缝衣服、做鞋,掌握了这些基本的技能之后,第一好嫁人,第二嫁过去之后自己什么都会做,婆婆也不会欺负自己。要是什么都不会,嫁过去后,有的婆婆就会经常骂儿媳妇什么也不会做。

(五)学手艺

赵香宇曾经学过木匠,他和师傅是同一个村子的。赵家之所以让他去学,一是因为当时家里的孩子只有他年龄比较大,能够干得了木匠的活;二是家里若有一个会木匠的人,一方面家里的木匠活就可以自己完成,不需要花钱请别人或者欠别人人情,另一方面还可以为家里增加点额外的收入。赵明政提前找好木匠师傅,与其商定之后,就带着赵香宇来到师傅家,简单交涉之后就把他放到师傅家。平时有活的话他就一直在师傅家干活,没活的话可以回来,但不能在家里待太久,即使没有活,赵明政也会让赵香宇早点回师傅家,多学习学习。村子里的铜匠、铁匠、木匠等手艺是可以外传的,只要师傅接受,就可以跟着师傅学习。

因为只靠地里的粮食难以糊口,村里的很多人都或多或少地会点手艺。村里的手艺人主要有铁匠、木匠、铜匠等,因为这些手艺可以解决家里的很多需要,如家里有木匠的,修房子、做家具,就不需要花钱找外面的人来做以节省开支。除了可以满足自家的需要,在农闲时还可以靠手艺到外面赚钱补贴家用。关于手艺的学习,有的是和家里长辈学的,如和爷爷、父亲,甚至哥哥等。有的是跟着师傅学手艺,学铁匠、铜匠、木匠这些手艺。若家里有会的,一般情况就跟着家里人学,家里没有人会,就会找自家的亲戚、本家、邻居来学。若是这些近点关系的人都没有会的,就会托人去外面找懂手艺的人,都是由家长出面去找,找到之后再带着孩子去学习,给当人家徒弟。不管是和亲戚、本家、邻居学习还是跟师傅学习,学徒期间都不交任何的费用,同时自己一分钱也得不到,就跟着师傅到外面干,师傅管吃住,一般都是跟学三年,在三年中完全给师傅打小工,三年之后就能完全学会手艺,可以出师自己做了。

(六)教化功能

赵家很重视对孩子的品行教育,因此在孩子很小的时候,赵明政和赵氏就会教孩子要做个善良的人,多看别人的好处,少挑别人的缺点;为人要正直,不能做偷鸡摸狗的事情,不能说谎;也会教育孩子要尊老爱幼等,这些都是通过赵明政和赵氏的言传身教来影响晚辈的。教育的目的就是为了让孩子能够长大成为一个人们喜欢的人,特别是家里的女孩子,更要懂礼,这样嫁到婆家才不会受气。若是孩子们对大人不尊敬,或者是说谎等,违背了家里所教的,若是轻的话,家长会骂孩子,情形严重的话,有时候家长就会大打出手,打孩子让他记住,要做个有教养的孩子。有一次赵科头在外面受气了,赵满仓不管事情原由直接帮赵科头出气,打了对方,赵明政知道后,先是教训了赵满仓一顿,因为他作为长者,应该知道怎么处理,却不分青红皂白地乱出气,家里的其他人也都指责赵满仓的不对,但同辈一般没有资格动手,只有赵明政和赵氏才有动手打他的资格,赵明政亲自去给人家道歉后,这件事才算了结。

赵家几乎没有受到官府和社会的教化,在村庄教化中,更多的是受村民的舆论,若谁家孩子做坏事或者品行不好,村民们在私底下就会讨论,当事人难免会听到,一些不轨行为就会有所收敛。村民的舆论不仅对于当事人,对于其他村民也是一种警示,每当赵家的孩子做什么事情的时候,家长就会考虑到村民们的看法,所以村庄的教化功能主要是通过村民的舆论来体现的。赵家作为一个外来家户,在当地没有庞大的家族,家族的教化功能主要是通过家庭来实施的。

二、家户意识

(一)自家人意识

在村子里的人看来,和自家同姓的本家是属于自家人的,也就是一个祖宗繁衍下来的后代,包括后代所娶的妻子和生的孩子。女性嫁出去后就不再是自家人了,而属于所嫁的那家人了。同时,母亲那边的亲戚也不属于自家人的范畴,这是人们口中所定位的自家人。

对于赵家而言,家长有赵明政、赵氏,儿子辈的人包括赵香宇夫妇,赵仓宇夫妇、赵满仓和他家的孙子们,这是赵家心理认同上的一家人,无论发生什么事情,都由家里的所有成员共同担当。对于赵家的这些人,无论是刚开始住在一起的大家庭,还是后来分成的小家庭,也无论是住在一起还是住得比较远,或者有的外出去打工,都一直是一家人。过继的孩子、抱养的孩子、招的女婿也都属于自家人,其余的亲戚、本家是介于自家人和外人直接的关系,而外人就是和自家没有任何的血缘关系,即使是朋友、邻居都算在外人的范畴之内。

在赵家看来,自家人就是心理所认同的人,也就是生活在一起的这一大家子,这是自己最重要的人。自家的事情一般不会允许外人介入,而是关起门来自己解决,当然有时候有的家里吵架,其场面比较混乱时,一般都会有邻居进去劝架,这是可以理解的,邻居也是出于好心,且对于阻止这次矛盾也是重要的,家里人同样能够理解。其余的家事无论亲戚、朋友还是邻居一般都不会插手,家里人也不希望外人参与进来。自家人之间不会有什么秘密,而对于外人有些话是不能说的,因为毕竟不敢保证这些话会被怎么理解,会被传到哪里。在交往方式上也是如此,自家人都比较随意,而对外人就比较客气。

（二）家户一体意识

赵家在种地的时候,彼此间既明确分工,又相互合作,每个人都尽自己最大的努力干着应该干的工作,男人们在农忙的时候每天到地里干活,除了在家看孩子和做饭的女性成员外,剩下的就到地里干活,小孩子也忙着到地里送饭、拔草;在农闲时,男人们到外面卖果子,女人在家给全家人缝衣服、做鞋,无论是妯娌之间,还是婆媳之间都相处得比较和谐。如果家里某成员被外面的人欺负了,家里人会一致对外,不会为外人说话的。分家之后也一样,家里人很团结,因为赵满仓没有娶妻,光棍一人,所以家里无论是在出钱还是出力上,都会对他格外照顾。在轮流照顾赵氏的过程中,因为他就和赵氏住在一起,只要平时照看一下就好,而赵氏的饮食和衣服的洗换都是由赵香宇和赵仓宇来承担的。种地的时候也是他们帮着赵满仓收一下粮食。家里的人都希望这个家能够有一天发达了,大家不再为了生计而整天奔波。分家之后,若某个小家庭能够发展好了,其他的小家庭也会跟着沾光。所以家里每次祈福和拜神的时候,希望家里的每一个成员都能够平平安安、健健康康的。赵家作为外来户在这里定居,为了防止被当地人欺负,所以赵家家庭内部显得尤为团结。当然,几代之后,赵家已经和当地人融为一体了,但是家族内部的那种团结性一直存在着,在赵家,无论是在生产上还是在生活上,各个小家庭间都会很团结。

（三）家户至上意识

赵家开始只有一头牲口,家里无论是犁地、拉东西都不方便,所以赵香宇提议要再买一头牲口,赵明政当时没有同意,因为那时家里最重要的事情是先给赵仓宇结婚,所以钱要先攒着,赵香宇并没有考虑到这点,当赵明政提出之后,他也立刻答应了,赵明政还批评了他,不看眼前孰轻孰重。虽然赵香宇也是为了家庭着想,但是相比给弟弟结婚,这个事情就显得太小了,所以为了家庭整体的发展就应该先给弟弟成婚,之后攒了钱再买牲口。

赵家的人不会轻易到外地打工而离家远去。原来赵仓宇卖果子的时候,就曾想到外面做其他的生意,但是赵明政和赵香宇看到家里的地和家人的照顾确实需要他在家,不能出远门,考虑到家庭的实际情况而没有在外面去长期做生意。这也让他失去了发展的机会,或许出去能打出一片属于自己的天地来;当然,风险也是有的,也许几年后血本无归,家里的地也荒种了,老婆、孩子将会露宿街头。

在婚姻上,都是由赵明政和赵氏考虑所有因素之后给娶的媳妇,自己的孩子都认真听父母的安排,赵科头娶第一个妻子的时候,结婚好几年都没有生养,家里人就决定让其离婚,虽然他们夫妻关系很好,但考虑到要为家里繁衍后代,他听取了家人的意见,最后也不得不和妻子离了婚。随后家里人又为他说了另一桩亲,这才又成了婚,有了孩子。

在读书上学方面,赵落凤这一辈人,村子里有了学校,但家里还是只让男孩子上了学,没有让女孩子上学,家里的女孩子也并没有因此而痛恨家人,因为他们清楚,男孩上学了,家里的家务活还是要干的,同时女儿是要嫁出去的,男孩将来才会留在家里给父母养老,所以她们也不会因为没让自己上学而怨恨父母。

所以在赵家,个人是从属于家庭的,在他们看来,家庭比个人更重要。

（四）家户积德意识

赵氏经常会说:"这是行了几辈子的好,现在才能这么长寿。"她看到谁家的孩子有出息了,就会说是人家祖上积的德,造福了后代,或者说是"人家祖坟上有那棵树",意思就是指是祖上的福荫。在骂人的时候,会骂道:"你就不怕你的后辈们倒霉,你现在做这些见不得人的事,迟早会遭报应的。"同样能体会到家户相信"来世报",相信自己祖辈所积的德或者造的孽会在后代人身上得到相应的报应。"无论是做善事还是恶事,天上都有人给你记着",所以警醒当代人,"胡事①少做",因为不仅有来世报,还有"当世报",村里骂做了错事的妇女就会说"不压你个阳寿,也要压你个子宫",因为对于女性来说,最重要的就是自己的生命和能够带来新生命,这两件事情。即使有时候做了坏事没有被发现,但事情迟早会被暴露的,因为"山高遮不了太阳"。赵家人为人友善,不做恶事,为的是造福后代。赵家人特别不喜欢没有德的人,所以父母在教育孩子的时候,都着重教育孩子应该要多吃亏,不捡小便宜,多看别人的优点,不忌恨他人,不重语伤人,要尊老爱幼等,这样做不仅是为了自己活得好,也是为了后代人。同时,赵家教育孩子要孝顺父母,"在家敬父母,何必远烧香",就是家里有父母你好好孝顺家里的父母就好,不必跑到远处去找什么老爷来保平安。赵家有行善积德造福子孙的意识。

三、家户习俗

(一)节庆习俗

赵家所在的村庄,过的重大节日有春节、清明节、端午节、中秋节。独特的节日有"六月六,涮瓜坡",意思是指盼望这一天下点雨,冲洗一下地里正在和将要生长的果实,这个时间正处于瓜等其他的农作物开花结果的好时间,如果雨水来得及时,地里的庄稼就可以多丰收些。还有"十月十,吃扁食","扁食"就是饺子,这个节日要吃饺子,是农民给自己改善伙食的一个节日,赵家即使没得吃,在这天也会象征性地包几个吃,因为这不仅意味着伙食的改善,更意味着未来生活水平的提高。每个节庆都有独特的习俗和不同寓意。在赵家的眼里,习俗不仅是习俗,很多的习俗更多是农民顺应天时长久以来形成的,从而达到"天人合一"的状态。因为只要这样的话,人们就能更加健康地生活,收获更多的农作物,对未来有更好的盼头。如在各个季节应该砍什么样的树、在哪里砍来做柴火,这样既能保证家里使用的木柴,又能保证外面树木的更新,保证不枯竭,同时还能够保证在不同季节所烧的木头对人们的伤害最小。赵家和当地人一样,遵守着一样的习俗。

1.春节前期准备

春节在当地指农历正月初一,也就是过农历年。这个节日是一年来最大的节日,所以赵家为了迎接这一天的到来,早早就开始准备。刚进入腊月的时候,赵家就开始陆续做好迎接新年的前序工作,在"打春"之前,赵氏就和儿媳妇们先把屋子上上下下、里里外外打扫一遍,毕竟一年了,也要给屋子进行一下大扫除。因为在"打春"之后就不能再进行大的打扫了,若一年在"打春"之前没有进行大扫除的话,那么这三年里都不能进行大扫除了,必须是三年之后才行了,因为"打春"那天之后就迎来了新的一年,在这之后扫家,就属于新的一年了,不再属于前一年。赵家坚持每年在"打春"之前打扫一次,当然也有的家庭比较懒,就干脆三年扫一次。在腊月十几的时候赵家就开始准备年货了,赵氏带着儿媳妇们到集市上买点布,回来缝制新衣服、新鞋子;还会买点糖,客人来的时候,给客人倒点糖水。每年这个时候史成爱还

---

① 胡事:指不好的事情、亏良心的事情。

会去磨面,有玉米面、高粱面、白面,就过年的时候才舍得吃点白面。腊月二十三的时候,也就是过小年这天,赵家晚上会吃"烧馍"。儿媳妇做好饭后,由赵氏先拜拜老灶爷,给老灶爷摆上"芝麻糖",好黏住老灶爷的嘴,不去"天上"说自家人的坏话;摆上烧馍,让老灶爷上天说家里的好,正如在老灶爷上贴的对联一样:"上天言好事,下界保平安",横批是"一家之主"。在祭拜老灶爷之前,要保证家里的人都在,要不然拜了之后,老灶爷上天不把他算在内了,所以这天赵家的所有人员都在家。

在农历腊月二十六七的时候,赵家就开始蒸馒头,好在大年初一的时候来祭拜老爷。赵满仓还会去地里砍些松树枝,带树枝回来,在腊月二十九的时候架到院子里,让大年初一早上来烧"年火"。春节的前一天傍晚的时候开始贴对联,赵香宇、赵仓宇贴,孩子们在一旁拿着对联,拿着浆糊,对联不仅只在门上贴,也要在自家的粮仓贴"粮食满仓",或者"五谷丰登";赵香宇在经常使用的家具上贴,在锯上会贴一个"开据大吉",在刨上贴个"刨刀锋利"等,对联就是表示来年好的愿望。一般都是贴的红对联,只有家里有人去世后的前三年是贴的蓝颜色的对联。在赵明政去世的后三年里,赵家就贴蓝对联。腊月二十九晚上贴完对联之后,赵家人就不再出去了,男性在家里帮着女性做饭、扫院子。晚上的时候,赵明政会让孙子在每个家门口都放两块碳,也是寓意从一年的开始就镇压住妖魔鬼怪。睡觉前,他还会放三个关门炮,关了门,给每个家里的"老爷"点一炷香,家里人就都早早去睡了,因为春节这天,大家都要起早。

2.春节当天

春节这天,赵家人都早早起床,赵氏和儿媳妇们给家里的各个"老爷"摆上贡品,烧上香,然后就由赵香宇去点"年火",前一天晚上用松树枝架起来的。年火,意味着吓走妖魔鬼怪,同时也意味着这一年"红红火火",点完后,会把一些馒头放到年火的灰烬来烤一下,寓意着吃上这馒头,在新的一年会大丰收。赵家也要把自家的祖先拜一下,在祖先的牌位下摆上贡品,家里都是用的方桌,又叫"八仙桌",然后赵明政会让家里的人,包括孩子都要给祖先和家里的"老爷"磕头。这天早上吃的是"烧馍",或者有的家庭吃白面条,寓意着这一年将会有大的收获,饮食上会有大的改善。吃完早饭后,家里的孩子就先后要给赵明政和赵氏及家里的长辈们拜年,长辈们给孩子压岁钱。分家之前,赵明政自己准备好压岁钱给孩子们,分家之后,因为赵氏没有收入,所以是事先由赵香宇、赵仓宇给赵氏准备好,好在拜年的时候给孙子们发压岁钱。压岁钱从小一直发到孩子们"开锁"之后,也就是十三岁或者十五岁的时候,孩子长大了就不再发了。然后在孩子结婚第一年的时候,新婚夫妇会一起给家里的长辈来拜年,长辈们需要给新婚夫妇"新人钱",这就是人生中最后一次领压岁钱了,在赵香宇和赵仓宇结婚的第一年,赵明政都有象征性地给他们"新人钱"。同时结了婚之后就意味自己有独立的能力来挣钱了,就需要给家里的小孩子发钱了,但即使赵满仓和赵香宇、赵仓宇所差的年龄大,但他们也不会给赵满仓发钱,同辈之间是不发的,不管年龄差距多大。给赵家的长辈们拜完年之后,这一天就不再去其他地方拜年了,给其他亲戚拜年是从大年初二开始的。赵家人都会穿着赵氏和儿媳妇做的新衣服出来和村子里的朋友三三两两聚到一起互祝新年好,或在村子里转转,或在谁家里坐坐闲聊,因为平时虽然都在村子里,但大家都是各忙各的,聚得也比较少,或者是有的人在外面打工,一年回不来几次,只有过年的时候大家都在,然后在一起聚聚。孩子们都在外面跑着玩,晚上就各回各家了。当地在过年这天,家里人都会在中午一起到坟上去吃火锅,但后来慢慢就不再有人去了。

3.走亲戚

赵家和村里人一样在大年初二开始"走亲戚"也就是拜年。史成爱和史薇薇要和自己的一家人到娘家去拜年,这天赵家的女儿也都会和女婿们回来拜年。后来赵家大女儿有了她自己的闺女、女婿,一般都是先接待了自己家的闺女女婿,回娘家则会在改天才去。赵家的儿媳回娘家拜年拿的礼品都是家里蒸的馒头,史成爱离家近,一般上午回到娘家,中午一起在娘家吃了饭,下午就回来了。大年初三,她们会挨个去舅舅家里,然后去姑姑家等。走亲戚的日子是约定俗成的,每年都一样,所以一般也不存在自己到外面拜年了,然后正好亲戚来了自家,若是有时候怕冲突,家里都会留有人负责招待,其他人继续去拜年。史薇薇家里亲戚少,到了初六左右就走完了。史成爱家亲戚多,要走到初十左右才能走完。走亲戚的礼品就是互换一下,你拿着东西来了我这,我就把你的东西送到另一家,把另一家的东西再给你送过去,就这样来回换着,虽然仅仅是将礼品换了一下,但它代表亲戚间彼此的承认有这层关系,并通过拜年来增进这份感情。拜年的时候一般情况下是全家人都要去的。

正月初五的时候,人们称为"破五"。这天赵明政会给家里的孩子们讲祖辈的事情,让后辈们都能够了解自己的祖先,赵家没有家谱,就是听赵明政讲一下,有家谱的家户会按照家谱来理一下家里各个阶段的情况。到了正月十六的时候,这天早上史成爱和史薇薇会早早起来做"炒米羹",事先把米炒一下,然后和菜一起熬,再往里面煮上面条,就做成了。然后由赵香宇端上一碗炒米羹,点上香,然后把祖宗送出去,因为祖宗是在大年三十晚上的时候迎回来的,回来过完年,过完元宵之后要送走,所以正月十六早上的时候,一早就去送祖宗。虽然在这里没有专门的祠堂,大部分人也都没有了家谱,但是在人们的观念里,祖宗的观念还是比较深入人心的,因为平时人们在骂人的时候都会骂道祖宗,如"你也不翻开你的家谱看看家里有什么人,现在来这里拽了"等。

4.喜事习俗

嫁女儿。赵家的闺女出嫁那天是穿着红裤、红衣服、红鞋,头上不戴什么,都是坐着轿,一路抬到女婿家里,经过桥、河、还有过阁的时候,女儿要扔一对赵氏事先给包好的几对点心,扔点心是成双扔的,寓意着夫妻两个白头到老,儿孙满堂;到了女婿门口后,先在门口围围草,女婿的朋友会拿点燃的干草围着新娘转三圈;下了轿之后,新娘的脚不能踩白地,在门口放着一把红漆椅子,直接坐上然后就抬过去了。赵家女儿的"送客"的是和女儿平时在一块玩的几个朋友,出嫁那天赵家这边也会摆酒席。有钱的人家摆席就吃好点,摆桌摆多点,没钱的就会少点。赵家会叫自家的亲戚、本家都来吃酒席,一般不叫村里的干部。女儿头一天嫁过去,第二天就和女婿回娘家走一趟,回家时带着瓜角①,然后再"三九"的时候再回来一趟,"三九"即嫁过去三个九天之后,也就是二十七天以后。女儿嫁出去以后,除夕那天就不再回赵家过了,只有到大年初二才能回来拜年。在清明、七月十五的时候,女儿都会回来给家里去世的人上坟烧纸。但随着女儿的年龄增大,自己家的事情增多,回来的次数就会越来越少,有时候上坟烧纸都不能回来,会让侄儿把烧纸捎上。

娶媳妇。赵家的孩子在娶媳妇当天,孩子们早早的就和自己的朋友,由朋友抬着轿子,来

---

① 瓜角:方言,馒头的一种。

到新媳妇家,要迎接新媳妇,在新媳妇家吃完午饭后,就要抬着新媳妇回来,将新媳妇抬回来,拜堂后,媳妇到婚房里就不能再出来,直到第二天才可以。

5.丧事习俗

"花棺彩木多好看,埋到土里都一般"。赵家人认为,丧事不需要大操大办,因为无论多么排场,最后去世的人还是入土为安,都要埋到土里面。赵明政和赵氏去世的时候,赵家人和村里的人一样,按照一般的水平,给老人办丧事。若是新生儿夭折了就直接用干草卷起来放到地后面;7岁以下的孩子"不成裰",20岁以下的孩子叫"少亡",都是用干草卷起来在家放三天,然后就放到地后面不管了,不会举办丧事。其他年龄段的人去世后,无论是正常死亡还是非正常死亡,举行丧葬的习俗都一样。以前嫁过来的媳妇在第一年的时候,都要上坟上吃火锅,表示家里又新添人丁。老人去世后,会烧一个纸库,从老人去世第一天开始算起,每个七天算一个阶段,头七、二七、三七、五七,烧完五七之后,这个就算是轮完了,然后再烧个"八日纸",八十天之后上坟烧的,就不再烧了,以后就是每年清明、七月十五的时候去上坟烧纸。

(二)在家过节

赵家在过节的时候都是以家庭为单位的,在分家之前就是一个大家庭里,无论是春节、端午节还是中秋节,都是家里人一块过的,分家之后住在同一个院落里,在这些节日会一起做饭来吃。过节的时候,家里人一般也不出去,嫁出去的女儿不会回来,就在丈夫家过,自家的妻子也不会回娘家,每年在"打春"和"迎春"的这两天,就不允许出嫁的女儿回娘家。这两天挨着,没有先后顺序,有时候的一年是先打春,有时候是先迎春。过年的时候,亲戚也不会来,都是各回各家的。过春节、元宵节、端午、中秋节的时候,没有什么仪式,到那天首先会拜"老爷",给"老爷"摆上贡品,赵家分家之前都是由赵氏来拜的,分家之后,各家的就由各家的女性拜得多。中秋的时候,赵家会在院子里放一张桌子,赵氏在桌子上摆上贡品,等看到圆月的时候,点上香,然后赵香宇会放鞭炮。这天的月亮若是不皎洁,月色朦胧的话,来年正月十六的时候,很可能要下雪。古语是这么说的"八月十五月朦胧,正月十六雪打灯"。端午节的时候赵家会包粽子,粽子主要是赵氏和史成爱包的,史薇薇不怎么会。这天家里的小孩子手上、脚上和脖子上会戴由赵氏做好的"花绳",据说这种"花绳"是为了预防蛇,蛇看到这种东西后会害怕,就跑走了。孩子们"花绳"一直带到"六月六",也就是农历六月初六的时候,才会把花绳剪下来,缠在一点馒头上,扔到房顶,让麻雀衔走。六月六这天是要下雨的,因为正好地里的庄稼要生长,也是人们的一个期盼。端午那天,同时赵氏会拿"艾草",沾上雄黄酒在孙子们的手心、脚心、顶心、耳孔、鼻孔点一下,也有防虫的功效。总之,在这些节日中,都是以家庭为单位,各家庭成员共同参与的。

四、家户信仰

(一)宗教信仰

赵家没有宗教信仰,家里没有一个人信仰任何教派,当地村民信仰宗教的情况也很少,几乎没有,那时候大家普遍信仰祖先和村庙,以及家里供奉的神明。一般情况下,在一个大家庭中信教或者不信教,包括信什么教,一家人都是统一的。家里信不信教,很多时候都是从祖上传下来的,若是祖上信教,后辈也信教,然后一代一代传下来,有家长带领着家里的其他成员进行相应的宗教活动,嫁进来的媳妇也自然地加入了其中。不过在那个时候,村子里的绝大多数人是不信教的,有个别家户会信佛教,没有信其他种类的宗教了。

(二)家神的信仰及祭祀

1.信奉神明多样

赵家供奉了很多神明,如老灶爷、财神爷、老君爷,也有根据自家情况所信奉的鲁班爷、大老爷、仙姑爷、虎大仙等。在分家之前,这些老爷除了老灶爷是在厨房的东墙以外,其他的各位老爷都是供奉在赵明政所住的家里,老君爷是在正中央,财神爷挨着老君爷,鲁班爷、仙姑爷、大老爷,依次排开,各位神明的名字写在纸上,然后贴在墙上。除了在重大的节日要祭拜外,每逢初一、十五都要给所有老爷烧香,以保护家人的平安。老灶爷作为一家之主,腊月二十三的时候,会用芝麻糖来供奉,让老灶爷上天的时候说家里的好事,回来后保一家的平安。过春节的时候,给老爷烧香,从初一烧到初六,每天早中晚三次。家里的人可以拜神,过年的时候,赵明政要求家里的每一个成员都要挨个给家里的神磕头的。在过年这天早上,要给家神烧纸,各种颜色的纸布匹、银文等,新年的到来也要让家神有衣服穿、有钱花,同时也摆着各种各样的贡品,贡品一直摆到初五才会收起来。平时都是由赵氏负责上香,一般不会烧纸,会蒸上馒头做贡品,当天供完,当天就会收了。有时候赵满仓外出去卖果子时,为了求得一份平安,也会在临走前一天去拜一下各位神明。还有家家户户都要拜的"五谷爷",每次收回来的粮食在晒场脱粒后,会把粮食弄到一堆,在上面插个扫把,然后赵香宇会围着转一圈,摆上贡品,表示丰收了,同时感谢一下上天,保佑自己年年能够丰收。

2.信奉神明保平安

赵家信奉的各种神明,都是为了求得家里人的平安和家户能不断向好的方向发展,老君爷是为了求得给家里带来一份平安;财神爷是为了家里能够多挣点钱;老灶爷是为了保佑一家人能够吃饱饭;鲁班爷是赵香宇做木匠的时候祭拜的,也是为了保佑在干活的过程中能够平平安安;大老爷是为了保佑家里人都不生病,生病后都能够治好,赵香宇在生病的时候开始供奉大老爷。在赵家分家之前,就都在一起拜,分家之后,各个小家庭都安有自家的神,就是自己小家庭内部拜了。

(三)祖先信仰及祭祀

赵家成员对自家的祖先是谁并不清楚,只知道赵腊丑从太原迁移到泽州府以后的情况。家里祭祀的就是赵腊丑的牌位。刚开始的时候是放在赵明政住的家里,后来他去世后,就把两人的牌位都放到了赵香宇家里,因为他是家里的长子,当地的习俗是将家里祖宗的牌位都放在长子家里。赵家祭拜祖先首先是感恩,感谢祖先的生育、养育之恩,其次也祈求过世的祖先能够保佑家里的人们平平安安、健健康康,能够将家里的香火继续沿袭下去。

赵明政平时在教育孩子的过程中,特别强调孝道,每次在祭拜完祖先后,会专门让家里的小孩子再给祖先磕头,若是在祭拜的时候,有不尊重的行为和动作,赵明政就会呵斥小孩,让其严肃对待。他认为,孝道是一个人最基本的品格,如果为人不孝的话,那么这个人也不会有什么好的生活,不孝者的孩子还会不孝顺。在赵明政看来这是"一报还一报",所以他很孝顺,在赵腊丑老年的时候,赵明政无微不至地照顾自己的父亲,赵腊丑去世后,他也会经常祭拜,逢年过节都会给其烧香、磕头。他把对于祖先的孝与对于在世老人的孝联系在一起,他认为,不孝敬家里的老人就是不孝敬祖先,所以他也教育自己的孩子、孙子要做一个孝顺的人,若是不孝顺,也会引来外人的非议,外人也会对其指指点点,并且不愿意与其共事。

(四)庙宇信仰与祭祀

1949年以前,村子里有四奶奶庙、五龙庙、老爷庙等,逢年过节的时候,村民们都会到庙里去烧香、磕头,有事的求事,没事的保个平安。四奶奶庙又叫"送子娘娘庙",就是保佑家里的女性能够生个孩子,或者更多的是能生个儿子。去拜的时候,带点馒头等贡品,家里男的女的都可以去,很多时候就是一家人去,母亲带着儿子和儿媳妇去给儿媳妇求子。有的人求了老爷之后,若来年喜得一子,生了孩子之后,家里的人会再来还愿。赵科头娶第一个妻子的时候,因为一直没有生养,史成爱带着赵科头和他妻子一起也来求过,但是后来还是没有生养。

五龙庙是求雨的庙,求雨的人更多的都是由家里的女性去求的,赵氏会和村里的几个妇女手里拿上柳树枝,一起到庙里求雨。村民们认为,五龙庙的老爷也挺灵的,有时候上午去求了,下午回来就下雨了。那时候人们最大的收入就是自家地里的那点粮食,那对于农民来说就是命,而地里的粮食又全是靠天吃饭,所以一碰到旱的时候,人们就会三三两两到五龙庙来求雨,有时候求雨是在一棵老槐树下面的一个磨上,往磨上浇水,也算是求雨的一种形式。

五、家户娱乐

(一)结交朋友

赵家的家庭成员都有自己的朋友,只是男性的朋友会多点,而家里的女性的朋友比较少,因为妇女在家待的时间多,平时出去得少。只要交的朋友不是村子里大家都说的品行不好的人,家里的长辈一般不会干涉。赵家男性们的大多数朋友都是村子里的,村外的朋友少;赵家的儿媳妇是在娘家会有朋友,但嫁过来之后也就来往得少了,和自家邻居们来往得比较多,因为有什么事情邻里都会互相帮忙,一来二去地就熟了。在赵家,未出嫁的女儿不能和外面的男性来往,怕外人说闲话,嫁不出去。赵家人外出得少,在外面交的朋友也就很少,大多是村子里的,所以一般情况下朋友不会在家里留宿,傍晚的时候都就自然回家了。特别是小孩子,有时候贪玩,晚上不回家,但家长都会来找的,小孩子交朋友也没有特别的限制,能玩到一块的就一起玩。交朋友比较随意,没有什么特殊的仪式,朋友之间因为玩得熟,彼此间会有外号,平时叫外号更多一些。当遇到红白喜事的时候,家里的男性朋友都来参加,关系好的听说谁家要办红白喜事了,自己就来帮忙了,关系不是太近的,需要专门告知一声,才会来。

物以类聚,人以群分。交朋友时同行业的会多一些,除了从小一起玩到大的朋友以外,像赵香宇因为干过木匠,所以认识的木匠就比较多,赵仓宇和赵满仓在外面卖果子多,那么对于同在外面卖果子的人就认识得比较多。朋友家的条件和自家的条件都差不多,若遇到困难,朋友都会尽量帮忙的。

(二)打牌

1949年以前的娱乐方式比较少,因为平时大家都是忙着到地里干活,没有什么空余时间,白天下了一天的地,晚上回来也比较累,出去得就少了。赵家人常打牌的少,偶尔赵明政会出去玩一下,其他人一般不怎么玩,除非是过年的时候,大家会和朋友们聚到一起,可能会玩一下,其他的时间一般很少玩。村子里面玩牌的也大都是老年人,家里劳动力多的,平时去地少的人会聚到一起玩,一般在农闲的时候玩的比较多。关于打牌的地点,平时打牌的人到哪个地方习惯,大家每天按时就自然而然到那个地方去,打完牌后,各自回家吃饭,打牌那家是不管饭的,因为毕竟人多。赵家人没有爱打牌的,赵满仓更是不感兴趣,很少碰的,孩子们也都不玩。

（三）串门聊天

赵家人平时串门主要是在邻居家，远的地方去得比较少，串门也是在晚上比较多。农忙时，有时候因为要借东西或者有什么事情，一般端着饭或者是吃完晚饭后就到邻居家说一说，顺便坐下闲聊一会儿，一般不在邻居家吃饭。在农闲的时候，可能因为晚上在家无聊，就到邻居家个留①，然后就自家的事情和村子里面的事情闲聊，都是七家长八家短的话题，男人们会聊点村里和国家的大事，女人们一般不会过问。若家里刚办过丧事的人就不能随便进别人的家里，如赵明政刚去世的时候，赵家人就不能出去串门了，只能在家待着，只有过了"五七"，也就是三十五天之后，才能进别人家里，因为别人担心给家人带来晦气，自家也担心别人正好出了点不好的事情而赖到自家头上来，所以无论对于别家还是自家，都不会进去的。有一次赵香宇一下忘了这事，进了别人家的门才想起来，后来他就去找阴阳写个东西在纸上，然后把纸给了人家，让人家贴到大门后面就好，据说是能够避邪的。

赵家人外出的时候，家里一直有人，主要为家里的女性，若赵氏出去的话，媳妇们在家看着，媳妇们出去的话，赵氏就在家；一般在外时间也不会很长。家里若有什么事情，在大门口喊一下，就差不多能听到，家里没有因为这个产生矛盾纠纷。平时来自家串门的也都是邻居，经常过来闲聊的人，彼此间不会那么客气，对于不经常来的人，赵家人会给客人倒水，若到了饭时，会留客人在家吃饭。

（四）看唱戏

1949年以前，村子里面还没有开始举办庙会，附近的村子里也都没有举办庙会的，但每年都会有唱戏的活动，本村或者邻村举办唱戏的活动时，赵家人都会去看戏。家里的男性吃完饭之后就早早地去了，儿媳妇把碗筷都洗好后，也会带着孩子出去看一会儿。那时候，在一些大的村子会有庙会，若是那个村子里有亲戚的话，外面的人那天都要去的，带上礼物，上午过去，中午在亲戚家吃饭，若是特别近的，如闺女回娘家，就会前一天晚上去，帮家里准备一下第二天需要的东西。村子里平时没有其他的娱乐活动了，毕竟大家吃饭都困难，所以也就没有其他的活动了。

---

① 个留：方言，音译，指闲逛。

第五章　家户治理制度

　　赵明政作为家长,承担着家庭成员的温饱、免受灾害、战乱的责任,同时也拥有支配家里财产、决定家庭事务的权力,作为家里的代表参与村庄和国家的公共事务。长子赵香宇代替当家之后,同样需要行使相关的权利和义务。赵家没有成文的家规,但家里人有一套默认的行为方式,若是做得好,长辈们会对晚辈进行一定的奖励,包括物质和精神上的;若是家里人违反了,长辈会对晚辈进行惩罚,错得严重的话,则主要由当家人进行惩罚。

一、家长当家

(一)家长的选择

　　赵家的家长是不需要由家里成员来选择的,而是一代一代传下来的,赵家人默认家里最年长的男性作家长,赵腊丑带着自家的两个孩子从太原迁移过来后,他作为家里的家长,操持着家里所有事情,置房买地、为孩子结婚。赵明政结婚后,还未分家之前,赵腊丑依然是家里的家长。在分家之后,赵明政作为家里辈分最大的人,他就是家长,管着家里大大小小的事情。后来因为他年老体衰,生病之后,没有精力再去管理家里的所有事情了,而此时赵香宇和赵仓宇虽都长大成人了,但并没有分家,赵氏毕竟作为一个家庭妇女,很多时候也没有什么主见,有事情都和赵香宇商量。赵香宇作为家里的长子,自然就担当起了一些家里的责任,后来赵家就主要由赵氏和赵香宇共同进行一些事情的安排和决定。赵仓宇因为年龄小,作为次子只能听从赵香宇的安排,但作为同辈人,且年龄相差不大,在一些事情上,他也会有自己的意见和看法,难免会产生一些矛盾和冲突,所以后来也因此分了家。赵明政在世的时候,他对外就代表整个赵家;此时,赵氏虽然年龄最大,但毕竟是女性,且家里的孩子都长大成人了,所以赵香宇就成了赵家对外的代表,无论是交税还是干什么,家里就由原来赵明政的名字改成了他的名字。分家之后,赵香宇和赵仓宇成为各自小家庭里的家长,作为各自小家庭里的代表,赵氏和赵满仓住在一起,赵氏因为年龄大了,很多事情也没有精力再去管,这个小家庭的家长就是赵满仓。一代又一代,无论赵家谁当家,家里的所有成员都会信任当家人,听从当家人的安排。赵明政在当家的过程中,作为当家人他每天为家里的事情操劳,一心想把赵家建设得更好,家里的其他成员都很满意,包括史成爱和史薇薇,作为儿媳,也同样信任和尊重赵明政。分家之后,在各个小家庭中,各个小家庭的成员同样对自家的当家人尊重和信任。

　　对于赵家而言,家长和家中具体管事的一般都是同一人,过渡时期除外,如在赵明政当家的时候,他精力还能够操劳这个家的时候,家里是由他当家和管事,但后来在他刚生病的那些日子里,虽然他还是家里的当家人,但由于没有那么多的精力去管理家里大大小小的事情,很多事情的决定和执行就是由赵香宇和赵氏来做的。这个时候,家里的具体管事的人,实际上已经成了赵氏和赵香宇,而赵明政虽然还是当家人,但不是具体管事的人了。分家之后,在赵香宇的这个小家中也同样发生过这种情况,赵香宇去世的前一段时间里因为一直卧病在床,所以家里的事情实际上是由史成爱带着长子,来管理着家里的事情。赵家的家长确定后,不需要任何的仪式和象征性事物,当原来的当家人没有多余的精力去管理家里的事情后,自然就由新的当家人来进行管理。在村庄这个熟人社会中,村民们都了解各家的实际情况,不需要任何标志,别人都知道赵家的家长是谁,在赵明政当家的时候,外人称呼赵家就以赵明政代替,后来赵香宇当家也一样。赵家的家庭内部对家长没有特殊的称呼,就按照辈分称呼。

对于家长的选择,一般情况下是根据辈分来确认的,但对于一些大的家户也有根据能力来具体选择当家人的。在一般的中小户家庭中,家里辈分最大的男性,自然就是这个家的家长,不会根据能力、学识和其他因素来选择,孩子生下来就知道自己的父母、爷爷、奶奶,此时爷爷就是家里的家长,若是爷爷没有管理家里的精力了,或者过世了,这个时候更多的是家里的长子来当家。当然也有例外,有一些家庭中,家里的辈分最长的男性去世后,由家里最长的女性来当家。比如在上寺头村的一户人家中,家里的辈分最大的男性去世后,因为女性的能力和精力都比较强,就作为家里的当家人,管理着自己已经成婚的儿子和其他的家庭成员。若是在大户人家中,辈分大是作为家长的一个重要的方面,但另一方面还是要确实有一定的能力,因为这些大户人家中,家里的家产比较多,需要有能力的人来管理,在上寺头村的一户大户人家中,家里的当家人去世后,按当地的习俗是由长子来继承管理和安排家里的大大小小的事情,但由于长子天性好吃懒做,也没有能力去管理家里的事情,而次子能力较强,对外、对内都能够井井有条地安排生产,所以在这户人家中就是由次子来当家的。在上寺头村,当家人和管事人一般都是同一个人,因为即使是大户人家,家里的生产也是有限的,最多会雇用两三个长工、两三个保姆,当家人完全能够管理过来,对于一般的家庭同样是谁当家谁管事。一些过渡时期除外,如原来的当家人还在,但由于生病或者常年外出不在家,这个时候家里的实际管理者就会是其他的家庭成员。

在村里面,街坊、邻居和其他的村里人都知道,某个家是谁的家,这个家里的家长是谁,此时家长就是这个家的代表。对于家长由谁来当,不需要和四邻、保甲长告知,自然而然的,大家就默认为各家的家长就是家里辈分最大的男性。若是家里男性年老了或者生病去世了,此时就由家里已成年的长子来作为家长,若是孩子都还小,就由母亲来作为家里的家长了。在一般农户的小家庭里,家长不需要有多大的能力,不像在大的家户中,有很多事情要管,家长若没有能力的话,其他的家庭成员难以管理,家族的产业也难以维持。而在小家庭中,家长只需要满足一家人的温饱问题即可,保证家里人的温饱,就都能够管好这一家人,在灾荒的年头,当家人要想方设法为家里人借到粮食吃,维持一家人的需求。

(二)家长的权力

1.祖赋父权

赵明政作为一家之主,他所拥有的权力是由他的父亲赵腊丑赋予的,而赵腊丑的权利又是从上一辈传承下来的,一辈传一辈,但归根结底,家长的权力都是从祖先那里赋予的。这个权力被家庭里的每一个成员都认可,赵明政作为家长,他有权力管理整个家庭的事情,也有权力管理家里的所有家庭成员,家庭成员也有义务听从家长的安排。虽然说赵明政是整个家的代表,但是对于家里做一些重大决定的时候,如土地买卖、房屋建设、儿子娶妻、女儿嫁人等事情时,都会和一家人商量的。

在赵家,赵明政作为家长,管理范围包括家里的所有成员,未出嫁的女儿、嫁过来的儿媳妇都要听他的话,女儿出嫁后及各个儿子分家后,家长就没有权力对其进行更多干涉了,对其小家庭中的事情也就不会更多干预了。家里大大小小的事情都由他做最后决定,在决定一些事情之前一般都会听一下赵氏和家里人的意见,然后再决定,特别是在一些大的事情上,如买地、修房、孩子结婚等,更会和家里人商量,谨慎决定。如在赵香宇提议买牲口时,赵明政考虑到给赵仓宇结婚要用钱就没有同意,后来也就没有买成,因为家长不同意的事情是绝对做不成的。家长和家里的成员是作为一个整体的,虽说家长有最后的决定权,但在做决定的过程中,更多的是家里所有成员共同参与,赵家人因为都生活在一起,所以没有固定的家庭会议,有什么事情,大家在吃饭的时候,或者干活的时候,就商量好了,若是谁不在场,赵明政会专门询问一下对某事情的看法和意见。当然在村里面的一些大户人家中,对家里的经营、生产等方面的大事,都会有专门的家庭会议进行商量、做决定的,而对于像赵家这样的家庭,一般不会专门举行家庭会议。赵家分家之后,赵香宇和赵仓宇同样成为自己小家庭里的家长,管理着各自小家庭里的所有事情,管理着自家的所有家庭成员,但彼此不能插手管对方小家庭里的事情。而赵满仓由于和年老的赵氏生活在一起,虽然他作为那个小家庭里的家长,但由于没有成家,所以在很多事情上,是由赵香宇和赵仓宇来帮忙和做决定的,赵满仓也比较听他们的话。

2.财产管理权

赵家作为中小户人家,家里的收入仅够糊口,有时候碰到灾荒的年头,还需要到外面借粮才能勉强度过。家里主要的收获就是从地里收获的粮食,其他的收益很少,赵香宇在农闲时间会到村子周围做一段时间的木匠活,赵满仓会到外面卖点果子挣点钱来补贴家用。对于赵家人而言,能够有饭吃、有衣穿,大家就心满意足,家里没有什么其他的财产。赵家人都没有私房钱,家里哪有什么财产。赵明政管理着家里的所有财产和粮食,平时孩子们在外面卖果子或者干木匠、铜匠所挣的钱,回来也要都交给他。赵家的贵重物品,如地契、现金等,都是由赵明政和赵氏来管理的,这些东西都放在他们屋子里的一个箱子中,箱子是锁上的,钥匙一般由赵氏管理,但总的支配还是由赵明政来做决定。对于一些衣物之类这些不重要的物品,则放在各自的小家庭里,由各自的小家庭成员管理,赵香宇家主要就是史成爱管理这些东西,赵仓宇家是由史薇薇来管理的,赵满仓一人对自己的一些东西管理。对于家里财产的支配,总的都是由赵明政来负责的,对于家里的大事,由他亲自做主,小的事情则就由赵氏来安排。如:对于孩子们的聘礼和彩礼等这些大事,具体下多少聘礼、陪多少嫁妆就是由赵明政亲自来做主,在土地的买卖、租佃等重大事情上,同样都是由赵明政来做主。对于这些大事,赵明政也会先和家里人商量之后再做决定。而对于平时家里人到集市上买东西,则都是由赵氏来安排的,但赵氏也会在花费之前和赵明政提前说一声。在对外交往的过程中,如在买土地时,单子上的落款人是赵明政,因为对于这些重要的单子,只有写当家人的名字,别人才不会侵犯,若写家里其他成员的名字,则不能完全得到外界的承认。

赵家的其他家庭成员在外面赚的钱,回到家后,首先要交给赵明政,不能够私自处理,若是私自花费,赵明政就会对其进行惩罚,赵满仓曾经就因此被他打过。赵满仓第一次自己外出卖果子的时候,因为年龄还比较小,贪玩,卖了果子的钱,就自己买了东西,回来后赵明政狠狠打了他一顿,赵氏在一旁拦着,但毕竟是他不对,所以还是被打了。自从那以后,赵满仓卖了果子的钱,回来都如数上交,不敢乱花。

家里财产的管理权归赵明政掌控,所有权则归全家人所有,家里人的吃穿住用行都在一起,开销由家里统一管理,家里的成员基本没有什么零花钱。当然,村里也有一些家庭,虽然儿子们没有分家,但儿子都成婚后,除了一起种的田地外,自己在外面赚的钱就由自己来支配和管理。村里赵海龙一家,家里有两个儿子,一直没有分家,耕地也在一块,除了粮食大家在一起吃,家里卖果子的钱需要交给他以外,两个儿子在外面做木匠自己挣的钱就归自己所有。赵海龙认为,儿子们都已经成婚了,有了自己的家室,应该让他们有自己的私房钱,满足他们自己的需求,买布制衣由他们各自小家庭购买,只要不乱花钱,赵海龙一般都不会插手管,他只对家里的共同财产进行管理,孩子们在外自己赚的钱就归孩子自己管理,在共同的耕地和卖果子上,家里人需要共同来做,不能偷懒。

3.制衣分配权

赵家人穿的衣服都是由赵氏和两个儿媳缝制的,不是在集市上统一买的,赵明政一般不管家里的这些事情,每次买布时,赵氏会提前和赵明政说一声,然后带着两个儿媳妇到集市去买,有时候会买点线和棉花,因为线有时候是自家纺的。布匹买回来之后,赵氏会按照劳动的男性、小孩子和在家的女性来安排制衣总量,赵氏能干活的时候,会参与其中,史成爱和史薇薇也是先给自家的人做,做完了自家的再去帮忙,史薇薇因为家里人口少,每次先做完后,就给赵满仓缝制衣服,赵氏主要是给赵明政和她自己做,有时间的话,帮着史成爱给孙子们做,彼此会相互帮忙,最后缝制好家里所有人的衣服。

在制作新衣服的时候,一般都是先给家里的男性做,因为他们在外干活衣服损坏得多,其次给孩子们缝制衣服,最后才是妇女的,一来是因为妇女在家时间较多,衣服耗损小,二来是因为担心所买的布不够,所以先给家里的其他人缝制,若是布没有了也不着急,等再去集市上的时候,顺便买一点就好。赵家种了一些棉花,主要是用来做绵被,或者到冬天做棉袄的。赵氏年长后不能再做衣服了,就由两个儿媳妇们共同给赵明政和赵氏做。无论是布匹、线和棉花,史成爱和史薇薇做的时候,需要多少,赵氏给分配多少,不够赵氏再给,若是做完衣服后有剩余,都要交回给赵氏。即使后来赵氏不再做衣服,更多的由儿媳妇制作,但总的安排还是由赵氏来负责的。平时家里人的衣服若是破了洞或者扯破了,就由小家里的女性来缝补,赵满仓的衣服一般就由赵氏给缝补,赵氏干不动了就由两个儿媳妇帮着缝一下。无论谁的衣服破了,都不会抱怨制衣的人,缝好就可以了。每个人的衣服上都有大大小小的很多补丁,对于在外干活的男性来说,衣服没穿几天就会破,然后补好接着穿。

村里大部分的家户中,制衣穿衣基本都是由婆婆统一安排,带着家里的儿媳妇们共同制作。衣服都是家里的妇女做的,市场上只卖布匹,没有现成的衣服,所以家家户户都会做衣服,是否会做衣也是人们判断一个儿媳妇是否贤惠的一个重要标准,若是不会,在婆家的地位就会很低,经常会被婆婆骂。当然,即使不会,婆婆也会在短时间内教会儿媳妇做的,因为这是一项作为女性必须学会的技能,就像会做饭一样。史成爱的妹妹就因为手比较笨,制衣做鞋学得比较慢,所以在婆家经常受气。在一些家庭中,即使是分家之后,制衣事务也是由婆婆来统一安排的。

4.劳动分配权

赵家分工明确,赵明政和赵氏进行总安排,赵明政主外,赵氏主内。史成爱刚嫁过来的时候,由她负责给家里人做饭,去地里较少;后来史薇薇嫁过来之后,两个儿媳妇就轮流做饭,赵氏负责看孩子;轮到史成爱做饭的时候,史薇薇就会被安排到地里干点农活,或者去喂喂牲口、看看孩子等。轮到史薇薇做饭的时候,史成爱一样也不会闲着,都要做家里其他的活。儿媳妇刚开始嫁过来的时候,由赵氏安排工作,时间一长,大家就知道该做什么,只要不闲着,赵氏也不会说,除非有要紧的事情需要先完成,赵氏才会安排。碰到农忙的时候,即使要做饭,也要先在地里帮助干一会儿农活,快到饭点的时候,提前赶回来做饭。家里的男性就都在外面,农忙的时候,儿子们跟着赵明政在地里干农活,农闲的时候,赵仓宇和赵满仓就会到外面去卖果子;赵香宇有时候到外面做木匠,赵明政一直在地里干活,往地里挑粪、除草。种地的时候,前面由赵明政牵着牲口,赵香宇摇耧,赵仓宇在后面踩着耙,妇女和小孩子在地里将大的土块打碎,或者捡一下地里的小石块。

赵明政和赵氏年龄大了后,只要身体还允许,他们还会去地干活,因为干了一辈子的农活,突然在家休息,反而会无聊,所以即使年龄大了,依然是一有机会就到地里做点力所能及的,还有锄地的力气就会继续扛着锄头到地里,没有锄地的力气了,就到地里拔拔草,干些轻活,直到身体不允许去地里了,才会停下来。家长为了方便看护小孩,很小就把孩子带到地里去了,要不然家里还需要专门留一个人看护。赵香宇能走会跑的时候,就被赵氏带到了地里,让他在地里玩耍,稍微长大后,能够分清楚庄稼和野草,就会带着他,让他一起拔草,待他长到十二三岁的时候,就成了家里的劳动力,要开始干农活。

村里的人大部分都是这样的情况,家长负责总的安排后,大部分的事情家里成员都会按常规各行其是,男性们主要负责种地和到外面卖果子赚点钱,家里的女性负责家里的做饭、做衣、看孩子和其他一些家务活,农忙的时候也帮着去地里干活,因为对于农民来说地里的活是永远干不完的,只要想干就一直会有活做,家家户户都是为自己一家人的吃穿每天忙碌着。农忙期间就负责地里的活,农闲期间就找点副业挣点额外的钱。一些大户人家,由于家大业大,更是每天忙碌着,除了家里雇用的人要到地里干活以外,家里的其他人也一样要到地里干活。

5.婚丧嫁娶管理权

在赵家,赵香宇和赵仓宇的婚事是由赵明政和赵氏一手操办的,他们找媒人给儿子们说媒,说好之后,给孩子举办婚礼,孩子们是没有权力来选择自己的妻子的,只要赵明政和赵氏同意,这门亲事就能成,一般不会问孩子的意见。家里的女儿也一样,除了赵家的小女儿,因为小时候正好赶上饥荒,赵明政和赵氏就决定把她给了别人做童养媳;另两个女儿的婚事也是他们给说的,没有经过女儿的同意就把婚事定了。赵香宇的儿子赵科头结婚的时候,当家人虽然还是赵明政,但由于那时候他已经生病了,对这些事也没有再过多参与,所有关于赵科头的婚事,还主要是赵香宇和史成爱来张罗的,赵氏会给意见,但主要还是赵香宇和史成爱来做决定,并参考赵明政和赵氏的意见。而赵科头会听从父母的安排,没有什么意见。在赵仓宇的儿子赵补根结婚的时候,赵明政已经去世,赵家还没有分家,赵香宇作为当家人,因为赵仓宇和赵香宇作为同辈,且年龄相差较小,所以对于赵仓宇自己小家的事情,赵香宇没有过多地参与,赵仓宇在给赵补根娶媳妇的过程中,主要会参考赵氏和史薇薇的意见,最后来决定婚事是否能成,不会问赵补根。

赵明政去世的时候,是由赵香宇和赵氏共同主持其丧礼的,赵仓宇、赵满仓和家里的其他人都参与其中,做力所能及的事情。赵香宇先于赵氏去世,他去世的时候,赵氏年龄已经大了,而赵香宇的长子赵科头虽已结婚,但年龄还小,这过程主要是赵仓宇和史成爱一起办的丧礼,赵氏去世的时候,是由赵仓宇和赵满仓共同主持办的。赵家人过世,没有立遗嘱,因为一般只有大户人家才会在临终前立下遗嘱。赵家的祭祀活动,是由当家人做代表进行祭祀的,赵明政在世的时候,每年都是由他来祭拜,像清明这种大的祭祀活动,也是由他来主持的,赵明政去世后,家里的祭祀活动就由赵氏来主持。

对于婚丧嫁娶这些大事,村里的其他家户也都是由家长来决定的,无论是儿子娶媳妇还是女儿嫁人都是由父母来找人说媒的, 即使是爷爷当家,孩子的婚事主要还是父母来张罗的,一般情况下都是由父母做决定。结婚之后,若是父母对儿媳妇不满意也可以让儿子离婚,若是理由充分的话,儿子都会听家长的话。但村里面的大户人家则不一样,当家人是爷爷的时候,孩子的婚事最终还是由爷爷来把关,父母只负责给孩子找对象,找好之后先由当家人把关,当家人通过后,就可以成婚,当家人若不满意,这门婚事就不行,同样不会参考孩子的意见;成婚之后,若是当家人对孙媳妇不满意,也可以让孙子离婚,儿子的父母也会听从当家人的意见。大户人家的家人过世的时候,都会立下遗嘱,后辈人也都会遵照老人的遗嘱来办事,老人虽然去世了,但是还有威信在,若后辈人不按照遗嘱办事就会遭到家里人、本家人、邻居的谴责,后辈人在心里上也过不去的。对于村里的老人去世后,一般情况下就由家里的几个儿子共同来安排丧事。对于一些家庭,当外当家去世的时候,主要就是内当家和儿子们一起来操办的。

6.对外交往权

在赵家,赵明政作为家长,在对外交往中,他就代表着赵家,而其他的家庭成员不行,外人也只认可家长一人,无论是到外面借粮、借钱、交税,都是由家长出面的。如在饥荒的年头,需要到外面去借粮食,只有赵明政出面粮食才会比较顺利地借到,若是家里的其他成员去借,借家不会轻易地把粮食借出的,因为大家都认为,不是当家人不能够代表整个家庭的意见;每次缴纳粮税也是由赵明政出面去交的,他是纳粮的主要负责人。或者平时邻居家、亲戚家办红白喜事,都要由赵明政出面,只有他去了,邻居、亲戚们才会感觉这一家人来了,若是家里的其他人去了,而他没有去,那么办红白喜事的人就会感到彼此间的关系有点疏远。若是亲戚、邻居家办红白喜事,赵明政正好有其他的事情,不能够参加,他会提前到亲戚、朋友家告知一声,然后在举办红白喜事的那天让自己的家人过来,代替自己。在村庄的开会、投票中也一样,都要赵明政出面参加,因为他作为当家人,是赵家的代表。赵家的孩子没有外出打工的。赵明政去世之后,分家之前,家里的对外交往就由赵香宇负责,他代表着整个家对外交往,分家之后,赵香宇就只能代表自己的小家,不能代表其他的小家,赵仓宇和赵满仓都分别代表自己的小家对外交往。

在对外交往的过程中,一般都是由家长出面的,因为在外人看来,只有家长才能代表整个家庭的意见,其他的家庭成员不能代表家里其他人的意见,且也没有权力去做相关的决定,更没有承担相应责任的能力,所以在对外的交往中都是由家长进行的。对于一些家里有外出打工的人的家庭,孩子们外出打工,都要经过家长的同意,若没有经过家长的同意就自己外出，村里人都会说这个孩子不孝顺，当家人也会认为他是个不孝顺的孩子。孩子在外面打工赚的钱都要寄回来给当家人，如果自己需要用一些钱，也需要经过当家人的同意。对于儿子在外面打工想带自己的妻子出去，同样需要经过当家人的允许，若家长不同意，妻子就不能出去，若是不辞而别，同样会引来村里人的议论，家长也会对儿媳有意见，有的家长甚至会因此而惩罚儿媳。

7.家长权力的约束

赵明政做家长的时候，赵家是一个整体，他做决定时，会参考家里其他成员的意见，家里的其他成员也都相信他，他对家庭成员都一视同仁，对几个儿子、儿媳都一样，他没有瞒着家里人做一些不该做的事情，没有私自跟外界借债而长期不还，也没有吸食鸦片成性、沉迷赌博，做一些其他违背法理的事情。后来赵香宇作家长，还有后来分家之后各个小家的家长，他们都能够管理好自家的事情，都没有不良嗜好或做一些不该做的事情。在赵家的家长若是有不良的嗜好，家里的其他成员会从中阻止，会请本家人、亲戚来劝说，使得当家人改邪归正。

在村里有一户人家，家长沉迷于赌博，将家产败光，妻儿无力劝说和限制，最终便分别离家出走了。对于一些类似这样有不良嗜好的家长，或者做一些违背法理的事情，首先家里人会对家长反感，会尽力从中劝说和阻止，并且不会再都听从家长的话。本家人、亲戚也会从中规劝，村里有威望的人也会进行劝教，直接进行劝说的都是平时走得关系近的人，其他人一般不会当面劝说，只是私下议论而已。

8.家长权力的代理

赵明政得病后，名义上还是家长，但由于精力有限，实际上很多事情是由赵香宇来决定的，赵仓宇和赵满仓一般情况下也都听从，有意见的话可以提，赵香宇也会参考。在赵香宇代理赵明政管理家务的过程中，对外的活动也同样由赵香宇来代替，如参加村里的会议、投票、交税等活动。赵明政去世后，家里的当家人就完全由赵香宇来做，赵氏维持着兄弟间的关系，因为毕竟兄弟间是同辈人，他在当家长的过程中，兄弟间难免会有矛盾，之后也因此分了家，当然分家是为了更好地维持彼此间的亲情关系，所以还是和平分家了。

在村里，家长权力代理也有其他的情况，如丈夫去世后由妻子代理家长，行使家长的权力，妇女当家，一般是因为丈夫去世得早，家里的孩子也都还小，就由妇女来支撑整个家。当然也有特别厉害的婆婆，在丈夫去世后，虽然孩子已经成婚，但会一直管着整个大家庭，直到自己管不动为止。对于一般家庭而言，只要家长在世，就一直是家长，如果家长年龄大了，或者是生病没有那么多的精力去管理家庭事务，这个家的家长还是当家人，只不过对于家庭具体当家的任务会由儿子来做。在上寺头村，一般情况下，只要家长还在世，就一直会是当家人，只不过具体的管理任务可能会随着当家人的年龄等原因换成妻子或者是自己的儿子，同时对外的活动也由代理当家人进行，即使是女性代理人也同样可以参加村里面的事务，代表家庭去参加投票和开会等活动。

（三）家长的责任

作为家长，既有权力对家里的事情进行最终的决定，同时也有义务管理家庭内的各项事务，家长比家里的其他的家庭成员有更多的责任和负担，家里是否有粮食吃、家庭成员是否有衣穿、家里房子能否住下、家庭成员是否相处和睦等一系列的问题，家长都要想办法解决，使家里的生活变得越来越好。赵家的家长在解决家里的衣食住行和家庭成员的相处等生活方面尽心尽责。

一是在温饱问题上，要得到基本的满足，否则其他方面的问题就免谈。在种粮方面，赵明政不断为自家"开疆扩土"，家里有钱的时候，就攒钱去买地；没钱的时候，就想办法开荒来增加家里的土地面积，以增加粮食的收入，保证一家人的温饱问题能够得到基本的满足。在粮食的分配上，赵家的内当家赵氏要保证在外面干活的男性每天要有力气去干活，所以家里的饭每次都是"两锅饭"，先让家里的男性吃稠的，吃完之后，妇女们在饭里加上水，然后再加点家里腌制的野菜，吃点稀的。若遇到歪年景，家长要负责到外面借粮食回来，保证家里成员能够有饭吃。如果一个家里的基本温饱没有很好解决的话，那么这个家长就是没做好，家长也会自责的。作为家长若不能保证自己家庭成员基本的温饱问题，别人也都会看不起，因为在外人看来，一家人的生活状况，主要取决于家长，所以保证家庭成员有饭吃是家长的责任和义务。

二是在穿衣方面，当家人要保证家里的所有成员都有衣穿，在冬天能够不受冻，赵明政负责安排家里的孩子到外面干活挣点钱，这样才有钱来买布，买了布后由赵氏和儿媳妇们负责缝制，家里每年都会种点棉花，保证冬天有东西做做棉袄，晚上盖的被子也可以装些棉花，使家人不受冻。家庭成员每个人做几套、由谁来做、给谁做，都由赵氏来安排，男人们在外面干活无论是衣服还是鞋子磨得都比较快，所以家里的男性衣服一般会多点，因为有的衣服反复缝补已经太旧了。通过挣钱买布和赵氏合理安排做衣服的工作，这样既保证了做衣服的原料，又保证了制作过程的合理有序，让家人能够及时穿上衣服不受冻，同样是家长的责任。若是家里有孩子的衣服穿得特别破，或者整天光着脚在外面跑，外人也会对其指指点点，议论这家的当家人，不关心孩子，不给孩子及时缝补衣服、做鞋。总之，这些都是家长的责任。

三是在维持家庭和谐上，家里兄弟间有什么矛盾，赵明政都会出面调解，妯娌间若发生了什么不愉快，赵氏也会做和事佬，特别是在赵明政去世后，赵香宇当家长的那几年，赵氏为了维持赵香宇和赵仓宇之间的兄弟感情，在家庭的一些纠纷中化解了不少的矛盾。在分家的时候，也是根据各家的人口情况、耕作能力，在赵氏的主持下，三兄弟间进行了和谐的分家，没有因为分家而争吵，这也使得分家之后，兄弟间依然能够和谐地相处。若是有时候家里的小孩子在外面和别人家的小孩争吵或者打架，赵家的父母也会出面协调，不会因为小孩子打架而造成大人间的矛盾。若是赵香宇和赵仓宇的孩子之间发生吵架，大人们更不会当回事情，哄一下孩子就好了，孩子们吵完架一会儿就会和好如初。家里的孩子犯错误的话，赵香宇家的孩子由赵香宇和史成爱管理，赵仓宇的孩子由赵仓宇来管理，各自的孩子自家教训得多，赵明政和赵氏经常对自己的孙子们进行管教。

四是在维持收支平衡上，赵明政要保证家里总是有吃的，丰收的时候家里也像往常一样，不会每天都吃干的，因为还要防止来年遇到歪年景的时候能够有饭吃，才能挺过去。这个主要是有赵氏来安排的，有时候家里收的粮食较多，若是连着吃几顿干饭，赵明政就会提醒说，要有安危意识，万一来年碰到灾荒，可就只能饿肚子了。对于一年下来挣的钱，赵家人也不会胡乱花费，除了买必需品以外，就不怎么买其他的，以保证来年挣不到钱的时候，家里还有钱能够满足必需品的购买，同时攒钱用来置房买地，给孩子结婚，这些都是作为一个家长不得不考虑的问题。邻居、亲戚、朋友也都会对一家的收支看在眼里，若是家里吃的、花费的比往常多，他们就会说是这家人不会过日子，吃了上顿不想下顿，迟早有饿肚子的一天。

对赵家人而言,一个好家长,意味着在对内方面就是能够保证家里人都有饭吃,有衣穿,把家里管理得井井有条,家庭成员之间和谐相处;对外方面要能与亲戚、朋友、邻居之间和谐相处,互帮互助。家里只能有一个家长,虽然赵明政是外当家,赵氏是内当家,但是赵氏最终还是要听从赵明政的,要做什么、买什么,都是会和赵明政提前告知一声。赵家人认为,如果一个家庭里有两个家长,那么在很多事情上显然会起争执,那么这家就不能够长时间的在一起和谐相处了。村里有的家庭就因为当家人去世后,两个儿子之间谁也不服谁,所以难以在一个家里生活,最终就会分家,各做各小家庭里的家长。

(四)家长的更替

当家长出远门的时候,家里的事情更多的是交给自己的妻子也就是内当家来做,若对于一些重大的事情能够延迟处理的,内当家还是会等当家人回来后再做决定。当家人生病或者因为身体原因无法再照料家庭的时候,一般都会慢慢地让家中的长子来管理各项事务,因为当家人去世后,若还没有分家,那么这个家就需要长子来做家长。在一个大家庭里,如果当家人没有精力管理了,或者去世了,这时候更换当家人可能会首先选择前任家长的同辈人,因为大家庭里,家里的事情多,有可能家里的产业也大,孩子没有能力的话,很少能一下撑起这个家,所以就需要同辈人先当家一段时间。而像赵家这样的小家庭,一般不会出现这种情况,当家人去世后,就由内当家或者是长子来继承做当家人。若一个家里只有女孩子没有男孩子的话,这时候家长会考虑过继一个来当家,或者通过招女婿来当家,但是招女婿一般比较少。

赵明政生病后,没有精力再去处理家里的事情,就由赵香宇来当家,几年以后才分的家,分家之后,各小家庭都有自己的新当家人了。在赵家这种中小家户里,家长更替是没有什么仪式,也不会去和邻居们说,家长的更替更多的是大家默认的,赵明政去世后,自然就由长子来负责操持这个家,是一份权力但更多的是义务,要做好当家人应该做的事情。

后来家长的再次更替就是分家的时候,因为赵香宇在做家长的过程中,发现会有很多的不和谐因素,因此几年之后他提出了分家,家里其他的成员也都同意,各个小家庭里就有了自己的新当家人。各小家彼此在生活上的交集逐渐减少了,家里的大小事情不再由原来大家庭的家长来决定了,小家庭家长自己决定自家的事情,其他的人一般也很少参与其中,遇到重要的事情时,会找各个小家庭来商量,但是最终的决定权还是自己来掌握的。

二、长子当家

赵家长子赵香宇当家的时候是在赵明政生病之后,因为家长不能再操持家里的事情了,所以就交给长子来代理这个家的家长,具体管理家中事务,家里的内当家还是赵氏。赵香宇接手后管理得井井有条,和赵明政以前管理得一样,家里的其他成员也都认可这个家长。赵明政当家的时候,家人即使有什么不认同的地方,但都认可这个家长,但后来赵香宇当家,因为兄弟间是同辈,所以时间一长,有矛盾的地方比较多了,赵氏虽然在极力消减他们的矛盾,但是有人心里还是会不服,有时候赵香宇分配的时候,家里的其他人虽然表面上答应了,但在实际中却不认同,矛盾积累到一定程度后,无论是他还是赵氏都感觉再维持这个大家庭比较吃力,所以就分了家。分家之后,彼此间的关系才又回到了从前,生活上还是会相互照应。

三、家户决策

赵家的事情都由家长说了算,家庭外的事情由赵明政来管理,家庭内的事情,如家庭成员的吃饭、穿衣则更多的是由赵氏来决定的,赵明政参与的比较少,也不会过问,有什么需要的话内当家会和外当家商量。一般情况下,家里的事情都是由家长来决定的,对于一些重大的事情会和家里的其他成员商量,商量之后由家长来做决定,家庭成员有时候对决定有意见的话会提出,若当家人仍然保持原有的决定,其他的人也不会强行违背。赵家的女性对于家庭做的一些决定都不会参与,最后听从赵明政的决定就好。商量的时候,当家人更多的是和儿子们商量一下,再拿一个主意,所以一般当家人所做的决定,家里的人都会同意的。当然无论如何,家长所做的决定都在家庭成员所能够接受的范围内,即使有时候有不同的看法,也不会对该决定持否定的态度。若是家长做的某一决定大家都不服从,那么赵明政就会和家里人商量一个更好的办法,让大家都赞同。赵香宇小的时候,赵明政若不在家,就由赵氏来决定;赵香宇长大后,若赵明政不在家,有时候就由赵香宇来决定家里的事情,或者由赵氏和赵香宇来商量决定,当然赵仓宇和其他的家庭成员也都会共同参与,其他的家庭成员一般都比较配合。

家长决策的事务很多,包括家里大大小小的事情,大到儿女的结婚、家里买房买地,小到家里吃饭的安排、家务的安排,以及家里的生产活动等。当然家长决定的事情更多得都是家里的公共事情,对于家里成员的私人生活就是自己来安排了,家长一般也不会过问。赵家也只有在这些大的事情上,才会更多地商量,对于一些小的事情,就会听从家长的安排。同时,在一些小的事情上,家庭的其他成员也可以自由做主,赵明政也不会所有的事情都一一进行安排。

四、家户保护

(一)社会庇护

如果赵家人和外人发生矛盾,一般也是由家长出面来调解的,家长可以代表全家人,而其他家庭成员出面的话,对方会认为是不够重视,也会认为其他的家庭成员不能够很好地解决矛盾,不能够承担相应的责任。所以若在生产生活上发生矛盾的话,即使家长不出面解决,别人也会找上门来向家长讨个说法。一般是一辈人只解决一辈人的事情,赵明政当家的时候,若是孙子在外面惹事了,就由赵香宇出面来解决,他出面少,除非赵香宇不在家,或者是比较严重的事情才会由赵明政来出面处理,家里的女性较少出面。有时候家里人和他人发生矛盾,比如两个小孩子打架,家里人可能会回来先打孩子一顿,然后再说理。对于家里的大人的话,也一般会理性地站在自己的一方,不管对错,都会想办法去解决,对的话,据理力争;错的话,就想办法去弥补,回来理清事情的来龙去脉后,该赔礼赔礼,该道歉道歉,家里人也要吸取教训,但不允许外人来惩罚,惩罚也是自家的事情。若是家里人受到外面人欺负,家里人就会出面为自己讨回公道。

赵家人认为,家里不好的事情不应该外传,只要自己人知道就好,他们赞同"家丑不可外扬"的看法,因为外人对自家的看法在他们看来是很重要的,为了保证自家在外人眼里有一个好的形象,不让外人改变对自己的看法,所以对于一些不好的事情,家里人都不会往外说。

这不仅关系到自家的形象,同时也会影响自家以后和外界的交流。对于家里的小孩子若是犯错了,如果犯的是小孩子都会犯的错误的话,赵氏就会隐瞒下来,不让赵明政知道,一来防止他打孩子,二来对于这些小事情也没有必要都告知。同时,赵氏在私下会教育孩子,以后不能够这么做,要不然就要受到惩罚。

(二)情感支持

赵家人对家有着一份特别的归属感,无论是在外面干活的男性、出嫁的女儿,还是在家里做家务的妇女们,有什么委屈彼此都会进行诉说。外出干活或者做生意的男性若是在外面不顺利,果子没有卖出去,或者在外出的路上遇到什么不顺心的事,回来后都会和家里的人诉说,一来寻求家里人的安慰,二来也能够商量一下,下次如何能够做得更好;对于出嫁的女儿,如果在婆家那边受了气的时候也会跑回来,和赵氏诉说自己受的委屈,赵氏也会耐心地开导和安慰,等在娘家住几天心情平复之后,一般事情就过去了,有时候女婿会到娘家来接回去,有时候赵氏就劝女儿自己回去了,因为一般都是一些小事情,几天之后,事情过去了就都没事了。儿媳妇们在家和赵氏及妯娌之间也会经常说心里话,有不顺心的事,互相之间安慰和开导。所以家对于赵家人而言,就是心灵的港湾,特别是在外面,会特别地想家,如果在外面不顺利,遇到不顺心的事情都会回家和家里人诉说,在家人的陪伴和安慰下找到情感的归宿。家对于每个家庭成员来说都是强大的后盾。赵明政和赵氏也不会对儿子、女儿和儿媳妇们有过多的要求,只要家里人能够平平安安、和睦相处,有困难大家一起解决就是他们最大的愿望。

(三)防备天灾

赵家所居住的地方自然灾害比较少,主要自然灾害有旱灾、蝗灾、雹灾。这些灾害赵家人都遇到过,这些灾害主要影响的是农田,使得粮食产量下降,收成减少,粮食不够吃,导致家里人需要共同面对饥饿,但赵家人都挺过来了。

1.旱灾

在赵家所在的地区,没有灌溉,就是靠天吃饭,雨水多的时候,家里能够多打点粮食,雨水少的时候收成就少,有时候碰到旱灾,一年或者连着两年,天气干旱的话,就会严重影响家里的粮食供应,造成家里每个人饿得都是前胸贴后背。每次遇到这种年景,村里的妇女们就会组织起来去求雨,几个人一组,手里拿上柳条,一路走一路念,到"五龙庙"去求雨,或者是几个人到村里的一口磨盘旁边,一个人用桶提着水,一个人手里拿着小笤帚,围着磨盘转,边转边在磨盘上浇水,边用小笤帚扫,口里不停地念叨着。每次遇到旱灾的时候,赵家的粮食储备是必然不够吃一年的,这时候一方面家里的饭会变得越来越稀,为了能够多吃几顿,另一方面家里的人会到外面挖更多的野菜、树皮回来磨面吃,吃了之后头就会发晕,但没得吃,只能这样,或者是当家人到大户人家家里借点粮食,借的是旧粮食,来年新粮食产下来之后,再还回去,借多少还多少,没有利息。都在一个村子里,大户人家的人心肠大多不坏,会借粮给缺粮户。旱灾一般是隔一段时间才会发生一次,且持续时间短,所以熬一段时间,都能够熬过去。

2.雹灾

在夏天,有时候会碰到下大冰雹,会把地里的玉米、谷子都砸倒,严重影响产量,冰雹也不是太大,所以一般不会对房屋造成影响。每次下冰雹的时候,村子里有的人拿两个铁锅盖子,或者拿着勺子和铁锅在门里使劲敲,有的拿着铁杵使劲往院子里扔,有的会放炮、放鞭,赵家一般都是由赵氏拿个勺子和铁锅在门口敲,据说这样做的目的都是为了把云给驱散,好停止下冰雹。雹灾对地里庄稼的影响没有旱灾严重,雹灾之后,庄稼还能够多多少少再收一点。

3.逃荒

遇到灾年,村子里也有实在过不下去的到外地逃荒的,逃荒的人大都逃到长治、洪洞一带,逃荒的过程中,每天要走五六十千米的路,在冬天的时候,两只脚和鞋冻到了一起,鞋子都脱不下来。遇到庙的话,晚上就在庙里睡,一路逃一路讨。赵家的女儿逃过荒,逃了三年多,用当地的话来说是"短三年长四年",最后听说家里这边有的吃了,就和婆家人一起回来了。逃到洪洞之后,在那里的一个大户人家中住了下来,每天给人家打工来挣点口粮,在那里熬了三年多。

(四)防备盗匪

在上寺头村里,因为村子里各家都比较穷,没有什么土匪和强盗,是经常会有小偷,小偷会偷粮食,村子里没有发生过大的偷窃。大户人家家里每天都有专门守夜的人,家里还养了狗,但是也难免会被小偷偷了粮食,有的小偷会在墙上挖个洞,来偷粮食。那时候的小偷是"出一头,说一头,溜墙走,转忽悠",意思就是偷的时候是走院墙的,偷一点是一点。小户人家家里一般没有什么戒备,当然家里也没有什么粮食,有时候会被小偷偷小农具或者一点粮食,或者就是长在地里的玉米,会被人随手掰一些回去,后来就专门有"看秋"的人,每到快要收获的时候,"看秋"的人就会轮流值班,防止地里的东西被偷。赵香宇曾经就参加过"看秋",白天和晚上都有人轮换。有一次村子里抓到一个偷粮食的人,村子里几个男性就把那个人抓住打了一顿,才放了。有时候若是村子附近的人被抓住了,要求其还了所偷的东西就好,或者罚点钱,一般也不会动手的。

(五)防备战乱

1949年以前,村子里来过日本人,日本人进村之后,随意抢东西,把家里的鸡、牛都宰了来吃。日本人曾经进过赵家,把家里翻了一个遍,那时家中很多人都到地里去了,屋子里只有赵落凤、赵落根和史成爱三个人,在墙角处站着,害怕得发抖,还好日本人在家里找了一下没什么值钱的东西,然后就把院子里的几只鸡带走了,没有杀人,他们母子三人也算是幸运躲过一劫。那时候一般的农户家里是没有枪的,也没有挖地道。

(六)扶弱功能

赵家没有残障的家人,但在这个村子里有一户人家家里的孩子从小因为经常到地里玩,后来不知怎么腿就不能动了,只能拄上拐棍走,家里有两位老人和两个男孩子、两个女孩子,家里的女孩都出嫁到别的村子里去了,两个孩子也都分了家,这个残疾的人和父母在一起生活,除了父母照顾以外,他的哥哥嫂嫂也常来帮助他,后来娶了妻子之后,就主要是妻子来照顾,当然其父亲和母亲也都帮忙一起照顾。娶妻主要是为了找一个人来照顾他,同时养了孩子之后,也可以在老了有一定的保障,让孩子来养老。因为分家的时候,他的地和父母分到了一块,平时就主要由两位老人到地里干活,妻子在家照顾他和做家务。哥嫂也帮忙做地里面的活,后来父母都老了之后,他有了孩子,就由哥嫂带着他的孩子到地里干活,平时忙得话,邻居们也都会帮忙,并且不要报酬,也没计划让其来还工。

五、家规家法

像赵家这种小家庭里没有成文的家规、家训，只有一些大户人家里会有具体成文的，而像这些小家庭只有一些默认的家规，是自然而然的一辈一辈地传下来的，家里成员都知晓的，若家里的一些成员违背了家规，要受到家长的惩罚。

1.做饭及吃饭的规矩

在赵家，平时都是由两个儿媳妇轮流来做饭的，赵氏负责总的安排，每天吃什么饭，她也不会特意去安排，因为每天就是那几顿饭，早上、中午、晚上像固定了似的，照着做就好了，赵明政作为外当家不会参与这些事情。作为中小户家庭，一般没有上桌吃饭的习惯，都是端着碗吃的，没有专门用来吃饭的饭桌或者案板，在夏天就是在院子里吃，家里的男性可以端着碗在门口吃，女性是不允许的，女性只能在院子里吃，冬天大家就都是在屋子里面吃的。家里的成员吃的饭不一样，一般都是家里的男性先吃，男性都吃完后，家里的女性再去吃，村子里叫法是"两锅饭"，男性先吃了干的之后，女性再往锅里加点水，放点野菜再吃。对于孕妇，在坐月子的时候会多给孕妇熬点米汤，吃的饭都一样，因为家里就只有那些，白面吃得少，只有在逢年过节的时候才可以吃一顿，在平时好的话，可以吃到玉米面、高粱面，要是碰到歪年景的话，就是吃树皮、草根。在农忙的时候，会去地里送饭，有时候就是由儿媳妇做完之后送到地里，有时候是由家里的孩子去送的。每次吃完饭之后，家里的碗还是都由儿媳妇来洗的。家里吃饭的时候不让孩子放在地上吃，因为在家里人看来只有动物是碗放在地上来吃的；也不让孩子拿着筷子去敲碗，因为这在家人看来是要饭的行为；每次吃饭的时候也不让剩下。

2.座位规矩

对于像赵家这样的中小农户，家里没有固定座次，吃饭的时候，大家就都端着碗吃饭，客人来的话，也只有在逢年过节、或者家里办事的时候，才会都坐在桌上吃饭，男人一桌、女人一桌，男人先上桌，女人做好饭之后，女人再上桌。所以一般只有大的门户在家里吃饭，座位才有相应的制度，一般家里的男性是坐在端碗手的一边也就是左边，女性坐在拿筷子手的一边也就是右边。

3.请示规矩

生产活动的请示。赵家对于像土地的经营管理方面，如全年的生产与种植计划，耕地、犁地、播种、除草、看护、收割、打场等各项农业生产环节中的具体分工，以及生产工具的使用与借用、换用，牲畜的喂养与使用等活动都是由家长来决定的，老人年龄大了之后，没有精力再参加生产经营活动，家里人请示的慢慢就少了，很多都由长子来决定了，但很多事还需要和老人来商量。

家庭生活中的请示。在家庭生活中需要处理的事情都是有内当家来管理的，儿媳妇在每餐吃什么做什么都需要先和赵氏说一下，因为每天的饭都差不多，所以一般情况下，就仅是说一下就好。衣服的缝制也是赵氏总的分配的，到集市上购买布匹等也都是由她带着两个儿媳妇一起到集市上去买的。而对于购田置业等大宗交易物品就需要赵明政决定，这些她做不了决定。家中的小孩子上学也需要和当家人商量，家长答应后，第一次是由家里的妇女去送孩子的，男性一般不去，送了孩子一两次后，就由孩子一个人去了。

外界交往的请示。家庭成员外出到集市上赶集或者上庙里去烧香，一般都要和内当家说一声；走亲戚、接待客人的时候需要和赵明政说一声，结交朋友一般不需要和家里人商量，自己玩得好的就可以在一块玩；在借粮借款方面，都是由赵明政亲自出面去借，家里其他人一般不去，除非碰到当家人不在家或者后来病了，才由家里的赵氏或者赵香宇去借。

请示的形式。赵家一般都是采用的口头的形式进行请示的，小的事情就是和家长说一下就好，不会专门去召集家里的其他人员来，对于大的事情才会和其他人商量一下，主要就是赵明政、赵氏及三个儿子商量，儿媳妇一般不参与。和老人商量之后，达成一个共识，若有时候孩子们做的一些决定，赵明政不允许，孩子们也不会再去做，会听他的话，或者会和他商量，试着让其同意，总之只有赵明政同意了之后才会去做。

赵家的当家人赵明政过世之后，虽然由赵香宇来做新当家，但因为都是同辈，在一般的小事情上，赵仓宇就自己决定了，赵香宇也不会说什么，只有在关系到大家庭里的大事的时候才会商量。

4.请客规矩

生产活动中的请客类型。在生产活动中，若是家里借用别人的生产工具或者牲畜使用不需要专门的请客，也不需要送什么东西，因为谁家都会有去借别人家东西的时候，彼此间好借好还就可以。建房开工与上梁封顶不需要请客，需要找村里的阴阳挑一个吉日，然后在那天来开工或者上梁封顶。在其他生产中基本没有要什么请客的。

生活中的请客类型。家里办红白喜事的时候都要请客，都要叫亲戚、本家和朋友们都过来参加的。喜事有结婚、生孩子、做满月、开锁、暖房等。"开锁"是孩子在十三岁或者十五岁的时候要举办的一个仪式，"暖房"是新房子搬迁的那天。办红白喜事是家里请客规模最大的，一般都是忙好几天，办事的前两天，会叫朋友们过来帮忙，近点的亲戚也会过来帮一下，其他的亲戚和本家是在办事的那天才会都过来做客。孩子上学到学校里去的不需要请老师吃饭，一些大户人家请老师在家里教孩子学习的时候，是管老师饭的。孩子跟随师傅去做学徒时，会请师傅来家里吃饭。若是发生争执矛盾时，邻居、朋友或者亲戚会来劝解，说和之后，大家就散了，不用专门去请说和的人到家里吃饭。

宴请规矩。每次宴请的时候，像家里的红白喜事，都是叫自家的亲戚、本家和朋友过来，都是家里的成员上门邀请的，还有一般和对方当家人说的，当家人若不在，还会专门再去一趟，邀请的时候都是口头邀请，没有请帖。在宴请活动中，只要是请来的客人，饭菜的数量和质量等招待都一样的。每次办喜事的时候，有饭有菜，家家户户都是上十二碗，有干的有稀的，有甜的有咸的，种类多样，办白事的时候不会上桌，就是做一大锅饭，面条或者菜饭，人们都端着碗吃。办这些大事的时候，一般会专门叫两个会做大锅饭的人来做，主要是在亲戚、本家和朋友之间找，办完事后，给请的厨师点礼物。这些大事的宴请活动自家的院子一般是放不下的，都会占用邻居家的院子和房间来用餐，"红白喜事是家家门前过"，就是说每一家都会举办的，所以邻居都会很热情地来帮忙和借用自家的房子和院子来用餐，不会要任何报酬，但一般出于感谢，主家办完事之后，都会给邻居点礼物表示感谢。

开席和散席。在办喜事的时候，会吃宴席，家里的朋友来负责端盘子和收碗，亲戚、本家都要上桌吃席的。一般上第一盘菜的时候，大家就开始吃了，然后就接着上新菜，哪桌吃完了就会由上菜的人负责把空碗拿走，上菜的朋友在宴席开始之前，已经分配好了谁负责哪几桌,开席之后,只管自己负责的那几桌就好了。一直到最后一盘菜上完之后,有的人吃得差不多了就离席了,要回家的会和主家打声招呼,然后离开。帮忙的朋友们在最后一盘上完之后才开始拿碗,想要吃点什么就自己去吃,都吃完之后,人们陆陆续续地走了,再由帮忙的朋友们负责把碗收拾了。宴席也就算是举办完了。

5.房屋及进出居室的规矩

房屋在修缮的时候会请村子里的风水先生来看家里的风水,能不能修,什么时候动工,请风水先生是由当家人来请的,看完之后会给风水先生相应的礼物。家庭成员结婚需要新房子的时候,是由家里的人来想办法的,一般在结婚之后,家里会修一个房子供新婚夫妇来居住。在房屋居住方面,一般坐北朝南的堂屋最大,赵明政和赵氏就居住在堂屋,东西房屋以东为大、西为小、南最小。赵家作为小户人家,家里没有那么多的房子,房子都是用来住人的,再加一个厨房,家里的农具有的是放在院子里,有的是放在牲口棚里,收回来的粮食也是直接放在当家人居住的屋里,各个小家庭的人住在一块。原来未组建小家庭的时候,赵明政和赵氏可以随便进各屋,组建了家庭之后,进各个小家里就不能随意地拿东西了,拿东西之前要和小家庭的人说一下的。

起居的顺序。晚上在一起干完活,或者聊完天,快睡觉的时候,家庭成员就都回到自己的房间,家里一般是先让小孩子去睡觉,孩子躺下后,家里的大人才陆续地洗完脚再去睡。早上起来的时候,一般是家里的妇女先起来,男性再起床,媳妇要早早地起来给将要去干活的男性做饭,所以要早点起来,饭快做好之后,家里的男性也陆续起来,准备吃了饭去地里干活。在夏天农忙的时候,男性起得也比较早,是先起来到地里干了活之后,到了上午的时候再回来吃饭。这时候家里的女性就可以做晚一点,在去地的人回来之前做好饭就好。因为天气热,人们下午到了三点左右才会去,回来得也比较晚。在收麦子的时候,因为有时候碰到不好的天气,怕耽误了收成,所以有时候就不回家里吃饭了,让家里的孩子或者妇女把饭送到地里。家里的小孩子也不允许睡懒觉的,早饭做好之后,就有母亲来叫醒孩子,起来吃饭,若孩子赖床就会把被子给孩子拿了,让孩子起床。

6.制衣洗衣的规矩

制衣。赵家人制衣用的布,都是由赵氏带着儿媳妇们一起到集市上买的,买好布之后,由赵氏统一分配,主要按男性、女性、孩子来分配要做的件数,不按小家庭整体来分配,因为每个小家庭的人数不一样,同时各个家庭的劳动力数量也不一样,若是只按小家庭整体进行分配,就会出现不公平,如赵香宇家里的人数比赵仓宇家的人数多,若分配同样多的布显然不行。在制作的时候也是赵氏和儿媳妇统一制作,先给家里的男性做,做好之后再给家里的孩子做,最后给妇女做。男性们因为在地里干活多,一件衣服穿不了多长时间就磨烂了,即使经常缝缝补补,还是会磨烂,所以男性的衣服就比女性多几件,女性和孩子的衣服一样多。

洗衣。家里的衣服都是由家里的女性来洗的,各个小家庭里的衣服由自己家里的女性来洗,赵明政的衣服一般都是由赵氏来洗的,同时赵满仓的衣服也是由赵氏来洗,一直到洗不动的时候,才由两个儿媳妇来洗衣服。各个小家庭中,每次家里有了几件脏衣服后,家里的女性就会拿去洗,男性们一般不会管这些事情。洗衣服的时候都是由家里的女性们端着一盆脏衣服来到河边洗,拿一根洗衣棒槌捶打衣服,洗衣盆就是平时用的洗脸盆,洗完之后就拿到院子里晾好,自己小家庭里成员的衣服不分男女都可以晾到一块的。晾干之后收回去就可以了。若是有时候把衣服洗烂了，由家里的妇女补上就好，没有人会说的。

洗漱。平时早上洗脸的时候就是在自己的小家里，每个小家都有自己的脸盆，自己小家庭内部的成员不分你我，就一个脸盆，一块毛巾，大家一起用。夏天的时候基本就是用冷水洗了，冬天的时候才会烧热水来洗。一般是父母亲先给孩子洗了，然后用同一盆水，自己洗一下。关于洗澡，男性在夏天的时候就是直接到河里洗一下，冬天的时候会弄一盆水在自己的小家里洗，家里的女性一般都是弄一盆水在自家洗，有时候是在晚上，也有时是在家里人都不在的时候，打点水在房间里洗一下。

六、奖励惩罚

(一)物质和精神奖励

在粮食丰收的时候，赵明政会奖励家庭成员吃一顿丰盛的饭菜，像过年那天吃的一样，会有白面、鸡蛋等。但也仅是吃一顿，不会连着吃很多顿，因为即使是丰收了，也只是比平时多一点，一来这一年要食用，二来担心来年遇到饥荒，所以还要为来年做些准备。丰收是家里所有成员共同的奋斗结果，所以奖励的范围包括家里的所有成员，有时候因为某个人做得好，赵明政也会专门奖励，如赵满仓在外面卖果子卖得好，回来后，他也会给赵满仓点零花钱，虽然给得很少，但也代表着家长的肯定，受奖励的人也很高兴。除了物质奖励，平时更多的是通过语言，在精神上给予奖励。如平时干农活，谁干得多、卖力，赵明政会在全家人的面前夸一下，对被夸奖者也是一种肯定和激励。在赵家不仅只有赵明政可以奖励，赵氏在一定程度上也可以对孩子们进行奖励，儿媳妇们做得好的话，赵氏也会特意给其多做一套衣服，孙子表现好也可以给点好吃的。在语言方面的称赞，主要是长辈对晚辈的称赞，如赵满仓做得好的话，他的哥哥赵香宇和赵仓宇会夸奖他，赵落凤做得好的话，母亲史成爱或者父亲赵香宇都会夸奖。

赵家对家庭成员的奖励既有物质上的也有精神上的，在物质方面的奖励，主要是家长进行奖励，家里其他长辈对晚辈的奖励主要在精神上。无论是物质还是精神上的奖励，对于家庭成员都有一种激励的作用，对整个家庭的发展氛围有好处。赵家兄弟都处得比较和谐，对老人也很孝顺，这些家族、邻居和乡亲们都看在眼里，所以村里的人会称赞赵家人和谐相处、孩子们孝顺老人，村里人都称赞赵家人，赵家老人也会感到特别骄傲和自豪。因为村里的人都特别在乎面子，别人夸自家各方面都好，就有面子。对于村里有一户人家的孩子不孝顺自己的父母，村里的人都是指着脊梁骨骂他，他平时在村子里面都不敢抬头走路，和村里的人处的也不好。因此家族、四邻和乡亲们的看法在村子里是很重要的。

(二)惩罚主体和对象

赵明政作为家长，可以惩罚家里的每一个人，只要其他的家庭成员有做得不对的地方，他就可以对其进行惩罚，或责骂，或者挨打。赵氏也可以对自己的儿女、儿媳进行惩罚。赵香宇、赵仓宇可以对自己的妻子、孩子惩罚。赵香宇、赵仓宇一般不会对弟弟赵满仓进行惩罚。在赵家，若孩子不听家长的话，在外面闯祸、和别人打斗，都会受到惩罚。有一次赵明政的孙子赵科头，因为在外面和别家小孩打斗，赵香宇回来后，将孩子打了一顿，并由他出面带着孩子和当事人道歉，赵明政没有出面。对于小孩子犯错，一般就由母亲和父亲出面解决就好，赵明政和赵氏不需要出面，若是严重的话，他们才会出面去解决。赵家的孩子没有犯过特别大的错,所以一般就由父母亲出面解决了。家庭内部在惩罚小孩的时候,亲戚、邻居、熟人等外部人员一般不会介入,因为这毕竟是家庭内部的事情。但有一次赵明政在打赵满仓的时候,因为当时邻居正好进去借东西,就从中进行劝说,孩子还小不懂事,让孩子记住就行,不要再打了。这是因为当面看见了,所以邻居才会从中劝说,一般情况下,都不会介入的。对于赵家的儿媳妇们犯了错,赵明政和赵氏都会管,但一般不会动手打,仅在口头上责骂几句,媳妇们也不敢还口,静静听着,有时候儿子会从中进行劝说求情,邻居们不会介入。

赵家的长辈都可以对晚辈进行惩罚,惩罚形式包括打骂、责骂、呵斥,采取什么样的形式由长辈们自己决定,没有严重到逐出家门的惩罚,父辈对于子辈都可以采取这些惩罚的形式,若是要逐出家门,则必须是家长来决定的,其他家庭成员没有这样的权力。自家的事一般都是关起门来自家说,"家丑不可外扬"是每一家的原则,所以对于惩罚,赵家人一般都是在自家家里解决,不会让外人参与。赵家的惩罚只针对自家的家庭成员,没有权力对家庭外的成员进行惩罚。家里的成员害怕赵明政的惩罚,没有敢反驳的,每次他惩罚孩子时,赵氏会从中劝说,孩子们是不敢辩解的,因为他们清楚,越辩解被打骂得越凶。

七、家户纵向关系

(一)积极参与看青组织

赵香宇曾经参加过村里的看青组织,没有当过会首,只是其中的一个成员而已,是以家户的名义参加的,每次开会也都是他去参加。加入这个组织的成员,首先得没有过偷盗的行为,村里的人比较信任;其次是家里男性较多的才会去,若是家里只有一两个男性,家里的农活就会照顾不过来。这个组织主要是在粮食快成熟的时候为了防止地里的粮食被偷,所以村里成立了这种组织,每天专门有人到地里巡逻,主要是看玉米、瓜等庄稼。赵香宇干了好多年,后来赵明政生病后,才不再去了。当时也没有什么报酬,一些人家地里丰收的,会象征性地给一点粮食,但很少。

(二)家户与县乡之间的关系

赵家没有因为什么事情找过乡公所或者所长,一般有什么事情就自己或者通过家族、邻居等都能够解决。乡里的乡长、乡丁或警察一般也不会来村里做什么事情,家里也没有到县里打过官司的。但在赵家所在的村,有一户曾经因为土地的问题到乡公所里问过,因为矛盾不是太大,乡公所也派人到村里很好地给解决了。村里的人也没有因为什么事情打过官司的,彼此间有矛盾了,都会私下或者通过村里有威望的人进行调解,不会轻易地去打官司。一来人们没有那时间和精力,还在为吃饱肚子担忧,只要能说得过去的,没有心思去打官司;二来人们对打官司的相关知识、渠道都不了解,而且程序又比较繁琐,所以没有人愿意去打官司。

八、村庄公共事务

(一)参与事务类型

1.村庄会议

村庄每年开展村务会议的时候,村里的每一个家庭的当家人都会去参加,一般都是家长一人去参加就好,家里的其他成员不需要再去,如果有人来通知,家长没在家的话,特别重要且紧急的事他们会告知家里的其他男性,如果一定得告诉家长才行的话,他们就会过段时间再过来,再去告知家长的。

2.修桥、修路、修庙

村庄在组织修桥、修路和修庙的时候,都必须要通知各个家庭里的家长,以家庭为单位出人力,然后一个家庭出一个劳动力来修建,家里出谁去参加劳动,就由家长来安排了,家长要是还能干就由家长来出力,要是家长年龄大了,就由家里的孩子来干,修建这些东西的时候一般都是组织村民来出力,出钱的较少。若是遇到一些家里实在没有壮实的男性的话,大家也都会理解,不会特别去为难这家,但一般像这种家庭也会贡献自己的一份力量。修桥修路的时候,一般都是家里的男性去参加,干完活之后就各自回家吃饭了,女性参加得少。

3.打井、淘井

村头有一口公共的吃水井,村民每天就到那里去打水来吃,村民们家里都没有私人的水井,水井是属于全村人的,全村人都可以到这里挑水,因为这个井是大家共同出力来打的,平时若井水里有了脏东西,需要淘的话,也是大家共同出力来淘的,因为这是个长期的工作,村民们也不会计较这次谁没来淘,只要每次有几个人来淘就好,因为村子比较小,谁参加过、谁没有参加过、甚至谁哪次参加了,村民们心里都非常清楚,因此对于一些没有参加的人,就会自己主动参加。在这里不是通过规则来约束村民,村民之所以都会主动来参加,更多的是因为在这个熟人社会中的人情与道德。

4.维护村庄治安

那时候上寺头村里有维持村庄治安的队伍,每天有人负责在村子里打更和巡逻,来保证村民的安全。因为有时候,除了小偷以外,还会有其他的人,到村子里要钱要物,若是村子里没有人组织起来管,一家一户的村民则是非常弱小的,只能任人宰割,所以就需要专门的治安队伍来维护村民的利益,将损失降到最小。

(二)筹资

对于村庄里的一些公共设施就需要村民们来筹资。对村民来说,主要是分两个档,一般农户和大户人家,大户人家出的钱比较多,他们需要承担更大的责任,很多公共事务并非他们号召和发起的。但是他们在这些号召者组织来敛钱的时候也会承担更多的经费和捐款,这不仅是他们想做的,而且也是必须要做的,因为如果他们不出更多的钱,不参与公共事务,村民们就会指责他们自私,就会有不好的名声,这对于他们会产生消极的影响。平时在一些生产活动中,他们需要别人帮忙时,也就不会得到很好的回应。相反,如果他们主动出钱,主动去承担自己能够承担的一些责任,他们则会受到村民更多的尊敬和爱戴,也有利于他们自身的发展。

(三)筹劳

当组织人修桥、修路、修庙的时候,村里也会专门开会来筹劳,家家户户都要出劳动力,会木匠的人做点技术活,不会的就负责搬运东西,每家每户都有代表出来干活。赵家一般都是派赵香宇去,因为赵明政年龄大了,很多的体力活也干不动了,赵仓宇和赵满仓长到外面去卖果子没有时间,赵香宇也正好会木匠的活,所以赵家就经常让他去参加,每天干完活就直接回家了,是没有报酬的。

(四)任命

那时候的村长不是由村民选出来的,都是由县里直接任命的,村长一般都是读过书,自己有一定的组织领导才能,能够对村里的事情处理得游刃有余,能够很好地协调村民之间的关系,做好乡、镇级和村里很好的沟通的桥梁。通过对村民的了解,发现一些有能力的人,上级政府就会派人来协助这些人进行管理,一段时间后,就直接任命这些人为村里的负责人,负责管理村庄的事务和与上级的对接工作。

九、国家事务

(一)纳税

在 1949 年以前,村里面家家户户都要交税,交税以家户为单位,按照土地面积来交,一年交一次。刚开始的时候,每年到了秋天就会专门有人来家里收税,后来是自己拉自家要交的粮食到大阳——一个紧挨着赵家所在的下村镇的一个镇,因为是一个中心镇,所以周围镇里的人都会拉到这个镇里交粮。每年赵家都是要先把应该交的税先准备好,剩下的粮食才作为家里这一年支配的,赵氏进行安排。当然,有时候碰到天气旱,地里的庄稼产得少,但是那也要先保证交够粮税,剩下的若是不够自家吃的,再由赵明政出面去和大户人家借粮,来年产下新粮食之后再如数奉还。

(二)征兵

1.征兵

那时候大部分人都不愿意去当兵,因为自己有家,上有父母、下有妻儿都需要自己照顾。除非是那些单身汉,他们一人吃饱全家不饿,去当兵倒是可以混口饭吃,但这样的人毕竟是少数,所以大部分人都是被强制去当兵的。对于家里有钱的人,也可以通过出钱,免去自家的人去当兵,以来保证家里有人干活,二来也是为了家人的安全着想。当然一般强制征兵的都是家里有两个儿子以上的,这样的家庭一来能够保证一人去当兵之后,家里仍然有人干活,能够继续延续家里的香火,二来从这样的家庭来征兵遇到的阻力也会比较小。

2.抓壮丁

那时候的征兵比较乱,不会因为你想去或者不想去来决定的,而更多的时候就是直接强制,有时候就是直接在大街上"抓壮丁",赵科头就是在大路上走着,直接被抓去当兵的,家里人都不知情,后来村里的人说了之后才知道了,但也无能为力,去了没几个月,赵科头就从部队里跑了回来,后来也没有人再追究,事就过去了。有时候是村里组织的,要求家里有人的就必须出人去当兵,有的家里不舍得让孩子去,就让父亲去了。村里常常是为了充数,不要求质量的,所以会出现很多人去了之后,又被遣返回来,因为年龄大或者身体素质比较差等原因。若某一户家里的劳动力去当兵了,村里面就会专门派几个人,每年农忙的时候,帮忙给收一下庄稼,平时没有人照顾的。赵家的孙子去当兵的时候,家里就只剩下史成爱,家里的其他人平时也会对其多照顾。

附　录

方言释义

方言	释义
捂了	发霉了
灰堆	垃圾堆
后堤	后面
扁食	饺子
老爷	神明
冷蛋	冰雹
戈窝	坑
盖地	被子
点心	馒头
枣花、蒸饼	馒头的一种,体积比馒头大
罗门	朝外的大门
监门	院子里再进里面院子的门

调查小记

2017 年 7 月 11 日　晴

整装待发

7 月 2 日完成百村问卷后,我回到本科学校拿毕业证用了几天时间,这些天感觉每天不是坐在车上,就是走在路上,从太原到晋城,从晋城到长治,再从长治回晋城、从晋城到太原,昨天刚回到家里。我家在晋城,休息了一天后,因为想到家户报告的任务艰巨,自己又是第一次接触,所以今天就开始看家户报告的提纲和一些注意事项,花了一天的时间。大概了解之后,便向家人打听村里面符合条件的几位老人。今天对访谈内容有了了解,同时也划定了几位访谈的对象,准备开启新一段的调研之路。

2017 年 7 月 12 日　晴

选取访谈对象

昨天初步定了几家基本符合条件的农户后,今天先走访了两家,是母亲带着我去的,因为虽然是同村人,但许多 80 岁的老人,对我们这些小孩子并不认识,由母亲带路自然进展比较快。先来到一位姓杨的老奶奶家,杨奶奶说话挺利索,今年 86 岁,家里曾是财主家庭,1949 年以前家里有二十几口人,但一上午快三个小时的时间,一直不能把老人引到 1949 年以前的事,对于以前的,总是问一句答一句,很多时候事情她不记得或只是一句“嗯”简单回应,然后老人就开始说现在的事情,在追问 1949 年以前的事时,老人显得很不耐烦。所以我暂且放弃这个老人。因为虽然基本条件符合,但是老人不太欢迎我访谈的主体内容,所以就只好去找下一位老人了。

下午,来到张爷爷的家里,他今年 83 岁了,但经过访谈,张爷爷在 1949 年以前家里只有 7 口人,人数不符合,另一个原因是,指导老师建议北方的老人尽量找 85 岁以上的,所以对这位老人的访谈我就直接放弃了。

2017 年 7 月 13 日　晴

再次筛选

昨天找的两位老人都不符合访谈要求,通过多方询问,又有了几个推荐的人选,母亲正好有事情,只好我一人去问。今天首先去找一个感觉很符合对象的一位老人,我去时老人正好在家门口坐着,简单和老人说明情况之后,感觉老人爱理不理的,耳朵也不太好使,没有熟人所说的那样健谈,当时我心里也不耐烦了,因为在大街上,也不好意思扯着嗓子吼,就直接走了。去找另一家的老人，这家的是个老爷爷，老爷爷今年86岁了，但从小家里就只有母亲和自己，没有其他人，同样在家庭人口上不符合条件，这个也只能放弃了。

2017年7月14日　晴

选定访谈对象

家人说昨天找的那位奶奶实际上是很健谈的，是自己没耐心好好沟通，反思昨天自己确实在问的时候心里比较急，而眼下也没有合适的老人，就想再去探访老人一下。这天上午我和母亲又来到奶奶家，简单介绍之后，母亲的几句话就打开了奶奶的话匣子，老奶奶便滔滔不绝地说了起来。这才知道老奶奶姓赵，今年90岁了，1949年以前娘家家里有爷爷奶奶、父母亲，叔叔婶婶、兄弟姐妹和堂兄弟们，人口数量符合条件，家里有三个兄弟，后来又分了家，老人年龄符合，同时也很健谈，就初步决定这个老人为自己的访谈对象了。

2017年7月15日　晴

开始访谈

经过几天对访谈对象的筛选，总算是找到了合适的了，今天就开始了访谈。我按照提纲，同时结合赵奶奶之前介绍的情况，进行提问，赵奶奶也配合得很好，当说到家里的伤心事时，奶奶就边抹泪水边说，这让我深深体会到那个时候有多不容易；说到高兴的时候，奶奶还要唱几句，特别是因为奶奶以前学过唱戏，每当说到以前去看戏逛庙会的时候，老奶奶就会唱起来。"老小孩"，感觉老奶奶就像小孩子一样可爱。今天的访谈很顺利。

2017年7月16日　晴

进入正轨

今天继续着昨天的访谈，老人也一一回答着我所提问的问题，并且时不时说"你们还了解那个时候的事情干什么，这都多少年过去了，真没想到自己能够活到今天"，我也在不断地解释道："我们这是在挽救历史，要不然再过个一二十年，就没有亲生经历过那个时期的人了。"老奶奶也点点头，继续着我所提问的话题。说到老人感兴趣的话题时，老奶奶会就那个话题说得很详细，如同身临其境一般。可以说是有细节，也很生动。问了两个多小时后，就快中午了，老人年龄大了，担心老人说这么长时间，身体吃不消。我就主动结束了今天的访谈。老奶奶还留我在家里吃饭，几次推脱之后才得以离开。

2017年7月19日　晴

积极性受创

连续访谈了四天，每天大概三个小时，今天到老奶奶家里，没问几个问题，老奶奶就说："一直说这也没有用，别人还说我是瞎说的。"尽管我不断解释，老奶奶依然不愿意让我再来了，我见不能说服老奶奶，只好答应不再来了，今天问了仅有一个小时就离开了奶奶家，想好不容易找到合适的，又问了这么长时间，现在放弃岂不是半途而废了，难道是因为连着几天都来问老人，老人身体有些吃不消。回来和父母说了一下，母亲考虑到老人年龄那么大了，也不好再贸然去问，于是母亲又去找了老人的儿子说明了情况。老人的儿子说，过几天去就好，没事的,老人喜欢说,可能是因为这两天说得太多了。这才吃了一颗定心丸,正好用几天时间先整理一下,再问也更有针对性。

2017 年 7 月 25 日　晴

重新登陆

休息了几天后,和母亲带了点礼物再次来到老奶奶家里。在路上还是一直在担心老奶奶会拒绝我的访谈,但是进门之后,所有的忧虑都可以抛到脑后了,老奶奶的第一句话就是"几天没见了,还挺想你,咱在一块坐惯了,几天没来,还不习惯",这才明白,老奶奶原来就没把那天说的话放在心上,可能是自己太敏感了,也不太了解老人。感觉老奶奶已经忘记前几天的事,又像刚开始的时候一样热情地回答着我的问题。这下我才重拾信心,继续问着提纲上的问题。

2017 年 7 月 27 日　晴

吸取教训

经过上次的小插曲,这次吸取教训不能够像上次一样,每天都连着问,就隔了一天,正好隔一天也可以总结一下前一天的访谈。在问的过程中,问一会儿发现老人累了,我就停下来,让老人静静休息一会儿,老人缓过劲来就又继续说着,说口渴了,就喝点水。遇到老人不感兴趣的话题,也没有再追问,等老人自己来说,可以说通过前几天的访问,总结了一些自己询问老人的经验。

2017 年 8 月 5 日　晴

完美收官

通过十几天的访谈,提纲上的问题基本问完了,老人的话题也开始重复开了,这下就决定不再来了,要回家好好进行访谈的整理了。和老人在一起聊了这么长时间,告别时都有些不舍,奶奶也有些不舍,说以后有时间了,常来坐坐。我也点头道,有时间就会过来陪您聊天。这些天访谈的过程,仿佛看电视剧一般,赵家那时候的生活情境一一呈现出来,赵家的由来、经济、文化、治理情况一一在我脑中浮现,但是那个时代生活的不易,岂是通过访谈就能够完全了解到,但我会尽量复原当时赵家的情景,认真写好报告。

第三篇

商农兼业：多项经营的殷实大户
——闽西文岗村黄氏家户调查

报告撰写：黄　莺[*]
受访对象：黄金群

＊ 黄莺(1990—　)，女，福建龙岩人，华中师范大学中国农村研究院 2016 级硕士研究生。

导　语

　　文岗村黄氏始祖居于现今连城县宣和乡科里村,明太祖洪武丙寅年[①]间,因分家析产所得资源难以维持家庭生活需要,于是文岗村黄氏始祖十一郎公便举家南下,寻找新居处。行至现今文岗村,见该地依山傍水,风水绝佳,且地势平坦,土地肥沃,水源充足利于耕种,遂定居于此。黄氏以土地耕种为生,世代以务农为业,由此实现耕种传家。黄家家长黄溙济为文岗黄氏第二十二代子孙。黄溙济幼年丧父,由母亲拉扯长大,依靠祖上留下的3亩田地为生。黄家以妇孺为主,劳动力严重不足,粮食收成紧张,生活十分贫困。随着黄溙济与弟弟都成家后,黄家大家庭共同生活的现状更是难以为继,因此黄溙济兄弟便平分家产,各自过活。分家中,黄溙济分得田地1.5亩、房屋4间及一些家私碗具等。

　　自成家以后,黄溙济顺理成章地成为黄家的一家之长。黄溙济善于经营、治家有道、教子有方,使得黄家的家庭经济得以实现从困难户向殷实户的转变,人口规模从小户人家变成了人口大户。黄家三代同堂,同吃共住,和睦相处,成为村内人称羡的"亨和之家"[②]。早年,黄溙济以务农为生,但其子女相继出生,导致其再难以依靠1.5亩田的收入维持家庭生活。黄溙济穷则思变,在保障农业生产的同时,外出谋生,通过从事糕饼制作及贩卖增加家庭收入。黄溙济坚信"勤奋发家",他起早贪黑辛苦劳作,使得黄家的糕饼生意渐成规模,经济条件得到显著改善。时光流逝,黄溙济的儿子们长大成人,成为黄家的新生劳动力。黄溙济将多年的农业生产技能和制作糕饼的手艺悉数传授给儿子们,并将自己多年从事农业生产和商业经营的心得分享给他们,避免儿子们重走自己年轻时走过的弯路。黄溙济依儿子们性格进行家庭劳动分工:大儿子黄祯祺性格喜静,老实本分,主要负责黄家的农业生产经营;二儿子黄祯怡做事心细,有责任心,善于交际,主要负责饼店的生意;三儿子黄祯拔个性散漫,加上体质瘦弱,主要做一些轻巧活。大儿子和二儿子在历练中迅速成长为家中核心力量,协助黄溙济分担家庭重担。此外,黄溙济认为"多门手艺多条路",尊重和支持孩子自由发展的意愿,并且鼓励孩子将兴趣变为家庭副业收入。大儿子根据自己的兴趣,学习了绘画,二儿子则学会了杀猪。两人利用闲暇,以绘像卖画和杀猪卖肉的方式增加了黄家的额外收入。黄家人同心同德,通过共同努力使得黄家的经济状况和人口规模在1947年达到了黄家整个时期的最高点。

　　以1948年为黄家的分水岭,黄家自此开始败落。1948年后,黄家遭遇多次变故,人口锐减,家财散尽。黄家部分小家庭独自生活,至1951年,黄家完全分家。分家后,黄家各个小家庭生活虽然艰辛,但仍相互扶持,共同维护整个家庭的生存与发展。

---

　　① 明太祖洪武丙寅年:公历1386年。
　　② 亨和之家:方言,意思为家庭兴旺和睦。

第一章　家户的由来与特性

　　文岗村黄氏始祖十一郎公,因分家后生活生产资源受限,为求生计以图发展,便举家南迁寻找宜居宜业之地。行至田心村,见此地依山傍水,资源丰富,具有"藏风聚气"之势;地势平坦,土壤肥沃,适宜农业耕种。综上考量,宅居运势良顺,生产条件优越,故落户安居于此。十一郎公育有三子,后衍生为黄氏三房。时至今日,历经四百余年,已传二十八世。黄溱济乃黄氏三房第二十二世"济"字辈传人。黄溱济幼年丧父,与母亲幼弟相依为命。"穷人家的孩子早当家",艰苦的家庭环境锻造了黄溱济独立自主、吃苦耐劳的品质。黄溱济以贩卖饼点发家,经过不懈努力最后拥有了属于自己的饼店和杂货店。利用经商获得的财富,黄家进一步扩大耕种面积,增加农业收入。黄家的子辈也不断挖掘自身潜能,从事其他副业为黄家进一步扩大财源。黄家以经商、务农、从事副业等多项经营极大地改善了家庭经济状况。随着家庭人口不断增多,财富不断积累,黄家愈加兴旺繁盛,成为村中人们称羡的三代同堂大户之家。

一、家户迁徙与定居

(一)南迁寻得文岗村宝地

　　据文岗村《江夏黄氏族谱》记载,在宋朝,黄氏丰城十八世安远公于汀州做州判,生有七子。后安远公过世,其子分家,于宋理宗时,其五子,小五郎公携弟,即安远公第六子小六郎、安远公第七子小七郎迁往长汀宣和,即今之连城县宣和乡科里,三人为科里黄氏始祖。明太祖洪武丙寅年间(1386年),其在科里村安居了六代人,后因人多地少,分家析产后,仅有的一点土地难以维持家庭生活。于是科里第六代人中有人陆续举家外迁,小六郎第六世子孙十一郎公是外出寻找新定居点的一员。明太祖洪武丙寅年间,十一郎公举家南迁,行至田心村①一带,见此处地势较为宽阔平坦,且前有低伏小山,背有高山为靠,左右两侧护山环抱,一条河流自西向东流淌,汇入自北往南的另一条河流,略有曲水环抱之意,为"藏风聚气"的风水宝地。十一郎公细查此处地形地貌、水文特征后,择一地定居。此地位于东西流向河流中部,靠近两河交界的拐角处,地势东西高,中间低,形似一条船只。十一郎公认为,此船形地势可助子孙后代在此沿河之地,如船一般,借水远航而免于受水之患。十一郎公选择此处安居还因其靠近河流下流,土地较为肥沃,用水便利,利于农业种植,因此地为未被开荒之地,人烟稀少,故不需要征求他人同意,便可自然落户。

(二)历经四百多年发展的二十余世

　　文岗村黄氏始祖携妻彭四娘,于明太祖洪寅年间南迁至文岗村。文岗村黄氏始祖共育有

---

　　① 田心村:即现今田心行政村,下辖文岗村、谢屋村、黄屋村、文楼村等自然村。

三子,长子太一郎、次子太二郎、三子望龙。三子在文岗村开枝散叶,至文岗黄氏第十二代,仅余世杰公一脉。世杰公有三子,长子应阜、次子应大、三子应起,此三子后代形成现文岗村黄氏三大房支,即应阜公房(长房)世系、应大公房(二房)世系、应起公房(三房)世系[①],所发子孙不计其数[②]。其中以二房衍生后代最多,房支规模最大,其次为大房,三房人口最少,房支规模最小。二房的人口优势在农业耕种中得以凸显,更因二房出过几个读书人,在仕途上小有成就,因此二房在3房之中地位最高。大房作为后代的长子,其长兄权威虽历百余年不减,黄氏之间有事商讨,也多是请大房长辈"做道理"[③],但是其经济实力和人脉关系始终不敌二房。三房规模最小且未出有能人,故在3房中,地位始终最低。三房人丁不旺,在农业耕种上受限,所以常有外出经商之人。黄溙济是黄氏三房第二十二代后人。

(三)外合内分的房支关系

文岗黄氏发展至第十二世时,只余世杰公一脉。世杰公育有三子,三子在分家之时,因财产分配不均等问题引发过争执。虽然事情最后得以解决,但是三子心中都结下了疙瘩,并对其子孙后代的关系产生了影响。随着时间的不断推移,黄氏宗族内的房支意识不断被强化,宗族内部形成了三股势力之间的暗自竞争。长房作为后代长子,历来在三房中以老大身份为尊,因此黄氏宗族的族长皆由大房子孙担任。但随着二房人口规模日益壮大且有几个出仕的读书人,使得二房在黄氏宗族中越发具有影响力,二房开始寻求在黄氏宗族里更大的话语权。相传黄氏二房第十六世传人大荣公不满长房长期把持族长之位,与三房房长金灿公商议后,决定二、三房族人拒绝出席原定族长选举会议以示抗议。召开族长选举会议当天,二、三房族人无一人参加。长房房长被迫召开3个房长之间的会议,经过协商,族长之位的人选不再只限于长房的子孙,三房子孙有能力者可以竞争族长之位,由此更进一步加剧了3房之间暗地里的竞争。

虽然黄氏内部形成3股竞争势力,但当外界力量企图侵犯黄氏利益时,黄氏将全村利益放在首位,全体一致对外。黄氏祖上流传下来一个故事,说是邻村文楼村有一出名的蛮横村民,当地人称"拔面鬼"[④]。一次,醉酒的"拔面鬼"戏弄一位弱智的文岗村黄氏族人,大冬天将其上衣脱下,让其光着上身走回家。家里的老母亲看到自家儿子被戏弄,坐在家门口嚎哭。左右邻里了解情况后,奔走相告其他族人,黄氏族人立马放下各自手上的工作聚集了五六十人去帮这位受欺负的族人讨公道。众人赶到"拔面鬼"家中,文楼村内有威望的长辈出面调停,希望以"拔面鬼"道歉并赔偿了却这件事情,黄氏村民不肯轻易了之,坚持要"以牙还牙"。对方认为只是一个傻子被戏弄的小事,时间拖久了黄氏族人会慢慢散去,没想到黄氏族人反而越聚越多。最后黄氏族人耐心耗尽,一窝蜂冲上去,两村人打成了一团,最后黄氏族人人数多,在群架中占了上峰,脱光"拔面鬼"的上衣,将其反手押着在街上游行,直到走到了被戏弄的黄氏族人家门口才将其放走。在这次冲突中,虽然不少黄氏族人因此受伤,但是大家都认

---

① 引自《江夏黄氏族谱》。

② 根据受访者提供的信息,文岗黄氏延续至黄溙济一代已有二十二世,但其间整个大家族共有多少人,每个房派、每个时代各有多少人,并没有相关的记录,所以无从得知。

③ 做道理:方言,主持公道之意。

④ 拔面鬼:方言,指恶鬼之意。

为这样做是很有必要的,黄氏宗族的利益必须坚决捍卫,不允许任何人侵犯。此事件后,文岗村黄氏宗族团结的名声在邻村人尽皆知,黄氏族人也用这个故事教育后代要团结一致捍卫本族利益。

二、家户的基本情况

(一)同吃同住的三代同堂之家

居住于文岗村的黄姓村民历代以从事农业生产为主,黄氏先祖辛勤劳动,为黄氏后代子孙积累下了一定财富。但经过世代的分家析产后,每个家庭拥有的田地数量很少,当地村民必须租入更多的土地进行耕种,以维持生活。于是文岗村村民向"亨子堡"[①]村民缴纳沉重的租金以租用其田地,但所增加的收入十分有限,文岗村村民经济条件普遍较差。经济基础薄弱是导致文岗村村民分家早的主要原因之一,绝大多数家庭成员结婚后一到两年内会从大家庭中分离出去,以小家庭为单位自谋生活。除经济条件的限制外,由于家庭成员不断增多,"人多是非多"产生的姑娌、婆媳等各种矛盾纠纷成为分家的另一重要因素。黄家这样三世同堂的人家在文岗村屈指可数。

黄家能够实现"三代同堂,同吃同住"的原因主要有三个:首先,黄溱济自小父亲早逝,因家庭不完整,使得黄溱济越发渴望大家庭生活的温暖,所以黄溱济明确提出"只要他还在世,就不能分家"。子孙出于对黄溱济权威的服从,未有人敢在黄溱济在世时提出分家。其次,由于生产技术落后,黄家无论是经营农业生产或者是从事商业销售,都需要大量的劳动力。三代同堂使得整个家庭的劳动力都集中在一起,有助于协调安排,促进生产发展。再者大家庭若是要共同生活,必须有充足的经济支持才能得以实现。如果大家庭中生活资料不足,情感需求往往被迫让位于生存需求,分家往往成为无奈中的必然选择。黄溱济与弟弟黄振济就是因为家庭经济条件困难,难以维系整个大家庭的生活需要,最后迫于无奈选择了分家。而黄溱济治理下的黄家,因为有较好的经济条件为基础,所以大家庭能够一起生活,实现三代同堂。

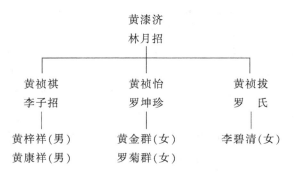

图 3-1　1948 年以前黄家的家户结构图

---

① 亨子堡:现今文亨镇市场片区及鸡子庙一带。

191

（二）男丁渐薄

1948 年,黄家人口达到最大规模,共有 13[1]人。但是黄家子辈[2]整体的生育能力较弱,使得黄家子辈男丁相较于父辈日渐稀少。

黄溱济与林月招结婚后,共育有三个儿子,使得原来的黄家人口大增。文岗村以家庭中的男丁数为衡量家庭人口是否兴旺的标准,黄溱济夫妇育有三个儿子,在当地属于男丁兴旺的家庭。按照家庭无节育的生育习惯,黄家到了子辈将会更加兴旺,但是黄家的子辈因为近亲结婚、身体虚弱等缘故,导致生育能力下降。黄祯祺夫妇共育有两个儿子,黄梓祥和黄康祥,但黄康祥体虚多病,于 1948 年过世。黄祯怡夫妇属于表亲结婚,每生男婴难以养大,总是在婴儿时期便夭折。黄祯怡夫妇共生有三个女儿,仅留一个女儿在身边养大,另外两个女儿被他人抱养。因为一直没有生儿子,根据当地的风俗,找了一家符合条件的人家,抱养了一个女儿用来招弟,即罗菊群。黄祯拔夫妇因男方体虚多病,始终没有怀孕,最后只得抱养了一个女儿。

表 3-1　1948 年以前黄家家庭基本情况表

家庭基本情况	数据
家庭人口数	16[3]
劳动力数	13
男性劳动力数	8
家庭际代数	3
家内夫妻数	4
老人数量	2
儿童数量	5[4]
其他非亲属人员数	3

（三）年龄结构以中年为主

1948 年,黄家家庭成员的年龄结构以中年为主,共有 6 人,分别为黄家子辈的三对夫妻,其次为儿童、青少年和老人。虽然黄家的中年劳动力人数较多,但是整体劳动力却以老弱为主。1948 年,黄溱济夫妇年龄都在 75 岁以上,年事已高无法再从事肩扛手提的重活,但是凭借其原有的辛勤劳作的品质,仍坚持帮忙操持家务。黄溱济从糕饼制作转为指导制作,负责家里的财务管理这样轻体力的活;林月招也不再进行糕饼制作,家务事也都交给儿媳妇们去负责,平日里主要帮忙看店。黄家 10 岁以下的孩子有三个,因为年纪尚小,缺乏劳动能力,而且黄康祥在 1948 年因病去世。黄家十来岁的青少年有两个,都在姑田乡读中学,并不过多参与生产劳动。黄溱济的三个媳妇自小受裹脚之苦,皆为三寸金莲,行动不便,属于半劳动

---

[1] 此处 13 人中不包括黄家雇请的账房先生和做饼师傅。

[2] 黄家子辈:本文中将黄家的成员以黄溱济为标准,黄溱济一代属于父辈,其儿子辈为子辈,其孙子辈为孙辈。

[3] 此处家庭人口数 16 中包含黄家其他非亲属成员,即两个做饼的师傅和一个账房先生。

[4] 根据国际《儿童权力公约》界定的儿童为划分依据,即 18 岁以下的任何人。其中,黄康祥于 1948 年去世,此处计算将其纳入其中,故黄家有 5 个儿童。

力。黄家三个中年男性，其中黄祯怡得过肺炎，康复后只有"一小角健康的肺"以致身体虚弱，使得其不能干太重的体力活。黄祯拔作为小儿子，从小受父母和兄长的宠溺，加上家庭条件好，从小养尊处优，像个手无缚鸡之力的"公子哥"[①]，只能在家帮忙看店，做些轻巧的事情。因为黄家人口以老弱为主，而从事糕饼制作又是重体力活，所以黄家请了两个身强体壮的做饼师傅。

表3-2 1948年黄家成员信息表

姓名	家庭身份	性别	出生年份	年龄	婚姻状况	受教育年限	健康状况	备注
黄溱济（字仰求）	家长	男	1873	76	已婚	2	中	1948年过世，70多岁寿命
林月招	妻子	女	1871	78	已婚	0	中	1954年过世，80多岁寿命
黄祯祺（字寿松）	大儿子	男	1907	41	已婚	6	优	——
李招子	媳妇	女	1907	41	已婚	0	差	1949年去世，年仅42岁。连城县女
黄祯怡	二儿子	男	1910	38	已婚	4	差	1949年底过世（得过肺痨，身体较弱）
罗坤珍	媳妇	女	1909	39	已婚	1	良	2000年去世。娘家亨子堡，为丈夫表姐
黄祯拔	三儿子	男	1914	34	已婚	5	差	1948年过世
罗氏[②]	媳妇	女	1914	34	已婚	0	良	1949年改嫁，亨子堡女
黄梓祥（字小陶）	孙子	男	1931	17	未婚	9	优	1949年结婚
黄康祥	孙子	男	1942	6	未婚	0	差	1948年生病过世
黄金群	孙女	女	1934	14	未婚	8	优	1950年出嫁至林坊
罗菊群	孙女	女	1942	6	未婚	0	优	——
李碧清	孙女	女	1942	6	未婚	0	优	1949年随母改嫁
林明叔	雇工	男	不详	不详	已婚	2	优	主要从事糕饼制作
陈树生	雇工	男	1906	42	已婚	1	优	主要从事糕饼制作
罗国仕	雇工	男	1891	58	已婚	7	良	账房先生

（四）来回奔波于新旧两居

1.偶尔回闲置老宅中小住

黄家人居住在永丰街上经营生意，因为老宅距离远，无法常回家。但是黄家人却常常回老宅住上一段时间，主要原因如下：

首先，黄家老宅凝聚了黄溱济的心血，承载着黄家人重要的记忆，黄家人对老宅有一种难以割舍的情感。黄家的老宅建于黄溱济少年时代，由其母亲罗氏张罗重建。因为祖上留下的老宅太过于破旧，且房间数量太少无法满足黄溱济兄弟成家后的住房需求，黄溱济的母亲

---

① 公子哥：当地人指阔少爷。
② 罗氏：因此人后来改嫁，故族谱上并没有此人姓名记载，且黄家后代对此人具体姓名无法详记，故称为罗氏。注：与黄溱济的母亲罗氏区分。

在儿子尚还年幼之时,便开始准备建新房的事宜。在罗氏的精打细算和勤俭节约下,罗氏为盖房子积累了一些资金。因为没有钱财购买其他地方的地部①,同时也想沿袭原有房屋的风水,于是在请教族里的长辈后,黄溱济的母亲决定将老宅拆除重建。黄家老宅的搭建主力主要是黄家人。黄溱济兄弟到村庄西边的山上去挖泥用于房屋建设,石头则是在黄溱济兄弟到田里干活时从溪边捡拾回家的。黄溱济兄弟不仅要准备建房用的材料,还要给其他人家做农活,例如插秧、割稻、打谷等,通过以工换工节省请工人的花费。黄家老宅凝聚了黄溱济的心血,承载着黄溱济的美好回忆。黄溱济在老宅里娶妻生子,度过了人生中很多有意义的时刻,因此黄溱济对黄家老宅有着难以割舍的感情。而黄溱济三个儿子则在老宅里度过了他们的童年,对于他们而言,黄家老宅才是真正的家。黄溱济与弟弟黄振济分家后,分得房屋西边四间房间和一小间厨房。黄溱济在儿子成年后,按照辈分给儿子们分配了房间。黄家人对老宅难以割舍的感情,使得黄家人外出经商后还时常会回老宅住上一段日子。平日里,黄溱济的儿子们回老家照看田里的庄稼时住在老宅里。遇到重要的仪式和盛大的节日,黄家人会回老宅去举办和庆祝。

再者,黄家老宅朝向好,结构佳,人居住于此会感到神清气爽,有助于身体健康。同时人居住在老宅里,可以获得风水的辅助。黄家老宅坐北朝南,是客家房屋结构搭建的"一栋两横"方形围屋。老宅结构前低后高,站在上厅的神龛往天井外面能看到太阳,这样的结构有利于通风、采光。风水先生告诉黄家人说:"门口的水塘是一个积财池,如果可以在池塘左边种上植物,以此形成'挡势',则与池塘右边房子形成的'挡势'相得益彰,像黄家房屋长出的左膀右臂,将风水都抱在黄家的房屋面前,有助于黄家人'行鸿运、发大财'"。黄溱济的母亲遵从风水先生的意见在池塘边种上了一棵榕树和一些长势较高的旱芋花为黄家造风水。黄溱济常派儿子回老宅住上一段时间,也是想利用老宅的风水使得黄家的生意更加兴隆,也是为了"养房子"。当地人说"房子有人气,留得住神仙和祖先",村民们都认为祖先去世后,其魂魄仍居住在家中,庇护子孙后代,其以子孙供奉的香火和后代人做饭食物的香味为食。若是家中常年无人居住,祖先无人供奉便不再庇护子孙后代,当子孙祈求祖先保佑时,就会不灵验。黄溱济认为,做生意能成功有时除了自身努力外,也要靠运气,黄家能够取得成就,都是多亏祖先庇佑。因此,黄溱济十分注重"养房子",每个月根据情况派大儿子黄祯祺与二儿子黄祯怡回老家住上四五天。

黄家文岗村的房屋虽然并没有人常住,但是房屋并没有出租的想法。因为随意将祖屋出租给他人,会被认为是利欲熏心、不顾祖宗安宁的行为。

---

① 地部:方言,当地指建房的土地。

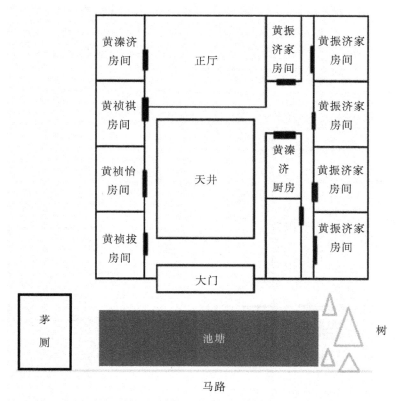

图 3-2　黄家文岗村老宅平面图

2.商业街上前店后居的房屋结构

黄家在永丰街上经营饼店,永丰街又称"下马庙",即今连城县姑田镇中堡村。相传早年永丰街上原是一片竹林,因有人在此养马,盖有几间马棚,凡骑马过往客商,在姑田住下时把马寄养在这里。附近有座关帝庙,庙前的空地及庙右前方盖起一些店房作圩行,是集市地点。圩行接连"下马庙",逐渐建起店房,成为一条新街道。这样,集市的中心转移到"下马庙",并起名为"永丰街"。此地是连城县除县城外另一个繁荣点,聚集了来自各地的商贩。黄家的店铺位于永丰街街道的中心位置。

永丰街上的房屋结构(图 3-3)不似传统正规住房,多是前铺后住的木质板房。因此,黄家的房子在居住上并不像老宅强调主次。房前为店铺,主要卖饼和一些杂物。从店铺进入居住区,首先看见一天井,天井左右两边各有三间房,进门左侧第一间为账房,主要是账房先生工作和居住的地方,放有账目、钱和账房先生的床和衣柜等。左边第二间为黄溙济和林月招居住的房间, 第三间房是罗坤珍和其大女儿黄金群的房间。进门右手边第一间为做饼的作坊,这个房间为大房套小间,外面的大间用于做饼,大间进入为做饼师傅居住的小间,右手边第二、第三间为放置日常销售的杂货和做饼的一些材料。走过天井,为房子的下厅,摆放有一张八仙桌,是黄家人吃饭的地方。下厅左手边有两间房,靠天井第一间房为黄祯怡的房间,第二间为厨房,右手边有楼梯通往二楼。从下厅大门出去,边上有一间小屋,为黄家的茅厕。门口前是一条路,路旁边是一条溪水,溪水对面为朝阳村,朝阳村村民常渡河到对面赶集。上到黄家的二楼,共有四间房,左右各两间,中间有一个厅,主要用于黄金群大伯黄祯祺做画室使用。四个房间分别为黄祯祺、黄祯拔和黄梓祥、黄康祥,还有其他孩子居住的房间。房子左边为纸店老板的房子,其较为富贵,房屋为墙土结构的"二层洋楼"。黄家店铺右邻为卖杂货店铺,其经济条件较一般,房屋为板木结构,仅为一层木楼。

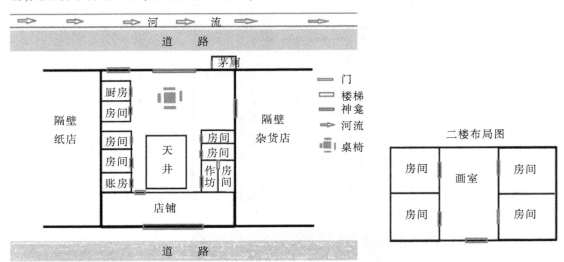

图 3-3　黄家姑田永丰街住房构造图

(五)商农兼业

黄家以商业经营和农业耕种为家庭的主要经济来源。黄家的农业收入主要来自于自家的两处田产,共 3 亩土地。因土地肥力有限,农业耕种技术较低,农业生产的收入较少。黄家3 亩土地第一季用于种植水稻,亩产约为三四百斤谷子。第二季种植地瓜,亩产在五六百左右,收获的地瓜通过加工可以制作成"薯粉"。土地种植收入的粮食主要用于黄家的日常食用,但随着家庭人口的不断增多,仅仅依靠农业收入并不足够黄家人的生活需要。

迫于生计需要,黄溱济在保持农业耕种的基础上,同时开始从事饼点买卖。在黄溱济及其儿子们的共同努力下, 饼点经营收入从最开始的补贴家用变为黄家的另一项家庭收入来源,成为另一主业。黄家的饼店从最开始的卖散户转为批发出售兼散卖,饼店生意规模日益增大。不久,黄溱济积累了资金在永丰街上买下了一间店铺,不仅用作经营饼点,同时用于进行杂货销售生意。黄溱济以品类齐全、品质上乘为经营策略,以诚信经营为原则,将黄家的"万昌号"打造成为永丰街上最俱盛名的杂货铺之一。

随着黄家子辈成为家庭中的新生劳动力,子辈充分发挥其才能开展副业,为黄家增加了收入。黄祯祺擅长绘画,通过画肖像画、观音像销售,增加收入。黄祯怡会屠宰技术,永丰街每五天一集会,黄祯怡便杀猪卖肉。虽然黄家的子辈为黄家开辟了新的财源,但因为销售画像市场需求小和黄家人身体健康状况不佳等原因,副业只是一项较小的贴补性收入,并无法如农业耕种和商业经营一般成为黄家的主业。

表 3-3　1948 年以前黄家家计状况表格

土地占有与经营情况	土地自有面积	3.33 亩		租入土地面积	0 亩
	土地耕作面积	3 亩		租出土地面积	0 亩
生产资料情况	大型农具	0			
	牲畜情况	0			
雇工情况	雇工类型	长工		短工	其他（）
	雇工人数	3 名（2 名做饼的师傅，1 名账房先生）		不详	

收入	农作物收入					其他收入	
	农作物名称	耕作面积（亩）	产量	单价	收入金额（折算）	收入来源	收入金额
	水稻	3	300 斤/亩	不详		卖饼卖杂货	不详
	地瓜	3	400 斤/亩	不详		卖 画	不详
						杀猪卖肉	不详
						收入共计	
						不详	

支出	食物消费	衣服鞋帽	燃料	肥料	租金	
	不详	不详	不详	无	不详	
	赋税	雇工支出	医疗	其他	支出共计	
	约 210 斤	不详	不详	不详	不详	

结余情况	结余　不详	资金借贷	借入金额	不详
			借出金额	不详

（六）无奈担职

黄家共经历了两代当家人，在黄溱济当家期间，黄家没有人担任乡长、保长之类的职务。保长等官职的权力对于大多数村民具有很大吸引力。能够担任官职有三种情况：一是非常有学识的人才，被上级看重其才华，委派其担任官职。当地人有浓厚的文化崇拜氛围，往往对学识好而获取功名之人非常崇敬和认可。二是当地有威望、热心公益的乡贤，被村民推选担任相关职务。因为做事公平公道，在村里有很高的声望。三则是一些人认为担任职务有利可图，善于利用各种途径拉拢人心和疏通关系，获取一官半职，这类人在履行职务和维护自身利益时，利用职权做了很多伤天害理之事，村民苦不堪言。黄家作为经营小生意的小门小户，并没有多余的时间和足够的实力去担任职务，同时，黄溱济也不希望子孙做伤天害理之事，有损后代阴德。

黄祯怡当家时，正值 1949 年前夕。连城县虽位于交通不便的闽西山区，但隐隐透进来的消息和连城境内解放战争越发激烈，让人们开始觉察到时局的变化，行政管理职务一时间无人愿意担任。迫于国民政府的要求，村内村民通过召开会议推选出保长。因为黄家经营生意，有较好的家庭经济实力和人脉，且黄溱济因做事懂规矩、讲公道，在村里有很好的口碑，所以村民一致将目光投向了黄家。在保长选举会议上，众人纷纷推选黄祯怡担任保长。百般推托无果的情况下，黄祯怡于 1948 年底接任了文岗村保长一职。保长一职需要负责征兵工作，但黄祯怡因弟弟死于征兵途中因而非常痛恨征兵这种行为，所以常常以生意忙碌为借口不回老家，以此逃避协助征兵的工作。有时迫于无奈，需要到村里抓人，黄祯怡的妻子也会通知对方，使对方尽量逃脱。虽然黄祯怡担任了保长，但没有做伤天害理之事，所以村民对黄祯怡并没有怨言。

（七）能者当家

经营农业看重体力，强劳力在农业生产中更具有优势，但从事商业经营，更看重人的能力，对体力要求相对较低。黄家作为经商之户，其家长不仅需要具有治理家庭的能力，更需要有经商的头脑。因此，黄家家长的选择基于其经济基础，具有"能者当家"的特点，不同于普通农户家的"长兄当家"。黄溱济在妻子的协助下，白手起家，创建起了黄家的"万昌号"，多年的打拼让黄溱济形成了一套自己的经商之道，并传承给了儿子们。黄溱济作为名副其实的一家之长，不仅是家长更是黄家中最年长的长辈，受到了黄家人的尊重。1948年，黄溱济过世后，黄家选出新的当家人。按照"长兄当家"的传统，黄家的当家人本应为黄祯祺，但因为黄祯祺性格闲散，不大操心家庭事务，加之又爱喝酒，常常醉醺醺，所以无法胜任整个家庭管理和生意经营的重任。林月招与儿子们商讨当家人事宜，经过林月招、黄祯祺和黄祯怡的共同商量，黄祯祺自愿不当家，黄祯怡因其富有责任心、善于经营，成了黄家的当家人。

（八）家长权威服从与家庭等级性

文岗村属于宗族村庄，宗族文化浓厚，村民非常看重长幼尊卑。家族因辈分差异带来的等级性，在家庭生活中往往表现出家长权威服从家庭等级性的特点。黄家先后两位当家人在家庭中的权威就体现了此特点。首先，在黄溱济当家时，黄溱济不仅是家里的当家人，更是家里最年长的长辈。黄溱济在管理家庭时，所做的任何决定，其后代都必须服从，不能提出异议。黄溱济在做决定时，有权不经过全家的同意。正是当家人和作为辈分最高的爷爷辈的身份，使得黄溱济的权威最大。待黄溱济去世后，黄祯怡接任当家人的位置。黄祯怡在黄家里辈分排老三，黄祯怡的母亲林月招和大哥黄祯祺的辈分都比黄祯怡高。虽然黄祯怡作为家里的当家人，但是家里有重要的事情都必须先告知林月招和黄祯祺，经过商量同意后才可以做决定。在下文中有提到，黄祯怡给怀孕的妻子一个猪心用来炖汤补身体，林月招知道后，拿回猪心切走一半，黄祯怡不敢阻拦。由此可以看出，黄祯怡不仅是当家人，更是林月招的儿子，在当家人的权威受到挑战时，黄祯怡首先以儿子的身份处理关系。

第二章　家户经济制度

生产资料是发展家户经济的基础。黄家生产活动以家庭为单位,由黄家家长主导并支配着产权边界明晰的土地、房屋、生产生活资料的占有、使用及收益权利,家庭其他成员及外界均认可和尊重其产权归属。生产活动中,黄家家长经营有道,内外劳动分工有序,农商副业多边创收,实现以家长为核心经营下的自给自足家户经济发展模式。立足较为充裕的生产成果,以满足个人需求为基础、保障个人自主性为目的、确保公平体现差异为原则,家长主导进行灵活多样的分配活动。此外,黄家日常量入为出,适度消费;对外借债,因人而异;家户交换,自主灵活。整体而言,充足的生产资料为经营有道的家户经济发展提供了基础,富庶有余的生产成果又为灵活、多样、自主的家户消费、借贷、交换提供了自由空间,最终实现了经济的良性发展。

一、家户产权

(一)家户土地产权

1.黄家所有土地产权概况

1949 年以前,黄家一共有 3.33 亩田地,分别位于文岗村和中堡村两地,除此之外,黄家有两处宅地、一处茅房。具体情况如下:

(1)黄家自有 3 亩中等田

黄家共有 3 亩田地,其中文岗村老家有 1.5 亩。文岗村位于山地间的平原地带,村庄境内的土地地势都较为平坦,以红壤为主,富硒含量高,土地肥力较高,适宜种植花生、地瓜等作物。村庄位于两河交界处,水利灌溉便利。除了优越的土地资源和水利资源外,文岗村的气候条件也十分适宜种植。文岗村位于山地平原,四周环山,阻隔了来自北方的冷空气,使得当地四季温暖湿润,当地作物以两季种植为主。在土壤、水利及光热充足的条件下,水稻亩产平均 300 斤以上,地瓜产量在 400 斤以上。相较于其他地区,文岗村的土地大部分属于中上等良田。黄家在文岗村的 1.5 亩土地,由三块土地组成,都属于中等田。其中有一小块离黄家家宅比较近,大概为 3 分钟路程,面积约为 0.3 亩,但距离溪流较远,灌溉主要依靠人工挑水。黄家主要用这块土地种植蔬菜、番薯或者是花生。剩余两块土地分布在村庄的北部,从黄家步行到田地大概需要十几分钟路程,离溪流较近,灌溉便利,主要用于种植水稻,亩产在 400 斤左右。

黄家的另外 1.5 亩田地则在永丰街所在的中堡村。中堡村海拔较高,周边多山地,主要以种植毛竹为主。俗话说"靠山吃山,靠水吃水",自明朝嘉靖(1522—1566)年间,当地居民充分利用毛竹制作出纸质薄韧、颜色洁白、吸水力强的姑田宣纸创作出特有的纸张制作工艺,大量销往广东、江西等地。中堡村有上百年的造纸历史,造纸业非常发达,很多家庭以从事造纸的相关工作为生。相较于平坦的农地而言,可以种植毛竹的山地才是当地居民心中更为贵重的资源。因为人们重山地而轻耕地,所以当地田地买卖较多,且价格相对较低。黄家购入的1.5亩田地位于永丰街所在的中堡村北部,离店铺比较近,步行到田里,大概花费十几分钟。1.5亩土地共由两块土地组成,相近却并不相连,之间的距离走路约一分钟。其土壤较为黏稠肥沃,距溪流一分钟路程处,灌溉便利。但是整体而言,中堡村所处的海拔较高,气温较低,种植水稻长势较慢,收成也较文岗村的田地略少一些,产量约在 200~300 斤每亩,属于中等良田。

（2）人人有份的老祖山地

黄氏始祖迁至文岗村,在此处开基立业,开枝散叶,经过子孙几代的辛勤劳作,祖上积累有大量财富,除去良田百亩,还有山地。因只余世杰公一脉,黄氏祖上留下的财富全归其所有,并由其分给三个儿子,实现代代相传。而山地并不分配,由黄氏子孙共同拥有和使用。黄氏家族的山地主要分布在文岗村的北部和离村庄较远的西部。文岗村黄氏居民称北部山地为"岗尾山",岗尾山并不是指一座山,而是一块丘陵区域。岗尾山距离村庄不足一小时路程,较平坦的区域已被开荒用于耕种,而丘陵之上则遍布文岗黄氏族人的墓地。黄氏族人多在此处建墓地的原因有三个:首先,岗尾山距离村庄较近,不足一小时路程,相较于到偏远山区建墓,在岗尾上建墓地能大大节省建造时间和费用。其次,岗尾山的土质较为黏稠,不是村子西边山地的沙质土壤,能有效避免墓地受到南方多雨水天气导致的山地滑坡的影响,满足了建墓地的基本土质要求。最后,也是最重要的一点,岗尾山有溪水流经,将墓地建于此,依山傍水,风水也算上佳,使得一般家庭不用负担请风水先生到深山老林寻宝地的巨额花费,也可以有风水不错的地方建墓造福后代。

文岗村黄氏族人已形成共识,将此处看作黄氏族人的专属墓区,并不敢在丘陵处私自开荒,以免破坏风水。对于文岗村黄氏族人而言,破坏风水属于大罪。文岗村黄氏祖上曾流传一个故事,一个黄氏族人因生活条件艰难,家境贫穷,忽生怨气,认为自己平日里烧香祭祖却未得到祖宗的庇护,一气之下,这位黄氏族人拿着锄头到岗尾山刨开了祖地,族人得知消息一路追赶而去,却晚了一步。只见该族人已将墓地刨开,墓地冒出了一股紫气,一只鸟从中飞出。族人知道大事不好,墓地的风水已经破坏。族人们将这个刨墓的族人押回祠堂,以牙还牙,实行"挖目"之刑。刨墓族人的双目被挖去后,由全族人轮流供养。此故事黄氏族人代代相传,以告诫子孙不可破坏祖墓风水。黄家作为黄氏宗族的一份子,也享有这份山地的权利,黄溙济、黄祯怡等去世后均葬在了文岗村北部的山地。

村庄西部的西宝山为谢屋村、黄屋村和文岗村等几个村庄共有。西宝山为一座山地,地势高且陡峭,土地为沙土质,加上常有野猪、野狗等野兽出没,所以并不适宜种植或者选作墓地。山上多松树、"勒枝"[①],这些村子的村民可上山砍柴,拾"勒枝"做燃料。西宝山中属于文岗村黄氏的所有权部分,黄氏子孙人人有份。

除此两处山地外,文岗村黄氏老祖四处寻找风水宝地建造坟墓,曾购买了今清流县与连城县交界的一处山地的部分使用权,即建坟地的权利,并将墓地建在这处山地。这位文岗黄

---

① 勒枝:方言,指当地一种矮草,晒干后易燃,属于燃料。

氏老祖的墓地就是这项交易的见证,如一张契约,明确了黄氏子孙的权利,即文岗村黄氏后代可以在这片山地建墓地。

（3）两处宅地

黄家共有两处宅地,面积约为 230 平方米。黄家的老宅位于村庄的中部,整栋老宅占地面积大约 140 平方米。黄溙济与兄弟分家后,每人各分得四间房间和一处厨房、一处茅房。老宅的公共地区,如上厅、天井、公共行走的道路等,因为无法平分,所以两家共同使用。根据平均分配原则,黄溙济可分得宅地约 70 平方米。黄家在姑田永丰街上购置的房屋位于永丰街的中段部分。房屋为木质结构,上下两层,使用面积约 240 平方米,实际占地面积约 160 平方米。

2.土地的来源

（1）祖辈继承

文岗村离北部山地较远,中间隔有两个村庄,因为距离遥远且西宝山的土质不利于耕种,所以文岗村村民没人在此处山地开荒。岗尾山有部分平坦地区,早年间已经被开荒,属于有主之地。因此,文岗村村民通过开荒获得土地之人非常少,土地的获得主要通过祖上继承、购买和租佃等途径。黄溙济的父亲从祖上继承了 3 亩田地,其过世后,自然由其两个儿子继承。黄溙济和弟弟黄振济分家时,将 3 亩土地平均分配,兄弟两人各分得 1.5 亩,田地位置的分配以抓阄的方式确定。

（2）家户购置

每一位以土地为生存根本的农民都渴望拥有一块属于自己的土地,但是高额的土地价格和微薄的收入,使得购置土地成为绝大部分农民无法实现的梦想。而黄家能够购置 1.5 亩土地,则是依靠其经商所获得的收入。早年黄家的家庭成员人数较少时,从祖辈继承而来的文岗村内的 1.5 亩田地勉强够家庭使用。但是随着家庭人口的不断增多,1.5 亩田地收入难以满足家庭基本使用。经过黄溙济的反复思量,最终决定抽出一大笔费用用于购置土地。根据黄家的实际情况,黄家就近在做生意的中堡村购入了 1.5 亩田地。这块土地的原主人染上了毒瘾,为了获得吸食"鸦烟"的费用,将土地出售。黄溙济经人介绍,购买了这块土地。依据程序,黄家购买土地时请了中间人为这笔买卖做证,中堡村保长属于见证人之一。买卖双方协商达成一致,在见证人的公证下,彼此做字立据。黄家的土地田契一直由黄溙济保管。虽然黄家在黄溙济过世之后,经济上受到了打击,但是黄家人并没有想过要出售土地。因为在黄家人眼中,出售土地是败坏祖业的行为,除非万不得已走投无路,否则绝对不会出售。黄家的土地在土地改革运动中上交被重新分配。黄康祥一家和林月招分家后留在中堡村居住,土改中,由他们分得了黄家原有的土地。

3.土地家户所有的基本特征

（1）不同类型家长对土地所有权的支配权利各不相同

对于土地所有权的支配,往往与土地所有权获得中的个人贡献的多少有直接关联。黄家的两种情况也正说明了这种特点。

父亲家长完全拥有土地所有权,其他成员不具有支配权。黄溙济以父亲身份成为黄家的家长,属于父亲家长。黄溙济多年的打拼积累,为整个家庭的经济发展打下了深厚的基础,他一手创立了黄家繁荣景象。黄家继承或购买的土地属于黄家的同时,更属于黄溙济夫妻的个人财产,黄溱济具有财产的所有权和绝对的支配权,其子孙作为其后代,生来具有继承权。黄溱济去世后,留下的财产通过继承的方式传递。因为黄家没有分家,所以其财产仍旧以黄家共有的形式存在,财产所有权归整个大家庭所有。家长作为家庭中的一员与其他成员享有共同的土地所有权,家长对土地所有权的支配需要征求家庭其他成员的同意。

同时当地还有一种情况,即"嫁妆田"。连城当地非常富有的地主在女儿出嫁时,会给予田地为女儿作嫁妆,称为"嫁妆田"。女儿嫁入男方家庭后,嫁妆田属于地主女儿,女方对土地具有绝对的支配权,无论是家庭中的任何成员,父亲家长或是其他类型的家长,都不得侵犯其权利。文岗村黄文招这户人家,其奶奶"五婶"①就是亨子堡地主家的女儿,嫁到文岗村时,带有陪嫁田。陪嫁田同其他嫁妆一样,属于五婶的个人财产,其可以自行处置。五婶的土地用于出租,收入的田租作为其私房钱。当地风俗规定"女性的嫁妆为女性个人所有,其他人不得侵占,即使是丈夫",无论是五婶的丈夫或者是作为家长的公公都未曾侵犯过其财产权益。黄家的媳妇主要来自于一般家庭,经济条件一般,并未曾有过"嫁妆田"。

（2）男丁享有土地继承权

在黄家分家以前,即1950年以前,黄家的土地财产权归整个黄家所有,但并不意味着是人人有份,而是指具有继承权的男丁。根据当地的风俗,无论是抱养、过继或者是亲身的男丁,都具有自然继承所生活家庭的财产的权利。妻子和女儿作为"嫁入"和"嫁出"的角色,对于整个大家族而言都属于外人,女性在当地不具有继承权。文岗村村民黄永生是其父亲从黄屋抱养来的男孩,黄永生父亲去世后,黄永生自然继承其养父的财产。而其父亲的亲生女儿们并不能参与父亲的财产分配。未出嫁的女儿只能暂时享受父母财产的使用权等,嫁入的媳妇依靠丈夫和儿子享受家庭的财产使用权。

男丁天生具有继承权,但其权利只有在父亲去世后才能生效。黄溱济在世时,其子孙虽然可以参与土地的使用、处置、使用等,但是其只有服从和建议的权利,不能干预父亲的决定。黄溱济过世后,其子孙享有的土地权利开始生效。按照"诸子均分"的传统,黄溱济的每个儿子可以分到相应的财产。但是黄溱济去世后,黄溱济的财产由黄家人继承,黄家人中具有继承资格的为黄祯祺、黄祯怡。黄梓祥虽然作为黄家的男丁,但其为孙子辈,只继承享有父亲的财产,并没有权利同父辈一起参与祖辈财产的分配。

（3）土地权的使用以家户利益为主

土地的权利包括土地的使用、分配、交易等权利,无论是何种权利的使用,都必须以家户利益为主。黄家的土地是继承而来的一份祖业,是否能守住祖业事关黄家人的家庭荣誉与切身利益。作为黄家后代,黄家家长首先要将维护祖业作为自己的使命,应当妥善安排土地使用,坚决维护土地边界不受侵犯。而作为共同拥有土地所有权的其他家庭成员应当积极服从家长安排,以家户利益为主来使用土地,坚持维护家族荣誉感,不得因个人私欲小利损害家庭大利。黄溱济在世时,不论条件多么艰苦,都未曾想过贩卖田地,并且通过自己的努力,购入土地扩大祖业规模。待到黄祯怡当家时,对于土地权的使用需要与兄长黄祯祺商量,两个人以家户利益为主,达成一致意见,不仅维护了祖业,同时也增进了兄弟间的感情,加强了整个家庭的凝聚力。以家户利益为出发点,使得黄家的土地得以代代相传。而黄家中堡村田地

---

① 五婶:当地人对其的称呼,具体名字不详。

的上任田主陈当家人，虽然从祖上获得了数亩土地的祖业，但是并不以整个家庭的利益为主，而是以个人私欲为主，不思进取，沉迷于抽"鸦烟"，为了获取吸食鸦片的费用，不惜多次将祖业出售，最后将所有祖业都败完，连妻子都被他典卖给他人，落得妻离子散，家不成家。陈家从当地被人称羡的富裕之家沦为人人茶余饭后的笑柄，大家都称他为"陈败家"。

4.土地家户的所有边界

（1）将土地边界代代相传

黄家一半的土地属于祖业，世代传承。在不断的分家析产过程中，土地的边界不断发生着变化，边界的划分更多依靠祖辈间口头的代代相传，并没有相应的地契等文字文件对边界进行确定。黄溙济和弟弟黄振济儿时曾与父亲一起到田里查看庄稼，父亲曾告诉过黄溙济关于土地的边界问题和需要注意的事项。黄溙济年纪小，所能记住得并不多，但是已经形成对土地边界的基本认知。长大后，对土地边界有疑问的地方，黄溙济都会咨询母亲。黄溙济的母亲虽然是女性并不参与土地耕种，但经常为劳作的丈夫送水送饭，因此对自家的田地非常清楚。同时丈夫也常向其讲述自家财产的情况。黄溙济的父亲去世后，黄溙济的母亲常常就一些房屋边界、土地边界等问题咨询和自己同一个房支较亲近的长辈，使得自己对村内的一些情况和自家的土地情况的认识更完善，避免因为个人原因导致祖业财产受到侵犯。而到了黄祯怡这代人，黄溙济从小带领着他们到田里劳作，所以黄祯怡兄弟几人对自家的土地都非常清楚。黄溙济待到儿子成年后，还刻意向儿子详细说明了土地的边界，不断完善儿子对自家财产边界的认识。土地作为农村最宝贵的财富，因其重要性总是会被反复强调，因此每代人都能牢记自家土地的边界线，无论男女。

（2）滴水为界划定宅地范围

文岗村属于典型的南方村庄，因为多雨水的缘故，当地建筑结构以尖顶和屋檐见长的特点为主，以利于排水。故当地有老话说，"三尺滴水檐，滴水不过界"。因此当地的房屋形成了"滴水为界"的规矩。建造房屋时，需要将屋檐超出墙面的部分也计入自家的建房的宅地面积内，不得将屋檐超出自家的宅地面积，而去侵占他人或者公共的土地。黄家在文岗村的老宅重新拆建时，就是根据屋檐长期滴水形成的边界来划定属于自己宅地的范围，并在此基础上重建房屋。因为黄家老宅前后并未与其他人家相接，与左右邻居之间只是相邻却不相连，所以并没有出现"共墙面"的情况。所谓共墙面，是指两户人家的房子其中有一堵墙为两家共用，一般根据祖上建墙时的协商情况来确定分界。一种情况是，两户人家一同盖房子，其中一户人家为节省费用，与其中另一户人家商议，借用他的某一墙面搭梁，一般是两方关系比较密切，或是对方给予部分补偿的情况下达成协议，产生有共墙面的情况。因为对方属于借用另一方现成的墙面，所以两房的边界往往以靠近借用方的墙面为界，墙面一边为借用方土地，墙面另一方，即整个墙体所占地则为出借方土地。这种共墙面的情况在文岗村比较常见，除此之外，共墙面还存在另一种情况，即因建房属于共同需要，双方出让相同土地建造墙面，则以墙的中间作为分界。地方上对边界有统一的标准，例如滴水为界等，但根据实际情况又会有不同的分界方式，则根据协商时的分界标准作为实际分界。因此，当地人特别注意将房屋界限的情况代代相传以维护祖业，不让其有丝毫受损。

黄家永丰街上的房子前后以滴水为界，界外为公共道路供人行走，黄家不可随意在非自家土地上长时间堆放私人物品。黄家房屋左侧与纸店老板相邻，以泥墙作为房屋的分界，整面墙归纸店老板所有,黄家只有墙面,并以黄家占有的前面为界,划分两人的界线。黄家的右侧与另一家杂货铺共有一扇木墙,两边分别以靠近自己一面的墙面为界。

（3）根据田库高低划分田地边界

整个连城县域内对耕地的分界大致相同,都是遵循"田库为界,划分看高低"的原则。当地土地主要以种植水稻为主,多为水田,田地四至都有"田库"①,也称为田埂,田库的宽度大概在30厘米左右。田库最初的建立是老祖宗根据自家田地的边界立起来的,不仅是为了种稻蓄水,也是为了划清每块田地的边界,同时也是田地间用于行走的小路。田地顺着水流方向,高的一边的田库为自家田地相连的土地主所有,低处的田库为自家土地所有。两块土地之间的田库本质上是两块土地主共同让出部分土地共建的一条田间小路,因此这条路属于两人共有,两人共同拥有田地的所有权,但使用权则依据地方上的规定行使。当地在田库的使用上有明确的规定,村民们都形成了共识。田地左边田库的使用权为自家所有,右边田库的使用权为邻地所有。田主可以在属于自家的田库上种植"田茎豆"②。如果在不属于自家的田库上种东西,属于侵犯他人的土地,对方可以不需要经过种植方同意而拔除作物。为了防止田库边上的野草长到田里,所以各家都会除田库边上的草。文岗村内常常发生有人因为除草,将自己边上的田库挖小了,无形中增加自家田地的面积的行为。这种行为一旦被发现,对方会马上要求恢复原有田库的大小。若是对方屡犯不改,田主则会将田库挖开,在地下筑20厘米高的石基防止对方再次越界。

黄溙济和兄弟黄振济分家,分得两块田地,共1.5亩。虽然没有地契,但是同一个村内,大家彼此了解对方的田地,且认同各自的田地边界,大家相互遵守祖辈上传下来的规定。同时政府对于田地都有记载,土地位置和土地面积都十分清楚,记录的本子称为"良田册",土地改革时,土改工作队就是依据良田册开展土地测量工作的。

而黄家在中堡村购买的田地则有地契约,地契上四至和土地面积标注清楚。黄家在购买田地时,由原有的田主带领着,黄溙济和其三个儿子都一起到田里详细了解土地的边界,同时田主也介绍了隔壁邻地的主人。在购买土地时,买卖双方都请来多名见证人,买卖双方将商量好的事项用红纸记录在案,记录内容有买卖的时间、金额、土地的四至边界、面积大小等。双方达成一致后,签字按手印。见证人也需要签名按手印。这份地契是被官府认可并受到法律保护的。

（4）以水流为界划分山地所有

黄氏家族的老祖宗给子孙后代留下的田产主要包括文岗村北面岗尾山和村庄西面的西宝山。岗尾山作为当地村民的墓地聚集区域,而西面的山地则主要是当地村民收集柴火的去处。西宝山整个山头并非都属于文岗村,而是与谢屋村、黄屋村等共有。山分为两面,朝着文岗村等村庄这面为文岗村等村庄所有,另一面则为山脚下的村庄所有。山地边界的具体划分主要以水流为界。下雨时,根据水流方向进行判断,水流向着文岗村等村的部分为文岗村等村共用,水流向山另一面的部分则为山背另一村庄所有。西宝山以水流为界,与山背的村庄划分边界,但是文岗村、谢屋村和黄屋村等共有的山地部分,并没有具体的边界划分。三个村

---

① 田库:是指在土地的边界上建的田埂,当地称为"田库"。

② 田茎豆:方言,指"毛豆"。

的村民都具有该片山地的使用权,山地的处置权也归三个村村民共有,任何一个村庄不能私自处置这片山地。

5.家长在土地所有权中的支配地位

(1)家长对土地所有权具有绝对支配权

家长黄溙济对土地具有绝对的支配权,土地支配权主要包括土地的使用、分配、置换、买卖、典当等方面的权利,凡是涉及土地的问题都必须以黄溙济的名义进行,外界不认同除家长以外的家庭内其他成员在土地上的权利。黄溙济当家时拥有所有家庭财产的所有权,无论是土地的使用或者购置等各项权利,黄溙济都拥有最终决定权,虽然黄溙济会征求儿子们的意见,但无论儿子是赞同或者反对,黄溙济都可以凭个人意志决定买卖事宜。黄溙济去世以后,黄家人仍一同生活。黄祯怡担任家长,与兄长黄祯祺共同拥有黄家财产的所有权,不过黄祯怡在对土地所有权的支配上,权威小于黄溙济。黄祯怡对土地财产的一些权利的行使需要与兄长协商,达成一致意见后才能实行。例如,在土地的耕种安排上,黄祯怡可以自行做主,但是关于土地的重要事项,例如买卖、典当、置换等,黄祯怡必须与家庭其他成员商议,形成统一意见。但是对于外界而言,黄祯怡还是黄家土地处置的唯一代表人,黄祯怡的决定才代表整个家庭的意见,才具有效用。

(2)家长在土地交易中的主导作用

1949年以前,黄家曾经购入过土地,在整个土地交易中黄溙济作为当家人发挥着主导作用。首先,黄溙济作为黄家的当家人,是土地购买的发起人。黄溙济考虑到家庭成员的不断增多,原有的土地难以满足家庭生活的需要,基于黄家有能力负担购买土地的费用,黄溙济多番思量,决定在永丰街所在的中堡村购买土地。恰好当地有一户陈姓人家,因为户主吸食鸦片,导致经济窘迫,需要出售土地。黄溙济听闻消息与妻子商量了这件事情,得到妻子的同意后,更增加了黄溙济购买这块土地的决心。黄溙济在饭桌上告知了家人想要买土地的事情,儿子们对此也表示赞同。其次,黄溙济是这次土地购买交易过程中的组织者,在黄溙济的主导下,黄溙济的儿子们有意识去了解陈家的相关情况,并反馈给父亲,以帮助黄家在议价中取得优势。再者,在购买土地的过程中,黄溙济是最后价格的拍板人。黄溙济带着黄祯祺、黄祯怡和其亲友,一同出面与土地的卖家议价,由其拍板决定最后的购买价格。最后,黄溙济是黄家在签署交易契约中最具有权威的代表人。土地契约细节的确定和做契签字都必须由黄溙济亲自出面,黄溙济的儿子们则在现场陪同并协助黄溙济,同时还邀请很多中间人见证。在土地交易过程中,土地的出售方陈家同样也是由其家长主导,整个过程中,价格的商订、做契签字等也都必须由陈家家长本人亲自出面。只有双方家长签署的契约才能得到外界的认可和法律的保护。

6.其他成员在土地所有权中不具有支配作用

家庭在土地买卖、租佃、置换、典当等活动中,除家长之外的家庭成员不能发挥支配作用。家庭成员主要服从家长安排,在家长征询意见时,可以提出自己的看法和建议。在土地耕作上,黄祯祺曾提议父亲可以通过租佃土地扩大农业经营规模,增加家庭收入。黄溙济觉得这个提议并不适合黄家,否决了黄祯祺的提议。黄溙济并非是倚仗自己的权威盲目否决儿子的建议,而是综合考虑后的决定。事后,黄溙济给儿子分析了这项提议的不合实际之处。黄溙济认为,黄家虽然以经商和务农为主业,但是黄家的人力都集中在经营生意上且缺乏可以负担繁重农活的壮劳力,仅仅是耕种自家所有的田地大多时候都需要请工,大大增加了农业耕种的成本,降低了收入。若是租佃土地还需缴纳较高的田租,黄家耕种土地所能获得的收入将更少。租佃土地扩大耕种规模必然会支走经商的人力,影响黄家的商业根本。租佃土地扩大农业经营规模是一种本末倒置、舍本逐末的做法,黄溙济认为这种做法非常不可取,不符合黄家的实际情况。年轻的黄祯祺听后,非常赞同父亲的考虑,从心底里接受了黄溙济的决定。

参与土地事务一般是家里的男性,但家里辈分高的女性可以发表意见。黄家在购买土地时,黄溙济先与妻子林月招商议并了解她的想法,得到了她的支持与肯定。黄溙济在饭桌上与儿子们商讨购置土地的事情时,林月招作为家里最年长的女性,参与了土地购置的商讨,根据了解的情况发表了自己的意见和看法。黄家的儿子们总是以"女人家知道什么"为由,很少与妻子讨论土地购置的问题,家庭里的其他女性成员则通过各自的丈夫或者是黄溙济在饭桌上的讲话,了解土地购置的具体情况。

7.遵受约定俗成的规定以有效防止外界侵占

文岗村土地的所有者比较固定,鲜有变动。所有村民对各自田地的四至边界都很清楚,因此在土地边界上少会有争执。但是不乏有一些爱占便宜的人家,会在耕地的时候,故意侵占田库所占的土地。如果邻地土地所有者发现了,往往会在自己的田库下用石头筑起基石,使得对方就没有办法越界多占地。在土地问题上因为边界不清引发的争执也曾发生过,因为涉及财产利益,所以一般都是由村里有威望、做事公道的长辈出面调解。对于田地的边界,老一辈比较清楚,往往会根据祖辈上传下来的边界为准来公道判决,不合规矩的一方往往在长辈的判决下也不会再过分争执。遇到耍无赖的情况,被侵占的一方有时也只能吞下这口哑巴亏。文岗村一个叫做"大婆娘"的妇人,是出了名的泼辣无赖,她曾经就与邻地的田主发生纠纷。大婆娘总是有意无意在除草时,将田埂挖掉。邻地的田主与大婆娘两人间也是沾亲的,委婉提醒过大婆娘几次,但是大婆娘变本加厉,邻地田主忍无可忍与之发生争执,赶来主持公道的长辈也劝大婆娘遵守本分,将霸占的部分田埂还原回去。大婆娘死活不肯,在地上撒泼打滚,因其为妇女,又上了年纪,一般小辈也不好与之动武,众人对其也是无可奈何。邻田主虽然一肚子气,背地里说了大婆娘不少坏话,最后也只能咽下这口气,赶紧将未被侵占的部分筑下石基。

除了建造地基这样的实物防止侵占外,当地居民间也达成一定的共识,保障田内的庄稼不受侵犯。当地规定,田里放水只能在属于自己的田埂挖排水口,并且排水口不能开口太大,不然水流过急,"上流下接"的情况下,会冲掉地势更低的下块田的肥料,其他田埂都不允许挖口排水。水稻快收成的时候,因为水稻苗长,往往会歪倒在隔壁的田里,村民去自己的田里收割走田埂时,需要拨开歪倒在田埂上的水稻。属于别人的水稻要将它拨回别人田一边,只有将各自的水稻拨回各自的田才能在田埂上行走,不能践踏水稻行走。这些约定俗成的无形保障和地基这样的有形保障,有效约束和防御了外界的侵占。

8.宗族和地方政府对家户土地产权的认可与保护

外界对家户土地的产权认可并保护,家户土地产权遇到问题,首先由房族出面协调,官府做最后保障。黄氏共有三房,虽然都是同一个祖宗,但是村内有很强的房派意识。人们根据与自身利益的紧密程度,首先以家庭利益为主,其次以房派利益为主,再者以整个村庄为主。

黄氏子孙土地发生问题,如果是房派内的子孙建房发生矛盾,则由房派内的长辈进行协调。若是不同房派间的子孙出现问题,自行无法协调时,则会请各自房派间的长辈作为代表,进行双方协调,长辈间定下的最后条件,当事人家庭需要遵守。在房派间的争执中,如果双方代表无法以公平公正的态度处理问题,而是偏袒自己一方时,往往非常容易引起房派之争。如果两个房派间的长辈代表无法协调,则会请村里最年长、懂情况的男长辈出面主持公道,根据最年长的长辈关于老祖宗的规定进行协调,最后没有办法解决才会上告官府,但这就等于将家丑外扬,黄氏家族从没有这样的情况出现过。

土地问题一般主要是土地边界的矛盾,都是遵循祖上的界定进行协商。因此,家家户户为了维护自家的利益,都会将自家的土地情况代代相传。土地相邻的田主之间也都相互了解情况,同房派间的土地彼此也很清楚。若是遇到与其他村发生土地问题,有时不仅是土地间的问题,也可能会引起氏族之间的冲突,一般情况下,两个村庄之间的土地争执问题,都是通过"打官司"进行解决。相传,黄氏老祖拥有很多田地和山地,他有一个女儿,对她非常疼爱。但是女儿利用父母的疼爱,在出嫁时将家中的地契偷去一半,带到了陈姓夫家。黄氏老祖察觉后,向陈家要回地契,却追讨无果,黄氏老祖一气之下将女儿和陈家告上了官府,后来在官府的协调下,以黄氏外嫁女归还一半地契作为结果结束了官司。因为这件事情,黄氏家族与陈姓家族结下矛盾,黄氏家族明确规定,黄氏女子不得嫁给陈姓男子,否则黄氏先祖地下不得安宁。传至后代,这项规定则变为,"黄氏女子不得嫁予陈姓男子,否则会家庭失和,夫妻不能偕老"。

(二)家户房屋产权

1.老宅才是家

黄家的老宅建在黄溱济十几岁时,由其母亲张罗建造。其老宅是在将黄家原有的老房子拆掉,在祖上原有的宅地上重新盖的一栋9间房间的屋子,单层,面积约140平方米,属于砖瓦结构。黄家的老宅属于典型的客家四方围屋,有天井,有厅堂。房子因为不得超过周边房屋的高度,所以整体比较矮。黄溱济与弟弟黄振济分家,两家人平分了房子。当地分家产时,有"长孙长子多得"也有"满①子满孙多得"的说法,具体分配看家长安排。黄溱济父亲早年去世,由母亲拉扯长大。母亲成为家庭的实际当家人,分家的时候母亲照顾年幼的儿子,所以分房屋的时候,大儿子分了四间房,弟弟分了五间房。但是弟弟黄振济多分得的那间只是过道边的一间小房间,用于堆放杂物等。厅则由两家人共同拥有,房间所占的土地归房屋分得的家庭。黄溱济的孩子们在老宅度过他们的童年,老宅的房间,也在其儿子长大成家时,都被分配给儿子作为结婚的婚房。根据传统,黄家在男丁结婚时,重新布置了婚房,并为新婚夫妇配置了新的家具,一般必不可少的家具有婚床、衣柜、衣橱、桌子。婚房见证了每对夫妻的重要时刻,对夫妻俩具有重要的意义。同时婚房的专属性也使得其成为夫妻间的私人空间,其他家庭成员不可随意侵犯。就当地的风俗而言,家庭中若有盛大的仪式需要举办时,多在祖屋老宅进行。黄家的红白喜事都是在文岗老家举办。文岗老宅在每次的仪式感中不断加强其在每个黄家人心中不同的意义存在。因为老宅是黄家人生活时间最长的地方并且见证了黄家人很多重要时刻,黄家人对老宅具有更强的归属感,因此黄家人爱回家看看。

---

① 满:方言,指最年幼。

2.一间小茅厕

农业耕种要想收成好,除了依靠耕种人的辛苦劳作外,还要看天看地。所谓看天,就是看当年是否风调雨顺,没有自然灾害。看地则是指土地的肥力。想要粮食产量高,只依靠土地本身所有的肥力是远远不够的,还需要人为地增加土地肥力。而农业耕种的肥料主要是粪便和稻草等植物制作的草木灰。粪便在庄稼人眼中是宝贝,家家户户都建起了茅厕,用于解决平时人们的日常生理需要外,更是为了积攒农业耕种的肥料。村民间形成了彼此的默认,谁家茅厕的粪便就由谁家使用,别人不得侵占。茅屋一般并不与房子建在一处,因为气味大会影响房屋里人们的生活。文岗村的茅厕呈现小范围的聚集,茅厕占地一般在 5~15 平方米左右。小的茅厕只能作厕所使用,堆放很少的稻草。大一些的茅厕除了粪坑外,还会有一些村民用木设栏将其与茅厕隔开,用作猪圈牛棚使用。黄家的茅厕在房屋的前方十几米的池塘边上,占地面积在 20 平方米左右,原本一边用作粪坑一边用作堆放稻草,黄溇济兄弟分家后,原来的茅厕被隔成了两间,兄弟两家一家使用一边。家家户户都会定时打扫茅厕卫生,并且都为自家的厕所上了锁,主要是避免别人到自家的厕所随意解手,弄脏厕所。

3.生意经营时的临时住所

黄溇济在姑田从事多年的饼点经营,积累了一定的财富。为了进一步做大做强黄家的饼点生意,黄溇济在永丰街上购买了一处房子。房屋为两层的木质结构楼房,占地面积约为 160 平方米,实际使用面积为 240 平方米。房屋一楼最前面为商铺,而店铺后面则为黄家的居住区。相对于文岗村的老房子,黄家人对于新购入的房子并不具有感情,黄家的父辈和子辈并不称新宅为"家",而是将其视为生意经营时的临时住所,总是说"我住在店里"或者是"我回店里"。所以,黄家人并不在永丰街的房子里举行盛大的仪式和重要的节日庆祝。而黄家孙辈早年的时光都在永丰街的房子里,因此,他们对永丰街的房子具有更深的归属感,他们称永丰街上的房子为"家",将文岗村的房子成为"老家"。

4.进门之前先喊人

黄家的房子在文岗村的中部地段,因为村民之间都是亲戚关系,加之人口居住比较集中,平日里来往频繁,大家对彼此之间的房屋情况也十分了解。虽然对于具体的边界问题并不清楚,但是哪栋房子是谁家的,大家都大概知道,并不存在找错门的情况,误闯他人房屋的情况。来客不详具体房屋的位置时,会主动咨询村里人,确定对方房屋位置后再上门。黄溇济与兄弟分家后,仍旧共住在一栋房屋内,对于房屋具体的分配,只有与黄家往来比较频繁和密切的村民知晓,但是不影响其他村民到黄家串门。

除了农忙外,一般情况下,家里都会有人在家,加上当地风俗认为"白日里关大门,会挡住外面的财气",而且在非农忙或过年走亲戚时关大门容易让人以为这栋房子常年主人不在家,所以村里房屋的大门一般都是开着的。平时村民们暂时出去串个门只个把小时,会将大门开着,把房间门关上,用木头插住门,不让风吹开门,同时也是给来客释放"主人短时间外出,在村内串门"的信号。一般来客,客人会在外头叫屋内熟人的名字,周围邻居便知此人是来找熟人的。若是客人久喊而屋内无人应答,邻居主人就知道,会出来帮忙招呼客人,将其请到自家喝茶,等候主人归来。即使是来往十分密切的熟人,在门口未见到家内人时也不得入内。若是家里的房门都开着,熟人在进门会先喊人,等家里人闻声出来后再进入。若是房门都关着,客人便知道主人外出,便会自行到左右邻居问问情况,并不存在客人自己坐在主人家等主人归来的情况。客人可询问邻居这户人家何时归来，在邻居家稍微等待，或者是改日再来拜访。若是农忙时间，全家人都出门干活，大家会将各个房门上锁，将大门掩上。来客看大门关着，便知道屋内没人，不能随意推门进入他人房子并逗留在他人房子内。村民并没有什么钱财，外来流动人很少，一有陌生人入村，大家都会很警惕，所以很少发生偷盗情况。只有到过年时候，会有些外村的人到村里偷鸡。

不同亲密程度的人打招呼也是有区别的。一般到他人家串门，如果是左右邻里，因为平时关系很好，往来频繁，可以不用次次都打招呼。若是外来很稀疏的客人，客人还没有进门就会先在门外喊亲友姓名，等到主人应答出门迎接才可入内。虽然左邻右舍和亲密的朋友可以在进入房子再打招呼，但是也只能是在房屋的厅内，未得到主人的同意时，不能随意进入他人的房间。

因为黄家兄弟俩住一栋房子，黄溱济全家平时都在外，但黄振济全家都在老宅居住。平时黄溱济一家在家时间少，所以将各自的房间门都上锁，因为黄振济常年在家居住，所以大门都是根据黄振济家的情况关或者闭。有亲戚朋友找黄家兄弟俩中任何一个，只需得到其中一方的同意就可以进到屋内。

5.客人不可随意进出后院居住区

永丰街上的黄家房子，前面为店铺，后面为住所。店铺开门做生意，客人可以随意进出，并不需要打招呼。客人和左右邻居的老板都是在黄家的铺面里坐着喝茶聊天，很少进入到黄家后院的居住区，因为居住区属于比较隐私的生活区域，除非关系亲密，如亲戚挚友等，一般情况下外人不得入内。但是因为客人有时会借用黄家的厕所，所以不可避免还是会进入居住区，但也只是解决了需求后就退出，并不会长时间逗留。若是遇到在居住区左顾右看的客人，虽然当面黄家人并不会说话，但是客人走后就会在背后说他行为不当。

6.老宅两户共住共护

黄家的老宅有黄溱济一家与弟弟黄振济一家居住，房屋日常的维护由两家人共同完成。

黄家的老宅因为是瓦房，每两三年就需要翻一次瓦，以重新调整因为长时间雨水冲刷导致的瓦片位置松动，减少因此出现的漏雨和掉瓦现象。黄家老宅的翻瓦工作一般都是由黄溱济和兄弟黄振济一起商量后约定时间进行的，需要重新购买的瓦片等费用也是由两家共同负担。整栋房子翻瓦至少需要两个人，因为黄祯祺的身体比较好，所以每次都是由黄祯祺夫妻一起回去，黄祯祺与黄振济的儿子一起上房翻瓦，黄祯祺的妻子和其他亲人则一起帮忙递瓦或者是准备食物。一般翻瓦需要三到四天才能完成。翻瓦并没有较真到各自房子的瓦片各自翻，都是一起完成整栋房屋的翻瓦才算是完成。

除了黄家老宅的翻瓦外，还需要对内部设施破损处进行维护。黄振济一家会负责解决天井的堵塞等公共区域出现的小问题，遇到墙体有裂缝等大问题，黄振济会派家人到姑田和黄溱济商量，也是以共同出资出力来解决。

房屋的卫生则分别有各个家庭对自己的所有区域进行清理，因黄溱济家人在家时间少，所以黄家老宅公共区域的卫生大部分由黄溱济的弟弟家完成。黄祯怡或黄祯祺偶尔回家住上一段时间，会稍微打扫下各自居住房间。待到过年前夕家家户户大扫除时，黄溱济会派某个儿子带着媳妇先回老宅打扫卫生，男性一般负责清除房屋高处的蜘蛛网和一些重活，妇女则是负责擦抹灰尘，彻底清洗所有锅碗瓢盆、衣服被子、冲刷地板等。

7.私有新宅自住自修理

黄家永丰街上的房子为黄家人一户所有,房屋的所有维护和清洁都由黄家人共同完成。房子为木质结构,需要非常注意防火。所以黄家人尽量减少烧香点蜡烛的行为,都是待到重要的过年过节时才上香点蜡烛,每次烧完纸钱都会用水浇灭余火。黄家人特别留意受潮腐烂的木板,及时重新更换新木板。这样的小事情,并不请人来做,都是黄家的男人们找一些合适的木板自行维修。房子墙体为木质结构,而屋顶则仍是瓦片结构,黄家人需要根据房屋的漏雨情况及时翻新屋顶,翻新的费用和人力则由黄家人自行负责。黄家房屋的日常清理则由黄家的媳妇共同完成。

8.房屋继承及使用需讲规矩

（1）房屋只传男不传女

在没有分家前,家里的房屋归家庭成员所有,这里的成员包括黄溱济夫妻及其子孙。按照当地的风俗,没有出嫁的女儿是有使用权的,但是因为女儿总会要外嫁的,所以其并没有所有权。黄家子孙的媳妇作为家里的一份子,因为丈夫的缘故享受房屋的使用权。当地人始终认为女儿并不是传后人,没有继承财产的权利,所以导致了当地并不认可招赘的风俗,招赘现象很少。其他住在黄家的非家庭成员的男性,比如账房先生、做饼师傅等,他们不拥有房屋的所有权,只是暂时居住在黄家,并不享受其他权利。

（2）婚房的使用具有专属性

黄家的孩子未成年之前并没有固定的房间,几个孩子睡在一个房间或者是与父母同住。等男孩长大成家之时,家里的长辈就会为每个男孩指定专门的房间作为他的婚房。以靠近上厅的房间为尊,按照辈分进行分配,黄家老宅的四间房依此为黄溱济夫妇、黄祯祺夫妇、黄祯怡夫妇和黄祯拔夫妇。婚房在当地被认为是私密和神圣的地方,具有极强的专属性,除了夫妻俩的小孩外,其他任何人不得住在婚房。即使一家人,也不可以随意到他人的婚房内,当地常常有"爬灰"①的说法,人们为了避讳,都不轻易到他人婚房,以免引起误会扰乱家庭安宁。正是因为婚房的专属性极高,所以即使在黄家并未分家时,婚房也往往被夫妻俩当做是个人的财产,具有很强的自我所有意识,对外也会自然地将房间称为"我的房间"。而且按照当地分家的规矩,婚房属于哪对夫妻,分家后仍旧分给这对夫妻。除了大家的婚房,其它房屋则属于家庭成员共有,是大家共同居住的地方。

而黄家人认为,黄家永丰街上的房子仅仅是作为商业使用,并不是"正经"②的家,所以也并没有婚房一说,房间使用的专属性不强。黄家的祖辈和子辈对永丰街的房子不具有归属感,认为只是经商于此,暂时居住,所以也不注重为永丰街的房子添置贵重和精美的家具。而对于黄家的孙辈而言,他们在这个地方长大,相较于黄家的老宅,他们对中堡村这个地方更具有亲切感,认为这个地方才是他们生活的家。

（3）公共区域不分割

大多数农民家庭因为没有足够的经济能力,无法靠自己小家户的能力再盖一栋新房。所

---

① 爬灰:当地对公公与儿媳或叔嫂之间不正当关系的说法。
② 正经:方言,是指正式的。

以，兄弟几个分家之后仍共住一栋老宅是非常正常的现象。后辈从长辈处继承了房屋，对于房屋的分配，往往都是只分房间；对于公共的厅、路等公共区域是不再进行具体的分配，公共区域每个住在房子内的人皆可共同使用；对于公共区域，任何一户人家不可随意侵占，直到房屋拆除时，房屋的公共区域才进行分配。除了房间占地归各自家庭所有外，公共区域则会统一计算，平均分给各个家庭。

9.家长对房屋具有绝对支配权利

黄家的当家人黄溱济对黄家房屋的使用、分配、买卖、建造等事情具有绝对的支配权利。黄家在永丰街购买房子时，黄祯祺等孩子年龄都还比较小，无法为其出谋划策，购房所有事宜由黄溱济做主自行决定。黄家家庭成员的房屋居住及婚房的分配也都根据黄溱济的安排行事。黄家在经济上一直处于比较稳定的状态，所以并没有发生要卖房子的现象。而且卖房子，特别是祖宅，被看成是非常有辱祖先的事情，人们把做这种事情的人称为"不肖子孙"。受到文化思想的影响，同时面对强烈的道德舆论，1949年以前，文岗村从未出现售卖祖宅的现象。

黄溱济过世后，由黄祯怡担任家长，黄家的房屋使用还是依据黄溱济在世时候的安排。黄梓祥结婚时的婚房，黄祯怡与母亲林月招和兄长黄祯祺讨论，为其挑选了一间作为婚房，房间面积适中，并重新布置和添置新家具，黄梓祥感到很满意。

其他家庭成员对房屋的所有权的支配能力都比较弱，基本不具有支配权。为了保持公平，黄溱济子女的房间都由黄溱济安排，子女不得依据自己的意愿挑选。特别是婚房确定后，是不得随意变换的。对于与外界间的买卖、置换等，更是以黄溱济的意见为准，其他家庭成员不具有资格与外界达成交易。

10.外界认可并保护房屋产权

黄家和周围的邻居对彼此之间房屋的产权都是认可和尊重的，大家相互独立，互不干扰。但是如果稍有侵占，就很容易引起矛盾。不过黄氏宗族在文岗村居住的历史悠久，拥有的财富比较稳定，很多老祖宗留下了的东西都有清楚的界线，即便如此，因界线问题发生争执的情况还是偶有发生。黄家就曾因为建房高度问题与周围邻居发生矛盾。黄溱济的父亲早年去世，只剩下黄家孤儿寡母，没有成年男人可以当家做主，容易受到他人的欺负，所以在村里很低调，与人为善，很少与别人发生冲突。早年黄家新建老宅时，因为建房子的高度与隔壁的叔伯之间发生矛盾。隔壁邻居认为黄家家境一般，但是所盖的房子高度却要超过自己的房子，邻居们坚决不同意。邻居认为，一是黄家没有资格这么做；二是因为黄家这样做以后，黄家的房子太高，会压住自家房子的风水，使得自家风水低于黄家。因为黄家所做确实有违祖制，侵犯了他人的利益，所以族里并没有为他们出头，黄家做了退让，与叔伯讲和，将建好的房屋改低，以平息矛盾。而黄溱济的母亲则一直认为，黄家做出退让的原因是因为黄家没有男人可以当家，所以周围的族人都欺负他们孤儿寡母，心里对族里的长辈有一些怨言。

黄家在购买永丰街上的房子时，按照程序，请了保长和见证人、代笔人，保长和见证人作为整个买卖交易的协商立契的见证人，为买卖双方的交易做一个证明，以免日后发生冲突双方各执一词。执笔人则根据买卖双方谈好的条件撰写契约，同时也是有力的见证人。日后如果在这桩买卖上出现纠纷，保长、见证人和代笔人都是合法而有力的证人。

(三)商铺产权

1.一眼①商铺

黄家经营的糕饼店和杂货铺位于姑田乡中堡村的永丰街上,为黄家购入,产权归黄家所有。黄溱济最初在中堡村挑担售卖饼点,经营多年后,在姑田积累了很多客户,于是便租用小商铺在永丰街上开了一家糕饼店。虽然黄家的商铺很小,但是多年积累下的客户和口碑使得黄家的生意一直很兴旺,生活慢慢好转,并且有了积蓄。黄溱济反复思量,觉得交租不划算,不如自己买一间商铺,既省去一笔租金,又增加一项固定资产。最终黄溱济用多年的积蓄购入了永丰街上一间商铺。黄家购入的这间商铺实际上为一栋商住两用的木质结构楼房,占地160平方米,前面为商铺,商铺进去后为住宅区。

2.商铺产权为家户所有

黄溱济作为黄家的家长保管着商铺的房契,商铺的所有权归黄家所有,受到外界的认可和法律的保护。1951年,永丰街上发生火灾,黄家商铺在火灾中被烧毁,房契也随着商铺的烧毁消失于人间。灾后,在政府协助下,黄家人齐心协力,出钱出物重建了永丰街上的房屋。由于黄家此时已经分家,并未再对重建后的房屋进行分配,房屋的所有权归黄家每个具有继承资格的家庭成员所共有,而房屋的使用权则是由留在中堡村生活的林月招和黄梓祥一家人所行使。

(四)生产资料产权

1.小型工具齐全

黄家主要是经营糕饼店,同时还经营从祖辈继承和自行购买的几亩田。虽然田地仅3亩,但却是黄家粮食收入的主要来源。因为耕种土地,所以黄家小型农具很齐全,有锄头、镰刀、铁锹、簸箕、扁担、尿桶、脱粒机、风箱等,平时田里除草、放水、施肥、收割等,黄家的农具足够自家在生产活动中使用,不需要向别人借用。大部分的农民家和黄溱济家一样,都备齐自家生产需要的农具,不向其他人家借农具使用。一般农户家庭请工,请的工人都会自带农具,但也有没有工具的工人,这时自家工具不够用就需要到邻居、亲戚家暂时借用。这种情况大家都会遇到,只要自家暂时不需要使用工具,都会无偿地借给别人使用。种田农户家都具备较全的小型农具,但除了养牛等人家具备犁田具外,普通农民家并不会备有这些工具。所以当地请牛工,都是默认由牛工自带犁田工具的。

对于农民而言,农具就是"捞食家伙"②,是必备的工具。对于经济条件普遍不好的农民而言,添置工具也会是一笔不小的支出,所以农民都格外爱惜自家的工具。农具的获得主要有两种途径,一是继承。黄家的一部分农业工具就是从父亲那继承而来,黄溱济与黄振济分家时,对工具进行了较公平的分配。二是自家购置而来。农民节俭,购置工具时,往往都是以购买自家无法生产的铁具为主,买回家后再自行制作手柄等。例如,购买镰刀,只是购买镰刀的刀片,一片镰刀刀片需要五十个铁片③,手柄都是农户到山上寻找合适的木料自行制作。黄家人购置农具也是如此,购买铁具外,自行配置手柄等。黄祯祺做事耐心,愿意做这些小玩意,

---

① 眼:方言,量词。

② 捞食家伙:方言,指用于挣钱维持生计的工具。

③ 铁片:1949年以前的货币之一,据老人回忆,当时一个铁片可购买一节大拇指长的麦芽糖。

所以黄家新购置的农具或者是农具脱落等,都是由黄祯祺来制作和维修。

2.自家购买并维护自家农具

黄家的小型农具种类齐全,都是依靠黄家自行购买添置。黄家花钱购买了农具,农具就归黄家所有。为了表现黄家对农具的所有权,农具购入后,黄溱济都会在农具上做上记号,以防丢失。所以黄家农具上,无论是锄头,箩筐,或者镰刀等,都可以发现各种大小不一的红色或者黑色书写的黄溱济的名字。大部分农户家的东西都是如此,不仅农具,就连家具等各种私人物品也都会被做上难以消除和显眼的记号,以最大程度减少东西丢失的可能性。他人可以向黄家借用工具,但是必须及时归还,若是借用过程中造成了损失,根据破损程度需要道歉或者赔偿。工具长时间的使用,容易破损。工具破损都是由黄家人自行动手修理,将工具维修好后再继续使用。例如,耕田的锄头经常发生故障,锄头柄和锄头分离,可以重新找木柴片楔紧连接处即可,于是原先不能使用的工具又可以重新使用。黄家的男丁都会维修工具,但是一般都是以黄溱济或者大儿子黄祯祺维修为主。

3.生产资料家户所有为特征

黄家的生产资料主要是农业生产资料,如农具等,还有做糕饼的一些工具、材料等。黄家人都知道这些东西是家庭共有的,人人都有份。

(1)财产所有权家庭成员共有

黄溱济成家不久后就与弟弟黄振济分家了。分家之后,黄溱济的家产与黄振济便没有任何关系。所以即使是亲兄弟之间,也不能随意侵犯别人的财产所有权。

家里的财产拥有所有权的主要是黄溱济及其子孙。娶进来的媳妇,如林月招、罗坤珍等,只享有家庭财产的使用权。受到"嫁出去的女儿泼出去的水"的传统文化影响下,人们认为女儿出嫁后,就不再是自家人。此外,女儿在出嫁时已经获得了娘家给的嫁妆,提前分走了属于她的那部分财产。所以女儿出嫁以后,将不再具有继承权,即没有资格参与分家产。因此,当地女儿出嫁后很少回娘家居住,娘家没有为出嫁女儿准备的房间。女儿回娘家,是客人的身份,而不再是家人。遇到需要留宿的情况,父母会以客人的身份安排女儿的食宿。未出嫁的女儿在分家分财产时,与父母同住。父母在分配财产时,会留下一部分财产作为女儿将来出家的嫁妆。未出嫁的女儿与父母同吃同住,但是父母过世后,父母的财产将会被其兄弟再次分割,未出嫁的女儿无法继承父母的财产。因为女儿并不具有除了嫁妆之外的其他财产继承权,所以父母都会想尽办法将女儿嫁出去,即使是嫁给不健全的或者是年老之人。这样做是为了避免父母年老后,其财产被儿子二次分割,女儿失去住所和生活的资源而无法独自生活。当地人认为,无论是出嫁或者是招赘,只要女儿结婚了,人和心都是别人的,就不会再为娘家人着想了。招赘不仅是将女儿给了别人,也是将自家的财产送给了旁姓人家,相较于血脉,人们更看重自家的血脉是否能够延续。所以,相较于招赘当地人,更愿意抱养儿子或者是选择过继,使得自家的姓氏可以代代相传。

家户的财产只有直系血亲男性成员才具有所有权,家里所请的长工虽然同吃同住,具有亲密的关系,但是不具有家户财产的所有权。黄家请了两个长工做饼师傅、一个账房先生,虽然他们与黄家人同吃住,但是他们并不属于黄家人,自然也不拥有家里财产的所有权。

(2)家长对生产资料具有最高支配权

第一,家长掌握家庭财政权。黄家人都知道家里的东西属于全家人所有,而不是某个人拥有。黄溙济作为黄家的家长，主掌黄家的财政权，而对于其他生产资料，家庭成员根据自身的责任分工可以自行使用。黄溙济主管黄家的财政权，并保管着黄家的钱财，家里的钱财支取都需要黄溙济同意，并从他手中拿出，无论是小到买菜的费用或者是大到购买房屋。黄溙济的儿子成年后，靠副业为自家小家庭开了一项财源，财务上稍微有了一些自由，更大限度避免了事事购买都需请示家长以获得资金的情况。黄家人用钱需要黄溙济的同意，同时，黄溙济对于家庭中重大费用的支出也会听取其家人的意见。一般黄溙济在饭桌上提出想法，儿子们可以表达自己的观点。但是钱财最终的使用以黄溙济的意见为准。除了钱财之外的其他生产资料，则是家庭成员根据自身的责任分工自行使用。例如，黄祯祺主要负责田里庄稼的照看，他可以随意使用生产工具。黄家的媳妇负责日常的饮食，每天蒸多少米饭，这样的小事，则由她们根据情况自行决定。在黄溙济的治理下，黄家内部非常团结，每个家庭成员具有很强的整体意识，在使用生产资料上，也是以家庭利益为出发点。

第二，生产资料购买遵循家长意志。对于农业生产中使用的小型农具，比如镰刀等，各家各户都是自行购买。黄家有购买的需要，黄溙济的儿子们会先向父亲请示，父亲同意后，儿子可以自行去选购。如果黄溙济觉得不需要购置，儿子们则不能购买。黄家的糕饼制作生意，常常需要购置做饼的材料。家里做饼的原材料的存货盘点都是黄溙济负责。如果需要进货，黄溙济则会安排儿子按他给的数量去拿货。黄家做饼多年，已经有很多长久合作的店商，不需要黄溙济的儿子再去找商家谈价格。因为上了年纪，所以黄溙济平时都在家很少外出。如果遇到黄溙济不在家的情况，生产资料的购买一般按照平日里的规矩进行，如果有其他大型生产资料需要购买，需要由母亲同意，若是决定不了，则需要等父亲回来再决定。

第三，根据所借物品的贵重程度及借物者的可信任度判断是否需家长同意。经济条件差的情况下，生产资料有限，彼此间借用生产资料的情况常常发生，小到一把镰刀，大到一头耕牛。因此在生产资料的借用上，也形成了一定的默认规矩。

一是，熟人借小物，家里有人知晓就可以借用。所谓熟人一般是指血缘关系比较近的亲人和左右邻居等，因为彼此间关系比较好，且互相间比较了解，信任度高，借用一些价值较低的物件时，例如镰刀、草帽等，在当家人不在家时，可以和家庭里的其他成员打招呼后借走。但家庭成员事后必须要告知家长。

二是，熟人借大物，必须经过家长的同意。对于贵重的大件物品，家庭成员不可以随意支配，必须经过家长的同意，即使对方是可以信任的熟人也需要家长的同意。"鼓风车"是当地农民用于去除谷子里的虚壳的工具，属于比较贵重的，并不是家家户户都有的农具。像鼓风车这种贵重的大件物品，其借用必须跟黄家的家长打招呼，只有得到他的同意后，黄家人才会将东西外借。归还时，也需要告知对方家长，由其检查没有破损才算结束了东西的借用。黄家的鼓风车放置在老家，黄家人在家的时间比较少，村民借物总是就近原则，所以黄家的鼓风车被外借的机会比较少，一般都是由黄溙济的弟弟黄振济借用。最开始黄振济借用时，都会在收获季节前夕，派家人到姑田与黄溙济打招呼，黄溙济同意后，会将放鼓风车的房间钥匙给黄振济。黄振济用完后，会将钥匙交还给回老家收粮食的黄家人。黄家人回家后向黄溙济说明情况。因为年年都是如此，所以有时黄振济家来人，黄溙济不在家，也可以由林月招同意，将车子外借。除了黄振济外，别人借用都必须问过黄溙济。

三是，非熟人借大小物品都需要家长的同意。黄家在市场上做生意，每日人来人往总能遇到一些陌生人借东西,一般都是到店里买东西的客人或者是周围店铺的朋友,临时借用家里的扁担等小物件。借东西者知道自己与黄家没有什么交情,一般的家人没有家庭财产的处置权,无法承担东西外借可能带来的风险,若是因为家庭成员的私自出借,造成物件的损失或者是不归还,家长和其他家庭成员都会责怪他。若是在家长的手中出借,则是以整个家庭的名义出借,由整个家庭共担损失。所以家人都会以自己做不了主而拒绝出借东西,所以来人都会与黄家的当家人黄溙济商量。黄溙济有多年的生意经验,比较能"看人"①,且处事妥当,借或不借对方,都能委婉地表达,让对方接受其决定。

每家的生产资料都很有限,东西被借的情况家主都会牢记。如果外借的东西没有及时归还,黄溙济就会派自己的儿子以"自家需要使用"为由上门索要。老话说"有借有还,再借不难",因为借用东西的情况很多,人们之间也会有意识保持自己的诚信度,以再次借用,所以刻意不归还的可能性比较小。但是借而不还的情况也是不可避免的。

黄家不仅有对外借物的情况,也有向他家借东西的时候。黄家最常借用的生产资料就是镰刀,每到收获水稻的季节时,自家的镰刀不够使用,往往会向自家的兄弟黄振济借用,若是黄振济家没有可以出借的镰刀,则会向左右邻居或者是住得近的亲戚朋友借用。因为农具的使用都集中在农忙时候,所以借农具需要提前打招呼,以便对方做好安排。这种小物件的借用不需要由黄溙济出面,由黄家人出面即可。农忙时,农户之间的工具会被频繁借用,所以黄家人需要在使用完后及时归还对方,对方也会在出借前将工具之后的借用情况告知黄家人,以提醒借用人。黄家除了借用日常小的生产资料,也会借用一些贵重的物品,例如"社"②下聘时,男方将聘礼,如猪肉、鱼等放在社里,再在竹社上贴上大红喜字,由男方家人挑到女方家,这个风俗也称为"挑社",即下聘。结婚时挑社,至少要用到六个竹社,而大部分家庭多是备有两个,所以结婚时都需要彼此借用。虽然社是比较贵重且具有特殊意义的物件,但是谁家都有办喜事的时候,所以借"社"属于有问必有借,被拒借的可能性基本没有。黄祯怡结婚时,黄家由黄溙济出面到亲友家借用,同时向各家各户告知喜讯,亲友也为黄家感到高兴,都将自家的社清洗干净借给黄家。黄家使用后,也需要将社清洗干净还给对方。

第四,家长在生产资料维修中的地位与其他家庭成员无异。物件的使用是有期限的,所以总是会有坏的时候。但是因为物资的匮乏,加之农民普遍经济条件差,自身果腹都难以实现,对购买的其他食物外的物品更是珍惜有加。家里的东西坏了,人们都不舍得丢弃,往往自行修理,缝缝补补又三年,所以老百姓个个都是手艺人,日常维修点东西都不在话下。例如,耕种使用的锄头坏了,只要铁器的部分还能使用,农民是不会丢弃的,重新找根木头安装手柄又接着使用;木桶漏水了,自己找些木块、木屑填实了又可以重新使用,并没有所谓"维修工"的说法,如果自己实在修不好,就请周围邻居朋友会修的帮忙,或者请相熟的手艺人给看看。遇到实在修不好的,就留着做其他用处,没什么东西会随意丢弃。

黄家人如同普通农户家一样,也格外爱惜东西,从来不轻易丢弃任何东西。家里的东西坏了,一般都是男性维修为主,并不一定要家长维修或者家长安排。每个家庭成员作为家里的一份子,都很自觉为家里出力,发现有坏损的东西就自己先修理,修不好的则让其他家人

---

① 看人:方言,指通过对方的言行举止等表面的现象,在短暂的交往中对对方的品格做基本的定义。

② 社:是当地一种竹制盛器,当地人用在结婚送聘礼时使用。

修理。因为黄溙济年长,修过的东西多,比儿子们有经验,所以遇到有维修的东西,黄溙济多会在旁指导。黄溙济三个儿子中,黄祯祺最善于修理小物件,有时家里的锄头松动,都是黄祯祺自行维修好的。

4.生产资料被侵犯时的自我维护

（1）土匪横行时期的积极自保

1949年以前,连城县域内土匪横行,常常入村抢劫或者拦路抢劫。距离文岗村不远的龙岗村是出了名的土匪多,常常全家男女老少出动到人口稀少的小村庄里抢劫。沈屋村距离龙岗村最近,因为村庄里人口稀少,村庄内部没有足够的抵抗能力,又远离人口集聚区,难以及时获得外部的救援,所以常常遭受土匪的侵犯。每当在田里干活的沈屋村村民远远看到一群土匪来时,便丢下手上的锄头、镰刀等生产工具,往村子里跑,龙岗村的土匪便将田地里的东西拿走,并不常进到村内抢劫。沈屋村也曾有村民挺身而出,与土匪发生正面冲突,奈何对方人太多,村民被打了一顿以后,再也无人敢出头。而文岗村因为居于人口集聚区的中心地带,所以当地居民受到土匪入村侵犯的情况很少。

黄家在姑田乡做生意,常常需要以各种形式向保长缴纳"保护费",比如请吃饭或者是送糕饼等方式贿赂保长,以寻求庇护。在当地地方势力的保护下,黄家并没有遭受到侵犯。离开人多的村庄,在中堡村与文岗村两地的来往中,黄家遇到过拦路抢劫的土匪。姑田是商贸繁荣的地方,各地农户都会将东西挑到姑田乡永丰街的市场上贩卖。于是土匪们就在文亨乡去往姑田乡的路上设拦,向农户收取"过路费",往往是拿走农户所挑物资的三分之一。遇到官府打压土匪厉害的时候,土匪们就不敢在路上明目张胆地要钱,而是躲在路边的树林里,看到有农户路过就跳出来,抢走来人的所有物资。很多村民帮人"挑担"到姑田乡挣点劳务费,所以深受匪患之苦。有人就曾因为和土匪起冲突而被枪杀了,但是为了生存又不得已还是坚持挑担。地方上有规矩,如果物资被土匪抢走,挑担者是不用赔偿的,但是挑担者也不能向雇工要工资。一次,黄祯怡请了人挑担,将文岗村田地里新收的八十斤花生挑进姑田,黄祯怡自己则挑了些蔬菜和地瓜,路上他们遭遇了土匪,所挑的物资全都被抢走了。自此以后,黄家人每逢要从文岗村挑东西到姑田都更加留意了,总会先和别人打听下"路况",选择较太平的时候将东西运到姑田。除此之外,黄家并没有受到土匪的其他侵犯。

（2）所有物上的标记减小了被侵占可能性

因为物资贫乏,每个家庭都很珍惜家里的一件一物。每添置一个新物件,每个家庭都会用墨笔、洋红①或者是黄色油漆作上特有的记号。黄家的记号则是黄溙济的名字加上购买的时间。做记号的好处主要有以下两点:一是当地人用醒目的黑色、红色,有些贵重物品甚至用黄漆做标记,颜色显眼,一来可以方便一次借好几家的物件的家庭轻易辨认出每家的东西,二来醒目的标记可以提醒借用方使用完后早日归还,减少借用方遗忘归还的概率。二是大面积的标记和醒目的颜色使得借用方有意销毁标记的难度提高,降低恶意侵占的可能性。

（3）筑基防御田地被侵占

土地作为农村的主要生产资料,常常容易出现轻微的侵占现象。明显的侵占行为比较少,多是因为除田埂草时故意将田埂挖去部分。被侵占一方发现后,会稍加提醒对方,无效

---

① 洋红:一种红色染料。

后,就会在田埂下筑基,这样,另一方村民则无法越界。黄家虽然常年在外,但是黄溱济隔三差五派儿子回家去看顾田地,以便于及时发现侵占情况,及时采取措施。

5.外界认可与保护生产资料

每个家庭的私有财产受到外界的认可与保护,各家各户的生产资料都是归各家所有,不属于这个家庭的人不能随便使用、占用。当家庭生产资料受到侵犯时,村庄内部、地方官府都会予以一定的保护。每个家庭都非常重视自己的物件,被侵占后,家庭间必定是分毫不相让,产生争执。财产权利是依靠村民间彼此相互维护,所以发生纠纷时,围观村民会主动来主持公道,对于恶意侵占他人财产的家庭,将会受到村里道德舆论的批判,使得整个家庭在村庄中颜面扫地。如果纠纷在村民的调解下无法解决,则会报告给保长、村长等,或者是矛盾双方直接到衙门打官司。

黄家的土地曾经被隔壁的田主侵占过。发生这种情况后,黄溱济先让黄祯祺回老家时,提醒对方。但是对方并没有改正这种情况,于是第二次由黄溱济亲自出面。黄溱济回到老家后,在村里大家经常聚会的"榕树下"①向其他村民提及此事,让大家评理,获得大多数的村民支持后,黄溱济和自家一房有威望的长辈一同去找到与田主同一房的有威望的长辈,双方经过交谈达成一致意见,不赞同侵占黄家田地的田主行为。于是三人在当天晚上一起到该田主家中。与田主同房长辈教育该田主,让其恢复原有的田库,若是不服从长辈的安排,日后房族将不再庇护他。通过房族内长辈主持公道,该田主第二天恢复了原有的田库。黄溱济认为这个田主多"花心思"②,为了杜绝第二次发生这样的情况,黄溱济派黄祯祺和黄祯怡回老家,在田埂下筑石头基,彻底杜绝了侵占问题。

(五)生活资料产权

1.生活资料有限

一是粮食。黄家以商为主,农业为辅,农业收入较少,主要以水稻、地瓜种植为主。1949年以前,黄家的土地面积最多时仅有 3 亩。受限于农耕技术,黄家全年水稻收入为 1000 斤左右。同时黄家在土地耕种上采用了轮耕的方式,第一季种植水稻,第二季则种植地瓜、花生等其他经济作物,以此保持土地肥力。地瓜相较于水稻产量更高,每亩可达 500 斤以上。黄家种植地瓜,并制作成地瓜干、淀粉、薯粉等,增加了经济收入。

二是调料。1949 年以前,黄家和当地的大多数家庭一样,并没有能力购买齐全盐油酱油醋等多种调料。黄家日常生活中最必需的调味品为食盐,这笔费用是无法避免的。对于煮菜的用油,黄家主要使用菜籽油。黄家的土地除第一季种植水稻外,第二季可以选择种植地瓜、花生或者是芥菜。种植芥菜主要以榨油为主。黄家将芥菜开花结的籽晒干榨成油,黄祯怡的妻子手艺最好,黄家都是由罗坤珍负责榨油。为了节省用油,黄家会充分利用购买的猪肉。做饭时,将一小块肥肉在烧热的锅内涂抹上两三圈,将猪肉拿开,开始炒菜。在这样的操作下,一块肉能用好几天,直到榨干后扔在菜里一同烧煮。煮一大锅菜仅用一小块油,基本上是没有油味。而醋的获取则得益于当地的米酒文化,无须购买。每到年底,家家户户都会酿制米

---

① 榕树下:当地村民对某一地的称呼,因此地种有一棵大榕树,村民常聚在此处纳凉聊天,逐渐成了村内居民聚会的场所,榕树被砍后,仍沿用此称呼。

② 花心思:方言,指心里有很多奸诈的计谋。

酒。人们在酒的保存上有时会因个别密封不当,而导致米酒与空气接触,从而变味变酸。人们会在饮用时发现变质的酒水,挑选出来通过加工制作成酸醋。当地人口味清淡,所以醋的使用频率比较低,往往一瓶酸醋能用好几年。黄家也和大部分家庭一样,自家制作米醋。酱油属于比较不常用的调味品,除了大户人家有闲钱购买外,一般人家并不置办。除了这些调味品外,当地人格外珍惜各种食材,无论是吃过的橘子皮、柚子皮都会晒干保存好,作为烹调时的香料。

三是水资源的使用。黄家在姑田生活用水以井水和河水为主。黄家姑田的房子因为处于地势较高的地段,如果要挖井,需要花费很多的劳力和金钱。黄家将资金集中在生意上,加之黄溱济有很强的储蓄意识,所以黄家并不主张支出大金额用于挖井。黄家自家没有井水,生活用水则多是以挑水的方式解决。中堡村在离永丰街上不远的地方有一口水井,从黄家的店铺到水井只有步行十分钟的路程。这口井水甘甜,做出来的饼更好吃。所以黄家人挑井水主要用于做饼和日常食用。黄家负责挑水的主要是店里做饼的师傅,有时候生意好,师傅忙着做饼,也会让家里的孩子去挑水。罗菊群只有五六岁,也被派去挑水,因为个子矮、力气小,每次只能挑小半桶的水,来回跑上一天,勉强挑上一缸。对于日常生活的洗涤用水,黄家人主要是以河水为主。黄家的屋后几十米处有一条河流,河水清澈见底,是当地主要的生活用水处。从黄家的后门往下游走十五分钟路程,能看见河边有大块平滑的大石头,此处为妇女们聚集洗衣服的地方。夏秋的清晨和傍晚,或者冬春季节早晨气温比较高的九到十点钟,河边聚集了大量妇女,一边闲扯家常一边洗衣服,说说笑笑热闹非常。黄家的媳妇们也是洗衣队伍中的一员。在洗衣处的上游,家家户户可以用来洗菜淘米等洗涤使用。对黄家而言,屋后就是河流,洗衣淘米非常便利。

四是衣被。黄家人的衣物主要通过购买布料自家缝制或者是请裁缝制作。1949 年以前,当地有技术和有机器的一些家庭,通过种植棉花纺成线织成布,用以制作衣物。大部分人家并不具备这项技能,都是靠购买布料做衣服穿。很多贫苦人家没钱购买布料制作衣服,家里的小孩常常五六岁都还是光着屁股到处跑。难得有一点钱购买布料,也是挑最便宜的"乌霞布",这种布料是染成黑色的棉麻布,掉色严重,穿到身上,皮肤很快就被染黑。一般条件的家庭,从市场上所买布料虽然也是较为便宜的布料,却比"乌霞布"好些,并不会严重掉色。条件好的人家,不仅购买一般的布料做衣服,同时也会购买较昂贵的高档布料的成衣。大部分家庭都是购买布料自家进行衣物制作,条件好的家庭则会请裁缝制作或者是购买成衣。黄家属于经商人家,讲究面子,黄家大人们所穿衣服都是比较体面、没有补丁的衣服,家里的男性还会置办一些比较奢侈的衣服,例如毛呢大衣,黄家的女性则都是穿着最流行的蓝色大襟衣。黄家的孩子们的衣服则多是黄家的媳妇将大人穿破了的改制后的衣服,大孩子穿由大人衣服改制成的衣服,小的孩子则捡大孩子穿过的衣服穿。黄家孩子的衣服上会有几处大的补丁,但是相较于村里很多孩子穿着的满是补丁的衣服而言,已经算是很好的了。对于家庭使用的棉被,属于非常奢侈的东西,往往一床棉被能用好几代人。黄家只在三个儿子结婚时,分别为其置办了一床新棉被,此外再没有添置过此物件。

五是家具。黄家姑田的房子的家具比较简单,大件物品主要为吃饭的八仙桌,配有四把长凳、神龛、床和柜子等。这些家具以实用性为主,结实稳重,并不雕花刻凤。而黄家的老宅配置的家具更为精美贵重,主要是体现在婚房的家具上。每对夫妇的房间内都配置有家具,都是在其新婚时购买添置的,都是较为"样"①的家具。黄祯怡婚房内的家具,有雕花的木床,由金漆画的衣橱和衣柜、藤椅、黑漆桌等。黄家其他夫妻婚房内的家具也都是较为贵重的物件,样式大同小异。

2.生活资料靠自我供应和对外购买

首先,粮食大部分靠自家耕种,小部分购买。黄家3亩土地一年的耕种收入大概为1000斤左右的水稻,1000斤的地瓜,部分蔬菜、花生等。黄家主要从事经商,但以制作糕饼为主,属于强体力活,必须保障主食供应,才能"肚里有粮,手上有劲"。黄家每天都用"米粽"②蒸上一大桶饭,做事的人可以随意吃,吃饱为止。1000斤左右的水稻并不足以满足黄家十几口人的口粮,黄家利用种植的地瓜作为主食的补充,同时加工地瓜获取淀粉,将淀粉制作成薯粉,以补充黄家的主食需要。即使如此,黄家大量的粮食支出和较少的粮食收入,使得黄家除了自家耕种的粮食收入外,还需要购买粮食。永丰街上店铺较多,光是米铺就有四五家,黄家一般都是固定在一家店铺购买,因为价格与其他店铺差不多,但是老板为人比较实在也更"好讲事"③,所以黄家和这家店铺建立起了比较好的买卖关系。

其次,配菜以自家耕种制作为主,肉类需要外购。黄家的田地除了种植粮食外,还种植了应季蔬菜,例如青菜、包菜、花菜、土豆等,同时还种植烹饪需要的香料,如葱、蒜、姜、"缘丝"④。黄家的青菜主要以自家种植为主,"产什么,就吃什么",并不购买蔬菜。黄家并不饲养家禽,日常家庭的肉类食物,例如猪肉、鸡、鸭等,以市场采购为主。

再次,小件家具自家制作。黄家对于日常需要的小件的简单的家具,黄溱济上山砍木材进行制作,例如简单的小板凳、砧板。因为大件的桌椅,床柜等制造比较复杂,所需工具较多,所以黄家无法制作,仍是以请人制作为主。

最后,布匹购买,自家缝制。黄家的媳妇和大部分女性一样,善于针线。黄家购买布匹,分配给各个小家庭,家庭中的女性则利用自己的巧手给丈夫和自己制作新衣服。有时黄溱济的儿子们会添置一些贵重的衣服,如美国产的外套、呢子大衣等,因为布料贵重且比较特殊,自家无法制作,都是购买成品。

3.生活资料以家户所有为基本特征

(1)生活资料为家户所有

黄家的生活资料所有权由黄家所有,生活资料所有权的传递以男性为主,女性具有使用权,但是不拥有所有权,每位家庭成员都自觉维护自家生活资料的所有权,避免所有权被损害。1949年以前,普遍家庭生活贫困,常常出现"借盐""借洋火"等现象。虽然这样情况下出借的东西的数量非常少,但是也是属于黄家所有,所以家庭成员会牢记,在适当的时间以委婉的方式提醒对方归还。因为借用现象的频繁发生,所以村民彼此之间也深谙"有借有还,再借不难"的道理,都会及时归还。

---

① 样:方言,指流行的。
② 米粽:方言,指用木头制作的类似木桶的蒸饭工具。
③ 好讲事:方言,意为"好讲话",指老板在做生意中比较好沟通,人更为友善。
④ 缘丝:方言,指香菜。

（2）生活资料家庭成员皆可使用

黄家的生活资料所有权虽然只有男性所有，但每位家庭成员都可以使用。黄家13口人同居共食，财产共有，请来的3个伙计也可以与黄家人同吃同住，具有部分生活资料的暂时使用权。黄家生活资料的使用都是由黄溙济和林月招根据需要从自家店里取用或者是到市场上购买。未出嫁的女儿可以同其他家庭成员一样使用生活资料，出嫁的女儿回娘家暂时居住也可以使用生活资料。

（3）分配讲究公平

老话说"人多嘴杂，容易吵闹"，一大家子共同生活，非常容易因为小矛盾引发争执。黄家一家十几口人吃饭，黄溙济在治理上也十分注重方法，避免引发家庭内部矛盾。在部分生活资料的分配上，例如布料的分配、婚房内的家具布置等，黄溙济以公平为主，以理服人，以避免不必要的家庭内部矛盾。例如，在结婚家具等添置上，黄家大儿子黄祯祺因为第一次婚姻是与童养媳结婚，所以婚房布置十分简单。待到二儿子黄祯怡结婚时，黄家经济条件较好，所以在家具置办上花费更多。兄弟两人间的物品分配存在差异，黄溙济为了公平起见，许诺黄祯祺会补上相差东西，并在黄祯祺再婚时兑现了承诺。黄溙济有三个儿子，更是注意不能偏心，所以家人对黄溙济的决定都很信服，黄家人和和睦睦，少有争执。

3.家长对生活资料具有绝对支配权

家长是生活资料的主要支配者，黄溙济安排黄家的生活资料的购买、分配等事项。1949年以前，家庭条件好的妇女出去买东西，这种抛头露面的事情被认为是很不雅的事情，所以采购都是由家里的男人去做。黄家生活资料的采购主要由黄溙济负责，有时也会根据情况指派儿子购买，例如购买粮食，多为儿子购买，买完后有足够的力气扛回家里。儿子购买后要向黄溙济汇报情况。黄家经营着杂货铺，一些生活用品自家都有，例如针线、面霜，黄家人可以根据家庭需要从店铺里拿短缺的生活物品，但必须要经过黄溙济的同意才可取用。

二、家户经营

（一）生产资料

1.无租佃土地的需要

黄家在文岗村老家仅有1.5亩土地，黄溙济考虑到家里人口增多，原有土地的粮食收入不够食用，黄溙济从家庭的长远发展出发，认为租佃土地不适合黄家，因为租金贵收入少。同时，黄家略有积蓄，购买土地不仅能满足粮食种植需求，也是扩大祖业的光耀之事，所以黄溙济决定在中堡村购入1.5亩土地。因为黄家的生意的经营与维持，需要保证足够的资金，为了黄家的稳定发展，黄溙济并不打算挪用更多的资金购买土地。再加上黄家人手不足，管理当前的生意和土地已经非常忙碌，如果购入更多的土地，将难以承受。所以黄家在3亩田地基本满足需求后，并未再购入土地。

2.小型农具齐全

黄家以经商为主，虽然农业只是作为辅助性收入，但是农业耕种所需的小型农具，如镰刀、锄头、铁锹、簸箕等都置备齐全。因为黄家耕种土地面积小，所以自家养一头牛并不划算，同时家里也没有人会犁田，所以黄家并没有养耕牛。黄家的土地需要大型农具耕种的时候，一般都是请工。请人犁田时，对方会带牛，同时也会自带犁耙之类的工具。因为犁田的人是专门从事这件事的,所以他的工具都很齐全。收获的时候,黄家多是请人收割。根据当地的习惯,帮工的人会自带工具,如果请的是外地人帮忙收割,对方没有农具,则请工一方就需要提供。如果自己家的不够用,可以到邻居亲朋处借用。农户间彼此借用农具很正常,所以并不需要付钱,但是如果弄坏的话,需要给对方修好,修不好的,需要给对方赔偿。

3.以雇工形式补充农业生产的劳力需求

1948年以前,黄家有13口人,但是人口结构以老弱为主,劳动力不足。黄溱济夫妇因为年纪较大,无法从事重体力劳动,平日里主要帮忙照看家里的生意,做一些轻巧的事情。林月招需要监督师傅、看店,黄溱济负责家庭事务的安排、采购等。黄溱济的三个儿子是主要劳动力,需要照看田里的作物,帮饼店做事。黄祯祺画画,黄祯怡杀猪卖猪肉为家里增加收入。黄溱济的儿媳妇们都是裹小脚,所以不能下地干活,主要在家里洗衣服做饭。对于家里的小孩,黄梓祥和黄金群在姑田读书,所以家里的事情做得少些。黄康祥年纪小,而且身体不好,所以不需要做事情。罗菊群和李碧清是家里抱养的女儿,并没有送去读书,虽然年纪比较小,才六七岁,但是也需要给家里挑水、洗衣服。

黄家饼店生意还不错,仅靠自家人手,面临劳动力不足的问题,于是请了两个做糕饼师傅,专门负责做饼。做糕饼师傅常住在黄家,要提供住宿、吃饭,还有工钱。过年过节或有什么重要的事情师傅才会回家。同时店里的钱往来比较多,所以还请了个账房先生帮忙记账。田里的农活黄家也主要靠请工来完成。

4."男主外女主内"的家户劳动分工形式

黄家和绝大多数家庭一样,男主内女主外。家里的男性劳动力负责店里的生意,还需要做一些重体力活。黄溱济年纪大,所以不常做体力活,主要在店里管管账,做糕饼的时候在旁边帮忙。黄祯祺主要是往返于姑田和老家,照看两地的庄稼,平时在家画画增加家庭收入。黄祯怡需要在赶集时杀猪卖,还需要在饼店帮忙做糕饼。黄祯拔因为身体较虚弱,所以也就在店里看看店,有时候给做糕饼师傅搭把手。

家里的女性劳动力主要负责做家务。做饭主要由婆婆林月招负责,每餐吃什么都由她决定,做饭则由她安排媳妇做。黄溱济的儿媳妇们需要带孩子、洗衣服、在家纳鞋底、帮忙打扫房屋,主要是在家里做事,因为小脚不便外出,同时社会风气并不提倡妇女抛头露面。

黄家劳动力主要集中在糕饼店,农忙时候往往需要请工来做农活,一般都是由家里的男性出面请工,请本村的,或者外村的。工钱一般根据市价支付,给少了别人不干。一般农忙时候的价钱会比平时高些,因为大家都要赶着先收自家的粮食。黄家请的是短工,主要是在农忙时候帮忙;而黄家家里请的做糕饼师傅属于长工,常年住在店里,过节过年或者家里有大事的时候,师傅才会回家。做糕饼师傅属于技术工,需要有手艺。请工的时候,黄家人托了很多人寻找,才请到了两位师傅,由黄溱济出面和做糕饼师傅商量好工钱,双方同意后就可以,并不需要请示外人,也没有签订合同。

(二)生产过程

1948年以前,黄家的经济收入以经营糕饼店为主,耕种收入和其他手艺收入为辅。家中的男性主要从事对外工作和体力较重的活,女性则以家庭劳务和带孩子为主。1948年以前,黄溱济夫妇是家庭中最年长的人,不能像年轻人那样做重活,但是他们是家里长辈,负责家庭事务的安排。

1.农业耕种

1948年以前,黄家共有3亩田地,主要以种植水稻为主。一年种植一季,一季亩产量为三百斤到四百斤谷子。种植水稻主要分为犁田、耙地、插秧、收割等几项。其中犁田、插秧和收割都是请工人做。黄家人主要就负责平日里的蓄水、看青等。水稻第一季收获后,大概是夏末秋初,土地的第二季则用来种地瓜,亩产大概五六百斤,需要犁地、耙地、插苗、浇水、施肥、除草、挖地瓜等。这些活除了犁地、耙地以外,都是黄家人自己做。黄家主要是黄祯祺和黄祯怡负责老家的土地耕种,两人根据父亲的安排,在姑田和文岗老家两地来回跑,黄家请雇工帮忙耕种也是按照黄溱济指定的人选雇用。

中堡村内的田地也主要是种植水稻。因为中堡村内的田里离黄家的店铺很近,黄家人去干农活比较近,所以这里的土地除了犁田、耙地时请人做之外,其他都是黄家人自己干,具体什么时候谁做什么,都是根据家长黄溱济的安排。

犁地、耙地。黄家的田地处在地势较平坦的地方,以水田为主。土地较利于耕种。因为黄家并没有喂养牛,也没有工具,所以犁田、耙地都是要付工钱请村里有牛的人帮忙。请人犁田,需要包对方三餐饭。请人犁田、耙地,人算一工,牛算一工,一共需要付给对方两份工的工钱。整个地方上工钱都是一样的,如果乱喊价别人就不找他干活了,因此没有人会这样做去破坏自己的生意。

灌溉。文岗村的田地主要集中在水渠附近,灌溉较为便利。夏季为用水旺季,需要村民去引水。文岗村附近有一座溪源山,山里有一条当地水量比较大且最近的河流,每逢夏天用水旺季,各村就会到溪源山引流到自己村里的渠。村民会在自己的田旁边的田库上挖个口子,方便进水,再在口子放块石头,河水流下来会被石头挡回再流进田里。放水需要遵循"有人有份"的规矩,只要在田里的人都有份给自家的田地放水。如果没人在田里看着,别人会将其田口的石头拿掉。有时候放水途中,刚好家里有事要先回去,让隔壁的人帮忙照看下,这种情况下一般是不管用的。如果遇到放水的人少,帮忙照看的人能守得住进水口;如果放水的人多,田主不在田里,别人将挡水石拿掉,这样是允许的。如果放水的人很多,对放在每家挡水的石头的大小会有要求,因为大家都要用水,所以不能用大石头挡水,否则别家就无水可蓄了。每到夏季放水的季节,村民之间常常容易因为石头大小引起争执。放水的田主若是比较近的亲戚,大家都会比较守规矩,有时也会遇到不讲理的人家,因此发生争执。这时往往都是脾气好的最后做出让步,耍赖皮的获得最后的"胜利"。蓄水时,只要家里有人在看着就可以放水。不一定要谁,大人小孩、男人女人都可以。一般都是父母挖好了田口,挡好了水,让小孩在田里看着,自己去干活。虽然小孩小,但是一般人家很少会去多挡水,减小孩的水。因为小孩受父母交代,这种时候会耍赖、哭闹,大点的孩子还会常常趁对方不注意去拿掉对方的挡水石。有些家庭会特意让上了年纪的妇女去挡水,有些比较耍赖,故意多卡水,或者是监督对方,不让其他人多卡水。因为是女人家,所以放水的男人遇到女人这样也没办法,争执不过也就算了,不能动手。黄家文岗村老家的田地放水都是黄祯祺和黄祯怡去得多些,因为邻田田主都是亲戚,很少在放水的时候彼此吵架。

施肥。1949年以前,农民增加土地肥力主要采用自制的草木灰或者是动物粪便制成的农家肥。当地大部分的人口都是以农业种植为主,因此动物粪便成了很宝贵的东西。有些人家种田比较多,农家肥不够用,可以到市场上买。市场上有人专门出售粪便,按照多少钱一缸粪、多少钱一桶尿水出售。黄家人多住在姑田,虽然家里没有养牲畜,收集不到牲畜粪便。但是黄家开门做生意,很多客人来买东西的时候,往往会借用厕所,所以黄家的厕所里的粪便足够1.5亩田地施肥,并不需要额外去购买。制作农家肥,首先将稻草秆堆在茅厕的一角,再浇上粪便,在茅厕内放上一段时间,以此沤肥、待田里种植需要用肥时,再用竹簸箕挑到田里。黄家人姑田的田地多以粪便沤肥,而文岗村的田地因没有足够的粪便可用,则以草木灰施肥为主。黄家人每逢在家小住时,就会在排水口塞上稻草,扫地就将扫得的地灰用奉斗装着,倒在天井的排水口的稻草上。因为生活用水多从天井的排水口流走,稻草堵着排水口使得排水较不顺畅,污水积在稻草上,时间长就开始腐烂,腐烂到差不多就取出来堆在一边,再慢慢腐烂。由此越积越多。施肥的时候就和草木灰混着一起撒到田里。因为没有粪便,用这样的肥料施肥,庄稼就长得不如施有粪便肥料的庄稼。

收割。连城位于中国南部,靠近广东。纬度低,全年平均气温高,雨水充分。当地的自然气候条件很好,适宜种植两季水稻。但是1949年以前,受到土地肥力的限制,当地只种植一季水稻,还有一季则用于种植番薯。每年7月至8月就是水稻收获的季节,黄溱济会让儿子回老家,看看文岗老家的水稻是否成熟,并让其联系好雇工收割水稻。水稻收割一般请两个雇工帮忙,一个收割,一个打谷子,一亩半田地一天就能收完。黄家主要以钱请工,请工不仅需要给付工钱,还需要包雇工一顿伙食。可以做伙食或者是选择给一斗米给雇工。一般黄家都是在黄振济家请雇工吃饭,吃饭买菜的费用由黄溱济家出,黄振济的家人则帮忙做饭。谷子收完后,黄溱济的儿子,主要是黄祯祺会留在家里住上一段时间,把谷子晒干以后,再请人挑到姑田。

2.商业经营

黄家经营着整个永丰街上最大的杂货铺"万昌号",店里卖有各种日常生活杂货,商品琳琅满目。虽然街上还有其他杂货铺,但都不如黄家的"万昌号"货物齐全,整体规模比较大。"万昌号"里不仅卖杂货,也还经营着糕饼店。黄家的糕饼店手艺师承林月招娘家,林月招嫁给黄溱济以后,将做糕饼的手艺也带到了黄家,并传授给了黄溱济,为了解决田地不够一家生活的难题,于是两人决定外出经商,经营饼点生意。罗坤珍的母亲与林月招为同姐妹①,罗坤珍从母亲处学得一些做糕饼手艺,嫁到黄家以后,成为丈夫黄祯怡做糕饼的帮手。随着黄溱济和林月招日益年老,黄家的饼点制作就逐渐交由黄祯怡夫妻负责,黄祯怡身体虚弱,无法长时间从事重体力的饼点制作;罗坤珍作为女性也只能承担指导角色,无法从事重体力活,所以黄家请了两名身强力壮的做糕饼师傅帮忙,一定程度上减少了糕饼店生意的利润。黄家不仅是做饼点零售,同时也做很多货"掺"②给比较偏远的山区的店铺售卖。所以每天糕饼点的需求量比较大。靠着黄家人的辛勤劳作,通过薄利多销,黄家慢慢有了积蓄。黄家的钱财除了购买了永丰街上的房子和中堡村内一小块田地外,其余都压在了店里的货物上,流动资金很少。因此,黄祯拔被抓当兵时,家里一时无法凑足买征兵的钱,以致于黄祯拔死在了去当征兵的路上。

---

① 同姐妹:是指同是一母所生的姐妹。
② 掺:方言,类似现今批发之意。

3.饲养家畜

黄家并未饲养家畜,一是因为店里的生意比较忙碌,人人都有很多自己要负责的事情,所以无暇再分精力去管理鸡鸭等牲畜。二是因为黄家的房子位于商业街上,人来人往,养鸡鸭随意乱跑很容易被人抓住,无法如村子里丢失的家禽能够找回。三是黄家将整个家庭的收入重心都放在了生意上,而且黄家人年老体弱的多,没有足够的劳动力去发展农业种植,虽然种有农地,但并不是家里主要的经济收入来源。所以并没有饲养大型牲畜,如牛等,而是采取最符合家庭实际情况的请工的方式。

4.以画肖像和宰猪卖肉为副业

黄祯祺这代人虽然没有很高的文化水平,但是为生活所迫,往往会激发出很强的自学能力。客家人有风俗,会将自家过世的祖先肖像画摆在神龛上供奉,以祈求祖先保佑。黄祯祺自幼爱好绘画,常看别人用碳粉做肖像画,收入颇丰。于是在旁偷师,然后回家自己琢磨练习,慢慢也学会了画肖像画。靠给别人画肖像画,黄祯祺为家里增加了收入。为了进一步扩大收入,黄祯祺又自学画观音像,卖给需要的村民。黄祯怡想利用门口的场地在圩天①开肉档,黄祯怡胆子大,给自家杀猪的亲戚打过下手,两三回就学会了杀猪的技巧,于是自己开始杀猪卖肉。刚开始还不大熟练,杀过几回后就掌握了技巧。中堡村每五天一个集日,每到这个时候,黄祯怡提前与卖猪的人讲好价钱,买好猪。赶圩当天,一点多便起来杀猪,将猪肉切好备好。后来黄祯怡生病后,身体吃不消,也就没有再做这项副业了。画肖像和宰猪卖肉并不是黄家的主业,黄祯祺和黄祯怡平日还是以帮糕饼店生意为主。

(三)生产结果

1.农业收成不够内需

黄家的3亩土地都用于种植水稻,每年一季,亩产300斤左右,一年水稻收入不能够满足整个家庭的粮食食用。虽然黄家种有番薯,有时也会蒸地瓜,或者是煮薯粉作为主食,但只是少数时候。因为做糕饼需要耗费大量的体力,若是不保障充足的粮食供应,做饼师傅会心有不满,难保不会在做糕饼中有些小动作,这将会对黄家的生意造成巨大的灾难。为了避免这种结果,黄家人对做饼师傅以礼相待,保障其有足够的粮食,适当增加肉类以满足其要求。而且在招聘做饼师傅之初,双方便谈好条件,黄家必须保障充足的米食和一定的肉类。所以黄家在自家大米食净后,必须到街上米店买米,以保障家里劳动力的粮食需要。

2.售画卖肉增加收入

黄祯祺和黄祯怡通过售画卖肉为黄家增加了一大笔收入。黄祯祺以绘画和出售肖像画和观音像作为其副业。画一幅肖像画是一件耗时耗力的事情,所以肖像画的价格较贵,一幅画大概需要三个铜板。黄祯祺的肖像画的价格是依据原来村内的一位肖像画师的价格所定,因为黄祯祺所画的肖像还原度非常高,所以人们也认可其价格。当地人认为做与过世者有关的生意要讲究良心,卖家不可乱叫价,不然逝者的鬼魂会抱不平,回来纠缠,使其不得安生。而买方对于购买纪念逝者的纸钱、纸人等烧祭物品也不可讨价还价,否则会被认为是不孝,不仅会被其他村民嘲笑,也会引起地下祖先不满。因此,黄祯祺并没有遇到过还价的客人。而观音像则较为便宜,一般一个铜板一幅。黄祯祺卖画的收入较为可观,大部分上交黄溱济,仅

---

① 圩天:即赶圩当天。

留下很少的部分用于购买画具和自己使用。黄祯怡则杀猪卖肉,增加家庭收入。黄溙济为黄祯怡出了购买第一头猪的钱,黄祯怡买了猪以后将收获的金额上交给黄溙济。最开始时,黄祯怡都是全部上交,后来时间长了,黄溙济认为黄祯怡长大了,应该有一部分自己的花销。于是允许黄祯怡从利润中拿走部分,作为自己的零用钱。

3.经营糕饼店为家庭主要收入

永丰街上仅有黄家一家糕饼店,因其手艺不错,经营多年口碑较好,所以黄家的生意越做越好。当地人买糕饼不仅是自己吃,也将饼点作为主要的送礼佳品。其中,糕饼、寿桃饼、梅枝①、兰花根②等糕点是最为畅销的送礼佳品。糕饼,因为其名字好听,当地人认为可以寓意"步步高升"之意。当地嫁女儿要给亲戚送寿桃饼,所以寿桃饼也是黄家饼点经营的重要品种之一。过节用的月饼,梅枝、兰花根等也是深受村民喜爱的甜品。绿豆饼、花生冬瓜糖饼等则是店里平日销量比较好的饼种。黄家的"广饼"在当地非常有名,各地到姑田来置办货物的老板都会去黄家买广饼吃。所谓"广饼",是一种鲜肉饼,是通过把炒香的肉馅包在面皮里,新鲜出炉的广饼鲜香扑鼻。因为是鲜肉制作,价格较贵,所以都是有钱人家的老板才能吃得起。黄家糕饼店的具体收入、营利状况,只有账房先生和家长黄溙济等知道,黄家的媳妇和女儿们无法得知具体情况。家里人只见过账房先生的抽屉里放满了"花边",黄溙济夫妇用红纸将花边包好,由黄溙济锁在一个精致的木箱里,放在其卧室,具体将装有银钱的箱子收放于何处,家里的小辈并不知晓。

三、家户分配

(一)家长主导家户分配

黄家在分配时,不以宗族和村庄为分配主体,而是以家户作为分配的主体。黄溙济与弟弟黄振济分家后,弟弟家无权参与黄家分配。黄家东西的购置,都是由家长黄溙济一手操办。柴米油盐等都是共吃共用不存在分配问题。布料由黄溙济统一购买、分配,按照人头分配给每个家庭成员,包括抱养的孩子也同样可以有份,但是布料分配家里的工人是不参与的。黄溙济当家时,没有分配财产。凡事家里需要添置什么东西,或者有什么支出,可以在吃饭的时候向黄溙济提出,或者是私下和黄溙济交流,家长知道后会加以考虑再与全家人商量。如果黄溙济回老家不在,一些小事则由其妻子做主;遇到大事,仍旧需要黄溙济知道后,才能做决定。黄溙济做事比较公平,在家里又是长辈,说一不二,孩子们很少有不服从的。黄溙济过世后,由黄祯怡当家,家里的东西仍旧共吃共用,并不存在分配问题,如有分配物资的需要,也是按照公平分配的原则。家里支出需要兄长同意后可以支出。一般家里有权说话的就是男人和奶奶林月招,媳妇是没有发言权的。外嫁的女儿不再参与家庭分配。

(二)全家共同享用农业收入

黄家的农业收入主要是 3 亩地的水稻收入和地瓜收入。这些作物收成主要是供给黄家一家人使用,并不售卖。黄家的田虽然少,但是都是自己家的,不需要向地主交租,只是按照规定,根据收成多少收取粮食税。粮食税大概为每一百斤上交二十斤粮食,扣除所交的税费,

---

① 梅枝:方言,指一种甜食,常用于过年送礼。

② 兰花根:一种甜食,因为形状似兰花的根而得名,常被作为过年送礼的礼品。

剩余的粮食都是用于黄家日常食用。

（三）按需食用

黄家的粮食收入都是供全家人共同食用,所有家庭成员都是吃大锅饭,并不会因为任何人的家庭地位不同而私开小灶。但对于孕妇、病人等因为身体原因需要格外注意饮食的对象,黄家会根据情况,为其烹煮其需要的食物。在食量上,黄家对个人并不限制,每个人可以根据自己的需要进食相应的数量。因为同吃大锅饭,所以不再额外分配给每个小家庭食物。家里的食物,每个家庭成员都有权利食用。黄家的小孩常常会趁家人不注意,偷偷拿糕饼吃,大人太忙,也不会太留意。因为被家里的大人抓到少不了一顿训斥,所以家里孩子偷偷吃糕饼的情况很少。

（四）个人允许自留部分副业收入

家里的副业收入主要是黄祯祺卖画收入和黄祯怡的杀猪卖肉收入。他们收入的钱在每天晚上需要跟父亲黄溙济报账并且上交。因为大家都住在一起,做的事情彼此都很清楚,对对方的收入也很了解,所以一般报账的时候基本上不会虚报。因为是黄祯祺和黄祯怡各自劳动的收入,所以黄祯祺和黄祯济可以向父亲商量,留取部分收入作为个人使用,用于购置自己喜欢的衣物等,因为都是个人的收入,所以别人也不会说些什么。上交的钱由黄溙济统一管理,用于家庭的日常花销。黄家成员有需要可以随时向黄溙济说明,他根据情况决定是否购买。

（五）他人不可占用个人自有的私房钱

1.私房地

黄家娶的几个媳妇都是一般家庭,条件也不十分富裕,所以陪嫁并没有带来私房地。黄溙济生有三个儿子,无女儿,同时黄家仅有 3 亩多土地,自家耕种勉强够用,没有土地可以用于嫁女(孙辈)做陪嫁地的。整个连城县有能力让女儿出嫁带土地的,只是仅有的几户大地主而已,作为黄家这样的小个体户家是不存在私房地这种情况的。

2.私房钱

连城县处于福建的闽西山区,经济落后,当地人靠天吃饭,以农耕为生,能吃饱饭的家庭算得上是富裕的人家,仅是所有人口的小部分,大部分家庭的所有的钱都用于家庭生活,几乎不存在私房钱的情况。而黄家作为温饱水平以上的人家,以经商为主,经济较为宽裕,所以存在有私房钱的情况。黄溙济的大儿子卖画,二儿子杀猪,都有一定经济收入。两人除了上交部分收入给父亲外,可以自己留用部分收入。因为是自己挣的钱,黄溙济同意了,别人也不能再说些什么。因此黄祯祺和黄祯怡有副业收入作为自己的私房钱,可以根据需要添置一些自己喜欢的东西。

黄家人的衣服都是由黄溙济统一采购,全家人做衣服都是用同一块布料,黄祯祺和黄祯怡自己有钱,所以黄祯祺为自己购买了中意的美国布料大衣,黄祯怡也用私房钱买了呢子大衣。而黄家的媳妇在家做家务并没有收入,如果媳妇需要添置东西,需要告诉自己的丈夫,再由丈夫跟黄溙济说明,或者是丈夫用自己的零花钱为媳妇添置。虽然媳妇在家吃穿都有,但是黄溙济仍每个月给媳妇一些钱作为"零生钱"①,只能买些小玩意。黄家的每个媳妇除了黄

---

① 零生钱:方言,是指用于买零食的钱很少,后来专指金额较少的钱项。

溱济给的每个月的"零生钱"外,还各自有一笔私房钱,就是其陪嫁的嫁妆。

罗坤珍的娘家在三个媳妇中算是条件最好的,因此其陪嫁的嫁妆也是最多的。罗坤珍的嫁妆以金银首饰为主,有金簪、银簪、银珠串成的项链、珍珠手链、镶嵌宝石的帽子等,都是用于日常佩戴,一般情况下不允许变卖。按照当地传统,女儿陪嫁金簪和银簪一定是必须的。金簪用于家里有喜事或者是日常也可以佩戴,但是家里有人去世,则不可以"穿金戴玉",妇女需要取下金簪,佩戴银簪。所以必须陪嫁金簪与银簪。媳妇的陪嫁首饰都是属于媳妇的私人财物,家长是不可以拿走的。

(六)以成人为先的布料分配

1949 年以前,农民生活都很艰苦,穿的衣服都是补满补丁的衣服。黄家开门做生意,讲究面子,所以家里大人都穿着不错,衣服上都没有补丁。家里的妇女都是穿"四绫蓝布"的大襟衣,蓝布黑裤是最好看的女性装扮。黄溱济则多着长衫。三个儿子也是穿长衫。家里大人的衣服都是统一买布料统一请店里制作。黄祯祺和黄祯怡因为自己做些副业,有些收入,所以可以根据自己的喜好置办一些衣服。罗菊群还记得,黄祯祺冬天穿一件"美国布料"做的长大衣,据说这种布料有一个铜钱那么厚。而罗菊群的父亲则穿一件呢子大衣,外出时,还会戴黑色的呢子帽。家里的孩子们都是捡大人穿过的衣服改了以后穿,虽然没有新衣服,但跟别人比也是不带补丁的衣服。

(七)家长分配家庭零用钱

黄家的经济统一由黄溱济管理,黄溱济每个月为媳妇和儿子们分配零用钱。黄溱济认为男人对外交往比较多,要用钱的地方也多些,男人口袋里有钱出门说话才有底气,做起事情来才不会因为畏手畏脚而"跌股"[①],所以黄溱济每个月都给三个儿子每人三个铜板。而黄溱济的大儿子和二儿子因为有副业收入,所以黄溱济在两个儿子上交大部分收入后,允许其留下一小部分作为零用,即是对儿子辛苦劳动的奖励,也是补贴儿子在副业中的投入。例如黄祯祺需要购买颜料和画笔,而黄祯怡则需要购买增补的食物来补充自己透支的体力。副业收入自留部分由黄溱济同意,具体自留金额看儿子的需要。

黄家家庭成员非常团结,一心为家,并没有私心要攒多少零用钱,两个儿子也是根据自家的需要留取很少部分的收入,大部分时候都是全部上交黄溱济。而黄溱济的小儿子因为体弱没有副业收入,但是其对外交往少,支出较少,依靠每个月黄溱济给的定额零用钱,黄祯拔也能购买自己想要的东西。相比较于黄家的男人们,黄家妇女并不需要外出交往,衣食住行都由黄家统一供应,花钱的地方很少。但是黄溱济考虑到家里的媳妇可能会有喜欢的小东西,所以还是给家里的媳妇们每个月二十个铜板作为零花钱。但是相较于普通家庭为了生存连嫁妆都要卖掉以贴补家用的情况,黄家的媳妇在吃住用由家里统一供应的情况下,对能够获得额外的零用钱感到非常满足。黄溱济零花钱的分配方式即保障了黄溱济对家庭财政的主导权,又可以使得黄家成员有些许的财物自由,增强了家庭成员对黄溱济管理的认同感,调动了黄家成员的积极性。

---

① 跌股:方言,指丢脸。

四、家户消费

(一)略有盈余

黄家以经商为家庭的主要收入来源,而农业耕种和副业收入作为次要经济来源。黄家因为老弱为主,劳动力欠缺,主要体现为黄溱济夫妻年事已高,体力衰弱;二儿子得过肺痨病,治愈后身体虚弱不可过于操劳;三儿子自幼身体较瘦弱,也无力从事重体力活。劳动力欠缺导致黄家无论是在经商中或者是农业耕种过程中,都需要支出大量的请工费用。黄家请了罗树生、林明叔两位做糕饼师傅和一位账房先生,除了包吃包住外,黄家每天还需要给每个做糕饼师傅五斤米的工钱,给账房先生一斤米的工钱。大量的劳务支出增加了黄家的经商成本,但是靠着黄家诚信经营和质量保障,使得黄家成为当地第一大糕饼店,自家零售的同时,还批发给周边村庄的小店铺销售。靠着薄利多销,黄家虽然无法大富大贵,但是也慢慢有了积蓄,靠经商收入,黄家不仅购买了店铺,同时还增加了1.5亩的田地。

黄家除了经商收入外,还有农业耕种收入和副业收入。黄家耕种的3亩余田地,都是黄家自家所有,无须如佃农一般向地主缴纳大量的地租。黄家劳动力不足的因素再次减少了黄家在农业上的收入,因为劳动力不足,黄家在文岗村老家的田地,必须花钱请雇工来帮助完成犁田耕地、收割打谷等事情,仅仅是文岗村的田地一年就需要请至少五个工。受到种植技术等限制导致农业收入较少,加之黄家请工较多,虽然不需向地主缴纳大量地租,但是黄家的农业收入也因此变得很少。黄家依靠3亩余的土地的收入作为黄家日常的粮食来源,大部分所收入的粮食远不够日常支出,还需要靠经商收入和副业收入来负担部分粮食消费。黄家的副业收入主要来源于黄祯祺的卖画和黄祯怡的猪肉档收入。黄祯祺的卖画收入不固定,好的时候一个月能有两三个人找其画肖像画,不好时两三个月也没有一个客人,菩萨画像多是在年底时卖得好些。黄祯怡刚开设猪肉档时,生意还不错,收入也可观,但是后来因为其身体原因暂停了这项副业,最后黄家副业收入仅仅只有黄祯祺的卖画一项。黄家的副业收入由于各种原因并没有得到持续的、扩大性的发展,副业总收入低于农业总收入。

从整体情况来看,黄家经商收入、农业收入、副业收入的总和大于黄家的日常支出,略有结余,但是因为黄家三个儿子的结婚花费、买店铺和土地的大项支出,使得黄家的财富积累到一定程度后便被用于生活需要。

(二)家长主导家户消费

黄家以家户为消费单位的主体,家庭消费以家长黄溱济的安排为主,宗族和村庄外人无权干预。黄家的家户消费主要有粮食消费、食物消费、衣料消费、住房消费、人情消费、教育消费等。人情消费,主要是红白喜事的花费,送什么礼物或者是包多少礼金,都是由黄溱济根据当地的风俗来决定。按照当地的习惯,未分家的家庭只需要出一份礼金,无论其家庭中有多少对已婚成员。因此,黄家的任何人情消费都是以黄家整个家庭为单位包一份礼金。以户为单位随礼的同时,就是以户为单位进行参礼。无论是红白喜事,家里的其他成员可以到对方家帮忙,办事家庭也会封红包给来帮忙的人,一是作为彩头,二是用小金额表示自己的谢意,但是帮忙的成员并不在办事人家中吃宴席。每个家庭去帮忙的可以有多人,但是吃宴席一户人家最多出席两人,一般情况下多为家庭里的家长出席,遇到家长没空,也可安排家里的其他成年男性参加。

黄家的食物消费主要由黄溱济安排,无论是早晚吃的菜还是重要节日吃的食物,黄溱济都会提前吩咐家人。黄家青菜供应部分主要靠自家种植,夏秋多吃应季的蔬菜,冬春则吃晒的菜干,偶尔黄溱济吃腻了菜干,也会吩咐儿子到市场上买些新鲜的豆芽、笋干之类的食物。鸡鸭鱼肉都是以购买为主,猪肉则有时购买,有时从黄家经营的肉档上留取部分。

　　黄家的住房消费是黄家重大消费支出的其中一笔。黄家的住房消费主要就是购买了黄家在中堡村的店铺。购买店铺时,黄溱济的三个儿子年纪不大,都未成家,店铺购买的所有事宜都是黄溱济自己拿主意。永丰街是有名的商业街,商品贸易非常发达,所以永丰街上的店铺相较于其他地方价格更高。黄家购买的店铺花去了黄家二十余个银元,这对黄家而言无疑是一笔巨款,但是为了黄家今后的发展,黄溱济咬牙买下了商铺。

　　黄家的子孙是否需要送去读书,送谁去读书都是由黄溱济决定。黄溱济具有较浓厚的"学而优则仕"的思想,所以在黄家最初经济条件并不如意的情况下还是送三个儿子去读书。黄祯祺是三个儿子里最老实、最愿意读书的孩子,其受教育水平也是三个儿子中最高的,上了七年学,所以黄祯祺在分家以后,在文岗村当了一名小学教师。而黄祯怡和黄祯拔小时候顽皮,不爱学习,因为功课不好,所以常常被先生打板子,没坚持几年就不愿再读书了,而是要帮助父亲做生意。除了黄溱济的孩子们的教育由黄溱济决定,其孙子辈的教育也由黄溱济来安排,并不是以父母的安排为准,教育费用由黄溱济统一支出。按照当地普遍的规律,女孩子都是在家学习纺线绣花,学做家务,极少被送去学校读书。而黄金群能够上学,主要是因为黄祯怡的努力争取。黄祯怡婚后多年未生育有儿子,作为第一胎的女儿,黄祯怡对黄金群疼爱有加。看着黄梓祥被送去读书,黄祯怡也希望自己的孩子能够识字有些文化,于是多次向黄溱济提出送自己的大女儿去读书。黄溱济以女孩子不宜在男生中来来往往、年纪尚小等理由拒绝了黄祯怡。但黄祯怡还是始终坚持做黄溱济的思想工作。思想工作做了一年多,其间黄祯怡生了一名男孩,但没多久就夭折了。为了安慰黄祯怡,也为了保持公平,黄溱济最终同意了黄祯怡的请求,并在饭桌上告知家人将黄金群送去读书的消息。黄祯怡的兄弟们理解黄溱济安排的苦心,并没有提出异议。因此,黄金群六岁开始读书。黄家的孙子辈读书时,学费比较便宜,只需要几毛钱,虽然需要购买文具等,但花费都很少。

(三)自我医治为主

　　1949 年以前,小县城没有什么大医院,医疗条件很差。家庭条件好些的人家请得起医师①,通过医师把脉,抓些中药吃。因为医疗条件差,农民们在长期的摸索中,积累了一些治病的草药药方,经济条件不好的农民生了病,都是按照祖上传下来的草药药方到田间寻些草药吃。有些村民积累了大量的药方,成为当地有名的治病施药的"疗病人"②,村民之间有什么疑难杂症,彼此一询问,都能找到这户人家。"疗病人"并非专业的医生,所传授的药方也只是经验之谈,并不具有普遍适用性。施药者热心传授经验,并不收取费用。求药者若是因施药者的药方病情得到治愈,则会自觉带上鸡蛋,或者是小红包上门感谢施药者。文岗村的兰招婆在当地是有名的"疗病人",村民有什么病症久治不好的,都会上门请教她。黄家有时就一些小问题向兰招婆请教,讨些方子,自行到田里找些草药吃,并不需要花钱抓药。因为是本

---

　　① 医师:方言,指有医术的人。
　　② 疗病人:方言,意思为擅长治病的人。

家亲戚,所以这种情况也不需要送鸡蛋或者是红包,平日对方遇到什么事情多帮忙就可以了。

黄家遇到的最大的病症为黄祯怡的肺炎①。黄祯怡得了肺炎后,咳嗽咳出了血,黄家人非常着急,四处求医,托人在各个村里问方子。最终,黄家在朋友的指点下,找到罗坊村一位有经验的老人,老人给了一个医治的草药方子。黄祯怡服用了药方以后,咳嗽得到了控制,身体有了好转。为了表示感谢,黄祯祺代表黄家经过5个小时的路程到罗坊村感谢老人,并送了十二个鸡蛋、一包长寿面和一块糕饼的重礼。除了为施药人送礼表示感谢外,黄家并未花费更多的治病费用。黄祯怡用的药方主要以草药为主,黄祯祺每到田里劳作时,都会留意找草药回家,黄家人将其晾晒成干,随时可以取用。

(四)量力而为的人情消费

黄家生活的村庄为宗族村庄,村民之间联系紧密,加之还有不同的其他亲戚朋友,结婚、满月、殡葬都需要随礼,所以人情花费是黄家支出的大头。当地人结婚偏爱选择秋季,一是粮食收成后人们的经济较宽裕,二是收成之后,农民的日子比较清闲。再者当地人结婚看日子,好日子都集中在了下半年。所以往往到了年底,黄家都会面临较重的人情支出。黄家的礼金都是随当地的水平,量力而行,并不会刻意为了突显自家的经济实力,随礼比别人多。遇到村里有人去世,家家户户除了要派人去丧家帮忙外,还需要给"孝包"②。孝包金额,全村一样。

除了礼金的支出外,当地人的人情支出还有媳妇回娘家的买礼钱,给外嫁女儿送年的礼物钱,过年给孩子的压岁钱等。每年外嫁的女儿和女婿会在正月初二回娘家拜年,除了带上香纸蜡烛给娘家的先人上香外,还要带上一些礼品,主要是鸡蛋和面。黄家的媳妇正月初二回娘家,所需要携带的物品都是由黄溱济采购,除了香纸蜡烛因各家神位不同有数量差异外,三个媳妇回娘家的礼物一样多,大多是黄家自己制作的糕饼,还有一些鸡蛋和散糖。因为当地有回礼的风俗,娘家接受了礼物后还要适当回一些礼物让女儿女婿带回家,一方面是显得懂礼貌有规矩,二是寓意女儿女婿新一年能收获满满。所以礼尚往来后,礼金支出就变得很少。因为黄家没有外嫁的女儿,所以并不需要给女儿送礼。有女儿的人家,每年的端午节和过年前夕需要到外嫁的女儿家送节,一般送些应季的礼物,端午多送粽子、咸鸭蛋,而过年则送些"麻蛋子"③、糕饼、鸡蛋和面等。而过年压岁钱都只是在当地的大户人家才有的说法,除夕夜时,大户人家会将给孩子的压岁钱放在孩子的枕头下,并在床边上放上橘子,以此寓意、祝愿孩子在新的一年里大吉大利,平安幸福。黄溱济本是穷苦农民出身,没有那么多讲究,黄家的孩子也多是贱养。黄家的众多孩子里,只有黄金群收到过压岁钱。黄金群上学后知道压岁钱的风俗,向父亲央求,希望过年时也能得到压岁钱。黄祯怡十分疼爱这个女儿,于是用自己的零用钱给黄金群包了压岁钱,金额非常少,只是两三个铜片而已,更多的是一种仪式感和寓意。黄祯怡用的是自己的零用钱,所以家庭成员并没有意见,只是黄祯怡的妻子会抱怨两句,说他太过于溺爱孩子。

(五)"无妄之财"的支出

在家户消费中,黄家除了必不可少的生活消费支出外,常常还有一些当地人称之为"无

---

① 肺炎:根据老人的说法为肺炎,但是当时并没有到医院进行检查,可能是肺病的一种,具体是否为肺炎无法确定。

② 孝包:治丧时,各家送给丧家的奠礼金,多为现钱。

③ 麻蛋子:当地的一种食物,用糯米磨成浆,加糖,捏成球。

妄之财"的支出,即平白无故、意料之外的金钱支出。俗话说,"强龙压不过地头蛇",黄家在外做生意,要想立足于当地,免受无辜的欺压,必须依附于"地头蛇"的庇护。以保甲长等为首的地方势力,成为黄家必须要巴结的对象。逢年过节,黄家必会给保长家送上一些糕饼,遇到杀鸡吃肉,也必定叫上保长到家里吃喝一顿。除此之外,保长心血来潮也到黄家来坐坐,黄溱济免不了嘱咐儿子们装上些"肉饼"给保长带走。肉饼在黄家的各种饼点里属于价格贵的品种,"肉饼"用鲜猪肉、葱等做陷烤制,购买的客户都是有钱人家。

黄家不仅需要疏通与保长等地方势力的关系,还要应付到店里来耍赖的无赖。姑田有几个无赖,商户都非常头疼。这群"流郎赖子"①专吃"水皮",即每逢端午、春节这样的重要节日,他们就会沿街到各个商铺讨钱吃。他们用草纸卷成一个长条,然后将很多根草纸条捆成一大捆,中间用纸固定住,两端分别再用细红纸缠一圈,做装饰用。这个草纸捆叫做"烟煤",当地人制作"烟煤"用于抽鸦烟、水烟时点火用。流郎赖子拿着纸捆到各个商户,进门就嘻嘻笑,奉上"烟煤",说"老板,给你过年吃烟",然后把纸捆送上给老板。做生意的人都不愿意招惹这样的无赖,怕影响店里的生意,所以都会拿些钱,赶紧把他打发走。他收到钱以后,又将纸捆拿走,到下一家店去要钱。虽然"赖子"说给烟煤给老板吃烟用,但是商户的老板们都是象征性地收下,然后再还给他,或者是直接不接,给了钱就打发他走。如果有人拿了"烟煤"不还他,就不仅是需要打发他的红包,还需要加钱给他。这些无赖通过这样"吃空卖空"的手段逢年过节收些钱到处去抽大烟。曾经有商户反抗过这种行为,但是最终并没有什么成效,自此以后,商户都采取了"破财消灾"的应对方式。曾有一次,街上的纸店吴老板看不惯这种行为,不买前来吃"水皮"的当地有名的赖子陈德生的账,陈德生见状赖着不走,干脆躺倒在店铺门口,赶走了本要到店里买东西的客人。于是,吴老板与陈德生发生了争执,动手打了陈德生。陈德生到保长家装伤大叫,投②吴老板无故打人,保长被迫出来主持公道。最后保长维护了本村村民陈德生,只是让陈德生向吴老板道歉,而吴老板则需要向陈德生赔偿医药费。虽然吴老板并不服气,但为了不得罪保长,还是赔偿了陈德生。自此之后,商户们心里也明白,与其同流郎赖子们发生争执,影响生意,倒不如给些小钱打发了事。

(六)红白喜事讲究排场

1.结婚费用多

结婚是一个家庭最重要的事情之一,爱面子的客家人爱在婚礼上讲究排场。黄家有能力负担,所以婚礼举办得非常有排场,自然花费较大。黄家三个儿子结婚的所有花费都是由黄溱济负责。结婚的花费主要是彩礼,风俗规定的各种红包,结婚物件的置办,请人抬轿的花费,摆酒席的花费等。黄家二儿子结婚时,婚礼搞得非常排场。新娘坐的花轿是木刻雕花,宽一米五的红花轿,由四人抬轿子。新郎则坐由竹子制作的、盖着蓝布的两个人抬的轿子。请了锣鼓队伍,迎亲路上锣鼓喧天,热闹非凡。黄祯怡身着黑色长袍马褂,头戴黑色礼帽,礼帽上两边还插着金色的花,走起路来微微抖动,是最流行的新郎装扮。而罗坤珍则穿一身红袄裙,红色绣花鞋鞋尖装饰有一颗珍珠,非常精致。黄家宴请了十几桌的宾客,在村里做足了风光。

当地非常讲究辈分,在婚礼操办上可以体现出来。有多个儿子的家庭,结婚必须按顺序,

---

① 流郎赖子:方言,用来称呼无赖、流氓。

② 投:方言,告状。

231

依据辈分先后结婚,不能乱序。结婚的标准必须以大儿子为标准,其他年纪小的儿子的结婚规格不得超越大儿子的规格,最多与其相等。越是大户人家,越是讲究这些规矩。黄家因为各个时期的经济条件不一样,所以无法完全按照大儿子的标准操办其他孩子的婚礼。但是为了保持公平,黄溱济对黄祯祺进行了补偿,在其第二次结婚时,按照其兄弟的标准进行操办。因为结婚的花费是由黄溱济承担,所以婚宴的礼金收入则全部上交黄溱济。

2.丧葬花费大

在"重死轻生"思想的影响下,人们对于丧葬十分讲究,特别是对"寿满"去世的老人更是要风光大葬,所谓"寿满"是指年纪过六十岁。"寿满"去世必须风光大葬,因为整个地方上人口的寿命普遍偏低,人们认为能活到六十岁以后去世的人,首先是其命好,有福气,再则是子女孝顺使得其能长寿。所以风光大葬体现了丧葬家庭是有福之家、孝道之家。黄溱济去世是"满寿"之人,黄家做足了风光。黄家人不仅为其购买了上好的棺木,还请了十里八乡最大的哀乐班来吹奏哀乐。黄家焚烧给逝者的纸质的祭祀品也是十分齐全,光是开路纸人,一般人家只备两个纸扎的开路纸人,而黄家人为黄溱济准备了六个开路纸人。丧礼的酒席办了十几桌。黄溱济的丧葬费用由黄家统一支出,一场丧葬下来并不比一场婚礼的花费少。

风光大葬只有"满寿"之人可以享受,未成年的孩子去世,往往都是随意埋葬,年龄越小越随意。特别是刚出生没多久的孩子若是死亡,很多家庭都是用布裹着,找一处山地埋了,连坟头墓碑都没有。更有人家,用布一包,往山头里一扔就算了,既不用花钱也不用出力。成年的未"满寿"人去世,因为辈分和年龄等因素,很多仪式受到限制不可举办,怕折了逝者的阴德。所以纵使是富贵人家,也只能按照普通的仪式为逝者治丧。

(七)教育消费少

黄溱济的三个儿子都在亨子堡读过几年书,能识字。黄家的子辈读书费用很少,一年学费交二十斤米左右,不同的年级学费又各不一样,但总体而言,教育支出在整个家庭支出中占比极少。到了黄家的孙辈,读书人只有黄梓祥和黄金群两人。黄家的孙辈从小生活在永丰街上,两人也是在姑田中堡村的学校读书。读书的学费普遍较少,一般的家庭都能够负担。很多家庭无法供应孩子读书的原因并不是因为学费,而是家长想让家里所有的劳动力都投入到劳动生产中,创造更多的财富以满足家庭生存的需要。黄家的经济条件足以负担孙辈的学费,即使缺失了黄梓祥和黄金群这两个劳力,黄家的收入仍旧能够满足全家的基本生存。孙辈的教育消费在黄家的整体家庭支出中所占比重是非常小的。

(八)信仰消费多样

1.日日烧香拜佛

黄家林月招信仰佛教,每日早晚必烧香拜佛,祈求神明保佑黄家平安顺利,生意兴隆。遇到重大节日,林月招不仅要烧香点烛,还要买金银纸折"元宝"烧给神明。黄家每月都需要花费一笔钱,用于购买香纸蜡烛。每年年底林月招都会在文岗村老家做一场法事,准备斋宴并请庙里的和尚到家里念一场经,以祈求黄溱济身体健康,福寿延年。

2.祭拜祖先

每年四五月份,文岗村会组织一次祭老祖,每房需要出几个代表,参与扫墓。一般不允许妇女参加。文岗村的几个老祖的墓地并不都在文岗村内,而是遍布多个地方,参与扫墓的人会被分成几支队伍,分别去往各个祖先处扫墓。扫墓回来后,干活的人聚在一处吃一餐"祭墓酒"。祭祀的部分费用由祖宗公田的收入中支出,部分费用则平摊给成年人口。不仅整个村子的老祖需要祭祀,每家每户还需要自己选日子给自家过世的先人祭祀。一般祭祀都是其后代轮流主持。黄溱济家是和其弟弟轮流主持扫墓。主持扫墓需要负责准备祭品,主要是米饼、猪肉、煎蛋、酒还有一些金银纸钱蜡烛之类,具体祭品准备每家根据情况各不相同。主持祭祀的人家还需要备有"祭墓酒"给祭祀的几个兄弟家人吃,让分家后的兄弟可以借祭拜先人聚一聚,拉近感情。

3.打醮

1949 年以前,文岗村有较多的祭祀活动,打醮是其中重要的、常规性的一项。文岗村每年都会至少举办四次打醮,遇到年成不好时会多举办几场,祈求风调雨顺、国泰民安。打醮的名堂多样,有"秧苗醮""秋收醮""平安醮"等,打醮多为两天一夜。

打醮时,文岗村的族长负责将附近村的庙里的和尚请到"娘嫲庙"做一场法事,向上苍展示诚心,祈求神灵庇佑,通过超度孤魂野鬼,保地方平安。打醮请和尚来念经,不仅需要为和尚们准备丰盛的斋宴,活动结束后,还要给和尚封一个大"利是"①,其实就是支付和尚的工钱。但因为和尚所做事情相较于一般工作而言更具有神圣性,直接给钱略显不妥,所以通过给"利是",不仅具有表达祝福之意,更是支付工钱的方式。文岗村与周围各村庄请和尚的利是都是一致的,利是多少都比每年请工的工钱略高一点。

打醮除了和尚用念经的形式超度亡魂外,还有"食祭"的仪式。当地人认为人死后有子女祭拜,在阴间可得有供奉。但一些孤魂野鬼无人祭拜,在阴间没有食物,被迫在外游荡觅食,给人世间带来灾祸,举办"食祭"可以救济孤魂野鬼,防止其在地方上作乱,以保地方安定。文岗村多以一碟赤米小馒头②、一碗白米饭和一碗炒鸡蛋做"食祭"。和尚诵经结束后举办"食祭",由打醮的理事人烧一把香,然后将馒头、米饭和鸡蛋撒在法场外的空地上,一边抛撒一边念念有词,多是让孤魂野鬼不要作乱,要保护地方安宁。食祭后撒在地上的小馒头常常引来很多孩子捡食,大人喝止孩子们,告知"那个是给鬼吃的啦"。因此情况常有发生,于是之后的打醮,大人会准备一些小马铃薯、小芋头给孩子们吃,并告知孩子们不可捡食食祭的食物。

做法事和食祭是每次打醮的必备仪式,而请戏班唱戏则是"秋收醮"才特有的活动。每到农历九月份,文岗村与周围村庄陆续开始"秋收醮",外地戏班多会在这个时段到连城县内开始找生意。文岗村每年秋收醮多是请戏班唱闽西汉剧,要是约不上戏班,便会改换有请木偶戏班来表演。

文岗村打醮请和尚的费用、食祭,请戏班等所有的费用都是由其村民分摊,每家每户按人头出钱。黄家在姑田做生意,村里人要通知其交钱,都是告知其在文岗老家种田的弟弟黄振济,黄振济则会派家里人或者委托去姑田的族人给黄溱济捎消息,黄溱济就会将打醮的份子钱让儿子送回老家或者是托村的族人带给黄振济。

---

① 利是:方言,即红包。
② 赤米小馒头:用红米做成的馒头,如汤圆大小。

五、家户借贷

（一）轻易不借钱粮

借钱粮一般有两种情况，一是在青黄不接的季节向大地主或者有钱人家借钱或粮食，这种情况需要支付利息，而且利息很高，往往都是借一挑谷子还两挑谷子。二是平日里向邻里亲朋借一些小金额的钱或粮食，短时间内归还对方，并不需要付利息。黄溱济不愿意借钱，一来利息太高，并不划算，二来亏欠人情。黄溱济在生活上主张"看钱过日子"，善于谋划钱财用度，在生意经营上十分保守，以努力经营维持现状为主，并不具有发展野心。因此，黄家在黄溱济的管理下，向他人借钱粮的情况非常之少，偶尔借用物品倒是常有发生。

（二）为亲友提供力所能及的帮助

黄家生意经营有道，积累下了一定的财富，虽然与其他大户人家比算不上是大富大贵，但是其经济实力相比较于文岗村以耕种为生的农民而言，已经算是有钱人家。因此，本族人有困难向其借钱的情况就多了。黄家根据亲疏关系和钱物的多少决定是否借款给他人。对于关系亲近的人，出于彼此间的相处帮助，黄家人都愿意借钱扶持对方过渡当前的困境，否则会被亲人说成是"瞎目狗"，即有了钱就不认得自家人，日后黄家有困难便难以得到亲人支持。如果借的数量大的话，黄溱济会在不影响自家生活的情况下，拿出自家能力范围内的财物出借，以表示对亲人的支持。如果关系比较疏远，但对方信誉好，同时借的钱少，时间短，黄溱济也会看在中间人的面子上借给对方一些钱粮应急。黄家的积蓄一部分用于维持生意经营，另一部分则用于黄家几项大的固定资产支出，并没有如当地很多人家将钱用于放贷。虽然放贷利息高，但黄溱济认为高利贷是一种伤天害理的事情，黄家坚决杜绝这种行为。

借钱一事，由妇女出面的情况极少，多是由家庭中的男人出面。男人是家里的经济来源，男人出面借钱，其还款能力能得到他人的肯定，而妇女出面借钱极少，除非是向娘家人借钱。向黄家借钱必须找家长，黄溱济以家长身份掌握黄家的财政大权。除了黄溱济外，其他任何家庭成员都无法决定借钱事宜。黄溱济的三个儿子虽然有自己的零用钱，但是能够积蓄下来的财物非常有限，无法借于他人。即使有外借的情况，儿子也必须先与黄溱济商量。对于儿子们的决定，黄溱济比较尊重。

向黄家借钱较频繁的是黄溱济的弟弟黄振济。黄振济务农为生，遇到收成不好时会向黄家借钱。黄振济家来借钱都是由黄振济或者是其儿子到姑田来与黄溱济协商。黄家人素来团结，虽说黄溱济已与黄振济分家，但是兄弟两家感情非常深厚，只要对方有困难，另一方必定会出面帮忙。所以借钱给弟弟度过青黄不接的季节，黄溱济认为是其义不容辞的责任。黄溱济借钱给黄振济无须请证人写借据，也不收利息，且并不规定具体的还款日期，黄振济家只要粮食收成，定会及时还给黄溱济，遇到困难拖延时间长点，只需要向黄溱济说明情况即可。

（三）借贷关系可依据亲缘关系转移

欠他人的债并不因为借钱者去世，借钱超过约定归还日期等原因而失效，借贷关系可依据亲缘关系转移。这是因为借钱往往是以借款人的家庭为单位，由家庭与借款人共同承担还款义务，无论其他家庭成员是否知晓或同意借款事由。债务具有强制继承性，第一借款人过世后，其家庭中的直系亲属被强制继承其债务，体现为"父债子偿""子债父还"等说法。除了第一借款人去世的情况外,借款还会遇到逾期的情况。一般借款人因各种困难无法如约按时还款,往往会提前上门向债主说明情况,遇到心慈的债主或者是同为亲友关系的债主,则会酌情予以时间宽限。而更多债主并没有善心,其选择趁机加息,或者是以极端的手段如侵占对方更加贵重的财物等。遇到债主上门搬东西以抵借款人债务,或者是债主到对方家恐吓、打骂等情况,周围邻里亲友很难出面帮忙,只要是没有发生危机性命的事情,其他人很难插手。因为大家心里都很清楚,"欠债还钱,天地公道"。

六、家户交换

(一)永丰街是黄家交换的主要场所

姑田乡的宣纸贸易带动了此地的商品交易,姑田乡形成了永丰街、坎兜街、新街等商业街。永丰街作为主要的商业街之一,街上店铺有一百多间,所销售的物品繁多,种类齐全,是人们交易的主要场所。黄家的经商之地就位于永丰街上,黄家的买卖交易都集中在永丰街。黄家的杂货铺"万昌号"在当地是有名的货物齐全的店铺,店里不仅卖鱿鱼、蛏干、木耳、粉丝、薯粉等各种干货,还有针线、肥皂、雪花膏等日用品,同时黄家还会从其他店铺"掺"一些货物销售,多是一些小食品,例如"酱油豆腐"①等。黄家日常使用的生活用品,多从自家的店铺中可以获得。若是家庭所需是店铺里没有的物品,则黄家人随时可到永丰街上其他店铺里购买。与偏僻山村的村民需要等赶集时才能到永丰街上采购物品相比,黄家的日常购物显得十分便捷。采购于绝大多数家庭而言,主要是男性负责的事情,女性不可随意外出购物。妇女若要外出购物,必须有男性陪同,即使多个女性结伴外出,也必须有男性相陪。因为很多男性比较"邪"②,漂亮的女人单独外出被男人们抢回家的情况常有发生。黄家缺少的物品都是由黄溱济或者是其儿子到街上的其他店铺采购,黄家的媳妇都在家中做家务,即使就住在热闹的商业街上都极少到其他店铺买东西。黄家的小女孩们因为年纪尚小,所以自由些,有时得着两个铜板会自己到街上买零食吃。罗菊群曾趁大人没留意,偷偷拿了店里的一块"广饼"与卖米糖的老人交换一小截米糖来吃。

(二)多与粮食行打交道

黄家以饼点制作为家庭的主业,因此与粮食行打交道最多。永丰街上有多家粮食行,店内卖米、面粉、各种豆类等粮食类商品。黄家做糕饼用到的糯米粉、面粉等材料都是从永丰街上的祥吉粮食行购买。因祥吉粮食行的老板提供了质优价美的商品,黄家与其形成了长久的合作关系。黄家的日常采购黄溱济并不每次都去,更多时候都是让儿子去购买,因此黄溱济的儿子们和祥吉粮食行一家人也很熟稔。黄家不仅从该店铺采购饼点制作的原材料,有时遇到黄家粮食不够吃时,也从该店铺中购买米食用。一般农民买米都是短暂性的过渡行为多是按照斗来买。盛米用的斗称为"官斗",上大下小,装一斗米需要米面和斗面平,多的部分,米店老板用一块长于斗口的木板沿着斗边一刮,就将多出的部分扫掉。黄家粮食收成好时,缺的粮食少,买米不多,则是按照斗购买。遇到粮食较缺时,都是从粮食行几百斤地购买谷子,再由黄家的男性自行碾米。

---

① 酱油豆腐:当地指一种酱油颜色的豆腐干。

② 邪:方言,指坏、不好的意思。

(三)以质量保障为基础的长久合作关系

黄家制作销售饼点的同时,还销售各种杂物,货物多是从其他商铺进货。黄家在长期的经营中,找到了可以长期合作的固定供应商。多年杂货店经营,使得黄溁济在采购方面成为老行家,货物质量如何,价格是否公道,黄溁济心中非常清楚。黄家能够与之形成合作关系的供货商往往都是质量上优、价格公道的店家。多年的合作,使得黄家与其供应商之间非常熟悉,而且有了一定的交情。供应商们对于黄家这样稳定的老客户,往往提供保质保量的商品,在价格上也予以最大的优惠。遇到价格变化,也会提前告知黄溁济,使得其做好备货准备。作为回报,黄家对供应商也保持足够的诚信度,并不因其他商户稍优惠的价格而随意更换。

(四)以优质的服务招揽客人

黄溁济常说"财神爷最喜欢笑脸人的人",并以此教育自己的儿子们做生意要笑迎八方客,对待客人要一视同仁,不能以貌取人、差别对待。黄家人的服务态度好是黄家能够积累很多老客户的主要原因。黄家通过笑容吸引客人光临,以优质的产品和价格留住客人。黄溁济认为"诚信"为经商的根本,对于自己出售的商品严把质量关。在饼点制作上,黄家的饼馅足、个大、新鲜,经营多年,品质始终保持在一定的水平上,获得了老顾客们的一致好评。同时,黄家的饼点虽然个大馅足,但是价格并不贵,因此吸引了更多的客户。在杂货的售卖方向上,黄溁济不以价格最低为优,而是将质量摆在了前面。黄溁济会选择价格稍微贵一些,但是商品质量更佳的供应商合作。因此黄溁济的利润往往更薄,但也赢得了更多的顾客。有时,黄家的一些商品价格相较于其他店铺稍微高些,但是顾客更相信黄家的品质,还是会坚持在黄家购买。

第三章　家户社会制度

丰富的家户内外往来展现了多样复杂的社会人情网络关系。黄家家户关系具有沿袭传统性、家长主导性、遵循差序性、邻里互助性等特征。家户婚配遵循固有的"父母之命,媒妁之言",以及传统的婚配礼俗及结婚程序;家户生育以延续香火为目的,重男丁轻女娃,按辈分起名论字,注重庆贺仪式;家户分家以家长意志为主,讲究分家原则,注重分家对象,追求分家效果;家户过继、抱养、赡养、交往均以家庭为单位,通过明确家长、成员的权利与义务,实现家长及家人相互之间尽责任、尽义务,共同营造家庭的和睦氛围;家户对外交往,以共建邻里邻外的互助友爱关系为目的,促进家庭与外部环境的和谐共生。

一、家户婚配制度

(一)家户婚配情况

黄溱济娶妻林氏,为林坊女,林坊村与文岗村相距不足五千米。黄溱济年轻时在连城做小工,认识林氏。林氏守寡预改嫁,见黄溱济老实厚道、吃苦耐劳,遂找媒人向黄家"抬举"[①]。黄溱济自知家中贫困,难以承担娶妻的昂贵花费,林氏虽然为二婚女,但是其具有生育能力并不影响传宗接代,且所需要的礼金更少,所以黄溱济向母亲表示同意这门亲事。黄溱济母亲虽然认为此女守寡并不太好,但自己无力为儿子娶黄花大闺女,于是同意了儿子的决定。

黄溱济育有三子:黄祯祺、黄祯怡、黄祯拔。黄祯祺有多次婚姻。其第一任老婆为童养媳,因黄祯祺并不钟意对方,故结婚多年没有生育。由此黄溱济决定让童养媳改嫁,黄祯祺再娶。第一任老婆改嫁后,黄祯祺娶妻李氏,生有两子。1949年李氏过世后,黄祯祺娶连城女朱氏,婚后两人并未育有子嗣。黄祯怡二十岁娶妻罗氏,罗氏为其表姐,年长一岁,属于表亲结婚,婚后生育有一个女儿,多个儿子,未能成活。后来按地方风俗,黄家为黄祯怡抱养罗菊群作为女儿,用来招弟。黄祯拔二十几岁结婚,娶妻罗氏,亨子堡女。因黄祯拔体质虚弱,两人婚后多年未有生育,后抱养李碧清作为养女。1948年黄祯拔去世后,罗氏守寡两年,1950年带女改嫁。

黄家的孙子辈有黄梓祥、黄康祥、黄金群、罗菊群、黄龙生。黄梓祥于1949年结婚,1950年其大儿子出生,一共生有两个儿子。黄金群1950年出嫁至林坊,年龄16岁。罗菊群于1964年结婚,嫁给本村黄祯松。黄龙生18岁与家里的童养媳菊英结婚。婚后两人所出生的孩子都未能成活,抱养小兰作为养女。但多年仍未生育。后黄龙生与菊英离婚,菊英改嫁,黄龙生娶姚坊女姚爱群,婚后育有一子一女。

---

① 抬举:方言,意为介绍。

(二)积攒钱物为婚嫁做准备

连城县域内结婚花费昂贵,所需费用包括礼金彩礼,请人帮忙的用费,风俗规定下的各种红包,结婚宴席花费等。虽说富人有富人的"办法"①,穷人有穷人的"办法",但花费少不了。虽然说大多数家庭结婚都多少需要借些钱物,但也是在自家有所积蓄的情况下,全部靠借并不现实。所以如果家中没有钱,即使男丁到了适婚年纪,婚姻大事也不得不往后推一推。若是实在结不起婚的人家,为了承担传宗接代的重任,往往不得已必须选择与有缺陷的女子结婚。为了尽量避免这种情况,很多人家都选择养童养媳。与童养媳结婚并无花费,不需要礼金也没有宴席,只要两人到了适婚年龄,将其关在一个房间里,圆了房就可以。黄溱济儿子们的婚姻大事都由黄溱济和林月招操办。最初黄家的经济条件并不如意,黄家担心日后儿子的婚配问题,于是养了一个童养媳。在黄祯祺十八岁时,黄家人将其与童养媳关在一个房间,便圆了房,成了夫妻。婚后,黄祯祺与童养媳不合,童养媳改嫁后,林月招托村里的媒人帮忙留意,经过"抬举"后,黄祯祺与李氏结婚。等到了黄祯怡成年时,黄家的经济条件有了改善,黄溱济决定过两年家里更有些积蓄再为其娶妻。黄祯怡二十岁时,在母亲林月招的极力撮合下,与表姐罗氏结婚。黄祯怡的婚礼办得非常隆重,但黄家并未借钱操办。待黄祯拔结婚时,黄家并不存在无力承担结婚花费的情况,而黄祯拔二十几岁才结婚,更多原因是身体状况。

(三)娶妻要贤

连城县属于偏远山区,富有的人家非常少。因此大户人家"门当户对"的思想在当地影响并不大,大多数家庭娶妻并不注重门第之说,而是更看重女方是否贤良淑德,足够成为贤内助。而条件更好的人家也并不会对女方的家庭条件有过多要求,更多的是对女孩本身的要求,例如脚是否足够小、面相是否有福旺夫、八字是否够好、脾气是否温顺、手工活如何等。1949 年以前,"脚小头美"的女性最受青睐,脚小最为重要,裹得越小越好;其次要头型端正,面容姣好,面相旺夫。具有以上特征的女子是有钱人家娶妻追求的标准。黄家的四个媳妇都是小脚女人,其中罗坤珍算是黄家女性中脚码最大的。因罗坤珍小时裹脚疼得厉害,罗坤珍的奶奶看着心疼,于是给其松了脚,所以罗坤珍虽然也裹过脚,但是与其他裹脚女性相比就稍显大一些,脚的大小也不过一个巴掌长。

(四)嫁夫看家庭条件

而嫁女儿多是父母操办,为人父母都希望女儿可以嫁到条件更好的家庭,婚后生活更富足一些。所以为女儿选择丈夫时,会将家庭经济条件作为首要考虑因素。其次地域为考虑的第二个因素。受限于交通条件,绝大多数家庭都不支持女儿嫁到遥远的外地,不仅有语言不通的难处,同时远离娘家无人撑腰。再者,女方的父母会考虑男方的为人,是否踏实肯干、为人忠厚老实。黄溱济给三个儿子娶妻时,都将女孩的品性放在考察的首位。黄溱济认为,大家庭一起生活,媳妇要温顺听话,娶了善于挑拨、斤斤计较的媳妇到黄家,会破坏黄家人的感情,影响团结和睦。

(五)婚前准备

1.托人打听

当地人家里有合适结婚的孩子,少有请媒人介绍,一般都会托亲戚朋友打听是否有合适

---

① 办法:此处是指举办婚礼的方式。

的男方或者女方，亲戚之间相互"抬举"。亲戚作为中间人，对双方情况都比较了解，男女方也更加放心。中间人也会考虑到亲戚双方的情况，介绍条件相当的人选。中间人会向双方详细介绍对方的情况，包括对方的性情、家里父母的为人、村内的风评等。双方觉得彼此条件都基本符合，男方就会和中间人约定时间去女方家。

2.就近求亲便于沟通

1949年以前，受限于交通不便、语言不通、各地风俗差异等因素，人们对于婚配具有显著的地域要求。无论是婚嫁，文岗村村民所能接受的范围都是以县城县内为主，离家越近越好，这样更具有相同的文化认识；距离过远，父母很难去看望出嫁的女儿，女儿也无法常回家看望父母，尽基本的孝道。同时，距离过远，女儿在婆家被欺负也难以知晓，更无亲人可以依靠。

闽西山区客家人文化深厚，重礼重规矩。虽然客家文化大体相似，但不同区域在很多的风俗上还是存在差异。因为闽西地区方言多样，用"五里不同音"形容都不为过，常常马路两边的村民所讲方言都是各异。距离越远，方言之间的差异越大，文岗村的男性娶外地女人，首先面临语言不通的难题，两者间无法交流，同时文化习俗各异，所娶妻子将难以料理家庭和面对人情世故。所以当地的女子极少外嫁，男子娶外地女人的情况也极少，但有些贫苦农民娶不起亲，则会娶从潮汕地区逃荒而来的女性做媳妇。

3.结婚对象要"看"上眼

1949年以前，婚姻大事必须有媒人牵线，媒人不一定是职业做媒的人，亲戚朋友作为介绍人也算是媒人。媒人在帮两家介绍时，双方都会通过媒人了解对方家的情况，再通过自己的亲戚帮忙打听，经过多方打探了解后，父母觉得条件符合，就会选定日子安排儿子去女方家看看。第一次去女方家，相亲的男方本人一定要去，一般会有父母或是兄弟陪同，如果男方看中女方，就会留下喝茶吃饭，意思是中意这家人的女儿。若是男方第一次见面不中意女方，男方可以不喝茶离开。第一次到女方家见面称为"小看"。黄溱济在婚姻上较为尊重儿子的看法，若是儿子"小看"不同意，黄溱济也不会勉强，他认为媳妇是娶给儿子过一辈子的，需要儿子看上眼才能长长久久。父母做选人的初把关，决定人选由儿子见面后自己决定，直到挑选到父母和儿子都钟意的女性。女方同样通过媒人和亲朋了解了男方的情况，觉得合适后才会答应见面。所以如果双方都通过了"小看"，就是都满意对方，并不存在自由恋爱的说法，因为大多数家庭对女儿都有很严的家教，女性不允许随意外出，更不用说与男性单独相处了。

文岗村属于宗族村庄，黄氏族规禁止同姓族人间通婚，以免乱伦。但是表亲之间不同姓，所以表亲结婚是允许的，同时这种做法受到了普遍的认同，认为是"亲上加亲"。黄祯怡与其妻子的婚姻就是"亲上加亲"的表亲联姻。

4.结婚以父母之命为主

黄溱济的三个儿子结婚都是听从父母之命，媒妁之言。虽然黄溱济尊重儿子的意见，但是最终确定媳妇人选还是以黄溱济的意见为主。黄溱济的大儿子并不中意其与童养媳的婚姻，其与童养媳两人从小关系就并不很好，但是黄溱济坚持将童养媳许配给大儿子黄祯祺。黄祯祺虽然心中不悦，但是仍旧听从父母的安排和童养媳圆了房。但是两人的感情并没有因为结婚而有所好转，黄祯祺越发不满意童养媳，对其十分冷淡，导致结婚多年未有所出。黄祯祺最后以无声的抵抗，使得黄溱济最后决定让童养媳改嫁，让黄祯祺再娶。黄祯祺娶第二任妻子时,黄溙济给予黄祯祺一定的选择空间,黄溙济先确定女方人选,再由黄祯祺从中挑选心仪的女孩,由此最终确定父母与儿子都中意的女孩。黄祯怡和黄祯拔的婚事也是服从黄溙济的安排。黄祯怡与表姐结婚,两人从小相识,在父母安排下,黄祯怡并没有什么异议。黄祯拔妻子则是托媒人介绍,黄祯拔在父亲与哥哥的陪同下到女方家"小看"。黄祯拔看了三家女孩后,喝了罗氏家的茶水表达其对女方的满意,当天黄家在女方家吃了午饭,林月招与罗氏母亲交谈,要了生辰八字。小看以后,林月招找了算命先生合了八字,确定两人八字相配后,黄家选好日子,再到罗氏家中告知对方婚期。这次见面不仅黄溙济夫妻同去,黄振济和黄祯拔的两个哥哥也在同行之列,这次称为"大看"。"大看"的目的是为了与女方最后确定,双方家庭会在这次见面时将彩礼嫁妆商量好,写下"合璧",讲好婚期,再由黄溙济给罗氏包一个红包,婚事就算定下来了。结婚前,还需要举行订婚仪式,男女双方需要一起到亲戚家送红包,长辈要给"大红包",小辈要给"小红包",给红包的时候告诉他们喜讯,定亲时请亲友来喝酒。按照规矩一般定亲后半年再结婚。这段时间,男女双方不能见面。也有人定亲后超过一年才结婚的,这种长时间情况下,为防止男女感情变淡,双方可以见面。虽然当地有一些规矩,但是人们往往会根据家庭情况进行改变,并不总墨守成规。

(六)结婚具体过程

1.礼钱通过协商确定

结婚对外需要与女方家协商确定礼钱与彩礼,对内需要保障各个儿子在结婚家具、规模、婚宴等方面的公平。黄溙济为保障三个儿子在结婚事项上的公平,首先在结婚花费上保障三人的大致相当。遇到有差异的地方,黄溙济会根据情况向家人说明,并做出补偿。因为黄溙济的公平公正,黄家人一直和睦团结,在结婚的事情上也并未有任何的矛盾或者是意见。

"大看"的一个重要功能就是男女家庭协商彩礼礼钱和嫁妆,双方家庭通过共同协商,确定最后的要求并写在纸上,一式两份,叫做"和璧",男女双方各执一份。写和璧时男女双方都有证人,见证人还需在和璧上签字。彩礼与礼钱则按照和璧上的规定如数交给对方。如果有一方没有严格履行合璧上的内容,对方可以向未履行方要求补足。如果没有补足,可以拿着"和璧"去打官司,官府是承认和璧的合法性的。谈彩礼往往是家里出彩礼钱的人负责协商。黄溙济握有财政权,作为黄家的家长出面协商婚礼的彩礼与嫁妆适宜。三儿子黄祯拔谈彩礼就是由他出面。礼金多少并不是女方随心要,而是根据当地的整体彩礼水平而定,有一定的区间范围。不同的家庭根据不同的条件协商金额,金额在该区间范围内上下浮动。彩礼以干货为主,一般标准要求鱿鱼、目鱼、蛏干、木耳、香菇、薯粉等。条件好的家庭,所备干活货更多。按照习俗,男方家还要给女方金钗和银钗。金钗银钗会在女儿出嫁后,作为陪嫁品。金钗用于日常佩戴,遇到白事,则需要换银钗佩戴。有些家庭会要求有金戒指、金耳环等,具体也是根据双方家庭协商。女方的嫁妆往往也是根据男方家给的彩礼礼金定,男方家给的礼金彩礼高,女方的陪嫁就多。女方根据风俗陪嫁的物品有瓷器、锡器、新郎衣。家庭条件好的,瓷器要一堂①,多是一套瓷器茶具;家里条件差的,最少要茶具半堂②。锡具是指当地用锡

---

① 一堂:即一套。

② 半堂:往往指小套茶具,杯子更少。

做的暖壶①和酒壶。有钱人家的锡既有暖壶也有酒壶,条件一般的至少要有一个暖壶。暖壶多是用于女儿生孩子时候坐月子用。同时女方家还需要给新郎准备衣服,一般标准是四套衣服,称为"四季衣",春夏秋冬各一套。条件再不济的家庭,也需要准备两套衣服。

2.按长幼顺序结婚

结婚很讲究规矩、次序。家里有多个儿子,大儿子没有结婚,别的儿子是不可以结婚的。所以大多数家里的大儿子一到适婚年龄,就早早安排结婚,不仅是为了早有香火,也是为了不影响其他儿子的婚姻。按照年龄,只要兄长没有结婚,年纪小的都不可以谈婚论嫁,别人也不会给弟弟抬举,否则会被村内人指责。黄家人严格遵守这项规矩。黄溙济的三个儿子之间的年龄差距只有两三岁,为了不耽误其二儿子和三儿子的婚事,黄溙济早早为黄祯祺安排了婚事。

3.做足婚礼风光

黄溙济儿子们结婚的时候,黄家经济条件慢慢好转。客家人讲究面子,越是有钱人,结婚的时候越是要做足风光。而且结婚是人生中一件大事,只要父母可以负担得起,都希望能给孩子办得风风光光的。黄祯怡结婚的时候,用大花轿迎娶罗坤珍,花轿是木头结构,木头上雕的花非常精致,花轿上用红布盖着,红花装饰着,非常漂亮气派。新郎坐竹轿,外面用蓝布装饰,由两个人抬着。大多数村庄内都有花轿,可以花钱雇。但是木花轿要有钱人才能雇得起,一般人家就坐竹轿子,装饰随便,两个人抬。新郎新娘的衣服也是十分讲究。新娘红袄长裙,绣花精美。新郎着长袍黑衣戴大红花,顶黑礼帽,礼帽两边装饰有金色花朵。黄家大摆宴席,开了十几桌,请的都是男方家里的亲戚朋友,还有女方家比较近的亲戚。因为黄祯祺结婚多次,除了第二次风光大办以外,其余都是简单为主。

(七)其他婚配形式

1.童养媳

结婚昂贵的花费导致很多农民家庭选择抱养小女孩当家里的童养媳,等她长大后婚配给家里的男孩,省去娶妻的礼金等一系列花费。大部分人家将女儿送给别人做童养媳后就不再理会其过得好坏了,有些人家比较疼爱女儿,虽然自己养不起把女儿送给别人养,但还是经常去看望女儿,如果女儿在人家家受到虐待,他们可以随时把孩子领回家。虽然童养媳并不要钱,但是养一个童养媳也是增加一口人吃饭,于是很多家庭总会尽量让童养媳干很多活,以抵因她而增加的家庭支出。加之童养媳已经脱离原有家庭,缺少了父母的庇护,不仅要承受身体上的劳累,有时长辈不高兴,随意打骂也是平常事。童养媳的命运大多很悲惨,从小做丫头,长大做媳妇。童养媳长大后,并不需要再给她娘家钱,只要选好日子,早上起来杀只鸡给童养媳吃,晚上把童养媳和儿子关在一起圆了房就算是夫妻了,也不需要宴请宾客。童养媳常常因为丈夫不喜爱,或者是结婚多年未生育被家庭安排改嫁给他人,童养媳没有权利选择愿意与否,只能听从安排。

黄祯祺的第一任妻子是从文岗村临近的村庄里抱养来的童养媳,到黄家时大概七八岁的样子,比黄祯祺大五岁。童养媳到黄家以后,就要开始帮忙干活,挑水,洗衣,照顾黄祯祺等,有时候事情做不好,林月招还会训斥她,甚至采取掐或者是打等体罚行为作为惩罚。等到

---

① 暖壶:冬天装热水取暖。

黄祯祺十几岁成年后,黄家就将两人关在一起圆了房。因为黄祯祺并不喜欢这个妻子,所以对其比较冷淡,导致结婚多年未生育。黄家家长无奈下,遵从黄祯祺的心意,让童养媳改嫁他人。童养媳改嫁时,并不需要经过童养媳亲生父母的同意,只要婆家同意其改嫁即可。一些家庭会将媳妇"卖钱吃"①,不仅处置了原有的媳妇,而且还从中收取了钱财。这种情况虽然常见,但是为很多正经人家所不耻,认为其太过于利益熏心,完全没有人情味。黄家决定要将童养媳改嫁后,黄溱济就托人四处找合适的人家,最后找到了一户清流的人家,对方来看过童养媳,黄家人觉得男方勤奋,算是不错的人家,童养媳身不由己,无法主导自己的命运,也就同意黄家的安排。童养媳改嫁并没有举办仪式,只是挑选好了日子,男方来黄家把童养媳领走就是。出于多年生活的感情,黄家特意准备了一套新衣服和新鞋作为礼物送给童养媳。

2.娶小老婆

1949年以前,一夫多妻是允许的。因此,有钱人家娶小老婆是正常现象。家庭条件比较好的人家会娶一个或者是更多的小老婆。因为娶老婆都是有很大花销的,自己拿不出钱的人,就需要家里的家长同意出钱娶小老婆。若是自己有钱,则可以根据自己的心意娶小老婆,但是要需要告诉家长,经由家长同意。女性没有社会地位,如果女方娘家也比较弱势,丈夫说要娶小老婆就娶,大老婆往往不敢吭声。若是女方家里有势力,男方要娶小老婆,大老婆回娘家告状,娘家人一来闹,男方也就不敢随便娶小老婆了,除非大老婆结婚多年始终生不出儿子才行。一个家庭中决定大小老婆的地位的因素往往很多:首先是丈夫的态度,小老婆往往是男子喜欢才娶的,多是因为美貌等,自然偏爱小老婆,但是如果大老婆娘家有势力,丈夫也不敢轻慢大老婆,大老婆在家里的地位还是比小老婆高。如果大老婆娘家没有势力,大老婆面对丈夫的行为往往不敢吭声。若是大老婆生有儿子,即使娶了小老婆,也不会太影响大老婆地位,但是如果是因为大老婆没有生育的原因才娶了小老婆,则大老婆则需要从延续家族香火出发主动让丈夫娶小老婆。小老婆进门生了儿子,"母凭子贵",她在家里的地位也就提高,大老婆也要让她三分。

黄家人认为,娶小老婆的行为是一种挥霍财物的行为,是不端正的生活态度。所以黄家家庭条件虽好,黄家的男人们都从没有想过要娶小老婆。黄溱济的三个儿子也从小陪着父母勤苦打拼,都非常明白好的生活来之不易,并不能因为自家生活好而随意挥霍财物。

3.改嫁

只要得到婆家人的同意,女性可以改嫁他人。改嫁的原因主要有守寡改嫁,休妻改嫁。黄溱济的老婆林月招是守寡改嫁。林月招第一任丈夫是连城人,家里做生意,经济条件不错,但是婚后几年,丈夫因身体不好而过世,两人并没有生育孩子。林月招在第一任丈夫过世后,经其婆家同意嫁给了黄溱济。林月招在第一任丈夫家时,存了些私房钱,改嫁后将私房钱做了陪嫁带到了黄家。因此,林月招的娘家人时常挖苦黄溱济,说黄溱济发家都是靠着林月招改嫁时带的金子,等到黄溱济发达了,再向他要回钱来。

黄家媳妇因守寡改嫁的还有黄祯拔的妻子罗氏。1948年黄祯拔过世,其妻子罗氏为丈夫守了两年寡。1950年黄家败落,罗氏见大家各奔东西再无人供养自己和养女,罗氏提出改嫁,经婆婆和黄家兄长同意,带着养女和一些自己的衣服等日常物品嫁往别处。因为罗氏与

---

① 卖钱吃:方言,是指将媳妇改嫁他人,收取彩礼,类似人贩子。

养女情同母女,担心自己改嫁后,留下女儿一样会受到虐待,故提出带着女儿改嫁。在重男轻女的社会环境里,若是孙子,媳妇改嫁时是绝对不允许带走的。而罗氏带走的只是一个抱养的养女,所以黄家也就同意了。

除了守寡改嫁外,黄家还有因休妻改嫁的情况。黄祯祺的童养媳妻子因不得其喜爱,最终被丈夫休妻而改嫁。童养媳妻子结婚多年未生育,黄家以"无后为大",同意黄祯祺休妻。童养媳在黄家人的安排下,改嫁给清流一户人家。黄家未利用童养媳改嫁收取彩礼,但也未为童养媳提供嫁妆,只是在童养媳出嫁时,送给了童养媳一套新衣服,作为相处多年的一份礼物。

4.续弦

黄祯祺和童养媳结婚时,并未举办仪式,只是"房门一关,就是夫妻"。黄祯祺续弦时,黄家为补偿给黄祯祺缺失的婚礼,按照地方头婚习俗,风光大办。

对于续弦妻子的选择,黄家人托亲朋好友帮忙介绍合适的女子。黄家在街上开一家商铺,家里有田有钱,讲出去都是名声很好的人家。而且,黄祯祺因为第一任妻子未生育才休妻,男方并没有道德品质问题,所以虽然是续弦,仍有很多人家都觉得黄祯祺是很不错的结婚对象。黄家最后确认了三户人家,黄祯祺在父亲和兄弟陪同下,逐一到女方家"小看",最后黄祯祺确定了其中的李姓女子,其端正、温柔、面善,加上李家在其当地口碑也比较好,虽然是一般家庭,但是家里的长辈都是"识事"①人,所以黄家人觉得这样家庭出来的女儿也是有家教,懂道理。黄祯祺很满意李氏,婚后与妻子关系很好,结婚第二年就生了黄梓祥。

后来,李氏过世,黄祯祺回到老家后,又娶了一任妻子。这任妻子在1950年土地改革以前,是大户人家的小老婆,土地改革后,当地政府要求实行"一夫一妻",很多人家的小老婆被迫改嫁。黄祯祺的第三任妻子就是大户人家小老婆改嫁而来。结婚时,黄祯祺只是叫了黄家比较亲近的长辈到家里吃饭,介绍妻子给长辈认识,这样就算是通知长辈,两人正式在一起了。

5.上门女婿

文岗村的男性村民有很重的男权思想,所有男性村民都认为上门女婿就是低于妻子一等,是任何男性都无法接受的事情。同时男孩子若是做上门女婿是非常丢老祖宗的脸面的,有辱家门。所以无论是多么穷苦的人家的男子都不愿意做上门女婿。有时村里人说八卦,提到上门女婿的话题时,都不免嘲笑男方,从心底里看不起男方的家庭。上门女婿不仅是每个黄姓村民不认可的事情,也是遭整个宗族反对的事情,所以村里即使有人打光棍,也极少有人愿意成为上门女婿,因此更加深了当地重男轻女的思想。文岗村村民受传统思想影响,认为未生有男丁是非常大不孝的事情,每家每户必定会千方百计,尝试各种方法生育儿子当地还有"养女招弟"的风俗。未生有男丁的人家按照当地的风俗,找一家生育有多个儿子的人家抱养他家的女儿,就可以给家里招弟。很多家庭抱养的女儿或者是自己生育的女儿,往往会起名带"招""菊"之类的字,希望家里能招来男孩,人丁兴旺。罗菊群亲生父母家生有三个儿子,男丁兴旺。黄祯怡家因为其妻子结婚多年,生下多个男孩都夭折,没有养大成人,所以抱

---

① 识事:方言,指懂道理、识规矩。

养了罗菊群,希望能够招弟。很多家庭尝试很多法子也未能生育男孩,则会通过过继的方式或者买养子来继承家业,并不会用招上门女婿的方式来继承家业。

(八)婚姻终止

1.休妻

休妻的主要原因往往是因为没有生育后代,或者夫妻之间关系十分不合,影响家庭安宁。休妻并不需要办理手续,丈夫随时可以休妻,即使妻子不同意,丈夫单方面提出休妻也是被社会认可的。休妻并不需要写休书,只要丈夫说不要了,就可以不要了,女人很没有地位。休妻后,女方回到家里,娘家人也没办法找男方家说什么,一般都是为女儿重新找人家。休妻事出有因,一般公公婆婆都会同意。黄祯祺因为与童养媳妻子不合,结婚后关系很疏远,多年没有生育。黄溙济认为时间长了,夫妻的感情就会有所好转。但是黄祯祺多年未出,黄溙济因此倍感着急,最终只能让选择让黄祯祺休妻再娶。黄祯祺休妻后,黄家人先让童养媳改嫁后,才开始张罗黄祯祺的婚事。

2.丧夫守节

丧夫的妇女可以提出改嫁,但必须征得家公家娘①同意。改嫁时不能带走生育的儿子和家里的财产,一般而言没有生儿子的寡妇改嫁的情况更多。如果丧夫的女人生有儿子,多数会因为照顾孩子,留在婆家为丈夫守节,家里的公公婆婆兄长也会负责照顾她和她的儿子。在分家时,丧夫的妇女可以依靠自己的儿子分得一份家产。分家后遇到体力劳作,家公家婆也会安排其他儿子给予寡妇一家帮助。

就黄家而言,黄祯拔的妻子在丈夫过世后,因为没有儿子,守两年寡就改嫁了。因为黄家败落,罗氏没有丈夫也没有儿子,黄家人自顾不暇难以照顾其孤儿寡母,所以罗氏提出了改嫁。

而黄祯怡过世后,罗坤珍同样作为寡妇,但其怀有身孕并顺利产下一个儿子。为了守护黄祯怡的最后一点血脉,罗坤珍并没有改嫁,而是靠自己拉扯孩子长大。黄振济也看在黄祯怡的儿子面上,对罗坤珍等给予照顾,逢年过节时常送一些肉和菜给罗坤珍的儿子吃。

二、家户生育

(一)生育基本情况

1.怀孕即生

1949年以前,人们的节育意识很弱,同时缺乏节育手段,妇女无法自主选择是否受孕。加之社会整体上提倡人丁兴旺,人多劳动力就多,妇女怀了孩子就生下来。但是卫生医疗水平低,高出生率带来了高死亡率。很多家庭难以抚养众多孩子,所以儿子都留着自己养,女儿则送给别人养,有时女儿无人愿意抱养,父母就狠下心来将孩子弄死。黄溙济有三个儿子,其中还生有几胎,但出生没多久就夭折。不仅黄溙济,其三个儿子的很多孩子生下没多久就夭折,具体生下没多久就夭折的孩子数量无法统计。黄祯祺的二儿子黄康祥体质虚弱,长到6岁夭折,其他孩子都是未满月就死亡。黄祯拔虽然体弱,但也生有几个孩子,最后也都夭折,无一长大成人。

---

① 家公家娘:方言,指公公婆婆。

2.延续香火

人丁兴旺、多子多孙是当地人称为"有福气"的一种象征。同时农业劳动也需要劳动力，人多力量大。人们倾向于生男孩，同为男孩不仅可以成为家里的主要劳动力，还能养儿防老，为其养老送终，延续家族香火。儿子负有祭祖的重任，被认为是真正的"传后人"。未生儿子的人家不仅面临着无人养老、祭祖的问题，还会被其他人嘲笑，说是其上辈子造了大孽，这辈子才会承受"绝种"的惩罚。所以很多家庭无论是自家生育也好，或者是过继、抱养，家里一定要有男丁。女儿终究是要嫁出去的"嫁出去的女儿泼出去的水"，出嫁的女儿就不再是自己家的人了，所以大多数家庭并不将女儿作为自家人看待。一对夫妻有五六个小孩是正常的，多的家庭有十几个孩子。因为生的孩子多，有的家庭养不起，就把女儿送给别人。男孩是不送人的，除非家里有困难万不得已。文岗村隔壁村庄有一户人家，家里的男人生病了，没有钱医治，无奈之下，将自己的儿子卖到了文岗村给别人做儿子。

3.自行接生

1949 年以前，每对夫妻都会生育很多孩子，所以人们往往"轻生"，妇女怀孕也不会受到很好的照顾和保护。所能得到的照顾，除了婆婆会嘱咐一些怀孕期间不能做的事情外，别无其他，例如不能跳跃，容易流产，不能去其他怀孕的女人家玩，会冲撞等。女性怀孕后仍旧需要干活，洗衣做饭，尽己所能。妇女生的孩子多了，就具有自我接生的经验。有些穷苦人家的女性怀孕还需要下田干活，做活到一半孩子要出生了，就自行接生，这种情况比比皆是，并不稀奇。按照当地的风俗，生完孩子是需要坐一个月月子，这个月不能洗头、洗澡，不能吹风、受冷，不能受累，最好天天躺在床上休息。但是大多数家庭都面临着不干活就没饭吃的困难局面，女性生产后没多久就必须参加劳动，难以坐足一个月月子，大多数都是休息一个星期以后，就开始帮忙做家务。

（二）生育仪式

1.为长子长孙办满月酒

文岗村村民有浓厚的"轻生重死"的思想，对丧事大操大办，而对孩子出生则不大重视，一些富裕家庭会为了庆祝家中男丁诞生而办酒席，条件差一些的家庭则只为长子或者长孙办满月酒，生女儿是不办满月酒的。孩子满月的时候，选择日子好的一天办酒，并不是一定要在满月那天办酒，一般是满月前后差不得几天的日子里。满月酒需要请孩子的外公外婆来喝酒，还要请家里的亲戚朋友。家庭条件好的，请的人就多些，条件一般的，就请亲近的人。来参加满月酒的宾客需要送鸡蛋，外公外婆这样身份的需要送更大的礼，有些条件好的家庭会送一些金锁、银镯等饰品给孩子避邪，或者是送一些有保孩子平安的物件，比如五目子①挂饰等。各家各户满月酒必不可少的就是红鸡蛋和老酒，其他菜色根据家庭条件会有所不同。

2.长辈起名起字

小孩子的姓名一般都是由家里最长辈的男性决定，例如孩子的父亲、爷爷，或者是太爷，或者是请同宗族有功名的人帮忙起名，一般有功名在身的人，除非关系很近，轻易是不会帮人起名的，请不相关的外人起名是极少的情况。依据当地起名字的规矩，男孩子名字必带宗族的字派，为了纪念祖先的同时，也起到区分辈分的作用。名字中除去字派，另一字则根据父

---

① 五目子：一种植物果实的核，当地人认为该种子有避邪安神作用。

母对孩子的期愿选择起。这个字的选择会参照孩子的八字,遇到五行有缺的情况,需要在孩子的名字中加带所缺,或者是以小名加带的方式。小名除了有给孩子补足五行的作用外,根据传统说法,起贱名可以保佑孩子顺利长大。文岗村中使用最多的贱名有"讨食""尿勺柄""猪尾怪"等。除了学名和小名外,有些家庭还会给孩子起"字",也是小名的一种,用来表达对孩子的祝愿,如黄祯祺的小名为"寿松",表达了黄溙济祝愿黄祯祺能够"寿如柏松"的愿望,同时也是为五行缺木的黄祯祺补足五行。女性的名字则没有这么讲究,一般则是与"生育"的字眼有关,"招""菊""弟"等使用频率很高。黄溙济属于"济"字派,字仰求,儿子们属于"祯"字派,分别为祯祺,祯怡,祯拔,只有黄祯祺有字,字寿松。黄家孙子辈为"祥"字辈,其中黄梓祥有字,为"小陶"。

三、家户分家与继承

(一)分家

1.家庭败落致使家人四散生活

1948 年,黄祯拔去世后,黄康祥、李招子、黄溙济也相继去世,黄家开始败落。1949 年冬天,黄祯怡因曾经当过保长被抓,1950 年被枪毙;同年,永丰街的饼店因为同条街上的店着火,受牵连被烧。黄溙济大儿子、二儿媳等回到文岗老家,三儿媳罗氏带养女改嫁他方,黄梓祥一家与林月招留在中堡村生活。

2.各自为生加速黄家分家

分家的原因主要是因为子孙结婚生子,家庭规模日益壮大,妯娌兄弟之间常有矛盾,加之家庭资源有限,父母难以供养全家,故分家让子女各自谋生。当地分家,多是由父母提出,子女提出分家情况较少,必须父母同意才能最后分家。分家多是按照公平原则,在考虑各家人口规模的基础上,平分家里的粮食、房屋等。各家有各自的规矩,具体分配根据父母的意愿,有些家庭会照顾长子长孙,多分配一些东西,有些家庭则是一视同仁。物资分配,儿子们可以提出建议,但是最终以父母的决定为准。

3.黄家由最年长的男性主持分家

父母有能力做主,可以协调好物资分配的家庭,不需要请见证人来见证。如果是因为无法协调,产生了很大的矛盾和分歧的家庭,就会需要请村里有威望、说话有权威的人来主持公道,直到协调好各方利益,大家同意后再进行分配。父母将财产平分成若干份,然后让大家以抓阄的形式确定自己分得的财产。具体形式根据每家父母和儿子们商议,以父母最后决定为准。分了家以后,大家在一起吃最后一顿"散伙饭",就不能再反悔。黄家家长黄祯怡去世后,大家庭里不再有家长,以最年长男丁黄祯祺为主,进行家产分配。姑田的财产只有一块被烧了房屋的地皮,因为黄梓祥留在了中堡村生活,所以地皮留给了黄梓祥一家和林月招。而文岗村老家的财产则在黄祯祺和罗坤珍的商量下平分,原先各自的婚房还归各自使用,还有两间房,两人各得一间与自己原来房近的房间,公共地方仍是公共使用,田地也是两人平分。罗坤珍家没有做主的男人,所以大哥黄祯祺在公平的原则下进行分配,她也没有意见。两人商量好后,并不需见证人。分家并不需要报备给保长或者是村长,只要自家达成共识即可。

4.分男不分女

文岗村分家只分儿子，女儿没有参与分家的权利。小家庭里没有出嫁的女儿与父母同住，父母在分家时会稍微留下一部分财产作为未出嫁女儿的嫁妆。但出嫁后的女儿不能再从娘家分走任何财产。

(二)继承

1.儿分财产女吃饭

黄溙济的三个儿子及其家庭都是家里的继承人，但黄祯拔过世后，其妻子改嫁，且没有子嗣，则没有继承人。黄祯怡过世，其儿子作为家里的男性继承人，能继承祖父应分给父亲的财产。家里的女性没有外嫁时，可以分财产给女性吃饭，并提供住宿，但是出嫁之后，不能再得家里的任何财物。

当地没有上门女婿的说法，没有儿子的人更愿意选择抱养或者过继儿子。抱养或者过继的儿子同其他儿子一样，在分家时都是可以分得财产的。

2.继承内容以土地、房屋和公共财产分配为主

农村家庭的财产主要是土地、房屋、粮食和家里的家具等公共财产，如果父母条件好，还会有些金银首饰和一些钱财。一般父亲过世后，母亲留下一部分自己生活的财产，剩余部分则会平均分配给儿子们。如果该家庭长子长孙的观念强，在分配财务的时候，往往会多分一些给长子长孙，以显示其长子长孙的家庭地位。女儿不继承任何东西。但是在未出嫁前可以享受小家庭继承的东西。

3.长子长孙多分

为了维护家庭内部的和谐与团结，在继承家庭财产时，往往以公平公正为最大前提，由父母分配财产。土地分配，往往是根据家庭平分，肥瘦搭配，并不以人口为依据，因为人口数量是会不断变化的。房屋也是根据家庭进行平分，房屋有大有小，一般都是尽量分配面积相近，并不允许一个人将好的都分走，这样会引起矛盾。口粮分配，则是按照人口分配，男女一样，大小不同。家具等公共用品也是公平分配，但难免存在差异，但往往大家并不会过分计较，毕竟是小件物品。老人多少都有些金银饰品之类，按照家庭平均分配，但是这方面往往会照顾长子长孙，多分一些。自古也这样的说法，所以大家也并不会太多争执，就算是请人来主持公道，这种做法也是合理的。所以无论是分家或者是继承，公平公正是分好家、分配好财产的最重要前提。

四、家户过继与抱养

(一)无男丁可过继

没有生育儿子的家庭，为了养老送终，继承家业，往往会选择从自家兄弟处过继男孩。因为血缘相同，过继后也还是一家人，所以大家之间也愿意支持过继。过继是需要举行仪式的，要请见证人，并写下过继的字据，过继的孩子要给老人养老送终，而且可以继承老人的财产。如果只是口头上说，是不算数的。黄溙济三个儿子，1948年以前仅有两个孙子，第二个孙子也因为身体不好，在1948年过世。二儿子黄祯怡一直没有生有儿子，直到1950年才有了唯一的儿子。三儿子黄祯拔始终没有生孩子。因为黄家三兄弟的子嗣都很稀薄，所以没有办法

过继。

（二）养女招弟

将男孩送给他人的情况在文岗村非常少见。一是，文岗村村民很看重男丁，男丁可以为家族传宗接代，延续香火。二是，一般人家都会想方设法生儿子，实在不行也会选择过继，毕竟抱养的孩子和自己一点血缘关系都没有。实在没有办法也是花钱买男孩，没有抱养的说法。所以抱养主要是以女孩为主。

养女儿在当地的被认为是赔钱的买卖，因为女儿长大出嫁后就成了别人家的人，因此很多穷苦人家生下女儿后就送给别人或者是扔掉。但是有些人家即使不富裕也要抱养女孩。主要原因有两个，一是因为当地的风俗认为，抱养一户男丁兴旺的人家的女儿做养女，能够改变无子夫妻的运气，起到招弟的作用，可以把这个小女孩家里的兴旺气过到自家里。很多家庭确实在抱养女儿招弟后，果真生出了男孩。于是当地抱养女孩的风俗更盛了。二是1949年以前，当地娶媳妇花费很贵，很多穷人家往往娶不起媳妇。于是将小女孩从小抱来养，长大给家里的男孩配亲，这种称为"童养媳"。三是很多家庭为了生男孩不停地生育，出生了很多女儿，自己家又无力抚养，于是将自家的女儿免费送给别人做养女或者是童养媳。所以抱养女儿的现象很常见。抱养女儿可以是本村的也可以是外村的，人丁兴旺的人家的女儿比较受欢迎，认为这个孩子会带来原来家庭的福气，使自己的家庭也人丁兴旺。一般抱养孩子都是越小越好。这样抱养的孩子以后会和抱养她的家庭比较亲近。抱养孩子后，家里人会给她改名，是否换姓倒是不一定，看家里长辈的安排。一般抱养的女孩姓名都会显示出有利于生育的字眼，比如说弟、招、娣、群、菊等。抱养的女儿是否可以与原生家庭保持联系，取决于抱养家里家长的态度，有些家庭并不允许养女和原家庭联系，所以有时候女儿和亲生家庭在一个村里也并不相认。罗菊群的亲生家庭的母亲尝试联系这个小女儿，但是罗菊群对亲生母亲将她抛弃感到憎恨，并不愿意与母亲相认。罗菊群母亲去世时，留给她一个玉镯子做留念，罗菊群拒而不收。黄家也尊重罗菊群的想法，并不会因为垂涎财产逼迫罗菊群。

抱养的孩子在家庭中的地位比较低，常常会受到长辈的轻视。女儿并不具有家产的继承权，"招弟女"作为养女也是不具有继承家庭财产的权利。

黄家一共抱养了三个女孩，其中两个"招弟女"和一个"童养媳"，分别是二儿子黄祯怡养女罗菊群和三儿子黄祯拔的养女李碧清，还有黄祯祺的第一任妻子。抱养三个女孩都是黄家家长黄溙济看过后决定抱养的，所有抱养事宜都是黄溙济安排的。

（三）买卖孩子

抱养女儿并不需要花钱，因为女儿不值钱，只有买儿子才需要花上一笔钱。有些人家没有生育儿子，也没有过继的条件，就选择买一个年纪小的孩子做养子来养老送终、继承家业。例如，文岗村一户人家因为没有儿子，从隔壁黄屋村买了一个儿子，这户人家卖儿子也是万不得已，因为孩子的父亲生了病，家里拿不出钱治病，所以只好卖了儿子。卖了的孩子需要改名换姓，从此不得和亲生家庭来往。这个孩子也在抱养家庭开枝散叶，为老人养老送终，继承了老人的家业。黄家并没有预料到后来的变故，一心还是要自己生育子女，所以只抱养了女儿招弟，并没有买儿子的情况发生。

五、家户赡养

(一)以大家庭为赡养单位

黄家是一个大家庭,没有分家前,全家人同吃同住,黄溱济掌管整个家庭的经济财政权。黄溱济夫妻虽然年老,但仍不断为整个黄家贡献自己的力量,自力更生不为家庭添麻烦。黄家老人的赡养责任并不分给某个儿子,而是由整个家庭共同负担,黄家以大家庭为赡养单位,媳妇们需要照顾老人,轮流每天早上起来为婆婆打水洗脸,给婆婆梳头,为黄溱济夫妻洗衣做饭。黄祯怡当家时,林月招还是由整个家庭共同赡养。

(二)长孙赡养

黄祯怡去世后,黄家生了变故,导致了分家。林月招跟着黄梓祥在中堡村生活,黄梓祥负责林月招的衣食住行,老人也会帮忙家庭做力所能及的事。罗坤珍丧夫后,小家庭里失去了主要劳动力,两个孩子尚还年幼,家里的重担需要由她这么一个小脚女人承担,在黄振济等长辈帮助下,才勉强度日,日子辛苦得很,所以并没有办法负担林月招的生活,也没有人会要求她负担什么。林月招去世时,办丧礼的花费是林月招自己的积蓄,不够的部分则由黄祯祺、黄梓祥和罗坤珍共同分担,但是数量不多。

(三)养老地和养老钱

1.养老地

分家的时候,家里所有的财产会被平均分配。若是家里的老人自成一家,不与子女共家,则人也参与财产分配中的一份,老人会留取适当的财产以保障自己的晚年。分家的财产主要包括土地、财产、房屋、粮食等,不同的家庭拥有的财富不同,根据自家情况采用不同的分配方式,主要形式是按照人口分配,大人与小孩所分配量不同。很多老人儿子众多,轮流赡养过程中常常因为父母多住几天等原因引起儿子间的矛盾。大多数父母都会选择自成一家,避免由此引发儿子间的矛盾。土地是父母养老的最好的财富。在老人还有劳动力时,他们可以依靠农业耕种获得收入,但他们年老到无法耕种时,出租土地也可以获得收入。黄家发生家庭变故,家庭成员各自生活。黄祯祺和罗坤珍平均分配了文岗村老家的财产,而林月招则拥有了永丰街上店铺的宅基地,黄梓祥因为赡养林月招获得了宅基地的使用权,林月招在1951年土地改革运动中分得的土地则由黄梓祥耕种。其他黄家成员自顾不暇,无力照顾林月招,而黄梓祥担负了赡养老人的责任,所以他获得林月招的这些财产,黄家的家庭成员也没有什么意见。

2.养老钱

分家的时候,老人的私房钱是不会拿出来分的,只是分土地、房屋、粮食等。老人的积蓄会留着,在自己还有体力时候,靠种田等生存,年老多病时,则可以依靠自己的储蓄过日子。老人自己留着积蓄,一是可以不用增加孩子的负担,二是防止子女不孝顺,不送终。有些子女虽然不孝顺,但是会看在钱上照顾老人,遂老人心意。若是还有剩余则由孩子们协商分配。有些家庭的老人会要求孩子按时提供粮食或者给钱,主要由各个家庭的老人自行根据情况决定,并不是一定的。因为并没有正式分家,所以黄家进行正式的分配。林月招有自己的私房钱,主要用于百年时办葬礼使用,因此其子女在其葬礼上的花费比较少。

（四）治病与送终

1.家庭成员共同照顾生病老人

老人年老多病，身体不适主要还是由近身的老伴儿照顾为主。如果老伴儿不在了，则主要由子女负责照顾。大部分家庭没有钱看医生，人们都比较擅于一些小医术，往往能通过吃草药治疗一些病。生病的情况下，村民们都是先自行找草药来吃，遇到大病则主要通过四处打探些草药或者偏方来治疗为主。如果老人生大病，花费则主要由子女共同分担，同时轮流照顾老人。黄溱济得知小儿子意外去世，受到了打击就病倒了，主要由林月招照顾黄溱济，给黄溱济喂药、擦身，媳妇们主要负责煎药、洗衣做饭。

2.家户负责老人丧葬费用

黄溱济去世时，所有的丧葬花费都是有黄家整个家庭共同支出。当地老人办葬礼的很多礼节，也都是由子女共同执行。根据客家当地的丧葬风俗，黄溱济在弥留之际，需要由两个儿子为其洗澡，并给他穿上寿衣，上穿六重衣服，下穿四重裤子，有"上六下四"之说。老人断气后，子女要烧纸钱，悲苦哭嚎，为老人"送终"。在择日子出殡前，逝者放置在家中，其子女拜孝堂，早晚哭灵，轮流守夜，守护着逝者脚边的长明灯不灭。出殡时，讲究排场显得子女孝顺。老人过世后，每逢"七"日，需要举行祭奠，一般做到"五七"。还需要请风水先生为过世的老人找一块风水宝地入葬。整个丧礼的过程都需要所有子女共同尽孝道。

3.老人丧葬过程中各家庭成员的责任

黄溱济过世时，由林月招指导其儿子给老人洗澡、穿寿衣，儿媳妇们则要赶快去拿香纸蜡烛，准备孝布。待老人断气后，焚香烧纸，系上孝布，开始哭丧。儿子们分开行事，有的去找"墓头鬼"①帮忙把遗体入棺，有的则挨家挨户到村里的亲戚家报丧，亲人得知消息后，准备好香纸蜡烛、花圈等来吊唁。亲戚家的媳妇也会受到指派到黄家帮忙，或者是做饭食，或者是制作出殡时烧给逝者的纸人纸房子等。大儿子黄祯祺主要负责接待前来吊唁的亲友，二儿子黄祯怡则根据需要安排家庭成员做事。白天，黄溱济的灵堂前有吹奏哀乐的锣鼓唢呐队奏哀乐，晚上则由黄溱济两个儿子轮流给黄溱济守夜。

老人出殡的日子和具体的时辰都要请算命先生合过送殡的儿子的八字来确定，要避开与儿子生肖的冲撞。出殡时辰多数选择在清早，以防止路上的行人碰到送殡队伍不吉利。逝者的儿子孙子需要在送殡队伍中，还需要留下个儿子在家招待亲友，准备亲友到来的饭菜。出殡当天，一般亲友家的老人是不参加的，因为当地人认为老年人运气衰弱，参加丧事时，很容易被冲撞，轻的有些小意外，重则危及生命。而生肖有冲撞的亲友当天也要回避。出殡前有一套习俗，出殡前逝者的家人都需要披麻戴孝，身着白衣。儿女一样。老人儿子们需要披麻戴孝跪在大门迎接前来参加送殡的各方亲友。每一个亲朋来，老人的儿孙都要跪在门口迎接，人一进门，跪着的儿子就需要大声嚎哭。当天，锣鼓唢呐队也还在，在每一位亲朋进门时都需要吹奏一段，加上逝者家人的嚎哭，更显悲伤。进门的亲友需要戴孝布，安慰嚎哭的亲属。家里的媳妇则需要准备祭奉逝者的饭菜，按当地的风俗说法是，逝者在出殡前仍需要供饭菜祭拜，出殡以前，逝者都是还可以食饭菜香，与在世的人一般，但出殡后，只能食香纸蜡烛。出殡以后，供奉过世的人就只能以香纸蜡烛。

---

① 墓头鬼：指当地帮忙搬运遗体的人。

送殡时间一到,子女披麻戴孝围着逝者的灵柩根据与逝者的关系的远近长幼轮流跪拜。逝者的长子或者长孙抱老人的遗照,为送殡队伍开道。黄溱济出殡时由黄梓祥抱照片,黄梓祥全程大声嚎哭,这样才能显得孝顺,引老人的灵魂上路。黄祯祺则负责撒纸钱。其他子女则在队伍后面啼哭。

棺木下葬时,按照长幼依次铲土,剩余的则由请来的"墓头鬼"埋好。棺木葬好后,放炮,由长子带头,烧香把酒磕头。再按顺序,各个儿子孙子依次烧香把酒磕头。花圈则立在墓地周围,待过完"五七"以后,再到墓地将花圈烧掉。

所有仪式完成后,送殡队伍回到家,就要开始准备"红祭",在灵堂前的地上铺满草纸,将鸡当场杀了,将鸡血洒在草纸和逝者的画像上,吹奏哀乐。此为红祭。红祭过后,逝者的家人将要烧给逝者的纸人、纸房等祭品摆放堆高,所有的纸质祭品上都需要写上逝者的地址、出生年月和姓名,这样阴间的差官收到后才能给到逝者,同时也不会被孤魂野鬼抢走,表达逝者子女的孝心,希望逝者在阴间日子可以过得富裕,有人服侍。还有逝者生前喜爱的物件,衣服的遗物也会整理好一并烧走。最后再将红祭的红纸烧掉,放一串鞭炮,葬礼就算告一段落。

老人过世后,每逢"七"日,需要举行祭奠,一般需要做到"五七",其中头七和五七最为重要,需要请哀乐队来家里吹奏一番,外出的子孙也要回来,烧香烧纸钱,其他"七"日,则一般在家里烧香烧纸,主事人在家即可,也并不需要所有人都在家。

当地有钱人家,一般生前都会找风水先生到各地去看墓地,并不一定葬在村里。一般的家庭没有财力到别处找墓地的,则葬在村里共有的山地。本村村民都可以随意在共有山地选择有风水的地方下葬,若是选择的地点附近有其他墓地,需要联系墓地的家人,告知对方。如果会影响对方风水,对方不同意,则需要双方商量,直到不侵犯对方利益为准。

六、家户内部交往

1948 年以前,黄家的家庭成员在内部交往中,主要存在有父子、婆媳、兄弟、夫妻、妯娌、叔侄、姑嫂等主要代际关系。

(一)父子关系

1.权责关系

黄溱济作为三个儿子的父亲,不仅需要供儿子吃穿住用,同时还负有教育孩子的重任,助其娶妻生子。黄溱济的孩子享受父亲付出的同时,也需要履行自己的义务。儿子们必须得尊重孝敬父亲,听从父亲的安排,协助父亲工作。"子不教,父之过",遇到孩子不听话时,父亲有权力和义务教育儿子。就算小孩已经到了娶妻生子的年纪,遇到他做得不对的地方,父亲仍然可以当面训斥,甚至动手打儿子。但是很多父亲在儿子娶妻生子后,动手打孩子的情况很少,父亲会更加照顾儿子在他孩子面前的权威。

黄家孩子的一生从教育、职业到婚嫁都是由黄溱济安排。黄溱济的三个儿子都被送去接受了教育,大儿子的文化水平比较高,后来还在文岗老家担任教师。到了适婚年龄,黄溱济与林月招安排媒人为儿子介绍对象,并没有自由恋爱的说法,婚姻大事都是媒妁之言,父母之命,父亲的决定也会结合儿子的意愿。但是如果父亲决定了,儿子就必须遵从。相应地,父亲需要负担儿子结婚的花费。比如,黄祯祺的第一个老婆,黄溱济决定用家里的童养媳配,虽然黄祯祺并不喜欢,但是也顺从安排,并不敢反抗。黄家的三个儿子的婚姻,都是由黄溱济包办，费用也都是由黄溱济支付。儿子结婚生儿育女，成为自己小家庭里的家长以后，父亲会更加为儿子保有颜面，不会轻易训斥儿子。儿子长大后也更能体会到父亲的不容易，更加尊重父亲。

当地方言说"扁担头，扁担尾，扁担中间不受重"，意思就说是儿子多时，大儿子和小儿子最受父母偏爱，中间的儿子不受重视。但是，黄溱济在三个儿子中，从没有出现偏心的情况，不过是小儿子身体不好，黄溱济会更担忧。

2.交往关系

平时家里有事情需要商量和安排，黄溱济都会利用吃饭时大家聚在一起的机会和大家一起商讨。家里有什么重要的事情，儿子们也会主动向父亲请示汇报。遇到清闲的日子，黄溱济也会和儿子坐在店里喝茶，一起抽水烟、聊天。聊天的内容随意，可以是家里生意，老家的事，或者是街头巷尾的趣闻。逢年过节，家里吃饭的时候，儿子们也会向父亲敬酒祝愿，共饮几杯。

3.冲突关系

古人云："君君、臣臣、父父、子子。"做父亲要有父亲的样子，要承担养育儿子的责任，尽自己的所能培养孩子，对待孩子一视同仁，不偏不倚，言行身教，使孩子做一个"识道理"的人。而作为儿子，对待父亲要尊重，向下级对待上级那样，听话，服从。黄溱济的性格很温和，儿子们也很听话，所以从没有出现父亲打骂儿子，或者儿子顶撞父亲的情况。遇到儿子有不听话的时候，黄溱济只要稍微严肃，板起脸来，儿子们都不敢吱声了。

老话说"父母都不孝顺，雷公都会劈你"。文岗村老家附近，有一个人很不孝顺父母，总是虐待父母，后来被雷电劈死了。这件事成为附近各个村庄热点话题，村民都说这是报应，更加相信要孝顺父母。

（二）婆媳关系

婆婆是家里最年长的长辈，在婆媳关系里具有绝对权威。婆媳关系是很不平等的关系，婆婆说东，媳妇不能说西。对于婆婆，媳妇都是毕恭毕敬，就算是受到不合理的虐待也都是隐忍不言，不敢反抗。在黄家，主要是林月招与其三个媳妇之间的婆媳关系。三个儿媳需要根据婆婆的安排，完成家里的家务，不能怠慢，否则会被婆婆骂。媳妇不仅需要做家务，还需要服侍婆婆，给婆婆打洗脸水、洗头、梳头发。

婆婆重视家庭的子嗣，希望媳妇生更多男丁，好让黄家香火鼎盛。黄祯怡与妻子结婚多年，只生育了一个女儿，虽然生有多个男孩，但是没有多久都夭折了。对于罗坤珍年久未生儿子，引起婆婆很大的不满意。1949年，罗坤珍因多年未生育男孩，被林月招赶回文岗村老家守家。丈夫黄祯怡回老家看望怀孕的妻子，为了给怀孕的妻子补充营养，黄祯怡带了一个猪心给罗坤珍炖汤，已经出门走了一段路程，被林月招知晓后追了回来，林月招把猪心拿回来切走一半，剩下的让黄祯怡带走，还说："她吃了喂狗。"

总体而言，黄家的婆媳关系一开始都是很和睦的，直到后来二媳妇和三媳妇的生育问题，才引起了婆婆的不满，对待儿媳妇也不如从前。

（三）兄弟关系

黄溱济的三个儿子年纪相仿，差距不大，小时候一起玩儿也会打打闹闹，但并不会打架发生纠纷。兄弟渐渐长大以后，开始有了"长者为大"的意识，做弟弟的开始会尊重哥哥，哥哥也有了要照顾弟弟的意识。

在家庭中,兄弟有做得不好的地方,除了父母可以教训孩子以外,做哥哥的也可以教育弟弟。年纪还小一点的时候,可以训斥弟弟做得不好的行为,等各自成家之后,哥哥只能劝诫兄弟。黄祯祺作为大哥,性格比较安静,喜欢画画之类的事情,不大愿意管理家庭事务,协助家里事务的重担就落在了二弟身上。三弟因为身体虚弱,所以对于黄家事务关心得也较少。虽然黄祯怡排行老二,但是黄祯祺和黄祯拔都很依赖他。

(四)夫妻关系

"嫁鸡随鸡嫁狗随狗",女性在家听父母,出嫁听丈夫。妻子对于丈夫都是以服从为主,"夫唱妇随"。但是因为每个人的个性不同,所以夫妻之间并不一定总是和睦。黄家的夫妻主要有四对:黄溱济夫妇、黄祯祺夫妇、黄祯怡夫妇、黄祯拔夫妇。黄溱济夫妇关系一直比较和睦,鲜有争吵。一是林月招有过一次婚姻,更懂得家庭经营;二是林月招是个具有传统美德的妇女,听话、顺从,很少顶撞丈夫。黄祯祺经过多次婚姻,一是因为合不来,结婚没多久就离婚。二是脾气相投的妻子则因为身体原因过世。黄祯祺与自己第一任妻子,因为合不来,所以关系很疏远,既不会吵架,也不怎么讲话。黄祯祺和第二任妻子李招子的感情比较好。黄祯祺个性温和,知书达理,但是并不关心家务事,所以很少与妻子产生分歧争执。黄祯怡夫妻俩的关系比较和睦,两人属于表亲关系,罗坤珍按照辈分是黄祯怡的表姐,因为两人从小相识,年龄相仿,如果夫妻之间发生争执,黄祯怡打了罗坤珍,罗坤珍也敢还手,还常常打架。罗坤珍经常因为教育大女儿黄金群的事情与丈夫产生矛盾,罗坤珍要教育做错事情的黄金群,黄金群便跑去告诉父亲。黄祯怡疼爱女儿,于是出手阻挡了妻子,两人便在手脚上有了冲突,一来二去便打起来了。"夫妻打架,床头吵架床尾合",黄祯怡夫妻打完架以后又和好,所以黄溱济夫妻很少管黄祯怡夫妻的事情。黄祯拔夫妻关系也是比较和睦。

在生活上,黄家的妻子特别为丈夫着想,在丈夫的起居上也细心照顾,黄家有些好菜都要留给家里的男人吃。家里的鸡杀好拿去蒸,蒸出来的鸡汤,当地人认为是精华,黄家的媳妇们都会留给家里的男人们吃。鸡身上有两块大脂肪,杀鸡的时候把它割下,放到锅里煎出油来,用碗装着,每到吃饭的时候,媳妇们端出来给男人们拌饭吃。人们认为鸡油有营养,男人吃了以后才有力气干活。

(五)堂兄弟姐妹关系

黄家堂兄弟姐妹之间的关系和亲兄弟姐妹之间关系区别不大,但是无血缘关系的兄弟姐妹之间关系就差别很大。黄梓祥、黄康祥、黄金群三人是有血缘关系的兄弟姐妹,因为年龄差距,彼此之间都是各玩各的,但是相比较与无血缘关系的兄弟姐妹,其关系更亲近一些,在生活上,孩子们也总是偏帮和自己有血缘关系的兄弟姐妹。罗菊群和李碧清作为养女,在家里的地位比较低,两人年纪相仿,又经常被分配去一起做事,所以两个人之间的关系比较好,常常一起玩。因为罗菊群是养女,黄金群常常欺负她,每每拿她"压人人"①,或者是故意提弄她,黄梓祥作为大哥看到了也不管。

(六)和睦的妯娌关系

黄家一大家子人一起生活,一切都是以和为贵。妯娌之间不吵不闹很是和气。妯娌之间,

---

① 压人人:一种游戏,高个子常常撑着矮个子的肩膀跳高,当地有说法,玩"压人人",被压的那个会长不高。

兄弟大的媳妇在媳妇间的地位就稍微高一些，有什么争执的时候，一般年幼的要谦让年长的。黄家的媳妇之间没有什么争执，大家平时主要是一起做家务，并没有哪个媳妇更有权力可以分配工作，都是哪个人有空闲，有哪件事要做就帮忙，一个择菜洗菜，另一个就生火添柴，都配合得很好。

(七)代际关系

黄家以辈分高的为尊，年幼者尊重年长者，年幼者有不恰当的行为，长辈可以教育年幼者。但不是自己的子女，不可以出手打晚辈，否则容易引起矛盾。黄家重男轻女，林月招对于家里的长孙黄梓祥就比对别的孩子更加的重视，孩子之间发生争执，或者父母教育孩子的时候，林月招都会袒护长孙。对于家里收养的女儿，就不如自己的亲孙子孙女。而黄溱济则对家里年幼的孩子比较好，虽然罗菊群是抱养的孩子，黄溱济也常常会抱她并且给她糕饼吃。

(八)叔侄关系

1948 年以前，黄家的子辈孩子们年龄都普遍偏小，黄家的父辈平日里都专注于农活之中，很少有空去理会小孩们，孩子多是由妇女们看管着。黄家的叔侄关系更多体现在庙会等节日时的交往中，因为妇女们不能随意外出，所以都是由家里的父辈们带着孩子们到街上看热闹。黄家的父辈们都很慈爱，难得遇上热闹的节日带孩子们上街，也很慷慨地给孩子们买麦芽糖等小零食。因为男性在家庭日常生活中对孩子的关注和约束更少，每次与孩子接触时更多的是以慷慨、好脾气的形象出现，所以往往得到孩子们的喜爱。而对于家里年龄比较大的男孩，黄家的父辈们会更加注意对其的教育。黄梓祥作为黄家最大的子辈男丁，平日里不仅会受到父亲黄祯祺的教育与监督，也还会常常受到黄祯怡的教导。黄祯怡平时与黄梓祥交往中，会主动问及其学业上的问题，教导他一些做人的规矩，还会慢慢传授他一些经商的经验。黄梓祥遇到问题时，也会主动向黄祯怡请教。

(九)叔嫂关系

叔嫂关系在家庭中的众多种关系中显得颇为尴尬，叔嫂作为一家人本应该显得亲近，但又可能因此面临着被人说闲话的可能，如何把握叔嫂之间的关系亲密度是一个很有难度的问题。黄家的叔嫂之间在面对这个问题时，选择以保持距离避免闲言碎语为主，叔嫂之间有事情需要讲话，都是当着大家的面在公开的地方说，在人多的时候，也可以适当说笑，私底下很少单独交流。

七、家户外部交往

(一)对外权利义务关系

1.互帮互助的邻里关系

对于邻里之间的关系，并没有明文规定彼此的责任与义务，邻里之间的关系都是遵循世代祖先交往的方式所形成的习惯。老话言"喜事要请，白事自己走前来"，就是明确规定了邻居在红白喜事中的责任与义务，意思是指，邻居家办理重大的喜事时，需要对方郑重地到家里来邀请帮忙，表示对邻居的尊重，然后才能为对方提供帮助。若是遇到了白事，则不需要邻居说话，就要主动上门来为对方帮忙。这个规则放在邻里之间可以使用，甚至在整个村庄范围也都适用。

除了特殊的红白喜事外，邻里之间还必须互不侵犯彼此的利益。邻里关系是基于相近的空间关系形成的一种地缘关系。也因为如此,邻里之间更容易因为界线的原因而发生争执。如果邻居侵犯了自己的利益,有权力阻止邻居。黄家在建老宅时,就曾经因为房屋高度超过邻里房屋的高度,阻挡了邻居的风水,损害了邻居的利益,所以最后被迫降低房屋高度。当地人都深谙"远亲不如近邻"的道理,邻里之间"低头不见抬头见",要想保持邻里和睦,在大的利益问题上必须保持一致的认识,即对彼此边界的认同和维护。

在日常生活的交往中,邻里之间需要尽量为对方提供帮助。因为物资缺乏,人们之间相互借用小物件属于常事,邻里之间就成为借东西的首要选择。农忙时候,黄家就因为自家的镰刀不够用,常常向自己的邻居借用。同时因为邻里之间相互距离比较近,有时候家里人临时出一小会儿门,邻居也会帮着看会儿家。如果家里发生了什么紧急的事情,邻居是最近距离可以求助的对象。1950年,黄祯怡未经公审,仓促被执行枪决,家里无一人知道消息。待枪决过后,才有村民跑到罗坤珍家中告知她这个丧讯,让她赶紧收尸去。黄家除了罗坤珍和其两个女儿住在家里外,其他家人都还在姑田。罗坤珍怀有身孕,正倚在床边休息,听闻消息后受到打击,一时间整个人不会动弹,面无表情,只有靠近她,才能发现她脸上不断流淌的眼泪,才知道罗坤珍的悲戚。罗菊群被母亲的表现吓坏了,赶紧找到了自家的邻居,也是自家的黄振济。黄振济听闻侄子的死讯,悲伤万分,赶紧带着自家家人先到了罗坤珍房间。黄振济的妻子安慰罗坤珍,在自家叔婶的劝说下,罗坤珍"哇"的一声哭出来以后,人才算是活起来了。黄振济带着自家儿子将自己的棺材推了出来,让妻子搀着罗坤珍,一行人带着香纸蜡烛,赶去为黄祯怡收尸。

2.互守边界的地邻关系

地邻之间的关系,主要是自家土地主与邻里双方之间遵守的土地边界,不得随意侵占他人土地,不得恶意破坏他人庄稼。黄溱济在中堡村与其地邻并不相熟,只是在耕种土地时打过照面,相互寒暄几句。所以黄家与中堡村的地邻之间都只是恪守最基本的规则,相互遵守边界,互不破坏对方作物。而黄家在文岗村的地邻则是一个姓氏的亲戚,所以彼此之间的关系在互不侵占对方土地、不破坏对方作物的基础上,还会相互照看作物、借用农具等。有的地邻还是关系亲近的亲人,彼此之间还会相互帮忙筹办红白喜事。

3.相互扶持的亲戚关系

亲戚之间以共同的血缘关系形成了亲密的关系,血缘关系越近,彼此"自家人"的意识就越重。虽然平时因为距离来往并不十分频繁,但是有了困难,亲人首先要站出来帮忙。根据亲戚血缘关系的远近,亲戚之间也有不同的权责义务。

作为最近的亲人,在对方遇到困难时,亲人之间必须要鼎力扶持对方渡过难关。黄溱济和黄振济虽然分家,但是其直接的血缘关系使两人属于最亲的亲人关系。黄振济家遇到收成困难时,黄溱济都会不收任何利息,慷慨借钱给黄振济渡过难关。黄溱济去世时,黄振济全家出面帮忙料理,妇女要帮忙做饭做菜,做纸元宝、纸扎,男丁则要帮忙筹办各种祭祀等。像这样的白事,请非直系血缘关系的亲戚帮忙是需要包红包给对方,以作为对方帮忙沾染晦气的补偿。而黄振济一家属于黄家最近的亲戚,作为"自家人",白事帮忙是本分,并不需要给红包。

红白喜事请血缘关系近的亲戚帮忙,一般以男方的亲戚为主,基本不请外人帮忙,如果红白喜事去请其他关系远的人帮忙,会被认为是无礼。因为对方会碍于面子,无法拒绝,这样做不合理,往往会使帮忙的人处于尴尬的境地,亲戚会在其他人前数落这户人家不懂道理。同时,不合事宜地请了别人帮忙,对于自家的亲戚而言,就是一种不被重视的对待,未受到邀请帮忙的亲戚也会有意见。

4.各司其职的主雇关系

黄家的主雇关系非常和睦,彼此间充分履行自己的责任与义务。雇主根据约定支付给雇工工钱,雇工努力为雇主完成工作。黄家雇佣的两个做饼师傅,平日里主要是负责饼点的制作,包括挑水、做饼、烤饼、包装等一系列过程。黄家为请的师傅提供住宿和伙食。黄家必须保障师傅每天的饭能吃饱,菜则随着黄家人一起吃。虽然师傅对菜并没有要求,但是黄家人也知道"吃得好,才能做得好"的道理,隔三差五总是会增加一些肉食。对于工资,黄濂济与师傅之间按照市场价格协商好,每个季度一结。

5.诚信买卖的主顾关系

主客之年的权责关系更多表现在交易各个环节中,主要是买卖双方讨价还价的权利,卖家保障商品质量,提供其他服务的责任,买家完成支付的责任等几方面。

做买卖讨价还价是常有的事情,议价能力高也被认为是一种善于管家的表现。买卖双方允许讨价还价,直到双方都接受价格后,才达成交易。但是,双方并不能因为讨价还价引起争执。黄家属于小本生意,薄利多销,面对客人"价钱有少么"的提问,黄家人口径几乎一致,"小本生意,没少哦"。因为购买数量少,也确实是小本生意,所以客人一般并不会太过于纠结价格。黄家人委婉拒绝客人的讨价还价,多年来形成了比较固定且优惠的价格。熟客对黄家的价格和商品都很肯定,所以很少再议价。而对于"掺"货卖的客人,因为其一次性购买的数量比较大,且长期合作,所以黄家会以同样的最低的价格提供给这类客人。这类客人之间私下也会知晓对方的进货价,因为价格都一样,所以觉得自己确实拿的是最低价格,并未受到欺骗,对于黄家也是更为信任。对于黄家售卖的其他杂货,例如香菇、木耳等,因为黄家的价格比较实惠,客人们都知道,虽然有时议价遭到拒绝,还是会选择购买黄家的商品。

卖家在商品的供应上,有提供优质商品的责任,同时对于购买商品的客人,有时候还有提供其他配套服务的责任。首先,在提供优质商品的责任上,黄家以卖"饼点"为主,必须保证食品的卫生新鲜。因为客人购买回去后,总是放着吃上一段日子,所以为了客人能够保存的时间较长,黄家都会尽量确保客人从饼店购买走的饼点是最新鲜的。黄濂济根据多年的生意经营,对每天的做饼数量做出合理安排,确保每天的饼都销售完。对于一些较易长时间存放的饼点类,例如类似于小饼干的"棋子饼"糕饼等,黄家生产得比较多,而对于带肉馅的"广饼""葱饼"这类有馅的饼,容易臭"油迹"①,黄家每天做的数量就少些,一般只有在大集的时候才会做。若是遇到客人需要又没有时,黄家也可以根据客人的要求现做。

黄家的客人主要是偏远地方"掺"货卖的店家和一些赶集市的农民。因为客人流动性比较大,所以在支付上,黄家要求客人必须一次性结清费用。在支付方式上,可以选择用钱或者是等价值的米。如果客人提前预定大量的饼食,则需要提前交纳一半的定金。若是客人违约,则黄家可以没收定金。买家违约,没收定金在当地是受到外界认可和保护的。有些客人如果提前几天取消订单,并未对卖家造成重大损失,可与卖家协商适当退回部分定金,协商是否

---

① 油迹:指油变质后的一种怪味道。

成功,主要看卖家的为人。黄家曾经遭遇违约的情况。一次,姑田乡上某个村庄的客人要购买大量的喜饼,于是提前交纳了定金,后来因为喜事取消,提前向黄溱济说明了情况,黄溱济体谅对方的情况,本打算退还全部定金。但黄家考虑到不能因为自家破坏了"违约没收定金"规矩。于是黄溱济以"购入大量材料筹备订单,使得资金都被压在了材料上"为由,适当地扣去了三分之一的定金作为黄家的损失赔偿,也是对客人违约的惩罚,将剩余的定金归还给了客人。黄溱济做事有理有度,客人感到心悦诚服,对黄家也更加认可,不仅成为黄家人的忠实顾客,有需要就到黄家采购,也成为黄溱济的好朋友,常到黄溱济家中与他喝茶聊天。

作为卖家,为了和客人保持较好的关系,还需要为客人提供便利。常常有住在比较偏远山区的村民到集市上赶集,饿了便在黄家买一些饼点充饥。有些客人属于有钱人家,不愿意拿着饼在街上走着吃,一般都是在黄家吃完后才离开。黄家店铺里备有座椅,可以供客人休息,准备有茶水用于客人解渴解腻。有些客人在店里买东西,遇上要上厕所的,黄家人也能将自家厕所借用给对方。因为黄家提供的服务很好,所以店里的生意也很好。

(二)对外日常交往关系

1.邻里来往频繁

做生意讲究和气生财。黄家与左右邻里之间保持着往来频繁的和睦关系。因为黄溱济健谈善聊,所以隔壁邻居没事就愿意聚在黄家喝茶聊天,黄家专程准备茶水和一点花生之类的茶点。隔壁做纸张生意老板和黄家关系非常友好,家里有些事情也会来和黄溱济商量。黄家另一隔壁是一家杂货店,两家虽然属于竞争关系,但是并不会恶意抢对方生意,所以两家人的关系还是很和睦,出入相问。有时候隔壁杂货铺的老板看黄家很多人在聊天也会过来一起说笑。但是还是多少受到竞争关系的影响,关系并没有像与纸店老板那样好。平日里隔壁相邻的商铺家里做些好吃的,也会彼此分享,家里有什么重活,人手不够,也会相互帮忙。

2.出入相问的地邻交往

地邻之间,如果不是亲戚朋友在生活中有交际,那一般之间的关系也就是礼貌性出入相问,有时也会在耕种休息之余闲说上两句,更深的关系也就没有了。黄家人偶尔下田干活时有见到过隔壁的田主,彼此相互认识后,在外面见到也会礼貌地打招呼。当地人都遵循做朋友都是要讲究门当户对的,富有人家看不起贫苦人家,贫苦人家也不愿意高攀富有人家。黄家的地邻属于一般条件的农民户,不愿意被人说成"高攀",所以并不主动与黄家人套近乎,只是简单地出入相问。双方之间并没有发生过关于界线的矛盾,所以关系比较和谐。

3.时常走动,增进亲戚间感情

黄家虽住在文岗老家的时间不长,但是每一个黄家人都认为文岗老家才是自己真正的家,那里有自己的子叔亲戚,是自己的血脉之地。因此,黄家人常常都会有人回家住上一段日子,和家里的亲戚之间保持走动,保持紧密联系,增进彼此间的感情。

在永丰街上,并不止有黄家一户来自文岗村,其中还有黄溱济的几个老乡也在永丰街上做生意,与黄家走得比较近的人家,分别是一家经营纸店的同村,一家经营香烛的同村。黄家与他们之间都是堂兄弟,或者堂叔侄的关系,彼此之间经常相互托对方给老家的亲戚传消息或者是搭寄一些东西。三家人在姑田也相互照应,遇到事情也会聚在一起相互商量,互相支招。黄溱济家在买田地的时候,黄溱济就和这两家人提起过,他们也给了黄溱济一些意见。因为三户人家之间时常走动,虽然并不是共一房人,但是也因为共同在外谋生,又来往频繁,关系因此变得十分亲密。

黄振济一家作为黄家最亲的亲戚，黄家的男人们每每回到老家，都要到黄振济家坐上一阵，讲讲家里的近况。黄振济也会向黄家人讲述一些村里近来发生的事情。通过加强走动，虽然黄家人都在外，但是对村里的情况都很了解。

4.主雇在同一个屋檐下共同生活

黄家雇佣的两个做饼师傅和一个账房先生，与黄家生活在同一个屋檐下，早晚相见、互动频繁，黄家人尽量为账房先生和做饼师傅提供好食宿条件。黄家请做饼师傅时，做饼师傅除了提工资外，要求饭能吃饱，菜随便，黄家不仅准备充足的主食，同时隔三差五还会购买肉类改善伙食，因此师傅和账房先生对于黄家都很满意。加上黄家人待人友好，对请来的师傅和账房先生都很尊重。所以师傅们干起活来也像是给自家做事一样，并不偷懒。因为天天朝夕相处，黄家与师傅之间不仅是单纯的主雇关系，也形成了近乎朋友的关系，黄家有了什么困难，师傅们也会主动帮忙。黄祯怡生病四处求药时，两位师傅就主动托自家的亲戚朋友四处帮忙问药，对黄祯怡也是非常关心。而对于黄家请来的账房先生，因为账房先生年纪比较大，识字有文化，也受到黄家和两位做饼师傅的尊重。黄溁济有问题，也会主动请教账房先生。账房先生除了日常的账目外，也会主动关心黄家两个读书的孩子的学习情况，在学业上给他们提供帮助。黄家的孩子们称做饼师傅为"叔"，对账房先生都礼貌地称为"先生"。

（三）对外冲突及调适

1.家户为冲突调节单元

对于冲突的处理，往往是以家户为单位对外进行调节，家里的任何成员与外界发生冲突，对方找整个家户理论，而不是单独的个人。因为家户的家长更具有权威性和代表性，对事情有最终处置权。特别是重大的矛盾，一定要由家长出面。如果遇到家长不在家，对方可能会改日再到家里理论，遇到避而不见的家长，对方就会选择候着不走，直到家长出面为止。家庭中的其他成员不能做主，因为他们属于"说话不算数"的。如果只是孩子间一些争执引起的小矛盾，则由孩子的家长出面解决即可。

2.据理维护家户利益

俗话说"帮理不帮亲"，发生冲突时，都是以是非曲直作为评判的标准。如果自己理亏，别人找上门时，就应该赔礼道歉。认错不是无能的表现，如果不认错，就是耍无赖，乡里乡亲知道了，就晓得这户人家人品差，背后不仅会理论批评，在交往中也会有意保持距离。若是站在道理这边，遇到无理上门纠缠的人，是断然不能有一丝退步的。如果让步了，会被人家认为好欺负，以后找茬的人只会多不会少。黄梓祥读书时候，曾与同学发生争执，因为对方先挑衅，最后两人动起手来，他的同学受的伤严重些。同学的家长就找上门来"投"①黄梓祥的家长。黄祯祺跟黄梓祥了解了情况，虽然说自家的孩子把对方打得厉害，但是自家的孩子也受伤了，而且事情本来是由对方孩子先挑衅，并不是黄家一方的错。黄祯祺出面与对方家长理论，说清楚了情况，对于对方赔偿的要求予以回绝。他认为双方在这件事情上都有责任，对方先出言不逊在先，动起手来对方也并没有手轻，一样将黄梓祥打伤，双方都应该回家教育好自家的孩子。同学的家长并不认同黄祯祺的说法，于是两人在黄家店里发生了争执，引来了周围

---

① 投：方言，指告状的意思。

人的围观。后来在左右邻居和围观群众的调解下,对方才作罢,气冲冲回家去。黄家对外虽然维护了黄梓祥,但是黄梓祥引来了不必要的麻烦,还是受到了父亲的一顿教训。

3.族房出面协调家户无法解决的冲突

对外冲突时,有时并不是自家一户可以解决的,遇到家户无法调解的问题时,族房间也会由长辈出面帮忙协调,解决争端。黄家曾在土地边界上与文岗村的村民发生了冲突,因为文岗村的地邻侵犯了黄家的土地边界,黄家人与对方多次提及,却得不到半点回应,无奈之下,黄溱济回到老家,找了很多村民讲述了这件事,并且请动了自家一房的长辈和对方一房的长辈出面,在长辈和舆论压力下,虽然对方还是坚持宣称并未侵占土地,但是最后还是还原了原有的地界。

第四章 家户文化制度

黄家既展现了家庭内部独有的文化制度特质,又折射了整个地区社会文化制度普遍性特征。黄家教育包括以人伦纲常为核心的正式学校教育和以家风古训熏陶为辅的家庭教育,正式与非正式教育的结合,培养了黄家人团结一致的自家人意识、家和万事兴的一体意识、一荣俱荣的家户至上意识,以及因果报应的积德意识。除了教育,传统丰富多样的民俗活动、礼俗仪式的熏陶,以及耳濡目染的祖先崇拜、家神信仰、庙宇信仰均促进了对个体的再教育及家户文化的再造与传播,从而也深刻影响着黄家人的交友行为,呈现着黄家独特的文化烙印。

一、家户教育

(一)注重识字学文的学校教育

受"学而优则仕"思想的影响,黄溱济认为子孙要想有出息,必须要有文化,要能识字算数。黄溱济的父亲作为国学生,在当地也是有名的读书人,黄溱济引以为豪。但黄溱济早年家庭比较困难,并没有学到多少知识文化,略感遗憾。对于自己的子孙,更是希望能够提供他们接受教育的条件,日后若有子孙学而有成,也是光宗耀祖的大喜事。黄溱济的三个儿子从小都被送去读书。黄祯祺和黄祯怡是在文岗村里的一个小学读的书,黄祯怡读完四年书后就并未继续读书,而是出来帮助父亲做事。黄祯祺小学毕业后,到"亨子堡"读完了中学。黄祯拔就读于姑田乡由清末秀才讲左林创办的书院庄小学,在姑田乡完成了中学的学习。对于自家的孙辈,黄溱济在黄梓祥很小时就送其到学校小学。黄金群作为二儿子唯一留在身边的孩子,也被送到学校读书。黄梓祥和黄金群都是中学毕业。

黄家子孙的文化水平相比较一般家庭人家孩子都算是有文化的,识文断字,善于算数,所以黄家的对联、林月招的经书等都是由黄家人自己书写。

(二)注重教礼授技的家庭教育

1.以族谱家训教授人伦理常

文岗村黄氏家族十分重视对老祖宗的文化的传递,当地村民通过撰写族谱家训,教导孩子学习,不断地传递黄氏老祖宗的精神品格。文岗村在 1949 年以前就有族谱、族谱图。在族谱上,写有老祖宗流传下来的黄氏家训、治家格言、训子诗等。当地的宗族文化非常浓厚,每年都会开展"拜祖扫墓""拜图""拜带头"等纪念先祖活动,父母会在活动中,向自己的孩子传递先辈的文化。黄氏通过家训传递优良家风,通过训子诗从小教育孩子,以治家格言教导子孙如何持家。黄溱济在三个儿子很小的时候,就用黄氏家训等教孩子念诗、识字。所以到了黄溱济儿子这一代,仍旧使用家训、训子诗教孩子念诗识字。

2.讲古说风俗中的规矩道理

家庭教育方面,父母更加重视教会孩子关于当地的风土人情、习俗仪式等,通过带着孩子亲身参与到其中,从而了解其中的细节。比如,当地的"接灶母"的风俗,黄溱济带着家里孩子亲身参与,细心讲解相关的注意点,从而使得孩子懂得传承当地的习俗。同时,黄家的父母们擅长"讲古",将自己从上一辈听来的老故事讲给孩子听。"讲古"内容主要包括鬼神类和笑话类。讲古的目的主要在于安全教育和封建迷信。黄祯怡常常给自己的孩子们讲"蚊帐神"的故事。故事讲述一位妇女在家睡觉,因为是冬天就没有把蚊帐放下来,忽然间外面起了很大的风,妇女睡意朦胧中,看到了一个女鬼,不禁心中惊吓,不知道如何是好,忽然想起古人说,蚊帐是有神明的,于是赶紧起来把蚊帐放下,外面风很大,但是很奇怪的是蚊帐却纹丝不动,最后风停了以后,女鬼也不见了。黄祯怡以此告诉自己的孩子"万物皆有灵"的道理,教育孩子要爱护东西,同时教孩子睡觉放蚊帐。但受到自身文化因素的影响,这种教育方式中不可避免带有封建迷信色彩,例如"蚊帐神"的故事教育孩子睡觉放蚊帐并不是以常识教育为主,而是教育孩子放蚊帐可以防止鬼怪打扰。

3.长辈言传身教传授生存技能

孩子的文化教育主要是依靠学校,家庭教育除了教导孩子做人的道理外,传统生存技能和经验也是很重要的部分。黄溱济传授给孩子们的生存技能,主要是农业耕作技能和基本的经商之道,以带着孩子亲身参与的方式传授生存技能。黄溱济的孩子在十岁出头,就一起到田里帮家长干活,虽然所能做得很少,但是早年间的劳作使得孩子长大后,对农业耕作非常熟悉。对于生意技能,黄溱济的三个儿子也是通过给父亲打下手,参与到父亲日常的商业经营中,从中逐渐体会到做生意的门道。除了带着孩子参与到农业耕作和商业经营外,黄溱济还会通过将祖上流传下来的古语反复讲给孩子听。黄祯怡小时候就常听黄溱济给他念"节气歌",黄祯怡小时候并不知道诗歌的作用,长大后就懂了通过"节气歌"进行农事安排。黄祯怡有了自己的孩子以后,也常常教孩子背诵"节气歌"。

(三)自学手艺开辟新财路

黄溱济的孩子长大后,各自有了自己的兴趣。黄溱济支持孩子的想法,会给予一定的物质支持。在父亲的支持下,孩子们都自学了手艺。大儿子黄祯祺喜爱绘画,对炭画像非常着迷,常常到街上看人画像。因为沉迷其中,黄祯祺在父亲的帮助下,得到了基本的绘画工具,经过反复观摩学习、反复练习,最终掌握了这项手艺,并且越画越好。后来街上画像的师傅不在了,黄祯祺就成了街上唯一的一个画像师。黄祯怡则不像黄祯祺那样爱好画画,因为胆子够大,就学习杀猪,常常跟着"杀猪客"[①],在杀猪的时候在旁也帮忙,学习了一年黄祯怡掌握了这个本事,开始自己买猪杀猪卖猪肉。黄家的孩子通过学习手艺,即满足了个人的爱好,也为家庭和自己增加了额外的收入。

二、家户意识

(一)自家人意识

黄氏族人认为,"一个祖宗下来的就是自家人"。对于黄家人而言,自家人首先是黄家同

---

① 杀猪客:指屠夫。

居共食的十三口人,其次则是与黄家有血缘关系的亲人,黄家的亲人近至黄振济一家,远至整个黄氏各房派。"不分你我,你的事情就是大家的事情"的"自家人"意识增进了亲人之间的认同感,自家人对内彼此互帮互助,对外能同仇敌忾,共同维护集体利益。

黄家请的两名做饼师傅和一名账房先生,虽然与黄家之间形成了友好的朋友关系,但是与黄家还是以利益联系为主,一旦结束了这样的利益关系,彼此之间也就不存在之前的互动与亲近,双方缺乏血缘这样牢固的纽带,无法产生归属感,无法形成"自家人意识"。而黄家人之间的血缘关系使得彼此之间始终紧密相连,即使最后黄家各个小家庭分了家,但是每个家庭成员仍旧将彼此当做自家人。每至清明扫墓,家人们都聚在一处,一同怀念先祖,共同吃上一顿"祭墓饭",增进因为生活忙碌而联系渐少的亲人感情。

对于家庭中的女儿,未出嫁时属于自家人,出嫁以后就属于别人家的人。因为女儿出嫁后就属于丈夫家的人,原来以娘家利益为先变成了以夫家利益为先。

(二)家户一体意识

黄溱济治理家庭的首要理念就是"家和万事兴",所以要求家人之间要和睦相处,不可因小事影响彼此之间的和睦。

黄家是一个大家庭,人多是非多,如果一个家庭不能和睦相处,这个家很早就会分家,就是因为黄家人同心、和睦相处,大家才能长久地生活在一起,家里不论是谁发生了什么事,都是一家人的事情,大家都会共同出力克服困难。

即使后来分了家以后,有困难也是先在小家庭内部寻找帮助,实在没有办法才会去请外人帮忙。1951年,在永丰街上的房子被火烧以后,虽然各个小家庭各自过生活,但是当黄梓祥说想在姑田原来的地皮上建房子的时候,就算是生活很艰难的罗坤珍一家人,还是尽自己所能凑了些钱给黄梓祥建房子。

(三)家户至上意识

"一荣俱荣,一损俱损",家庭成员中的每个人的命运都与整个大家庭紧密联系在一起,谁也无法脱离。每位家庭成员都知道只有维护整个家庭的兴盛,个人的利益才有保障。黄家人认为维护一个大家庭,"家和万事兴"是首要的,每个家庭成员都将家庭和睦作为首要目标,不会随意制造矛盾,产生矛盾也是尽量大事化小、小事化了,并不故意因此吵吵闹闹,影响家庭的凝聚力。罗坤珍就常常以"在这样一个大家庭里生活,有什么可以争的!"教育女儿们,要满足于当天的生活,不要制造争端,破坏家庭安定。黄家的妇女们将家庭内务安排妥当,彼此之间和睦相处,使得家中男性可以安心地专注于事业,黄家的经济条件可以不断地稳步改善。

对内,黄家人以整个家户的利益为主,首要保持家庭和睦;对外,黄家每个人作为家庭成员,代表着黄家人的形象。家庭的孩子若是在外不懂事,人们并不批评孩子如何,而更多是评价"某某人家没有家教,孩子出来这么没有道理"。"没有家教"是非常严重的批评,扫整个家庭的颜面。因此,黄家人特别注意教育孩子基本的礼仪和规矩,使得孩子接人待物、外出做客显得懂规矩。一次,黄金群在吃饭时,用筷子在菜里翻来翻去,林月招见状,用筷子照着她的手就是一抽,黄金群疼得眼泪直流,罗坤珍见状,训斥黄金群,"吃饭翻来翻去,没规矩,该打!"黄金群虽然很委屈,但是没有人帮她,只是流着眼泪不敢说话。黄祯怡见她知道错了,让她以后莫要再犯,才让妻子带着她去上些药。自此以后,黄家孩子没有一个敢再乱翻菜了。

（四）家户积德意识

黄家人相信"因果报应"，如果祖先行善积德，则会为后世子孙增添福气，带去好运，可以兴家财，旺人丁。但是，若是上代人行了恶事，报应也会传递给下一世。有些人家祖上做了坏事，到了下一代确实人口稀少，子孙运气不济。如此一来，使得民众更加坚信了各有各报的因果报应说。

黄家人乐善好施，看到可怜人都会帮助，以求通过行善积德给孩子添福气，带来好运气。永丰街上常常会有一些从外地来的"讨饭鬼"，到家家户户表演"拉锯曲"①，打"嚓嚓"②，靠这样到每家每户讨一两个铜板过生活。黄家人总是不忍心，"讨饭鬼"一来，不等他开始表演，就将钱给他。黄家人认为，自己虽然给不了很多钱，但是好歹可以减少讨饭鬼的痛苦，也算是一种做好事积德。

黄家除了通过行善来积德外，林月招认为吃斋念佛也是赎罪过、积福报的方式。林月招在家里设有小佛室，每天早晚吃斋念佛。同时，通过诵读经书，林月招从中知道很多积累福报的方式。她常常教育自己的孙子们，佛祖规定了每个人一辈子只能用多少水，如果随意浪费，不仅是缺德的行为，死后还要下到地狱，为自己生前浪费的水受"水牢之灾"，以此教育孩子们要节约用水，积累福德。

三、家户习俗

（一）重大节日

当地的节日主要有春节、元宵节、清明节、端午节、七月半、中秋节、冬至等，在不同节日有不同的风俗习惯。在过节的时间，除了春节、元宵节以外的所有节日，农村要比城镇提早一天过节。按照黄溱济流传下来的说法就是，很久以前，具体时间不可考究，因为过节，农村人和城里人都聚到一起去买肉，一个农村人和城里人都看中一块肉，互不相让，最后两人打起来，闹到官府去。官大人最后规定农村人比城里人提前一天庆祝节日，其他风俗的举办则可以按照节日原来的日子进行。农村人和城里人差开时间过节，避免因为集中购物导致的矛盾。黄家人虽在永丰街上做生意，但是黄家人始终都认为自己是"岗尾"③人，过节的风俗习惯和时间全部按照文岗村的进行。

1.接春迎新过大年

春节被称为"过年""过大年"，从正月初一到正月十五这段时间都算是过年。

过春节前，有一段很漫长的准备时间。从农历十月份开始，当地人就会开始准备年货，晒番薯、做"炸浪"干、蒸米酒。黄家的媳妇们也同其他人家一般开始忙碌起来，所准备的东西也同普通人家大致相同，无非就是做"炸浪"干、蒸米酒。养鸡养鸭的家庭，更加注意看管自家的牲畜，预防年底被人偷窃。黄家则主要是忙碌于年底红火的生意，并无这方面的担忧。

---

① 拉锯曲：是乞讨者的一种表演形式，是将红绳子从一个鼻孔穿入，从另一个鼻孔穿出，然后，两只手左右各拉一边绳，一边拉一边唱曲子，所唱曲子听起来"哼哼唧唧"，加上左右拉绳像是在锯东西一般，故被称为"拉锯曲"。

② 嚓嚓：是一种民间乐器，即为"钹"，当地人通过拟声的方式命名。

③ 岗尾：当地人对今文岗村的称法。

腊月十五开始，家家户户开始打算卫生，清洗厨桌板凳，洗晒被褥，准备干干净净过年，寓意"去旧陈，迎新象"，也是表示过春节的隆重。黄家人每到这个时候，就会先让家里的媳妇和小孩先回老家打扫卫生，准备过年的食物。

腊月二十七八，年味渐浓，黄家的媳妇们开始做过年的最后准备，把之前准备好的"炸浪"干下油锅炸好，晒干的花生下锅炒得喷香，磨好糯米炸甜糯米团子，家里的小孩围在灶边，趁着大人手忙脚乱，偷偷吃上一些。这个时间总是孩子一年中最欢快的时候。

到了大年三十，黄家人全部都回到老家，开始准备阖家欢聚过大年。黄家人早早都起来忙碌，杀鸡杀鸭，或者是上街买肉，开始准备晚上年夜饭的食材。食物早早准备好，中午就要开始给祖宗供奉食物。供奉的食物，需要将准备好的肉食蒸熟，贴上红纸，再放上两颗富贵子，放在神龛上供神仙祖宗。还需要"供奉小饭"，所谓供奉小饭，首先需要将蒸熟的米饭装在酒杯里压实，倒出后成为杯子形状，然后制作出三"杯"饭后，贴上红纸条，放在神龛前供奉，最后再倒上三小杯酒。供奉小饭后，再放上一串鞭炮，意思是让家里过世的祖宗们吃完饭过年。到了下午，家家户户开始贴新对联、门神和土地公像。

晚上的年夜饭是黄家全年中最盛大的一次盛宴，一个大家庭团坐在一起。吃饭前，大家会喝一杯酒，希望新一年的运气如喝醉酒红红的脸一般，日子红红火火。过年以鸡为年夜饭的大菜，鸡腿是这道菜中的重中之重，一般都留着给客人吃，家家户户都是如此，虽然主人客气，请客人吃鸡腿，但是客人并不可以真吃了。鸡腿会留到过完年，最后给家里最年长的人享用，一般都是黄溱济食用。除了鸡以外，珍珠圆也是节日宴会上必不可少的一道美食。黄家的媳妇们一般会提前两三天制作好珍珠圆，年夜饭时候将做好的珍珠圆蒸一蒸就可以上桌了。珍珠圆的主要食材是当地盛产的芋头，所以黄家每年都会种上十几棵以供制作珍珠圆使用。黄家做珍珠圆时，媳妇们很自然地分好工，有的人将蒸熟的芋子与淀粉和成面，用于制作包馅的皮，有的人则负责制作馅料，一般制作馅料的食材以冬笋、猪油渣、鲜猪肉、香葱炒制而成。食材准备完毕后，媳妇们将手洗干净，每个人搬一个凳子，便开始包珍珠圆，大家说说笑笑一点都不会觉得劳累。黄金群作为家里的大孩子则会负责裹糯米，就是将用水泡发的糯米裹在圆子外，用手压实。因其外表裹的糯米蒸熟后晶莹剔透，使得珍珠圆子看起来如珍珠一般，因此而得名为"珍珠圆"，寓意一家人新一年团团圆圆、富贵吉祥。

吃完年夜饭后，黄家要开始"送灶母"。黄家媳妇们将碗筷洗干净，刷好锅，将旧的灶母画像撕掉，清理好灶头。然后供奉糖、米、面等供品，让家里的小孩在门边"点小火"，放一串鞭炮。通过这种形式，恭送灶母回天庭过节。用糖供奉，就是希望"将灶母的嘴抹甜，好在玉皇大帝面前多奏好事"。

大年三十过完，黄家人就要准备"开大门"接春了。开大门一般都由家里的男人们负责，黄溱济常带着三个儿子一起开门迎新。黄溱济根据《通书》规定的吉利时辰开大门，给祖先上香，儿子们则负责放鞭炮。因为《通书》的接春时间都是一样的，所以时辰一到，整个村庄内鞭炮声此起彼伏，盛况空前。

正月初一早上起来，黄家的男人们要到村里的祠堂给祖宗上香，为家庭成员祈求新一年的运气。黄家的男人们都早早起床赶着去烧早香，在早饭之前，黄溱济就会带着三个儿子和大孙子从祠堂烧香归来。黄家正月初一早上都是吃斋，多是煮一些"米冻"之类的食物，或者吃素面。吃饭时，一家人还需要吃茶吃酒，以求新一年有茶喝，有鸿运。

按照当地的风俗，年初一禁止去别人家串门。正月初一过完以后，黄家的各个小家庭开始走街串户拜亲戚，大概到了正月初三，全家人就都回到姑田，开始应付过年时的好生意。因为过年购买饼点送礼的人多，所以黄家的媳妇们回娘家拜年都是分开日子出门，以防家里人手不够。

2.元宵节接灶母

文岗村的元宵节并不兴做元宵吃，而是要准备"珍珠圆"，黄家根据自家的家庭情况准备丰盛的晚饭。从大年三十到元宵节的每个晚上，黄家根据风俗点"小火"，"小火"的仪式从大年三十一直持续到正月十五。大年三十送走的"灶母"要在元宵节晚上"接"回来，称为"接灶母"。吃完饭以后，黄家媳妇把灶头收拾干净，准备"接灶母"。因为甘蔗是一节节的，像是梯子，所以"接灶母"时，将甘蔗削去皮放在灶台上，靠着墙，就像是连接凡间与天庭的桥梁，这样灶母就能通过这个"甘蔗梯"重回人间。晚上稍晚一些，黄家的大人认为供奉的东西灶母已经收到，就会将甘蔗切好分给家里的小孩，大家就坐在一起热热闹闹地吃甘蔗。

3.清明节吃草包

黄家在清明前一段时间，当家人黄溱济便根据《通书》选定"祭墓"①的日子，根据风俗，祭墓并不一定要在清明当天去祭拜，各家根据挑选的日子自行安排，但都集中在清明前后。清明节前后除了祭墓向祖先祈求安康外，村民们还会制作应季的"清明包"②，通过在食物中加入特殊的草药来清理肠胃，保健康。"清明包"制作的材料主要是曲鼠草，将曲鼠草混入制作米包③外皮的材料中，使得蒸出来的包子具有青草颜色。清明前，黄家的孩子们就被家里的大人差使着去田里采曲鼠草，黄家的媳妇们则负责将孩子们采摘来的鼠尾草洗净晾干，在清明当天用于做"青明包"。清明节期间正处于青黄不接之际，而清明节的草包便是整个难挨的春天的一次加餐，人们格外重视，因此清明节在文岗村被人们视为一个重大的节日。

4.五月五穿新衣

五月五，又称端午节，五月节，是文岗村除春节外另一个盛大的节日。五月节前夕，需要给家里出嫁的女儿家"送节"。送节是祖祖辈辈流传下来的风俗。相传从前有一户人家的女儿出嫁给别人家做媳妇，夫家对她很不疼爱，常常打骂，后来甚至把她卖给别人做老婆，后来这个女儿又被几经转手卖给了别人。后来娘家去看完女儿，才发现女儿不见了。于是娘家人就去打官司，后来官府判下来说，以后女儿出嫁，娘家人过年过节要去看望女儿下，防止这样的情况再次发生。于是有了"送年""送节"的习俗。"送年""送节"多是出嫁女儿娘家的兄弟去，目的是看看这个出嫁的女儿身体是否健康，是否会被虐待，是否会被卖等，这样娘家人才更放心。娘家人会带上些马蹄、面、饼、"梅枝"④等小礼品送节，有钱人则送些值钱的礼品。过五月节一定要送粽子，所以当地人在五月节以前就准备好的了粽子，一般都是白米加盐的咸粽子，或者是肉粽。农村在五月初四就庆祝五月节，五月初五当天不再庆祝，只是依据风俗做一

---

① 祭墓：在当地是指扫墓。

② 清明包：是一种食物，类似于包子，是将米磨成浆，倒入锅里加热，不停搅拌，最后搅拌成米团，将香菇、肉、葱等炒成馅料，用米团裹馅做成包子，再上锅蒸熟即可。

③ 米包：又称"米桃"，是指一种用大米制作外皮、内包馅料、形状似月牙的一种食物。

④ 梅枝：当地用炸米，糖做的一种甜食。

些粽子。五月初一开始,娘家人就可以去送节。女儿家收到娘家送节的礼物需要回礼,粽子会被收下,婆家人会根据家里的情况回相当的礼物,并没有规定一定要回多少,或者回什么,有钱人就回好些的东西,没钱人家就随便回,什么都不回的也是有的。

黄家人将自家看作农村人,所以黄家的端午节庆祝是在五月初四时举办。黄家人在五月初四早上就开始忙,杀鸡买肉做中午的大餐。五月初四的午饭,黄家有一道必吃的菜,叫"田螺苋菜汤"。罗坤珍将从河里摸来大田螺①的螺肉挑出来,切成片,加淀粉抓一抓,然后放到锅里炒,再摘一把苋菜,放下去一起炒,加些面,煮成一道菜。"田螺汤,苋菜汤,吃起眼睛光"②。黄家人在五月初四吃完端午节的庆祝餐,到了五月初五时就不再准备隆重的家宴庆祝,只是按照五月节的风俗,在当天洗草药澡、穿新衣、喝雄黄酒等。

五月节早上,黄家由黄祯怡外出去采草药煎水洗澡,煮鸡蛋。所要采集的草药种类不固定,主要有柳树枝、艾草、鬼针草、眼镜蛇草(车前草)等,草药采来以后,媳妇们将草药洗干净,放到盛着的一锅沸水的大锅里,等草药煎出来,再将大蒜、鸡蛋放到水里煮。鸡蛋和蒜煮好后,放在神龛前供奉,草药水则用来洗澡。洗澡的规矩是,小孩上午洗,大人则可以下午洗或者晚上洗。洗澡时,在桶里舀一大勺草药水,然后倒上干净的温水,调试好温度即可沐浴。有新衣服的人家沐浴后可以穿上新衣服,没有新衣服的,则穿上干净的衣服。

早上采的草药,有一些要留着放在神龛前供奉,到了中午时候,取下来捣烂,装在碗里,再加一些雄黄后再放回神龛前供奉。中午时候吃饭,把碗取下,往里头倒一些酒,此为雄黄酒,因为雄黄有毒,每人只能喝一点点,其余则涂在身上。黄家中午吃饭时每人不仅要喝上一点点雄黄酒,还要吃草药水煮过的鸡蛋和蒜,据说这样人在夏天才不会被蚊子咬,此称为"吃午时酒"。

5.救济孤魂野鬼的七月节

七月节,即为鬼节。黄家根据当地风俗,过农历七月十四日。过七月节,家家户户会稍微比平时伙食更好些,需要买些肉或者鸡供奉神明祖先。晚上吃过饭后,家家户户要"烧夜香",将香点着后,拿着香火走出家门,走到比较远的村里的主要道路上,将香插在路边,再烧些纸钱,往地上洒些酒,让那些无家可归的孤魂野鬼有吃的,通过打发这些孤魂野鬼祈求平安。黄濑济上了年纪后就不再去烧"夜香"了,因为年纪大,"毫光"③弱。因此容易招致"不干净的东西",所以都是由其黄祯祺和黄祯怡兄弟两人一同结伴去烧夜香。

6.喝茶赏月过中秋

黄家主要经营糕饼店生意,每到中秋节前夕来买月饼的人就特别多,生意也就特别的忙。中秋节是一家团圆的日子,所以这天所有外出的人都得回到家里一起过节。中秋节,家家户户根据家里的情况买鸡买肉,妇女们尽自己所能准备丰盛的晚餐。吃完饭后,若是没有下雨,家家户户就会把小桌子搬到室外,切上一块已经供奉过神明祖先的月饼。小孩拿着月饼吃,各自玩耍,大人们则泡一壶茶看看月亮,吃着月饼聊着天。月饼并没有限制,大家想吃多少就吃多少。

---

① 大田螺:非福寿螺,当地福寿螺用来喂鸭子。
② 田螺汤,苋菜汤,吃起眼睛光:当地俗语,使用方言朗读,有押韵的效果。
③ 毫光:按照当地说法,每个人身上有光,年纪越盛,光越强,鬼怪不侵。

7.小年吃珍珠圆

冬至在当地叫做小年,算是过年前不大不小的节日,人们并没有什么特殊的仪式庆祝冬至,会根据风俗,在冬至这天,黄家的妇女们就会聚在一起包珍珠圆,珍珠圆也是让大家吃够为止,一是改善下生活,二是祈求来年全家团圆。

(二)婚葬习俗

闽西地区有"百里而异习,千里而殊俗"的说法,即使在同一县域内,风俗也不全然相同,而是呈现"大同小异"的特点。文岗村的红白喜事规矩多,与整个连城地区的其他地方风俗也是大同小异。

1.迎娶风俗

文岗村村民在迎亲的仪式上,沿袭了传统夜间接亲的风俗。顾名思义,接亲都在晚上举行,新郎一方选择最合男女双方八字的良辰带着迎亲队伍到女家接亲,并且尽量赶在天亮之前将新娘接到夫家。接亲时,有几个特别要注意的地方,分别为"过米筛""泼轿边水""行轿"和"接轿"。所谓"过米筛",就是新娘被新郎迎接出门时,需要光脚站在一个画有"八卦"的米筛上,再穿上婆家准备的大红新鞋,才能出娘家的门。"过米筛"仪式代表着将娘家的活土,即财气留下,不破坏娘家男丁的运气。接在便是"泼轿边水",新娘由家里的兄弟背上花轿以后,娘家人会将一碗水泼在轿子上,并在轿外向新娘说"嫁出去的女儿泼出去的水",告诉女儿今后不再是娘家的人,日后要尽心照料夫家。水泼完后,新娘的轿子就要启程了,行轿过程中,新娘的轿子不得中途落地,以象征新人们能长长久久。新娘的花轿到夫家后,男方便要准备"接轿"。"接轿"由男方请来的福命妇人①们完成,福命妇人一手撑伞,一手牵带着盖头遮面的新娘下轿,并引着新娘"跨火盆",寓意"旺夫家",另一福命妇人则手捧盛有柑橘、红枣、桂圆干、花生的盘子,在新娘下轿后便将红枣、花生等小果子往新娘头上抛撒,寓意着吉祥如意、早生贵子。最后,新娘跨过厅门的"拦门鸡",行拜堂礼,就完成了接新人的仪式。黄家三个媳妇的"迎新人"仪式都是根据当地风俗举办的。

文岗村有一不成文的风俗——出嫁的女儿不能同丈夫一起在娘家过夜,否则会导致娘家的兄弟财运不好,挣不到钱。黄家的媳妇们都深知这不仅是一种迷信的说法,更是一种防止外嫁女觊觎娘家财产的一种说辞。为了不破坏规矩招惹不必要的麻烦,加之黄家家务较繁重,因此黄家媳妇并不能有大量的空闲时间久待在娘家,只有在过年过节时才偶尔回娘家,通常都是吃上一顿饭便回家,并不在娘家居住。

2.生育的规定

1949年以前,"重死轻生"思想非常深厚,一个家庭除了长子长孙出生时会更重视,条件好的办满月酒以外,其他很少有什么庆祝或者仪式。对于生完孩子的妇女,要求坐完月子,要先去娘家,叫做"出巢",娘家煮饭给女儿吃,炒个蛋,煮些菜,炒个饭。吃饱以后,娘家人给些"富贵子"②,女儿就揣在口袋里回家去。"出巢"完两三个月才可以去别人家。

3.白事的规定

1949年以前,人们"重死轻生,厚葬薄养",对于葬礼极为重视。所以有"生时不孝顺,死

---

① 福命妇人:是指结了婚、家庭幸福和睦、子女成群的妇女。

② 富贵子:当地的一种植物,所结果成熟时呈金黄色的圆球状,看着如黄金果,故称为"富贵子"。

后哄鬼神"的说法。当地的一般丧葬风俗有小殓、报丧、大殓、成服、安灵、堂奠、超度、出枢、做七等。黄溱济过世时，因为其为足寿人，所以他的葬礼要办得很隆重。严格按照当地的风俗规定进行。

4.烦琐的丧葬仪式

小殓。根据性别不同，男死称为"寿终正寝"，女死则称为"寿终内寝"。逝者临终前，其子女亲属都应当尽量在场，陪伴逝者最后的时光，听取逝者的遗言，此为孝道。逝者咽气后，其亲属将以湿毛巾为逝者清洁身体，穿着寿衣，戴寿帽，穿寿鞋。穿着寿衣时，需要将单数的寿衣上的口袋撕去，以免有碍后代，还要在逝者口中放入铜钱。寿衣穿好后，亲属将为逝者修剪指甲，修剪下的指甲将被亲属保留下来，称为"手尾"。为逝者整理完毕后，其亲属将在床脚一头放置一盏"长明灯"，据说长明灯可以为逝者带来光亮，免去其灵魂的恐惧，再者可以将逝者的魂魄暂留人间，直至五七结束，以便逝者的灵魂可以受到亲属的供奉，感受子女后代的孝道。除了长明灯外，还会在逝者床尾边上放置火盆，供亲属烧纸钱使用。家里的男丁还会在逝者过世后，第一时间到村里找来"墓头鬼"。"墓头鬼"到来后，会把逝者抬入棺材，裹上"抖尸被""盖面被"，入棺后暂不加盖，称"小殓"。黄溱济过世前，身体状况十分不好，根据黄溱济的意思，请了人将其抬回老家休养。黄祯祺、黄祯怡及其妻子林月招一同护送黄溱济回老家，罗坤珍也陪着婆婆一同回老家照顾公公。黄溱济过世时，黄祯祺守在家中陪伴，由黄祯祺和黄振济帮忙穿寿衣，请邻人一起将黄溱济入殓。

报丧。报丧是指孝男孝女在逝者过世后，第一时间遍告邻近的亲友，如果丧母，须及时向"外家"报丧。报丧前，需要请阴阳先生择定大殓成服扶枢还山吉期，然后印发"讣闻"，粘贴在村里人多聚集的热闹地方，如文岗村的"讣闻"多贴在"榕树下"。"讣闻"除了需要粘贴在人多的公共场所外，还需要在报丧时带给亲友，接讣告者须给报丧人吃红蛋。

大殓、成服。根据先生①选定的日子，由"墓头鬼"为逝者盖棺、钉棺，此称为"大殓"。古语云："母死怕外家，父死怕叔伯"。母死，大殓前必先请外家来过目。有些外家会详细了解逝者的死因，如系暴死，将会引起外家寻衅闹事，甚至引起诉讼；若死因正常，也会对逝者的丧礼诸多挑剔，小到寿衣殓具，大到丧礼规格等。大殓后，孝子孝孙们将为逝者披麻戴孝。披麻戴孝的方式上男女有别，丧属须反穿衣服，孝子则以稻草绳围腰，手持"孝杖棒"。根据逝者性别不同，孝杖棒的材料有所不同，父死用竹，母死用桐。

安灵、堂奠。逝者大殓后，其亲属在家中厅堂设置灵堂，供其亲属吊唁。亲友前来吊唁，须携"奠仪"，即用白纸包有香烛纸钱等物。有亲属前来吊唁，孝子贤孙需跪地号哭谢吊，直到前来吊唁的亲属搀扶后才得起身。堂奠又叫"家堂祭"，举办家堂祭时，吹班将在下厅奏哀乐，孝男、宗族、戚族、外家、生前友好等按照顺序进行祭奠，丧属则在孝幔内跪谢。除家堂祭外，还有"拦路祭"，即扶枢还山途中举行祭奠，此多为富贵人家才有的仪式。黄家虽然家境殷实，但是并非所谓的大富大贵之家，黄溱济去世时并没有"拦路祭"这一仪式。

超度。为使逝者早登西方极乐世界，免去落入地狱的折磨，丧属都会尽财力请僧人、道士为死者念经诵咒。超度时还会举行"烧官钱""沐浴"等仪式，俗称"做半夜光"。超度的时间根据各家经济条件有所不同，有钱人家夜以继日请僧道做法事，称"做斋"，可长达七日七夜，而

---

① 先生：方言，当地对具有算命、看八字、看日子等能力的这类人的称呼。

一般家庭难以承担长时间超度的费用,普遍超度时间都是一到两日。黄溱济丧葬仪式时并没有举行超度仪式,而是在死后的一年内挑选了日子,专程请了和尚为黄溱济做了一场法事,以超度其亡魂早日去往西方极乐世界。

出枢。出枢又称"出殡"。出枢需要严格遵守先生择定的日子与时辰,多要选择在路上人少的清晨或者是晚上的七点以后。黄溱济出枢时,为了避免与送殡人有冲突,且避开对路上行人的冲撞,黄家根据先生定下的卯时,选择早上五点出殡。出枢前,将放在棺木边上的纸扎仙童取下焚烧,使得仙童得以化身,实现"仙童开路,免遭鬼怪侵扰"。抬丧人抬棺起枢后,黄祯祺作为长子怀抱黄溱济的仙相[1]开道,其他孝子贤孙则沿棺号哭,亲戚世友列队跟在其后,为逝者送枢。队伍行至中途,挑了一处周围无人家的路边烧元宝纸钱,意为告知土地爷。路边烧纸完后,亲戚世友告别逝者,原路返回逝者家中,回程中任何叫喊不可回头,一旦回头,可能会被逝者的灵魂带走,轻者身体不适,重者重病不起。其他孝子贤孙和协助葬礼的长辈则继续将棺木送至埋葬地点。

做七。出殡以后还有仪式要定期举行,为"做七"。以死亡之日始,每逢七日,丧属备香烛至坟前哭奠,并在家中供奉食物,焚烧元宝纸钱。四十九日为"满七",为做七的最后一环,是对逝者的最后告别,因此显得更加隆重。丧属将准备各色纸扎冥具到坟上烧给逝者,同时在家里还需要准备宴席,请亲友参加逝者最后的"告别会"。满七以后,逝者的家属的服丧期暂告一段落,以柚叶洗澡、喝酒、吃红蛋后便可以出行和串门。一年内,丧属不得戴金穿红。

5.禁忌

1948 年,黄溱济的小儿子黄祯拔过世,黄家人十分悲痛,黄溱济因此一病不起。根据当地的风俗,黄祯拔属于未上寿去世,家里还有老人在世,所以葬礼不可以隆重办理,怕会折了在世老人的寿。黄祯拔是在去征兵的路上去世的,黄溱济请人把儿子的遗体拉回到文岗村老家,在老家布置了灵堂,但是不能布置为"孝堂",因为其为不足寿去世的,其余的都是按照一般白事的规矩来做。家里的亲人比黄祯拔辈分大的在丧礼期间是不能给黄祯拔上香下跪的。因为家里人的辈分比他大,家里的长辈给他上香下跪,作为亡者受不起的,对过世的人不好。所以都是由黄祯拔的妻子和孩子给他下跪烧香。

家里"死大人"[2]的人家别人一般不会随意去串门,需要过百日外才能去串门。家里有人过世的,也不能随意去别人家,因为戴孝,会使别人"背势"[3],有孝的东西[4]也不能随便吃,吃了以后会被鬼魂捉弄、生病。

戴孝结束以后,孝儿孝女要洗个头发,跨罩树烧火堆,家里给煮个蛋吃,倒些酒喝,叫做"去孝",这样家里人出门去哪里,路上才都能吉利、有鸿运。

(三)家户习俗单元

1.以家为单位进行节日庆祝

黄家过年过节都是以家庭为单位进行庆祝和举办仪式。没有分家的家庭就是一大家子

---

① 仙相:方言,指逝者的肖像画。

② 死大人:方言,指家里有老年人去世。

③ 背势:指倒霉,运气不好。

④ 有孝的东西:是指供奉给逝者的食物。

吃饭,分了家的家庭就各自庆祝。如果分家家里的父母健在,则各个小家庭也会在过年的时候聚到父母家中一起过节。过年过节,不兴朋友聚会庆祝节日的说法,当地还有规矩"过年过节,不要随便到别人家"。黄家过年过节吃饭是最重大的事情,特别是过年,黄家人都必须等人都到齐,包括小孩,才能开始吃饭。对于出嫁的女儿不回娘家过节。因为嫁出去的女儿已经不再是这个家庭的成员了。

2.全家团圆庆祝节日

每逢一些重大的节日,如端午、中秋、春节等,外出家人只要条件允许都要回到家中,与家里的亲人团聚,一起过节。黄家人都认为"有钱没钱,团团圆圆",黄溱济始终向家人灌输"家和团圆"的重要性,所以逢年过节,黄家的家庭成员无论是回老家或者是外出,都会赶着过节前回家。店里做饼的师傅除了过春节以外,别的节日很少回家的,因为节日的生意会比较好,所以师傅就与黄家一起过节。

(四)当家人主持过节仪式

过节的风俗在当地都是大同小异的,一些仪式,都是由当家人黄溱济安排家人去完成,比如过年"堆小火""开门接春"等。庆祝节日,黄家都会准备丰盛的家宴,家宴上有些什么菜色都是由黄溱济决定,并安排儿子采购,家人烹煮。如果遇到"送年""送节"需要购买礼品,也需要根据黄溱济的指示。在黄祯怡当家时,"送年""送节"大体上都是按照黄溱济当家时的方式操办,遇到不懂的风俗等,黄祯怡会征求母亲林月招和兄长黄祯祺的意见。

四、家户信仰

(一)宗教信仰概况

黄家三代人,以民间信仰和祖先信仰为主。黄家人信奉菩萨、娘嬷,平日里早晚烧香拜神明、拜祖先。黄家成员中又以林月招常看经书,最为相信神明。林月招在永丰街上的房子里设有专门的小房间用以供奉菩萨,房间里放满了经书和画册。罗菊群幼时翻看过林月招的经书,书上主要是图画,讲述因果轮回的故事,大概是人作恶太多,来生投胎就会变猪变狗,或者是变麻雀,甚至是变虫子。有口舌之恶的人下地狱后,会受到割舌头等一系列刑法。林月招每天在早上和傍晚比较空闲的时段,都会在房间里念经,以祈求家庭平安。每天早晚烧香求平安,每逢初一、十五的早上,林月招还会吃斋以示心诚。林月招作为家庭代表供奉仙佛,其他成员则可以无须再逐个烧香供奉了。

(二)家神信仰与祭祀

黄家供奉主要有满天神佛,列祖列宗,老天爷、土地公、灶头奶奶、门神等。黄家在下厅设有神龛,贴有天地君亲师位,摆放有家里的列祖列宗画像,神龛下贴有土地伯公位,家家户户灶头上都贴有灶头奶奶位。黄家供奉神仙一般都是林月招负责。过重大节日时,则会由黄溱济烧香祈福,家里的小孩是不烧香的,只是偶尔帮帮家里烧烧纸钱。一般家庭都是在初一、十五,或者重大节日时才烧香祈福,而因为林月招非常信神,所以天天都烧香,到了初一、十五和大节日,除了烧香外,林月招还会点蜡烛、烧纸钱、把酒①,放一些糕点供奉。祭神花费并不多。

---

① 把酒:指将祭拜的酒水倒到地上,当地人认为这样土地公和地下的祖先就可以品尝到祭奉用的酒水了。

家神的祭拜顺序是有讲究的。平时烧香,神龛上的香炉需要三根香,其他神位各一支即可。先拜神龛供奉的天地君亲师位和家里的祖宗公太,再转身在天井边拜老天爷,接着是土地伯公、灶头奶奶、门神。过年过节,还需要在各个神位点上一对蜡烛,当天①烧纸钱、放鞭炮和冲天炮。

拜天地君亲师是当地流传下来的传统。没有文化的农民很多人并不懂得其中祭拜的含义,稍有文化的人就知道是要顺应天意,祈求国泰民安,缅怀先人,尊敬师表。黄家的男性都读过一些书,所以也晓得这其中的含义。祭拜祖宗是祈求祖先保佑子孙。拜老天爷,则是为了祈求满天神佛保佑顺调雨顺,五谷丰登。祭拜土地伯公,则是祈求生活环境稳定安宁。灶母奶奶掌管家庭的餐食,祭拜灶母奶奶,则是保佑吃喝、富裕。祈求的内容祭拜者往往会根据家庭的不同情况,说不同的祈求词,并不一定一家人只需要有一个人烧香祭拜,也没有规定必须要谁祭拜,但一般情况下是家里最年长的妇女或者是一家之主。遇到家里事情忙的时候,也会让家里的男孩烧香,孩子平时看过家里的长辈烧香,大概了解流程。但是第一次烧香,家里的长辈还是会在旁指导,提醒要注意的地方。女孩一般不烧香祭拜。

(三)祖先信仰及祭祀

当地人对祖先的信仰主要体现在供奉祖先肖像、扫墓和过年拜祖祠等方面。黄家严格遵守当地的风俗习惯,供奉和祭祀祖先。

1.供奉祖先画像

当时家家户户在神龛上都供奉有祖先的画像,一般祖先的画像都是在其生前所画。远代祖先是以坐凳肖像为主,所着衣服往往根据生前情况,若有功名都是衣着官服,若无功名则不可随意画制。越接近1949年,画像越为简单,主要以半身肖像为主。平时家庭日常供奉画像一般以最近一两代为主。在过春节祭拜时,都会将所有画像摆出,以左为尊,按辈分排好。黄家在文岗村的房子才是黄家真正的宅子,虽然姑田的房子也是黄家的地方,但是黄家从未将其视为"家"。黄家先祖的画像都摆在文岗村老家的神龛上,遇到重大节日,黄家都会有人回老家祭拜。

2.祖坟

客家人尤其看重墓穴,叫做"阴宅",尤其注重风水之说,规定只要墓葬就需要请风水先生选日子时辰、选墓地、看朝向等,认为坟地的风水会直接影响到后代发展,因此客家人十分注重找风水宝地下葬。有钱人家生前就会请风水先生到周围的山上去找好风水宝地建墓地,以备后用。因为花费巨大,所以一般人家负担不起,多是请风水先生在家附近的山地找风水好的地方建墓地。更差一些的人家就自己到村里的山地找一处觉得风水好的地方,或者在自家附近的土地下葬。

地方上的风俗并没有夫妻同葬的说法,都是分开葬在各地。只有父子两代的墓地有隔壁相邻的情况。后人扫墓都需要多处祭拜。

文岗村的岗尾山为黄氏村民共有,因此处距离村庄近,且风水佳,适合用作墓地使用,因此文岗村黄氏族人多选在此处建墓。

黄家的祖先有葬在岗尾山的,也有葬在"亨子堡"界内其他山地的。黄溙济、黄祯拔、黄康

---

① 当天:是指在天井边,可以看到天的地方。

祥过世后,葬在了岗尾山。当地并没有夫妻双方都过世才可立碑的规定,只要有人去世,都可以立碑。立碑一般由儿子出钱,女儿不需要出钱。碑上会刻上子嗣的名字,女儿名字不上碑。黄溱济的墓地建造所有的花费都是由整个黄家大家庭一起支付。

3.扫墓

当地人根据祖辈留下来的风俗,一年有两次扫墓。一次是三四月份,清明前夕,还有一次大概在九十月份,具体日子要看《通书》确定。扫墓当天,早上起来就要开始准备扫墓事宜。清早起来杀一只鸡,将血洒在草纸上,风干,待扫墓时,扫墓人带着沾有鸡血的草纸去烧给先人,并带上整只蒸熟的鸡用于扫墓供奉。有些人家庭贫困,不杀鸡的也是有的,就带一块蒸熟的五花肉去扫墓供奉。媳妇们早早起来将米用石墨磨成米浆,用锅将米浆加热,和成米团,用木质模具制成米饼后再上锅蒸熟,然后用"洋红"在米饼中心点一红点,这是扫墓祭祀祖先不可少的祭品之一。还要煎一个鸡蛋,用饭碗盛着,插上一根葱,纪念祖先,祈求子孙聪明伶俐,所以这碗蛋又叫"聪明蛋"。祭祀时除了带上一盘米饼、一盘肉、一碗聪明蛋,还要带上酒水、香纸蜡烛、鞭炮、一些裁成长方形的红纸条和草纸条,所有东西用篮子装着带着去扫墓,还要带上镰刀锄头,到时候整理坟地用。

扫墓由家里的男人去,女性不参加扫墓,家里的男孩比较大了也要跟着大家去扫墓,认识墓地所在。家里的小女孩也允许跟着去观看,但不烧香。扫墓时,一般先去最长的先人墓地祭祀。祭祀时,将带来的供品逐一摆放好,再摆上三个酒杯,斟满酒。一些人负责烧香点蜡烛,一些人负责将坟头周围的草清理干净,清理好后,在坟墓的坟头和两边用石头将红纸和草纸条压好。这样,别人看到就知道这个墓地已经扫过了。一般墓地左手边还会立一块土地公的碑,扫墓时,也要将土地碑周边的杂草清理。上香时先拜先人,再拜土地,一边拜祖先,一边烧纸钱,并且将鞭炮、冲天炮①点燃。当地的说法,就是通知祖先和土地来收子孙的孝敬。仪式完成后,将杯里的酒倒在地上,请祖先和土地公公喝酒,收拾好祭祀的东西就可以去下一个墓地了,仪式相同。

扫墓队伍回到家里之后,妇女会将祭祀的食物用来再次烹煮,准备一桌"祭墓饭",全家人坐在一起吃一顿饭。人人都要吃米饼和鸡蛋,祖宗会保佑身体健康,聪明伶俐。

一般扫墓,外人是不参加的。"祭墓饭"也不请外人参加。

黄家去扫墓主要是黄溱济带着三个儿子一起去,黄梓祥年龄大些,也要一起去。黄金群曾跟着去过一些离家近的墓地。

4.拜头

拜头又称为拜图。所谓"图"为一张世系表。表上以历代男性姓名为主,配偶为辅,按照世系分支,倒呈"树"形状分布,集中写在一张布上,其实就是一份简略版的族谱。"拜图"采取轮流制,根据祖先后代、房室排序轮流举办,每次由一个家庭承办,并由这个家庭保存图谱,每到大年三十晚上,这个家庭必须打扫宗祠,需要恭恭敬敬地将图谱请出来,黄氏族谱大概有四米长,挂在祠堂正厅的墙上,供奉香火,并且准备叩拜的蒲团。大年初一接春的时候,这户家庭的男人要第一个去祠堂烧香点蜡烛,磕头跪拜,放鞭炮,祭奉鸡、肉、果品等。大年初一当天,会有很多家庭去宗祠烧香祈求平安。男男女女、大人小孩都可以去宗祠看族谱。这个时

---

① 冲天炮:炮竹的一种,因其点燃后会射到空中炸开,声音响亮。故称为"冲天炮"。

候,大人就会跟家里的孩子指明自己家族支脉。

黄家每年大年初一,都会由黄溱济带着三个儿子去烧香。大年初三,举办"拜图"的家庭要将图谱转交给下一个家庭,举办拜图的家庭被称为"出头",接任"拜图"称为"接头"。按照规矩"先出后接"。大年初三,会请来村里德高望重的长辈担任司仪,在宗祠里,接头人家准备祭祀用的肉、水果、香纸蜡烛等,还要请来铜鼓队。"出头"和"接头"人家聚在宗祠里,由司仪念祭文,出头人家和接头人家按照辈分轮流叩拜祖宗。完成仪式后,由铜鼓队开道,接头人将图谱送回家中,小心供奉,主要防潮防霉。图谱交接仪式非常盛大,村里各房的男人都会去参加观礼。村里的孩子也会去围观。黄溱济作为家里的长辈,每次都会带着自家三个儿子一起去参加拜图和交接仪式,一是纪念自己的祖先,二是祈求祖先保佑自己的家庭顺遂。黄金群和罗菊群也会跟去祠堂围观拜图和交接仪式。

(四)庙宇信仰及祭祀

1.自行择地建庙的娘嬷

1949 年以前,在文岗村内有一座娘嬷庙①,位于现文岗村村委门口的空地,具体修建时间并不清楚,新中国成立后被拆除。

关于娘嬷庙的修建原因,文岗村的老人口口相传这样的故事:"娘嬷"是天上的一个神仙,路过文岗村,觉得当地村民和谐友爱,且风水好,所以决定留在文岗村。于是托了当地的一个会"梦神"②的人,找到文岗村的村民说,娘嬷要留在村里,并且选择了一块地,让村民修庙供奉,她将会保佑村民。于是文岗村修起了"娘嬷庙"。文岗村内只有一人会梦神,村民们认为此人能够成为"神选之人"主要有两个原因,一是此人具有虔诚的信神之心,真心为神明办事;二是此人常年吃斋,身体洁净,因此神明愿附身于此人。

村民根据娘嬷的意思选择建庙地点,并且举行了仪式。村民根据"梦神"人的指导,用布做成一面幡,幡上大概写着"恭迎娘嬷"之类的话,幡下用红色长布条做成幡的流苏,系上铜钱。选址队伍有一个专门负责抬幡的人,还有很多围观的村民。大家根据"梦神"人的指导来到娘嬷指定的空地上,向娘嬷"唱要"③,烧一炷香插在地上,然后举着幡,在空地的每个地块上站上一会儿,当幡上的流苏会在风的吹拂下打成结时,抬幡人脚下的站地就是娘嬷钟意的地方。

娘嬷庙万事皆可求,只要村民有心愿都会去求娘嬷,据说因为娘嬷庙很灵验,所以香火旺盛。娘嬷庙主要是文岗村村民祭拜,但是因为灵验,所以周围村庄的村民也会来烧香供奉。

2.全家皆可祭拜

每逢初一、十五,逢年过节,村民都会去娘嬷庙烧香,祈求平安。黄家人也同其他村民一样,但是因为主要在外做生意,所以只有逢年过节才回家里来烧香拜拜。烧香拜佛一般都是由家里的女人来负责,遇到重大节日,为了表示家庭的重视和心诚,男人也会去烧香拜拜。平时黄家的男人回文岗老家的机会多一些,所以多是由黄家的男人去娘嬷庙烧香。遇到过年时,黄家人都在家中,早起吃完饭,全家一起到娘嬷庙烧香祈求平安。按照长幼次序依次烧

---

① 娘嬷庙:此处为照方言逐字音译,大概意思并不能准确表达方言。
② 梦神:是指当地有些人自称睡觉以后可以看到神仙,与神仙交流。
③ 唱要:指烧香时人与神仙说话。

香,长辈一般祈求子孙满堂,家庭和睦,而子孙则是祈求家里的长辈长命百岁,四季平安。黄家年纪小的孩子不会说祈求词,则母亲会在后面替孩子说祈语,多是"保佑孩子聪明伶俐,无灾无病"之类。

五、家户娱乐

(一)结交朋友

村民忙于生计,加之交通不便,很少外出,所以交际圈比较小,所拥有的朋友主要是村庄周围年龄相仿、玩儿得来的同辈。人以群分,往往是什么样的性格就会结交什么样的朋友。一般关系的人,当地人提及的时候就会成为"认识的人",而不是说"朋友"。

黄溱济常年在外做生意,打交道的人更多,交际面更广。黄家店里虽然常有相熟的老板到店铺喝茶聊天,但只能算做隔壁邻居相熟而言,并不会算作是朋友。黄溱济的三个儿子也多是以村子里与自己年纪相仿、玩儿得好同辈人做朋友。而黄溱济的孙子辈因为读书的缘故,认识了更多外村的人,所以结识了比父辈更多的朋友,交友范围变大。黄家的女性,也可以结交朋友,主要以女性玩伴为主,并不能结识男性玩伴,越是随着年龄增长,越是忌讳与除自己丈夫以外的其他男子的关系,更不用说交男性朋友。黄家的三个媳妇嫁过来以后,都是待在家里操持家务,鲜有外出。小时候的女性玩伴也各自有家庭,基本没有来往。

在当地交朋友并没有什么仪式,只要大家心里认同彼此就可以。有些感情好的,有"拜同年"的说法,所谓拜同年就是指年纪相同的两个男性,因为是好朋友,就决定"拜同年",拜完同年就是公认的好朋友,彼此的关系更甚于朋友,类似与兄弟结拜。"拜同年"一般需要家里的人同意,因为需要举行仪式。所谓仪式,就是两人互请对方到家里吃饭喝酒,拜了同年以后,这个人就算是家里的一份子,家里人需要根据这个人在家里的辈分,称呼他的"同年",一般会在称呼前加"同年",以示区别,比如"同年爷""同年爹"等,只要对方的道德品质得到家里人的认可就会同意。因为"拜同年"不像认干兄弟那样存在年龄差距,会有生肖冲突,所以家里不会对拜同年有过多要求。

一般交朋友并不会特别看重对方的家庭情况,但是也不能相差太多,对方条件太好,一般也会愿意与之结交。黄家的朋友主要都是种田地的农民,或者是一些经商时认识的朋友。黄溱济会对子女交友进行教育,不能结交狐朋狗友、不务正业的人。因为这样的人不能带来帮助,一不小心还会被带坏,被连累。

(二)打牌

农忙过后,农民闲着无事,也会打牌娱乐,村民打的牌是五种颜色的长方形纸牌,大小如一个成年男子手指宽和长,称为"五色牌"。因为村民都没有什么钱,所以很少赌钱,主要是娱乐。有一些爱赌博的人,也主要是掷骰子"押宝"[①],并不喜欢打"五色牌"。也有村民觉得打牌不赌钱不好玩,所以也常常会有赌一些小钱的时候。有些人越赌越大,导致欠债累累。亨子堡有人家就曾经因为赌钱欠债,最后只好卖妻还债。因为这样,所以当地人认为打牌赌钱不是好事。

这项娱乐并没有年龄限制,都是就近打牌。所以常常看到左邻右舍,四人一桌,老幼皆

---

① 押宝:类似猜骰子点数大小的一种赌博方式。

有，共打五色牌。其他村民闲着没事，围绕在旁边，坐着，或站着，围观牌局。大家打着牌，开着玩笑，很热闹。打牌都是在村子里村民聚会的公共场所，或者是摆一张小桌子就在门口宽阔平整的空地上打牌，很少到人家里打牌。

黄家人一家人非常勤奋经营家业，基本上很少有空闲的时间去打牌，而且黄溱济认为，打牌上瘾，会玩物丧志，使人不愿工作，沉迷牌桌，或者一不小心沾染上赌钱的恶习，败光家财，导致家破人亡。黄金群常在自家店铺附近看到有人打五色牌，但是从没有看到家人打牌。

（三）串门聊天

黄家生意很忙碌，所以很少时间有空去别人家串门。一般情况下都是别人到店铺里来喝茶聊天得多。因此黄家的店铺内设有茶桌椅子，一时给在店铺的客人提供吃饼喝茶的地方，二是方便来家里聊天说笑的左邻右舍，可以坐着说话、喝水。男性到黄家来聊天都是聚在店铺聊天，所聊内容广泛，涉及生活、生意等，有时候也不免说些八卦，开开玩笑娱乐一下。一般串门都会尽量避免在饭点时候，如果很相熟了，也是没有关系。但是即使主人客套留吃饭，也是不会留下的。

对于妇女而言，主要是一起洗衣服时，几家妇女一起聊天说事，偶尔也有串门，也都是就近，左邻右舍之间的来往。罗坤珍与隔壁纸铺老板的妻子关系很好，纸铺老板娘常常从黄家的内室的大门进入找罗坤珍聊天。但罗坤珍事情比较多，去串门的时候就少很多。整个社会对妇女要求很严格，越是有钱人家的年轻老婆越是不能随便外出，所以女性很少能够串远门的。黄家二媳妇罗坤珍要外出，都会请竹轿子抬，一是当地女人小脚不能走远路，二是轿子有盖头，这样坐轿子的人的"面"①就不会被人看到，而且女性的小脚也很忌讳被人看到。所以也是很谨慎地藏在裙子下、轿子里。

对于孩子而言，最是自由，可以在村里随便玩儿，到处串门，大人并不会约束。

（四）逛庙会

连城一直以来就是一个有很多民俗活动的地方。庙会对当地人来说，是过年时节的一次盛大的聚会。各个乡村庙会的时间各不相同，一般临近的村庙会时间都是相隔开，以防庙会走亲戚的人分身乏术。

文岗村的庙会于农历十四，庙会当天，四面八方的商贩涌到文岗村，沿主干道设摊贩卖，商品琳琅满目，作为村子里的热闹事情，一年才一次。村民们都会叫上自己比较亲近的亲戚朋友来逛庙会，并准备一座饭菜，招待到家里的所有亲戚朋友。亲戚一般在上午八九点就会到主人家，小坐一会儿后就去街上逛逛，差不多到饭点就回主人家吃饭。上门做客的客人要带上一些鞭炮等，进门前在主人家门口放鞭炮，热闹一下。按照当地人的说法，家里的鞭炮越多越响，这个人家才能干，"会做人"②。

黄家全家在永丰街上的时间居多，亲戚朋友都知道，所以很少在文岗村庙会时到黄家做客。黄家的亲戚到文岗村逛庙会，一般是去黄溱济的弟弟黄振济家做客。

（五）游大龙

每年正月十五，姑田乡就举行"游大龙"活动。姑田游大龙是当地一项非常盛大的传统民

---

① 面：当地方言中并没有"脸"这个说法，都是以"面"指"脸"。
② 会做人：指懂规矩、会交际。

俗活动,相传起源于明朝万历年间下堡村邓屋。相传龙能行云布雨,消灾降福,所以当地形成以舞龙的方式祈求平安和丰收的习俗。据考,邓屋八世祖邓应出任潮州府检校,其弟邓恭居于姑田邓屋。邓恭子孙到潮州探亲,看到潮州舞龙,兴叹不已。将龙画成图样带回姑田仿制。自此姑田游大龙代代相传。

正月十五当天,四面八方的商贩都聚到了下马庙附近,各地的民间艺人汇聚到市场表演杂要卖艺,四面八方的人慕名而来,看号称"天下第一大龙"的游龙活动的人涌入姑田,热闹非凡。因为黄家并非本地人,所以并没有很多亲戚到家里来做客。黄家当天忙碌着做生意,并没有什么时间招待亲戚朋友,但还是会准备有菜,以备有文岗村的亲人到姑田来看热闹,在家吃饭。黄溱济早年也带自己的儿子到姑田来看热闹,住上一个晚上。

游大龙非常热闹,但是外面人多又杂,所以黄家的媳妇一般不允许外出去凑热闹。她们只能在游龙经过自家门口时,站在门口看一会儿热闹。只有小孩在家里不受管,跟着人流在外面看热闹玩耍。

(六)看戏

1.家家户户看傀儡

当地每到秋季农历九月份时,各地村庄都会打醮,请戏班到村里热闹一下。所谓戏班并不是指"京剧",多是一些外地的越剧团、闽剧团等,或者是当地的木偶戏,当地称为"看傀儡"。各地请戏班,一般都是在祠堂门前或者是村里庙宇门口设戏台。文岗村则在娘嬷庙旁的空地设戏台。唱戏一般都是两三天,白天黑夜不同时段进行表演,一天大概能演出四五场戏,家家户户都从家里搬来板凳围坐在台下看戏。

2.深入人心的《王缺佬》

黄金群小时常跟父亲回家看打醮,对黄金群而言,木偶戏印象最深,最出名的戏目是《王缺佬》,主人公是一个被称为"王缺佬"的木偶,讲述他作为一个抠门小气的县城人引起的一系列笑话,夸张的县城方言逗得村民捧腹大笑。《王缺佬》作为当地经典的戏剧木偶戏,人物形象深入人心,村民将"王缺佬"作为小气抠门的代名词,在日常生活中常以"王缺佬"这个词开玩笑,嘲笑他人的吝啬之举。

第五章　家户治理制度

家户治理既展现为内治理又表现为外连结,其实质是以家户为单元,家长为主导,依靠家户要素为成员提供生存条件及基本庇护,借助成文的家规、默守的家法,通过对家庭成员施以不断的奖赏、高频次的惩罚,从而起到妥善解决家庭内部矛盾、规范家庭成员行为、强化成员认同感,形成家庭内部良序共治的局面。同时,家长还需要发挥祖赋权威,以家庭代言人身份积极参与到家族事务、村庄事务、国家事务中,以期游刃有余应对、解决外部环境对家户的冲击,最终为实现家户利益的存续、最大化而努力付出。

一、家长当家

(一)家长的确定

1.依据传统确定家长

对于家长的确定,当地形成了一定的传统习俗。父亲作为家里的长辈,自然应当成为家里的当家人,这个权利是上天赋予他的。家里的父亲过世后,按照祖先的规定,由长子继承,此为祖赋权利。有些家庭长子不愿当家,由家庭其他儿子接任当家人权利,此则为家庭成员将权利让渡。

在1949年以前,黄溱济作为父亲自然成为黄家的家长。直到黄溱济生病去世后,按照长子继承家长的原则,本应该是由黄溱济的大儿子黄祯祺成为家长,但是黄祯祺主动将权利让渡给黄祯怡,经过林月招、黄祯祺和黄祯怡的共同商议,最终达成一致,由黄祯怡接替家长的位置。相比较"长子当家",黄家更倾向于"能者当家"。1950年,黄祯怡在土地改革运动中被执行枪决,全家人才四散开,各自为家,开始分家的生活。

黄家对当家人并没有专门的称呼,家庭成员都是按照辈分称呼当家人。外人也是使用日常辈分称呼。当家人的身份无法从称呼中获知,主要看日常交往时,家庭成员中拥有最终决定权的人则是家长。

2.不同类型家长拥有不同权利

当家人身份的获得方式不同,决定了当家人的权利存在差异。黄溱济在家庭中具有双层身份,不仅是家里最年长的长辈,而且是黄家的当家人,由此黄溱济作为家长,具有绝对的权威,可以不用经过其他家庭成员的同意,以一人之言代表全家,是家里的内外当家。黄祯怡当家时,虽然是黄家的当家人,但是在家里只能算做是老三,上面有年长的母亲林月招、兄长黄祯祺。所以黄祯怡作为黄家的当家人,权利并不如黄溱济。平日一些日常事务,黄祯怡可以根据情况自行定夺,事后再告知家里。但是遇到大的事情,需要和家里的兄长母亲商量后才可以决定,不能擅自做主。黄祯怡作为家里的当家人,在生产经营上还是按照黄溱济当家时候的规矩来进行安排,衣食住行方面也是根据以往规矩安排。黄祯怡的安排都会在吃饭的饭桌上告知大家,对于事务的处理也更加注重公平公正。为了确保黄祯祺的满意,还会特别照顾他们,有布料分配做衣服,也是让黄祯祺先选。林月招在家里成为辈分最大的人,所以很多事情黄祯怡还是要听母亲的意见,不敢随便违抗。1949年以后,林月招做主将黄祯怡的妻子赶回文岗村老家生活,因为她多年来没有生儿子。黄祯怡并不敢对此有何意见,只好自己平时多回家探望妻子。

家长在对外交往中,往往是以家庭的代表,体现的是家庭的最终意见。黄家各种重大的对外事宜都需要由家里的家长亲自出面,例如婚丧嫁娶,村里的重大会议,买卖典当等。黄溱济三个儿子结婚时,涉及彩礼的谈判,都是由黄溱济亲自出面协商,最后拍板定下。当家人最后决定的时候代表着整个家庭的意志。外人只需要看有重大事情时,这个家庭是谁出面解决,就可以知道这个家里谁是当家人。

3.鲜有女性当家

女性当家的情况很少,主要发生在家庭中成年男性去世,其他男性年幼或者是无能担负整个家庭重担时,女性被迫成为当家人。待到家里的幼年男性可以承担家庭重任时,一般以男性结婚成家为标志,女当家人则主动将位置让给家里的男性。黄溱济的母亲在黄溱济的父亲去世后,担任了黄家的当家人,照顾两个年幼的儿子。后来黄溱济兄弟成家不久,就分家过活,各自成为自己家庭中的当家人。

(二)和睦相处被视为治家有道
1.管理有方

当家人是否治家有道,就看这个大家庭是否可以长期同居共食,共同生活。当家人不仅需要善于经营家业,使得家庭收入足以承担整个大家庭的生活需要,还要善于经营家庭关系,使得成员之间和睦相处,只有家庭气氛和谐,成员才愿意共同生活,才能使大家庭具有凝聚力,发挥大家庭的优势。

黄溱济掌握整个家庭的财政大权,包括财产的管理、支配和使用等权利。黄溱济根据生产经营的需要,合理安排好了生意经营需要的流动资金,对于家庭中不够的生产资料及时补充。黄溱济就曾购入土地补充农业生产资源的不足,尽量满足大家庭的自给自足。黄溱济在经营饼食的基础上,利用店面开了杂货铺,为黄家开辟了新的财源。在黄溱济的支持下,大儿子和二儿子学习了手艺,并且利用学到的手艺为黄家增添新的收入。在黄溱济的带领下,黄家人携手努力,为黄家大家庭的共同生活打下了坚实的经济基础。

黄家的生产经营都是由黄溱济安排。黄溱济作为最年长的家庭成员,拥有丰富的生产经营的经验,全家人对黄溱济的能力都非常的肯定,也信任黄溱济的安排。从农作物的安排、种植、收获的整个过程,生意材料的购买到出售的整个过程,黄溱济事无巨细,都细细把握。黄溱济偏于保守,使得整个黄家的生产经营虽然没有得到飞速的发展,但是并没有出现变故,而是稳稳地缓慢发展。

黄家人在黄溱济的统一指导下,每个人各司其职,充分发挥自己的所长。大儿子黄祯祺老实忠厚,不善言谈,则主要负责黄家的农业生产。黄祯怡胆子大,有担任,主要管理店铺事项。黄祯拔身体较弱,则帮忙黄溱济查看账目。各个媳妇之间携手合作,共同料理家务事,使得繁重的家务活儿得以快速完成,整个家庭井井有条。

2.分配有道

虽然黄家同食共住,涉及分配的内容很少,主要就是副业收入的分配和布料的分配。虽然涉及的事情很小,但是如果分配不公,家庭成员心有不服,往往容易使大家庭中生出嫌隙,影响家庭和睦。对于儿子们通过副业增加的收入,黄溙济认为这个是儿子自己靠本事,通过额外劳动所获得的收入,并不要求儿子全部上交,儿子可以根据自己的意愿选择上交或者不上交。每个小家庭的成员都可以自学一技之长,增加收入,多劳多得。不愿额外劳动增加收入,也可以不做副业。这个是每个小家庭自己的选择,所以对于别人劳动所得也觉得理所当然,并没有意见。对于家庭布料的分配,黄溙济在分配时十分讲究公平。每个小家庭根据家庭成员,区分大人小孩分配布料。因为所购买的布料都是一样的,并没有材料、颜色的区别。分配上也是根据家庭数量分配,即不能多占,也不会少得,各个小家庭的妇女也感到满意。

涉及家庭的重大支出,例如婚礼费用、教育费用,黄溙济保持公平分配,每个儿子婚礼之间存在差异,都会事后予以补偿,使得可能因此导致的矛盾早早化解。对于教育,黄溙济也保持公平。黄金群能够上学,也是黄溙济为了保持公平做出的妥协。虽然女孩是不送去上学的,但是黄祯怡并没有生儿子,眼前仅有一个亲女儿。所以黄溙济同意了黄祯怡的请求,送黄金群上学。

二、兄弟当家

(一)挑选当家人

经营生意的家庭更加看重当家人的经商才能,相较于"长子当家"的传统风俗,黄家更看重"能者当家"。1948年黄溙济去世,按照当地风俗"长子当家",黄祯祺作为当家的长子本应当担负起家里的重担。但是黄祯祺接二连三承受了丧父、丧子、丧妻之痛,便整日沉迷于饮酒。再者,黄祯祺性格恬淡,喜爱作画看书,并不愿意操心家里的人情来往。黄祯怡虽然是老二,但是历来多管理店铺的生意,相较于黄祯祺更具有经商能力。

(二)决定当家人

在黄祯祺自己提出让黄祯怡当家后,林月招多方考虑也表示同意,最后三人经过商量,确认黄祯怡为黄家的当家人。确认当家人属于家庭的内部事务,家庭能够达成一致的意见即可,并不需要请外人见证。对于当家人的选择也并没有特殊的仪式。家不可以无首,因为家中确实没有其他可以担此重任的男丁,黄祯怡在母亲和大哥的支持下,接受了黄家当家人的职责。

三、家户决策

(一)家长最后拍板

1.权力的逐渐转移

早年,黄溙济的孩子还小时,家庭大小事务都是黄溙济说了算,林月招虽然是女性,但在一些事情上也会予以黄溙济一些建议,但是黄溙济具有最后的决定权,林月招必须服从。随着黄溙济三个儿子的不断长大,黄溙济将自己会的本事都传授给了他们。黄溙济也因为越发年老,无法有更多的精力去处理整个大家庭的所有事情,慢慢开始将手上的事情一点点交给儿子去处理。黄溙济的儿子们也在父亲的指导下,根据父亲教授的方法处理家庭事务。虽然儿子们开始自己处理事情,但是整个家庭的发展方向还是由黄溙济在把握。

2.家长具有最终决定权

家庭大事也仍旧是黄溙济说了算,但是黄溙济会主动与儿子们交流,听听儿子们意见,因为多在饭桌上交流,所以有时候,家里的师傅和媳妇也会说上一两句。黄溙济会结合大家的意见,最后拍板做决定。黄溙济过世后,黄祯怡担任家长时也是常常与母亲和兄长交流,听取他们的意见,才能最后拍板。

(二)不同类型当家家长的权威

1.父亲当家具有绝对权威

黄溙济当家时,对家庭事情的决定具有绝对的权威。家庭内部的大小事宜,黄溙济可以不用征询任何人的意见,自己做主。黄溙济的配偶林月招和三个儿子可以向黄溙济提出自己的看法和意见,黄溙济可选择采纳或者不采纳,黄溙济做了最后决定时,所有的成员都必须服从。如果有家庭成员不服从,黄溙济可用家里长辈的身份训斥他。

2.兄弟当家权威受限

黄祯怡当家时,黄祯怡可以自行决定家庭里一般的小事,例如如何安排吃饭,如何安排衣服分配等。但是家庭中比较大的事情,黄祯怡作为家里的晚辈,需要向自己的长辈说明征求同意,例如黄祯怡的母亲林月招,黄祯怡的哥哥黄祯祺。经过大家同意后作出的决定,所有家人都要服从。如果黄祯怡不尊重家里长辈的意见,容易导致长辈有意见,家庭成员之间长期存在矛盾,会导致家庭失和,无法维持一个和睦的家庭氛围。黄祯怡在父亲的教导下,明白"家和万事兴"的道理,并不想因为自己的治理无能,导致黄家在自己手上分家,这样无法向死去的老父亲交代。所以黄祯怡作为家长更是以家庭和睦为出发点治理家庭。如果有家庭成员不服从,例如黄祯祺和黄祯怡意见不同,这个时候则需要由林月招表态,做最终的决定,母亲的意见两个儿子都会听从。其他家庭成员必须服从家庭的安排。

四、家户保护

(一)社会庇护

1.村民做调解

在生产生活上与其他家户发生了矛盾,如果是一般小问题,多是请隔壁邻居来帮忙调解,如果调解不了,则村里有威望的长老就会出来做道理。如果始终没有办法解决,最后村里的甲保长会出来调解。更有甚者会采取打官司的方式来解决问题。家里与别家发生重大纠纷,当家人必须出面调解,只有家长说定的事情才能算数。但是如果只是小孩之间发生矛盾,则由孩子的家长自行去协调就可以,不需要家长出面。一般情况下发生矛盾,女性是不出面调解的。

2.家族相护

家庭成员对外发生矛盾,整个家庭都会出面维护家庭成员的利益。虽然老话说"帮理不帮亲",但是家里遇到问题时,没有人能大义灭亲,都是站在自家人这边,一起想办法解决,维护家人。但是孩子间的矛盾,大人一般不会计较,对方家长来告孩子状,家里做父母的也就道个歉,赔个不是,表示以后让孩子注意,都是左右邻里,闹大了大家脸上都不好看,赔礼道歉也就解决了,并不会拿着孩子之间的玩笑打闹大做文章,但是小孩总是难逃皮肉之苦的。在大纠纷方面,黄家并没有和别人家发生过大的矛盾。

作为一家人,家里人出了点什么事情,比如被人侮辱等,一般情况下都会有家人出面去讨公道。就算是嫁出去的女儿,在夫家受到了欺负,家里人也会去讨说法,为女儿做主,更不用说其他成员。当然,还需要考虑对方的情况和自家的情况,如果对方家有权有势,加上受欺负的人家软弱,则也就会选择忍气吞声。黄家人做生意,总是和气生财,很少与别人有矛盾。

如果是犯了罪的,都是交给官府,拿去坐牢。即使知道家人确实犯了罪,但是只要家里有能力,都会想法设法搭救。家里有些钱的人家,会想办法去走走关系,能私了的就私了,最后无法搭救也就算了。黄祯怡受人不实举报,被共产党抓进了牢里,黄祯祺多方托人去打探,疏通关系,但始终没有什么音讯,最后还是搭救失败,黄祯怡被处以枪决。

对内,家庭成员之间犯错,很难隐瞒不被知晓。对于家庭成员犯错,不同辈分的人有不同的对待方式。家里人有人犯错,会因为辈分不同,惩罚也不一样。辈分高的家庭成员做错事情,晚辈都不可以惩罚,即使是家长。辈分低的,即使是作为家长,做错事情,家里的长辈都可以批评教育,或者是惩罚,家庭内部不会帮助去隐瞒。平日生活很平淡,在饭桌上有一些事情都会说,比如说家里的孩子谁打烂了什么东西、做了什么调皮事都会被提到。黄祯怡比较疼爱孩子,所以很少会主动去说孩子的错处,总是会帮着隐瞒。

无论是1949年以前还是之后,农村人都懂得"家丑不可外扬"的道理,不好的东西传出去给人听到以后,就容易"一传十,十传百"家家户户都知晓,遭受别人的指指点点。用当地的说法就是"股屎都被丢光了"[①],以后出门见人都不好意思。

(二)情感支持

1.家人互相扶持

家才是最终的归宿,如果家人在外面受了什么委屈,或者是被欺负了,一般都会回家诉说。如果父母年老,为了不让父母担忧,会选择不告诉父母,多是"报喜不报忧"。或者是与兄弟商量或者是与妻子诉说。大家心里都明白,所谓家里人,就是会真心对自己好,有着割舍不断血缘情的亲人。

2.娘家为女儿撑腰

虽然说"嫁出去的女儿泼出去的水",但是始终血脉相连。如果出嫁的女儿在外受到了委屈也是会回娘家投家人的,家人就会出面给女儿做主。但是娘家人不会怂恿女儿解除婚约,毕竟"嫁鸡随鸡"。黄家的婆媳关系还不错,虽然后来罗坤珍因为生育问题被婆婆刁难,但她也知道是自己肚子不争气,所以并没有向娘家提及这个问题。

(三)防备天灾

1.洪涝灾害极少

1949年以前,连城县发生重大自然灾害的情况并不多。文岗村极少遭遇洪涝等自然灾害。按照当地人的说法,文岗村是个有风水的地方。祖上传说,文岗村的地势两边高,中间低,形状似一艘船,所以洪涝灾害很少在文岗村发生。农民看天吃饭,有什么年成不好,也是常有的,算不上什么大的灾难。

---

① 股屎都被丢光了:在当地是指一点面子都没有了。

2.火灾难逃

1936年,姑田乡流行天花,导致大量人口死亡。黄家人并未在此灾难中遭受损失。而对黄家造成致命一击的是1951年的火灾。永丰街的别称是马面下,在清代以前永丰街街道特别狭窄,而且两旁的店房矮小,都是木质结构,易失火,所以有每十二年就火烧马面下。在1935年之后的一次火灾发生后,商家议论扩大街道路面,重新修建洋房,黄家隔壁的纸槽老板的房子就是洋房。而且在1951年8月永丰街上发生了一次比较大的火灾,几乎烧光全部店铺,只剩下横街一头一尾的两间酒店,直街街尾银器店也被烧毁。黄家的店铺在那次火灾中被烧毁,黄家只带出一些贴身的财产,损失惨重。

(四)防备盗匪

1.盗匪猖獗

1949年前,连城县内土匪非常猖獗,常常拦路抢劫,搞不好的时候还杀人,有些土匪还会入户抢劫。土匪都是抢劫人口稀疏的村庄或者是在公路上蹲点守候,或是守在公路要道上,比如文岗村到永丰街的路上。村民常常挑东西到姑田去卖,土匪守在路上,专门抢人挑的货物。因为很多土匪都是县乡里的一些人,有的人家有亲戚在当土匪,能得到一些小道消息,常常可以避开土匪蹲守的时段,是否会被抢纯属靠运气。但是为了营生,很多人还是冒着危险去"挑挑"①。黄家并没有货物运输的需要,都是在市场上买卖居多,遭遇拦路抢劫的情况极少。同时黄家的文岗村老家因为在一片村庄的中间,且人口居住比较密集,所以很少会有土匪来犯。

2.躲土匪

黄家所在的永丰街,商户们向甲保长交纳"保护费",保平时的安宁。但也有不受甲保长保护的时候。在罗菊群4岁那年,永丰街曾经历过一次土匪入街。土匪入街前就有人得到消息,在街上大声喊"土匪来了,土匪来了",于是所有商铺慌忙将店面关上,大人牵着自家的小孩都躲起来,罗菊群因为是抱养的孩子,在这种危机关头没人管没人顾,她就自己爬上了阁楼,趴在上面不敢出声。她看到外面有很多土匪经过,一个男的被土匪抓住了,扒了衣服,绑在了电线杆上,绑得他哇哇大叫。街上的商户都关着门,但是很多商户都躲在门后面,透着木板间的空隙偷偷看外面,过了不知道多久,土匪才走了。

(五)防备战乱

1.战乱影响小

1949年以前,虽然当地国民党势力和共产党势力来回拉锯,使得整个地方社会动荡不定,但是两方之间的争夺并没有造成正面冲突的枪林弹雨。加之当地位于闽西山区,地势险峻复杂,所以当地直接受到战乱的影响比较小。相比较于战乱的影响,当地居民则是饱受盗匪之乱。

2.积累财富以保不测

黄家作为平常小老百姓并不曾结交地方权势,家族之中也无人为官,因此没有什么靠山,只是靠着自家的小心经营积累财富,即使未来遭遇战乱也能有足够的钱财保障自家的生活。除了小心翼翼积累财富以外,黄家能力有限,因此也没有办法采取什么措施。

---

① 挑挑:是指替别人挑东西,挣体力钱的工作。

五、家规家法

(一)成文家规

1.黄氏族规的延续

黄氏丰城十八世黄邦正,仕汀州州判,居宁化,生有七子。其中五子小五郎、六子小六郎、七子小七郎迁往长汀宣河,即今天的连城县宣和乡科里,兄弟三人为科里黄氏的始祖,三人定下黄氏家训并写于族谱,传至科里六代十一郎,因家族庞大,生产资料有限,于是开始另择他地发展,遂南迁至连城县文岗村,并于此定居开枝散叶。同时将科里黄氏始祖的家风带到当地延续下去。

2.以黄氏族规为家规

黄氏家训的内容为"敦孝悌,和乡邻,明礼让,务本业,端士品,隆师道,修坟墓,戒犯讳,戒争讼,戒非为,戒犯上,戒异端,戒法律,戒轻谱。"且黄氏家族历来将《朱子家训》作为文岗黄氏的《治家格言》,世代教导子孙。黄溱济重视教育每位黄家成员遵守祖训,黄家不仅形成了家庭和睦的良好风气,而且还与周围的亲友邻里形成了融洽的关系。

(二)默认家规

"没有规矩不成方圆",黄家在日常的生活中,遵循着黄氏的祖传家训和连城地方上公认的交际规矩,形成了自己家的家规家法。这些家规家法主要体现在吃饭、座位、请示、请客、洗衣晒衣、洗漱、洗澡、扫地茅厕管理等方方面面,从这些家务事的规矩中可以感受到黄家的家规力量。

1.起居规矩

黄溱济性格温和,唯独对于家人晚起很难容忍。黄溱济常教导子孙,说"早起三朝当一工,早起三秋当一冬",意思是早起三个早晨就相当于多做一天,早起三个秋天就等于多做一个冬天,一年之计在于晨,黄溱济最恨儿孙晚辈"懒尸晏起"[①]。所以黄家全家人每天早上都起得很早,夏天天亮得早,五点就起床开始一天的忙碌。冬天天亮得晚,最迟六点就要起床。一家人各有分工,扫地,煮饭,开店门等。曾经有一次,黄溱济的新入门的二儿媳妇罗坤珍,因为身体不适起床起迟了,黄家在一起坐着吃早饭的时候,黄溱济脸色很难看,一言不发,林月招当着全家人的面数落她,"懒尸晏起,是想别人煮给你吃吗?!"丈夫黄祯怡在桌上也不敢帮腔,罗坤珍心里很委屈又觉得羞愧难当。自此以后,罗坤珍深知黄溱济讨厌家人晚起,所以无论身体如何不适,都会按照时间早早起床帮忙做事,待到家里的事情忙得差不多,才敢趁着空闲回去休息一会儿。

2.做饭规矩

黄家只有一个柴灶,炒菜做饭都是用这个灶台。黄家做饭主要由黄家三个儿媳妇负责,并没有规定一定要谁做饭。以前少油没有什么调料,所以日常炒菜都差不多,也分不出谁做得好吃。炒菜一般是以罗坤珍为主,别的媳妇帮忙打下手,遇到有事,别的媳妇也接手。因为当地吃饭以木桶蒸饭为主,所以每天做早饭时需要一个人负责"筛饭",负责筛饭的人必须守在煮稀饭的锅旁,等锅内的米煮至七八分熟,用竹筛子将稀饭里的一部分米捞出来,再放到

---

① 懒尸晏起:方言,指懒惰晚起床。

木桶里蒸,是一天全家人吃的干饭。捞米的时间很重要,用七分熟捞出来的米蒸的饭软硬适中,最为可口,过早则米过硬,过晚则米太烂。黄溱济对其他人筛的米饭常常会抱怨,所以家里筛饭的都是最擅长筛饭的林月招负责。后来林月招上了年纪,就将筛饭的技巧传给了媳妇们,其中以罗坤珍掌握最好,所以后来黄家里的筛饭主要由罗坤珍负责。

黄家 13 口人,每个人吃的饭菜都是一样的。一般情况下,家里成员并不能说想吃什么菜,说了家里也不会给买。逢年过节要加菜,也是要黄溱济说,"明天过节,杀只鸡吃",第二天家里就会买鸡来杀。家里买菜主要是由男人负责,谁出门,就交代谁买些菜回来,菜钱由整个大家庭支出。晚上吃完饭以后,和黄溱济讲讲花费。妇女是不上街买菜的。家里的妇女第一胎怀孕才可以吃一些特殊的东西,比如说鸡汤,或者鸡蛋,一般都是单独给她做,也是家里的长辈说了才可以做。之后怀孕生孩子就没有那么娇气了,家里吃什么,孕妇也是吃什么。除了坐月子的时候会单独给做几餐蛋炒饭。

3.吃饭的规矩

连城县地处南方地带,居民主要以大米为主食,面食吃得少,有时过年过节会煮粉干或者是薯粉。黄家一般早上多是喝稀饭配咸菜或者是豆腐乳。中午和晚上吃饭,因为要干活,吃饭才顶饿。中午和晚上炒菜。过节过年,家里会加菜,吃些肉。家里做饼点的师傅和黄家人同桌一起吃饭。因为师傅要干活,所以米饭是要给提供足的。隔三差五还会买些肉吃。黄家条件不错,吃饭没有吃不饱的,但是菜就比较一般。

家里逢年过节要加菜,都需要由黄溱济来决定,平日里的菜由出门的儿子或者是黄溱济购买,一般都是市场上出什么蔬菜就吃什么。蔬菜都是应季菜,往往一种菜出来就会要连续吃上一段日子,等到新菜上市以后才会变花样。因为黄家自己也种一些蔬菜,所以蔬菜大部分自己吃,就从市场上买豆制品,或者是肉。黄家经常有豆豉蒸猪肉或者是咸菜蒸猪肉,做一大盆,天天蒸着吃,可以吃很久。虽然属于咸菜,但是这也是要像黄家这样家庭条件比较好的人家才吃得起。

吃饭时,必须等齐了全家人才可以开始吃饭。特别是长辈没有来,晚辈是不可以私自开始吃饭的。而且必须要长辈先动了筷子,其他成员才可以开始正式吃饭。黄家从小就教育孩子要这样做,如果孩子不听话,或打或骂教育一番,慢慢孩子也就记得了。除了必须等齐人一起吃饭外还有很多规矩:第一,不准用筷子敲碗盘。主要是小孩才会如此,这时大人就会说不像话,还会用筷子敲孩子手。因为当地人认为敲碗是"讨食鬼"①的行为。第二,不能用掌心托碗吃饭,而是要用手扶碗,掌心托碗在当地人看来也是"讨食鬼"的行径。这种贬低家庭名誉的行为是很招大人反感的,见一次打一次,直到改正为止。第三,不能将筷子插到饭里,在当地,村民们认为筷子立插米饭中象征香炉,是极其不吉利的表现,这是吃饭时候的大忌。

关于吃菜,第一,家里都会教导孩子不能乱翻菜,特别是吃鱼的时候,乱翻乱挑是目中无人的表现,是很失礼的。第二,一般父母都是教育孩子面前有什么菜就吃什么菜,站起来撑着桌子去夹远处的菜很没礼貌。第三,吃饭时候也忌讳咬着筷子,因为这样会让人觉得一桌子人都要吃你的"口水",既不卫生也不礼貌。第四,吃饭时候,不能只用一只手,忌讳将另一只手放在桌子下。因为这种形象看起来像只有一只手的残疾人,所以黄家长辈遇到这种情况都

---

① 讨食鬼:指乞丐。

会责骂孩子:"你是断手断脚么!"对于这种情况,老话称之为"饭碗都不顾的人",这种人在当地人的形象中是品格恶劣之人。这种行为直接导致了人品的质疑,引起了人们的重视。吃饭的规矩还有很多,例如吃饭喝汤切忌发出吧唧声或者呼噜声;给别人盛饭时饭八分满就好,不要"压饭";如果是坐八仙桌的长凳子起身盛饭时一定要注意提醒旁边的人坐稳,不能因为一人站起来使凳子另一边翘起而摔倒人;长辈才能让小辈盛饭;留饭菜要在吃饭前,把吃过的菜留给别人吃被视为极没规矩。

家里来客人或者是自家人常会聚在一起喝酒, 喝酒便有喝酒的规矩。首先是斟酒的讲究。一般晚辈要给长辈斟酒。斟酒不能反着手,茶酒都是七分满。他人为你斟酒倒茶时,要用中指和食指轻轻连续轻敲三下,叩桌表示感谢。给长辈敬酒,酒杯沿儿要低于对方,如果是同辈就没有这个讲究。如果吃完饭要离桌时,筷子就要直接放在桌上,不能将其放在饭碗上,以为这代表着没有吃饱或者在等候的意思。也不能"叠碗",这有"逐客"之意。小辈吃完饭离桌,要告知大家自己已经吃饱,请大家慢吃。一户人家是否懂道理,最是能从饭桌上这些细节看出来。

4.座位规矩

当地人吃饭使用四方桌,俗称"八仙桌",一般坐八个人,黄家桌子大一些可以做十二个人。妇女和小孩不上桌。座位是有讲究的,一般上座是家里的长辈坐,黄溙济和林月招就坐在上座。因为都是自家人,所以就不像请客时那么讲究,除了上座外,大家随意坐,位置基本上都是固定的,不随意变化。如果是家里来客人了,一般按照亲戚朋友的尊卑就坐,以上座为最尊,左手边的靠近上座的座位次之,右手边最靠近上座的再次之,左尊右卑,越靠上座为尊。当地人重客,所以家里来客人一般是坐在上座。如果不这样,这家主人就是非常失礼的,不尊重客人的,很容易因此得罪宾客,传出去会被人指指点点,说这家人没有规矩。

5.请示规矩

黄家的生产活动在黄溙济长时间的主持下,已经形成了基本运行模式。家里的事情主要是黄溙济安排。家里的田地主要是种植水稻,要种植其他别的作物,都是由黄溙济安排。若是黄溙济没安排,儿子们会请示父亲。田地庄稼的照料和是否请工等,黄溙济会根据情况安排。照看田地安排的人并不一定,并没有固定的人负责这件事情。谁有空就谁去。平时店里的生意,什么日子做多少饼,什么时候店铺进什么货,年年都是差不多的。如果儿子有新提议要进什么新货,则会在吃饭的时候请示父亲。虽然黄溙济年纪大了,不再直接参与生产经营活动,但是他还在管理整个家庭。

在生活中,到了什么时候该做什么事,黄溙济都会安排好,很少需要儿子来请示。儿子长大以后,很多时候要做什么事、该做什么事,儿子心里也知道,小事上按照习惯来做,比如平日里该吃些什么菜。大事上则多请示父亲,问问父亲的意见,比如说逢年过节该加什么菜。黄家的孩子教育问题上,一般都是由孩子的父母提出来,向黄溙济请示,黄溙济同意后,则黄家同意支出费用,统一安排读书。黄溙济在考虑问题的时候,还是比较公平公正的。1949年以前,女孩子很少可以上学,因为黄金群是黄祯怡多年来仅生的一个孩子,所以黄溙济公平起见,为了照顾到黄祯怡的后代,在黄祯祺的儿子送去读书后,也让黄祯怡的女儿去读书。

6.请客的规矩

黄家家宴请宾客都是由黄溙济来决定,比如说什么事情要请客,请哪些人,买些什么菜等。以前宴请宾客,一般要有酒有蛋。当地传统把蛋视为吉利的食物,人吃了以后就会有好运气。而且到当地任何人家做客,一定要喝米酒。黄溙济家请客时候也会需要这些,基本的事务儿子们不需要请示黄溙济。在具体的大菜上,花费会贵些,需要由黄溙济定夺。如果是办理宴席,则需要的菜就更多。菜色根据不同宴席有不同的讲究,婚宴有婚宴的吃法,白席有白席的吃法,一般都是根据当地的规矩结合家庭的经济情况来决定菜品。如果平时朋友到家里来,往来频繁的就一起吃个便饭,蒸碗鸡蛋倒些酒喝。如果不常来的,就煮个面,煮碗鸡蛋,如果是像亲家这样的贵客,还要杀鸡杀鸭。

7.房屋安排和进出规矩

关于黄家的房屋整体的概况,已经在前文的房屋产权章节中介绍,在此不再赘述。黄家的每个成员住的房间基本上是固定的,并不随意变更。有时会因为客人留宿,临时调整住所。或者是家里居住的男孩其中一个结婚,则会为这个结婚的男孩重新分配一间房间。每个人的房间都属于私人空间,母亲可以随意到任何一个子女的房间,无论婚否。但是父亲只可以去未婚儿子的房间,女儿和结婚的孩子的房间不可以随便进去,因为常有"爬灰"的现象,为了避讳,男子不可以随意进出他人房间,特别是成婚人的房间。

黄家第一代,黄溙济和妻子林月招住在一个房间,黄家的第二代,黄祯祺和妻子住在一起,因为黄康祥年纪比较小,所以也跟着黄祯祺住。黄祯怡带着小女儿住,其妻子罗坤珍与大女儿住一间,回到老家,黄祯怡和罗坤珍住一间。黄祯拔与妻子带着女儿住一间。黄梓祥自己住一间。两个做饼点师傅住一间房,账房先生自己住一间。

黄家房间由黄溙济安排,一般会考虑房间的大小。黄溙济主要监督家里的生产情况,所以住在了离店铺最近紧挨着账房的房间。同时为了方便饼点师傅工作,做饼点师傅的房间被安排在了做饼房间的里间。家里存放货物的房间也是选择了第一层离门店较近的,方便搬运。二儿子黄祯怡管理店铺的事情比较多,所以住在楼下方便进出。大儿子和三儿子则住在了楼上。

1949年以前,娱乐生活很少,同时也为了省煤油灯的灯油,晚上家庭成员把事情处理完,早早就去睡觉。只要事情做完了,就各回各屋,并没有对睡觉有什么规定。早上起床,做饼点的人会起得早些。一般公婆起床了,媳妇也要起来。懒媳妇会被婆婆给脸色看,或者数落。因为睡得早,所以起得早,大概在早上五点多,全家人就都起床了。

每个房间都装有门帘,平时白天家里人都在家,所以房门都不上锁,也不用关,有门帘挡着,外头的人也看不到里头,有什么事要找房里的人,在门口说一说,得到屋内人的同意就可以进。晚上睡觉,大家会各自从屋子里上锁。大家房里也有箱子,一般都是上了锁放在衣柜里。

8.洗衣晒衣规矩

洗衣做饭都是女人们的事情,男人是不用插手的。黄家各个小家庭的衣服由各个小家庭自己洗,黄溙济和林月招两位老人的衣物有时候是林月招洗,有的时候交给儿媳妇们洗。每天早上吃完饭,家里的事情收拾好,黄家的三个儿媳妇就把脏衣服收好一起到屋后的小河边清洗。妇女们洗衣服用的是稻秆烧的灰,也有的用皂角,这些东西需要黄家的媳妇们自己准备,一起使用。洗衣服时,男性的衣服要和女性的衣服分开洗。

有时候黄家的事情比较忙，则会让家里的小孩去洗。罗菊群和李碧清两个孩子不用上学,有时候会让她们洗少量的衣服和鞋子。黄祯怡见她们不会洗鞋子,教她们将稻秆灰撒到鞋子内,穿在脚上,用脚指头抓,能把鞋子里面的脏东西洗干净,再穿着鞋子在沙子上磨一磨,鞋底和鞋边就干净了。

衣服的晾晒很讲究,男性的衣服一般晾晒在高处,女性的衣服则晾在低处。当地风俗的说法,女性的衣服是很倒霉的东西,男性不可以随便触碰,也不可以从晾晒的女性的衣服下面走过,否则会有霉运。女性很羞耻于将内衣外晾,都会在内衣外面再套上衣服一起晾晒。黄家在屋子下厅大门下的屋檐下晾晒衣服。

9.洗漱规矩

相较于用猪毛做的牙刷刷牙的富裕家庭,黄家如大部分人家一样,使用牙粉,并没有牙刷。黄家每家房间都有一个毛巾架、一个洗脸盆和属于自己的毛巾。早上起来,家里的妻子要给丈夫准备好洗脸水,洗完的水就泼到天井。洗脸并无特别的顺序,每个人都在自己的房间洗。妻子要服侍丈夫,需要给丈夫打洗脸水,也要优先让丈夫洗。冬天家里的妇女们洗完了脸都会涂上一些雪花膏。冬天因为不天天洗澡,所以晚上大家都会洗个热水脸、泡个热水脚再去睡觉。一般丈夫的洗脚水都是要妻子准备好,洗完后由妻子倒掉。服侍完丈夫洗漱,家里的妇女让孩子洗漱完,最后才轮到自己洗漱。黄家对脸盆有很明确的区分,有专用的洗脸用盆和洗脚用盆,不可混用。

10.洗澡规矩

黄家有一个小浴室专门用作洗浴。夏天因为做事情出汗多,黄家人天天晚上都会洗澡。冬天汗出得少,一般一周洗两次澡,每天晚上都洗脸泡脚。夏天洗澡都用的是桶,接大半桶热水,再舀些冷水调温度,用毛巾泼着洗。冬天则会用大的木盆装着热水洗,再在旁边备一盆滚开的热水用来加热木盆里的水。冬天洗澡都是白天,挑阳光好、温度高的时候洗,这样洗完澡才不会被冷风吹着凉。洗澡顺序也是有讲究的,一般先让家里的长辈洗,保证长辈洗澡的热水充足。长辈洗完后,按照辈分让家里的男人洗,再让孩子洗,最后才是妇女洗。因为家庭人口比较多,所以会分成几天洗。洗澡的时候,妻子需要为丈夫准备好换洗的衣服,准备好洗澡水,丈夫洗完澡换下的脏衣服也是由妻子负责清洗晾晒。

11.扫地规矩

黄溱济将《朱子家训》作为治家和为人处世的指南。《朱子家训》中有言:"黎明即起,洒扫庭除,要内外整洁。"所以文岗村黄氏族人每天早上起来,洗漱完以后就要开始扫家里的地,这个是老祖宗留下来的规矩,就算是家里条件不好,也要保持整洁卫生,不然别人到家里串门看到到处乱七八糟,会觉得这家人不讲究。黄家的公共场所,如下厅地面、店铺地面等主要是由林月招打扫,但并不一定,有时候林月招没空,则会由家里的媳妇打扫,。家庭其他成员各自的房间则由房间使用者打扫。

黄家的扫地工具主要是扫帚,扫帚是由黄家自己做的。做扫帚的材料是当地人种植的一种称为"仙人跨"①的植物。家家户户都会在房前屋后,或者在自家土地上随便撒上些种子种植即可。一家一年三四把扫帚足够使用。每到秋天十一月份左右,人们会把长得足够大的仙

---

① 仙人跨:为当地人对一种植物的俗称,具体植物学名不详。

人跨砍下来,晒干换下之前使用了一年的旧扫把。仙人跨不仅会被用作扫地扫帚,还可以用作清扫屋内蜘蛛网的工具。当地人禁忌用扫地的扫帚去扫高空的蜘蛛网之类的脏东西,认为把扫地的东西放到人的头顶上会倒霉。

一年里天天都要扫地,除了大年初一到大年初三。当地人都是在大年三十清扫好地面,等到正月初一开始后就不再扫地,认为在正月初一到初三扫地,会把家里的财气和好运气都扫出去,所以家家户户都不扫地。

12.茅厕管理

黄家居住的永丰街上的房子只有一个茅厕,大概 4 平方米的样子。每个房间里都放有尿桶,家庭成员平时小便都是在自己的房间的尿桶解决,大便则都是在茅厕解决。黄家常有客人借用厕所,无论大小便都是使用茅厕,一般不使用黄家人房间里的尿桶。尿桶一般放在房间的床尾,比较隐秘的地方,有盖子盖着。媳妇天天起来都要倒尿桶,用稻草清洗尿桶,这样在房间里上厕所才不会味道很重。有些人家总是等到尿桶满了才倒,往往在房间里上厕所,一打开盖子就臭到不行。黄家人比较讲究,要求媳妇天天清洗尿桶。

家家户户都有自己的茅厕,都是自己管理。黄家的媳妇每天都会清扫厕所的厕所板,保持基本的干净。各家的厕所都是上锁,不给外人使用。粪便是主要的农作物肥料,开放厕所给路人使用可以积累更多的粪便,但是开放自家厕所给路人使用,往往会使得厕所异常脏。于是家家户户都不愿意把厕所给他人使用。很多来黄家买饼点的客人是比较远地方的人,他们并不居住在当地,只是来赴圩,有时到黄家买饼点借用厕所,黄家人也会同意,并不想因为这样的问题破坏与客人之间的关系。

(三)族规族法

1.族规

文岗村黄氏始祖教育子孙后代要"敦孝悌,和乡邻,明礼让,务本业,端士品,隆师道,修坟墓,戒犯讳,戒争讼,戒非为,戒犯上,戒异端,戒法律,戒轻谱"[1],黄氏宗族的族规通过口头相告和族谱记载的形式代代相传。黄氏族人以族规教育孩子,注重培养孩子"懂道理"。黄氏族人最看中培养子孙"敦孝悌",必须分清长幼尊卑,不可逾越辈分"没大没小"[2]。黄氏族人具有很重的等级观点,体现在日常生活的交往细节中。例如,黄氏族人以辈分而不以年龄论长幼,辈分最直接体现在每个黄氏子孙的姓名之中,即体现为字辈。黄溱济属于"济"字辈,黄祯怡属于"祯"字辈,黄梓祥为"祥"字辈,名字中带"济"字的黄氏族人为黄梓祥的爷爷辈的长者,而"祯"字则为其父辈的长者。日常交往中的称呼,黄梓祥必须严格按照字辈尊称长者,因此常出现黄梓祥必须称呼比他年幼的男性为"叔叔"或者是"叔公"的情况。

2.族法

黄氏宗族族规在《江夏黄氏族谱》中以文字的形式记录,但黄氏的族法却并未能从中找到相关的文字记载,主要以不成文法的形式存在。例如,对于族内女性"偷人"[3]的情况,黄氏宗族从族谱等各种文字形式中找不到相应的惩罚手段,但是黄氏族人代代相传,对于不守妇

---

① 引自《江夏黄氏族谱》。

② 没大没小:方言,指不懂得长幼尊卑的规矩。

③ 偷人:指婚内出轨。

道的女性应当施行"浸猪笼"的惩罚。

六、奖励惩罚

(一)对家庭成员的奖励

1.物质奖励为主

黄家很少对家庭成员进行奖励,每位家庭成员都认为自己为家庭做的事情都是应该的,作为家庭的每个成员,都应该为家庭做出贡献。相较于物质奖励,对于家庭成员最好的奖励,还是其贡献的肯定和认可。一般情况下,对于家人的辛勤劳动,黄溱济会在饭桌上与晚辈喝上一杯,肯定晚辈为家庭做出的贡献,以示精神的激励。

2.辅以小物质奖励

除了以物质奖励为主外,黄家家长偶尔也会在物质上小有表示。如果家里的男孩读书取得很好的成绩,过年杀鸡时,家里的长辈就会夹一块小鸡腿给孩子,作为对孩子最大的奖励。对黄家而言,一个孩子能吃上一个鸡腿是非常大的奖励。家里的孩子如果懂事,惹人喜爱,长辈也会给点糖果作为奖励,黄溱济就经常买"米糖"①奖励家里的孩子。

(二)对家庭成员的惩罚

1.长辈批评教育孩子

家里的成员做错了事情,长辈都可以批评教育甚至惩罚他,并非一定是家长才有这样的权利。

家里的孩子做错了事情,父母长辈可以批评教育他,如果犯了大错可以惩罚他。"棍棒底下出孝子",当地村民认为,对于孩子的惩罚可以采用体罚的形式,这样孩子才能记得牢。体罚在当地被认为是管教孩子最有效的方式,如果孩子不听话,父母就会问"你是不是想吃'鲤鱼饼'②?"孩子担心挨打,就会乖乖守规矩。

孩子犯错,父母教育孩子,别人是不可以插手管的,因为这是做父母的权利和职责。如果孩子很早没有了父母,孩子做错了事情,损害了家庭长辈的利益,家里的长辈会出面教育孩子,如果孩子做的事情与家里的长辈没有关系,一般长辈也不会理这个孩子的事情。当地没有爹娘的孩子与别人的孩子发生争执,孤儿被别人的父母批评,家里的长辈很少会出面帮助。

家里的孩子被教训多是因为调皮捣蛋、不听话。黄家的孩子都很听话,所以被教训得比较少。黄金群小时候常常爱在母亲教训她的时候顶嘴,因此常常招来母亲的打,每每这个时候,黄金群总是会叫着"爸",跑去找黄祯怡。1949年以前,当地人称父亲都是"伯"或者"叔",很少有叫"爸"的,黄金群这样的叫法在旁人看起来是很矫情的,因此也体现了黄祯怡父女俩的感情很亲密,黄祯怡也总是护着黄金群,叫她"心肝命"。因为在教育上产生分歧,黄祯怡和罗坤珍之间发生了争执,黄祯怡还失手打过罗坤珍。黄祯怡的小家庭属于慈父严母,虽然黄祯怡会护着黄金群,罗坤珍也并不会因为黄祯怡的袒护而少教训黄金群,该打的时候也是没手软。

---

① 米糖:当地人对麦芽糖的俗称。
② 鲤鱼饼:当地人认为鲤鱼饼的形状与巴掌很相似,故将用巴掌打人称为请人吃鲤鱼饼,常用于开玩笑和威慑孩子。

2.丈夫教训妻子

如果丈夫认为妻子做错了事情,是有权利教训妻子的,并没有特别的惩罚手段,一般都是打或者骂。1949年底,共产党开始在当地着手进行土地改革,罗坤珍听到风声,从文岗老家赶去姑田让黄祯怡外逃避避风头,但是黄祯怡认为自己并没有做过伤天害理的事情,所以不愿意外逃。耐不住妻子的苦苦相劝,黄祯怡动手打了罗坤珍一巴掌,直接将罗坤珍的一颗大牙都打掉了,罗坤珍满口鲜血,但是对于丈夫的坚持又无可奈何,最后罗坤珍含着一口血,饭也没吃就回文岗老家了。

3.婆婆惩罚媳妇

"千年的媳妇熬成婆",媳妇年轻时候,常常会受到婆婆的折磨。因为家庭规矩很多,婆婆常常会因为媳妇犯了规矩,通过训斥或者是故意加重媳妇的工作,使媳妇受到惩罚。亨子堡有一户人家,婆婆数落了媳妇一通,媳妇心里不舒服在做饭的时候发了牢骚,被婆婆听见,进到厨房拿起勺子就往媳妇的脑袋上打,头上都打出血来了,媳妇也不敢吱声。像这种婆婆为难媳妇是很常见的事情。一般婆婆教育媳妇,公公和儿子都较少出来劝解,除非婆媳两人打闹开,家人会出面调和。有些家庭里,婆婆十分不中意媳妇,还会让儿子把媳妇休了。有些男性没从大家庭中分离开,没有自力更生的本事,很多事情都是听从父母的安排,所以当地很多媳妇被赶出家庭多是因为婆婆的原因。

七、家族公共事务

(一)一年一祭祖

文岗村黄氏家族每年都会举办一次祭祖活动,按照规矩,每房人都需要有代表出面参与祭祖活动,费用则由每家每户平摊。因为黄家经营生意,比较忙,所以黄家人都是偶尔参加祭祀活动,并不年年都参加。参加时,由作为家长的黄溱济自己出面或者派家里的儿子回文岗村交钱或者参加祭祀。祭祀时,妇女不到墓前祭拜,都是在后厨帮忙准备"祭墓酒"。

(二)六年一酬山

文岗村每六年还会举行一次"酬山大会",是文岗村最盛大的节日之一。"酬山大会"由邻近的谢屋村、黄屋村、文楼村、文岗村四个村子轮流举办,每六年一次,费用由举办的村庄的村民筹集,其他村的村民会一同参与。"酬山大会"为农历十月初七举行,"酬山大会"前一天,四个村的村民会拿着自己准备好的"彩幡",家家户户都会派出一名代表,到大丰山的庙去住一晚,以便第二天在大丰山上求结彩。在去大丰山的路上,村民手里的彩幡上的流苏会被风吹起打结,这个结打得越紧兆头越好,说明神仙感应到了村民的诚心。酬山用的彩幡都是村民自己扎制的,用竹子做成一个小房子形状,用各种彩色的纸装饰着,里面放上些小人偶,它们是村民所供奉的欧阳真仙、药王仙师或者是八仙,竹扎的房子下面会系上红绳子,绑上铜钱,这样风就可以把红绳子吹得打结。村民第二天从山上回来的时候,大家都会纷纷评论说谁的彩幡最早打上结,谁的彩幡的结打得漂亮,谁的彩幡结了很多次,最后才结好。这样的话题将在一段时间内成为茶余饭后的谈资。酬山当天,住在山上的村民会一起回来,有一部分村民抬着彩旗在亨子堡三叉路口等归来的村民,还有一起来看热闹的村民或者是迎接家人的村民都等在那,一看到回来的队伍就点燃鞭炮,热热闹闹。等待的亲人会接过回来的家人手上的彩幡,让其休息。家家户户的幡都结得漂亮,大家都喜气洋洋。等待的队伍中还会有彩轿,就是把竹轿子用各种花、红色的绳子装饰,然后找村里五六岁的孩子装扮成小仙童,让孩子坐在彩轿上抬回来,有铜锣队在最前面开路,整个回村的队伍浩浩荡荡非常热闹。回到村子后,整个队伍会绕着四个村子走一遭,向村民们展示自己的彩幡。游行结束后,各家人分别把自己的彩幡抬回家,主持酬山的村民还需要在最后回到自己的祖祠进行祭拜,给老祖宗们烧了香以后才可以回家。主办酬山的村子当天需要举办一次宴席,请自己村里的参与酬山活动的长辈一起在祠堂吃一顿饭。因为"酬山大会"作为最盛大的节日之一,家家户户都会参与。因为黄溱济年纪大,黄祯怡和黄祯拔身体比较弱,没有办法去爬大丰山,所以"酬山大会"都是由黄祯祺代表家里抬幡去爬大丰山,黄祯怡则在山下迎接他。

八、村庄公共事务

(一)参与主体

1.亲戚代为传递会议内容

村庄有公共事务需要召开会议,都会有专人到各家各户通知。重大会议则盛情邀请村里最具有权威的村民出席,并通知各户户主参加,例如选保甲长等。一般的会议,各家家长若是没空,则会指派儿子代替参加会议,或者是不参加会议。因为黄家全家都在姑田经商,一般村内的小会议黄家可以不参加,会后黄溱济的兄弟来传达会议的内容。

2.家长派代表参与

对于村庄公共事务的参与,黄家只需要派代表参与即可,并不需要每个人都参与。黄家只有男丁才能成为家庭代表,女性不参与村庄的公共事务。文岗村每年会举办整个黄氏家族的"祭墓",每年正月会举办"拜图"活动等,黄溱济一般都是自己参加,或者是派自己的儿子作为黄家的代表参加。

(二)参与事务

黄家在村里算是经济条件比较好的家庭,所以村里有大事都会请黄家去参加。黄家参与文岗村的公共事务主要包括开会、选保甲长、祭祖、酬山、修庙等。文岗村内的很多公共事务产生的费用大多是以村民为单位分担,村民选择以钱、粮或者出工方式分摊费用。黄家选择以出钱的方式为主,并不出劳动力。因为黄家的劳动力全部都用于自己的生产经营上。

1.开会

文岗村开会比较少,村内的事情都是村里管事的几个人一起商量,重大的事情则会叫每个房里的代表去参加会议,更重大的事情,则是请每户的家长去参加会议,妇女一般是不参加的。按照当地的说法是"让妇女参加从来都是没有这样的规矩,女人家什么都不懂得,去了也不知说什么"。村里选保甲长属于重大的事情,会通知每家的家长参加。黄溱济当家的后期,因为年纪大了,所以就派儿子去参加。待到黄祯怡当家时,则是由黄祯怡作为家长参加。

2.保甲长的产生

1949 年以前,文岗村的保甲长都是村里有威望或者是有权势的人担任,通过选举产生。在选举保甲长时,往往会出现比较激烈的竞争,村民之间相互拉人头,同时也会出现房派之间的争执。临近 1949 年解放之际,村里的人担心担任保甲长之职会引来灾祸,于是都相互推辞不愿意干。1949 年底,黄祯怡被村民推举,被迫接任了文岗村的保长之位。

3.修庙

1949年以前,村里有一座"娘嬷庙",庙宇的屋瓦翻修都是由村里家族的长辈负责,费用则分摊给每家。修庙的人会家家户户去收款,分摊者可以交粮食或者给钱,也有以工代资的。所谓以工代资就是出不起钱的人家,通过出劳力来抵需要出的钱。一般劳力的价格按照市场价来算。多做工的部分,村里需要补钱给出工的人。黄家的费用一般都是由在文岗村老家的黄溱济的弟弟帮忙先垫付,或者是弟弟家会有人到永丰街通知黄家人。

4.禁止打井

文岗村老祖宗流传下来的老规矩,说是文岗村的地势从风水上看是一条大船,如果在村里打井则会破坏原有的风水,就像在船上凿了洞,船漏了水,也就破坏了风水,村民害怕因此影响了自己和子孙后代的运势,因此谁都不敢有违祖制。1949年前,文岗村村里没有井水,村民的饮用水源主要是山上的泉水。

九、国家事务

(一)纳税情况

1.佃农无须缴田税

纳税都是以户为单位进行缴纳,农业纳税是按照土地的面积计算,一亩地具体需交多少粮食不详,一年交一次。每年秋收的时候,由田主挑粮食到亨子堡的区公所去交粮食,一百斤的粮食收成交十几斤的粮食为税。佃农只需要交田租并不需要交粮食税,佃农的粮食税则是由拥有土地的村民自行缴纳。文岗村大部分村民从祖上继承了一些田地,都大概知道缴纳的田税是多少,但是也有家庭全部土地都是租种亨子堡人家的田地,只要交田租,无须上交田税,所以并不知晓官府对每亩田的税收是多少。

2.家长派男丁交田税

黄家在文岗村自有田的税都是要交到亨子堡的区公所,而在永丰街的田则是要交到姑田乡的区公所里。一般交费都是由家里的男人去办理,寡妇则可以花钱请人或者是请自己的亲戚帮忙将粮食挑到乡里。黄家每次交田税都是黄溱济指派儿子去办理,主要是黄祯祺和黄祯怡。

(二)征兵

1.村民抵制征兵

1949年以前,国民党政府每年会在各个村内抓两次兵,由各村保长协助进行。当时规定要求每户家庭中有两名十六岁以上的男丁,就至少需要出一名男丁当兵。上级官府每年都会给保长下指标,保长根据村里的情况向上级汇报合适的人选,由保长带着上级官府的相关人员到家家户户去抓人。为防止村民得到消息逃跑,抓兵并没有固定时间,而是不定时直接入户抓。有时候,村民在田里干活,不知道发生什么事情就被拉走了。有时候村里有人透露了风声,适合年龄的男丁听闻要开始抓兵,符合条件的男丁连夜外逃。

2.买兵

被拉去当兵的人都死在了外面,回家得很少。比较有钱的人家,为了保住孩子,以出钱的方式逃避征兵。因为费用很高,所以一般人家轻易给不起。黄家得罪了保长,保长瞅准了就是要来黄家抓人。最开始抓了黄祯怡,但是因为黄祯怡有肺炎,被官府退回来了。于是保长又带着人到黄家,把黄溱济的三儿子黄祯拔抓走,黄祯拔身体虚弱,在征兵去的路上长途跋涉,加上被国民党用枪打他,催他赶路,身体上受到了很大的折磨,难堪重负死在了路上。黄家试图搭救黄祯拔,但是花钱买征兵的费用非常高,黄家的资金都压在了货上,资金还没来得及筹齐,就听说了黄祯拔死在路上的消息。

(三)选举

1.权势把持选举

1949年以前,文岗村实行保甲制,保甲长以选举产生为主。通过召开户主会议,由村内户主发表对推选人选和自荐人选的意见,获得大多数支持的人选成为甲保长,但选举产生的人选并不一定是村民心中的真正人选。大多数情况下,文岗村保甲长的产生都是迫于自荐人的压力,最终默认其担任保甲长。这类自荐人多是村内有人脉势力和野心的人,想通过进入特权阶层以获得更多的财富。

2.被迫担任保长

临近1949年,连城县内政治局面十分动荡,国民党和共产党两方势力来回拉锯。动荡的政治局面使得保甲长之位具有无限可能,可能是国民党支持下通往特权阶层的大门,也可能是沦为遭到共产党打击的对象,原来那些富有野心的村民开始观望,不再争抢保甲长职位。1949年的选举会,黄祯怡作为黄家当家人,代表黄家参加了村里的保长选举会议。会上无人愿意担任保长。于是村民们开始推选自己心中的人选,村民觉得黄家有钱,人脉广,能够应付复杂的局面,于是都推选黄家的当家人黄祯怡当保长。因为黄祯怡一心带着黄家人经营生意,并没有心思在保长这个职位上,所以始终推托,不愿意承担这份职务。为了显示自己确实无心担任保长,黄祯怡用尿勺柄撑着家门,有意将来家里放鞭炮庆祝的村民挡在门外,但黄祯怡的女儿黄金群认为当官是件有面子的事情,偷偷将撑门的尿勺柄给取走了,使得来到黄家放鞭炮庆祝的村民能够顺利进门点响鞭炮。庆祝的仪式已经做完,黄祯怡再没有推托的余地,只得被迫担任了这项职务。黄祯怡的妻子十分不赞同黄祯怡担任保长,与黄祯怡发生了争吵,被黄祯怡狠狠打了一巴掌后便不再说话。黄祯怡的母亲和哥哥虽然并不赞同他接下这个职务,但还是尊重了黄祯怡作为家长的决定。

调查小记

2017 年暑假，中国农村研究院开展了以关于家户调查为主题的暑假调研项目。接受完学院关于暑假调研的前期培训后，深感任务艰巨的我为争取更多调研时间，加快处理完手头的事情，终于在七月之前赶回了我的家乡福建省龙岩市连城县开展家户调查。

家户调查之难，其一在于找对象。家户调查不同于之前参加过的口述史调查，不仅在年龄、记忆力等方面对调查对象有着较高的要求，而且对受访者家庭背景提出明确的标准——必须为三代同堂且人口在八人以上的家庭。为了找到合适的老人，我通过线上、线下多种途径，积极调动自己的人脉资源，但苦等一个多月未能找到合适对象。最后却是应验了那句古话，"有心栽花花不开，无心插柳柳成荫"，在经历了各种失败后，终于在八月中旬遇到了回家探亲的姨婆，成全了我此次的家户调研。

家户调查之难，其二在于访问。访问难在于问题之多、细、全，对受访者的记忆力、身体状况、耐性都是很大的挑战。我的受访者经历了从最开始的配合到最后见着我就跑的变化，当我告诉老人完成调研时，老人不可置信地反复确定和最后的如释重负让我记忆犹新，每每想起，心里便是对老人满满的感谢之情。家户虽难，但坚持下来，便会发现收获颇丰。通过这次家户的调查，我得以深入了解我奶奶未出嫁前所处家庭的发展史，这个家庭中我所认识的每位亲人的形象被重新刻画和丰满了，我重拾了那段随时光逝去的家族往事，并通过文字传递给这个家族的后人，我为自己能保留一段家族记忆而感到自豪。同时，在这次调研中，我加深了对家乡文化的了解，对生我养我的家乡有了新的认识与思考。

在整个家户调查的过程中，有太多需要感谢的人。在此，首先要感谢中国农村研究院给予的调研机会和经费支持，使得我能够有机会、有条件完成这项极富意义的调查项目。其次，感谢尊敬的徐勇教授、邓大才院长在写作过程中予以的鼓励，也感谢黄振华老师，以及审核小组成员的细致指导和建议。再者，感谢我的受访者，即我的姨婆黄金群，毫无保留地为我讲述黄家的历史，并且坚持配合我完成访问；感谢我的奶奶，其作为辅助受访者佐证并补充姨婆的叙述；最后，感谢我的挚友们在我的写作和改稿过程中不断给予我宝贵的意见，使得我的报告能够更加完善。

第四篇

农商并济：教育兴家的绅士家户

——皖中张大村张氏家户调查

报告撰写：吴　祥[*]

受访对象：张德修

---

[*] 吴祥(1994—　　)，男，安徽马鞍山人，华中师范大学中国农村研究院 2017 级硕士研究生。

导　语

　　1880 年的一场天灾使祖居张公桥的张家先人做出全族逃荒的决定,一个多月后族人来到历阳,在当地乡绅帮助下定居于此。定居后族人开荒垦地扩土建村迅速壮大起来,1949 年时在村中繁衍六代。张家人口众多利益复杂,当家人张本利在家中具有绝对的权威,掌管张家发展的大方向,保证家庭有序运转。

　　自 1912 年至 1954 年张家发生了翻天覆地的变化,几十年间从一个小户人家逐渐成为张大村的首富。这得益于家长张本利坚持让三个儿子上学,有钱时没有像土地财主一样买地建房,而将金钱投入到工商业经营,开了杂货铺、米行、木行、酱油店、豆腐店。张家人乐善好施不利用权势欺压村民,在农民、保甲长甚至土匪心中有很高地位。张家以大家庭为单元对外交往与发展,在大家庭之下又给予小家庭一定权力去处理家庭内部事务。本着"一代管一代"的理念有秩序处理家庭事务,涉及大家庭的事务由老当家人张本利做主。对内,家长张本利管理着每个子女的婚姻嫁娶和子孙的教育问题;对外,指导着每个儿子所经营的事业,参与村庄、宗族和国家事务。当家人多年的经营与管理最终形成了属于张家特色的以家长为核心、三子作支柱、以商促农的书香家户体系,对外有序交往的政治、文化、治理家户秩序。

　　1940 年以前,当家人张本利主管全家一切大权,管理张家大小事务;1940 年后三子事业有成产生分家意向,张本利及时放权给儿子避免分家,张家的大家庭生活得以维持到 1954 年。分家后老人与次子张学明生活在农村,长子张学诗、幼子张学仁家庭留在城里继续经营店铺。1954 年在土地改革国家政策大变动的背景下,张学诗、张学仁的家庭难以适应,店铺生意一落千丈,两家人卖掉了城里一切财产回到了张大村。

第一章　家户的由来与特性

　　光绪年间发生在张公桥的一场天灾使张氏族人做出逃荒的决定，历时一个多月的逃荒最终落户到历阳并建立了张大村，至 1949 年张家已在村中繁衍六代。家长张本利非常重视教育，教育使得张家人眼光长远，在以农为本的基础上，经营工商业的生意兴隆使张家在短时间内积累了大量的财富，衍生出张家人口大户、土地中户、财产大户的书香家户底色。张家人热情友善，与张大村的村民以及城里店铺的顾客保持着良好的关系。

一、家户的迁徙与定居

　　张家在清朝光绪年间(约 1880 年)由于天灾从安徽和县张公桥迁到历阳定居,在落户时征得保长的同意觅得一块土地,张氏一族自此生根发芽。至"仕"字辈时已为第六代,整个张大村除了一两户加入的"杂姓"外,至今为"一门张"。

(一)族长决定迁徙

　　张家祖上从安徽和县张公桥迁徙到和县历阳,具体迁徙和定居原因很多,主要是天灾引起的。1880 年左右气候干旱,导致张公桥的张氏族人粮食颗粒无收,族长为了生存做出举家迁移的决定。据《张氏宗谱》记载:"光绪六年,气候变化致粮食颗粒无收。本地人多地少,族人生存困难,条件艰辛难以维继!决定举家迁徙富庶之地。"张公桥在清朝属于繁华之地,人口密集,工商业发达,但农业不发达,粮食多从外地购买。天灾发生后本地粮食不能满足人们基本生存需要,外地粮食供应不足,饿死了很多人。张氏家长看到家人陆续饿死,做出举家迁移的决定。张氏家族开过家庭会议后便收拾行装逃荒,逃亡时粮食不多饿死很多人,使逃荒行程更艰难,张家族长决定沿河逃亡。出于两个因素:一是靠近河流的地方人口较多、土地肥沃,便于无生存能力的家族成员乞讨求助;二是方便辨别方向,向人们口口相传的富庶之地前行。

(二)乡绅做主定居历阳

　　150 多里①路,张氏族人花费了一个多月的时间来到历阳。相对张公桥,历阳交通便利,水利资源丰富。历阳位置很好,但没有多少人开垦,张氏家长和族人商讨决定停止逃荒定居于此。具体落户情况是张氏家长带领族人找到了当地乡绅,请求在此地定居落户②。乡绅见张氏族人迁徙百里后的惨状,不仅同意了族人的落户请求,而且提供了一片未开垦的土地和一些基本的农具生活所需品。张氏家族度过了最艰难的岁月,迅速在历阳落户生根,整个家族

---

　　① 里:长度单位,合 500 米。

　　② 落户:光绪年间由于地广人稀,落户政策在历阳当地比较宽松,一般只需要在一个地方待的时间长了、与四邻关系和睦,并有亲戚简易的担保证明即可落户。

也逐渐繁荣昌盛起来。

(三)扎根历阳发展壮大

张家祖上自张公桥迁徙历阳落户之后,开荒垦地,扩土建村。由于历阳拥有土地、水源等丰富的自然资源, 张家先祖的勤劳与智慧使张家迅速在当地壮大起来,1949 年时已在村中繁衍六代。

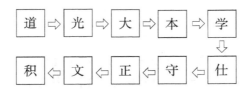

图 4-1　张氏至今辈分一览表(1949 年为第六代仕字辈)

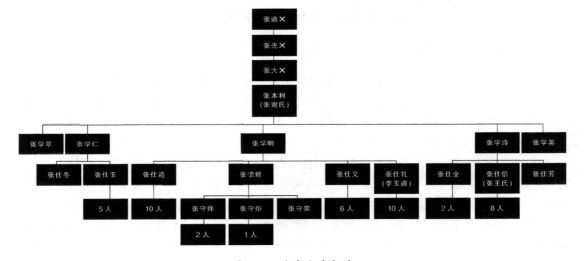

图 4-2　张家主系家谱

(四)重视教育受人尊敬

张家落户后不仅注重农业生产,而且重视后代教育。张家坚持让各男子完成学业,第六代家中男子基本上都是高中文化。张本利孙子张德修是 20 世纪 50 年代的大学生,张仕礼为大专文化,儿子张学明、张学仁、张学诗分别为初中、高中、大专文化。学业上的重点培养对张家发展上起到了重要作用, 家长张本利让三个儿子从事不同行业使三个儿子在自己领域取得了巨大的成就。财富的迅速积累使张家在当地成为大户人家,张家坚持以经商促农的发展思想,不像有些财主利用手上的资本去压榨穷苦人民增加财富,因此受到了人们的尊敬。

二、家户的基本状况

张家位于安徽马鞍山市和县历阳镇大荣行政村张大村,1949 年前属于巢湖①,隶属于南

---

① 巢湖:和县 2011 年前属于巢湖,2011 年巢湖市撤销后,和县划分为马鞍山市下属县。

京政府管辖。距离县城 2 千米,耕地 2420 亩,有 64 户人家共 710 口人。在 1949 年以前该家户是当地有名的大户,具体表现在以下方面:一是在人口数量和结构上,张家绵延 3 代共有 19 位家庭成员,1952 年又有两位第四代成员降生;二是在房屋拥有情况上,张家除了先祖在张大村留下的数十间祖屋,张学诗、张学仁在城里办起工厂和商业经营活动,购买了大厂房和房屋;三是在财富和影响力上,除了张学明在土改时被划分为中农,张学诗和张学仁被划分为工商业地主,属于开明绅士,影响力巨大。

（一）人口组成情况复杂

1949 年以前张家有 19 口本家人,还有牧童、长工、伙计、童养媳等其他人口十多人。19 口人组成如下:

第一代:张本利、张谢氏[①];第二代:张学诗、张陈氏、张学明、张王氏、张学仁、张卜氏;第三代:张仕全、张仕信、张王氏、张仕芳、张仕义、张仕礼、李玉遴、张德修、张仕道、张仕玉、张仕冬。其他人口中张学明小家庭雇用 1 名长工 1 名牧童负责协助家庭进行生产,张学诗负责的木行、米行、杂货店长年请数个长工,张学仁的酱油店和豆腐店中也请长工工作。

表 4-1　1949 年家庭人口状况表

家庭基本情况	数量
家庭人口数	19
劳动力数	14
男性劳动力数	6
家庭际代数	3
家内夫妻数	6
老人数量	2
儿童数量	5
其他非亲属人员数[②]	11

（二）家庭枝繁叶茂

1.多数成员长寿健康

1949 年时家长张本利 70 岁,内当家张谢氏 70 岁;张学诗 50 岁,张陈氏 49 岁,张学明 48 岁,张王氏 48 岁,张学仁 40 岁,张卜氏 38 岁;张学英 46 岁,张学翠 38 岁;张仕信 25 岁,张王氏 24 岁,张仕全 21 岁,张仕芳 23 岁,张仕礼 23 岁,张仕义 20 岁,张德修 15 岁,张仕道 12 岁,张仕玉 18 岁,张仕冬 15 岁。张家人身体状况普遍良好,都比较长寿,当家人张本利、内当家张谢氏 1955 年去世,享年均为 75 岁,其他家庭成员基本 70 多岁离世。

2.适龄而婚

张家第一代人共三兄弟,张本利在家中排行老二。张本利迎娶妻子是邻村谢庆岭的张谢氏,育有三子张学诗、张学明、张学仁,二女张学英、张学翠。第二代张本利长子张学诗娶妻张陈氏,育有二子张仕全、张仕信,一女张仕芳,张学诗长子张仕信娶妻张王氏;张本利次子张

---

① 张谢氏:由于过去女性没有姓名或者无法追究其原本姓名,用其夫姓和自姓合成其名。

② 其他非亲属成员数:由于张家长工、伙计、牧童等人口众多故暂不列在家庭成员之中。

学明娶妻邻村张王氏,育有四子张仕礼、张仕义、张德修、张仕道,张学明长子张仕礼娶妻李玉遴,李玉遴为张家童养媳。张本利幼子张学仁娶妻张卜氏,育有一子张仕玉,一女张仕冬。张家重视教育,张家男子要接受学校教育,第一代当家人张本利受过六年私塾教育,第二代张学诗为高中文化,张学明和张学仁为初中文化,第三代男子受到高中及以上教育。

表4-2　1949年张家家庭成员基本信息(以家长为中心)

成员序号	姓名	家庭身份	文中称呼	性别	年龄	婚姻状况	职务状况	健康状况	备注
1	张本利 (外号张二爷)	外当家人 (第一代老二)	张本利	男	70	已婚	无	良好	无
2	张谢氏	内当家人	张谢氏	女	70	已婚	无	良好	无
3	张学诗	长子	张学诗	男	50	已婚	杂货店、米行、木行老板	良好	1950年气急攻心而死
4	张陈氏	长子妻	张陈氏	女	49	已婚	无	良好	无
5	张学明	次子	张学明	男	48	已婚	农民	良好	无
6	张王氏	次子妻	张王氏	女	48	已婚	农民	良好	无
7	张学仁	幼子	张学仁	男	40	已婚	酱油店、豆腐店老板	良好	无
8	张卜氏	幼子妻	张卜氏	女	38	已婚	无	良好	无
9	张仕信	伯长子	张仕信	男	25	已婚	无	良好	无
10	张王氏	伯长子妻	张王氏	女	24	已婚	无	良好	无
11	张仕全	伯次子	张仕全	男	21	未婚	无	良好	无
12	张仕芳	伯长女	张仕芳	女	23	未婚	无	良好	无
13	张仕礼	次子长子	张仕礼	男	23	已婚	无	良好	无
14	李玉遴	次子长子妻	李玉遴	女	23	已婚	无	良好	无
15	张仕义	次子二子	张仕义	男	20	未婚	无	良好	无
16	张德修	次子三子	张德修	男	15	未婚	学生	良好	无
17	张仕道	次子幼子	张仕道	男	12	未婚	学生	良好	无
18	张仕玉	幼子长子	张仕玉	男	18	未婚	无	良好	无
19	张仕冬	幼子长女	张仕冬	女	15	未婚	无	良好	无

注:年龄是根据受访者的回忆填写,有一定偏差。

(三)乡下城里房屋众多

1949年前张家在县城和农村有几套房产①,这里主要介绍张家在乡村老家的房屋布局和地理位置。张家位于张大村的村口,位于整个村庄的西南角,南边是一条大路,所有人进村必须要经过这条大路;西南方向15米外有口水塘,日常生活用水非常方便。张家仓库过多的原因:一是由于家中三十多亩田地的农具和粮食摆放需要足够的空间,二是因为张学诗、张学仁到县城做生意后多住在城里买的房子,在家中老屋居住时间较少,所以有些房屋被改成

---

① 房产:叔叔和伯伯在县城开工厂和商店,因此整个家庭在县城有几套房产。

仓库。平时张本利、张谢氏住在正房之中,张学诗、张学明、张学仁几家人分别睡在偏房之中,家里来的长工和牧童多睡在由仓库改装的房间。天气炎热的时候,大家就在院子中吃饭,而天气寒冷时则在堂屋吃饭。除此之外张家还挖了一个很大的地窖①,用于储存粮食和躲避灾难,房屋的布局设计依照传统风格建造,并没有过多的风水讲究。

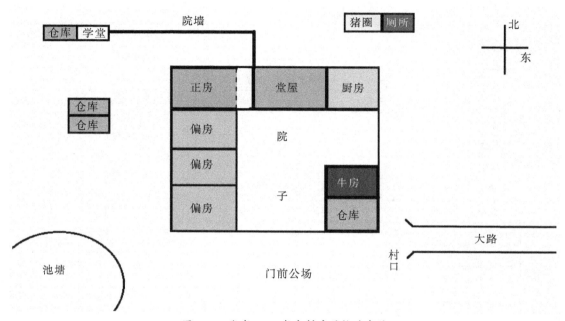

图 4-3 张家 1949 年农村房屋构造布局

(四)农业商业共同发展

张家几十年迅速发展得益于张家对农业的重视,以农业支撑着学业,农业学业并举支撑着商业。1949 年以前,张学诗和张学仁开的杂货店、米行、木行、酱油铺、豆腐店在东门口②不仅吸引着本村农民购买,在县城也有名气。整个城东和城东乡下生意被张家包揽,生意兴隆使财富迅速积累起来。张家男性受过教育,张学诗从和县中学③毕业转到高等学校上学,张学明和张学仁在和县中学上完初中。张家受的教育使张家人眼光比一般人长远,将自家的生意管理得井井有条。张家收入来源众多,主要依靠工商业,工商业收入是务农收入的 10 倍有余。

---

① 地窖:由于当时土匪强盗较多,因此在历阳当地的大户人家都会挖地窖储存粮食和财产,在危急时刻也可在地窖中藏身保命,各家地窖只有家庭成员知晓,对外保密。

② 东门口:和县原来有四个古城门,张家的店都开在城乡结合部。

③ 和县中学:1902—1911 年为和州中学,1911—1973 年为和县中学,1973 年后改为和县一中。

表 4-3 张家务农收入情况表

土地占有与经营情况	土地自有面积(亩)	30 亩	租入土地面积(亩)	0 亩
	土地耕作面积(亩)	30 亩	租出土地面积(亩)	0 亩
生产资料情况	大型农具	水车 2 架,泥犁石磋板车各一台		
	牲畜状况	牛 2 头,猪 2 头,鸡鸭 30~40 只		
雇工情况	雇工类型	长工	短工	其他(牧童)
	雇工人数	1 人	农忙时多	1 人

	农作物收入					其他收入	
	农作物名称	耕作面积(亩)	产量(斤)	单价(元/斤)	收入金额(折算)	收入来源	收入金额
收入	水稻	10	7000	0.1	400	工业	不详
	小麦	10	2500	0.1	100	商业	不详
	黄豆	5	不详				
	棉花	5	不详		收入共计		
	蚕豆	5	不详		700		
支出	食物消费	衣服鞋帽	燃料	肥料	租金		
	300 元/年	114 元/年	0	0	0		
	赋税	雇工支出	医疗	其他	支出共计		
	不清楚	长工五石稻①/年,牧童二石②稻/年	0	0	400		
结余情况	结余 300 元		资金借贷	借入金额	0		
				借出金额	0		

注:只有张学明务农,张学诗和张学仁的收入支出不包括在此表中。

(五)家长不愿担任官职

张家没有成员担任保长或甲长,也没有担任过其他民间或者官方职位,并非张家人不具有当官的实力,而是不愿意去当官。和县一直处在国民党的统治之下,国民党政府经常以各种名义征税、变相买粮③等手段来剥削农民,主要由县里动员、乡镇及以下的保长、甲长负责具体实施。征收过程极其残酷,完成不了征收任务,保长、甲长会受到严厉处罚,张家人不想惹麻烦,多次放弃担任保长或者甲长的机会。虽然不担任官职,但是张家在当地有相当大的影响力。张家属于开明绅士,殷实的家产和正派的为人使张家在当地备受尊敬,张家从不恃强凌弱,不论是与官府还是与"二支队"④之间都有交情,当地人称呼当家人张本利为"张二爷",张家使张大村人过着安定的生活。

---

① 五石稻:当地长工和牧童的工资支出一直采用粮食计算方法,长工在主人家吃住,到年领取粮食。

② 石:当地一石为 100 斤,后文也是如此。

③ 买粮:国民党的买粮是以极其低廉的价格强制收购粮食,因此农民损失巨大,只能苦笑着说:"人家买粮好歹是给了钱的,人家要是抢的话我们农民也是无可奈何啊!"

④ 二支队:当地一只土匪武装,人员 20 人左右。

（六）村中老户大户

1949 年之前张家在张大村繁衍六代，是张大村的创造者和建设者，张家人口、财产都多，是村里的大户。1949 年时，张家共有三代人，家长张本利及其妻子张谢氏，子辈张学诗、张学明、张学仁及其妻子，孙辈张仕全、张仕信等十多人。在当地衡量大户的标准是人口多少与财产多寡，一般为八人以上且家户在村中属于第一层次[①]的家庭；老户的标准相对宽松一些，在村中生活时间达到 30 年的家庭可以称为老户。张家自 1880 年至 1949 年在张大村生活了 70 年，称得上是村里的宅门老户。张家当家模式与一般人家不同，1940 年前当家人张本利掌管家庭内外一切事务，安排子女的事业和嫁娶。1949 年张本利 70 岁，要管理所有事情力不从心，他将一些权力分配给三个儿子，具体如下：首先当家人张本利依然掌管着家中大局，他将儿子培养成不同行业人员，在相应领域当家人给予他们最大的权力，如张学明管理着整个张家的农业生产，张学诗和张学仁经营着杂货店和酱油铺等店铺生意；其次是自家管自家，一代管一代。当家人管理三个儿子，三个已婚多年的儿子管理各自小家家庭事务，当家人张本利从不做孙子辈决定，孙辈的教育交给子辈去处理；最后家中大事要汇报，虽然当家人让渡一部分权力给子辈，但是大事还是要向当家人张本利请示，得到同意后方可自己决定。

---

① 第一层次：以一村 100 户家庭为标准，家庭财产至少要进入前 10。

第二章 家户经济制度

张家30亩土地,拥有完整的大小农业用具,平日里有长工、牧童协助干农活。张家房屋众多,城里乡下都有,乡下十多间房由张本利夫妇以及张学明小家居住;城里两间小楼房供张学诗、张学仁小家居住以及经营店铺使用,除了长工牧童居住在张家,很少有人可以住在张家。张家劳动力较多,但仍不能满足经营,在农忙时偶尔会与他人换工,城里店铺经常请帮工。消费支出上张家完全自主,很少向别人借钱,同村同族人会向张家借贷。

一、家户产权

张家人不知道产权具体含义,在对外处理事务过程之中却体现出注意产权保护的家户特点。土地边界问题上,祖宗留下的田埂①可以作为物理边界划分田地归属,政府发放的土地"红本本"②可以作为法律证据保护土地。房屋边界上祖宗留下的院墙以及房契是证明张家所有产权的证据。土地和房屋产权的继承与使用上只有张家男子有资格,外人不能干涉。

(一)家户土地产权

1949年以前张家有30亩土地,是祖上传下来的家产,属于家人所有、成员有份,张家之外的人不能享有土地所有权,土地边界分明、产权清晰。土地的经营与租用方面由老当家人张本利与农业管理人张学明共同决定,其他主要家庭成员可以提意见,次要家庭成员服从安排。张家的土地产权通过红本本证明其归属,多年来未发生被侵占的现象。

1.土地多年无变化

张家30亩土地中水田20亩、旱地10亩,多数土地质量中上等,下等地有5亩。土地来源是继承祖辈,多年来张家人在祖辈遗留下来的土地上耕作,无开荒辟地与买卖土地行为,土地数年无变化。土地零散分布在村子周围,张家去田中劳作方便,步行十分钟内可到达。田地周围水源丰富、池塘众多,除非遇到天灾产量会有所减少,其余年份产量基本稳定。张家富裕却不买进土地,一方面买进穷人土地是压榨穷人,张家人不忍心;另一方面张家土地主要作用是满足张家人日常使用,收入靠经商获得,至1949年张家土地无增无减。举一块张家土地为例,便于了解张家土地情况,张家最远的土地在张大村北一里处的谢庆岭,3亩地分为两块。这里土地质量不好且离水源比较远,管理起来不方便,种植耐旱的作物,张家人自己不

---

① 田埂:当地土地一般办理土地契约,没有办理契约的就按照田埂来划分,物理边界在当时也起到关键的证明作用,此外对于土地征税时候也以契约为准。

② 红本本:国民党政府发放给农民的田亩证是红色的封皮,作为土地赋税的证明,也是对于农民土地所有的法律确定。

去管理,让长工管理,对于这里的土地收入不关心。这两块地的来源是谢庆岭一户人家欠张家祖上钱无力偿还,最后用土地偿还,土地改革后这块土地重新分配归谢庆岭。张家土地与他人土地产权界定方案有两个:一为祖上传下数年不变的田埂,作为地界象征;二是"红本本",国民政府确定张家土地所有权不可侵犯。

2.土地成员有份

张家土地属于全体成员,不属于个人,张家以外的人不能拥有张家土地。土地使用权由家长张本利统一管理经营,其他家庭成员只提建议,不能干涉家长决定,但成员的建议可以影响家长的决定。成员有份是土地分配原则,分家原则是诸子平分,一个儿子土地全归此子继承;两个及以上儿子以每个儿子平均分配的原则继承土地。女儿一般不能继承土地,但有特殊情况,家里有女儿招女婿,男方入赘享有和儿子一样的权利,可以和其他儿子一样继承土地和家产。对于土地拥有权全家人有一致看法,即土地为全家人所有,儿子拥有无可否认的继承权,儿子犯错也不能剥夺这项权利,当家人仅拥有决定土地经营使用方向的权力,没有分配继承上的决定权。对于土地是分给家庭成员自主经营还是由当家人统一管理大家有不同看法,分配到个人提高了家庭成员的生产积极性,增加了单位土地产量,但土地分开后使得生产作物种类不全、规模小,不利于管理。不分家,象征家庭团结和睦,便于统一管理和规模化生产,但劳动积极性会下降。当家人张本利不愿意分开土地,张学明、张学仁、张学诗要考虑张本利的感受,多年来土地一直没有分开。

3.田埂契约防侵占

张家土地和其他农户土地有明显的物理边界,田埂是最鲜明的标志,自先祖开垦后一直存在着,象征对土地的拥有和与四邻土地产权的界定。土地边界的产生有这样一些方式:一是先祖开垦土地时各家在开垦相邻之处立田埂为界,避免日后产生土地纠纷;二是土地买卖时有的人家一大块土地不全部卖掉,仅卖掉一部分时会在边界处做埂;三是大家庭分家时儿子众多,土地要均分,有些土地就要做埂界定。田埂的存在是为了区分各家的土地,越过田埂去人家地里耕作在农村被认为是可耻的事情,破坏或者故意削埂作田也不被认可。为了不被别人耻笑或者引起纠纷,大家会自觉按照田埂在地中耕作。除了物理边界——田埂,最重要的土地所有证明便是"红本本"。"红本本"是由官方颁发的土地契约,是确认每家每户当时田地面积后发放的书面证明。契约一旦确定便具有法律效力,任何人都不得私自占用他人的土地,违反者会受到法律的严惩和道德的谴责。张家土地属于张家人所有,只能被张家人使用,租出去也是张家出让土地使用权获得租金,外人不可介入。土地的经营继承权属于家中男子,儿子继承土地后与原家庭的土地分离,不可再去原家庭土地上继续耕作,实质上分家的人已经不属于原家庭。当地没人侵占张家的土地,张家在当地威望高、势力大。

张家明事理的家庭成员对自己家的土地有着极深的心理认同,对于自家土地和他人土地之间有明显的心理边界。他人对于张家的土地也有一种认同,这一认同受到多种因素影响,一是出于历史的原因,农户自小就知道哪片土地属于张家,这样认同越高,否则就越低;二是张家在村中的地位和信誉的高低会影响他人对张家土地的认同。张家是村中大户,平时乐善好施不欺凌穷人,多年来四邻对于张家土地的认同感一直很高,未发生过土地被侵占的事情。认同是相互的,张家对其他农户拥有的合法土地也认同。

张家的土地治理分配权家长不做主,张本利指定二儿子张学明全权负责。张学明和张本利之间不会发生决策冲突,怎么种、种什么、什么时候收割、如何收割由张学明一人决定,外人无权干涉,村庄、宗族都不行,大事向张本利报告即可。张大村拥有土地所有权的家庭,在缴纳完税收后对土地的所有支配由自家人决定。分家之后对土地的所有权、经营权、收益权父母兄弟无权干涉,干涉只是简单提建议,帮其排解困难而不能替其做主,最终的决定权掌握在自己手里。

(二)家长在土地所有权中的支配作用

1.家长成员权力不同

张家没有土地买卖、租佃的情形,也没有置换典当的活动,一方面张家财富多,没必要用土地置换典当维持生计;另一方面张家有足够多的人经营种植田地来维持日常食用量和棉花供应,不会将土地买卖、租佃。张家请了一位长工、一位牧童协助完成务农工作。涉及土地变更事宜, 虽然农业上的事务张本利全部交给张学明管理, 但决定权依然掌握在张本利手中,未经张本利允许不得私自变更。家中小家庭①或个人拥有的私房地,家长不会主动去干涉其使用权和经营权,最多只是提意见。特殊情况下,如家庭发生重大变故需要个人或者小家庭拿出自己土地时家长会干涉,家庭是一个整体,每个人都要承担责任。村中其他农户家里的土地买卖、租佃、置换、典当活动由当家人决定,当家人是实际支配者。如果当家人不在,代理当家人可以按照当家人的安排处理相关事宜;如果当家人离家时没有交代,代理当家人不能做主,等当家人回来再处理。当家人离家时间一般不会很长,最多三五天。如果离开时间太久了而事情不能延迟到当家人回来处理,那么当家人妻子做决定,其次是长子,再是次子,以此类推。

在土地的实际支配者问题上,不同的情况支配者不同:

第一,如果是男人当家,他一个人决定即可,可以和其他人商议听取建议,也可以自行决定,不需要取得其他人的同意。

第二,如果是女人当家,有两种情况:一是丈夫逝世,女性当家人需要和成年②儿子商议;二是家中男性当家人能力太差,对于人情世故也不了解,给他当家机会却当不好家,失去了家里人的信任,此时女当家可以自己决定。妻子当家时如果公婆在,女性当家人要考虑一下长辈意见或与家中成年儿子商议。婆婆精明当家时可以自己做决定,不与他人商量。女人当家买进土地很少,女性处理对外事情被当地人看不起,家中女人当家对外事务的处理和交往也需要男人出面。

第三,如果是儿子当家,在其适应当家的一段时间中要多听原来当家人的想法,熟悉了如何当家时方可自己做决定。儿子威望不高,做出的很多土地交易行为不具有权威性,无法买进土地。当地只有财主和乡绅可以利用自己的资本吞并小户人家的土地,其他群体很难买到土地。儿子当家时不具有将土地卖出的权力,土地是农民生存之本,当家人想要出卖土地要征得家庭多数成员的同意,有时即使儿子敢将土地卖出,也没有人敢买进,贸然买进会引起冲突。

第四,如果是兄弟当家,涉及土地买卖的事情不能随便做决定,土地在农村是大事情,买

---

① 小家庭:比如张学诗一家,张学明一家,叔叔一家,小家庭共同组成张氏大家庭。

② 成年:当地一般十六岁算做成年,因为16岁后即可嫁娶。

人或卖出要通知兄弟,不能搞"一言堂"①,尤其卖出土地必须要和兄弟商量。家里需要变更当家人要请公证人来进行证明,公证人为青年一代的舅舅、姑父和四邻。老当家人将公证人请到家中摆上宴席说明变更当家人情况,宣布新的当家人,公证人予以公正。有口头或书面变更当家人的形式,这样给新当家人树立权威,使新当家人在日后对外交往和对内管理更加顺利,减少内外对新当家人当家地位的质疑。

2.土地买卖家长决定

张家没有发生过买卖土地②的情况,张家不会买地更不会卖地。有些家庭情况偏差的人家想将土地卖给张家获得好价钱,遇到这种情况张家会借一些钱帮其应急,不会购买土地。种地不是张家主要的谋生手段,所种的地只是为了满足张家19口人的日常生活。祖上留下的30亩土地够用,张家不会主动增加土地或卖出祖宗土地,经营好自家土地即可。

这里有人家想将土地卖给张家的案例:1944年,张大村一李姓村民想将自家3亩地卖给张家,找到了张家管理农业的负责人张学明,张学明见到了这三亩上等地非常想买,想用大家庭的钱来购买。张家规定张学明可以决定农业上的一切,但是涉及土地变更就必须向当家人张本利汇报,全家意见一致后张学明才能做决定。张学明极力建议父亲张本利用家中资金购买土地,张本利考虑家庭未来的发展,觉得现有土地能够满足家庭发展需要,李姓不是张氏家族成员,没有必要买他相对昂贵的土地,张本利拒绝了张学明的建议,张学明无奈只能打消购买这块土地的念头。土地买卖是大事情,买卖土地时需要请多人见证并且立下字据。张大村人们彼此相识、交往也比较密切,谁家买进土地、卖出土地成为人们茶余饭后谈论的热点话题,不需要特别去告知,四邻、家族、保甲长不久便会知道了。土地买卖有优先次序,卖出者要先问自家兄弟,兄弟不买才问本家,本家不买便可卖于外人。当家人不在不能卖土地,但是可以买土地,买进土地在当地被认为是件光宗耀祖的事,当家人不会阻拦。如果是男人当家,买进土地他决定即可,卖出土地需要和家人商议。如果是女人当家,买卖土地的活动很少发生,一旦发生,买卖土地都需要和家人商量,签订买卖土地合同的一定是家中一位明白事理的男性,女性不能代表家庭出面决定家庭大事而只能背后指派男性去完成。年老的女当家人可以与儿子商量,年轻的女当家人可以和公婆商量。如果是儿子当家,买进可以和父母亲商议,也可以不商议,卖出一定要和父母商议,否则视为败家、不孝,一般情况儿子没有本事买入田地。代理家长没有权力买卖土地,只能经营土地。当地买卖土地全凭自愿,没有强买强卖③,也没有不被允许的情况。对于私房地或者小家庭拥有的土地家长不具有卖出的权力,只能动员所有者买进或者卖出私房地,家庭发生重大变故时小家庭会自觉让出私房地给大家庭,帮助大家渡过难关。1949年以前买田造房的都是老人,年轻人"不知事理",很少有买田置地的情况。

3.土地租佃家长不做主

土地租种很常见,家中没有土地的人会选择租佃土地或去土地多的富裕人家当长工。张家没有租种过别人的土地,有短时间将土地租给别人种的经历。张家土地经营问题多年来一

---

① 一言堂:即自己一个人进行决定,不与其他人员商量。

② 买卖土地:买卖土地需要请见证人、立契约。契约要注名买卖双方、田亩大小、买卖时间以及公证人,一式三份。

③ 强买强卖:一般只有欠财主家的钱粮而无力偿还的时候,财主会要求强行让农民用土地偿还。

直由老二张学明负责,当家人张本利在土地问题上只有一个原则:不涉及变动老祖宗土地,多数问题次子张学明可自己做主。家里其他人没有意见,张学明不需要和谁商量,自己决定即可。张学明在家务农,没有多少外出机会,即使外出也不会超过三天,租佃的事情张学明都在场,租佃全凭双方自愿,其他人不能干涉。租佃没有明显的顺序,主要看两家关系以及有无能力耕种并且按时上交租金。当地主佃对收获的粮食五五分成,张家主佃四六分成。小户人家租种田地需要在过年的时候带些礼品拜访,以求减少土地租金或者延长租佃年限。

4.土地置换父子共做主

张家发生过土地置换,涉及的因素有两个:一是置换土地的时间长短,若时间较长,5年以上由张学明先评估一下,然后向当家人张本利报告,二人共同决定。二是置换土地的质量和种类,同等质量的土地等亩数置换,如上等地置换上等地,种类相同的土地相互置换,水田旱田不相互置换。当地土地置换发生的比较少,原因有两点:一是双方对于各自土地质量的评价很难达成一致,二是当地多数家庭拥有的土地太少。置换土地不需要订立契约,时间长短也没有限制,完全凭双方喜好确定,在约定的时间内单方面不得收回田地,影响另一方耕作。张家未发生过土地典当①,当地有人典当过土地,例如甲方小户在生活上遇到极大困难时会将土地典当给乙方财主获得金钱或粮食。典当时双方需要签订典当契约,契约的内容包括典当双方当事人、典当土地的位置、大小、典当期限、典当折合金额以及契约签订时间等。甲方在典当期限内按照当时利率将本金和利息一起归还给乙方便可赎回土地,否则土地归乙方所有,还款后典当契约作废。

(三)当家人与成员共做主

1.家长儿子皆有权

张家在土地买卖、租佃、置换、典当活动中,当家人之外任何人都不能做主,当家人作用大于其他成员,但不完全支配。儿子和妻子可以提出自己的意见,不可擅自做决定,当家人自己做决定时要和家庭主要成员商量,合理情况当家人可以直接做决定,当家人做出的决定不合理,家庭成员可以联合反对当家人。当家人不会在进行土地买卖、租佃、置换、典当活动时外出,若外出无法回来,由张学明和兄弟商量做出决定或者干脆不处理。如果当家人是男性,当家人只需要和儿子说一下即可做出决定。决定必须合理,不合理无效,合不合理家庭成员听后很快能辨别。如果当家人是儿子,那么其他家庭成员只能提建议,张本利的意见可以左右儿子的决定,土地决定都要通过张本利方能生效。如果当家人是兄弟,那么其他家庭成员没有支配权,只有其他兄弟负责给其提建议,也不具有决定权。对于张家来说,土地买卖、租佃、置换、典当等活动全部由当家人和家庭主要成员②支配决定的。对于小家庭成员的土地,家中其他人不干涉也不具有支配权,家庭遭遇巨大变故时家长会和小家庭商量,让其拿出土地帮助家庭渡过难关。

2.家长角色不同影响权力

张家没有买卖过土地,村里的土地买卖活动比较多。土地买卖由当家人决定,其他家庭

---

① 土地典当:在当地,土地典当是一件非常丢脸的事情,是对祖宗的大不敬,因此一般家户不到万不得已之时是不会典当土地的。

② 家庭主要成员:张本利、张谢氏、张学诗、张学明、张学仁。

成员没有决定权,只有主要家庭成员拥有提意见的权利,张家主要家庭成员所提出的意见在最终决定上起到了相当大的作用。土地买卖活动中张学明是家中农业方面第一负责人,他曾想购买一块土地,但是由于家长张本利、张学诗、张学仁的不支持只好作罢。女性当家的时候买卖土地的行为一般不会发生,当地并不愿意和女性打交道,女性一般只负责家庭内部事务,土地等大事情女性不能参与。女性当家时其他家庭成员质疑反对声很多,很多事情办不成。兄弟当家对于土地的买进大家没有意见,土地的卖出大家会考虑很多,买进土地在以后分家时每家可以多分一些,卖出分家时大家分的土地减少,兄弟的反对直接影响着土地的卖出决定。

3.成员有权不常使用

张家土地租给他人的过程中,其他主要家庭成员都有权力做决定或推荐优先租给谁,但其他成员不主动干涉,由张学明做决定。张学明决定将土地租给他人后需要报告家长张本利,张本利要求张学明在土地租出时尽量满足张家同姓族人,这样能帮助家族人。乡下村民之间相互打交道以当家人交往为主,其他人地位不被认可,张家在涉及土地问题时外界认可的只有张本利以及张学明。虽然张家每个主要家庭成员共同做主,但是一般不会主动去做主,当家人之所以能够一直担任家长,能力得到了大家认可,做出的决定符合大家的利益需要,很多事情家长自己决定就好。土地等大事情只要当家人张本利做出正确的决定家庭成员都支持,不会出现不同的意见。土地置换在张家很少发生,张大村有发生过。土地置换由当家人做主,其他家庭成员处于服从的地位,只能提建议,不可做决定。张家的土地典当活动中,除了张本利以外,张学明也有一定的权力。张家1954年分家时,农村土地的财产分给老二张学明家庭,县城的厂房和商店分给长子张学诗和幼子张学仁的家庭,其他家庭成员无权决定,只能给一些意见,张本利和张学明共同决定土地典当事宜。

(四)土地产权不可侵占

张家土地没有被侵占过,张家人在村中威望很高,家族势力强大,村中土地被侵占的现象比较少。一是除了大户外各家户的土地比较少,看的比较紧,其他人没有机会侵占;大户人家实力强大,别人不敢侵占。二是田埂等天然物理边界的存在使随意侵占别人土地的行为受到同村人的耻笑。土地被侵占的原因分为两种:一是向财主家借钱借粮到期没有能力偿还,财主会强行侵占农户土地来作抵偿;二是国民党军队需要农民土地时会强行征地①。侵占类型主要是所有权的转移,比较特殊的是土地边角侵占,因边角土地归属权两家意见不一致,一方使用土地便被认为是侵占;两家地相邻,一家总是削田埂,另一家加田埂,导致了田埂的移动,使得一家土地扩大,另外一家土地的缩小,构成了边界侵占。张家认为,土地是农民的命根所在,不可以被无理侵占,土地侵占必然理由,财主要找到介入理由才能侵占土地。张家土地没有被侵占过,如果土地产权被侵犯了,全家人丝毫不能忍受,其他村民也会抱不平,以求在以后的纠纷中获得更多支持,纠纷扩大后保甲长会出面调解。当地土地被侵占是一件非常丢脸的事情,家庭成员会积极团结起来抗争夺回土地,若双方实力悬殊太大家庭只能选择隐忍。土地被侵占后家长首先承担起责任,其次家庭成员承担相应的责任,并不会惩罚家长,

---

① 征地:国民党军队需要农民土地时会打着"国家利益面前,不存在私人土地"的旗号,以极小的代价占有农民的土地。

家长已经尽力去维护自己家的土地了,土地被侵占每个成员都有责任。

(五)土地产权受尊重

其他村民不会随意侵占他人的土地,对于一块土地属于谁家,长久生活在当地的村民很清楚,对于土地所有权、收益权农民相互认可。如果想要买卖、置换、租种张家的土地,会提前和张家当家人商量,张家30亩土地从未被人无故侵占、买卖、置换、租用。张家所在家族不会以各种名义侵占张家的土地,张家管理整个张氏家族的事务,不存在宗族侵占事件发生。宗族内部成员想要买卖、租用、置换土地时,张家会给族人优先权并且以较低价放出土地。当家族中有成员土地被无理侵占,成员会寻求家族保护,家族会出面帮其解决问题要回土地。如张氏家族中穷人因还不上财主钱粮而被侵占土地时,张家会利用自己在村中的威望和势力帮助族人要回土地。村里的保甲长不会随意地侵占张家的土地,更不会买卖、租用、置换张家的土地。保甲长熟悉每家每户土地所在,村民的土地被无故侵占后,村民会主动向保甲长寻求庇护,保甲长会出面解决。张家所在的历阳政府承认张家对土地的所有、耕作、收益的权利,政府记载每块土地所属并且给地契作为每家每户拥有土地的凭证。政府不会对农民土地强买强卖、出租、置换,需要用到土地时才有土地征用的事件发生,多数情况下农民土地对政府意义不大,政府只关心农民纳税纳粮。

二、家户房屋产权

张家房屋众多,多年以来没有扩建过,张学诗与张学仁在城里经营店铺,在城里买了房子,乡下的房子很多。乡下的房屋在张大村村口,共有十多间,各具功能,出入十分方便。宅基地与四邻边界清晰,未有争议。在房屋的变更与修缮问题上由老当家人张本利与张学诗、张学仁、张学明共同商议。

(一)修房造地按需求

张家不追求扩建房屋[①],按照家庭成员的需要来建造。建造房屋是家里的大事情,要开家庭会议决定,最后由家长宣布是否建造。南方房屋建造虽然没有北方那么讲究,但是有一些基本的要求:首先请人选择建房地基,布局不能特立独行,要和村庄房屋整体一致,不一致的话会被村庄人认为是破坏了别人家的风水,从而引起村庄其他人家的反对;其次是请工匠进行建造,建成房屋上梁时要举行仪式,会放鞭炮、撒包子馒头等。房屋落成之后要摆上宴席邀请亲朋好友庆祝一番。

(二)城乡两处房屋

1949年以前张家的宅地面积约为300平方米,其中乡下200平方米,城里100平方米,房屋建筑面积乡下280平方米,城里180平方米。1930年张学仁结婚以后,张家房屋的总体情况没有改变过,有过一些修缮。张家的房屋位于村庄东南一角,布局坐北朝南,与村口唯一的大路相邻,西边15米外是池塘,供日常生活所用。厨房、堂屋、厅房、仓库、厕所、猪圈、牛舍一应俱全。房屋中除了主卧室为当家人张本利与张谢氏居住外,其他房间没有特殊讲究,张学明、张学诗、张学仁小家庭按需要居住,主体建筑材料为砖瓦。城里张学诗、张学仁的房屋是两层小楼,楼上是家人休息睡觉的地方,楼下是做生意的地方。张家的房屋是祖上传下来

---

① 房屋:在当地房屋越大、越多,主人越有面子。

的,以前是砖木混合,经过多次翻修,变成砖瓦结构。房屋由先祖建造,到了张本利这一代已经住了六代人,没有多少变动。对于张家人来说,祖屋可以修缮和扩建但不可以拆除重建,房屋祖辈留下来的,对祖屋好就意味着孝顺祖先,不能轻易改动。

(三)房屋权利诸子均分

在张家人眼中,房屋是所有家庭成员共有的,不属于个人所有,当家人张本利拥有对房屋的支配权,其他成员服从家长安排。张家的房屋不与外人合住,仅有牧童和长工居住在张家。张家房屋人人有份,确定各个小家庭的房屋后,其他家庭成员不能随便出入小家庭的房间,如进入要征得小家庭主人同意。房屋有以下禁忌:一是公公不能随便出入儿媳妇的房间;二是小叔子不能出入嫂子的房间,年龄比较小的小叔子可以;三是哥哥不能随便出入弟媳妇的房间。张家由于房屋众多,公共场所比较多,堂屋、厨房、院子、仓库等地方可以随便出入。张家的房屋人人都有份,在外经商者与在家务农者都有,家中有人长年在外工作,留给他居住的房屋平时可能被其他家庭成员使用,出嫁的女儿不能拥有原家庭房屋,入赘的女婿和儿子享有同等继承房屋的权利。孙辈的房屋计算在父亲的房屋继承下,不因为某一儿子小家庭子女多而多继承一些,儿子之间房屋继承是平均的;除儿子外家庭中其他任何人都无权享有房屋的继承权利。

(四)房屋界限清晰

1.院墙沟壑分明

张家和四邻房屋有明显边界,一是张家一部分房屋有院墙包围,将自家房屋和四邻的房屋隔开;二是祖上传下的沟壑十分清晰。四邻自小知道两家的房屋边界,没有出现过房屋和土地纠纷。张家房屋归张家人所有,外人没有权利干涉或占有,想要租用张家的房子必须得到当家人张本利的许可。张家房屋的继承权归儿子或一直未出嫁的女儿,出嫁的女儿和分家的儿子不再享有房屋继承权,分家之后意味着原来家产与分家的人毫无关系,失去了所有权。儿子去世了孙子可以代为继承房屋,1954年分家时张学诗已经去世,其所拥有的房屋继承权归其大儿子张仕信和二儿子张仕全所有。

2.祖传房屋家长管理

张家人对于自家和他人的房屋有心理认同,认可自家对房屋无可争辩的所有权。几岁大的小孩在与邻居小孩发生矛盾后也会以自家房屋边界为线,不准随意进入对方家的地界上玩耍。自家房屋被侵占后全家都会愤怒,不惜以打架等极端的方式讨回公道。张家的房屋由张本利一人管理,外人不能干涉,其他家庭成员负责提建议和服从安排。房屋的买卖、修缮、重建由张本利决定,家庭成员负责协助。张家所在的村庄没有发生过房屋买卖的事件,房屋是祖宗遗产,卖掉房屋就是不孝子孙,就算家庭发生重大变故,也是"宁可死人,也不卖房"。建造房屋是家里的大事,需要和家庭成员商量,这样家庭才会团结,有利于新房屋的建造。家庭成员在治理房屋时不需要同家庭以外的人商量,也不需要征得村庄、宗族的同意。

(五)家长成员共同做主

1.家长支配视情形

张家当家人是名义上房屋买卖、建造的支配者,1940年以后的房屋问题由张本利与儿子共同商议决定。家长张本利有一次决定翻修房屋,需要各个儿子出钱,张学诗、张学仁居住在县城,很少在家中老屋居住,所以不同意出钱翻修,这次翻修计划并未付诸实施。1946年房屋经全家同意做出决定后才得以进行, 张家房屋修建的实际支配者为张本利及其儿子。对于房屋的居住分配,家长张本利有绝对的支配权,家庭人员出现变动时,家长可以对房屋空间的使用进行重新调配,张学诗与张学仁去城里经商不在家时,他们原有的房屋被安排给其他家人居住。如果有外人需要留宿,一般让他跟家里的晚辈一起住。张本利六十多岁依然当家,家里收入来源主要靠张学诗、张学明、张学仁维持,房屋修造意向由家长张本利提出,与儿子商议后共同做出决定。张家的房屋修造是张家内部的事务,四邻、村庄、宗族都不能干涉。

2.祖屋不可买卖

张家1949年之前没有过房屋买卖,房屋在张家人心中神圣不可侵犯,是祖宗留下的宝贵遗产,生活再艰难都不能动卖掉祖屋的念头。倘若有家庭成员动祖屋的念头,会被家里的其他人鄙视,受到家长的处罚。张家房屋买卖是1956年三大改造完成后发生的,那时张家已经分家,张学诗去世,张家人对国家改革政策不理解,家道中落。张学诗和张学仁家在县城的房屋陆续出售,张学诗家房屋的出售是由张学诗长子张仕信决定的,其他人没有参与,张学仁城里房屋出售是张学仁自己决定的,也没人干涉。房屋买卖时有先后顺序,先近亲后远亲,先本村后外村。这是老祖宗的规矩,家里的东西优先卖给自己人,尽量不让它流到外姓人手里。如果当家人不在,任何家庭成员包括女当家人和长子不能擅自做决定,一切等当家人回来决定。张家房屋空闲较多从不出租,同宗族中有人因故需要住上一段时间时,张家人为了方便族人会让其居住,不收费。张家不会将房屋拿出去典当,当地没有将房屋典当出去的例子,房屋和土地是祖上传下来的,祖先之物随意典当会被认为是不孝子孙,也会被其他村民瞧不起,丢不起那人。

(六)当家人提出

张家1949年以前很少有房屋、买卖、典当、修建等活动,仅有的几次由当家人提出,和主要家庭成员商议后共同决定,家里没有人有绝对的支配权力。村里这些事务一般由当家人直接决定,其他成员只能提建议。当家人不在的情况下,其他家庭成员则不会买卖、典当和修建房屋。如果是兄弟当家,必须与其他兄弟商量取得一致意见;如果是儿子当家,儿子要向父亲汇报情况共同决定。女人当家和代理当家比较少,他们当家不能决定房屋买卖、典当、修建等活动。张家房屋翻修时由张本利提出翻修意见通知三个儿子,开家庭会议统一决定,有利于减少隔阂,促进家庭和睦。房屋翻修需要儿子出钱出力,必须要征求他们的同意才行。

(七)房屋私有不可侵占

张家的房屋没有发生过被人侵占的情形,村里也没有房屋被侵占的情况。土匪强盗不会去侵占穷人家的房屋,穷人太穷没有侵占价值。富人家有自己的安保措施,他们拥有枪支,长工紧急时是战斗力量,外人不敢侵占。发生了房屋被侵占的情况,全家人都不能忍受。若侵占人的实力不强大,全家人会拿起武器反抗;若是实力悬殊,为了保护好家里成员的人身安全,只能选择隐忍。自家房屋受到侵占后会报告给保甲长,保甲长会出面帮助其要回房屋。

(八)房屋产权受认可保护

其他村民对于张家的房屋产权有着明确的认知,不会无故侵占张家的房屋。如果想要买卖、租用、置换张家的房屋,会与张家家长商量,得到同意的情况下方可买卖、置换、租用。张家所在的宗族不会侵占张家的房屋,房屋是张家所有,家族会给予保护,当张家的房屋受到外人的无理侵占后,宗族会出面帮助族人讨回公道。家族内的成员不得打着同一宗族的旗号去强行买卖、租用、置换张家的房屋,房屋活动都需要和当家人张本利商量。张家的房屋买卖、租用、置换等活动要优先考虑家族成员,其次才考虑外人。张家所在的村庄不会随意侵占张家的房屋,如果村里有重大事件需要征用、买卖、租借、置换张家的房屋需要给相应补偿并征得当家人张本利的同意才可以。当家人张本利会根据当事人与张家关系的亲疏远近决定,一般顺序为自家兄弟、亲戚、邻居、本家族的人和同村的人,最后才是外村人。这是祖宗传下来的惯例,有时候即使家里人给的钱少于外人,也会优先给家里人,避免家业落入外人之手。如果张家的房屋被人无理侵占,张家有证据,村庄中的保甲长有义务帮张家要回房屋。历阳政府承认村民对房屋拥有产权,并且发放地契作为证明,村民拥有处置自家房屋的权利,外人不得干涉。张大村不属于军事要地,多年来与政府打交道较少,没有发生过政府侵占村民房屋的事情,如果村民的房屋被侵占了告到县政府去,县政府会出面主持公道。

三、生产资料产权

1949年以前张家的土地众多,为了更好耕种,张家置办了全套的生产资料,有祖上传下来的,也有请工匠回家做的,还有在集市和庙会上购买来的。张家的生产资料属于张家人所有,每个成员都享有所有权。当家人张本利与张学明共同拥有对农具、牲畜的支配权。

(一)大小农具应有尽有

1949年以前张家有30亩土地,算是土地大户,家中各种农具配备齐全。不论大型的农具如犁、耙、水车、石碌、石磨、磨面机,还是小型的锄头、铁锹、铲子张家都有。一些小型的家庭用具如筛子、箩筐、侧巴①等,只要是乡下农民有的农具,张家也有。当地很少有马和骡子,农产品运输靠家里的大板车。张家许多家庭农具是从祖上继承来的,仅有部分购买,从不与外人搭伙使用。大型农具一般不是购买的,而是请人制作的,张家的石碌、磨面机是请石匠过来打造的,犁、耙是请木匠来家中制作的,付给工匠工资,制作质量有保障。小型农具,锄头铁锹没有必要请人制作,直接在县城或集市购买。

(二)农具家户所有

张家的农具属于全家人所有,不为个人所私有,生产资料人人有份。家里的生产资料不与别人共有,买不起农具的家庭可以到张家借用农具。未分家之前,家庭所有成员拥有生产资料的使用权,分家时享有生产资料继承权的只有张家核心成员,即张学诗、张学明、张学仁,其余的家庭成员不享有继承权。当地儿子和一直未出嫁的女儿享有继承权,入赘的女婿享有继承权,家庭继承以儿子为标准,不论孙子多少,以儿子数量平均分配。生产资料没必要分配给个人,因为分配给个人的话每次需要用时找起来不方便,还要通知持有人,浪费时间,此外全家的生产资料完全够田中劳作使用,分配给个人使每一个家庭不能拥有完整的一套农具,需要一套农具的田中劳作很麻烦。张家农具不分配到个人,各种农具的摆放地点固定,有人需要某件农具直接去拿,用完放回原处。

---

① 侧巴:方言,即簸箕。

(三)家长监督成员执行

1.家长非生产资料支配者

张家在农业生产资料的购买、维修、借用活动中,张本利并非实际的支配者,由负责家庭农业部分管理的张学明执行,跟生产有关的事情张学明一人做主,张学明所做决定要在家长张本利的监督下进行。张家在购买、维修、借用生产资料时家长张本利不在家则由张学明做主,事后及时将所做决定汇报给张本利。在农业生产上,家中没有人比张学明更懂务农。如果当家人是兄弟,当家人做主后需要告诉兄弟一声;如果当家人是女性,当家人也可以自己做主;张家在农业生产上张学明做主。张学明掌管家庭一切生产资料的购买,在购买大型的农具如水车、碾子等需要向当家人请示,同意之后才能购买,多数情况老当家张本利和张学明的意见一致。张家生产资料的购买属于家庭支配财产的行为,不需要和谁商量,更不需要请示四邻、家族、村庄和保甲长。由于家长年老不想管理,在生产资料的维修上由二儿子张学明安排。有小问题需要修理时张学明就自己修,大问题无法修理可以搬到修理铺修理,搬不动的请工匠来家中修理,生产资料的维修不需要通知其他人,没有不允许维修的情况发生。生产资料全家共同使用,维修产生的费用由家庭共同承担。无论是男性当家、女性当家、儿子当家、兄弟当家,维修生产资料的活动当家人均可做主。

2.明事人借用生产资料

张家生产资料的借用由张学明决定,借什么、怎么借、借谁家的、什么时候还、谁去还则没有任何要求。一般家庭中懂事理的成年人都可以借到,张学明可以安排其他人员去借,亲自借成功概率更大。不论当家人是男性还是女性,都可以自己去借,信誉的高低影响生产资料借用成功率,张家人认为"有借有还,再借不难",东西用完后要及时归还,有时归还时会带点小零食给主家的孩子。张家没有生产资料共用的现象,生产资料丰富,各种农具应有尽有。

(四)家长赋予成员权力

张家在生产资料的购买、维修、借用等活动中,当家人张本利不会主动做决定,张本利将农业上的多数决定权交给了张学明,张学明在张本利的监督下做决定。除了农业负责人张学明外,其他成员不发挥支配作用,意见也不会提,不干涉张学明的决定,涉及比较大的生产资料变动时,张学明会及时将自己的意见告知张本利,听取他的想法。大家庭的发展不以农业为主,农业只是家庭发展的一个小部分,这部分交给张学明,其他人不管不问。如果当家人是男性,完全由男当家人管理一切生产资料事宜,如果当家人是女性,可以自己去购买或者和家庭成员一起。张家在购买生产资料时家长很少决定,由张学明①决定,其他家庭成员服从张学明的安排,大型的农业器具购买中,张学明要与家人商量,老当家人张本利的意见更重要。

1.家长授权维修生产资料

农村的生产资料不容易用坏,农具质量比较好;农民对生产资料都会爱护有加,所以持久耐用。农具损坏时张学明根据具体情况来安排维修。像石磙、犁这种大型的农具损坏了,张本利授权张学明全权负责,张学明可以自己或安排其他家庭成员将损坏的农具推到修理铺维修,或者请人到家中来维修。小型农具损坏了,张学明则亲自或者让家人去购买,若可以维

---

① 张学明:本调查主要强调农业,涉及农业的当家人为张学明,工业和商业的当家人则为张学诗、张学仁,他们在各自的领域中独自做主,其他成员不干涉。

修,谁有空谁就带去修。如果当家人为男性,由男性出面处理维修事宜,如果当家人为女性,可以指定家庭某位男性成员出面处理维修事宜,其他家庭成员听从当家人安排。如果儿子当家,维修生产工具不需要和任何人商量,自行处理即可。如果是兄弟当家,当家人应该和其他兄弟商量,再决定谁去维修。

2.家长决定生产资料借用

张家很少借用生产资料,在农作物种植收获时部分农具不够使,需要借用。借用有时需要由张学明亲自去借,有时张学明安排一个家庭成员去借。成功与否取决于两家的关系,关系好谁去借都能借到,关系不好只有当家人去借才可以,农民的农具十分宝贵,借出去使用坏了要有一个能够负责的人。归还时没有那么多讲究,家庭成员都可以。生产资料的借用活动中儿子当家、兄弟当家一样,女性当家时大型农具借用要让男性去借,因为女性搬不动。

(五)农具不可侵占

张家的生产资料没有出现被人侵占的情况, 也没有不经别人的同意就拿走别人的生产资料,或者借了不还。借用别人家的农具需要及时归还,用坏了别人家的农具需要修好归还。村里发生农具被侵占的情况是这样的一种,借用一家农具长时间没有归还,大家都忘记了,隔了很久后认为农具是自己家的,构成了侵占。张氏族人遇到过这样的情况,族人将自己家的犁借给同村一户人家耕作,过了好长时间人家没有归还,张氏族人以为人家还在使用,没有去要回来,后来去要时那家人说犁是自己家的,不是张氏族人的。张氏族人争辩不过那家人,跑到张家求助张本利,张本利和族人一起过去看情况,提出双方说一下犁的具体特征,谁说的对谁就是犁的主人,张氏族人准确说出了犁的特征和自己在犁上做的记号,那家人说不出,只好将犁归还,那家人也在村里落下了话柄。当家里的生产资料被人侵占后,全家人都不能忍受,在知道对方是谁的时候一定会想办法要回来,农具不仅是农民必不可少的工具,而且能否要回涉及一家人在村里的面子,没有人想被村里人认为是"脓包"[①]。在不知道对方是谁的时候,会通过"骂人"的方式使强占者内心备受煎熬。

(六)生产资料受认可保护

在农村,面子很重要,随意侵占别人家的生产资料被发现后是很丢人的一件事情。其他村民不会随意侵占张家的生产资料,如果要买卖、借用会与当家人张本利和农业当家人张学明商量,他们不同意对方只能做罢,不会继续纠缠。张家所在的家族没有出现过侵占家族成员生产资料的情形。张家会尽自己所能为家族成员服务,满足他们的借用需求;对于家族成员来说,如果想要买卖、借用张家的生产资料,必须与张家的家长商议,如果家长不同意,则不能强行买卖、借用。张大村的保甲长不会随意侵占张家的生产资料,不会不经同意就买卖、借用张家的生产资料。如果要买卖、借用张家的生产资料,必须与张家家长商议,得到允许后才可以。张家所在的历阳政府承认所辖地农民对生产资料的产权,政府与农民除了收税征兵外没有多少交集,没有县乡政府侵占张家生产资料的情况发生,如果张家的生产资料被侵占了,告到了县政府,拿出了侵占证据,县政府会出面公平处理。

---

① 脓包:也就是无能、没有用的人,被人瞧不起。

四、生活资料产权

(一)生产资料按需置办

张家门前有一个大晒场是祖上传下来的,面积有 200 平方米,满足了张家人在农业生产上的需要。张家没有井,村里人一般不挖井,村里水源丰富有好几个池塘。张家西边 15 米处有一个大水塘,日常生活用水全靠它。石磨、石碓、碾这些大型工具是张家先人传下来的,坏了张家人会及时请工匠师傅来家中修好。张家的桌椅板凳、箱柜、中堂等家具由家长张本利请工匠来家中制作,张家缺少的生活资料会请人制作或购买,无固定的更新时间。张家的衣物、棉被是用自家地里收获的棉花和城里买来的布为原材料,请裁缝来家中制作而成的;衣物按需制作,家庭成员有需要了向张谢氏说明需求,合理情况下可以得到满足。张家的油盐酱醋茶等日用必需品由张谢氏和儿媳妇负责,没有固定的采购时间,家里缺了,谁有空去县城或者集市就带点回来。家中没有几人喝茶,喝茶的人自己去买茶,其他人不懂茶。张家多数生活资料从祖辈、父辈那里继承下来,几十年不会坏。家里的油盐酱醋从长子张学诗和幼子张学仁的杂货铺、米行、酱油店拿来,不用花钱。家里的棉被是媳妇进门时作为陪嫁的嫁妆带来的,不够会请人制作。

(二)生产资料共同使用

张家的生产资料,石磨、石碓、碾、锅碗瓢盆等全家人共有,每个人都可以使用,媳妇的嫁妆属于媳妇的私人物品,不能被全家人使用。张家用的水塘属于全村人所有,外人想要用张家的石磨、石碓、碾需要经过张家人的同意。大家庭生活没有太多的私人资料,所有的资料由家人共享。但少部分物品例外,如家里女儿出嫁了,家里人出于传统会给其准备一些嫁妆作为陪嫁。嫁妆到了婆家之后便成为出嫁女儿的私人物品,不属于所嫁入家庭,如果嫁出去的女儿愿意,可以将自己的嫁妆变成家户共有生活资料。女儿一旦出嫁就不是原来家庭的成员,其对原来家庭一切物品的所有权将失去,回娘家只拥有物品的使用权。张家的长工和牧童在张家可以享受部分生产资料的使用权,不会有所有权。张家人认为,一家人不应该将所有的物品分的清清楚楚,否则不是一家人,一家人主要的标志是共同享有家里的一切。当家人张本利一直反对将生产资料分配给个人,主要原因有如下:一是生产资料分配到个人可能会有长时间的闲置,有些家人却用不到;二是生产资料不统一放置容易导致家庭安排混乱,发生多买少买的事情,极不方便。没分家的情况下,张家的土地和收成属于全家人,生活资料属于全家所有,这样有利于生产活动的开展,提高工作效率获得更大的收益,而且利于家庭内部成员的和睦,不因生活资料的产权问题产生隔阂。

(三)家长支配生产资料

1.当家人占主要支配地位

张家生活资料使用的各项活动中,当家人张本利具有实际支配权,当家人不在由内当家张谢氏做主。对于家里嫁来的儿媳妇其从娘家带来的一切物品,张谢氏不会过多干预,要使用儿媳妇的物品,张谢氏会和儿媳妇商量,征求同意之后方才使用,不会强用。张家家长只对部分生产资料进行管理,有些生产资料很少管理,如柴米油盐酱醋茶、家中衣物等生活资料的支配由内当家张谢氏和儿媳妇共同负责。张家在生活资料的购买活动中,由当家人张本利安排决定,需要请匠人制作的生活资料均由家长出面。购买大型生活资料由张本利和几个儿子共同决定,然后指派家庭成员去购买,一般是家里年轻力足的男子。其他生活所需的简单资料由张谢氏带着儿媳妇上街购买。张家花钱购买生活用品外人不会干涉,不需要告知四邻、家族、保甲长。张家所在的村庄没有哪家人因为购买生产资料受到别人阻挠。

2.家长决定修理与外借

张家的生活资料很少维修,生活资料耐用不易破损,油盐酱醋茶这些用完直接购买,不需要维修。小型生产资料坏了,家庭成员可以维修的自己做,不能维修的拿去修理;大型生产资料坏了要及时报告家长来维修,除了家长其他家庭成员没有钱。张家生活资料的借用由张本利做主,是否可以借到看具体的情况,首先取决于谁去借,一般家里当家人出去借东西借到的可能性最大,当家人在村庄中最有权威,张本利和张学明在张大村受到村民尊重,多数生活资料可以借到。其次生产资料的借用取决于借的多少,拿借米来说,借用的一家粮食严重不足,任谁去借都借不到。最后生产资料的借用取决于两家关系好坏,关系好的人家即使都是小户,也会互相帮助,自家的生活资料不足也会尽可能借给人家,谁家都有困难的时候,或许下次就是自家遇到困境求别人帮忙,这时不管对方家里谁来借用都会借给。但有特殊情况,张大村红喜时,如结婚、做寿、满月酒向别人家借东西没有什么讲究,但丧事时向别人家借用东西只能请他人代为去借,全家人在丧事期间不能踏入别人家的大门,对人家不吉利,强行去借会引起他人的不满。

(四)家长成员各有权力

张家生活资料的各项活动中除了当家人张本利,其他家庭成员有一定的决定权,视事情大小做决定。买大型的生活用具如石磙、碾子等必须由张本利来做主;锅碗瓢盆小的生活资料每个家庭成员都可以自行购买,无需请示。如果大物件置用时张本利不在,则由张学明和张学诗、张学仁共同商议决定。张家在生活资料的购买活动中有自己的规矩,即当家人张本利与儿子张学明、张学诗、张学仁起到同等重要的作用,一般情况下是一起商量后共同决定,张本利的三个儿子多会考虑张本利的意见。其他家庭成员起的作用不大,只能做一些小决定。如果当家人张本利不在,那么置办桌椅板凳一类的物件由三个儿子自行决定,购买油盐酱醋这些每个家庭成员都可以做出决定。张家的生活资料很少维修,有物件坏掉了自己能修理的自己去修理,修理东西是为了整个家庭,不是为了个人。自己不能修理的要报告家长,家长会给钱去修理。张家每个人都有资格去借生活资料,由于个人在村中地位不同,借到的结果可能不一样,大型物件的借入需要家长亲自去借才能借到,小物品家里每个人都可以借到。在生活资料借出的问题上,小件生活资料每个人都可以做主,大型生活资料的借出需要经过当家人张本利或者张学明的同意,其他人不能擅自决定。

(五)生活资料不可侵犯

生活资料是每家每户的宝贝,对于生活资料则会更加珍惜,任何想要侵占农民生活资料的行为会引起整个家庭的反抗,张家的生活资料很少会被别人侵占。张家在村中威望很高、乐善好施,平时受到张家照顾的这些人不好意思偷盗或者侵占张家生活资料。当地盗匪比较倾向于盗窃富有人家,不忍心盗窃穷人家,因为其他无东西可盗。盗窃的物品一般为小型物件,这样盗窃后的家庭可以长期使用不被发现,大型物品盗窃起来则比较困难。如果其他人要买卖、借用大的生活资料,要与张家的当家人张本利或张学明商议。对于小的生活资料,其他成员也可以做一些决定,如果张家不同意,其他人不会继续纠缠张家。张家所在的家族没有侵占过张家的生活资料,家族成员对于张家的生活资料是给予认可的。外人要购买或借用张家的生活资料时要与张家家长张本利或者张学明商量,征得同意后方可借走。如果张家不同意,则不能强行买卖、借用。张家在借出生活资料时按照远近亲疏的原则,优先借给家族成员,而后才是外人。家庭生活资料被侵占后,家庭会发动家族势力,利用舆论或行动帮助要回生活资料。张大村的保甲长没有侵占过张家的生活资料,其他村民也不会随意侵占张家的生活资料,如果要购买或借用,会与家长张本利或者张学明商议,张家不同意的话不能强行买卖、借用。发生生活资料被无故侵占后告知保甲长,保甲长有义务帮其追回。历阳政府承认张家对生活资料的所有权,政府和农民很少打交道。乡镇政府在行动上保护家户生活资料比较少,法律上给予承认,乡政府不会随意侵占张家的生活资料。村民生活资料被侵占闹到县政府,县政府会出面解决问题,"不告不管,一告必管"。

五、家户经营

张家经营的内容非常丰富,涉及农业、工业与商业。张学明通过耕种30亩土地生产出来的粮食作物供张家人日常生活所用,张学诗经营的杂货铺、米行、木行给张家带来了大量的收入,张学仁的豆腐店收益颇丰,有序的经营使得张家生活丰富多彩。

(一)生产资料
1.自给与换工各占一半

1949年以前,张家参加劳动的有十四人,即张学诗、张学明、张学仁、张王氏、张卜氏、张陈氏、张仕玉、张仕义、张仕礼、李玉遴、张仕全、张仕信、张王氏、张仕芳。家中劳动力主要分为三派,张学诗小家庭张陈氏、张仕全、张仕信、张仕芳、张王氏共同经营着县城的杂货铺、米行、木行等;张学明一家张王氏、张仕礼、李玉遴、张仕义经营着整个张家三十亩田地;张仕仁小家庭张卜氏、张仕玉、张仕冬共同经营城里的豆腐店和酱油店。张学诗和张学仁的店铺在城里长年请工人帮忙,自己家成员也参与工作,主要管理钱财和指挥工人劳动。田里的活动由张学明负责,学明家除了正在上学的张仕道、张德修,其余人员都要参加田里的劳动。家中每个人都要劳动,不能因为在家中的地位高低而偷懒少干,按照能力做事情,否则就要被张学明批评,减少给零花钱。1949年以前,张家的劳动力在闲时够用,忙时显得有点不足,会请工和换工。在农忙时候村里人会换工,换工可以让农活很快完成,是否换工由张学明决定。拿栽秧来说,每年栽秧的时候需要换工的家庭在一起商量"择日子",这样大家栽秧时间错开了,挨家挨户去栽秧。换工必须要还,不还会被人家说闲话。对于不请自来的换工村民一般不欢迎,安排好这些人可以完成,无故多一个人要多还一份工让人不开心,有时真的缺人,别人主动来换工,多一个劳动力主人家还是很开心的,具体情况看情形。家中劳动力在30亩土地这种规模面前显然不太足够,农忙时经常请工人,请工由张学明一人决定,不需要和家庭其他人员商量,也不需要告知村庄其他人员。请工没有明确的顺序,有一定的原则:一是多请本村的人,家离得近工作起来方便,知根知底更能请到一些勤劳能干的人;二是优先请家中经济条件不好、田少的村民。干完活给报酬,短工直接给现金,张家的长工每年可得十石稻作为报酬,上半年五石,下半年五石,长工有需要的时候可以和主家商量先支付一部分酬劳供给家庭的使用,明事理的主人家一般都会满足长工的要求,只要长工能在家里好好干活。张家的长工在张家做了十几年,张家人将其当做自家人看待,逢年过节的时候,内当家人会考虑

318

长工的感受,给其和自家人一样的待遇,都做一套新衣服穿,一起吃饭。请工人的时候张学明都在家里参加劳动,由其分配,如果不在家,则由张本利做决定。张家从不帮工,张家的经济状况不需要给人帮工补贴家用,自家的事情都做不完。张家雇工很多,城里张学诗和张学仁的店铺生意很好,要雇工,有几个固定的长工,忙时请短工。在逢年过节时许多人到张家店铺买菜和购买杂货,这时候张家店铺最忙,会请许多短工帮忙。帮工时无明确顺序,但是对人有要求,一般是年轻力壮为人实在不要滑头者优先,短工干的时间不长,工资在不忙时结清,提前结的情况没有,防止帮工突然退出影响店里的生意。请帮工张学诗和张学仁做主,他们不在家时,妻子和成年子女也有权力决定去请,不需要和谁商量。

2.土地从不租用

1949年以前张家自有土地30亩,满足一大家子的吃穿用。张家没有租别人家土地,有村民曾租过张家几亩土地。出租的田地是好田好地,租金是收获物的五分之二,租期三年起步,关系好至少要一年。改善土壤需要好几年的时间,时间短了,租地不划算。出租很少更换租种对象,张家的租户连续租了张家田地十几年。租用的流程大体如下:租种双方签订一个租种契约,契约上写明租种的土地大小、租种年限、租种双方以及起始日期和租金,由公证人公证,公证人一般是当地有一定身份地位的人。租出土地由张学明安排决定,会和当家人张本利商量,张本利的意见左右着张学明的决定,但不需要向外人告知。出租有一定顺序,要看租用人的能力是否可以种好作物取得丰收,谁家最需要土地就租给谁,租户条件相同就要按优先宗族成员,其次亲朋好友,最后村庄村民的顺序来选择。当地出租土地时最看重的是租户有没有能力耕种,耕种能力主要体现在以下方面:一是拥有大量的农业用具;二是掌握一定的劳动技能并且勤劳肯吃苦,如果没能力耕种则不会租佃;三是村民一般在本村租种土地,很少去村外租种,外村人不熟悉,距离也比较远,庄稼不好管理。租用期间不强制给主家送礼,也不需要无偿给主家干活,过年时会请主家吃饭,主家有红白喜事时需要随礼。租户不需要刻意巴结逢迎,但和主家搞好关系对于减少租金以及续租有很大作用。租户可以退租,但要和张家人讲明白,经过同意方可,否则按租契规定办事。

3.家畜自给自足

1949年以前张家除了两头耕牛,其他牲畜还有猪、鸡、鹅、鸭等,喂猪、喂鸡、喂鹅、喂鸭是儿媳妇的活儿,张谢氏和李玉遴轮流负责。一般一年喂一头猪,如果喂两头,其中一头则会留在张学明小家中食用,另外一头分给当家人张本利、张学仁、张学诗家吃。鸡鸭鹅比较多,有五六十只,供平时及过年一大家子食用。鸡、鸭、鹅平时下的蛋可以留下来一些食用改善伙食,也可以作为种鸡、鸭、鹅孵出小鸡、鸭、鹅继续养。张家原来有两头耕牛,后来一头老了不能从事田中劳作,只好拉到牛市去卖,得到的钱交给当家人张本利。如果牛老死了或者病死了,有些人会埋了,牛辛苦了一辈子,有感情了不忍心吃掉,有人会拿去杀了吃掉或者卖了。1949年以前张家人没有听说过吃死牲口生病的情况,有别人也不好意思说出来。张家的耕牛除了给自家当地①、犁地、耙地以外,也会借出去,借出不是一般耕牛的简单借出,农业家长张学明和牛一起借出,牛不单借。耕牛借出的时间看借者家的土地有多少,全部耕完才能归还。借者在前一天晚上来张家给耕牛送上饼、米、稻子、黄豆等,还牛时也要多给牛准备两三

---

① 当地:方言,意为平地,即把牛连石磙,把地压平。

天的草料,耕牛由牧童喂养。耕牛是家中的宝贝,其他人没有权利决定是否借出,只有征得张本利或者张学明的同意才能借出。

4.农具基本自给

张家有镰刀、锄头、钉耙这些小农具,购买和使用由农业当家人张学明决定,不需要和谁商量。张家有水车、犁、石碌、耙、扦等必需的大农具,风车、拌桶不常用的大型生产工具张家也有。自家用由张学明安排,但借给别人特别是借给外姓人,张学明不具有决定权,需要经过当家人张本利的同意才可以。张家大型农具基本自制,请工匠来家中制作。石碌的制作要事先询问好石匠需要材料多少,买好将人家请到家中制作;水车、犁、耙等则买好铁片、木头,请木匠来家中打造。其余如锄头、镰刀等物品家中无法制作或者制作起来非常麻烦的,张家直接去集市购买。张家虽然拥有农业生产全套工具,有时也不可避免要借用别人家的农具。到了收割的季节几十亩水稻或者麦子需要收割,请工家里的镰刀不够用,需要借很多镰刀。张家和关系好的四邻或者家族成员家借用小型的农具,除此之外很少借用。农具的借用有约定俗成的规矩,首先,张家去其他人家借东西时,如果主家自己家也需要使用,张家则不会继续借用;其次借用农具要告诉其所有者使用农具的用途,比如 A 家向 B 家借了一辆水车用于 C 家的土地灌溉而没有告知实情,会导致 B 家生气,从而影响下一次借东西的结果;再次借东西时一定要告诉所有者借工具时间的长短,好让所有者安排时间,农作物种植时间都差不多,某些工具使用的时间很接近,如果不告诉主家使用时间,主家突然要回农具会造成自家农业工作措手不及;最后关于借出农具损坏的维修,如果农具借出去时是好的,借用期间坏了,借入者要修好才能归还,不修好就归还会被别人在背后说闲话。农村借用农具是相互的,每家每户都有不方便的时候,因此会互相借用,这样方便别人也是方便自己。

(二)生产过程

张家的土地生产由张学明负责,当家人年迈不能继续管理,每年土地里种植的作物与家庭成员的分工由张学明安排,有时安排张本利也会去做。张家女性成员有自己安排土地的权力,在边角土地上种些家里吃的蔬菜,这些土地很少。

1.农业生产

张家的农业生产分为两季,即夏秋和冬春。夏秋种水稻,7 月之前种植,10 月左右收获。一般经过犁田、耙地、拔秧、插秧、施肥、灌溉、割稻、焚烧秸秆等环节,这是水田简单的生产过程。旱地与水田不一样,张大村的旱地一般种小麦,小麦种起来比较简单。首先经过耕地、施肥,然后在下雨天撒下种子,等到发芽的时再找一个雨天撒肥,其后很少需要打理,基本上就等着收割了。小麦产量很低,一亩地 200 斤产量。栽水稻时男性挑秧,将秧苗均匀地抛到水田之中,妇女负责栽秧拔苗。施肥是媳妇和张谢氏的活儿,张学明主要负责将肥料往田里背,有时也会帮忙撒肥。耕田耙地是张学明和长工的活儿;平地整沟是男人的事情,男人有力气;锄草一般为家中女性参加,女性心细可以锄干净,撒种也多是女性。割麦时全家人都要去,张谢氏、李玉遵、张仕礼负责割,张学明负责捆,张仕义负责背。农忙时节伙食反而比平时差,大家忙得都顾不上吃饭了,不会专门让一个人负责做饭送饭。张谢氏忙到中午回家随便做点吃的带到田里和大家一块吃。稻子收完后,晒稻子、打稻子是家中男子的事情。怀孕的女性不用下田,一切重活也不用参加,在家里做些基本的家务,张家人对于孕妇非常关心,给孕妇很多特权,孕妇的身体事关张家的下一代,每个人必须重视。嫁出去的女儿到了婆家属于婆家人了,

320

要以婆家的家务农活为主,是否帮娘家干活没有强制要求,主要取决于夫家有没有空闲,有的女儿闲着会抽空回娘家帮父母干活。张家田里的农活只要有能力的成员都必须参与到家庭的农业生产中,否则要受到家长的批评,给予的零花钱减少。农业上由管农事的张学明决定,不需要和谁商量。农业生产上家里人会自觉服从张学明的安排,老当家张本利也不例外。农忙时饭食会比平时差一点,没有准点吃饭的概念,没有时间去做饭,参与农忙的家庭成员会明显消瘦。总之张家的农活全由张学明安排,没有多少大事需要请示张本利,其他成员可以提意见,看是否能提高效率,主要靠张学明、谢王氏完成。

2.工商业经营

张家除了农业生产外有工商业经营,张本利让儿子从事不同的行业为了有更多机会振兴家族。在张学诗的杂货店、米行、木行中,张学诗负责最主要的杂货店经营,张陈氏负责米行的管理,张仕信和妻子张王氏负责木行的管理,人手不够的时候会请长工或者短工帮忙,钱财收付都是张家人亲力亲为,不经外人手。家庭成员每周要开小会,每月开大会,汇报收支情况。张学仁的酱油铺和豆腐店中,张学仁负责酱油铺,张卜氏负责豆腐店,张仕冬、张仕玉负责帮忙,具体管理方式同张学诗家相似,张学诗、张学仁两家店铺靠的很近,都在东门口,兄弟俩互相照应。在1940年以前,张本利经常去城里帮助张学诗、张学仁经营,规划店铺发展。起初张学诗只开了一个杂货铺,后来张本利让他将赚到的钱投资到别的事情上去,父子商议后就办起了张家米行与张家木行,整个商业规模翻了一番。1940年以后张本利很少去城里,留在张大村和张学明一块做家里的农活,城里生意管的越来越少,偶尔会问张学诗、张学仁生意经营的情况,张学诗、张学仁的店铺在遇到大事时要主动向张本利报告。1943年张学仁见到张学诗后开的米行与木行获得了巨大收益,自己也想开别的店,他询问父亲张本利能否扩大自己的经营,张本利思考过后让其开一家酱油店,豆腐和酱油的原料都是黄豆,经营起来不会增加多少麻烦,张本利给张学仁介绍了一个会做酱油的师傅去店里帮忙,在张本利和张学诗的帮忙下,张学仁的豆腐店也卖起了酱油。

3.妇女饲养家畜

1949年以前,张家饲养的牲畜有牛、猪、鸡、鸭、鹅。张家的牛由牧童负责喂养,有时候出去吃青草,有时候拿家里的稻杆、黄豆、大米、粗饼等交给牧童配制好饲料喂养。养猪的活儿主要由家里的女性负责,张家分家之前人很多,养着两头猪,分家之后就养了一头。张家鸡鸭鹅很多,由媳妇们喂养,有时候家里没人,到了喂食的点了谁先回家谁去喂。张家饲养的家畜优先满足家庭需要,张家是大户人家,人口众多,饲养的家畜比较多。首先家里没有花钱比较多的红白喜事;其次家里没有遇到灾荒、战乱等突发情况;最后家庭成员洁身自好,没有不良嗜好,家畜收成可以满足家庭成员的需要。如果家里遇上红白两事或者处于灾荒战乱年代,又或者家庭成员有赌博这样的不良嗜好时,这些家畜不能维持全家人的需要。如果家畜养多了,多余的家畜由张学明带去邻近的集市上卖掉,但是这样的情况很少。只有一年的腊月张学明带着多余的家畜到街上卖掉补贴家用,卖家畜的收益很可观,有时候可以抵掉一半置办年货的钱。卖家畜取得收益属于全家共同所有,交由家长统一管理和支配。

4.榨油磨豆腐为手艺

1949年以前,张家的成员除了农业生产外还从事工商业:张学诗会榨油,张学仁会制作酱油和磨豆腐,学会了这些手艺使张家的米行、豆腐店、酱油店能够开起来,不受到他人的影响。张家人善于经营,生意做得红红火火,积攒了大量财富。家庭成员要是想学手艺,先要询问当家人张本利的意愿,其次才看个人的意见。家里成员的手艺各不相同,否则会导致自家人相互竞争伤了和气。如张本利安排儿子从事不同的行业,分家时很简单,没有产生矛盾,分别继承自己从事那一行业全部的财富。如果是兄弟当家,依然由孩子的父母决定孩子所学的手艺。张家优先让男孩上学读书,学业完成了再考虑学手艺。张家人没有祖传手艺,只有一些后来学会的手艺,如磨豆腐、榨菜籽油、花生油、芝麻油等。张大村的适龄青年要想学习手艺,孩子的家长会做主让他们学一门手艺,如果不想学习,必须有能养活自己的能力才行。

5.外出不带家属

张家的家庭成员外出情况很复杂,不能一概而论,张学明务农很少外出;张学诗、张学仁从事工商业经常外出。张学诗开的杂货铺需要进货,每隔一个月要出去一趟,张学诗外出时一般不带家属,家里店铺太多需要自己人经营管理,除非过年前需要大量进货,才带上儿子张仕信出去。张学仁家的情况和张学诗家类似,张学仁的豆腐店和酱油店需要大量的老黄豆,张学仁会推着板车到乡下去收豆子。平时收的少,一个人就好了,逢年过节时大家购买的豆腐和酱油多了,就要大量收购,张学仁带上儿子张仕玉一同下乡。张家张学诗、张学仁的外出是自己安排的,出门时给家里其他人知会一声就可以了,不需要告诉其他人。

(三)生产结果

1.农业收成年年有余

张家所在的村庄在东经118°04′~118°29′,北纬31°22′~32°03′,属于亚热带季风性湿润气候。种植的作物有水稻、小麦、"苞茹"①、油菜花、高粱、山②芋、土豆、豌豆、青菜、黄瓜、茄子、白萝卜等,各种作物的收成很低。当地按照亩数来计算粮食产量的,一般水稻每亩年产500斤到600斤,小麦每亩年产200斤到300斤。在张家人的认知中,气候好坏是影响产量的关键因素,其次是施肥技术与耕作技术。张大村附近水源丰富,勤快的人家利用水车基本上可以解决水量不足的问题。早年没有农药喷洒,一旦遇上虫灾,粮食产量就会大幅减少。连年阴雨会导致烂苗,大旱年份池塘会没水,影响收成。小麦和水稻在抽穗时可以知道今年产量,棉花靠长势判断,平常年份粮食产量差不多,没什么变化。张家收成属于全家共同所有,由当家人张本利决定用途。除了一无所知的小孩,其他人都关心收成,当家人最关心。如果家里粮食收成不好,大家都不开心。1949年以前,家里的收成可以满足家人需要,平常年份会有结余,遇到大旱虫灾年份,明显感到当年收成无法满足家人需要。张家有大斗③和地窖储存粮食,收获的粮食从不卖出,为预防灾荒,储存的粮食够张家人吃三年有余。

2.家畜自留不作收益

张家一年养一头或两头猪,鸡、鸭、鹅60只左右,每年喂养的数量差不多,有时候不一样。1949年张学明大侄子张仕信和儿子张仕礼结婚了,他们怀孕的媳妇需要吃点好的补补,张学明多养了10只鸡。张家的家畜很少卖出,家畜主要用于家里宰杀吃肉以及朋友之间送礼。家畜饲养由张学明小家负责,统一管理和分配,一般张学明小家会分的多些,其他小家分

---

① "苞茹":即玉米。

② 山:此处读 shā。

③ 大斗:装粮食的大型容具,可以装几千斤粮食。

的少点。

3.不同年份手工业收入不同

张家手工业收入和自家商业紧密联系在一起,张家会手工技艺的人不少。张学诗、张仕全、张仕信精通木工活和榨油技术,开了木行和米行,客人来木行买木头家具要支付金钱,油可以用油菜籽、花生等可以榨油的作物来换。张学仁、张仕玉会制作酱油和豆腐,顾客可以用豆子来换豆腐和酱油,也可以用钱来买。张家女性会一些简单的纺织,农闲时会织点布放到张学诗的杂货店去卖。平常年份张家收入一般,丰收年份会赚得盆满钵满,张家取得的收入属于全家所有,由家长统一安排分配。

六、家户分配

张家在农业、工业和商业上获得收入之后需要上交大部分给大家庭用于家户分配,小部分作为小家开支。大家庭的分配由张本利与张谢氏共同来安排,小家庭的分配由各小家中的当家人来分配,不需要与张本利商量。

(一)分配主体

张家在分配时以家户为分配的主体。张家所在宗族无公田、公房,没有可分配物,张家每年要拿出一部分收益给家族,作为清明当宗①以及修缮祖坟的份子钱。张大村没有集体财产,村庄分配只有税负。

1.家户为分配单位

张家的家庭成员在分配中以家户为基本分配单位,在家内展开分配,其他家庭也在家内分配。分家了或早在大家庭中不与家人一起吃饭,就是实质上的分家,不参与家户分配。除了家庭成员,张家有长工和牧童各一名,长工和牧童不参与张家的分配,只和张家人在一块吃住,每年以粮食作为工钱。张家在进行分配时,由一级当家人张本利先进行一次分配到三个儿子的小家庭,张学明、张学诗、张学仁进行二次分配到个人。做饭、制衣和家务由张谢氏和儿媳妇完成,分配时需要大家庭当家人和各个小家庭当家人商量。如果当家人张本利不在家,家里对外事务由张学诗、张学明、张学仁商量决定,对内事务由张谢氏决定。如果当家人是女性,其离开家的可能性不大,若是离开了,其他成员按照长幼顺序来作决定。如果是兄弟当家,则由兄弟们共同商量或由父母决定。代理当家在当地几乎没有,一般当家人要外出了,有些突然发生事情的解决方案会安排好,没有必要纠结谁去做主。张家分配时当家人张本利具有决定权,张学诗、张学明、张学仁也有一定的决定权,和张本利共同商讨决定。除此之外其他家庭成员只能服从,或者提出建议,而不能反对,更不能擅自决定。做衣服的事情由张谢氏负责,谁需要做衣服得向张谢氏申请,得到同意后拿钱买布请裁缝来家中制作,这是家中的大事情,其他人要服从。煮饭这样的事情媳妇自己可以按照家人口味决定买菜来做,没有限制。

2.有大家亦有小家

张家既有大家庭的分配,亦有小家庭的分配。张家三个儿子从事不同的行业,收益也不同,张学明在乡下务农,张学诗和张学仁在城里工作,导致了张家有大家庭与小家庭的分配。

---

① 当宗:当地的认祖归宗的大型家族活动,现在依然每年都会举行。

张家大家庭的分配如下：张学明务农要将一半以上的农产品供给全家生活，另外一部分小家庭自留，张学诗、张学明每年上交一半以上收入给大家庭，余下的小家庭自留。在各自小家庭中，父亲是当家人，母亲是内当家，管理自己的小家，小家庭拥有一定对外独立交往的能力。张家家户内部分配和外界没有关系，外人不会找理由介入张家的分配之中，按时缴纳各项税收，国家不会干涉家庭分配。

（二）自家人为分配对象

自家人能过好日子是最重要的，张家分配时以家内成员为分配对象，无论男女、老幼都有权利。如果丈夫去世，妻子无论是否生育下一代，都能获得分配。如果父母去世了，孩子还小，也可以得到分配的东西，甚至会照顾他多分一些东西，其他家庭成员不会有异议，张家1954年分家时张学诗的两个儿子代死去父亲分财产就是如此。对于未婚且马上到适龄结婚的男女，张家分配时会稍微偏袒，多分配给他们一点儿可以为婚后小家庭添置一些东西，减少小家庭的负担。家里的老人分配时会多加照顾，他们年龄比较大，牙口不好，分配食物时会把软一点，比较好的食物分给他们。孕妇生完孩子坐月子，大家庭会特意照顾她们，其他家庭成员不会因此而嫉妒，对于下一代十分重视。张家的分配仅限同一口锅里吃饭的人，且有直系血缘关系的人，张家的亲戚、朋友、邻居和其他家户之外的人不是分配的对象。亲朋好友或者其他人在张家住过一段时间，和张家人同吃同住也不算张家分配的对象。他们和张家没有真正的血缘关系，对张家人来说就是外人。张家的东西是全体家庭成员一起努力获得的，理应属于张家人，对亲朋好友只会在吃酒人情的时候多送一些粮食、一些钱，关系一般的村民，只要送一些钱就好了。张家分配物的来源是家里的农业、手工业和商业获利所得，张家人不向外借财物，借了可以作为全家的收入进行分配。张家的成员可以享受生活资料的分配，大家是家庭的一分子，都为家庭出力，是成员应得的。张学仁、张学诗有着自己的事业在农村老家居住的时间少，但享有分配权。整个家庭的小家庭的自我分配更明显一些，大家庭的分配程度有限。

（三）分配类型种类多

1.农业收入半缴税半家用

张家的农业收成有粮食和杂粮、蔬菜，主要粮食作物为水稻、小麦，其他蔬菜作物种植主要供给家中的日常食用，有马铃薯、茄子、西红柿、白菜、小青菜等，自家种植的蔬菜省了一大笔的"菜心钱"。收成三分之一以上用于缴纳地租税负，剩下的用于自家消费。张家租给别人5亩土地，采用分成收租的方式，主佃四六分成，田里种什么交什么。1949年以前地租很重，张家租金低，遇到灾荒年景，租客收成太少生活不下去，张家会主动减租或者要求租户在收成好的年份将没有交上的租金补上。其他人家找人说情可能会减少租金或者延迟缴纳，但多数财主不愿减租。地租一般收获时缴纳，收获后租户及时将收获的粮食按照四六分成送到出租者家中，不按时交租，让人催租会影响主佃之间的关系，不利于再次续租或请求减租。地租一般一年交两次，麦收和稻收时各一次，收获的粮食优先满足自家的食用，不够打欠条。灾荒年份是否减租会写在租田契约中，发生灾害后凭契约办事。张家耕种的田亩都需要缴税，旱田和水田的税额标准不一样，水田每亩交100斤稻谷，旱田缴纳50斤稻谷。灾荒年时，政府会视灾荒的严重程度制定减租标准，以使人民满足基本的生存，不至于引发社会动荡影响政府管理。税额是政府一层一层往下摊派的，在张大村，这些事务由保长或者甲长负责。税款一般交给保甲长,每年秋收后,保甲长会挨家挨户催收粮食。收成后必须先上交国家的税费,剩下的才用于家庭的食用,如果政府催得不是太紧,收获粮食不够吃的家庭会请求延期缴纳或借粮食吃。张家的农业收成交完税后够用有余,多余的粮食存到粮仓之中。张家缴纳赋税租金由张学明安排决定,其他人不能提出意见,税收是应尽的义务,不能推脱。家长不在时,不管谁当家,税收也是必须要缴纳的。

2.工商业收入分配

张家将手工业和商业结合起来,开了杂货店、酱油店等多个店铺。张家的商业收入要缴纳定额的税收,一般为商业收入的20%。张学诗的店铺收入每年2万元,张学仁的收入也有1万元,他们获得的收入一半以上给大家庭统一分配,另外一半作为家庭自留。家长分配时按照家庭所需进行安排,张学明被安排务农,没有张学诗和张学仁的经商机会,分配时对他照顾一些,其他家庭成员没有什么意见。家庭分配是私事,外人不会干涉,不需要告知四邻、家族、保甲长。

(四)家长为分配核心

1.家长和小家长共同决定

家里会分配零花钱,孙辈没零花钱能从父亲或者当家人张本利那里要到,零花钱的分配原则以需要为主,兼顾公平,不会偏袒某一个小孩。赋税、租金由当家人张本利统一缴纳。平时生活中家庭内的事情,如粮食、衣物的分配,当家人张本利不管,由内当家张谢氏以及儿媳妇共同管理。如果张本利不在家,由各小家家长分配。

2.衣物分配内当家定

张家的衣物分配由内当家张谢氏决定,家庭成员需要衣服穿时会提前和内当家张谢氏商量,不需要向其他人请示。分配多少没有固定的顺序,有约定俗成的惯例,给谁做、做多少要与张家成员的需要匹配,不会给某一个人做的太多。当家人张本利经常在外和人打交道,张学明、张学仁、张学诗都是自己小家的当家人,特别是张学仁、张学诗是店铺老板,穿的必须要好,他们的衣服做的多一些;张德修、张仕道作为学生在外学习,一年置换的衣服也会多一些;家里其他人添置衣服相对少一点。过年时家里的小孩必须置办新衣服,图个新年新气象。这些由张谢氏安排,街上买布料拿回家请裁缝来做,棉花用家里种的棉花,可以减少做衣服的开销,衣服做的质量有保障。家里的衣服坏了,自家人能解决的就自己解决,缝衣服的活儿由张谢氏负责,张谢氏年纪大了,很多针线活做不好了,这些事情转移到了媳妇们的身上。

3.食物分配没有要求

张家在食物分配方面没有具体限制,每顿饭做什么、用多少米、炒什么菜、煮什么汤按照平日里的习惯做。想吃什么自己去买,不需要向谁请示,做的饭菜要符合家里人的胃口。饭做好了,第一碗饭要给当家人张本利,其次是内当家张谢氏,表示对老人的尊敬,这是张家孝道的要求,然后按照辈分依次盛饭。家里没有客人时家里人不会计较这些规矩,有客人来吃饭时当家人张本利先动筷子,客人再动筷子。家里饭菜不够吃要相互谦让,根据饭量、劳动量、老弱优先的原则,不管当家人是男性还是女性,规矩不变。

(五)家庭成员在分配中的地位

张家不存在私房钱的分配,私房钱是家庭成员自己积累的。赋税、租金由当家人张本利统一缴纳,零花钱是张本利分配给孙辈或者是父亲分配给儿子,主要按需要来分配,小孩的零花钱少一点,大人的零花钱多一些。衣食分配由内当家张谢氏和几个儿媳妇共同做主,要求没有那么严格,其他家庭成员服从内当家的决定,也可以提出意见改进。张家年底时家庭成员都要做新衣服迎接新年,这时衣服分配由内当家张谢氏一人做主,儿媳妇负责提意见。在平时生活中,每个小家中的妻子有权决定给自家的小孩做新衣服,不需要请示其他成员,花费为小家的私房钱。食物分配中,张家十分民主,饭菜由张谢氏和儿媳妇轮流负责,家庭成员想要吃什么提前和她们知会一声,她们都可以做决定,只要做的菜符合大家的胃口。吃饭时大家按照自己的需要,能吃多少吃多少,不能浪费,浪费要受到当家人批评。张家零花钱的分配比较频繁,张本利会给孙子零花钱,给孙子的钱多一些、孙女少一些,因为男子的开销比女子多。结婚后的孙子零花钱给的少,因为这时他们可以自己挣钱了;在外上学的孙子零花钱给的多一些,长辈希望孙子在外面能够吃的好一些。父亲、母亲也会给孩子分配一些零花钱,但很少给侄子、侄女零花钱。这个零花钱不需要向家长请示,用的是父母的私房钱。需要零花钱了,孙辈就去当家人那里撒娇要钱,当家人多少会给一些,但是某一个孙子是"吞瓢"①,当家人很少给他零花钱,还会被批评:"怎么又来要钱了,才给你几天啊,怎么花的。"在缴纳赋税、租金问题上张本利不直接管理,由农业负责人张学明统一安排,其他成员不参与,张学明将家里的赋税、租金缴纳后报告给张本利即可。

(六)分配统筹

1.按需分配不浪费

张家在分配时以整个家庭利益为重,照顾家里所有人。张家生活资料富余,每个人都能得到满足需要的部分。张家在第一次分配后,当家人对孙子偏爱一些,会多给一些零花钱,少给孙女一些零花钱,但不是特别明显。除此之外其他人分配都一样,当家人在分配时没有特权,家长是一家之主,理应以身作则,不能搞差别待遇,否则会让其他家庭成员有怨言,不利于家庭各方面管理和内部的和谐。家长吃的和家庭成员一样,穿的和家庭成员也一样,基于日常分配之外,没有额外的分配。

2.食物分配优先

张家在分配自家产品的时候先将每年家户负担的各种税交上去,剩下的部分留下消费。张大村土地收成主佃五五开,收割时交租,有的家庭无法满足自家需求,会请求延迟交租,这取决于上面催租的松紧程度,比较宽松则先不交,待丰收时补上,如果必须要交则先交上租金,不够吃想办法去外面借。当地自家内分配产品的时候,优先分配食物,其次是衣服,再次是零花钱,最后为私房钱,以保证全家人基本的生活需求,活着是最大的事,能生存下去就意味着有可能过上好的生活。有时候粮食不够吃了还是要买,过年期间必须买新衣服,新年新气象,过年不买新衣服在农村是非常丢脸的事情,再没钱年也要过好,人们流行着"正月饱,二月饥,三月四月啃树皮"的谚语。

3.追求平等意见少

张家在分配时以"按需分配,兼顾公平"为原则,不会过于偏袒某一家或某一人。老人、病人、孕妇、小孩在分配时占有一定的特权,给老人多分一些体现了一个家庭的孝道,张家人以

---

① 吞瓢:当地形容花钱大手大脚、没有节制的人。

孝为先;病人生病了,多分一些才能早日康复;孕妇需要营养,这样才能更好地为张家传宗接代。张家对传宗接代极为看重,"不孝有三,无后无大",孩子是张家的未来,长身体要多吃一些。特权不是一直都有,在一定期限内才有,没有人觉得这些特权有什么不对,这些特权是人之常情。在家里物资缺少的情况下,老人会主动谦让,让小孩和家里的劳动力多吃一些。当家人张本利在分配时没有特权,吃穿和其他人是一样的,唯一的特权就是钱在他手上,张家一切分配要以家庭利益为原则。除日常分配外,张家也有其他的分配,每个人需要的生活用品是不相同的,张本利与儿子喜欢抽烟,日常开销中会给一定的抽烟零花钱。家中的女性成员信仰宗教,需要买香烛、黄纸、水果之类的物品来向神灵祈祷。这些钱都是应该花销的,家里其他人不会有什么意见,是当地人的传统。遇到灾荒年景,老人小孩在家减少活动,这样可以少吃一些,给家里的劳动力多吃一些,这样才有力气去外面劳动。

(七)分配结果

1.分配合理家庭和睦

张家在实际分配中,约百分之十的支出用于地租赋税,百分之四十的用于食物分配,百分之二十用于衣物分配,百分之二十用于分给小家庭的支出,百分之十用于零花钱的分配,这些都是约数,具体要根据家庭情况安排。在食物的分配上,全家人都差不多,老人和小孩吃的好一些;衣服分配上,小孩穿的衣服分配得多一些,新婚夫妇结婚一年内衣服会分的多一些、好一些,总的来看全家没有大差别。张家分配的公平也有人情味,张家知事理的人对于已有的分配结果不会有反对意见。有时候会提一些改进意见,合理的意见张本利考虑之后都会采纳,没有出现过分配不公平导致家庭成员之间产生隔阂的情况。

2.小修小改保证公平

张家在分配时遵循一定的原则,在照顾所有人的基础上平均分配,尽量保持公平公正。一个大家庭做到绝对的公平是不现实的,张家当家人要在照顾老人、小孩等特殊群体的前提下,照顾每个家庭成员的需要。每年的分配结果大同小异,大范围的改变不可能,改变不合理容易引起家庭矛盾,一般有小范围内的改动。张本利孙子张德修去县城上学,家庭在他身上分配的钱就会多一些;张仕信、张仕礼结婚了,他们的零花钱减少了,靠自己去挣。

七、家户消费

张家1949年以前吃饭由大家庭来安排,小家庭不需要出钱,张学诗、张学仁多数时间在县城经营店铺,吃饭需要自己的小家庭解决。人情消费张家统一安排,小家庭不需要出钱,小家庭的朋友人情消费由个人负责,家户不承担。衣物支出由大家庭统一安排,小家庭成员想要额外衣物时只能用私房钱去做。医疗方面,小病由小家庭承担,大病由大家庭承担。整个家庭由当家人张本利统一安排,主要原则是按需分配、兼顾公平。

(一)家户消费及自足程度

1949年以前,张家一年的花销大概有2000元,收入为3万多元,在村里属于高收入高消费的家庭。张家能维持生存,生活的很好,除了张学明小家庭务农,全家过着大财主一样的生活,和财主不同的是家里不完全依靠土地,家庭成员要参与农业或者工商业的劳动。当地很多人不能维持消费,在节衣缩食的基础上外借粮食,借钱别人不会借,穷人没有偿还能力,逼不得已的情况下会逃荒,当地人会逃往江西,听说江西的经济情况好,逃出去能够要饭不至于饿死。

1.食物消费自给有余

1949 年以前,张家每年的粮食收入除了交租纳税和全家消费外,其他都储藏起来应对灾荒。张家人多地多,收的粮食百分之六十以上都吃掉了,还有一些用于交税,所剩无几的粮食就都存起来了。平常年份张家粮食够用,灾荒年份收的粮食完全不够吃,张家人会动用储藏在大斗和地窖里的粮食。张家在 1949 年以前每年的食物消费未统计过,在食物上的消费没有限制。30 亩地中有 1 亩地是专门用来种蔬菜的,有茄子、冬瓜、豇豆、豌豆、毛豆等,19 口人天天买蔬菜是大的开销。

张家对于传统节日很重视,端午节张家人除了吃粽子外还要吃"五红",这五样红分别是"烤鸭、苋菜、红油鸭蛋、龙虾、雄黄酒"。平常的日子里需要改善伙食时会杀鸡杀鸭来吃,整个家庭在伙食上让成员吃饱吃好。除了有时候在集市买菜加餐外,张家的油盐酱醋以及豆制品都在张学诗、张学仁店里拿,不用花钱,家里种植的黄豆、菜籽作物会送到张学仁、张学诗店里做原材料。

2.衣物消费不浪费

张家每年衣物的消费占总消费的百分之二十,平均每个人一年两套衣服,全家一年要四十套衣服的消费。对张学明小家来说算笔不小的支出,对张学诗和张学仁的小家来说算不上多少支出。张家冬天的衣服在街上买布,请裁缝到家里来做,装上棉花,棉花是自己家种植的。夏天的衣服主要在街上购买,价格比较便宜,不用担心偷工减料的事情。家里除了有些小孩穿衣服很费,其他人两套衣服够用了,新衣服坏了小孩要被家长批评,破了的衣服由家里的女性负责补好。张家的旧衣服不会随便丢掉,老大的衣服穿不上了,会给老二穿,老二穿不上了会给老三穿,老三穿的有新衣服,更多的是旧衣服。

3.住房医疗开支小

张家房屋满足全家人的居住需要,每对夫妻有自己的一间房屋,张学诗和张学仁两个小家庭在城里盖了房子以便于照应自己的店铺,他们的小家成员跟着父母去城里住了。家里农村的房子当家人张本利、张谢氏以及张学明一小家子住。农村房子平时比较空,当家人张本利与张谢氏一间,张学明、张王氏一间,张仕礼、李玉遴一间,张德修、张仕义、张仕道一间,三兄弟不是没空房子住,就是想住到一起玩儿。除了张家人,家里的长工和牧童也占了一间屋子,平时就这样住。过年了张学诗、张学仁小家庭成员会回家居住一段时间,这时家里的仓库可以改做卧室。张家的医疗消费具体数额未计算过,总体上比较少,张家人很少生病。1949 年以前,张家所在的村庄没有医生,最近的医生在历阳,附近村民生大病后都是去找医生。一般的风寒感冒自己熬点生姜汤饮用或者扛过去,很少去看医生。穷人看不起医生,也不敢生病,如果生大病,想借也借不到钱,只能等死,很少有人出卖家产看病吃药。

4.人情消费量入而出

1949 年以前张家每年的人情消费没有具体计算过,走亲戚、请客、随礼都有,每年大约二十多次,占家庭支出一般。家里人觉得人情消费是必须的开支,"人情大于债,宁可负债,不能欠情"。张家的收入可以满足人情消费,人情消费"重来重往,轻来轻往",不会因为张家有钱,去别人家多一些,往来双方都差不多,张家亲朋好友多一些,每年人情消费的次数多一些。如果家里很穷欠人情,那么砸锅卖铁也要还上,不然被村里人瞧不起、说闲话;不欠人情的话可以减少人情往来,甚至取消人情往来。1949 年以前张家每年随礼花费不同,主要取决于当年自家亲戚办事次数多少,如果一年内至亲办事次数很多,那么当年的人情消费比较多。办正经事的时候需要上钱或者粮食,关系好的两家两者都会送,数量也会相应的增加。一般如果当家人预计将来一段的时间中某家需要办正经事,在很早之前就会准备好份子钱,没有钱也要借钱随礼,在农村"宁可负债,不能欠情"的观念深入人心。张家红白喜事消费取决年份,并不固定,多数年份没有。1949 年张仕信和张仕礼婚礼花的钱将近 4000 元,当地有威望的人都来参加,张仕信娶妻时给了女方十石大米作为彩礼,女方家陪了三床棉被作为嫁妆。张仕礼结婚时则简单得多,只用了五石稻米,女方没有什么嫁妆,因为李玉逊是张家童养媳,父亲家比较贫穷,养不起她,只能将其交给关系较好的张家。其他人家红白喜事办酒,有钱的办的隆重,没钱的办的简单,实在没钱也要借钱办个简单酒席。红白喜事消费均由家户承担,与家族村庄没有关系。

5.教育消费必不可少

张家除了女性不给读书外,读书是张家每个男子必须要完成的任务,张本利上了五六年私塾,张学明、张学仁、张学诗文化都是初中以上,到了张德修这一代都是高中以上文化。1940 年以前张家请先生来家中讲学,一年给先生十石稻子作为工资,还负责先生平时的吃住,村里其他小孩也会来张家读书,每个学期需要给半石粮食作为学费。总的来说张家的收入能满足张家人的教育费用,如果维持不了,则老大先辍学,老大年龄比较大,可以参加生产补贴家用,小儿子辍学不能立即成为家中的劳动力;有时候要看学习成绩,成绩差的孩子先辍学,成绩好的孩子有希望通过读书振兴家族。

6.信仰消费仅女子

张家的男子一般没有宗教信仰,有宗教信仰的都是女性。张家信仰消费有两种,一种是家族信仰消费,主要是平时祭拜祖先的消费,如清明、重阳时会祭祖上坟,清明节要缴纳当宗费用,这些活动男性都会参加;另一种是求神拜佛的消费,土地老爷、佛祖、灶神是张家经常参拜的神佛,家里的妇女会去祭拜。家庭在生产生活上一旦遇到了困难,粮食遭遇天灾减产,家中成员身体不好,张谢氏会带着家庭中的女性成员去附近的寺庙祭拜,增加了求神拜佛的消费。除此外张家还在堂屋供奉一个送子观音,每天都会上香祭拜,祈求张家多子多福。

7.嗜好消费适可而止

1949 年以前张家有烟酒消费,农村烟酒消费是很正常的消费,多数农村人都有抽烟喝酒的喜好。张家人只要不酗酒,不吸食鸦片烟都可以接受,不会反对,会提醒抽烟喝酒的人保重自己的身体。张家人都很少赌博,禁止赌博吸烟[①]是张家的家训。张家一家人在一起赌钱娱乐,钱不会输给外人,村里有事情时张家人偶尔也会小赌,次数很少。张家生活中的所有花费都是大家庭负担,宗族、村庄不会承担丝毫,张家自身无法负担消费时,当家人张本利会出面借钱、借粮、借物。

(二)家长在消费中的地位

1.当家人安排粮食消费

张家的粮食消费由当家人张本利决定,其他人只能提意见而不能干涉当家人的决定。张

---

① 烟:这里指的鸦片。

本利很少外出,外出会安排其他家庭成员代为做主,一般是当家人的妻子张谢氏。张家有外当家和内当家之分,外当家也就是当家人张本利和儿子张学明、张学仁、张学诗,日常饭食由内当家张谢氏以及儿媳来管理,人情门户由当家人张本利决定,不需要和其他成员商量。张家粮食充足,平常年份正常消费,张本利也不做决定,饥荒年份粮食不足由张本利安排消费。

2.内当家决定衣食消费

张家的食物消费,由内当家张谢氏和儿媳妇安排决定,做饭由张谢氏和张王氏轮流做。如果需要买粮,自己决定买多少即可,再到当家人那里拿钱购买或者让有空闲时间的儿子帮忙购买也可以。需要借别人家许多粮食时必须由当家人张本利或者张学明出面,在当地如果向四邻借米,还的时候还一样的即可,如果向财主家借粮食,要还两倍的粮食。如果张本利和张谢氏不在家,家中每一个知事理的人都可以决定消费,前提是消费一定要合理并符合家户需要。张家在衣物消费活动中,由内当家张谢氏安排决定,不需要与当家人张本利商量。在家庭成员衣物消费上,每个人都能提出自己的意见,张谢氏按照家庭每个成员的实际需求给予评估,合理的情况下会帮其做衣服。

3.当家人提出人情消费

张家住房消费有的年份少,有的年份多。家里的房屋如果需要翻新装修,由张本利提出来,儿子们一同讨论有没有必要,有的话出钱请人,不需要告知或请示四邻、家族、保甲长。张大村没有女性当家的情况,女性当家要与家人商量,但请人翻修房屋的事情一般由男性去做。张家的人情消费由当家人张本利决定、安排,会与内当家张谢氏商量。如果当家人不在家,则由儿子代表家庭去人家上情,请客的时候,当家人一般都在家,有问题的话也会及时告知家庭成员。在张大村很少有兄弟当家的情况,人情消费由全家负担。张家红白喜事的消费与一般人家有一定区别。红事由上一代管下一代,张本利只管张学诗、张学明、张学仁的喜事消费,孙辈的喜事消费则由孙辈的父母负责,不需要向谁请示,可以与家族成员商议。白事一般家里人不负责,找一个知己人来负责,家里有丧事发生了,家里人都比较悲伤做不好决定;做好了决定证明家中人不悲伤,家庭内部没感情,也要被村里人说道;白事时当家人不会做决定,需要用钱的地方给钱就好。

4.教育医疗消费不能少

张家非常重视教育,教育消费始终在张家消费中占据重要地位,张家男子必须上学,上学是张家男子必须完成的使命,再不想上学,也要将初中上完。谁读书、在哪里读、读多久都不是要考虑的问题,男子必须都要读书,能上多久上多久,只要想读书就可以一直读下去,在哪里读书得看哪里有学校了。张德修读书时和县只有高一高二,后来到滁州市上的高三,张家的教育消费必需支出,由全家共同承担。医疗消费分为生大病、生小病两种情况,小病自己抓点药吃一下就好了,花不了多少钱;大病由当家人张本利安排,可以与家内其他成员商量做出决定。如果当家人不在家,一般由当家人的儿子负责,所有涉及女性隐私的疾病不会告知男性家长,由张谢氏转达给当家人寻求药费。

5.信仰、嗜好消费自己负责

张家信仰消费由张家成员自己负责,张家的男性没有信仰,女性有信仰是自己的事情,用自己的私房钱去买信仰物品;有时候张本利会分配钱给她们,她们的信仰是为整个家庭祈福;信仰消费不需要告知或请示四邻、家族、保甲长。张家的烟酒消费由当家人张本利安排,不需要和家庭成员商量。若是家里有一个人太爱抽烟，家里不会专门给他钱买烟，他只能使用私房钱消费。张本利与张学诗抽烟，钱财掌握在他们手中，他们不需要找谁要钱，没有人可以限制他们。张家人认为，赌钱是破坏家庭和谐的行为，家长也不能赌博，要是赌博全家人都可以反对他。张家自家人在一起赌博娱乐，不会赌得很大，玩得开心就好。

（三）家庭成员在消费中的地位

张家在粮食消费方面除了当家人张本利起作用，其他家庭成员也起一定的作用，能够独自做一些决定。想吃什么菜了，可以自己上街去买，当家人也不会反对。如果当家人不在家，则由儿媳妇作主。具体消费没有先后，所有家庭成员可以按照自己的需要去吃，唯一要求是不可浪费粮食。

食物消费方面，当家人张本利基本不管，由内当家张谢氏和儿媳妇处理安排，其他家庭成员包括做饭的人，有什么意见可以及时和张谢氏提出来。不是过分的要求都可以和张谢氏商量，张谢氏自己安排或者让儿媳妇按照家庭成员的口味需求去改变伙食。家庭实际食物消费中一般按照辈分顺序来盛饭，吃饭时当家人先动筷子，其他人才能动筷子，没有其他的规矩。这些规矩逢年过节时才有，平时的吃饭规矩慢慢减少了。

张家的衣物消费由内当家张谢氏决定，当家人张本利只管给张谢氏钱，余下的事情全部由张谢氏决定。其他家庭成员服从张谢氏的决定，不得有任何异议，私自的决定不起作用，钱掌握在张谢氏手里，裁缝也只听张谢氏的意见。平时谁衣服不够穿了，可以和张谢氏说一下，张谢氏认为确实应该做衣服，会请人回家来做。年末时张家每个人都要做一身新衣服迎接新年，每个人要把自己想要的新衣服样式告诉张谢氏，张谢氏按照大家的需要去找裁缝做。衣服坏掉了就让张谢氏或者儿媳妇缝补一下，张家不会浪费衣物，存在一件衣服从老大穿到老小的现象，正如一句话说的："新三年，旧三年，老小的衣服破又破"，老小的衣服最多，新旧都有。住房消费几乎没有，房子是自家的不需要给谁租金。有些年份要大修大补时花费较多，当家人张本利提出意见，儿子们互相商量具体怎么修缮。

张家的人情消费由当家人张本利做主，其他家庭成员只能提意见，不能干涉张本利已做出的决定。如家里有媳妇回娘家，必须要和公婆丈夫尤其是婆婆说一下，得到同意后才可回娘家。如果公婆给点礼物就带着礼物回去，如果公婆不给，想带礼物回家只能用自己的私房钱买。张家儿媳妇需要回娘家，娘家恰好有人过生日时，婆婆会给儿媳妇零花钱用于其回娘家的消费，在张大村没有因为家里没钱而不走人情的。张家人认为："中国是人情社会，传统必须要遵守。"年景不好时，直系亲属人情消费优先，对于其他人不欠人情可以酌情减少或者不去。张家红白喜事消费，最近一次是张仕信和张仕礼的婚姻，在张家看来婚姻应是"父母之命，媒妁之言"，其他私自做的决定都不被认可。张仕信与张仕礼的婚礼是由其父母决定的，当事人在婚姻中无法做出任何决定，只能听从父母安排。白事不论家里谁当家，都不能负责组织白事，要交给知己人管理，只需要告诉知己人办什么规模和支付必要的费用。教育消费贯穿整个张家的发展，张本利只管理儿子张学明、张学仁、张学诗的教育，决定他们的教育计划，孙辈的教育交给孙辈的父亲管理，自己可以过问，不能插手。张家男子愿意读书尽可能让其读书，具体怎么花钱由主要家庭成员商议决定，全家共同承担。

张家的医疗消费由当家人张本利安排，家里成员知道哪里有好医生和好药材要及时通知当家人，这对张本利的决定有一定的影响。遇到小病时消费自己可以决定，不需要过问其他人,直接找家长要钱看病就可以。信仰消费没有人去决定,信仰是神圣的,张家只有女性有信仰,男性没有信仰。当家人不会反对家庭成员信仰,会给一定的信仰消费所需金钱,不会多给,唯一的要求是不要鬼力乱神,弄的家里鸡飞狗跳,这样当家人会取消一切信仰消费,还会处罚当事人。张家的烟酒消费由当家人张本利安排决定,其他人听从张本利安排。若有酗酒与烟瘾大的人,张本利不会给其多分配,让其自己解决,抽烟喝酒在张家人看来不是什么好事。张家在赌博上从来没有分配消费,张家人会在一起赌博娱乐,但很少和外人赌博。如果张家有人沉迷于赌博,家长首先断了其个人经济来源,严重的会受到家法处置,家庭成员想要赌博只能用自己的私房钱,还不能让家里人知道,张家张仕礼的赌博就是如此,后来他因赌博成性借钱赌还不上,被张学明用家法处置了。

八、家户借贷

(一)借贷单位

1.家户借贷少

1949年以前,张家很少找别人借钱。张家借钱可能是上街买东西忘记带钱了,遇到熟人会借一下钱;又或是家中比较忙,没时间买米会到邻居家借点米,有的时候及时归还,这种情况一般都是借多少还多少,没有利息。村里其他人家借张家的钱比较多,村里是张氏一族的族人,张氏穷人在遇到困难时会想到张家,向张家借钱。村里其他人家平时生活比较困难,遇上气候不好的年份,收成更跟不上,只能向外借粮食。他们首先想到自己的亲戚朋友,以亲兄弟为主,更多时候亲兄弟家收成也不好,大家就想到了张家,来张家借钱借粮渡过难关。平常年份时很多人向张家借钱,穷人家没有多余的收成,糊口都很困难,遇到些事情就要对外借钱借粮。红白喜事、孩子上学、摊派交不上都是他们需要借钱粮的理由。别人来张家借钱借粮分两个情况,平常年份多数村里人来张家借时张家都会外借,但是灾荒年景时张家不会什么人都借,不知道灾荒会持续多久,不敢那么大方地去帮助所有人,也帮不过来,灾荒年份只会帮助和自家关系特别近的人家。其他人向张家借少量粮食或者钱的时候不用什么程序,大家关系不错借点钱粮不用弄得那么正式。借的钱粮多了需要写契约、找中人和担保人来完成,张家人认为"亲兄弟要明算账",契约可以减少日后双方纠纷。其他人向张家借较多的钱粮时要与当家人张本利商量,张本利同意后两家需要找一个中人来写借条,如果自己识字能写出欠条则可以不用找中人,但是借方需要找一个担保人负责担保,担保人在借方无法偿还钱粮的情况下需要替其偿还。中间人和担保人找到后在张家由中间人写下契约,契约的主要内容为:某年某月某日,某某到张本利家中借到钱粮多少,期限一年,利息二分,今有中间人,担保人为证。然后借款人、担保人、张本利在借条上面签名,不会签名的按手印也可以,借条只有一份,由借出人张本利保管。

2.家户为借贷单位

张家借粮食和钱时以整个家庭为单位,张家所在的张大村很少有几家联合起来进行借贷的情况,因为联合起来借贷还款时责任划分不清,容易引起家庭之间的矛盾。张大村其他人家也是以家庭为单位借贷的,很少以个人的名义去借钱,即使以个人的名义去借了,对方家庭也不会借给他。张家信誉好,张本利、张学明、张学诗、张学仁都能借到钱。村里需要修路、修坝资金不足会以村庄的名义进行借款,但村庄借钱与家户借钱不一样。

3.家庭统一借贷

张家是大家庭统一借钱粮,主要用于家庭生活,借钱粮由当家人张本利安排决定,不需要同谁商量,其他家庭成员可以提出借贷意见。张家不存在小家庭借贷,张家在当地声望高,张家人不论谁出去借,只要懂事理四邻都会借的。借贷的事情是张家的家务事,不需要告知或请示四邻、家族、保甲长,他们无权干涉,将钱借给外人而不借给本族人会被本家族的人说闲话,说其不顾同族亲情。即使借钱的事情其他人不允许,也不会阻碍张家借贷,可以私下里借贷。如果当家人是男性且老当家人不在,由男性当家人决定,老当家在的情况下男性当家人需要将借贷事情告诉给老当家,在老当家同意的前提下才能进行借贷,如果老当家反对,则借贷事情不能成行。如果当家人是女性,女性当家人可以做主,但是借贷时需要丈夫或者长子进行签字,女当家签字是不被认可的,张家人认为"除非家里没有男人,否则大事轮不到女的指手画脚"。如果是兄弟当家,由当家兄弟决定,要与其他兄弟商议,否则会引起兄弟的不满,兄弟之间是平辈的,不存在某一个兄弟有多于其他兄弟的权威,在其他兄弟没有反对的情况下,借贷才作数。代理当家的情况很少,只要家里有明白事理的人不会让别人当家,自己做出借贷决定比其他人做出决定会好一些。

一般情形下大家庭借贷更容易成功,大家庭具备还钱的能力,不会担心借钱不还的情况;其次以大家庭名义去借,借钱不还家还在那里,其他家人有归还的义务,在当地有"人不死,债不烂","父债子还"的传统,大家庭的借贷总能找到偿还的办法;最后以大家庭名义去借贷影响的不仅仅是个人的关系,两个家庭之间的关系也会随之受到影响,能够借钱的两家之间要不是亲戚、要不就是同族之人,为了家庭的声誉会及时归还钱粮,大家庭的名义去借款是最为常见的借贷方式。

一般情况下,分家以前大家庭内的小家庭是不可以单独出去借贷的,但张家不一样,张家富裕,在村里的信誉很高,除了当家人张本利以外,农业上小有建树的张学明、工商业上有所成的张学仁、张学诗都可以去借钱,他们的偿还能力显而易见。村里其他家庭中的小家庭不可以,大家庭是由小家庭组成的,小家庭和大家庭的决定一致,这样大家庭才能有序运转下去。如果大家庭里的小家庭都以自己的名义借钱,大家庭的秩序就无法维持,家长不允许小家庭私自借钱。张家家长对于家庭中的个人假借家庭名义借钱管理更是严格,张学明的长子张仕礼爱赌钱,张家人不给成员分配赌博钱,他打着家庭的名义向外借钱,别人也借给他了,等别人向张家要钱时张家才发现,张家还钱后用家法惩治了张仕礼。小家庭借贷行不通,对方一般不会借给他。小家庭的借贷如果得不到大家庭承认,大家庭就不给小家庭偿还,小家庭的经济依附于大家庭,容易引起两个家庭的矛盾;小家庭去对方家庭借钱不能保证小家庭得到了家长的允许,没有得到允许就把钱借给小家庭,很有可能得罪大家庭的家长引起两家的不和,农村有些家长会告知其他村民不要随便借钱给家里的某某,不会偿还。

4.个人借贷极少

张家很少出现个人借贷的情况,能家庭解决的事情不麻烦别人,个人花费只要用途正当,当家人会拨付一部分钱给其消费。借钱用于个人的消费当家人不会帮其归还,自己拿私房钱归还。当地个人借贷很少,在没有分家时个人一切收入都要上交给大家庭,一切花费也由大家庭分配,个人借贷后没有经济能力去偿还,这样一些原因使个人借贷后债主需要找大家庭偿还,家长为了防止家庭其他成员在外借贷,选择不给个人偿还,债主也会因为要钱困难而减少向个人借钱。

(二)家长借贷主体

张家在借贷中,当家人张本利为主要支配者,其他人也有一定的支配权。借贷可以由当家人出面去借,也可以是家庭中知事理的人,这与张家的经济实力有关系。张家是村里的首富信誉高,借什么东西大家都会借,借出的人想获得以后同张家交往的便利,穷人家借贷则难于登天,正所谓"借急不借穷"。

像借盐之类的小借贷家长让家里的小孩去借都能借到。在借贷中,张家张本利负责大的借贷,所有必要的小型借贷其他人也可以做主,但事后必须要告知当家人。个人小型借贷可以自己做主,无需向当家人请示,事后及时归还,不能引起纠纷。

(三)借贷责任全家承担

借贷之后,当家人张本利是第一责任人,全家共同还贷。当地有欠债外逃者,留下孤儿寡母在家后别人也不会要债了。如果张本利不在家,其他成员可以进行借贷,按照家庭成员的辈分大小出面借贷,首先是张谢氏,然后是张学诗、张学明、张学仁,以此类推。借贷主要是到关系好且家庭条件也好的家庭去借,借贷后全家共同还贷。张家对外借来的财物全家承担借贷责任,张家的钱粮是当家人张本利管理,家庭成员在外挣钱也是交给张本利,以家户为主要单位。对于家庭个人的借贷个人优先偿还,偿还不了家庭偿还,不存在烂账的事情。

(四)借贷过程

张家的借贷是小笔短期的借贷,不需要抵押品,也没有契约。如果数额较小,大人指使小孩去便可以借到;如果数额较大,张本利出面有时都不用打欠条,别人向张家借钱更多一些。借钱这种事是"晴天送伞,雨天收伞",越不缺钱的人家越能借到钱,而越需要钱的人家反而借不到钱。借钱时人家会首先考虑借钱者家庭经济状况,家庭贫困但与借出者关系好的人会借一点,知道还不上就当送了,关系一般不会借。小额借钱是否需要利息或者报酬由借出人决定。张大村大笔的借贷几乎没有,大家都是穷人,家里没有多少东西可以出借。借钱欠条的主要内容有借贷双方、数额、借款期限、利息、担保人等。借条由借款人书写签名,担保人也要签名,担保人由借款人寻找,一般是信誉好、有经济实力偿还钱的人。当地利息平均为三分,还款时连本带利归还,借款人无力偿还则由担保人偿还,担保人转变成债主。

(五)还贷情况

1.还债家长做主

当地默认将钱送到债主家里,逾期债主会来催款,可以在借钱时约定还款方式为一次性还清,不然利息会越滚越大,还款大多在麦收、秋收后归还,这时候大家田里都有收获。延期还款需要征求债主的同意,一般只有关系好的两家或者找人说情的情况下才能获得同意。张家所在的张大村,年关之前债主会来要钱,家家过年需要用钱,年关不要回钱又会拖一年,债主们不愿意。除非实在无力偿还,否则都会及时偿还,在当地"人不死,债不烂",钱是必须要归还的。还款时对人没有什么要求,谁都可以去还钱,一般是家长去还,钱还了欠条当面撕毁。张家不存在欠钱烂账的事情,当地烂账情况很多。小户人家借钱利息重,利滚利是无底洞,还不起。有的债主会主动免去利息要回本金。期限到了还不上只能找和借出者熟悉的人协调,请求其宽容一些时日,或者去债主家当长工,以工代偿,再不行只能抵押牲口、卖地偿还。

2.父债子偿天经地义

父亲借钱无法偿还,儿子需要帮忙偿还,偿还时遵循平均的原则,每个儿子分担一样的债务。丈夫借了债无法偿还,妻子也需要帮忙偿还,如果是赌债可能会一直拖欠。分家后借的债务儿子可以不还,妻子离婚了债务也可以不还。张家老人去世以后没有留下债务,张大村的家长去世后留下债务由儿子偿还。分家后责任不会改变,依然由儿子偿还,不一定是诸子均分,可能按照儿子的能力承担。孙子不承担爷爷的债务,只承担父亲的债务,没有后人债权人不能继续找其他成员追究债务。

九、家户交换

1949 年以前,张家在对外交换时以整个大家庭为主体,当家人张本利为代表,小家庭和家中知事理成员作为补充,张家张学明、张学仁、张学诗从事的行业不同,交换的客体很广泛,有集市、小摊贩、市场管理部门、顾客等。

(一)交换单位

1.家庭交换

张家进行家户交换,主要是去集市购买食品或者交换食品等,如黄豆换豆腐,这一类的交换主要由内当家张谢氏以及儿媳妇共同安排决定,不需要请示其他成员。一般和其他需要交换的人交易,各取所需,很少有被拒绝的状况,如果双方没有谈拢交换比例就换一个人交易。张家进行集市交易的时候,主要是买一些日常生活用品,由当家人张本利和张学明商量决定,其他儿子和儿媳妇享有建议权,可以影响当家人的决定,但不能自作主张,尤其是在购买大型物件的时候,张学明、张学仁、张学诗要在买之前请示一下张本利,张本利同意了才能购买。家户进行交换或集市交易时旁人不会有异议,交易是两家人的事情,进行经济交换的双方同意即可。

2.小家个人交换

张家在没分家之前,小家庭可以单独开展经济交换活动,张家张学诗、张学明、张学仁三兄弟有自己的事业,不能事事都请教家长张本利。只要为了家庭更好的发展,有些决定小家庭可以做,张本利不会生气,在涉及全家交换大问题上必须要告知张本利。张家内部家庭成员可以独立地开展交换活动,必须是家里的成年人,否则交换不被家庭承认。交换不是出自个人的私事,而是为了整个家庭自己可以决定,在交换后及时告知家长。涉及家庭重要物品的交换时个人不具有权力,交换不必请示四邻、家族和保甲长。

(二)交换主体

1.当家人交换

张家的交换活动中,当家人张本利是主要交换者,如果张本利不在家,张谢氏、张学明、张学诗、张学仁可以做主进行规模相对较大的交换。小事的话,家中成年男子可以做主,多数情况由张本利或其儿子进行交换。张本利会告知张学明、张学仁、张学诗他们可以做哪些层次的决定,大家做主是在自己的权限之内,交换用于大家庭消费,产生的费用从大家庭的收入支出,需要记账等当家人回来后过目,小家庭的消费则由小家庭自己承担。越过自己权力做主的经济交换是蔑视家长的权威,挑战家长的地位,会受到张本利的惩罚,还会引起家庭不和,张本利会警告不准成员私下做决定。

2.其他家庭成员交换

张家在开展经济活动时,当家人张本利可以委托家庭成员去交换,张学明、张学仁、张学诗也可以委托自己的儿子去交换。交换的费用从张本利或者父辈手中支取,不需要记账,交换是为了大家庭。剩余的费用很多要交给家长,少的话家长会将其作为零花钱奖励给家庭成员。除了当家人张本利有决定权、支配权外,其他家庭成员也有相应的决定权,视事情的大小来定,大事不能自己决定,只有等家长过来解决,小事交换如买零食、柴米油盐可以做决定,要符合家庭需要。

(三)交换客体

1.家长很少赶集

张家在集市上购买需要的物品,张学明和集市打交道多一些,有时候会委托张学诗、张学仁进行交换,当家人张本利年纪大了,不愿意往集市上跑。张家一般去历阳集市,很少去卜集,距离太远。历阳的集市按季节划分,有的季节逢三、六、九为赶集日,有的二、六、八赶集。大家步行去集市,购买大型物品时拖着板车,一次三个小时左右,早上去中午回来。大家根据赶集路上回来的人询问产品的价格信息,在价格和距离之间找一个权衡决定去哪个集市。家里其他成员想要去集市,必须是成年人,不然能力不足,还必须要得到家长的同意才可以,不然去集市也没有钱。如果单独和集市打交道,所买回来的东西必须满足全家人的需要,不然不被认可被家长批评。

2.买粮成员去

当地镇上有粮行,张家张学诗在县城开粮行,张家与粮行打交道很多,自家开的每个人都可以和粮行打交道。年轻力壮的小伙推着车过去,将家里剩余的稻子交给张学诗或者起米①回家,有时直接去起米,不需要什么特殊手续,每次存取多少米都要记录下来,便于店里记账。张家没有固定的时间取米,只要家里没米了,让有力气的成员过去。村里其他人家买粮家长过去,将自家稻子存放在粮行,粮行会发一个本子记录粮食量②,每次取多少就在小本上记下来,直到取完为止。

3.流动商贩交集少

当地流动商贩主要是"拨浪鼓"③,这些商贩从事一些家庭小商品和玩具的售卖,如肥皂、锅铲、香烟、盐、针线、小孩玩具等。小商贩卖的商品比集市会贵一些,由于比较方便,大家购买的比较多。张家成年人在购买商品时会讨价还价,买的东西要符合张家人的需要,否则会被骂浪费家里钱。张家所在的乡镇没有"人市",当地农民需要劳动力时一般在村内寻找。大户人家需要请人会优先村内人, 知根知底工作起来放心。张家与市场管理部门打交道很频繁,张学诗、张学仁经营店铺经常要与管理者交流,要求商会提供保护、减少会费,其他家人

---

① 起米:粮行也有存折,可以存取米,取米的时候称为起米。
② 粮食量:一般人家送去粮行的都是稻子,老板根据稻子的重量和质量会将其转变成大米量记录。
③ 拨浪鼓:因为这些人来每次都是挑个小货担子,手上拿着个小拨浪鼓,大家听到鼓声了,就会出来购买。

不能擅自代表家庭与市场管理部门打交道。

（四）交换过程

1.货比三家不吃亏

进行交换时会货比三家,在对比中找到物美价廉的一家,这一过程在与村民相互交流之中得出,每个人都可以货比三家,家里要买东西了,知道哪里东西便宜要告诉当家人。张家进行交换的时候,一般会和相熟的人进行交换,是村里人离得比较近方便。张家在集市上进行交换时则不会选择与熟人交换,相熟的人说了价格后贵了不能拒绝交换,不好还价,容易吃亏。村里有的人家会和熟人交换,熟人可以赊账,贫苦人家可以在困难时也能购买到东西改善生活,在粮食收获的时候还上账。张家除了家长以外,其他家庭成员可以选择在市场上交换,但仅仅限于小物品的交换,大型物品交换需要提前告诉当家人,得到允许后才能交换。

2.少量经纪交易

张家所在的历阳县城有经纪交易,张家有时会和经纪人交易,这一过程由当家人张本利以及张学明去完成。经纪人主要负责保证交易的公平公正和质量可靠放心,张学明去找经纪人,经纪人是本村本族的更放心,有问题找起来比较方便。除了当家人外家里的成年子女也可以与经纪人做一些小的交易,但要征求家长的意见。

3.过秤过斗与赊账还账

张家在进行交易时会进行过秤,这样比较放心,一般上街买菜上不会过称,数量过少找其他人过称比较麻烦。在过称后,如果发现了缺斤少两而时间又恰好在一天之内,则会折返回去理论,如果发现的时间晚了好几天,不会回去理论,在心里看不起对方,在日后的生活中也不会给其便利。买卖时一般不可以赊账,如果是熟人有的会赊账,但这要看赊账的对象个人信誉,信誉高,有偿还能力是赊账的标准,赊账的时间不能过长,有钱就还上。张家只有家长张本利、张学明、张学仁、张学诗等有能力的人才能赊账,家庭成员未经允许赊账,家长会还上,但该家庭成员不仅要受言辞教育,还要接受惩罚。

第三章　家户社会制度

张家不排斥自由恋爱,得到家长承认的自由恋爱也能被家庭认可,张家多数的婚姻属于包办婚姻,亲家中大户、中户、小户都有。婚配包括请媒人、下聘礼、拜堂、归宁等多个环节。张家是张大村众多张氏家庭其中之一,当家人张本利子孙满堂,成员繁衍后代自由。张家重视男丁,当家人为重孙举行满月酒、抓周等仪式。村里人、亲戚、顾客与张家关系融洽,十分敬重张家。

一、家户婚配

张家在未分家之前,大多数家庭成员都已定亲,没有打光棍的情况。张学诗 1950 年去世,张陈氏守寡。分家之前张陈氏一直在张家,与儿子一起吃住,没有离开张家。张家人在定亲成婚时讲究门当户对,相中一户姑娘后了解情况再请媒人,自由恋爱的情况在张家没有发生过,不被允许。子女在婚姻问题上要听从父母的安排,婚配遵守兄长优先,长幼有序的原则。

(一)家户婚姻情况

张家的男女成员到了婚姻年龄,张本利与孩子的父母会在外张罗,留心适合的对象。张家有养童养媳,张学明长子张仕礼与李玉遴的婚姻就是童养媳婚姻。张家在娶亲时会考虑到门当户对的情况,婚姻礼数比较多。

1.张家四、五、六代的婚姻状况

张家第四代有张本利,娶妻张谢氏,张本利还有一兄长一弟弟,都已娶妻生子。张家第五代有三兄弟两姐妹,即张学诗、张学明、张学仁、张学翠、张学英。老大张学诗娶妻张陈氏,育有两子一女。老二张学明娶妻张王氏,育有四子。老三张学仁娶妻张卜氏,育有一子一女。长女张学翠、次女张学英嫁给同村及邻村的人家。张家第六代有九兄妹,即张仕全、张仕信、张仕芳、张仕礼、张仕义、张德修、张仕道、张仕玉、张仕冬。老大张仕信娶妻张王氏,张王氏也是历阳人,两家村庄离得也比较近,当地婚嫁一个默认要求是娶离家近的,这样两家在日后的生活中可以相互照应。老二张仕礼娶妻李玉遴,李玉遴是张家的童养媳,父亲家庭贫困养不活李玉遴,16 岁时将其送到张家作为童养媳,21 岁与张仕礼成婚。

2.婚嫁详情

张家第四、五、六代人的婚嫁情况如下:张本利与张谢氏之间的婚事在家族中办理,所有家族成员都认可张本利的婚事,张本利在张氏家族中更有地位。张学诗、张学明、张学仁的婚事由张本利做主,娶的媳妇都是附近村庄的人。张仕信与张仕礼的婚礼由各自父亲张学诗以及张学明做主,当家人张本利并未参与决定,李玉遴与张王氏也是附近村庄的姑娘。张家人通婚的范围没有局限,是附近村庄的最好,介绍人一般为亲戚或熟人。张大村对于不同姓氏

通婚没有禁忌,允许同姓成婚,但一定要出五服①,不出五服属于近亲结婚,不被允许。家庭人口数目对婚姻也会有影响,几世同堂的大家庭结婚规矩多一些,婚礼规模也大一些,其余和小户人家差不多。大户人家子女多了对结婚顺序有要求,即儿子结婚要按照长幼顺序,哥哥优先,女儿要等到哥哥都结婚了才能出嫁。婆婆太凶对儿子娶媳妇影响很大,没有人愿意嫁到夫家受罪。

3.婚姻要求门当户对

张家所在的张大村表面没有要求门当户对,结婚的都是门当互对的家庭才最终结合在一起。当地人认为:"结婚不是两个人的事情,而是两个家庭甚至是两个家族的事情。"大户人家纳妾可能会找小户人家的姑娘,正房妻子是大户人家的。如果大户人家的男子有残疾,小户人家的姑娘长得俊、人品好、通情达理,大户人家和小户人家会结成亲家。当地人对于亲家之间的门当户对默认原则出于以下原因:无论是男方高攀大户人家的女儿,还是女方嫁入豪门,在各自家庭的地位都比较低下,男方想高攀只有入赘一条路,就是嫁到女方家庭,这对一个男性就是奇耻大辱,丧失男性基本尊严,女性的地位本来就低,嫁到大户人家后更是如此,受到更大的压迫。多数人家会选择门当户对的人家结合,日子虽然过得辛苦一些,但更快乐和自由。

(二)婚前准备

1.父亲决定妻有权

1949年以前,张家适龄男子娶媳妇由父亲安排,其他人只能提意见不能干涉,张家的当家人张本利也无权直接干涉。一般父母做主儿子会同意,即使心里不愿意也要服从家长的安排。儿女结婚的事情孩子父亲会和妻子商量,一是媳妇主要是婆婆在管,二是在私事上妻子和女方家庭比较好沟通, 父亲和母亲都有权力对儿女婚事做主, 如果有一人反对婚事不能成。儿女婚事不需要告知其他人员,过继或者招女婿才需要请示家族长辈。当地儿子离家很远时不会结婚,结婚时儿子都在家里,离家的时候可能会带上妻子。村里人家适龄子女的婚姻大事由当家人负责,当家人同意之后交给家里的内当家负责,请媒人、安排家长见面、下请柬等,内当家安排好后要向当家人报告,最终决定的还是当家人。婚事定下来要提前将喜帖送到亲朋好友的家里告诉他们喜事,邀请对方前来赴宴。亲朋好友结婚时来喝喜酒和帮忙处理结婚时的一些杂事,不参与婚礼的安排,也不影响婚礼的进程。

2.婚配标准依传统

1949年以前,张家娶媳妇有一定的标准。在长相上,长得俊算好姑娘;在年龄上,女方是不能大于男方的,可以大月份;脾气秉性上作风要正派,不能"不三不四,不清不楚",性子不能过强;家庭条件上要求两家家庭条件相近;在姑娘的能力上没有什么要求,做家务、做饭等嫁到男方家婆婆会教;身体上要求身体健康能生小孩。张家在结婚时最看重的是姑娘的身体状况,在张家看来"不孝有三,无后为大",家庭的发展需要传宗接代,张家家境殷实,不需要儿媳妇勤劳能干,孝敬老人就好。从类型上来看,为了家庭更好的发展,大户人家对儿媳妇标准更为严格,多子女的富人家庭要求会更多,多子女的穷人家庭要求最少,能娶到媳妇传宗接代是万幸。三世同堂、四世同堂的家庭选择儿媳妇时更加注重孝道,要尊敬老人。

---

① 五服:一般农村五代以内算是亲戚,出了五代就不算亲戚了。

3.传宗接代为目的

张家结婚的目的不是为了个人,而是为了家庭,家庭多了一个劳动力内当家的工作负担也能得到减轻。如果家里的男孩迟迟没有结婚,女孩迟迟没有出嫁,会被人背后戳脊梁骨,全家人在外面抬不起头。大户人家更是如此,大户人家的子女没有权利去决定自己的婚姻,成了壮大家族势力的工具。在三世同堂或四世同堂的家庭,老人更希望看到新一代成员的降生,更重视女方的身体状况,可以传宗接代最好。

4.适度自由恋爱

1949年以前,村里自由恋爱的情况很少,家里不允许。张家对自由恋爱的态度最开明,允许成员自由恋爱,条件是女孩品貌端正,家里人同意了才行,不同意这样的恋爱无法结婚。父母亲会言辞劝说和其继续交往的利害关系,不奏效会强制禁足,不准男方或者女方出家门。自由恋爱需要找媒人去提亲,和包办婚姻的流程一样。大户人家排斥自由恋爱,在其看来一是与传统观念不符,二是"父母之命,媒妁之言"是结婚必须要的流程,子女没有权利去打破。在三世同堂、四世同堂的家庭之中传统思想观念更严重。

5.聘礼嫁妆规格相近

聘礼下多少没有固定的要求,视家庭的经济情况决定,穷人家聘礼很少,富人家的聘礼很多,不低于十石稻。每个儿子下的聘礼是一样的,不然被认为偏心导致家庭成员不和睦,聘礼多少也取决于女方家庭的要求。女儿出嫁的嫁妆也差不多,为了保证公平,当地小孩10岁左右订娃娃亲,自订亲之日起双方家庭开始走动,每年过年时由男孩的父亲带着小孩去女方家里拜访,带东西取决于各家户的经济情况,简单的带点糖、酒。当地毁婚情形很少,张家有过一次,1951年张德修的娃娃亲是女方提出的毁婚,张德修在滁州读高中,可能会继续读大学,女方家庭觉得张德修一时半会儿回不来,等不了那么久,主动提出解除婚约,向张家退回所有彩礼。张家人觉得在这件事情上做得不好,于是张学明亲自去女方家庭赔礼道歉。大户人家和小户人家的聘礼大同小异,大户人家的聘礼多一些,小户人家少一些,规矩上大户人家也多一些。其他各种类型的家庭相似,只是多少不一样而已。童养媳婚姻聘礼和嫁妆会少一些,张仕礼与李玉遴的婚姻聘礼五石稻,李家很穷没有要嫁妆,但婚礼按正式婚礼的排场办理。

6.订婚不见面

张仕信结婚前订婚在媒人家里见面,由双方爹娘和族长出面,张仕信与张王氏没有见面。张仕信夫妻俩1949年6月定亲,腊月结婚。定亲后两家人走动频繁起来,媒人把女方家话往男方家说,男方家话往女方家说,差不多了两亲家就见面互相商量决定婚事。两个家庭没有异议,同意婚事就约好一天交换男女双方的生辰八字以及请人写下婚书,这就是订亲。除非出现意外情况,如双方有一方去世或者生重病,否则不能退婚。如无故退婚,退婚的家庭要向另外一方赔礼道歉,有时会引发纠纷,被退婚的女方容易被他人认为做了不可告人的事情才被退婚,退婚后想再找别人结婚很难。婚姻不仅是两个家庭的事情,有时候也是两个家族或村庄的事情。

(三)婚配过程父母定

张家家庭成员在结婚时由孩子的父母决定婚配的有关事宜,当家人张本利不直接插手。结婚的具体方案需要双方父母共同商量,讨论出一个能令双方父母接受的结果,其他家庭成员不参与讨论。张仕信和张仕礼的婚姻分别由其父母张学明、张王氏和张学诗、张陈氏共同决定,当家人张本利不会直接参与到孙子的婚礼决策中,只是提意见。张仕信的婚事是张学诗一手安排的,张仕礼的婚礼则是由张学明拿主意,其余儿子的婚礼也是各自的父亲母亲决定。在婚配中张家其他家庭成员作用不大,服从父亲的安排,内当家有一定的权利,当家人与孩子父母不是同一人时由父母安排,当家人只能提意见,但父母亲需要将孩子的婚配情况报告给老当家人。结婚日期定下后需要提前写请帖,送给张家的亲戚朋友。张家子女的婚礼父亲做主,孩子爷爷还在世,婚礼请柬上就要同时写上爷爷和父亲的名字。婚帖内容主要为:"张本利令孙,张某某率子某某,于某年某月某日与某某的女儿某某举行婚礼,到时敬请出席。"张大村红白喜事时村里人都会过来帮忙,谁家都有办事情的时候,不需要特意去找人帮忙。

(四)婚配原则

张家办喜事的时候讲原则、守规矩。男子结婚需要按照长幼顺序先后进行,大家的彩礼基本相同;女子外嫁规矩基本相似,陪嫁的嫁妆也是一样,不会偏袒某一人。

1.结婚有次序

张家结婚的规矩是长者先结婚,幼者后结婚。张家第六代的九兄妹中,张学诗长子张仕信1949年成婚,张学明长子张仕礼1949年结婚,虽然他们同年结婚,但是他们是各自小家庭的长子。多子女的家庭更是如此,哥哥年纪大,弟弟年纪小,结婚需要花费金钱,如果弟弟抢先了哥哥就没钱结婚,年纪大了娶不到好媳妇,弟弟年纪小结婚时间能往后推更久。穷人家女孩比较特殊,有时候会比哥哥早嫁出去,妹妹嫁出去可以获得彩礼钱,这样哥哥就有钱结婚了,这些是传统观念,也是一个家庭秩序的保障。

2.花费均相似

张家第六代结婚的费用基本一样,不然被认为偏心,媳妇过门也会吵得厉害。婚礼花费有这几个方面:一是彩金,取决于女方索要数目和男方家庭条件,有多有少不固定。二是做衣服,大户人家新人要做八套以上的衣服、鞋子,三套以上的被子。筵席按照来客多少来定,穷人家一般标准八个菜,富有人家标准十三个菜。装修上也不同,大户人家新人结婚要专门将一套房间重新装好入住,穷人家能收拾出一套空房子已经不错。在花费上富人家和穷人家花费不同,富家很多,穷家较少;媒人的花费没有强制性,一般是知己当媒人,给多少不固定,喜事给的不会太少,女方花费主要有酒席、嫁妆等。

(五)其他婚配形式

1.娶小老婆

纳妾在当地称为娶小老婆,有小老婆的家庭将妻子称为大老婆。张家没有娶过小老婆,族谱规定禁止族人纳妾。当地只有大财主、富农才有能力娶小老婆;男人有本事就有能力养小老婆,就可以娶小老婆,一般纳妾时会和大老婆商量一下。小老婆和大老婆嘴和心不合,相互勾心斗角获取利益。纳妾不讲究门当户对,男人喜欢就行,纳妾的原因很多,最主要是妻子不能生育,为了传宗接代。一般大户娶小老婆比较多,中户也有娶小老婆的。纳妾在当地是一种经济实力、社会地位的象征,也能更好地传宗接代。中户和小户如果纳妾了,唯一可能的原因是妻子不能生育,纳妾满足传宗接代的需求。娶小老婆多是长辈或者丈夫提出来的,一般情况下都有理由,会和自己的大老婆商量,征求同意就更好了,减少了家庭后期的矛盾。纳妾不需要向其他人告知,自己家协调好即可。小户没有娶小老婆的,穷纳不起,女的也不会愿意。子女对娶小老婆有一些影响,子女多的人家会反对父亲纳妾。张家所在的村庄纳妾不写契约,娶妻时有契约证明。纳妾要给对方粮食,一般多于结婚时给的稻米彩礼,最少十石稻。纳妾是给别人做小,地位比较低,处处受到欺负,给的不多别人不会愿意让纳。纳妾要办典礼,典礼的规模要比娶正房妻子的规模小,如果纳的是黄花大闺女,必须要办典礼,如果纳的是结过婚的人,则一般不办典礼。纳妾花费由当家人决定,不需要请示四邻、家族、保甲长。纳妾花费上,大户人家多于中户和小户人家。

2.养童养媳

送女儿当童养媳的家庭多是贫困人家,为了家庭的生存只能把女孩送到婆家做童养媳。张家养过童养媳,张仕礼的妻子李玉遴。李玉遴家一男一女,家庭贫困,母亲早逝,父亲一人养不起两个孩子,他和张学明关系比较好,就将女儿送过去给张家做童养媳,给各自一条生路。当地对童养媳的年龄没有硬性要求,一般做童养媳的女孩年纪比较小,没有结婚在男方家生活都算。张家的童养媳李玉遴16岁才来张家,对于童养媳张仕礼必须要接受,家里轮不到他说话。养童养媳不需要写契约,父亲把女孩送到男方家说明情况就行,不需要办酒席。养童养媳花费比较少,张家将李玉遴当女儿养,成为张家的家庭成员,享受和家庭成员一样的待遇。结婚时张家给的彩礼钱会少一些,收到的嫁妆也少。筵席规模和正常结婚没什么区别,不会因为是童养媳就会减小婚礼规模。养童养媳的花费由当家人安排决定,不需要告知村庄其他人员。有钱人家不会让自家的女儿去做童养媳,这样做被认为是件丢人的事情,穷人家活不下去了,养不活自家的小孩,送去当童养媳也情有可原。

3.妇女改嫁

张家没有改嫁的,当地有的妇女会改嫁。改嫁者一般年龄在40岁以下,儿女较少,40岁以上者很少改嫁,当时人的寿命很短,不超过60岁。作为改嫁对象的男方家庭条件一定比女方好,年龄也比女方大。改嫁的女子可以住在前夫家,如果没有子女或前夫家庭经济太差会回到娘家住。妇女改嫁的原因很多:一是丈夫早逝没有后代的女性;二是所嫁家庭贫困养活妻子困难,妇女为了生存只能改嫁;三是在婆家生活的不如意,婆媳关系很差,妇女在婆家处于水深火热的境地;四是娘家父母舍不得女儿年纪轻轻就守寡,从而让女儿改嫁;五是妇女被婆家休弃。有些妇女不愿意改嫁,有两种情况:第一种情况有子有女,子女不同意;第二种情况,妇女年龄较大。妇女改嫁在当地虽然会招致一些闲言碎语,但不受歧视,由于生活条件差,亡夫或亡妻的现象很普遍,改嫁现象很多。妇女改嫁一般有人撮合,在乡下有人见到双方条件合适就会介绍。更多的情况是妇女不愿意再继续守寡选择改嫁,张家所在的村庄妇女改嫁不需要契约。妇女改嫁消费很少,不会举办婚礼,只简单请双方亲戚吃一顿饭见证,花费由男方出。改嫁在当地是一件常见的事情,子女多的家庭一般不会改嫁,一是小孩太多,无人愿意与其成婚后承担小孩的抚养,二是人多口杂,不好相处。

4.上门女婿

入赘在当地称为招女婿,男方去女方家,上门女婿相当于抱了一个儿子,张家没有招过上门女婿。村内招女婿的家庭多是只生了女儿或儿子未养活的家庭,被招女婿的家庭一般家中儿子众多,经济条件很差娶妻困难,不选择入赘就要打光棍,被迫做了上门女婿。招女婿一般要满足以下个条件,男方家庭经济条件差儿子较多,女方家庭经济条件好没有儿子。女方家庭愿意招上门女婿,只有在没有子女的情况下才会选择过继,女儿是自己的骨肉,过继来的没有血缘关系。入赘的男方一般内心不愿意入赘,有损男人的尊严,但在经济上又不得不愿意,娶不起媳妇。女方家庭是比较愿意入赘,有人养老送终传宗接代,男方相当于嫁给了女方,生的小孩也随女方姓。同村人会看不起男方,觉得"男方太无能,给别人当儿子"。女家招女婿不是一家一户的事情,招来的女婿属于女方家族的成员,有必要与家族中有地位的老人商量,征求他们的意见。招女婿不需要写契约,男方婚后一直住在女方家里,周围村庄的人都知道男方是上门女婿。入赘婚礼比结婚简单一些,男方出嫁没有嫁妆和聘礼,花费由女方负责,一切从简,需要给男方家庭十石粮食。招女婿的原因大同小异,大多是家中无男子,为了传宗接代、延续香火,只能选择招女婿。招女婿由父母及家族共同安排决定,家中兄弟多的家庭只能当上门女婿,农村弟兄多意味着贫困,四世同堂的大家庭不允许入赘。

(六)婚配终止

1.休妻

休妻在当地没有特殊叫法,张家没有休妻,张大村有休妻现象。休妻原因有很多,主要是婚后双方感情不和、多年无子、婆媳矛盾众多,又或是妻子不三不四有外遇。休妻是丈夫的事情,公婆无法做主,只能通过影响儿子达到休妻的目的,最终休妻需要经过丈夫同意才能作数。张家所在的乡镇休妻需要写休书,一般男方亲自写,若男方不识字可以请知己人代笔写,不需要女方家来人,单方面休了即可。休妻的花费方面,休了的妻子必然存在问题,男方只会给其少量的钱、随身衣服以及嫁妆。小户、中户人家很少休妻,没有那么多的钱,妻子一旦休了想要再娶就更加困难。即使小户人家的妻子做了一些出格的事情,婆家多会选择隐忍;大户人家则不相同,休妻后具有再娶的经济实力,不会受窝囊气,休妻更多一些。

2.守寡

张家张学诗 1950 年因杂货铺被大火烧毁,急火攻心,不久便离开了人世,张陈氏守寡。改嫁的妇女一般是丈夫因病早逝,自己一个人无法照顾小孩,才选择改嫁,或改嫁时没有小孩,自己又很年轻,为了将来的生活选择改嫁,守寡的妇女条件正好与此相反。张家张陈氏守寡时已经 50 岁,儿子也已经成婚,她没有考虑再嫁的问题,公婆做主让其留在张家,还是张家的大儿媳。张学诗在家中的经济由张学诗的长子打理,分家时由张仕信继承张学诗的家产。小户人家相对大户人家守寡更难,小户人家失去了年轻力壮的劳动力,生活更是雪上加霜,为了生存多数小户人家女性选择改嫁。大户人家不同,家大业大没有生存压力,没有劳动力,可以依靠租出土地获得租金养活家口。多子女家庭改嫁者较少,没有人愿意娶,娶她就意味着要负责其儿女的生存和婚姻。

二、家户生育

张家人丁兴旺、子孙满堂,每股分支下面都有后代,家中成员都能生育,没有发生过未婚生育的情况。生育后代的目的是养儿防老与传宗接代,长幼之间相互养育赡养是天经地义的,张家人对"你养我小,我养你老"的观念十分认同。生小孩虽然由夫妻决定,但长辈的意愿必须要遵守,全家人的观念基本一致,即多生男孩传宗接代。

(一)生育基本情况

张家第四代有三个男子,张本利与哥哥弟弟;张家第五代有五兄妹,分别为张学明、张学仁、张学诗、张学翠、张学英。第六代有七男两女,分别是张仕玉、张仕道、张德修、张仕义、张仕礼、张仕全、张仕信、张仕芳、张仕冬。人口规模上张家是村中的大户,重男轻女的思想很严重,希望生儿子。张家子嗣众多,张本利没有强迫某一房子女多生,小户人家不同,多一个儿子意味多一个劳动力,多一个翻身的希望。张家没有非婚生子的情况发生,张家会和破坏传统的家人断绝关系,不承认其是张家人。过去未婚生子被认为是丢祖宗脸的事情,没结婚生小孩的女方基本上嫁不出去。

(二)生育目的与态度

1.传宗接代第一目的

张家生育最重要的目的是老有所养、老有所依以及传宗接代。生儿育女对于家庭来说意味着对得起先祖,光耀门楣。在当地一般结婚有小孩后家里人才认可其是有能力担当的人,没有孩子会被人说三道四,家里会让其从家族中找一个小孩过继,条件好一点的旁人会劝男子纳妾。如果只生了女孩,待遇很差甚至与没有生育差不多,但不会劝休妻。生儿子增加了家庭的再生产劳动力,对于家族的复兴起到重要的作用。在子女生育上张家更倾向男孩,儿子在家可以养老送终陪伴左右,女儿嫁到婆家不能为自己养老送终。如果只有女孩没有男孩,只要能生就不会不生。实在没有男孩,也会给女孩起名"胜男",希望能够超越男子,这是当地很多人的做法。富有家庭的媳妇婚后没有生下男孩,婆家可能休妻另娶,或者让自己儿子纳妾,妻子不能有任何怨言。对于家庭来说没有儿子就是绝后,农村骂人最狠毒的就是骂人绝后,生女孩跟没有孩子是一样的,在重男轻女的思想下女孩的地位比男孩低很多,只有女孩没有男孩的家庭被同村人看不起,生育男孩可以给家庭生产带来新的劳动力,注入新鲜血液和创造新的动力。

2.非婚生育道德败坏

当地人认为没有结婚就生育是件败坏家风的事。不仅未婚生育的女子会受人诟病没有家教,对自己不负责任外,其家庭甚至是整个家族的声誉都会受到影响。非婚生育的女性在男方家地位很低,被认为是下贱,即使离婚了想再结婚也很困难。在张大村别说未婚生子,适婚年龄的男孩女孩在外面不清不楚也要被人说没有家教。在外人眼里更是家长里短的笑料,长期作为长辈教育子女的反面教材,如"某某,你学谁都不要学她,学她腿给你打断,她要是咱家女儿直接给打死"。

3.家庭提倡早婚早育

张家男子二十岁左右结婚,婚后一两年生育,家长催着生孩子。当时没有避孕措施,长时间不怀孕就被认为是那方面不行,是很丢人的事情。张家倾向多生,秉承多子多福的原则,张家经济情况比较好,多生小孩能享受天伦之乐,家族也会更加兴旺。当家人张本利对每个儿子生育要求不高,平均每个儿子生三四个。儿子的多少和在村里地位没有直接的关系,只有经济实力强大,人品又好的家庭才会受人尊敬,穷人家的小孩很多,养不起、送出去或者溺死都让人看不起。不同类型的家庭在对待生育上态度不同,富裕家庭倾向于多生,追求儿女双全,享受天伦之乐。穷人家想生儿子改变家庭状况,但生多了养不活,也没有任何避孕节育的手段。

(三)生育过程

张家生孩子与否是夫妻间的事情,但受家长意见左右,生的小孩少了、儿子少了,家长会要求夫妻多生小孩。妇女怀孕时事情会减少很多，正常是做一些手头上的轻活，临近生产时不用干活，生产时婆婆会请产婆接生。产后一个月时间要安心坐月子，家里的婆婆、丈夫或者亲娘都会照顾自己，在饮食上也会有改善，多杀鸡给孕妇补身体，其他吃的东西就没有了，有钱买不到。

1.多生观念深入人心

张家的生育情况不是看个人是否愿意，而是看是否怀孕，怀孕一定会生下来。张家认为多生小孩，最好是男孩，这样家里多了劳动力，父母老有所依。多生男孩在家庭遇到变故时能挺身而出，家庭在村庄中不会受到欺负，男孩多的家庭和别人说话时腰杆硬一些。怀孕是否要干活取决于整个家庭劳动力的状况，家庭劳动力多不用干活，劳动力少孕妇要做一些基本的家务活，如煮饭、扫地、喂猪等，不参加田里的农活，预产期时什么活也不用做。怀孕后期婆婆或者母亲会来照顾，吃的比平时好一些，不同家境家庭伙食会不一样，坐月子都要坐满。

2.婆婆请产婆接生

张家的孕妇在家里生产，快要生产前婆婆去产婆家请产婆过来，去时不需要带东西，没有时间准备，孕妇等不及。生产时男子在门外不准入内，由婆婆负责给产婆打下手，生产工具经过热水消毒，摔碎的碗来割断脐带等过程。孕妇顺利生产后婆婆会给产婆一些钱和鸡蛋，男孩会多给一些。张家第五代和第六代生育上的花费主要是接生费用、产后调养费用以及新生儿衣服的费用由全家承担。村里没有分家的大家庭是大家户承担费用，分家后是各自的小家庭承担。

3.婆婆照顾产妇

张大村的产妇在生产后必须坐月子，期间由婆婆照顾，有时女方的母亲也会来照顾。农村对坐月子十分重视，月子坐的好，很多以前的毛病也能治好，月子坐不好会留下一生的后遗症。坐月子禁忌一是产妇不能喝醋、不能喝凉的、不能碰凉水；二是要卧床，不能走动；三是不能洗澡、洗头、刷牙，如果身上脏也只能用温水擦拭。第一次坐月子大家会更重视一些，后面生的小孩多了，家里人重视程度会降低，但月子还是要坐满。生育过程中大户和小户最主要的差别是大户人家考虑更为周到，小户人家难以提供好的待遇。体现为小户在生产时没钱请专业的产婆帮忙，自家人进行接生，而大户人家请专业的产婆。产后休息时间方面，大户以及小户的时间都是一个月，但大户人家产妇坐月子时间可以延长，小户人家的产妇坐完月子就要劳动，在饮食上，多子女的家庭对产妇的照顾比少子女的家庭差一些。

（四）生育仪式

1.满月酒

1951年张仕信与张王氏生有一子，新成员的降生预示着一个生命的开始，张学诗去世后多了一位第四代成员，全家人都非常高兴。张本利对重孙子的出生十分重视，亲自给其起名。张家的小孩出生一个月时，张家人就要为其"做满月"，"做满月"的两件事分别是"剃满月头"和"办满月酒"。"剃满月头"即剃除胎发，张家人把理发师请到家里剃，避免把孩子带出去受风寒生病。满月那一天，奶奶张陈氏给重孙换上新衣，母亲抱在怀里与长辈一一见面，接受家里亲戚馈赠的礼物与祝福。张王氏按孩子的身份逐桌叫着长辈的称呼，长辈边应和边逗着小孩。酒席散后或者是满月酒的第二天，张陈氏与张仕信会向客人回礼表示感谢，也是让众人一起分享喜悦。

2.家户办抓周仪式

1952年张家重孙周岁那一天,张家人给小孩举行了抓周仪式。在中午吃"长寿面"之前,孩子母亲张王氏先给宝宝梳洗干净,换上新衣服,祭拜祖先。当家人张本利告诉祖先宝宝满一岁的讯息,祈求宝宝健康成长,然后在张家的堂屋中间并列放两张方桌铺上布席子,将准备好的抓周物品放到桌上,抱来孩子放在桌子一端让小孩抓桌上的物品,希望以此来卜测孩子前程。如果小孩抓了印章,则谓长大以后乘天恩祖德,官运亨通;先抓了文具,则长大以后好学,必有一笔锦绣文章,终能三元及第;先抓算盘,则将来长大善于理财,必成陶朱事业。总之长辈们对小孩的前途寄予厚望,在一周岁之际对小孩祝愿。张德修抓周时抓了一支笔,后来如愿考上了大学,张家人认为这是命中注定的。生育时举办仪式的目的是向众人宣告后继有人、家族开枝散叶和壮大。举办生育仪式表明孩子父母正式长大,可以独立承担责任。满月酒、抓周的费用由全家负担,所收的礼物由孩子父母接收,小家庭这个时间需要钱供产妇产后生活需要和宝宝生活保障;别人家宝宝降生人情是要还的。在生育仪式上,大户人家比小户人家规模更大,开销更多。多子女的家庭不重视甚至不会办抓周、满月酒仪式,总是让别人家花钱不好意思;少子女的家庭更加重视满月酒、抓周仪式,尤其是三世同堂、四世同堂家庭第一个孙子或重孙的抓周仪式。抓周仪式上没有多少区别,大户人家显得更热闹。

(五)孩子起名

1.长子家长起名

孩子的名字一般由家中长辈或者当家人起,张家张本利几个孙子张仕信、张仕礼、张仕玉都是由张本利起的。长子由当家人起名表明家庭成员对老人的孝敬,也表明了当家人对后代的重视。次子或者其他子女由孩子父亲或者孩子舅舅起名,如果家里人没有文化,有条件的会请有文化的人来起名。起名必须要按辈分来起,没有不按辈分起名的人家,孩子小时候会有小名,上学时有学名,文化水平再高一些会有笔名。

2.有大名亦有小名

张家起名要带上辈分,要有一定的意义,并能反映家户的特征。张学诗的名字,"学"字为辈分,"诗"代表着张家是诗书人家,每一个家庭男子要饱读诗书;张学明的"明"表明张家人要明辨是非,如明镜一般刚正不阿;张学仁的"仁"则代表着仁义道德,张家每个成员都必须要有优良的品质;张仕信,则代表着诚信和信义;张仕全则是忠义两全;张仕礼则代表要有礼仪道德;张仕道代表拥有道义;张仕玉代表做人品德如璞玉;张德修代表做人需要品德与修养兼备。起名含义主要与家庭成员的文化水平有关,文化水平高的家庭,孩子的名字多有意义,起的名体现长辈对晚辈的一种期望;文化水平低的家庭起名比较随意,简单顺口即可。不管是大户人家还是小户人家,小孩小名起得都比较随意,听说起名越简单,越不好听越容易养活。不同类型的家户在起名上很不同,大户人家更加讲究,甚至会找专门的起名先生给小孩起名。多子的家庭一般比较贫困,文化水平比较低,孩子名字起得很随意。

三、家户分家与继承

随着老当家人张本利逐渐老去,对家庭的管理有心无力以及各个小家庭成员的成长,家庭内部矛盾逐渐突出,张家到了不得不分的时刻。分家的事情儿子们说了算,保证公平就可以,分家时需要请见证人,当证人的面列好分家单,平均分配好房屋、土地、钱财,免得日后产生纠纷,亲戚反目成仇。继承权上张家只有儿子才能享有,只能继承财产,不能继承职位。张家在分家与继承权的问题上意见统一,没有异议。

(一)分家

1.联合家庭管理困难

1954年张学明和张学仁提出分家,分家没有和谁商量,矛盾解决不了请舅舅姑爷过来调解。非张家人不能影响张家,族中有威望的人、至亲至戚、保甲长不会随便介入别人的家事,介入也分不清是非。张家小家庭之间产生各种经济矛盾,妯娌之间也产生了矛盾,纷纷要求独立自主,家庭成员看到这些觉得要分家了,就提出了分家。张家所在的张大村不排斥分家,有些人对分家持欢迎的态度,分家有利于减少大家庭内部各个小家庭的矛盾纠纷,每个小家庭有自己自主的能力,分家会提高小家庭的工作效率和热情。分家有规矩:第一,未成婚的子女一般和老人居住在一起,不能分家;第二,结婚后不能立马分家,否则容易招致别人的闲话,主要是婆媳不和之类;第三,独子家庭一般不分家,家里老人不想分家要充分考虑老人意见,张家因为张本利一直不愿意分家拖到1954年才分的家。虽然每个家庭分家的原因不同,但大同小异。不外乎以下两种:第一遵循惯例,一般老人等所有的儿子都结婚后便会与儿子分家,给儿子自己发挥才能的空间。第二家庭成员在一起相处矛盾不断,不分家难以解决问题。三世同堂、四世同堂的大家庭因为老人不愿意分家,导致分家的时间推后多年,最终还是会分家。

2.儿子享有分家资格

张家分家时以儿子为分家单位,家中三个儿子家产要分为三份,不管每个儿子小家成员有多少,以儿子平均分配。张学诗1950年去世,张学诗的那份家产由其长子张仕信继承。过继来的儿子、妾生的儿子、改嫁过来的儿子均可以分到家产,但干儿子与未出嫁的女儿是没资格的。张大村的大户和小户分家要请见证人,避免以后引起纷争无人作证。张家分家时请的见证人是儿子的舅舅和姑爷,是父母亲两头的长辈,当家人张本利去请。见证人负责公平分家,调解分家矛盾,各种类型的家庭在分家过程上没有区别。

3.家长作主分家

张家分家时由老当家张本利做主,其他家庭成员不做主,如果家长去世了,分家事宜由儿子商议。张家在分家时儿子儿媳妇都参加,没有做主,参加人都自己做主就没有公平分家可言。张家所在的张大村有一个规定,分家时长子多分一点儿,在日后的生活中长子要对其他兄弟家庭更多照顾。家庭外部成员能参与分家,只能以见证人的身份,可以提意见,不可以参与决策。张家分家时请了孩子的舅舅与姑父来见证分家,减少分家时家庭成员的冲突。分家必须有契约,契约在当地叫分家契,有了契约作为证据可以避免日后兄弟发生经济纠纷。张家分家时也有契约,由张学明、张学诗、张学仁的舅舅书写,主要内容包括房屋、粮食、金钱、生活用品、农具的划分情况。当家人、儿子以及公证人署名,署名者人手一份作为证据保管,其他人没有资格参与张家分家契约的签订。四世同堂的大家庭分家时当家人等长辈拥有更多的话语权,家庭成员应给予尊重。

4.外界认可家户分家

张家所在的家族认可张家的分家结果,最近一次续写宗谱时家族将分开后的家庭列上宗谱,参与宗族会议也以分家后的新家庭为单位。张家在新中国成立之后分家的,不存在保甲长和保甲册,村长和村民都认可张家分家,农村分家是最平常不过的事情,大家都是相互认可的。分家后户口簿上的一家人分开在几个小家庭的户口簿上。

(二)继承

1.儿子继承财产

张家的财产只有张家人才能继承,继承权根据血缘的远近分为不同的顺序,首先是儿子,其次是侄子,最后是女儿,张家拥有继承权的只有儿子。张大村有继承资格的一般是儿子,入赘到别人家的儿子已经给别人当儿子了,没有继承资格。抱养给别人的儿子和逐出家门的儿子不属于本家庭,也没有继承资格。未成家的儿子和在外地的儿子享有平等的继承权,女儿一般情况下没有继承权,除非家长没有儿子和侄子才轮到女儿。孙子在父亲去世后可以继承父亲的继承权,张家张仕信在分家时替去世父亲张学诗分得家产。过继来的儿子、妾生的儿子、收养的儿子都能分到家产,不过妾生的儿子分到的家产会偏少一些。私生子被承认是有继承权的,不被承认是没有继承权的,干儿子同样没有继承权。儿子、女儿、侄子的继承权有一定的次序性,有儿子的情况下儿子继承,没有儿子时才轮到侄子与女儿继承,一般侄子优先,女儿次之,也有二者共同继承的情况,这些取决于家户情况。如果老人没有儿子时侄子承担了儿子应尽的养老任务,那么就由侄子一人继承,女儿尽责任多则女儿继承。总的来说家里有儿子就是儿子继承遗产,其他家庭成员没有资格去继承,自古以来的传统数年未变。家庭外部成员无法继承家内财产,但也有例外,没有子女侄子的家庭按照与被继承人的亲属关系远近继承。有儿子的家庭没有家外继承的可能。

2.继承条件唯一

在历阳只要是儿子就一定能继承家产,即使儿子不孝顺没有给老人送终,如果儿子被家长逐出家门、断绝父子关系则没有继承权。张家所在的张大村继承权只有当家人能决定,其他家庭成员没有决定权。当家人去世后由其妻子或儿子商议决定,舅舅和姑爷见证。有儿子的情况下不能决定其他继承人,老当家也不敢任意指定,否则会引起家庭的不和,父子兄弟的反目。其他家庭外部成员不能影响继承条件,族长、保甲长都不可以。当地继承主要是继承家产,房屋、田地、农具、牲畜、粮食、钱财等,除家产外,老当家人的租佃资格或者债权债务也可以继承。张家的继承内容主要有在农村的一切家产以及在县城的房产、店铺经营权利。

3.家长确立继承权

继承权的确定由家长做主,资产的分配也由家长来决定。虽然家长做主,但其他家庭成员均有权力提出自己的意见要求公平分配,家长也需要将成员意见考虑在内,其他家庭成员不遵从的很少。如果老人去世前留下临终遗言大家都会遵守,哪怕遗言与传统相背,因为"百善孝为先",谁都不愿意被扣上不孝子孙的帽子。如果当家人意外去世了没有确定继承权,由其儿子自行商量,商量不下来则请舅舅与姑爷做主。张大村在继承权的问题上产生过很多纠纷,但在谁享有继承权的问题上很少有纠纷,都是依照传统,不会有异议。在继承权享有多少的问题上觉得不合理容易产生纠纷。纠纷产生后,一般请当地有名望的绅士以及继承人的舅舅和姑爷介入调解。在继承权的各项条件上所有家户大同小异,张家在继承权上与小户人家基本相同,不同的是继承的家产多于其他小户人家。张家继承时不是绝对平等继承,张学明务农则将所有的农业用具与农村家产给其继承。张学仁与张学诗的小家庭继承各自家庭在县城的房产与店铺,大家没有意见。多子家庭与少子家庭分家时,多子家庭分家冲突会更多一些,兄弟反目的情况也会有,少子家庭矛盾处理更为容易。

四、家户过继①与抱养

张家没有过继和抱养的情况,张谢氏娘家有这样的情况。谢兆虎是过继到谢长生家的,谢长生是谢兆虎的本家二伯,当时年近四十家中无子。弟弟家有四个儿子,就将弟弟家的三儿子过继过来。要是弟弟家没有儿子的话,就考虑过继哥哥家的孩子,但是不能过继长子。兄弟间过继细节两家商量,没有复杂的证明,村里发生点事情四邻和村民都看的出来,不会随意变更,非亲兄弟之间的过继程序会复杂一些,要求有见证人,有的需要写契约,家人认为外人没有亲兄弟可靠。

(一)过继

1.无子过继

历阳一般家庭不会过继儿子,除非婚后夫妻双方多年未育,为了传宗接代才选择过继,过继一切事宜要遵循当地风俗。有了女儿的家庭不会选择过继,可以招上门女婿传宗接代,过继最主要的目的就是传宗接代。出继的家庭选择出继,有自愿的也有非自愿的,自愿的家庭一般都是经济情况差,儿子众多无法养活,为了家庭生存和儿子未来发展会将孩子送出去。有的不愿意过继,但是家中堂兄弟或者亲兄弟不能生育,为了兄弟不断香火只能忍痛将自己的儿子过继给兄弟。一般过继都找外人过继,外人不同意的情况下本家兄弟要"自愿"将自己的孩子给其过继。张家没有过继现象,张家人认为应该提倡过继。过继让一个家庭夫妻双方不至于孤独终老,也可以继承家业延续香火,对得起列祖列宗。

2.过继过幼不过长

过继没有固定的顺序,一般优先过继堂兄弟的儿子,如果堂兄弟不愿意,再找其他亲朋好友的孩子过继,一般不优先过继亲侄子。如果找不到其他人家过继小孩,亲兄弟就会自觉地让其过继自家的小孩。儿子出继有顺序,一般是过幼不过长,多数时候过继老二。父母和长子的感情较深,而且长子年龄偏大,很多事情都懂,过继家庭不愿意;幼子过小,过继过去照顾不好难以生存,综合考虑会过继老二。被过继后完全是别人家孩子,与原来家庭脱离一切关系,在以后的家庭和村里人会保守这个秘密,具体的过继方式需要由双方父母商议。

3.出继入继家长做主

过继时由出继者的父母决定是否出继,出继者本人没有说话的权利,出继不需要和家庭内其他成员商量,也不需要向村庄报告。出继者的父母决定出继后,外人便没有资格干涉,当家人不在家不能过继。张大村由过继新家的家长决定出继的具体形式,其他成员没有决定权,出继的家长可以提意见。出继无任何收入,会在私下里举行出继仪式,象征新家庭成员的到来。过继要写契约,叫做过继契约,也有家庭不写契约。过继契约上内容一是过继对象;二是过继对象享有新家继承权,需要为新家父母养老终生;三是双方家长签字;四是过继时间以及过继见证人。具体内容为"A家的孩子A,于×年×月×日过继给B,双方不得反悔。甲方A,乙方B,见证人C,中间人D"。契约由双方家长签字后才有效,不会签名的必须按手印,一式两份由双方家长保存。如果中间人和见证人有学问,可以由中间人或者见证人来代笔,

---

① 过继:过继中就有出继,同一件事情针对两个不同的家庭称呼而已。

如果见证人和中间人不会写字,则找专门的人进行代笔,代笔的人最后也要签上名字。过继时对介绍人没有要求,有或没有都可以,中人、证人也是如此。过继给亲兄弟或者堂兄弟不需要中人,但是和外人过继必须要中人见证,防止别人认回孩子。出继时不会考虑出继者的意愿,不愿意还是要出继,家长不在家的情况下,其他家庭成员不能决定出继。入继由当家人来决定,其他成员不能直接干涉当家人的决定,只能提建议。入继的花费按照当地的传统进行,由入继家庭承担。具体的入继形式需要根据家户的经济实力来进行,大户大操大办,小户平平淡淡。入继家庭一般会写契约,也可以不写,取决于两个家庭之间的关系,契约双方的当家人署名,一式两份,由双方当家人保管。过继时的介绍人,有的家庭需要,有的家庭不需要,中人、证人也是如此。出继时会考虑出继者的意愿,更多时候是父亲做主。张大村有户人家要出继小孩,开始要出继家中老二,但是老二一直不同意,家里人舍不得,最后改变出继对象,换成家中老小。入继是家内大事,当家人必须在场,家长不在家其他家庭成员不能决定入继。

4.回继很少发生

张大村很少出现回继的现象,回继一般是新家庭的父母不会带孩子,或者是过继家庭突然有了亲生的孩子。出继者在新生家庭过的不如意、受到了过继家庭的虐待会和亲生父母诉说,父母舍不得孩子在新家庭受苦,托人或者自己亲自去新家庭说明回继事宜。也有孩子自己在新家生活不如意从新家庭跑回原来家庭的情况。距离张家不远的庙上村,有一户入继家庭在生了自己的孩子后,完全不把过继的儿子当家人看待,当事人在过继家庭受尽苦难,逃离过继家庭回亲生父母家讲述遭遇,两家闹得不可开交,最后孩子被安排回继。家长外的其他家庭成员不能安排回继,要想回继必须有正当的回继理由,而且需要在中人的见证下解除过继契约。回继只有家长有权利,其他人不能私自安排,但在出继小孩受到虐待人尽皆知的情况下,小孩的舅舅、大伯看不下去可以安排回继。

5.家户过继受认可保护

张家所在的张大村过继者享有和其他族人同样的权利,过继会举行过继仪式,让全家全族知道家庭的新成员。过继者有了新的身份,是新家族的一分子,要视如己出,名字也会写入家族宗谱中。过继是自古以来的传统,过继的儿子如同亲儿子,谁家都有可能发生过继的事情,大家都能理解,但也有人会说闲话。张大村的保甲长会对过继孩子进行认可,在按人头摊派税务时会将过继的孩子计算在内,也在保甲册上以儿子身份将过继者添加到新家庭中。过继的现象在村里并不罕见,没有人因为孩子是过继来的就看不起他、欺负他。政府也认可家庭的过继,体现在税负方面,过继者的人头税会计算在新家庭内,身份确定为新家庭的成员。

(二)抱养

1.抱养的原因和目的

张家所在的张大村一般人家不会抱养小孩。抱养小孩一般出于这样几种原因:一是家庭经济情况比较好,被抱养的家庭情况比较差,出于邻里之间的相互关爱;二是自家男孩比较少,抱养一个男孩可以壮大家族、增进亲情、享受天伦之乐。经济情况比较差的家庭小孩不送出去就容易被饿死,家长与抱养家庭关系比较好,小孩送过去能过上好日子,独子家庭不会将小孩送出去,要传宗接代。张家对于抱养持认可态度,抱养来的小孩可以多陪父母,尽到赡养老人的义务。张家不会抱养男孩,张家男子很多,抱养儿子就要分家产,张家人不愿意。一一般被抱养的家庭经济条件很差、土地较少、贫困多子女,是抱养者的亲朋好友,抱养的小孩年龄一般最小,不懂事。抱养者的家庭条件一定优于被抱养者的家庭,土地、经济也好一些,抱养和有无子嗣没有太大关系,没有子嗣的抱养称为过继。如果需要抱养一般抱养外村的孩子,家离得越远越好。抱养经过双方父母的同意即可,抱养如同过继,抱养后的小孩与原家庭没有任何关系,成为新家庭的一员,与其他家庭成员一样都是新家庭的子女,享有平等的继承权。

2.家长在抱养过程中占支配地位

在抱养中家长决定是否抱养,不需要考虑孩子的意见,也不需要和其他家庭成员商量,更不需要请示家族和保甲长。一般情况下由抱养家长决定形式,亲生父母不参与决定,很多人不知道抱养小孩的亲生父母。抱养要给亲生父母一些钱,多了就是卖孩子。抱养没有契约,抱养的家庭会举行仪式,请家里的亲朋好友过来欢迎新成员加入家庭。对于抱养这件事知道的人越少越好,抱养对象越不知事越好,家长决定是否需要请中人。抱养的家庭不会抱养长子,喜欢抱养幼子,主要出于这样一些原因:一是长子年龄大、知事不容易融入新的家庭中;二是对于被抱养家庭的长子年龄大了,很快就可以参加家庭劳动了,不愿意让抱养走。抱养时孩子不愿意家长愿意,还是会将孩子送出去。抱养是一个家庭的大事情,除了家长之外的其他家庭成员没有权力决定是否抱养孩子。抱养后不论出于什么原因双方都不能反悔,传统的抱养习俗观念以及外界的舆论,家庭的名誉不允许人们反悔。大户人家或者四世同堂的人家抱养小孩一定会举行一个抱养仪式欢迎新成员的到来,小户人家仪式很小或者根本没有仪式。宗族会承认小孩的地位并且一视同仁,将其写进家谱;村庄认可抱养,将其看作是抱养家庭的孩子;政府会将小孩纳入抱养家庭户籍,增加一个人口纳税。抱养的孩子在村里不会被差别对待,也不会被他人瞧不起,更不会被认为矮人一等。抱养一般因身体或意外情况导致没有儿子继承香火,村里人彼此相识,谁家都有遇到困难的时候,没必要相互找茬儿。

(三)买卖孩子

1.买卖孩子的原因和目的

没有男孩的家庭为了传宗接代才会买孩子,买卖孩子一定是男孩。卖孩子的原因主要是家里太穷养不起小孩,独子家庭无论如何都不会卖孩子,因为家庭需要传宗接代。买卖孩子的双方互不认识,认识的叫抱养或过继,不是卖孩子。张家对卖孩子的家庭表示同情,是社会导致了卖孩子这一事件的发生。多子女且贫困的家庭容易卖孩子,所卖的孩子一般年龄比较小、不懂事。买卖双方互不认识,这样才能卖出去,有时候人家也会买女孩,但女孩的价格不高。买孩子的家庭一般是少子或者无子的富裕家庭,父母年龄较大且无生育能力,选择买一个儿子传宗接代。买孩子有一定的顺序,买孩子选择与原家庭离得远且品貌端正的孩子。买卖孩子是一件很不光彩的事情,交易起来也很简单,就是一手给钱一手交孩子,通过中人交易,这样买卖双方可以避免日后再有联系。买卖之后,孩子与原家庭脱离一切关系,成为新家庭中的一员,与其他家庭成员享有同样的地位,拥有继承权。

2.买卖孩子家长定

不论是买孩子还是卖孩子,都不需要尊重孩子的意见,家长自己做主即可,不需要向家庭成员商量,也不需要请示家族、村庄管理者。卖孩子的家庭会说自己的孩子丢了,而不会说是自己卖了孩子,丢不起这人。买卖孩子是黑暗的交易,一般越少人知道越好,因此不会有仪式,经中人介绍后完成交易,双方会保密像什么都没有发生一样。一般家庭生活难以为继迫不得已才会卖孩子,因此他们也要收取一定的钱和物,一个小孩五至十石稻,经中人支付。买卖孩子没有契约,因为买卖孩子是违法的。一般一对夫妻多年未育,外人看不下去了就会给这对夫妇介绍买孩子,外人是这对夫妇的知己人,也是中人。历阳当地也有人将孩子领到集市上去,以"挂牌或者口述"的方式卖小孩。买卖孩子一般买幼小的孩子,孩子大了明白事理,买回去知道别人不是自己的亲生父母会跑回原家庭;卖孩子的家庭长子即将成为家庭劳动力,可以为家庭做出贡献,卖出去不划算;幼子与父母相处时间短感情不深容易被卖。买卖孩子全凭家长做主,小孩自己没有权利,除了家长以外,家内其他家庭成员没有权利决定买卖孩子,即使家长不在家。

3.买卖孩子无反悔

买卖孩子不论是买方或是卖方不满意,都不能反悔,买卖双方不相识,反悔没有任何作用。不同类型家庭买卖孩子上有一些差异,小家庭一般保密不让别人知道孩子是买来的。大户人家或者四世同堂的人家会给买来的孩子举行仪式,但是将买来的孩子说成是过继来的或者抱养来的。对于买来的孩子,家族会给其新的身份,成为新家族一员,在家谱中呈现。与家族其他成员一视同仁,受到差别对待或被欺负时,家族会出面保护小孩儿。卖孩子的家庭家族不会看不起,更多的是怜悯,孩子不卖出去,一家人生活不下去。张家人认为家族看不起卖孩子的行为,就应该帮助这个小家庭,而不是嘲笑。村庄认可买来的小孩视情形而定,一般会将小孩登记在村里的保甲册上,村庄也不会看不起或者差别对待买来的小孩。买孩子的家庭买过来传宗接代,村里人不会看不起小孩和买孩子的家庭,大户人家买小孩过来做长工奴役的,村里人会鄙视这户人家。当时的国民政府不认可买卖孩子,但对于买来的孩子还是抱养来的孩子,政府分不清,不准买卖人口仅停留在口头上的反对,行动上基本为零。

五、家户赡养

家户赡养是张家内部的事务,在老人年迈时儿子要承担赡养老人的责任,在家庭分家时或老人去世时老人会给子女留下房屋、土地等财产。张家养老需要给老人留下养老田、养老地,养老房没有单独留,张本利夫妇与二儿子张学明一起生活。老人生病时儿子们需要及时给老人治病,直到老人去世为其送终。

(一)赡养单位

1.外人不干涉家户赡养

张家的赡养是以家户为单位的,赡养老人是家户内部的事务,外人不会干涉;儿孙不孝顺,村里的熟人会指责儿孙,但不能采取任何手段去逼迫儿孙赡养长辈。如果老人兄弟姐妹众多,所在宗族兴盛,那么老人的亲属和宗族会干涉,宗族和老人亲属会对老人的儿子进行思想教育,如果不肯悔改,轻则受到打骂,重则被宗族除名。孝顺老人是当地每一个宗族的族训,不求老人都可以过上吃饱穿暖的晚年生活,至少要尽自己的能力去赡养老人。对于村里无儿无女的老人,侄子要承担起儿子的责任,如果侄子也没有,那么宗族和老人关系比较近的亲属要承担起照顾老人的责任,给粮食或将族田免费给老人租种。

2.子养父

张家老人养老是儿子赡养父母,张本利、张谢氏的养老由张学明、张学仁、张学诗负责,张学诗去世的早,由其儿子张仕信代为赡养,张学明由张仕礼、张仕义、张德修、张仕道赡养,张学仁由张仕义赡养。张本利过了花甲之年,不像以前经常走到县城去看自己亲手为张学诗和张学仁开的店铺的经营情况,失去了对家庭中内外事务的绝对影响力,他留在家中和孙子一起玩耍,给孙子们讲述家族的迁徙历史和自己带领这个家族走向繁荣的情景。张学明、张学仁、张学诗为了让老人不寂寞,在小孩小时让小孩生活在农村老家陪着张本利,张家不需要专门给老人养老钱粮,张本利是家长,掌管着家里绝大部分的财产。

(二)赡养主体

1.有子家庭诸子共养

如果家里只有一个儿子,由该子负责赡养老人为其送终,如果家庭有两个儿子,一般情况下就由大儿子负责父亲的养老送终,小儿子负责母亲的养老送终。张家分家时张本利和张谢氏留在农村与张学明一家生活在一起,由张学明家庭负责老人的日常生活,张学仁和张学诗的家庭逢年过节会来张大村看望老人,带一些日常必需品给老人生活。张本利和张谢氏去世后都在张学明家举办葬礼,张学明的家是张家的祖宅,老人去世要在家中办葬礼,落叶归根。张学仁的家在城里,没有负责父亲母亲的葬礼。在父母亲去世时他来到老家协助张学明办理,长孙张仕信替亡父张学诗尽孝。村里一般的家庭有三个以上的儿子,这几个儿子要轮流赡养老人。

2.无子家庭侄子赡养

如果家庭没有儿子,不论其有没有女儿,都是侄子优先赡养。这里有前提,历阳独女家庭一般在遗产继承时侄子优先,继承遗产的侄子对老人有赡养的义务,但如果没有继承到老人家产,被女儿继承了,那女儿以及女婿承担赡养义务。有女儿没有儿子的家庭,大部分会将女儿留在家里招一个男子作为上门女婿,上门女婿如同亲儿子,必须承担赡养老人的责任,招女婿上门后老人跟着女儿女婿住。

(三)赡养形式

1.赡养轮流制

张家赡养很简单,分家后老人张本利想留在农村生活,就跟着老二张学明一起生活。家庭成员遵从老人的意见,由张学明负责老人的赡养,其他儿子要定期看望老人,如果老人想去其他儿子家生活,其他儿子不得有异议,长孙张仕信替去世的父亲尽孝道。分家后养老时间很少,张家1954年分家,1956年张本利、张谢氏先后去世,更多的养老在分家之前进行。分家之前养老没有分那么明显,老人张本利一直是当家人,整个家庭的财产没有分给各个小家庭,张本利支配家里的大部分财产。他不去城里管理张学诗、张学仁的店铺,多数时间待在农村老家和张学明生活在一起,张学明负责两位老人一切生活起居,有时候张本利会帮张学明干一些田里的农活。生病的时候张学明用板车将其送到医院治疗,有时候会请医生来家中治病,医疗费用全家承担。

2.三子共商议

张家的赡养形式是老人和几个儿子商议定下来的,充分遵从老人的意见,因为张家能有那么繁荣,多数功劳是当家人张本利获得的,张本利是张家繁荣昌盛的象征,张学明、张学诗、张学仁尽可能让老人安享晚年。张家赡养不需要和外人商量,家庭内部讨论即可,有时家族的长辈会给一些建议。具体的赡养形式是张学明、张学仁、张学诗共同决定的,没有太多的争议。大家认为张本利给整个家庭付出的太多,怎么赡养都不为过,赡养分配公平。

3.养老有异同

在赡养形式上每个家庭各不相同,独子家庭一人赡养全部老人,多子家庭共同赡养老人。经济条件好的家庭会多给老人一些零花钱让老人支配。三世同堂或四世同堂的大家庭,老人自己老了还有父母要养,这时家庭的每一个成员都有赡养老人的责任。具体的老人赡养方式根据具体家庭情况不同,选择的方式也不同。赡养方式的选择对于一个家庭来说是内部的事情,由家庭自己决定就可以,不需要告知或请示四邻、家族和保甲长。如果家庭成员不用心赡养老人,甚至发生虐待老人的事情,家族和亲戚可以插手家庭内部养老。

(四)养老钱粮

张家没分家的时候就已安排好了养老的钱粮,但不明显。张本利和张学明一起居住,在张家有自己的房子,自己的地,可以自收自种,外界看起来张家老人什么都有,实际上老人年纪大了,很少自己去种地。其他几个儿子会定期送钱送粮,老人和张学明住一起,吃也在一起,和没分家之前没有什么两样,唯一变了的就是儿子们的经济划清了。张家在养老钱粮分配的事情上由家庭成员共同决定,任何私自做出的决定都不被大家承认,更多时候是父子共同商议,否则容易导致兄弟阋墙、妯娌不和。如果商量不出解决办法,这时就要邀请舅舅、姑爷过来调解,公平地协调养老问题。张家没有发生过因养老钱粮导致的家庭纠纷,老人除了喜欢抽点烟、喝茶以外没有其他嗜好,有时还会帮张学明做一些田里的农活,开销不大,张学明一家愿意和老人生活在一起。不同类型的家庭养老方式不同,张家分家之后家庭成员给张本利夫妇留下了养老田、养老钱,每年都要给老人一些零花钱使用,老人不需要克制自己的日常开销,过得很轻松。与张家对应的小户人家不相同,兄弟在老人养老问题的负担上迟迟不能得出一个让所有人信服的方案,不仅老人生活过得不如意,而且兄弟之间的嫌隙也扩大了。三世或者四世同堂的家庭由于儿子自己也是老人,全家每一个成员都有养老的义务。

(五)治病与送终

1.儿子给父母治病

张家分家之前老人没有生什么大病,老伴间相互照顾。分家后张本利生重病了由儿子贴身照顾,张谢氏生病了由媳妇轮流照顾,儿子们会过去问张谢氏有什么需求,尽量满足,其他方面的照顾落到了几个儿媳妇身上。如果未分家时当家人是老人,则指定某位儿子出面请医生为其看病,照顾事宜也由老人安排。如果分家了则由大儿子为代表出来请医生看病,具体情况还要与其他兄弟商量,未分家时老人能做一些决定,分家后一直是儿子做主。张家分家之前老人生病后由老人自己和老伴互相帮助,有时候老人会让儿子帮忙。分家之后家庭上关于张本利、张谢氏的事情主要由张学明做主,老大张学诗去世,老三张学仁离得远,自己和老人住在一起了解老人,大问题会和张学仁商量,询问一下张学仁的意见。在治病照顾中,张家除了家长以外,其他人不能做决定,可以提出自己的意见,除非情况紧急否则不可以擅自决定。张本利自己能做决定的时候有什么需要会及时告知子女,身体情况不允许自己决定时张学明、张学仁、张学诗都可以为其决定。如果其他家庭成员的意见合情合理也能影响当家人的决定,有时可能扭转当家人的决定。

2.儿子负责老人丧葬

老人丧葬事宜的办理取决于是否分家,分家前后的葬礼办理不同,没分家前丧葬的办理由全家人在一起商量,费用由整个家庭承担。分家了则按分家时商议的养老送终方案执行,一般老大承担丧葬,如果担责的儿子没有能力,可以让其他儿子办理或者儿子之间相互帮忙。张学诗 1950 年去世还没有分家,他的丧葬费用由张家全家承担,不是由其儿子张仕信和张仕全承担。1956 年张本利与张谢氏先后去世,葬礼由张学明以及张学仁家庭承担,张学诗家则由长子张仕信代替父亲承担责任,在具体办理上他则没有参与。张家张本利与张谢氏去世时由张学明、张学仁负责,张本利与张谢氏的女儿张学英、张学翠都及时来到张家送老人最后一程。家中老人去世时需要知己人帮忙安排葬礼事宜,儿子只需披麻戴孝好好尽孝,不要过多插手管理事情。用一句话说就是"家中老人去世了,还能有条不紊地安排事宜,能有什么孝心"。家中老人是家里的天,老人去世如同天塌下一般,全家无人不悲伤,无人不痛苦。

(六)外界对家户赡养的认可与保护

张家所在的家族对张家赡养老人认可和保护,张氏族规中有一条就是以孝为先。当家户赡养出现问题时,家族的长辈会进行调解,不赡养老人者会被族人看不起,情节严重者甚至会从宗谱中移除。张家所在的张大村认可家户赡养,家户赡养是天经地义的,不会提供保护,家户赡养出现一些问题村庄不会主动掺和,除非家庭成员请求保甲长介入时,保甲长也不太情愿出面,出面只能是给出调解方案,不能强制执行,家里的事情家庭内部处理最合适。张家所在地方官府对家户赡养认可,如果家户赡养出现了问题且闹到了政府,政府会出面解决,一般是劝说调解,没有效果会考虑强制交钱赡养。

六、家户内部交往

张家夫妻之间、父子之间、兄弟之间的关系融洽,没有发生过大的冲突,当家人张本利时常会告知儿孙家庭团结的重要,只有团结在一起才不会被外人欺负。在耳濡目染之下,张家人之间关系都很好,小的矛盾过两天就和好了。

(一)父子关系

当家人张本利和儿子张学诗、张学明、张学仁关系融洽,未分家之前张本利是张家最有权威的人,是家庭繁荣昌盛的一种象征,张学明、张学仁、张学诗的学业、从事的行业、娶妻都是他安排的,管理家庭事务比较多。张学诗、张学明、张学仁对张本利更多的是尊敬与佩服,父子间没有发生冲突。

1.父子权责明确

张大村的父亲对儿子承担的责任很多,在孩子小时候要负责孩子的衣食住行,有的家庭还要给小孩上学。如果小孩在村中做错了事情,人家不会说小孩的不是,而会说这一家人没有教养,父母缺失责任心。在孩子到了适婚年龄的时候,父亲有义务给子女成婚,否则会被村里人在背后说三道四。有些父亲不仅不尽到自己的责任反而挥霍家产,这样的父亲会遭受村民的鄙视。如果父亲没有尽到自己的责任,儿子在养老时不会尽最大能力去赡养,自古以来农村养老的观念就是"你养我小,我养你老",未有更改。张本利年轻时家庭不是特别的富裕,他坚持让张学明、张学仁、张学诗读书上学,有一定积蓄时又将自己全部积蓄拿出来给儿子做生意。张家生意由小及大,家庭逐渐富裕起来,张本利老了想继续传递思想给下一代,张学明、张学仁、张学诗顺应他的意愿将孙辈放到老家让张本利教育,张家这种教育模式受到村里其他人家的羡慕,但不敢轻易的学习。其他方面父亲对儿子的管理很多,涵盖儿子成长的各个环节。可以指派小孩去干农活,小孩做错事可以打骂,不能随意打骂,打骂必须有理由,要有轻重,不可伤筋动骨。父亲一般不会将儿子逐出家门,也不会卖掉自己的儿子,除非遇到不卖掉就一起死的状况,父亲才会忍痛卖掉儿子,让其生存。过去努力扩大家业、修房造屋、买田置地、洁身自好、不吃喝嫖赌、不吸大烟,教子有方的父亲是好父亲,孝顺听话、不偷摸拐骗、遵守家训是好儿子的标准。在权利义务上,不同的家庭父子关系差别不大,"穷人家的孩子早当家",承担责任的时间要早一些,富人家的小孩要读书,承担责任的时间会晚一些。张家父子关系比较明确,三世同堂有两个代际的父子教育,张本利不仅承担了孩子的抚养,而且让子女去上学读书识字,给子女本钱自主创业。子女在张本利的指导下在农业和工商业上都取得了成功,三个儿子结婚事宜也是张本利负责。下一代张学明、张学仁、张学诗家庭也是如此,秉承了张本利的教育观念,张家后代都是让其多读书。张学诗帮大儿子张仕信成婚后去世,小儿子张仕全在叔叔张学明、张学仁的帮助下娶妻,其余孩子的抚养、教育、成亲都由父母负责,张本利会在家长教育过程中给一些建议。

2.父子交往有序

张家父子关系融洽,有时父子会在一起聊天、喝酒、抽烟,父子之间不会开玩笑,儿子对父亲又敬又畏。张学明儿子张仕礼怕张学明,他曾经被张学明用家法惩罚,张学明说东不敢往西,这种威严是与生俱来的。儿子心里有事会跟父亲说,取决于什么事情当说则说,应该商量则一起商量。在年幼儿子看来父亲不好接近与相处,年长的儿子看来父子之间相处要容易一些。张家兄弟众多,一般的事情都会和兄弟诉说,有时也会和母亲诉说,相对父亲母亲更加随和一些,更关爱孩子。父子平时交往关系上,张大村各种类型的家庭都是大同小异的。张家父子关系简单明了,张本利管三个儿子张学诗、张学明、张学仁,三个儿子管自己的儿子,在管理上两代人显得不同。张本利儿子已经40多岁,张本利对他们管理渐渐少了,更多是商量,多数事情儿子已经能做主,只有极个别事情儿子没有经历需要张本利亲自做主。在孙辈的管理上儿子是第一负责人,孙辈的管理体现在生活的各个方面上,无微不至,如在饭桌上的规矩要求吃饭必须扶碗、给长辈先盛饭、不可一人将喜欢的菜吃完等。酒桌上规矩要求晚辈敬长辈酒要起身,敬酒时候杯子要比对方低一些,以示尊敬。总之,家长对孩子教育更多的是做人道理,父子之间是引导关系,父亲将儿子从不懂事的小孩引导成为能够担负责任的男子汉。

3.父子极少冲突

张家父子冲突很少,一是得益于张家良好的家风,晚辈都孝敬长辈;二是张家的男子都接受过高等教育,自身素质高一些;三是张家家大业大,没有需求上的不足以及划分不均。张家家长地位很高,张家有今天的一切都是张本利给的。张本利在的一天,其他儿子都不会与他冲突,就算有不满也多会遵从父亲的决定,实在意见不一致会与母亲张谢氏商量,让张谢氏和张本利去说,很少有儿子直接当场质疑张本利发生正面冲突。张学诗、张学明、张学仁和他们的儿子关系更简单一些,他们儿子年纪比较小,张仕礼、张仕信刚结婚,其余小孩都没有结婚。张仕道、张德修、张仕全还在上学,经济上依赖着各自的父母,和父母冲突很少,基本没有。发生冲突后兄弟、父伯、母亲、婶婶都会来劝说的，不会发生大的冲突。冲突发生后外人不会介入别人的家事，能做的就是劝说，介入别人的家事在当地是禁忌，惹到麻烦了也不容易处理。

（二）婆媳关系

张家婆媳关系比较融洽，媳妇服从婆婆安排做事，婆婆会在媳妇坐月子时照顾媳妇，有了小孩之后，婆婆会帮媳妇带小孩。1949年以前，张家儿媳妇没有与婆婆发生过矛盾。

1.婆媳权责明朗

张家婆婆对媳妇承担以下责任：首先是媳妇在家庭的教育问题，在外人眼里媳妇犯错主要责任在婆婆，因为婆婆没有教育好媳妇，其次在媳妇做坐月子期间，婆婆必须承担照顾儿媳妇的责任，否则容易激化婆媳之间的矛盾，招致外人的闲话。婆婆对儿媳妇的教育主要是言传身教，凡事做出表率，这样才能让媳妇心服口服。婆婆的权利主要有：第一，婆婆可以指使媳妇干活，但不能随意打骂儿媳妇，打骂需要理由，第二，婆婆的话媳妇必须服从，极其不合理的不行，一般不合理的要听，婆婆做错了事情，媳妇只能私下提醒，不能当众说出，更不能批评婆婆，张家没有批评长辈的先例，张家的家法不允许。张家所在的张大村也有厉害的媳妇，敢批评指责婆婆，这样的媳妇不仅自己被人在背后说三道四，连娘家也会被说管教无方。过去不随意挑剔打骂媳妇、品德好并且愿意以身作则教媳妇的婆婆是好婆婆，脾气好、孝顺听话、守妇道、勤俭持家、能生儿育女的媳妇是好媳妇。不同类型的家庭在婆媳关系上也不相同，少子女家庭婆媳关系较好，婆婆会更多考虑儿子的感受而与媳妇友好相处，多子女家庭中可能存在婆婆偏爱某一媳妇的现象，引起其他儿媳与婆婆关系紧张。

2.婆媳的日常

张家平时婆媳之间的关系比较融洽，婆媳之间不会开玩笑，大家在一起劳动，分工完成家务，张谢氏带着儿媳妇共同负责张家的后勤保障。张大村一般人家的媳妇要接受婆婆的管教，听婆婆的指挥，媳妇很怕婆婆，婆媳之间始终有隔阂，但又相互合作，共同促进家庭的有序发展。媳妇心里有事和婆婆说的很少，婆婆只关心儿子，媳妇对儿子好则对媳妇好，对儿子不好，婆媳关系就会变差，媳妇受到委屈后大多选择回娘家与母亲或兄弟姐妹诉说。在媳妇看来自己勤劳能干、教育好子女并且听丈夫、婆婆的话就是好媳妇，能从心底把媳妇当做家里人的婆婆就是好婆婆。在婆媳关系上，各个类型的家庭差距比较大，小户人家媳妇和婆婆相处时间多，关系好一点，这与小户人家没有实力再娶，害怕气走媳妇让儿子打光棍有关系，对媳妇行为纵容一些。儿子多的大户人家婆媳关系会差一些，婆婆的一些决定容易被认为偏袒某一个儿子或者某一个媳妇，引起家庭矛盾。

3.丈夫调解婆媳冲突

张家婆媳间很少发生冲突，婆媳关系融洽，冲突大多因为生活琐事，媳妇和婆婆意见不合就拌嘴①了。张家的儿媳妇性格不一样，有的强势有的弱势，婆婆一般不打媳妇，对媳妇以教育为主。冲突扩大后儿子两头都不好做人，道理双方都有，一般会劝说自己的媳妇不要和老人吵了，要孝敬老人。张家当家人张本利很少介入婆媳的事务，媳妇是归婆婆管的，一旦介入就会各打五十大板，两边都要批评："也不嫌给外人看着丢脸，少丢张家人了"。在张大村，大家庭分家后婆媳关系能够得到缓和，主要是分家后老人年纪大了不当权，意识到不是自己

---

① 拌嘴：拌嘴在当地是吵嘴的意思。

的时代,会自觉修复与媳妇之间的关系;媳妇看见老人如此,也不会去吵架让自己男人难堪,婆媳之间的冲突没有了。在婆媳冲突上大家庭更容易产生矛盾,小户人家媳妇儿子就一个,会更多考虑儿子的感受,将媳妇作为自家人对待。

(三)夫妻关系

张家夫妻之间没有打架的,妻子害怕丈夫,夫妻之间平常拌嘴很正常,生活中有些不如意的地方,发发牢骚就好,没必要将冲突扩大。张本利与张谢氏相互支持、相互关爱50年,将张家从小户人家发展成一个富裕人家。张学仁、张学明、张学诗在事业上很成功,夫妻间的矛盾很少;张大村越富裕的人家夫妻之间的关系越融洽,没有太多压力的事让夫妻发生冲突,贫穷的家庭面临的压力和烦恼多,吵架的次数多。

1.夫妻责任不相同

一般丈夫在外面负责赚钱,承担起照顾好家庭的责任,他可以支配妻子干活,但不可随便打骂妻子,当地人认为"打女人的男人算什么男人"。张家夫妻之间的关系一直很融洽,张学诗、张学仁的妻子张陈氏、张卜氏是老板娘,只需要做些家务、在店里收钱就可以,工作比穷苦人家好很多,夫妻间关系一直很好。张学明一家在农村务农比较辛苦,没分家时全家收入是共享的,张学明一家可以享受自家两个店铺生意带来的收益,在张大村生活过的很好,家庭关系融洽。过去顾家、爱护妻子和儿子、有能力又有担当的丈夫是好丈夫,孝顺公婆、爱护丈夫、勤俭持家的妻子是好妻子。不同类型的家庭在夫妻权利义务关系上大同小异,一般小户人家生活上有很多的不如意,夫妻间为小事争吵的次数也比较多。

2.妻子惧怕丈夫

张家夫妻之间的关系融洽,很多家庭事务一起完成,妻子很怕丈夫,不论是从能力上还是从实力上妻子都比不过丈夫,打架打不过丈夫,自己又身在丈夫家,吃穿用全靠丈夫在外面挣。张家女子的地位比较低下,女子没有上过一年学,婆婆与媳妇等所有女性在家的任务就是给男子服务,做好家里后勤保障,让男子后顾无忧好好赚钱是张家女子最大的任务。妻子心里有事一般都会和丈夫说,在妻子看来,丈夫是自己在这个家唯一的依靠,而且还有小孩,和丈夫相处比与公婆相处要容易。夫妻日常交往关系与家户的类型没有多少关系,取决于各个家庭的家风,张家不准成员纳妾,注重夫妻之间关系,有的大户人家则不同,有了钱后会选择纳妾,不注重与原配之间的关系处理,夫妻之间关系很差。小户人家有的人强势,夫妻关系变差,有的人谦和,夫妻间相濡以沫。

3.吵架妻子处弱势

张大村夫妻之间发生冲突的现象很多,一般情况下妻子和丈夫发生矛盾后在家内解决。遇到明白事理的婆婆还好,帮理不帮亲能够公平地调解矛盾,可是在农村一般遇到的是不讲道理的婆婆,眼里只有自己的儿子,哪怕儿子是错的也会帮儿子说媳妇。媳妇有时忍气吞声就过去了,有道理的媳妇会回娘家不回来,这时婆家要派人去接。娘家人会给女儿做主,要求男方必须给媳妇道歉,保证以后不犯。可是一家的媳妇不能一有矛盾,一受到欺负就回娘家,这在农村说出来不好听,多数时候媳妇选择忍气吞声,一直处于弱势地位。外人不会轻易介入夫妻吵架,"夫妻床头打架床尾和",外人干涉过多反而不好做人,人家和好自己成了公敌,弄得里外不是人。外人能做的就是劝说调解,不同类型的家庭在处理夫妻关系层面上没有什么不同,夫妻间关系的处理取决于当事人。

(四)兄弟关系

分家前张家兄弟之间的感情非常好,兄弟遇到困难大家都会挺身而出共同分担,这与当家人张本利对儿子的教育密不可分。分家后由于各自都有自己的小家庭需要照顾,利益上更考虑小家了,关系变淡了,但兄弟遇到大的困难,其他兄弟不能退缩,要紧紧地团结在一起。

1.亦父亦友

张家兄长对弟弟要承担起照顾、抚养、保护、教育的责任,父亲在世时兄弟关系简单,主要是哥哥保护和照顾弟弟。父亲如果去世了,兄长就要对弟弟承担起父亲的责任,教育弟弟,帮助弟弟娶媳妇。张仕全的婚姻是张仕信一人负责张罗,在张学明、张学仁的协助下举行的。父亲张学诗去世,张仕信代表父亲分家继承家产,他有义务帮助弟弟张仕全结婚。张家所在的张大村有句话叫做"长兄为父,长嫂为母",父亲去世后兄长就要承担起父亲的责任,嫂子承担起母亲的责任。不同类型的家庭之中,兄弟之间关系是接近的,子女少的家庭兄弟关系更为亲密,多子女的家庭兄弟感情平淡一些。小户兄长要承担更多的责任,大户由于经济情况好,兄长承担的责任少。

2.关系融洽

张家两代兄弟之间关系很好,第五代张学明在家务农,照顾父亲母亲,张学仁、张学诗在城里经商,他俩没有因张学明赚的钱少产生意见,赚的钱也会寄回家里。三兄弟之间关系融洽,一起吃饭、聊天、喝酒,聊关于田间和商业上的事情。张学仁和张学诗在东门口经营店铺,他俩更加的团结,一起与其他店铺做竞争,联合在商会中获得更多的话语权。张家第六代兄弟众多,大家在一起吃住玩耍,兄长在生活中照顾弟弟,弟弟被人欺负了兄长会挺身而出,弟弟对兄长又敬又畏,在做错事情时更害怕。张家兄弟之间的关系相对父子关系简单一些,兄弟之间有共同语言。不同类型的家庭中兄弟关系差距比较大,大户人家由于家产众多,兄弟之间容易因为财产分割不均引起矛盾,小户人家的兄弟显得更加的团结,小户容易被欺负,兄弟之间不团结家庭会被人瞧不起。

3.打闹事后和好

兄弟之间发生小冲突比较多,家庭成员站在对的一方,批评错误的一方,张家兄弟之间很少有大矛盾冲突,小打小闹比较多。当家人张本利对儿孙管理很好,利益关系上划分很明确,矛盾自然减少。唯一一次爆发的兄弟冲突在1954年分家时,张学明获得农村的一切家产,可是农村的家产比不上城里的房屋和经营资产,张学明想获得一些城里的财产,他和张学诗、张学仁的家庭产生了一些矛盾。老当家人张本利站出来了,他告诉张学明城里的财产他继承不了,因为他常年务农根本不懂经营之道,城里的财产需要懂经营的人去经营,否则很快就会发生经营困难,直接卖出去对张家伤害更大。张学诗现在已经去世了,他的二儿子张仕全还没有成婚,他的小家庭现在需要城里的店铺,作为叔叔的张学明不应该打张学诗家的主意。懂得经营的张学仁的店铺在张学诗家隔壁,分得的店铺财产不如张学诗家一半,他对分家没有异议,张学明更不应该有这个想法。张学明想通了,觉得自己适合做个农民,家里农村的家产不算少,应该满足,于是张学明同意了张本利的分家方案,兄弟之间的矛盾也解决了。

(五)妯娌关系

张家妯娌之间没有明确的权责关系,总体上关系比较好,由于嫁来张家有共同的婆婆,共同语言比较多。在平时生活上嫂子要做出表率,帮助其他儿媳妇适应张家生活,其他儿媳妇不满的时候嫂子也要耐心给弟媳开导。张家妯娌在家庭生活中互帮互助,共同负责张家内部事务,嫂子有错误了弟媳可以委婉批评指出。过去嫂子与弟媳之间相安无事便很好,妯娌之间互帮互助、教导弟媳熟悉家中事务、顾家便是好嫂子、好弟媳。一般家庭妯娌关系复杂,妯娌之间会开玩笑、一起聊天、拉家常,有的家庭妯娌因为家务事产生隔阂,老死不相往来。张家妯娌之间关系比较融洽,大家住的比较远,没有直接的利益冲突,在家中同时受到婆婆的教导,有很多共同话题。妯娌之间有时会讨论一下婆婆的个性,大媳妇会告诉家里刚嫁过来的小媳妇婆婆的日常生活习惯,帮助新媳妇适应家庭,避免触了婆婆的霉头,被婆婆批评。妯娌之间会发生冲突,一般情况下很少,要顾及家外影响,不能被外人看笑话。发生冲突后一般是冷战,大家不再说话,过一段时间就和解了,家中一般婆婆出来劝解,站在有理的一方去批评无理的一方。张王氏抱怨最多的是自己的公公给张学明安排的工作是务农,张家张学诗、张学仁小家都经营工商业发达了,唯有张学明小家差一些。张王氏在分家的时候请求多分一些,而不是仅仅继承家里农村的家产,家里工商业的收入也要分一些,整个家能有今天这样离不开张学明的牺牲。她与几个妯娌之间因为对利益分配不一致产生了矛盾,矛盾发生后张学明和张本利都劝她算了,这些都是命。家里务农比不了张学诗、张学仁家,但在农村是过上好日子的人家。

(六)其他关系

张家女儿张学英与张学翠很早嫁出去了,没有发生过冲突,大家关系很好。妹妹在婆家受到欺负,张学明、张学仁、张学诗会站出来为妹妹做主,要求夫家好好对待自己的妹妹。第六代中有张仕芳、张仕冬两个女孩,哥哥对妹妹爱护有加,有钱时经常给妹妹买衣服、零食,妹妹在村里玩耍时被人欺负了,哥哥会帮妹妹出头,打架的也有。张家张学翠、张学英、张仕芳、张仕冬为两代姐妹,姐妹关系比较好,没有矛盾和利益冲突。遇到烦恼时姐妹之间会互相安慰,娘家有大事发生的时候,姐妹俩会一同返回娘家看望。张家叔嫂关系简单,嫂子比较照顾自家小弟,叔嫂之间保持一定的距离,怕引起其他人的误会。张家长工很多,张学诗、张学仁的工厂、店铺每年需要招大量长工,张学明家有长工和牧童。牧童和长工与张家人一起吃住,张家人给其工资,长工每年十石稻,牧童每年三石稻。有时候长工会给张家做点家务,年前张家会给长工、牧童做衣服过新年,主雇之间关系融洽,张学明家的长工一直工作到1956年才离开。

七、家户外部交往

张家对外交往关系上比较开明,喜欢结交朋友,这对张家事业的发展帮助很大,张家人在东门口的店铺经营得井井有条离不开张学仁、张学诗商会朋友的帮忙。大家有事情时都会想到找张家人帮忙,张家也是能帮就帮,从不推辞。张家对待村里人更是如此,与村里人、族人之间关系很好,没有发生过什么冲突,这些都为张家赢得了非常好的声誉。

(一)对外权利义务关系

张家所在的张大村,邻里之间没有确定的责任和义务,相互帮忙完全取决于两家之间的关系,一般邻里之间的关系都比较好。筹办喜事借用桌子或地方时大家都会帮忙,白事也会帮忙,但有一定的规矩,害怕不吉利,其他的互助有互相借用农具、照看庄稼和孩子等。地邻是田地邻近的两家,除了尽到邻居做的职责外,还不能恶意侵占地邻土地、破坏邻居庄稼。张家亲戚之间关系较好,分家后是亲戚,分家前是一家人。在家庭发生重大变故时需要挺身而出承担责任不能推诿,注重礼尚往来。主佃之间责任简单,集中在土地管理与租金上。租户每年要在约定的时间上交租金,在田地认真耕作,否则粮食五五分成会损害租主的收益,在收割前要提前通知主家等。租主的责任简单,不能随便变更土地租佃年限以及单方面涨租金。张家与外村人之间没有多少权责关系,如果与外村人认识,关系不错的可以承担多一些责任。朋友之间相互帮助、相互扶持,不存在有多少权利义务的关系,帮忙靠感情,帮一些力所能及的事情。在权利义务关系上,家户之间的差距较大。张家是大户人家承担的责任也多,如帮村民调解纠纷,有时代表村民协调与政府之间的关系;张家受到村庄和政府的尊重,利益很少被侵犯,小家庭承担的责任少,获得的权利小。

(二)对外日常交往关系

1.邻里关系

邻居之间的关系很好,家长之间相互往来多一些,家庭其他成员之间也可以往来,一般是串门闲聊。邻里的关系各种各样,家庭情况相近的邻居关系比较好,有共同语言,经济不相等的邻居容易产生一方看不起另外一方的情况。张家张学诗、张学仁在街上开店、开厂有街坊,街坊之间关系时好时坏。街坊去张家商店买东西时张家会给优惠,有时张家生意太好,抢了别人生意或者人多烦着街坊,两家就要交恶。东门口本来有好几家店铺,大家之间相互竞争,彼此获得的收入都减少,几家店铺老板之间关系很差,经常因为一点鸡毛蒜皮的小事争吵。张学明、张学仁兄弟团结在一起,将其他几家店铺熬倒闭了,其余的街坊买张家东西一直会有优惠,和张家关系很好,逢年过节生意忙的时候,街坊也会到张学明、张学诗的店里帮忙。地邻之间关系不错,关系更好的在过年期间会相互来往,在田里干活无聊时可以聊天。土地问题上地邻双方相互平等,寸土必争,没有一方害怕一方的情况,即使对方是保甲长、大户财主。多子女的家庭对土地更加看重,土地是农民的衣食父母,没有土地的人生存很困难。

2.亲戚、朋友关系

张家人认为亲戚关系是礼尚往来跑出来的,长时间不走动,亲戚就不亲了。逢年过节、红白喜事、亲戚生病了都要看望,一次不去就要生气,有句话说"远亲不如近邻"就是如此,交往少了亲戚就不是亲戚,遇到家庭变故急需帮助时也不好意思开口。近亲之间、兄弟之间、妯娌之间不和的很多,但是真正家里有困难,这些人会站出来承担。从各种家户类型看,小家庭的亲戚关系更加密切,没有涉及太多的利益关系,大户人家人口多利益复杂,亲戚之间的关系因利益分割受到影响。亲戚之间交往是平等的,晚辈怕长辈天经地义,更多是一种尊敬。张家人认为朋友是平等的,出现一方惧怕另一方,两个人无法成为朋友。张家朋友之间经常往来,一块吃饭喝酒,谁的朋友谁负责,其他家庭成员不负责。大户人家朋友有很多,有事情要操办朋友会过来帮忙,小户比较冷清。

3.主佃、外村人关系

主佃没有太多关系,平时很少来往,集中在租地和收租季节。张家佃户有时会帮张家做事情,过年也会来拜访,有礼貌的佃户张家会在收租上给优惠或租期上给其较大的灵活性。主佃之间往来由张学明负责或委托家庭成员负责,其他家庭成员不能干涉。张家是当地远近闻名的大户,但与外村人的交往比较少,除非外村人是家里女方的亲戚,否则仅限于问路、口渴给点水方便这些琐事上的交往,遇到认识的外村人会打招呼,问候近况。

(三)对外冲突及调适

1.家户利益至上

张家所在的张大村冲突是以家庭为单位的。如果发生大的冲突,一般交给家长处理,其他成员只能协助家长;小的冲突,小孩做错事情由在场的家庭成员按照辈分长幼次序即时处理。张家人很少与外人发生冲突,大户人家没有必要因琐事和外人争个高低,其他人也不会和张家争,张家与村民相处融洽。家庭成员与外界发生冲突时,张家人帮亲不帮理,先把对方咄咄逼人的嘴脸给压下去,私下问是非对错,对了帮的也对,不对要批评当事人,但"吵窝子"①已经吵了,不能让别人欺负到张家头上,对方是对的张家也不能被人随便骂。张家同家户外的家庭出现矛盾后由当家人张本利做主,其他家庭成员不能干涉,外人也不能干涉,除非是请来调解的人。

2.不同对外冲突过程

一般邻里不会发生大的矛盾,小的矛盾一般是因鸡鸭把邻居的菜啄了等,这些事情比较小,家里明白事理的人可以过去解决,没必要当家人去处理。地邻之间发生冲突多是因田地边界、田边树木归属、树木遮住了阳光影响作物的生长,相邻田地种植不同喜好的作物,如喜旱与喜水,这样给喜水作物灌溉会导致旁边喜旱作物死亡引起两家冲突,又或者一家作物引虫,引起另外一家作物生病。地邻之间的冲突,由当家人出面处置,张家与地邻没有冲突,大家种的东西差不多,田埂边界划分的十分清晰。街坊之间冲突有很多原因,张家主要经营杂货铺、豆腐店抢了别人店铺的生意,两家就产生了矛盾,又或者是木行工作、店铺来客人时会发出声音吵到了街坊,引起街坊的不满,冲突发生后一般由张学诗、张学仁与街坊协调解决,有时候会请商会来裁决。张家亲戚之间冲突很少,张大村很多家庭亲戚之间发生冲突,亲兄弟分家时一方认为分家不均匀要求多分导致兄弟不和、打架的都有;养老时对父母养老摊派不合理,兄弟也会闹腾,兄弟之间的矛盾外人不方便介入,家里的长辈会过去劝说。主佃之间有时也会发生冲突,但是冲突比较少,一般灾害年份主家不减租、佃户不按时交租、随意退佃都是引发矛盾的导火索,冲突发生后佃户处在弱势方,主家土地不给他租种,他不能及时找到别的地租种时,为了家人的生活只能选择妥协,向主家认错。在张家所在的张大村,由于个人处在家庭之中,村中两个人的冲突经常演变成两家的冲突。邻居之间有矛盾了,两家所有人都不会说话;朋友之间的冲突不一样,朋友不再做朋友,不会演变成家户冲突;主佃之间的冲突不会持续太久,只要还想租入土地,还想租出土地,总有一方要让步。邻里冲突后看热闹的人很多,只有双方矛盾达到不可调和的地步外人才会介入,一般是保甲长或与双方关系好的村民过来调解。地邻发生冲突,大多会请村里有威望的乡绅去处理,或者让大伙评理。亲戚之间有矛盾会冷静处理,血缘关系在那里,很少会走到不可调和、需要外人介入的地步。朋友之间有矛盾最多不再做朋友,不需要外人介入。主佃之间各取所需,有矛盾会及时解决,不需要外人介入。

---

① 吵窝子:方言,农村吵架。

第四章　家户文化制度

张家三代书香,当家人张本利重视学校教育,张家男子自小要接受教育,女子技能主要通过婆媳、母女之间传授。春节时家人一起祭祖吃团圆饭,端午节吃"五红"看赛龙舟,中秋节赏月吃月饼。张学诗去世由全家人为其举办葬礼,张本利、张谢氏去世时张仕信替父尽孝与张学明、张学仁一同负责葬礼。张家男性没有宗教信仰,只有祖先信仰,当家人张本利会给女性零花钱用于宗教信仰消费。

一、家户教育

张家不论第五代还是第六代,对于家中男子的教育问题十分重视,除了女性外其他家庭成员到了上学年龄要去学堂读书,家里许多人因为读书去了城市工作。在分家之前,家庭成员的教育支出由大家庭承担,分家之后由各自的小家庭承担。张家人始终秉着教育为先的理念,只要家庭成员想读书,会举全家之力让其读书,想要放弃也要将初中读完再放弃。

(一)家户以教育为先

1949年以前,张家女子没有受过教育,所有男子都上过学。第四代张本利受过六年的私塾教育。第五代受旧式教育和新式教育,张学诗是高等专科学校毕业,从7岁开始上学一直念到20岁。张学明初中毕业,张学仁高中毕业。第六代张仕玉、张仕道、张仕义、张仕礼、张仕全、张仕信都受过高中教育或高等专科教育,有人考上了大学。张家对教育极其看重,有可能就创造一切条件给小孩上学,不上学唯一的原因是自己不想上学了。张家最低的学历初中是当时的高学历,张家要求男孩尽可能读到更高的学位;后来上学国家名额有限,高中就有名额限制,大学、专科更严格,张家人继续求学之路断了。张家有女儿迟早是"泼出去的水""女子无才便是德"的观念,不让家中女性上学,不会送女孩读书。张家很多人受过教育,教育管理有惯例。当家人安排自己儿子去上学,对于孙子的教育问题很少插手,让儿子自己教育,自己给一些建议。如果张家是儿子当家,虽然是自己决定,但是儿子对孙子的教育问题会和当家人商量一下,张本利的建议可能会成为决定。张家送孩子上学的主要目的是让小孩增加学识、升官发财最终离开农村;在发达后取得荣誉光宗耀祖,带领家族走向兴旺。

(二)全家上过私塾

张家第四代到第六代都受过私塾教育,私塾教育是张家的启蒙教育。无论是新式教育前张本利上的私塾,还是辛亥革命后张学明、张学诗、张学仁上的私塾,又或者张本利孙辈这一代将私塾先生请到家中教小孩识字。私塾教育是张家求学之路的敲门砖,对张家的发展起重要作用。当家人张本利上私塾的时间很早,张学明、张学仁、张学诗上的私塾是1911年后。新式教育没有普及，张本利安排三个儿子先后到和阳书院①求学，当时张本利已经分家，学费自己支付。孙辈这一代张家的经济实力在历阳很强，请了一个私塾先生来家中讲课。村里人交钱交粮到张家学习，张家专门有一间房屋供私塾先生教学，即使这样张家的女孩还是不能跟私塾先生学习。私塾学习的内容是《百家姓》《孟子》《论语》《幼学》《古文》，以及算术、算盘等。第六代第一次上学由当家人张本利送过去，张大村处理对外关系由男人出面，教育等大事情男人更应该出面。第六代接受教育时私塾先生在家中，张家供其吃喝给其工资，小孩不用家人送了。过年时张家会给私塾先生拜年，当家人带孩子一起去，送些纸包糖、鸡蛋、酒等。私塾老师会接受，这是惯例，每个学生家长都会送，不接受坏了礼节抹了别人脸面。私塾老师也会回节②，带一包糕点到张家，寓意孩子步步高升。私塾先生私下会与张家家长讨论孩子的学习以及孩子的不足之处。私塾学习时间比较久，一般一年要学习十个月，每天上午、下午各三四个小时。

（三）学校教育丰富

张家从第五代开始接受系统的学校教育，村中没有学校，只有去县城，第一次是当家人或父亲送小孩，孩子第一次出远门家长会陪着。张家年龄合适的男子都有机会去县城读书，父亲让大家读书，成绩好并且愿意读书的人会得到父亲的奖励。上学交的学费由大家庭中的小家庭承担，张家由孩子父亲承担。对于是否上学小孩没有决定权，父亲让他去上就必须去，一般父亲为当家人时如此，如果当家人不是父亲就要听当家人的。张家送小孩上学的主要目的是让小孩学习知识取得成绩光宗耀祖。小孩开始读书是为了自己以后的荣华富贵，随着时间的推移会觉得读书是为了整个家庭更好的未来。

（四）家户承担子女教育

张家当家人会教男孩读书识字、做人道理，女孩被授家务劳动技艺。张本利、张学仁、张学诗、张学明会教小孩读书识字，很少教男子田中事务，张家人认为务农没有好的未来，男子应该好好上学，做大事。其他亲戚会帮忙教育孩子，诸如要听父母的话、要懂事之类。与家庭相比，亲戚、邻居、同龄人对孩子的教育作用不大，孩子的教育主要来源于家庭。在当地孩子长到适婚年龄16岁会被要求像大人一样行事，会主动做一些家务，当其不需要吩咐就能做好事情，细节上也能考虑周到并且结婚生了小孩就被认为真正的长大了。

（五）言传身教形成家风

张家张本利在当地远近闻名，人称"张二爷"，处理事情上很果断，从不拖泥带水，敢想、敢做。张学诗、张学明、张学仁性格也是如此，都在自己领域内做得非常卓越。张本利为人仗义，张家在富裕后其他人也特别仗义。家庭成员的风俗习惯从家中生活习得，过年过节长辈的庆祝仪式孩子耳濡目染，一来二去就会了，有时父母亲会和儿女说为什么是这样的风俗，不这样会不吉利。在遇到困难时，自家人会一起分担，其次是交好的邻居、亲戚等。张家人认为个人可以离开家庭，前提是他有独立的资本能够养活自己，那些独自在外闯荡出一番事业的人会受到家族和村里人的尊敬。张大村多数农民离不开家庭，很多离开家庭的人没有一技之长只能靠要饭为生。

---

① 和阳书院：是现在和县一中的前身，和县最高学府，辛亥革命后改名为和县中学。
② 回节：即被人拜访后需要回访，当地基本的礼仪，表示互相尊重。

(六)父母教授劳动技能

张家会教家里的男孩女孩一些基本的劳动技能，男孩子的劳动教学更多的是一种耳濡目染，没有特意的教，女孩子的针线活是母亲教的。这些技能是必须掌握的，张家男子可以靠才能不务农生存，女孩不会基本技能嫁到婆家就会挨骂，生活也成问题。田间的劳动技能由父亲教给男孩，家里的劳动技能由母亲教给女孩，家里的长辈可以教育小孩，有时哥哥姐姐也会教弟弟妹妹。张家男孩在13岁时就要参加农业劳动，开始时做些轻巧的农活，后来随着自己技巧和身体素质提高就会承担更多的农业劳动。不想农业劳动就要学一门手艺，靠手艺养家糊口。如果小孩不学习或不好好劳动，挨批评是好的，有时还要被打，外人也会嘲笑家庭无能，连个小孩都教不好、管不了。张家女孩子的家务技能在家里学习，由母亲负责，张谢氏和婶婶们教的少，有自己的小孩要教。女孩10岁左右开始学习做家务，这是女生唯一能做的事情，乡下人不能什么都不会，农民是要生活的；年纪大一点的女孩要帮助父母教弟弟妹妹一些基本的生活技能。女孩嫁到夫家以后，一些基本的家务活就慢慢转向媳妇，纺线织布、做饭洗衣、基本农活和照顾小孩都要会。如果到了夫家女孩什么都不会，容易引起婆婆的不满，没有结婚的女性不会做家务容易找不到婆家。

(七)当家人安排手艺

张家没有家传技艺，小孩的童年被读书充实着，没有学手艺的时间，张家安排家庭成员做生意，从事不同的生意谋生。张学明务农以农为本，家庭做生意失败了有农业为退路。张学诗是杂货店、米行、木行老板，张学仁经营酱油店、豆腐店，张家经营各不相同，避免自家人跟自家人竞争，消除引起家庭矛盾纠纷的潜在因素。当地学手艺由当家人做主，当家人考虑儿子的意愿后便安排儿子学手艺，给儿子找师傅。学手艺为了多一种生存手段，一般家中老二学手艺，老大要参与家庭农业劳动，减轻父母劳动压力，没有时间去学习。

二、家户意识

(一)自家人意识强烈

张家认为家人在生命中占据最重要的地位，在一个灶吃饭的人才是家里人，有直系血缘关系的才是自家人。一般是自己的父母儿女等，即使分家不在一个灶吃饭，依然是自家人，自家人可以随时随地沟通，相互爱护与关心。在妻子和妻生子眼里，妾及其所生孩子不算真正意义上的自家人，只能算范围稍广的自家人，家长与妻妾之外女人所生的私生子也不算自家人。张大村没有家长将子女安排出去或赶出去，赶出去断绝父子关系就不算自家人。有血缘关系的亲戚发生重大矛盾冲突，又或者道德极其败坏，不孝敬父母，有可能将其从自家人中排除，作为家庭的耻辱败类。自家人与外人有清晰的边界，心理边界和物理边界都有，自家人相亲相爱没有算计，不计较得失，没有血缘关系和婚姻关系的始终是外人。外人在自家有需要的情况下可以介入自家的家事，但介入的程度有限，一般只能劝说。张家不会介入到别人的家庭事务中，被请求介入后也只是给出建议，不听就算了。事情处理的好大家不会太感激，处理的不好两头受气[①]，介入别人家事在当地是一种忌讳。张家与自家人交往随意很多，但没有达到无所不说的地步。对自家人和外人称呼上没有不同，只是对外人更加有礼貌一些，对

---

① 两头受气：问题解决不好得罪了双方，与双方的关系都变差。

家人随意一些。无论是自家人还是外人,都遵循当地的伦理习俗按辈分称呼,不能随便叫。需要借钱时一般亲戚优先,经济情况好的人家优先。

(二)家户一体意识

未分家前张家非常团结,心往一处想,劲往一处使,家里人遇到困难了,会相互扶持共渡难关。分家之后大家的联系少了,但还是会团结在一起,家族成员相互团结才不会被外人欺负。

1.家人之间相互扶持

张家势力强大,人口众多,没有外人欺负张家。欺负家庭中的一个人就是欺负整个家庭,俗话说"打狗也要看主人",整个家庭或者家族会联合起来讨回公道。分家时张家是按儿子人数均分,没有特殊照顾谁;分家后兄弟之间的经济状况不相同,大家会互相帮助,不忍心看某一兄弟的遭遇很差而不帮忙,虽然分家了,但大家还是一家人。张学诗死的早,家里只有长子张仕信结婚,幼子张仕全较小,幼子结婚的事情由张学明、张学仁两位叔叔挺身而出,全力协助张仕信办好张仕全的婚礼。

2.家兴则人旺

发家致富是每个人的梦想,全家人都为发家致富而努力,发家致富要以正当的手段,否则被人瞧不起。光宗耀祖的信念在张家人心里根深蒂固,从小家人会给家中后代灌输这种思想,希望孩子出人头地。张家人在这种家族思想的熏陶之下努力学习,干一行精一行,做出了优异成绩。张家认为光耀门楣就是家庭成员都渴望去做伟大的事情并且以正当的手段去实现。张德修认为自己做了一件光耀门楣的事,就是考上大学成为历阳当地唯一的大学生。平时家长会向小孩灌输好好学习的思想,一般是以榜样的形式引导孩子,比如某某考上大学了,脱离农村了,现在当官了,钱挣的特别多。一般小孩学习成绩好上了大学或者经商成功发财就被认为是做了光耀门楣的事情。张家有自己的目标,希望家庭和睦枝繁叶茂,每次烧香拜佛时都会祈求家人富贵荣华、事业成功,家里一旦有人发达了,全家人都跟着享福。

(三)家户至上意识

1.舍己为家

张家人从小受到家庭的照顾,没有家就没有凝聚力,个人会分散出去。在张家人心中任何个人的事情都比不上家庭的事情,考虑事情要以家庭利益为先,其次再考虑个人的事情。家庭利益和个人利益二者没有矛盾,是相辅相成的,个人追求自己的利益也会有利于家庭,同等条件下先家庭后个人。如果个人利益已经远超家庭利益了,那就个人利益优先,具体的取舍视情况而定。张德修大学毕业有机会回家乡任职,但是他没有回家,选择留在东北继续发展。

2.为生存弃读书

张家没有人因为家庭条件困难放弃读书,没有条件要创造条件,读书在张家人意识中很重要。张家所在的张大村很多村民家小孩由于家庭条件不允许放弃了学业,通过劳动为家庭减轻负担,张家没有人在外地工作,没有为了家庭放弃工作的情况。张大村也没有人在外地工作,村里人以务农为主要工作,从事副业都很少。

3.婚姻家长做主

儿女的婚姻问题要听当家人张本利的安排,张学诗、张学明、张学仁的婚姻由张本利做主完成;张仕玉、张仕道、张德修、张仕义、张仕礼、张仕全、张仕信的婚礼是各自父母做主。如果当家人对媳妇有意见,媳妇也确实存在恶习,儿子会认真考虑父母的建议选择离婚,如果妻子品德没有问题不会离婚,二者之间以孝为先,优先考虑父母的意见。

（四）积善行德造福子孙

张家老人相信"善有善报,恶有恶报",遇到能帮忙的事情都帮一下,张家势力强大不像某些以土地收租为生的大户人家用土地和高利贷压迫穷苦人。家族内的公共事务张家会参加,张家是家族中的顶梁柱,村内的公共事务也会参加,经常作为村庄代表和政府打交道。张家老人受到村民的尊敬,他们乐善好施不爱管闲事,村民生活中有困难张家人会及时排忧解难。张家人看不起品德低下的人,家里会用各种事例告诉家人做好事与做坏事的下场,希望有邪恶思想的人改过自新。张家所有人认为张德修考上了大学是家里人多年来行善积德的结果。张家人会将这一品德继续发扬下去,期望有更多的后辈学有所成,事业成功。

三、家户习俗

1949年以前张家节日主要为端午、中秋、春节,全家人在一起过。红白喜事有诸多习俗比较复杂,张家人对此非常讲究,要在当家人张本利的带领下完成,其他家庭成员要以学习的姿态服从当家人张本利的安排。

（一）节庆习俗概况

1.春节

真正的春节一般是从三十晚开始,在春节之前有很多准备工作。张家在腊月二十四这一天进行大扫除,腊月二十四到腊月三十之间选择置办年货,年货中有全家新年的衣服布料、炮竹、香火、门对、红蜡烛、纸钱等,之后几天张家请裁缝来家中做新衣服、新鞋子。在小寒大寒之间,张大村的人家准备杀年猪,杀猪后会请村里关系好的人家"喝猪汤",村里人聚到一起娱乐。腊月二十三这一天张家祭祀灶老爷,"腊月二十三,灶王老爷上西天"。灶君老爷是原始社会管理火种的人,张家人相信灶老爷可以使张家做出可口的饭菜,用较少的粮食做出更多的米饭。春节贴对联的时候在灶王龛上贴的对联内容是:"上天言好事,下界保平安",横批是"一家之主"。祭灶时要预备清水、草粮,这是给灶王的马吃的,祭灶时张家的妇女不准参加,张家人认为这会影响祭祀效果。腊月三十上午新春开始,张家第一件事便是贴门神和对联,这时张德修、张仕礼、张仕信都去协助家里的大人。张家内当家张谢氏和儿媳妇在家准备团圆饭,当家人带着小辈上坟祭祖。在团年前要先祭祖,快吃中午饭时带着草纸、香蜡、"刀头"①之类的物品,由当家人领着家里的儿孙到祖坟上敬祖宗,在神龛前摆上"刀头",敬酒、作揖磕头。从正月初一到十六为拜年时间,大伯家初一、舅舅家初二、姑爷家初三、丈人家初四。拜年时兴送糖、糕、荔枝、桂圆、酒等,长辈需要给晚辈准备压岁钱,一家人其乐融融。从正月初六一直到小年,除了拜年就是节日活动,大人小孩到附近风景名胜地和庙宇玩耍。乡下有龙灯、狮子游乡串户闹新春,在县城里有龙灯、舞狮子、唱戏等活动,张大村和县城都热闹非凡。

2.清明节

清明节要举行祭祖当宗仪式,清明当宗是张氏家族最重要的大型聚会活动,张家曾多次承办过清明会。清明会之前,张家迁移到张大村一支的张氏成员齐聚到张本利家中,商议清

---

① 刀头:祭祀用的猪头或鸡头。

明会的相关事宜,主要是清明家族聚会筹钱和安排具体举办事宜。当宗需要举行迎神、参神、礼乐等活动,成年的男性负责组织与参与活动,成年女性负责打扫做饭,未出嫁的女儿无论大小不能参加,女儿会成为外姓的人。这一天家家户户要用清明纸做成"长串钱"挂在祖先的坟墓上,将先祖坟墓打扫干净,表示对祖先的怀念。

3.端午节

五月初五端午节是历阳最热闹的一天,这一天最盛大的活动是赛龙舟,赛龙舟在下午举行,村民可以吃完午饭过去观看,张家人也不例外,拖家带口过去玩。历阳十几个村庄都会派出自己的龙舟队,在石拔河一较高低,赢了的队伍可以获得金钱奖励或分到肉粮,大家会全力以赴,沿河两岸站满了观看龙舟比赛的人。中午吃饭时张家人不仅要吃粽子,而且追求"五红",分别是"烤鸭、苋菜、红油鸭蛋、龙虾、雄黄酒",当地有条件的人家很在意"五红",穷人家会想方设法做出简单的"五红"。除了饮食外,张大村人把插艾叶和菖蒲作为节日重要内容,家家户户洒扫庭除,以菖蒲、艾条插于门眉,悬于堂中,菖蒲、艾条有的人家自己去采,有的人家直接在集市上购买。

4.中秋节

张家人认为中秋节是团圆的日子,不管相隔多远要回家团圆。中秋节这一天张家张学诗、张学仁早早就关闭店铺,回到张大村与家人一同过节。赏月和吃月饼是中秋节的必备习俗,也是张家人必须要完成的中秋节活动。当地有句俗话,说的是"八月十五月正圆,中秋月饼香又甜",所以张家人在中秋那天会吃月饼,月饼是母亲张谢氏与媳妇们一同为辛苦的张家男子做的,希望家人一直团团圆圆,家庭幸福美满。饭后大家在院子里欣赏月光,男人聊着家常喝着桂花酒,张谢氏给小孩讲天上月宫的优美故事。

(二)婚丧习俗概况

1.婚嫁习俗

张家所在的张大村结婚习俗很多,穷苦人家的婚礼办的越来越简单,只有富人能真正讲究很多,现在详述于下。张大村富人家的子女婚前要合八字,合四个字以及六个字行,合八个字或两个字不行。定下结婚的黄道吉日后,男方要找一个好日子去女方家送"四四随礼"——一条猪腿、两条鲤鱼、双数的烟酒。由男方的舅舅、伯伯等长辈带着,媒人也一并上门。结婚前一天,新郎的弟弟要在新房婚床上睡一晚,名曰"压床",寓意着吉祥如意。新婚新房除了贴囍字,还要在婚床上撒上桂圆、红枣、莲子、花生,寓意着新人"早生贵子",不能随意撒,要撒在床缝里、被子里、枕头里,新人找的时间越长越吉利。结婚前夕男女双方家庭会做很多准备,酒席是必不可少的。1949年以前张家举办酒席特别隆重,以十三样菜的规格举办,当地婚礼一般持续两天。在张仕信的婚礼上,新郎亲自到王家迎娶张王氏。婚礼当天一大早张仕信在亲朋好友的陪同下来女方家娶亲,一行三四十人,绕着两个村庄走。新娘张王氏在化完妆以后,怀里要放一方小镜子,以避"凶光"等待迎娶,并将准备的糕饼吃下。张仕信迎娶的队伍到来后,张王氏的闺房门被她妹妹和好友们紧闭,故意捉弄张仕信与迎亲者,张仕信怕误了时辰,只有付"开门钱"了事。进门后张王氏的家长设筵盛情款待,除酒菜外还有薄饼一样主食,当新女婿的一定要"偷"十几张饼、几双筷子和一些酒器,当地人称为"得富贵"。丈母娘捧茶给张仕信接收喜钱,小舅子交换新郎新娘花并接收喜钱。新郎见到新娘后困难又来了,新娘的鞋被家人早早藏了起来,新郎需要找到鞋子,才能进行下一步,整个过程下来张仕信早已满头大汗，焦头烂额。随后逗新郎环节，节目各不相同，弄得张仕信头皮发麻。经过重重考验张仕信以为终于可以迎娶新娘了，但是新娘不允许落地，得新郎一路背回家。在新郎通过重重考验的同时，丈母娘还有一项工作——熏车。具体是丈母娘手拿香，围着喜车左转三圈，右转三圈，之后打开车门将车内也熏一遍。熏车结束丈母娘接收喜钱，张王氏上车，车队得以启程。迎娶队伍要带红布或红手帕，路遇别人家的嫁娶队伍时，双方要互丢红手帕，称为新娘的女红消灾。新娘弟弟王少昊一路上也要陪同，与陪嫁物品一起，俗称"拎皮箱"，到婆家后将皮箱打开，俗称"开皮箱"，收取拎箱红包和开箱红包。到达男方家，张仕信将张王氏背至床上，张王氏坐上提前准备好的红被子，喝过红糖水、吃过糕面后方可下地。随后宴席开始，宴请男方宾客，新人敬酒。晚上未入洞房前张谢氏要请一位父母双全、丈夫健在的妇女到新房中为新郎新娘安放被褥，并将一把五色粮撒到褥下，床头下放几颗红枣，这表示对新人早生贵子的祝愿。晚上亲朋好友闹洞房，张大村闹洞房时人很多，在当地人越多越显出自己的体面和光荣。当地有句俗话"新妇三天无大小"，意思是羞怯的黄花闺女变成大方的泼媳妇。张家在婚礼后的三天新媳妇不用下厨，第二天要去敬茶。先在公公婆婆门口问候："媳妇给公公婆婆请安"，得到同意后方可进去，进去后要跪下敬茶。公公婆婆拿出事先准备好的红包给媳妇让其起来。之后向哥哥嫂嫂请安也有红包，见到小姑子张王氏要打招呼。婚后第三天归宁，张仕信带着礼品去张王氏家里探访，张王氏家当家人也需准备宴客，称为"出门酒"。归宁结束后媒人的工作告一段落，张家人送礼给媒人表示谢意。

2. 丧葬习俗

葬礼的习俗大致包括以下事项：请人、报丧、戴孝、出殡等，坟地的选择也有要求，周年后还有一些纪念仪式。未分家之前张学诗1950年去世，白发人送黑发人，张家人非常悲痛。人的生老病死是自然规律，对于张学诗的去世家人只能接受。张家人对去世是很讲究的，张学诗将要过世时，其子女张仕全、张仕信、张仕芳都回到身边，侄子张仕礼、张仕玉、张德修也悉数到场，张本利与张谢氏不敢面对这个事实，张家最值得依靠的长子离开了。在张家人看来，老人临终前将所有的亲人带到他身边，可以了却将死之人的心愿，让其无牵挂地放心离开。当地人认为老人去世时身边没有人送终不吉利，其子女是不孝子女，老人给了后代生命、养育后代大半辈子，最后离开时却不能好好的走。张家人认为寿终正寝是指老人过世时子女在场，无子女在场是不吉利的象征，也是子女心中一辈子的遗憾。张学诗去世时，村里会有人去确认其已经死亡还是睡着了，先用手放到其鼻孔处感受气息，其次是翻开眼皮看瞳孔是否发散，确认死亡后告知张家人这一消息。听到消息后张家的女性都放声哭泣，张谢氏与张陈氏更是如此。一个是自己的长子，一个是相濡以沫30年的丈夫，突然生病而死大家都无法接受，张家人都跟着哭泣起来。哭泣声引来了村里其他人，大家都过来安慰张家人，有人拿炮竹去外面燃放，爆炸声告诉更多人张学诗去世的事实。张学诗的寿衣也已经准备好，村里有专门帮死人换寿衣的人，张学诗刚去世身体没有僵硬，赶紧为其换上寿衣，时间拖久了不好处理。张学诗去世时张家没有分家，丧葬费用由大家庭来承担，分家后张家的葬礼花销由各自小家儿子平摊，1956年张本利与张谢氏先后去世，张学明、张学仁以及长孙张仕信共同负责丧葬费用。买纸钱、纸人由张本利长女张学英及次女张学翠负责，买多少各凭心意，没有平均分摊一说。张家是大户人家，葬礼要举行酒席请亲戚朋友，村里其他人家简单，直接找几个亲戚将去世老人埋了就结束，仪式也简单。

戴孝是披麻戴孝,所有的儿子在葬礼期间都要身披麻布头戴孝巾,张家的女儿、媳妇要戴白帽,衣服上要系孝带,拖到地上。孙子与重孙在白色孝衣右手处带上一块小红布,玄孙辈需要戴灰黑色的帽巾,不用披孝衫。不是亲属的人需要在腰上绑一条白孝带。女儿儿子在葬礼那几天不能洗脸洗头,吃饭要站着吃。晚上孝子们不能回自己房间睡觉,要跪在灵堂前烧纸钱,深夜以后就拿些稻草铺在灵堂后面休息。出殡不在初一、十五出,碰上这两天出殡日子要往后推迟一天。出殡时喇叭唢呐吹起、炮竹声响起,张家人明白要送走老人了,有专人打开棺材前端,让张家人围着棺材走一圈最后看老人一眼,一圈过后关棺材起棺,埋进张家祖坟。丧后三天要圆坟,长子带着家人去坟地祭祀,在坟地上插三根木棍,代表为死者在阴间盖房子,之后要烧纸钱,纸钱在去世的七天、三十五天、四十九天都要烧。坟地的选择上张家有自己的祖坟,坟地的右上角葬着先祖,其他人是按辈分进行安葬。父亲去世的坟地后接着儿子坟地,给其顶脚尽孝依次排列。如果夫妻死亡的时间相差不远不用修建两个坟墓,张本利与张谢氏死后就葬在了一起。坟地的选择有风水要求,埋葬坟地上的树木有鸟做窝代表兴旺,有人见到蛇与蛤蟆在坟地上打架称为二龙戏珠,后代必定成龙成凤。在一百天、一周年、三周年时要纪念老人,买各种各样的贡品给老人上坟,之外清明、重阳、除夕都要去坟地祭祀。

(三)逢年过节以家为单元

张家过年过节以家庭为单元,如果没有成家,有兄弟会叫过去和其一起过。在张家人心目中过年属于一家人在一起的团聚时间。村里一般人家不会和外人一起过节,和外人一起过节让人感到拘谨。过年过节都在自家过,女儿出嫁后不在娘家过年过节,过年过节是一家一户的事情,女儿已经不属于原来家庭,不能回家过。过年的时候大家要聚在一起团聚,有条件的都会回家,没有条件的会创造条件尽可能回家。有的人没有家可以在亲戚家过或在关系好的邻居家过,大家主要是出于怜悯的心理。1949年前过年的那几天,亲戚之间不会轮流吃饭,多数人家穷吃不起。张家在过年过节时有简单的祭祖活动,需要到先祖坟前或者灵位前祭拜,家庭每个成员必须参与,烧些纸钱,说些致辞感恩先祖后自家人围在一起吃一顿饭。清明节族内当宗仪式由宗族负责人组织安排,参与的家族成员交上组织费认祖归宗,加强宗族之间的联络,张家由家长张本利负责。

四、家户信仰

张家在分家前男性没有宗教信仰,女性有信仰,家里会供着观音菩萨,与自家的先祖牌位放到一起,祖先牌位是张家最重要的祭祀对象。每逢过年过节,家人会给先祖上香、酒以及其他一些贡品,希望先祖能够保佑后人身体平安、事业有成,家里女性成员有时去庙上村大庙中祭拜大佛,祈求佛祖保佑。

(一)宗教信仰概况

1949年以前张家男性没有宗教信仰,女性多信仰佛教。信仰是个人的事情,当家人不会干涉,还会给其基本的信仰费用,信仰祈求家庭兴旺,富裕美满。当家人不同意信仰在家庭不会继续下去,当家人在家中享有最大的权力,可以支配信仰需要的资金。信仰是个人自愿,家族、邻居、村庄都不会管,只要不影响到其他人。张大村一般信仰佛教,孩子小时候耳濡目染也跟着信仰。信仰减少了家庭之间的矛盾,是否带来健康说不定,张学诗气急攻心很快去世就是证明,一般信仰宗教的人要遵守当地的传统,二者以传统为先。当家人张本利没有信仰,张家的男子也都没有信仰;张谢氏信仰佛教,带的一群儿媳妇跟着信仰佛教。张本利认为信教是要学好人做好事,积善成德神明自佑,张家家长不信教但理解家里其他女性信仰,只要不是邪教弄得家里鸡飞狗跳,张本利比较支持信仰,会给张谢氏一些钱让其维持家里女性的信仰。

(二)家神信仰及祭祀

1949年以前,张家供奉送子观音摆放在堂屋的神龛上,主要祈求家庭多子多福、富贵平安,家里人都可以祭拜。每月初一、十五时张谢氏会带着家中的儿媳妇烧纸、上香、点灯,过年时要求每一个成员祭拜。张本利无信仰,认为祭祀家神信则有,不信则无,没有实质作用,均为心理上的作用。张家拜神有固定的时间,拜神时女性拜,男性不拜,过年的时候男性也会拜神,仪式要隆重一些。平时一家一户会拜路边的土地庙,也会祭拜家神。家神祭拜时一定要家长张本利来主持,重要的仪式上只有男子有资格。家中小孩耳濡目染时间长了都学会了,小孩子记事起就可以看到家里人祭拜。

(三)祖先信仰及祭祀

1.以祭拜祖先为荣

张家祭拜祖先,祖先在后辈心中的地位崇高,没有先祖就没有张家人。祖先给张家留下的遗产有宝贵的房屋、田地与家规家训,不祭拜就是不孝。张家有堂屋,堂屋后面有小隔间,专门摆放祖先的牌位,但是不摆遗像,没有制作遗像的条件。牌位的摆放有一定顺序,张家是分层摆放的,张本利这一代从高到低摆放了四层,只摆放男性先祖的牌位。每逢清明、重阳、过年时张家人会对神龛祭拜,行跪拜礼感恩祖先。张家在张大村没有修建祠堂,张家摆放祖先灵位的地方是张家人的祠堂。灵位神圣不可侵犯,谁也不能在祖先灵位前撒野,随意玩耍是失了礼教。如果有家庭成员不尊重或者破坏祠堂,视情节轻则挨打,重则家法处置。如果外人不尊重或者破坏祠堂,轻则训斥,重则找对方族长要求赔礼道歉,处罚当事人。张家的祖坟在张大村以南500米处,占地一亩左右,祖坟的埋葬有一定顺序,右上位置为先祖埋葬地点,其他后人按照辈分埋葬。祖坟要定期修缮,每次修缮的钱由家长负责筹集,族人出资共同修缮。张家只有一个版本的家谱,张本利那一代人在1925年修的家谱由家族成员轮流保管,放在接宗人①手里。对张家人来说宗谱是不可侵犯的,不可忘先祖,没有先祖就没有现在的张家,如果家庭成员亵渎宗谱,情节严重者要受族规处置。本族男子会写入宗谱之中,女子不写入,女子最终要嫁给外族人,不属于本族人氏。每隔二十年重新续一次家谱,张家家谱给离世的人上的,不离世不续,由族内长辈在接宗时共同上。张家重视孝道,孝的观念根深蒂固,任何不孝的行为会被同族人以及村里人瞧不起。对于不孝子孙,严重的会被逐出家门,从族谱上剔除。对在世老人的孝敬和对先祖的孝敬联系在一起,现在的老人以后就是先祖,张家子孙必须孝敬先祖。

2.家长主导祭拜先祖

张家对先祖非常重视,认为能来到世上都是先祖的功劳。每年的新年、清明、冬至都会祭拜先祖,祭拜时需要磕头、上香、烧纸、放炮。祈求的话语比较多,需要什么就祈求什么,小孩生病了会祈求小孩身体早点好起来,天气干旱了就祈求老天爷早日下雨。一般祈求老人身体

---

① 接宗人:当地一般宗族每年都会举办当宗仪式,祭拜先祖,接宗人为当年负责人。

健康、中年人事业有成、小孩积极上进。家长张本利在祭祀祖先的活动中占支配地位，在祭拜中优先致辞、磕头、上香。1949年以前张家未出嫁的女儿可以去祖坟祭拜家中的祖先，都是先祖的后代，家中的媳妇不允许去祖坟祭拜祖先，这是张家男人的事情，女子不能插手。小孩作为家族的未来在祭祀先祖时必须参加，祭祀时小孩不可瞎说胡话，要听当家人的指挥磕头作揖。1949年以前张大村在祭坟时有烧纸钱也有烧香的，富裕的人家会供奉水果熟食。

（四）庙宇信仰及祭祀

1949年以前当地没有家庙，有供奉如来佛祖的大庙在庙上村，当地人有时间会去庙上祭拜。村里人认为神佛信仰可以保佑家庭成员身体健康，家庭事业不顺时会向神佛祈祷。张家时常上大庙祭拜，当家人张本利很少去，基本上都是内当家张谢氏去，有时会带孙女张仕冬、张仕芳和儿媳妇张卜氏、张王氏、张陈氏。上大庙祭拜不需要得到别人的允许，信奉神明祈求家庭幸福，家里人比较支持。张家在拜神时不会与其他人一起去，除非恰好遇到村里正要去的人才会一起，不会刻意约人，信仰是自己家庭的事情。如果和别人一起去了，在路上吃饭喝水的钱可以请，但是祭拜的物品不可以共用。祭拜是以家户为单位的，每家每户想要过得更加称心如意，必须自己真心付出，用他人物品祭祀心不诚，当地人认为心不诚则不灵。张家去寺庙祭拜时一般带香、蜡烛、纸、水果和饭菜。东西的选择是当地的传统传下来的，不会有太多的变化。香、蜡烛、纸、水果是在街上购买的，饭菜是自家做的。

五、家户娱乐

（一）结交朋友自由

张家每个人都有自己的朋友，交朋友时家长不会过多干涉。张家的女性12岁左右便不能和男孩子随意接触，随便在外面结交男女朋友被认为不正经、不是好女孩，严重的以后嫁人都成问题。交朋友的标准是脾气性格合得来、相互付出、品行端正、有担当才可以。张家在村内朋友众多，四邻和保甲长是张家的好朋友。在村外也有朋友，张学诗、张学仁在东门口开了几家店铺，历阳的多数人家会和张家打交道，朋友自然就多。1949年以前张家的女性在平时交往中不能单独与男性说太多话，否则回家要被丈夫严厉批评。张家痛恶大财主，看不起土地财主的所作所为，不愿意和土地财主做朋友。张家交朋友注重性格相似，有共同语言，家庭内部每一个成员都可以交朋友。交朋友是自己的事情，不需要经过当家人的同意，只要家庭成员交的朋友品德没有问题都会允许，否则家长会强行劝说不让继续交往。妻子交女性朋友不需要经过丈夫的同意，男性朋友丈夫一般不会同意。张家交往的农村朋友居多，有共同的职业和语言。张学诗、张学仁会交往一些生意上的伙伴，交朋友不需要什么仪式，朋友之间称呼一般根据年龄大小来。有时交往朋友是为了利益上的需要，张学诗、张学仁交往商会的朋友便是如此，他们需要在生意上获得更多的便利，商会上的朋友去张家的店铺中买东西基本是半买半送，朋友双方互惠互利。朋友之间对双方父母的称呼一般为叔叔伯伯、阿姨大妈等。朋友家有红白喜事了，朋友一般不请自来，给朋友帮忙或者捧场。如果家里遇到经济困难，有的朋友会尽自己所能给一些帮助，而有的朋友会不理不睬。张家定居历阳后没有逃过荒，要逃荒会优先考虑朋友家。如果家庭成员的朋友需要留宿，家庭成员先告知家长张本利，得到允许方可留宿，家长自己的朋友不需要，朋友需要长住更要得到家长的同意。张家交朋友有自己的准则，一定要人品端正、为人正派、没有抽鸦片烟赌博等陋习，这些准则是张家人根据日常交往中的经验总结出来的。

（二）打牌为娱乐

张大村打牌称呼很多,细分打牌的种类,有"赌宝""打麻将""推牌九""斗牛""配大配""比鸡""摸纸牌"等。当地赌钱种类众多,大家反感赌钱,很多人因赌钱倾家荡产,甚至出卖妻儿,张家人以此为戒。张家人会各种赌钱玩法,但将赌钱看作一种娱乐的方式,赌的很少,家规中有禁止张氏后人沾染赌博陋习的禁令。张家人在农闲或者过年过节和村里的人小赌娱乐,家里的老人可以赌博,当家人可以赌博,小孩只能在过年时赌点小钱,平时赌博要挨皮肉之苦。家里女性不准碰赌,女性要遵守三从四德,钱受到家里人限制,没钱可赌。张学明长子张仕礼爱打牌,家里人非常反感其打牌,劝说无效后动用了张家唯一一次家法。家庭执行家法时不愿意让外人知道,怕外人笑话,家法后张仕礼收敛多了,不敢随意赌钱。打牌是大家聚在一起娱乐,地点不固定,一般都在村庄内部。打牌会在打牌的那家吃饭,当地打牌"打头子"①,主人理应准备饭菜款待客人。打牌时以钱作为赌注,钱的多少决定了打牌是娱乐性质还是赌博性质。张家所在的村庄有的家庭为了赌博卖田卖地,儿子、媳妇赌输了卖了。张家赌博的人会遭到全家人公开反对,甚至直接剥夺当家人的当家权力,提出分家要求者都有。如果张家当家人带头破坏祖训,就不是一个好的当家人,每个家庭成员都能给其压力。当地有赌钱输光了还找别人借的现象,一般会借给他,只要他有一定的偿还能力。有的家庭家法不严格,当家人赌博上瘾后卖掉祖上家产继续赌博,家里成员反对无效,甚至谁反对卖谁,最终落得个妻离子散、家毁人亡的结果。张仕礼的赌博行为被家法处罚是因为赌钱太大输的太多私自借钱,最后人家上门要债才被张学明发现,张学明为杜绝张仕礼日后再犯,使用家法处置张仕礼。

（三）串门聊天多

1949年以前农村娱乐方式少,串门聊天的人很多。张家在农闲时串门多,忙时串门少,家里每一个成员都能出去串门,一般去邻居家比较多,离得近很方便,去亲戚家串门比较少。串门一般选择在白天,晚上没有多少照明工具,用蜡烛煤油灯都是浪费钱,人家很节约不愿意浪费。串门主要聊一些家常以及生活中的琐事,忙时串门可能为了借农具,也可能是讨论田间的事务。串门有时会在邻居家里吃饭,取决于两家的关系,能自己家里解决的问题不会麻烦邻居。有时别人会到张家串门,主要是亲戚和要好的邻居,张家对关系好的邻居会让其留下来吃饭。串门有一些默认规矩,首先寡妇门不能串,"寡妇门前是非多",串寡妇门容易引起别人的非议;其次串门时披头散发、衣衫不整比较晦气;再次是去人家串门时只有一个女性在家不能串门,女性串门时只有一个男性在家也不能串门,容易招惹是非闲话;最后家里有丧事时,办丧事的那家人不能串别人家的门,在别人家门口待的时间久了也不行,晦气容易带给别人家不幸。这些规矩都是约定俗成的,不守规矩的成员会被人说不礼貌、不懂事,最后一条违反可能会引起两家矛盾冲突。张大村有人丧葬时期串门,最后被串门的那家两年死了两个人,一个重病难愈,两家人从好邻居变成了死对头。张家很少全家人都出去串门,串门必须留一个人在家看家,一般是妇女老人。老人年纪大了不愿意串门,妇女晚上串门容易带

---

① 打头子:几个赌钱的人都会拿一些钱作为补贴主人家的招待费用。

脏东西回家不吉利,而男性脏东西①不敢近身。不看家容易被小偷偷东西,为了生存有的人家不得不偷东西维持生存。

(四)逛庙会热闹

1949 年以前张家所在的村庄没有庙会,五里外的历阳县城有庙会,张家也会去逛庙会,一般一家人一起或者与关系好的亲朋好友一起过去。每年的阴历二月二历阳县城会举行庙会,张家全家去庙会玩耍,步行一个半小时可到达庙会,庙会一年二次,每次持续三天。张家人去庙会一般走走逛逛、看到小孩喜欢的或家里需要的东西都会购买,让家人在庙会上玩的尽兴。张家所在的村庄会举行看戏活动,村里的大户人家负责联系戏班子,然后村里人共同出钱。张家张本利、张谢氏最爱看戏,其他人也爱看戏。家里有事需要照看则男性优先去看戏,女性待在家里守着,如果非要去可以和家长商量,换其他人在家里照看。庙会时村里有赶集没有聚会,张家人会在集市上买卖一些产品,一般是一些日常生活用品或蔬菜肉类食品,有时会买猪仔或小鸡小鸭回家饲养,卖的是田里吃不完的农产品,所获得的钱用来在集市上消费。

(五)大户请年客

张家所在的村庄过年期间大户人家会请全村人吃饭,这样的家庭家大业大且乐善好施,张家也举办过。那一天全村人都来到大户人家家里,吃了大户人家的饭菜会更加尊敬这样的大户,其在村庄中的话语权也会得到提高。村里的大户请年客时张家也会去,但是不会所有人都去,由当家人张本利带着家中男性或者小孩过去吃饭,女性不会过去参加。请年客大家会在吃饭时讨论村庄的公务管理事宜,女性过去插嘴会影响大家商量的思路,多数家庭都不让女性过去。

(六)户户扎彩灯

张家所在的张大村对元宵节十分看重,为了能办好元宵节,过年期间村民就会提前扎彩灯。彩灯各种各样,主要以龙灯为主,并伴有花船、花灯和杂灯。在正月十五这一天家家户户将扎好的花灯放上蜡烛挂在家门口,整个村庄被五颜六色的彩灯照的绚丽多彩。大户人家不会闲着,会联合起来请戏班人来表演,有戏曲也有舞狮表演,全村甚至全乡的人都前来观看。张家人都可以去观看,不想去的就在家里看门,如果都想去则轮流看家。通常情况下家长会指定一些人过去看,有些人则不被允许,没有经过当家人允许的家庭成员有时也会偷偷过去看,只要没干坏事家长也不会怪罪。张家有时会和其他人家一起联合承办,等到张家承办时全家人都可以参加,没有拘束。

---

① 脏东西:也就是鬼怪妖邪之类的。

374

第五章　家户治理制度

张本利作为张家辈分最高的男性顺理成章成为当家人,决定家中一切事务。随着年龄的增加,张本利将农业上部分决定权移交给次子张学明,工商业上部分决定权交给长子张学诗与幼子张学仁。发生天灾人祸时张本利有权安排人员、调动物资帮助家人渡过难关。除了家谱中的家规要求外,在生活中张家形成了女子做饭盛饭、长辈坐正位优先动筷等隐性家规。在交税与抓壮丁问题上,张家与保甲长关系良好,张本利的买兵与按时缴纳壮丁税让张家人没有面临当兵、当壮丁的压力。

一、家长当家

张家的大当家只有一个,就是当家人张本利,小家长比较多。大家长张本利,内家长张谢氏,农业上小家长张学明,工商业小家长张学诗、张学仁。他们在老当家人张本利的安排下管理家中不同方面的事务,为家庭尽心尽力。当家人有做的不合理的地方,家里知事的成员可以在私下指出,家长张本利是张家的权威所在,家庭成员赞成张本利的决定,他的决定都是为了张家。

(一)家长的选择

张家没分家之前当家人是张本利,根据辈分长幼自动成为家长,不是根据能力、年龄、学识来确认,张本利确实也有过人的能力。家里张学诗想成为大家庭的家长,他是家里做生意最成功的家庭成员,但只要当家人张本利在一天,当家人不想退下去就不会变更,张学诗不敢随意否定张本利的当家地位。分家后张学明的小家张学明成为家长,张学仁的小家张学仁当家,张学诗家由于张学诗已经去世由长子当家。当地称家长为"家主子",家中具体管事的那个人没有特殊称谓,家里管事的一般为家长,女性权力低一般不会成为管事。当家长年纪大了很多事情不想管理,就会将自己的权力下放到其他成员手中,一般为儿子。张家1949年时当家人依然是张本利,张本利已经60多岁了很多事情都不想管理,也没有精力管理,他将农事交给张学明管理,店铺分给张学诗、张学仁管理,家中小事情视情况大家自己处理,大事一定要和张本利商量决定。张家的大事有很多,农村土地房屋的买卖、租佃事宜,城里工商业的经营大事是店铺的增加与减少、经营项目的变更等,大事的变更必须与老当家人张本利商量,只有征求老当家人的意见才能进行下一步的处理,否则事情做对了张本利也会不开心。张家的张学明、张学诗、张学仁在遇到大事情时会自觉地向父亲报告,张本利听后一般多是同意儿子们的决定。当地家长没有什么特殊的称号,按照辈分来叫,比如张叔、张伯、当家人等。称呼他人家庭时比较特殊,一般以一家小孩的名字命名这个家庭,如小刚家,这样命名的好处是避免直呼家长其名,避免对别人不尊敬。女性一般不能当家长,只有丈夫早逝而儿女尚小的情况下会让女性当家长。张学诗的小家在张学诗去世后，张陈氏选择让长子张仕信当家，自己不当家，自己当家太麻烦，而且张仕信的年龄也比较大，让他来替父亲当家最合适。张大村的人都彼此熟悉，谁家发生点事大家都知道，家长的更替不需要对外太声张，大家都能看出来。家里人对家长十分信任，会一直尊敬家长，家长的能力、地位、辈分在那里，家庭成员从小接受家长的教导，选择其当家长大家满意。若是按资排辈选其他人当家长，就算这个人有能力其他人也会不服气，家里就不和睦。

（二）家长的权力

当家人拥有权力一方面是祖先给予的，另一方面是当家人自身的能力决定的。张家张学诗、张学明 1937 年就想分家，由于当家人张本利对家庭的管理非常好，对张家做出了巨大贡献，1950 年张学诗去世依然没有分家，当家人张本利是全家的代表，拥有张家最大的权力。

1.权力源于祖先

张家家长的权力是祖先赋予的，是祖先留给一个家庭成员应有的特权，不是由家庭其他成员所赋予的。一般家庭的大事家长管理，做饭洗衣服等归家里女性管理，家长很少参与。家长使用权力不是独断专行，遇到大事时会与其他家庭成员商量，对于下一代的教育、婚姻问题也会和亲朋好友商量，以便做出最适合的决定。张家张本利是家里的家长，实际上权力已经分散给几个儿子，家庭一般事务能处理的都让儿子处理，自己要求儿子一般的大事自己决断后要向他汇报，特别重大的事情一定要和张本利商量做决定。

2.家长管理财产

张家收入来源广泛，张学明的务农收入，张学诗的杂货店、米行、木行收入以及张学仁的酱油店、豆腐店的收入很多，家里的财产以当家人张本利的名义共有，张本利对财产有极大的管理权，内当家张谢氏对财产管理也有一定的权利。张学明、张学诗、张学仁的财产一半左右会交到张本利的手上，余下的留给小家庭自我开销。张家对家庭成员的钱财管理宽松，农闲时家庭成员出去帮忙干活赚钱不需要交给当家人，可以作为私房钱使用，不会受到当家人的批评。藏私房钱只要来源正当，家长也不会责怪。张本利儿子们的小家庭拥有一定经济独立的权力，但是家庭重要物品掌握在张本利夫妻手中。地契、分家单、现金等贵重物品存放到柜子中上锁，钥匙只有一把，张本利一人保管，内当家张谢氏也不知道钥匙所在；衣物等不重要的物品由张谢氏来掌管，放在家里的大橱中。一般当家人一定管钱，当家人有时会将钱财管理情况告诉张谢氏一起管理，多数时是一起管理，夫妻关系形同一人，在张家不存在完全分开管理的说法。

聘礼、彩礼当家人张本利和内当家张谢氏会给出他们的建议，不会直接决定孙辈的婚姻事宜，张家本着"一代人管着一代人"的理念，不隔代插手小家庭的私事。张仕礼、张仕信结婚的聘礼、彩礼由张学明、张学诗两家的夫妻共同决定，当家人张本利没有参与。嫁妆属于女性私人物品，分家时由自己的孩子继承，如何继承由媳妇自己决定。张家对家庭成员的口粮没有限制，做饭买菜的事情由张谢氏和儿媳妇共同完成，不限制家里成员吃多少。如果家庭成员想吃点别的，直接和张谢氏提一下都能获得同意。家里除了平时口粮放在厨房中外，其余的粮食放在家里的粮仓和地窖中用钥匙锁上，只有张本利与张学明有钥匙，其他家庭成员不能随便接近，更不能私自卖粮食。张家的粮食存起来预防灾荒，第一次发现私自卖粮警告处理，再犯就家法处理。张家 1949 年前租佃过土地给别人，土地是张学明负责的，由张本利来署名,张学明负责具体的细节。分家后,1956年三大改造完成时,张家家道渐衰,张学诗、张学仁家城里房子都卖出去了,署名分别为张仕信、张学仁。张家按需要缝制衣服,每年年前一定会缝制衣物,平时家庭成员需要缝制衣服要提前与内当家张谢氏或者其他每家的儿媳妇说,张谢氏觉得合理就上街买布料,请裁缝来家中加紧缝衣服。张家男子每年衣服多做一些,男子在外代表全家,不能穿的寒酸。学生上学衣服也会多一些,吃饱穿暖才能学得好,女子衣服相对少一些,因为女子出门比较少。

3.新老当家分配劳动

过去张家劳动分配由当家人张本利说了算,农忙时张本利在田埂上指挥,教张学明做事,耕田耙地、栽秧收割,张谢氏带着媳妇们做一些旱地里的农活。张本利年纪大了,张学明熟悉田间的劳作,农业上劳动指挥分配的权力就交给张学明,张本利夫妇有时会给张学明打下手①。一般来说家里十多岁的小孩闲在家里就会被要求做一些力所能及的农活。农闲时张学明会去张学诗、张学仁的杂货店帮忙,家里的媳妇会去小菜园种菜供家里人吃,多余的菜去集市上卖钱。张本利和张谢氏年纪大,家里的重活不用做,在家带孙子做一些简单的家务活。张学诗、张学仁的小家庭都忙着经营自己的生意,田里的劳动都不用参加,只在自家店里工作。

4.父母管理婚丧事宜

张家在娶媳妇、嫁女儿问题上大家庭家长不安排,当事人父母安排,很少出现父母同意孩子不同意的现象。如果家长当家,家长同意婚礼而当事人父母不同意,婚礼不能作数。张家子女的婚姻大事由父母决定,其他人不具有决定权。在没分家时张本利当家,孙辈张仕信、张仕礼的婚礼请柬上写的是张学诗和张学明名字,张本利名字是附上去的。一般家庭成员想离婚需要征求当家人意见,如果当家人同意了,媳妇的行为确实出格,男方家庭不会通知女方家庭,直接离婚不需要征得女方娘家人同意。没有理由的离婚要征求女方家庭的同意,由家长出面和女方娘家交涉。张家祭祀活动由当家人张本利代表进行,家族清明当宗也由当家人出面参与。家里出现了丧事,老人家临终前将其想做没有做的事情立成了遗嘱,后辈人会按照老人心愿办事,不做会被认为是不孝子孙,被人看不起。

5.家长是对外交往代表

张家对外关系中家长张本利可以代表整个家庭,可以用家庭的名义与外人打交道。除了张本利外张学诗、张学明、张学仁也能代表张家做一些次要决定。张家所在的村庄开会由张本利代表张家开会,投票也是张本利来投,张本利不仅是户代表,也是交税纳粮的主要负责人。张家没有人外出打工,张学诗、张学仁开店开厂都经过张本利的同意才做,店铺最初创立时张本利都参与的。张学诗、张学仁早期赚的钱全部上交给家长,后期会留小部分钱用于店铺的运转和小家庭的花费。在外面需要花钱家庭成员自己决定就可以,不需要经过张本利的同意。妻子想要和丈夫一起外出工作家长也会同意,夫妻能在一起最好在一起。如果妻子不告而别找丈夫去了,家长会很生气,根本没有将老人放在心里,是一种不孝的行为。家长会告诉儿子让其好好管教妻子,婆婆也会批评儿媳妇不懂礼数。

6.当家人权力难剥夺

如果家长能力不强,家庭不会重新选一个家长,换家长是因为当家人行为破坏了整个家

---

① 打下手:就是干一些杂活。

庭,如家长吸食鸦片成性败光家产,家庭成员才会重新选择家长,剥夺原家长的权力。张家家长没有做过违背法理的事情,如抛弃孩子、变卖土地等,张家的繁荣昌盛从张本利那一代开始,张本利对张家的贡献很大,分家之前一直没有更换过家长。如果家长做错了事,小错家庭成员不会怪罪家长但会提醒家长;如果家长做的错事不可饶恕,家庭成员不再听其命令,会断其经济来源,剥夺其在家中的当家权。张家家长对家庭成员一视同仁,没有非常偏袒谁的迹象,张本利喜欢男孩,给孙子的零花钱多一些。老当家人对儿子一视同仁,张家矛盾很少比其他人家和谐。当家人张本利没有私自跟外界借债,没有与外人发生过债务纠纷。张家人十分认同"父债子还""夫债妻还""欠债还钱"这些观点,认为这是天经地义的事,哪怕借钱不合理,只要是当家人借的就与整个家庭脱不了关系,家庭要担负起还款的责任。

7.代理家长少

如果一个家庭后辈全是女儿,不会请别人来做代理家长,过继一个儿子或者留女儿在家招上门女婿。这样的家庭家长去世以后上门女婿或过继儿子便自动成为新的家长。没有上门女婿也没有过继儿子的家庭,女儿女婿会主动来管理,葬礼的操办请当地有能力有信誉的人来主持。张大村很少出现名义上是家长的情况,张本利一直都是张家的当家人,在1950年张本利70岁,长子张学诗去世了,很多事情不想管,转而交给张学明、张学仁管理,这时他就成了名义上的家长,实际家长为张学明、张学仁担任。当家人外出时会提前安排好家里的事情,让其他家庭成员当家,一般为当家人的妻子。张学诗的杂货铺有时需要到外地进货,张学仁的豆腐店与酱油店需要经常去乡下收老黄豆,有时一出门就好几天,他们的妻子或成年儿子负责家庭的店铺经营,做一些小的决定,店铺如来人赊账太多的事情要等到张学仁和张学诗回来才可以决定。张大村其他人家的家长很少外出,即使外出一两天也会回家,不需要其他人临时当家。

(三)家长的责任

1.好家长的责任

作为一个家长,必须管理家中所有的大事情,小事情要合理分配给家庭成员,让每个家庭成员参与家庭的管理。干活分配、吃饭粮食、衣服多少等都是家长要管理的。如果自家人基本吃穿都难以负责,家长没脸当家,需要向外借钱或借粮时当家人应主动负责。家长除了要保证家庭成员吃饱穿暖、维护家庭和谐外,还要尽其所能使家庭富裕、成员团结友爱、供养孩子读书识字等。张家人认为让一个家庭过上幸福的日子是家长应该做的事情。在张家好家长不是说出来的,家庭成员对其认可才算好家长。家长作为表率首先要孝敬长辈疼爱孩子,这样父母和小孩才会认可家长;其次好家长要将家庭成员的衣食住行负责好,让大家过上衣食无忧的日子;再次是公平公正地处理家庭内部的各种事务,不以权谋私;最后在对外交往上要有的放矢,提升家庭在当地的声望。做到这几点的家长人人都会认可,就是好家长。

2.家长卸任与家长原则

张家张本利在年纪大了、长子去世、没有精力去管理家庭时选择不当家长,将当家的权力交给儿子同时选择分家。张大村其他家庭的家长不正常卸任的原因一般是家长有不良习性导致了家庭的衰落,如吸食大烟或沉迷赌博,失去了家庭成员的信任,不能胜任家长。一个家庭只能有一个家长,多个家长会导致家庭管理混乱,在内当家和外当家中,最终还是要听外当家的。如果一个家有多个家长,只有分家才能解决问题。张家小家长比较多,但是张本利的权威一直比较高,他不失时机地将手中的权力分散给张学明、张学诗、张学仁,儿子有了足够的自由,分家欲望就不强了。

(四)家长的更替

张家当家人的更替在分家时过程简单,在舅舅和姑爷的见证下写下分家契约。张本利的三个儿子各成一家,成为新家的家长,兄弟之间没有过多纠纷。

1.分家时家长更替

张家当家人是分家时更替的,分家前当家人是张本利,分家后的当家人分别为张学明、张学仁、张仕信。张大村其他家庭的家长更替主要原因是大家庭中的小家庭逐渐成长起来,小家庭之间的矛盾激化不可调解,必须分家才能解决纠纷。如果老当家人去世才更替家长的,新的家长不会在老当家人的葬礼上做特殊的事情,新家长会努力管理好家庭,以告慰老当家人在天之灵。张家所在的村庄没有当家人外出务工或经商长期不在家的情况,不会让其他人做代理家长。

2.长子继承家长

张家的家长更替是张本利卸任儿子顶上的,也有孙子顶上的。当地当家人一般是男性,很少是女性,除非家里没有儿子都是女儿,那么家长会招女婿或者过继儿子来当家。招女婿必须要经过家族,女婿相当于家族新成员,必须征求家族同意才可以。招了女婿是名义上让家里的女婿当家,实际上却由女儿当家。有的家庭状况非常复杂,家长卸任之前可能会先立一个遗嘱选定以后的当家人,为了家庭和睦避免日后家庭争权导致亲人反目成仇。

3.家长移交全部权力

张家当家人权力的移交在 1954 年分家时进行,分家时张家请了家族一些德高望重的长辈、儿子的舅舅、姑爷过来见证,各个小家的家长成为新的家长。其他人家的家长更替未经家族承认新家长是不被认可的,家长更替时将家里的贵重物品全部交由新当家人保管,房屋地契等单据也交给新的当家人。家长的变更会告知四邻,一般还会举行小型仪式,请族里有威望的前辈以及舅舅、姑爷作为见证人,原当家人宣布当家人的更换,给新当家人在村中及家族正名。老人在世以前家里土地地契上老当家人的名字不会更改,老人去世了才会更改。新的家长需要买进或者卖出土地时需要和家庭成员商量,老当家人的意见在新当家人刚当家时很重要。

二、家长不当家

(一)兄弟与妻子当家

1949 年以前张家没有家长不当家兄弟当家的情况,当地极少出现兄弟当家的情况,如果发生了兄弟当家的现象,一定是家长身体不好才委托兄弟当家。兄弟当家存在很多问题,很多事情要请教老当家,兄弟的权威不足,一些决定易引起家庭矛盾,导致许多兄弟不愿意当家。张家没有家长不当家由妻子当家的情况,妻子当家存在一个大弊端,就是不能直接代表家户。遇到村里或者国家的公共事务,妻子只能授意家庭成员参与而不能直接参与,当地对家里还有男人在的女人参与正事觉得不成体统。如果村里邻居在丧葬嫁娶上需要请人帮忙,其虽然可以代表家庭过去帮忙,但是被帮忙的人家在心里会不舒服。张家人认为女子当家只能管家庭内部事务,没有能力管理对外事务。妻子当家时对外借钱,妻子必须要以丈夫的名义才能借到钱,借款单上要写丈夫的名字。

(二)长子当家

1954年分家后张学诗的家庭由长子张仕信当家,张仕信由于没有管理经验,对家庭管理的并不好,母亲张陈氏一直在背后指导张仕信。张仕信当家时家里所有的事情都归其一人管,内当家张陈氏在背后向其提意见,最终还是让张仕信做决定,重大事情如买卖田地、租约、借巨款时张仕信主动和张陈氏商量。作为新家长的张仕信拥有家庭一切权利,包括财产管理权及分配权,可以安排同辈去工作,其弟张仕全、妹张仕芳的婚礼都是张仕信安排的。如果家里没钱且父亲年老,没人想当家长必须要当家,这是长子的责任。

三、家户决策

张家1940年以前大大小小的事情都是张本利说了算,内部事务张谢氏说了算。1940年以后张本利与张谢氏年老,农业上的事情都交给二儿子张学明处理;工商业上的事情则交给张学诗、张学仁处理;内当家张谢氏也将家庭内务的管理权逐渐交到几个儿媳妇手中。在张本利的安排下整个家庭管理得井井有条,没有发生过矛盾和纠纷。

(一)决策的主体

1.家长做主大小事务

张家的大小事情由当家人张本利说了算,遇上大事时张本利要与儿子们商量决定,不能搞一人独大。一家人在一起商量不仅可以减少矛盾,还可以将事情考虑周到。家庭对外事务全部由当家人说了算,生产上的事由张本利授权张学明处理,家庭内部管理事务,如洗衣做饭等由内当家张谢氏与儿媳妇们一起完成。家长不在时会委托妻子和长子管理,委托时会跟家里人特意说一下。张家当家人出远门的情况很少,出去只是两三天,时间不长,家里的事交给张谢氏或儿子处理都可以。张家的事务当家人多会和儿子们商量,很少会找其他家庭成员商量。涉及田亩、房屋、租地、工厂、商店等问题家人一起讨论,以儿子为主,其他懂事明理者可以提出自己的意见,合理的也会被家长考虑。

2.决定合理成员服从

一般家长做出的决定合情合理,家庭成员都会服从,如果于理不合家庭成员不会完全听从,会私下提醒张本利。张家当家人张本利做出的决定,家庭成员反驳的也有,这时要说出不服从的道理,有理可以不听家长的命令,但更多的是服从,顶撞家长或长辈是不孝行为的一种体现。当家人要求过高,不论合理不合理家庭成员可能都不会服从家长的决定。张本利不会提出一些无理的要求,张本利了解每个家庭成员的能力,不会提超出成员个人能力的要求。张本利对孩子提出的要求是为了家庭更好的发展,如要求张家后代都必须读书,不读书要受到张家当家人的批评并且强制上学。

(二)决策的事务

张家的生产活动、财产分配必须由当家人张本利做主,而像洗衣、做饭、喂养家畜等由内当家张谢氏做主,儿媳妇们完成,不需要都请示张本利。张学明、张学诗、张学仁分别在从事的行业中拥有决策权,如张学明管理家庭农业,张学仁、张学诗经营城里的张家店铺。他们的这些权力是有限的,不是绝对的,店铺中涉及产权变动方面的决定要告知张本利定夺。张家人的利益一致,父子的决定往往一致。

四、家户保护

张家未分家之前受到过一些较小的自然灾害,虫灾旱灾都有。张家人可以抵抗灾害,在灾害来之前就有抵御灾害的措施,提前储备了大量的粮食。天灾可防,人祸难避,1950年张学诗的杂货铺由于意外大火焚烧损失惨重,张学诗不能接受这个事实,不久气急攻心而死。

(一)社会庇护

1.发生矛盾家长出面

张家成员在生产中与其他家户发生矛盾时由家长张本利出面解决,如果是生活上与他人发生矛盾,多数时由张本利出面,有时由内当家张谢氏出面。一般与他人发生较大矛盾时张本利和张谢氏都会在场,小孩之间打闹后发生矛盾时家长不一定在场。如果父母与当家人不是同一人,小孩子与别人家发生矛盾时由小孩父母去协调,有时候也会由当家人或其他家庭成年成员出面协调。张家人不是每次遇到危难或困难就找家人,有时不想让家里人担心,一些家人遇到困难时自己解决。张学诗、张学仁在外做生意和客人或者邻居发生矛盾一般由自己和妻子出面解决。没请家人帮忙但家人知道后会帮忙,不出面帮忙会被人背后谴责家庭不团结,"嚼耳根子"①。有时是家长出面,有时是全家人集体行动维护家庭的利益,一些撒泼骂人的活由女性承担。吵架时多是大人保护孩子多一些,男性保护女性多一些,也有孩子保护父母。分家后张学仁在外做生意受到别人威胁,张学明带着家族成员帮其讨回公道。张家家庭成员与别人发生矛盾时,张家人首先不论是非曲直帮助自家人,哪怕自家人的过错大一些。有时如果错误完全是自家人造成的,会在矛盾激化前先教训自家人,避免冲突扩大后家人丢更多面子。有时虽然过错在自己一方,但是对方得理不饶人,言辞肮脏刺耳,张家人会团结起来先压制对方,事后回家严肃批评当事人。

2.长辈出面赔礼道歉

如果家里小孩犯错,必须由父母出面带着小孩去赔礼道歉对方才会作罢,对方会让父母好好管教孩子,不要让孩子再犯错误。如果孩子犯了大的错事,父母出面也不行,要家长出面。在张家如果家里有家庭成员犯错,是小孩则小孩的父母或者其他长辈都有资格教育惩罚;如果大人犯错一般由当家人处罚,其他所有同辈或同辈以下的家庭成员没有惩罚的权力。如果父亲不在家,大哥可以处罚,张仕全在张学诗去世后在外惹事生非,大哥张仕信行使权力惩罚他。

3.家长做主讨回公道

家人被欺负等同于整个家庭被人欺负,所有人都感觉受到了侮辱,只要家庭有能力就一定会为成员讨回公道。对于张家这样的大户面子比什么都重要,如果有道理被无端欺负,当家人张本利会号召儿子甚至家族成员讨回公道,张大村张氏是一脉相承,外人不敢随便欺负。张家如果有人犯错了家里人会帮助其隐瞒错误,害怕不隐瞒会造成更大的冲突。如果张本利当家时家里的孙辈犯错了,小孩父母为了小孩不受到当家人处罚会帮小孩隐瞒过错。孩子犯了罪家人会帮忙隐瞒,当地很少有小孩犯罪,偷拿了人家东西没有犯罪那么严重。张家发生过帮小孩隐瞒过错的事情,张学诗的小孩张仕全调皮碰倒了先祖的祭品,家里人都知道了都帮张仕全隐瞒,防止张仕全受到当家人张本利的严厉处置。

---

① 嚼耳根子:就是被人背后说闲话。

4.家丑不可外扬

张家十分赞同"家丑不可外扬"的观点,在张大村这是大家心照不宣的看法。家里不好的东西不会向外传播,如果外传了会觉得很没面子,面子和声望对一个家庭来说很重要,对于张家这样的大户人家更是如此。张仕礼受到家法处置后,有些村里人好奇问张家人是怎么处置的,张家人都不会回答。有时被问急了就气愤地怼回去:"管好你自家的烂事,自家都管不好还有心思在这里关心我家?"张大村家庭的私事、丑事都不能随便乱说,当面说更不可以,每家都有一些隐私,村里乡亲心照不宣,没必要弄得彼此都不愉快。

(二)情感支持

如果家庭成员在外面被人欺负受了委屈,有时会回家诉说,更多的人会选择隐忍避免家人担心。向母亲等家庭成员诉说之后,家里人会对其安慰,家庭成员可以在家中找到依靠。出嫁的女儿一般不会在婆家诉苦,大多数的苦难都是婆家给的,只能回娘家诉说悲惨遭遇,娘家人会出面警告男方家庭不准让女儿受委屈,娘家人不会主动提出解除婚约,除非男方做了极其恶劣的事情。当地一般只有男方可以提出解除婚约,女方不可以提出。张学翠、张学英在婆家受了委屈,会跑回张家向父母兄弟寻求安慰,严重时张家人会去调解。张德修在东北上大学时受到委屈无人诉说,对家中父母和当家人张本利更是挂念,当家人张本利生病时也不能回家探望。媳妇在婆家受气会思念娘家的亲人,想将心中的悲伤都与家人诉说,一般向母亲倾诉自己的心情,在夫家始终被婆婆当成外人,婆媳关系很好的几乎没有。张家人对面子十分看重,家人在外面做的不好不会选择回家。一般男子的自尊心非常强,当年信誓旦旦决定出去闯荡,一定要有一番事业才肯回家。少部分向命运妥协的人选择回家,另一些人选择继续打拼。继续打拼的人内心也十分想回家,但无颜回家。张家送孩子出去读书期待其能学业有成、光宗耀祖,这也是张家人尽一切可能让孩子读书的原因。

(三)防备天灾

1.天灾无情家人有情

1949年以前张家所在的村庄没有遭遇大的天灾,有小的天灾。大旱年份虽然张大村附近田亩水源充足但也会干涸,对靠天吃饭的农民打击很大。当地人一般种水稻和小麦,水稻产量较高而小麦产量很低。水稻很需要水,是泡在水里种的,大旱年份地都干了,池塘水少导致水车也不能使用,张家人只能挑水种苗。水倒在地里干了效果不好,栽种的前三天家里人就不断地往田中挑水,停下一时三刻秧苗就被晒死。大旱年份的产量直接从600斤左右降到200斤以下,粮食不够的农民只能见什么吃什么。不仅是旱灾,虫灾危害也很大,8月正是水稻形浆出粒的时间,成片的蝗虫飞过来伏在稻子上吃叶子吸稻浆,没有农药治理人也抓不完,只能看着水稻被糟蹋完,一亩地收的稻子全是瘪的。1950年的一天夜里突如其来的大火烧了张学诗的杂货铺,杂货铺是张家最赚钱的店,张学诗多年的心血毁于一旦,气急攻心不久便离开了人世。家里长子的去世对张家产业打击巨大,也让家长张本利悲痛万分,此后对家庭管理更力不从心。火灾后张学仁、张学明尽全力帮助张学诗的小家渡过难关,重新将杂货铺开起来,由张仕信经营管理。

2.一家人同舟共济

张家遭受过旱灾、虫灾一类的灾荒。粮食不足,为了度过灾荒,全家只能节衣缩食,扯野菜、吃草、打松花面、啃树皮、捡菜头都是活下去的方法。张家粮仓地窖有粮食，全家不敢随意乱吃，能省吃则省吃，谁也不知道灾荒会持续到什么时候。而且在灾荒的情况下吃的很好，为了活命的人什么事情都能做出来，张家人不敢乱吃。有的人会到菜市场捡别人不要的菜叶，张家的米行、豆腐店后面成群的人在排队，请求给些粗糠、豆渣等。灾荒时人们不会用粗粮换细粮，粗粮能多吃一段时间，吃细粮很少。小麦、谷子不会去皮，谷子壳、米糠可以做糠馍馍。有时稻子直接放到锅里炒，炒成爆米花再泡开水，这样一斤稻子够七八个人吃。一家人都吃不饱，以不饿死为原则，老弱优先吃，五分饱是常事，即使是五分饱也见不到油水。饥荒时期一家人必须听从家长张本利的安排，不可乘机中饱私囊，否则会受到家人的批评与指责。灾荒年份家长外出借粮食经常借不到，其他成员完全不可能借到，家家户户自己都救不了，更不能救别人。

3.求神拜庙与逃荒要饭

发生自然灾害时，家家户户都会拜土地庙，土地庙拜完去庙上拜大佛，家里的菩萨、先祖天天拜。凡是有庙有菩萨的地方大家都会去拜一下，祈求灾荒早日过去，家庭成员安然渡过难关。有一年旱灾导致庄稼很难成长，婆婆张谢氏带着儿媳妇们一起去庙上拜佛祖，张卜氏在家带小孩不愿意去，被婆婆劈头盖脸一顿臭骂，灰头土脸的跟着婆婆一起去祭拜。灾害发生时人们都会寻求救济，中华民国国民政府会免除当年的农业税收，不会运粮食过来赈灾。村庄里的穷人家，无法寻求到救济，有时一些富裕人家会施舍救济。灾难发生时张家不忍心见到四邻、家族成员饿死，会把平常年份在粮仓地窖积累的粮食分给无粮可吃的村民。张家一家作用是有限的，也不能不顾自家人的需要去帮助村民，还有很多人吃不到粮食。为了生存人们会向有钱的大户人家借粮食，借一还二，有的大户人家不会借，怕穷人还不起，借到的人陷入了高利贷难以归还。逃荒在当地称为"要饭"[①]，1949年以前天灾导致张大村很多人外出逃荒。逃荒很少有一家人全部出去的情况，一般是部分人出去，老人和小孩在附近的村庄要饭，大人到处找野菜挖。有能力的人出去逃荒碰运气，看是否能逃出条生路带家人离开，不涉及房屋、田地等处理。张本利本家族的一位侄子独自出去逃荒再没回来，听说客死他乡了。

4.首要保护青年和孩子

遇到天灾饥荒时张家有一定保护次序，先保护老人小孩，家里的成员都是这样做，老人会将自己那一份饭菜省着吃或者干脆给青年和小孩。青年人是家里的主要劳力，灾荒更需要青年人出去寻找生计，孩子是家庭的未来和希望，老人垂垂老矣，世上该经历的都经历了，会选择不吃或少吃，把好的留给下一代。在吃饭时全家是老人让着小孩，妻子让着丈夫，大人让着老人，绝不能让小孩饿着，家里老人舍不得。

(四)防备盗匪

1.二支队

1949年以前张家所在的村庄有土匪，当地人称为"二支队"，二支队十几人，配有几只枪。土匪有劫道也有入村抢劫的，劫道的土匪会藏在大家去街上的必经之路，见一些人势单力孤冲上去按倒就抢，当地人去街上赶集总是一个村几个人结成队伍走，这样土匪不敢随便

---

① 要饭：方言，即乞讨。

上去抢,土匪的枪支比较少,多数时候拿刀。入村抢劫的土匪往往是有备而来,抢劫之前有人蹲点观察,谁家有钱有粮、牲口在哪儿,晚上行动避免正面冲突,这样大家来不及救援。土匪一般不敢抢劫财主家的东西,财主家有枪,长工也多,被劫的中户居多,小农家庭贫困无东西可抢而幸免于难。小偷在张大村更常见,小偷是家里贫困没有办法生活的人才选择偷东西来维持家里的生活。家里遭遇土匪只能忍气吞声不敢反抗,就算将土匪抓到了也不敢过分殴打或者报官,土匪是有组织的,行为过激会遭到土匪的报复。如果遭遇小偷也没有办法,看情况而定,抓了现行的小偷如果很可怜可能会放走,也有人把小偷绑起来揍一顿再报官。

2.非抢即偷

历阳抢劫和偷盗行为非常严重,张谢氏娘家被土匪抢劫过,当时不敢反抗躲在角落里蜷缩着,生怕惹怒了土匪连性命也保不住,土匪来时大人会尽量保护孩子。土匪半夜来时村庄没有健全的保护措施,家庭不能及时逃避。被偷盗后家庭原本不好的经济会雪上加霜,一家人只能向关系要好的家庭借粮求生,想尽办法填补空缺渡过难关。张家为了躲避战乱或土匪修建了高大的围墙,在家中挖了地窖,地窖平时储存粮食,放一些必备的生活用品,在危险时是避乱场所保护家人。地窖的钥匙在当家人张本利那里,只有当家人知道钥匙的具体位置,其他人没资格接触钥匙。

(五)防备战乱

张家所在的村庄没有经历过战乱,张大村人防范战乱的意识非常高,村里保甲长要求村民每家每户出一到两个人巡夜。一般每天有四个人巡夜,每家每户轮流摊派,张家会积极配合完成村庄的防卫。轮到张家时张本利会指派张学明、张学仁、张学诗过去,他们会积极服从当家人张本利的安排,即使他们不去其他人还是要去。

五、家规家法

张家有族谱上的明文家规家法,也有在日常生活中形成的忠厚、谦逊、朴实的良好家风。不论是明文的还是约定俗成的规定,张家人都必须遵守,违反家规家法的行为要受到当家人严厉的惩罚。

(一)成文家规及主要内容

1.家规来源于先祖

张家成文的家规家训是张家先祖制定的,写在张家的家谱中,制定的时间约在1880年,写入家谱的时间是1925年。张家将家谱放在堂屋中的香窝①上,家规是先祖留下来的,第一代家谱是张本利的父亲和张家元老书写的。对于家中的家规、家训家庭成员都了解,当家人张本利会在日常生活中对儿孙讲家规。孩子们长大识字后,每天经过堂屋都能看到家规,不需要专门去教;儿媳妇们在张家时间长了,耳濡目染也了解了张家的家规。家庭成员在日常生活中必须遵守家规,轻微的违反会给口头教育,一般由家长来处置,若视家规于无物后果很严重。张仕礼赌博成瘾,屡教不改欠下外债,受到了家法严惩。如果张家的家规和其他家规冲突了,依照张家家规处理;如果家规与族规冲突了,先按照家规处理,再按族规处理,张家没有出现过家规和族规相冲突的情况。张家没有人敢反抗家规,家规是神圣的,犯了家规就

---

① 香窝:中堂下面两个架子一块板的家具。

要受到惩罚。张家人认为家规有利于家庭成员形成好的品德,保障了家庭的良性发展。

2.家规的内容

张家家规在宗谱上,内容有:"凡张氏子弟,以孝为先,不准恃强凌弱;不准抽鸦片烟或赌博,不准嫖娼纳妾;辛勤劳动"等。张家家谱明确了父亲、妻子、子女的责任,明确了每个人违反家规受到的惩罚,赋予当家人的权利与义务。家规上要求女性遵守三从四德,大事要与丈夫商量,孝敬父母不可与异性过多接触,违反者家法处置。要求小孩懂礼貌孝敬长辈,不与长辈顶嘴,违反了以批评、教育为主。张家家规的管理仅限于张家人,对外人、亲戚、朋友、熟人没有任何约束力,外人等其他人要认可张家的家规。

(二)默认家规及主要内容

张家默认家规有祖辈口口相传下来的,也有在日常的生活交往中自然形成的。只要是张家成员就必须遵守,每个成员都要自觉遵守,违反会受到当家人张本利的处罚。

1.做饭吃饭规矩

张家平时由婆婆以及儿媳妇轮流做饭,一个人三天或者五天,大家内部合理安排轮流分担,不能长时间闲着无事可做。吃什么饭由做饭的人决定,家里人想吃什么菜可以和做饭的人商量。一般来说家里人想吃什么菜做饭的人会尽量满足,但是如果是女子,家里给她做喜爱的菜很难求。张家人多饭菜丰富,家庭成员按需要决定吃多少,不受限制但不可以浪费。张家具体买菜的人没有限制,一般谁都可以去买菜,只要方便就行。买什么菜根据家人的口味决定,买菜的钱作为家庭整体开支的一部分由全家共同负担,不需要记账。吃饭时家里没有客人则没有那么多规矩,吃饭都是自己拿碗到厨房盛。家里来了客人规矩会多一些,如张家张本利、张学明、张学仁、张学诗以及客人的饭都要家里的媳妇去盛,规矩可以显示张家男子在家中的地位,有时儿媳妇不主动去盛饭会受到当家人张本利的严厉批评。张家在桌子上吃饭,平时家里只有当家人和成年男子可以上桌,女子和小孩都不能上桌,逢年过节家里辈分较高的女性才能上桌。家里吃饭座位有讲究,当家人坐在主位,靠近香窝的那一边,其他人位置比较随便,不上桌的人随便找个小板凳坐着吃就可以。冬天取暖时大家围着火盆,家长张本利可以优先选择靠近火盆的位置,其他人依次围在火盆周围坐。吃饭时必须要把饭菜吃完,这是吃饭的规矩,粮食粒粒皆辛苦。别的规矩如吃饭必须要扶碗,张德修、张仕礼、张仕信这一辈没少因为不扶碗的行为受到父亲的教训,有时张学明、张学仁、张学诗不扶碗也会被张本利批评:"碗都不扶,还能干什么大事",张家人认为不扶碗是不负责任的一种表现,只有负责任的人才能做好事情,张家要求所有成员吃饭必须扶碗。其次吃菜要有度,不能一个人将自己喜欢吃的饭菜吃完,不顾及其他人。张家每个人吃的饭菜一样,长工和张家人在一块吃,不吃两样食。饭菜盛到桌子上,有人想吃菜自己用筷子夹,想吃饭去大锅盛饭,不受限制。家里的孕妇、病人开小灶吃点好的家里人不会有意见,都是人之常情,他们处在特殊时期应该受到照顾。张家人农忙与农闲时吃的饭菜不一样,忙得时候反而吃的差,没有时间去准备饭菜,田里的活儿一刻都不能停。家里下地的人与不下地的人吃的一样,只是下地的人吃的多一些。

张家平时吃饭动筷子有顺序,一般张本利先动筷子,其他人才能动筷子,违反了规矩会被训斥说其不懂礼貌,招来大人的白眼或责骂。来客人时尊者先动筷,张本利会对客人说"请""别客气"之类的话,让客人不用太拘束。农忙时节没有谁先动筷子的规矩,大家快速地盛碗饭就吃,吃完赶去田中劳作,这时大家可以都上桌,其他规矩会少很多。张家在吃饭时晚辈

385

不能说话,特别是有客人的时候,一是言多必失,话说多了会让人觉得家庭成员没有涵养,讲话会影响别人吃饭;二是不能剩饭,必须把碗里的饭菜吃完,没人愿意吃剩下的饭菜。粮食粒粒皆辛苦,张家不愁吃穿但要勤俭节约,小孩子剩饭了会受到家长的批评甚至打骂,小孩剩下的饭菜家里人会吃掉,不舍得倒了。农忙时请工或换工需要为来的劳工准备饭菜,由家里做菜做的好的女性负责,其他成员参与劳动。早上时间比较短,赶着干活,早饭非常简单,午饭则有酒有肉有菜让大家下午更有力气干好农活。有时候天没亮大家就来张家田里干活了,吃过早饭还是饿的早,午饭前张家做饭的媳妇会去田里给劳工送些吃的。张家雇佣了长工与牧童,雇的长工和牧童与张家人在一起吃饭,饭菜与主人家相同,不论是对外人还是对家人,张家不会准备"两样食",张家人认为准备"两样食"的家庭品德低下,瞧不起这样的家庭。

2.座位规矩讲究多

张家日常的座位中有许多规矩,现简单举出两例:一是在家中吃饭时如果和别人坐在一条板凳上起身离开时要告知别人,不仅是一种礼貌也可以防止板凳一面翻倒让人受伤;二是坐席吃酒时家长坐在主位,靠近香窝的位置,其他人不可以坐。张家的两个太师椅左边只有当家人可以坐,右边一般是长辈坐,当家人去世后只有长辈可以坐,小孩不能坐,女人更不能坐。家里来了客人可以请其坐到太师椅的右边,如果这个客人比较年轻则不能坐到太师椅上,一般坐到太师椅旁边的板凳上;如果还没有空位,立即找板凳让客人坐下,然后准备茶水或白开水,视家庭的经济条件而定;如果有空位迎客人至侧位[①],尊客迎至上八位。家户宴请过程中有很多规矩,涉及辈分及在村中地位的高低,村里地位比较高的人来张家做客时位置尊贵,家族之中的长辈过来坐席也要坐在尊位。如果是张谢氏的娘家与张家儿媳的亲戚遇到了,首先是自己这代亲戚坐上座;其次是张谢氏的娘家人;再次是儿媳妇的娘家;最后是姐妹婆家。客人是邻居朋友时当家人坐上座,邻居朋友坐侧位,规矩随意一些。大户财主、乡贤绅士等参加张家举行的大型宴请活动结婚、满月等,张家自家人不能坐上八位,只能坐下八位。一般乡下举办酒席坐座位要将名望与辈分相结合。

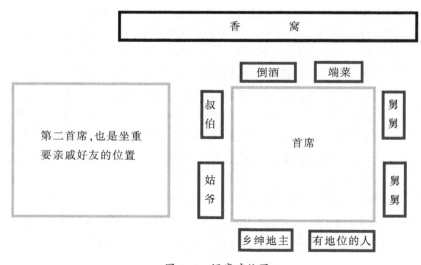

图 4-4　酒席座位图

---

① 侧位:仅挨着上八位的两侧座位。

386

3.请示规矩视事件而定

生产活动曾经是张本利亲自参与对土地的经营管理,现在张家土地事务归张学明管,张学明说了算,家庭成员可以提出自己的意见。全年农业生产与种植计划由张学明一人决定,其他人不能干预,张本利有时会过问粮食、蔬菜作物的种植计划。家庭成员吃的由张谢氏及儿媳妇负责,他们的意见很重要,吃什么由张谢氏和儿媳妇决定。耕地、犁地、播种、除草、看护、收割等农业生产环节中的分工,由张学明与当家人张本利商量决定,其他成员听从当家人的安排即可,不需要提出过多意见,提的好没问题,提的意见不好要受到当家人的批评。生产工具的分配、使用以及换用由农业当家人张学明决定。牲畜的喂养由张谢氏安排媳妇们负责完成,牲畜的使用由当家人决定。张家农村的土地经营是否要雇工由张学明负责,家里的长工和牧童是他请来的,城里店铺的雇工则由张学诗和张学仁来安排。家里生产活动全部由张学明负责,长工和牧童在张家只需要完成自己的工作任务,不论粮食的产量多少报酬是固定的。张学明管理着所有田中生产事务,大事要与张本利报告,张本利的决定权大于张学明的决定权,张学明的权力是张本利赋予他在田间管理的自由。

家庭生活中每顿饭吃什么由内当家张谢氏决定,媳妇们听从张谢氏的安排。张家人在饮食上管理宽松,家庭成员想吃东西可以告知张谢氏,也可以告知负责做饭的儿媳妇,合理都可以满足,但一个人不能天天要吃要喝,内当家不会同意。什么时候做衣服、给谁做、做棉衣还是单衣由内当家张谢氏统一安排。每年年前张家会给每个家庭成员做新衣服,平时家庭成员想要做衣服需要和张谢氏商量陈述做衣服的理由,张谢氏觉得合理会请人帮其做衣服。购买油盐这类小的生活必需品不需要请示谁,谁看到家里没有油盐购买后找内当家报销开支就可以。购田置业等大宗买进张家没发生过,张家发生过大宗卖出,1956年张家卖了城里的两套房产,由分家后的当家人张学仁、张仕信决定。对于家中小孩上学事宜不必请示当家人,这是孩子父亲应该做的决定,事后和当家人张本利说明情况即可。

在外界交往中,张家当家人出门不需要与家里人打招呼,自己决定即可。家庭其他成员想要出门要分情况,如果离开的时间比较短,一会儿就回来不需要和当家人请示,如果离开的时间较长,去的地方较远一定要告知当家人,情况紧急要告知邻居或者其他人,请他们向当家人转告。走亲戚、宴请来客等由当家人张本利决定,其他人想要参与需要请示家长并且服从家长的安排。张家人交朋友不需要和家长请示,成为把兄弟必须经过父亲同意。借钱借粮不存在请示,必须由当家人张本利或者张学明出面,其他人去借也借不到。参加其他交往活动如清明当宗或庙会需要请示当家人,个人私自决定容易被家长批评。张家的请示由当家人决定,很少召开家庭会议,最后一次家庭会议是张本利和儿子讨论分家的事情。家庭成员有什么事情要做只需口头上简单告知家长即可,如果当家人不同意,家庭成员要遵从当家人的意见,按照其想法来执行。张家在分家后依然有请示的问题,新的小家当家人当家时间短,很多问题无法处理需要向老人请示,"不当家不知柴米油盐贵"。如果二者意见冲突需要考虑新老当家人的意见,按照道理优先、孝顺兼顾的原则作出决定。

4.请客多请方显诚

张家所在的村庄借用别人家生产工具或牲畜时不需要请客,建造房屋一定要请客吃饭,称为"房子酒"。乔迁宴一定要有请帖,若无请帖的话一定要请两次,宴席前一天一次,当天一次,当地有俗语:"请客不邀,等于带刀",没有邀请的话会引起人们心中不满。张家在新中国成立前雇用过长工,有过上工酒,没有修建过房屋请房子酒。生活中各种类型的请客都差不多,大同小异。在白事时下的不是请柬,而是一条白巾到人家,当地俗称"破白",下到白巾的人家一般是至亲以及好友,接到白巾者必须赴宴。家里有孩子跟师傅学手艺时家长需要请师傅吃饭。张家在宴请活动会邀请村内的大户财主、富户、乡贤绅士和族内的长辈,张家在张大村影响很大,村中的富贵人家和张家人打交道比较多,互有人情往来。在当地各种类型的请客中都要求主人家亲自上门邀请客人,这样显得客人受人尊敬,主家很诚心,被邀请的人会更愿意赴会。如果两家发生矛盾需要有人调解,请客吃饭要请上当事人与调解人,由理亏一方负责办理赔礼宴。

红白喜事时宴请的饭菜是接近的,没有太多区别,主要有两种规模的筵席,八菜筵席以及十三菜筵席。菜品主要有狮子头、蘑菇炖鸡、红烧肉、老母鸡汤、鸭豚等,菜品种类可以随季节变化而变化,但是数量不会变。大户人家请专业的厨师掌勺,而小户人家请不起厨师有时自家做菜。办事人家桌椅板凳不够就去邻居家借,相互借用物品很平常,谁家都有办正经事的时候,现在方便别人就是方便以后的自己。1949年以前张大村一家办喜事整个村庄都会帮忙,喜事可以在隔壁邻居家开席,但是丧事不能在别人家开席。盘子、碗、蒸笼等物品请来的厨师自备,办事的前一天主家找人去厨师家搬来,不够的话再向四邻家借。灶不够,用石头、砖头砌成简易的灶,能做好饭菜就行。宴请活动中有酒,当地人用大米造米酒能够节约酒席花费。敬酒有酒令,由酒司令①带起节奏,敬酒时要先敬舅舅后敬叔伯,重要客人来时还要请两位德高望重的人来陪酒。宴请贵客时会请与张家交好且能说会道的长辈或乡绅作陪,以当家人为中心按照规矩入席。平时宴请开席第一个菜上来,大家一般先喝一杯酒再开始动筷子,宣告筵席开始。菜上齐后厨师会上来致辞,然后放炮仗,炮仗放完了人才可以离开席位,否则不能随便离开,离开会被人认为没有礼貌,对主家不尊重。婚丧嫁娶开席与平日宴请不同,菜上完后需要等主人过来陪酒,不陪完酒不能离开席位,主人家的事情还没有完成,离开是对主人家的一种不尊敬。当地有贵客的概念,对于张家来说儿女亲家、保甲长、地方乡绅、大户财主、多年未见的好友是最尊贵的客人。贵客由当家人作陪,当家人还会请当地德高望重的人过来作陪,招待贵客的饭菜是精心准备的,比平时好很多。

5.居住就寝较自由

张家房屋坐西朝东,张家人不知道有什么讲究,按照传统来的。张家有院子,部分院墙、篱笆作为和邻居房屋的界线,全村的房屋布局都一样,规模大小不同。当地房屋修建时不会请风水先生,自家吃饭都困难,没有闲钱去请风水先生,建房子按传统即可。当地大户人家修房子时会请风水先生看一下,有条件的大家会追求好风水。张家有十多个房间、一间堂屋、一间灶房、一间正房、三间厢房、一个耳房、一个猪圈、一个牛窝、两间仓库。灶房、猪圈、牛圈恰如其名。正房为主卧,当家人张本利与内当家张谢氏居住。厢房即卧室,张学明夫妻一间、张学仁夫妻一间、张学诗夫妻一间。耳房是用来招待客人睡觉用的,堂屋是接待客人的地方,1949年以前房子窗户没什么讲究。没有结婚的儿子女儿住在一起,男女分开住;来客人时夫妻一间房一起睡,其他做客的异性分开睡。张家睡觉时没有多少规矩,吃完饭妇女需要将碗筷收拾洗好,其他人没有事情就回到自己的房间休息,没有睡觉先后。农闲的时候睡觉早一

---

① 酒司令:是负责倒酒的人,一般都比较能喝酒,能带起喝酒的氛围。

些,农忙的时候迟一些,农忙时回家比较晚,做饭吃饭时间延迟睡得晚。张家起床有顺序,起床年轻人先起,首先是家中儿媳妇需要先起来烧热水,其他人起来后才能有热水洗脸。灶房、院子、堂屋属于公共空间,所有家庭成员可随意出入,但不能影响到其他家庭成员。张本利、张学明、张学诗、张学仁的房间属于私人空间,想要进去必须要得到小房间主人的允许,张仕礼、张仕信、张德修、张仕芳等孙辈房间属于半公共空间,家里长辈进去不用打招呼,长辈们去的比较少,孙辈之间串门比较频繁。这些约束是在日常生活中形成的,不遵守的人要受到父母或当家人批评的。

家里的家庭成员要结婚了,当家人会去外面请人专门装修一下新房,同时会请木匠打造几件新家具,新房是哪间婚后就住哪间。张家的新房家庭成员不会轮流居住,一般谁先结婚谁就先有婚房,其他结婚的人选择其他房屋装修成新房。如果女儿回娘家则与母亲同住,女婿与小舅子睡,住的时间不会很长,一般住一两天就会回到丈夫家。平时居住没有多少规定或准则,在特殊时期有。如家中有人去世晚上不能乱出去串门,应待在各自的房间中,防止带脏东西①回家。这些规矩是老人留下的,为了家庭吉利每个人都必须遵守,大人都会遵守,小孩不懂不遵守会被骂、被打。家里进出居室有相应的规矩,这些规定是约定俗成的,几个小家庭生活在一起有很多规矩。如做大哥的不可到弟媳妇的房间, 弟弟在要敲门问一下能否进去,弟弟不在完全不能进去。小叔子要进嫂子的房间也不可以,除非小叔子很小不懂事才可以进。结婚后儿媳妇不能随便进公公婆婆房间,一般要敲门请示;嫂子不能进小叔子的房间,可以进小姑子的房间。张家一般在堂屋商量事情,一家人在大桌子上讨论。

6.内当家管理制衣洗衣

张家的衣服请裁缝来家里做,具体是家庭成员向内当家张谢氏申请做新衣服,张谢氏统一家里要做的衣服后去街上买布,最后请裁缝来家里制作。家里的脏衣服每天都要洗一次,老人的衣服自己洗或者儿媳妇洗,丈夫的衣服由妻子洗,孩子的衣服母亲洗,未出嫁女儿的衣服一般自己洗或母亲洗,长工的衣服自己洗。这些由传统习俗决定,多年不变。衣服在水塘或河边洗,家里的水是辛苦挑来的,不能用来洗衣服。张家用洗衣盆洗衣服,洗了之后洗衣水可以随便倒,不影响其他人家就行。衣服由洗衣服的人晾,自家院子有竹竿,地方不够再拉绳子晾,妇女的贴身衣物放在外面晾要放在比较矮而且隐蔽的地方。女儿、媳妇的贴身衣物不可以和其他人的衣服混在一起晾,如果有违反会受到内当家张谢氏的批评教育。

(三)家规制订与执行

张家的家规家法从先祖手中代代相传而来,家法家规延续了一百多年,家里人遵守家规,也会一直遵守下去。1949年以前当家人没有发现家规上有哪些不合理的地方,没有更改过家规。家法的执行者为当家人张本利,其他家庭成员没有权力,家庭成员违反家规会被当家人惩罚。其他家庭成员有权监督违反家规家法的人,处罚必须由当家人出面,处罚的轻重要靠当家人自己权衡。一般家庭成员可以在家法处罚过重时向当家人求情,家庭成员的意见在很大程度上会影响家长处罚的轻重。

(四)家规家法影响深远

张家成员习得家规家法的途径有多种, 首先是在日常生活中老当家人张本利会给儿孙

---

① 脏东西:不干净的东西,鬼怪居多。

辈讲述家族家规的故事;其次孩子年龄大了一些认识的字数多了可以自己翻看家谱学习。张家成员必须要守家规,家规家法是一个家族家风的传承,事关张家成员的品性德行,对于张家人的成长影响更为深远。当家里有人违反家规了,家长首先给提醒或者批评,让其意识到自己的错误主动改正,如果拒不悔改可以用家法处置。

(五)家庭禁忌

1.生产禁忌

张家所在的张大村在农业生产上有很多相关的俗语,如"小满栽秧家把家,大满栽秧普天下""迟干不如早干,蛮干不如巧干""春旱不算旱,秋旱减一半"等。生产上也有禁忌,如夏天正午不能去地里摘黄瓜,说动了黄瓜枝叶,黄瓜就是苦的。这些生产上的禁忌是古人千年总结出来的务农经验,由先祖代代口口相传下来,有的告诉我们什么时候种植,有的教我们如何生产,有的告诉我们如何看作物产量。这些禁忌必须要遵守,不然不能做好田中事务。

2.生活禁忌

张家生活中有一些禁忌,如"屋内不能打伞,否则长不高""不能玩火,否则晚上要尿床""夜晚在外行走时,不要打口哨,以免招惹孤魂野鬼""白天不在人后说人,晚上不在人前说鬼,这是做人准则""夫妻去别人家做客不能同房,否则会影响主人家的运势""孕妇不要嘲笑他人孩子的短处,或对其某些行为表现出极大的不满,以免孩子出生后不如他人""晚辈和自己的长辈不要比手的大小,以免影响到长辈的身体"等。

3.婚丧禁忌

当地在婚姻上有一些忌讳,张家人在新婚三日之后新人需要在第三天天黑之前回到夫家,不能在外留宿。如果有一些特殊原因无法回家,夫妻就要分开睡防止冲撞了娘家人使娘家倒霉。此外,孕妇及带孝者不能目睹新人出门或过门,更不能触碰到新人的衣物及新房里面的物品。结婚在男方迎娶女方的途中,如果花轿和别的花轿正面相逢,这个在当地叫做"喜冲喜",会带来不祥,解决的办法是双方互放鞭炮。张家在丧事上有一些忌讳,家庭成员要在直系亲属去世的一百天内在家守孝,不得探亲访友四处串门,这也是为了防止将自身的悲伤气息带给他人,得罪他人。其他丧事禁忌有双日不出棺,逝者子女守孝期间不能穿红带绿等。

4.年节禁忌

年节忌讳很多,在年头年尾忌吵架,忌讳说"丧""终""病""穷""触霉头"等字眼。正月初一不能随便将家里的垃圾和水泼出去,人们认为这些东西相当于财运,往外扔或泼出去的话整年会没有好财运,不能积累财富。过年期间最好不要请医生看病吃药,否则一年都会生病。大年三十的晚餐是一年中最为丰盛的饭食,也叫做"年夜饭",家庭成员吃年夜饭之前会先祭祀祖先,而且所有的家庭成员最好在年夜饭这天到齐。如果张家的成员违背禁忌,轻则责骂,重则被打,小孩乱说话大人会拍拍小孩屁股,并说:"呸呸呸,童言无忌,童言无忌"。

(六)族规族法

张家属于张氏一族迁到历阳的分支,张氏族人都应该遵守族规,族中每个家庭的当家人在日常生活中要遵守家规族法并监督家庭成员遵守。家族的族规有:第一,以孝为先,尊敬长辈;第二,不嫖娼纳妾;第三,遵守当地风俗,不抽烟赌博;第四,发愤图强,发家致富;第五,睦邻友好,不撒泼耍滑;第六,维护家庭,团结家族。族规与家法是融合统一、相互促进的。

六、奖励惩罚

张家给家庭成员的奖励比较多,惩罚比较少。家庭收入好的年份每个成员都会给做新衣服,零花钱也会增加。为了让孙子好好学习,张本利经常给他们零花钱作为激励,各个小家的家长也会奖励小家庭的成员。张家成员只要不做道德败坏的事情,不损害整个家庭的利益就不会被惩罚。

(一)家庭成员的奖励情况

家里对家庭成员的奖励很简单,没有太多的规矩约束,只要家庭成员将事情做好,当家人张本利都会对晚辈奖励。有的是精神上的奖励,有的是物质上的奖励,一般物质奖励比较多。张本利掌握家里的财政大权,可以直接用钱奖励,其他家庭成员口头奖励比较多,也有物质上的照顾,如做新衣服、给零食等。张本利哄孙子孙女到田里参加农业劳动时就会对孙辈说:"今天谁主动去田里干活,这个月零花钱翻倍"。只有张家自家人可以受到奖励,别人家的孩子取得成就跟张家没有关系,张本利经常用零花钱奖励孙辈,干活比较认真的家庭成员更加偏爱。如果家里农业丰收或工商业经营赚大钱,内当家会奖励大家做新衣服,做喜爱吃的饭菜。张家的小孩在学校考前三名,当家人张本利和孩子的父母会给予奖励,张德修成绩好经常受到张本利和张学明的奖励,是孙辈中新衣服和零花钱最多的。家中的成员对老人很孝敬,村庄其他成员会羡慕老人家能够拥有这样的孝顺后代,老人自己也会骄傲和自豪,觉得曾经为了晚辈受的苦和流的泪值了。

(二)对家庭成员的惩罚

1.父母执行处罚

张家当家人不一定是惩罚人,看谁犯了错误,一般由孩子的父母承担教育和惩罚小孩的责任。张本利很少惩罚张学明、张学诗、张学仁,他们年纪大了,为人父母多年,家长会顾及成年子女的面子不随便惩罚他们,家庭内部在惩罚小孩时外人不会介入,这是家庭正常的教育方式。儿子拉帮鬼混、吃喝嫖赌会受到父母的惩罚。如果媳妇在生活作风上犯错多数是婆婆来惩罚,媳妇是由婆婆来管教的,有时候丈夫也会管教妻子。家庭其他成员求情取决于媳妇犯了什么错,不守妇道打死了家里人都不会管,外人更不会管,不愿意惹麻烦。

2.惩罚限于家内

张家家法惩罚的对象只是张家人,对外人不具有任何约束力,家法是张家的自我管理。犯了家法就要受到家法的处置,被处置人有心服口服的,也有口服心不服的,都会接受惩罚。张家的惩罚形式由家长做主,具体使用什么样的方式由当家人张本利根据家庭成员所犯错误情节决定,轻则责备骂几句,严重的有逐出家门或棍棒教育。

七、家族公共事务

(一)家长是参与主体

张家的家族每年会在清明节举办当宗仪式,张家参加家族公共事务时张本利代表家庭去参加,有时会带上儿子、孙子。张学诗、张学仁以及张学明年纪比较大,在家族中地位比较高可以参加当宗。清明当宗时除了打扫煮饭的妇女,其他女性不可以参加。如果这个家庭没有男性,当家的女性可以参加。如果家里的男性是招进来的上门女婿,这位女性可以代表家庭参加家族公共事务,过继来的儿子可以参加家族公共事务。

(二)事务类型多样

1.当宗家长为代表

每年清明节期间张家家族要举办当宗仪式,家族中每个家庭都要出一个代表。由族长带头举行当宗祭祀仪式,先把接宗人家里布置成充满家族气息的场景,挂印有先祖姓名的彩布,随后家族成员按辈分轮流祭拜,之后去家族的祖坟上坟,中午在接宗人家里吃饭,清明当宗产生的费用按每家的能力大小分摊。张本利所在的家族也曾筹款翻盖家族屋顶、修理祖坟,款项按家户均摊,人力由族中长者共同推荐,为家族干活族人不会有意见。

2.筹资筹粮有条件

如果家族出了会读书的人,他的家庭比较贫穷,家族会集体筹钱出资供这个孩子上学,每家出多少没有要求,根据家户能力自愿捐出。家族对这种爱读书的孩子重视,没有想着以后受这个孩子的回报,只希望孩子不要数典忘祖,日后能够为家族争光。如果家族内有的人家条件很差,生活过不下去,家族不会帮这个人。张氏家族救济的原则是"救急不救穷",如果快要饿死了,会集体出粮食让其活下去。

八、村庄公共事务

(一)参与主体为家户

1.家长为参与会议代表

1949年以前张家所在的张大村组织开展过村务会议,张家在会上说话有分量,作为村民代表提出自己的建议。一般由当家人张本利去参加会议,他不在则会指定另外一个家庭成员去,一般儿子张学明、张学仁、张学诗都行,女人不准参加。张大村开展过征税会议,征税额下来后由保甲长通知各家各户。征税会议由有土地人家的家长参加,没有土地或者租用别人土地的家庭不用参加。张大村召开过佃农会议、商人会议之类的小会议,都是家长参加。张家对村庄事务比较上心,村里人都属于张氏家族。村庄会议讨论出来的结果大家会接受,结果不合理大家也会反对,遇到不合理的情况保甲长会耐心处理。

2.修建出工家长安排

1949年以前,张家所在的张大村发生过修桥、修路、修庙等公共活动,一般村里的保甲长会通知各家各户的家长,要求以家庭为单位出劳动力。家长张本利会指派家里一个人去,有时也会指派几个人去,一般根据家庭成员的身体情况公平轮流的安排。如果家里实在没有壮实的男青年村庄会体谅家庭,让其不参与修建。修桥修路让女的去算一个劳动力,做的事情和男人做的不一样。张家所在的张大村有修河堤的事情,临着长江与其他河流,雨水比较多,经常破围①。每逢阴雨较多的年份,黄土堆成的河堤江堤不结实,保甲长会将大家组织起来挑土加固堤坝。一般是家户出人出力,遇到水灾严重的年份所有有劳动能力的成年人都要参与,大家都会接受安排,不可以讨价还价,决堤了所有家庭都要受牵连。张家所在的村庄没有打井、淘井活动,张大村池塘是人工挖的,保甲长让每家每户出一个劳动力工作,家长会让家里壮实的人去。

---

① 破围:就是决堤的意思,当地大决堤、小决堤都发生过。

3.集体活动与村费征收

张家参加过村庄组织的一些集体活动,如端午节的龙舟赛和元宵节的舞狮活动。这些活动丰富了张家人的生活,有时间的家庭都可以去参加或观看,新婚夫妇、待嫁姑娘、小孩都可以,出去参加或者观看这些集体活动不需要征得当家人同意,去之前说一下免得长辈找不到人担心。村里要进行村费征收必须找当家人,其他人没钱也不能做决定。村费交不上可以请人担保延迟交,但不能不交。张家的钱由当家人张本利保管,当家人出远门会将钥匙交给内当家张谢氏,具体交钱的事情能拖则拖到当家人回来决定。

4.共同抗灾与维护治安

村庄发生过一些自然灾害,洪涝灾害一家一户无力抗灾,保甲长会通知各家各户出人上堤坝挑土抗洪。家长会挑选年轻力壮的家庭成员参与抗灾,成员服从家长的安排,为村庄与家庭的脱险出力,旱灾每家每户自行抗灾。村庄治安关系到每家每户的安全,村庄发生匪盗战乱时保甲长会将大家组织在一起共同维护村庄治安。保甲长要求每家每户出一个青壮年参与巡夜,每天晚上四个人巡逻,轮到张家出人时张本利会安排家庭成员参加,整个村庄由选出来的几十人轮流巡逻保卫。

(二)筹资筹劳无报酬

1949年以前张家所在的张大村向村民筹资组织修过路桥,筹资为一家一份,按照人口和土地的多少确定征收费用,由家长张本利统一拿出交给村庄。如果家庭出不起钱,可以采用以劳力抵钱的做法多出劳力,出资出劳都是义务的,一般不给报酬。修路修桥由公家负责解决饭菜,有时候公家不准备饭菜,张家人就早上准备好一天的饭菜,带到工地去吃。

九、国家事务

1949年前村民要按时缴纳税收粮食,大户人家人口多,缴纳壮丁税与人口税也多。张家没有出过壮丁,摊派到张家时总是花钱花粮食买壮丁去抵自家的人,摊派劳役时张家会参加,累一点没有危险。

(一)家户为纳税单位

张家所在的张大村纳税以家户为基本单位,税种主要有人头税和田亩税。国民党统治时期税收很高,很多农民交不起税。每年税收在粮食收获后交,一年交两次粮食或者钱都可以。张家交过田亩税、人头税、牙税、壮丁税等,每年收税时甲长指派保丁通知各家各户。家长不在家可以告知家中其他成员或者让其邻居代为转告。交税时家长亲自去交,其他家庭成员没有交税的经济能力。如果家长长期不在家,家长的长子能够代表家庭外出缴费,当地人认为在对外事务上,只有男性能做主,男管外女管内天经地义。保甲长将税费通知到每家后大家都知道了,有钱的人家按时交上就没有麻烦,丝毫不会推迟,没钱的人家要想办法向有钱人家借用,借到后高利息在所难免。实在交不起税费的只能拿家中物品抵押。当地有人为了不交税逃跑的,家长跑到远方亲戚家避避风头,逃税被发现会被抓起来关着,有的人被吊起来打,家里不交钱不放人出去。

(二)无情征兵

1.家长买兵保家人

1949年以前国民党强制征兵,一般会要求每个乡镇出一定数量的人,乡镇政府层层向下摊派到每家每户,要求出人参军。张家没有家庭成员被征兵的情况,张家买过兵。当家人张本利不舍得儿子去当兵,于是去儿子多的穷人家买兵顶替,当时一个兵价值十五石稻,张家买兵的费用由整个家庭承担。张家人认为好男不当兵,在乱世中部队条件艰苦,多数当兵的人是去做炮灰的,家人当兵死了不值得。1949年以前张家没有自愿参军的成员,新中国成立后张仕全主动参军。卖兵的家庭由家长决定卖谁,一般卖尚未结婚的单身者,这些人没有多少牵挂当兵或许能闯出一番事业。村庄不会给征兵者家庭补偿,征兵时不管对方是否为独生子女,农村家庭的独生子女和政府没有关系。当地也有征购军粮的事情,共产党和国民党都征收过,要卖粮食谁都不敢得罪,一般征收的粮食价格很低,保甲长协助征收,村民不敢不卖。

2.家长求情免抓壮丁

张家没有发生过被抓壮丁的事情,交了壮丁税就可以不被抓壮丁,有时抓的严,张本利去和保甲长说情,让其别抓张家人。抓壮丁的标准就是青壮劳动力,不会提前通知,一群人进了村庄见到年轻力壮的就拉走,有的人被抓走后来不及向家里人道别。为了防止被抓走村庄自发成立了一个小组织,每个有青壮劳动力的家庭有空时会去村头放哨,一有风吹草动就回村通知青壮年躲起来。有的家庭躲在岩缝或山林里避免被拉走,如果张家被抓壮丁了可以买回来,费用要看抓壮丁人的需要。很多被抓壮丁的人死在外面,回家的很少,侥幸逃回家被抓住轻则被打,严重的要被枪毙。

(三)摊派劳役按人口

1949年以前当地摊派劳役按照家户人口来计算。劳力在当地叫做"劳工",张家为修碉堡和修桥铺路的事情出过劳力,按照家庭劳动力人口出钱出工。一般对方会负责劳工一日三餐,但是伙食比较差。有时按天计算给工钱,工钱拖欠是很正常的事情,有的不给工钱。遇到工事在离家近的地方大家回家吃饭休息,遇到离家远的工事要自己带好行李与干粮在外面吃住。吃饭时找附近人家借他们的锅做饭,遇到好的人家可以去休息,否则就在工事附近找个地方随便睡几天。摊派劳役时保甲长会找到当家人,当家人根据实际情况选择身体情况良好的男子去劳动。家里人轮流去比较公平,大家为了家庭都会听家长的话。

调查小记

2017年6月份新生暑期培训中,我得知暑假我们的一个重要任务是完成一份十万字的家户调查报告。当时觉得非常不可思议,因为我写过字数最多的文章是我的本科毕业论文,大概一万多字。报告除了字数要求以外,对于老人的家庭情况以及年龄都提出了很严格具体的要求,我一时担心自己可能完成不了这个任务。

6月底本科毕业回家后我就投入到寻找合适老人的事情中去,幸运的是我的第一个调查对象张德修爷爷就非常符合采访的要求。这里的幸运要谢谢我的父亲和母亲,他们一直在我身后支持我的学习,当我将暑期任务告诉他们的时候,他们就已经开始帮我留心寻找可能符合条件的老人了。张德修爷爷是我父亲中学的化学老师,也是我母亲好友的父亲,得知后我心里便觉得这次的调查一定会非常顺利。6月30日晚上我们一行四人拜访了张德修爷爷,带着家户提纲试采访了张德修爷爷。爷爷的家户很符合条件,他也非常愿意接受我的采访,希望将家族的发展史展示出来,我答应老人在完成调查报告后留一份给他做纪念。

7月1日正式开始采访,早上我从乡下来到城里张德修爷爷家,大概7点半左右,爷爷早已等我多时了。为了方便我调查,爷爷家里和前一天相比多了一个摆放好的桌子、一把椅子和一杯泡好的茶。中午奶奶做好了饭,邀请我留下来吃饭,饭菜是精心为我准备的,我感到很不好意思。此后的八九天每天都是如此,爷爷总是不厌其烦地给我讲张家的历史,奶奶准备饭菜并在旁补充访谈细节,十天的采访过程让我觉得很感动。从访谈中我不仅了解到了张家的历史,也学会了许多为人处事的道理。7月10日整个调查结束了,我不舍地向爷爷奶奶告别了,爷爷表达了对我的祝福,希望我能在研究生期间学业上取得进步,早日报答父母、报效国家。

7月15日我开始家户调查报告的整理与写作,在八月份终于勉强完成了一份十二万字的报告初稿,在九月初按时提交了报告。之后进入了漫长的家户改稿期间,师兄师姐老师们每天看数十万字的报告,给出几千字的修改意见,我也在一次又一次的意见中不断完善自己的家户报告,争取能早日交上一份合格的家户调查报告。随着对家户报告写作的深入了解,我越发地认识到自己的不足之处,特别是对自己能力的欠缺感到十分不满。张家是一个大户人家,整个家庭的发展兴衰史和《金翼》相似,奈何作为调研员的我政治学术功底以及逻辑思维较差,对于张家家户惯性展现得不够完善,这大概是最可惜的一件事了。

最后,我想再一次感谢张德修爷爷,希望他能身体健康,期待下一次的见面;感谢一直在背后支持我的父母,我会好好努力学习的;感谢审核小组的师兄师姐老师们,学生会努力按照要求完成报告的。希望在大家的帮助指导下,张家的家户报告早日按质按量完成。

第五篇

中户自立:四世共生的家户存续
——鲁中南北王村王氏家户调查

报告撰写:马致远[*]
受访对象:王炳臣

---

* 马致远(1995—   ),男,山东肥城人,华中师范大学中国农村研究院 2017 级硕士研究生。

导　语

　　山东省肥城市桃园镇南北王村位于鲁中地区，在 1948 年以前，南北王村由南王村和北王村合并组成。在南北王村，没有大富大贵的达官贵人居住，也没有做大官的人出身于此，村子里基本都是靠种地为生的普通老百姓，但是村民之间的生活水平也有差距，村中各家庭的经济状况也参差不齐，有一些家庭因为生活困难逃离此地，有一些家庭选择留下，在此繁衍生息。

　　在南北王村，王姓是村中姓氏人数最多的一个群体，传说王家的祖先来自山西。"红头蝇子闹山东"，在明朝时期，山西洪洞县大槐树下的一部分人来到山东，在迁移的过程中，王氏的祖先在泰安的东平和肥城都有后代延续。1946 年王家分家以前，王家作为一个大家户共同生活，四世同堂，家庭的总人数为二十人。在王家二十口人中，辈分最大的是王学奎，他同样也是王家整个家户的家长。王学奎和妻子孟氏共生养有四个男孩一个女孩，女儿早年已经出嫁离开王家，大儿子王建盛过继到其他人家，剩下的三个儿子王建龙、王建章、王建昆一直在家中生活。王家在南北王村属于人口较多的家户，村中与王家人口规模相当的只有樊家。王家有六十亩土地，平均一人三亩地，王家的土地基本上没有发生过明显的增加或者减少，土地数量维持在相对稳定的状态。

　　王家的整体经济情况在南北王村属于中等偏上，王家平均每个人的土地占有量在村中也算不上是最多的。王家每年都可以保证自给自足，即使遇到情况比较困难的时候，家中也有足够的余粮来平稳地渡过危机。王家的各类事务由家长王学奎一手操办，王学奎的几个儿子也可以辅助王学奎进行农业生产。王家的收入绝大多数来自于种地，其他收入基本只是一些小钱，不能够一直维持，例如赶车去济南拉货、卖东西等经济活动。王家人口较多，劳动力的数量也较多，一直在为分家储存必要的粮食，财富不断处于积累当中，后来由于政府进行"借粮斗争"，王家被迫上交家中大量的余粮，导致王家多年积累的财富基本没有结余。1946年由于王家的人口越来越多，家中的房屋也无法满足人口的居住，王家便分家了，分家后，各个小家庭独立生活，王学奎和孟氏就由三个儿子轮流进行照顾。

第一章　家户的由来与特性

王家祖先为山西省洪洞县移民,自山西迁移至山东泰安定居,祖上虽未曾飞黄腾达但也本分发展,王家在一代又一代人的不断繁衍中逐渐壮大。王姓人氏由于人数众多,村庄的名字也就以王姓来命名。王家的人口数量、土地规模在村中属于中等水平,王家在家长王学奎的带领下秉承安稳发展的原则,在村中发展越来越好。

一、家户迁徙与定居

(一)祖籍山西

王家位于山东省泰安市肥城市桃源镇南北王村。根据王家老一辈代代的传说,王家祖上是由山西省洪洞县大槐树下的王姓人氏迁移而来,迁移的不仅仅只有王姓,其他姓氏也有部分是从洪洞县搬迁而来。王家关于先辈的迁移历史,有一个代代传承的传说——"红头蝇子闹山东"。大约在明朝时期,瘟疫大规模流行,而流行的原因是因为一种红头蝇子,只要是被这种红头蝇子碰到的人,不出几天就会死亡。由于死亡的人数过多,为了让更多的人可以活下来,朝廷下达命令,要求山西人迁出山西,到其他地方去生活。王家的祖先最早生活在山西洪洞县,朝廷下令说"除了洪洞县大槐树下面的人家,全部都要迁移到山东",朝廷的命令就在民间一直传来传去,直到最后才发现,朝廷的号令是"只迁移大槐树下面的人家",于是王家的祖先就跟着大部队迁移到山东这片土地。当然这些都是传说,是王炳臣从老一辈人的口中听来的。

(二)兄弟同迁移

南北王村王姓一脉的祖先是王高、王尚两兄弟,在明朝的时候,两兄弟从山西洪洞县跟随着迁移的大部队来到山东。当他们到达山东肥城时,看到肥城的环境较为适合生存与居住,便决定留在肥城,自此之后王家的子孙开始在肥城的土地上生根发芽。

王尚、王高两兄弟定居肥城后,经过几代人的繁衍,王家的人口越来越多,有一部分王姓迁移到东平县西北部。随着东平这一支王姓的不断发展,这一脉的王氏家族的墓地也产生了一段传说。东平王氏墓地的选择地,与最早一批迁到东平的老人去世的送葬过程有关。老人去世,小辈们需要抬丧,王家老人的子孙正抬着棺木走在路上时,突然之间抬棺木的杠木一下断裂,无法继续前进,王氏子孙觉得是老人显灵,认为是已经去世的老人让抬棺木的杠木断掉,是老人选中这个地方,想埋于此地,所以王家子孙就在木头断裂之处埋葬王家老人,后来东平这一支的王家的祖墓也就确定在杠木断裂的地方。

王家祖墓中保存得最完整、修建得最好的并不是最初王尚、王高两兄弟最先定居的肥城地界的墓,而是东平定居的王家后代所修的墓。虽然东平的王家只是一脉很小的分支,但墓地保存得最为完整,这个原因来自于京城的一位王姓官员。这位王姓官员走马上任之后,要到墓中祭拜祖先,而这位王姓官员听闻山东的王姓墓中泰安地区的王家墓最为久远,于是决定要来泰安祭拜先祖。来自京城的王姓大官只知道王姓的祖先最早来到泰安,不知道具体在何处,需要王家人领着这位大官到祖坟祭拜。在肥城的王家人留了一个心眼,害怕这个来自京城的大官万一以后出事,被诛灭九族,再把王家的祖坟给破坏掉,于是当京城的大官来的时候,并没有将这个大官领到王家祖墓的真正所在地,而是将他领到东平的那一支的王姓坟墓之中进行祭拜。王姓大官并不知情,将此地当作是王家的祖坟之地,回到京城之后,大力扶持东平这一支王姓的发展,东平的王姓墓地也就修建得最为完整。

(三)落户山东肥城

王家定居在南北王村是由地理位置所决定,王尚、王高迁移的时候没有太大目的性,加上交通不便利,信息也不够发达,可以说是毫无目的进行走动。走到半路,王氏兄弟看见南边有一座山,就往南边出发。当到达现在南北王村所在的这个地界之后,兄弟二人仔细观察后发现,此地的西边有一座山,北边也有一座山①,东边的山比较矮小,算是一个小山岭。北边的山是青石,东边是山石岭,由于西、北、东三个方向都有山,南北王村所在的这个地界正好处于山窝的地形之中,是个小盆地。西山的背面有一条河,从西北方向往南流动,村子的东北方向也有一条河,两条河汇合之处是黄土地,这一黄土地一直连接到北山的脚下,土地往西延伸又和西山相连,而两条河汇合处正好在南北王村的西边。兄弟二人发现,在河流周围的几个高地之中,有几户人家已经在此居住,这也说明此地适合居住,二兄弟决定在此地定居。定居在此的这几户人家都定居在西边,所以兄弟二人在东边的一个无人占据的高地之上落户。东边这个地方土地较为稀薄,但是也有一个优势,就是在此地往南的方向有一条大汶河,由于村子东高西低,所以大汶河往西流淌,可以借助河流发展生产。

王家的祖先开始在此定居,然后慢慢地发展,不断壮大,由于整个村子的所在地中间恰好有一条沟,沟就作为一道天然的界限将王家各户之间的居住地界分开,沟的南面被叫作南王村,沟的北面叫作北王村。在这两个王姓村庄中,南王村的蔡家、车家是比较大的家户,北王村的许家是当地土生土长的农户,王姓和刘姓算是比较大的家户。两个王姓村子就以沟为界限分开发展,到后来南王村和北王村合并,形成现在的南北王村。

在山东肥城王家的代代传承中,位于肥城桃源镇的王姓算是一个老根,王瓜店镇王家坡村②、老僧台村也有王姓的人分布。王家能够追溯到的最早一代是王学奎的老爷爷,老爷爷名为王世兰,王世兰育有唯一的儿子王云执。王云执育有四个儿子,大儿子为王锡鹏,二儿子名字不详,三儿子为王锡范,四儿子为王锡庚,其中王锡范为王学奎的父亲。

(四)本分发展

王家在当地一直本分发展,没有遇到过很大的变故,在记载之中未曾发生过天灾、人祸,而这也印证了当初的王氏祖先选位置的高明之处。在此地定居,王氏祖先考虑到此地虽然算不上物资丰富之地,但是不会发生地震和特别干旱的情况。随着王氏处于不断的发展过程中,后来一部分王姓的族人开始慢慢地迁出南北王村。

---

① 北山现被叫作玉女山。
② 现叫车庙村。

王家历代是比较传统的农耕家族，以农业种植为生。后来王家在王学奎当家的时候开始经营副业，副业分为两个时期，第一个时期是王炳臣还没有出生的旧年代，第二个时期是1938年左右日本人进攻山东之前。

第一个时期是王学奎和自己的兄弟还未分家时，由于当时种植大烟不是触犯法律的行为，政府也不会插手农户种植大烟。王锡范由于身体状况不太理想没法掌管整个家庭，就由仅十七岁的王学奎当家掌管家庭，家里的耕种安排就由王学奎决定。由于家庭的人口越来越多，只种粮食已经无法满足整个家户人口的需求。王学奎决定开始种植大烟，大烟作为经济作物获得的收入要多于种地，王家这一时期以种植大烟作为维持生计的主要来源。

第二个时期是1938年左右日本人进山东之前，王学奎开垦了一片土地，而这片土地正好适合种桃树，王学奎就在新开垦的地上种了桃树。桃子从种植小苗到慢慢成长，到最后结出果实需要经历几年的时间，而王学奎种植的桃子成熟的时间正好是在日本人进入山东之后。由于王学奎种桃树有额外的收入，王家开始慢慢发展壮大，在王学奎担任家长的这些年当中，家中有二十多人共同生活，为村中许多农户所羡慕。

而王家在王学奎这一代分家的缘由也正与大烟收获之后的分配有关，时值大烟成熟的季节，王学奎安排自己的弟弟王学文去地里收割大烟，等天黑后，王学文收割完大烟回来，王学奎发现只有很少量的大烟。王学奎询问是什么情况，弟弟王学文[1]回答是关二爷显灵，关二爷自己收走一部分大烟。王学奎明白了弟弟的意思，弟弟是想要分家过日子，于是就提出分家。分家的时候王学奎直系的人口较多，劳动力多，干活的也多，日子过的比王学文家的日子要好。

二、家户基本情况

(一)二十口人大家庭

在1946年之前的生活中，王家有二十口人。王家劳动力的具体情况如下，二十口人中，有十五人为劳动力人口，五人为非劳动力。非劳动力分别为一岁的王兴安、十岁的王炳奇、十岁的王秀灵、十一岁的王秀珍、十三岁的王炳山。家中老人的数量为两口人，分别是当家人王学奎和其妻子孟氏。

王学奎有一个兄弟名叫王学文，早年已经分家生活。当家人王学奎和与妻子孟氏育有五个子女，其中老大出继到王家四支上的王姓人家，老二为王建龙，老三为王建章，老四为王建昆，唯一的女儿是第二个出生，嫁到马连庄。王家长期生活在一起，第二代有王建龙、王建章、王建昆。王建龙和其妻子李一氏育有两个儿子，王炳玉和王炳奇，另有一女王桂兰；王建章和其妻子李二氏膝下有一儿和一女，儿子名为王炳常；王建昆和其妻子赵氏膝下长子为王炳臣，次子王炳山，小女儿为王秀灵。

王家共同生活的二十口人当中，没有出现收养孩子的情况。家中有过继的情况存在，家长王学奎的大儿子出继到王家四支上的王姓人家当中，家里共同居住同灶共食的人全部都是亲属成员，没有管家、保姆、丫鬟、长工等外人。

---

[1] 在王炳臣大约4岁的时候王学文去世，王炳臣还记得在葬礼的时有人给王学文剃头。

表 5-1   1946 年王家家庭情况数据表

家庭基本情况	数据
家庭人口数	20
劳动力数	15
男性劳动力数	7
家庭际代数	4
家内夫妻数	7
老人数量	2
儿童数量	5
其他非亲属人员数	0

(二)王家成员

在王家生活的二十口人,基本都常年在家,很少出现外出的情况,只有王建昆出门当过国民党的兵,但是两年后又回到家中。

表 5-2   1946 年王家家庭成员情况表

成员序号	姓名	家庭身份	性别	年龄	婚姻状况	宗教信仰	健康状况
1	王学奎	家长	男	78	已婚	佛教	健康
2	孟氏	妻子	女	79	已婚	佛教	健康
3	王建龙	二儿子	男	39	已婚	佛教	健康
4	李一氏	二儿媳	女	39	已婚	佛教	健康
5	王炳玉	长孙	男	20	已婚	佛教	健康
6	桑氏	长孙媳	女	26	已婚	佛教	健康
7	王兴安	重孙	男	1	未婚	无	健康
8	王桂兰	长孙女	女	18	未婚	佛教	健康
9	王炳奇	五孙子	男	10	未婚	佛教	健康
10	王建章	三儿子	男	37	已婚	佛教	健康
11	李二氏	三儿媳	女	40	已婚	佛教	健康
12	王炳常	二孙子	男	18	已婚	佛教	健康
13	阴氏	二孙媳	女	20	已婚	佛教	健康
14	王秀珍	二孙女	女	11	未婚	佛教	健康
15	王建昆	四儿子	男	35	已婚	佛教	健康
16	赵氏	四儿媳	女	37	已婚	佛教	健康
17	王炳臣	三孙子	男	17	已婚	佛教	健康
18	邱氏	三孙媳	女	18	已婚	佛教	健康
19	王炳山	四孙子	男	13	未婚	佛教	健康
20	王秀灵	三孙女	女	10	未婚	佛教	健康

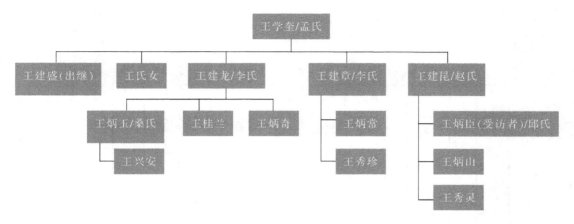

图 5-1　1946 年王家家户结构图

(三)王家房屋的布局与位置

王家所居住的位置位于南北王村的北半边,在区域上属于原来老的北王村,具体位置位于北王村后街的正中间。村中的后街就整个村中地理位置来讲属于较好的位置,由于村中前街的土地上已经建筑了较多房屋,没有空余的地方进行扩展和延伸。所以村里正好就在王家所居住的后街修建的道路,王家房屋的大门外就是一条大街,这条大街贯通南北王村东西两头,由于村中来来往往的行人众多,王家位置也被村中的大多数人所知。

从王家的建筑格局来看,东西方向长度较长,南北方向宽度比较窄。北边的屋子是三间草屋,东、南边的房屋是平屋。从王家周边的邻居来看,北面的邻居为樊姓人家,东面隔着一条胡同也有邻居,西边隔着一条胡同是一块闲置废弃的园子①。王家此处的房屋由于居住的人口较多,所以王家将房屋分为两个院子,一个东院子,一个西院子。后来随着王家不断有新人口的增加,仅仅这一处房屋已经无法满足居住的需要,王家开始寻找新的房屋以满足王家人对于房屋的需求。正好王家四世②上的一户王姓人家已经离开南北王村,举家迁到东北,于是在南北王村的房屋闲置下来,王家就借着给房子主人看家护院的理由住进这处房屋。新找的这间房屋位置与王家老房子距离不算远,在老房子西南方向几百米处。王学奎和妻子就搬进了这处新的房子,老房子依旧留给孩子们居住。虽然老人和孩子在房屋居住的形式上已经不住在一起,但是还在一个锅里吃饭,家里的家长依旧是王学奎。

王家周围的房屋有胡同的存在,王家的东面、西面都是胡同,其他人家想要走这条南北大街必须要通过这条胡同才能到达。由于南北王村中的那条河的河坝在河的北面,村中为了预防发大水,就设计让河流的更直一些,就对河流进行过一次改道。但这也导致一旦发水,泥土就会上翻,导致王家的房屋经常需要加固。

---

① 后来王建章在此修建了新的房屋。

② 往上追溯四代为同一父亲。

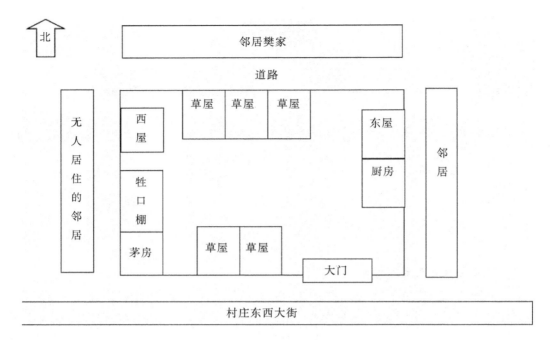

图 5-2　王家房屋及周围环境图

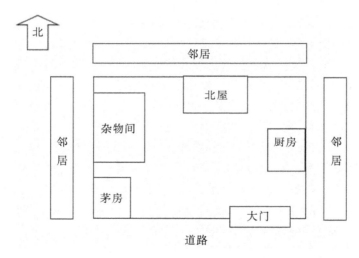

图 5-3　王家借住房屋及周围环境图

(四)中等家户,略有结余

在 1946 年王家分家之前,王家一共拥有的土地为六十亩地,王家一共二十口人,人均三亩地。十五个劳动力中,七人为男性劳动力,八人为女性劳动力,牲口的情况好于普通家庭,有一头驴和一头牛可以帮助生产。王家的房屋一开始为一处,房屋分为东院和西院以满足王家人口的居住,后来借用一处迁往东北的王姓人家的房屋居住。王家人主要依靠的谋生手段为土地种植,同样也是居住于南北王村的大部分农户最为普遍的一种谋生手段。农业种植的收获情况所取决的因素很多,在众多因素之中,土地能否及时浇水便成为重点。王家积极地修建水井或者与其他农户合用水井,保证自家的土地能够及时地灌溉,王家每年的收入基本可以满足全家人的支出。

表 5–3　1946 年王家家户家计状况表格

土地占有与经营情况		土地自有面积	60 亩	租入土地面积	0 亩	
		土地耕作面积	60 亩	租出土地面积	0 亩	
生产资料情况		大型农具	大车两辆、犁耙一套			
		牲畜情况	驴 1 头，牛 1 头			
雇工情况		雇工类型	长工	短工	其他	
		雇工人数	0	0	无	
收入		农作物收入					其他收入	
	农作物名称	耕作面积	产量	单价	收入金额(折算)	收入来源	收入金额
	麦子	20	300	—	—		
	谷子	10	300	—	—		
	玉米	20	300	—	—	收入共计	
	地瓜	5	350	—	—		
	高粱	5	300	—	—	未知	
	蔬菜	—	—	—	—		
支出	食物消费	衣服鞋帽	燃料	肥料	租金		
	—	—	—	—	无		
	赋税	雇工支出	医疗	其他	支出共计		
	—	—	—	—	—		
结余情况			资金借贷	借入金额	0		
				借出金额	0		

（五）较少参与政治

在 1946 年之前，王家的成员一直未曾担任过村长、乡长、保长、甲长等相关的职务，但是王氏族人当中出现过担任村长的情况。在王家所生活的南北王村虽然存在社会组织，但是农户间出现一些事务需要处理时，一般是由两方之间进行单线联系，很少通过社会组织来进行事务的处理。王家的人口为二十人，在规模上来说在南北王村算是中等偏上的人家，村里的人也都十分尊重王家，而王家并没有因为自己家户里的人多就到处插手别人家的家事，只专注于自家的发展。村中其他大姓的人家，例如白家、樊家等，有的热衷于参与村里或者掺和其他人家的家务事，由此来显示自家在南北王村的地位。王家从来不带头干一些出头的事情，也不和村子里的其他农户拉帮结伙。王家在政府里也没有靠的上的关系，一直以来都是本本分分地在家里种地，发展家业。

（六）中等家户

在王家 1946 年分家之前，王家的人口为二十口人，跨越四代人，其中王学奎及妻子为第一代人，建字辈的王姓成员及其配偶为第二代人，炳字辈的王姓成员及其配偶为第三代人，兴字辈的王姓成员为王家第四代人。在王家的家庭运行过程中，并没有严格的外当家和内当家之分，一般而言，重要的事务由家长王学奎来领头处理，当有其他需要进行买卖的时候，家庭成员也可以出主意。王家虽然人口达到二十人，家户的规模在南北王村来说算是人口较多，但是王家内部完全可以应付，不需要管家帮助管理务事，也不需要丫鬟来照顾生活起居。王家在日常的生活中基本都是王家的成员居住在一起，非亲属成员在特殊情况下会偶尔在家中过夜，但不会一直长期居住。随着王学奎年龄的增大，一些事务的处理就由王学奎的二儿子和三儿子共同商量进行处理。

在南北王村及其周边的村民社会当中，对于大户、中户、小户的说法并没有官方的严格的界限来进行区分，官方对于大户、中户、小户进行管理的方式和手段并无差别。根据村民的普遍看法，定义一个家户是否为一个大家户最重要的指标是拥有土地的多少，而一般而言土地面积在六十亩以上的家户才称得上是一个大户人家，但是土地作为一个先行指标也必须参考人口的数量来进行判断。同为南北王村的白家可以称得上是大户，白家在分家的时候有三个兄弟，三个兄弟平分家产和土地，各自成立自己的小家庭。成立小家庭之后，由于三个兄弟的生育状况不同导致各自小家庭人数不同，三个兄弟中，小家庭人数最多的慢慢地发展成为大户，家庭人数少的、发展的不好，家里就开始走下坡路。由此也可以看出土地是划分是否为大户的标准中主要的决定因素，在土地达到当地人所谓的大户标准后，第二个考察的因素是家庭的人口数量，大户一般来说人口会相应较多。从人口上来说，王家作为二十人共同生活的大集体，在南北王村这个地方来说仅有白家和樊家的人口能够比肩，王家的家长王学奎比较保守，王家在参与村里和周围的一些正式的官方事务时，自己从来不发表意见，也不允许自己家户里的人就相关事务发表意见。

王家迁移到本地的时间要从王家祖先从山西洪洞县迁移到此处开始算起，从年份上看属于资历最老的农户。在南北王村的其他农户中，有户白姓人家是最新的农户，是在王炳臣年纪尚小的时候迁移过来的，白姓人家由于自己的父母亲已经去世，而南北王村居住着他的舅舅，因而搬迁到南北王村进行居住，白家也开始在南北王村有所发展。樊家在南北王村也算是老户，樊姓具体是什么时间来到南北王村的不详。

第二章　家户经济制度

王家经营着六十亩土地,以农业作为主要的收入来源,分配过程中以王家内部成员作为分配对象,消费均以整体家户作为单位。王家的房屋仅仅能满足居住,房屋的使用较为独立,家中农具较为充足,生活资料未曾有过不足。王家较少借贷,经济交换也较为少见。

一、家户产权

(一)家户土地产权

1.人均三亩土地

王家在未分家时共二十口人,共同经营六十亩土地,平均每人三亩土地。王家在分家之前,土地的数量没有出现大面积的增加或者减少的情况,基本维持在六十亩地的状况下不变。在王家所拥有的六十亩地当中,有三十亩地靠近村子的边缘,位于两个村庄边界线的地方,这三十亩地其中有二十亩算是比较好的土地,因为这二十亩土地能够进行灌溉。剩余的十亩土地位于村子南边的山坡之上,属于靠天吃饭的土地,因为没有办法进行灌溉,并且南边的地势较高,山上的泥土受到河流的不断冲刷,一部分土地不断地被水侵蚀、冲走。

2.土地大部分继承而来

王家在王锡范当家时期购买过一些土地,具体的购买数量没有准确的记载,后来王学奎和王学文二兄弟分家,王锡范将自己的土地分给兄弟二人。王学奎在分家时从王锡范手里拿到大约六十亩土地,剩余的土地就分给王学文,兄弟二人从此分家过日子,互不干涉。王家在后来的生活中也没有出现过别人赠与土地的情况,因为王家本身的土地数量足够,没人会赠与土地。王家已经拥有六十亩土地,足够耕种,也没有出现过购买别人土地的情况。在南北王村这个地界,早在新中国成立之前,附近的土地已经出现无荒可开的情况,因为能够开荒的地基本都已经开荒完毕,甚至是在南北王村附近的山上都是修建的梯田,村中土地的绝对数量已经达到最大的程度。

3.家户所有

(1)王家集体所有

王家的六十亩土地属于王家所有成员共同拥有,不存在与其他人家共有土地的情况。王家的小家庭中不存在私房地的情况,一方面是王家没有给小家庭分过私房地,另一方面王家嫁进来的媳妇也都没有带嫁妆地、嫁妆田。王家的老人在年老之后没有留一部分土地作为养老地,都是儿子轮流进行养老。

王家只有在王学奎的三个儿子王建龙、王建昆、王建章分家的时候将土地进行分配,三兄弟分家的时候,按照平均分配的原则来划分家里的财产和土地,而不考虑每个儿子的小家庭人口的多少。

（2）个人手中没有土地

王家人一起种地、一起生活，没有把地按照家庭成员进行一定的分配，土地以全家人共同拥有的名义存在，在名义上每一个人都拥有土地。出嫁的闺女在王家并不享有王家土地的产权资格，在南北王村流行着"嫁出去的姑娘，泼出去的水"，闺女始终要嫁人离开王家，所以不拥有王家的土地产权。针对嫁进王家的媳妇，有一个顺口溜是"养起猪，买起圈，娶起媳妇，管起饭"，虽然儿媳在王家的地位不受到重视，但是也需要养活，王家也不会不管儿媳的死活，嫁进来的媳妇在名义上享有对土地的所有权，但是这种所有权是依附于王家的男人而存在的。对于王家来说，妇女拥有土地的所有权分为两种情况，一种是妇女的丈夫还活着的时候，土地的所有权属于男人所有，妇女在名义上也拥有土地所有权。第二种是在男人去世之后，妇女可以作为去世丈夫的替代，代为拥有土地的所有权，但是妇女一旦改嫁离开王家，就没有资格带走王家的土地。

（3）集体所有，利于团结

王家的土地所有权实际上由王学奎这个家长所实际拥有，而且享有相当大程度的支配权。按照王家的观点，一家人一起生活，土地由家里所有人共有，饲养牲畜就成为可能。牲畜是农业生产当中的重要工具，集合王家二十口人之力可以承担养牛、骡子的总费用，一旦将土地分到每一个人的头上，谁也无法负担得起养活一头牲畜的成本，一旦农业生产只能依靠个人的劳动力，农业生产的效率就会变差，也会使得整个家户的总体收益变差。在1948年之前南北王村东部和西部的土地出现过大面积毁坏的情况，在其中也涉及到一部分王家的土地，由于王家的土地归家中二十人共同所有，王家损坏的土地由家中所有成员共同承担相应的损失，一旦土地分到每个家庭成员的头上，家庭成员只会对属于自己那一块土地比较重视。总的来说，土地属于王家集体所有，有利于家庭的和睦，王家的力气都往一个地方用，更有利于王家的发展。

4.土地有界

（1）从"桑树墩子"到"石界"

在南北王村，每家每户的土地之间都有界限，一开始每家每户之间通过"桑树墩子"来确定土地的界限。但是在农业生产中，村民们发现只通过"桑树墩子"来划分界限可以钻空子，因为如果土地一侧的村民经常松动"桑树墩子"周围的土地，"桑树墩子"就会往另一侧有偏向性的生长，而可以移动的"桑树墩子"作为土地的边界就不那么准确，农户之间也因此产生过许多土地边界纠纷，有的时候甚至会闹到官府。

后来，为了避免频繁出现类似的土地纠纷，各家各户开始使用新的土地边界——石界，以石头为界线，严格的划分每户的土地。在1948年之前的南北王村，各户土地界限的确定，是通过"扎地"这个过程来实现的。"扎地"这一过程并非由官府派人指导来完成，而是村民各户之间的家户行为。由于农村人文化程度都不高，即使有上过私塾或者学校的人也没有学习数学、测量等一些课程，扎地这一过程也不可能由农户独立自主完成，而是要请专门的先生来进行扎地。而扎地这一过程不仅需要专门的先生，还需要专门量长度的工具。有的村民提议利用走路的步数就可以计算出长度，但是大部分村民认为仅仅依靠先生的步数来确定长度，人为的主观的程度太大，一大步和一小步之间的距离差距就很大，一旦扎地的先生被其中一家所收买,就会造成对另一家不公平,所以通过走步来测量长度的方式没有被村民所接受。在南北王村的庙门上有一根长为五尺的杆子,这个杆子的标准是依照官府里的标准来打造成的,村民们对这个杆子所代表的标准都十分认可,丈量土地的工具就决定了下来。对于大片土地而言,扎地比较容易操作,遇到形状不规则的土地,村民无法计算出各家的面积,只有先生会算。当先生提出该如何划分、为什么这么划分,每家每户也会进行商量,最终拿出一个统一的意见,一旦最后的石界确立,就没有办法再后悔,石界一旦被破坏,就需要及时地修补石界。

(2)土地由继承而来

当通过"扎地"的方式确立各家各户土地的石界后,每户人家的土地就已经被严格区分开来,王家的土地只有王家人才可以耕作和使用,外姓人家或者是已经分开家的王姓族人在不经过同意的情况下,无法对王家所享有的土地进行占有和使用。王家土地的继承权由王学奎的孩子享有,其他外姓人家不享有土地的继承权。在王学奎的孩子之中,大儿子由于已经出继到其他人家,不再享有王家的土地继承权,王学奎的女儿嫁到马连庄,已经算是"外人",也不享有王家土地的继承权,对王家的土地实际上享有继承权的人只有王建龙、王建章、王建昆三兄弟。王家的王学奎和王学文早年已经分家,在分家后两兄弟的土地各自耕种,无法对兄弟的土地进行耕作和继承,只有找兄弟帮忙的情况下,兄弟才可以对自己土地进行耕地、播种、收割等相应的行动,兄弟不能随意处置。

(3)自家土地,心中有数

在1948年之前的农村社会当中,大部分家庭的主要收入都是来自于种地,王家的大部分精力也都是放在种地上。王家的种地任务基本落在王建龙和王建章身上,但是在农忙时节遇到割麦子、收棒子①等比较忙的农活时,王建龙、王建章两个人不能承担全部农活,王家就会派出全家人都一起干活。王家的老人会对地里的农活进行相关的指导,什么时节应该干什么样的农活,以免耽误重要的时节。王家的小孩在小时候就跟随家长到田地里,孩子就在田间地头里玩,对自家的土地也了解。王家的妇女在平时也并不清闲,同样处于很忙碌的状态,冬天纺棉花、织布,夏天纳鞋底、做鞋、做衣裳,但等到农忙时节,妇女们也必须停下手中的活儿去地里帮忙。所以王家的每一位家庭成员基本上都以一定的方式参与到家庭的农业生产当中,每一位家庭成员对王家所拥有的每一块土地都十分清楚,知道哪些土地归王家所有,心里很清晰,外人不能随意对自家的土地进行侵占和损坏。另外,每家每户的土地都有政府开具的文书作为凭证,每户人家在心中也都拥有关于土地归属的意识,王家人不会主动去侵犯他人的土地,但是一旦出现自己土地被侵占的现象,也不会忍气吞声,一般会直接拿出文书来说理,如果僵持不下,会到县里打官司来解决这个问题,官府根据文书就可以直接判案。

(4)自家分配

王学奎早年和兄弟王学文已经分家,王锡范作为父亲,在分家的时候对两兄弟所应分到的土地进行了严格的划分。在分家之后,土地的经营权和所有权的归属很明确,分给谁的土地谁就对土地享有完全的经营权和所有权。虽然兄弟二人的土地在分家前均来自王锡范,但是分家后,王锡范对两个儿子的土地也失去所有权、经营权,其中一个兄弟对于分给另一个

---

① 棒子:方言,意为玉米。

兄弟的土地也不享有所有权和经营权。真实的情况是,许多家庭在分家之后,兄弟二人虽然获得同样数量的土地,有的兄弟日子过的红红火火,有的兄弟却越过越穷,原因就是兄弟二人的农业生产能力不同,导致生活的状况也不相同,但即使兄弟家的日子很穷,另一个兄弟也不能不经过允许,直接帮助兄弟,对兄弟的土地进行生产。

王学文、王学奎分家的时候,王学文的小家庭里有妻子、一个儿子和三个女儿,一共只有五口人家,而王学奎这边的小家庭后来发展到二十人的大规模。至于分家的原因也与土地有一定关系,王学文、王学奎两兄弟在一起生活,吃住、分配粮食都在一起,王学文感觉不公平,因为王学文自己这一支的人数少,只有五个人。但是王学奎这一支的人数多,在吃饭、分配粮食的时候,全都让王学奎这一支的人分走粮食,因此王学文心里很不平衡,于是就萌发了分家的念头。分家的时候,王学文并没有因为小家庭的人少,而分到的土地少,兄弟二人分到了相同数量的土地,由于王学文对于农业技术的掌握不如王学奎的家庭所掌握的情况好,种地的效率不如王学奎这边高,再加上王学文小家庭的人口较少,劳动力少,生活上就比王学奎差了很多。

分家之后,王学奎分到的土地由王学奎所在的家户共同拥有,但是在实际的运行当中,家长王学奎后来因为年岁较大,不再具体参与到土地经营的每一个细节当中,仅仅是加以指导。王家的六十亩土地在日常的经营过程中,如种什么作物、什么时间浇水、什么时间收割都由王建龙和王建章一起商量、共同决定,妇女和小孩在平时不参与土地的经营。因为种地并不是一个简单的事务,妇女和儿童在种地这一方面的技术一般会差一些,所以王家的妇女、儿童也不会轻易地提出一些意见。但是,如果其他家庭成员对农耕安排有一些建议,也可以主动提出,建议合理的话也会被采纳。当地里的粮食成熟之后,地里的所有产出归王家整个家户所有,粮食会统一收到王家的粮仓之中,在全家食用这些粮食的过程中,王家二十口人一起享用,大家在一口锅里吃饭,吃饭的时候也不是说严格的平均分为二十份,也不会因为某一个人吃得多、某一个人吃得少而发生矛盾,吃得少也不会要求补偿自己少吃的部分。

5.家长支配

(1)家长支配,无人反对

对于南北王村的普通家庭来说,卖出自家土地的情况只有在遇到重大的家庭困难时才会出现,只要是能通过借钱或者典当的方式渡过难关,就坚决不会卖地,因为土地是家庭的命根,没有土地的农民,家庭就丧失很大程度的经济自由。如果家庭的困难已经到无法支撑的程度,卖地维持生计是最后的手段。但是卖地也不是农户自己就可以卖出去,一般会先请先生写一个卖地的文书,文书的内容一般包括所卖地的亩数、卖地的价格、要卖的地的位置等。如果有人看中这块土地,想要购买,买卖双方还会经过一个讨价还价的过程,双方就价格达成一致之后就可以进行土地和金钱的交付。土地的买卖过后,需要到县里进行最后的过户,如果土地不进行过户就没有保障,拿到土地的文书才算是真正得到了土地的所有权。出卖土地的时候,一般是会优先考虑自己的兄弟、邻居等自己熟悉的人,如果这些人中没有人有买地的意愿,再到外面寻找其他有意愿的人选。卖地的首要人选也不绝对是先卖给亲兄弟,如果两兄弟在分家或者是其他问题上关系处理得不好,兄弟两家的关系很差,卖地的一方也享有对自己土地买卖的自主权,即使买地兄弟特别想买兄弟的土地,卖地的兄弟也可以完全拒绝对方购买的要求。王家的土地在实际运行中并没有将土地私分给小家庭的情况,但是在邻居白家的小家庭当中就存在私房地，白家的一个儿媳在嫁到白家的时候，女方陪送许多嫁妆，在小家庭内部，女方会用陪送的嫁妆置办一些土地，对于这些土地，小家庭自己说了算，并不受整个大家庭的支配。

（2）土地买卖

王家在土地买卖过程中，由家中的王学奎来做主，决定卖地的安排。王学奎也会找他的三个儿子王建龙、王建章、王建昆共同商量进行决定，王家的妇女一般不会参与到土地买卖的事务当中。王家内部决定之后，不需要告诉四邻、家族、保甲长，只要王家内部达成一致意见后就可以进行。

（3）土地租佃

王家的土地在日常运行中，并没有出现长年出租家中土地的情况，因为家中六十亩土地的规模，家中的劳动力完全可以耕种过来。在土地的租佃过程中，优先选择的出租对象是自己的亲兄弟、街坊四邻等亲近的人，如果这些人中没有人有租土地的意向，会再到外面寻找租地的人选。

（4）土地置换

王家的土地没有出现过置换的情况，一般而言，土地置换过程中，两家的家长起主导作用，确定了两家置换土地的位置、大小之后，要去到县里进行登记，登记完成之后才算是置换成功。也出现过两家临时换地耕种的情况，但是这种情况并不常见，一般而言，两家换地耕种之后，过一段时间再换回自家的土地，在这种临时换地的情况下，就不需要再去县里登记。

（5）土地典当

王家的土地出现过典当的情况，是由家长王学奎决定的。典当土地是因为王学奎的大儿子要争夺过继权，而这一过程需要花费许多钱。花费源自两个方面，一方面，官府判案子不是免费的，打官司的常规费用包括找人写诉状、来回路费的花销是必须的费用，另一方面是打点县里当官的人员，这方面的钱是很大的一部分。算下来之后，王学奎考虑到需要花费的钱不少，而王家一时拿不这么大的一笔钱，为了能够迅速筹集到钱，王家决定先将土地典当出去，暂时获得一部分收入。

出于无奈，王家将土地典当出去一部分，用以支持争夺过继权过程中的各项花费。在南北王村，典当土地一般是将土地在一定期限内抵押别人，来获取一定的金钱，在一段时间后还本付息后再将土地收回手中。而典当土地的价格一般会低于土地的市值来给付金钱，例如同样是一亩地，如果土地的价值是十块钱，典当给别人之后，只能拿到八块钱左右。典当的价格之所以会这样是因为如果典当后直接不再赎回土地，受典的人也不至于吃亏，因为最终出典人也要收回土地，即使现在拿到手中的典当费用少一些也没有关系。王家的土地典当不同于村中大多数农户家所熟悉的经典的典当形式，王家的典当并没有通过典当行，王家通过把土地典当给别人获得金钱，用以流通。一般意义上的典当，王家需要支付金钱用以赎回土地，而王家典当土地的对象是同为王家的一户人家，王家将土地典当给这户人家后，在典当期间土地的出产物归受租人所有。王家典当土地，一方面具有获得流通资金的典当目的，另一方面将土地的经营权进行出租用以抵偿典当的费用。不同于典当古董、字画，一般典当土地的期限是以收割完粮食的时节为限，因为土地典当给他人之后，可以在土地上进行种植，而种植的作物成熟之后是由收当人所享有。

6.家长支配各类土地活动

（1）家长决定

王家在土地买卖、租佃、置换、典当等活动中，一般是家长王学奎首先提出各类想法，然后由王建龙、王建昆、王建章三个兄弟共同商量决定。王家的女性较少参与这些事务的讨论，因为王家的妇女对家中土地的了解程度不如男性高，对譬如家里的哪一块地的土质比较好、哪个地方的灌溉情况好等土地的细节了解不够深入，一般也不会主动参与到土地方面的讨论当中。

（2）成员默认

土地买卖对于王家而言是一件大事，家长王学奎具有相当的支配权利，但是也会与家中的重要劳动力王建龙、王建章、王建昆三兄弟进行商量。买土地时，三兄弟可以帮忙分析土地的质量如何、灌溉情况如何、价格是否合适，继续买地家里是否能够耕作得过来等问题。卖地一般是家中的情况比较危急，一般而言会先想别的办法，如果实在没办法必须卖地的话，王建龙、王建章、王建昆三兄弟也会一起努力把土地卖一个好价格，有钱之后再及时地把土地给买回来。女性较少参与到买卖土地的讨论当中去，因为女性一般都在家中做家务事，不是土地的"明白人"，乱说话也会让王学奎感到不高兴。王学奎如果自作主张卖掉或者买入一部分土地，家里的人也没有办法，也没办法提出反对意见，不过一般王学奎会与家里人商量过后决定。如果王学奎不在家，买卖土地肯定不可能成功，王学奎作为王家的家长掌管家中的大小事务，家长不说话谁也不敢提买卖土地的事情，即使王建龙、王建章、王建昆三兄弟商量一致决定需要买卖某一块土地，也会征求王学奎的意见。王学奎不同意的话就无法买卖土地，因为家里的土地文书由王学奎保管，没有文书就没有办法进行土地过户，买卖也就没办法成功。

（3）自耕自地

王家的土地有六十亩，家中二十口人正好一人三亩地，可以说是比较合适的土地规模。王家不需要再租种其他人的土地，如果租种土地，王学奎一般也需要和王建龙、王建章、王建昆三兄弟商量，因为只有王学奎一个劳动力无法负担租种土地的耕作，主要的耕作任务落在王建龙、王建章、王建昆三兄弟的头上。三个兄弟会根据所租种土地的情况提出自己的建议，王学奎也会慎重地听取兄弟三人的意见。如果家长王学奎不在家，一般不会建立新的租种关系，会等到家长王学奎回家之后决定。

（4）土地典当，成员接受

王家出现过典当土地的活动，在典当土地的过程中家长做主，其他家庭成员中，王建龙、王建章、王建昆三人可以出出主意，谈谈看法，王学奎也会认真听取他们的建议。王家的妇女在土地的典当活动中一般不会主动地参与，王学奎和王建龙、王建章、王建昆商量的时候也不会询问家中妇女的意见。如果当家人王学奎不在家，一般会等王学奎回家后才能决定是否要典当土地。

7.土地产权，不可侵占

（1）侵占类型

王家没有出现过土地被侵占的情况，在南北王村土地被侵占的现象很少发生。因为每家每户的土地都有文书作证明，文书上都会有明确的土地图，地块的形状、每个地边的长短、角度都会标明。如果土地出现需要变动的情况，要到官府对土地的文书进行修改，买卖地块所处的位置、地块的形状、大小、长短，哪一边靠着谁家的土地都要清楚地标明，双方最终签字确认后，土地的文书才算作有效。没有经过官府确定私自拥有的土地就属于黑地，政府一旦发现后，会直接对黑地进行回收。侵占土地的现象一旦发生，官府会为农户做主。

（2）侵占条件

一般出现侵占他人土地的情况，大多是大户人家欺压小户，或者某家农户欠了大户人家的钱还不上，大户强行把农户所有的地都侵占掉。邻里关系相处不好的，两户之间可能会出现打、骂的情况，但是直接去侵占对方土地的现象很少发生。在一个大家庭当中，属于小家庭内的私房地一般也会被村民认为是农户家的地，不会随意侵占。

在村中，寡妇一般比较弱势，在村里王学奎有一个三服以内的婶婶，这个老人家的子女都不在村中居住，只有一个孙女在本村生活。后来，孙女的丈夫去世，老人和孙女二人相依为命一起生活，可以算作两个寡妇组成一个小家庭。由于家中没有男人，只能是老太太当家。虽然老太太的家仅有一亩土地，但是这一亩土地正好靠着一口水井，地里的庄稼干旱的时候，老太太就找人帮忙浇一下地，只要庄稼在关键的浇水期不旱死，地里就能产出粮食。祖孙二人居住的房子只有两间小屋，空间比较小，但是家里的菜园子较大，还空着一部分没有种菜。老太太的邻居看到菜地空余出一大块土地，想把自家菜园地往老太太家扩展一点儿，好让自家多种一些菜，反正两个寡妇家的菜园子也空闲不用，就准备开始平整土地。王学奎路过老太太家，看到情况以后，建了一个围栏，把两家菜园地的界限进行确定，邻居自知理亏，后来也就不了了之。

（3）反抗侵占

一般而言，强占别人家的土地也不现实，因为各家各户都有土地的文书，上面对于土地的证明十分详细，不论是位置、形状、长短都十分清晰，文书上面还盖着县里的大章，一般家里出现土地变更的情况，也会及时到县里过户。王家的土地出现被侵占现象后，不会忍气吞声，会进行反抗。一般王家的家长会出面，与对方进行接触，拿出地契来进行抗衡，周围的邻居、村长看到之后也会出来帮忙调解。如果调解不成，王家会直接拿着"地扎子"去县里打官司，县里有明确的土地文书记载，一旦土地被侵占之后，就可以直接根据备案的土地情况来判案。土地的文书可以说是家里比较重要的东西，一般是由家长进行保存，一般文书放到一个地方之后就不会轻易地拿出来观看。土地文书的盖章、更改需要花钱，只有在土地变更、出现土地矛盾和纠纷的时候才会拿出来。

8.各家土地，外界承认

（1）村民认可王家土地

南北王村的村民都承认王家六十亩土地的所有权，一般与王家的土地相邻的农户对王家土地知道得比较清楚，其他村民了解较少。南北王村的村民对于不属于自家的土地不会侵占，如果看上某一块土地，想要进行买卖、租种、交换也会与土地的所有人进行商量，达成一定的协议后才能成功。如果双方没有达成一致的意见，没有办法对对方的土地采取强制措施。王家的小家庭内部没有私房地，所有的土地都是王家人一起耕种。

（2）家族保护王氏族人土地

王氏家族承认王氏族人所拥有土地的所有权，不会干涉王家人在自己的土地上耕作、收益的权利。王家的祖家并不会登记王氏族人土地的情况,但家族内都是王姓族人,谁家的地大体在什么位置都有所了解。王氏家族没有出现过以家族的名义侵占王姓族人土地的情况,即使需要某户王姓族人的土地,也会与这位族人商量,不会直接就以家族的名义直接进行征用。如果王姓族人不同意家族的土地安排,家族也没有办法进行强制的买卖、租用。王氏族人的土地出现被别人侵占的情况后,王氏族人可以寻求祖家的帮助,家族也会帮助王氏族人处理和协调土地纠纷。

(3)村庄认可

在南北王村内部,村长承认每一位农户土地的所有、耕作、收益的权利,虽然村长并没有登记村中每一位村民土地的情况,但是村长大体知道每一位农户的土地位置。村长并没有权利侵占村中农户的土地,不会直接买卖、租用、置换农户的土地。一般在村庄内部,不会出现征用土地的情况,即使出现也会和农户进行协商。一旦王家的土地出现被外人侵占的情况,王家人可以寻求保甲长的帮助,保甲长会在其中协调。

(4)"地契保护",产权明晰

王家所在的县政府不仅承认王家土地的所有、耕作、收益的权利,而且只要在该县政府管辖范围内,所有农户的土地权利都会予以承认。县政府会给每一个农户"红头契约",村民都俗称为"地契",地契的存在使得每个农户的土地所有权得到合法的保障。在一般情况下,县政府作为土地产权的"保护者",不会主动侵占农户的土地,更不可能直接出现对农户自己所有的土地进行买卖、租用、置换的情况。即使县政府出现需要征用农户的土地情况,也会与农户进行协商,商量好征用的价格或者用地来换地。一旦村民之间出现土地方面的纠纷,双方不能协商解决,可以直接到官府进行告官,县里根据农户登记在册的土地进行宣判,能够十分有力地保护农户的土地产权。

王家的邻居有一户是樊姓人氏,樊家当家人的姥姥家是尚里村人氏,在尚里村有一个大户叫作李子英。樊姓姥姥家的房子正好在李子英所拥有的众多房产的中间位置,李子英想让自己家连成一大片,好对自家的所有房屋进行统一的保卫和防护,于是想侵占樊家姥姥家的房子。李子英是尚里村的大户,他想出一些小办法,想赶走樊家姥姥,但是樊家姥姥一直没有要离开的想法。因为樊家姥姥的屋子正好被李子英的众多房屋包围,变得十分安全。在农村的土匪、小偷很多的情况下,由于李子英家里有枪,可以看家护院,李子英在保卫房产的过程中正好也顺带保护樊家姥姥的安全。李子英自知强占不可能成功便与樊家姥姥协商,在给樊家姥姥大量补偿的情况下,樊家姥姥依旧没有答应,李子英也无法强迫,只能作罢。

(二)家户房屋产权

1.房屋拥挤,勉强够住

王家的宅基地面积大约有六分地左右,折合为四百平方米。王家的房屋基本上都是草屋,平房的数量较少,王家的院子整体上东西长、南北宽。由于王家的人口较多,于是王家将住处分为两个院子,一个东院、一个西院。王家的房屋上都有窗户,用以通风和采光,不同方位的房屋窗户的朝向也不同。南边屋子的窗户既有朝北的窗户,也有朝南的窗户,北边屋子的窗户都是朝南的,因为北边有农户居住,即使自家想开朝向为北的窗户也不被邻居所允许。房屋西院的部分,孟氏圈起一个角落,用来喂养牲畜。孟氏喂养一部分鹅和鸡,鸡鹅的粪便和土混合后成为子泥,也可以当作肥料使用。王家老房屋传承的时间较长,房屋基本上没有修建和修补过,草屋上面的顶棚是用干草覆盖,比较容易腐烂,棚草腐烂之后,王家会重新规整一下草屋的草顶,防止漏雨。

房屋是由土质材料构成的,在房屋与地面接触的部分有"垫脚",垫脚起到稳定房屋的作用,当下雨或者发大水的时候防止房屋的地基被冲散,起到的作用是避免房屋的倒塌。王家在王学奎和王学文没有分家的时候曾经购买过一处房屋,后来兄弟二人分家,分给王学奎二十口人居住的房屋中就有王学奎、王学文尚未分家时购买的房屋,但是购买房屋是在王炳臣出生以前所购买的,具体的购买情况无从得知。

2.房屋来源:继承

王家的房屋是家长王学奎与其兄弟王学文分家时得到的。王锡范考虑到两个儿子以后需要分家过日子,就给王学奎和王学文兄弟二人置办和修建了一些房屋,分家的时候王家一直居住的祖屋分给王学文那一边的小家庭,王学奎分到的房屋当中并没有祖屋,都是王锡范后来修建的新房屋。分家时分给王学文的祖屋传承了有几代人,具体修建的年代尚不清楚。在王家的传统观念之中,祖屋在一般情况下不能随意拆除和重建,因为祖屋在一定程度上是王家世代传承的重要载体,拆除和重建必须与自家人商量之后才能决定,修建祖屋的费用,谁居住就由谁来支付。分家之后,随着王学奎与孟氏不断的生育,家庭人口变得越来越多,房屋变得越来越挤。由于人口多消费大,也没有多余的钱攒下来盖房子,所以房屋的数量也没有随之增加。

3.王家房屋归家户所有

(1)房屋家户所有

房屋的所有权都在家长王学奎的名义之下,但也是整个王家共同所有,即使某一个房间分给了某个小家庭居住,也仅仅是能够居住,房屋还是归王家全体人员所拥有。王学奎享有分配的权利,哪个小家庭住在哪个房间里都是王学奎来进行安排。虽然王家将不同的小家庭分到不同的房间居住,但是并不意味着小家庭对所居住的房间有绝对的所有权,王家的房屋每个成员都有份。如果某个小家庭的孩子比较多,原有的房屋住不开后,王学奎就会进行调换,调换并不是直接下命令式的强行调换,也会与涉及的小家庭商量。王家所居住的房屋都是王家的私有产权,没有出现过和其他人家共同拥有的情况。在王家,闺女嫁出去就不会再为女儿留下一间房屋,家里的儿童大多数情况下跟着自己的父母居住。王学奎居住在北面的堂屋里,算是有三小间房屋,空间比较大,炕也比较多,小家庭里的孩子住不下可以住在王学奎的屋子当中。

(2)房屋产权,全家有份

王家的房屋属于全家人所有,无论家里的男人、妇女、小孩都有房屋。王家的房屋是由王学奎统一安排分配的,外出打工的人如果暂时不在家,会把空出的房间让给他人先使用。王家的女儿不享有王家房屋的所有权,因为王家的闺女迟早要出嫁,闺女的房屋是由嫁到的男方家里负责,无论是家里的老闺女还是没有出嫁的闺女,虽然可以在王家居住,但是不享有房屋的所有权。入赘的女婿改姓之后也就属于王家的人,和王家的女儿组成小家庭,同样拥有房屋的所有权。王学奎与王学文分家之后,虽然二人还是兄弟关系,但是各家的房屋都归自己的小家庭所有,兄弟不拥有自己家房屋的所有权。父母在分家时将房屋分给儿子,父母也不再享有房屋的所有权。家里的其他非亲属成员比如保姆、长工,虽然可以在家中居住,但是仅仅能居住,没有房屋的所有权。

(3)房屋调换

房屋属于全家人所有是最好的选择,可以统一进行调配。王家二十口人一起生活,共同居住,每一个房间都是王家所有人共同拥有,只是分别被安排住在不同的房间。如果将房屋直接分到每个人头上或者是分到小家庭,一旦有小家庭住不开的现象发生,调换房屋就变得困难,有的小家庭觉得自己的房屋好,就不会同意调换房屋,就会导致不团结。

4.房屋边界清晰

(1)扎地确定边界

王家的房屋和周围邻居有明显的界限,和土地界限的确定有些类似,也是通过类似"扎地"的过程确定农户房屋之间的界限。一般的房屋都是有滴水的,滴水一般会探出扎地杆子"二分"的长度,也有"一分半"和"二分半"杆子长度的,一般没有严格的规定。屋子的四周都会有墙,王家在自家的地界里可以根据实际情况有自己的安排,不会被其他人家所打扰。王家房屋四周都有隔墙,邻里之间也不可能直接穿过隔墙,把房屋建到自己家里来。一旦邻居盖的房子超过王家这边的房屋线,可以直接去到县里打官司,让县里的人一量就可以分明。

(2)王家使用

王家的房屋归王家人所有,王家的二十口人都有权利使用。外人如果没有经过王家人的同意,不可能居住和使用王家的房屋,如果需要借用,需要告知家长王学奎,双方谈好价格或者是免费借用后,外人才可以对王家的房屋进行使用。分家之后各兄弟的房子属于每个小家庭所有,但是王家的兄弟之间关系较好,出现过居住在兄弟的房屋中的情况。在王建龙、王建章、王建昆三兄弟分家后,王建章的房屋不够家庭的居住,需要时间新盖房屋,王家人也不能看着王建章没有房屋居住在大街上,就让王建章暂时的居住在兄弟的家中。

(3)对房屋认同明确

王家的每一个人对自己所居住的所有房屋都有明确的认同,都知道这些房屋归王家所有,王家对于自己和邻居房屋的界限了解得很清楚,王家的房屋本身就很紧张,一旦被侵占,一定会反抗。

(4)房屋管理

王家的房屋由王学奎来进行日常的管理,但是买卖、拆除、修缮、重建等比较重大的事务,王学奎拿不准注意,也会找王建龙、王建章、王建昆三个儿子来商量。外人不能干涉王家关于房屋的事务,分家后的父母、兄弟也无权干涉,最多可以提一下建议,接受还是不接受建议,全看家长王学奎的想法。王氏家族和南北王村都没有权利干涉农户自家的房屋的处置,如果需要帮忙,关系不错的族人和村长都会前来帮忙。

5.家长支配,家人听从

(1)家长支配

王家的房屋在买卖、典当、出租、建造等过程中,王学奎是实际的支配者,一旦王学奎不同意,便无法成行。买卖房屋的时候,一般也会优先询问自己的兄弟、族人、街坊四邻等与王家关系好的人,这些人没有想买的话,一般就会联系中间人介绍。一般而言,很少出现买卖房屋的情况,买房子、卖房子不是说双方达成一致就可以,还需要到县里过户文书、请人扎地。如果家长不在家,房屋的买卖、典当、出租、建造就没办法进行。如果当家人是女性,一般也会和自己的亲戚商量，帮忙拿主意。如果是儿子当家，也会征求父母的意见。如果是兄弟当家，也提前知会其他兄弟，了解其他兄弟的意愿。

王家二十口人，哪些人住在在哪个房屋中，都由王学奎负责安排，因为王学奎对哪个房间多大、可以住多少人都有明确的判断，一旦有新成员的加入，比如王家娶新媳妇进门或者有新婴儿的出生，不需要小家庭的提醒，王学奎就会自动对房间进行协调与安排。

（2）当家人有权买卖

王家二十口人居住的房屋是王学奎与王学文当年分家时候的所得，王学奎从父辈那里分到的是王锡范新盖的房屋，而分给王学文的房屋是王家一直传承下来的祖屋。如果需要卖祖屋，需要事先征询兄弟的同意，看兄弟是否需要祖屋。当然这个并不是一定的，如果兄弟之间的关系不好，分到祖屋的兄弟直接卖掉也有可能发生。王家没有买卖过房屋，即使买卖也不需要跟外人商量，只需要家庭内部意见一致就可以。买卖房屋不需要请示四邻、家族、保甲长，如果其他外人不同意，也不会影响王家正常的买卖活动。一般买卖会优先卖给自己的兄弟、族人、邻居等自己比较亲近的人。如果当家人不在家，买卖房屋的事情家里的其他人也不能做主。如果当家人是女性，也会与亲近的人商量进行。如果是儿子当家，儿子也会告知父母。如果是兄弟当家，也会告知自己的兄弟。

（3）家长决定是否出租房屋

王家的房屋比较紧张，能够满足二十口人的日常居住已经比较困难，没有出现过出租的情况，但是后来出现过租住别人的房屋的情况。王家的房子没有装修和新建过，王建章新婚的时候盖新房子的钱都没有，更没有修建、装修房子。

按照辈分来算，王家租住过王建章三爷爷的房子，王建章后来就在三爷爷家的房子里居住，因为都是亲戚，也没有说需要给多少钱的租金。由于三爷爷房子里重要的东西都整理到西边的一间屋子里，在三爷爷家住着就要保证他屋子里的东西不能被偷，王建章虽然住在三爷爷的房子里，但也不能随意乱动三爷爷西屋里放的东西，王建章住在这里也就相当于给三爷爷看家护院。

（4）房屋优先典当给族人

王家没有典当过房屋，因为本身家里就住得很挤，即使资金周转不开也不会典当房屋，也会先典当土地。如果典当房屋，由家长王学奎做主，不需要请示四邻、家族、保甲长。当家人不在家就无法典当成功，因为房屋的文书在王学奎处保管。典当一般也会优先典当给兄弟、王氏族人、街坊四邻等关系比较好的人。女性当家人典当房屋也要家里人都同意，儿子当家也要征求父母的意见，兄弟当家也要告知兄弟。

（5）建造房屋是王家大事

在王炳臣结婚的那几年，官府流行"借粮斗争"，王家由于在村中属于土地较多、劳动力较多、农业技术比较优良的农户，家庭的生活相较南北王村的其他农户有结余，县里让王家纳粮一万斤。王家虽然有结余，但是一万斤粮食对于王家是一笔天文数字，家里人都十分害怕，一方面自己拿不出这么多斤粮食交到官府，害怕官府找家里的麻烦；另一方面家里的人也都需要吃饭，全部上交余粮后家里二十口人都要饿肚子。此时王家陷入困难的处境，邻居有人给王家出主意，说"官府只是让交一万斤粮食，并没有说是什么粮食"，王家人听懂了邻居的意思。王家人将家中能够拿出的所有麦子都换成高粱，结果还是不够，王家又把家里本来用于分家盖房子的余粮和余钱全部都换成高粱,刚刚凑够一万斤。至于为什么可以用高粱凑斤数,这是因为高粱相比小麦来说是不值钱的,在庄稼地里,旱地就可以种高粱,因为高粱耐旱,而且产量也比小麦要高,王家利用高粱替换小麦,上交了一万斤粮食,逃过了官府的"借粮斗争"。虽然说是"借粮",但是没有人会真的以为是借粮,基本等于征粮,王家经过这一次的"借粮斗争",家里的家底基本被榨取得干干净净,王学奎本来打算用这些钱来支付三个儿子分家、置办房屋的费用。而对于分家来说,一般需要有充足的房屋才能分家成功,王家家中的所有家底基本都已经上交,但是分家也不能继续再等下去,王家的第四代已经出生,第三代也要渐渐地开始结婚、生育,如果再不分开家,家中的人口就会更多,人员也会更复杂,而要等凑齐盖新房的钱还需要很多年,王家也放弃了盖房子的打算。

王家没有建造过新的房屋,如果需要修建房屋,一般会由家长王学奎来安排,会与家里的王建龙、王建章、王建昆三个重要的劳动力商量,因为建房子需要劳动力,也要征求家里男劳力的意见。建造房屋的意见,只需要王家内部统一就可以,不需要告知四邻、王氏家族、保甲长,其他人也不会插手王家内部事务的决定。如果当家人不在家,会等到当家人回家后再决定。

6.其他成员服从家长安排

(1)其他家庭成员服从安排

王家的房屋在买卖、典当、修建中,除了家长王学奎占据主导作用之外,他的三个儿子王建龙、王建章、王建昆也起到参考的作用,三个兄弟可以提出自己的意见与看法,王学奎也会认真地听取意见。如果卖或者典当的话,三个儿子可以帮忙找人写文书,联系中间人,看看是否有人愿意要房子,有人要的话,一方出钱,另一方还价,最终达成一致,去县里办过户手续。一般而言,家里当家人决定之后,其他人无法再提出反对意见。如果是兄弟当家,另一个兄弟不服气的话,一般会出现矛盾,不让兄弟办成事,但是事情与全家人相关,强加阻挡,自己也是吃亏的。一般家里都和和睦睦,没有人出幺蛾子。王家的妇女不识字,一般也不主动参与到这种事情当中去。

(2)房屋修建,家长决定

王家在房屋修建当中,除了家长王学奎占主导地位,家庭中的王建龙、王建章、王建昆三兄弟都能够提出自己的意见,比如需要盖几间新的房屋、需要找哪个师傅来帮忙修、帮忙的劳力找谁等一些问题。如果是女性当家人,家庭需要修建房屋,会征求家中男性劳力的意见。儿子当家需要修建房屋,一般会知会家中的老人一声。兄弟当家要修建房屋,兄弟之间互相帮助,也会互相通气。

7.房屋产权,侵占必究

(1)房屋侵占

王家的房屋没有被侵占过,王家房屋四周都有修好的院墙,都有严格的尺寸界限。一般来讲,一家农户需要修建房屋,如果与周围邻居的地互有交叉,妨碍一方修建更大房屋的可能性,双方可以通过协商来进行交换,一般要求换的一方要多支付一定数量的土地才可能完成土地的交换。

在南北王村曾经出现过房屋被占的情况,但是每家每户的房屋不会出现无缘无故被侵占的现象,一般占别人的屋子都是有原因的,可能是两方人家一直存在矛盾,没有及时化解,采用这种极端的方式来报复。但是侵占房屋本身就不占理,即使侵占也是出出恶气,最后还是会归还。

(2)侵占必究

王家的房子如果被占,王家人一定会反抗,不会容忍,一定会抗争到底,因为不抗争的话,家里的人就要睡在大街上。如果侵占和被侵占房屋两家的人口很悬殊,靠震慑不起作用的话就可以直接去官府告状。其他村民看到不平的事情也会说两句,家族的成员也会前来助阵,村长一般会从中进行协调,帮理不帮亲。房屋被侵占,王学奎作为家长,首先要出头为家庭成员的整体利益负担起责任,其他人也会一起捍卫王家的房屋财产。

8.王家房屋权利受外界认可

(1)村民间互相认可

南北王村的村民承认王家对自家的房屋拥有所有、买卖、租用、置换的权利,普通的农户也不会随意的侵占王家的房屋。在南北王村,每家每户居住在哪个地方,村民都了解,如果要买卖、租用、置换谁家的房屋,也会主动与家长联系,达成一致的意见之后,才可能成功。如果当家人不同意,也不可能强买强卖,就像前面说的李子英,虽然他家是大户,想把自己的房屋连成一片,但是即使只有一个老太太的小房子居住在中间,只要老太太不同意,李子英也无可奈何。

(2)家族认可王家房屋

王家所在的王氏家族承认每一个王姓人家的房屋拥有的全部权利,不经过族人的允许王氏家族也无法支配王氏族人的房屋,王氏族人之间各家的房屋属于个人所有,没有哪个族人有权利对其他王氏族人的房屋进行处置。如果王氏家族需要买卖、租用、置换王家的房屋,一般要与家里的家长商量,家长如果同意就可以进行,如果家长不同意,家族也不能够强行对王氏族人的土地有所处置。当王氏族人的土地被外人侵占的时候,只要知会王氏家族的成员,家族的成员一般都会前去帮忙,提供相应的保护。

(3)村庄、政府认可

南北王村的保甲长承认王家对于王家自家房屋的所有、买卖、租用、置换等权利,村里没有侵占农户房屋的权利,也不会随意侵占农户的房屋。如果有农户看上其他人家的房屋,要进行买卖、租用、置换,要与房的所有人商量,达成一致的价格后,才可以成功。如果王家不同意,村里也不能够强行买卖、租用、置换。王家的房屋一旦被外人侵占之后,告知村里的村长,村长也会出面进行协调。

在南北王村,每家每户的房屋和土地一样都有文书,县政府承认每一户农户对于房屋的所有权、买卖权、租用权、置换权。在县里发的土地文书中,对于农户家里的房屋状况描述很详细,东西南北的长度有多长,院子有多大,一共有几间房屋,就算是房子建的不是方方正正的,即使有一个小拐弯也会清晰地标出来。县政府没有出现过侵占王家房屋的事情,县政府也没有买卖、租用、置换过王家的房屋。如果县政府需要买卖、租用、置换王家的房屋,会由家长王学奎来出面代表王家与政府协商,双方达成一致之后才能够对王家的房屋行使相应的权利,如果王学奎不同意,县政府也无法强制进行交易。如果外人侵占王家的房屋,首先会和对方协商,看对方侵占的情况,如果对方能还回房屋,王家就不再追究。如果对方态度强硬,王家会直接到官府进行告状,官府会根据各家的地契和实际情况如实判案。但是王家如果不告官,官府不会理会民间的事务,所谓"民不告,官不究"。

(三)生产资料产权

1.农具自给自足

王家拥有农业生产的农具,锄头、镰刀、镢头、铁锨等小型农具都各有几个,不只是王家,只要家中从事农业生产,家家户户都有。但是大型的农具,比如水车、大车、犁耙不是每家每户都有,王家算是农具较为齐全的家户,这些大型农具基本都有,后来王家的大车就不太使用,开始闲置起来。

王家的农具足够自家使用,从事农业生产如果农具不提前预备整齐,等到地里正需要干活的时候,才想起自家没有需要的农具就已经来不及了。因为即使这时候去借别人家的农具使用,别人家也要正常在地里干活,就没办法借用别人的农具。家里只有劳力,没有从事生产用的农具,干活只能用手,地里的活就会耽误,生产效率也就不会高。

2.其他生产资料需要购买

王学奎与兄弟分家的时候分到一部分农具,家里一直用的大水车就是王学奎分家的时候所分到的。随着农具的不断使用,农具也会有磨损和用坏的情况,王家也会再补充新的农具。王家的生产资料比较齐全,一旦家里的农具不够用,为了不耽误自家地里的农活,就会及时进行补充。王家人没有制作农具的手艺,农具都是通过购买,购买农具有两种方式,一种是直接去到集市上购买,离村子不远的地方就有一个集市,各式各类的农具都可以买到;另一种是整套农具的购买,可以直接找村里的铁匠打制,直接在铁匠处购买一整套农具,农具的用料和制作过程也会比较放心,制作完成后出现问题也可以及时找铁匠,另外像农具的零件,比如犁耙上的耙齿,出现损坏和缺失的情况,一般会让村里的铁匠进行重新打制,集市上一般不会直接卖小零件。王家购买农具都是王学奎以大家庭的名义进行购买,小家庭内不会单独购买农具,小家庭也没有私自占有农具、牲畜的权利。

3.生产资料归家户所有

（1）生产资料,王家共有

王家的农具、牲口都是属于全家人所有,王家并不会把农具和牲口分到某一个人头上或者小家庭里,一旦分到某人或家庭手里,农具的使用就会出现障碍,使用农具就会变得复杂。王家的农具一般由王学奎来负责管理和维护,农具出现问题也是王学奎解决,王家的农具、牲口没有出现和别人共同拥有的情况,但是王家的水车与其他农户共用,因为用水车取水需要很多劳动力,在王家用水车浇地的时候,周围的农户也会给王家帮忙拉水车,也就相当于其他农户帮王家浇地,王家为了表示感谢也会把水车借给其他农户使用。王家的地里有一口活井,基本上是王家和周围的地邻一块使用。一起共用的农具,谁家的地方宽敞就放到谁的家里。合用的东西放到谁家,谁家就要妥善保管,不能丢失,丢失后相关的农户会商量如何进行赔偿。

（2）家户集体所有

王家的生产工具归王家人共同所有,嫁出去的女儿已经离开王家,不拥有王家的生产资料的所有权。尚未嫁出去的女儿虽然还在王家居住,但是早晚要离开王家,虽然可以使用王家的生产资料,但是不拥有所有权。儿童也拥有所有权,但只是名义上拥有,儿童也不能对生产资料有实际的处置。嫁进来的媳妇算是王家人,拥有生产资料的所有权。入赘的女婿,只要嫁到王家,改为王姓,一样可以拥有生产资料的所有权。分家后的兄弟没有对王家生产资料的所有权,分家后的父母把生产资料分给儿子之后也不享有生产资料的所有权。家中的长工、短工虽然可以使用王家的农具进行生产,但是也只有使用的权利没有所有权。

（3）共有利于共同生产

生产资料属于全家人所有,"干活的家伙式,分不了这么清楚,家里谁用都是给家里出力"。如果将生产资料分配到每一个人头上,哪一个人也养不起一头牲口,王家二十口人生产资料不分配,家中喂养起了一头骡子、一头牛。生产资料属于全家所有有利于团结,王家有劲儿才往一处用。家里的农具等生产资料一旦分开,一个人想耕地,另一个想浇水,各干各的活儿,地永远也种不好。王家共同拥有生产资料,更有利于集中安排,共同出力,更有利于王家整个家户的发展。

4.家长支配生产资料

（1）家长支配

王家在生产资料的购买、维修、借用等活动中,家长王学奎是实际的支配者,因为生产资料关系到家里的农业生产,不能够怠慢,一般需要购买、维修、借用的时候,王学奎会第一时间派人来抓紧解决,防止耽误农业生产。如果当家人不在家,王建龙、王建章、王建昆三兄弟会根据实际的情况进行处置,如果情况比较紧急,三个兄弟达成一致意见之后就可以去做,但是等王学奎回家后要说明原因。

（2）家长决定生产资料的购买、维修

购买新农具也是王学奎拿主意,不需要请示四邻、家族、保甲长,一般家里购买新的生产资料,四邻、家族、保甲长也不会插手王家的购买事务,即使有人插手进来,王家依旧可以进行采购。购买所需要的费用是由王家一起生活的二十口人共同承担,家里的人也不会对花费产生什么意见,因为都是干活所需要的农具。一般而言购买生产资料需要家长王学奎在家才能购买成功,王学奎不在家的时候,需要等到王学奎回家才可以购买。

"这些锄、锨,天天摸都能摸坏了,更别说下力干庄稼活了",铁锨和锄等一些小农具在生产中被频繁使用,磨损也在所难免,能够修补好的话就修一下继续使用,如果农具破损严重,已经不能修好,就可以重新买一个。王学奎看到农具有所损坏,只要是维修之后还可以继续使用的话,就会拿到铁匠铺里修一修。

修农具不需要告知或请示四邻、家族、保甲长,所需费用由王家所有人共同承担,一般外人也不会参与到王家生产资料的维修活动中,王家可以自行决定是否修农具。

（3）生产资料的借用、共用由家长决定

王家的生产资料较为齐全,较少借用其他农户的农具,反而是周边的邻居会来到王家借用农具。一般在外借农具的时候,主要是当家人王学奎决定,不需要和家里其他人商量,也不需要请示四邻、家族、保甲长。有些时候,大人为了培养小孩子,就会让小孩子去借农具。王家有一个白姓邻居,家里孩子经常在村里的路上玩耍,一天孩子突然来到王家门口,王学奎以为他来家玩,结果小孩子鹦鹉学舌,学着大人的样子说"你去你王爷爷家去拿一个锄头回来",王学奎看孩子学得像模像样,就让王炳臣拿了一个锄头给孩子,孩子拿到锄头后转身离开。这时王学奎吩咐王炳臣跟在孩子后面,这样做有两个目的,一是保证孩子的安全,防止孩子拿不稳锄头再伤到自己,二是万一是孩子骗人,也好能够知道锄头究竟到了哪里,还能追回农具,不至于丢失找不到。当王炳臣看到孩子走进自家的家门之后,王炳臣也回家告诉了王学奎情况,王学奎也就放心下来。

土地的灌溉需要用井水,而南北王村活的水井能够供给水的数量要远小于土地需要水的数量,由于取水只能依靠人力或者牲畜的力量,一次取水的量较少并且一次取水的时间也较长,浇地需要相当长的一段时间。当每家每户都需要用井的时候,井的使用遵循着"先到先得"的方式,每家每户都需要灌水,谁家到得早,井就由谁家先使用。

王家的水车一般会与村里的其他人共用,共用水车也不需要请示邻居、家族的人和保甲长。共用水车的时候,几个农户里的家长会进行商议,先浇谁家的地,后浇谁家的地。用水车的时候,把牲口套在水车上,会安排一个人在旁边看沟子。一般是家里的劳力来负责用水车灌溉,劳力自己忙不过来的情况下,一般也会安排其他人在旁边看沟子,一般的家庭成员也会根据当家人的指示进行劳动。

5.成员意见影响家长支配权

(1)家户共有,家长安排

在王家,生产资料的购买是一件大事,一般由王学奎拿主意,王建龙、王建章、王建昆也可以说一说自己的看法。维修、借用生产资料属于常规的事务,王学奎在家的时候,王学奎来过问;王学奎不在家的时候,王建龙、王建章、王建昆三兄弟其中一人就可以决定,但是决定之后需要告知其他的几位兄弟,等家长王学奎回来之后,也需要把生产资料借出的过程如实的告知王学奎。

(2)生产资料购买,儿子意见参考

王家在生产资料的购买活动中,除家长王学奎拿主意外,王建龙、王建章、王建昆三兄弟都可以提供参考意见,王家的妇女由于不经常下地,对生产资料情况不了解,一般不会发表意见。一般购买生产资料,王家人在王学奎不在家的时候不敢轻易地做决定,如果急用某一个农具,可以先借其他农户家的使用,等王学奎回家之后再决定。如果当家人是女性,一般会和家里的男劳力商量决定。儿子当家一般会过问父母意见,父母也可以提出自己的建议。兄弟当家,家里需要购买东西,必须要和兄弟通气。

(3)生产资料维修,服从家长安排

王家在生产资料的维修活动中,除家长王学奎之外,家里的主要劳动力王建龙、王建章、王建昆每天都与生产资料接触,一旦需要维修就会告知家长王学奎。因为三兄弟对生产资料的状况比较了解,可以对生产资料的实际情况做出判断,一旦需要维修的话,王学奎也会指派一个人把生产资料送去维修。王学奎不在家的时候,可以先送到铁匠铺维修,王学奎回家后了解情况,就会给出修农具的钱,然后就可以给铁匠铺结账,拿回修好的农具等生产资料。

(4)儿子可以外借生产资料

生产资料的借用在生产过程中很常见,家长王学奎不在家的时候,如果有人来借王家的农具,一般王建龙、王建章、王建昆三兄弟只要在家,对方说明来意,看到都是街坊、邻居、关系不错的人来借,就可以把农具借给他。如果需要借外人家的农具,通常是王学奎来提出,由家里的王建龙、王建章、王建昆三兄弟跑腿去借,三兄弟也可以提出自己的意见,一般借农具也不会牵扯什么利益重大的事情,也不会有什么反对意见。

6.生产资料,不可侵犯

王家的生产资料很少出现被外人侵占的情况,因为每家每户的农具都有固定的数量,谁家的农具就归谁家所有,即使有其他人借用,也会在一定时间内归还,不归还也会上门讨要,讨要之后一般都会归还。

一般不会出现侵占某家生产资料的情况,忘了归还的可能性比较大。寡妇家庭的农具比较少,很少出现被侵占的情况。人口少的农户家里的农具数量也少,通常都是借用别人的农具,一旦故意侵占他人农具,下次再借就会困难。如果两家关系不好,侵占对方家的农具,周围的邻居也不会同意这种事情,会让侵犯农具人家及时归还农具。

王家的生产资料产权一旦被侵占,王学奎和王建龙、王建章、王建昆三兄弟会第一时间做出反应,王家人不会容忍这种现象,会查清楚是什么原因,是故意侵占还是忘了归还。如果是外人故意侵占,其他村民也会帮王家来说说事,因为王家经常借给或者与村里的人共用农具,多数村民也都算沾过王家的光。当事情无法调节,闹得比较大的时候,保甲长也会从中协调。家里的人也都会支持王学奎,维护王家的生产资料。

7.外界认可王家生产资料的所有权

(1)生产资料,村民认可

南北王村村民都承认王家对自家农具的所有权,村内每个农户的生产资料都由农户自己保管,借用别人的农具只有使用权,谁家的农具还是谁家拥有所有权。虽然村中有些家庭的生活状况比较差,但是邻里之间的关系都比较和谐,没有直接占用别人农具不还的情况。

(2)家族认可

王氏家族承认王家对于自家生产资料的产权,王氏家族不会主动侵占王氏族人的生产资料。王氏族人只对自己家的生产资料有所有权,对于其他人家的生产资料无权干涉。其他王姓族人经过王家的同意后,可以借用王家的农具,需要购买农具一般会直接到集市或者铁匠铺,不会买王家的农具。王家的农具卖的时候,只有王家人可以做主,其他族人无权干涉。借用农具一般要找王学奎来商量,如果王学奎不同意借出农具,王氏族人也无法强制借用。王氏族人的生产资料被侵占后,族人也会出面提供帮助,

(3)村庄、政府认可王家生产资料产权

南北王村的保甲长承认每一位农户生产资料的产权,村里不会无缘无故地侵占王家的生产资料,也没有权利侵占王家的生产资料。村里如果需要借用、买王家的农具,需要与家长王学奎商量,王学奎可以代表王家做出决定。如果王学奎不同意借用、卖农具,村里也无法强制进行。王家的生产资料被外人侵占后,王学奎会出面处理,村里也会提供相应的帮助,调解农户之间的矛盾。

农具、牲畜等生产资料,没有文书之类的证明,但是在南北王村也没有出现县政府侵占、借用农户生产资料的情况。一般政府也不会强制买卖和借用农户的生产资料,如果需要一般也会与农户进行协商,农户不同意,政府也没办法强制借用。一般生产资料被某个农户侵占之后,可以到官府告官,但是涉及的金额较小的情况,县乡政府不会出面,涉及的金额较大的也会根据实际的情况进行判决。

(四)生活资料产权

1.生活资料丰富

场是每家每户的生产必备,王家也不例外。一般在谷子、麦子收获之后,晾在场里晒麦子,打完麦子之后收到仓库。一般家里地越多的,场就越大,王家的场大概有半亩地左右。王家晒场的位置靠近村庄的边缘,正好在村子东面有一个坑,王家用土把坑埋上之后,场也随之归王家所有。每家每户的场都是自己家的私人土地,自己扎地来确定,不能去到别人的地里划场。一般自家出产多少粮食,需要用多少面积的场,当家人自己心中有数,场的界限就是每家每户地的界限。场用完之后,土地就会空闲出来,可以根据自己家庭的需要种植一些作物。一般场里也会种植麦子,麦季里也会串种花生。场里的麦子收获后,一般会种上黍子,收了黍子之后就在石滚子上轧,差不多就到了过秋的时节。

王家有石磨和碾用来磨面,家里还有一盘水墨。在南北王村的庙修建之初,庙里有一个大的碾,用来压谷子和麦子。修碾的时候每家每户都会共同承担修碾的费用,村民共同维护、共同使用,每家每户根据自己家的情况分摊费用,有付钱多的,也有不付钱的,因为花费并不多,所以并没有太多人计较。

王家在王学奎的房间里有老椅子、旧椅子,但是没有一家人坐到一起吃饭的大桌子。后来王炳臣的母亲结婚的时候家中添了一个大桌子,桌子上平时摆东西,过年过节王家人就在可以桌子上吃饭。

在王家,男人负责购买家中所需要生活用品,村里有卖油盐酱醋的地方,家里如果缺少这些东西,可以去杂货铺买,杂货铺里的东西很全。南北王村的物物交换水平是"十个鸡蛋换一斤盐"。面粉都是王家用自家的磨盘慢慢磨的,村里也没有卖面粉的地方。王家的孩子从小就开始识字,需要买书或者纸、笔、墨,家里也不分是哪个兄弟的孩子,都一起负担,一起出钱买。有的时候王学奎出于培养孩子的目的,会给孩子钱,让孩子去买油盐酱醋这些东西。盐都是散盐,需要称重来买,可以用钱直接买或者用粮食换盐。

2.部分生活资料需要制作、购买

王家的磨是自己家的。磨一般是用北山上的石头制作成的,买到家里自己安装上,因为家里二十口人,对粮食的需求比较大,磨也就必不可少。王家的粮食由大家庭集中供给,吃的一般是麦子面、玉米面,王家自己用磨盘磨。

王家穿的鞋帽都是王家自己做的,基本都是王家自己织布、纺棉花,然后家里的妇女做衣服、做鞋,很少出现去外面买衣服和鞋的情况,因为集市上卖的比较贵,家里也没有空闲的钱去购买。地里种的棉花一般会按照小家庭进行分配,几个妯娌会按照小家庭人口的多少进行棉花的分配,小家庭里自己把棉花纺成线,棉线合一合就可以织布,就可以充当做衣服的原料。

3.生活资料归家户所有

(1)生活资料,家户共有

生活用品归大家庭所有,不分到每一个人身上。在村中的社会风气之中,小家庭会有自己的私房钱,小家庭如果自己需要买粮食、买布、买鞋的话,可以小家庭自己做主进行购买。

小家庭的私房钱是由小家庭的妇女来进行掌管，私房钱的来源一般是在男女双方结婚的时候女方送的陪嫁，一般陪嫁的东西有桌子和椅子，如果家里用不上的话，会把陪送的桌椅卖掉，换成钱，归小家庭所有，大家庭的家长无权过问小家庭私房钱的使用。

（2）王家自家所有

家里的生活资料，王家人都有份。外出打工的人只要回到王家一样拥有产权；嫁出去的女儿属于外人，不拥有生活资料的产权；没有嫁出去的女儿虽然还在王家居住，但是早晚要嫁到其他人家，不拥有生活资料的产权；嫁进来的媳妇拥有生活资料的产权；未成年的儿童拥有所有权，但是也不会让儿童随意地处置家里的生活资料；入赘的女婿嫁进王家后算是王家人，拥有生活资料的产权；已经分家的兄弟，各自家庭拥有自己的生活资料，掌握自家的产权，不拥有兄弟家生活资料的产权；与父母分家后，父母不享有儿子家生活资料的产权；在王家居住的外人，如长工、短工，虽然在王家吃饭，但是不拥有王家生活资料的产权和使用权。专属于小家庭的针线、衣服、私房钱，其他小家庭的成员无权过问，即使是家长王学奎也不会主动询问。

（3）共同使用生活资料

生活资料当中，存在大家庭共的部分，也有小部分属于小家庭所有。一般在大家庭当中每天都会用到的、每个人都会用到的比如碗筷、油盐等，都是大家庭所有，不会把这些东西具体分到某个人的头上，王家人一起使用。家长王学奎具有一定的支配权利，王家人也服从王学奎对于生产资料的安排。小家庭内部的东西也是有必要的，并不会不利于大家庭的团结，因为小家庭内部的东西都是媳妇用陪嫁的钱买的，大家庭的人也不会觉得眼红。

4.生活资料由当家人支配

（1）家长统筹安排

王家在生活资料的购买、维修、借用等活动中，王学奎是实际的支配者，王学奎不在家的时候，家里的人一般不会随便进行购买、维修，必须等到当家人回家后才能做主。一般生活资料往往是一些小东西，出现损坏或者需要购买新的生活资料时，王学奎会提前安排，如果王学奎没有留意到的话，王学奎的儿子们可以提醒老人，家里的东西出现了一些什么情况，王学奎也会根据家里的实际情况做出选择。对于小家庭的内部生活资料，王学奎一般不会插手管，需要借用的时候，也会和小家庭商量，不会直接拿来用。

（2）生活资料，家长购买

王家在购买生活资料的时候，由王学奎出面安排，一般会与儿子们商量，王家内部决定购买之后，不需要请示四邻、家族、保甲长。如果当家人王学奎不在家，其他王家人通常不会购买。当家人是女性的话，会和家里的人商量，儿子或者兄弟当家的话，一般就可以自己决定，不需要与别人商量。小家庭内部的购买，小家庭内部达成一致就可以，不需要询问大家长王学奎的意见，一般也会由小家庭中的男性出面购买。

（3）维修、借用生活资料由家长安排

王家的生活资料需要维修时，一般由家长王学奎安排，自家可以修的话，就自己进行维修，自家修不了的，就会安排儿子送到铁匠、木匠那里修一下。维修生活资料不需要告知或请示四邻、家族、保甲长，维修所需费用由大家庭承担，当家长不在家，其他人也不会擅自进行维修。对于专属于小家庭的生活资料,由小家庭内部决定是否维修,不需要请示大家长王学奎,维修的费用由小家庭承担。

生活资料的借用活动中,主要由王学奎来安排,借用东西由王学奎出面去借,借的时候不需要告知或请示四邻、家族、保甲长。如果当家人不在家,一般借点油盐等小东西也可以,但是要及时告知家长王学奎。

5.其他成员服从家长安排

（1）其他成员服从安排

王家在生活资料的购买、维修、借用等活动中,除家长王学奎之外,王家一般不会有人提出反对的意见。当王学奎征求家庭成员的意见时,家庭成员可以提出自己的看法,家中妇女不参与到讨论当中。如果当家人不在家,一般是王建龙、王建章、王建昆三兄弟商量一致后进行决定;当家人是女性的话,一般会安排家中的男性出面;儿子当家或兄弟当家的话,家长可以自己安排。

（2）生活资料的购买、维修、借用,由家长安排

王家在生活资料购买的过程中,由家长王学奎安排买卖,因为家里的钱都是由王学奎掌管,家里的人缺少相应的生活资料的时候,可以直接找王学奎,王学奎就会给钱去买。

王家的生活资料需要维修的时候,除了家长王学奎,其他人一般不会提出反对意见,维修家里的东西也不是大事,王学奎自己就可以决定,不用和其他人商量。需要征求意见的时候,家里的人可以提供建议,但是接受不接受全都由家长王学奎决定。王学奎不在家的时候,家里的东西需要维修,王建龙、王建章、王建昆三兄弟可以先把东西进行维修,之后告知王学奎就可以。

王家在生产资料借用过程中,由家长王学奎做主,其他人一般会服从家长的意见,不会提出反对的意见。如果儿子王建龙、王建章、王建昆三人有一些建议,可以向家长王学奎提出,有道理的王学奎也会听取。王学奎不在家的时候家中的生产资料借用由王建龙、王建章、王建昆三人进行安排。

6.生活资料侵占

王家的生活资料没有出现过被侵占的情况,一般也不会被侵占,便宜的东西被拿走,王家也不会太计较,贵重的东西都有文书为证,也不会被侵占。

在南北王村,每家每户过自家的日子,都有维持生活必须的生活资料,谁家缺什么东西都会自己去买,暂时没钱的也会向邻居家借用一些,不会直接侵占其他家户的生活资料。王家的生活资料被侵占后,会看侵占的物品是什么,如果是一些小东西被他人侵占,王家就会找对方了解情况,如果对方拒绝归还,王家以后就会和这家断掉往来。如果是比较值钱的生活资料被侵占,王家会据理力争,不会让对方侵占。与王家交好的村民看到王家的生活资料被侵占,也会提供给王家帮助,保甲长也会从中进行协调,解决问题。王家生产资料被侵占,王学奎会首先担负起责任,主动找侵占王家东西的人理论,王家的其他成员也支持王学奎追回王家生活资料的行为。

7.生活资料,外界承认

南北王村的村民承认王家对生活资料的产权,村民之间在生活上一般都会有需要借别

人东西的时候,经常会相互借用,不会随意地侵占王家的生活资料。借用的时候会先找家长王学奎商量,都是一些油、盐等一些小东西,王学奎都会借给农户,如果王学奎不同意,外人也无法强行借用。

王氏家族承认王家对生活资料的产权,王氏家族不会随意侵占每个王姓族人的生活资料。王姓族人只对自家的生活资料享有产权,对其他王姓人家的生活资料没有所有权。如果王氏家族的人要借用王家的生活资料,需要与当家人王学奎商量,如果王学奎不同意,家族没有权利强行买卖、借用王家的生活资料。当王氏族人的生活资料出现被外人侵占的情况,王氏族人也会出面协调,根据实际的情况想办法解决。

南北王村的保甲长承认王家生活资料的产权,村里一般不会侵占王家的生活资料,村里也不能够随意侵占王家的生活资料。当村里需要买卖、租用、置换王家的生活资料时,必须经过家长王学奎的同意,如果家长王学奎不同意,村里也没有办法强行买卖、借用。当王家因为生活资料与外人发生纠纷的时候,一般是双方协商解决,如果双方无法解决,会由村里出面进行解决。

官府承认每一位农户生活资料的产权,官府一般不会侵占农户的生活资料。县、乡政府在不经过农户同意的情况下,也无法对农户家的生活资料进行处置,如果需要借用王家的生活资料,必须由王学奎出面,代表王家发表意见,如果王家不同意,也不能强行的买卖和借用。当家庭的生活资料被侵占后,如果生活资料不太值钱,就算双方纠纷很大,闹到官府,官府也不会管,只有比较值钱的东西,告官之后才会受理,通过判案来解决。

二、家户经营

(一)生产资料

1.家户劳动力

(1)劳力够用,偶尔雇工

王家在1946年分家之前,劳力基本是家中的成年男子,家长王学奎负责种桃树,王建龙耕地,王建章耕地、锄地,后来王家购买小车之后,王家就推小车干活。在播种之前,需要"耕地",王家一般会借用牲畜的力量,通常需要一头大骡子和一头小骡子。小骡子可以耕一锄,大骡子可以耕两锄。王炳玉已经成年,也算一个劳力,王炳臣和王炳常年纪尚小,但也可以承担一部分,王炳臣和王炳常负责耕一锄的小骡子,王炳常年纪大一点儿之后,就开始负责耕两锄的大骡子,王炳玉一个人承担耕三锄的骡子。

家里需要干活的时候,王家成员都要参加,王家的小孩只要有点力气,就要开始干力所能及的活儿。王家在挖井的时候,虽然王炳常和王炳臣还没有成年,但是也要参与其中。由于还没有成年,孩子的力气没有那么大,拧滚轮把子拧不动,再加上害怕把子碰到孩子的头,就可以让孩子拉埂子。拉埂子,当需要用力的时候,孩子先不拉,等大人开始拉动之后,孩子再开始拉,孩子配合上成年人一起拉,也给大人节省一些力气。

女性在过秋、过麦的时候会参与生产,一般会割谷子、砍高粱、掰棒子,这些活儿不太需要力气。冬天,进入农闲的季节,妇女不需要参与农业的生产,只需要负责在家中纺棉花、织布,因为夏天天气相对潮湿,季节上来说就适合妇女搓麻线、纳鞋底。除了粮食需要抢收的那一段时间,其他时间都不需要妇女下地干活。周围村子里的大户人家,家里条件好、十分有钱的,女性从来不参与农业生产,也没有人笑话她们不劳动,而且大户人家的男性也不参与劳动,都是雇人来干农活。

(2)家长根据需要调配劳力

王家的劳力在平时够用,一旦出现特殊情况,会找几个人帮忙干活。比如下雨后是耱地的最佳时机,而在下雨过程中,土地里的水太多,土和水一结合,黏度较大,无法耱地,但是在下雨后的一段时间之内,土地被雨水湿润,硬度变小,锄也可以轻松地撅起泥土,十分适合耱地。在这个时候王家一般会赶紧找人耱地,在土地不干不湿的情况下把地给耱完。

王家请工是家里人一起商量决定,根据每年的情况做具体安排,如果地里的农活比较紧急,或者在家里的劳动力不能承担的情况下,王家就需要请工。这时,王学奎就会在外面请工干活。王学奎找到愿意干的雇工之后,就开始商量价钱和干活的时间,几月份上工,几月份下工,一般而言,工钱是给粮食。家里请工都是王学奎一手安排,不需要向别人请示,讲好价钱就可以上工。找工不需要到其他地方,村里就有人市,有的是零工,就专门干急活,也就干几天就能结束。请零工也要事先讲好价钱,干一天给多少钱,是否管饭。在请工的报酬方面,农忙季节和平时月份的报酬是不一样的,一般有干一天给五斤、十斤、十五斤粮食的市场价格作为指导。比如说,等到麦季拔麦子的时节,一旦遇上暴风雨,地里的麦子需要抓紧时间收完,需要一直不休息来抓紧收,如果给的粮食太少,雇工也不愿意干。风雨里,万一麦子被吹倒或者吹折倒在地里,就会导致减产。而麦子一般不能提前收割,只能是等到熟了之后抓紧收割,不能让麦子留在地里浪费掉。

帮工。对于王家来说,帮工是经常发生的事情。给王家帮工的一般都是和王家不错的邻居,近门亲戚之间互相帮忙,比如说盖房子,就会帮忙给忙活一下,一般也就管一顿饭,也不用给工钱。帮工不需要请示四邻、家族、保甲长,请帮工一般会先请和自己关系不错的农户。王家一旦有什么小活儿,需要帮忙的,一般只要当家人王学奎去农户家里一说,农户只要有时间,过来帮帮忙也很正常。请帮工干活不会是时间跨度很长的活,因为时间一长,来帮忙的人不一定有那么多时间,王家人也会不好意思。一旦需要干长时间的活儿,王家会直接雇工来解决,不会找邻居来帮工。

邻居换工的事情常有,一般是王家把自家的土地耕完、浇完之后,会和邻居换工。一般农户家里喂不起牲口的,王家会把自家的牛借出去,给邻居家耕耕地,王家人的想法是"庄里庄乡的关系都不错,自己家里没有事,给别人家帮帮忙"。帮忙的目的并不是为了赚邻居的钱,但是邻居中午也会管一顿饭,也会给一些牲畜吃的草料作为报酬,也不值多少钱。一般给邻居干活也会事先征求家长的意见,家长也不会阻拦。

王家曾经雇过工,时间在日本侵略中国前后,因为王建昆在外面参加抗战,在也外面教学。新政府的政策是当医生和教学的老师,如果家里农活忙不过来的话,可以雇人干活。王学奎在家里雇了一个长工,村里正好有一个人市,雇工的时候商量好干一天活给多少钱或者粮食,每天会管饭,但是晚上不管住,因为能来村里人市的也都是附近的农户,住的也不远。长工也分好几种,有常年在家一直干活的,也有干几个月就结束的,一开始会讲好大约干多长时间。冬天一般没有活干,包年的长工也要在家里吃饭。

寡妇家里的地比较难种,因为妇女普遍裹小脚,行动都不方便,地里的重活自己没有办法干,只能找人来干。寡妇一般会选择雇工干活,虽然寡妇自己没法干重活,但是可以在一边看沟子、监督雇工干活。只要庄稼在关键的生长期浇上几次水,庄稼就不会旱死,等到麦季就可以收获粮食,不至于绝收。一旦错过浇水的时机,即使后期雨水充沛也很难再有所生长。

2.王家土地,能够自给

王家的自有土地面积大约为六十亩,平均一人三亩地,土地足够王家人耕种。王家曾经为了周转资金,以类似典当的形式出租过自己家的土地。王家将自己的地在一定年限内典当给农户,农户在一开始把钱交给王家,在未来几年,王家的地归农户种植,地上的庄稼归农户所有。等期限到达之后,王家能够还得起钱,将钱还给农户之后,王家再将土地收回。就相当于王家将土地的租金在借贷的年限内以利息的形式等额偿还给农户,最后王家只需要归还本金就可以。

3.牲畜时有外借

王家有一头骡子和一头牛,在平时的年月里,家里的牲口够用。但是家里需要耕地的时候,家里的两个牲口不太够用,王家就会和已经出继的王建盛家进行合作。王建盛入继的家庭里养着一头牲口,需要的时候两家人合成一个犋,两家牲畜一起耕地。后来王建盛家里又养了一头大骡子,在那之后用三个大牲口拉着来耕地,效率非常高。

找人借牛、骡子等牲畜的现象经常发生,自己家的牲口不用的时候就可以借别人的用。借牲畜不会是长年累月一直用,一般是短时间借牲畜拉东西、干活等。一般都会用牲畜来拉水车,都是男劳力来负责,也有的妇女对平衡掌握的比较好,虽然是小脚但是也可以跟着去,坐在车上掌握方向。

王家人在自家使用牲畜时,不会借给他人使用,由于王家的人口比较多,经常用牲畜推磨、压粮食来吃。牲畜借给别人的情况也会出现,但是次数较少。每个村里多多少少都会有牛、骡子等牲畜,一般借牲畜都是就近借用,很多街坊四邻都来借过王家的牛。借牲畜的时候,借牛的比较少,因为牛都是小牛,力气不是特别大,而且牛走得比较慢,只有在耕地的才会借牛来用。一般而言,借驴推磨的情况会比较多。就借牲畜的期限来说,如果是借牲畜干小活儿,早晨去借,下午就要还回来。借用别人家的牲畜,一般不需要交纳费用,但会给一些草料作为报酬,草料也是根据每家具体情况,有空余草料的会给一些,家里困难,没有草料的,王家人也不会主动伸手要,一般借牛不超过一天时间的,都不给草料和费用,使用时间较长的话会给草料。王家不太在乎这点草料,王家认为别人借自己家牲口来用是看得起王家,这也能看得出王家的为人,在村里也能有个好名声。用草料作为报酬比较便宜,王家人觉得贪图那些草料也显得很寒酸,王家在南北王村里人口和土地都算比较多的,也怕被人笑话,一般主动给的草料就会收下,不给草料免费借给别人用的话,王家也欣然接受。

当需要运作大型农具的时候,比如水车,水车的上面有一圈铁圆盘,圆盘之间有不同的刮板,每两个刮板之间就是水斗,水斗可以盛水,水车的一圈都是刮板一段接一段,最后构成一个圆形。一般会用一个长杆子对准水车的最高处往前用力,让水车转动起来,斗子就盛着水运送出来。当地里的活需要多头牲畜一起配合的时候,王家是和王建盛出继后的家庭共用,在牲畜合用的情况下没有发生过矛盾,虽然王建盛已经出继,但是仍然有血缘关系,谁家的地先空余出来,具备耕地的条件就优先耕谁家的地。也不是说先把一个兄弟的地耕完之后,再到另一个兄弟的地里干活,地块离得比较近的话可以一块来耕。一般也有割犋使用的情况,两个牛一般就可以凑齐一套割犋,也有几家人你家有犁,我家有耙,凑到一起使用,一般是当家人商量着合用。

4.与邻居合用农具

王家的农具没有自己制作的，木质农具都是专门找木匠来做。这个农具都有严格的尺寸，自己乱弄很难修好，铁器的农具是找铁匠来打。王家的农具够用，一套犁耙，农具太多也没办法全部用上，家里空间小也没有空余的地方摆放过多的农具。

一般的水车、大车、耕地的犁耙绳索，不是每家每户都有，家里没有的话一般会借自己熟悉人家的农具来用，借完农具会给点草作为报酬，王家交往好的，就不要东西，免费外借，一旦借用过程中农具出现损坏，要进行赔偿。如果同时有两家来借农具，一般是谁说得早，谁就能优先借走。借农具的时候由对方人家的当家人来借，就可以直接借出去。如果是家长以外的人来借就要仔细问一下是什么情况。如果是小孩去借的话，要能说的出前因后果才可以，能够听出来是大人让来借农具，才可以外借，一旦小孩说不上来前因后果，就没法放心借出去。一般而言不会约定借用农具的具体天数，但是会有一个默认的期限，借什么工具、干什么活儿，农户都会告知王家，也都有一个大概的使用时间。一旦借用的人很长时间没有归还农具，王家的人也会进行询问，因为长期缺少一部分农具对自己的农业生产也会产生一定的影响。已经许诺借给别人之后，即便自己家里要用，也要借给对方使用，不能随便就不借给别人。归还农具的时候，不一定是当家人归还，只要是能够把农具、牲口顺利地归还给借方就可以。

一般涉及到金钱的对外事务，需要提前与对方接触好，不能说别人在归还的时候又要求支付费用。农具损坏之后，有的农户会主动说"算了，没事，本来就不太好使"，不让农户承担损坏的后果。村里没有出现长年借用他人农具过活的农户，家里只要种地的，都会有基本的用于农业生产的简单农具，例如锄、镰、锨、锹等，家中没有大型农具的，能够找到替代方案的也不会主动去借。因为重要的农时就集中在几天之内，每家每户都需要使用农具，在农时借别人农具的话，别人干农活也要使用，也没办法外借给他人，所以为了不耽误农时，自己都会有必需的农具。

(二)生产过程

1.农业耕作

(1)各类产业,都有涉及

王家除了种地，家里也养了一二十只鸡，喂养的鸡不多，也算不上很大的规模。王家养的母鸡，下的鸡蛋一般王家内部吃一部分，有时候走亲戚、串门的时候也会当作礼物送出去一部分。在南北王村，鸡蛋可以作为物物交换的重要物品，"鸡蛋换盐，量不着钱"，在王家对外的物品购买中，物物交换的比例较高，一般需要用到钱的情况比较少。王家养鸭子的数量比较少，只有一两只，曾经也养过鹅，但没有进行大规模的养殖。

(2)家长安排各类农活

家里的农活是王建龙、王建章负责安排，兄弟二人会按照家里劳动力的情况和庄稼地里的农活进行分配，有力气的就安排承担耧地、浇地等比较重的活儿，看沟子不用很大的力气，就让小孩和妇女去干。王家人不服从农活安排的情况很少，王家一般不会让家里有闲着的人，无论活轻、活重至少要承担一项劳动。如果孩子调皮，安排的活没有干，跑到一边去玩，等到吃饭的时间，王家的家长会惩罚孩子，暂时不让孩子吃饭。

农业生产的安排也遵循着一定的规律，王家同所有的庄稼人一样掌握着农耕的规律。安排农业生产当中最重要的参考指标就是时节，"白露早，寒露迟，秋分种麦最适宜"，秋分前后种植小麦是最佳的时间，当然秋分过后也可以进行种植，秋分以后种植被称为"寒种"，只要是在入冬之前麦子能够出谷，长出两个叶子，即使再寒冷的冬季也不会冻死。"麦子不出谷，不如在土里捂"，如果麦子在冬天来之前没有出谷，就不如没有芽生长出来，芽在地里捂着反而更好。在地里捂着的芽，过冬之后出芽比过冬前已经出芽的长得更快。种玉米、豆子是要等到麦季之后种植，玉米会早一点，一般和麦子串种，而种豆子需要提前耕地，豆子在八月份就能成熟。"夏至豆，不讲究"，如果等到夏至再种豆子就不太讲究，种的就有些晚，不同品种的作物生长期不同，有长有短，要根据地里的情况随时调整，如果错过最佳种植时节，等到下霜的时节再种，庄稼的产量就会受到明显的影响。

王家也种黍子、高粱，一般就种在南坡浇水困难的地块上，因为高粱抗旱能力十分强，高粱的叶子就算是干旱到卷起来，只要庄稼的内芯没有彻底干死，等到一下雨，就又能够继续生长。王家种麦子、棒子、谷子的面积都差不多。每年种什么都是家里懂农业生产的人来进行安排，一旦庄稼种的不合适，粮食产量就少。

犁地是在秋收时节，阴历八月左右，在家里的麦子、谷子、棒子都收获之后再犁地。耕完地之后，等到秋分就可以直接种麦子，王家种麦子的周期比较长，一般会种到阴历的十月一左右，后来种地瓜兴起之后，地瓜地里也有种麦子的情况。

冬天过去之后，地里开始化冻，等到春天开始，麦子地就要抓紧锄开，这样地里就不容易长草。下雨之后容易长野草，土地的草种子太湿、太干都不会长，在之前就要做好锄草的准备。浇地要根据天气的情况进行，只要地里不再干旱，就不再需要浇地。春天，一般在三月之前土地没有化冻，就不需要浇地。春天下雨次数比较多，只要有雨，就不用一直浇地。化冻之后，如果看着麦子有要干旱的迹象，就需要抓紧浇地，麦子不像高粱一样等到叶子卷曲之后才需要浇水，一干旱就要马上浇水。王家土地比较多，浇完所有的地也需要很长的时间。刚种的时候，不仅要耕地，还需要保墒，如果墒情比较好，种上种子之后可以直接长出来就不需要再浇水。如果墒情不好，就需要浇地。苗出来之后讲究上"种水"，一般是在秋分之后种，因为秋分之前种，苗会生长得过剩，会过多消耗肥料。收麦子一般在芒种时节，直接收割、脱粒，然后就可以直接卖掉。如果麦子在秋后才种，麦子会返青，这个时候浇水就十分重要，只要能够浇上，就可以保证不会绝收。地里上肥的时候，要在作物露小苗时开始，一般用小车推着粪，看着哪里庄稼的长势不好，就往哪里多撒一点，一般也是顺着沟撒，有的时候也按株来撒，一株一株都会撒一点。

王家的场里也会种植一些东西，在过完麦季之后王家会在场里种点黍子，其他的东西就不再种植。王家害怕耽误用场的时候，一般会种黍子，由于黍子熟得比较快，能够很快地收割之后腾出地方压场。

王家大家庭住在一起，妇女虽然大部分时间在家，但是家里的活儿也不是随便干一阵就可以干完。家里的妇女也各有分工，该摊煎饼的摊煎饼，该炒菜的炒菜，不能让家里的劳力饿肚子。王家的妇女也做针线活，搓麻线要一个一个地搓、纺棉花织布、纳鞋底也要一针一针地纳，家务活也并不轻松，在冬天这些家务活可以有所放松。小孩也可以参与农业生产，可以在修井的时候拉埝子、拉滑车，但这种活不是天天有。种地基本是靠男劳力，收的时候主要是妇女帮忙收。小麦收获之后，麦粒不能直接吃，必须要磨一下，一般来说一百斤的麦子套上磨，需要磨一整天，一般骡子的力气比较大，家里没牲口的就需要用人力推。

（3）种地过程

犁地就是耕地，有专门的犁，可以套上牲畜，一般是套牛，牛拉着犁拱着土，土就被翻上来。耙地是在犁完地之后进行，因为犁的尺比较大，犁地之后不太均匀，用耙子把翻上来的土耙平，把大块的泥土弄成小块，不耙地的话，水分会流失，地里的水分就很难保持得住。种植的时候，一般开沟种，同时撒上种子和肥料，一般是豆子和麦子一起撒，封上以后用脚踩一踩，锁住水分，这样麦种容易成活。

浇地就要设法从井里取出水来，能够取水的农具有水车、单人瀱、二人瀱。水车就是靠斗子，二人瀱两个人操作，一个人把车摇上去，另一个人就往下摇。一个瀱就是一个人操作，叫作单人瀱。水车的小斗子里盛的水也很有限，但是轮子上的绳子需要缠很多圈，水上来之后倒在盛水的容器里，然后再重复。

上肥的时候，一般是在种麦子期间，在耕地以前就拉到地里撒开，耕地耙完以后，再种上麦子。开沟的时候，为了麦种有足够的营养，一般把豆子一起撒进去，一起封上。肥料一般是来自家里的猪、羊、人粪，一般需要把粪晒干，然后在粪上面再撒上一些水，最后用泥巴把粪给捂住，让粪闷一下，可以灭菌。上肥一般是男劳力干，妇女很少去地里撒粪。

麦子成熟后就需要抓紧时间割麦子，一般是半夜一两点钟就开始，到天亮之前就要收割麦子，然后捆在一起。一般都是用麦秆来捆，趁着麦秆刚刚割下的时候，含水量还比较高，能够弯曲折叠系扣，一旦麦秸变干、变脆，就没办法捆麦子。割麦子的时候男劳力、女劳力都要割，必须要趁收获的几天抓紧干完。

每家每户都有场，当割完麦子，把麦子扎住之后，把带有麦粒的一边撒到场里，先晒干，然后再轧，晒不干轧的话，一旦麦粒被压扁，就没办法成型。翻场、压场这种活妇女也要干，因为妇女都缠小脚，行动不方便，王家的妇女在翻场、压场的时候让妇女在场的内侧进行操作，王家的男人就在外圈操作，男女配合，分工明确。

（4）土地灌溉

在村子的边缘有一条康王河流过，康王河在发水的时候，河里的水向周围渗透，周围的地下水比较多，灌溉取水可以说十分方便。但是离康王河二百米之外的土地，灌溉就开始变得困难，一是离河较远，打水就开始变得不方便；二是离河流越远，水的渗透越差，能够取到水所需要井的深度就要越深，深度越深取水就越困难，导致取水时间较长且一次取水的量也很少，会影响浇地的效率。王家所拥有的地当中，"坡里"的土地质量最为优良，在南北王村的地界之中，南边山坡接近山的位置土质最为好，但是南坡的生产条件存在劣势的地方就是浇水很不方便，基本靠天吃饭。天气是没办法预测的，有些年头说干旱就会旱很久，而一旦干旱，在庄稼生长的关键时期浇不上水的话，就可能会导致颗粒无收。

康王河曾有过旱期，王家在1934年的时候经历了极为干旱的一年。王家在当年有相当一部分土地处于干旱和半干旱的状态，王家地里的小麦由于干旱浇不上水，麦秆的生长高度仅有三十厘米。在一般的年岁当中，麦子只需要弯腰就可以收割成功，但是在后来1943年的另一场大干旱灾中，拔麦子需要蹲着身子来拔。干旱的程度不仅是地里的庄稼浇不上水，甚至是人和牲畜的用水都十分紧张，村民为度过旱年，都要重新打井、修井。王家在这个时期能浇上水的只有两个地方，第一个地方是因为在土地旁边恰好有一口老井，这口井是周围十几

432

户联合修的,其中有一户家中是祖传的铁匠,有制作农具的手艺,这户铁匠就制作了一架水车。农户们利用水车再配合这口老井,共同抗旱。不仅是成年劳力,牲口、小孩都要上阵用水车从井里拉出水,由于干旱,绳子需要往下很深才能打到水。第二个地方是位于是村子东部的一块地,这块地头上,灌溉都需要借樊家的井使用,但是其他农户想要使用的话,必须要在樊家不使用的时候才可以。而土地缺水时,每家每户都要抢时间灌溉,如果在关键的几天中浇不上水,地里的庄稼很有可能会绝产。因为是其他人家修的井,王家想要使用,就会受到较大的限制。于是王家在王建龙、王建章的带头下,准备自己修一口井,方便自家使用。王家挖井的时候,由于挖井主要任务是要将土运送出来,而土比较重,并不能很轻松的就可以完成。所以王建龙、王建章兄弟二人要合力挖井,兄弟两个,一个人把绳子勒在肩膀上,另一个人就拿着一块石头,走一步就把石头挪动一步,用来固定绳子。王家的井修好之后,王家位于村子东部的土地也得以灌溉,这片土地的基本收成就有了保障。后来,王家南坡的地开始种植庄稼,由于南坡的土地是红土地,再加上打了一口深井,周围庄稼所需的水源可以有所提供,南坡一大半的土地可以有粮食收成。王家东边的土地由于是沙地,土质不好反而不能有较高的收成。

在此时,王家自费购买了一辆水车用于灌溉,王家的王炳臣和王炳常两个人年纪尚小,同样要帮着打水,兄弟二人利用"二人瀛"打水。井修好之后,王家靠近庄边的土地就能够及时地灌溉。在荒年干旱的年头并不是全年都旱,粮食只要是在最需要浇水的关键时候浇上水,粮食作物不至于干旱而死,地里就会有收成,一旦天下雨就可以滋润土地。

(5)农业生产,自家安排

在安排农业生产的过程中,王家不需要告知或请示四邻、家族、保甲长,家里懂种地的王学奎、王建龙、王建昆负责安排,其他人都要服从这些人的安排,妇女一般在农忙的时候会加入土地劳动,小孩也要力所能及地干活。寡妇家地里的活就要自己想办法解决。邱氏有一个姑姑,邱氏的姑父早些年就已经去世,他的姑姑就成了一个寡妇,家里没有男劳力,所以犁地、耙地等地里的活只能是自己干。她是一个小脚女人,行动不方便,但是她也要自己套上牲口耕地,自己来进行耕种。

2.饲养家畜

王家常年养猪,王家有三个猪圈,猪的数量也不断动态变化。王家在过年的时候会杀一头猪,基本都会提前锁定一头猪,预计这头猪在过年的时候能够长得够大。有时候杀的猪比较大,身上的肉比较多,家里人吃不完,因为也没有什么较好的储藏方式可以保存,王家就会到集市上卖掉剩余的猪肉。

一般来讲,王家在哪一年生活的情况比较好,养猪的数量一般也比较多。养猪需要给猪喂部分的食物,如果遇到粮食产出少的一年,人的粮食都比较困难,喂牲畜的粮食更是力不从心,当日子比较难过的时候,也会卖猪肉维持家庭的暂时困难。有时候喂猪可能会亏本,但是为了猪粪,用来当作上地的肥料,也会继续养。王家养了母猪和肥猪,家里的猪圈在西院子那一侧,猪圈用围栏拦起来。即使王家有三个猪圈,每个猪圈都有粪,但是要分到六十亩地当中也很难够用。王家的母猪有时候一下会生产八九个小猪崽,每年猪的数量都会增加,一般都会卖掉一部分小猪崽,补贴王家的家计。1943年,王家的家畜数量是最少的,那一年的日子很难过,粮食浇水需要挖井,挖井需要花钱,挖井挖到下面出了水还不够,下面还需要一圈石头垫住沙,不垫的话沙子就会流,水量就不够。王家没有养过羊,村里养羊的农户一般都是一下养十几只,因为养一两只羊也需要人去外面放,一群羊一样要去外面放,王家人没有时间去放羊。

王家会喂猪吃酒糟、糠,村里有蒸酒的地方,王家会直接去蒸酒的铺子要酒糟,回来喂猪。猪食需要用豆饼掺着吃,再把晒干的白菜叶子轧碎后掺在猪食里。王家喂的猪会卖掉,把猪杀掉之后直接去集市上卖猪肉。一般都是当家人王学奎去卖,小孩不懂价钱,也不会让家里的孩子去卖,万一被骗就会导致损失。

耕地、趟沟都要用到牲畜的力量,其中骡子最好,一方面骡子的力量比较大,另一方面,马虽然也很高大,力气也大,但是马本身比较娇贵,驴比较粗糙,适应能力比较强。耕地一般选牛,虽然牛的力气和体态比骡子和马小,但是比较持久,适合耕地。牲口如果老死或者病死,一般会整个卖掉或者解剖成一块一块然后卖掉。一般而言,活的牲畜价格高一些,死掉的牲畜价格要卖得便宜一点。死掉牲畜的肉一样会吃,用热水煮开后就能继续吃,一旦有人因为买病死的猪肉,吃完出现问题,也没有人管。谁买肉,谁就要自己承担责任。卖牲畜的时候也是王家自家决定,家里的牲口如果用不上,打算卖掉,一般会牵到集市上,来往的人有看中的就会讲价钱进行买卖。集市上一般较多的用粮食来换,因为纸币的价格浮动比较大,一般不直接用钱。

家里养鸡也经常闹鸡灾,王家最多的时候养了二十多只鸡。一旦遇上鸡灾,鸡虽然都会病死,但死鸡肉也会吃掉,不会直接扔掉,用热水煮开之后吃。王家的鸡一般是喂粮食,高粱、棒子、麦子等,用糠和玉米面混合后就可以。王家养的母鸡多一些,母鸡下蛋可以卖鸡蛋,公鸡也会养几只,一方面是公鸡打鸣,可以提醒王家人早上起床干活,另一方面与母鸡交配产生新的后代用于繁衍。王家没有养鸭子,因为鸭子在水里生活,一旦在院子里搞一个水塘,鸭子会在水里蹚来蹚去,会弄得王家的院子比较脏,所以王家人没有选择养鸭子。王家养了一两只鹅,公鹅可以看家护院,有生人来家里鹅还会攻击。母鹅也可以下蛋,一只母鹅一年大约可以下三十个左右的蛋,而母鸡一般是隔一天下一个鸡蛋。

3.赶车卖菜,纺织做衣

除了种地,王家没有手工业。南北王村的西南乡出白菜,白菜的质量远近闻名,一直卖到万德。附近的车庙村、白家楼村等都卖白菜。家里唯一的副业就是赶着车去济南卖白菜,但也不是一整年都会去。有时候王建昆和王建章一起去卖白菜,因为一个人照管不过来,一个人需要照管牲口,另一个人负责卖白菜。兄弟二人去贩卖白菜,家里耕地、耪地的活儿就留给王建龙来干。家里的王学奎、妇女一般在家会纺线、织布、做衣服,自家纺布不够结实,经常需要返工重新织。虽然王家的衣服不会拿出去卖钱,但是不需要再花家里的钱去外面买,也算是节省很大一笔开支。纺棉花的时候,是由孟氏统一进行安排,家长王学奎也会根据孟氏的安排来从事纺线等活动,家里的李一氏、李二氏、赵氏都要听从婆婆孟氏的安排。王家在自己家里纺线,不需要请示四邻、家族、保甲长,王家可以自己决定是否织布、纺棉花。

4.王家未有手艺

王家没有祖传的手艺,但是王家每个人都会织布纺棉花,自己家里穿线,每家都有纺棉花的车子。王家的衣服都是自己做的,衣服都是自己织布,布是棉花纺线织成的。王家的妇女都会纺棉花,但是会织布的人比较少,在织布方面,会干的和不会干的妇女效率就会相差很多。

南北王村里有石匠和铁匠,村里得石匠不算多,村里的铁匠是兄弟三人合开的铺子,他们的铁匠手艺不是祖传。铁匠三兄弟中,只有大哥去外村学过铁匠活,学完回来之后,就在村里打制大刀片子、枪头、土枪等,大哥也把手艺教给了自己的另外两个兄弟。铁匠很赚钱,都说开铁匠铺子就是"用车子推着铜钱往家走"。铁匠的规矩是自己村里的不教自己村里的外人,因为铁匠挣钱很多,教给了同村人就会妨碍师傅的生意。如果开铁匠、石匠铺子,说不上是跟着谁学的手艺,村里就不会认可石匠、铁匠人的手艺。南村的一个农户,叫王宝成,家里有祖传的打锡壶的手艺,打锡箔用来蒸酒,锡壶的手艺在全县都是最好的,日本人在的时候都在用他家的锡壶。

5.王家较本分,少外出

王家很少出现外出的情况,南北王村里有许多去外地赚钱的农户。王炳臣的三爷爷就是家里过不下去,离开了南北王村,因为没有迁移的限制,哪里能吃上饭就去哪里挣钱,听说东北比较好,就到东北那边,村里也有农户去了青岛。出去挣钱一般不带家属,带家属的话也会核算挣的钱是否够用。外出是由家长安排,一般是家长外出赚钱,留下妇女、孩子在家里看家。如果是儿子要出去挣钱,也会请示父母,说明出门的理由和时间,老人不同意的话一般就不会出去。兄弟当家的也话会和兄弟商量,一个兄弟出去赚钱,另一个兄弟在家里照顾好家里的妇女、小孩、老人。

(三)生产结果

1.农业收成够吃

王家不同地块的粮食亩产不同,一般水浇地、能够撒上肥料的好地块,一亩地能出产二百多斤粮食。浇不上水的地,亩产就要看天气下雨的情况,下雨的次数多,粮食产量就会高一些,当年的雨水少,亩产就会受影响,很干旱的年月粮食生产就很成问题。

影响亩产的因素主要是水,"靠天吃饭",浇不上水,庄稼一旦旱死之后,即使后期雨水充沛,也没办法挽回。农业上讲究"七月十五定旱涝",只要看七月十五左右天气旱不旱,就能知道这一季粮食的出产情况。到了七月十五庄稼的长势基本就能确定,未来的收成就可以有所估计。不同年份的粮食产量差距比较大,由于大多数地都是旱地,一旦庄稼旱死,连种地的本金都会搭进去,最旱的一年就是1943年。

粮食成熟之后,家长会抓紧派人干活,粮食收回家中之后,归王家人共同所有。家里最关心地里庄稼长势的人是王建龙、王建章、王建昆,三兄弟会随时注意地里的情况,需要施肥的话,就用车拉粪给地上肥。妇女在一般的时节不去地里干活,一是小脚不方便,二是家里的活儿也比较多,只有地里的农活过多,男劳力忙不过来情况下,需要妇女下地帮忙的时候妇女才会去帮忙。

王家地里出产的粮食够王家人食用,因为王家土地中有一部分水浇地,这部分地的产量正常的话,就基本满足王家人的粮食食用的需求。王家的粮食虽然每年都有结余,但是结余粮食大多随着家里的大事小事有所花费,也导致王家盖新房的钱一直都没有积攒出来。王家有一个粮仓,所有的粮食都在粮仓里堆放着,仓里的粮食基本上能满足王家人食用的目的,较少出现把仓里剩余的粮食拿出来换钱的情况,由于纸钱币值浮动较大,有粮食在手作为财产最安稳保险。

2.家畜收益,补贴家用

王家的牲口足够用,家畜方面,肥猪的数量会多一些,也会卖掉一部分赚钱。"地里没粪,瞎胡混""养牲畜,地里找",养牲畜也是为了粪,能够给地里上肥。家里养的小猪崽也会卖掉补贴家用,日本人侵略这里之后用钱的地方比较多,一般都会把猪卖成钱。由于猪肉的价格会上下浮动,有时候价格相差较大,王家每年卖猪的收入也不平均。卖猪的收入由王学奎保管,也是用以满足王家的各项花费。王家的账一般是王建昆保管,王建昆不在家由孟氏保管,王建龙、王建章有时也会管账。

3. 其他收入较少

村里有木匠、铁匠,木匠可以打桌子赚钱,石匠可以开石头、打石头来赚钱,会瓦匠的给别人盖房子赚钱,铁匠打铁也能够赚钱。

王家的副业收入也很少,只有王学奎供养了一个桃行。桃行的收入供养王家大约六七年的时间,但是并不是每一年都有桃子可卖,只有四五年出产了桃。王学奎种植了四亩桃树林,只挣了一点小钱。后来桃树老化,开始生病招虱子,桃树的枝头上全是虫子。用手一抓就是一把虫子,虫子也不爬,抓下来就是一把一把黏乎乎的东西。虫子全都弄下来之后,桃树也就基本死去,后来王学奎就把桃树直接砍掉。桃树每年的收入很不平均,有时候一年也不结桃子,有时候因为干旱,桃子长得不好,卖不出好价钱。种桃树的收入全部归王家集体所有,卖桃子的钱交由王学奎统一管理。

三、家户分配

(一)分配主体

1.大家庭为单位分配

王家在分配时,以整个家户为分配主体。在南北王村有王氏家族,但是家族一般不参与到每一户王氏族人的具体事务当中去,更不会让王氏成员把自家的收成交一部分到家族中。村里一般只有缴税的时候会统一收取税钱,但是村庄本身不会留下粮食,全都交到县里纳税。

2.王家内部分配

王家在分配中是以所在家户为基本分配单位,王家的二十口人都有分配的权利。已经与王学奎分家的王学文,独自成立了自己的家庭,兄弟二人在自家的家户内分配,兄弟无法分到对方家的东西。单独吃住的父母不会直接参与到分配当中,一般孩子会另外给养老的粮食。在王家的长工虽然在王家吃饭,但是不享有王家的分配权。

3.家长享有支配权

王家在分配的时候由家长王学奎来一手安排,一般家里的分配大事都需要王学奎做决定,吃什么、用什么、买什么等一些具体的细节,由王建龙、王建章、王建昆三兄弟具体负责,也不需要正式商量,谁有要求可以提出,合理的要求也会得到满足。

4.三兄弟商议

如果王学奎不在家,一般会等到王学奎回家后再行分配,如果比较紧急,三兄弟可以先商量、先分配。如果家里是女性当家,一般不会出门很远,就会守着自己的地过日子,等回家后分配。如果儿子当家,分配的时候会委托家长或者兄弟来分配。代理当家的情况下,会提前安排好,不会随意找人安排家里的分配。

5.其他成员服从分配

除家长王学奎之外,王建龙、王建章、王建昆三兄弟可以代为行使家长的权利,除三兄弟以外,其他人无权分配王家的财产。分配的时候,王学奎一般不会询问其他人的意见,即使询问,家里的妇女、小孩也不会插嘴,都相信王学奎会公平分配。

6.小家不分配

王家只在大家庭进行分配,小家庭内不会细分。如果是小家庭的私房钱买的东西,小家内部自己分配,王学奎和其他家人也不会过问,小家庭内部就可以自己决定如何分配,不需要告知大家庭。

7.外人不能干涉分配

王家在家户内部进行分配时,不需要告知或请示四邻、家族、保甲长,同样在别人家分配的时候,也不会介入到其他家的分配中去。如果家长王学奎分配不公平,一般也没有人敢反抗,最多会闲言碎语说几句,也不敢让王学奎听到。

(二)分配对象

1.分配对象:王家成员

王家在分配时,王家的二十口人都是分配的对象。已经出嫁的女儿算是别人家的人,不享有分配的权利。王学文早年已经与王学奎分家,有自己的家庭,在分配上相互独立。在家中干活的雇工不享有分配的权利,工钱都会按期结算,雇工不参与到分配过程当中。王家的亲戚、朋友有困难的时候可以帮助,但在王家分配的时候不会分配给他们。

2.分配物:本家户收入

王家分配的东西主要是地里出产的玉米、小麦、高粱、棉花和喂养的家畜等自家的东西。手工业纺出棉线、织布、做衣服不参与分配,小家庭内部的衣服,小家庭内部自己分配,副业收入在本家户内也会进行分配。

(三)分配类型

1.缴税、自留

王家的农业收入主要来自于地里种植的东西,小麦、玉米、高粱、大豆、棉花,还有家里种植的一些蔬菜,白菜、黄瓜、茄子、丝瓜。每年的收成都是王家自家的土地出产的东西,不需要与别人家分成,只需要每年向官府缴税。纳税是根据每家的土地数量来计算,土地越多,缴的税越多,每亩土地上交一定比例的粮食。每年纳税的金额变化不大,遇到灾荒年纳税官府也不会有所减免,许多人自己家里已经吃不上饭,但是为了缴税四处借粮,走投无路的农户有的会典当、卖掉家里值钱的东西,只为了能够缴上税。纳税的时候,一般是家长王学奎去县里纳税,"包佬第"到一定的时间后,会催促农户抓紧时间去交粮。缴税一般是在冬天的时候,由于地里已经没有农活可忙,大部分农户也都是这个时间去交粮。虽然说是"交粮纳税",一般县里收的都是现钱而不是粮食,去交粮的时候,县里会根据家里登记的土地亩数来核实,交上之后,当年的缴税任务就算完成,明年再缴明年的税。在缴纳赋税时,由家长安排,也不需要和家里人商量,更不需要告知或请示四邻、家族、保甲长。如果当家人不在家,家庭成员不会随便去交税,必须等到王学奎回到家之后再纳税。

2.手工业收入,全部家用

王家从事手工业,主要是家中的各类衣服和鞋子,王家的妇女都会纺线、织布、做衣服。

这些服装衣物的收入也没有计算过,一般都留作家用。家里手工业的收入一般由小家庭内部的材料制作,其他的小家庭没有帮忙的话,就属于小家庭所有。王家的手工业不需要缴纳税,所有的收入都归王家所有。手工业的收入归于小家庭之后,一般都是男人掌管,小家庭可以自己花费,大家庭也无权过问。王家在纺线、织布这些活动中由孟氏负责安排,一般在下一个季节来临之前就开始准备下一个季节的衣服。王家从事手工业,不需要告知或请示四邻、家族、保甲长,分配的时候大家庭的材料生产出来的,归大家庭集体分配。小家庭自己提供材料、自己制作的归小家庭所有。孟氏可以起到分配手工业当家人的角色,但是一般也不需要分配,谁干了多少活儿,妇女们会互相监督,分配的时候都会提出来。

3.副业补贴家庭

王家的副业收入是王家三兄弟赶着大车去济南贩卖东西的收入,以及王学奎种的桃行的小部分收入。这些收入不需要缴介绍费和税,所有的收入都归王家所有。副业收入统一交给当家人王学奎保管,用于全家人的生活开销。王家的小家庭内部没有出现过独自干副业的情况,一般而言如果是小家庭搞的副业,只要没有用到大家庭的东西,偷偷地弄,不会让家长发现。一旦被家长知道,会被王学奎训斥不团结,会没收自己偷偷搞的副业收入。王家的副业由家长王学奎安排,由王学奎决定,不需要和家里人商量,不用告知或请示四邻、家族、保甲长。在王家没有零花钱的说法,王家大家庭内部各项分配能够维持正常的生活,不需要分配零花钱,一般只有大户人家才会分配零花钱。

4.收入整体分配

对于王家的收入,王家每一个家庭成员都享有分配的权利,王家不会分配钱给小家庭,小家庭自己的财产由小家庭自己安排。家里的粮食都是王家人一起吃,有了余钱之后也会抓紧盖房子,为以后孩子分家做准备。

(四)家长在分配中的地位

1.家户享有分配权

王家在衣物、食物、零花钱、缴纳赋税的分配活动中,家长王学奎是实际支配者。如果当家人王学奎不在家,一般会等到王学奎回家后进行分配,如果情况紧急,王建龙、王建章、王建昆三兄弟意见达成一致之后也可以进行分配,等王学奎回家后也要告知,如果王学奎感觉分配的有问题,就会重新分配。

2.小家庭可以留私房

王家没有私房地的说法,小家庭里也不允许自己买私房地来单独耕种,王家从老一辈到小一辈都是一起耕种王家的六十亩地,没有自己出去种私房地的情况。

虽然王家没有私房地,但是每个小家庭都有私房钱,是女方从娘家嫁来的时候带的陪嫁,私房钱一般不参与分配。大家庭一般不会分给小家庭私房钱,小家庭有私房钱,家长王学奎也都了解,也允许小家庭内部拥有自己的私房钱。但是王学奎对私房钱的使用有明确的规定,小家庭内部使用私房钱,购买东西补贴小家庭是被允许的,但是如果拿着私房钱去赚钱,家长王学奎就会生气。私房钱是以小家庭为单位而存在,并不是每一个人单独有一些私房钱,未出嫁的闺女不允许有私房钱,儿子的私房钱都是媳妇娘家陪送的。

3.衣物分配,家长统筹

王家在衣物分配中,由孟氏负责安排,一般需要妯娌几个人一起商量,几位妯娌都可以提意见,最后意见一致之后,就可以分配。王家的衣物分配,不需要告知或请示四邻、家族、保甲长。分配的时候一般以小家庭为单位进行分配,一般谁家的孩子没有衣服穿,孟氏也会协调几个小家庭互相借衣服穿。

王家的成员添衣服一般是冬天来临的时候,不需要家庭成员主动提出,孟氏就会提前进行打算。王家的衣服都是自己做的,家里的妇女都要参加到制作衣服的过程中去,王学奎有时间也会参加,家里的小孩也可帮忙摇纺车,每个家庭成员都可以参与进来。棉花是王家的地里种植的,孟氏会按照小家庭的人口数来分配,布都是自己纺的棉线编织成的。王家成员谁需要添衣服,都会满足,老人的衣服都是儿媳来进行制作。王家很少到集市上买洋布做衣服,都是自己在家手工做。去买布的时候一般都是家长去买,媳妇告知家长需要的尺寸和种类。如果衣服穿破洞,家长王学奎也会训斥几句,然后让家里的妇女赶紧补上。

4.王家一口大锅吃饭

在食物的分配中,一般每天的饭菜种类都是由李一氏、李二氏、赵氏三人商量来决定,一般每天的食物都是变着花样来做,今天吃过明天就会暂时不吃,一旦连续两顿饭的菜和饭一样的话,家长王学奎就会不乐意,会批评媳妇不会干活。分配食物的时候,不需要告知或请示四邻、家族、保甲长。一般的食物不进行大的分配,都是统一放到厨房,统一做饭,统一吃饭。吃饭的时候以吃饱为准,不会特意安排每个人吃一样量的饭,多吃的人也不用补偿少吃的人。

5.王家共财,没有零花

王家没有给家庭成员零花钱的情况,在过年的时候,小孩子去亲戚家拜年,亲戚家里比较富裕的,会给孩子压岁钱,但是数量不会太多,可以算作零花钱。孩子收到零花钱之后,王学奎也会让孩子交到大家庭中,共同使用。

(五)家庭成员服从家长的分配

王家在私房钱地、衣物、食物、缴纳赋税的分配活动中,家长王学奎掌握全局,除家长王学奎之外,王建龙、王建章、王建昆三兄弟也可以参与到分配的讨论当中。王学奎不在家的时候,一般会等到王学奎回家之后再进行分配。

王家在分配衣物的时候,由孟氏牵头进行棉花的分配,衣服制成之后会协调各个小家庭内部的穿衣问题,尽量做到没有人受冻,一般安排之后家庭成员都没有意见。

王家在食物分配的时候,不会直接进行分配,都是在做完饭之后,王家的成员共同吃饭。吃饭的时候没有特别的分配方式,大家会根据自己的饭量,以吃饱为界限,多吃一碗都没有关系,做的饭如果家里人吃不完,剩饭会当作家里猪食。

王家在缴纳赋税、租金时,由家长王学奎统一安排,家里的人不会参与意见,需要王建龙、王建章、王建昆三兄弟出面的时候,王学奎会安排儿子去做,不是每一件事都由王学奎亲力亲为。

(六)分配统筹

1.维持收支平衡

王家在分配时,首先以全家人的需要为前提,首先满足王家二十口人吃饭、穿衣等一些基本的生活需求。王家一起生活的人数较多,人员关系也比较复杂,王学奎三个儿子都成立了自己的小家庭,不仅要照顾到家里所有人的需要,还要做到不偏心对待任何一个小家庭,一旦偏心的话,就会造成家庭成员的不和睦,王学奎掌管家务也会变得困难。

2.次序:食物分配为先

王学奎在分配自家产品的时候,一般会首先预留出需要缴税的粮食,因为缴税是每个农户要首先考虑的问题,没有人敢抗税。王家没有租入和租出土地,没有土地租金这一项目。王家每年的土地收入,除去上缴的税之后,能够满足家中的食物需求。在分配自家产品的时候,首先会满足王家人的吃饭问题,如果有剩余,才会考虑分配,一般而言分配没有一定的次序,如果家里的日子比较困难,一般不会进行分配。

3.数量:分配规则

王家在分配的时候没有一定的规则,一般按照小家庭的形式进行分配,照顾到每一个人。在分配时,家长会提前预备好看病的钱,孕妇坐月子的时候会多分配给几个鸡蛋作为营养补充,孩子一般跟着大人一起分配,没有特权。当家人王学奎在分配的时候拥有一些特权,比如某个儿媳妇坐月子,也会多给儿媳妇一些营养作为补充。一般除了吃饭,其他的分配王学奎都会安排,年景不好的时候,王家还是一样一起吃饭,减少小家庭的分配。

(七)分配结果

1.分配中以粮食为重

王家在实际分配过程中,赋税占一部分比例,但是大部分都用于食物的分配,王家平均一人三亩地,规模正好,每年的粮食基本缴税后能够满足家中二十口人的需要。副业收入、手工业收入都是一些小部分,大比例还是来自于王家六十亩土地的收入,王家的分配基本可以自给自足。

2.分配结果,无人反对

每年的分配结果基本上没有太大变化,遇上丰年的时候会多分一些,需要调整的年岁,都是家长王学奎进行安排。对于已有的分配结果,王家的家庭成员一般不会提出不同意见的,因为家长王学奎向来比较公平公正,不会特别偏心。

四、家户消费

(一)家户消费及自足程度

1.家户消费,自给自足

王家平常的开销,一般集中在粮食消费、食物消费、衣物消费、人情消费等方面,王家的各项消费都来自于王家种植六十亩地所得到的收入。其他收入一般不太稳定,所以基本的消费主要依靠种地所得的粮食。

2.粮食自产自销

在王家的日常消费中,粮食消费占到很大一部分。王家的粮食都堆积到粮仓当中,一般每年消费的数量变化不大,也会结余一部分粮食。家里有小麦、玉米、高粱等一些粮食,不仅家里的人需要消费粮食,家里养的猪、鸡也都会消耗一部分粮食,具体每年牲畜消耗多少粮食没有统计过。王家很少出现粮食的缺口,因为每年基本都会囤积一些粮食,如果当年干旱,收的粮食少,可以吃往年的余粮。一旦出现干旱家境不好的年头,王家会集体节衣缩食。王家很少借粮吃饭,即使在最苦难的年头也没有外出逃荒过。

3.以物换物

王家每年食物的比例当中,粮食占到很大一部分。除了粮食,王家的很多食物基本都是自己家里生产的,王家的家里就有菜园子,白菜、茄子、黄瓜等都是王家自己种植的。家里的油盐酱醋必须要到村里去买,王家不会自己制作。王家需要油的时候一般都是拿着豆子去油坊换油,换油的比例是"十斤豆子换五斤油";王家会拿着鸡蛋去换盐,盐的比例是"十斤鸡蛋换一斤盐";酱、醋都是王家拿着钱去买。油盐酱醋的花费属于常规消费,虽然不会花费很多,也会占到一定的消费比例。王家的食物基本处于平衡的状态,菜地的菜成熟后就吃,油盐没有之后就去换取,一般不会有太多的盈余。王家平时基本不会吃肉,只有在过年的时候才会杀一头猪,吃不完的话就到街上卖掉。王家吃饭讲究节约,如果浪费太多家长王学奎也会不高兴。

4.衣物小家供给

王家每年的衣服都是自己做的,基本没有到集市上买过。王家的衣服都是粗布衣服,都是王家的妇女自己用自家地里种的棉花纺成线、织成布,然后做成衣服。一般王家每人一件单衣服,一件厚衣服,衣服不够的时候家里的妇女就会赶紧手工制作。衣物的消费基本上就是针线花一些费用,一开始没有针,后来集市上开始售卖锥子,也贩卖各种颜色的线、顶针。王家的衣服也会节约着穿,出现破洞就会补上洞继续穿,哥哥的衣服小了穿不上,也不会扔掉,会留给弟弟穿。

5.住房消费,勉强居住

王家一共有二十口人一起居住,但是房子只有那么几间,每个人的生活空间都很小。王家的小辈比如王炳臣,在吃饭都没法在屋内一起吃,只能在水磨盘上吃饭。王家人口不断增多,小辈的孩子比较多,在小家庭里住不开,家长王学奎会让孩子到自己的北屋炕上睡觉。王家没有主动租住过别人家的房屋,王炳臣的三爷爷因为迁到东北,家里空出几个房间,正好也要找人看管家里的东西,王家就搬了一部分人过去住。

6.治病需要花费

王家的医疗消费每年的情况都不一样,一般的年岁,孩子生病后就先自己想办法医治,先用民间的土方子来试试,有时候用白菜根熬水喝可以治病,喝完之后,裹上被子睡觉,出一身汗,身体就能恢复。如果自己家里看不好病,就会到外面找医生,农村中医多,也会抓一些草药熬来喝,看病也需要给钱。

在1946年,王炳常感觉自己身体不适,上厕所小便出现困难,王家便四处打听治疗的方法,有一个土方子是用自己家里的槐树最高处的叶子拿来煎服喝掉能治这种病,但是并没有起到什么样的作用。王家人开始四处为王炳常寻医问药,多方打听之后,听说在济南平阴一个地方有教会,教会里有洋医生。王家的当家人王学奎说道,"洋医生给咱们炳常治病也得开膛破肚,这可不行"。炳常的母亲就对王学奎说道,"孩子现在尿不出来,憋也憋死了,不如去洋医生那个地方试一试,我自己的孩子就算是洋医生最后没给治好,开膛破肚之后没活成我也认了"。王学奎看到王炳常母亲已经做好最坏的打算,最终王家决定带着王炳常到教会试一试,教会诊断之后说王炳常是膀胱结石,说要开膛破肚进行手术。王炳常的母亲在去之前已经下定决心,教会的医生也开始进行手术,最后在王炳常的体内取出了几块很大的结石,王炳常的病也因此得以治疗成功。由于是教会医院,医院的大部分日常支出都是由信教的教徒自愿上缴的费用进行填补,需要王家交的治病钱很少,也就几十斤粮食的钱。后来王炳常的母亲出于感谢,回家后制作了几套衣服送到教会医院,感谢洋大夫治好自己的儿子。

7.人情多是粮食

王家的人情消费没有具体统计过，但是王家二十口人，各方面涉及的人情也比较多。过年的时候近门的亲戚会走动走动，亲戚家里有什么事情，就会去亲戚家里看一看，一般也会带一些粮食、吃的东西。在人情消费当中，很少直接送钱，比如看月子，就拿一些鸡蛋、面条等东西就可以。人情的消费金额也是看两家之间的关系，关系比较近的给的东西会好一些、多一些，关系一般的碍于情面也要稍微给一些。一般农户家里有人去世后，只要是人到场，就算是给他们家里长脸，拿不拿东西是其次，所谓"人到礼不差"。村里的农户，如果家里很穷的，拿不出东西的就会减少人情走动，人情是相互的，自家有事其他农户来捧场给了东西，到时候他有事王家也会还礼。

8.红白喜事必须要花费

红白喜事不是每一年都有，但是一旦发生，花费就必不可少。丧葬的费用一般就是给老人买棺材的费用、找人抬棺丧的费用、为到场的亲朋好友和邻居摆酒的费用。喜事的费用方面，结婚的时候要摆酒、生孩子之后也会摆酒，都需要花钱。红白事的费用必须要花费，红白事能够看出一个家户的情况，王家人口较多，办得不好也会丢了王家的面子。王家的红白喜事的花费能够自己维持，村里其他人实在花费不起的，也不会卖地卖房子一定要弄一个大场面，只要自家办的满意，符合村里的习俗就可以，没有人会为了硬撑脸面一定要借钱办红白事。

9.教育花费较少

王家对于教育较为重视，王学奎在早年曾读了几年书，后来家里的孩子陆续长大，就在自家里开了一个"私塾"，只教王家自己的孩子，也相当于自家的孩子读了私塾，由于是教自家孩子，也没有学费可言。王家人认为小孩子读书很重要，王学奎也很支持教育方面的花费，购买笔墨纸砚等花费都可以自由支出。后来在南北王村的大庙里，有人办了一个学校，村里人把学校叫作学堂庙。只要大人送孩子过去，就可以在那里上学，不需要交学费。由于学堂庙不收学费，只要家里不需要孩子帮忙的，都去学堂庙上学，除非农户家里十分困难，需要孩子在家帮忙干活才能维持，否则都会让孩子去上学。

10.王家消费，到位即可

王家每年的粮食、食物、衣物、医疗、教育、人情等消费中，粮食和食物的消费是最大的一部分，医疗、人情的花销一旦遇上之后，也必须要花费。其他的消费，王家能省则省，困难的时候也会节衣缩食过苦日子。王家的消费都是理性消费，王学奎生活习惯比较好，不喝酒不赌博，王学奎当家也没有出现过大手大脚花钱的现象，家户的各类消费十分合理。

王家除了常规消费之外，其他所需要的费用由王家自行承担，家里能够出产、制作的就不去集市购买，人情礼节该做到的一定会做到。

(二)各类消费，自家承担

1.衣食住行消费

王家在消费的时候，都是王家内部自行负担，其他农户只承担自家的相关消费，不会替王家承担。王氏家族和南北王村在王家需要帮助的时候会提供帮助，但不会承担王家的各项消费，都是王家自己解决。

王家在粮食的消费之中基本可以做到自给自足，王家有六十亩土地，家里的劳动力也较多，食物的消费不需要另外出钱负担。王氏家族内部没有参与过王氏家族人家中粮食消费的事务，南北王村也从不直接插手农户的粮食消费问题。其他村民都是自家管自家的粮食消费，不会涉及王家。

王家的食物消费完全由王家自己承担，地里出产的粮食，王家可以做到自给自足，油盐酱醋一般都会用粮食、鸡蛋去换，也可以负担得起。其他农户不会承担王家的食物消费，南北王村以及王氏家族都不会承担王家的食物消费。

王家的衣物消费，主要是王家自己来安排。王家因为人数较多，对衣服的需求也比较大，一般王家的成员有一套厚衣服、一套薄衣服，在相应的季节到来之前，王家的妇女就会赶紧准备好。王家做衣服的布基本都是自家纺织，纺线织布用的棉花也是自家的地里种植的。村里的每户人家负责自家的衣服，不会给王家缝制衣服，王氏家族和南北王村也没有出现过给农户分发衣服的情况。

王家二十口人所居住的房屋都是王家的私有房屋，后来人口较多，借住了王炳臣三爷爷家的房子，借住不需要付租金，相当于免费住。王家也没有盖过和翻新过房子，没有这部分的花费。村里的其他农户不会负担王家的住房消费，王氏家族和南北王村也不会对王家的住房消费有所承担。

2.交往消费不可少

人情消费时，必须要走动的人情花费，王家一定会花费。在南北王村，人情消费不会直接给钱，一般就是拿一些粮食、鸡蛋、酒，就可以算作很大的人情。人情花费你来我往，农户之间互相花费，大致上可以抵消，王氏家族和南北王村不会以家族和村庄的名义进行人情的消费，也不会对农户的人情消费有任何的承担。

王家在红白喜事的花费，都是由王家自己来承担，王家的人口较多，在南北王村算是比较大的户，在红白喜事的花费上从来没有丢过面子，但是从来不铺张浪费，因为还会考虑王家二十口人吃饭的问题。红白喜事的消费上，亲戚邻居来的时候会带一些东西，能够抵扣一部分红白事的消费，村里一般不会以村的名义参加某个农户家中的红白事，也不会承担某些农户家里的红白事的费用。

3.教育、医疗花费

王家的教育消费较少，一方面在家里读私塾的时候，王学奎亲自教学，没有学费，后来在学堂庙里上学也不需要学费，教育的花费只有买笔墨纸砚需要花费，也花不了多少钱。王家在教育上面的消费全部由王家内部承担，其他村民也是自行承担自家孩子的教育费用，不会对王家的教育费用进行承担。王氏家族和南北王村没有相应的经费用于支持王家的教育花费。

王家在医疗消费的时候，一般都是先在自家按照土方子治疗一下，如果治疗不好，会找医生来看，出钱看病的费用必须要花费。医疗消费不是固定花费，有时候有，有时候没有。医疗消费都是王家自行承担，其他农户不会承担王家的医疗费用，王氏家族和南北王村也没有相应的费用予以报销。

4.其他消费可以承担

王家在其他消费的时候，都是由王家内部进行负担，村里的其他农户不会替王家承担相应的消费，王氏家族和南北王村也不会替王家进行相应的花费。除了主要的日常花费之外，其余的花费也比较少，王家也完全负担的起。

(三)各类消费,家长做主

1.衣食住行,家长支配

王家的粮食消费中,由家长王学奎统一安排,家里的粮食都囤在粮仓里,也没有上锁,该卖粮食的时候由家长王学奎来决定。王家进行粮食消费不需要告知或请示四邻、家族、保甲长,王家内部只要统一意见就可以。当家人王学奎不在的时候,王家不会去卖粮食,会等到王学奎回家之后再做安排,王家的女性一般不会参与到粮食消费的决策当中。

王家的食物消费能够自给自足,需要吃米、面时,家里的妇女就可以用磨盘直接磨着吃,需要吃青菜的时候就可以到自家的地里去采摘,常规的食物家里可以自己供应,王学奎就不会详细过问。需要到外面购买的油盐酱醋,由家长王学奎来安排,一般是家里的男人或者王学奎亲自去卖或者去换。食物消费不需要告知或请示四邻、家族、保甲长,家庭内部可以自己协调。

王家的衣物消费,一般不需要对外购买。如果家里缺少针线、顶针等缝衣服要用的工具,王学奎会拿出钱来安派人去集市上购买。王家的大部分衣服都是自己做的,家里衣服的制作由孟氏安排,摘棉花、纺棉线、织布、缝制衣服都是孟氏安排几个儿媳来干,儿媳也会听从孟氏的安排。王家在衣物消费活动中,不需要告知或请示四邻、家族、保甲长,王家自己就可以安排。

王家的住房消费都是家长王学奎负责,因为都是住在家中,每个人住在哪个房间都是家长王学奎来安排,家中如果需要修建或者改造房屋也是王学奎来安排,也会与家里的王建龙、王建章、王建昆商量。王家的住房消费不需要告知或请示四邻、家族、保甲长。后来王家的房屋不够住了,一部分王家的成员住在了王炳臣的三爷爷家,也没有另外花费租金。

2.交往消费由家长做主

人情消费活动中,家长王学奎听到消息之后会进行安排,如果谁家有事情,王家的成员也会及时告知王学奎,但是否进行人情消费,还是王学奎决定。家中安排人情消费,不需要告知或请示四邻、家族、保甲长。人情一般都是王学奎出面代替王家花费,如果是涉及妇女生孩子、吃面也会安排家里的女性去参加。王学奎不在家也不会少了这些消费,一般会按照惯例进行,等王学奎回来之后再告知王学奎。

家里办红白喜事,由家长王学奎来安排,一般会安排一个儿子接待客人,其他的儿子去购买东西,家里的妇女负责烧水、做饭。小孩也不会闲着,能干什么活就要干,因为接待客人会很忙。重要的红白喜事,王学奎不会外出,都会全程参加,如果有事抽不开身,会安排自己的儿子代替自己出面处理家里的红白喜事。

3.教育、医疗统一由大家庭消费

王家的教育消费由家长王学奎来统一安排,孩子读什么书,都是王学奎指定,需要购买笔墨纸砚,也会给孩子一些钱,让孩子自己去买。王家在教育消费活动中,不需要告知或请示四邻、家族、保甲长,自己家里可以随意安排。教育的消费通常不紧急,王学奎不在家的时候,会安排自己的儿子来负责教育的相关花费。

在医疗消费中,由小家庭内部的人来请示,王学奎拿主意。孩子有些小病小灾,自己可以治疗的话,就没有什么花费。如果要去看医生,要告知王学奎去哪里找哪个医生看病,花费由王家共同承担。医疗消费不用告知或请示四邻、家族、保甲长,自己家中就可以安排。生病了情况紧急,家长不在家,该去看病也要去看,等王学奎回家之后,也要告知王学奎。

(四)家庭消费,成员服从

1.衣食住行,均要考虑

王家在粮食消费中,家长王学奎说了算,其他家庭成员不会提出其他意见,如果需要征求意见,王建龙、王建章、王建昆三兄弟可以说一下自己的意见,但是其他人不会参与到讨论当中。如果王学奎安排家里的人去卖粮食,都要服从王学奎的安排。消费粮食没有先后顺序,首先满足王家人的粮食消费,剩余的部分才会拿去卖掉。

王家在食物消费当中,除去需要在外面花钱购买的部分,其余的就由李一氏、李二氏、赵氏三位妯娌商量做饭,需要做什么饭也不需要向王学奎汇报,家里有人对饭菜有要求,可以提出来,只要家里可以提供,就可以满足。在食物消费中没有什么顺序,王家都是一起吃饭,王家成员都能吃饱,每个人饭量不同,吃得多一碗、少一碗都没有关系。

王家的衣物消费当中,除家长王学奎统筹全局之外,孟氏负责安排具体的细节,李一氏、李二氏、赵氏三位妯娌负责具体的衣物编织过程,编织完之后在小家庭内部进行分配,先满足小家庭的需要,家里老人的衣服也会安排三位妯娌轮流来做。有的小家庭衣服出现不够穿的情况,孟氏也协调几个小家庭之间的衣服,尽量做到王家每一个人都能穿上衣服,不至于挨冻。

王家在住房消费中很少有较大的花费,在王家二十口人共同生活期间,没有新建和改造过房屋,家长王学奎也不担心住房的消费问题,家里的房屋挤挤还能住得下。其他家庭成员也只能服从王学奎的安排,不会表达什么意见,因为都知道家长王学奎不会让家庭成员流落街头。

2.交往消费,家庭成员服从安排

人情消费是由家长王学奎来决定,一般会按照南北王村的风俗,和自家关系亲近的就会多花费一些,和自己关系远的就少花费一些。其他家庭成员也不会参与到人情花费具体的细节中,需要谁出面,家长王学奎就会安排谁出面。家里年景不好的时候,农户之间往来的消费都会相应减少。王家在红白喜事当中,家长王学奎负责安排所有的情况,家中的其他家庭成员都要予以配合,因为涉及的事情比较多,王学奎的三个儿子也会参与到事务当中。王学奎不在家的时候,该办的红白事也会办,等王学奎回家之后再办就耽搁了时间。办红白事没有特殊的先办、后办的顺序,因为这些红白事不会都赶到一个时间,哪件事情先发生,就先办哪一件事情,办完了之后再办另一件。

3.教育、医疗消费由大家庭负责

王家孩子的教育,父母起到一定的作用,王家的男孩不需要父母请示,王学奎就会让他们上学、读书,相应的花费也会承担。王学奎不在的时候,只要是正常的教育花费,家里的男人就可以做主。王家不重视女孩读书,认为女孩子读书没有用,所以都不让家里的女孩子们读书,即使孩子的家长怎么劝说,也无济于事。王家的孩子接受的教育都是不需要学费的,所以不耽误其他事情的情况下,会一直让孩子上学。

王家的医疗消费方面,一旦小家庭的成员生病,小家庭内的成员会十分着急,会想办法尽快医治。当家人不在家的时候,该看的病也要去看,家里的男性一商量就可以先去看病。在治疗花费上家庭成员之间没有区别,家里人生病就一定要进行治疗,不分是男人还是妇女,老人还是小孩。村中有些农户家里穷的,治不起病也没有办法,只能等着病死。

五、家户借贷

（一）偶尔进行借贷

王家很少出现对外的借贷，只有家里的钱周转不开的时候才会借贷。由于小家庭内部存在私房钱，大家庭借小家庭钱的情况较为常见。大家借小家的钱都是在紧急需要用钱的时候，一般而言，王家的粮仓里都有存粮，可以去粮行把粮食换成钱进行花费。但是在紧急的情况下，例如大家庭的钱会因为购买东西所剩无几，粮食又不能迅速地变换成钱，这个时候就可以以大家庭的名义向小家庭借贷，借贷一般就是用来应急，不会长时间地占用小家庭的钱，王学奎手里一旦有了钱，马上就会还给小家庭，大家庭和小家庭之间借贷不需要写借约，更不支付利息，因为大家庭的花费对小家庭也有好处，小家庭只要有闲散的钱，也会同意借给大家庭进行周转。王家从来没有出现过克扣小家庭钱的情况，小家庭也都相信家长王学奎借钱之后一定会归还。

对外借钱一般以王家的名义进行，王家借贷都是一对一进行，不会与他人一起借债，因为害怕还债的时候纠缠不清。王家的借贷由家长王学奎安排，但是家里的各类借贷账目主要是王建昆管理。王家不会放太多的钱在家里，需要什么东西用粮食就可以交换，当需要钱币的时候才会换成钱来用。粮食是被认可程度最高的，只要卖掉就可以换钱花。

王家借钱不需要告知或请示四邻、家族、保甲长。王家借钱首先会找自家亲戚，亲戚家没有余钱的，也会找邻居和自己熟悉的农户借钱，知道王家情况的也会愿意借钱给王家。一般情况下农户家里没有太多闲钱，也会去钱庄借钱。

王学奎不允许小家庭单独借贷，因为在大家庭当中，基本衣食住行可以得到保障。王学奎提倡小家庭量力而行使用私房钱，不能出去借一大笔钱用于自家小家庭的生活。小家庭的借贷一般不被外界承认，王家小家庭出去借贷，如果没有王学奎的出面，也很难成功地借到钱。

在王家，王学奎不同意个人借贷，有什么事情可以和王学奎商量，不能自己单独行动。单独出去借贷往往会被认为是干一些不好的事情。个人借贷会假借家长的名义，但是一旦和王学奎进行确认就会穿帮，所以个人借贷一般不会成功。

（二）借贷过程由家长做主

王家在借贷中，家长王学奎是实际的支配者。如果王学奎不在家，一般没有办法进行对外的借贷。如果是家中有什么东西需要借用，可以直接借用，不用王学奎出面，等王学奎回家之后需要给王学奎说一声。

王家没有出现过委托借贷的情况，王家的家长是王学奎，村民们都有所了解。王学奎一般不会委托家中的人进行借贷，需要借贷的时候王学奎一定会亲自进行借贷，委托家庭成员进行借贷，王学奎也不放心。

王家在借贷中，除家长王学奎之外的家庭成员，不能发表什么意见。都是由家长王学奎亲自来办，因为借钱属于家户里比较重要的事情。但是家庭成员偷偷出去借贷，虽然王学奎也不可能完全都知道，但是被王学奎知道后会被严厉地训斥。

（三）家长承担借贷责任

王家的借贷一般都是为了整个大家庭，第一责任人是家长王学奎，但是王家每一个人都有还贷的责任。王家的借贷由王家自己承担，由于王家整个大家庭的收入也是用来共同消费，还贷的也不存在每个人需要偿还多少钱，借贷的钱也不会分到每一个小家庭和个人的头上，整个家庭的所有人共同努力经营，整个大家庭赚到的钱一起进行偿还。王氏家族不会帮助王家偿还借贷，村庄也不会替王家还贷。

如果当家人王学奎不在家，一般不会委托家里的人借贷。大家庭的借贷只能由王学奎亲自进行借贷，最后亲自进行还贷。小家庭如果在外面偷偷地借贷，小家庭要自己偷偷地偿还，不敢让家长王学奎知晓。

(四)借贷过程

1.家长签订借贷契约

借钱的时候，向与王家交好的邻居、朋友可以借到钱。如果邻居、亲戚家借的都是一些小钱，不需要进行抵押，由于王家的信誉向来比较好，借到钱也很正常。王家借钱会主动要求打借条，一般借条的书写会找一个识字并且有文化的来写，借条上会写清楚是谁借了多少钱，以什么作为抵押，最后的署名家长王学奎会写上自己的名字。

村民在村里借不到钱的话，可以去钱庄进行借贷，钱庄一般是在有集市的地方，钱庄分为不同的字号，分别是当地的大户所开设。在钱庄借钱要以自家的土地进行抵押，在钱庄借钱利息会相对较高，如果土地能值一百斤粮食的钱，只会借出八十斤粮食的钱，但是在偿还的时候需要偿还一百斤粮食才能拿回自家的土地。

2.借贷过程，不需保人

王家一般借钱都金额较小，不需要请保人。但是如果借钱的数额比较大就需要找保人，富贵人家和大户借贷时会找保人。保人一般也是大户，一旦借贷的大户还不上，就需要保人偿还相应的借债。王家借贷之后没有摆酒的说法，但是出借人会要求摆酒，摆酒的主要目的是让周围的村民都知晓这家人已经借了钱，到时候如果不还钱村民也都会知道，所以一旦不还钱会让自己的声誉受损。王家借了钱会抓紧使用，一旦手中有了余钱会抓紧还钱。不同于大户人家，王家在借钱后不会很声张，如果让小偷知道很有可能会被偷走，借的钱不但没用上而且自家也要偿还。

借钱的利息一般要看借贷双方当时的约定，王家的借钱对象都是亲戚、邻居，由于互相之间借贷你来我往，一般就不会多收什么利息，偿还的时候可能给点粮食作为感谢，也可以算作"利息"。

(五)还贷情况

1.家长代表全家还贷

还款的时候，一般是王家主动把钱送到对方家里，家里一旦有了余钱，就会首先还债。王家一般都是在麦收、秋收之后还钱，因为家里收了麦子、高粱之后，就可以抓紧卖点粮食偿还债务。借钱之后也可以用粮食偿还，偿还的价格一般要高于市场价格，高出的部分就当作利息。无论是用什么粮食偿还，只要在市场上有市价，就会以市价为参考，都要高于市价来偿还。如果对方上门来讨要，一般就是对方家里的生活出现了困难，家里有多少钱就可以先偿还一部分，不一定要把钱凑齐了集中还钱。

2.债务由家长负责

王家没有出现还不上钱的情况,如果农户的家庭条件比较差,即使家里有钱也不敢借给他们。如果到期无法偿还,也要看对方家中的情况,如果穷得揭不开锅,也没办法强迫他来偿还,一般会私下协商以出卖土地或者出工的方式来偿还。如果借款人家里有钱,但是故意不偿还,可以拿着借条直接到告到官府,官府会直接宣判强制对方还钱。

3.父债子偿,夫债妻偿

在南北王村"父债子偿"被认为是天经地义,父亲借债还不起,这笔债可以直接找他的儿子偿还,有几个儿子就会平均分为几份。父亲的债务儿子如果不还,可以直接告到官府,官府会要求借债人的儿子进行偿还。"夫债妻偿"也被认为是正当的,但是"父债子偿""夫债妻偿"也只限于家中的人知道这笔借贷存在的情况下,如果是丈夫或者父亲在外面偷偷地赌博借的钱,一般妻子不会直接偿还,会一直欠着。一旦家长去世,生前欠的债同样需要偿还,农村社会十分看重信用和道德,生前的欠债也会由儿子进行均摊。

4.分家后儿子承担债务

家长去世之后,债务和家中的财产都会进行分配,有几个儿子就会分成几份。兄弟没有义务替兄弟偿还债务,如果没有分家,多人欠债,一般会首先偿还借债时间长的,因为利息会越拖越多。家长去世,如果家长的财产不足以偿还债务,儿子们也要补足剩余的债务。出嫁的女儿不承担父亲的借贷责任,嫁进来的媳妇要和儿子共同承担借贷的责任。

六、家户交换

(一)交换单位

1.家庭交换

交换东西方面,虽然王家在南北王村算是比较富裕的户,但家中的东西也不可能说都十分完备。"万事完,家里还缺一个犁耙",这句俗语可以看出,就算是很富裕的家庭,也少不了和其他农户有交换。需要交换的时候,王学奎做主,不需要告知或请示四邻、家族、保甲长。交换一般都是以物换物,交换的东西大多以食物为主,家里的油都是用豆子换的,比例是"十斤豆子换五斤油",炒菜用的盐也可以用鸡蛋来换取,"十个鸡蛋换一斤盐"。粮食作为硬通货,可以作为钱来使用,用粮食基本可以换到集市上的任何东西。

2.小家庭内部交换

在小家庭内部可以进行交换活动,但是不能用大家庭的东西来进行交换,大家庭的交换只能是家长王学奎来做主完成。在小家庭当中,每个媳妇在嫁到王家的时候娘家都会陪送一些嫁妆,桌椅板凳等。小家庭用自己的陪嫁换取一些东西,自己的小家庭内就可以决定,一般也是小家庭当中的男人做主,大家庭的家长王学奎不会主动过问,小家庭也不需要告知家长王学奎,更不需要告知或请示四邻、家族、保甲长。

3.个人交换

王家没有出现过以个人名义开展经济交换活动的情况,在王家,不经过家长允许的交换,就无法完成。个人需要有什么经济交换活动,必须告知家长王学奎,寻求家长的帮助,可以选择在大家庭的范围内进行借贷,交换请求合理的王学奎也会同意。

(二)交换主体

交换的时候,家长王学奎是实际的支配者,如果王学奎不在家,会安排自己的儿子来进行管理。王家在进行交换活动的时候,当家人王学奎可以委托家庭成员去交换,王建龙、王建章、王建昆都可以作为委托的对象。交换产生的费用是大家庭统一花费,王学奎统一支付。如果王学奎给的钱出现剩余,剩余的钱需要交还给王学奎,家中的家庭成员不能私自进行经济交换。一般的小物件的交换,日常生活中经常会用到的,三兄弟可以自己决定,但是大型物品的交换必须等王学奎亲自进行。王家在交换中,当家人王学奎具有最终的决定权、支配权,其他家庭成员只能服从。王学奎在做出安排的时候,也不会与其他家庭成员进行商量。

(三)交换客体

1.当家人负责交换

王家在需要购买物品时,一般都是家长王学奎去集市购买,王建龙、王建章、王建昆三兄弟也会被王学奎安排去集市购买。南北王村没有集市,一般都会去南北王邻村车庙村的集市购买,大约有一里地。一般情况都是挑着担子去,除非家里用粮食买大量的东西,否则不会赶车去集市。集市一大早就会开始,随时可以去买卖。王家需要什么物品,就可以直接询问物品的价格,双方打价还价之后就可以成交。在购置完需要的物品之后,王学奎就会直接回家,王学奎委托家里人去买东西,出去购置东西在天黑之前必须到家。在集市发生冲突的时候,可以直接和集市打交道,不需要当家人的授权。

2.粮行交接,讨价还价

在南北王村买卖粮食都会去粮食行。在粮食收割之后,留够王家人吃的粮食,剩余的粮食会根据情况卖掉。卖粮食都是家长王学奎亲自出马,王建龙、王建章、王建昆三个兄弟推着车子,带着粮食送到粮食行进行买卖。一般都是王学奎与粮行打交道,王学奎也会和粮行交涉粮食的价格。王家的家庭成员不能擅自和粮行打交道,一旦商量好了价格就不能更改,很有可能出现被粮食行坑害的现象。

南北王村的邻村车庙村,是五天一个集市,集市没有固定的营业时间,去得早就可以占一个位置,去晚了摊子的位置就不好,不容易卖出东西。集市的小商贩,不需要申请,想卖什么就可以卖。经常在市场卖东西的大家都会脸熟。在集市上,大体也都知道哪个人是卖什么的,卖的东西质量如何。王家也没有固定买一个小商贩东西的情况,都是根据价格和物品的质量进行决定。买东西一般都是当家人王学奎来进行购买,王学奎不亲自购买也会安排自己的儿子来买,买东西可以直接进行讨价还价,不需要向其他的人请示。

3.集头管市,家长出面

集市有一个管理的人员,村民们称他为"集头"。集头并不是政府的人,一般是附近的街上家户比较大、比较有名望的人来担任。集市上一旦出现什么问题就可以找"集头"来解决。一般都是当家人直接和"集头"进行接触,其他人只能代表自己,无法代表王家进行接触。

南北王村有人市,人市也是村民自发地聚集在村头,没有专门的人进行管理。在早上很早的时候就有人在人市等待着,这些人大多是自己家里的地少,活儿已经干完,所以到人市出力赚钱。下雨的时候是耧地的好时机,很多人都会趁这个时候去赚一些钱,一般会先谈好价钱,一天给多少钱或者给多少粮食,大多都是一干一整天。

(四)交换过程

1.交换依靠经验判断

王家人在交换的时候会根据物品的品相来判断物品的价格，一般都会多看几家进行比较。由于经常去集市交换，王家人对物品也有了一定的判断，如果价格合适就可以直接成交。有些小摊贩经常拿一些坏了的物品来吆喝，王家人知道是骗子，但是也不会戳穿，会绕着他们走。

2.多与熟人进行交换

王家在进行交换时，优先与熟人进行交换，对熟人的东西比较了解，价格也都能够商量。南北王村里的村民很多在集市上买卖东西，只要价格合适，王学奎也会照顾村里人的生意。王家在交换的时候需要当家人的同意，不能私自交换，家长的交换会作为最终的决定。

3.贵重物品交换需要经纪人

在集市上有经纪人的存在，王家在购买或者出售一些较为贵重的东西，自己不太懂得市场价格的情况下，就会找一个经纪人。经纪人之间有特殊的经济交易密码，一般人看不懂。驴市、猪市都有经纪人，他们都有独特的"密码"交易。一般而言，经纪人不会免费介绍生意，也会从中收取一定的报酬。

4 过斗过秤必须由专人完成

卖粮食的时候有专门管过秤的人，被称作"过斗人"。交易的农户对"过斗人"不相信的话，也可以商量好去其他地方过秤。一般而言做生意用的秤都是公平秤，但是有些小商贩的称容易缺斤少两，小贩也不敢缺得太多。一旦发现缺斤少两的情况，可以直接联系集头，集头从中协调完成相应的交易。

5.赊账还账需要当家人出面

赊账，一般是认识的比较熟悉商贩才可以赊账，只有商贩自己能够信得过的人才会同意赊账。王家去集市购买东西一般都会带上足够的钱，防止出来一次东西买不全。能够给王学奎赊账的，都是认识的小贩，都比较熟悉，能够互相说的上名字、家是哪个村子的。只有家长王学奎出面赊账，小贩才能放心，如果家里的孩子来赊账，小贩肯定不会同意。王家在交易的时候很少赊账，王学奎讲究"一码归一码"，王家的成员如果出现赊账的情况，王学奎会核实情况是否属实，下一次集市就会马上偿还。

第三章　家户社会制度

　　王家的婚姻与生育均以家长为中心,家长在整个过程中承担着首要的责任。大家庭共同生活,王家内部团结,关系和谐,外部交往有条不紊。王家分家之后分为四个小家庭,各自独立生活,兄弟轮流赡养老人。

一、家户婚配

(一)家户婚姻情况

　　在 1946 年王家分家之前,王家共有七对已婚的,分别是:家长王学奎与吕店村的孟氏;第二代中,王建龙与东大封村的李一氏,王建章与东大封村的李二氏,王建昆与西富村的赵氏;第三代中,王炳玉与桃源镇的桑氏,王炳常与妻子阴氏,王炳臣与东富村的邱氏。

　　在 1948 年之前,同姓结婚在民间还不被普遍接受,但是不同村的同姓之间结婚的在南北王村也有出现。"七王、八赵、十二李",只要同姓的两家往上追溯,追溯不到同一个祖先就可以成婚。一个村里的人也可以通婚,但是也讲门当户对,"绅士对绅士",一般而言家庭对等是最被看重的条件。但是两户人家条件完全相同的情况也比较少,只要是两家之间条件相近就可以称得上门当户对。大户人家会找大户人家结亲,但是大户人家一般都不是一夫一妻,都会纳妾,大户人家的妾都是穷人家的女儿。一般来说,越是大户越讲究门当户对,但也有例外,就是穷人家的女儿成为大户人家妾的情况,纳妾就不讲究门当户对。

(二)婚前准备

1.做主:父母、老人

　　王家的孩子一旦到了成婚的年纪,孩子的爷爷奶奶、父亲母亲就开始打算、商量孩子的婚事。因为农村社会讲究"男女授受不亲",男女双方不到拜堂成亲的时候,没有单独见面的可能性,在很多情况下,男女双方都是结了婚之后才知道自己嫁了一个什么样子的对象。王家的男孩长大之后,不允许自己出去找一个媳妇,更不能直接领回家,女方家的老人也不会允许一个男孩子直接带走自己家的姑娘。如果孩子不在父母身边,独身在外,也有直接在外地结婚的情况,这个就看孩子自己的能力大小,孩子在外面有了出息,挣了大钱,在外面自己安家就可以自己在外面找媳妇。

　　王家给家里孩子安排成亲的时候,不需要告知四邻、家族、保甲长,只需要在结婚的时候下帖子让四邻、亲戚、族人来捧场。

2.婚配标准:门户、孝顺

　　王家找儿、孙媳妇,只要是两个家庭合适就可以,由于是包办婚姻,都是王学奎和孩子的父母说了算,孩子没办法提任何要求。王家会看两家是否门当户对,考察媳妇家的家庭,是否是正经家庭、家里在村里的地位如何；其次考察媳妇是否孝顺、是否会干家务、身体状况是否健康。在南北王村，两人在年龄上也有讲究，媳妇的年龄如果比丈夫大六岁就不是好事情，是犯六冲；还有说法是"女大一不是妻"。

王家对于女婿的要求不会明确的提出，但是心里会有一杆秤。首先会考察男方家里的状况，看是否门当户对，男方家里是不是很穷，女儿嫁过去是不是会吃苦，以后亲家能不能给王家带来一定的好处；还会看男方的名声如何，一般名声比较差的话，王家会不把女儿嫁过去；王家也会要求女婿身体健康，不然女儿去了天天伺候女婿，也会心疼女儿。

3.两家成婚，家户为重

结婚的目的是两家成亲，成亲后夫妻两个人才可以见面，之后就可以传宗接代、生儿育女。结婚都是出于家户的考虑，两家成亲都是为了自家家户的发展壮大。如果王家的孩子到了结婚年龄，家长不给孩子找媳妇，别人会笑话王家没本事，孩子没有媳妇，会被别人看不起。

4.禁止自由恋爱

在王家绝对不允许自由恋爱，适龄孩子需要结婚都是包办婚姻。一般而言，王家的孩子到了适龄的年纪，王家就会避免出现让两个适龄异性单独见面的机会。就拿王桂兰来讲，到了十八岁要嫁人的年纪，王学奎对于王桂兰的限制会变得更加严格，例如家里来人之后，不让王桂兰出自己的房间，平时不让王桂兰随意出门，见到差不多年纪的男子要抓紧转身离开。不只是王家，许多人家的女孩到了适婚的年纪，家里人都会保护得很好，不会随便让女儿与年龄相当的男性见面。在王家，基本是由王学奎和孩子的父母负责寻找孩子未来的婚姻对象，两户人家通过媒人介绍见面，只有双方长辈能够看到对方的孩子长什么样，长辈大体对结婚对象有一些了解。在王家，个人没有选择的权利，即使自己不想结婚，家里人给找了媳妇就要结婚。在南北王村，越是大户人家越排斥自由恋爱，因为两姓道婚是为了两个家户更好的发展，自由恋爱一般很难做到门当户对，大户人家会比一般人家更为注重这一方面。

5.聘礼或嫁妆：根据家况

王家对于结婚聘礼的数量没有规定，家里富裕的年份就可以多给一些，家庭困难的年份就不讲究这么多。王学奎有三个儿子，三个儿子结婚时的聘礼也没有什么数量多少的讲究，主要是根据女方村子里的风俗习惯来决定，也会根据当年的家境来决定聘礼的多少。一般而言家户越大，聘礼越大，聘礼一般都是钱和粮食。由于社会比较动荡，钱币的币值不稳定，一般更重视粮食，聘礼送粮食的较多。

王家的女孩子出嫁的时候，家里会给女儿准备陪嫁，花费一般也比较多，嫁妆和衣服都要准备。女方的陪嫁和女方的家境有关，陪送的东西不能讨价还价，陪送多少东西都要接受。而当出现悔婚的情况之后，聘礼要及时地归还给对方，不能一直扣着不归还。

(三)婚配过程

1.家长安排婚配过程

王家的孩子结婚，方案和流程都是孩子的父母来决定。王家会首先找到媒人，因为媒人对结婚的整个流程很熟悉，对当地的结婚习俗也相当了解，一般都会请教媒人，按照媒人给说的流程来办。

结婚首先要订婚，双方老人经过媒人介绍见面，换订婚贴，会找算命先生选一个合适的日子娶媳妇进门,一般会根据双方的生辰八字和属相来确定。两家订婚之后除了特殊情况,即使正好赶上逢年过节,也不会随意走动。两家换完订婚贴之后,孩子的父母就需要给自家的亲戚、朋友下帖,让大家来捧场,帖子的署名一般是孩子父亲的名字。

如果出现悔婚的情况,一般都是家里的老人要悔婚,即使孩子相中这门亲事,孩子也无法继续成婚,悔婚后女方接受的聘礼要退还给人家。

2.其他成员服从家长安排

一般而言,孩子的父母在结婚过程中占据主导地位,王学奎也不会过分干涉孩子父母对于儿媳妇的选择,只要是大体符合标准,就不会反对。在婚礼过程中,一般都是按照媒人的方案来进行,王家娶进门的媳妇有来自桃园村、西富村等不同村庄,但是结婚的风俗都大体类似,王家会按照民间的流程进行,该有的环节都不会节省,尽力做到让女方满意,也不被外人笑话。

(四)婚配原则

1.兄长优先结婚

王家兄弟们的年龄一般都会相差几岁,所以到达适婚年龄的时间也有早有晚,一般到了结婚的年龄就张罗着给孩子找对象。王家对于结婚的顺序没有严格的说法,一般而言是要按照老大、老二、老三这个顺序结婚,如果兄弟两个都订了婚,一般是老大结婚之后老二再结婚。如果老大残疾或者有缺陷一时之间不容易找到成亲对象,第二个兄弟到了结婚年龄也不能一直拖着,也不会一直等到老大成亲后再成亲。妹妹的出嫁和哥哥的结婚没有直接关系,妹妹出嫁的时间可以早于哥哥娶媳妇的时间。

2.结婚花费根据家庭状况决定

王家成员结婚需要摆酒席,一般王家近门的亲戚、朋友知道后都会前来捧场,王家也不会让他们白来一趟,会准备一些饭菜和酒水招待客人。王家的酒席也不讲究大排场,主要是根据家里当年的经济条件来办。村里的大户人家,家里条件好的就会多摆几桌酒,如果结婚的两家条件都不太好,双方也都不在乎,直接把女儿送到男方家里就算是完成了结婚的仪式。

结婚的费用是由大家庭来承担,如果在分家的时候有个兄弟没有结婚,父母一般都会注意到,会给没成婚的兄弟多分一些东西,把以后结婚需要花费的钱相应地预留出来。不同儿子结婚时的花费,都是根据家庭每个年月不同的经济状况进行花费,即使两兄弟结婚的花费不同,孩子也没办法,只要不是父母太过偏心都能够接受。

(五)其他婚配形式

1.纳妾

王家没有出现过纳妾的情况,但是其他人家有纳妾意愿的就可以随便纳妾,只要男女双方同意,就没有人管,政府也不会干涉。一般富人家的女儿没有当妾的情况,穷人家的女儿生活困难,有的吃饭都成为问题,会出现女方家长愿意把自己的女儿嫁到别人家当妾的情况。南北王村里有一户人家出现过纳妾的情况,这户人家是一个大户人家。

大家户也不是一定会纳妾,纳妾的原因可能是第一个媳妇生不出孩子,男方家里为了生儿子会纳一个妾,如果第一个妻子只生女儿,也会为了生一个儿子而纳一个妾。一般男方第一个妻子有儿有女之后,很少会选择纳妾,除非是家里十分有钱的会找第二个老婆。

纳妾也需要订婚，一般是男的下帖写"敬求进挪"，女的也回复一个帖子，这样就算是换帖成功，也就订婚成功。纳妾一般是家里的老人提出的，老人看到儿媳一直生不出儿子，再加上自家的条件较好，就会纳妾。纳妾一般也需要双方父母的同意，纳妾不需要请示四邻、保甲长，也不需要与自己第一个妻子商量。纳妾也会写一个婚约，与第一个妻子结婚时写的婚约类似。纳妾一般也有陪嫁，不过穷人家的女儿没有陪嫁也很正常，男方家里也不在乎。纳妾后男方也会给女方的家里一些粮食，补贴女方的家里。纳妾的花费是由大家庭一起花费，不需要请示四邻、保甲长，只需要在纳妾之后知会家族的族长就可以。

2.童养媳

王家没有出现童养媳的现象，但是在南北王村有些家庭是存在童养媳现象的。一般是男方家里有个儿子，女方那边有个闺女，女方家里养不起自家的闺女，就让自家的闺女去男方家当童养媳，孩子养大了就结婚，当然家里没有儿子的也就不会有童养媳的情况发生。如果家里只有一个女儿，通常不会让自己的孩子去当童养媳。大户人家一般没有娶童养媳的情况，富贵人家讲究门当户对，童养媳的亲生父母家庭条件都比较差，由于两家身份地位比较悬殊，大户人家基本不会选择童养媳。

童养媳也必须要两家情愿才能成功，女方送童养媳的时候，童养媳选大闺女还是小闺女也没有固定的说法。一般家庭的女孩子长到十七八岁叫作"上熟"，之后才到达结婚的年纪，但是童养媳不到结婚年纪就被父母送到别人家里养。

娶童养媳也是家里的家长进行安排，一般根据经济情况摆酒席。童养媳不用写文书，两家关系比较好的，看过眼的才会同意收养童养媳，两家只要同意，就算是达成了一致。娶童养媳一般是没有聘礼的，因为女方家里很穷，日子都很难过下去，没有能力准备陪嫁，男方抚养童养媳也需要花费，所以男方也不会给童养媳的父母很多东西，也就给几斤粮食，不会像真正的娶儿媳一样花费那么多。娶童养媳也有一个仪式，在童养媳进门的时候不需要告知或请示四邻、家族、保甲长。一般在童养媳进到男方家门时，是没有到结婚年龄的，两个人不能居住在一个房间。等到了两人的结婚年龄，举行"上熟"仪式之后才可以住在一起。

3.改嫁

王家的妇女没有出现过改嫁的情况，旧社会有句俗话"好女不嫁二次男"，改嫁在南北王村很难实现。农村十分重视妇女守节这件事，所以丈夫去世妇女要好好守节，守节好的可以立守节碑，如果妇女强行改嫁，家里的老人有可能觉得丢脸就会不认这个闺女。

改嫁的情况，一般都是妇女觉得自己在婆家过得不好，也没办法直接回娘家，自己就偷偷地改嫁到别的男人家里。改嫁都是妇女自己做主进行安排，因为婆家管不了妇女改嫁，妇女的娘家一般也不太愿意让自己的女儿嫁第二次。

妇女自己安排改嫁的婚事，不需要请示保长、族长、当家人，找到合适的就可以直接嫁过去，没有特别的仪式。改嫁不需要写什么契约，在周围的村庄里改嫁也不流行写契约。改嫁不需要给粮食，一般也不举行较大的典礼，妇女到了男方家就算是改嫁完成。大户和小户在改嫁的问题上没有区别，都是根据自己家庭的状况来进行花费，婆家和娘家谁支持改嫁，就会替妇女安排这些事情，改嫁也没有什么其他的说法，只要两个人同意就可以。

4.入赘

王家没有出现入赘的情况，在南北王村入赘的男人又被叫作养老女婿。一般是女方家里的条件比较好,但是家里只有女孩或者家里的男孩有缺陷,没办法撑起整个家庭,加上女方的父母年纪越来越大无法继续维持家庭。家庭无法维持的情况下,一般首先的选择是在早年就过继一个男孩,能够通过过继解决的,就不会招养老女婿上门。

招养老女婿一般都要身体力壮,能够干活的男性,妇女一般体力比较弱,年龄大了之后,干活就开始费力,家里招个上门女婿,就可以给自家干活、养老。至于养老女婿是不是必须为本家族的人、是否是本村的人,没有特殊的规定,只要男女双方的家庭同意,男方就可以当上门女婿。在南北王村,家里的男人当养老女婿是被人看不起的,养老女婿上到女方的家门之后需要改名换姓,改成女方的姓,上门的养老女婿也没有必须是第一次结婚的说法。

招入赘一般是女方家庭的父母来决定,一般而言,女方家里准备招养老女婿,一般都是家里的妇女已经四五十岁,家里的老一辈也都上了年纪,这个时候,女方自己就可以做主找养老女婿。招上门女婿不需要和家族的族长、兄弟、保甲长商量。入赘的男方要上门当养老女婿的时候还需要明示,"小子无德,在家受穷,改名换姓,不会三心二意",明示给祖家人。入赘与结婚一样都会写约,具体的内容与正常结婚差不多。入赘的婚礼由女方这边安排,仪式的大小也取决于女方家的经济状况,一般男女双方的父母见面吃个饭,就算是完成招上门女婿的仪式,因为女方的年纪比较大,都成了"老姑娘",也就没有那么多讲究。一般入赘都会入赘到大户人家,家里穷的小户人家出于无奈才会让自己的儿子当上门女婿。大户人家一般能够过继的就会过继一个儿子,只有一个女儿为了家户的延续,也会找上门女婿。

(六)婚配终止

1.休妻

王家没有出现过休妻的状况,在周围的村子有休妻的事情。休妻的原因有很多,不同的家庭原因不同,一般都是日子实在没法一起过的情况下才会休妻。休妻是男方提出的,也有出现公婆强迫儿子休妻的情况,休妻不需要请示保长、族长。男方休妻,即使妻子不同意,也能够休妻成功。即使女方为男方生了儿子,一样也可以休掉,并且妻子不能够带走孩子。

休妻是男方做主,一般小户较少出现休妻的情况,因为小户人家娶一个媳妇已经很不容易,生孩子之后还要供养孩子,休妻之后家庭的劳力就会缺少。大户人家休妻的情况会有出现,但是也不会无缘无故的休妻。休妻要写休书,休书上会写女子不守妇道或者是不孝顺公婆之类的话语,然后休掉妻子。休妻之后,女方无法分得男方的财产,也没办法讨要到赔偿费,只能带走出嫁时带来的嫁妆,女方处于弱势的一方,被休之后女方只能回到娘家。女方被休了之后,女方可以再嫁人,男方无法进行干涉。

2.守寡

王家没有出现守寡的情况,但是南北王村守寡的妇女有相当一部分数量。妇女在丧夫之后就变成了寡妇,再找新的男人嫁出去会比较困难,本身寡妇的祖家就会阻拦寡妇出去找新的男人。

守寡的妇女是否回娘家也取决于妇女在婆家的生活情况,一般关系搞得不是很差的都不会离开。丧夫之后如果在婆家受到欺负,娘家也会出面,替女儿讨回公道。寡妇是否继续留在婆家,由守寡的妇女自己来决定,婆家也不会主动赶守寡的妇女离开,妇女留在婆家不需要告知或请示四邻、家族、保甲长。守寡的妇女无论是否生了孩子,都可以留在夫家守寡。如果没有为男方生育孩子,还留在夫家,一般会选择过继一个儿子来延续香火。守寡妇女如果回到娘家，娘家可以帮女儿再找下家，不会让女儿一直在娘家居住，无论什么情况，女儿去世之后不能埋到娘家的祖坟当中。

寡妇在分家的时候如果不改嫁离开，自己可以顶替死去的丈夫来代为分配财产。丧夫的妇女选择改嫁离开，原来的婆家也没有办法进行阻拦，一旦选择改嫁会让媳妇退回出嫁时送给的聘礼，女方离开的时候可以带走娘家陪送的东西。

大家户更加重视守寡，因为大户人家更会顾及自家的脸面，不会允许媳妇直接改嫁走掉。守寡之后，如果家中的老人已经年老，媳妇就要自己撑起整个家，小家户守寡会更加困难，日子会更加难过。

二、家户生育

(一)生育基本情况：男孩居多

王家共同居住在一起的有二十人，在南北王村算是人口较为多的家户，王家的男女人数较为平均，均为十人。王学奎这一代是兄弟二人，王学奎的子代有四个儿子一个女儿，儿子分别是王建盛、王建龙、王建章、王建昆，女儿为桑氏。王建龙有两儿一女，王建章有一儿一女，王建龙有两儿一女。从王炳玉的角度来看，他有一个亲弟弟、一个亲妹妹，三个叔伯兄弟，两个叔伯妹妹。

王家的家教十分严格，王家所有人的婚姻，都是在结婚当天才第一次见到对方，没有出现不结婚就生育的情况。在南北王村，一但出现非婚子，女方自己也不敢养，一般会遗弃掉。

(二)生育目的与态度

在王家人的观念当中，生育最重要的目的就是传宗接代，没有后代对于王家来说就没有了希望。一般结婚一两年以内还没有生孩子，家长王学奎就会着急。家里有新生命诞生，更有利于家庭团结，共同抚养孩子长大，家庭的凝聚力也会更高。

农村社会普遍都重视男孩子，"不孝有三，无后为大"。如果家里只有女孩子，没有男孩子，就算是绝后，结婚后一直没男孩子，一般会过继一个或者纳妾再生男孩。由于女孩下地干活的力气不如男孩，再加上女孩都缠足。所以男孩一般可以放养，而女孩子需要严格管理，不太放心。

王家的成员结婚的年龄一般是在十八岁左右，在村子里最早的也有十二岁就结婚的情况。早结婚的都是家里着急用人，抓紧时间结婚，找个媳妇可以在家做饭、织布、做鞋、推碾、捣磨，家里也能够早点传宗接代。

王家人的生育，家长不进行干预。男孩也不是生得越多越好，一般和家里的财产状况有关系，家里的男孩太多，给男孩娶媳妇的花费就多，家里的日子就会更困难。孩子多了家产不够分，分家之后孩子就会过得很困难。农村社会流行"不忠不孝，断子绝孙"，生不出男孩就会被打上了"不忠不孝"的烙印，会被认为是命不好。家里孩子并不是越多越好，孩子过多就会成为家里的负担。

大家户讲究儿女双全，女儿生下来也不会被讨厌，家里的儿子多了，证明家里人丁兴旺，是一件好事情。小家户对于是否要多生孩子存在矛盾的心理，一方面儿子生得多了家里劳动力也多，但是分家的时候，多一个男孩，就多一个人分财产，每个人分到的财产也会减少。

(三)生育过程

王家人生孩子不需要向家长申请,生孩子也没有什么计划,只要家里的妇女怀孕了就可以生下来,不会刻意地进行节制。王家对于生下的孩子都会好好养活,不论是男孩还是女孩。但是村中有些家庭,不重视节育,孩子不断出生,家里孩子太多养不起,就会想办法送人,或者直接溺死。王家的女性只要怀孕了就可以生下来,但是女方怀孕了之后,该干的家务活也要完成。在孩子出生之前,对孕妇没有特殊照顾,平时吃饭的时候也不会特意多补充营养。

王家妇女分娩的时候都是在自己家里,村里有专门懂接生的妇女,在南北王村叫"老娘婆"。这些产婆也并没有受过专门接生的相关培训,一般都是经验比较丰富的妇女,有需要接生的妇女就帮忙接生。当怀孕的妇女有了生孩子的感觉后,家里人就会赶紧叫"老娘婆"过来帮忙接生。孩子出生之后,脐带都是用剪子直接剪,剪子也没有什么消毒的手段,有些妇女体质较差,生完孩子会受风,会得一种叫作"剪子风"的病,受风严重的情况下,刚出生孩子也会死掉。

生育费用是大家庭负担,因为请产婆来接生,孩子成功接生后,要给产婆一些粮食作为报酬。妇女在生完孩子后需要休养一段时间,一般要持续一个月,这段时间被称为"坐月子"。在妇女做月子的期间,家里的人都会对其有所关照。王家没有专门找一个人来照顾月子,一般是谁有空余时间谁就照顾。坐月子的妇女,吃的饭菜会比一般的时间好一些,会有红糖和鸡蛋作为营养补充。大户人家在妇女怀孕之后会更加悉心的照料,而穷苦人家的媳妇,即使怀孕后也要正常干活,不能耽误家里的事情。一般妇女生第一孩子的时候家庭会比较重视,生的孩子多了,家庭的重视程度会相应降低。

(四)生育仪式

1.富户摆酒,小户自庆

孩子出生之后摆酒一般是有钱有势的才会摆酒席,普通的老百姓家没有相应的经济实力摆酒席。一般生男孩叫"大喜",生女孩叫"小喜",生男孩女孩没有什么特殊的仪式。一般女方的娘家人来会带面、米、鸡蛋,这些东西可以算作营养品,可以为刚分娩完的妇女补充营养。娘家也会送来布,剪一下,就可以为刚出生的孩子做衣服。

2.生育仪式

王家举办仪式的目的是告诉亲戚、祖家、邻居,自己家里有了后代,家户可以得以传承,这是一件非常重要的事情。举办生育仪式的费用由大家庭来负担,一般也没有什么份子钱,收的营养品会给妇女食用。在生育仪式上,越是大的家户,家庭条件越好的农户,生孩子之后搞的排场就越大,尤其是出生的第一个男孩,会更加隆重。孩子生得多了如果一直搞仪式,家里也会吃不消。

(五)孩子起名

孩子的名字一般是老人起,有的也会请算卦的先生起名字。名字是孩子出生之后才会起,一般不会提前起好。王家的孩子不论男女都会起一个名字,男孩女孩都有一个小名,在孩子小的时候会一直叫小名,小名是随便起的,不用按照辈分起名字。等到了孩子上学的时候,男孩才会有一个正式的带辈分的名字,王家不会给女孩起带辈分的名字。王家人的名字都没有什么特殊的意义,都是姓加上辈分再加上一个字所组成。

在给孩子起名的时候,大家户更加重视辈分,会更加按照辈分来进行起名,有的还会找有名望的人氏给自家的孩子赐名。家庭中子女多的，一般名字会起得比较随意，小家户起名也较为随意，没有那么多的规矩。

三、家户分家与继承

（一）分家

1.分家缘由：人口众多

王家在分家的时候，基本是由兄弟们提出，并告知家长，家长同意之后才可以分家。王家在王学奎这一代分家是王学奎的弟弟王学文提出来的，王建龙这一代分家是家长王学奎提出的。儿媳妇不能主动提出分家的要求，如果当家的不同意分家，一般不能够分家成功。王家决定分家后，外部成员无法影响，保甲长、邻居都不会管，只有祖家的人会在分家的时候主持分家的仪式。

王家一直没有多余的房子，王学奎考虑王家人集中在一起，攒点钱、存点粮食，盖房子好分家。但是在1945年"借粮斗争"时，王家勉强凑齐一万斤交到县里，盖房子的积累也随之被掏空，如果继续等凑齐盖房子的钱，家里会更加拥挤，更加住不开。于是王建龙、王建昆、王建章三兄弟分家之后都成立了各自的家庭。在王建龙、王建昆、王建章三人分家时，家中的人口已经较多，已经出现第四代人，此时王炳臣已经结婚，王炳玉也早已结婚育有一子。

分家是很正常的现象，如果兄弟们比较团结也有可能不分家，分家了也不代表兄弟之间一定有矛盾。分家或者一起过都有各自的优势，村里的人不会对分家这件事情有过分的关注。大家庭人口较多，关系也更为复杂，一般家里住不开或者是兄弟们、妯娌们、婆媳之间有了矛盾之后会分家。家里只有一个儿子的，一般不会分家。

2.儿子拥有分家资格

分家的时候只有儿子有分家产的资格，没成家的男孩可以适当地多分，以弥补将来结婚时的花费。如果孩子到外地或者逃荒离开，分家时也要留出一份，因为也算是单独的一支，不能弃之不顾。女孩子没出嫁之前不能够分家产，分家后女儿只能跟着父母一起住。家里雇用的长工不具分家产的资格。儿子去世了可以由妻子或者孩子代为顶替。

王家在王学奎分家的时候只有王学奎、王学文两兄弟有分家资格。王学奎子代分家的时候，王建龙、王建章、王建昆三兄弟具有分到家产的资格，大哥王建盛由于出继到其他人家，不继续拥有分家资格，桑氏作为女儿已经出嫁也不具有资格。小户家庭分家一般较为容易，由于财产少，分配起来也较为简单。大家庭情况复杂，财产较多，分配起来也比较复杂。

3.分家的见证人

王家分家的时候，王学奎是主要的参与人，王学奎也请了见证人来帮助分家。见证人一般都是有名望、年龄大、有分析能力的王氏族人。请见证人也是为了保证分家公平，保证子代在分家的时候不产生很大的矛盾。在南北王村，见证人并不算是一个职业，只是辈分较高、分析能力比较强才会被人请去见证，见证人的子代也并不一定会成为见证人。除了见证人，王家也会请村里各家各户的当家人来一起讨论，共同处理把家分好。

王学奎的子代分家时，王学奎请来了王家辈分最高的老人，这个王氏老人年龄七十岁，在辈分上可以算作王学奎的叔叔辈。分家的时候，由王氏老人主持，首先把王家现有的财产列一个清单,大的方面包括王家现有的土地、房屋、农具、牲畜,小的方面包括锅碗瓢盆、油盐酱醋。当清单列出之后,王学奎首先预留出自己养老和日常生活所需要的部分,土地方面王学奎留下了桃行的一小部分土地;房屋方面由于王学奎居住在借住的房屋中,老屋的所有房间都留给孩子们分配;农具只留了几个锄头和铁锨;生活用具例如锅碗瓢盆只留下和妻子孟氏所需要的。剩余土地、农具、房屋、牲畜、生活用品全都分给三位兄弟,当然每一样东西不可能正好平均分为三份,有的可能少几个碗,就会多拿一个盆子作为替代。对于小物品、生活用品的分配上,三兄弟没有出现很大的问题,出现分歧的地方主要集中在房屋和土地的分配上。由于王家本身的房屋比较紧张,三兄弟每个小家庭的人数都有很多,房屋不够分配。王氏老人出了一个主意,少分到房屋的多给一部分土地进行补偿,三兄弟都接受了这个条件。最后,经过三兄弟的商量,已经确定将家产分为了三个部分,无论兄弟三人分到哪一部分都觉得公平后,王家采用抓阄的方式决定每一份家产的归属。王学奎在抓阄前再三声明,抓到哪一份是哪一份,抓到之后不能够反悔,如果有意见,马上要提出。兄弟三人表示没有反对意见之后,通过抓阄决定了最终的分配。

4.做主

分家的时候,王家三兄弟起到主导的作用,大体先将家产分为三份,但是并不能决定最后的分配结果。如果家长去世,一样可以请家里的长辈做主分家。分家的时候,分家的兄弟可以提出自己的意见,只要意见能够得到其他兄弟的支持,就会按照意见来进行家产的分配。外部成员不能参与到分家的过程当中,但是可以在一旁观看,不能够发表任何的意见。一般娘家的舅舅不会主动参加分家仪式,除非是请来,一般也不会请舅舅来主持。分家的过程中,大家户分家都有一些详细的规定,会按照家族的规定来进行,小家户相对来说没有那么多的规矩。多子女的家庭分家会更为复杂一些,需要平衡的关系也就更多。

5.契约

分家后会写一个清单,写清楚哪一份家产归哪个兄弟。清单一般是请一个文化程度高的人来写,署名的时候也是要写上兄弟几人的名字。清单写完之后,一个兄弟家一份,分家之后每个兄弟就成了单独的一户。家庭外部成员不能够签分家的契约,只有分家的兄弟和家长可以签字。大家户的分家契约会更加详细、规范,会请有名望的人来写,小家户的分家契约一般找村里有文化的人来写。子女多的话,分家单会写得更加细致,防止出现问题。

王家在写清单的时候,三兄弟的主要分家情况如下:房屋方面,王建龙得到三间房屋,王建章两间房屋,王建昆得到三间房屋;土地当面,王建龙和王建昆各获得十八亩土地,王建章由于少一间房屋获得二十亩土地;农具方面,水车归王建龙所有,犁归王建章所有,耙归王建昆所有;牲畜方面,王建龙和王建昆共用一头骡子,王建章单独拥有一头小牛;其他小物品基本按照三等分的原则分给三兄弟。

6.家户分家,外界认可

王氏家族承认每一户王家分家的结果,因为分家的时候都会请王家的老人前去见证。分家的时候不会召开宗族会议,也不进行家族祭祀。村庄的保甲长承认分家,虽然没有保甲册来登记,但是一家一户都承认分家后的结果。县政府不参与到分家的过程之中,但分家之后需要到县里变更户籍和土地。

(二)继承

1.继承资格

王家只有儿子具有继承的资格,家庭成员都是以儿子为中心具有相应的继承权,外部家庭成员没有资格分到家产,王家具有继承权的只有王学奎的三个儿子,王建龙、王建章、王建昆,王建盛已经出继不具有继承资格,女儿嫁到别人家,属于其他人家的人,不具有分家资格。

在南北王村的习俗当中,女方家可以招养老女婿,入赘的女婿可以分到家产,家里的家产就由女儿和养老女婿继承,共同经营;抱养的孩子就算是自己的孩子,一样按照亲生孩子的标准,拥有分家的权利;闺女很少能分到家产,一般是会把家产留给儿子,没有儿子的会过继或者抱养一个儿子,招养老女婿上门也可以,如果没有过继和招养老女婿,也有把家产全部留给女儿的情况;如果分家的时候有一位兄弟去世,只要去世的这个兄弟有后代,后代就可以代为分到财产;大户人家纳的妾所生的儿子一样可以分家;改嫁带来的孩子一般不能分家产,只有男方的亲生孩子享有继承权,如果只有改嫁带来的孩子也只能把家产分给这个孩子;一般没有让侄子继承家产的情况,如果没有生育儿子的话,在之前就会把侄子过继过来当作儿子来养。

2.继承条件

一般情况下,只要是儿子就可以继承遗产,没有其他的附属条件,如果儿子不孝顺或者犯了事,被驱逐出家门就没办法继承。但是逐出家门的情况很少,一般儿子不争气的话,族长也会教训一下,家产还是会分给儿子。不给老人送终,家长一般也没有办法,有儿子的话家产就要分给儿子,否则家产也没有别的去处。当家人去世之后,如果后代对家产继承产生了较大分歧,一般会请祖家人来主持公道,按照家里的实际情况来分析,提供意见,但是也不具有决定权,只有家庭成员内部统一意见之后,才能够进行分配。外部家庭成员不能够影响继承的条件,除非是家里请来主持公道的人,可以提出自己的意见,但是也不起关键的作用。保甲长、族长不会主动参与别人家的继承,除非是家里的人请去。

3.继承过程

王家在继承的时候,家里所有的财产都可以继承,大到土地、房屋、粮食、农具,小到锅碗瓢盆、油盐酱醋、鸡鸭鹅狗。如果父辈在村里、县里有职务,这些职务不能继承给自己的孩子。

王家在确定继承权时由家长做主,其他的家庭成员也可以说出自己的想法,老人也会听取孩子们的意见。老人确定继承权之后,家庭成员只能够遵从,孩子们一般也不会反对。不会立下什么字据,一般也没有写遗嘱的情况。一旦家长意外去世,没有留下遗言,会按照当地的习俗来进行继承。如果在继承权问题上产生了纠纷,一般会请祖家的老人来评理。

在继承的资格、条件以及做主上,大小家庭之间没有大的差异,一般大家户有继承规矩的会按照一脉相承的老规矩分配,家长有遗言或者遗嘱的优先按照遗言遗嘱来进行分配。

四、家户过继与抱养

(一)过继

1.家无儿子,需要过继

没有儿子的家庭才会过继,家里只有女儿的也会过继。出继后可以继承入继家庭的财产，一般过继后的家庭有地、有财产，争继的现象时有发生。一般亲兄弟符合条件的优先过继亲兄弟，兄弟没有孩子的，一般都会过继一个，王氏家户内必须要过继本家王姓的人，不能过继表亲的孩子。过继的对象是男孩也就说明了过继的目的是为了延续香火，不让这一支的人脉断掉，也有继承家业和赡养老人的考虑在里面。

2.长支优先过继

在过继的时候，弟弟没有生出男孩的，一般从长支①往下找，长支没有就往下顺着找二支。过继是找儿子比较多的家庭，一般会选择有两个儿子以上的人家里过继一个。寡妇在选择过继人选的时候享有充分的自由，可以不遵循优先从长支上过继的习俗，看中了哪个孩子就可以选择哪个孩子过继到家中。

3.家长安排过继

王学奎的大儿子王建盛就作为出继人，过继到了一户王姓人家的家中。一般应继的人家中有钱、有地，一旦谁家的儿子有过继的可能，都会争夺过继资格。由于王家四支上的一个王姓族人没有儿子，王学奎就想让自己的大儿子过继过去，但是这个时候有两个合适的人选都可以出继，一个是王建盛，一个是王学督家的儿子。为了解决这个问题，王家的祖家人聚到一起，但是王家的主要族人都各有各的意见，王家内部无法拿出一个统一的意见。王学奎想偷偷过继，生米煮成熟饭，但是王家的一位老人告诉王学奎，过继的时候不能够偷偷地过继，如果过继不符合规矩，容易引起更大的矛盾。

最后没有办法，只能闹到官府去解决。官府的官员处理此类案件，其实也是有理说不清的，因为类似像过继、出继这种事情，并没有严格的对错之分，无论过继谁家的儿子都有一定的道理，不会像偷盗、抢劫、杀人，如果明显偏袒一方会产生冤假错案。等到了官府判案的时候，官员没有当场宣判，在第一次判案有暗示，就是"哪一家给的钱多就让谁家的儿子出继"。最后王家租出了一部分土地，凑到了一部分钱，最终官府判定王建盛最终作为出继人。

王家的过继是完全过继，王建盛去了他们家就是算是他们家的儿子，在立碑的时候王学奎这边的碑，会写王建盛排行老大，已经"出嗣"，出继家庭的碑上，会写王建盛是"嗣子"。

王建盛过继中双方书写了契约，在南北王村叫作"过继单"，过继单上写了王学奎和过继方家长的名字，一旦立过继单王建盛就和他们亲生的儿子一样享有各种权利。过继需要中间人，一般是祖家人，有名望的，对自己家族里的各类事情了解较多的人，请祖家人不需要支付费用和报酬，王建盛的过继单就是中间人所写的。

过继之后不需要到政府、村里去登记，只要让祖家知道，家族只要承认就可以。王建盛出继之后，王家就获得了一部分粮食，而出继后，入继家庭是否给钱、物取决于入继家庭的情况，一般会给一些东西作为补贴。

4.回继

回继是指，出继家庭的下一代又没有了男孩，出继人生的男孩再过继回过继前的家庭中。具体来说就是，甲、乙、丙作为家庭中的三兄弟，假设甲作为出继的人去到新的家庭，在新的家庭生儿育女。乙、丙二兄弟在分家后也各自成立自己的家庭。但是作为甲原家庭的亲兄弟乙或者丙一直没有生出男孩，需要过继儿子时，甲又将自己在出继家庭所生的儿子过继到

---

① 长支：自己哥哥的儿子。

乙或者丙名下的过程就叫作回继。

一般在南北王村的风俗习惯中,回继是不被允许的。回继一般情况比较特殊,在南北王村也很难遇到这种事情。一旦回继,两方同意,其他人也无法影响他们的决定。

5.家户过继,外界保护

王氏家族保护王氏族人的过继过程,在过继之后,会在家谱上呈现出过继的情况,入继的儿子会在家谱上显示"入继",出继的家庭的儿子会在家谱上显示"出继"。在王氏家族内部保护过继与出继的整个过程,过继和出继的家庭也不会被区别对待。保甲长、邻居,都承认王家的过继,过继之后,就属于入继家庭。过继之后,在税收簿册上也会有所呈现,儿子过继到别人家,也会改动。

(二)抱养

王家没有出现过抱养孩子的情况,但是村里抱养孩子的情况有很多。一般自己家生不出孩子,会选择抱养一个孩子,抱养男孩子或者是女孩子都是根据自己家庭的意愿,抱养的孩子也不会被歧视,家长对于抱养过来的孩子,也会当作亲生的孩子来养,抱养的孩子也会上家谱。旧社会对生育没有控制,有的人家生的孩子太多,自己实在养不了的,一般也会选择让别人抱走。独子家庭不会让孩子被抱养走,一般抱养孩子的家庭也是为了延续香火,因为没有孩子家庭就没有希望。

抱养孩子一般不抱养自己村里的人,一旦孩子知道了自己的亲生爹娘,孩子还是会找自己的亲爹亲娘,一般抱养后也不会给孩子说孩子亲生父母是谁。抱养的孩子和自己的孩子都是自己的孩子,对待上没有区别。抱养一般不会写契约,但是双方都会保密,被抱走的家庭一般不会知道自己的孩子被抱去了哪一家,抱走孩子的家庭也不会说是从谁手里把孩子抱养来的。抱养一般不需要中间人,一般抱养的都是小孩,还不懂事,没有自己的主意,孩子自己也没法决定。抱养孩子后没办法反悔,一般也没办法送回去。旧社会政府对于对于抱养不进行管制,村庄也没有专门对于抱养的儿童进行保护。

(三)买卖孩子

王家没有出现过买卖孩子的情况,但是在南北王村出现过买卖孩子的现象。买孩子的时候,家里没有男孩的会买一个男孩,很少出现过买女孩的情况。卖孩子的时候,一般孩子头上会插一根草,过路想买的人看到之后就会明白。政府不管民间买卖孩子的事情,买卖孩子的顺序也没有固定的说法,先卖老大还是老二没有相应的顺序。买卖孩子不会写契约,写了契约就会暴露孩子的亲生父母,一旦暴露,孩子就会跑回自己的亲生父母那边。买回孩子后,就是相当于是自己的孩子,虽然没有血缘关系,但是买来的孩子一样可以上家谱,所有的权利和自己亲生孩子都一样。村里不会登记买卖孩子的情况,也不需要去县里进行登记。

五、家户赡养

(一)家户赡养情况

王家的老人由儿子赡养,其他人家不会给王学奎老两口的养老,也不会干涉王家老人的养老问题。南北王村里有许多要饭的人,很多都是老乞丐,他们的养老也没有人管,许多老乞丐直接被饿死。如果农户自家的孩子不管老人、不养老,村里和政府都没有办法去管,最多是族里的老人批评两句,但也起不到很大的作用。王家在没有分家时,大家庭一起吃住,没有具体的谁去赡养,都是一起生活。分家后由王学奎的三个儿子对王学奎夫妇进行赡养,出嫁的女儿不用赡养。

(二)儿子承担赡养义务

家庭的养老根据孩子的数量和情况有不同,王学奎有三个儿子,属于家里男孩多的家庭,一般兄弟之间会商量着给家里的老人养老;如果只有一个男孩,那这个男孩会独立承担养老义务;如果只生育了一个闺女,一般会避免出现这种情况,家长会在还年轻力壮的时候,过继一个儿子,家里条件好的会招上门的养老女婿;孤寡老人,没有孩子的,养老只能依靠自己也没人管,村庄和县里都不会抚养孤寡老人。

(三)轮流赡养老人

王家的老人没有养老地,分家时候王学奎自留的几亩桃行地也都分给儿子们耕种,王学奎把所有的财产全部留给孩子,三兄弟在分家的时候得到绝大部分的财产,养老就由三兄弟进行承担。王家的赡养方式由家长王学奎和儿子们商量,不需要告知四邻、族长、保甲长,形成统一意见之后就按照商量好的方式来办。在赡养中,除家长外其他成员不能提意见,商量好之后就按照决定好的方案养老,不能再提出其他的意见。大家户都有自家的产业,老人也会留下自己的养老地和养老田。小家户一般都是轮流养老,家里穷也不能让老人饿着肚子,不养老也会被村民说闲话。

(四)儿子负担养老钱粮

王家的子女轮流养老,先从王建龙开始养老,规定了兄弟三人每年往家里送一定数量的粮食。王家的养老粮食一般分为两个时间点给:一个是麦季,麦子丰收后,要留出一部分给老人送去;一个是秋季,秋季一般是谷子、豆子、玉米这些杂粮。在承担养老钱粮的过程中,除王学奎和孩子商量,其他家庭成员都要配合老人养老。大家庭的养老一般会较为容易,兄弟们都比较富裕,养老不是问题。家庭比较穷困的,有的孩子不成器,不赡养老人的也有很多。

(五)治病送终

王家的老人生病治病,一般是看中医,草药的费用兄弟几人共同分摊。老两口关系相处得不错的会一直居住在一起,不会被子女分开赡养。有些老两口脾气不和,也会分开住,自己过自己的生活。王家的男孩在分家时分到家产,女孩一般只有一些被子和陪嫁,所以男孩承担绝大多数的养老责任。老人去世后产生的丧葬费用是兄弟几人共同承担,有的儿子过得好也会主动多拿出一些钱,没有长子就多要承担养老责任的说法。出嫁的闺女回来被当作"客人"看待,不参与到养老的安排中。

六、家户内部交往

(一)父子关系

1.权责明确

王家的孩子出生之后,全部都被抚养长大。村中大部分家庭在能够承受的情况下,也都会把孩子抚养长大,实在养不活的情况下,也会卖掉或者让别人抱养走。王家的孩子到了年龄,会给孩子找一个媳妇,有的人家条件差,也有很多娶不上媳妇,只能一辈子打光棍。王家的父辈会从小就教授后辈农业生产的技巧,王家的孩子从小从田间地头长大,只要长到拿得动铁锹的年龄,父亲会领着孩子去自家的地里,让孩子在旁边观察,慢慢地让孩子参与到土地的种植中去,不断地学习农业种植。年龄小的时候不让孩子干重活,就让孩子看着,后来孩子年龄大了,能懂事一点,可以帮忙看沟子,打水的时候水流到了哪里可以告知大人。

王家的家庭管理比较严格,老人说一不二,老人说的话谁也不敢有意见。王家的家长可以随意支配孩子,让孩子干什么,孩子一般也会干,孩子淘气不听话的,一般就会上手打。孩子慢慢长大,有了自己的主意,所谓"儿大不由爷"有了自己的分析能力也会按自己的方式做事。

父亲打孩子的话,家里人也不管,村里也有失手把孩子打死的情况,一般不往外传也没有人知道,即使外面的人知道,只要不告到官府,就没人管。父亲做错了事情,孩子不敢指出父亲的错误,比如一般看到父亲打自己的母亲,孩子也不愿意,但是也不敢发作。

2.父子关系严肃

在其他家庭当中,父子之间玩闹、开玩笑的情况也比较常见,但是王学奎管教得很严,王家的父子之间不敢开玩笑、说笑话。父亲找儿子聊天谈心的情况也基本没有,王家的孩子都比较害怕父亲,孩子心里有什么事不敢和父亲说。在王家,父亲和儿子的亲密程度不是很高,王炳臣不敢主动与王建昆说话,只有在王建昆主动找王炳臣的时候,王炳臣才能和父亲说上话,即使有机会说话也不敢和王建昆说自己的想法。因为王学奎不喝酒,王家人也都不喝酒,王家也没有出现过父子一起喝酒的情况。王学奎对第三代的管教十分严格,在说事和商量事情的时候不允许小孩插嘴,王炳玉、王炳常、王炳臣三个叔兄弟虽然是男孩,但在平常时间也不允许出门与外面的同龄小孩子玩耍,自己到街上玩更不可能,家里的女孩子更没有出门的可能。这也导致王炳臣这一代人在小时候就不爱说话,性格比较内向。

3.冲突关系,家人调和

在王家,父子之间很少发生冲突,儿子也不敢违抗父亲,一般也不会发生直接冲突。王家的孩子在自家念私塾,如果背书背不下来就会被打。孩子不听话也会被打,家长可以直接上手打孩子,家里也没人敢拉架,打完孩子,家长解气后,该回家吃饭也会正常回家吃饭,不会一直怄气,因为也不是仇人,还是一家人。家长打孩子,一般都是教育孩子,就算家长做得有一些过火,也不会有人当着孩子的面说家长做得不对,一旦当着孩子的面批评家长,孩子就会觉得自己做得对,父亲的威严就会被动摇。王家的父子一旦吵架,一般都是关系不错的邻居会来说两句,也是会在孩子不在场的时候说两句,但是也不会说太多,因为毕竟是王家的家事。

(二)婆媳关系

1.婆婆强势

如果婆婆的脾气比较差,容易着急,婆婆一般会折腾儿媳妇,一旦媳妇做的事情稍微有一些不顺心意,婆婆就会发作,就容易发生矛盾。在南北王村,婆媳关系比较差的家庭占到很大部分。但是媳妇坐月子的时候,婆婆一般会伺候媳妇,因为家里的男劳力都下地干活,妇女在家,婆婆不想伺候也没什么办法,不能让媳妇饿着,万一饿出了病,还是要家里负担治疗的费用。婆婆也会教儿媳做家务,一般媳妇嫁到家里年纪都十七八岁,基本的一些活儿都会干,但是有些不会干的活儿,婆婆也会教。小媳妇不太会安排家里的事,婆婆安排儿媳的活儿媳就要干。一般媳妇会顺从婆婆的安排,也有脾气较大的儿媳,一旦不服气的话,儿子也会向着母亲教训自己的媳妇。即使婆婆做错了事情,儿媳妇也不敢指出婆婆的错误。好婆婆一般没有特别的标准，只要不是故意折腾儿媳妇就是好婆婆。好儿媳一般是恭敬老人、伺候老人、孝顺老人。

2.王家婆媳融洽

王家的婆媳关系还比较融洽，因为王家二十口人一起生活，如果有矛盾，王家人就会闹着分家，也不会一起生活这么久。王学奎有四个男孩，大儿子王建盛因为出继不在家中居住，王建龙、王建章、王建昆三人的妻子李一氏、李二氏、赵氏三人属于妯娌关系。儿媳妇和婆婆也一起做家务，婆媳之间经常在一起干活。王家的妇女聊家常一般是妯娌们之间，孟氏一般情况下不参与。王家的媳妇都怕婆婆，都听婆婆的话，婆媳之间开玩笑的情况比较少。家庭里出了大事，媳妇自己想不通的也会和婆婆聊一聊。大家户的婆婆会更加严格，规矩也多。

3.冲突关系，家人调适

王家的婆媳关系一直相对和谐，没有出现过大的争吵和打闹。婆媳发生冲突一般是因为吵嘴，动手打架的情况很少出现。婆婆和媳妇打架，王家的儿子也不会同意，都会向着自己的母亲。婆媳吵架，街坊、邻居看到听到后，最多就拉架不让继续打，不会深究原因，不会多说什么，因为这是王家的家事，王家人自会处理。如果婆媳闹得很大，也可以请祖家人来说说事，从中调解一下。

(三)夫妻关系

1.相互扶持

在王家，丈夫和妻子之间互相扶持，共同生活。妻子病了要给妻子看病，丈夫病了妻子也要照顾。小家庭内部有一些事务，丈夫可以安排妻子干活，王建昆就经常让妻子赵氏督促王炳臣学习。在南北王村，媳妇不挨打是个别现象，有时候男人暴躁，一不高兴就开始打媳妇，有的妇女身子比较壮，也有和男的对着干的情况。王家的男人大部分都继承了王学奎的特点，比较严肃。小家庭里有了什么问题，男人也是说一不二，妻子也不敢指出来，不敢批评丈夫。在王家，好媳妇的标准就是孝顺、脾气好、不到处惹事。

2.夫妻相处融洽

王家的妇女都比较害怕丈夫，一般而言，夫妻两人说话交流，主要就是安排小家庭的一些事情。妻子心里有什么事情，一般不会和丈夫说，主要和自己关系好的妯娌们聊得多。王家各对夫妻之间相处较好，矛盾比较少，夫妻之间私下也会偶尔开开玩笑。有些家户内部夫妻关系复杂，涉及的利益也多，媳妇有时也会因为家庭利益和丈夫争执。

3.冲突关系，家人调适

夫妻过日子，勺子碰锅沿，不可能没有冲突，王家的夫妻偶尔发生冲突，但是没有出现过打妻子的情况。王建章和李二氏因为给王炳常治病的时候发生过一次冲突，王炳常小便尿不出来，因为害怕父亲不敢和父亲说，另一边和母亲又不好意思提起，所以一直忍着不说，后来实在疼得厉害终于说出了情况。夫妻二人十分着急，赶忙四处打听方子治疗，试了几种方子没有治好，王建章和李二氏都有些着急，都互相指责对方不关注孩子，孩子的状况不好也看不出来，两人越吵越大，王学奎听到后，批评了王建章夫妇二人，让他们想办法给孩子治病，在这里吵架不成体统，让人家给笑话。后来到教会医院开膛破肚治好了王炳常的病，夫妻二人也就此和好如初。

如果夫妻经常冲突日子就没法继续过下去，夫妻就会分开过日子。夫妻打起来的情况，在其他人家时有出现,如果打媳妇打得很重的话,媳妇的娘家也会不乐意。媳妇的娘家听说女儿被打,会首先搞清楚什么原因,如果是自家女儿的错,一般也不会找上门来保护女儿。儿子打媳妇,家里的老人也会批评儿子。媳妇做错了事情,一般是丈夫管教,老人也不参与,防止火上浇油。夫妻之间吵架,闹得很大的出现过休妻的情况,在邻村发生过。越是大户人家,夫妻之间要遵守的规矩就越多,有的夫妻感情比较好,极少会打架和吵闹。

(四)兄弟关系

1.兄弟同心

王家的兄长在生活中会照顾弟弟,出门在外会保护弟弟的安全。如果父母不在人世以后,只要哥哥已经成年,哥哥和弟弟就会住在一起,哥哥会照顾弟弟的日常生活,到了成年的时候也会承担起给弟弟娶媳妇的责任。哥哥有能力的话更加会负起责任,哥哥会教给弟弟一些谋生的手段,会手艺的会传授给弟弟手艺,没有手艺的就领着弟弟种地,学习农业种植的过程。

一般亲兄弟之间关系都比较亲密,关系生分的比较少,哥哥不会不管弟弟。如果哥哥不抚养未成年的弟弟,哥哥不可能自己霸占父母留下来的全部财产,也会走分家的流程。分家也会请祖家人来主持,弟弟也会获得该获得的财产,弟弟可以依靠这些财产过活。

老人当家的情况下,哥哥就不会安排弟弟干活。老人安排怎么干,下面的人就要根据安排来干。哥哥当家的情况下,哥哥让弟弟干事,弟弟就要听从。因为弟弟年纪小不懂家里的事务,哥哥为了整个家庭着想安排弟弟干一些事情,弟弟也必须听从。哥哥一般不能随便打弟弟,只有当弟弟在外面惹了祸,做了错事才会打。哥哥把弟弟逐出家门的情况更少,一般都是教育为主,把弟弟赶出家门,弟弟没有生存的能力,邻居们也不会同意。哥哥没有卖弟弟的权利,只有父母才有权利卖孩子。兄长的话一般弟弟会服从,如果弟弟年纪慢慢增大,有了自己的分析能力,可以和哥哥一起商量,合理的意见哥哥也会采纳,哥哥有时候不如弟弟也有弟弟当家的情况。

2.王家兄弟,相处融洽

王家的兄弟之间从来没有打架的情况,关系相处得很融洽。平时兄弟之间可以随意交流,但不能在家里的老人面前大声说笑、聊天,在私底下兄弟们之间可以开开玩笑。王家的兄弟之间没有喝过酒,也是受王学奎不喝酒的影响。

在王家,弟弟都害怕兄长,如果哥哥和一群弟弟在一起,哥哥就自动成了这个小团体的"家长",哥哥安排弟弟干一些事情,弟弟一般也会服从。当弟弟有心事时一般会和自己的母亲先交流,有问题也可以找哥哥。哥哥一般都比较好接触,伯父在需要的时候也会安排侄子干一些事情。

家户越大,人口越多,所涉及到的兄弟关系就会比较多。兄弟关系最基本的可以为两种,一种是一个父母的亲生兄弟,例如王炳玉和王炳奇;另一种是一个爷爷但不是一个父亲的叔伯兄弟,例如王炳常和王炳奇。大户人家男人有纳妾的情况,正妻生的儿子和妾生的儿子之间属于同父异母,同样是兄弟关系,一般正妻生的儿子会略高于妾生的儿子。一般而言,同一父母所生的兄弟之间关系最近,其次是同父异母的兄弟,最后是叔伯兄弟的关系。

3.极少发生冲突

王家的家庭比较严肃,无论是亲兄弟还是叔兄弟都没有打过仗,很少发生冲突,因为都在王学奎的安排下一起生活，比较团结，如果一直打架，分家就会很早。王家兄弟们的脾气性格都较好，其他人家有的兄弟之间性格不合适的就会经常打架。兄弟二人出现打架的情况，家长就会出面训斥，一般对于哥哥的训斥会更加得严厉。

（五）妯娌关系

1.共同生活

嫂子与弟媳妇在一起生活，一般会一起为大家庭出力。王家的妯娌三人干活也都会商量、分工来干，妯娌之间的关系平等，虽然李一氏是大嫂子，但是权利也没有更大，遇到事情都会一起商量来解决。好嫂子是具有好的带头作用，一般在家里会任劳任怨，好好伺候老人、丈夫，会把他们照顾的十分周到，在外也不乱出门惹是生非，弟媳妇看到眼里，在心里和行动上也就会十分尊敬这位好嫂子。李一氏作为王家的大嫂子，在言行举止上做到了好嫂子的榜样。一般小家庭里，妯娌关系比较少，像王家这种妯娌在一起的生活很久的情况更少见，妯娌如果相处得不好，兄弟们也会早早地分家，不在一起生活，各过各的日子。大户人家里面妯娌关系会更加复杂，还有会涉及妾的问题，相处起来更加麻烦。

2.妯娌关系，相处融洽

王家的妯娌之间的关系比较融洽，在过年的那几天，家里不允许干活，妇女得以解放，一年也就过年的几天比较有空闲，妯娌们会聚到一起，会说说笑话、开玩笑。平时妯娌都是一起干活，因为王家人比较多，平时做衣服比较忙，做饭也比较忙，妯娌们会商量着一起干。做饭的时候会互相协作，一个加水，一个烧锅，一个摊煎饼。比较累的活，妯娌几个会轮流来干。在王家，弟媳不怕嫂子，嫂子也不会仗着自己大欺负弟媳妇。其他家庭的妯娌之间有因为分家弄得不愉快的情况发生。

3.冲突由家人调适

王家的妯娌之间天天见面，不可能没有冲突和矛盾，但是没有出现过严重的争吵和打闹，最多就是碎碎念几句就会过去。一旦出现冲突，家里的家长和兄弟都会出手制止，一般都会向着自家的媳妇，家长为了稳定全局一般也是各打五十大板来进行处理。妯娌吵架一般外人都会看笑话，村里关系好的看到了也会制止一下，不会过度地参与。大家户有的媳妇娘家比较厉害，和妯娌吵架之后，有的娘家都会找来，替女儿出气。

（六）其他关系

王家的成员之间都是亲属关系，家中是有短暂的雇工。雇的工在家里吃饭，白天在地里干活，晚上回自家休息。雇工和王家的男劳力接触较多，与其他人没有什么接触。王家人与雇工没有发生过什么矛盾，商量好给的价钱最后结完账雇工离开。

七、家户外部交往

（一）街坊与邻居关系

王家的邻居和街坊是许家和樊家，许家是小户，家里的经济状况较为一般，有时候会经常来借王家的牲畜，王家也乐于借给许家，许家对王家也心存感激，有时候会在还牲畜的时候带一些草料来，就当是还一下借牲畜的人情，王家也会收下草料。王家人都有人情的观念，一旦需要别人帮忙的话，一定不会只是说个"谢谢"，一般都会给一些东西作为补偿，当王家帮了别人，别人拿来东西的时候，王家会欣然接受，因为在王家人看来，这是对方看得起王家,如果不收对方的东西就好像是看不起对方一样。王家的另一个邻居是樊家,樊家在南北王村算是大户,比王家来说生活得还要更好一些,王家有需要帮忙的地方,村里其他的小户人家帮不上忙的话,王家一般就会找樊家帮忙。樊家人口多,家里的经济情况也较好,为人也热情,不是那种仗势欺人的家庭,所以王家和樊家的关系也比较好。

邻居之间平时会聊聊天、串串门,一般都是在农闲的时候,平时农活比较多,没有时间出来闲聊。没有事情一般不会随意帮忙,走动。家里有了事情,一家一户的会去帮忙,红白事的时候,村里的外姓也有来帮忙的情况。王家和邻居之间的关系都比较平等,王家不惧怕但是也不欺负任何一个邻居,王家和周围的邻居相处得也较为融洽,没有发生过较大的矛盾。

(二)地邻关系

王家与地邻之间也会互相借用农具使用,没有其他的往来。"千年的邻居,万年的庄乡",邻居之间,谁家也不可能说一帆风顺不遇上一些事情,邻居之间帮忙也很常见。王家和地邻之间的关系融洽,没有因为土地出过事情。每家每户都是私人土地,土地都有文书,土地的范围、面积、长短都有明确的记录。自己的地如果需要卖,也需要把周围的地邻叫上,因为需要"扎地"确定界限,地邻会在一旁看着,不能多划土地。一般而言,石界都是大家公认的界限。

王家和地邻之间经常会互相帮助,王家的地旁边就有一口井,是周围的地邻一起进行使用。旱季的时候,井里的水会很深,取水就会十分的不方便,而王家和地邻之间就会相互协助,帮助对方取水,因为都只依靠自家的力量谁也不能保证将所有的地都灌溉上,王家和地邻合作,劳动力也相应增多,取水也就更加的方便。

(三)与亲戚的关系

王家与亲戚之间的关系较为亲近,王家与亲戚之间的关系算是走动得比较多,相处得较为融洽。一般亲戚家有了红白喜事,王家都会出人、出力、出物来尽力帮助亲戚。王家和亲戚之间从来没有出现过大的冲突,但是在南北王村的其他人家当中,在分家的时候兄弟有争吵的话,一般会请来祖家人进行调解,调解不成,亲兄弟也有老死不相往来的情况。王家对于亲戚也分远近亲疏,对于王姓的亲戚,走动会多一些,因为基本上都住在一个村子里,平时低头不见抬头见,一旦家里有了喜事或者丧事,王家会马上进行走动。但是对于王家妇女娘家的亲戚,走动得就比较少,因为也不在同一个村子里住,只有在过年的时候小辈会代表家里人去娘家看一眼,也不会断了联系,家里需要什么帮助,也很少会求助于娘家人。但是王家妇女娘家人一旦需要王家的帮助,王学奎也不会坐视不理,王家妇女娘家一旦出了变故,王学奎也会尽心尽力地帮助,不会坐视不理。

(四)对外关系,各方调适

当王家与外人冲突的时候,村里都会出面调解。一般是先在村的范围内进行调解,调解不成功会到乡里调解,在村、乡调解不成功就去官府直接告官,由官府来判案子。

王家曾经打过官司,王学奎和王学督家争夺过继的人选。王学奎的爷爷王云执兄弟四人,王云执二哥家里都只有女孩子,没有男孩子,必须要过继男孩。王云执过继了一个儿子之后,儿子又只生育了女孩,没有生出男孩,这时候这个过继的儿子还需要再过继儿子。当时适合过继的人选有许多,王学奎有四个儿子,可以过继一个过去,但是和王学奎争夺过继权的王姓人家的儿子也具有过继资格。按过继的道理来讲,首先过继长支的儿子,王学奎不是长支，但是与王学奎争继的家庭属于长支，但这个王姓人家过继过去之后原家庭就没有了儿子，为了不产生"一支两不绝"的现象，后来王学奎官司打成功，王建盛应继成功。

对外关系的冲突，往往会由两个人的冲突演化为两家人的冲突。两个村里的发生冲突还是要协商解决，村长会出面调节，调节不成一般也会闹到官府，由官府来判。

第四章　家户文化制度

王家重视教育,男孩都要读书,女孩自小学习针线活。王家从小注重培养孩子的家庭意识,在各种节日当中王家不断深化血缘关系,平日求神拜佛不可免,家户娱乐各有其所。

一、家户教育

(一)家户教育概况

王家一共有二十人共同生活,其中的男性都读过书,包括王学奎、王建龙、王建章、王建昆、王炳玉、王炳奇、王炳常、王炳臣、王炳山。王学奎小时候读过书,大概上了五六年学,孟氏没有上过学。王炳臣的读书时间持续较长,大约有十几年,但是在这期间日本人开始侵略中国,社会比较混乱,日本人一到村子就开始扫荡,村民都十分害怕,有的村民直接离开村子去外地逃难,学校也就没办法继续开办下去,王家孩子的读书生涯也因此中断了一段时间。后来日本人占领山东,站稳了脚跟之后,学校也就随之建立了起来。去学校上学之前,王家的孩子都在家中念私塾。后来日本人筹备建立学校,汉奸就随着建立了学校,村里农户家里只要年纪合适的孩子,都送去学校念书。王家的孩子一般在八岁左右开始让他们读书,村里有的农户家庭比较困难,会让孩子十几岁之后再出去念书。王家可以承担得起孩子上学的各项费用,王家的孩子小时候即使不上学,也没法帮家里干活,因为上学也不用出村子,比较便利,就直接让孩子去学校上学。学校不是每天上课,也会根据农时来放假,有秋假、麦假、年假三个假期,孩子在这三个假期虽然不用上学,但是要在家里力所能及地帮助干活。麦季是收麦子的时节,王家的孩子虽然割麦子、推大车这种重活干不了,但是可以帮忙堆麦子,也可以搭把手把麦子搬到车上,秋季的假也会有相应的农活可以干。到了过年,也会放年假,学校基本上都不再上课,一般就需要回家干活。王炳臣上学的时候日本人已经建立了学堂,后来解放战争打响,社会比较混乱,村里也不安宁,学校也没办法继续办下去,王炳臣的学业也就中断了。王家的孩子非常愿意上学,王家的家庭也可以供应得起。

王家的孩子到了上学的年龄,王学奎就会让孩子上学。王学奎比较重视孩子的教育问题,王家人都意识到孩子没有知识不行,但是王学奎不让家里的女孩子念书,"女子无才便是德",村里也不流行女孩子上学。家里上学的一般都是男孩子,再加上"男女授受不亲"的说法,即使家里想让女孩上学,但是学堂里都是男孩子,男孩女孩在一起上学,许多农户也觉得不合适,就不再送女孩上学。孩子在教育过程中遇到问题之后,孩子的爷爷、父亲都会进行教育,一般孩子有了心事会找母亲聊一聊。

(二)私塾教育

私塾就是请先生给孩子教书,王学奎在小时候学过《三字经》《百家姓》《上论》《下论》《大学》《中庸》等一些书,由于日本人占领中国之后,社会比较乱,王学奎就开始在自己家里教自己的孩子,就没有再请外面的私塾先生给上课。一开始教比较简单的《三字经》《百家姓》《千字文》,往后就开始教《上论》《下论》《上孟》《下孟》。王学奎一般情况下只教自己家的孩子,亲戚、邻居有听说王学奎在家开私塾,也会把自己的孩子送来听王学奎讲课,来听课的孩子,王家不会另外收钱,因为教几个都是一起教。过年的时候,孩子不用专程去给私塾先生拜年,因为孩子年纪小,家长一般不会让孩子独自去拜年。

(三)学校教育

在日本人入侵中国以前,在南北王村有一个庙宇,这个庙最早是从孙庄村搬迁而来。在这个庙中有一个化缘的人,姓樊,他就在庙里办了一个学校。在国民党执政时期,韩复榘掌管山东的整个境地,由于这位樊姓人氏的思想比较积极,在学堂庙里,他立了一个杆子,上面挂上了国民党的党旗,还有孙中山的画像也挂在学堂庙的教室里。家里的孩子是否上学,全凭农户自家决定,村里和县里不管,只要家里愿意让孩子读书,就可以送到学堂庙里学习知识。在这个学堂庙当中,樊姓人氏还修建了秋千、单杠、双杠、沙坑、铁环。南王村和北王村一共收了大概三十多个学生,后来南北王村来了一个从青岛逃荒回来的村民,他正好会打两套拳,也被樊姓人氏拉到学堂教孩子打拳。孩子们来上学,樊姓人氏还制作了青色的制服,还弄了国民党青天白日的星星在帽子上,让孩子带在头上,作为孩子们上学的校服。后来日本人侵略中国,他给孩子做的校服由于有国民党的标识,农户们都觉得这套衣服容易惹事上身,就把孩子的"校服"、上课的课本全埋掉或者烧掉。由于日本人经常来扫荡,后来学堂也就没办法持续地办下去,一直到最后这个学堂也没有恢复办学。

只要是农户把孩子送到樊家的学堂,樊家十分欢迎,也不收孩子的学费。一般家里有孩子到了年纪都让孩子去学堂庙学习,如果家长不允许,孩子也没法上学。因为学校免费,不让孩子去上的话,一般是家里需要孩子干活,孩子也没办法自己偷偷跑去上学。至于不收学费的原因,是学校直接办在庙里,庙里经常有人来叩拜烧香,基本上依靠化缘就可以够办学的各项花费,孩子们上学期间在国民党统治、日本人占领的时候,谁掌权就用谁掌权时发布的课本来教学。

(四)男孩女孩,各有不同

小时候,王家的男孩子都上学,受到的教育基本都来自学校,学校也会教孩子一些做人的道理,回到家之后,家里的父母长辈也会教育孩子。王学奎不让家里的女孩上学,女孩小时候就要开始学针线活、搓麻线、纺棉花、纳鞋底。其他农户家里有识字的,从小就会教孩子认字,不认字的一般就教孩子下地干农活。当孩子长到十七八岁,到了结婚的年龄就被认为已经成年。姑娘到十七八岁就算是大姑娘,如果姑娘到了二十岁还没有嫁人,家里的人就会开始着急。当孩子开始主动承担家务,开始孝顺长辈的时候,家长就会认为孩子也长大了,开始懂事了。

(五)王家家教良好

王家讲究勤劳致富,王家有二十口人一共有六十亩地,如果不讲究勤劳致富,家里的人都要饿肚子。"家和万事兴"这句话在社会中流行,在王家也处处可以得到体现。在王家,和谐第一位,王家一共有二十人共同生活,从父子关系、母子关系、婆媳关系、妯娌关系、兄弟关系、夫妻关系都很和谐,王家从来没有出现过很大的争吵,也从来没有出现过打架的情况。王家在王学奎的带领下,王建龙、王建昆、王建章的协助下一直和睦发展,家庭安定。

(六)劳动技能培养

王家由于人口较多,再加上没有长期雇工,王家的孩子在小的时候就会被王家带到地里,孩子就在土地旁一边玩耍,一边学习农业生产。在孩子小的时候,家长会让孩子干一些不需要很大力气的活儿,比如在井旁边帮家长看着提水的绳是否到了井底,浇水的时候水沟子的水有没有流到土地的尽头,让孩子慢慢地参与到农业生产当中。随着孩子慢慢地长大,有了一些力气,家长就尝试让孩子承担一些重活。王学奎经营过几年桃行,孟氏在中午的时候会给王学奎送水、送饭,在孟氏的带领下,王炳臣跟着王炳玉、王炳常下地拔草。由于王炳常年纪尚小,才六七岁,自己一个人还不敢下地,需要有大人带领着,旁边有哥哥陪着才敢在地里干活,慢慢地王炳臣长大后,就敢自己下地去干活。

王家的女孩在小的时候不下地干活,王家的女孩从小的时候就开始学习做衣服、做鞋、做饭等一些家务事,为以后嫁到婆家做准备。女孩一般到了六七岁,看着家里的母亲和奶奶纺棉花,棉花车子一转,孩子就会很好奇,主动凑上来玩,自己也想着学,家长也就慢慢地教孩子纺棉花的一些技巧。女孩的针线活一般是母亲教导着学的,奶奶一般也会从旁边加以指导。女孩都会基本的针线活和基本的家务,个别家庭很穷的农户,劳动力不够用,也会让女孩下地,女孩也能学到一些农业生产的知识。嫁到男方家后,如果基本的家务活不会做,会被婆婆家看不起,婆家不可能让媳妇在家里什么活儿都不干,在婆婆家必须要学会干家务活。社会的普遍风俗,女孩会裹小脚,姑娘嫁到男方家后,不会直接就下地干活,家里也不允许女人出门。农村社会讲究男女授受不亲,要是陌生人来归还借的东西,家里的女孩子伸手接东西都不被允许,一般是让人把东西放在桌子上,等人走了之后,再把东西拿起来放到其他地方,家里的女孩只有和家里熟悉的人才可以直接用手交递东西。

大户人家就不会看重妇女是否会纳鞋底、做衣服等一些家务事,大户家庭里不需要媳妇去干这些家务事,都有丫鬟来完成。大户人家里的孩子如果不好好学习也会被父母惩罚,如果是男孩子在学校里或者是在私塾读书的时候不好好读书,背书背不下来,就会挨打,如果是女孩子不好好学做家务活,总是出去玩,家长也会管教女孩。

(七)学手艺

王家没有祖传的铁匠、木匠、石匠手艺,王家人纺棉花的手艺是从王家的长辈不断传习下来,家里穿的衣服全都是由家里自己制作完成。王家自家种棉花,妇女在家用棉花一步步纺线、织布、缝制最后做成衣服,在日本人入侵中国之后,就有了"洋线",衣服就更容易做。王家人会摊煎饼,也算不上特殊的手艺,农村里的家家户户都会。

二、家户意识

(一)自家人意识

对于王家来说,家户内的二十口人都是自家人,外人一般是指非王姓的人员,有直接的血缘关系或者亲属关系就是自家人。亲属方面,村里姓王的人都算是祖家的亲戚,都是一个祖先繁衍下来,但是不被认为是王家的自家人。亲戚之间讲究"五服",五服的意思就是两个人从自己这一代算起,往上数五代,如果在五代以内能找到两个人是在某个人那一支下出来的同一支,就可以算亲戚关系,出了"五服"之后,就算是"六服"也不算是亲戚关系。对于自家人和外人,王炳臣认为家里的二十口人算是最亲近的自家人,五服以内的亲戚还能算得上是自家人;邻居、街坊这些人虽然平时有联系比较多,王家的地邻也会互相走动,但是不被认为是自家人,只能算是"熟人"。

在王家人看来,父母和自己的亲兄弟姐妹是与自己关系最为亲近的人,是血缘关系最直接的人,小家庭的关系最为重要。伯父算是自己人,拿王炳臣来说,王炳臣所在的小家庭和二伯父王建龙、三伯父王建章都在一个院子里居住,吃饭也都在一个锅里吃,种地安排家事都是伯父和父亲在一起商量共同决定。姑姑在出嫁之后就已经不算是自家人,农村社会认为"嫁鸡随鸡,嫁狗随狗""嫁出去的女儿泼出去的水",嫁到别人家的姑姑就算是别人家的人,姓名虽然没有改,但是已经是别人家的人,一旦出了事情,是姑父家里的人来负责处理。王家平时与出嫁的女儿和姑爷之间很少有经济往来,联系得也比较少,关系比较淡薄。王家与孩子的舅舅、舅妈之间的联系更加少,基本相当于不联系,因为媳妇嫁到了王家就是王家的人,而孩子的舅舅是外家人,两家也基本没有经济往来,平时的走动也很少,算不得自家人。孩子的姨和姨夫更加算不得自家人,因为孩子的母亲嫁到了王家,就算是王家的人,孩子的姨嫁到姨夫家,就算是姨夫家那个姓氏的人。孩子的母亲和姨姨虽然小时候是姐妹,但是成家之后的联系基本没有,虽然有姐妹的血缘关系在,但是已经分别嫁到两个人家,是别人家的媳妇,算是两家人,也算不上本家人。

常年打工在外的叔伯也算是自己人,因为血缘关系比较亲近,不会因为常年在外、距离较远就变得不是自家人。王家的雇工,虽然在一段时间之内在家中吃饭和居住,但毕竟是外姓人,不属于自家人的范畴。过继的孩子只要是完成了过继的手续,这个孩子就正式成为本家人,与亲生的孩子没有区别,享受与亲生孩子一样的权利。上门女婿一般是女方招揽男方去女方家里生活,男方要改为女方的姓,对于女方来说算是自家人。对于养老女婿的原生家庭来说,自己的孩子去到了女方的家里,改为了女姓,所以就算不得自家人。收养的孩子在收养之后就当成自己的孩子来养,虽然在血缘上与自己没有关系,但是也会被收养的家庭当作自家人。大户人家里有专门的管家,虽然管家常年帮大户人家打理和经营家务,但也不会被认作是自家人,大户人家也不会亏待管家。大户人家的佣人专门伺候大户人家,属于下人,更加算不得自家人。

如果一个男人不止娶了一个媳妇,还纳了妾,妾的地位虽然不如正房妻子的地位高,但是都是嫁到男方家的人,都是自家人。无论是正房妻子生的孩子还是妾生的孩子都是男方家里的孩子,都是自家人。如果家长和外面的女人生了孩子,孩子也算是自家人,但这个女人不被认为是自家人。一般很少出现被家长逐出家门的情况,一旦被家长逐出家门,孩子就不能算是自己家里的人,家里的人也不能给逐出家门的人提供帮助。

王家属于大家庭一起生活,吃饭在一口锅里,都住在一个院子当中,都算是自家人。自家人还有一个延伸的意思,如果到外地,碰到了老乡,老乡之间也算是"自家人"。

(二)家户一体意识

没有分家之前,王家二十口人作为一个整体安排生产,在生活上也会互帮互助。分家的时候,条件不好也会多照顾一些,只要分家的兄弟都同意就可以。兄弟家里发展得好,哥哥出于个人意愿可以帮扶弟弟,但是并不强制,也可以不帮助弟弟。兄弟之间互相帮助,兄弟需要钱的时候也会给些钱救急,需要粮食就会送一些粮食。

发家致富就是讲究"个人过个人的日子",一切都是为了能让家里过上更好的生活。王家讲究光宗耀祖,生活都是指望农业,而国家的税收全都指望农民种地,所以只要家里的地种得好、自家的生活过得好,祖宗知道了也会很欣慰,就算是光宗耀祖。王家会为王家的发展祈福,也会拜一些神,村里的庙中有关二爷的雕像,关二爷在当地被称作财神,拜一拜关二爷,祈求关二爷保佑家里日子能够多多进财、人丁兴旺,生活可以过的好一些。

(三)家户至上意识

在王家,家户意识很重要,个人利益要服从于整个家庭的利益,一旦发生冲突的话,家长都会与家庭成员谈话,说明情况,为了整个家庭的利益,家庭成员自己也会做出一部分牺牲。王学奎曾经为了家庭的利益放弃了自己的利益,王学奎和王学文兄弟小时候都上学读书,在王学奎十八岁的时候,王锡范由于身体不太好不能承担家庭的重担,而王学奎已经年满十八岁,能承担起家庭的责任,于是王学奎就终止了自己的学业,而弟弟王学文一直读书。如果家庭不让孩子上学,一定是有合理的原因,可能是家庭困难负担不起,也可能是需要孩子在家中做事,孩子也没有什么办法拒绝,都是为了能让整个家庭维持下去。

结婚对家户是很重要的事情,必须要听从家长的安排,自己没有反对的权利。农村的婚姻都是包办婚姻,一般都是经过媒人介绍,双方父母同意之后,定下亲事。在结婚之前,夫妻两个人没有单独见面的机会,一旦婚后夫妻两个人性格不合,就会弄得夫妻关系很生硬,但是只要是拜堂的时候拜过了天地,就算是"公母俩",双方都没办法反悔,也没有离婚这个说法,只能将就过活。

(四)家户积德意识

王家一直也是以行善作为家训,从来不以大欺小,有过路的乞丐也会给一些吃的。王家人经常会去庙里,跪在雕塑前背诵"黄经",以求神仙能够看到王家的德行,给王家带来好运。如果家里升官发财也会觉得是神仙显灵保佑,如果祈愿之后愿望实现,就会再去庙宇里还愿。家里积德行善,但是孩子品行不好的,一般都会直接上手打,民间流行一句谚语"棍棒出孝子",不打的孩子就不孝顺,孩子被打之后就听话。王家希望能把孩子教育好,以后让孩子积德行善。

三、家户习俗

(一)节庆习俗概况

王家在日常生活当中,需要庆祝的节日比较多,在一般情况下,多数节日家家户户都会庆祝。例如过大年、正月十五、二月二、三月三、五月五端午节、中秋节、腊八节等。

1.过春节

春节是王家每年最为重视的节日,春节是新一年的第一天,新年的前一天叫作除夕,在除夕的晚上,王家人会一起进行庆祝。

庆祝春节从小年就可以开始算起,小年是大年三十往前数七天。王家过日子一般按照旧历年来算。

过年最重要的是准备食物,王家一向比较重视的主食就是馒头,王家的馒头都是王家的妇女自己进行制作。蒸馒头首先要磨面,然后和面,等面发起来之后开始团成面团。在捏馒头形状的时候,就可以准备大锅烧水,这边捏完馒头,锅里的水就能烧开,蒸锅上灶就可以直接开始蒸馒头。过年蒸的馒头十分有讲究,蒸的馒头数量和形状上都有讲究,数量上必须要蒸得够多,足够过年这段时间吃的,也寓意这新的一年只吃余粮就可以度过生活,来年的日子会过得富足;形状上必须足够圆,象征王家一家团团圆圆和和美美,如果形状歪七扭八就会被家长王学奎批评。除了用面蒸馒头之外,也蒸一些其他的干粮,一般也会有黄面糕、米面糕、窝窝。

大扫除也是准备过年时必不可少的环节,在腊月二十三的那一天就开始全家的大扫除。王家的大扫除有一个特点,就是先打扫屋子里面,再打扫屋子外面。腊月二十三大扫除也是有象征的寓意,家里的尘土被打扫干净,污秽的东西和看不见的那些不干净的东西都被赶到了屋外,屋子里就十分干净。打扫完屋内,污秽的东西被扫到了屋外,这个时候就必须要在一天之内把脏东西都清理到房子的外面,王家的院子、牲口棚、厕所都要进行打扫,一方面是平时人来人往比较容易积累灰尘,过年需要打扫干净。另一方面,屋外清理干净,也是为请家神做准备,如果院子很脏很乱,请来家神也是对家神的不敬。

腊月二十三当天除了要大扫除,在南北王村也要进行"辞灶"。所谓的辞灶就是送灶王爷上天,报吉祥,从这一天开始就算是开始过年的准备期,家里有出门在外的人在这几天会都陆续回到家里,等着在家里过年。

春联是大年三十来贴,但是并不是所有人家都会贴,有的人家家里没有识字的人,春联自己没法写,就只能请识字的先生帮忙来写。一般乡里乡亲相互认识,只需要提供笔、墨,让先生来写,可以给先生一些东西就当作报酬。也有的人家家里很穷,写不起春联,也就不贴春联。

除夕之夜最重要的可以说是水饺,在南北王村水饺又被叫作"包子",之所以还会被叫作包子主要是水饺里面有馅料,外面的皮包裹着馅料,就相当于皮把馅料包了起来,吃包子也寓意王家能够包的住财气与财运,是一种吉利的说法。南北王村盛产白菜,家家户户都是白菜馅的水饺,一般过年时候的包水饺选用的皮是由颜色比较白的面来制作,象征着白白净净。在包水饺的时候,还会在其中几个水饺当中包一枚铜钱,谁能吃到这个水饺,就说明来年的财运会十分的兴旺。在煮水饺的时候也有讲究,必须保证水饺不能煮破一个,一旦破了一个就相当于一个饺子所代表的财气跑到别处去,寓意不好,所以王家的妇女在煮水饺的时候也是万分小心,生怕有一个水饺破掉。在吃水饺的时候,王家讲究"原汤化原食",王家的孩子吃完水饺,吃饱之后,王学奎就会要求他们再喝一碗饺子汤,目的就是为了让饺子被充分消化,饺子的福气也就被小孩子完全继承。水饺一般在除夕之夜和大年初一的早上都会吃,分别象征着过去的一年非常圆满和新的一年充满幸福。

过年的时候王家二十口人一起过年,没有外人来王家过年。过年的时候也会祭祖坟,在大年三十的时候会"请家亲"。请家亲就是请已经过世的老人回家过年,请家亲的时候,会找上几根干草,搭成一个三角架的形状摆在供台上。等快到天黑的时候端着铁盘子和香炉,王家的成员就跪在前面磕头,磕完三个头之后,就算是把家亲都请到了自己家里。在磕完头之后,王家会找一根棍子挡在大门口,这个棍子被叫作"拦门棍",拦门棍是用来阻挡妖魔鬼怪进入王家,保护王家能够安稳的过年。在王家,只有男孩才能参与请家神,女性不可以参与跪拜。请家神的桌子多半是方桌子,一般是长条状的供台。请完家亲之后,还有一个讲究,那就是在五更天的时候,家里不能够随便说话,因为家亲已经请来,万神下界,多嘴说话会打扰到家亲。大年三十请来家亲之后,三天之内不能动,给家亲烧的香不能断火、贡品也不能少。王家过年吃完团年饭后,由王家的妇女来收拾桌子,王家的男性不能够帮忙,一旦帮忙就说明新的一年,男劳力就在桌筷上折腾了,会被说没出息。

"旧历年来,又长一岁,家家户户去拜年",过春节的时候王家一般走两类亲戚,一类是老亲戚,一类是新亲戚。新亲戚,一般就是近几年刚刚结成夫妻的两户人家,新姑爷会到老丈人家认亲拜年。已经分家的兄弟之间关系好了也会拜年,一般都是小辈以看望叔叔、大爷的名义进行,由侄子去给叔叔或者大爷拜年,年纪大了之后,两兄弟不会亲自上门拜年。王家也会走舅舅家的亲戚,一般都是外甥长大了之后去舅舅家,舅舅也会询问自家的姐姐、妹妹的情况。拜年先拜哪一家没有严格的顺序,都是谁家离自家距离比较近,就可以先去他们家里拜年。通常都是顺着路拜年,拜完一圈,需要拜年的亲戚也能拜完。拜年的时间上也有讲究,朋友、邻居一般都是在正月初一这一天拜完,姑爷去老丈人家拜年是初四和初六这种双日子去拜年。拜年看亲戚的时候也会带一些东西,比如馍馍、挂面、杀好的鸡、鱼,会根据和王家的关系远近来准备东西,和王家来往多的亲戚会多送一些,来往少的会相应少一些。特别需要注意的是,新女婿第一年上门拜年见老丈人的时候,准备的礼物不能太少,否则会被笑话。

王家没有专门给村长、乡长拜过年,如果过年能够在街上遇到村长,就会趁机说两句吉祥话,直接去村长家拜年的情况较少。王家的族长一般是年纪比较大的长辈,王氏家族的小辈就要去拜年。在南北王村,两户之间关系不好的一般就不会拜年,不过有时候拜年也成为一种调节关系的方式,小辈能去家里拜年,也就说明家里的长辈希望两家和好,说明对自己很重视,即使有恩怨也会解除。

南北王村在过年时候不会全村集体庆贺,只有在中国共产党进入南北王村之后,村子里才开始有了团拜。王家的族人有一起聚会的情况,一般王家的族人会趁着某一个小辈结婚的时候,大家见见面聊一聊,说说各家的情况,也算是一种王家聚会的形式。

2.正月十五

对于王家而言,过完正月十五,就算是年已经结束。在南北王村,正月十五又叫作"元宵节""上元节",家家户户张灯结彩,观赏灯火。在过年的时候,王家会请家亲,供奉家亲,等大年初三之后,将家亲送回。到了正月十五的时候,王家不会再请家亲回家,而是王家的人去往祖先的坟地上点灯照明,目的就是为了告知先辈子孙后代都很好,家庭团圆,请先辈放心,也会祈求先辈保佑后代子孙儿女,平安健康。王家除了在先祖的坟地上点灯,在正月十五那一天,王家的宅子里都需要点蜡烛,王家的每一间住人的屋子里都必须要点灯,必须保证每个房间都是亮的。点灯的时间一般要在太阳下山之前,在天色没有完全黑的时候就需要抓紧时间点灯,否则家长王学奎就会生气。王家每个人居住的房间里都需要点两根蜡烛在门口,牲口棚、厕所这些地方只需要点一根蜡烛。在大门口需要点两根大一些的蜡烛,分开左右两边。点蜡烛一般是家里的男性负责,王家的孩子喜欢点灯,大人会陪在旁边指导着让孩子来点灯。

正月十五除了点灯之外,还会吃元宵,元宵的形状是圆形,寓意着一家人团团圆圆,元宵的馅料一般是糖、枣,都是甜的,也象征对于生活甜蜜的追求。元宵是家里的妇女自己制作,一般在正月十五之前的几天就会开始准备。元宵一般只有家庭条件较好的才能吃得上,在南北王村的其他家庭条件较差的农户一般吃不上元宵,一般都会吃面条和水饺来代替。煮水饺和元宵的时候要在一锅煮出来,饺子和面条混在一锅,叫作"龙拿珠",叫作"领灯饺子领灯面",村民把"饺子"比作元宝,面条比作"银条",体现了王家祈求平安富裕的心理。村中有家中十分困难的,连饺子都吃不上,就只会煮面来吃。

3.二月二、三月三

"二月二龙抬头",相传,二月二是皇帝出生的日子,在季节上也正好是春季来临,万物复苏的时间。从这一天起,打雷就开始多了起来,正是祈求雨水,保佑五谷丰登的日子。王家的孩子在这一天一般会理发,为了"抬头",正月已经过完,要有新的开始、新的气象。在日出之前,王家会用草木灰在自家的院子里、房子里、场院各处围圆圈,叫作"打囤"。"打囤"的意思也是祈求家里的生活更好,在场院"打囤"是祈求家里的柴火、粮草丰沛,生活富足;在场内、屋子内"打囤"是为了祈求家里的钱粮丰富,日子过得红火。二月二,吃豆子。南北王村各家各户都会吃豆子,王家吃的豆都是自家种的,放点盐用油炸一下就可以直接吃。

在南北王村,三月三是赶庙会的日子,家家户户都会去到庙会里热闹,庙会里东西很多,有唱戏、杂耍,也卖各种各样东西,王家的孩子特别喜欢赶庙会,因为平时王家管教得比较严,很少有机会可以出来玩耍,孩子们会抓住这个机会四处看看,但是孩子必须要在父母身边,不能走远。王家的妇女也可以出门赶庙会,但是不能随便与他人搭话,更不能自己跑到别处去逛风景和买东西。

4.清明节

清明节,在南北王村又叫作"上坟节""烧纸节",属于比较重要的节日,于王家而言也是祭奠去世老人的节日。在清明节这一天,王家会到祖宗的坟前烧纸、添土,祭奠去世的老人,王学奎也会趁机教导后代,让他们不要忘记先代,没有先代就没有他们的今天,强化孩子对于王家的认识。

5.端午节

端午节,又叫作"五月五",王家人对于端午节的认识是端午节为了纪念屈原而设立,屈原为了国家投江而死,为了纪念他的高贵品格,王家世世代代过端午节的习俗也就一直流传下来。在端午节当天,王家会折一个桃枝插在门上用来辟邪,端午节王家会吃粽子和鸡蛋。粽子也是王家的妇女自己制作的,鸡蛋也会一煮一大锅,分给每一个王家成员来吃。

6.八月十五

八月十五最重要的就是吃月饼,王家由于人比较多,做的月饼也会较多,一般都是家里的妇女来做月饼。做月饼有专门的模子,把月饼包好之后塞到模子里,然后一敲,月饼就会成型。模子一般都会有花纹,由于八月十五左右正是牡丹花开的季节,牡丹花纹的月饼较多,而牡丹花纹的月饼象征着富贵,吃了带牡丹花纹的月饼能给王家带来富贵。月饼上还会刻有文字,一般是"福""和",象征着家和万事兴、团结,日子才会过得更好。王家的小孩子喜欢吃甜食,月饼做出来之后孩子们就想吃,王家也会满足孩子们的要求,可以让孩子们先吃,但是王家有一个要求就是月饼必须整个吃完,不能吃一半留一半。因为月饼是圆的,也就象征着王家的团圆,月饼整个吃完就象征王家一家人团圆在了一起,如果吃了一半或者没有吃完,就会显得不吉利,所以王家不仅是小孩子包括家里的大人、老人都不能把吃到一半的月饼放下不吃。如果一个人吃不了一整个月饼,王家可以几个人分着吃,但是必须保证都吃完。

7.十月初一

十月初一,又叫作"鬼节",也是祭拜先祖的重要日子。十月一,天气逐渐转凉,家里过世的老人在阴间也开始受冻,王家在十月一的时候会到坟地烧纸、上香,烧一些纸钱给阴间的前辈送去,让他们能够有钱买衣服御寒,也是让他们能有钱给小鬼,让小鬼不要在阴间纠缠着自家的前辈老人。在这一天,王家也会检查自家的烟囱、火炉,试着烧一下火,看看能不能正常的烧火取暖。

8.腊八节

腊八节,是王家喝腊八粥的日子。所谓的腊八粥,就是由多种原料组成的粥,不止包括米,还有红豆、黄豆、枣、花生等,不一定是八种原料,能放的都可以放上。王家由于家里的条件还比较好,能够放的腊八粥的原料比较多。在南北王村,有些人家家里比较穷,除了米也就只能放一些黄豆、花生,也可以直接煮了喝,不一定非要凑齐八种原料才可以。因为腊八粥包含的原料多,也就寓意着丰收。王家不仅家里的人要喝粥,喝粥剩下的碗底也会给家里的牲畜吃一些,说是吃了之后能够长得好,鸡吃了下的蛋会越多越大,猪吃了之后长肉膘长得快。

(二)红白喜事

1.娶媳妇

王家娶媳妇没有特殊的风俗,王家选择娶媳妇进门的日子时,会先找人查日子,根据男女双方的生辰时间、属相来定,不仅要选择一个黄道吉日,而且娶进门的时辰也要选好。出嫁当天,媳妇会在娘家出发,娘家需要在规定好的时辰之内送到男方家里去。送媳妇的时候有一个讲究,那就是媳妇在进男方家门之前脚不能着地,所以一般女方条件好的会抬着轿子到男方家,条件一般的娘家会推着车子把媳妇给送来。

娶媳妇当天会有很多客人来见证,一般都是王家的老人写请帖,请王家的亲戚来沾沾喜气,也表明王家又添了新媳妇。一般来参加婚礼的都是被发到请帖的,没有被发到请帖的不会来。闺女临出嫁前在娘家,闺女即将成为新媳妇,母亲和闺女感情好的会掉眼泪。母亲哭的原因是舍不得女儿,害怕女儿出嫁之后到婆家受苦。新媳妇哭是因为自己将要嫁给一个陌生的男人,心里没底。自己嫁到男方家后,不知道婆婆会不会折腾自己。出嫁前娘俩抱头哭并不会被别人笑话,反而是一种人之常情,在南北王村的习俗中也被接受。

新媳妇刚嫁到王家之后,前三天被称为"坐炕",这三天不允许干任何的活儿,只需要在炕上待着。但是三天之后,媳妇就要开始参与到新家庭的生活中去,做饭、洗衣服、做衣服就要开始上手,否则会被婆婆嫌弃。

2.丧事

葬礼的仪式方面,家里比较富裕的会专门请抬棺材的人,还会请道士作法。王家虽然人口多,但是不讲排场,一般都是街坊四邻帮忙抬棺材、搭帐子。家里的成员非正常死亡一般会找阴亲,如果是女孩去世,找阴亲也不一定是岁数相当的,因为女的不能够进祖家的墓地,必须找个去世的男人,埋到别人家的墓地里。王家的男性成员如果在自己老人去世之前去世,也不能直接埋葬到王家的坟地之中,一般会先囚到一边,等老人去世之后一起下葬。

(三)家户习俗单元

过年的时候如果是独身一人,一般会找自己的兄弟、关系近的亲戚凑到一起过年,没有亲戚的只能是自己过年,只要能吃饱,即使人少,也有过年的感觉。分了家还在一个院子里居住的话,各家已经独立成为了小家庭,小家庭内部自己过年,一般不会凑到一起过年。嫁出去的闺女一般不允许回娘家过年,无论是女方的娘家还是婆家,都会被人看不起。王家的亲戚之间过年的时候没有出现轮流请客吃饭的情况,一般都是拜拜年。

(四)节庆仪式,家长支配

元宵节,也算是一个小年,家里会吃元宵,在村里有踩高跷、划旱船的。二月二,打囤,在还没出太阳的时候就要开始,有粮食囤、钱囤,最后还要画一个圈,表示这些钱和粮食都被圈起来,今年会是一个好年月,粮食和钱都够用。三月三是逛庙会,很热闹。清明节一般是上坟,祭拜祖先。端午节会吃鸡蛋和粽子。家中的仪式都是由家长来负责安排,其他成员服从家长的安排,不按照家长的要求来做,家长会生气。

四、家户信仰

(一)宗教信仰概况

南北王村各家各户都信神,王家也信神,王炳臣在小的时候就跟着家里的大人在庙里跪黄经。庙里的道士嘴里念着黄经,在下面的人必须要跪着,跪的时候不能耍小聪明,不能用脚垫着,必须要跪得很直。南北王村有一个大庙,当日本人马上就要进入到南北王村,村民都十分害怕,去庙里拜。跪拜的时候,会在自己跪的地方划一圈,叫作"弗",跪拜完之后,出了这个圈,只要在嘴里默念"弗",自己只要藏在一个地方不动,日本人就看不到自己,自己就是安全的。

王家的小孩从小时候就被老人带去磕头跪拜,求平安,有时候去庙里放几枚铜钱。在泰安县城附近有信耶稣的农户,但是没有传播到南北王村这个地界。在南北王村,基本每家每户都信神,村里文化程度比较高的人,虽然平时不去庙里祭拜,但是自己遇上了事情之后,还是会跑到庙里祈求平安。村里的人对庙里的神十分恭敬,小孩拿手指指一下神,家长都不愿意。

(二)家长信佛

家长王学奎从小就被父母带领着一起信神,孩子也不敢不信,天只要一打雷,家里的老人就会说老天打雷在劈不孝顺的人,吓唬孩子,让孩子听话。南北王村大多数都是信佛教、道教、孔夫子教,这三个宗教也没有严格的区分,王家都会去拜。个别的村里有自己信的教,也会有一个教头,有自己的教义,在他们自己的村子里信的比较多,南北王村没有信的人。在寺庙里会有一个领头人,一般是和尚和道士。在南北王村,最大的庙叫作"三教宝殿",是佛教、道教、孔夫子教三教合一的一个庙宇,信佛教、道教的需要跪拜,一般信孔夫子教的不用跪拜,只需要读孔夫子写的东西就可以,就相当于祭拜了孔夫子。

(三)家庭成员信佛

王家的家长王学奎信教,王学奎信教也是小的时候受家里老人的影响。王学奎也会领着王家的孩子去庙里磕头跪拜,王家的孩子从小就接触了宗教。在南北王村,一般家中的家长信什么教,全家人都会跟着一起信某种教,不会出现一个家庭信多种教的情况。在南北王村,宗教的数量比较多,但是融合得也比较多,村里的道教、佛教、儒教基本也不太区分。信教的农户都会去自己信的那个庙里进行祭拜,哪一个神仙显灵,农户跪拜的就会多。王家自家信教,从来不牵扯其他人家,不会说服别的人家信教,也没有其他人家来王家传教,王家没有出现过关于信教问题的冲突。

(四)家神信仰及祭祀

王家供奉着财神,财神就摆放在一个香台之上,香台一般都在院子里,在香台上都会摆上贡品、点上香,就相当于供养着老天爷爷。王家的家里人结婚的时候,就在香台的前面拜堂成亲,拜堂讲究"一拜天地",所谓的"天"就指的这里的老天爷爷。王家还供养着灶王爷,灶王爷是在厨房里,一般王家在腊月二十三会送走灶王爷,"上天回好事,回宫降吉祥",打发灶王爷回天庭,让灶王爷在天庭上多说好事,让吉祥降临到王家。

在王家,祭拜各个神的时间不一样,请财神一般是要在五更,天刚刚要发亮的时候烧香。王家的香台上供奉的有老天爷爷、灶王爷,王家的男女都可以祭拜磕头。祭拜财神,一般是家里的当家人带头,家里年轻力壮的男人跟在后面进行祭拜,请财神的时候不能够乱说话,防止财神生气离开。家里供奉家神是为了让家神保佑家庭能够更好,祭祀家神都是祈求家神能够赐予一个好年月。

(五)祖先信仰及祭祀

对于自己祖先的来历,不是王家的所有家庭成员都十分了解。对于王家而言,祖先意味着续家谱的时候,可以区分自己是那一支,能够知道自己是从哪一位祖先传承下来。对于王家来说,家亲就是祖先,不具体指是哪一个人,王家的每一个家庭成员都必须要尊重。家长王学奎所住的房子是北屋,一般来说北边的屋子为上,会作为堂屋来使用。在堂屋里,王家安排了一个大桌子,专门用来供奉家神,家神灵位的摆放也是有一定的顺序,不能够随意乱摆放,必须要讲究风水。

在王家,老人去世了之后就会立一个牌子,牌子的上面会写某某某,哪一年出生,儿子是谁,是第几代王氏成员。王氏家族没有家庙,但是南北王村里其他大姓人家有人修建家庙。一般而言,家庙只凭一户人家修建不起来,有钱人家的家庙一般是四合院。家庙都是同姓族人凑钱建造,家里有钱的可以多出,但是不会让族人强行摊派。王家没有祠堂,南北王村里的农户都没有建立祠堂。王家的祖坟位于村子的东南边,是一个不太起眼的小坟,当年王家祖先搬到南北王村的时候,就是在那个地方落脚,所以王家就选择这个地方作为坟地的位置。

王家尚未分家的时候家里有家谱,但不是每个王姓人家的家里都有,大家庭的兄弟分家之后,一个家户里只有一个人有家谱。在王家的家谱之中,只有儿子才能上谱,家里的女儿不能上谱。往家谱上写名字的时候不能自己写,一般是需要拿一些粮食钱请人写,往家谱上写的人越多,需要拿的粮食就越多。王氏家族会统一续家谱,王姓人家不能自己随便写上自己孩子的名字,即使自己偷偷写上,也不会被承认。一般而言,王家的祖家在续谱的时候会告知村里的王姓的人家,王姓人家如果有需要续谱的就拿着粮食去续谱。王家的祖家收了粮食之后就会帮忙续谱,不会出现只拿了粮食和钱不给写名字的事情发生。等家谱陆续地添加了新的王氏成员之后,家谱就算是更新了一个版本,王氏的各家各户自家想要拿到家谱,就需要"请谱"。"请谱"简单来说就是花钱买一份家谱,因为祖家人管理家谱也不能免费管理,请谱的费用一般就抵作管理费用。

（六）庙宇信仰及祭祀

在南北王村，寺庙有很多，其中关爷庙最多，而且规模最大的一个庙也是关爷庙。关爷庙在南北王村也叫作"财神庙"，家家户户都会拜财神。南北王村的寺庙，祭拜的时间没有限制，无论什么时候都可以前去祭拜，庙里的和尚为了化缘也会欢迎人们来祭拜。庙里还有一种专门的人叫"舍首"，进到庙里还需要另外花钱，花钱之后，就可以在庙里摆酒、吃饭。摆酒的时候不一定只有家长、男性才可以去，女性、小孩都可以去。一般情况下，孩子生病后，短时间治疗不好的，父母有的都会先去庙里拜一拜，祈求孩子的病抓紧好起来。拜庙的时候庙里有庙会，"舍首"领人进去祭拜，这个祭拜和一般的祭拜不同，需要交一定的钱才可以进去，而这个钱只有一个底线，没有上限，想投多少钱都可以。

五、家户娱乐

（一）结交朋友

民间社会流行交朋友，"拜把子"的现象很常见。拜把兄弟也有不同的说法，相应的仪式也都不一样，有的是需要烧香来"拜把"。王家当中没有出现拜把兄弟的情况，但是王家在外有一些相识的朋友。王家的妇女没有出去交朋友的可能，因为平时没有家长的允许，家里的女性不允许出门，即使出门办事，也是要快去快回，时间一长家长就会过问。王家的小孩子在外面玩耍，会有一些玩伴，都是周围的邻居，也算不上朋友，就是在一起玩，回家也不需要告知父母。王家和朋友之间会相互帮助，一般都是脾气性格比较投机的才会成为朋友，王家交的朋友都是品行不错的农户，也都是本本分分的庄稼人。

（二）打牌

王家有打牌的情况，一般都是打着玩，不赌钱。后来打牌慢慢地就开始讨点"彩"钱，也是一点小钱，增加打牌的娱乐性，村里也有打牌演化成赌博的情况。王家的老奶奶喜欢打牌，但是王家的男人都不打牌，因为家长王学奎不打牌，孩子们也不敢打牌。南北王村里，一般上了岁数妇女会聚到一起打牌，青壮劳力很少打牌，因为地里的农活比较多，也没有时间打牌。一般而言，男劳力白天干活很累，晚上回去就没有娱乐活动，直接休息，但是有牌瘾比较大的，晚上不休息去打牌，有的人打牌上瘾之后甚至一整天不吃饭，还曾经出现过饿出病的情况。打牌赌博一般是有钱的就可以打，不分男女老少，有的一晚上就会输掉很多土地，最后导致出现家破人亡的情况，但是王家没有出现过这种情况。

（三）串门聊天

王家的大人一般情况下不会串门，有需要外人帮忙的情况下，王学奎会去别人家说明情况，也不会多做停留。王家只有男人能够随意串门，王家不太喜欢家里的小辈出去串门，王学奎在这方面管教得比较严格，所以王家的小孩子没有特殊情况下，不能随意出去串门。王家在冬天进入了冬休期，到了一年中比较闲暇的时间，这个时期王家串门的情况会变多。一般来王家串门的人，如果客人的辈分比较大，家里的大人就会倒茶水，来的客人辈分小的，就找王家辈分小的孩子来倒水。妇女一般不让随便出门聊天，只有妯娌们几个在过年的时候聊天，因为过年了地里的活儿也没有多少，做饭、针线活也没有那么着急，有了比较空闲的时间可以聊聊天，聊天的内容不固定，什么都可以聊，妯娌们聊天的时候不会和家里男人一起，一般都会在厨房里,聊的时候也不能声音很大,一旦笑声、说话声太大,家长王学奎就会训斥妇女,会说"吵吵闹闹的不像话"。

(四)逛庙会

南北王村有庙会,庙会时间不是固定的,但是三月三那一天,是专门赶庙会的日子,在一年当中也是最为隆重的一天。进庙会是需要花钱的,王家的钱都掌握在当家人王学奎的手中,没有当家人的钱就无法进入庙会。一旦花钱进入庙后,交了几个人的钱就"登账",在庙里可以到处闲逛、游玩,只要是登过账的,到了一定的时间就可以在庙会里面坐席吃饭。一般庙会都是"舍首"领着进去,按照人头数交钱,交了钱就可以进入,进去之后是按名字坐席。庙会里也有马戏团、拉洋片、卖汽水的商贩和杂耍供大家娱乐。王家的女性当中,年龄大的可以直接出门逛庙会,年纪小一些的女性,一般是家里年纪大的领着才可以出门,自己不能随意出去。

(五)其他娱乐活动

王家的孩子们也有独特的娱乐活动,因为王家养了两只狗,王家的王炳臣和王炳常撵兔子玩儿。王炳臣上一二年级,冬天早上上学的时候,三人会拿着一个小火炉上学,冷的时候暖暖手和脚。王家养的狗当中,有一只黑狗,是一只小母狗,王炳臣和王炳常给小狗喂完饭之后,才会去上学。王家的邻居家也有一只狗,是一只大母狗,因为家里养的比较上心,没有饿过肚子,长得比较精壮,跑得很快。秋后,邻居家的狗一天抓过三只兔子。在北山岭上屯头那个地方有户人家,家里专门养了一只细狗,追兔子特别快,当看到王炳臣带的小母狗很小,还笑话说"你还撵兔子,你不看看你那只小狗,上哪儿撵上兔子去",由于年纪小,再加上屯头这个农户牵了好几条狗,王炳臣也不敢顶嘴。草里蹿出一只兔子,两只狗撵着兔子就跑了出去,屯头农户家的细狗跑得快,一直到追到白家沟,大约有十五里地开外,到最后,王炳臣家的狗狗叼着兔子回到北山岭,王炳臣就拿着兔子回家,带回家杀掉之后就可以吃兔肉。

南北王村在过年、过节的时候,一般在正月十五、三月三的都有舞龙、舞狮的杂耍上演,非常热闹,每家每户都会去看。王家的成员如果需要出门参加娱乐活动,需要告知家长王学奎,在家长同意之后才能去。在南北王村有村民在一起练拳,可以强身健体。由村里的一个农户领头打拳,他在外地练过两年拳,后来回到村里,农户家里的小孩子觉得好玩,农户有时间也跟着他耍两下,也算是一种娱乐的方式。

第五章　家户治理制度

家长是王家家户得以正常运转的核心，王家较为独立，不依靠他人维持生计。家长对于家中事务事事关心，务求全面，照顾到家中的每一个人，家外代表王家发声，维护王家利益。

一、家长当家

（一）家长的选择

王家的家长不是由王家人选举产生，而是通过对年龄、能力等各方面进行综合考虑后，谁适合管理整个家、谁有能力管好整个家，就让谁来担任王家的家长。家长，也就是负责安排整个家户当中大小事情的人，在家中，王家的成员不会直接称呼"家长"两个字，一般只有家长的妻子会叫家长为"当家的"，其他人还是根据身份来正常称呼家长，例如孩子还是会正常称呼家长为"父亲"而不是称呼"家长"。

在南北王村，多数人家当中为男性当家，极少数农户家中是女性当家。一般来说，农户家里由女性当家也是出于无奈，可能是家中的男劳力能力不够或者家中没有男人，女性才接受掌管家庭的事务。家长，作为管理整个家庭的重要人物，地位在家中是最高的，家庭成员都会尊敬家长，因为尊重家长就是尊重整个家。如果家庭成员当中，有人对家长不满，当家人不能够服众，家长也没办法继续当家，会重新选一个更有能力、威信的人来掌管整个家庭。农户的家庭中，选择谁成为家长是每个农户自家的家事，每个家庭都以安安稳稳过日子为目标，自家的事家长会操心处理，不需要请示别人，更不需要告知四邻、族长、保甲长。

（二）家长的权力

1.权力天赋

家长的权力不是家庭成员给的，家长掌管家中一切事务的权力是老天赋予的。在南北王村，家长在家中说一不二是一种社会风气，如果家里小孩不听话，家长可以直接打、骂，直到听话为止。有句谚语叫作"父打子不休"，这也体现了家长为了管教自己家庭成员，可以采用比较极端的手段管理。家长管理的范围涉及家庭当中的每一件事情，家里发生的任何事情，家长都拥有话语权。家庭中一旦遇到大事，例如买卖房屋、婚丧嫁娶的时候，家长也会与涉及的家庭成员商量，不会擅自决定事情。

2.家人管钱管账

王家的收入主要来自农业种植，王家主要指望六十亩地的收益。王家的财产属于王家人共同所用，当家人拥有管理全家财产的权利。家庭成员外出挣钱，所有的收入必须交回家中，由家长统一进行分配。在外挣钱之后，不能私自留下私房钱，否则家长王学奎就会大发雷霆。家中贵重物品的存放都是家长安排，粮食是放在粮仓里，房契、地契都放在王学奎房间的箱子里,家中值钱的物品都由王学奎保管。而王学奎将这些东西具体保存在哪些地方,也不会让家中的其他人知道。

王家从来没有给小家庭分配过零花钱,但是小家庭内部也存在一部分自己的财产,例如,由女方嫁到王家后带来的陪嫁是由小家庭内部自己进行分配,王学奎不会过问。家里的大事,一旦涉及较多钱的时候,例如聘礼、彩礼、租地、卖地,王学奎也会结合家中的状况与家中的人商量,家中的妇女对相关的事情了解情况的,可以参与到家庭的讨论中,如果自己不了解,在旁边说一些没有参考价值的话,家长王学奎也会十分生气。

王家的粮食全都放到家中的粮仓里,由全家人一起食用。王家人在吃饭的时候都可以吃饱,没有出现过哪个家庭成员偷拿的情况,一旦发现家里的人偷拿粮食,王学奎会想办法找出到底是谁偷拿了东西,一旦发现偷拿粮食是要出去赌博,王学奎也会直接打、骂进行教训。王家每顿饭的饭菜,一般由李一氏、李二氏、赵氏妯娌三人进行安排,家长王学奎也可以指定饭菜的种类,如果需要杀猪吃肉,没有家长王学奎的统一安排,家中的妇女不敢直接杀猪取肉。王家一旦涉及相关契约的签署,都需要签署王学奎的名字,也会同时按手印,如果契约上家长不签字,契约就有可能是假造的,没有说服力。

3.穿衣、制衣由女性筹办

王家的衣服由小家庭单独安排,孟氏会负责分配家中的棉花,根据小家庭人员的多少来分配,小家庭成员多的也会相应多分配一些。如果当年家中做衣服的棉花没有用完,出现了剩余,也会留到来年继续做衣服,没有出现过将棉花卖掉的情况。家中的衣服都是妇女进行制作,一般都在孟氏的统一安排下,李一氏、李二氏、赵氏三位妯娌和家中的第三代妇女聚在一起进行纺织,但是各个小家做各自小家的衣服。一旦某个小家庭的衣服出现不够穿的情况,小家庭之间也会互相借着穿一下,但是最后衣服还是要还给相应的小家庭。

4.家长统一安排农业生产

王家的劳动、生产由家中的家长来安排,家长王学奎会根据农时,什么时节需要干什么农活,安排家里的劳动力干相应的农活,家庭成员也都听从王学奎的安排。家中的男性一般都是要下地干活,耕地、锄地、耪地、浇水等一些庄稼地里的活儿。一般而言,到了农忙的时候,女性也要放下手里的针线活去地里帮忙生产。妇女是小脚一般也干不了重活,家长会安排一些轻活。在农闲的时候,妇女也并不轻松,家庭内的家务活基本都是女性来完成,在家中收拾家务,做饭、洗衣服、纳鞋底、喂猪、喂羊。家中的老人,会根据身体状况来决定是否干活,老人身强力壮,照样可以下地干活。家里的小孩平时要上学,一般就不会安排干农活,晚上回到家后,家长也会安排孩子干力所能及的活儿。男孩子十八岁之后,就可以算一个整劳力,家长就会开始安排干地里的重活,女孩子成年之后就到了嫁人的年纪,嫁到了男方家后也会干家务活。

5.婚丧嫁娶由家长决定

王家在娶媳妇、嫁闺女方面都是孩子的亲生父母做主,其他的长辈也起到一定的参考作用。家长王学奎当家,家里娶媳妇、嫁闺女的事情一旦与孩子的亲生父母上发生了分歧,家中还是会按照家长王学奎的意思来办。但是王学奎也十分有分寸,摆明自己的态度之后就不会再强行坚持,王家也很少出现意见不一致的情况。孙子辈分的孩子结婚,婚书上会写父母的名字,爷爷作为家中的家长,也会在婚书上面写名字。

在南北王村的民间社会，并没有离婚这个说法，都是男方直接休妻。一般来说，夫妻二人一直争吵，一直不和，无法在一起生活的话，夫妻二人就会选择分开。两人分开过日子，也需要过问家长的意见，家长看着两个人的日子实在过不到一起，也会同意二人分开。如果家长对媳妇不满意，要求孩子和妻子离婚，孩子即使不想离婚，也没有办法，只能和妻子离婚。

6.家长是对外发言人

王家对外的关系当中，王学奎可以对外代表整个家庭的观点，村中的相关事务、纳粮缴税都是王学奎出面代表家庭。王家需要借贷的时候，一般都是以家庭的名义借贷，但是王学奎不会瞒着家里人，借多少钱、借了谁的钱会告知家里人。如果家中有人要出去打工，必须要与王学奎商量，在外面挣的钱也要交回到家中。丈夫外出，媳妇想念自己的丈夫，想要出去找自己的丈夫，也要告知家长王学奎。

7.家长无能，重选家长

家长的能力比较差，不能够支撑起整个家庭，就不能继续当家，会重新找一个能力强的人来当家。如果家长赌博成性、吸食鸦片，并且一直戒除不掉的话，就没办法继续当家，继续当家会把整个家搞坏，把家产全部败光。当家人一旦在外有欠债务，只要是合理的欠债，家庭成员就有义务进行偿还。家长如果瞒着家里人做了不该做的事情，被家庭成员知道后，家长的威信就会产生动摇，家长再安排家里人做事情，家里人也不会服气。家长有时会出现偏爱小儿子的情况，家庭当中的成员会感觉不公平，但大多数也只是敢怒不敢言，如果偏爱得很过分，兄弟看不下去的也会早早地分家，各过各的日子。家长如果做了一些违背礼法的事情，妯娌们会嚼舌根，邻居也会看笑话，情况比较严重的话，祖家人就会来说道说道。

8.家长权力不会代理

王家没有出现过代理当家的情况，当家人去世之后，如果后辈全是女儿，一般当家人会提前过继一个儿子。如果没有过继，也不会请代理当家，会让女儿招一个养老女婿上门。一般不会出现家长只挂一个名头，具体的事务交给其他成员来干的情况，谁来掌管整个家庭，谁就是家里的家长。随着家长的年龄慢慢变大，在家长管家的过程中，就会有意识地培养孩子当中能力比较强的儿子，让他进入到家庭的管理当中，家长也会慢慢地把家中的事交给自己的孩子来处理。老人年龄大了之后，会让有能力的孩子当家，如果其他兄弟对当家的兄弟不服气，兄弟之间经常闹矛盾，家庭很难正常运转，一般就会分家，各个兄弟自己过自己的日子。

(三)家长的责任

1.家户至上

作为一个大家庭的家长，王学奎必须管理家中的事务，事无巨细，自己能够过问的就会过问，自己不太擅长的事务也会安排家里熟悉该事务的人去办。在家庭之中，大到买地、买房，小到吃喝拉撒，王学奎都要掌管。家里没有粮食后，王学奎就要想办法弄到粮食维持家里人的吃喝生计，如果不能维持，家里的人饿了肚子，其他农户也会笑话这个当家人不会管家。家庭维持基本的收支平衡也是家长首要考虑的问题，丰收的年份不能过于浪费，要节省粮食，防止第二年粮食歉收的情况发生。家长还要维持家庭的和谐，当家庭成员之间出现了矛盾，必须要及时进行调解，防止家庭的内部矛盾积累。王家的孩子如果在外面犯了错，家长也会根据孩子的情况向对方家庭表示歉意。

2.家长带头

好的家长能够以身作则，带头孝顺父母，呵护儿女，维持整个家庭的运转，将家庭管理得井井有条。家长如果没有能力掌管家庭，无心操持家务，而是沉迷于赌博和美色当中，就无法继续担任家长。家长一旦上了年纪，慢慢地就没有心力管理整个家庭，一般会让自己的儿子当家，掌管家事。一个家庭主要管事的人只有一个，家长可以安排家庭成员负责一部分家事，但是最终家事的决定权归家长所有。

王家的家长王学奎起到了好的带头作用，一方面家里虽然有二十口人，但是一直和睦相处，没有闹出过大的矛盾。经济方面，王学奎一直打理桃行，为家里的经济提供支持；教育方面，王学奎有一些文化，在家里自己开私塾教孩子知识，让他们不断学习；孝顺老人方面，王学奎和兄弟王学文共同承担照顾父母的责任，没有不管自己的父母，反而是好好地孝敬他们，给后代起到了一个积极的示范作用；生活习惯方面，王学奎没有赌博、沉迷美色的陋习，甚至连酒都不喝，生活作风十分良好，王家的后辈也都跟随着王学奎的脚步，都有较好的生活作风，没有出现过让王家丢脸的情况。

（四）当家人的更替

当家人出现出远门、务工、经商长期不在家的情况，会找一个人来代理自己当家，剩下的成员谁比较有能力就会让谁当家，儿子年纪大了懂事之后，儿子就可以当家，如果妻子的年龄合适、经验比较丰富，也有妻子当家的情况。当家人生病或者因身体其他原因无法照料家庭，会先让家里的成员维持整个家庭。当家人过世后，一般就会分家，各小家庭会自己产生小家的当家人。

在一个大家庭里，当家人需要更换的时候，会找自己的儿子来作为接替的当家人。一般的当家人都是男性，家中没有儿子的会过继一个儿子，没办法过继儿子的会招一个上门女婿来管家。

如果家里的当家人有所更换，家里的地契、房契、钥匙等重要物品都需要交由新的当家人保管，而邻居对这个家的称呼不会发生任何改变，当家人该怎么称呼，还是按照辈分关系正常称呼，不会有变化。儿子当家后，不需要告知村里的人，但是村里的人也都会知道，因为南北王村村子不大，换当家人也算不上秘密的事情。老人在世的时候，土地分给儿子的就归儿子所有，老人一旦去世后，生前留下的土地由儿子们共同继承。

二、家长不当家

王家一直是王学奎当家，后来随着王学奎的年纪慢慢增大，脑力、心力、体力都开始力不从心，王家的大小事务也不会事无巨细地进行管理，一般就由王学奎的三个儿子王建龙、王建章、王建昆三兄弟共同商量，共同管理王家的各类大小事务。王建龙、王建昆、王建章三兄弟各自有擅长的领域，三个人各自负责一部分事务，比如王建龙、王建章对于种地比较有经验，家庭中的农业生产就归王建龙、王建章二兄弟来安排。王建昆的文化水平比较高，管账、写字的能力比较强，王学奎就把家里的账交给王建昆来管理。当遇到重要的家庭事务，比如需要买地、卖地、买房子等一些涉及金额较多的事务，三兄弟会商量进行解决，意见无法达成一致的会询问王学奎的意见。

后来王建龙、王建章、王建昆三兄弟分家之后，王学奎就和妻子孟氏一起生活，王学奎就只负责老两口的事情。三兄弟分家之后,各自掌管自家小家庭的事务,分家的时候,王建龙作为长兄已经有了第三代,王建章和王建昆的孩子已经结婚,都有了独自掌管自己家庭的能力。

三、家户决策

王家的家事都由家长王学奎说了算,家外的事情家长王学奎也会与家里的人商量,家庭内部的事情王学奎也会掌管。王建龙、王建章、王建昆三兄弟在家中的地位也很高,家长王学奎在遇到事情的时候也会与这三个儿子商量。大家庭的事务一般由家中的王学奎和三个儿子来决策,小家庭当中的事务,王学奎不会过多地干涉,都是小家庭内部自己协商解决,一般也是小家庭当中的男性来管事,妇女较少参与意见。

四、家户保护

(一)社会庇护

王家人在生产、生活中与他人发生冲突后,王学奎会出面代表王家进行协调,会维护自家人的脸面。王家的孩子与其他家的孩子发生矛盾,王家一般也会根据情况来处理,如果弄清楚是自家孩子犯的错误,不会帮忙隐瞒,会及时地向对方道歉,如果是对方的孩子犯错,王家也会找对方理论,要一个说法。王家的孩子只能由王家的家长管教,如果被其他家的人打骂或者教训后,王家也会出面维护自己的颜面。自家的孩子如果事情做得很过分,也会直接打骂,让孩子长长记性,如果不及时进行纠正,孩子尝到甜头就会学坏,别人家也会笑话王家的家庭教育不成功,教出来的孩子只会干坏事。如果王家人被欺负,家庭成员会为其讨回公道,一般当家人会出面交涉。"家丑不可外扬",王家没有发生过很大的丑闻,一般家里有什么事情也不会主动说出去,如果哪一家有了丑闻,村子里的农户早晚也会知道。

家是遮风挡雨的地方,也是王家人互相帮助的地方。王家的家庭成员在外面受了委屈,会回家诉说,孩子一般会找自己的母亲,遇到了困难,家里的人也会进行鼓励。出嫁的女儿如果在男方家受了气,如果很过分的话,王家也会去讨要一个说法。

(二)防备天灾

1943年大旱,王家当年的经济状况很差,由于平时的年岁都会节省一部分余粮,所以并没有影响到全家人的吃饭问题。虽然年岁干旱,但是王家的土地也能出产一小部分粮食,因为在土地周边有挖出来的水井。在干旱的时候,天不下雨,只能用井来浇水,只要在庄稼生长的关键时期浇上水,粮食就不至于绝产。王家在1943年歉收的年岁节衣缩食,在丰年的时候也很"会过日子",不会浪费粮食。王家发生灾害的时候,会到庙里祈求平安,也不管是拜的是哪一路神仙,只要是能够管用,王家人都会轮流拜一遍。灾害发生的时候,多是全村范围内共同发生,每家每户的情况都不会太好。南北王村没有很大的富户,也没出现村里的农户出面救济村里人的情况,最多就是亲戚之间互相借点粮食,不至于被饿死。王家在荒灾的时候,会听从家长的安排,一般都会省吃俭用,以吃饱为目的,不会追求很好的生活条件。在粮食紧缺的时候,一般会先让孩子吃饱,孩子为了孝敬老人也会让老人先吃,年轻人身体好,比较扛饿,一般最后再吃。

王家人没有逃过荒,但是南北王村有许多人家,在村里维持不下去,都自行迁往了青岛和东北。逃荒的时候，会先派一个人出去探探路，一般是家里的青壮年，如果能够找到适合地方再回来通知家里的人，然后全家就会一起搬到其他地方。王家的三爷爷就是逃荒到了东北，一家人都迁到了东北，三爷爷留下的房子后来就被王家拿来借住，正好也缓解王家住房紧张的问题。

（三）防备盗匪

南北王村出现过土匪，但土匪不是本村的人，都是从其他村子里来的人。土匪一般都是一伙人，有组织的，会有个领头人，成群结队出去抢东西。南北王村每一户家里都备有土枪，防备着土匪的侵袭，一旦发现有了土匪，农户一吹土号，周围的邻居都能听的到。在土匪抢劫之前没有预警，他们看见值钱的东西就抢，抢急了还会杀人。小偷、土匪被抓住之后，村里的人不能自行处理，要统一交到县里，由县里统一发落。如果村民自行处决了小偷、土匪，村民也要承担一定的责任。政府的管控比较严格，如果在一家的地头上发现了有饿死的人，就得花钱埋掉，虽然饿死的人和这块地的主人没有直接关系，但是也要把人安葬，否则被政府知道后就会惹上麻烦。

绑票的情况在王家没有发生过，但是在南北王村里发生过。在南北王村，绑票的劫匪被称为"老缺"，一般都是好几个人一起合作，偷偷把人给绑架走。绑完之后，会给他的家人发信，说要什么东西，只要是给了想要的东西，就可以把人放掉，拿不出来就会把人给杀掉。"老缺"会通知把东西送到一个地方，家里比较穷的人一般会自家的人去送，家里有钱的人，害怕自己去送赎金再被绑架走，就会托人给绑匪送赎金。

（四）防备战乱

在日本人进村之前，南北王村有红枪会，负责巡逻村里，保护村里的安全，大约在 1937 年、1938 年，南北王村遭遇了日本人进村。日本人进村了之后没有出现随意抢农户东西、烧农户房屋的情况，反而像是把村子当自己的领土"保护"起来。日本人来了之后，要收买人心，直接在大街上撒糖，小孩看见糖直接就捡起来吃，糖里也没有下毒，孩子吃了还挺高兴。日本人非常精明，来到南北王村后采取安稳的管理手段，但是村民还是很害怕。虽然日本人不亲自动手干"坏事"，但汉奸却经常胡作非为，乱抢乱占。一旦有汉奸进村，家里的老人和小孩是首先被保护的对象，一旦汉奸进户之后，要打人、杀人的话，农户都不敢反抗，汉奸拿什么东西就让他们拿走。

村里没有统一给各户发过枪，但是家家户户都有土枪，都是在铁匠铺子里打的，然后给铁匠钱。南北王村大部分农户的房子都是土墙，没办法加固房子，除非是用砖盖的房屋，否则房屋在保护方面没有太大区别，只要强行撞门都可以进户，没办法起到保护的作用。

（五）其他保护

王家在南北王村的条件属于中上，会有乞丐来家里乞讨。乞丐，也叫"要饭的"，南北王村乞丐特别多，一般王家也会给上门的乞丐一些东西，但是不会一次给很多，防止乞丐们知道王家给东西多，组团上门乞讨。王家一般会给"要饭的"一些萝卜、地瓜、窝窝头等可以直接吃的东西，不会直接给钱，给了东西之后一打发，"要饭的"就会离开。

家里的亲戚，关系好的农户来王家借钱，王家也不会直接拒绝，也会提供一些帮助，不能让亲戚犯难。但是如果是赌博输钱、抽大烟有瘾的亲戚上门寻求帮助，王家绝对不会借钱给他们。一旦借出去就不可能归还。王家没有主动帮助过村里的困难农户，家里实在困难，上门来找王家借点粮食吃,王家也会给点粮食,就当作行善事。

五、家规家法

(一)王家家规

王家没有成文的家规、家训,但是在日常生活中,有一些约定俗成的规矩,王家的孩子在小的时候就会了解相应的规矩。如果王家的孩子不按规矩来办,家长就会教导孩子。王家会教育孩子不要在外生事,遇到一些事情不要"冒头",在外面不能乱说话,出门在外要有礼貌,看到长辈和老人要主动打招呼。王家有一些默认的家规,也是王学奎小时候学到的规矩,到了王学奎这一辈也一直延续下来,默认的家规王家的每一个人都要遵守,不遵守的话,会受到一定的惩罚。

(二)媳妇做饭,男人上桌

平时做饭是王家妇女来负责,由于王家人口较多,一个人做饭肯定忙不过来,主要是李一氏、李二氏、赵氏三个妯娌一起相互协助做饭。锅灶上的活儿是妇女轮流来干,摊煎饼、烧火、掌锅等这些活,不是固定的某一个人一直干,三个人会同时来做饭,也能节约时间。王家每顿饭、菜的种类,一般都是妇女们在一块商量后决定,虽然食物种类没有那么齐全,但是每天会变换着花样来吃。王家不需要从外面买菜,王家自家的地里就种着各种的时令蔬菜,需要的时候直接采摘后就可以吃。

王家人口较多,家里没有可以容纳二十人的大桌子,所以王家二十口人没办法一起吃饭。王炳臣、王炳玉、王炳常三个叔伯兄弟算是孩子中比较大的,就在院子里的水磨上吃饭,即使是冬天,天寒地冻也要在院子里吃饭,因为室内装不下这么多人。王家的小桌子只能容纳五个人吃饭,一般是家长王学奎和王建龙、王建章、王建昆几个男劳力在桌子上吃饭。王家对剩饭没有特别的要求,不是说盛到碗里的一定要吃掉,如果剩下的饭吃不了,能够放到下一顿吃的就可以留到下一顿再吃,不能留到下一顿吃的话,一般都会拿去喂猪、喂牲口。王家对于吃饭的量没有要求,做饭也不是严格定量来做,小孩想吃第二碗就自己去盛,家长和男劳力的第二碗饭一般都是家里的妇女来盛。

家里有老人、病人、怀孕期、坐月子的人一般会做一些有营养的东西,比如鸡蛋、小米粥、面条。王家农忙和农闲的时候吃的饭不一样,一般麦收和秋收的时候地里的农活最累,中午的这一顿饭会做得丰盛一些,用以补充体力。麦季的时候夜短昼长,在天黑的时候就要拔完麦子,天还没有亮,麦子有拔的,有割的,等到太阳出来之后,经过太阳光的照射,谷粒就开始脱落,就要趁太阳没出之前开始割下麦子,太阳出来之后把麦子拉回家就可以,回家后再吃饭。王家一天吃三顿饭,早上刚起床的时候先不吃饭,等到太阳升起之后吃早晨饭,到了中午太阳很高的时候就吃中午饭,晚上饭是到傍晚再吃。王家的老人一般到了晚上就不再吃饭,因为岁数大了再加上不经常活动,吃了晚饭会不舒服。王家做饭是一起做出二十个人的饭,下地干活的劳力吃的饭和不下地的人吃的饭都一样。在家里吃饭的时候,老人不会自己盛饭,一般是儿媳来盛饭,孩子年龄大一点的就自己盛饭。盛饭都是先给长辈、年纪大的人盛饭,王学奎先动筷子,然后王建龙、王建章、王建昆才动筷子,其他人再动筷子吃。成年人在屋里吃饭,小孩在外面,因为屋里的面积有限,装不下这么多人。妇女们不和男劳力在一起吃,会在做饭的屋子里直接吃。王家如果来了客人,来的是男客人的话,王家的妇女不能上桌,如果是家里的亲戚或者来的是小辈,王家的妇女当中,长辈、年龄大一些的也可以上桌,其他的年轻、小辈妇女一般没有上桌吃饭的资格。

农忙时节,王家的男劳力在地里干活,由于比较忙碌,再加上住的地方和干活的地方离得比较远,所以到了饭点的时候,送饭的情况经常发生。王家送饭一般是家里临时安排人选,会安排一个妇女去送饭,如果饭比较多,一个人拿不了,就会安排一个劳力用扁担挑着送到地里,劳力就直接在地里吃饭,吃完饭之后,碗筷再收到家里来洗。

王家曾经雇过短工,短工也不一定是自己村里的,也有外村里的,一般要给短工管饭。一般都是把饭送到地里,为了节约时间,短工直接在田间地头就把饭给解决掉,很少再回到家里吃饭。

(三)客人坐上座

王家有一个八仙桌,八仙桌的座位有很多讲究。八仙桌一般是根据屋门的方向来确定上下座,坐下之后脸冲着门的位置属于正座,正座的左边是上座,右边是下座。家中的爷爷、奶奶一般会坐在上座之上,小辈不能够随便的坐在太师椅上。家中的爷爷、奶奶去世之后,家里的父亲、伯父们可以做太师椅。

王家来客人之后,会请客人坐在太师椅上。在家庭宴请的时候,座位有主次之分,冲着门的为上座,左右两侧次之,背对门的为下座。如果有两位客人,会按照客人的地位、辈分来安排,地位、辈分高的安排在左侧,稍低一些在右侧。如果只有一个客人,会让客人坐在左侧,主人坐在右侧。在桌子左右侧落座的,紧靠客人坐的两人为陪客。落座之前,一般由客人先行落座,主人再落座,之后是陪客和其他人落座。重要的客人会安排在上座之上,王学奎会坐在右侧来陪同,王建龙、王建昆、王建章三兄弟也会根据情况上座伺候客人。

一般按照辈分来安排座次,即使年龄不大,只要辈分大的就会优先坐在上座。客人中按照奶奶的娘家、母亲的娘家、姐妹的婆家、自己儿女亲家的顺序安排上座,也是只按照辈分不按照年龄。当客人主要是街坊邻居时,一般按照年龄大小来安排,如果能论上辈分,会优先按照辈分来安排座次。如果是地位很高的客人,即使辈分较低也会安排在上座。

当宴请的人员比较复杂时,辈分高、地位较高的优先安排上座,女方的亲戚优于男方的亲戚,长辈的亲戚优于小辈的亲戚。如果做客的成员之间论不上亲戚关系,就会按照年龄大小来进行座次。

(四)各类活动需要请示

生产活动中,王学奎的农业生产经验比较丰富,一般由王学奎进行管理。王建龙、王建章、王建昆三兄弟是家中的主要男劳动力,经常下地干活,对于农业生产的掌握也较好,一般到了该干什么农活的时候,家里的男劳力也会商量来干。家庭生活中,一些常规的事务,都会按照惯例来进行,一般不需要请示。如果有需要花费的地方,必须请示家长王学奎,在家长同意之后才能够进行,王家的钱主要是王学奎来掌管,记账一般是王建昆来管理。外事交往过程中,家庭成员必须请示,不能不知会一声就直接出门,否则回来之后王学奎就会大声地训斥。王家请示的形式一般根据事件的大小来决定,一些小事,着急办的可以先行办,但是事后需要告知家长王学奎。但是家中的大事例如买地、买房的等必须要告知家长王学奎,王学奎也会征求家里人的意见,也不会自己随便决定。在一般情况下,合情合理的要求,只要请示过家长王学奎,王学奎一般不会阻拦。一旦请示王学奎,得到不被允许的要求后,家庭成员也不能违抗家长王学奎的命令。家中老当家人过世之后，一般会选择新的当家人，新当家人掌管家务，有拿不准的情况下也会向长辈请教。

（五）陪好客人，不能失礼

王家在雇工之后没有特殊的仪式，约定好之后就可以直接拿着农具去地里干活。一般上工的劳力到了中午的时间喜欢喝点小酒，由于干活比较累，喝点酒就算是休息一下。王家也不会准备很多的酒，如果喝得太多，下午就没法继续干活。

在南北王村，宴请的时候讲究碟子，一般情况下四个碟子最为讲究。开席和散席也没有一定的规定，酒喝足、饭吃饱之后就可以离席。在一些很讲究场合下，自己吃完后也不能直接离开，要等最后一个人酒足饭饱之后，所有人一起离开。主人必须坚持到最后，如果主人吃完先行离开，会被客人笑话。一般是家长亲自陪客，陪客要主动地端茶倒水、倒酒、夹菜给客人吃，小孩一般不会让他们陪客。有的富贵人家，办白事、大丧局会宴请很多桌，规矩会更加得多。

（六）进出居室，注意男女

王家的房屋中间，东侧有一个小草屋是厨房，面积比较小，西边是牲口棚，其他的房间都是王家的家庭成员居住的房屋。王家的家庭成员睡觉时，没有特殊的规矩，小辈不需要向长辈请安问好，晚上休息也没有顺序，困了就可以去睡觉，早一会儿晚一会儿没有特殊规定，如果很晚了还不睡，被王学奎知道了也会被批评。王家人起床时间一般比较早，但是在过麦的时节要更早地起床，一般王家人只要有一个醒了之后，就会互相提醒，抓紧时间起床。因为麦季地里的活儿都很紧急，要抓紧时间来干。在南北王村，建房子的都讲究风水，"家里有病人，不得不信神"，一般会请风水先生来给看一些风水，决定房屋的具体安排，先生给看风水不是免费的，也需要给钱。王家没有修建过新的房子，一旦家里的小辈结婚需要新房子的话，王学奎就会相应的安排，会想办法腾出一间房子，把媳妇娶到腾出的新房子里。王家房屋固定分给某个小家庭之后就不会再变动，因为搬来搬去会比较麻烦，所以王家没有出现轮流住的情况。王家的房间每个人都可以随便进入，刚娶进门的媳妇讲究给公婆端盆子洗脸，儿媳可以进公公婆婆的房间。儿媳妇能进小叔子门，但是大哥不能进兄弟媳妇的门，如果需要拿东西的话只能递出来，不能直接进去拿。家里商量事情的时候不会在院子和小屋里，一般在王学奎居住的北屋商量正事。

（七）妇女包办制衣洗衣

王家的衣服都是妇女自己制作的，小孩的衣服由母亲来制作，没出嫁的姐姐也可以给弟弟做衣服。结婚后，丈夫的衣服由妻子来做，老人的衣服儿媳和婆婆都可以做。洗衣服的时候也是每个小家庭的妇女自己负责，家中长辈的衣服会商量着轮流洗。洗衣服的水是井水，也会用皂角、肥皂、盐、柴灰来去灰，还有专门的洗衣棒子。去灰的皂角基本都是在外面买的，柴灰自己家就有。王家洗衣服有一个专门的大盆，每个小家庭都有自己的盆子，一般是出嫁的时候女方带到男方家里。洗完衣服之后，涮衣服的水可以直接倒在地上。晾衣服的时候就在自家院子里，院子都有两条绳子叫作"晾条"，专门用来晾衣服。

（八）家规延续

王家的家规家法都是从上一代延续下来，虽然基本的内涵没有变化，但是很多细节上的东西会发生变化。家长在日常生活中都会按照家里的规矩来办，以身作则，家里的人有不合规矩的话,老人会大声地训斥。处罚成员也没有特殊的规定,家里的孩子犯了错误家长会说两句,犯了大错家长也会直接打骂孩子。

(九)族规族法

王家属于王氏家族,但是王氏家族内部没有族规族法。平时王氏家族成员都是自己过自己家的日子,自家有自家的规矩。只有在某个王氏族人家里发生重大事情的时候,家族里的老人会才出面主持一下,例如,兄弟分家、续家谱、过继等一些事务,但是仅仅是起到公证的作用,不能直接插手事务,更不会左右事情的发展。

王氏家族也重视家族的颜面,在南北王村,王姓算是一个大姓,王姓的人口在南北王村也占到较大的比例,一旦王姓人家里出现一些不好的事情,王家的老人也不会坐以待毙,任由丑事不断发展。如果有哪个王姓人家不孝顺父母,经常打骂妻儿,家族的老人看不过去的话,也会几个人一起到这个王姓人家里去"教育"一下。虽然王氏家族的老人在血缘上和这个王姓人氏没有直接的关系,但是王氏老人同样可以直接训斥,而其他人也不会觉得是王氏的老人多管闲事。一旦有一个王姓的人作风在村中不好,村里的人也会觉得是整个王氏家族作风不好。

六、奖励惩罚

王家没有明确的奖励和惩罚的机制,王家人的表达一直很含蓄,王家成员如果表现的比较好,也不会有具体的物质奖励,最多是家长王学奎在吃饭的时候给他夹两筷子菜。如果王家的小孩打架、偷了别人东西,一般王家会拿两个鸡蛋到这家去赔礼道歉,防止孩子之间的矛盾演化为两个家庭之间的矛盾。如果孩子没有父母的话,家里的长辈,比如爷爷、奶奶、叔伯都可以去道歉,避免矛盾一直存在导致误会加深。

孩子犯了错误,家长也会打骂孩子,孩子即使不服气也不敢发作,民间社会流行"教养无孝子,棍棒出孝长",打孩子成为一种教育孩子的主要方式。王家在教育中不会娇生惯养孩子,王家人认为,只有被打过的孩子长大了才会孝顺。王家的孩子都害怕被打,父母打孩子被认为是天经地义。王家一旦出现长辈打孩子的情况,算是王家自家的事情,周围的邻居看不过眼的会说两句,但不会介入过多。

七、家族公共事务

王姓宗族在南北王村并没有明显的组织架构,王姓从来不选举王家的家族长。当王姓的人家遇到大事,比如兄弟分家、王姓族人的冲突、家庭矛盾时,王家虽然没有族长,但是会请祖家的老人来主持相关事务,王家的人一家一户的家长也都会来到,帮助一起解决相关的问题。祖家人是"王家各家的家长,一般是有名望、有威望、有分析能力的王姓族人,老人更有发言权"。祖家人聚到一起,所有人针对相关的问题共同商量,提出一个解决的办法,当所有人将意见统一之后,一般事情就会按照讨论的结果来进行下一步处理。一般而言,祖家人不会主动参与到某一个王姓人家的家庭事务中,只有需要祖家人出面共同商量时才会参加。祖家人不是固定的一个人,严格来说是一个群体组成,不存在对于某一方的偏袒,对于相关事务的处理一般较为公正。王姓族人虽然没有形成宗族但是依旧存在"祖家人"来调节王氏族人间的矛盾,虽然祖家人并没有实际的权力,但是对于祖家人处理的事务,王家的族人都相当的认可。

王氏家族没有举办过公共活动,王氏家族筹钱的情况也很少出现。王氏族人一旦出现比较穷的农户,家族也没有直接援助的习惯,只有关系不错的亲戚朋友,会帮忙照顾一下,但都是出于个人的行为,与家族无关。

八、村庄公共事务

(一)参与主体

1.村务会议

村里开会的时候,王家一般不会主动地去凑热闹,如果涉及和自家有关系的事务,才会去参加看看情况。村里开会也要求每家每户必须到场,不去的农户就被视为不参加意见,但是只要村里决定了一项事务后,也不会因为有农户没有到场而不去执行。一般都是农户家的家长前去开会,家长如果无法到场,也会委托家里的人去。王家在村庄的事务中从来不发表意见,村里通过的事项王家也都接受,从来不反对。

2.修桥、修路、修庙、打井

村里修路、修桥是好事,村里的人也都会支持。村里不会强制让农户交钱,但是修桥、修路对村里的家家户户都有益,农户家里日子过得好的会多出一些钱,家里条件不好的会少交一些,村里没有出现让家里已经穷得揭不开锅的农户强制交钱的情况。修路、修桥不是一个农户可以完成,都是村里的一家一户的劳力凑到一起完成,劳力之间分工配合,有的推小车,有的挖土,有的垒石头。妇女一般不会参加到修桥、修路的活动当中,如果丈夫中午不回家吃饭,妇女会把饭送到修路、修桥干活的地方。

对于村里的每一口井,修建的情况不完全一样,有的是几户联合修的,也有自家修的。一般自家修井的也要找其他人来帮忙,只要修井的时候帮过忙的农户,到时候都会让他们用井。

3.开展集体活动

村里有集体的娱乐活动,踩高跷、摇花船,还有一个专门唱戏的人,唱的是赵匡胤时期的一段戏,在村里唱戏的性质和卖艺差不多,听戏的人有钱的会投点儿钱,没有钱也可以给点儿粮食,不给钱也可以看,集体活动就是图一个乐子。一般都是在冬天农闲的时间唱戏,唱歌当个乐子,唱戏也能挣点儿零花钱。

4.治理灾害、维护治安

村里在抗旱的时候,一般会祈雨,尤其是在 1943 年,天气极为干旱。祈雨的时候,村里会派几个劳力轮流抬着关二爷的雕像,用轿子抬着,不能让雕像着地。劳力们会围着村里转一圈,每一家的土地都要经过,一天要转好几十里地,即使天气再热也不能带草帽子,否则就不再灵验。村里有一个"红枪会"的组织,负责村里的治安、保卫南北王村的安全。村庄到了晚上会安排人打更,防备土匪进村,也会给打更的人一些费用。王家在干旱的时候自己修过井,也和别人一起打过井,修井的时候农户们都很团结,因为庄稼生长必须要浇水,挖了井大家都受益,所以周围地块的农户都会派人手来一块修井。

(二)筹资、筹劳

修路、修桥、修庙时,村里是以家庭为单位筹资,一般会直接告知各家的家长,但不会强制每一户出钱，家庭富裕的就可以多拿钱出来，家庭贫困的就可以少拿钱出来，家里穷得揭不开锅的也不会强制收。村里需要出劳力的时候，基本是一家一户出一个劳力。村里的公共事物一般没有人主动承担，都是各家管好各家的事情。

九、国家事务

(一)纳税

纳税的时候是以家户为单位，每家每户的土地在县里都有登记，农户的地的位置，四周的地邻是谁、地的面积大小都记录在册，记录得十分详细，县里根据登记的土地亩数来确定需要缴纳的税或者粮食。大家庭分家后，兄弟们分家过日子，土地也需要分开，需要到县里变更土地的情况，兄弟分家后每个兄弟单独算一户，都要单独缴税。在农忙时节地里的活儿比较多，没时间去纳税，一般会选择冬天去缴税，因为冬天没有农活，没有什么事情，就去县里完粮纳税。缴税是一年一缴，村里都有"包佬第"来家里催着村民上税。在王家，一般都是家长王学奎去缴税，如果王学奎不在家，也会委托家里的人去缴税，为了防止出现意外，一般会安排王建龙、王建章、王建昆三兄弟中的两个人一起去缴，防止一个人可能会出现一些差错。每年都必须要按时纳税，不能够拖延，王家也没有出现过拖延或者不交税的情况。如果农户家里太穷，付不起税，也会向亲戚邻居借钱，及时缴上税，一旦不缴税，得罪了县政府，后果要自己承担。

(二)征兵

韩复榘统治山东时，南北王村归国民党的县政府六区管辖，叫河村区。县里强制征兵，每家每户都要出人当兵。征兵的时候根据每家每户的土地多少来征兵，家里地多的就会被摊派到一个兵丁。在南北王村，征兵被认为是"受训"，因为去当兵不如在家里自由，必须要按照部队里的规矩来，一犯错误就会被批评，所以被征兵了也叫"受训"。只要农户家里被摊派到名额，家里就要出一个人当兵，也不管农户家里男孩多少。家里男孩多的，一般不会让自己的大儿子去当兵，会留大儿子在家照顾老人，多数会让小儿子去当兵。家里如果没有男孩能去当兵，就要花钱买一个兵，家里有钱的也可以雇一个兵去。

征兵的时候，王家的人一商量，就直接让王建昆去当兵了。后来日本人进攻山东，韩复榘听到消息，没怎么收拾，急忙就逃走了。后来日本人到了县里，进县政府大院的时候，天还没亮，王建昆起得早，听到了动静，一下从院子里翻了出去。由于墙很高，王建昆踩着小土坡就翻滚下来，所幸没有摔坏。县政府的人基本都跑光了，但是县长还没有起床，日本人进了院子抓住了县长，也没有杀掉县长，让他为日本人服务，后来日本人建立了新的县政府、区政府。后来王建昆又去到湖西"受训"，王建昆大约当了两年兵后又回到家中。再后来共产党来到南北王村，共产党有一个独立营，王建昆就在里面当了一个小班长。家里有人当兵，政府不会给家里什么补助，但是当兵的人吃饭、穿衣服就不用花自家的钱。家里的丈夫出去当兵，妻子在家也不会受到特殊的照顾，还是正常地在家里干家务。

韩复榘时期、后来的共产党都在南北王村征粮食，不是固定的每年征收一部分，一般都是按照他们的需要现吃现征，没有固定的征收日期。征粮食相当于白送，不会给钱，即使给了钱，农户也不敢收。在征粮的时候，是穿着制服的军人直接来到家里要，在态度上还比较和气，但是这些军人身上都带着枪，王家人也不敢反抗，来王家的那位军人也就带走二三斤粮食,没有拿太多。

国民党为了充实军队抓过壮丁,由于国民党是按人发钱,为了能够多拿钱,就会抓一部分人来当兵,然后长官把钱自己贪污掉。抓去的壮丁早上会围着山跑步,中午就回去吃饭,晚上再进行训练。

(三)摊派劳役

王家曾经被摊派过劳役,日本人来到南北王村后,需要在村里修据点、挖交通沟。由于日本人的人手不够,所以鬼子要求村里出人,摊派的人数按家里的土地进行计算。因为王家土地多,被摊派的名额也多,要出的人也多,王家的劳动力基本都要去修筑。王炳臣才八九岁,也被派去干活,日本人不管是不是小孩,强制要求参与。给日本人修据点、挖交通沟,没有工钱这一说,喝水、吃饭都要自己想办法解决,农户都是自己带着饭去,烧水都是干活的村民架一口锅自己烧。南北王村由于处于日本人的控制之下,经常会有各种不知所谓的税种,农户自己都不清楚自己需要缴哪些税,只知道来要钱的时候就要交钱。鬼子不会直接上门来要,一般都是派汉奸直接上门,汉奸也不会白忙活,让农户交的会比鬼子要求收的多一些,汉奸盘剥百姓,一旦哪一家不交钱的话就会到处打砸,农户看到不交就会被打砸,也就乖乖地交了钱。

(四)选举

南北王村的村长是选出来的,一般都是村里势力比较大的、有能力的人干村长。选村长的时候,需要全村的一家一户来开会,谁想当村长的,就可以站出来说一下,只要大家都同意之后,就相当于选出了村长,就可以直接当选上任。选村长的时候,也不是说村里的每一户人家必须来投票,家里不想掺和这些事情的也可以不参加,但是开会后选出的村长必须接受。村里选举需要投票的时候,都是当家人投票,代表这个家户。一般家里没有男性的话,家中的女性也不会去参与这种事务。在选举村长之前,王家也不会商量,王家一般都会随大流,其他人选谁就选谁,不主动冒头参与这些事务。

调查小记

当我拿到家户制度调查提纲的那一刻,我明白这势必是一次有挑战性的调查。奉行着宜早不宜迟的原则,从放假归家的那一刻,我便踏上了寻找老人的征程。我首先想到是曾经做过合作化口述史的十位老人,经过我的慢慢排查,发现这些老人严格来讲并不符合条件,家户调查是一项深度调查,对受访对象的条件要求非常苛刻,有三大要求:受访者的爷爷辈尚在人世、并且总的家户的人口不得低于八人、其中一代人要有兄弟。当我通过走访后,发现满足其中一项或者两项条件的老人还不算太少,但是同时满足的就很困难,老人的爷爷辈不是很早就已经过世,就是父辈没有兄弟。同时满足爷爷奶奶在世、家户人口八人以上、三代之间有一代有兄弟的老人真的十分少见,我突然意识到,这样的家户确实属于较为稀少,要是能找到可算是找到一个宝贝了。

当我发现寒假口述史中的十位老人或多或少因为一些原因不符合条件的时候, 我开启了广撒网模式,在公园里寻找晒太阳的老人。老人们开始看见我一个年轻人四处搭话,都很好奇,很多老人就和我聊了起来,但当我问到几个老人家小时候里家里几口人和家里的情况时,老人们有些说自己耳聋,脑子不灵光了,记不起来了。我发现我这么盲目地找老人问不会得到老人的信任,老人也不会配合我。于是我改变了策略,从周围认识的老人下手,通过一级一级的介绍来获得老人的信任。小卖部的大爷告诉我有一位九十二岁的村支书在附近居住,你可以去试试问一下,在小卖部大爷的带领下,我见到了这位村支书。村支书很健谈,当聊到以前任职村主任的时光时,老人滔滔不绝,一点也不像九十二岁的人,当我进行试访谈之后,发现这位老人虽然很健谈并且思路清晰,但是回答问题常常太宏观,问老人小时候家里的情况,老人总是说村里如何如何,在他的带领下村里如何如何,老人的思路与所要调查的内容无法协调,最终我放弃了这位老人。进入了短暂的迷茫期之后,我打听到有一位九十多岁的老人,身体健康、思路清晰,当我了解到这位老人小时候家里有二十口人的时候,我喜出望外,这个老人是非常合适的访谈对象。

在经历了对这位老人的访谈过后,我对这位老人的整个家户有了深刻的了解,也明白了所谓的"家户"是一个什么样概念。老人是块宝,老人见证了太多的历史,当我们一步一步接近老人的时候, 也是在一步一步的接近历史。口述历史对于我们来说可能只是一次调研任务,但是对于我们来说,我们也是在"抢救历史"的过程之中,因为老人们随时会离开,我感觉身上的担子更重了。

第六篇

聚人汇力：人多地少家庭的传承与治理

——鲁南田屯村戴氏家户调查

报告撰写：张　毅*

受访对象：戴印合

---

* 张毅(1993—　　),女,山东枣庄人,华中师范大学中国农村研究院 2016 级硕士研究生。

导　语

　　山东省枣庄市市中区田屯村的戴氏一家，在 1947 年以前是一个 21 口人共居的大家庭，全家三代人共同生活在一个九间房的院落之中。戴家是田屯村的老户，自第十二代人迁居至田屯村，到"印"字辈已经传承逾二百年，绵延十世人。在 1947 年以前，戴家的当家人是戴元礼，着重负责家户对外交往，内当家是戴王氏，协助戴元礼管理家庭内部事宜，夫妻二人一内一外，掌管着戴家的大小事务。在日本军队入侵峄县时，戴家除戴元礼留下看家外，其他家庭成员都跑到山里躲避了一段时间，待战局稳定后才返回田屯村。

　　戴家在田屯村属于中等收入水平，家中人口众多，祖传土地却仅有二十来亩，因此以租佃为生，租佃资本家土地三十多亩，用于维持全家生活。戴家全家以务农为生，第二代人中个别从事木匠和运输工作，作为副业赚钱补贴家用。在农业生产过程中，家长戴元礼具有主导地位，整体统筹家中的生产活动，掌握生产资料的支配权和处置权，其他家庭成员完全听从家长的安排。在生活资料方面，戴元礼和妻子分工管理，大件物品由家长决定，生活琐事内当家可以拥有一定的自主权。在家庭收入和劳动成果的消费和分配环节，戴家秉承"家户主导"的原则，以家户为主体实施分配和消费活动，极少存在个人性质的分配和消费行为。与此同时，戴家以家户为单元，以家长戴元礼为管理者，统筹全家所有家庭成员的婚丧嫁娶、教育就医等。戴元礼代表戴家对外交往，处理人情世故。除戴元礼的决定性作用外，戴元礼的妻子戴王氏和长子戴思祥可以在一定程度上起到家户管理的协助作用，其他家庭成员均居于服从地位。戴元礼的家长权威性保障戴家在乱世得以生存繁衍、开枝散叶，戴家的三代共居、家户管理模式直到 1947 年之后，由于戴元礼和戴王氏相继去世子女分家才结束。

第一章　家户的由来与特性

戴家得姓于西周时期,自鲁苏枣临地区始祖起,至今已经繁衍二十六世人。由于时局变荡,戴家自第十二代人迁居至田屯村,到"印"字辈已经传承逾二百年,绵延十世人。戴家在田屯村的最南边落户而居,戴元礼当家期间,戴家虽然经济水平一般,但是人丁兴旺,三代21人共同生活在一个九间房的院落中,由戴元礼统一安排戴家生活中的大事小情。戴家是地地道道的农民家庭,以种地为主要生活来源,因家庭人多地少,戴家还租种资本家的30多亩土地。作为田屯村的老户,戴家人宽容仁厚,温良谦逊,与村里人的关系非常融洽。

一、迁入田屯,绵延十代

(一)戴氏得姓西周

俗曰:"树有根,水有源。"鲁苏枣临地区戴氏,自得于子姓以来已有两千八百余年的史载。根据《戴氏宗谱》记载:"元祖皇帝轩辕,帝喾之脉系。戴氏得姓戴公名㧑,受封西周,是君主国宋国君,国都在商丘,在位三十四年(公元前779年至前766年),是戴氏的一世祖。戴㧑公博爱众生,仁德治国,谥号曰戴,遂其后裔以戴为姓氏。"戴氏由此逐渐开枝散叶,发展壮大。

(二)由商丘迁至峄县

据悉,戴家的先祖五公由河南商丘迁至峄县北[①]老鹤巷[②]定居,后又因世局变化,几经迁移辗转,终在峄县安居定业。

戴家的先祖五公有两个儿子,分别是长子君师公和次子君卿公,戴家尊重祖教,在峄县衍传继世。直至元治正十八年,由于朝纲暴政,欺压良善,戴家聚集义举,声发遣元,石刀相传。节至中秋,接到歼元杀鞑子兵变,拥明倒元。遂君师公与君卿公逐兵南迁,到达十里长亭,寿州繁衍。后因君师公思乡念祖,故令其长子祖公崇德重返山东峄地,德公迁徙至邳州黄池,运河之畔,名立戴庄。嘉靖年间,戴祖二公(名讳不详)押解皇贡行至台儿庄[③]时,皇贡被劫,戴家祖传称之为"台儿庄沉船"。二公由此难以往返,祖公意指峄北为安,二公就徙于峄地四岭之间,栖息生还,并立村名为戴庄。二公在峄地传承,坚守祖业,后将戴氏家业传于刚、行二子,长子戴尧天讳预刚,得田园八顷;次子戴尧化讳预行,得八顷之剩,兢经复承。至此戴家已

---

① 峄县北:元代属中书省益都路峄州,下领兰陵县;明代洪武二年(1369年)降州为县,洪武十八年(1385年)峄县改属兖州府,1962年撤县设区,属枣庄市管辖。参见《峄县志》。

② 老鹤巷:今枣庄市市中区孟庄镇境内东十华里处。

③ 台儿庄:山东兰岭郡,峄县南三十五公里。

传承至十二世,稳定立于峄县,在泥河焦岭村与田屯村分居耕种,自筑荣庭。①

(三)田屯定居繁衍

戴家至"印"字辈已经是戴氏家族的第二十二世,也是戴家在田屯村定居繁衍的第十代。戴元礼弟兄三人,只有戴元礼这一支坚守在田屯村,戴元礼的二弟戴元善、三弟戴元山后都由田屯村迁往焦岭山区居住。由于在1947年以前,仅是有资历的、当官的家户才建有祠堂,一般穷苦农民家里没钱建设,戴家因为经济条件较差,所以田屯村没有戴家的祠堂,戴家的历史渊源完全依靠口述及家谱修订进行传承。

二、家户基本情况

(一)二十一人同院共居

1947年之前②,戴家祖孙三代共21口人住在一个院子里,其中第一代"元"字辈是戴元礼与妻子戴王氏;第二代"思"字辈有戴思祥与妻子长汪村李氏,戴思田与妻子桃园村孙氏,戴思海与妻子李端兰,戴思忠与妻子西王庄村戴氏,戴元礼还有个次子少亡。戴元礼的次子在14岁被戴元山带去下泥河村种地,戴家在下泥河村有几亩地,那里还有个红基会。下泥河村的戴思正是红基会六营的营长,马子③打围子④就得打他,马子在经楼上打戴思正的时候,戴元山带着戴元礼的次子也住在经楼上。马子向下打枪没打响,哑壳了,往后一倒,戴元礼的次子在马子后面站着不幸被误伤。戴元礼还有两个姑娘⑤戴思花和戴思玲,两个姑娘在1930年左右出嫁。第三代"印"字辈有戴思祥家三男一女,长子戴印坤、长女戴印美、次子戴印合、三子戴印广;戴思田家一男三女,分别是长女戴印兰、次女戴印朵、三女戴印娥、长子戴印民;戴思海家一男一女,长女戴印华,长子戴印宽;戴思忠家长女戴印荣。1947年之前戴家的第三代都还年幼没有人结婚生子。

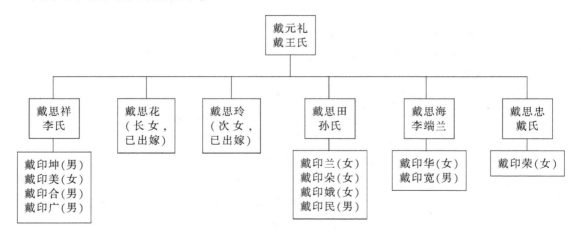

图6-1　1947年以前戴家的家户结构图

---

① 参阅《戴氏宗谱(鲁苏枣临地区)》,2013年版。

② 当地于1947年解放。

③ 马子:方言,即土匪一类的人,专门打击富裕人家。

④ 围子:方言,即老百姓住的地方。

⑤ 姑娘:当地对女儿的称法。

1947年之前，戴家人的身体都不错，除女性因为裹脚不能下地干活之外，男性都可以下地干活，劳动力丰富。戴家同居共灶的第一代是夫妻两人，第二代的四子两女都已成婚，两女在1930年左右出嫁，四子成家后仍共同生活。到1947年，戴家四子均已孕育出第三代，第三代中共有五男六女，戴家各个家庭的孩子都是自家亲生的，没有过继、抱养等情况。戴家的长孙戴印坤于1925年出生，第一个孙女于1927年出生，在戴家的第三代中排行老二，随后其他孩子相继出生，每个孩子之间大多相差2至3岁，戴思田的儿子年龄最小，1940年出生。此外，戴家因为家庭条件有限，家中没有管家、保姆、丫鬟等非亲属在一起居住，这些都是富裕的大户家庭才会有的。

表6-1　1947年戴家基本情况表

家庭基本情况	数据
家庭人口数	21
劳动力数	10
男性劳动力数	6
家庭际代数	3
家内夫妻数	5
老人数	2
儿童数	5
其他非亲属人员数	0

（二）身体强健以农为生

戴家只有戴元礼的小儿子戴思忠上过学，而且上的是私塾。因为戴思忠是戴家第二代中最小的孩子，所以才有机会上学。1947年以前家里的大孩子都得出力干活，年龄小的才有机会上学。读书这种事情通常都是由父母直接决定，而戴元礼是在询问过所有儿子的意见后，才只安排小儿子去上学。1947年以前上学的负担很重，一般家庭负担不起，各个小家庭都没有能力负担学费，所以戴家的第三代中没有人读过书。1947年之前的社会对老师很尊重，老师对学生及其家庭也很关照，有一次戴王氏的身体不好，戴思忠的老师知道后，还专程到戴家来探望。

戴家没有人有宗教信仰，戴家从祖上就没有信仰宗教的传统。1947年之前，戴家人身体都很好，不论是大人还是小孩身体都不错，戴家人普遍是大高个子，都能出力干活。戴元礼1874年出生，74岁去世，戴王氏在1953年去世，随后几个儿子便自行分家。1947年以前的田屯村没有任何社会组织，农民的生活除出力干活之外基本没有其他的事情。

表6-2　1947年以前的家庭成员信息表

成员序号	姓名	家庭身份	性别	年龄	婚姻状况	健康状况
1	戴元礼	家长（外当家）	男	73岁	已婚	中
2	戴王氏	妻子（内当家）	女	70岁	已婚	中
3	戴思祥	长子	男	50多岁	已婚	良
4	李氏	长媳	女	50多岁	已婚	良

成员序号	姓名	家庭身份	性别	年龄	婚姻状况	健康状况
5	戴思田	次子	男	40多岁	已婚	优
6	孙氏	次媳	女	40多岁	已婚	优
7	戴思海	三子	男	40多岁	已婚	优
8	李端兰	三媳	女	40多岁	已婚	优
9	戴思忠	四子	男	30多岁	已婚	优
10	戴氏	四媳	女	30多岁	已婚	优
11	戴印坤	长孙	男	22岁	未婚	优
12	戴印美	孙女	女	20岁	未婚	优
13	戴印合	孙子	男	16岁	未婚	优
14	戴印广	孙子	男	14岁	未婚	优
15	戴印兰	孙女	女	20岁	未婚	优
16	戴印朵	孙女	女	18岁	未婚	优
17	戴印娥	孙女	女	13岁	未婚	优
18	戴印民	孙子	男	7岁	未婚	优
19	戴印华	孙女	女	16岁	未婚	优
20	戴印宽	孙子	男	10多岁	未婚	优
21	戴印荣	孙女	女	10多岁	未婚	优

(三)九房一院居村南

1947年的田屯村没有公路,甚至连平整的小路也没有,整体就是大平原。戴家的院落在田屯村的最南边,戴家再往南是大片的庄稼地,庄稼地的南边有一个"远大公司",是由莱芜的李老爷和其他人一起合伙成立的专门行窑挖煤的地方。远大公司为首的窑主是峄县最大的资本家,1947年之后受到共产党的严格管制。1947年之前,建房均是以土地为依据,农民会把房屋尽量建在离自家土地近的地方,这样既可以方便耕种又能保护土地安全。

戴家北边的邻居是宋家,西边有杜家、陈家,几个联排的房子,彼此之间都有一道院墙隔开,这道墙是属于两家共有的。戴家院子西面有一条南北走向的小道,由于人走得多了而自然形成,方便戴家出门挑水、运输、种地等。田屯村人建房不讲究设置几排房,提前设计好胡同、道路等,房子都是没有规划随意建筑,不成排不成行,整体看起来弯弯曲曲并不规整。房子只要建在自家的土地上就无人干涉或是过问,买地盖房子不需要保甲长的同意,自己做主即可。戴家和村里邻居关系都不错,晚上常端着碗到一块儿吃饭。

1947年之前,戴家有九间房,在一个大院子里。院门朝东有门楼,只有大门有门楼,用来保护大门,避免下雨淋湿和太阳晒损。院中有六间堂屋坐落在院子最北边,坐北朝南,墙是土质的,是用泥和上柴草垒的土栽墙,屋顶是用麦秸、黄麦草搭的蓬。堂屋实则是六间,但是从外面看只有两个房门,因为是两个套间。堂屋东边的一个套间有三间房,由戴元礼和戴王氏共同居住,戴元礼和戴王氏住套间最中间的一间,最东头的一间用来堆放粮食、地契等家中的贵重物品,西边的一间原是两个姑娘的房间,姑娘出嫁后便用来堆放杂物。戴家没有专门的会客厅,房间都要用来住人,进屋便是床。戴家人口太多,即使这样住也很拥挤。戴思祥一家和戴思田一家人住堂屋西边的套间,这三间房由戴思祥家住两间,因为戴思祥是家中的长子而且家中人口多。戴思祥和妻子李氏住中间的一间,戴思祥的几个孩子住东边的一间,戴思田一家人住在最西边。

院子西边还有三间西屋,西屋不是套间,一间屋一个门,都朝向院子。西屋最南端的一间房是厨房,西屋最北边的一间住着戴思海一家人,戴思忠一家住在西屋的中间一间。院子东南角是一间小厕所,用石块、木板搭建而成,是很简陋的旱厕,可用来储存粪便,在当地粪便是珍贵的土地肥料。戴家饲养了两头牛和一头驴,在院子西南角建了一间牛屋,用来安置牲口。戴家收的粮食都在戴元礼的房间储存和保管。由于戴家人多房少,所以家中没有外人共同居住,只有自家人才可以住戴家的房子。院子最南边设有一个东西走向的排水沟,因为南边地势较低,排水方便。1947年以前的田屯村村民都是吃井水,但是农民家里都没有水井,田屯村只有一口水井,村民们平时用井绳到公共水井中提水,戴家离水井有四五百米的距离。

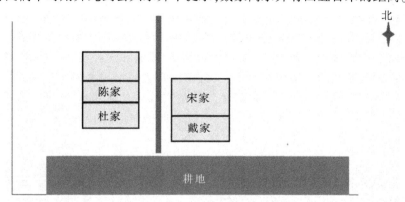

图 6-2　1947 年以前田屯村的局部结构

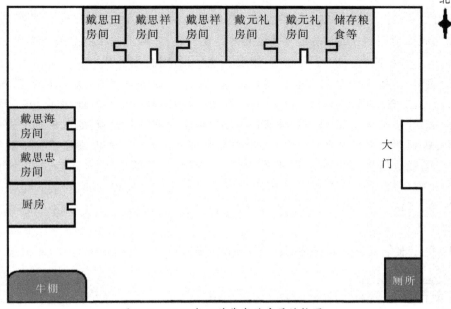

图 6-3　1947 年以前戴家的房屋结构图

(四)租佃营生副业有限

戴家直到 1953 年,戴元礼和戴王氏都去世后才分家。因为戴家比较贫穷,自己家只有 20 多亩耕地,大部分都是租种别人家的土地,只有将人口凑在一起才能保证充足的劳动力,节省生活成本,所以戴家一直没有分家。戴家自有的 20 多亩耕地都是从祖上传下来的,依靠曾祖父、祖父一代一代人的慢慢积攒。戴家因为人口多,仅指望 20 多亩土地不能满足生活,1947 年以前戴家还种了别人家 30 多亩土地,租种的都是枣庄做生意的资本家的土地,其中就有温学名家的土地,温家有个儿子叫温孝天,和戴印合同岁。戴家租种的土地不用交地租,只是和主家分粮食,例如,一亩地打 400 斤粮食,自己家只能留 200 斤,给主家 200 斤,和主家各分一半,凡是收的粮食都得和主家平分。但是可以作为柴火使用的像是秫秸、稻草等不用分给主家,可以自己家留下使用。

戴家在 1947 年之前有充足的劳动力,戴元礼和四个儿子以及长孙戴印坤都能干活,光男劳力就有 6 个,其他孩子年龄还小,尚不能干重活。戴家的孩子一般长到 13、14 岁就开始放牛、拾粪,帮家里干一些轻快的活儿,到 20 多岁的时候才开始下地干活。戴王氏和四个儿媳是戴家的女劳力,在当地女性不用下地干活,小的时候也不上学,就是待在家里做一些家务活。1947 年之前,戴家只是种地,主要以种地为生,没有正经搞过副业,只是冬天农闲的时候,戴思祥会跟着戴元礼的三弟出去做木工,戴思田和戴思海也会搞点运输贴补家用。当地人会将租种别人家土地的人称为"种地贩子",而戴家就是名副其实的"种地贩子"。戴元礼家有一犋[1]牲口,两头牛和一头驴,驴在农忙时可以耕地,不耕地的时候还可以用来推磨,牛就是和驴配成一犋来拉犁子、耙使用。戴家只有一个犁子和一个耙,没有其他大型的农具,还有一辆合头车。

1947 年以前,戴家的地里经常种的作物是高粱、麦子、豆子、谷子还有穄子,一般是先种高粱,收起高粱茬之后种麦子。戴家一共 50 余亩土地,一般能种 30 亩地的高粱和麦子,其他的地是春地[2],常用来种杂粮,压点芋头、花生,耩些谷子。庄稼的产量比较少,平均只能收 150、160 斤,最多也只能收 200 斤粮食,这还是好地的产量,戴家大部分都是孬地,产量更少。庄稼的收成全指望土地,好地和孬地的差异比较大,好地能收不到 200 斤粮食,孬地只能收 120 斤到 130 斤左右。1947 年之前,粮食不按斤论产量,而是按口袋计算。平均一亩地能打两口袋的粮食,口袋还有大口袋、小口袋及麻袋的差别,麻袋比口袋大,能多装 80 多斤粮食。到街上卖粮食时都是以升为单位计算,价格是每升多少钱,不按斤计量,一小升合 10 多斤左右,一大升差不多是 30 多斤。戴家收的粮食通常不卖,因为租种别人的地还要给主家分一半粮食,戴家本身人口又多,自家人的口粮都很难满足。戴家平时还会依靠喂鸡下蛋换些钱,这样得的钱也很少,一个鸡蛋只能卖二分钱。再有便是种菜园、种点姜之类的卖掉换钱,种姜时还是需要租别人家的土地,戴家常租种邻村小湾村的地来种园、种姜。戴家只种植四五分地的姜,种得不多。春地里收的杂粮有时候会卖一部分,卖点花生、绿豆,按升计算来卖,一升也就能卖几个制钱。

1947 年之前戴家的花销很少,除了买布做衣服,就是吃盐打油,并且很多时候油不需要

---

① 犋:牵引犁、耙等农具的畜力单位,在当地,一犋是三头牲口。

② 春地:指适合春天耕种的土地。

去外面买,多是用自己家种的豆子来自己做油。1947年以前,峄县不流行买衣服,都是买布回家自己缝衣服,布是按白布尺卖,两三毛钱一尺布。村里还有专门织布的作坊,织完布再染色。戴家在食物方面的开销也不大,戴家养了几头猪,逢年过节要吃肉时就会宰杀一头猪,连吃带卖花费不了多少钱,而且通常也只有在八月节、阴历年、五月端午等大型节日的时候戴家才会吃一回肉。戴家人一年都穿不上一件新衣裳,一件棉袄要穿很多年,补了又补,并且都是粗布的。戴家使用的主要燃料是柴火,柴火不用购买,冬天没事的时候戴家人就会到湖里^①去捡拾,打的高粱的秫秸都可以用。戴家离煤窑很近,但是从来没有买过煤,完全是指望用柴火来烧锅。戴家喂牲口的草料是用麦穰、豆秸、芋头秧子等混在一起自己拌制的,种地用的肥料也是自己家里打制的,肥料大部分要依靠拾粪,将牲口的粪便掺些泥草打起来,这便是上等的土家肥。1947年以前,当地交税是交粮银子,去峄县交给县官,有专门的局子来收纳。交粮银子常是戴元礼安排戴思祥和兄弟一起去交,需要交纳的税收不重,都是按照地亩来收税。

表6-3　1947年以前本户家计状况表

土地占有与经营情况		土地自有面积	20亩	租入土地面积	30亩
		土地耕作面积	50亩	租出土地面积	0
生产资料情况		大型农具	合头车、犁子、耙		
		牲畜情况	两头牛、一只驴		
雇工情况		雇工类型	长工	短工	其他( )
		雇工人数	0	0	无
收入	农作物收入				其他收入	
	农作物名称	耕作面积	产量	单价	收入金额(折算)	收入来源	收入金额
	小麦	35	200			木工	不详
	高粱	35	300			运输	1银元/次
	谷子	15	300			收入共计	
	地瓜	5				不详	
	花生	3					
	苞米	不详					
支出	食物消费	衣服鞋帽	燃料	肥料	租金		
	不详	不详	0	0	实物地租,五五分成		
	赋税	雇工支出	医疗	其他	支出共计		
	不详	0	不详	人情消费等	不详		
结余情况	结余____元		资金借贷	借入金额	0		
				借出金额	0		

(五)田屯老户声誉好

1947年之前,田屯村的人口很少,全村就几十户人家,主要有戴家、杜家、陈家、田家,其他的姓氏就不多了。戴家是田屯村的老户,不属于外迁来的户,在村里的声誉很好,和周围邻居的关系都不错。戴家没有人担任过乡长、保长、甲长等职务,历代都是老实本分的农民。1947年之前,村里保长、甲长在解放之后进行的土地改革运动中都被划归为地富反坏分子。

(六)内外分工的中等户

1947年之前,戴家有三代人居住在一起,戴元礼是戴家的外当家,其妻子戴王氏是内当

---

① 湖里:方言,指田地中。

家,再没有其他的当家人,也没有管家。戴元礼在世的时候一直是戴家的当家人,戴元礼去世后,戴王氏便成为戴家的当家人,而戴王氏去世之后,戴家的几兄弟就分家了。戴家在田屯村算是中等户,1947年以前的田屯村村民,主要以田姓和戴姓为主,田家是最早在田屯村居住的,其余都是外来户。1947年以前的大户、小户都是依照人口计算,人口多又富裕的算是大户,像后宅子梁家。戴家在村里不论是人口还是经济都算是一般水平,土地改革时期也是被划成中农成分。在日本军队侵略之后,田屯村开始实行保甲制,设有保长、甲长、街长。1937年的时候戴家"逃反日本",家里除了戴元礼留下看家,其他人都跑到村后面的山里,直到村里不打仗,生活环境安稳之后才回到家。从那时起,田屯村开始接受日本人的管理。

第二章　家户经济制度

戴家以土地耕种为生,只在冬季农闲时会经营副业补贴家用,由于人多地少,家庭的经济条件只能勉强维持温饱。为保证家庭成员的生活需要,戴家在自有土地20多亩的基础上,又租种了温学名家30余亩土地,每年收获时节与温家平分粮食。为保证家庭生活、生产资料的有效利用,充分发挥其生产价值,戴家人同居共食不进行财产分配,所有财物虽由全家人共同享有,但是由戴元礼统一进行支配,戴家所有物品的添置与变更均需经过戴元礼的同意,由戴元礼安排家庭消费。同时,戴家的对外交往活动大部分也是由戴元礼代表戴家进行,戴家成员都自觉听从戴元礼的安排,服从戴元礼的管理。

一、家户产权

(一)家户土地产权

1.土质一般靠天吃饭

1947年以前戴家共种植土地50余亩,家户自有的耕地只有20多亩,其中好地占少数,大部分都是孬地。戴家的土地分为四五块,都在家的周围,四下里①都有。租种资本家的土地也是好孬都有,租种者没有权利挑选,人家给什么样的土地都得同意。资本家出租的土地没有太好的,在村子的西南角,大多离戴家有二三里路,距离最近的不到一里路。戴家地头周围没有河沟,种地都是靠天,村里人种地不会专门浇水,全部依靠雨水灌溉。田屯村属于平原地,没有沟沟岭岭,地里容易长毛草,影响庄稼的生长。

2.土地来自继承与租佃

戴家自有的土地都是祖辈积攒下来的,最早的时候有近百亩地,家里有余粮的时候就换钱买地,吃不上粮时就卖地换钱给小孩喝粥,戴家一般都是在春天卖地。戴家的土地从戴元礼开始管理一直到入社,这整段时间都没有变动过。因为村庄处于大平原地区,没有什么可以开荒的地方,所以戴家也没有开过荒地。戴家除了自有的土地,还有很大一部分是戴家租种的资本家的土地,因为戴家人多地少,仅靠自家的土地没办法维持一家人的基本生活,而且戴家男丁兴旺有丰富的劳动力,所以经戴元礼的考虑决定,租种峄县资本家温学名的土地。由于资本家本身不种地,租种资本家的土地没有固定的租金,每次收了粮食之后和资本家平分便可,租种压力相对较小。戴家租种资本家的土地没有特别肥沃的,都是一般的土地,戴家作为土地租种者没有资格进行挑选,温学名安排什么样的土地就得种什么样的,否则就没有土地可以耕种,所以戴家对此并不敢有任何怨言。

---

① 四下里:方言,即四处的意思。

3.土地产权家户共有

戴家自有的土地,即祖辈传下来的土地属于一家人所有,戴元礼和戴王氏当家的时候,在外人看来,土地由戴元礼和戴王氏共同所有,戴家的其他人就只是干活、吃大锅饭。但实际上,戴家的土地是戴家每个人都享有一份,家里人对外宣称"这是俺家的地",只是土地实际的支配权是属于戴元礼的。1947年以前,戴家一直是戴元礼当家,家庭外面的事情听从戴元礼的吩咐,家庭内部的事情可以由戴王氏代替安排。在当地的传统中,只要长辈做出安排,小辈就没有敢吱声提出反对的。1947年以前,戴家没有养老地,土地都是在一起属于一大家子所有,没有分哪块地是谁专属的。直到戴元礼和戴王氏去世后,戴元礼的几个儿子分家,每家才拥有属于自己的一份地。在戴家,嫁进来的媳妇有地,刚出生的小孩也有一份地,但是嫁出去的姑娘不再有资格摊地。未出嫁的姑娘和戴元礼、戴王氏共享一部分土地,因为姑娘出嫁之前都是与戴元礼和戴王氏在一起生活,姑娘出嫁带不走土地,土地仍然归戴元礼和妻子戴王氏所有,他们去世后,土地再由几个儿子平分。分家之前,戴元礼负责支配土地,安排土地的使用,其他人就是听从安排,不会发表意见。分家之后,戴元礼的几个儿子分别成为自己家的当家人,对自家土地享有支配权,可以对自己家的土地做主,因为谁是当家人谁就拥有话语权。此外,戴家租种的那一部分土地对其只有使用权,没有所有权,不属于自家的土地,对外称为"这是种的别人的地",属于资本家所有。租地的时候是戴元礼出面去租,但戴元礼是代表全家人出面,租来的土地由全家人一起管理。

戴家普遍觉得土地属于一家人所有比较好,若是划归家庭个人,小孩子在年龄小的时候不会种地,还是得依靠父母种地、耪地,弄点儿给小孩吃。同时,家庭每个人的能力不同,一旦都可以有权利对自己所有土地的使用和售卖做主,那么每块地产生的收益必然会产生差异,易引发彼此间的矛盾冲突。当家庭不再仅是依靠情感来维系,还受到利益的牵绊和阻碍时,会直接影响家庭内部的团结与和睦。此外,一家人的土地由当家人统一支配,才能干成大事,因为由当家人做主,决策会更加及时有效,家里的其他人也都不敢反抗。当家人一般是家里最有能力、生活经验最为丰富的,可以根据经验较好地管理土地种植与使用,而一家人一起干活一起吃饭,相互帮助,共同开支,可以保持家里人的生活水平相当,避免产生矛盾,有利于家庭和睦。

4.边界明晰互不侵占

田屯村各家各户的土地之间都有明确的边界,有地耕儿、地边子、地埂岭子为界,不能乱占乱种,只能在自己家的土地里种植,越过边界别人家肯定不愿意,种地也要有秩序。地埂岭子就是在搭界的地方将土稍稍隆起,高于田地的一道分界线,就像一条狭窄的小路。地埂岭子不能种庄稼,只能用来走路,权属归地埂岭子两边土地的所有者共有。当地人种地时从不浇水,都是靠天吃饭,下雨的时候,地埂岭子能阻拦雨水实现蓄水的功能。每户的土地只有自己家里的成员才可以耕作,外人没有资格使用,各家各户的土地都划分得很清楚,不能互占互侵,自己家管好自己的土地就可以,别人家的管不了也管不着。当然,除非是土地买卖或者出租,这也是要和别人商议好的,外人经过允许才能耕种别人家的土地。自己家的土地儿孙可以继承,嫁出去的闺女没有资格分享,正如俗话所说"嫁出去的闺女泼出去的水"。外人更没有资格继承家庭的土地,侄子、外甥等亲戚也都没有资格,只有一起生活的一家人才可以,已经分家出去的不再摊地。

戴家除非是特别小还不懂事的小孩子，一般都能知道自家的土地在哪里，有多大面积，和自家土地挨着的是谁家的土地。别人家的土地一般只能搞清楚和自家相邻的几块地的归属，还有和自己家关系好的人家的土地在哪里。村里其他人的土地戴家人就不是特别了解，只知道那是别人家的土地，不能到别人家的地里去毁坏。戴家的家庭成员都知道土地是归全家共有的，不能接受别人侵占自家土地的行为，这是连小孩子都知道的道理。戴元礼的孙子戴印广有一次在外面玩，急匆匆地跑回家呼喊"有人在俺家的地里面不知道在干什么，都快去看看"。戴印合的爷爷会经常教育戴家的小孩子们不能去别人的地里玩耍，不能偷人家地里的东西，不能毁坏别人家的土地，等等。一旦弄毁了人家地里的东西，当家的必须得去给人家道歉才行，严重的还得给人家经济赔偿，一般家里面都会让妇女看管好自家的小孩，警告自家的孩子不能去地里乱跑。

戴家土地的经营权归戴元礼和戴王氏所有，分家之后才是几个儿子做主。分家之前戴家的土地里什么时候需要种什么庄稼，都是听戴元礼和戴王氏的安排。哪块地耩什么，哪块地种什么，还是多听戴元礼的吩咐，分家之前戴家农业生产的事情由戴元礼自己说了算。家里谁去种地、什么时间种地、每块地种什么，都是戴元礼根据当时家里的需求进行安排，戴元礼一开口，小的没有敢张嘴讨价还价的。戴元礼说干什么，家里弟兄几人都得去干，外人也无权干涉。除非是特别重大的事情，像是需要买卖土地的时候，戴元礼会召集家里人开个会稍微商量一下，一般的事情都是戴元礼自己做主，戴元礼自己不好把握的事还有戴王氏可以一起商议，不需要询问所有人的意见。戴元礼作出决定，家里人也不敢提出反驳意见，都是听戴元礼的安排，外人更是插不上嘴，外人没有资格管戴家的事情，嫁出去的姑娘也没有说话的权力。

5.家长实际支配土地

当家人是家庭所有土地的实际支配者，戴家的20多亩土地均由当家人戴元礼做主支配，戴家租种资本家的30多亩土地也是由戴元礼和妻子戴王氏商量决定的，没有征询家庭其他成员的意见。戴家以前土地的买卖变更，都是由之前戴家的当家人做主决定的，戴元礼当家期间没有进行过土地买卖。当家人一般不会长时间外出，有需要外出的事务当家人会安排儿子等其他家庭成员代替，所以家中事情一般由当家人亲自拍板。如果恰巧戴元礼有事外出，家里又有大事需要决定的时候，戴元礼的妻子戴王氏会顶替当家人做决断。如果事情超出戴王氏的能力范围，戴王氏会解释称"当家的不在家，等他回来再议"，留到戴元礼回到家后再做决断。戴元礼去世后，戴王氏成为戴家的当家人，此时遇到土地租佃、置换等对外事务时，由戴王氏在家中做出决定，其长子戴思祥代为对外交涉，因为外人对妇女当家并不认可。分家前，戴家四个儿子的小家庭没有私房地，土地全部归大家庭所有，由家长统一支配。

土地的买卖、租佃由当家人做主即可，夫妻两人或者整个家庭会进行商议，不需要告知家族、保甲长、街坊四邻等，家户内部的事情，只要不违背法理再大的官也无权过问，外人管不着也没有人愿意管别人家的闲事。戴家租种了30多亩土地，是因为戴家人口多土地少，劳动力富裕不能被充分利用，自家粮食的收成不能满足一家人的需求。因此，戴元礼决定租种一部分土地。戴元礼在某天的饭桌上提过一嘴想要租种别人土地的事情，家庭的其他成员没有人表达反对意见，就默认为大家都赞成。于是，戴元礼就安排几个儿子四处打听、留意一下哪里有人出租土地。后来,戴元礼的三弟告诉戴元礼挖煤的资本家有大量的土地,自己又不耕种,可能会对外出租。得知此消息后,在戴元礼三弟的邻居的介绍下,戴元礼代表戴家去同资本家温学名协商。戴家租种土地的面积、土地的好孬都是资本家温学名提出的,没有讨价还价的余地,因为田屯村还有很多没有土地的人指望租佃为生,只有租不到的土地,没有租不出的土地。租地只要和资本家商量好就可以,不需要保甲长的认证。在当地,租地都得是有关系、有认识的人引荐,才能顺利租到土地。租种别人的地就相当于给别人家干活,地里打完粮食要给人家送去,两家一家一半。在庄稼成熟之前,温学名会找个执笔先生先去地里估产,估产的时候,戴家或多或少都需要花费个"羊蛋钱",不提前把执笔先生打点好,他会把产量往高里估,戴家没有办法承受。只有给执笔先生一点儿钱,他才会照实估产,打的粮食也会按照实际的计算,打多少就是多少。打下来粮食,在戴家的场里晾晒除杂,此时,资本家也会派人在场里进行监督。粮食清理干净之后,戴元礼会分一半出来,亲自送到温学名家作为土地租金交给他,资本家是不会自己来取的。对于戴家租种的土地,戴家人从未提出过意见,因为有地才有粮食吃,戴家人都认为,能租到土地已经算是很难找到的好事情。

6.鲜有侵占土地行为

戴家的土地没有被别人恶意侵占过,只有一些村里人无意的行为,比如邻居家放羊的时候,羊群不小心吃了或者糟蹋了戴家地里的粮食等。这样的无心之举,戴家人一般都不会予以计较,如果造成的损失比较大,邻居也会主动给一点儿钱作为赔偿,戴家没有因为这种事情和村里人闹过矛盾。1947 年以前的农民都是老实人,虽然上过学的人不多,但也都经常接受家里的教育,知道不能随意侵占别人家的东西。不管什么东西都是有归属的,属于谁的,谁才可以动,不是自己的东西不能随便乱动。戴家的人口多又团结,男劳力丰沛,村里人通常也不敢侵犯戴家,戴家人心胸宽厚和村里人的关系都不错。而且,戴家的地里常有人,粮食快成熟的时候戴元礼还会安排几个儿子轮流去地里守着。因此,戴家地里很少出现庄稼受损、粮食被盗的事情,如果邻居看见有外人在戴家的地里鬼鬼祟祟,也会主动到戴家告诉戴元礼,让戴家人前去查看。

当然,田屯村虽然大部分都是老实巴交的农民,但也有一些恶霸类的人物就喜欢讹人。这样的恶霸通常也只会到田屯村居住的外来户,尤其是小门小户的进行侵占,大家庭他们一般不敢招惹。自己家的土地受到侵犯,必然是无法容忍的,可如果双方实力相差太过悬殊,受侵害的人家势单力薄、脾性温和的一般会选择忍气吞声,自己默默承受后果,但往往这种反应会令侵占者更加得寸进尺。所以很多情况下,土地被侵占的农民会进行奋力抗争,加强对自家土地的看护,并且会去县里告官和对方打官司,正直的县官通常会责令侵犯者进行赔偿。

7.地约保护土地产权

一个村庄的土地都在一起,挨着地边子,哪块地是谁家的村里人都清楚。田屯村的村民大多会在自家耕地的两端栽种些桑树作为地杆,用桑树堆作为分界,或者是用土培的稍微宽一点的地埂岭子作为分界,每家每户的土地界限都很清楚。村里没有人侵占过戴家的土地,戴家人在自己家的土地上耕作、收益都是被村里人所承认的,村里其他人包括保甲长等都不会来干涉。村里人相互之间不会随意侵占土地,有什么需求都会找到戴元礼商量。像田屯村的宋家就找到过戴元礼想和戴家置换一块土地,但是戴元礼认为自家土地的位置比较好没有同意，宋家也就只好作罢，没有做任何过分的事。到粮食成熟的时候，枣庄街会有一些人到田屯村来偷高粱、谷子等粮食，这样的事大多都是妇女干的，都是小来小去的事，村里人也没有什么好的办法，就是派人勤去地里看着，不管白天还是黑夜的，都得去遛着看。

戴家的家族成员知道戴元礼家的土地在哪里，也都承认戴元礼对戴家土地的所有、耕种、收益的权利，虽然是一个家族的成员，但是他们不会随意侵占戴元礼家的土地，他们也没有资格这样做。一个家族之间如果其他家庭成员想要买卖或是置换戴家的土地，也是需要找到戴元礼商议的，必须得到戴元礼的同意才可以，没有人有权力强制戴元礼违背意愿对自家土地进行产权变更。对于各家庭之间的土地买卖、置换等事宜，家族的主事人也不予参与和干涉，完全由土地交易双方协商解决。当戴家的土地遭受外人侵占时，戴氏家族关系近的人会为其抱不平，帮助戴元礼一家向侵占者讨伐说理。

田屯村的保甲长及县政府都承认戴元礼对戴家土地的占有和使用权，都知道哪块地是属于戴家的。每家的土地都有地约，地约是一张纸，上面写着哪块地，有多宽多长，还得写上当家人的名字，再盖上县政府的大印，这就能够证明这块地归属了。有地约的土地任何人都不能随意侵占，被侵占是可以上告的，县政府会按照地约主持公道，给侵犯者以严重处罚。所以如果想买卖、租佃、置换土地都得是两家人商量好，都是自愿的才可以。若是想要租种大户人家的土地，就需要找一个中人去对方家中去说和，中人不白帮忙，要从中抽钱。租佃土地也有契约，双方都要在契约上签字，还得请街坊四邻进行见证，这样算是有人证有物证，这块地谁都不能使坏心眼。

（二）家户房屋产权

1.一院九间房

1947年之前，戴家房屋的宅基地面积并不算小，都是从祖辈一代代传下来的。戴家的房前屋后加上院子差不多有500多平方米，其中，院子有150平方米，房屋的建筑面积差不多有400平方米。戴家的房屋是北方典型的四合院式布局，有堂屋、东西屋。戴家一旦有人口增加需要盖房子时，就会在院子里加盖一间，就这样逐渐地，院子一周都建起来了。戴家的房屋在田屯村不算好，只能勉强算是一般化的，村里大部分房屋都是土房子，还有用麦子瓤挺的草屋，全村都没有建筑得很好的房子。戴家的房屋总体是土坯、麦秸结构，墙是用土和麦秸搭起来的，朝阳的堂屋居住条件最好，背阳的房屋基本就是常年的阴冷潮湿，年龄大的人长久居住就容易腰疼腿疼。此外，因为房屋建筑材料有限很容易坍塌，需要不断地修补。

戴家一共有九间房，其中，堂屋有六间房分成两个套间，西屋是三间房，还有一个牛棚。房屋是根据尊卑长幼的秩序来安排使用的，六间堂屋由戴元礼和妻子戴王氏住一个套间，另一个套间是由戴思祥一家人和戴思田一家人一起居住。戴思海一家人、戴思忠一家人分住西屋的两间房，西屋最南边的一间房是厨房，供全家人使用。院子靠南墙的地方搭建了一间牛棚，东南角方位有一间用乱石垒的简陋的旱厕，同时用来储存粪便，制造肥料。戴家没有专门存放农具的房间，农具通常是散落的放在院子的角落里，院子里搭有棚子，下雨天就把农具放在棚下，以免被雨水淋坏。戴家没有专门供客人留宿的房间，因为在1947年之前很少有客人串门，留宿的就更少了。万一有客人需要留宿，戴元礼会根据客人的尊卑将其安排在几个儿子家中，稍微挤一下，共同住宿。由于六间堂屋都是坐南朝北的方向，堂屋的窗户也是南北走向，而三间西屋是坐西朝东，窗户是东西朝向。戴家的房子有新建的，也有老辈人去世后留下的,戴元礼的几个儿子快到成家年龄的时候,戴元礼就会着手准备给儿子盖间新房子,每一辈人都会需要盖几间新房子,通常是在老房子的基础上进行加盖。

2.房屋祖辈传承

戴家的老房子从祖辈上传下来,老辈人去世后房子就自动传给后人,戴家的房子就是戴元礼的父亲留下来的。若年轻的子辈结婚时需要房子,就会在旧址上进行翻新或者加盖。1947年以前接近20年时间里,戴家没有买卖或者租赁过房屋,都是在祖辈传下来的旧址的基础上,攒钱进行修整的。戴家的房子从草屋逐渐变成土堆石砌,逐步被加固。戴家建房子都是戴元礼出面去找泥水匠,请人来修建的,如果周围的邻居有愿意帮忙盖房子的,戴家会优先选择四邻。

3.产权家户所有

戴家的房子在分家之前是属于全家人所有的,戴元礼的每个儿子、儿媳和孙子都有份,由当家人统一做主,不能私自买卖、处置,姑娘对房子没有所有权。戴家没有和别人共享房屋的情况,每个小家庭都有其专属的房屋,屋子里放置自己的物品,其他小家庭的人不可以随意出入,厨房和厕所是全家人共用的。按照戴家的规矩,儿子不论是否在家一起生活,都拥有戴家房子的产权;女儿无论是否出嫁,都不具有戴家房屋的所有权,女儿未出嫁时跟随父母一起居住,女儿出嫁之后便属于"外姓人",更加不可能成为戴家房屋的所有人,戴元礼的两个姑娘出嫁后就很少再回戴家。

戴家的九间房屋不论实际的居住者是谁,所有房屋都是属于戴家人所共有的,戴元礼和妻子戴王氏在世的时候,戴家的房子就是由戴元礼夫妻两人所支配。戴元礼和戴王氏去世后,戴家的房屋由其四个儿子平分。分家前,戴元礼对于戴家的房屋具有绝对的掌控权,房屋的买卖、修缮都由戴元礼主张安排,戴家其他任何人都没有权力做主。作为房子的实际居住者,戴元礼的几个儿子同样需要对自家所住的房屋负责,不能恶意毁坏,一旦房屋出现损坏,需要及时修补,严重的就要告诉戴元礼,由戴元礼请人来修缮。相较于分家后房子属于各个小的家庭,戴家人认为,房子属于全家所有更好。房子属于全家人的财产,由当家人统一管理可以保证各个房屋拥有差不多的居住环境,儿子们也不用自己操心房子的事情。同时,也方便当家人集中资金解决燃眉之急,谁有需求就解决谁的问题,能够充分利用房屋空间,而且一家人在一起干活、吃饭、休息,更有利于家庭的团结和睦。

4.以院墙为界

戴家的房屋与四邻之间都有边界,多以房院的外墙为界。戴家北边的邻居是宋家,和戴家共用一道院墙,院墙以内就是自家的地方,如果自己家里种植的植物、果树的枝叶伸过院墙到达邻居家里,树上结的果子邻居是可以采摘食用的。但是邻居不可以私自毁坏对方的树木枝叶,如果觉得枝叶伸到自己家来影响到自己家的正常生活,可以和对方的当家人抗议,由树木的所有者来处理。戴家就有一棵不知道有多少年岁的无花果树,由于枝繁叶茂一直向邻居家延伸,无花果有很高的营养价值,戴家也允许邻居采摘食用,所以邻居从未提过什么意见。戴元礼十分注意这件事,会不定期地对无花果树的枝叶进行修剪,尽量不影响邻居家的生活。戴家的南边没有邻居,院墙外便是土地,有一条由于人走的多了而产生的小道,因此戴家南边的院墙是戴家所有的,没有与其他家庭共墙。院墙作为明显的分界标志得到村里所有人的认可,院墙里面是自己家,院墙外面就是别人家或者是属于村里的公共土地。村里人都是根据院墙来判断一个家庭所有的房屋及家庭范围大小的，只要修筑房屋就会垒一道院墙是村里人默认的规矩，院墙既是权属的符号，又是用来防止偷盗的有效屏障。村里还有些人会在自家的土地旁修建一间看青的小房子，这种房子是没有院墙的，就是随意搭建的一间屋。看青的屋子就以屋墙为边界，里面是归私人的，外边就是村里的田地。村里人都不会用别人家房屋的边界来修建房屋，那些属于各人家庭私有的土地，也是决不允许他人肆意侵占的。

戴家的房屋归戴家的家庭成员使用，每个小家庭都有属于自己的房屋由自己安排、布置，仅自己小家庭使用。厨房、厕所、院子是戴家公共的场所，由一家人共同使用。外人不可以随意进入和使用属于他人私有的房屋。一般外人有事需要到戴家来时，会在戴家门前先呼喊"有人在家吗？"如果有人应答才会走进戴家，否则就不会走进去，因为没有经过主家的允许就擅自进入别人家是非常不礼貌、很冒犯的行为，会让主家人怀疑、警惕来访者的意图，所以一般人都会非常自觉地注意自己的行为，也是为了避免给自己招来祸患。戴家全家人外出，家中无人时会用一把铁锁将大门锁住，防止外人进入家中做一些偷鸡摸狗的行为。外人对于戴家的房屋没有使用权，即便是戴家的亲戚朋友，像是侄子、舅舅也没有资格任意占有、使用戴家的房屋。

戴家生活在一起的 21 口人，不论男女老少都对戴家的房屋边界有着清晰的认识，明确知道哪些是属于自己家的房屋，哪些是别人家的房屋，知道自己家的范围是哪面墙到哪面墙的范围。年龄尚幼的小孩子也能说出"自己家人住的就是自己家的房屋"的判断依据，除了明确知道哪些是属于戴家的房屋，戴家的所有成员还都知道哪间是自己居住的房屋，其他房间分别是谁居住的房间。因为戴家的每个小家庭都对自己家的范围有清晰的边界认识，所以一家人在生活中会自觉地不随意进入其他小家庭的房间，避免造成不好的影响，自觉遵守家庭内部的秩序。戴家所有的人都认为，戴家的房屋是全家人所共有的，只是由当家人统一管理，如果有人企图侵占戴家的房屋，戴家的所有家庭成员都会进行反抗以表示不满。

5.家长实际支配

戴家的房屋在买卖、建造时，只有戴元礼具有实际的支配权，戴家其他成员没有人敢提出意见干涉家长的决定，更不能擅自对戴家的房屋做出处置决定，即使是自己小家庭居住的房间也不可以自己决定，反而是戴元礼才有权力支配小家庭所专属的房间。房屋修缮的事情戴元礼一般只和妻子戴王氏商量一下，然后通知家庭成员要进行房屋修缮的事情，让相关的家庭提前做好准备，把房屋收拾一下。房屋需要拆建时，戴元礼会首先和妻子戴王氏商量并达成一致意见，然后召集几个儿子一起商议，听听几个儿子的意见，戴元礼的儿子们都很老实，通常情况下不会提出意见反对戴元礼的决定。

1935 年左右，戴家的房屋被大雨冲毁过一回，需要重新修建，被冲毁的是戴元礼小儿子家的房屋，为了方便房屋整修，戴元礼安排戴思忠一家人搬进戴思田的房屋临时性的一起居住，并把家里的家具物品搬到戴思祥家里存放。房屋修建的整个过程，全家成员都是听从戴元礼的安排，没有任何意见，戴元礼让干什么就干什么。戴家的男劳力都要去山里起石头，用小车推到家里，再请专人来帮忙垒建。周围邻居看到后，有时会过来问问情况，但是不会干涉戴元礼的任何决定，以及房屋整修工程的进展。戴家的房屋拆除、修缮、重建等相关事宜都是由家庭内部成员共同商议，最终由当家人做主决定的，不需要和邻居、家族、村庄的保甲长及其他人汇报,自己家的事情由一家人决定,当家人做主,其他人管不了,也没有权力干涉。

戴家早先时间有祖屋,但是在1937年日本军队打入中国的时候被日本人所烧毁,之后戴家就在祖屋的旧址上临时搭建一个棚子,准备筹钱逐步将祖屋修缮还原,在1947年之前尚未完成。自戴元礼成为戴家的当家人以来,戴家就没有过房屋的买卖,同一时期整个峄县也很少有买卖房屋的行为。1947年以前,田屯村的房子都没有房契,村民们都是在自己家的土地上自己请人、买料修建房子,房子只有地契。戴家人口多房间少,自家人居住就非常拥挤,所有没有出租过房屋。

6.产权村族认可

田屯村的村民都承认戴家对其房屋的所有权,虽然戴家的房屋没有房契,但是戴家房屋是在自家土地上建造,自家的土地是有地契的,自家土地上的一切都是属于戴家,这一点全村人都承认。因为知道房屋是戴家的,所以村里人不会随意侵占戴家的房屋,在想与戴家买卖、租用和置换房屋前,都会和戴家商量,主要是找到戴元礼与他商量,如果戴元礼表示不同意便不能强行买卖或是租用。

戴家所在的戴姓家族也都承认戴家房屋的所有权利,他们作为本家族的人更不会随意侵占戴家的房屋,家族内其他成员不会不经同意强行买卖、租用、置换戴家的房屋。戴姓家族成员如果想要买卖戴元礼家的房屋,必须与戴元礼商量,若戴元礼不同意,任何人都没有权力变动戴家的房屋。戴家房屋被侵占时,家族人也会打抱不平,近亲家族有能耐的人还会出面直接帮助解决问题。

1947年以前的田屯村,村庄负担的职能很少,但是对于戴家的土地和房屋的财产权利是会承认的,特别是土地所有权。1947年以前,村里是负责收缴皇粮国税的主体,村里保留了各家各户土地数据资料以方便分配税收数目。以土地为生的农民,对彼此间的房屋并不十分看重,村里同样不予重视,各家各户只要能够按时上交皇粮国税就可以。村里人都不会随意侵占戴元礼家的房屋,村里也很少会有买卖、租用房屋的行为。如果戴家的房屋被别人侵占,戴元礼可以告官府打官司,官府一般情况下会主持公道,但也难免有收受贿赂的情况。

(三)生产资料产权

1.生产工具齐备

戴家在1947年之前主要依靠种地为生,种地收入是家中的主要经济来源,虽然家庭经济情况不允许购置一些大型的农用器具,但是一些普通的农具戴家都有,在村里算是农具比较齐全的家庭,周围的邻居遇到农具短缺时,时常找戴家来借用。戴家没有水车,只有一辆合头车,由两个牲口拉着,一只牲口压园,一只牲口驮庄稼。耕地用的犁子、耙各有一个,种庄稼之前需要先翻耕土地,戴家就用牲口套上犁子来翻地。耙有耙齿,按在底部,也得靠牲口牵拉,套上牛在地里耙,可以把地里的大土块弄平整。还有一些耕地的农具像是掺头、铭犁,还有犁钩,有些农具是戴元礼请木匠专门打制的,有些是戴元礼出钱购买的,配在一起耕地。戴家租种资本家温学名的土地也是用自己家的农具干活,资本家只出租土地,不提供农具。为了拉犁子、耙,戴家一直养着牲口,三只牲口套在一起就可以拉犁子、耙,牲口基本维持在有两头牛和一头驴的条件。戴家只有一个石磨,没有石碾子,村里有一个公共的石窝子,大家伙可以一起使用。戴家的三只牲口主要由戴元礼负责喂养,戴元礼会安排几个儿子去铡草,喂牲口其实并不费劲,最累的就是用铡刀铡草。戴元礼外出的时候会安排其他人来负责喂牲口,在当地人可以吃不饱,但是绝不能饿着牲口,牲口是很珍贵的。

2.农具自有借用寻常

戴家的农具一部分是戴元礼请木匠打制的, 一部分是戴元礼出钱安排人从集市上买回来的。虽然长子戴思祥会一点木匠手艺,但是手艺不精,还不足以独立完成木质工具的制作,通常是跟戴元山一起外出做木匠活儿,给戴元山打下手。戴家的合头车、挣锯和楼等一些生产工具是从祖辈上传下来的,是戴元礼的祖父出钱购置的。戴家的农具完全属于戴家所有,不存在和别人共用生产资料的情况。村里有些人家里生产资料不齐全,就会向街坊四邻相互借用一下,向这个家庭借个锄头,向那个家庭借个铁锹,或是用牲口和人家搁伙①共同组个犁子、耙。农具主要从关系好的人家借,一般是邻居家或者是距离近的亲戚家,要经过当家人的允许才可以。如果家里的经济条件允许,一般都是自家置办好生产资料,很少借用别人的,只有家里条件不好,一时无钱置办时才会借用。但是当遇到连雨天时,庄稼就需要抢种抢收,这时戴家就会向邻居家借一些农具来用,邻居也会向戴家借,这段时间农具都是在邻居之间轮着使用。

3.生产资料全家共有

戴家的生产资料农具、牲口等均为全家人共有,人人都有资格使用,同样也有义务爱护。戴家不存在生产资料与别人家共用的情况, 戴家也不存在属于个人或者小家庭专用的生产资料。戴家的生产资料虽然全家人都有份,但通常姑娘不包含在这个范围内,姑娘原本就不需要下地干活,一旦出嫁娘家的所有东西便再与姑娘无关。而未成年的孩子、嫁进来的媳妇,以及入赘的女婿对于戴家的生产资料是享有所有权的。

虽然戴家的生产资料属于全家人所有,但是戴元礼在农具的使用、购置、更新等方面更具权威。有一次戴思田在种地时用坏了一个锄头,戴思田干完农活回家后,首先就是告诉戴元礼家中的一个锄头被用坏了,由戴元礼查看是否可以修整后继续使用。由于锄头的使用时间过长已经破旧不堪,所以戴元礼决定购置新的,戴元礼出钱安排戴思田去集上购买。戴家所有的生产资料包括牲口的宰杀、买卖也均由戴元礼决定,家庭成员都愿意听从戴元礼的安排,一般不会提出任何意见。

戴家普遍认为,不应该将生产资料所有权分配到每个人,由全家人共同享有更好,并且为了更好地管理和协调生产劳动,戴家人都同意由当家人戴元礼掌握生产资料的决定权,这样劳动生产才更有效率,并且更加持续。戴家人多地少,为了维持生活还租种了资本家的土地,几乎完全依靠土地为生,这就需要戴家人共同劳动。而全家人在一起劳动,就需要生产资料的共同享有,这样每个人使用起来才会更加方便也便于集中力量,并且大家会自觉爱护工具,降低工具的损耗。若将生产资料分配到个人,每个人拥有不同的农具就易导致生产力分散,降低生产资料的使用效率,从而影响劳动生产结果。所以,戴家的家庭成员都认可只要没有分家,生产资料所有权就应该属于全家人共有,只有这样才能最大限度发挥生产资料的效用,同时可以避免因为生产资料的归属问题发生矛盾纠纷,从而减少对农业生产的影响。

4.家长做主生产资料活动

戴元礼作为戴家的当家人,戴家生活资料的使用、支配均由戴元礼决定,戴家各种生产资料的购买、维修、借用也都是戴元礼做主。外人来戴家借东西,必须经过戴元礼的同意才可

---

① 搁伙:方言,指几个人凑在一起,相互协作,共同完成一项任务。

以，戴家需要向别人家借东西时，也是戴元礼代表戴家出面去借，这样对方才会愿意借给戴家。社会交往都是以当家人为主进行，只有当家人才可以做出决定。戴家的生产资料毁坏时，戴元礼会代表家庭出面请工匠来修农具或是去邻居家借农具来用，通常第一次借东西必须由戴元礼出面才行，除非是很熟的邻居或是亲戚，否则对方是不愿意借出的，会担心农具损坏又无力赔偿。若是连续几天都需要借同样的生产工具，后面几天就可以由长子戴思祥代表戴家去借，因为对方已经知道这个借用情况，会放心地借出东西给非当家人。戴元礼不在家而戴家又急缺生产工具时，通常由戴思祥代表戴家向邻居家借农具，因为用于农业生产的工具耽误不得，不能等到戴元礼回家再决定。这时戴家的内当家戴王氏可代为决定，由长子戴思祥代表戴家出面即可。但是只能到亲戚或者非常熟悉的邻居家去借才行，其他人因为不熟悉是不会借给非当家人的。

戴家的生产资料购买活动均是由戴元礼做决定安排，但如果戴家人在劳动过程中发现需要添置工具，手头有钱也可以自行购买，回家后及时向戴元礼进行报备便可。其他时间如果有购置劳动工具的需求，需要先向戴元礼说明，由戴元礼出钱并安排人去购买。戴家购买生产资料不需要请示四邻和家族，也不需要和其他人商量，根据实际情况，一般农业生产需要购买的资料就必须要买。如果戴元礼不在家的时候需要购买大型的生产资料，戴王氏无法代替做主，就只得等到戴元礼回家之后再做决定。这种情况下，若是家里农业生产着急需要用某样工具，会由戴思祥出面去邻居家借来应急，等戴元礼回家之后再去赶集购买新的。在戴元礼去世后戴王氏当家期间，均是由戴王氏做决定，由长子戴思祥外出购买。

生产资料的维修在戴家也一直由戴元礼做主安排，不需要同别人商量，也不用请示四邻和家族。如果农具毁坏需要维修，谁用坏的就由谁去向戴元礼说明情况，修理的费用不需要自己出，由戴元礼从家庭共同财产中支付。东西坏了就应该修，一般没有不被允许的情况，工具如果损坏太严重，戴元礼会直接购置新的。

5.家庭成员无权支配

戴家生产资料的处置全部由戴元礼一人做主，家中的其他劳动者只有使用的权力，而不能对生产资料进行支配。有一次邻居宋家想要借用戴家的犁子，在地里见到戴元礼的儿子戴思田，想从戴思田的手中直接借去使用，戴思田不敢借出，带着宋家人一起回家找到戴元礼说明情况，等到戴元礼同意后，戴思田才敢将犁子交给宋家。如果戴思田私自将犁子借出，会遭受到戴元礼的严厉责罚，一旦犁子在宋家使用过程中不慎损坏，那么这个结果需要戴思田独自承担，所以戴家人都不敢私自把家里的工具借给别人。

戴家的生产资料属于一家人共有，按照常理家里的成年男性，比如戴元礼的几个儿子是可以对生产资料的使用提出意见的，但是历史传承下来的当家人的权威和专断，使戴家没有人敢多说话，戴元礼说什么几个儿子都不敢吱声。有时候戴元礼可能会与戴王氏商量一下家里要买牲口、买农具的计划，但通常戴元礼在家时，戴王氏是不参与农业生产的，由戴元礼自己说了算，戴家的其他人都不能擅自决定。如果戴元礼不在家，戴家人会等到戴元礼回家再做决定，因为戴元礼不在家其他人手中没有钱也无法购买，一般是由戴思祥出面向邻居家借一个来先应急。

在生产资料维修过程中，戴家的家庭成员也仅具有服从、执行的地位，因为农具维修同样需要花钱，而戴家的钱全部由当家人统一管理，其他家庭成员没有钱也就没有发言权。一且在劳动中发现农具损坏,回家后就要立即向戴元礼解释清楚,由戴元礼决定这个农具是请人维修还是重新购置,而后戴元礼会安排家里人来完成,戴家人都听从戴元礼的安排,很少会提出自己的意见。而在生产资料的借用中,戴家的家庭成员会告诉戴元礼,谁家的什么工具比较好用,想要借来使用,大部分情况下戴元礼都会满足家里人的需要,帮助家里人去借东西,并与对方构建起良好的社会交往关系。

6.小型农具偶有侵占

戴家的生产资料出现过被外人侵占的情况,但这样的事情只是个例,平时很少发生。戴家被侵占的都是小型农具,例如小锄、小铲被别人借去用,之后不愿意归还。戴元礼去要回,对方不承认非说已经归还,戴家没有证据,空口无凭也没有办法。田屯村王家就向戴家借过锄头,借用之后不愿意归还,藏起来留着自己家里使用。这样被借去不还的都是小物件,不值得去告官,只能是了解到这一家人不仁义,爱占小便宜,以后便不再借给他家东西用罢了。大多数人借用东西都会按时归还,因为两家人以后还会常有来往,不能因为一件小事断了交情,俗话说"好借好还,再借不难"。戴家的东西被外人侵占后,戴家人虽然很气恼但通常都会选择隐忍,毕竟事情闹大、闹僵伤感情,不值得因为这一点小事大动干戈,只是下一次再借就不给罢了。田屯村民大多数都很老实,大家也都讲究情面,如果借了人家的东西不归还,村里其他人知道后也不敢再借给他东西,即使借了也会一直催着要回,所以一般人都不会做这种借了不还的事情。戴家的生产资料被侵占,村里的其他人会在口头上替戴家抱不平,没有什么实质的帮助,两家人的事情其他人都不愿意插手,也没有立场参和。东西不幸被侵占,当家人不用承担责任,因为这种事情是无法预料的,只能在以后借出东西的时候注意一点,有所甄别。

7.共同承认生产资料归属

田屯村的其他村民大多都承认戴家对生产资料的所有权,因为戴家一直使用自己家的生产资料,并且村里人都会在自家的农具上做一些记号,用来证明是自家的东西,也是为了避免和别人家的混淆。只有极少数品质恶劣的人,会在借用别人家农具之后,将人家在农具上做的标记进行毁坏,改成自家的标记,大多数人都不会做这样的事情去伤害感情。田屯村只有王家侵占过戴家的一个锄头,从此戴家便不再与其来往。村里的其他人,包括村长、保甲长都没有随意侵占过戴家的生产资料,如果发现戴家的农具或是牲口遗失在外还会帮忙带回来送回戴家。村里人想借用戴家的农具或者进行买卖,会首先找到戴元礼商量,经过戴元礼同意之后才会进行交易,如果戴元礼不同意便不再强求。

田屯村的戴氏家族都承认戴家对自家生产资料的产权,外人不会随意侵占戴家的生产资料,戴氏家族的人就更加不会。因为亲戚之间借东西是很方便也很经常的事情,有血缘亲情作保障,着急使用时来不及告知当家人就把生产工具借走,只要用完还回来或者有时间的时候说一声,亲戚之间也都不会计较。同家族之间如果想要买卖生产资料也需要和当家人戴元礼先商量好才行,不能以任何理由和身份予以强求,即使是家族中辈分最高的人也没有这个权利。

(四)生活资料产权

1.生活资料齐全

1947年以前,戴家没有专门的晒场,晒场就是一片晒粮食的空地,干燥、敞亮一点的地方,甚小①的地方粮食展不开,戴家将家门口和院子作为晒场,有百十多平方米。戴元礼家里没有水井。1947年之前,田屯村只有一口公共的水井,是历史非常悠久的一口水井,戴家人都不知道这口水井的来由。水井很多年一直有丰足的水源,全村人都从这口水井中提水喝,依靠这口水井保障生活。水井离戴家有四五百米的距离,在戴家的房屋后面,走过去很方便,都是家中的男劳力过去提水。戴家有一个石磨、一个鏊子②,这都是为了吃饭生活所必须的日用品,因为1947年之前田屯村都是靠自己家里磨面吃饭。煎饼是当地的主食,家家户户都用鏊子来烙煎饼,当地有"家家支鏊子,户户烙煎饼"的传统习俗。戴家的磨是买来的,峄县的陶庄是生产石磨最有名的地方,集上卖的石磨都是从那里生产的。一个磨的价格比较高,需要花两块银元还不一定够用,要依照磨的好孬来决定。1947年之前,田屯村没有石碾子,只有一对石窝子,就是在一块石头上有个坑用来砸粮食吃的器具。石窝子在田屯村的村头,也是村里人共用的,因为是吃饭生活的必要工具,村里人都很自觉地爱护使用。

戴家有足够数量的桌椅板凳,其中,有一张八仙桌放置在堂屋的中间,八仙桌的两旁放置两把高靠背的大椅子,是比较简陋的太师椅,这是戴元礼和戴王氏才能坐的地方。戴家还有一些长条形的木凳、矮桌,都是戴元礼请木匠先生到家里来打制的。戴家生活必须的油盐酱醋都是买来的,除了盐是官府严格供应的除外,其他材料都是私人制作,敲着梆子,挑着挑子,遛着巷子叫卖,村里没有专门生产和销售这些调味料的场所。还有卖香油的也是敲着梆子在村里遛着卖,大家听到敲梆子的声音就会出门看看是卖什么的,有需要就会购买。戴家购买这些材料没有固定的时间,一般是负责做饭的妇女发现调味料快用完了就会告诉戴元礼,戴元礼会提醒家里人留意外面敲梆子的声音,及时购买补充。生活资料全部是由戴元礼出钱购买,因为钱全部掌握在当家人的手里。

2.多数自产自制

1947年之前,戴家的衣帽鞋袜等生活用品都是戴家人自制的,吃的食物也多为自产,连做饭吃的油也是自家榨的。戴家会种几亩地的花生,花生不卖全部用来榨油。收了花生米之后先炒熟,然后每十斤花生米包成一个袋子,再用榨窝砸了榨油,十斤花生米可以榨得三斤油和一块花生饼。田屯村全村只有一个油榨,由全村人一起使用。过了农忙时节,冬天没事的时候村里人就在房间里榨花生油,都是家中的男劳力来负责榨油,几家人搁伙凑到一起干活,一块儿榨油。有负责剥花生的,有专门负责炒花生的,还有负责楔锤头的,大家一块干活,各家榨各家的油。戴家大多是戴思田去负责榨油,榨好油放在瓷缸里储存起来以供一家人使用。

1947年之前,食用盐买卖受到严格管控,不能随便售卖,每个村里都有个商铺专卖销售食盐。盐都是散装的,按斤称着卖,戴家会把种的葫芦用锯划开作为瓢来使用,通常是拿着瓢去买盐,盐都是大盐粒子,价格不贵,普通人家都吃得起,戴家平均十来天就得消耗一斤盐。戴家食用的粮食都是靠自家人劳作得来的,戴家自有的20来亩土地生产的粮食,以及租种资本家土地产粮的一半差,不多刚好满足戴家人的生活需要,很少会有余粮,年景不好的时候还要外出借粮、讨饭为生。有余粮的时候,戴家会将粮食储存在戴元礼的房间,以便在年景

---

① 甚小:方言,太小了的意思。
② 鏊子:烙饼的器具,用铸铁做成,平面圆形,中心稍凸。

不好的时候作为粮食补充,很少售卖。平时戴家吃的菜基本不用购买,戴家有自己的小菜园,自己种菜吃,种什么就吃什么。种菜也是男劳力的活儿,妇女不懂种地,也不会种菜。戴家有一些桌椅板凳是从父辈上继承下来的,还有一部分是戴元礼请人来家里打制的,这些木质桌椅板凳若是毁坏,戴思祥可以自行维修。

3.生产资料家户共享

戴家的生活资料大部分都是属于全家人共有,不单独归属于某个人,除了随媳妇陪嫁来的嫁妆,比如一对坐床子、橱柜等是属于每个小家庭使用,由媳妇自己做主。坐床子像马扎子一样,木质的,四四方方,中间是用牛皮编制的,可以坐人或者放东西。其他像是做饭用的材料都是放在厨房里,谁做饭谁就可以使用,不需要请示当家人。戴家收获的粮食和蔬菜都是放在一起供一家人共同食用,没有按照小家庭进行分配,全家人一口锅里吃饭,一起生活。戴家的伙食并不好,但是家里人都没有怨言,认为只要一家人都能吃饱就可以。戴家在冬天会腌制一些萝卜咸菜,没事的时候妇女就会在家里烙煎饼,作为全家人的主食。戴家的桌椅板凳都是属于一家人的,不论大人、小孩都有份,每个小家庭媳妇娘家陪送的小凳子、坐床子虽然是归媳妇所有,但是戴家人都可以拿来使用,只要相互说一声就可以,用完之后及时归还到相应的房间中。戴家一直到分家之后,各个小家庭才有真正归自家所有的财物。分家之前生活资料都是属于大家庭共同的,因此,家里需要什么生活资料都是由戴元礼出钱购买或者请人来制作,小家庭没有钱承担,当然也不愿意承担,自家出钱购置的东西也是要归全家人共同使用。

戴家没有与别人共用生活资料的情况,因为都是生活必需品,如若缺失会直接影响家里人的生活质量,总是向别人借用也不方便,所以家里人对于生活资料的需求,戴元礼一般都会通过购买、请人打制等方式来解决,全部都是戴家独有的。戴家的生活资料是属于全家人的,家里每个人都有份,包括未出嫁的姑娘、未成年的儿童、嫁进来的媳妇,以及入赘的女婿等等,外出打工的成员只要会在回家时往家里捎钱也有享受的资格,而出嫁的姑娘就没有资格享有了。兄弟们分家之后,父母单独居住的几兄弟也没有份,除非是父母去世后生活资料再由儿子们平分继承。生活资料是应该属于全家人的,但是当家人戴元礼会比其他家庭成员在生活资料上拥有更大的权力。相较于将所有权分配到个人,戴家人更认同将生活资料的所有权归全家人所有,因为生活中需要用到的生活资料很多,若将生活资料分到个人,那么每个人能够使用的生活资料就会相对变少,不利于家庭的发展。而生产资料属于全家人共有则更有利于家庭团结,由戴元礼主管可以及时协调生活资料的使用,充分发挥其价值,同时可以避免因为生活资料的分散而导致家庭的分裂。

4.家长做主购买、处置

戴元礼是戴家生活资料的主要支配者,家中生活资料的购买、处置、维修及借用都由戴元礼亲自掌管。粮食收上来晒好后就储存在戴元礼的房间,没有人敢擅自进入戴元礼房间偷拿粮食。每天吃什么、拿多少,如何才能使收获的粮食满足全家人一年的生活需求,都是戴元礼需要考虑的问题,由其进行规划安排。戴元礼不在家时,戴家的其他人都没有权力做主,因为他们没有钱不能购买、维修,只能向关系好的邻居家借用。当戴元礼需要长时间不在家时,戴元礼会将财政大权交给戴王氏,并嘱咐长子戴思祥协助管理。通常是由戴王氏做主决定,由戴思祥代表戴家购买、维修及借用的事项。戴家不论是购买柴米油盐,还是桌椅板凳,甚至是妇女做衣服、鞋子用的布料和针线,也是由妇女告知需要的数量,然后由戴元礼去集市上购买,或是戴元礼安排家人去购买。这些全部属于戴家的家事,不需要请示任何人,外人也没有闲工夫管理别人家鸡毛蒜皮的事情,更不会存在不允许的情况。

戴家的生活资料全部由戴元礼一个人决定是否需要维修或是购买,戴元礼不需要与家人商量,家人如果发现有生活资料损坏只需及时告知戴元礼,由戴元礼作出处理,戴元礼不需要和街坊四邻甚至是家族和保甲长做出任何请示。1947年之前的保甲长不会过问家庭琐事;邻居间也没有能力和义务去相互管理,都是各顾各的;家族在日常生活中发挥的作用也很小,不会干涉各家的日常生活。生活资料是每家的必需品,借用生活资料必须要找关系好的家庭,否则对方通常不愿意借出。借东西不需要与四邻,家族和保甲长商量,即使借用东西较长时间也不用报酬,仅需要表达谢意并且记住人家的情谊便可。戴元礼不在家时,家里的妇女或者其他成年人同样可以出门找关系好的邻居家借用,一般都是借个针线,用一会儿凳子等很小的事情,不必经过戴元礼的同意。

5.小物件成员自主借用

在生活资料购买、维修及借用过程中,戴家的其他成员都不能发挥支配作用,基于家长的权威,家庭成员即使觉得家长做法不对也不敢提出意见。戴元礼不在家的时候,家里其他成员不能擅自购买和维修生活资料。购买生活资料时,有些物品戴元礼本身不是特别了解,像是布料、针线的购买就需要家中妇女尤其是妻子戴王氏的建议,戴元礼会结合戴王氏的意见,再根据家中经济状况来决定购买数量。其他生活资料的购买都是戴元礼自己决定,家中其他成员没有独立的经济收入就没有办法承担生活资料的购买及维修事务,没有钱就没有话语权,所以都自觉听从戴元礼的安排。

但在生活资料借用的过程中,戴家的其他成员可以具有一定的自主性,尤其是戴元礼不在家的时候,戴元礼的儿子和儿媳都可以去亲戚、邻居家借一些小东西,之后和戴元礼说一声即可,但是像粮食、钱财等重要的生活必需品的借用,必须由戴元礼亲自出面才行。

6.生活资料罕有侵占

田屯村的村民都承认戴家对生活资料的所有,一般情况下他们不会随便侵占戴家的生活资料,如果想要买卖、借用会与戴家商量,戴元礼在家时就同戴元礼商量,戴元礼不在家时就与戴王氏商量。如果戴家人不同意,村里人不会强行买卖或是借用。戴家有一个石磨,邻居家需要用石磨来磨面的时候就会找到戴家商量借用一下,邻居家用完石磨之后都会把磨面剩下的麸子和麦糠留下来给戴家喂牲口,以此来表示感谢。

戴氏家族也都承认戴家对生活资料的产权,不会随意侵占戴家的生活资料,家族成员也不会不经过戴元礼的同意就随意买卖、占用戴家的生活资料。若有购买意愿,戴氏家族的长辈一般会直接找到戴元礼商量,而家族的晚辈会提前与戴元礼的儿子商量,并请其转告戴元礼,询问戴元礼的意见。同家族的人沟通很方便,不论能否达成交易,都不会出现强买强卖的情况。反而当戴家的生活资料被别人霸占时,戴氏家族的人会主动帮忙抗争。当地官府并不清楚戴家具体所有的生活资料,因为这对于他们来说实在是件微不足道的事情,通常村里的村长也不甚了解。县乡政府不会随意买卖、借用戴家的生活资料,戴家与县乡政府几乎没有任何交集。当戴家生活资料被侵占的时候,他们也不会为此而出面保护。田屯村有一些平日里经常骗吃骗喝的人,村里人都不敢惹他们,一些不善言辞的老实人会容易受其欺负,被欺负后可以找保长、甲长主持公道，但是村里人大多都选择默默忍受，不愿意与这些人有长时间的纠葛。俗话说，"抓贼容易防贼难"，若是惩罚了这些人，他们会进行更严重的报复，想办法把被罚的钱要回去，所以村里人都不愿意招惹他们。

二、家户经营

(一)生产资料
1.劳力充足邻里互助

戴家在1947年以前一共有6个男劳力，其中戴元礼的4个儿子还有戴印坤算是整劳力，戴元礼身体硬朗的时候也下地干活，后来年纪大干不了重活，就在家中负责喂牲口不再下地干活。戴家只有戴元礼的小儿子上过几年学，戴思忠上学的时候不用下地劳动，专心念书，后来不上学时年龄也大了，这才慢慢开始下地干活。戴家的第三代只有戴思祥的长子戴印坤能够承担起地里的劳动，其他年龄稍大一点的孩子会帮忙做些轻快的活儿，同时在地里跟长辈学习如何干农活。女性从很小的时候就要裹小脚，戴王氏和媳妇们都是小脚，平日里就连做家务走路都不方便，没有办法下地干活，戴家的妇女主要负责做饭和家务活。不过在农忙的时候妇女们会去场里帮忙打麦子、掰苞米，这种活儿不用走动，到饭点的时候妇女还得挑着担子去地里给自家的劳力送饭。家里的小孩到了能干活的年纪，就会被长辈带着一起下地劳动，小孩子会先做一些轻快的活儿，慢慢跟着家长学习如何种地。到一定的年纪后如果还不愿干活会被家长严厉批评，但如果是生病或者外出干活挣钱就可以不用参加家里的农业生产劳动。外人也不会无缘无故参加戴家的劳动，因为每个人家里都有耕地需要干活，没有被雇佣是不会无缘无故来给戴家干活的。

戴家男丁兴旺，劳动力充足，农忙的时候只要全家一起劳动，每个人一天到晚都要干活，劳动力就肯定够用，不用雇工干活。农闲的时候戴思祥会跟着三叔外出做木工，戴思田和戴思海会外出跑运输，来挣钱补贴家用。戴家没有人给别人当长工、做短工的，因为戴元礼认为，一家人聚在一起比较好，外出干活不安全，所以不主张家人外出打工。戴家的劳动力富足而自有土地少，就通过租种别人家的土地来平衡，把劳动力尽量都留在家中。1947年以前，戴家请过帮工，家里修整房子的时候没有请专门的瓦匠和小工，都是靠邻居之间互相帮助，农忙的时候也会请四邻来帮忙。邻居之间的互相帮忙不需要支付报酬，只要在邻居帮忙时提供伙食就行，这些算作人情，生活琐碎谁家都有需要帮忙的时候。邻里之间的交往，请工、帮工不需要请示保长、甲长，也不需要和家族的人商议，当家人完全可以做主安排。戴元礼在家的时候都是由戴元礼出面请人来帮忙，一般是看谁家的活儿忙完了就会请谁来家里帮帮忙。戴元礼不在家的时候，家里如果有事需要帮忙，戴王氏会让长子戴思祥去邻居家找人过来帮忙，邻居只要有时间一般都会答应，戴元礼回家后会亲自上门表示感谢。邻居需要帮忙的时候，戴元礼也会安排戴家人前去帮忙，家里派谁去帮工必须经过戴元礼的同意，每个人都得先把家里的活完成好之后才能帮别人干活，不能本末倒置。

2.土地有限租佃补充

1947年以前，戴家从祖辈上传承下来共20来亩土地，由于戴家人口兴旺，相比之下土地太少，不能养活一家老小，所有戴元礼决定租种资本家的土地。戴家一共租种了温学名家30多亩土地，戴家是通过戴元礼的兄弟介绍才和温学名搭上关系，租种土地时必须有中间人的介绍才能够租到。租种时双方并没有说明租种期限,因为资本家自己是不种地的,所有土地都是租给别人耕种,所以只要温学名不说收回土地,戴家就可以一直耕种下去。温学名要收回土地的时候,会提前和戴家打招呼,等地里的庄稼都收上来之后,温学名才会把土地收回。租种温学名家的土地,戴家不用交租金,只需要每次庄稼收上来之后,和温学名家平分,每家一半。当粮食快成熟的时候,温学名就会找个执笔先生来到地里估产,这时戴元礼需要花钱打点一下,执笔先生才会照实估产,不然等到粮食收获之后,戴家完全没有办法将粮食补齐。由于温学名是干商业的,本身不差钱,所以不是特别在意土地收入,不会剥削压榨租种者,戴元礼没有给温学名家送过礼,也没有因此而受到不平等的待遇。

租种土地的时候通常是就近租种,离自己家近干活方便也容易看护,由于田屯村没有特别富裕的家庭,也没有谁家有种不完的土地,所以田屯村的村民租种的都是田屯村周边的土地,通过熟识的人牵线搭桥才能租种到土地。戴家租种的全都是一般化的土地,没有特别好的地,作为租种者没有权利挑挑拣拣,只能接受,也不能提意见。即使这样租种了别人的地一般也没有人会退租,因为在 1947 年之前,大部分的农民都是依靠土地为生的,有土地才会有饭吃,为了能吃上饭什么样的土地都不会嫌弃,还会担心人家不租了怎么办。

3.一犋牲口相互借用

因为要拉犁子、耙,戴家一直会保持有三个牲口,这样可以凑成一犋来拉犁子,通常情况下是两头牛和一只驴,驴既可以在农忙的时候拉犁子、耙,还可以在农闲的时候拉磨,所以驴是很宝贵的。戴家的牲口都是自己家所有,没有和别人共用的情况,戴家依靠自己家的牲口就可以满足耕种的需要,不用别人家搁伙。

需要抢种抢收的时候,戴家的一犋牲口不够用,就会向自家的亲戚借一犋牲口用来耕地,借耕牛大多数情况下都是找自家亲戚或是关系好的近邻,外村人除非是熟识的人否则很难借到,一般不敢把牲口借给外人,因为不放心外人,担心牲口死伤。戴家借过关系很近的亲戚家的牲口,借牲口需要由戴元礼出面,人家才愿意借,借牲口不用给钱也不用送礼,靠的都是人情。戴家借亲戚的耕牛每次会借一犋牲口,一犋牲口一天可以耕 5 亩土地。对方家里还会派放牛的人一同过来帮忙,但是每次只能借用一天,即使戴家地里的活没有干完也不能再用了,一次只能用一天,因为对方家里也需要牲口耕地。戴家不用刻意的用人工置换牛工,只是以后人家有事找戴家帮忙的时候,戴家要及时提供帮助,这是大家约定俗成的规矩。戴元礼归还牲口的时候,有时会带些饲料一同归还以表示谢意。借了一次之后,对方了解过情况,第二次再去借时戴元礼就会安排戴思祥去借,这样不用当家人亲自出面,对方也会愿意借出。

4.农具齐备可自足

戴家一些比较小型的木质农具是由戴思祥打制的,大型一点的农具戴元礼就得请木匠来做,很多时候戴元礼会找自己的三弟来帮忙打制。需要的木料由自己家提供,集上没有卖木料的,每家每户房前屋后都会种一些树,需要用的时候就砍树。戴家没有人会铁匠活,凡是带铁的农具像是耙齿就得需要购买,有特殊需求的戴元礼会找铁匠到家里来,按照戴家的实际需要制作,现用现打。村里人基本每家都有铁锨、锄头、镰刀这些小型农具,大型的像是犁子、耙子这些只有稍微富裕一点的家庭才有。戴家的农具很齐全基本够满足生产需要,因为戴家以种地为生,农具不齐全没办法干活。除了大车、水车这种农具戴家没有,其他的差不多都有。如果家里的农具不慎丢失或者损坏了，就需要戴元礼出面去邻居家借个来应急，一般都是找关系最近的人家借。虽然村里每家最少都会有三五亩的土地，普通的农具家家户户都有，但是"农具可是生产力"，只有关系好的才愿意借。

戴家的农具很齐全，用自己家的农具就能满足生产需求，除非是遇到农具损坏或者临时丢失了的情况才会需要借用。借东西的时候戴家一般都会找关系好的街坊邻居家和距离近的亲戚家，不用带礼物去借，只是如果对方家里正在使用，需要等人家先用完才可以借到。戴家通常是戴元礼出面去借，当然，别人来戴家借东西也是需要当家人出面找到戴元礼才可以。由于戴家农具齐备，经常会有亲邻来戴家借农具使，只要戴家没有使用，戴元礼都会乐意将农具借出。因为能来借东西的都是平日里交情很不错的，没有借到的把握对方也不会来借，对于这样交情深厚的人家，戴家借出农具也放心，大家都会按时归还。锄头、铁锨这些每家每户都有，常被借出的是犁子、耙子，能来借犁子、耙子的都是家里有牲口的，自家有一犋牲口只是缺少农具罢了。村里还有一些人家是凑不齐一犋牲口的，只能和别人家搁伙，共用一套犁子。戴家将农具借出前不会检查农具是否毁坏，同样地，对方归还农具时戴家也不会检查，如果在之后的使用中发现毁坏了，戴家会自己维修。但如果是戴家向别人家借农具使用，归还前戴元礼会自行检查一下农具是否完善，万一哪里有损坏戴元礼会找人修缮后再行归还。

（二）生产过程

1.农业耕作为主

1947年以前，戴家主要从事农业耕作，为了下蛋卖钱饲养过十几只鸡，还养过三四头猪，两三只羊，还有一条狗。戴思祥会一点木匠，农闲的时候就干点木匠活儿，收入不多，农忙的时候戴思祥就在家里种地干农活，不经常出门，别人知道戴思祥有手艺就会主动上门找。戴思祥一般都是跟着三老爷一起做木匠活，自己的手艺相对不行，所以经常做的是维修的活或者打个桌椅板凳。戴家以农业生产为主，家里的收入大部分是靠种地获得，做木匠、搞运输挣的钱不多，只能当作家里的零花钱。戴家的农业生产以男劳力为主，戴元礼和几个儿子是主力，粮食从种到收再到晒都是男劳力的活儿，男孩子们可以帮忙干点零碎的小活，戴王氏和儿媳妇就在家负责家务活，拌饭、饲养家禽、打扫卫生等。戴家的男性主要干重活、苦力活，以下地干活为主，戴家的妇女都是裹了小脚的，只能在家干点家务，做饭做鞋烙煎饼。戴元礼身体硬朗的时候一直下地干活，后来年纪大了就在家喂牲口或是去场里帮忙晒粮食。

戴家的农业生产全部是当家人做主，由戴元礼安排，戴家人都听从戴元礼的吩咐。戴元礼只需要对农作物的种植进行总体的规划，具体的操作几个儿子都懂，不用戴元礼详细安排。戴家农作物种植都是在年前就计划好并提前一年秋收时分留好种子，戴家地里会种高粱、谷子、穄子、豆子等等，种植都是按照节气来进行，每块地几种粮食会杂在一起种。高粱和谷子会种在一块地里，各占一半，很孬的地里会在谷子的中间再点一些绿豆。每年秋分之后开始种麦子，到农历4月底收麦子，收完麦子耕地耩豆子和晚谷，戴家常种黄豆和绿豆，等到8月份豆子熟了就往家里收豆子，寒露时节种谷子，留一部分地种地瓜、花生，每块地种什么戴元礼都会提前规划好提前留出来。种地都是靠天吃饭，没有给地里浇水的传统，听天由命。每年地里种什么都是当家的决定，哪块地种什么种多少，不需要与家人商量，家人尤其是妇女不懂农业生产，也不会提出建议，全都听当家的安排。所有的粮食收割后都需要在场里晾晒个十来天的时间，晾晒的时候妇女会去帮忙翻翻粮食。农业生产安排都是自己家决定，不需要和任何人商量请示。戴元礼如果有事需要长时间外出,会提前安排好家里的农业生产工作,比如会告诉戴思祥到什么时间需要种什么,种在哪块地,种子在哪里,等等。因为农业生产不同于其他事情,耽误了时节一年的收成就没有了,农业种植关乎的是一家人生活的大事,当家人必须提前安排妥当。

生产劳动包括犁地、耙地、播种、埋沟、锄草、灌溉、收获、晒粮食、拾粪、施肥等环节,在戴家从开始犁地到收割庄稼,中间的所有环节都是由男劳力来完成,劳力不够用就找人家来帮工。秋收是一年中最忙的时候,全家人都要忙活起来,戴元礼的小儿子也要下地帮忙割麦子,忙起来从早晨五点多就开始在地里干活,到八九点钟的时候戴家的媳妇们会挑着担子去地里给劳力送饭,小孩子们也都在地里帮忙拾麦穗,往家搬麦子。粮食收上来需要在场里打,打完粮食就在场里翻晒,这时老人和妇女能够帮忙搭把手干活,粮食要晒十多天,晒完了压,压完了要扬干净,扬干净之后再晒,然后全部放到戴元礼的房间储存起来。拾粪也是男劳力的活,每天早晚不用干农活的时候,男劳力就背着粪筐、粪叉去街上溜达着拾点粪。戴元礼在农业生产中安排谁干活、干什么活儿,完全是戴元礼自己决定,不需要和家里人商量,更不需要告诉四邻、家族和保甲长。戴元礼安排的活没有人敢不干,因为家里人都知道不干活就没有饭吃。

2.家畜饲养为辅

1947年以前,戴家养了两头牛、一头驴、三四头猪还有两三只羊,戴家的牲口都是戴元礼负责喂养,几个儿子帮忙打草、铡草,喂牲口最累的就是铡草。牛和驴的喂法一样,相比之下牛比驴更好养活,因为牛只需要喂饱草就可以了,而驴得吃草料,不吃料就没劲干活。戴家养的牛和驴在农忙的时候拉犁子,农闲的时候就搞运输,牛驴都好喂养,既听话干活还有劲儿。农闲的时候戴家就用牲口运姜、核桃、花生到江苏韩庄去,从峄县到韩庄来回需要三天,还是在没有雨的情况下。由于戴思田和戴思海两人比较年轻,农忙之后就由他俩负责跑运输挣点运费钱,一趟能挣一块银元。戴家的家畜主要由家里的妇女来喂,人每天吃饱喝足之后,剩下的食物如糠、豆饼还有家里的剩饭剩菜便是饲料,当地称养猪是"一瓢糠,一瓢油,一刀下去见阎王",喂羊是专门割的草。戴家养猪既自家吃也用来卖钱,一般过年、过节的时候戴家会杀一头猪,连吃带卖,卖不了几个钱。有时候是戴元礼安排家里的男劳力出去卖猪,卖给杀猪的,此外,还有专门上门收猪的,在家门口过秤点钱。牲口如果老死或者不能干活了,戴家会卖给外人,自己喂的牲口自家舍不得吃。对牲畜的处理都是戴家人自己决定的,外人不能插言,一般由当家人做主。如果当家人不在家的时候牲畜病死或者老死了,长子就得承担起责任,赶紧将其卖掉,否则牲畜极易腐烂散发异味。

1947年之前,戴家还养过鸡,主要喂高粱、麸子,再拌上一些野菜。由家中的妇女负责家禽的饲养,养鸡的首要目的是为了贩蛋卖钱,在当地鸡本身卖不了几个钱,主要是卖鸡蛋,戴家人逢年过节也吃些鸡蛋改善一下生活。一般三月份买的小鸡,到八九月份鸡就可以下蛋了,戴家每次会养十来只小鸡。家养的鸡老了不能下蛋的时候,有的会自己家杀了吃,有的会去集市上卖掉,戴家一般是杀一只家里人改善一下伙食,其他的卖掉挣点钱,卖鸡都是男劳力去集上卖,卖鸡的钱回家之后要交给当家人。

3.木匠、运输为副

戴家是以种地为生的普通农民家庭,鲜有副业,只有戴思祥会一点木匠手艺,戴思田和戴思海会在农闲的时候搞运输,其他的就不做什么了。戴元礼的兄弟戴元山跟着大师傅学过木匠手艺,平日里以做木工为生,戴思祥因从小对木匠工作感兴趣遂跟着戴元山一起做木工打打下手,边看边学,没请过专门的手艺老师,属于"门里出身"。戴思祥由于手艺尚不成熟,平日里以木具维修为主,木具制造不太熟练。戴思田和戴思海在农闲的时候搞运输是由戴元礼决定的,农闲的时候家里不需要那么多的男劳力,戴思田和戴思海比较年轻有活力,喜欢出门溜达,所以戴元礼就让他俩搞运输,戴思田和戴思海两人也非常愿意。冬天里,戴思田和戴思海忙完戴家地里的活儿,就会赶着牲口,驼起姜包、栗子、核桃、花生帮货主运去江苏韩庄,每次可以运900斤,到了韩庄就卸货,一次可以挣到一块银元。

戴家每个人的劳动安排戴元礼可以直接决定,不需要请示其他人。戴元礼不同意家人就不可以外出,全家人必须服从戴元礼的安排。戴元礼没有刻意注重过手艺的传承,他自己不会手艺,所以没有强迫自己的儿子学手艺,戴思祥学木匠手艺完全是出于自愿,戴元礼没有干预,戴家只有戴思祥会木匠手艺。学手艺这类事当家人不过多干涉,其他的人更不会提出意见,由本人自己做主便可。

4.家长安排为准

戴思田和戴思海在冬天搞运输的时候,必须经过戴元礼的许可才可以出门,戴元礼会等到家里所有的农活都干完后,才会让两兄弟出门。戴元礼安排两兄弟一起搞运输的目的是希望两个儿子一路上可以互相照顾,为了让儿子们专心干活,减少阻碍,戴元礼不允许两个儿子带着妻儿一起上路。如果长时间的外出工作是可以带上妻子,但是两个儿子跑运输一般一个来回只需要三天,所以戴元礼不让带妻子同去。戴家的其他人平时出门也需要经过戴元礼的同意,当家的不同意就没人敢出门,但是不需要告知四邻、家族和保甲长,外人不会管谁出不出门的事情,一家人的事情由一家人自己解决。

(三)生产结果

1.农业收成基本自足

1947年以前,戴家种地一年主要能收两季粮食,分为麦收和秋收。具体农作物能收几季,由农作物的特性来决定。一般情况下一年一种庄稼只能收一季,谷子一年能收400斤,豆子差不多有300斤,麦子一亩地能收200斤,花生一般情况下能收200多斤,粮食很少有成亩地种的,都是根据土地的特点交叉着种。1947年以前种地主要靠天,影响作物收成的因素有很多,天气是最主要的影响因素,旱灾、涝灾、冰雹都会造成土地不收。不同的年份收成差异比较大,主要是受当年气候的影响。此外,收成少还因为没有肥料,虽然经常拾粪攒肥料,但是用的都是自家制的土杂肥,没有什么突出的功效,又因为地多分配不均更加导致肥力不足。"瑞雪兆丰年",年前下雪麦子的收成就会很好,因为积雪既可以杀死病虫,又是很好的肥料。一年之中到九秋十冬的时候就会知道当年的收成如何,在峄县当地流传着这样一句俗语"七月十五定旱涝,八月十五定收成"。

戴家的土地都是平原地,只是有相对贫瘠的土地。戴家会在肥沃些的地上种麦子、高粱,在相对贫瘠一点的土地上种些杂粮和花生。戴家的粮食收成是属于全家人共有的,全家人都一起吃饭,收成由戴元礼统一管理和支配,不按家庭进行分配。戴元礼通常会留下当年和来年秋收前够吃的粮食,若还有余粮戴元礼会将粮食出售卖些钱补贴家用,但是戴家由于人口较多,很少会有余粮。家庭里面最关心家里的收成好不好就是当家人,因为当家人要负责一家人的吃喝,不能让家里人饿了肚子。戴家只有戴元礼和戴王氏两人关心每年的粮食收成,家里其他人都只管踏实干活,不管收成好坏。

大多数情况下,戴家收的粮食能够满足一家人的生活需求,但若遇到天灾人祸粮食就不够吃了。1947年以前的峄县旱灾、涝灾不断,尤其是蝗灾最为严重,因为没有农药,遇到蝗灾基本就是颗粒不收。如果家里当年的收成不好就得出去挖野菜吃,一般情况下各家各户多多少少都会吃一些野菜来补充粮食的不足。粮食不够吃的情况多发生在冬季,实在挨不过日子,当地人就会从面粉厂借些粮食,这样借的都是"粮食高利贷",从面粉厂借粮食都是用斗量,"小斗借大斗还"。十升是一口袋,戴家曾一次借过两口袋,有时候可以借高粱还麦子,或者按照借一还二的比例偿还高粱。如果到时还不上粮食就会再加一倍利息,这都是驴打滚的账,普通人家不敢不还,因为面粉厂都是有权有势的人。若家中有余粮会去集上卖掉换成钱,收益不算很高,但都属于全家人所有,由当家人掌管。

2.家畜售卖补贴家用

戴家饲养的家畜、家禽不是每年都饲养同样的数量,这要根据戴家当年的粮食收成情况,收成好了就有余粮喂牲口,还能卖钱买种猪,买些小鸡。如果当年收成不好,戴家人就要以家人吃饱饭为主,不饲养牲畜。此外,牲畜的饲养还受气候、病毒等多种因素影响。牲畜很容易得病,猪会得猪瘟,羊有"羊倒圈",鸡有鸡瘟,牲畜、家禽有一个染病就会相互传染,很容易死伤。戴家条件好的时候最多会养三头猪,还有两三只羊。养牲畜都是喂糠、喂草料、喂剩饭,吃这些东西很难长肉,牲口卖不了几个钱。1947年之前,戴家养家畜就是为了卖钱补贴家用,不会为了吃肉而专门养猪,杀一头猪家里人吃得不多,基本都卖了。养鸡则是为了让鸡下蛋,满足自家的需要,过年过节或者谁生病了炒鸡蛋补补身子。家里有多余的鸡蛋也会卖掉,鸡蛋卖的很便宜,一个鸡蛋就能换几个铜铬,也可以拿着鸡蛋以物换物,直接换油盐酱醋等。戴家卖牲畜的钱都要交给当家人,由戴元礼统一管理,补贴家用,由戴元礼根据家庭需要分配使用。

3.副业收入有限

冬天到上冻的时候,地里什么活儿都没有了,戴家才会做一些副业,所以戴家通过干副业所挣得的收入很有限。戴思祥在农闲的时候会跟三叔一起外出做木工,帮三叔打下手,或者是等人家有需求的找上门才做工,其他时间还是以干地里的农活为主。通常戴思祥干一天木匠活儿能挣一吊钱,一吊钱是十个铜铬,需要全部交给戴元礼。但若是出门做木工活儿,戴思祥自己在外面需要花销一部分,这部分钱戴元礼不会过多干涉,出门在外该花的钱就得花。戴思田和戴思海在冬天里搞运输,每出一次活儿需要三天时间,可以挣到一块银元,也是要全部交给戴元礼保管,作为全家人的收入一起使用,由戴元礼统一支配,根据家里各方面需要安排花销。戴家的几兄弟对此均没有怨言,因为每个人都是为了让家里人生活得更好,而尽自己所能。

三、家户分配

(一)分配主体

1.财物极少分配

戴家收了粮食全部放在戴元礼的房间统一保管,不按人口进行分配,戴氏家族和村庄都没有分配过东西,在1947年之前都是家户生活,没有村庄公共的收入。戴家的钱物都不进行分配,只有做衣服的布料会根据需求进行分配,谁需要添置新衣服就分给谁,由家里的妇女负责缝制。做一个褂子就得用九尺布,不能每个人都添新衣服,通常是分给最需要的人。财物具体分配时均以所在家户为基本分配单位,戴家的二十多口人都有被分配到的权利,除了已经出嫁的姑娘不再享受分配,其他共同生活的家庭成员都可以享有。戴氏家族的其他成员不参与戴家的分配活动,若戴元礼将财物分给家族的其他成员也是出于亲戚交往、人情往来,或是出于答谢对方提供过的帮助,或是为了拉近双方的距离。戴元礼拒绝将自家的财物分给家族其他成员也是本分,别人不会说三道四。

戴思祥、戴思田、戴思海在农闲的时候会干副业贴补家用,为戴家的生活发展付出了更多的力量,但是这三人并不会因此而在家庭财物分配时占据优势,不存在多分多得的情况。戴家认为一个大家庭中有老有小,有能力强的,也有能力弱的,但每个人都得同样地吃饭穿衣,家里的每个人都是同样地生活下去,因此,不能按照多劳多得、不劳不得的原则。能力强的就多干活挣钱照顾能力弱的,一家人互相帮助,这样家庭才能和睦。

2.家长主导分配

戴家在进行财物分配时,多由当家人戴元礼来直接决定,分什么、怎么分、分给谁,均以戴元礼的安排为准。戴家的其他人若有要求可以提出,合理的要求戴元礼会尽量满足。重要的财物必须由戴元礼做主,如果戴元礼不在家,通常会等到戴元礼回家后再行分配。一般的家庭财物例如布匹、针线等,内当家戴王氏可以代替戴元礼分配,因为戴王氏更了解家庭的此类需求,所以戴元礼很是放心。此时,家庭的其他人成员没有资格进行财物的分配。戴元礼去世后,戴家的分配事务就完全由新当家人戴王氏负责,全家人都听从戴王氏的安排,农业生产上的需求,戴王氏会找长子戴思祥一起商议,会听取戴思祥的建议。戴家的第一代都去世后,四个儿子分家,分别负责自家的财物分配,相互之间不干涉和影响。

3.按需合理分配

戴家只在大家庭中按需分配财物,各小家庭内不再细分。不论何时,不管戴家谁是当家人,村里的街坊四邻、家族的其他成员,以及村庄的保甲长都无权干涉家户的分配事务,也没有资格享受戴家的财物分配结果。同样,在别人家进行财物分配时,戴家也无法介入到其他家庭的分配中。如果家里人认为戴元礼分配不公平,也没有人敢提意见,最多会闲言碎语说几句,但是不敢让戴元礼听到。戴家的男劳力干的活儿多也不会多分得财物,分配完全按照需求,而不以劳动量为分配依据。戴思祥、戴思田、戴思海干副业挣得的收入也是由全家人一起使用,不得计入小家庭所得。

(二)分配对象

戴家在分配时,戴家的二十口人都是分配的对象,不论是男女老幼,只要是一起生活的家庭成员,都享有被分配到的权利,包括未成年的小孩及嫁进戴家的媳妇。已经出嫁的女儿及分了家的儿子,是没有资格再享受财物分配的。戴家的亲戚和四邻有困难时,戴家会提供帮助,但在戴家内部分配的时候是不会分配给外人的。戴家分配的东西多是些生活必需品等自家所有的东西,像是棉花、针线等,都是依靠全家人的共同劳动得来的,不论付出多少都会按照需求进行平等的分配。像做衣服需要的布料戴家不会平均分配,而是根据需求,谁家需要添衣服了就告诉戴元礼和戴王氏,戴王氏会根据实际情况分给够做衣裳的布料,由小家庭的妇女来负责缝制自家丈夫或是孩子的衣服。

(三)分配类型

1.农业收成由家长分配

1947年以前,戴家的主要生活来源就是种庄稼收粮食,不同的庄稼收成不同,每年戴元礼都会留出家里人一年的口粮,剩下的如果还有富裕就拿去卖钱,如果当年歉收,粮食就先紧着自家吃,有时还得借粮食。在日本人管理峄县的时期,种地的都得交粮银子,一般情况下一年交一次,春天去交,交的粮银子是根据家里土地数量的多少来定,同时还参考土地级数,级数越高的土地质量越好,打的粮食就越多,交得粮银子也多。交粮银子负担不是很重,家里一般都能交上税。如果遇到灾荒年头会稍微有所减少,由保长和甲长把握,但通常还是很难交上,因为家里都不够吃的,这时候借钱也得交粮银子,不敢不交。自己家不够就得想办法求亲告友地去借,不然县里就会派人到家里来抓人,关起来。到了该交粮银子的时候,县里就会下通知到乡里,乡长会通知保长,保长再安排自己的"狗腿子"把消息带给各村的村长,由村长挨家挨户的找到当家人,通知交粮银子的事情。因为粮银子属于"皇粮",关系重大,不能迟交或是不交,所以村长务必会找到每户的当家人,通知到位,告诉别人村长都不放心。交粮银子的时候是自己到县里去交,峄县有专门收粮银子的地方,戴元礼年轻的时候都是他亲自去交。后来戴元礼年纪大了,就安排成年的儿子去交。

戴家只需要交自家土地的粮银子,租种资本家的土地不用戴家管粮银子的事情,谁家的地谁交。戴家只要在每次收完庄稼之后,将收成和资本家进行平分,每家一半,其他事都不用戴家过问。收成一半作为地租,戴家人觉得地租是比较重的,但是为了生存就必须种地,戴家自有土地少就只能依靠租种别人家的土地。别人愿意将土地租给戴家耕种,戴家就已经觉得是恩赐了,所以即使觉得地租偏高,但是不会也不敢有怨言,还非常注意和资本家搞好关系,以免失去土地的租佃权。租种资本家的土地每年需要交两次地租,麦季和秋季,种了什么庄稼就和资本家平分什么庄稼。当遇到灾荒年景时,资本家不会减免租金,戴家人也不敢去求情,因为正如戴家人所认为的"资本家才不会管你的死活,不会在乎你是否挨饿"。戴家没有迟交过土地的租金,每次打了粮食都会抓紧晒好,扬干净,将粮食送到资本家门上,不敢有一丝怠慢。因为一旦等到对方三番四次地催交租金,对方就会很恼火,收回土地不再给戴家耕种,这样戴家就会失去生活的来源,一家人都没有办法生存下去。为了和资本家搞好关系,大年初一的时候,有时戴元礼和几个儿子还会"五更头里"①就去到资本家府上去给资本家拜年,为了可以一直租种土地。

2.家长掌管资金财产

戴元礼掌管着戴家的财政大权,戴家的所有经济收入全部由戴元礼独自掌管。戴家收获的粮食要放在戴元礼的房间保存,戴家的资金收入都锁放在戴元礼房间的橱柜中,由戴元礼掌管钥匙。戴元礼几个儿子干副业所挣的钱也都要交给戴元礼,不得留作小家庭的财产独自使用,戴家的一切都是以大家庭所有人的利益为基础,不论是谁挣得的都是属于全家的。1947年之前,戴家的经济条件比较差,家里人都没有零花钱,家中的所有财务都是统一使用。戴元礼作为戴家的当家人也不会随意乱用家中的资金,反而因为要顾及全家人的生活更

---

① 五更头里:方言,意为在天刚明的时候。

加节省。戴家的家庭成员都没有私房钱,也都不敢私自存私房钱,挣得一点儿钱都会主动交给戴元礼。

3.副业收入全部交给家长

戴思祥、戴思田和戴思海干副业挣到的资金收入全部需要交给戴元礼,不可以自己保留,但是在外干活的必要花销,戴元礼不会限制。若家里人私藏钱物被当家人发现,轻则会被当家人训斥甚至打骂,重则会导致家庭分家。因为发生这种事情当家人会认为是家庭成员不想继续生活在一起,想过自己的小日子,所以家长就会提出分家。钱交给当家人之后家里买生活用品、生产资料都可以从这里面支钱,戴家没有人敢不交钱。戴家由于经济水平有限,戴家的孩子从来没有零用钱,家里的每一分钱都会攒起来,好好利用为家里添置物资。一个家庭的财物只有这个家庭的人才有权利管理、有资格享有,任何家庭之外的人都没有资格过问和干涉,因而戴家不需要向保甲长、族长等家庭之外的人请示。

(四)家户分配,家长支配

1.家户为分配单位

戴家在 1947 年分家之前,各个小家庭没有私房钱和私房地,一家人同吃同住,共同劳动,不分配财产和食物。直到戴元礼和戴王氏去世后,戴家的几个儿子分家,才有了归各家所有的土地和钱财。戴家人分家前一直是一起吃饭,粮食不分配,因而各小家庭不能单起炉灶。如果戴家有人怀孕或是生病时,戴元礼会安排为其单独做饭,蒸几个鸡蛋来补身子。戴家不论是农业生产还是吃饭穿衣,都是由当家人戴元礼主要负责安排、分配,缴纳赋税也是戴元礼操心,村长会把缴纳赋税的信息通知到各户的当家人,戴元礼年轻的时候亲自去峄县交税,年纪大了就安排儿子去交税。当遇到重大特殊事件时,戴元礼会询问家里其他人的意见,有时也会询问家族长辈的意见;一般的常规事务都是戴元礼自己决断,不需要向家族、保甲长请示,家里人也不会提出反对意见,完全听从戴元礼的安排。戴元礼不在家的时候,一般事务戴王氏可以代为决定,重要事务会等到戴元礼回家后再行处理。戴家分家前,除了戴元礼和戴王氏,戴家的其他成员都没有做主分配财物的权力。

2.妇女建议衣物分配

戴家的衣服分配也是由戴元礼做主安排,戴元礼既要照顾到家庭成员的需求,还要考虑家里的经济收入情况,所以很多时候,在衣物分配方面戴元礼会询问戴王氏的意见,因为戴王氏是内当家,更了解家庭成员的生活需求。1947 年之前,峄县没有专门的成衣店,要添置衣物时,需先买布料和针线或是用自家的棉花先纺线织布,再由家中的妇女缝制。戴家经济条件有限,没办法承受家里人一起添置新衣服,所以戴家的衣物不是平均分配,而是根据家庭成员的需求来供给。谁的衣服破旧不堪,不能再缝缝补补了,就需要告诉戴元礼需要布料做衣服。戴王氏在家中发现谁的衣物太旧,也会提醒戴元礼需要给谁做件新衣服了。若家中需要添置新衣物的人数太多,戴家的经济状况暂时无法承受,戴元礼便会选取衣服最破旧又常出门干活的人,优先添置新衣物,因为毕竟出门在外是代表戴家形象的。做衣服需要多少布料、多少针线,这些具体细节事务由戴王氏决定,因为戴元礼不甚了解。戴元礼不在家时,若家中有保存的布料,戴王氏可以直接决定为谁添置衣物;若戴元礼不在家而家中又没有布料时,只能再勉强缝缝补补,撑到戴元礼回家后再买布做新衣物。

戴家一般在春季和秋季添置新衣物,家里人可以主动要,当家人看到家人衣服太旧也会主动安排。戴家会种一些棉花纺线织布做衣服,若布料不够也会去集上购买,有时是戴元礼去买,有时是谁需要戴元礼就直接给钱让其自行购买。戴家不会同时给所有人添置衣服或是平均分配棉花、布料,而是按照需求的缓急来分配布料。自家纺线织的都是粗布,戴家没有织布机,纺线织布需要和别人家搁机织布,几家人凑一起织,然后分布。请别人帮忙织布会按布的个数收取手工费,一个布是50尺,分为7寸的面和8寸的面两种。此外,白布不能直接用来做衣服,要去染坊里染色,或者用酸石榴和布一起煮后再用河边的紫泥来染色,染色的布才能用来做衣服。

戴家孩子的衣服是由其母亲来缝制和修补,丈夫的衣服是媳妇来制作和修补。戴元礼结婚后衣服一直是由戴王氏来缝制,戴王氏岁数大了之后,眼睛花了没法做针线活,戴元礼和戴王氏的衣服都是由儿媳妇来缝制。一般是由戴王氏问家里谁需要添置新衣服,然后估计一下需要多少布料多少针线,戴元礼赶集的时候买回去,或者戴元礼会给钱安排家里的妇女自己去赶集购买。这些家务事情不需要请示四邻、家族、保甲长,更不存在不被允许的情况。在戴家戴元礼和戴王氏都享有衣物的分配权,因为主要由戴王氏来判断戴家人衣服新旧好坏,并决定谁需要添置新衣物。如果小孩子因为自己不小心把衣服弄破了,就会受到父母的责骂,戴印合就曾因为去山里跑,被树枝扯坏了褂子而受到母亲的严厉责备,此后便再也不敢毁坏衣物。

3.分配老幼为先

戴家在1947年以前一直是在一起吃饭,从来没有过食物的分配。空闲的时候家里的妇女会提前把煎饼烙好,放在煎饼筐里储存起来供全家人食用,吃饭时只需烧个菜、再烧个糊嘟就可以了。吃饭时在过屋里架个桌子,家里人都坐在一起吃饭,饭量不限制,随便吃管饱。家里有鸡蛋、果子这些营养品会优先给当家的吃,当家人大多数情况下是省下来留给孩子吃,如果家里有病人和孕妇时,也会优先给他们吃。即便是在灾荒年头粮食不够吃的情况下,虽然吃不饱但也不会平均分配,只能先紧着老人和孩子吃,大人饭不够吃就得吃野菜,掺点糠菜,像是一些萝卜缨子、地瓜秧子等。戴家只有在粮食不够吃的情况下才遵照老人孩子优先原则,这是当家人做主的,不需要请示任何外人。家里经济条件宽裕点的时候,戴元礼会买些水果给家里人吃,家里人每人会自觉拿一些,大人给孩子拿一点儿,没有贪心多拿多占的。

4.财物按申请分配

戴家的经济条件比较差,家人基本没有零花钱,不管是谁挣的钱都要交给当家人统一管理,不能私自留下攒私房钱。戴元礼的儿子们干副业挣到的钱,回家后就要上交给戴元礼,回家前在外工作的吃喝花销,戴元礼是支持的,不予追究,但是回家后须将剩余的钱全部上交。在外花钱也是能省则省,不会趁机胡乱花费,因为每次出门能挣多少钱、会花销多少钱,戴元礼心里都是有数的。戴家人用钱需要向当家人申请,几个儿子日常的抽烟喝酒也得向戴元礼要钱,戴家不会定时定额分发零用钱。戴家人出门赶集的时候,也是需要戴元礼给钱才能出门。财物虽然都由戴元礼掌管,但是戴元礼也不会随便花费,要为一家人的生计考虑。戴家收入好的时候,过年时会给家里的孩子准备些压岁钱,若当年收入不佳,则没有。

（五）分配过程，家人从属

1.家长一人独断

戴家在衣物、食物、零花钱、赋税缴纳的分配活动中一直都是当家人戴元礼处于支配地位，家里其他人都不会提意见，大家都知道节约过日子。彼此之间不会互相攀比，认为衣服有一件能穿的就行，不会太计较衣服的新旧好坏。家里的长辈教育孩子们从小就要尊老爱幼、勤俭节约。尊老的一个重要表现就是家里不管是吃穿用都应该先给长辈，在戴家就是优先给戴元礼和戴王氏，但两位老人也会主动分给孩子们，自己舍不得吃、舍不得用。戴家的孩子从小就知道，衣服、鞋子要爱惜穿戴，玩耍的时候不能扯坏了衣服，还不能弄脏了，因为要尽量少洗，不然就"穿不毁，洗毁了"。戴家在缴纳赋税这个问题上并不是把责任分担给全家人，而是由当家的承担主要责任，如果交不上赋税，戴元礼就得负责，但是全家人都会一起努力干活争取把赋税按时交上，这样才不会给家里惹上麻烦，这是全家人自觉履行的义务。戴元礼不在家的时候，重要的财物分配需要等待戴元礼回家之后再做决定，一般生活用品的分配戴王氏可以代为做主，戴家的其他人再没有可以做主分配家庭财物的权力，家里的其他人也不会服从非当家人的安排。

2.妇女建议衣物分配

戴家在衣物分配中，戴王氏和儿媳们可以起到一定的建议作用，戴元礼在布料分配时，会先询问戴王氏的意见，因为戴王氏了解戴家成员衣物的状况，谁是最需要添置衣物的，需要添置几件衣物，每件需要多少布料。这些生活上的事情，戴王氏更加清楚，反而当家男性是不懂的。戴元礼会在听从戴王氏的建议后，再根据家里当前的经济状况做出决定，安排为谁添置衣物，如何添置衣物等相关事宜。如果家里条件好，戴家在过年的时候会给全家人都置办新衣服，如果当年收成不好不足以维持全家人换新衣，戴家人会按照需求的轻重缓急来轮流添置衣物。戴家的衣物分配全部由戴元礼一人决定，戴王氏会进行帮衬，其他人均不可擅自做主。如果家里人有谁的鞋坏了，衣服破了，都得告诉戴元礼，戴元礼在家时会酌情添置或安排修补。戴元礼不在家的时候，若家中还有剩余布料，戴王氏会直接安排分配，否则便只能先缝缝补补将就着穿，等戴元礼回家后再添置衣物。

3.食物分配无人干涉

戴家的食物极少分配，都是一家人一起食用，在极少数的食物分配中，完全由戴元礼来决定，其他人不具有任何权利和地位，只可以给戴元礼提供建议，但是很少有人愿意干涉当家人的决定。戴家食物分配的情况有两种，一是在灾荒年景家中粮食不能满足需要，戴家的男劳力会上山去挖野菜，烙煎饼也会掺些糠菜来吃，这时家里的成年人会尽量把粮食省下来给老人、小孩吃；二是家中有人生病或是怀孕时，戴家人会专门为其单独做饭，多做些鸡蛋羹、小米粥之类的为其补养身体。戴元礼在家的时候，会留心安排食物的分配，戴元礼外出时，由戴王氏来操心负责。其他时候，戴家的食物都是家里的妇女做好，大家围坐在一起吃，不分配也不限量。家里人不能私留粮食在自己房间，但可以帮孩子留些水果、糖果。

4.家长准备压岁钱

戴家在年景好的时候，会在大年初一给孩子们一点压岁钱，戴元礼会在除夕夜便将压岁钱分开包好，每个孩子都是一样的，不偏不向。戴家的压岁钱只给孩子，成年人没有，这都是戴元礼自己决定的，家里其他人也不敢主动要。家里年景不好的时候，戴元礼就不会给孩子们准备压岁钱,因为毕竟要以保障全家人的基本生活为主,大年初一时,戴元礼会给孩子们一些糖果。与钱相关的事情,只能由当家人来做主,其他人都没有办法擅自决定。

5.副业收入上交家长

戴思祥、戴思田和戴思海在外干副业挣的钱,回家后要如数上交给戴元礼,作为全家人的财产,全部由戴元礼来安排开支,不得留作自己使用。因为男劳力外出干活是为了家庭的发展,他们走了家里人干活的负担也相应加重,所有人都是为了家庭而付出,所以每个人都没有特权。戴元礼的儿子们每次挣钱回家之后,也会自觉将财务上交,不需要戴元礼催促,因为这是戴家一直以来的习惯。

6.赋税缴纳服从安排

戴家在缴纳赋税时除了家长之外,其他家庭成员也具有一定的地位,发挥辅助作用,戴元礼在家的时候,一切由戴元礼说了算,家里其他人不会提任何意见,实际上缴纳赋税就连当家的也只有听从当官的安排,不可以违抗或者不交。如果戴元礼不在家的时候,家里的其他人尤其是儿子或者是戴王氏就会发挥自己的作用,代替戴元礼去缴纳赋税,因为缴税不能耽误,否则会严重影响一家人的生活。

(六)分配统筹

1.按成员需求分配

戴家通常是按照需求进行分配,因为受家庭条件的影响,不可能照顾到所有人,只能按照优先照顾紧急的原则,谁最需要就先解决谁的问题。不论是食物分配还是衣物分配,都是先解决最棘手的需求,其他人可以轮流享受,就像营养品优先给老人孩子吃,给病人和孕妇吃,衣服优先给穿破衣裳的人添置新的,压岁钱主要给小孩子。虽然满足每个人的需求时有先后顺序,但不是当家人偏心。戴元礼不会因为喜欢谁就多给谁一些,讨厌谁就少给或者不给谁,只是因为当时家里的经济条件有限。戴家的其他成员也都理解,不会认为是戴元礼偏心的做法,大家会自觉地将财务先给最需要的人,因为都是一家人,是不分你的还是我的,一切财物都是大家共有的。

2.保证赋税后再分配

1947年之前,戴家的地租赋税都是全家人一起劳动一起上交,不会分配。家里的财物首先是要缴纳赋税,这个钱是必须留出的,因为皇粮不可以不交,若无法按时交上,县官会派人到家里来抓人并关起来。年景好的时候,戴家首先将赋税上交,其他的财物用来消费,而遇到灾荒年,上交赋税都有困难,戴家会想办法借钱借粮先把赋税交上,再以挖野菜吃、逃荒等方式解决自家的生存问题。戴家没有私房钱、私房地,大部分财物都是一家人共同使用,由戴元礼来安排,不进行分配的。个别情况分配时,也是以食物为先,首先要能够解决全家人的生存问题,而水果、糖果之类的食品则是在家庭富裕的前提下才会购买分派。其次是衣物的分配,只有在能够填饱肚子的情况下,戴家才会分配衣物,否则全部财物都用来储存或购买粮食。零花钱只有在家庭经济相当富裕,衣食都有保障的情况下,才会在过年的时候给孩子们一点儿压岁钱,表达长辈美好的心愿,让孩子们高高兴兴地过年。

3.分配时照顾老弱

戴家由于经济条件有限,无法将财物在同一时间平均分给所有人,所以戴家的所有分配都是优先依照"需求为先"的原则,在此基础上会注意照顾家里的老人、孩子、病人等特殊成员。每一次具体分配时，当家人都会秉承公平的原则，由戴元礼对家庭成员需求进行估算，每个人都不会多分，大家可以轮流享受。老人、小孩、病人、孕妇在食物分配中会享受到营养品的优先供给特权，这种特权没有期限，是家人自觉承认和享有的，大家都不会提出质疑，因为每个人都有从年幼变老以及需要别人照顾的时期。比如，戴家人都在一口锅里吃饭，但通常是老人孩子吃稠的，成年人喝稀的，而病人每餐还可以多吃一个鸡蛋，等等。这些特权，戴家人都愿意接受并自觉遵守。

当家人在家庭分配上没有任何特权，1947 年以前，戴元礼也七十多岁了，但是戴元礼当家的期间从来没有过多拿多占的情况，也不会偏心对待家里的成员。即便是家里有好吃的好穿的，孩子们会优先孝敬戴元礼，但戴元礼作为长辈，时常舍不得用而留给孩子们，因为他知道生活的不容易，宁愿自己受苦也不愿意苦了孩子，总会想办法让他们生活得更好一点。戴思祥、戴思田和戴思海在外干活时，挣得钱可以自己花销一部分，戴元礼不会苛责，对于这一点家里人也都是认可和接受的，因为工作在外生活会更辛苦一些，难免有花销的地方，男劳力外出挣的钱也是带回来供全家人花销，这对于在家里留守的人来说，已经是非常感恩和知足的了，所以对于男劳力在外买烟叶等额外花销也不会表达不满或是质疑。

四、家户消费

（一）家户消费及自足程度

1.中等收入水平

1947 年之前，戴家每年大概会花费几十块大洋，相当于几千斤粮食来支付生活开销，每年的收入和花销基本持平，很少会有剩余，灾荒年景还会入不敷出，需要借贷为生。戴家因为人口多，家里开销就多，在村里勉强算是中等水平，每一笔钱都得精打细算着使用。灾荒年份粮食不够吃，就得去湖里挖野菜来充饥，全家人节衣缩食，能省则省。实在挨不下去了，就会出去借粮借钱，少量的需求会找亲戚邻居借，因为向亲戚邻居借粮没有利息，但是灾荒年份普通家庭的日子都不好过，所以通常很难借到，即使借到也是有限的数量。走投无路的时候戴家会去跟富裕人家、资本家借"高粮贷"，借一升还两升，借高粱还小麦，戴家都是为了生存硬着头皮去借。最严重的情况就是一家人外出逃荒，拖家带口的离开家乡，到江苏投靠亲戚或是流浪。

戴家人口多劳动力充足，既有自家的土地，也有租种资本家的土地，农闲的时候几个儿子还会外出干副业，所以只要当家人勤俭持家，合理安排花销，大多数时间戴家的收入可以满足一家人的日常开支。家庭收入略少时，戴家会通过全家人节衣缩食来渡过难关，能不用的便不用，能少吃的就少吃，饭里掺糠吃野菜，衣服也会格外爱护穿。戴家若是遇到急事需要用钱，戴元礼会出面向亲戚朋友借贷，这样的情况一般很少，除非是迫不得已的时候戴家才会借钱，因为钱很难借到，必须是富裕的家户才有钱，但是他们通常不愿意借钱给穷人。借钱的时候关系再好的亲戚也得写个字据，签字画押写欠条，欠条上写明某人、某日、借某人多少钱，要求多长时间归还。借款人若是发现不能按时归还，可以请求对方稍微宽限几天时间，尽快还上，这样就不用额外追加利息。但若长时间还不上，对方会到家里来催要，一家人都不得安宁还得增加利息，所以戴家借钱后都会想尽办法尽快归还。

田屯村在 1947 年之前，年景尚佳，多是风调雨顺的年份，戴家人生活祥乐，生活压力不大,只需要相对勤俭节约便可。戴家生活拮据的主要原因是受自然灾害的影响,各种自然灾害导致粮食减产,收成降低。戴家是以种地为生的普通农民家庭,全部指望土地生存,粮食收成直接影响戴家的生活水平,而且农民基本没有能力抵抗灾害,发生灾害时只能眼睁睁看着农作物受损,苦不堪言。

2.粮食自产自食

戴家一共有 20 多口人在一起同居共食,每人平均一年需要消费三百多斤粮食,这样总共得消费接近一万斤的粮食。戴家祖上传下来的只有 20 多亩土地,为了养活一大家人,戴元礼又从资本家的手里租种了 30 多亩土地,与资本家平分粮食。年景好的时候,戴家每年的收成可以满足全家人的生活需要,甚至还能有富余可以卖掉一些来换钱。年景不好的时候,自己家打的粮食根本不够吃,还得由戴元礼去到别人家借一些粮食来维持戴家的生活,等到自家收了粮食后马上还给对方。

民以食为天,粮食消费是戴家的首要消费,占总体消费的比重接近七成,且基本上都是戴家自产、自给自足的,很少有外购的时候,除非是粮食收成不景气,不够一家人食用时。遇到年景不好,戴家的粮食收入无法维持生活时,戴家人首先会通过自家节省来解决。戴元礼会规划一下戴家人一年的粮食需求和家中的粮食存量,计算好每天的粮食消费,能节省便节省,少干活的人就少吃饭,在饭里掺些糠菜,再去湖里挖些野菜,以此来补充粮食的不足。遇到困难,戴家人首先会团结起来,靠全家人的力量,大家一起克服。若实在难以应对,戴家会向亲戚近邻借些粮食,请求别人家帮助救济一下渡过难关,向亲戚近邻借粮食不用给利息,但是能借到的不多,因为每个家庭都得很多人要养活,不能拖垮了别人。若是家里粮食的缺口太大,依靠向亲戚近邻借的那些粮食无法满足戴家成员的生活需求,戴元礼会出面向资本家借"高粮贷"。借"高粮贷"的好处是可以借到足够的数量来维持家庭需要,但其危险之处在于"高粮贷"都是驴打滚的利息,借一升要归还两升,因此很容易还不上粮食,越欠越多,最终抵掉家产。除了借"高粮贷",走投无路的时候,戴家还会外出逃荒去山里要饭吃。

虽然 1947 年之前农民的日子不好过,但也不是总是如此,风调雨顺的年份,粮食的收成还是很可观的,最起码可以保证戴家人在一年中吃喝不愁,过年时还可能有闲钱买点肉和果子来改善生活。而在灾荒年头,各种自然灾害频繁发生,导致庄稼减产甚至不收,这便使得以种地为生的农民生无所依,无法维持正常的生活。不管是风调雨顺还是灾荒年头,粮食消费都必须节省,家里的粮食不能敞开肚皮吃。丰收之后戴家会有一小段时间可以吃些细面改变下口味,其余时候还是会以粗粮煎饼为主,有时还会吃一些野菜,最常吃的是荠菜。若是灾荒年景那便连粗粮煎饼都不能管够,只能是省着吃,把精细的粮食留给老人和小孩吃,成年人喝点稀的,吃点粗的对付一下。

3.食物少数外购

1947 年之前,戴家的支出以食物消费为主,占总体消费的比重可以达到近八成,并且大部分食物戴家都是可以自产自给的,只有果子、糖果之类的会去购买,但购买的次数和总量都很小,只有生活非常富足或是家中有发生重大事件时,才会购买,大多数时间是舍不得吃这些的。戴家有一小片菜园,会种一些当季的蔬菜,如辣椒、土豆、黄瓜、白菜、萝卜,等等,基本可以满足戴家的日常需求,冬天还会囤起来吃,不需要从外面购买。同时,戴家养了十几只鸡和三四头猪,养鸡的主要目的便是贩蛋卖钱以及供自家人食用。戴家养猪也是相同的目的,戴家在过年过节的时候会杀一头猪,自己家吃一部分,其余的卖掉。戴家的食物消费遵从"有钱多吃,没钱少吃"的原则,所以基本可以维持日常需求,没有缺口。若难以维持时,戴家会尽量节省食用,比如将蔬菜做成咸菜,这样既便于长时间储存,又能够更加下饭。

4.购置布料妇女制作

戴家所有人的衣服、鞋子甚至是被褥,都是戴家人自己缝制的,主要由家中的妇女根据戴王氏的安排制作。1947年以前峄县没有成衣店,集市上也没有卖成品衣帽的,大家都是从集市上买来布匹和针线,冬天还得买棉花做鞋和衣服,回家自己缝。通常戴家人一年也就能换三两件衣裳,棉袄去掉棉花又能当薄褂子穿,衣服都是上面的补丁压着下面的补丁。家里经济状况好的时候,过年时就会添置新衣服;若家里经济条件不允许,过年也不能添置新衣服,只能依照每个人衣服的新旧好坏,给衣服最破烂的人优先换新的,鞋帽、被褥的情况也是一样。尤其鞋子是易耗品,男劳力一年需要三四双鞋,年纪大的更省一些,年幼的需要的更多,跑跑跳跳的容易坏,小孩一般从5岁之后才开始穿鞋。戴家每年的衣物消费也很高,因为布料的价格相对粮食更高一些,能占到总体消费的20%。戴家的生活消费,除了吃便是穿了。

戴家本身会种棉花,自己家用棉花纺线织布,但是由于种植面积不大,有时自己家织的布并不能满足家庭的需要,要从外面购置补充,外购的比例一般可以占到衣服消费的30%,这是在经济状况好的情况下。若经济条件不允许,就仅依靠自家种棉花纺线织布,而不外购了。虽然衣服不够穿,但是很少有向别人借衣服穿的,因为每家每户的情况都差不多,都得以换粮食吃饭为主,衣服消费紧紧巴巴,没有多余可借的衣服。但有一些特殊情况,比如家里要办喜事,若家里太穷了没有新衣服穿,便会去亲戚家或者关系好的邻居家去借一件临时穿着,先得体面些,用完了之后赶紧还给人家。

1947年以前还是丰收年份多一些,家里会省吃俭用尽量在过年的时候给家人添置些新的棉袄、棉鞋,这样过年穿出去才不丢面子。当然,衣物消费也需要勤俭节约,尤其是不能故意或者不小心划破弄坏,要时时刻刻爱护自己的衣物,如果碎了、破了要尽可能地缝补,很多人的衣服全身上下都是补丁,除非是实在没法穿了才会想办法换新的。戴家为了减少衣服的损耗,会减少衣服的洗涤,每次洗衣服也会少洗一遍,免得衣服没被穿坏反而被洗坏了。

5.生病抓草药花销较少

1947年之前,戴家每年医疗费用花销很少,有的年份几乎没有医疗费用的开支,这并不是因为戴家身体好不生病,而是家里没有钱去治病。生病时能挨就挨,或者采用一些土办法自行医治,耽搁严重了便很快会过世。当时的小孩子很容易因病夭折,一方面是因为生活条件不好,吃的差,身体抵抗力就差,另一方面是因为医疗条件差,有很多病即使吃药也难以治愈。戴元礼本应有很多孩子,有几个孩子一出生就染了破伤风夭折了,几个孩子都是因为同样的病症夭折,但是由于医疗水平差,没有方法进行救治。

戴家没有人因为身体不好需要常年吃药的,戴元礼和戴王氏直到六七十岁的时候身体依旧很硬朗。当时生病吃药也都是草药,要去枣庄街上的药铺里找郎中抓药,离戴家有三五里路的不算远,都是郎中在自己家里开的药铺。通常一副药需要一块银元,经济负担较重,戴家人生病了就得卖粮食看病,没有粮食就得去借钱看病,戴元礼不能任由家人生病而不过问。

6.人情消费借物品表达

1947年以前的人情消费很少,但却是必须要有的。当地的人情负担不是很重,都是根据家庭情况来定,家庭条件太差的就不和其他人来往了,毕竟要以维持生活为根本。戴家除了姑娘、姑姑、姥娘、舅舅家这种很近的亲属关系,和其他人很少有人情往来。过年过节时不会走亲戚,邻居间也很少串门子,当时的人情消费主要就是亲戚、近邻家的红白喜事,以及请别人帮忙之后要还的人情。戴家的人情支出戴元礼心里都有数,人情消费虽然不多但戴元礼也会记账,因为在这方面不能欠别人的。由于村里人家庭条件都不是很好,村民之间人情消费直接给钱的很少,通常是给点东西以表达感情。红事主要是给鸡蛋,给的鸡蛋也不多,大概有十多个,还可以送果盒,果盒里装的是些点心,富裕的人家结婚时还会送一个袄面、被面,只有送了这些东西的才能去喝喜酒。结婚随礼的人很少,除了自家的亲戚,外姓的几乎没有随礼的。若是遇到白事,送去一把烧纸便可,亲戚之间也没有给钱的。平日里邻居、亲戚之间有互相走动,经常拆借帮忙的,知道人家家里有红白喜事,戴家多少都会表示一下。当地人不管家里条件有多差,除非是逃荒要饭的,一般人家里多少都会有一些人情交往,只不过有多有少罢了,富裕时就多给些,家里困难的就少给点,彼此间都可以理解。戴家在1947年之前办过酒席,办酒席的花销和收的礼金是可以持平的,所以压力不大,可以承受得起。

7.一人读书费用可承受

1947年以前,戴家每年的教育消费很少,因为戴家只有戴元礼的小儿子戴思忠一人读书。1947年之前的钱都是论千万计算,一万就是一块钱,一千就是一毛钱,戴思忠一年的教育消费大概是六七千,负担不是很重,戴家可以承受。教育费用主要包括学费和笔墨纸砚的花销,学生都是在自己家吃住,因此没有其他需要花钱的地方了。读书都得去大户人家,只有大户人家有房子可以用来教书上课,通常每个教书先生就带不到二十个学生,天天教背书。当时供孩子念书的经济压力不是很大,家庭收入完全能够维持教育消费。戴元礼和戴王氏很支持小儿子戴思忠念书,家里遇到饥荒的时候,也没有让戴思忠停止过上学,戴家会集中一切力量供戴思忠去念书。戴元礼觉得孩子尽可能多念书才能有出息,只不过戴元礼其他几个孩子都不喜欢念书,便都留在家里下地干活没有念书。田屯村没有女孩念书,当地大多数人都认为男尊女卑,女孩读书没什么用,女儿早晚要结婚嫁人,到时候就不是自己家人了,而且家里经济也都没有那么宽裕,所以大多数人家都只让儿子念书,儿子有出息了一家人也就有希望了。

8.粮食消费最重要

戴家每年的粮食、食物、衣物、医疗、教育、人情等消费中,粮食花销是最大的,因为吃是无穷尽的,是最主要的,没有饭吃其他的什么事情就都干不了。1947年以前,饿死人的事情在当地时有发生,只有吃饱了能活下去才能干活,干活才能有饭吃,所以最主要的是先吃饱饭。教育方面的花销相对来说是可有可无的,家里经济条件好就让孩子们多念书,条件不好就少念书、甚至是不念书,一方面可以节省家庭开支,另一方面孩子可以为家里添加劳动力,可以使家庭更能够有充足的人力干活挣钱。此外,人情消费在某些情况下也是会舍弃的,如果家里穷得连饭都吃不上,人情消费便是根本没有办法顾及的。

（二）家户消费，全家承担

1.家户承担消费

戴家的日常开支都是由戴家自行承担，家庭收入全部由戴元礼负责管理，家庭开支也统一由戴元礼提供，家庭成员手中并没有属于自己的钱。对于一个家庭的消费支出，宗族和村庄都不予过问和干预，除非是家庭遇到困难生活难以维系时，宗族间会提供帮助，不会眼睁睁看着自己家族的人被困难击倒。戴元礼的四弟去世时，因其家庭生活困难，无法承担葬礼费用，想草草安葬。戴元礼觉得看不过去，便安排儿子戴思祥给四弟的儿子送去两块银元，帮助其完成葬礼。在其他事情上，若因家庭条件较差难以负担，便能省则省，一切从简，外人不会主动提供帮助，只能以家庭名义向他人借钱来应急。

2.食物自家负担

戴家的食物主要依靠自家生产，收得多了吃得好，收得少了就吃得差，但是全部由家户承担，外人不会为戴家提供食物，也不会侵占戴家的食物。即使在饥荒年间，粮食不够吃的，村庄或是宗族也不会提供，只能戴元礼出去借粮食，向亲戚借粮不需要还利息，而且亲戚不会催促，什么时候家里宽裕了还上就好，向其他人借粮食就得加利息，要多还一些。戴家平日里吃的果子酒水等其他食物也都是由家户的生活费用支出，其他人可能会在过年过节的时候送来一些，但是这都属于人情，戴家也是要还礼的。

3.衣物消费家长出资

1947年之前，戴家人的衣物消费都是由戴元礼出钱购买布料，而后由各家的媳妇自行缝制。村庄没有福利的发放，宗族在过年过节时也不会提供衣物，每家每户的衣物消费完全从家庭开支，由当家人负责。

4.人情消费共同承担

戴家在人情消费中所支出的费用全部是由本家户自行承担，宗族中没有公共费用支出。戴元礼作为戴家的当家人，戴家与其它家庭间的人情来往，全部由戴元礼出面代表戴家进行活动。人情来往的费用从家庭总收入中支出，所有家庭成员共同承担，即便只是戴家一位成员或一个小家庭的人情往来，也是由戴元礼出钱，家户整体负担。戴家在办理红白喜事的时候会邀请保甲长、村长等，他们有时也会带来礼金，但这仅属于其个人行为，不代表村庄的支出。

5.父母承担教育费用

戴家孩子上学念书的费用由孩子的父母自行承担，家户不统一支出。戴家只有戴元礼的小儿子戴思忠念过私塾，一方面是因为戴元礼的几个儿子中只有戴思忠年龄小不能干活，并且愿意读书；另一方面，戴家的家庭收入全部掌握在戴元礼手中，各个小家庭没有自己的收入，因而没有办法负担自己孩子的教育消费，只有在分家之后，各个小家庭才有资金供自己的孩子念书上学。戴思忠念书的教育消费其实也是由整个家户来承担的，因为戴元礼其他几个儿子自身不愿意读书，所以对于家户出资供戴思忠念书并没不满和怨言。1947年之前，小孩子念书，村庄不会提供资助，全部依照家庭经济情况，通常是有钱人家的孩子才能读书，戴思忠念的私塾也是大户人家请来的先生，戴思忠去大户人家里与他们的孩子一起学习。

(三)家长掌握,家人遵从

1.家长提前规划粮食消费

粮食消费是戴家最重要的一项消费支出,由戴元礼全权安排。为保障家里人的正常生活,每年戴家的每块土地要种什么,大概可以收多少斤粮食,戴家全家人能够吃多长时间……这些问题戴元礼都要提前规划好,才能保证戴家的安稳生活。所以一个家庭的粮食消费必须有当家人来负责统筹安排,包括保甲长在内的其他人。因为不了解别人家庭的生活生产情况,没有权力也没有办法去干涉,因此,戴元礼在安排家庭粮食消费时不需要请示四邻和保甲长。戴元礼在安排粮食消费时会与戴王氏商议,戴元礼了解农业生产及粮食的收成情况,而戴王氏则了解戴家的粮食消耗情况,因为戴家都是妇女做饭,作为内当家的戴王氏能够掌握每个人的饭量及家中的余粮,收入与消耗进行对比,戴元礼才能更好地安排家户的粮食消费。戴家的粮食收上来之后都要放在戴元礼的房间保存,家里的其他人都不能私自处理戴家的粮食,否则将会受到戴元礼的严厉惩罚,外人若来借用也必须找到戴元礼才可以借到。因为粮食直接影响戴家人的生活状况,任何人都承担不起这个责任,家里人都自觉遵守。

戴元礼去世后戴王氏成为戴家的当家人,戴王氏当家期间,戴家的粮食消费由戴王氏安排,戴王氏会请长子戴思祥协助,一起商议农业生产的安排,以保证戴家可以有充足的口粮。分家之后,就是各个小家庭的当家人来负责安排自己家庭的粮食消费,彼此之间不会干预和影响。

2.家长根据成员需求选择食物

戴家的其他食物消费也是由戴元礼亲自安排,戴元礼不会和家里人详细的商议,有时会询问家里人想吃些什么,戴元礼赶集的时候就会买回来。戴元礼觉得家庭情况相对较好时,从集上买来的东西就多,也常常买水果,洗好了放在堂屋大家一起吃。若戴家经济条件紧张,戴元礼便要想尽办法保证家中粮食的存量,节衣缩食。大多数情况,戴家的食物都是自给的,蔬菜由自家菜园供应,鸡蛋是自家饲养的鸡产的,想吃肉时便会宰杀一头家养的猪,这些食物的消费也都是由戴元礼根据家庭需要来安排,鸡蛋主要用于给家里人补身体,老弱病人优先,其他人不得擅自食用。戴家的任何食物消费都不必请示四邻、家族和保甲长,外人也不会出来干涉,不在一口锅里吃饭的人没有话语权。戴元礼不在家时,戴王氏可以代其安排家庭的食物消费,但没有决定杀猪的权力,家畜宰杀必须由戴元礼亲自做主才行,因为牲畜的宰杀时间需要当家人的统筹安排才能发挥其最大价值。

3.内当家建议衣物消费

戴家种植有一定亩数的棉花,每年收了棉花后会用来纺线织布,但通常没有办法满足全家人的需要,会再额外购买布料来补充。1947年之前,峄县没有卖成品衣服的,都是买了布料回家自己缝制。戴家的衣物消费由戴元礼最终拍板决定,但是戴元礼会询问戴王氏的意见,因为家中事务主要由戴王氏负责,戴王氏更了解每个人的生活需求。戴元礼赶集买布前,会询问戴王氏需要购买的数量和样式,或是直接把钱交给戴王氏,由戴王氏和儿媳一起去集上购买。家里人自己觉得需要添置衣物时,可以向戴元礼或是戴王氏申请,戴元礼会结合家庭的经济状况进行妥善安排,不需要提前告知家里人,也不需要请示戴家以外的人。

4.人情往来家长出面家人提醒

戴家的人情往来通常都是由戴元礼出面代表戴家应酬,除非是戴家媳妇们娘家的女性亲属,多由戴王氏出面走动。人情往来中的消费通常都是由戴元礼来安排,若是家族中共同的大事情,戴元礼会与家族的长辈或是其他人商议,来决定最终的人情消费支出。但是村里的村长、保甲长如果和戴家没有人情关系便没有资格过问的。别人家对于戴家的帮助和情谊,戴家人都会记住并提醒戴元礼,不能欠下人情债。

5.父母独立承担学费

戴家孩子的教育费用由其父母承担,不需要告知四邻、家族和保甲长,更不存在不被允许的情况,除父母外的其他人都不得干涉。因为戴家的家庭收入完全掌握在戴元礼手中,所以只有戴元礼的几个儿子有机会念书,戴家的第三代因其父母没有独立的经济收入就都没有机会上学念书。戴元礼的四个儿子中只有小儿子喜欢读书,所以戴元礼只安排了小儿子去念书,其他人共同承担戴思忠的教育费用。因为私塾的学费并不算很高,戴家的其他人没有意见承担此项费用。戴思忠念书每年需要交学费的时候,戴元礼都会亲自去交,并且向教书先生打探一下戴思忠的学习情况。

五、家户借贷

(一)借贷单位

1.春季常借粮

1947 年以前,戴家在家庭收入不好的时候向老亲四邻借过钱,借钱来买粮食、买布料维持生活。戴家通常都是在阳历年的时候会借钱借粮,春天家里粮食容易短缺吃不上饭,戴元礼就代表家人去向家族里年纪长的借钱,戴元礼常去自己的哥哥家借钱,每次借四五块银元,跟自家的亲戚借不需要给利息,只要及时足额的还上就可以。俗话说"好借好还,再借不难",借了钱不管怎么样千方百计都要想办法及时还给人家,如果拖了很久仍还不上钱,今后再想向对方借钱时,对方即使有钱也宁愿把钱在家里搁着,而不愿意借出了。

戴元礼去借钱时会先掂量一下对方家里是否有钱可以借,只有知道自己家族里谁家有钱才可能借到钱,如若人家本就生活困难没有闲钱,肯定不会将钱借给别人。戴家就遇到过对方家里没钱的情况,对方直接会说"俺家没钱借给你,等之后有了再帮你吧"。戴元礼借钱时会将家中的困难、借钱的原因告诉对方,或是因为粮食短缺,或是因为家里要办红白喜事等等,一般只要是关系好的亲属近邻都会愿意借钱,除非是人家也真的没有钱。戴家在生活遇到困难时,会首先想办法尽量依靠自家的力量来解决,实在没有办法才会求助别人,像是教育消费短缺这种可有可无的花销,戴家不会因此向别人借钱,没钱不念书便罢了。

戴家在 1947 年之前借粮食的时候更多一些,因为家里需要借贷大多是因为粮食短缺,与其借钱买粮不如直接借粮食方便,之后还给人家粮食即可。借钱也就是用来买盐、买布料等,这些东西在生活艰难的时候通常是能省就省了。戴家的借贷都是以家户为单位进行,没有出现过几家人联合借贷的情况,即使是家族活动需要集资,也是谁家没有就自行借贷,家族不会以集体的名义搞借贷活动。

2.家户名义借贷

戴家的借贷活动都是当家人做主,代表全家人借贷,戴元礼当家的时候都是由戴元礼亲自出面,戴王氏当家时是由戴王氏先做决定,而后安排长子戴思祥出面借贷。当家人外出时,若家中遇到紧急情况需要借贷,由长子戴思祥做主负责,一家人都自觉听从戴思祥的安排,当家人回家后,戴思祥会及时告知当家人借贷事宜,以便当家人合理安排早日归还。此外,若是与戴家媳妇们的娘家人借贷,戴元礼会请儿媳妇从中说和,由儿媳妇代替戴元礼出面借贷。戴家借贷的目的主要就是为了生活,解决衣食住行及农业生产上的问题,由当家人决定即可,不需要和家人商量,更不需要请示四邻、保甲长等其他家庭以外的人。

戴家的借贷通常都是由当家人借,当家人还,别人向戴家借钱时也是要找到当家人,因为戴家的财政大权由当家人一人掌握,其他人都没有钱。在分家以前,家中的小家庭都不可以单独借贷。戴家不论是借钱还是借粮,都是以全家二十多口人的名义由当家人出面去借。戴家同食共财,家里有了喜事全家人一起分享,家中出现问题需要借钱也是以全家人之力共同面对。若以小家庭的名义借贷,其他人会评价戴家关系不和,外人也会因为质疑小家庭的偿还能力而拒绝借贷。若此事被当家人知晓,当家人会认为是小家庭成员不想继续留在大家庭内一起生活,因而可能会提出分家,各自过日子。

3.个人借贷不受认可

戴家从未出现过家庭中个人借贷的情况,因为戴家的家教很严,有任何事情都要先告知当家人,由当家人解决,不能私自处理。当家人作为戴家的代表人,借贷问题一般都是由当家人直接负责,戴家人有任何需求只需告诉当家人便可,由当家人出面借贷。当家人在对外借贷过程中也会逐渐积累自己的信用基础,而家中其他成员在未经过家长同意擅自个人借贷时,对方会对戴家成员个人的借贷目的和信用水平产生怀疑,从而拒绝借贷。即便是儿媳妇代表戴家向娘家借贷,也是戴家的当家人同意并安排的,因为戴家的家庭成员没有自己的私房钱,戴家的一切经济来源都由当家人掌握,所以即使个人借贷也没有能力偿还。

(二)借贷主体

1.家长安排借贷

戴家在借贷过程中家长就是实际支配者,什么时候借贷、向谁借贷、借贷数额、如何归还等,这些均由家长考虑筹划,借贷得到的粮食和金钱也全部由家长来支配。戴元礼当家时,戴家的借贷活动大多都是戴元礼亲自出面;戴王氏当家时,戴王氏会安排儿子出面借贷,因为只有男子才能代表一个家庭。当然,若是需要向儿媳妇的娘家借贷,当家人就会安排儿媳妇出面,因为一家人之间更好沟通和商议。若当家人外出,则由长子来负责家中一切事物,包括借贷活动,因为"长兄如父",所以家里人都会自觉接受并遵从兄长的安排。当家人不在家的时候,即便借到了钱粮,家里的其他人也不敢随便动用这些钱粮做其他任何事情。如果当家人回家后发现家里其他人未经过许可私自挪用家中钱粮一定会受到严厉惩罚。

2.可以委托家人借贷

戴家在借贷过程中,当家人可以委托家庭成员出面借贷,这样通常是在当家人不在家或者一些特殊情况下,多数情况还是当家人亲自出面,当然,女性当家人除外。因为若是家庭成员作为代表去借贷,对方会对其借贷的真实性及还贷能力产生怀疑,从而不敢借贷,尤其是向邻居朋友而非亲戚借贷的时候。但如果需要向儿媳的娘家借贷时,戴元礼就会委托儿媳出面,回娘家借钱借粮,具体委托哪位家庭成员去借,还要依据哪位家庭成员能够借到钱应急,如果妻子戴王氏能借到钱,委托戴王氏借钱也是可以的。

亲属间相互拆借不需要写借条,只有在向外人借钱借粮时才会写欠条,欠条的署名不一定是当家人的名字,谁代表戴家人出面借钱,欠条上就签上谁的名字,如果是当家人向外人借钱,那么欠条上签字就一定是当家人的名字。家庭委托成员借贷的用途不一,但终究是为了全家人的生产、生活所用,不会以某个人的理由去借贷。未经过当家人委托家庭成员一般不敢私自出去借贷,除非家庭成员在外惹是生非,或者吃喝嫖赌花钱才会借私钱,否则自己缺钱就会向当家人直接提出,而不会去想办法私自借钱的,这种情况外人一般不会轻易借给他,一定会问他借钱的目的,如果没有合理的理由对方是不敢轻易外借的。如果当家人知道这件事情,私自借钱的家庭成员一定会受到严厉的惩罚。

3.长子主动承担责任

1947年以前,戴家的借贷活动以借粮为主,有当家人主要负责,家里的其他成员也会帮助,因为若是需要借粮,那一定是家里的生活维持不下去了,全家人为了活命都会积极主动地帮助当家人出谋划策想办法,能有资源可以借到粮食的都会愿意去尝试,一家人共同努力渡过难关。但是家庭成员在借贷前,都会先通报当家人,不会私自决定,由当家人决定是否去借,安排最适合的人员去借,这样借到钱粮才能被全家人认可,一家人愿意一起偿还。当家人外出家中又遇到紧急情况需要处理时,戴思祥作为长子会主动承担起责任,负责对外借贷事。戴王氏在家时,会由戴王氏来做决定,戴思祥只需要执行,戴王氏也不在家时,戴思祥就需要自己决定向谁家借粮借钱来帮助家庭渡过难关,然后还要组织家人生产、搞副业,一起想办法将借贷如期归还。

(三)借贷责任

1.家长承担主要责任

借贷通常都是由当家人出面由当家人负责,若未能按时归还,对方也是来找当家人索要,家里的其他成员都没有掌握经济的权利。当家人出面借粮借钱都是供全家人花销使用,所以一家人都有还贷的责任,而不是当家人一个人的事情,当家人只是对外交涉的代表。为了还贷,男劳力要卖力种田、干副业,妇女们要听从婆婆的安排勤俭持家。戴家借来的钱粮只供一起生活的一家人使用,外人没有资格享受,自然其他人也没有义务帮忙还贷,谁借的谁负责还清,家族、村庄都不会提供帮助。戴家不允许以小家庭名义借贷,若出现这种行为,当家人不会同意从大家庭的收入中抽取部分帮其还贷,自己借的自己归还,戴家没有人敢私自借贷。

2.全家人共同还贷

借贷之后,家里的每个成员都有还贷的责任,当然主要是成年人的责任,小孩还没有干活的劳动能力,但是他们也会做一些力所能及的事帮助家里减轻负担,戴家对于自家的还贷责任没有明确细分,都是通过全家人一起辛勤耕作努力攒钱还贷,并不存在长辈多承担一些,晚辈少负担一点的情况。男性承担的责任会多于女性,原因在于男性可以下地劳动,而女性都因缠足无法下地只能在家劳动,所以承担的责任相对小一些。当然,谁出面借贷,谁承担的责任就相对更大一些,当家人借钱对方就会找当家人索要,如果是家庭成员出面借贷也要承担责任,对方会首先找到借贷人催贷,像是儿媳妇去娘家借钱,商定半年内还清,结果快一年了还没有还上,娘家人又有急事要用钱就会催促戴家的儿媳妇快点归还,由儿媳妇再转告戴家的当家人及时还钱。

(四)借贷过程

1.熟人借贷无需抵押

1947年之前,若是向不熟悉的人借贷需要抵押,可以抵押手镯、吊坠等贵重物品增强借贷的可信度,如果真的没有及时归还借贷物,抵押物就会归对方所有作为补偿。如果没有值钱的首饰抵押,还可以将家里的牲口、地契作为抵押物。当然,借贷需要抵押都是在双方不熟悉的情况下才是必须的,如果是向亲属近邻借贷便不需要抵押物,双方的私人感情就是最好的信誉,戴家通常是向熟悉的人借贷,这样比较容易借到。若向陌生人借贷不光需要抵押,而且大多数情况下对方是不愿意借的,一般有钱人家之间会相互借贷,没钱的就很难从有钱人家借到,对方会担心没钱人到最后还不上钱。

大部分情况的借贷都是需要写借条的,除非是一个家族关系特别好的亲戚可以不用写欠条,如果家中实在困难,这笔钱最后对方可能就不要了。借条上会写清楚某年某月某日,某某人向某某人借了什么东西、借了多少,什么时间归还、归还什么及归还多少,最后签上名字,按个手印。借条一般由债主来写,由借贷人签字按手印即可,由债主保管,还钱的时候销毁。田屯村多将这样的借条称为"欠条",谁借的最后就写上谁的名字,这就是这个人欠下的债,还不上就会有人找上家门抢东西。只要是当家人知道的借贷,不论借条最后签的是谁的名字,一家人都会一起还债。

2.熟人担保向资本家借贷

从亲戚近邻家借钱借粮,最多写张"欠条"便可,但若是从资本家手里借贷,必须有人作担保才行,这个担保人必须是双方都熟悉的人,一般由当家人去请人担保,并通过担保人与资本家牵上线这样才可以进行借贷。通常只有关系很好并且对方本身就是个热心人的情况下对方才会愿意成为担保人,因为假如借方不能按时还贷甚至是无法还债时,担保人需要代替借方还钱,因此当地一般都把担保人叫做"痴人",担保人要承担很大的风险。借贷完成后借贷双方不需要请客摆酒席,借方有可能请保人喝酒以表谢意,但不请客也是可以的,主要根据家庭的经济状况。

3.双方商定借贷利息

1947年以前,当地只有部分借贷需要利息,如果只向亲戚朋友和邻里间进行借贷,因为双方有良好的私人关系作为借贷的保障就不需要利息,彼此间权当作互相帮助。但若借贷双方关系一般就会要利息,具体是多少的利息、如何计算利息都由双方商议决定,若双方不能达成一致意见,就没有办法完成借贷。而向资本家借贷一定是有利息的,戴家最常借的面粉厂的"高粮贷"就是1:2的比例,连本带利息一次性还清。所谓1:2的比例是指借一升高粱要还两升高粱,或者是借一升高粱还一升小麦。这都是资本家早先就定好的利息,不论谁借都一样,如果没有熟人牵线搭桥,一般人还借不到。1947年之前的田屯村没有专门的用钱组织,借钱全凭各家的人情交往关系。

(五)还贷情况

1.还贷亲自送上门

借贷时双方如果没有约定具体还款日期,那么只要家里具有偿还能力都会尽早偿还,不会等到债主上门来催债,这样今后再次借贷时会增加对方的信任感。田屯村的农民通常是在秋收后家庭最为富裕,若之前家中有外债,此时会卖掉粮食先行还债,如有能力会一次性偿还,如果借贷数额过大会分次偿还,这也是事先约定好的才行。还贷时通常是由借方亲自送到对方家中,还借的粮食需要将粮食晒干扬净后再去归还,这都是当地默认的规矩,每次借贷时不会着重强调此事,当地一般讲"在哪里借的就在哪里还,谁去借的谁来还"。去别人家里求着别人借来的粮食,归还时就得恭恭敬敬地送到对方家里去,当家人亲自出面借来的粮食就得当家人亲自再送还回去,不然便是不讲礼数,会令对方感到不满。

偿还时应该是借什么还什么,很少有借钱还粮食的情况,这种多是因为家里钱不够,临时拿粮食来凑数,贷方会根据借贷的数额根据当年粮食价格进行换算。戴家最常借的资本家的粮食,可以借高粱还小麦,但不可以借小麦用其他粮食偿还,因为小麦的价值是最高的,只能用高价值的代替低价值的进行偿还,这样资本家可以获利更多。偿还的时候,也是循序"找谁借的就找谁还"的原则,这样才能保证这笔借贷完成,避免其他人不了解情况而造成日后的麻烦。若是借了钱到还贷期限还不上时,一个庄上的近邻之间可以通过抵押牲口、土地等方式进行等价偿还,近邻之间彼此都会相互理解。但若是还不上资本家的借贷,便不可用其他物品抵债,因为资本家本就不种地,所以他们并不愿意要农民最在乎的土地,在他们眼中土地的价值并不大,农民只能想尽办法,找别人帮忙先把欠资本家的债还上。

2.父债子还,夫债妻还

父亲借了债,儿子必须帮助父亲偿还,正所谓"父债子还"。同样地,丈夫借了钱妻子也要帮忙一起还,不论当家人借钱是为了全家人过日子还是自己私人花销,儿子和妻子都需要尽力帮助还债,即使是因为当家人在外吃喝嫖赌欠下的债务,作为他的妻儿也要帮助一起还债,因为只要是一家人,债务就得一起偿还。若父亲与儿子分了家,父亲的债务则不需要儿子来负担,但是妻子要承担债务。

若是当家人去世时债务尚未还清,需要妻子和儿子来共同负担偿还,并不会因为欠款人的去世而使得借贷作废。如果欠款人有多个儿子,所有成年儿子都有责任偿还父亲生前所欠下的债务,而且要以长子为主,由长子来操心安排还债的事务。如果父亲没有儿子只有女儿,女儿出嫁前要承担父亲还债的责任。若女儿已出嫁便不再承担父亲的债务责任,因为在1947年以前家中没有儿子只有女儿的情况会被认为是家中无后,如果欠债人去世且无后,那么债务便会视为自然消失。

六、家户交换

(一)交换单位

1947年之前,田屯村的村民大多是以家户为单位在集市上做买卖,邻里间很少出现经济交往。分家前戴家所进行的经济交换都是由戴元礼来安排,当家人自己决定即可,只有在特殊情况下会同戴王氏商量一下,例如,涉及到家中的衣物消费需要多少布料和针线的时候。戴家的经济交换不需要告知四邻、家族和保甲长,更不存在不被允许的情况,当家人便是最高的权力者。若是戴元礼不在家时,戴家人都会听从戴王氏的安排,因为在当地妇女很少对外交流,而且戴王氏因为裹脚走不了远路,所以戴王氏都是安排几个儿子进行经济交换,用什么换什么、和谁换、换多少,戴王氏都会提前给儿子们安排好。

戴家内部不允许以个人或是小家庭的名义单独开展经济交换,因为家中所有财产都是属于全家人共有的,任何人都不得占为己有私自处理。戴家与他人进行交易的目的也是为了全家人的生活考虑,不论是谁出面都是代表全家的,交换回家的财物仍然要交给当家人统筹安排使用。

(二)交换主体

在戴家的交换活动中,当家人戴元礼是实际的支配者,对于戴家的经济交换享有绝对的权力,戴家的所有经济交换活动全部都要经过戴元礼同意,任何经济交换都是在戴元礼的认可或者授权的前提下进行的,没有经过戴元礼的同意便不可进行经济交换。其主要原因在于戴家的财政大权掌握在当家人手中,没有当家人的授权家庭成员均没有钱进行交易。但并不是所有交易都需要戴元礼亲自参与,戴元礼忙于生产劳动时便会委托儿子进行对外交易,交换所需要的费用戴元礼会从家庭财产中支出交给儿子,具体拿出多少钱,戴元礼心里有数并不记账,儿子外出交易花销之后的剩余费用仍需交还给戴元礼,自己不能独吞或者自主决定花销。如果家庭成员未经当家人的允许将委托交易后余下的费用私自消费了,那么家庭成员一定会受到当家人的责备甚至是惩罚,当家人以后也再不会委托这位家庭成员进行经济交换了。

在戴家除了当家人之外其他家庭成员在需要用钱进行的交换中不具备任何地位,发挥的作用仅限于接受当家人的委托帮助其去集市上买东西,减轻家长的劳动负担而已。更不被允许擅自进行经济交换,一方面家庭成员没有经济交换的经济条件,另一方面戴家家教严格,不会出现家庭成员不听管教的情况。凡是家庭成员出面进行的经济交换一定是当家人委托他们做的,由当家人支付费用。

(三)交换客体

1.集市交易需要家长授权

戴家需要购置物品时大多是在集市进行,有很少一部分是有人走街串巷挑着挑子售卖。戴元礼当家时主要是戴元礼代表戴家去集市上进行交易活动,当然,戴家其他人也可以到集市上买卖、闲逛,选择去哪个集市由当家人做主。田屯村附近主要有五个集,分别是税郭集、大洼集、峄城集、郭里集和枣庄集,其中,税郭集的东西最便宜,但是距离最远,离戴家有二十里路;峄城集和大洼集的距离差不多离戴家有十里路;距离戴家近的是郭里集五里路及枣庄集有四里路,所有的集市都是五天一次,价格会相对便宜一些,物品可选择的范围也大,所以一般是早上去,中午也就回来了。戴家去集市上卖东西时会去得更早一点,卖东西的人一般在十点之后出门,下午两点左右回来。

戴家卖东西的价格就是跟着集上的人一样,别人卖多少就卖多少,不能卖得比别人贵,否则会卖不出去。买东西时戴家没有特意选择价格更优惠的集市,通常是去得多了和集市上的人都熟识了,价格就会相对便宜些。戴家人去哪里赶集主要由当家人做主,除了当家人之外,戴家的其他人也都可以去赶集,但是得得到当家人的授权才能代表戴家进行买卖,否则不能擅自代表家户和集市打交道。若是生产、生活中需要的工具,只要儿子手里有钱就可以先行购买,回家后再告知戴元礼也可,但是戴家儿子的手中很少有有钱的时候。

2.家户代表与粮食行打交道

当地的集市上有粮食行,粮食都要在粮食行中进行交换,戴家也是由当家人作为代表跟粮食行打交道,买卖粮食,或是由当家人安排儿子去粮食行进行买卖。戴家通常是秋天去粮食行卖粮食,有时春天回去粮食行买粮食,买个百十斤的粮食就用挑子挑着,若是买了三五十斤就用肩膀扛着。粮食行里有专门的"抹斗人"来保证买卖公平,多余的粮食就归"抹斗人"了,因此双方都不需要向其交钱,和货主进行买卖都要经过"抹斗人"的计量。买卖粮食的很多,"抹斗人"闲不着,一天能挣不少的粮食。只要得到了戴元礼的许可,戴家人都可以到粮食行代表戴家进行交易,不能擅自与粮食行打交道,因为粮食都是归一家人所有的。戴元礼年纪大了之后,腿脚不灵便,都是安排戴思祥代其到粮食行买卖粮食。

3.成员可与流动商贩交易

当地有流动商贩但是很少,流动的商贩主要是挑着挑子卖一些针头线脑之类的东西,流动商贩都没有秤,所以能卖的东西不多,都是不需要过秤而是按照数量卖的物品。戴家当时和流动商贩打过交道,如买针线、买蔬菜、买布料手绢等等,都是找流动的商贩购买。一般是谁去赶集谁就和商贩打交道,不一定非得是当家人才行。

4.自主寻求街长帮助

1947 年之前的集市上,都有街长作为市场管理者,管理卖东西的、称秤的、买东西的,负责维持秩序,有吵架的街长要负责调解。集上有小偷小摸的也可以告诉街长,由街长处理,赶集时大家都会说"有问题咱找街长去"。和街长打交道的都是在买卖中遇到不公平待遇的,通常是谁赶集谁才会和街长打交道,不必等到回家后再请当家人出面联系,凡是去集上买卖东西的都可以自己联系街长。

(四)交换过程

1.货比三家,熟人优先

戴家在进行交易时也会遵照"货比三家"的原则,谁有时间都可以去集上打听一下,在集上逛着多问问。或者谁去赶集谁就负责比价,然后自己决定购买哪一个人的物品。若是买到便宜的东西回家后会兴高采烈地告诉当家人,等待当家人的表扬。戴家在交换时会与熟人进行买卖,买东西时也会优先买这些人的物品,当时戴家的邻居就在集上卖布,戴家需要买布的时候就会去找他,他会给戴家比别人更便宜一点的价格。去赶集的人都可以和集市上的熟人进行买卖,不需要得到当家人的授权。

2.经纪交易,专人号秤

当地有经纪人,戴家在进行交易的时候会和经济人交易,如杀猪都会先找到经纪人,经纪人具有牵线搭桥的作用。不知道谁家卖,经纪人就会帮忙打听,然后介绍过来。戴家都是当家人和经纪人进行协商,事成之后会给经纪人一些钱作为报酬。在集上进行交易都需要过秤,集上有专门的人负责号秤,号秤之后交易双方都要给其一些费用。号秤的人都是公道人,不会缺斤短两,都很实在。谁赶集时买了东西谁就得去过秤,不用专门请当家人的人过来负责过秤,如果发生了缺斤短两的情况,可以找街长出面解决。

3.买卖赊账,报告家长

买卖东西时有的可以赊账有的则不行,像是买猪就可以赊账,因为猪肉铺有固定的摊位,而摆摊的流动商贩通常就不能赊账。摆摊是小买卖,小东西一般不赊账,除非是认识人家,或者当时没有带钱,可以回家拿回来之后及时补上。一般赊账的都会记账,担心事情多便忘记了,在一两天之内把钱还上都是可以的,当然也是越快越好。一般当家人可以赊账,因为当家人掌管着家庭里的财产,卖东西的不会担心其还不上。如果是小孩买东西通常会因为担心小孩的信用而不会同意赊账。戴家人很少会在集市上赊账,赊账要及时报告当家人,若未经家长同意单独赊账,家长可以不承认,不帮助其进行偿还。

第三章　家户社会制度

　　戴家人丁兴旺,家中所有男子均顺利完婚并孕育出下一代,没有出现光棍、守寡等情况,家庭和睦有序。戴家在选择婚配对象时非常讲究"门当户对",由父母全权做主孩子的婚事,孩子也非常尊重并乐意听从父母的意见。戴家从祖辈传下来的家风便是对长辈极其敬重,戴元礼在戴家享有绝对的话语权,家庭成员非常尊重并孝敬老人,不会做出任何忤逆长辈的事情。戴家成员在日常的相互交往过程中,始终注重尊卑有序,男女差别,互相支持和理解,均能准确把握自己在大家庭中具有的不同身份关系,家庭氛围和谐融洽。同时,戴家人在对外交往中同样保持友好谦卑的态度,很少与外人发生矛盾冲突,获得了村里人的普遍认可。戴家第二代分家是由于老人去世而自行分家,第三代进行分家都是由各自的当家人提出,按照儿子个数平均分配家产。虽然戴家两次分家都在1947年之后,但是当地一直遵循传统的分家规则,新中国成立前后并无差异。

一、家户婚配

(一)家户婚姻状况

　　1947年以前,戴家第二代人中四个儿子、两个女儿均已成家,戴元礼的两个女儿都嫁到了峄县,大女儿嫁到了前小湾村,小女儿嫁到了上沈桥村,距离娘家都不算太远。而戴家第三代的五男六女中,1953年分家之前只有戴印坤和戴元礼二人结婚了,两人均结婚不久还没有孩子,其他兄弟姐妹都是未婚状态。此外,戴家没有打光棍、守寡、休妻等情况,家庭较为和睦。当地不提倡同姓之间通婚,除非是距离远的大姓,像是当地常说的"七王、八李、十三张",这样的大姓攀不上本家亲属关系的可以同姓结婚,一般的小姓氏之间不允许同姓结婚,戴家就不允许同姓结婚。当地对于通婚的空间距离没有限制,不过,最远也都是在峄县范围内,主要因为人们出行距离受限,认识的人的范围也是有限的。不同姓氏的本村人之间可以结婚,姓氏是当地人通婚首要考虑的因素。其次,当地人结婚会注重双方的八字、属相是否相合,婚前会请算命先生打卦,八字不合的不能结婚。比如,属相是鸡的就不能与属猴的结婚,当地传言"鸡和猴沮交流,哭哭啼啼不到头"。

　　此外,在结合婚姻的过程中,当地人还非常讲究"门当户对",当地俗语称"补勒门对补勒门,板凳门对板凳门",富人与富人结婚,穷人只能与穷人结婚,除非是大户人家的儿子身体有残疾,年龄大了还说不成媒,才会与穷人结亲,找穷人家的姑娘当媳妇。"人随王法,草随风",当地人结婚有严格的规矩和要求,田屯村极少出现大户与小户通婚的情况。若是家里贫穷,孩子又多,或者是家中的男子身体有残疾的,穷人之间会采用"换亲"的形式来解决婚姻问题。具体而言,即两家都有男子说不成亲,而家里又都有姑娘没有结婚,那么双方会选择将自家姑娘嫁到对方家里,以解决自家男子的婚姻以及家庭传宗接代的问题。

(二)婚前准备

1.父母做主婚配

戴家的孙子辈一旦到了成婚的年纪,戴元礼就会和孩子的父母商量其孩子的婚事,拜托媒人帮忙介绍,有时媒人也会主动上门说亲,孩子没有主动提出要结婚的。戴家的第三代中戴印坤是 20 多岁结婚,戴印合 19 岁结婚,都是通过媒人介绍结识的。当地讲究"男女授受不亲",男女不到拜堂成亲时,不允许见面,双方家庭全部根据媒人介绍而相互了解。1947 年以前,当地不允许自由恋爱,结婚必须依靠媒人介绍,这样父母才能放心同意,因为媒人会根据"门当户对"的原则来说亲,不会无理无据随意撮合。孩子结婚通常由其父母做主安排,孩子本人及其他家庭成员都不会发表意见,完全遵从父母的安排,尤其是父亲的决定。戴元礼即使作为当家人也不会过多干涉孙辈的婚事,均由其父母决定,戴元礼只会适当提出意见,是否采纳也由其父母自行考虑。

2.门当户对身体好

当地人婚嫁讲究"父母之命,媒妁之言",婚配双方在拜堂成亲之前是不可以见面的,只能通过媒人的介绍,媒人首先会对长相进行详细的介绍,通常都是夸奖说"长的不孬"①,长相是当地人考虑婚配的一条重要影响因素。家里有孩子到了娶妻嫁人的年纪,其父母就会找媒人来帮忙介绍,父母将期望的婚配对象的条件告诉媒人,由媒人来介绍一个最符合要求的对象。当地人选择婚配对象首先看重的便是家庭出身,即要"门当户对",双方的家庭经济条件和生活经历要求尽量一致,若是双方家庭条件存在差异,那么相对富裕的一方必然会轻视相对贫穷的一方,极易引发双方甚至是两个家庭的矛盾,导致家庭婚姻关系的破裂。就戴家实际情况而言,通常是女方嫁人时更看重男方的家庭条件,因为女方父母总不愿意让自家的孩子到对方家里受苦,"能吃上饭"是必须的条件。而男方娶妻则不太看重对方的家庭经济情况,差不多便可,以能娶到媳妇为首要目标。戴家婚配通常会遵循"男大女小"的原则,即男子娶妻多选择比自己年龄小的女性,或是选择比男子大三岁的女性,因为俗话说"女大三抱金砖",这样的才叫般配。此外,戴家选择媳妇时会要求媒人介绍一个勤劳能干、会做家务并且孝顺的女性,不会接受一个有任何不良嗜好的媳妇。而戴家嫁女儿时,则更看重男方的家庭名望,以及男方与其父母的身体健康状况,因为女儿嫁过去需要照顾对方一家人的生活,若是对方及家人身体不好,一则会加重自己女儿的负担,另一方面由于劳动力有限,家庭收入必然难以保证。当然,这些全部都要依靠媒人的介绍,双方无法求证,以此也存在媒人故意说假话的可能,这样便为双方婚后的矛盾埋下了隐患,很多婚后休妻行为,都是因为当初媒人的故意隐瞒。

通常越是有钱的家户择偶标准越高,贫穷的家庭只期望能够找到婚配对象,不会提出过多的要求,实在难以实现婚配时,子女多的家庭还会通过"换亲"等方式来解决。除此之外,当地人在嫁女儿时还会考虑男方的兄弟数量,但是选择标准不同。有的家户会希望男方兄弟人数多一些,这样可以保证充足的劳动力数量,并且因为家中男性多会比较少受到外人的侵犯。但是,有一些家户会倾向于选择兄弟数量少的家庭,这样在分家的时候就可以多分到一

---

① 不孬:方言,即不错的意思。

些东西。戴家通常会为子女选择家中兄弟多的家庭作为婚配对象,毕竟不受外人欺负在社会不稳定的年代是非常重要的。

3.传宗接代是任务

戴家非常重视家户婚配,戴家没有人不结婚,也没有人可以不婚配,若是家中有成员不能顺利婚配,这是件极其耻辱的事情,会成为邻居和同村人的笑柄,戴家人都会抬不起头来。戴家人全部赞同婚配的首要目的是为了生儿育女、传宗接代,为了戴家的香火可以延续,一代代的人可以传递,不会考虑到个人的幸福。1947年以前的戴家人对"爱情"并没有概念和想法,婚配都是父母做主,以家户的发展为选择前提,不存在情感的交流。除了婚配的首要目的是为了家庭的繁衍之外,戴家人认为婚配还有一个重要目的就是为了个人的生活。一个人的生活总是难以维持的,而男女两个人的结合可以更好地进行家户分工,共同努力促进家庭的发展,男子可以更专心地进行劳作,女子可以帮助男子料理生活并且获得生活的依靠。当然,大户之间的婚配目的性更强,一方面是为了家族能够继续发展壮大,人丁兴旺,另一方面,大户对婚配对象的要求更高,希望可以通过家户婚配实现"强强联合",扩大家族的势力与资源网络。此外,通常家庭人口数量少的家庭,家中男孩子的结婚时间会比较早,生育的压力也越大,因为家户希望由此来促进家中人口的增长,增添劳动力。

4.杜绝自由恋爱

1947年之前当地的社会环境相对保守,不允许自由恋爱,年轻子女提及结婚、配偶等字眼都会非常羞涩,不敢主动提起,全部听从父母安排。男女之间不可以进行私下交流,配偶完全由父母进行挑选,婚配双方即使确定关系也不可以见面,只能到结婚当天才可以互相认识彼此。当地对女孩的管束很严格,女子不能随意出门或与男子搭讪,讲究"大家闺秀""大门不出,二门不迈",这样的女性才被家人所称赞。若是女孩子随意出门玩耍会受到家长的严厉管教,视为一家人的耻辱之事,外人也会议论纷纷。因此,当地男女极少有碰面和接触的机会,男子外出劳作,女子都被管束在家中,即使有自由恋爱的想法也没有实现的机会,更何况青年男女本身并无恋爱的意识,对于"爱情"少有概念。当地越是大户家庭,婚配的标准越严格,由父母考虑家户发展的诸方面因素来决定子女的婚配对象,子女即使不满意也无力改变。此外,三世同堂、四世同堂的家庭由于家中年长的长辈较多,思想更为保守和传统,对于自由恋爱更加排斥,认为其与传统礼法相违背,是不守规矩的表现。戴家第二代的婚配对象全部是媒人介绍,1947年之后第三代中出现个别自由恋爱的情况。

5.年景决定聘礼

戴家孩子结婚时的聘礼都是不同的,没有固定的模式和标准,完全依照当时的年景,若是当年的收成好,家里富裕,那么聘礼就更丰富些,若是当年庄稼歉收,聘礼就会比较简单,甚至是没有能力娶媳妇,只能拖着。虽然不同孩子的聘礼不同,但是孩子们不会提意见或是表现出不满,因为戴家都是尽最大的努力来准备孩子的婚事,希望每个孩子的婚事都是风风光光的,孩子们都能理解。按照当地的传统习俗,需要下两次聘礼,第一次是下"小书子",用包袱包两身衣裳,附上红纸绿帖,让媒人帮忙送到女方家里,就算是定亲了。到了该结婚的时候就下"大启",下"大启"时需要两个人,由媒人自行找一个人帮忙背包袱,包袱里包四身衣裳三块银元,具体要根据家庭情况来决定。两个人先在男方家里吃一顿饭,把东西送到女方家里后,再在女方家里吃一顿饭。女方若是对聘礼有要求可以向媒人提出,由媒人向男方转达,男方无力满足时常会采用策略性的答复"提的要求都可以满足,但是得等到结婚后再逐一添置,现在家里没有钱。"

戴家嫁女儿的时候会准备陪嫁的嫁妆,每个女儿的嫁妆也是不同的,同样由年景决定,家里给什么就是什么,女儿都没有意见。当地的嫁妆通常讲究"小八件",包括桌子、柜子、柜架、一对坐床、盆架、一对杩杌子①,富裕的家户嫁妆里还包括一些金银首饰等。结婚需要先订婚,下"小书子"就是订婚,将红纸绿帖送到女方家里完成"订婚礼"。订婚之后可能会过一两年才结婚,准备结婚的时候,男方就找个农闲的日子下"大启",然后两家人就开始商量结婚的事宜,由男方找神婆选定一个结婚的好日子。双方即使在订婚之后也是不走动的,商量结婚事宜完全依靠媒人在双方间传话,直到结婚之后两家人才开始走动,没有什么重要的事情也很少联系。在举行结婚仪式之前都可以毁婚,毁婚通常是由于媒人在双方中间介绍时没有说实话,隐瞒了一方的身体缺陷,而订婚后,两家人也会通过自家的关系偷偷打听对方的情况,一旦得知对方的实际情况远不如媒人所描述,便会毁婚,将"小书子"或是"大启"的包袱交给媒人,让媒人去毁婚,双方仍不会直接接触,媒人自认理亏也没有办法。当地没有无缘无故毁婚的,所有毁婚的情况都是因为受到了欺骗。

越是大户对于聘礼和嫁妆就越重视和讲究,常认为丰厚的嫁妆或聘礼是对对方的尊重,也希望以此来展示自家的经济实力,使双方的婚事办得风风光光。而三世同堂、四世同堂的家庭对于婚事的仪式感更强,仪式的标准更为统一和固定,受年景的影响不大。

(三)婚配过程

1.家长制定结婚方案

戴家孩子的结婚方案都是由当家人来制定的,虽然孩子的婚配对象由父母决定,但是结婚方案的制定当家人更有经验,也更具权威,对于各种人员关系的协调也更为方便。结婚方案制定好后,由当家人联系媒人商议,媒人负责具体的活动执行。当家人不在家时,家户一般是不会举行结婚仪式的,因为婚配对一家人来说都非常重要的事情,必须要有当家人的把关和见证。如果有特殊情况一定要结婚而当家人又不在家时,那便由孩子的父亲来安排结婚方案。戴家人结婚时没有婚帖,由当家人去请人来帮忙和吃喜酒。结婚当天,新娘蒙着"蒙脸红子"坐着轿子,由媒人从娘家送往婆家;到了婆家,新郎用擀面杖把新娘的"蒙脸红子"挑开,进行拜堂仪式;拜完堂当家人就会召集亲朋好友吃喜酒,这样一天的仪式就算是完成了。第二天早晨,新娘洗漱完毕吃过早饭,要去叔叔、大爷家里磕头,磕头没有礼钱,但叔叔、大爷要请新娘吃一顿饭,找一些家中的女性陪客。新娘给戴氏家族的人磕头之后,还要去戴家的祖坟上"喜坟",一整天都不能闲着。完成婆家的仪式后,就可以等着娘家人来叫新媳妇回娘家,即使是娘家人来叫新媳妇也要请示婆婆的意见,问婆婆可以在娘家住几天,然后就可以带些干粮和果盒回娘家了。越是大户人家的婚事越隆重,举行的仪式也越复杂,像戴家这种中等家户只是完成一些最基本的仪式,避免铺张浪费。

2.家庭成员协助完成

一般而言,孩子婚配对象的选择由其父母做主,而婚事的安排由当家人做主决定,最多便是与其父母进行商议,家庭的其他成员均无权干涉。孩子的长辈可以提出意见或是帮忙

---

① 杩杌子:没有靠背的高凳子。

解决问题,但是无权擅自决定婚事方案,即使是孩子的父母做决定时也需要与当家人沟通。戴家孩子结婚都是由当家人做整体安排,并与媒人沟通商定,由媒人负责执行,家庭的其他成员协助帮忙。家中的女性会帮助布置婚房,置办物品,男性会帮忙招待宾客、完善结婚仪式细节。

(四)婚配原则

1.长幼顺次结婚

戴家人结婚通常是按照长幼的年龄顺序进行,兄长先结婚,弟弟才能结婚,不然就是不合乎常理,若是年幼的兄弟先结婚,年龄大的兄长却没有婚配对象,这样会加剧兄长寻找婚配对象的难度,令父母很是发愁。此外,由于婚配对象都是依靠媒人介绍,所以父母也会要求媒人先给大儿子介绍对象,其次是二儿子,然后才是小儿子的顺序,因为不存在自由恋爱,青年男女之前也没有结识的机会,所以这个顺序家长一般可以严格把控,除非是大儿子有严重的身体缺陷,二儿子又到了结婚的年纪没办法一直耽搁,才会出现允许二儿子先结婚的情况。而妹妹的出嫁时间与兄长的结婚时间没有必然联系和一定的先后顺序,妹妹可以在兄长结婚之前先出嫁。尤其是在家庭困难或是兄长身体有缺陷的时候,妹妹先出嫁的情况更多,因为家户可以将妹妹婆家给的彩礼作为兄长结婚的聘礼,以弥补自家经济的困难,节省家庭开支。兄长身体有缺陷时,家户也会通过让妹妹"换亲"的方式为兄长寻觅到婚配对象。通常越是人口多的家庭越注重长幼结婚的顺序,不能让孩子们认为父母偏心而引发不满。

2.家户承担结婚花费

当地人结婚的花费主要在聘礼、酒席及举办仪式上。家庭经济条件越好下的聘礼越丰厚,摆的酒场也越大,而普通人家只要能达到当地的一般标准便可。戴家下聘礼时通常需要花费 6 块银元,办酒席差不多要花费 4 块银元,办仪式还要有一些花销,比如要打赏轿夫,四个抬轿子的和一个举旗的都要打赏,给一点赏钱、烟和两个馒头。所有的结婚花费都从家户的共同生活费用中支出,由家户来承担,因此,当家人会尽量做到不偏不向、统一标准,避免家人因此产生矛盾。戴家通常会在所有儿子都结婚成家之后,才会分家,所以分家时财产均为平均分配,不存在长幼的偏差。如若分家时有儿子尚未结婚则不予分家,其他已婚的儿子可以从大家庭中分离出去,独立生活,未婚的儿子继续与父母同住,共同生活,直至结婚成家。

(五)其他婚配形式

1.纳妾

戴家没有出现过纳妾的情况,通常只有富裕的家庭并且第一个妻子没有办法生育时才会纳妾。纳妾完全遵从自家的意愿,双方同意即可,四邻、官府等都不会干预。田屯村后围子梁家的当家人就纳过妾,因为第一个妻子结婚后一直不能生育,为了传宗接代而娶了第二个妻子。第二个妻子生的第一个孩子是个男孩,交由第一个妻子抚养,孩子称其为"大妈妈",称呼亲生母亲为"小妈妈"。之后第二个妻子所生的孩子都由自己抚养。被纳为妾的一般是贫苦家庭的姑娘,因为家庭生活困难,其父母才同意把女儿嫁给富人做妾,富裕家庭的女儿通常是不愿意当妾的。纳妾也是由男方父母提出,媳妇娶进门几年都没有生育,公婆就会着急,张罗着给儿子纳妾,其父母会和当家人商议,当家人同意后,包括家庭成员在内的其他所有人便不再发表意见。纳妾也是要先写帖子订婚而后再举行结婚仪式的。女方家庭贫困的,男方会送上粮食或是钱财作为补偿,改善女方家庭的生活情况。纳妾的费用也全部由家户承担,外人不会提供资金帮助,所以纳妾都是富裕家庭才有的行为。

2.童养媳

童养媳,即从小就养在家中当媳妇,有童养媳的家庭通常是富裕大户,戴氏家族中没有此类情况。田屯村宋家的小儿子有一个童养媳,传言说是宋家小儿子从小身体不好,其父母为了给儿子冲喜而寻了个童养媳。这个童养媳比宋家小儿子大三岁,家庭极其贫弱,嫁到宋家之后就被宋家当女儿养着,在宋家帮忙干活,照顾宋家的小儿子。经济条件差的家庭可能在女儿五六岁的时候就将其送到别人家当童养媳,虽然女儿远离父母生活会相对艰辛,但是最起码能够吃饱饭活下去了,所以父母会愿意忍痛将孩子送给别人家当童养媳。通常娶童养媳,男方不需要给女方家庭聘礼,因为童养媳要在男方家庭中被抚养成人,这已经是一笔不小的费用,所以最多也就是给一些粮食,远不如成年后娶妻的花费。童养媳进入男方家庭后不会立即与男子结婚,而是与男方家庭一起生活,不能与男方同居,帮助男方家庭料理家事,直至男女双方都到了该成婚的年纪才举行结婚仪式,二人正式结为夫妻。

3.改嫁

1947年之前,峄县当地对妇女的贞洁非常看重,当地人普遍认为,"一女只服侍一夫",即便是丈夫早年去世,妻子也应该为其守寡,照顾婆家生活。因此,当地人很少有妇女改嫁,若是改嫁很可能会被外人说道。改嫁的妇女通常是在婆家经常受委屈,娘家人又不能理解而缺乏保护,妇女生活无望就从婆家出逃,又不敢回娘家,便在外地找个人嫁了,因此对于妇女的改嫁情况,其婆家和娘家都不是很清楚。妇女改嫁完全由自己做主,因为不会有人赞成,但是别人也没有办法制止。改嫁不需要聘礼也不举行仪式,只要女方愿意,直接搬到男方家里居住就可以。戴家没有出现过妇女改嫁的情况,戴元礼也不同意自家的姑娘改嫁。

4.上门女婿

入赘男子在峄县当地称之为"上门女婿",一般没有儿子只有女儿的富裕家庭才会招上门女婿,或是父母老来得子并且只是一个独女的情况,或是有几个女儿已经出嫁小女儿年龄又比较小的情况,父母会想办法招一个上门女婿来延续自家的香火,解决自己养老的忧患。1947年以前,女性因为从小裹脚干不了重活,所以男劳力就是家中的顶梁柱,一个家庭若是只有女儿没有儿子,那么劳动力会极其的短缺,并且家族的香火和家庭的财产也难以延续,因此招上门女婿是被当地人普遍理解和认同的。同时,与过继相比,田屯村人更倾向于招上门女婿,因为即使将侄子过继到自己家,也会觉得是将自己家的家产交给了侄子,而招上门女婿就可以将自家的家产交给自己的女儿,家户的香火也得以延续。然而,即使当地人普遍认可招上门女婿的行为,但是成为上门女婿对于男性来说仍会觉得是件不太光彩的事情,因为成为上门女婿是要改名换姓依女方姓氏的,并且要远离自己的父母,住到女方家里照顾女方的父母,这难免会使人产生对不起自家祖先和父母的感觉,认为在别人面前抬不起头来。因此,愿意成为上门女婿的通常是家庭贫穷生活难以维系,或是无法找到合适婚配对象的男子,而且家中一般有兄弟多人。而女方家庭挑选上门女婿往往最看重男子的身体健康情况,会选择身强体壮、会干活、能出力的男性,对于是否为本家族成员、是否为本村人没有限制条件。

招上门女婿多是由女方父母决定,另有当家人的要告诉当家人,听取当家人的意见,父母就是当家人的可以直接决定,不需要与其他人商议,可以请其他人帮忙寻找合适对象。入赘的结婚仪式在女方家中举行,所有结婚的花费由女方承担,仪式的繁简、花费的多少均依照女方的家庭情况决定,其他环节与普通婚配没有明显差别。

(六)婚配终止

1.休妻

戴家没有出现过休妻的情况,田屯村也没有休妻的事例,但是距离田屯村不远的枣庄街曾因有人休妻而闹得沸沸扬扬。由于1947年以前女性地位低下,休妻的原因多种多样,或是丈夫主动休妻,或是公婆逼迫休妻,总之,只要是男方家庭对媳妇不满意便可以提出休妻,族长、保长、甲长等均不会过问,即使妻子并不同意也没有任何影响,只要男方想要休妻便可以写休书休掉妻子。1947年之前,休妻最主要的原因就是妻子不能生育,因此休妻多发生在没有孩子的家庭,有孩子的家庭一般不会休妻。而枣庄街休妻事件闹得沸沸扬扬就是因为妻子已经为夫家生育了两个儿子,却被丈夫无理由地休掉。妻子被休掉后是没有经济补偿的,不能分到夫家财产的一分一厘,而且不能带走孩子,处于完全的弱势地位。妇女被休后,只能回到娘家生活,可以再次嫁人,但是被休是件极不光彩的事情,男子大多都不愿意娶一个被别人休掉的妇女做妻子,因此,遭受休妻后的妇女生活很是艰辛。

休妻是夫家单方面的意愿,妻子只能被动接受。一般小门小户的家庭很少出现休妻的情况,因为小门小户的家庭能找到婚配对象已经很是不易,并且已经耗费了大量的财力物力,休妻后家庭又将减少一位重要的劳动力,所以小门小户的家庭通常不会休妻。休妻的往往是一些有钱有势的家庭,妇女地位比较低,一旦不能生育就极可能被休掉。

2.守寡

戴家没有早年丧夫的情况存在,只有戴王氏在戴元礼去世后守了几年寡,戴元礼去世时戴王氏已经七十多岁了,由几个儿子一同照顾生活起居。通常妇女丧夫后很难再找到新的夫家,因为外人难免会说闲话,说这个女人"命硬,克夫,不能娶"。妇女丧夫后,可以主动选择是回娘家再嫁还是在婆家守寡,与是否有孩子没有必然联系,完全依照妇女与婆家的关系自主决定,不需要请示任何人。当然,婆家不可以驱赶媳妇离家,通常婆家也不愿意媳妇离开。守寡之后,如果家中丈夫的父母已经年老,媳妇就要自己撑起整个家庭,小家户守寡会更加困难,日子更加难过。峄县当地对于妇女改嫁存在偏见,因而,除非是有特殊情况,不然很少有改嫁的妇女。若是妇女丧夫后始终在婆家守寡生活,那么在婆家分家时,守寡的媳妇可以按照去世丈夫应该享有的部分来分得婆家财产的。

二、家户生育

(一)生育基本情况

1.男性多人丁旺

戴家每一代中都是男性居多,家户人丁兴旺。戴元礼有兄弟三人,姊妹两人,戴元礼的二弟戴元善、三弟戴元山均由田屯村迁往焦岭山区居住,两姐妹也远嫁他乡。戴元礼有四个儿子和两个女儿,分别是戴思祥、戴思田、戴思海、戴思忠、戴思花和戴思玲。1947年以前,戴家的第三代共有五男六女,家户共21人共同生活在一起,在田屯村属于人口比较多的家庭。此外,由于医术的限制,戴家每一代中都出现了婴儿出生后不久便夭折的情况,仅因感染风症夭折的孩子就超过七个。

受传统社会观念的影响,田屯村不论是贫穷小户还是富裕大户都会多生孩子,尤其想要多生男孩,因为生的孩子多家庭的人口数就多。首先,人多力量大,人口多就不容易受别人欺负;其次,家庭男孩多那么男劳力就多,家庭生产力有保障;最后,由于医疗条件限制,人口死亡率很高, 若要与之抗衡只能增加生育率。所以田屯村不论是大户还是小户都愿意多生孩子,增加自己那一支的人口数量。

2.禁止非婚生育

戴家的家教十分严厉,戴家的儿孙只有在结婚当天才能见到对方,在结婚之前双方父母是不允许新人见面的,更不可能出现不结婚就生育的情况。同时,当地传统观念中认为非婚生育"为人所不齿"。一般出现非婚出生的孩子,女方会因为自己不敢抚养,而选择遗弃自己的孩子。非婚生育的女子也会被亲戚邻居认为"不检点",女方的一家人都在村中抬不起头。所以,当地所有的家庭都会严格管教子女,尤其会加强对女孩子的看管,很少让女孩出门,从源头杜绝非婚生育的可能。

(二)生育目的与态度

1.传宗接代早生子

在戴家人看来, 结婚生子是每个人必须完成的使命, 而生育最重要的目的就是传宗接代,使家庭可以延续,这样日子才可以一天天过下去,母亲生育孩子,父母共同将孩子抚养长大,帮助孩子成家立业,像这种在特定的时间完成必须的任务,这样日子过得才有序,不会出现混乱。一个家庭若是没有孩子就绝后了,没有了流传的希望,一个家族的发展也会因此而终结。所以在子女结婚后,戴元礼和戴王氏就会催促子女早点要孩子,若是结婚几年还没有孩子,戴元礼和戴王氏都会很着急地想办法。孩子的出生会给予一个家庭新的希望,家庭的发展又会多出现一种可能,家里人一起看护孩子长大成人,也将增强一个家庭的凝聚力。生孩子很重要,生个男孩尤其重要,因为家庭香火的延续还是要依靠男子的传递,儿子多意味着家庭的兴旺,也是能力和地位的象征。在当地,若是没有儿子就会一直生产孕育生命,直到生出儿子为止。

2.重视男孩续香火

在峄县当地都是非常重男轻女的,生育时都倾向于要男孩,认为男孩才可以延续香火,家族才可以流传下去,因为男子的孩子跟自己姓氏,而女子的孩子要跟别人家的姓氏,那么女子的姓氏就断了。俗话说"不孝有三,无后为大",这在当地人眼中家里没有男孩子就是"无后",需要通过继续生育、过继、抱养等方式来为家中添个男孩。生育男孩,除了可以传宗接代,另一方面在依靠劳动为生的农村,男孩就是未来家中的劳动力,可以下地干活,分担家庭责任。只有劳动力充足,家庭才会有富裕的可能性。此外,男孩比女孩更容易养活,女孩从小要看管在家中进行缠足,而男孩则可任其跑跳玩闹,无须严格看管。

3.非婚生育丢颜面

峄县当地普遍认为,非婚生育是一件非常丢脸的事情,不只是非婚生育的女子,连同女子的家人都会觉得很丢人,外人会认为是其父母没有教育好自己的子女而说三道四。非婚生育的女子会被家人嫌弃"不争气",因为没有结婚就有孩子是非常不合规矩,甚至被认为是"不正经"的事情。外人知道后肯定会在背后对这一家人指指点点,孩子生下后也无名无份,所以通常不会让孩子生下来。戴家对子女的管教非常严格,没有出现过非婚生育的情况,田屯村也几乎没有这种事情发生。

4.早婚早育遵从传统

戴家人的结婚年龄一般在18岁至21岁之间,年龄太小了也不能结婚,至少要在十六七岁以上才行。通常结婚之后的一两年里就会生孩子,属于"早婚早育"。"早婚早育"是戴家从祖辈上流传下来的传统习惯,每一代人都是在差不多的年纪结婚生子,不是为了特殊的需求,而是一种默认的规矩,正因如此,戴家人口众多,人丁兴旺。村里的其他家庭中有因为家中需要劳动力,而让子女在十多岁的年纪就早早结婚,然后尽早生孩子的,因为干农活需要人力,做家务也需要人手,孩子多了人口就多,人口就是最有效的生产力。

5.孩子越多越好

戴家人认为只要可以生,那么就是孩子生得越多越好。孩子生得多,家庭人口就多,家族才会更加兴旺。一个家庭多生多育也是能力和地位的象征,人口多了就"人烟旺",整个家庭的发展也会兴旺。因为一个家庭的人口数量多,那么相关的亲戚朋友同样也会多,家庭不论发生什么事情,能够找到帮忙的人也就多,这样的家庭比人丁稀少的家庭发展得更为迅速和顺利。但是田屯村也有一些人认为,家庭人口多容易在生产生活中发生摩擦,产生矛盾,而且家庭需要积累更多的资产,否则在分家时会导致家庭的急剧衰败,因而不愿意生育太多的孩子。

6.大户小户有差异

在家庭的生育观念上,大户和小户家庭存在一定的差异。大户家庭通常人口多财力盛,希望自家的人口越多越好,人口多也是一种家庭实力的象征。大户家庭需要男孩延续香火,希望家里的男孩越多越好,但是对生女孩并不排斥。而小户家庭则更期盼生男孩,因为男孩长大了就是家庭的劳动力,生了女孩就是"给别人家养媳妇"。小户家庭若是家庭贫困,会将家里的女孩送给或是卖给别人抚养。

(三)生育过程

1.生育顺其自然

戴元礼作为戴家的当家人会要求戴家的每对夫妻都生孩子,通常是夫妻结婚后的两年内,戴元礼和戴王氏就会期待戴家孩子的降生。1947年之前,结婚生子会认为是每个人理所应当该做的事情,大家都习以为常,反而倒是有哪对夫妻不生孩子,才会受到村里人的议论。在1947年之前,当地人并不懂得什么避孕知识,一切都是顺其自然,只要怀孕就会把孩子生下来,不会计划准备生几个孩子,通常没有儿子出生之前,夫妻两人会主动想要生更多的孩子。家里人生几个孩子这种事情,戴元礼不会进行规定,只要戴家有新生命的诞生,戴元礼就总是高兴的。

2.孕期没有特殊照顾

1947年之前,戴家人口多负担重,家中不养闲人。即使是女性怀孕期间,也要照常在家里干活劳动。直到怀孕的月份大了之后,孕妇行动不便,才可以少干一些家务活,主要做一些缝缝补补的简单小活。每个妇女在怀孕期间都是正常干活,大家都习以为常,不觉得妇女怀孕就应该享受什么特权,所以不会主动提出申请要休息。1947年之前,妇女怀孕生子是每位女性都要经历的极其正常的事情,妇女不会因此而娇贵,也没有人对孕妇进行照顾。只有在孕妇快要生产时,戴王氏会安排给孕妇吃些鸡蛋补充营养,帮助生产,这便是孕妇可以获得的最好的优待。大户家庭的孕妇通常会比小户家庭的孕妇更注重营养的补充,吃得更好一些。

3."接生婆"助生

1947年之前,生孩子都是在自己家中。孕妇月份足了之后,一旦肚子疼得厉害,婆婆就知道是媳妇该生孩子了,就会去村里请专门的"接生婆"到家里来帮忙接生。"接生婆"通常是年纪比较大的老婆婆,懂一点医术,生活经验比较丰富。一般一个村子里只有一个"接生婆",村子里只要有孩子要出生都要去请其帮忙接生。因为在家中生产,条件非常简陋,孕妇和小孩都很容易出现危险,孩子生下来之后很多时候会因为脐带感染而患病夭折,仅戴思祥家就为此死伤了三个孩子。

4.大家庭承担生育费用

妇女生孩子是为了大家庭传宗接代,而不是妇女自己或是小家庭的私事,因此,妇女生育产生的费用,都是由大家庭承担,从全家共同的财产中支出。怀孕、生子的条件很简单,产生的费用也不会太多,主要是请"接生婆"、妇女坐月子及办酒席的花费。请"接生婆"帮忙助产,戴家通常会给"接生婆"一点儿粮食作为报酬,大户人家还会给"接生婆"准备一些糖果并且宴请"接生婆",以表感谢。妇女坐月子要补充营养若是生男孩办酒席也需要一定的开支,妇女坐月子的花费很少,办酒席时也会有礼金入账,因此总体花销不算太大。

5.产后照顾有限

产后的妇女需要卧床休息,不能沾凉水,不能干家务活,否则会落下"月子病",很难医治。通常妇女生完孩子需要坐月子,在家中休息一个月的时间,大户人家会有专门的丫头照顾坐月子的产妇。戴家的妇女生产后一般只休息十天时间,待身体恢复得差不多之后,就要开始正常的家庭劳动及照顾自己的孩子。若是身体不好的可以再多休息几天,主要依照身体状况决定坐月子时间。戴家的产妇坐月子时,没有专人照顾,通常是家里的哪个妇女有时间时就照顾一下。戴王氏会安排为其单独做饭食,增添营养,以保证充足的奶水,哺育孩子。

6.大户重视孕妇

不同富裕程度的家庭对孕妇的照顾存在差异,富裕的家庭会更重视孕妇,对孕妇的照顾更多,照顾的内容更加全面,会有专门的丫头伺候。而贫苦的家庭,一家人的生活都存在困难,没有精力和财力对孕妇格外照顾,孕妇也要做家庭劳动,生完孩子之后,不等身体恢复完全就要劳动,也没有专人照顾。一般一个家庭的第一个孩子或是第一个男孩,不论是大户还是小户家庭都会更重视一些,因为家里人都高兴,对孕妇的照顾也更多。而生的孩子多了之后,孕妇本身和家里的其他人都会更随意。

(四)生育仪式

1."送朱门",摆酒席

在当地,大户人家有孩子出生就会摆酒席庆祝,而一般的普通家庭只有在生了男孩之后,才会设宴举行仪式,女孩子出生后没有任何仪式。当地流行在男孩出生后的第12天、女孩出生的第9天"送朱门",所谓"送朱门"就是男方给女方娘家报喜,女方娘家人会带一些面条、鸡蛋等,到男方家中恭贺添喜,男方会设宴款待,并回赠一些"红鸡蛋"①。在小孩子满月的时候,男方家中会设宴摆酒席,邀请亲朋好友到家中一同庆祝。宴请宾客通常是当家人出面,亲自上门邀请,小户人家只请近亲,大户人家请的宾客更多,近亲、远亲、四邻等都会邀请。一般只要被邀请的人才会参加,没有被邀请都不会主动去"吃酒席"②。

2.设宴庆祝,大家庭承担

1947年之前,因为医疗条件有限,小孩子出生之后很容易患病夭折,所以会在小孩子出生一段时间之后,才向女方的娘家报喜,而满月时会设宴庆祝。设宴庆祝有两个目的,一方面是庆祝小孩子的情况稳定,平安健康。通常小孩子出生一个月之后就不太容易患病夭折了。同时,祝福孩子茁壮成长。另一方面,也是告知亲戚四邻,自家又添新丁,人口兴旺,后继有人,分享喜悦之情。举办仪式的费用由大家庭共同承担,来"吃酒席"的客人会带一些礼金或是礼品,一个家庭收到的全部礼金都会交给当家人,作为全家的共同财产统一支配。客人带来的礼品常是鸡蛋、红糖等,也是由一家人一同享用,着重用于给产妇和孩子补充营养。

3.仪式规模依照家庭经济水平

在生育仪式上,不同类型的家庭之间存在明显差异。因为举办生育仪式不是一个必不可少的环节,主要依照家庭的经济状况来决定仪式的规模。富裕的大户家庭,自然讲究排场,通过大的仪式规模来彰显自家的实力。而小户家庭"添丁",家人同样非常欢喜,要举办仪式进行庆祝,但是因为家庭财力有限,通常只有家里新添了第一个男孩子时,仪式比较隆重,之后再"添丁"的仪式就很简化。还有一些生活苦难,生计难以维持的家庭,即便是家里有小男孩诞生也不会举行仪式,一家人普普通通过日子。戴家第三代中孩子比较多,只有长子长孙出生的时候,举行了一场比较隆重的庆祝仪式,其他孩子出生就相对简化,只有几个近亲前来祝贺。

(五)孩子起名

1.大户对姓名更重视

戴家孩子的名字大多是由孩子的父亲确定,当家人不干预。孩子的父母在为孩子起名字的时候遇到困难,会向当家人求助,这时当家人会提供几个名字,让其父母选择。而大户家庭则更注重孩子的姓名,会请算命的先生根据孩子的生辰八字来起名字,以此期盼孩子的命途顺利,为孩子带来好运。孩子的名字都是出生之后根据性别来确定,没有提前先起名字的情况。有些父母没有文化,就先给孩子起个乳名,等到孩子念书或是有其他事情需要用名字时,再请村里有学问的人帮忙起个好名字,若是一直没有需求,就只称呼乳名。

2.按照辈分起名

戴家孩子的名字都是按照辈分起的,不论男孩女孩都是三个字的名字,中间一个字为班辈。戴元礼是"元"字辈,其子代是"思"字辈,四个男孩的名字分别是戴思祥、戴思田、戴思海和戴思忠,两个女孩叫戴思花和戴思玲。戴家的第三代人是"印"字辈,因此名字中间都是一个"印"字。通常男性的名字更有深意,包含着全家人的美好祝愿,而女孩的名字则更随意一点,能体现出女性的性别特征便可。戴家人起名字的讲究不多,都是班辈加一个单字组成,没

---

① 红鸡蛋:煮熟之后染成红色皮的鸡蛋。
② 吃酒席:方言,指参加宴请。

有什么特殊的含义。

三、家户分家与继承

(一)分家

1.人多嘴杂早分家

戴元礼作为戴家当家人期间,为了整合劳动力,节省家庭开支,充分利用家里的有限资源,一直没有提出分家。戴元礼去世后,戴王氏成为当家人主持戴家的一切事物,直至1953年戴王氏去世后,戴家第二代才在叔伯的主持见证下进行分家。戴家第三代分家较早,由各自的当家人提出。分家主要是老人和儿子们分开生活,若是独子或是只有女儿则不会分家。戴思祥家分家时,几个儿子均已完婚并育有孩子,家中已有12口人一起生活,由于人多口杂,难免产生争吵,戴思祥为求生活清静提出分家,让几个孩子分开单独生活。

在当地,分家只能由长辈,多是当家人提出,儿子和儿媳不敢主动提分家,会让老人误会和伤心。当家人提出分家通常是深思熟虑后的结果,家庭的其他人没有权利拒绝,保长、甲长及族长都没有资格提意见,全部依照当家人的决定。家庭发展到一定的人口规模,由于人口太多,各种关系就相对复杂和难以平衡,分家就成了必然选择,是每个家庭都要经历的,因此村里人都可以接受这一情况,不会说三道四。对于小辈来说,通常是不愿意分家的,因为大家庭一起生活时,家里的大事小情都由长辈做主决定,小辈只管听从吩咐干活,其他的均不需要操心,一旦分家,小家庭的收入、支出、人情来往都要自己协调安排,生活会更加费心费力,而老人的生活就会变得轻松和省心。多子女的家庭在孩子分别成家后,由于媳妇们的加入,家庭矛盾更加频发,对于公平公正的要求也会越来越多,老人无力招架就会提出分家,因为多子女家庭通常分家时间较早。

2.只有儿子参与分家

戴家分家时,只有自家已经结婚的儿子拥有分家资格,未婚的儿子和女儿及其他任何人都是没有权利分得戴家家产的。分家时,戴家会首先将老人的资产划分出来,家中的其他财产按照已婚儿子的人的数量均等分配,并分别编号1、2、3……,用纸条贴到物品上,然后几个儿子一起抓纸阄,纸阄上也分别对应写有1、2、3……,抓到几号纸阄就分得几号财产。如果家中有未成家的儿子和女儿则先不参与此次分家,分家后依然与父母同住,帮助父母干活。儿子若后来成家,可以与父母再次进行财产分配,或者婚后仍与父母同住,父母去世后直接继承父母所有财产。女儿可以与父母一起居住到出嫁,出嫁的女儿没有参与分家的权利。若是分家时,有一个儿子因常年在外工作不在家,也会将在外的儿子算在分家范围内,进行平均分配。若儿子在分家前已经去世,只要儿媳没有改嫁就可以以亡夫的资格参与分家,有孩子的也可以由孩子来继承父亲的资格享有家产分配。但是,像是干儿子、媳妇改嫁带来的儿子等与戴家没有血亲关系的则不能参与戴家分家,正如俗话所说"干儿如拉锯,你不来我不去",干亲只是相当于多了一门亲戚,需要时常走动,不走动便会自然断了关系,与血缘亲属相距甚远。戴家第二代分家的时候,戴元礼的四个儿子都有分家资格,两个姑娘已经出嫁就没有参与分家。一般而言,小户家庭分家较为容易,因为财产少,分配起来简单明了。而大户家庭情况复杂,涉及财产和人员都比较多,分配起来相对复杂。

3.同族长辈作见证

戴家第二代分家时,因为戴元礼和戴王氏都已经去世了,所以戴思祥请来了戴元礼的兄弟到戴家来做见证人并组织分家事宜。见证人需要由家族内有威望、说话算数、有分析能力的长辈来担任,这样才能镇得住场子,以长辈的威望保证分家的公平公正,这样分家时才不会出现纷争和混乱。见证人通常由当家人去请,当家人不在世,长兄就会主动承担起家庭的责任,操持家中各项事宜,主动邀请长辈来担当见证人。戴家第三代分家时,就是戴思祥出面邀请了戴思田和戴思海出面作见证。见证人只对分家过程中财产分配的公平公正进行见证,分家后不会承担任何责任。

当家人首先会与见证人一起商议家庭财产的分配,做到将家庭财产均等分配,因为分家多是分一些家庭生活用品像是锅碗瓢盆等,这些东西很难做到每份分得一样多,很可能这一份多三个碗,那一份多一个盆,在这种情况下如何保证公平公正,就需要当家人和见证人的智慧了。这时候,分家的几兄弟也可以参与发表意见,直到所有人都认为财产分配是均等的之后,才会进行抓阄。由见证人来制作纸阄,几个儿子一起抓阄,抓到几号就获得相应的财产,通常不会有人在获得家产后提出异议。大家抓到什么都会接受,之后的家庭富裕情况就要依靠各自的努力了。

戴家分家时都是由自家人参与决定,外人无权干涉,不能参与见证,也不能安排分家事宜,若是没有血缘关系即使是村长等官职也不能担任见证人。若是直系亲属中难以找到合适的长辈作为见证人,还可以邀请"舅爷"来作为见证人,但娘家的其他人一般是无权参与的。

4.集体决议确保公平

戴家分家一直依照传统惯例,1947年之后的两次分家与1947年之前的分家情况并无差异。分家的时候,由当家人或是长辈作为主事人进行主持,在见证人的参与下将家庭财产进行合理分配,然后询问几个儿子的意见,若几个儿子都表示认可,则可以进行抓阄,儿子有任何不满或是意见都可以当场提出,由大家共同商议解决。儿媳在这一过程中可以旁观但是不能发表意见,有意见可以告诉自己的丈夫,由丈夫出面提出。同家族的亲戚可以到戴家旁观分家情况,但是不能插言发表意见或是干预分家事宜。大户家庭的分家流程往往具有一定的规范性,遵照祖辈流传下来的惯例和规定进行,细节更加完善,以保证分家时的公平和公正,避免产生家庭矛盾。而小户家庭或者像是戴家一样的中等家庭就没有那么多的规矩,因为涉及的人员也不多,每次分家都会根据实际情况进行,通过集体决议来保证分家的公平公正。一般家庭的子女人数越多,分家的流程就越复杂,耗时越长。

5.分家清单是凭证

戴家在分家时会写一个清单,写清楚哪些家产归为哪个家庭。分家清单都是当家人专门请村里有文化的人来撰写,最后由几个兄弟分别署名,签字确认,这份清单会由当家人保存。此外,每个小家庭在分家后均有一份分家单据,列明每个家庭所分得的家产,由每个小家庭独立保存,作为财产所有的凭证。分家清单只能是参与分家的几个儿子和当家人亲自签署,其他人不能代签,戴家每次分家都会形成单据,落实到纸上。大家户分家时,会请专门的执笔先生来填写清单,内容更加详实,每一点都标记清楚,避免几个儿子因为分家而产生纠葛。小户分家时,往往家里能够分配的财产很少,平均分配一下,每个人将自己分得的那份财产领走即可,没有分家清单。

6.分家结果普遍认可

戴家的分家结果会获得戴氏家族的认可，因为每次分家当家人都会请来族内最有威望的长者到场见证。分家作为每个家庭都要经历的必要程序，完全由家庭内部决定即可，不需要进行宗族仪式。分家后的家族活动，均以分家后的小家庭为单位参加。田屯村的村长等管理者也都承认戴家的分家事实，此后的征兵、交税都会直接通知新的当家人，依照新的家庭重新计算份额。分家后，需要小家庭新的当家人到县政府进行户籍变更。

（二）继承

1.自家成员可继承

在家户继承方面，戴家人秉承自家家庭成员方能继承的原则，同时继承资格范围仅仅局限于家户第二代男性成员，即戴家在家产继承的时候，只有戴元礼的四个儿子拥有继承的资格。戴家的家产外人没有资格继承，只有出现戴家无后的情况时，戴元礼的家产才会被同宗族侄子辈成员继承，这种情况在当地不会轻易出现。戴家香火兴旺，第二代成员中有四个男性，所以戴家的继承发生在戴家家庭内部。在家庭内部继承时同样讲究颇多，戴家有四个儿子，没有其他复杂的家庭关系，所以在继承时由四个儿子平分即可。而根据田屯村的习俗，"嫁出去的女儿泼出去的水"，家户内部继承时外嫁女无继承资格，只有儿子可以继承。而入赘了别家的或是抱养给别人的儿子也没有继承资格，因为他们同样"跟了别人姓"。此外，如果家中儿子早逝，其所有的继承权同样存在，由其儿子或妻子代为继承。1947年之前，田屯村存在一些没有儿子的家庭，这类家庭的家长会从同宗族中过继儿子，或是为自家的女儿招一个上门女婿。无论是过继的儿子还是上门女婿，都是为了老人的养老和自家香火的延续，过继子和上门女婿等同于儿子，享有家产的继承权。在田屯村，好几户人家的儿子都是过继来的，过继来的儿子进入过继家庭的家谱，在老人过世后，与亲生儿子一样作为孝子操办老人的后事，老人所留下的家产自然由过继子继承。

2.自家设定继承条件

在家产的继承上，家户内部具有极大的自主性，继承的条件会根据家庭的基本情况来确定。戴家在家户继承时，戴元礼的四个儿子平等地享受继承权，并没有特殊差异。戴家的继承条件是由家长戴元礼决定的，宗族其他成员及村庄的甲长、保长等外人均没有权利对戴家的继承条件加以干涉，家庭内部其他成员也无权左右。以儿子为中心的继承标准在当地已是流传已久，一般情况下所有的儿子平等地享有继承资格，对于不孝顺的儿子，其继承资格的获得与否取决于家长的态度，家长可以取消不孝子的继承资格。田屯村东头的田庆道家有三个儿子，二儿子赌钱嗜酒成性，对田庆道老两口极不孝顺。田庆道对二儿子十分气愤，在继承家产时，田庆道请来同宗族的长辈过来作为见证，自己的家产只分给大儿子和小儿子，任何东西都不分给二儿子。即使田庆道的二儿子得知以后百般取闹，但田庆道作为家长做出的决定，经过同族人的证明已成事实，最后也没有修改。除非像田庆道家这种特殊情况，一般家庭的家长在继承时会遵循所有儿子均等的继承原则。

3.只继承实物家产

戴家的家产在继承时以自家生产、生活资料等实物为主要对象，戴家儿子们继承的物品主要有房屋、土地、生产工具、家具、牲口、家禽及其他的小件生活用品。戴家自家经济水平有限，并没有现金结余可用于继承，只能将一家人一点点置办积累下来的物品分给儿子们，用于帮助儿子们小家庭的生产生活。戴元礼夫妻俩去世时没有写遗嘱,所以戴家的家产是按照几个儿子平均分配继承的。作为大儿子,戴思祥继承了两间房屋、三亩土地、两个大柜子和一些锅碗瓢盆的生活用品。村里的甲长、保长或宗族的族长等身份不存在继承,老一辈去世之后,村庄和宗族内部会根据威望、能力及辈分等综合因素选出新的保甲长和族长,上一任甲长、保长和族长的儿子们不能顺延继承父亲的身份。

4.当家人决定继承权

在继承权的决策上,家长具有至高的权威,按照家长的决策意愿实施。戴家的继承权依照当地的民俗,儿子默认拥有继承权,戴元礼夫妇虽没有立字据,但戴元礼在世时曾向家人提起,所有的家庭成员都不敢对继承权提出质疑和意见。立字据的情况仅仅是田庆道家那种情况,家长田庆道在族人的见证下写下字据,字据的效力不可辩驳,代表着家长的态度,即使田庆道的二儿子不接受也不会影响它的作用。

5.继承的家户差异

在家庭财产的继承上,不同规模的家庭存在一定的差异性。戴家虽然人口较多,但是家户拥有的财产数量有限,在家族长辈的见证下四个儿子平均继承家庭生产及生活物品。而大户人家由于可继承的财务种类繁多、数额较大,家长在安排继承时会更为谨慎。大户人家讲究"嫡庶有别",家长在分配时会首先考虑嫡长子的利益。同时在继承时,正妻所生的儿子明显高于妾室所生之子的待遇,家长在继承时会首先考虑正房妻儿的利益。而小户人家的继承则不像大户那般复杂,只要家长安排即可。

四、家户过继与抱养

(一)过继

1.膝下无子才过继

在田屯村,过继只会发生在没有儿子的家庭之中,一个家庭只有女儿没有儿子的情况下才会选择过继。村里人对于过继持保守态度,不到万不得已不会选择过继,即一个家庭迟迟无法生育男孩,才会选择过继。过继的首要目的是为了自家香火的延续,过继的儿子以亲兄弟的儿子为主,最远的血缘不会超过堂兄弟家的儿子,必须保证同宗同源,确保血缘的亲近。过继来的儿子负责过继家庭老人的养老送终,同时过继的儿子作为亲生儿子一样记录于家谱之中,过继子的后代属于过继的家庭,永久地为过继的家庭延续香火。同样,作为过继子将继承过继家庭的家产,以此作为其成为过继家庭正式成员的一项依据。

2.过继依照长幼顺序

戴元礼有四个儿子,所以戴家未曾出现过继的情况。但是在田屯村,过继有着严格的长幼顺序,在一个家庭需要过继儿子时,首先要考虑该家庭当家人的同胞兄弟,按照长幼顺序依次选择,如家长的哥哥家有两个以上的儿子,则从哥哥家过继,如哥哥家没有两个儿子,则顺延至弟弟的家庭中,如同胞兄弟家中皆只有一个儿子,那么过继的范围将会扩展到堂兄弟当中,以此类推,按照血缘关系的顺序直至选择最合适的过继对象为止。

3.家长支配出继

在1947年以前的田屯村,选择过继或者决定出继的事宜均需要家族的统一讨论。一旦一个家庭没有子嗣,那么同宗族的所有家户的家长会聚在一起,商议过继的相关事宜,按照血缘关系的远近决定出继的人选。过继与出继顺序是当地一种约定俗成的习惯,按照血缘该由哪家负责出继那么该家庭不能有任何异议,因为同是为了家族的香火兴旺,为了大局不会有不同意的声音。过继与出继只需要所在的家庭当家人前往宗族商议即可,家中的其他成员无法对决定产生影响,只能听从家长的决定。出继的儿子将会完全脱离原来的家庭,按照过继家庭亲生儿子的待遇生活。过继的过程并不需要中间人或签署字据,同宗族内部会有专人操办,出继的家庭不会得到任何好处,完全是出于同宗族内部的互相帮衬。

4.不允许回继原家庭

在田屯村,按照当地的习俗,凡是出继的儿子将完全成为入继家庭的正式成员,继承入继家庭的财产,负责入继家庭老人的养老送终,同样作为入继家庭的儿子记录在家谱之中,这也就意味着凡是出继的儿子是不允许再回继到原家庭。即使是入继家庭的老人双双过世,过继子也不能回继,因为过继的过程经过宗族内部成员的见证,一个儿子只能为一对父母养老送终,不能一子侍奉两家父母。

5.家户过继受保护

家户的过继是家族的一件大事,因此在过继的现场本宗族的长辈和有威望者一一到场,见证家户过继仪式的完成。一旦过继仪式达成,过继的结果受到整个宗族的认可和保护,任何人不能更改过继的结果,同样任何人也不能违背过继的原则。一旦过继的行为完成,过继子将会完全成为入继家庭的正式成员,之后代表着入继家庭参与各类村庄和宗族事务,并将在家谱中得以呈现,因此家户的过继受到村庄和宗族的保护,一旦完成将不可改变。

(二)抱养

戴家在1947年以前家户人口众多,从未出现过抱养的情况。然而在这一时期的田屯村,抱养的现象还是相对普遍。一般来说,对于田屯村的中户或者小户,抱养男孩的情况较为普遍,为了自家的传承,无子家庭会选择抱养男孩以延续自家香火。然而对于大户人家来说更追求儿女双全,家中后辈没有女孩时会选择从别处抱养女孩。无论是抱养男孩或是女孩,其出生的家庭大多数是贫苦人家。由于家庭生活条件限制,生了孩子之后家里没有足够的食物养活孩子,为了不让孩子跟着自己受苦挨饿,父母会为孩子选择一个生活条件较好的家庭。

一个家庭在选择抱养孩子时,往往倾向于选择其他村庄的孩子,距离越远越好。因为处于抱养家庭的考虑,不希望孩子长大之后获悉自己的亲生父母的任何消息,希望抱养的孩子如同自己亲生的一般,所以尽量会选择距离较远的抱养对象。抱养的孩子和自家亲生孩子的地位是一样的,受到宗族和村庄的认可和保护,抱养的孩子同样可以上家谱,宗族和村庄成员不会因为抱养的身份对待孩子有所差异。除此之外,孩子的抱养出于双方家庭的平等自愿,抱养家庭并不需要为孩子亲生父母提供任何物品作为补偿。抱养时可自行联络,也可由中间人牵线搭桥,一旦抱养完成,两个家庭之间再无任何瓜葛。

(三)买卖孩子

在1947年以前的田屯村,抱养孩子的情况较为普遍,买卖孩子属于少数情况。在戴家内部,买卖孩子的情况更是从未出现过。买卖孩子的情况完全发生在家庭挨饿受冻吃不上饭,万般无奈迫不得已的情况。而买卖的孩子多是男孩,女孩的买卖价值较低,极少有愿意主动买女孩的家庭。卖孩子的决定完全由孩子的父母决定,买孩子则由购买家庭的家长决断。买卖孩子多以粮食或现钱交易,买卖达成后会签订协议,不得反悔。买孩子的家庭多会选择年龄较小的孩子,因为孩子年纪小不懂事,可以避免孩子得知真相而产生不必要的麻烦。

对于买来的孩子,宗族内部持有认可的态度,买来的孩子和自家孩子以及过继的孩子一样,可以上家谱,享受与他们同等的待遇。对于买卖孩子的情况,村里不会专门进行登记和备案,因为买卖孩子是一种民间行为,不受政府的管控。

五、家户赡养

(一)赡养是家户内部事务

赡养老人是戴家的内部事务,家户之外的人一般无权干涉,除非是戴氏家族的长者或是老人的侄子会在老人遭遇家庭赡养问题时出面帮助老人解决养老问题。除此之外,村庄的其他人便无权干涉戴家的赡养事情,若是觉得戴家子女的做法不妥也不会直接指出,只会在背后议论批评。戴家人始终秉承孝敬老人的优良传统,没有因为家户赡养出现过问题。戴家第二代是在老人去世后才分家,此前四个儿子一直与老人一起生活,共同照顾老人的生活起居,老人的女儿只是在过年过节的时候会带些礼物回家看望,不具体负责赡养。戴家的第三代分家较早,以戴思祥一家为例,戴思祥和妻子生活可以自理时,二人互相照顾生活;当两人年纪大了之后,戴印坤便召集几个兄弟商量照顾父母的事情,并最终决定从戴印坤开始,每家照顾父母一个月时间,按照长幼顺序轮流。照顾父母时,要负责父母的一日三餐及衣物的缝制、洗涤等等,几个儿子之间也会相互比较和监督,若是哪个家庭照顾父母不尽心,将受到来自兄弟的批评和指责。

老人年纪大需要家人赡养时,通常孩子们都已经结婚成家了,所以是成家的儿子都要承担赡养义务,儿媳要帮助儿子一起照顾老人,而出嫁的女儿只要在过年过节的时候回家探望老人即可。若是老人的儿孙不愿意承担赡养义务就会受到兄弟的批评、家族长辈的指责以及街坊四邻的说道。若是行为恶劣,戴氏家族的主事人会在每年"团拜日"上对其行为进行严厉批评,令其在全族成员面前承认错误并作保证,家族长者还会借此机会教育全族成员"百善孝为先"的行事准则。

(二)儿子承担赡养义务

戴家的每位老人都会有几个儿子,因此老人年纪大了之后都是由几个儿子轮流赡养。戴元礼上了年纪之后,由于并没有和几个儿子分家,还是一大家子人一起生活。每天男劳力都是一起劳动,女性在家中负责家务活,做饭、洗衣、织布、打扫卫生等,都是妯娌四人轮流负责,要照顾一大家子人的生活。戴思祥年老时,因为和几个儿子分家较早,就由几个儿子每家一个月轮流照顾生活,儿媳每天要给戴思祥和戴李氏送饭、洗衣、打扫房间,若是老人在此期间生病了,也是由负责照顾老人的儿子来承担医疗花费。如果家中只有一个儿子,那么一般老人和儿子是不分家的,老人和儿子始终一起生活,由儿子负责给老人养老,直至老人去世后,儿子继承全部家产。若家中只有女儿没有儿子,即使没有招上门女婿,也是由女儿来赡养老人,若是女儿多可以轮流。对于没有子女的家庭,在1947年以前是无人问津的,只能作为可怜的孤寡老人独自生活,村庄、家族一般都不会过问,这种境遇下的老人通常去世较早。在1947年以后,中国共产党领导拥有执政地位,此时没有子女的老人在年纪大了以后都是由政府集中供养,老人的养老问题在一定程度上得到了解决。

(三)共同赡养,平等付出

老人在与儿子分家时,可以根据身体状况自行留下一部分土地耕种,这部分土地就是老人的养老地,其余土地由几个儿子平分。戴元礼和戴王氏因为一直和儿子们一起生活,一起吃饭共同开支,因此没有专门的养老安排,只是全家人在吃饭、穿衣时都会将有营养的食物、优质的布料先紧着戴元礼和戴王氏使用,家庭成员平日里都会注意不惹两位老人生气,听从老人的教导和安排。戴思祥和儿子们分家后,留了一亩地作为养老地自己耕种,收成好的时候完全能够满足老两口的生活需要,收成不好的时候,儿子们每家都会拨粮食给戴思祥送去。等到戴思祥身体不好不能再种地时,戴思祥的土地就交给儿子们耕种,由儿子们给戴思祥送粮食吃。儿子们给戴思祥送的粮食数量,由戴印坤组织兄弟们商议决定,先确定总数,然后每家平均分摊,不会因为谁家的条件差就可以少出一点儿,照顾老人的事情对每个儿子来说都是均等的义务。送粮食是按照庄稼的收成季节,只要收了粮食,首先就是要给戴思祥送去,粮食的数量都是由几个兄弟商量决定。

赡养老人的方式是戴家的家务事,主要由长子组织安排,几个兄弟商量决定,不需要同外人商议,也不需要请示族长及村庄管理者。即使是儿媳也不能过多干涉,否则会受到自己丈夫的责备,所以儿媳妇们一般都是接受结果,很少提出意见。

(四)治病送终费用平摊

戴家老人生病都是由其子女进行照顾,主要是儿子和儿媳妇,出嫁的女儿只会回家探望一下父母,不会长期留在娘家照顾父母。戴元礼和戴王氏没有和儿子们分家,所以看病所需要的费用都是从家庭收入中直接支出,儿子们只需要出人力照顾老人生活,通常是由儿子照顾戴元礼,儿媳妇照顾戴王氏。戴思祥与儿子们分家之后,生病所需费用由几个儿子共同承担,平均摊付,长子总体负责。无力支付费用的小家庭可以找兄弟先行垫付,之后有钱了再还给兄弟家。给父母治病是孩子应该尽的义务,即使没钱也要借钱给父母治病。

传统社会,治病只能看中医,街市上有专门的药铺,找郎中号脉,拿两副中药回家由妇女熬煮。直到日本军队进驻中国时才将西药带到峄县当地,但是人们由于对西药非常陌生并不敢使用,仍然采用中药治病的方式。当家中有老人生病时,通常长子就会担起家庭的责任,召集兄弟们一起商议给老人治病的事情,老人需要看护的还要安排家庭成员轮班。老人若是患了重病,中药往往只能延长老人的性命,减轻痛苦,并不能治愈疾病,很多家庭后期会因无力承担医药费而放弃对老人的治疗。当然,这些都是家庭成员共同商议决定的,家庭之外的任何人都不能代替家庭成员做决定。

戴家老人去世的丧葬费用也是由儿子们共同承担,通常是在老人去世后,将老人从生病到葬礼的所有花费一次性算清楚,然后由几个儿子平摊。出嫁的女儿不需要出钱,只是在老人的葬礼上哭一场。办葬礼首先要请执笔先生来帮忙记账,宾客来参加葬礼会上账,拿个烧纸钱,执笔先生要算清楚收支,以及几个儿子应该承担的费用。宾客来送老人最后一程,长子要向宾客磕头致谢,儿媳们要照顾好前来的宾客,整个流程都不需要女儿的参与。

(五)家户惩罚不赡养者

戴家内部若是出现不愿赡养老人或是赡养老人不尽心的成员,老人因为年岁已高无力管教,家族中的长者可能会找到这样的成员进行说教,但是当地有一个惯例就是孝顺的儿子可以找人来教训这些不孝顺的家庭成员,若是儿子不愿赡养就找人打儿子,儿媳不愿赡养就找人打儿媳,这是被当地人普遍认可的行为,所以不会受到阻止和批判。家户赡养作为家户的内部事务,四邻不方便插手,但是大家都会看不起不愿赡养老人的人。村庄和官府层面不会过问家户中的养老问题,对于不赡养父母的人也没有相应的惩罚措施。戴家没有出现过有人不愿意赡养老人的情况,家庭成员都非常孝顺。

六、家户内部交往

(一)父子关系

1.抚育与顺从

从儿子出生的那一刻,父亲便自然承担起照顾儿子的责任,首先就是要把儿子健康抚养成人,戴元礼为儿子们提供了衣食住行的生活条件,教会儿子们生活、劳动的技能和常识,并且在精神上加以引导,教导儿子们各种家法族规、思想道德及办事做人的道理,帮助儿子们树立正确的价值观。待儿子们长大一些,父亲还有为儿子提供受教育的机会,学习文化知识,戴元礼的小儿子戴思忠就念了私塾。其次,父亲要为儿子盖房娶妻,帮助儿子成家立业,将家族香火延续下去。戴元礼在每个儿子结婚前都为其盖了一间新房。最后,父亲要将祖传的手艺、技能交给儿子,并且让儿子传承下去。戴元礼由于自身不会手艺,就让戴思祥跟着戴元山学习木匠手艺。抚育孩子长大成人是父亲的首要责任,不抚养孩子将会受到家族的严厉惩戒。戴家的孩子长到八九岁的时候,戴元礼就会带着儿子们下地干活,儿子年龄小干不了重活就在旁边看着,一边玩耍一边学习,这样等到儿子们长到可以拿得动锄头铁锹的时候,自然就会干活了。

作为父亲可以随意役使儿子,安排儿子做任何事情,儿子小的时候会淘气,不听从父亲的安排,父亲可以打骂儿子,这也是1947年之前父亲教育儿子的主要方式。父亲打骂儿子也是因为儿子不听话,通常下手不会很重,用当地的话说是"雷声大雨点小",因为父亲再生气打自己的儿子也会心疼的。戴印合有一次被父亲打骂,就是因为戴思祥叫着戴印坤和戴印合兄弟俩一起去地里干活,但是夏日的晌午酷暑难耐,戴印合以犯困为由拒绝干活,戴思祥劝说无效便揪起戴印合,脱下鞋用鞋底打了戴印合的屁股一通,戴印合才跟从戴思祥去地里干活。父亲教训儿子,没有人敢阻拦,只有外人可以劝说两句,有时会起到一点作用,家庭成员通常都不敢吱声。戴家没有出现过将孩子赶出家门的情况,毕竟都是自己的骨肉,只有在家庭吃不上饭,难以维持孩子性命时才会将孩子送给别人。

父亲的话,不论对错,儿子必须无条件的服从,这便是戴家的家规。在戴家人看来,长辈因为生活经验丰富是不会犯错误的,所以儿子必须听父亲的话做事,父亲没有不对的时候。如果儿子与父亲的意见不一致,那便一定是儿子错了。只有父亲有参与赌博、吸食大烟等不良嗜好时,儿子才可以批评父亲,但是这种情况儿子通常也是不敢说话的。

在当地人眼中,一位好父亲首先自身要为人正直、有能力、能出力,带着一家人劳动生活,没有不良嗜好,可以把日子过得红红火火,教导孩子有耐心,处处都可以给儿子树立榜样,孝顺自己的父母,照顾自己的兄弟姐妹,把子女都教育得很得体很能干,这样的父亲就可以算得上是一位好父亲。而愿意听父亲话的儿子就是好儿子,不忤逆父亲的意愿,对父亲的指示言听计从,跟着父亲一起辛勤劳动没有怨言,并且在父母年老之后,能够自觉孝敬父母,这样的儿子就是被当地人普遍认可的好儿子。

2.儿子害怕父亲

戴家的父子关系一直都很严肃,平日里父亲与儿子关系融洽,但是儿子都不敢与父亲多说话,在父亲面前必须是规规矩矩的,父子之间不会开玩笑、说笑话。父亲和儿子会在饭桌上一起喝酒、聊天,但内容多限于家庭生活和农业耕种。戴印合从小就怕父亲,觉得父亲有不可言喻的威严,父亲咳嗽一声就会全身发抖。戴印合与戴思祥同桌吃饭都会觉得慌张,担心受到父亲的批评,因为像是吃饭没有正行,坐不端正、不好好吃饭等都会受到父亲的责备。戴家的孩子都没有对父亲说过"不"字,父亲说干什么就去干什么,不敢与父亲对抗。戴家的规矩非常严格,儿子都不敢惹事情。

戴家的孩子都很怕父亲,即使没有被父亲打骂过也非常害怕,从不敢顶撞父亲。平日里有了心事也只敢告诉父亲好的方面,只愿报喜不敢报忧,像是在外面挣了很多钱回家之后就会告诉父亲,让父亲高兴一下,若是得到父亲的称赞那便是孩子最开心的事。但是孩子如果在外面惹了事情都不敢走进家门,时常是求助母亲帮忙解决困难。在儿子看来父亲是不好接近、不太容易相处的,儿子一般都同母亲关系好而与父亲关系紧张,因为觉得父亲比较严肃、严厉,很容易就会受到父亲的责备,除非是父亲找儿子谈话,否则儿子很少会主动找父亲谈心。

3.父亲威严不可撼动

戴家父子之间很少发生冲突,因为儿子都不敢顶撞父亲,从来都是父亲教训儿子,不论父亲说的是对是错,儿子都必须接受并且照办。冲突都是单方向的父亲责罚儿子,责罚都是发生在家中,关起门之后,父亲很少会在外面责骂儿子,因为会损伤一家人的脸面。当父亲打骂儿子时,家庭的其他成员都不敢劝阻,既不阻止父亲也不保护儿子,都不吱声,因为即使是母亲劝说也是没有用的。除非是邻居听到声音到家里来劝说一下,做人都是讲面子的,尤其是当着外人的面,一般邻居的劝说就是给父亲一个台阶下,父亲因为不能驳了邻居的面子,也就不打骂儿子了。劝说者也不会在孩子面前批评其父亲的错误行为,因为父亲的威严在每个家庭中都是不可动摇的。此类家庭内部事务,保甲长等村庄管理者是不会插手干预的。

(二)婆媳关系

1.婆婆管教儿媳

1947年以前,婆婆普遍比较强势,对于媳妇多是管教、压制的态度,媳妇在家中要看婆婆的脸色行事。新媳妇娶进门,戴王氏首先就要给新媳妇立规矩,告诉媳妇什么该做什么不该做,教导媳妇戴家的族规家训,指导媳妇做好家务活,伺候好自己的丈夫。戴王氏作为内当家的主要任务就是带领、安排儿媳妇们干好家里的活儿,处理好家庭内部妇女间的纷争。日常的家务活媳妇们从小在娘家就会学习,不会干活很难找到婆家,所以戴王氏只需要指导、监督儿媳妇们干活便可,不需要手把手地教导。媳妇怀孕之后,婆婆就要多照顾媳妇一些,直至媳妇生完孩子,婆婆还要照顾媳妇坐月子,帮忙照看孩子,坐月子期间媳妇也是要干活的,只是可以稍微少干一些,并且婆婆会安排给坐月子的媳妇单独做饭增加营养。不管婆婆让媳妇做什么,媳妇都得照做,若是媳妇不愿意听从婆婆的管教或是违抗婆婆的命令,婆婆可以对儿媳进行打骂,并且会处处针对媳妇,媳妇反抗强烈的婆婆会告诉当家人及儿子,要求儿子休妻。所以即使媳妇认为婆婆说得不对,也要服从,不可以据理力争,批评婆婆更是不被允许的行为,属于大逆不道的事情。当地人普遍认同的好婆婆是能够管理好家庭、教育好儿媳,带领媳妇们把家庭打理得井井有条又非常和睦,好婆婆不在外人面前数落媳妇的不是,在外人面前维护媳妇的脸面,并且对亲家和和气气。而好媳妇则是孝敬公婆、体贴丈夫,能帮衬婆婆料理家庭事务,尊重婆婆,服从婆婆的安排,每天给公婆打水问安,戴印合的孙媳妇就是这样的好媳妇,非常受戴王氏的喜欢。

2.婆媳关系相对融洽

戴家21口人一起生活,家庭内包含5对夫妻关系,4对婆媳关系,可以说戴家婆媳关系的好坏会直接影响戴家的家庭氛围,促进家庭的团结或是分裂。因此,戴王氏在与媳妇们相处的过程中会多加注意,处理好自己与儿媳妇们之间的关系。戴王氏在还比较年轻的时候,会和儿媳妇们一起做家务,戴王氏会一边干活,一边对儿媳妇们进行说教,安排一下家庭的事务和劳动,教导儿媳妇们要团结,不能钩心斗角……但是戴王氏很少与儿媳妇们聊家常,更不会与儿媳妇开玩笑。戴家的媳妇们都有点害怕戴王氏,若是戴王氏不说话,媳妇们没事是不敢主动找戴王氏说话的。若是媳妇在生活中遇到困难或是自己不会做的地方,媳妇会主动向戴王氏请教,戴王氏都会耐心地教导。婆媳关系的好坏,与婆婆和媳妇的性格、脾气有很大的关系,只要婆媳双方"投脾气",婆媳关系就好一些。通常大户家庭的规矩多,婆婆对儿媳妇们的管教也多,婆婆与儿媳妇们的日常相处比较严肃。

3.少有冲突发生

戴王氏对戴家儿媳妇们相对比较宽容,不会刻意地刁难儿媳妇,戴家儿媳妇们的脾气也都比较温和,自觉尊重戴王氏,所以戴家的婆媳关系一直比较和谐,很少发生冲突和矛盾。通常与戴王氏发生争执的都是刚进门不久的新媳妇,有时媳妇不知深浅的一句话就会惹怒戴王氏,媳妇若是不服从戴王氏的管教,就会引发婆媳之间的冲突,而此时儿子会及时制止,并且向着母亲教训自己的媳妇,认为媳妇是对自己家庭的不敬。若是其他外人听到婆媳之间的争执一般是不会过问的,大家见怪不怪,认为婆婆是在教儿媳妇尊礼数,这是非常必要和平常的事情。若是婆媳之间的冲突严重难以调和时,婆婆会要求儿子将媳妇休掉。

(三)夫妻关系

1.夫妻相处和睦

戴家人一直秉承"家和万事兴"的理念,在夫妻相处上尤其注意和睦,因为家庭内部夫妻之间如果经常争吵,不仅会影响整个家庭的正常生产和生活,而且邻居们听说了也会笑话。同时,戴家极其注意对儿孙的品质教育,所以戴家的男子都是忠厚老实、为人敦厚,而戴家娶进门的媳妇也多是明理懂事,所以戴家的夫妻之间一直是相互扶持生活。丈夫生病了,妻子会守在身边悉心照顾,妻子病了丈夫同样会利用劳动之余的时间照料。打骂妻子的情况在戴家是没有出现过的,但是村里其他人家中是有这种现象存在的。同村的一个王姓人家,儿子好喝酒,喝完酒之后经常动手打自己的妻子,妻子也不敢反抗,一旦多说话就容易遭到丈夫的打骂。最后,王家的儿媳因为忍受不了丈夫的打骂,又无法反抗,最终选择跳河自杀了。

对于戴家的夫妻来说,虽然会相互协调,但是最终的决定权还是掌握在丈夫手里,丈夫是家庭的主导。丈夫犯了错,妻子是没有权力指出来的,只有家中的父母或者长辈可以批评。而妻子犯了错,丈夫则可以直接指出批评,妻子完全要听从丈夫的决定。村里无论是大户家庭,还是中小家庭,妻子无条件服从丈夫是为妻的必须要遵守的规矩。一个好的丈夫的关键是能劳动、会生活,能够为全家人带来经济收入,让妻儿吃得饱穿得暖。而一个好的妻子,需要谨遵丈夫的命令,照顾好家中的老幼,孝顺懂礼。

2.妻子依附于丈夫

戴家的各对夫妻在相处时十分融洽，夫妻之间在自己的房间或者私底下可以互相开玩笑，但开玩笑的次数比较少，妻子还是以服从丈夫为主。如果有外人在场，妻子绝对不能跟丈夫开玩笑，否则会让丈夫在外人面前丢面子。夫妻俩私下会经常聊家常，主要是讨论自己小家庭内部的事务安排。妻子心里如果有什么事情，一般不会跟丈夫说，一是因为丈夫每天要外出劳动，没有时间和妻子交流，二是妻子的心里话多与在夫家的生活有关，妻子也不愿意说与丈夫听。所以妻子的心理话一般会在回娘家的时候和自己的母亲倾诉，或者和关系好的妯娌聊一聊。在戴家，妻子极少与丈夫发生争执。而在大户人家，由于存在若干个小家庭，涉及利益纠葛较多，妻子有时候会因为自己小家的利益和丈夫发生争执。

3.夫妻冲突父母调适

夫妻两人一起过日子，整天围绕着柴米油盐，有些磕磕碰碰是在所难免的。戴家的夫妻也有因为生活琐事出现冲突。但是虽然有冲突，戴家的儿孙从来没有出现过动手打妻子的情况，丈夫打妻子，如果妻子的娘家人知道了，也是不能容忍的。如同村里王家的儿子，因为经常打妻子，最后逼得妻子投河自尽。妻子的娘家知道女儿被逼死了，上门讨说法，把王家的儿子打了一顿，并且由王家的当家人带着儿子上门磕头赔礼才了结。一般家中夫妻之间吵架拌嘴，会由夫妻俩之间内部解决，其他家庭成员不会插手的。如果解决不了，家中的老人就会介入调停，老人会在夫妻之间了解情况，开导夫妻双方，促成二人和好。而对于大户人家的夫妻来说，需要遵守更多的规矩，同时大户人家的子嗣比较极端，有的知书达理，夫妻之间相处十分和谐，而有的则蛮横无理，经常打骂妻子，妻子只能忍着，不能忤逆反抗。

（四）兄弟关系

1.兄弟间同心同力

戴家一共有四个儿子，戴思祥作为家中的长子，四兄弟中的老大，不管是平常的生活还是下地干活，对三个弟弟都照顾有加。待三个弟弟成长到能下地干活的年龄时，戴思祥已经跟着父亲下地做了好多年的工，所以三个弟弟种地的把式，全是戴思祥替父亲传授的。但是在日常的干活安排上，所有的兄弟都要听从当家的父亲的意见，作为大哥的戴思祥没有权力给弟弟们安排活儿。只有父亲年龄大了，当家人变成大哥戴思祥的时候，他才能够有权力指挥三个弟弟干活。

在外出的时候，戴思祥会更加照顾弟弟，因为弟弟们年龄都比戴思祥小很多，所以弟弟们对于下地劳动或者外出干活都不如哥哥熟悉，也会自然而然听从哥哥的意见，因为他们知道，哥哥的安排不仅是为了照顾他们，也是为了整个家庭着想。哥哥一般不会随便打弟弟，但是如果弟弟在外面惹祸闹事，给家庭带来不利的影响，哥哥经过父亲的同意是可以代替父亲教育弟弟的，但是戴家的儿子都很老实本分，也没有做出过什么出格的事情。随着弟弟年龄的增长，弟弟有什么事情拿不准的，还是会习惯性地找大哥戴思祥商量，大哥也会给弟弟指明方向。如果大哥做得不好，弟弟也会向大哥提意见，戴思祥会比较虚心地接受。戴家的四个儿子在当地都是数得着的榜样，四个人之间能够做到兄友弟恭，齐心协力把家里的活儿做好。

2.兄弟相处融洽

戴家的四个兄弟之间相处十分融洽，四个兄弟在父亲面前很拘谨，轻易不敢大声说笑。但是在他们四个兄弟之间，私底下经常会一起玩玩闹闹，互相开玩笑，兄弟们之间开玩笑也不会生气。由于戴元礼从年轻的时候就不喝酒,所以戴家人对于喝酒没有太大的兴趣,在过年过节的时候戴元礼也允许儿子们喝点酒,但是四个儿子受父亲的影响,多是不能喝酒。四个兄弟在一起相处的时候,大哥戴思祥自然而然是大家的"主心骨",戴元礼年长,对于为人处事、干活劳动都有丰富的经验,所以弟弟们对大哥是发自内心地敬佩,有了困难会第一时间找大哥帮忙,弟弟们有什么心事也多会找大哥聊天。而大户人家的儿子则不会像戴家的四兄弟之间那样融洽。因为大户人家的儿子有的是同父异母所生,互相之间较为疏远,即使是同母所生,也会因为家庭财产,父母的宠爱等原因,造成兄弟之间隔阂很深。

3.兄弟团结少有冲突

戴家的四个儿子之间几乎没有发生什么冲突,四个儿子性格都比较平和,轻易不会发脾气。同时戴元礼十分注重儿子们之间的团结,因为只有儿孙团结,一家人和睦,在村子里能够立足,不会受到别家的欺负。所以戴家在戴元礼的指挥下,儿子们十分团结。小时候戴元礼的二儿子和三儿子因为争东西有了冲突,被戴元礼狠狠地教训了一通,从那之后,戴家的儿子们再没有出现过什么冲突。戴家的四个儿子,不管是日常的相处,还是父母过世后家产的分配,都是一团和气,没有什么冲突,这也是源于戴元礼的严厉,让儿子们潜移默化地形成了团结的心态。

(五)妯娌关系

1.妯娌四人平等合作

戴家第二代男性有四个,四个家庭都居住在一个大院子里,四个儿媳在平常的生活中共同配合,协助婆婆完成各项家务活。四个媳妇都是为了大家庭出力,所以在干活时会相互商量,四个人之间进行分工。妯娌们之间在原则上是平等的,嫂子对于弟媳也没有多余的权利,但是由于李氏是家中的长媳,比其他弟媳要年长至少十岁以上,所以在戴家家务活的分工上,其他儿媳出于尊重会听从大嫂李氏的安排。作为家中的嫂子,李氏在日常与妯娌们的相处中发挥带头作用,为弟媳们做表率。对公公婆婆照顾有加,同时家中的脏活儿累活儿也主动承担,不仅在长辈眼中是个孝顺的儿媳,在弟媳们眼中也是一位善良体贴的嫂子,所以三位弟媳在心理和行动上都十分敬重李氏。在一般的家庭中,妯娌们之间如果合不来,家长会处于家庭大局考虑选择分家,像戴家这样妯娌四个共同生活融洽相处的是比较难得的。

2.妯娌间相处融洽

戴家的四个妯娌之间能够融洽相处,一方面是因为戴元礼和戴王氏对待四个儿子儿媳公平公正,一视同仁,另一方面也是因为戴家的四个儿媳妇都通情达理,不会无理取闹。戴家的妯娌们经常聚在一块做针线活,一边做针线活一边会聊家常,妯娌之间经常会说说笑话,开开玩笑。作为儿媳妇,平常接触的外人并不多,所以谁有什么心里话,一般会和妯娌们交流,戴家的四个儿媳姓氏不同,娘家也是不同的村子,但是相处起来和姊妹一般,弟媳妇不会害怕嫂子,当嫂子的也不会仗着自己年长就欺负弟媳妇。这一点与大户人家不同,大户人家由于各个儿子之间有家产利益的影响,儿媳妇之间也多是互相看不顺眼,在大户人家儿媳之间冲突矛盾反而会出现得更加频繁。

3.琐事矛盾由婆婆调解

戴家四个儿子共同生活在一个大家庭中,妯娌之间偶尔也会因为一些琐事矛盾产生不愉快。但是戴家的四个儿媳妇均懂得识大体,即使有矛盾也不会出现明面上的冲突,只是背地里自己生生闷气。有一次戴印宽和戴印合两个男孩子闹情绪打架,戴印宽吃了亏,母亲李端兰心疼自己的孩子,责怪嫂子没管教好自家儿子,但是又不好明说,所以不太高兴,自己生闷气。而婆婆戴王氏看出儿媳们之间出现小矛盾,便主动出面和两个儿媳交谈,经过婆婆的开导,两个儿媳也就自然消除了误会,和好如初。在村里,妯娌们之间争吵是比较普遍的事情,但是如果吵得厉害,被邻居街坊知道了,会被外人笑话,而且妯娌们之间闹矛盾外人不好插手过问,所以几乎没有人愿意出来劝架。出现这种情况就只有婆婆来解决。在大户人家同样如此,大户人家的婆婆更有权威性,只要婆婆出面,媳妇就不敢再说什么了。

(六)叔嫂关系

1.长嫂如母

在大家庭生活中,嫂子对小叔子并不需要承担什么责任,小叔子年少时由其父母管教和照顾,成年之后会娶妻成家,有其妻子来照顾饮食起居。嫂子与小叔子本无密切联系,除非是在父母早逝的家庭,公婆去世时小叔子还没有长大成人,那么这时即使各兄弟分家,小叔子也要跟着大哥大嫂一起生活,由大哥大嫂将小叔子抚养成人并帮助其娶妻生子。正如当地流传的俗语"长兄如父,长嫂如母",大哥大嫂既然代替父母承担起对小叔子的抚养责任,小叔子在与大哥大嫂一起生活时,就要听从大哥大嫂的安排,像尊敬父母一样尊重自己的哥嫂。因为男劳力常在外面劳作干活,小叔子的日常生活多由嫂子照料,嫂子来给小叔子做饭、制衣及洗衣服。生活中,嫂子让小叔子做什么,小叔子都得听从,不能和嫂子顶撞,要体谅嫂子的辛苦,尽量少给嫂子添麻烦,一般嫂子也不会指使小叔子干活。小叔子做了错事通常当嫂子的也不会直接批评,而是会告知丈夫,由其兄长来批评教育,嫂子没有权利打骂小叔子。这种情况下,嫂子和小叔子的关系大多都比较好,小叔子有什么心事都会和嫂子说,平日里也会主动帮嫂子干活,当哥嫂发生矛盾时,小叔子还会帮着嫂子说话。

2.叔嫂保持距离

大多数情况下,嫂子和小叔子没有紧密关系,正如戴家21口人在一起生活,就非常讲究长幼秩序、男女差别。戴思忠虽然由于年纪小不用下地干活,但是时常要读私塾,生活中也不常与家中的嫂子们接触交流,戴思忠的饮食起居都由戴王氏进行管理,即使戴王氏年纪大了不能干活,也是由戴王氏安排儿媳给戴思忠制衣、洗衣等,戴思忠不会自己与嫂子直接交流。嫂子们对于小叔子没有管教训斥的权利,不能使唤小叔子干活,嫂子们一般都非常照顾小叔子,小叔子也不害怕嫂子。但是叔嫂之间因为长幼秩序和男女性别差异,相互之间要自觉保持距离,关系不能太过亲密,否则会让别人说三道四看笑话,甚至招来非议。叔嫂之间有事情需要沟通交流,也要依靠兄长在中间传话,若是叔嫂直接交流会引起兄长的不满,怀疑叔嫂之间的关系与意图。

(七)爷孙关系

爷爷对孙子承担的责任与其父母相比少很多,即使爷爷是当家人,孙子也主要依靠其父母的教育。戴元礼作为戴家的当家人,对戴家人的要求非常严格,不可以在外惹是生非、不可以沾染赌博、吸食鸦片等恶习,当然对孙子的要求也不例外。如果孙子在外面闯了祸,戴元礼作为当家人要出面解决问题,向对方赔礼道歉,但是孙子回到家之后会交给其父亲进行教育,戴元礼不会动手打骂孙子,父亲将儿子教育好之后,会让其向戴元礼承认错误。戴印合小时候在外面看别人打牌,违反了戴家的家规,戴元礼知道后非常生气,但是并没有直接教育戴印合,而是批评了其父亲戴思祥,戴思祥向戴元礼承认错误说是自己没有管教好孩子,然后回到小家庭中戴思祥教训了戴印合。父母会从小就要求自己的孩子一定要孝敬老人,听爷爷的话,不能忤逆爷爷,所以戴元礼安排任何事情,孙子们都会照做,不会与其顶撞。

戴元礼虽然严厉但同样非常疼爱自己的孙子,戴家人都非常尊敬长辈,家里有营养的东西都会先给戴元礼和戴王氏食用,而戴元礼和戴王氏就会把这些东西留给孙子们,自己舍不得吃。戴元礼外出赶集时,也会主动买一些孙子们喜欢吃的、喜欢玩的东西带回家,哄孩子们高兴。看到父母打骂孩子时,戴元礼和戴王氏也会进行劝阻,但是不会直接插手制止,因为教育好孩子是每个父母的责任。

七、家户外部交往

(一)街坊邻里常往来

邻里之间没有必须承担的义务,都是出于日常相处所产生的感情而进行的自愿帮助的行为。戴家和四邻的关系都非常好,邻居平日里家里缺了什么,只要邻居到戴家来借,戴元礼都很乐意借给邻居使用,同样地,戴家有事情需要帮忙,邻居也都很爽快地答应。但若是邻居没有自己提出需求,戴家人不会主动找上门提供帮助,因为这是非常莽撞的行为,邻居家也不一定会领情。农忙的时候,邻居时常到戴家来借犁子、耙、牲口使用,只要戴家不用时,戴元礼就会借给邻居并且会安排一个儿子帮助邻居家一起干活。四邻若是向戴家借了农具归还时稍有损坏,只要不算严重,戴元礼也不会计较,自己修修打打就好了。四邻家里若是办红白喜事,只要对方到戴家来请人帮忙,戴元礼就一定会同意帮忙,但是邻居没有请求,戴家便不会主动过问,即使发现对方有困难也不会主动提供帮助。戴家和四邻关系很融洽,没有发生过严重的矛盾。田屯村的富裕大户不多,戴家和四邻的家庭情况都差不多,戴家的经济条件稍微好一点,但是邻里相互之间都是平等的,相互尊重。邻里之间因为距离近,平日里借借用用的接触比较多,所以通常几个家庭的妇女之间都非常熟识,出门赶集时也会相约一起,彼此陪伴有个照应。出现矛盾也多是两家孩子之间的矛盾,小孩子们在一起玩,总是会出现争吵的,只要家长及时出面解决便不会构成什么问题。

戴家对待街坊与四邻一样都很和善,不会因为距离远就在与街坊的相处中有所区别。只是因为距离远,平日里与街坊的接触相对于四邻来说会稍微少一些,但还是有一些与戴家关系非常好的街坊。对待街坊主要依照两家关系的远近,关系好的同样时常互帮互助,关系生疏的平时就比较少接触,但若是对方家中有急事需要借钱借粮,戴家能帮的也会进行帮助。与邻里不同的一点是,在与街坊的交往中多是由戴元礼出面代表戴家与其往来,交往中相对也会更正式一点,与富裕大户、贫穷小户的关系都要依靠戴元礼来处理。在物资匮乏的年代,作为村中一员,与其它村民搞好关系是非常必要的,因为离开大家的互帮互助,一个家户想要生存发展是非常困难的。

(二)地邻相处讲真心

戴家与地邻之间的关系会因为土地的侵占、牲口的践踏破坏而互不理睬,也会因为对方的善意提醒和帮助而亲如一家,地邻之间因为土地的关系而多有接触,只要双方都真诚地对待彼此,地邻之间的关系就非常和谐,若是一方暗中作梗,双方的关系就会急转直下。戴家与地邻时常互相帮助,自家地里的活儿干完了就会主动牵着牲口去帮对方干活,地邻间牲口、农具都是可以一起使用的,种地没有种子也可以先向地邻借用。戴家的地里出现情况,地邻会帮忙照看并且及时通知戴元礼。干活累了,周围几块地里干活的劳力都会聚在一起,在树下乘凉休息。由于土地都是有地约的,湖里的每块地之间也都有地埂岭子相隔,所以大家都不会故意侵占别人的土地。戴家与大部分地邻关系都很好,只有一家例外。戴家有一块土地是与王家相邻的,有一次王家的耕牛吃了戴家地里的粮食,糟蹋了一大片庄稼,戴元礼找到王家的当家人协商解决时,王家坚持认为是戴家没有看护好自家的土地,声称是戴家自己没有及时收粮却想赖到王家头上。此事争执了很久也没有结果,因为戴家并不想再耗费精力和财力上告官府,便草草了结,戴家自认倒霉。但是之后两家人再无往来,戴家格外严格地看管这块土地,避免再次受到王家的侵害。

关系和睦的地邻之间除了在农业劳动上的帮助,还会将其延伸到日常生活中,地邻之间相互借钱借粮,以及红白喜事的帮忙都时常发生,地邻之间甚至比街坊四邻的关系还要密切,因为地邻彼此间互助保护的是家中最重要的土地财产。

(三)亲戚关系血脉相连

亲戚之间的责任与义务依据亲属关系远近的不同而存在差异,相较而言,远房亲戚承担的责任与义务很少,不外乎逢年过节亲戚间自愿的相互走动,红白喜事时的团聚和帮助。而关系较近的亲属则承担了更多的责任和义务,例如,红白喜事的时候必须到场帮忙张罗而且要带礼金,当舅舅的要照顾外甥,要作为娘家人替外甥女主持公道等等。亲戚关系是比地邻关系、邻里关系都要更进一步的,街坊邻里借钱借粮要由当家人出面,写借据还利息,而向亲戚家借贷则不需要这些,亲戚只要有能力可以帮忙的都会提供帮助。所以,通常在当家人不在家的时候或者是从街坊四邻家中不能借到时,家中有需求就只能向亲戚家求助,也只有在亲戚家才可能借到,有时甚至是本人没有提出需求,亲戚也会主动帮助。当一个家户受到欺辱或是侵害时,其相关的亲戚往往会主动地凝聚在一起,共同为受害的家户讨回公道。有家法族规的约束和血缘亲情的纽带,亲戚关系之间很少发生矛盾,即使发生摩擦也会有同族的长辈出面调解,矛盾很容易化解。

(四)主佃之间利为先

戴家因为自有土地不足,便通过戴元山的关系介绍从资本家温学名处租佃了30多亩土地耕种,租种的土地不需要额外支付地租,只需要在每次粮食收成后与温家平分,两家一家一半,温家会安排一个执笔先生对戴家的土地耕种进行估产,为使执笔先生照实际估计,戴家还要给执笔先生一些好处才行。戴家租种温家土地期间,每次都是将粮食收起来,压好、扬干净,由戴元礼亲自送到温学名家中,从来没有拖欠过温家的粮食。若是遇到灾荒年景,粮食收成少,交给温家的自然也少,但是温家人都理解没有因此为难过戴家。过年的时候,戴元礼还会亲自到温家拜年并对温家表示感谢。因为土地有限,租种土地的机会很难得,所以戴家很珍惜这个机会,从未和温家闹过矛盾。温家提出的所有要求,戴家都会照办,不敢反抗,因为戴家租种温家的土地并没有契约,只要温家人愿意,戴家就可以一直耕种其土地。所以戴家非常担心惹怒了温家会导致土地被收回,戴家没有土地耕种就会失去生活的来源,一家人的生存就难以保证。

第四章　家户文化制度

　　戴元礼对于孩子的教育多采用引导的方式,依照孩子的兴趣差别培养,不曾强制孩子念书、学手艺,日常以帮助孩子树立健康积极的人格以及培养生活生产技能为主进行教育。另一方面,受戴家经济条件的限制,戴家只有戴思忠念过书,只有戴思祥会一点木匠手艺,但是由于戴家家教严格,孩子们均具有良好的品行并具有强烈的家户意识。戴家人会自觉将家庭发展、家人权益作为处理一切事务的出发点,坚持家户至上、行善积德的观念。戴家人自祖辈均没有宗教信仰,而是更加注重祖先信仰,祈求祖先保佑戴家人平安顺利。戴元礼对戴家人要求严格,为避免家人沾染不良习惯,戴家人可以参与的娱乐活动非常有限,外出娱乐必须先请示当家人同意才可以。

一、家户教育

(一)家户教育概况

　　1947年之前,戴家一共有21口人共同生活,家中只有戴元礼的小儿子戴思忠念过私塾,家中的其他成员均没有读过书。1947年以前读书都是由父母做主出钱,因为戴家的各个小家庭都没有自己的私房钱,没有能力供孩子读书,所以戴家的第三代中没有人读过书。戴元礼和戴王氏安排小儿子读书,也征求了其他几个儿子的意见,因为几个孩子都不太愿意读书,又只有小儿子戴思忠的年龄小,不能干太重的农活,所以戴元礼就决定让小儿子去读书,留下其他几个儿子在家里干活。儿子们自己都不愿意读书,对戴元礼的安排也就没有意见。戴思忠一共念了六年书,读到顶没有办法再读了,便开始帮助家里干活。在当地,女孩不用念书,人们普遍认为女孩是要嫁人的,念书没有用。此外,女孩从小要裹脚不方便行动,就一直看管在家中,照看弟妹,并由母亲教授一些针线活。

(二)私塾教育

　　戴思忠念的是私塾,有钱人家会请教书先生到家里授课,有钱人家周围有想念书又请不起先生的家庭就把孩子送到其家中一起学习,一次会有十多个孩子一起念书。戴思忠上私塾就是学《三字经》《百家姓》《千字文》《弟子规》《大学》《中庸》等一些书,教书先生带着念,还要求背诵,每次课上都会检查。戴思忠念书最大的收获就是毛笔字写得很好,是戴家唯一会写毛笔字的人,戴家有相关的事务时都会交给戴思忠来完成。跟着有钱人家的小孩一起念私塾的费用不算很高,普通家庭的孩子不用交钱,只需要给教书先生一些粮食,戴家可以承受。教书先生自己也有一点土地,因此农忙的时候,教书先生会放假去干农活。戴思忠念书很聪明也很听话,深受教书先生的喜欢。一起念书的孩子都非常听教书先生的话,对于先生的要求不敢有一丝违背,教书先生对学生及其家庭也很好,戴王氏身体不好的时候,戴思忠的教书先生还专程到戴家来探望。过年的时候,戴思忠不需要去给教书先生拜年,通常是由戴元礼到教书先生家里拜访,并且与先生交流一下戴思忠的情况。戴思忠念书的大户人家距离戴家有几里路的距离,戴思忠每次都是自己走路去念书,戴家的其他人不会接送。

(三)教育的家户单位

戴家孩子上学的机会很少,都是在家里由父母长辈教育,一般由父亲教育男孩,母亲教育女孩。戴家的女孩不让上学,女孩小时候就学针线活、搓麻线、纺棉线、纳鞋底。父亲一般识字的会教男孩子认字,不认字的就教孩子下地干农活。当时的孩子成年没有固定的标准,一般认为到十七八岁可以结婚的年龄就是成年了。女孩长到十七八岁就算是大姑娘了,如果姑娘到了20岁还没有嫁人,家里的人便会比较着急。孩子开始主动承担家务,自觉孝敬长辈的时候,家长通常就会认为孩子懂事了,孩子长大了。

(四)家教与人格形成

家庭的相处模式和生活氛围会直接影响孩子的性格,戴家是由戴元礼一人做主,全家人都要听从戴元礼的安排,保证戴元礼的绝对权威。戴元礼在日常生活中不会与孩子交流,只是安排相关的任务,而且对戴家人的管教十分严厉,戴家的孩子都很惧怕戴元礼。因此戴家的孩子普遍非常内向,在任何人面前都不敢有过多的言语,显得较为木讷与拘谨。戴家关于做人做事的道理都是从祖辈上传下来的,由戴元礼教育戴家的所有成员。戴家讲究勤劳、谦虚、友善、团结、守规矩,不能随意与人起争执,不能沾染赌博等不良嗜好,见到长辈要主动问好,一家人相处要相互体谅关照,等等。若是有小孩子不听话,犯了错误,其父母会及时制止和管教,严重的还会打骂。戴家人口多,要想保证一家人不饿肚子必须依靠辛勤的劳动,因此戴家人十分信奉"勤劳致富",戴家的成员若是不愿意干活劳动,会受到戴元礼的严厉惩罚。而家庭发展的另一必需条件便是"和睦",戴家人崇尚"和气生财""家和万事兴",认为一家人若是不能心往一处想、劲往一处使,这个家很快就会离散。

(五)家教与劳动技能

戴家的第三代孩子都没有念过书,稍微长大一点就跟着父母学习劳动技能,通常是男孩子跟着父亲学习田间劳作的农活,女孩子跟着母亲学习操持家庭事务。在1947年之前,掌握劳动技能是一个人能够生存和生活的基本条件和要求,所以戴元礼要求戴家的每个人都要学会和掌握,若是不具备基本的劳动技能不但难以生存,而且会遭到外人的耻笑。戴家每位成员的劳动技能都是通过跟随长辈学习获得,并且一辈一辈地传承下去。孩子的劳动技能通常都是由其父母传授,教授小孩子劳动技能不需要刻意地强调,只要孩子长到一定的年龄,父母干活的时候就会叫着孩子一起帮忙,孩子在给父母帮忙、打下手的过程中,父母会告诉孩子一些劳动技能的要领,孩子看着父母干活,很快就可以学会,并且很愿意学习和模仿。

戴家的男孩长到8岁左右,就会被父亲叫去田地里帮忙,孩子通常是一边玩耍一边干活。女孩子一般也是在六七岁的时候,开始帮母亲做家务活,学习洗衣、做饭、纺线织布。孩子的劳动技能主要跟着自己的父母学习,家中的其他长辈偶尔也会指导一下,督促孩子们学习进步。女孩子一定要学会洗衣做饭、纺线织布、缝衣纳鞋等技能,否则长大后很难找到婆家,还会被外人说闲话。小孩子若是在学习劳动技能的时候偷懒,不好好学习,同样要受到父母的批评。戴家的小孩子都很老实,通常父母安排做什么都会去做,不会反抗,劳动技能掌握的都很熟练和扎实。

(六)学手艺

戴家只有戴思祥会一点儿木匠手艺,是跟着其三叔学习的,因为戴元礼自己不会手艺,所以也没有强制过自己的几个儿子学习。戴思祥自己对木匠手艺感兴趣,所以戴元礼才允许戴思祥跟着三叔做木匠活儿。戴思祥的下一代只要戴印合有兴趣,所以戴家的第三代只有戴印合会木匠手艺,都是戴印合看父亲干活慢慢学来的。戴家小女孩缝衣纳鞋、纺线织布的手艺都是由母亲教授,其他的女性长辈有时候也会教一点。女孩子在出嫁之前,都要熟练掌握这些技能。

二、家户意识

(一)自家人意识

在戴家人看来,严格意义上的自家人就是指在一口锅里吃饭的 21 口人,包括以戴元礼为家长的戴家三代所有家庭成员。而广义的自家人可以指戴氏同宗族内部的五服以内亲戚,所谓"五服",即从自家这一代算起,往上数五代,这五代所有宗族成员归属于同一先祖,那么这五代人的支系称为"五服"。戴家人将五服以内的亲戚看作自家人,五服以外的则由于血缘关系较远,不算自家人,戴家的自家人意识以血缘关系为基础,五服以外的亲戚皆为外人。戴家对于自家人和外人的界定十分明显,以戴元礼为家长的三代家庭内一旦发生什么事情,全家人将共同应对,扩展到五服之内的自家人同样如此,五服内的亲戚家中有红白喜事,五服内的男性成员都会自觉到场帮忙,将红白喜事视为自家人的事情。

除了血缘关系作为划定自家人的标准外,宗族因素同样是自家人的界定准则,同姓、血缘相近的人才能称为自家人,叔叔伯伯是除了生活在一起的家庭成员之外最亲近的自家人,嫁出去的姑姑及姑父则不能算作自家人,因为姑姑出嫁后就会随丈夫的姓。同时,母亲娘家一方的亲戚虽然关系亲近,但是不能算作自家人,舅舅、舅妈、姨、姨夫都不算自家人,因为这些人都有各自的姓氏,不与戴氏同一宗族。同宗族血缘相近的亲戚,即使居住得远或是平常联系较少,但是从血脉上讲依然是自家人,家中有事情需要帮忙时仍然是第一选择。而其他哪怕平时来往密切的人,也只能称为好朋友,不会将其视为自家人。

对于戴家共同生活的 21 口人来说,父母、兄弟姐妹、子女是至亲,戴家的女儿在结婚之前属于自家人,一旦结婚嫁入别家,便不再作为自家人看待,因为戴家人认为"嫁出去的女儿泼出去的水",外嫁女成婚就跟了别人的姓,自然不是自家人。同样,嫁入戴家的儿媳在结婚之后名字之中多了"戴"姓,戴家人会把儿媳妇、孙媳妇看作自家人。

除此之外,如果家中有过继的儿子,家里人同样会以自家人看待,因为过继子原本就属于同一房支的孩子,过继来之后更加亲近,视为自家孩子。一个家庭如果没有男孩,为女儿招了上门女婿共同生活,那么女儿、女婿皆为自家人,因为女儿成婚时不改变姓氏,女婿会随自家的姓,女儿、女婿生了孩子会跟母亲姓,也可以上自家的家谱,不改变宗族和血缘关系,因此等同于自家儿子。对于田屯村的大户人家来说,三妻四妾也时有存在,除了正房之外,妾也算自家人,妾所生的儿子只是在家庭地位上略低于嫡子,其他方面并无差异。即使是自家男子在外的私生子,只要认祖归宗,家里人也会将其看作自家人。而对于大户人家的管家、长工等长期寄宿的人来说,虽然同在一个屋檐下,但他们始终是外人,只会在工资待遇上给予支持,不可与自家人相提并论。

村里的街坊邻居自然更是外人,戴家的邻居与戴家相处再融洽,也不会介入到戴家的家庭事务当中,外人介入别人家事在当地是犯忌讳的事情,容易造成两家的矛盾。大家心中都很清楚这一规矩,不会主动触犯这一禁忌。一个家庭发生争吵、打闹惊动左右邻居的时候,邻居仅仅会出面相劝,以言语缓和局面,最终问题还是要自家人关起门来解决,外人不便干涉也无权干涉。

(二)家户一体意识

戴家在分家之前一直是20多口人一起生活,共同劳动,几兄弟在生产生活上都会相互帮助,妯娌之间在料理家庭事务时也是配合默契,全家人都可以相互体谅,很少发生争执。若是戴家的任何人受到了外人的欺负,戴家人都会认为是对整个家庭的欺辱,会团结起来一致对外,在戴元礼的带领下一起讨回公道。若是受了严重欺辱一家人还没有反应的话,会被外人轻视而受到更加严重且源源不断的欺辱。戴家的几个兄弟在分家时都是将所有物品进行平均分配,不偏不向。但若是某个兄弟家有困难,其他兄弟也会主动进行帮助和提供照顾,不会任由兄弟在痛苦艰难中煎熬。谁家吃不上饭断了粮,做兄弟的都会主动送去粮食,并且不会主动讨要归还。

发家致富离不开家庭中每个人的努力,在家庭中,每个人都承担着自己的角色,尽该尽的责任和义务,只有每个人承担起自己的责任,家庭才能和谐发展,走上致富的道路。同时,家庭的富裕成果也是家庭中的每个人都可以平等享受的,因此,发家致富自然也成为了戴家人共同的愿望。戴家在逢年过节拜神祈福时,戴元礼会祈求家中所有人平安健康,因为家庭中每位成员的平安健康是家庭稳定的关键,这也是戴家所有人的心愿。

(三)家户至上意识

个人重要,家庭也重要,戴家人普遍认可"没有家就没有个人"的观点。家庭比个人更重要,考虑事情的时候凡事都是先想到家庭而不是自己,"大锅里先有,小锅里才不断"。当利益发生冲突时,个人的利益要服从于整个家庭的利益。如果家庭利益与个人利益发生冲突,家长会劝导家庭成员以家庭利益为重,舍弃个人利益。同时,家长会对放弃个人利益的家庭成员进行安抚,或是给予其他方面的照顾。婚姻是家户中最重要的事情,必须要听从家长的安排,家庭成员没有反对的权利。戴家成员的婚姻都是父母包办,选择婚配对象时,父母不会考虑孩子的意见,只要双方父母满意便可。因为儿媳妇都是父母做主挑选的,所以戴家的长辈都满意自家的儿媳妇,没有希望小夫妻离婚或是出现休妻的情况。若是存在不满意的地方,也是自家孩子对父母为自己选择的媳妇不满意。即使孩子不满意也没有办法,孩子不能对长辈进行反抗,并且反抗也不会有任何作用,作为孩子只能遵循父母的意愿。

(四)家户积德意识

戴元礼和戴王氏一直有行善积德造福子孙的意识,因此在日常生活中乐善好施,有乞丐上门讨饭时,戴元礼都会慷慨相助,兄弟家生活有了困难,戴元礼也会主动送去钱粮帮助兄弟渡过难关。同时,戴元礼会要求戴家人要乐于助人,不可行坑蒙拐骗之事,因为戴元礼始终认为,"善有善报、恶有恶报",不论做什么事情都有因果轮回,迟早会显示在自己的身上。戴家都是老实人,戴元礼不会去过问别人的家务事,因为在其看来,家务事是没有严格对错区分的,外人认为的道理不一定适用于这个家庭。所以戴元礼会以管理好戴家人、处理好戴家事为首要任务,不会干涉别人家的事情,戴家人都不是"爱管闲事"之人。但别人家若是遇到困难主动找到戴元礼求助时,戴元礼都会非常热情的提供帮助。

三、家户习俗

(一)节庆习俗概况

1.过春节

在峄县当地,春节是从小年算起,小年是农历的腊月二十三,但是通常到了农历的腊月,戴家就会开始为过春节做准备。首先要准备的是食物,春节前要套上驴拉磨,磨了白面包水饺、蒸馍馍,还会用绿豆、黄豆混在一起磨些杂面蒸窝窝头、炸丸子、烙煎饼,磨面要用近一个月的时间,快到年根的时候就要全部准备妥当。其次,家中的男劳力要一起炒花生,把过年需要用的油提前榨好。此外,还要准备一些点心,像是江米棍、桃酥等等。家里经济条件允许的时候,戴元礼还会安排给家里人都添置一件新衣服,喜庆地度过春节。

当地传统是在腊月二十三这一天进行大扫除,将家中里里外外的卫生都打扫干净,一般是先打扫房间里面,再清扫院子。腊月二十三会祭灶,祭灶就是祭奠灶王爷,这是小年的主要活动之一。打扫完卫生就开始置办年货,买些白菜、萝卜储存起来,买些果子、糖球、梨糕给小孩吃。到了大年三十的时候,家里就要贴春联,写一些吉利话贴在门的两侧,不论是富裕还是贫穷的家庭都会贴春联,除非家里有老人在当年去世的情况才会不贴。春节的时候,戴家人都会停止外出干活,聚在家中一起过年,除夕夜戴家人21口人会一起吃个团圆饭,外人不会到戴家过年,只会在大年初一的早晨到戴家来拜年。

在过年期间戴家不会进行祭祖活动,就是大年初一的早晨,戴王氏会给去世的祖辈上香,在当地讲究只有女性长辈才可以上香。同时,要用方桌摆放贡品,通常会摆一些水果和点心。

除夕晚上的年夜饭一般只是一家人在一起,不会邀请外人参加。戴家向来都是21口人在一起吃饭,没有外人参加。除非是大户人家的丫鬟、长工若不回家过年会被邀请一起吃年夜饭,不然其他人也不愿意除夕夜在别人家里吃饭。吃团圆饭时也是方桌,戴元礼会要求家人在饭桌上少说话,避免说错话冲撞了祖先。过年要多说吉利话,新的一年才能顺顺利利。饭后,戴家都是妇女负责收拾桌子,男性不会帮忙。

春节期间亲戚之间会相互走动,加深感情。首先要去的是同宗族的长辈家,大年初一家族中的小辈要到长辈家中探望,给长辈拜年,一进入长辈家门就要先给长辈磕头。戴家一般是由戴思祥兄弟四人代表戴家到亲戚家拜年,可以带着家里的孩子,女性很少出门拜年,戴元礼和戴王氏会留在家中等候其他亲戚的看望。去过同族长辈家后,还要给其他亲戚、邻居拜年,一般是按照先近后远的顺序进行。初二、初三的时候,女性可以回娘家拜年,丈夫基本不会一同前往。戴家还会到租种土地的资本家家里拜年,维系好双方的关系。不会专程给保长、甲长拜年,因为保长、甲长都不在田屯村居住,戴家只会给同村的村长拜年,说两句吉祥话。过年期间,戴家通常只会给关系好的人家拜年,有误会需要化解的也会主动前去探望,积怨较深的便不相往来。

1947年以前,峄县只有到正月十六赶庙会的时候才有些集体活动,通常是周围几个村庄共同参与,庙会上有踩高跷的、舞狮子的,锣鼓喧天,热闹非凡。单个村庄、家族都没有能力组织此类的大型活动。当地在清明节时主要进行祭祖活动,只有这一天女性可以到祖坟前亲自烧纸,去烧纸前要准备好贡品,且这一天的贡品多是水饺。五月端午的时候,戴家会包些水饺来吃,妇女们会捡拾一些艾草插在大门两旁悬挂,驱邪避毒,祈求一家人身体健康。其他节日当地没有特殊的仪式,通常越是贫穷的家庭过的节日越少。

2.红白喜事

戴家娶媳妇时要选定一个黄道吉日,前一天新郎官的婶子、大娘要将新房的床铺好,找个侄子来"滚床"。当天新媳妇要坐轿子,轿子是由媳妇娘家租赁,由戴家给赏钱,也就是给抬轿子的"抬夫"一点"跑腿钱"。通常每乘轿子需要四个"抬夫",还有一个负责"打红镖"的,路远的会多预留两个"抬夫"轮换抬轿子。新媳妇上轿子、下轿子的时间都是提前请先生算过的,有利于两家今后的发展。富裕人家娶亲时还会有吹拉弹唱的大队伍,戴家则能省便省了。下轿之后要跨过火盆进入戴家,这就算是媳妇过门了,然后举行拜天地的仪式。一是拜天地,再是拜祖先和父母,最后夫妻对拜,这就算是礼成了,所有婚礼仪式至此结束。戴家会邀请一些亲戚四邻来"吃酒席",共同见证戴家的喜事。嫁姑娘时,作为娘家人要提前"填箱",在新媳妇的橱柜中放两把面条和一些制钱。姑娘嫁出门前一定要哭,寓意给娘家留下财富。嫁姑娘也需要请人"吃酒席",但是通常规模比较小,只宴请直系亲属以及一些帮助戴家操办婚事的人。

婚礼后的第二天新媳妇不需要去厨房做饭,按照当地习俗过了三日以后才需要新媳妇做饭,三天之内还是家里的婆婆和妯娌做饭即可。婚礼后的第二天早晨新媳妇需要向公婆问安,问爹好、娘好,给公婆打洗脸水、递毛巾,像戴家这种普通家庭只需要向公婆问一次好就可以,而大户人家通常需要在结婚后一天三问安。新媳妇婚后归宁分为"四天叫,四天送"和"八天叫,八天送",即娘家在婚礼后的第四天到婆家来叫姑娘回娘家,然后在第八天将姑娘送回婆家,通常都是"四天叫,四天送",因为公婆不愿意新媳妇在娘家待太长时间。

家里有老人去世,首先要准备好木头棺材,装棺后通常要在家里放三天,第一天"开门",第二天出殡,第三天下葬。"开门"之后,戴家的亲戚就可以到戴家来给老人烧纸,烧纸时要磕头,磕头按照关系的疏远分为九叩、七叩和五叩三种。葬礼上,戴家会请专人吹喇叭,富裕家庭还会放鞭炮,老人的儿子、儿媳妇以及姑娘都得披麻戴孝。第一天"开门",上午离世老人的儿孙要出门到土地庙前"豁汤",就是一路上由两人抬桶,内盛稀米面水,边走边用勺舀水泼洒,同时撒纸钱,最后将剩余的面汤全部倾倒在土地庙前。下午四五点钟时要"送盘缠",把姑娘扎的"纸轿""纸马"在陵地前烧掉,当晚儿孙要"辞灵"。第二天要先进行路祭,把棺材放在家门外,所有儿孙对着棺材磕头,之后第三天就可以抬去陵地埋葬了。家中的女性要进行"圆坟",在家中包水饺,用死面包裹红糖,离世的老人有几个儿子就要包几个大的水饺,其他的水饺要包得小一点,包水饺的数量要等于老人的年龄。老人有几个儿子还要再烙几个饼,这些东西家里人要全部吃掉,传言吃掉这些东西对家庭是有好处的。葬礼后也要办酒席,请前来为老人烧纸的亲戚吃饭。之后便等着烧"五七",五七三十五天,再减去老人儿子的数量就是"五七"的具体时日。

若是家庭中十六岁以下的小孩子死亡,通常不举行葬礼会直接埋葬,因为"白发人送黑发人"是极度悲伤,是让家中老人承受不了的事情。此外,小孩子去世不能装棺材,多是用几块普通木板钉成的长方形木匣,俗称"火匣子",将死者收殓。"火匣子"比棺材要小得多,而且匣子不能有底,只能在底部搭上几个木杆子作为遮挡,有的木匠铺中售卖的匣子是有底的,那么就需要用钻子在匣子底部钻几个眼,以同成人的棺材进行区分。一个家庭的祖坟埋葬也

讲究一定的顺序,北边为上,南边为下,辈分最长的人要埋葬在最北边朝东方向,

3.其他重要节日

元宵节的时候戴家会进行"点灯",戴家成员一起制作"萝卜灯",就是将萝卜切一段,在中间挖一个半圆的坑,在其中填入蜡烛油和棉线,这样就可以像蜡烛一样被点亮了,"萝卜灯"是在正月十四的晚上要点亮着摆放在戴家每个房门的两旁,预示戴家今后灯火通明,红红火火。端午节的时候戴家最初会吃水饺,后来逐渐演变成吃粽子和鸡蛋的习俗,戴家的妇女还有在大门的两旁插些艾草,这都是祖辈流传下来的风俗习惯。清明节和七月半的时候主要就是"上坟""烧纸""添坟",这都是由家中男子来负责完成。每年除了春节之外另一大团圆节便是中秋节,这一天戴家人也会共同聚在家中在院子里边赏月边吃个团圆饭。

(二)家户习俗单元

戴家过年过节都是以家户为单位进行庆祝,能回家就要尽量回家过年。过年期间,戴元礼便不再安排两个儿子外出搞运输,避免出现特殊情况导致家人不能回家过年,因为过年最重要的就是一家人团聚,若家人不能相聚便失去了过年的意义。过年时,戴家住在一个院子中的21口人都聚到一起吃团圆饭,但若是分家了,即使是住在一个院子里的一家人也不会再凑到一起过年,因为分家之后各家都有了新的当家人安排自家的生活,自己购置年货过自家的日子。嫁出去的姑娘不可以在娘家过年,尤其是除夕和大年初一这两天,媳妇若是在娘家生活传说会对娘家造成非常不利的影响,到了大年初二姑娘才可以到娘家拜年。过年的几天,除非是无家可归的人,一般没有人会在别人家留宿,都会回到自己家过年。戴家没有人会在别人家过年,因为在别人家再热闹也不如自己家里温暖。

(三)家长主持仪式

戴家在春节的时候需要祭祖和上香,祭祖由家中的男性完成,由戴元礼主持安排,家中的小辈要向戴元礼学习;而上香则由女性来做,由戴王氏负责主持安排,包括供品购买、摆放等等。红白喜事的仪式通常都是戴元礼负责主持,并且出面邀请宾客,家庭的其他成员均无权出面。而像是中秋节、端午节、元宵节等一些家户内部团聚的节日,通常是由戴元礼提议和召集,由戴王氏带领家中的妇女负责具体的操作筹备,例如元宵节的"点灯"仪式,就是由妇女制作萝卜灯,由家中的男子负责点亮。又比如家中插置艾草、制作团圆饭等都由戴王氏来操持。

四、家户信仰

(一)家神信仰及祭祀

戴家因为干木匠、跑运输的副业供奉过财神爷,以祈求财源广进,生活富足。而当地家庭普遍供奉的是"天老爷",即天官。将"天老爷"的神位供奉在堂屋的条几①上,神位前摆放香炉及贡品,逢年过节、家中有红白喜事或是戴家人身体抱恙时,都会在"天老爷"面前拜一拜,磕头上香,祈求天老爷的保佑。戴家还供着"灶王爷",在当地村民看来,灶王爷是玉皇大帝派下来监督善恶的神,每年腊月二十三的晚上,就会上天向玉皇大帝汇报每家人的情况,让玉皇大帝进行赏罚。正月初四的时候,灶王爷会再返回人间。腊月二十三晚,灶王爷上天时,戴家

---

① 条几:当地一种长条形的高柜子。

人会进行"送灶"仪式，戴家人集中在厨房里，摆好桌子，向"灶王爷"敬香，并供上祭灶果，让灶王爷吃饱喝足后再上天汇报，希望灶王爷多说好话。戴家供奉祭拜神明，一方面是为了家人免灾，希望家里人平平安安，另一方面是为了给家庭祈福，祈求家庭兴旺。

(二)祖先信仰及祭祀

戴元礼对于祖先有着无尚的崇拜和信仰，他对于祖先的崇敬同样影响着后代的家庭成员。戴元礼有四个儿子，在他们超过十二岁以后，戴元礼在每年上坟祭奠时都会带着四个儿子一同前往。虽然对于戴氏起源已无法考究，但是戴元礼还是会在上坟过程中给儿孙们讲述自己记忆中的家族故事，以此让儿孙们记住戴家的各位先祖。与此同时，戴元礼所居住的堂屋后墙上，摆放着戴元礼父亲和祖父的灵位，戴元礼经常带着儿孙给父亲、祖父上香，告诫儿孙记住戴家的几代祖先。

戴家在田屯村的传承代际有限，并未能修葺戴家的祠堂和家庙，但是戴家的家谱编纂一直没有中断。戴家的家谱每过几年就会进行一次续谱，家谱作为一个家族的信物，并非每个家庭都能拥有，只有长房长支才能获得家谱的所有权。戴家的家谱中只会记录戴家的男性成员及其妻子，戴氏的女儿是不能记录在家谱中的。家谱是神圣而不可侵犯的，请回家中也要妥善保存，不得随意向外人传阅，以示对祖先的敬重。

戴家每年要在清明、农历七月十五、十月初一和新年之前去祖坟祭奠四次，表达对先祖的思念和敬重，同时祈求先祖保佑后辈平平安安，健康顺利。祭拜时只有戴元礼带着成年的儿孙一同前往，家里的女性不能跟随到祖坟祭奠，祭奠时由戴元礼主持进行，儿孙们听从戴元礼的安排，完成祭奠的各个环节。

(三)庙宇信仰及祭祀

田屯村的庙宇不多，有一个大的庙是关帝庙，还有一个小的土地庙。办白事出殡时需要到土地庙前走上一圈，还有在庙前完成"豁汤"。平日里，靠天吃饭的农民会到"关帝庙"中进行祭拜，祈求风调雨顺。家中有人生病，村里人首先会到庙里上拜，祈求神灵的庇佑。男人和女人都可以到庙里叩拜祈福，通常女人多一些。重要节日也会有大型的祭拜活动，一般都有专门的人员进行组织，戴家人没有参加过此类活动。

五、家户娱乐

(一)结交朋友

1947年之前，农民为生活而操劳，并不十分注重人情交往，由于通讯工具的限制，村里人通常只与本村人或是往来频繁的人更为熟悉和交好。戴家人都有与自己交好的人，大多都是与自己同年龄段及同性别的人，这样会比较谈得来。外当家因为要代表自己的家庭对外交往，所以各家庭的外当家之间因为接触的机会多关系也更好。内当家时常会因为家中柴米油盐的琐事而向其他家庭的内当家寻求帮助，因而内当家与周围家庭的内当家比较熟识。而家中的男孩、女孩常在一起玩耍的小伙伴也多是年纪相仿，又因为男孩女孩的兴趣不同，所以都是同性的小伙伴在一起玩耍。当然，当地人在交往过程中十分注重"男女有别"，男性和女性之间会自觉地保持距离，不会有太多联系，否则会被村里人说闲话。在1947年以前，人与人之间都是因为接触得多，相互了解，有共同的志趣愿意在一起交谈，自然而然成为朋友的，每个人都可以有自己的朋友。戴元礼对于戴家人的交友没有太多的限制，只要对方品行良好,没有抽大烟、赌博等不良嗜好,戴元礼就不会进行限制,戴家人交朋友也不需要经过戴元礼的同意。但若是戴元礼发现家里人常接触的人品行不端,也会进行制止,不允许家人与其再有联系。戴思祥、戴思田、戴思海因为干副业与外面的人常打交道,所以认识的人多,朋友也相对多一些。在当地,关系极好的男性之间会拜"仁兄弟",而形成不是亲兄弟胜似亲兄弟的关系。拜"仁兄弟"是需要进行磕头等仪式的,对待彼此的父母也会像是对待自己的父母一样,红白喜事时也要按照亲兄弟的礼节,生活中若是谁家遇到了困难,彼此之间要尽全力提供帮助。1947年之前,朋友之间的家庭经济水平都差不多,穷人很难和富裕户搭上关系,富裕的人家也不愿意和穷人做朋友。

(二)打牌

打牌在峄县当地称为"来牌"或是"来局",1947年之前,打牌常作为赌钱的工具,是有钱人家才喜欢的玩意儿,不是一种普遍的娱乐消遣活动,所以一般的农民是不参与的。戴元礼就不允许家里人打牌,以免家人染上赌博的恶习。戴印合有一次在外面看别人打牌,只是旁观,不敢参与,但是被父亲发现后还是遭到了父亲的严厉批评。戴家的规矩很严格,没有人敢不听戴元礼的话,大家也都会严格要求自己的子女。

(三)串门聊天

1947年之前,聊天串门是当地农民的主要消遣方式,戴家人也会去周围的邻居、朋友家里串门聊天,尤其是在农闲的时候,人们之间的相互往来会更密切。戴家多是男人出去串门,女人外出的活动范围通常在家庭的附近,去邻居家里借针线时会逗留一会儿聊聊天。戴元礼对家里的孩子管理比较严格,不允许小孩子随意外出,通常小孩子都是由其父母带着去串门,很少有自己串门的机会。若是一家人都准备出去串门,戴元礼会指定一个人留在家里守门,不会全家人都同时出门。遇到有来戴家串门聊天的人,若是辈分高的人,戴元礼会亲自接待,家里的小辈负责端茶倒水,若是其他人到戴家专门找人聊天,戴元礼不会过问。戴家人认为来串门的就是客人,会主动留客人在家里吃饭。但是在1947年之前,村里人很少在别人家里吃饭,大家通常客气一下就离开了。

(四)逛庙会

1947年之前,当地会有一些庙会,小庙会的时间不固定,最隆重的是三月三的庙会,到时候附近几个村子的村民都会去"赶会"。有庙会的时候戴家愿意去"赶会"的成员都可以去,大人带着小孩,戴元礼不做干涉,只要留一个人在家里守门即可。庙会上会有很多舞狮队、踩高跷、唱戏及杂耍的表演,参加的人很多,锣鼓喧天。节目开始前,大家都会提前到场占据观看的有利位置,大人举着孩子,非常热闹。庙会上还有许多挑着担子卖东西的人,戴家人赶庙会,主要是看节目表演,买东西的情况很少。

(五)其他娱乐活动

田屯村在过年、过节的时候会有一些舞龙舞狮队进行表演,是自发形成的,全村人都可参与。大户人家办红白喜事时都会请一些唢呐队伍来表演助兴,结婚的时候会奏百鸟朝凤等喜庆乐曲,白事时会奏哀乐,一吹就是一天半的时间。还有唱大戏的,有一男一女两个人扮演戏中人物,进行表演。戴家人若是想去看表演,只需给戴元礼说一声便可。村里在日常中还有一些人会凑在一起打拳、练把式,都是因为兴趣自发形成的,没有专门的组织。

第五章　家户治理制度

按照戴家的历史传统，每个家户的辈分最高、年龄最长者便是这个家户的当家人，除非长辈能力不足或是身体条件不好才会由子辈担任。1947年之前，戴元礼是戴家的外当家，对戴家的各项事务拥有唯一的决定权，其妻子戴王氏是戴家的内当家，协助戴元礼管理戴家事务，对于戴家生活方面的需求会向戴元礼提供重要建议。戴元礼作为当家人掌管着戴家全部的财产，各个小家庭没有独立的财产权，戴家也不进行财物的分配，家庭成员的任何需求都需要向戴元礼提出申请，由戴元礼处理解决，戴元礼需要全面妥善地安排戴家的生产生活，为家庭成员提供充分的生活保障、安全保护与情感支持。戴家有严格的家规、家训约束着每位家庭成员的行为，使大家自觉接受当家人的管束，彼此之间团结和睦，为家户发展而共同努力。戴元礼去世后，戴王氏自然成为戴家的当家人，由于当地对女性当家并不认可，长子戴思祥成为戴家对外交往的代表，协助戴王氏管理戴家生活。

一、家长当家

（一）家长的选择

戴家的当家人是家庭的第一代戴元礼和妻子戴王氏，这种当家人的权力是一代代传下来的，默认为家中的长辈即自动成为该家庭的当家人。不论长辈的能力如何、是否有知识文化，只要辈分最大的便可成为当家人。戴家是戴元礼和妻子戴王氏当家，戴元礼当家主要是负责家庭的对外关系，包括下地劳动、物品买卖、人情来往等等需要对外交往的事务。戴元礼的妻子戴王氏主要负责家庭内部事务，包括安排家中妇女的劳动、家庭成员的吃饭穿衣，等等。

由于戴家不是富裕大户，只能算是普通家庭，所以家里没有家长、当家人等称呼。家人之间小辈按照辈分称呼长辈，长辈直接以姓名称呼小辈，村里人之间彼此称呼依照同样的原则，按照辈分进行称呼。当向外人介绍自己时，家中的小辈通常要先介绍家中当家人的情况。比如，戴印合会以"我是戴元礼的孙子"的方式来介绍自己。村里人之间相互提及时也会以当家人为首进行介绍，比如，提到戴印合时会说"戴元礼家的孙子戴印合是挺老实的孩子"。介绍家庭门户的时候也会说成"这是戴元礼家"，家户之间的相处均是以当家人为基础和条件来进行交流的。

戴元礼去世之后，妻子戴王氏便成为戴家的当家人，戴王氏说话也没人敢顶嘴，大儿子戴思祥协助戴王氏处理家庭事务，戴王氏去世后，戴家的几个儿子就分家了。戴元礼和妻子戴王氏都聪明，脑子也都好用，所以两个人一起管理家庭事务。

(二)家长的权力

1.权力先祖传

戴元礼家长的权力算是祖先传承下来的，从祖上一代一代传承下来的传统就是年龄最大的长辈是当家人，新家长的权力是分家之后从上一任家长的手里继承下来的，并且在自己无力管理家庭事务时将该项权力传承给下一代。戴元礼是家里辈分最大的，他的家长权力被全体家庭成员所承认，戴元礼可以管理到家庭的所有成员，包括三代共21口人。姑娘出嫁后戴元礼的管束力度就很小了，出嫁的姑娘主要接受婆家的管束。家长的管理范围涉及到家庭生活的方方面面，衣食住行都需要家长来操心、管束，其他家庭成员只需遵守、执行家长提出的要求或是安排的工作，不用自己为生计考虑。家长的每一项决定、安排都是有计划的，当家里遇到大事的时候，当家的也会和家里人一起商量讨论，像土地买卖、儿娶女嫁涉及整个家庭的大事情，戴元礼会召集家庭成员一起商量，全家讨论，当然主要还是和妻子戴王氏一起商量决定。

2.财产管理权

戴家的主要收入便是种地收入，冬天农闲时戴家的第二代戴思田、戴思海会出门搞运输、推小车，戴思祥会做点木匠活补贴家用。所有收入都要交给当家人，以戴元礼的名义全家共有，由戴元礼和妻子戴王氏来共同管理家庭财产，家庭的所有财务支出由当家人统一支付。戴思田和戴思海每次搞完运输回家都要把挣到的钱交到戴元礼的房间，但是没有必须要先去戴元礼房间把钱上交才能回到自己房间那么严苛，只要当天把钱交上就可以了。如果忘记主动上交财物，戴元礼也会在一家人一起吃饭时进行提醒。当然，戴思田、戴思海、戴思祥在外面干活挣的钱可以自己稍微花费一些，买点生活必须品，小额花费戴元礼和妻子戴王氏是不会追究的。距离戴家很近的地方有一个煤窑，在1947年之前叫做远大公司，田屯村的很多人都在煤窑里干活，但是戴元礼不允许戴家人去远大公司下窑挖煤。因为当时的煤窑条件非常差，对于挖煤的人也没有安全保护措施，下窑挖煤的危险性很高，非常容易死在煤窑里，并且没有相关的保障、赔偿，死了也是白死。

分家前，戴家的地契、现金、粮食等贵重物品都是由戴元礼和戴王氏管理，房间里有橱柜是戴王氏结婚时的嫁妆，用来存放贵重物品。东西只是整理好放进橱子里，橱子并不会上锁，戴家其他人也没有敢进入戴元礼和戴王氏房间做点偷偷摸摸的事情的，当家人的威严就可以遏制这些不好的行为。戴家的家庭条件一般，所以不会给家庭成员分一些零花钱，家庭用钱本来就很紧张，没有多余的闲钱进行分配使用。结婚的聘礼、彩礼都是由戴元礼和戴王氏共同商量决定的，儿媳妇嫁进门所带来的嫁妆由儿媳妇自己使用、处置，婆婆和其他家庭成员均无权过问。分家后儿媳妇的嫁妆同样会跟随儿媳妇分到各家中，仍归儿媳妇所有，由儿媳妇自行支配，其他家庭成员不进行分割。嫁妆可以由自己的儿子继承，由婆婆转赠给儿媳妇继续使用，嫁妆的继承同样遵循谁所属谁决定的原则。

戴家的粮食收起来后统一放到戴元礼和戴王氏的房间里进行藏储，房间里放不下的时候就放到院子里，戴王氏负责看管。每天做饭时由当日的负责人到戴元礼和戴王氏的房间里舀粮食，统一供给，一家人一起享用。每天戴家吃什么、做什么饭都是由戴王氏来安排的，每天都得烧汤喝，用绿豆加上糊嘟面，干粮一般是吃掺了糠的煎饼，其他的也吃不上。粮食是归一家人所共有的，家庭成员不能私自卖粮食，戴家也没有人敢偷偷拿粮食去卖的，那时候粮食是家里最宝贵的,都不敢随意乱拿乱动。

3.制衣分配权

1947年之前戴家做衣服都是靠自己家种棉花,种的棉花一点儿都不拿去卖,全部用来纺线制衣。戴家的妇女在家里用棉花纺线,纺线之后需要和别人搁机,做家织布,都是棉线子布,如果做的家织布不够用,还会买一些凑在一起做衣服使用。棉花收上来不需要按各个小家庭进行分配,都是一个大家庭一起使用,有戴王氏总体负责。戴王氏的身体还不错的时候,戴王氏就带着家里的妇女们纺线织布,家里有搅棉车子,一边搅着一边抽,比较费劲。一般一个庄上的会凑到一起用一台织布机,自己家纺的线多,自己能够一机的就自己织布,不够一机的就得和人家搁机。比如,两家人能凑够一机布,那就这两家搁机,织出布来两家人一人一半。所有布织好之后,谁需要就撕给谁,不需要的就不给。谁家需要缝裤子或是褂子,需要几尺布就给撕几尺,由小家庭的妇女自己剪一剪缝制衣服,各家缝各家的。1947年之前还不时兴用缝纫机做衣服,都是用手缝,当时妇女都会缝衣服。戴王氏身体好,能够自己缝衣服的时候都是戴王氏自己纺线、缝衣服,戴元礼的衣服也是由戴王氏来做,儿媳妇们不用帮忙。后来,戴王氏的年纪大了身体也不好,就由儿媳妇轮流来给戴元礼和戴王氏缝制衣服。戴家男性的衣服都是由妇女来做,男的不会做衣服,一般一个妇女需要给丈夫、给孩子做衣服,公婆身体不好的时候,还得给公婆做衣服,这些活都是由妇女来干。

4.劳动分配权

戴家的家庭成员有明确的劳动分工,一般按照"男主外女主内"的原则,女人一般不轻易出门更不会下地干活,主要负责家里的家务活纳鞋底、做鞋子、做衣服、拌饭吃,而男人只负责种地,冬天里就铡草、喂牛、拾粪,也不用过问家庭内部的细碎家务活。戴元礼负责安排戴家的男性的劳动生产活动,戴王氏负责安排妇女们干活,所有人都是听当家人的安排,让干什么就干什么,没有自己主动的,也没有反抗不干的,没有人想过不听当家人话的,当家的都是长辈就得听从他的安排。

农忙和农闲的时候,男女的劳动分工差不多。农忙的时候有时妇女也会下地帮忙干点轻的活儿,但是这种情况不多,因为当时妇女都是从小裹脚,干不了地里的重活。妇女一般都是到打粮食之后,搭手到场里帮忙翻翻场。农闲的时候,男性不用种地了就去拾个粪、拾个柴火,也闲不着。男性一般在十三四岁的时候就开始下地帮忙干点轻活,跑跑颠颠,只要身体好都得下地干活。戴元礼六十多岁的时候主要负责喂牲口。小女孩当时就在家里学个插花、刺绣什么的,当时女孩不上学,除了玩儿就是玩儿,整天的一个庄上的小女孩聚到一起刺绣。女孩得到十五六岁的时候才开始帮家里干点活儿,因为小时候得裹脚干不了什么活儿。

5.婚丧嫁娶管理权

戴家的家庭成员不管是娶媳妇、还是嫁闺女,都是听从父母的安排,当家人会提供意见,但不会直接掺与,尊重父母的意见,由父母做主。当时还没有自己谈对象的,都是由媒人介绍,谁家有男孩女孩就主动上门说媒去,找到女孩的爹娘说媒。田屯村当时还流行娃娃亲,很多家户之间都定了娃娃亲,小孩很小的时候就上门提了亲事,男孩女孩一直也不见面,直到结婚的时候才能见一面。戴元礼当时没有给孩子定娃娃亲,一般是两家人老辈就关系不孬的会定娃娃亲。到孩子长到需要定亲的时候,都是听父母的安排,父母提前都给踅摸好了。爷爷、奶奶虽然是当家人,但在这种事情上就退一步了,以父母的意见为主,结婚的事情要听父母的安排。戴印合定亲就是父母做的主,彼时戴元礼和戴王氏已经不愿意当这个家了,儿娶女嫁的责任由父母承担。戴家没有出现过父母同意,当家人不同意的结婚对象,因为都在一个庄上住着,是什么样的人,彼此之间都很了解,没有出现意见不一致的。

1947年之前结婚没有结婚证,就是依靠媒婆上门提亲,如果双方都同意这门亲事,男方向女方下个红纸绿帖就算定亲了。红纸绿帖上可以写字也可以不写,看见红纸绿帖就知道是定亲了,定亲之后过一段时间就下"小书子","小书子"就是给女方一两身衣服,里面再给两个钱。下完"小书子"就传"大启",传"大启"要给包袱、衣服、钱,传完"大启"就没事了,就等着成亲了。成亲的日子由男方父母和女方父母商量好就行了,两家的小孩不见面,父母也不见面,就靠媒婆传话。1947年之前没有离婚的,到1949年之后中国共产党执政时期才兴起离婚,以前都是写休书休妻。有的是因为当家的看不惯,就命令让休妻;有的是男方不满意过不下去想休妻的,得先和父母商量,经过父母同意才行,父母不同意就不能休。休妻不用经过女方父母的同意,不需要和女方商量,由男方做主,不要了就是。1947年之前休妻的现象并不多,除非是女方疯疯傻傻、心术不正才会休妻,戴家没有出现休妻的情况。休妻大多是因为父母包办婚姻的背景下,媒婆从中作梗的缘故。因为媒婆没有说实话,成亲之后发现和媒婆描述的不一样,这样的情况就会休妻。过去,戴家没有立遗嘱的传统,戴元礼和妻子戴王氏去世前都没有立下遗嘱,因为一生病就糊涂了,什么都管不了了。戴家人认为"如果长辈留有遗嘱,孙辈们一定会按照遗嘱来执行的,长辈过世之后也是有威信的,也都得非常尊重长辈才行。"

6.对外交往权

戴家的对外交往中,都是戴元礼出面来代表整个家庭,如果是借钱借债就必须是戴元礼出面才行,谁当家谁出面,由当家的代表一家人。戴家遇到饥荒吃不上、喝不上的时候都是戴元礼出去借粮食吃、借钱花,如果是家里其他人去借,除非是自家亲戚,否则是借不来的,不是当家人出面别人也不敢借,会担心偿还不上。田屯村有时有个公共事务需要召集开大会的,也是戴元礼作为代表出席参加,各家户都是当家人去参会,当家人不在家的会安排最器重的儿子参加。当家人还是交税纳粮的主要责任人,每次通知要交粮银了,村长就会找到戴元礼亲自告诉他或者让戴家的其他人捎话给戴元礼,戴元礼会亲自或是安排两个儿子一起去峄县交粮银子。农闲的时候,戴元礼会安排三个儿子戴思祥、戴思海、戴思田外出干点活儿补贴家用,儿子们在外面挣到的钱都要带回家里交给戴元礼,不可以放在自己的小家庭中使用,戴家的每位成员都是为了整个家户的发展、繁荣而努力的,不能存在私心只注重自己的小家庭,这样大家户的生活会受到影响,家庭的和睦也会受到阻碍。

7.家长权力的约束

当家人必须是能力强的才可以,当家里的当家人能力不足时,就像戴元礼和戴王氏年岁已高之后,戴元礼的儿子就逐步参与管理家庭事务。戴元礼有四个儿子,由长子戴思祥来分担当家人的责任,外人能力再强也不能插手,必须是一家人才可以。如果大儿子能力不足,将顺延至二儿子来承担当家人的责任,戴元礼的小儿子读过书,学识是戴家最强的,但是由于年龄小、辈分幼同样不可以成为当家人。戴元礼作为当家人期间,始终以家庭和睦富裕为首要原则,以大家庭的利益为出发点安排戴家的生产生活,没有做过任何损害家庭利益的事情,一直备受全家人的爱戴。同时,戴元礼平等地对待家庭的每一位成员,按照每个人的能力安排适合的工作,对家庭成员一视同仁,这样一家人才能团结不分裂。戴家只有戴元礼的小儿子戴思忠上过几年私塾,这也是在征求几个儿子意见的基础上决定的,当时家里只有戴思忠的年龄尚小不能干活,所以安排他去读书,其他儿子本身并不愿意读书,因此没有人反对。戴家没有人吸食过鸦片,当时只有富裕大户、资本家、干大生意的才有钱吸食鸦片,戴家这种一般家庭没有能力接触到鸦片,吸食鸦片的通常去世得会比较早,而且会拖垮整个家庭,因此戴元礼严禁家庭成员接触鸦片,以及同吸食鸦片的人接触。戴家人老实本分,戴元礼管束严格,戴家人没有过赌博或者做一些违背法理的事情,戴印合小时候被打的最严重的一次就是因为看别人玩牌被家人发现,虽然没有参加玩牌只是旁观,仍然受到了家长严厉的教育,由此可见戴家规矩的严厉,这也是戴家人安分和睦的一部分原因。

8.家长权力的代理

1947年以前,戴家是戴元礼当家,戴家的大事小情都是戴元礼来安排,戴元礼的妻子戴王氏帮助戴元礼管理家庭内部事务,是戴家内部的"内当家",其权力是由当家人戴元礼所赋予的,家庭之外的外人并不知晓和认可。在戴元礼去世之后,戴王氏成为戴家的当家人,长子戴思祥协助管理家庭事务,对外交往由戴思祥出面,实则是戴王氏做主。戴王氏去世后,戴家的四个儿子因均已成家便分家独自生活。当家人必须是这个家庭的内部成员,家庭之外的人不可以插手,如果一个家庭的家长过世,其后辈都是女儿,当家人就由女儿担任,不可以从外面请人代理家长,但是在决定家庭重要事项时,可以找叔叔伯伯帮忙出谋划策、把把关。过去很少出现这种情况,因为每家都会想尽办法有个男孩,不然就算是绝后了。

(三)家长的责任

1.决策从家户整体利益出发

作为戴家的家长,戴元礼是戴家的最大支柱,戴元礼的首要责任是保证全家人吃饱穿暖,确保戴家能够平稳地生存下去。戴元礼会对戴家生产生活中的大事小情进行总体把控,有计划地管理戴家各项事务。首先,戴元礼会根据戴家一年的收成情况,制定出家户最合理的消费和分配决策,以保证这一季的收入能够支撑一家人的生活,并根据家庭成员的需要,有针对性地分配粮食和衣物,最大程度供应全家人的需求。如果戴家钱粮出现短缺,戴元礼会出面代表戴家到大户或亲戚家中借钱借粮,保证戴家度过饥荒。其次,作为当家人,戴元礼必须秉承公平、公正的原则,维护家户内部的和谐与稳定。当家人要做到所有安排决策能够让家庭成员信服,避免成员私下的抱怨,同时一旦家户内部出现矛盾,戴元礼要及时出面,以最快速度消灭家户中的不和谐因素。此外,戴元礼作为家长,还要承担起教育儿孙后辈的责任,通过自己的言传身教,教会儿孙们劳动技能和处事原则,一旦自家人在外犯错,戴元礼会立刻对其惩罚,并代表戴家上门赔礼道歉。

2.家长及其权力的唯一

戴家的家长只有一个,就是戴元礼,戴元礼的话语及决定代表着戴家的最高权威。戴元礼成为家长,是由他的辈分决定的,只要戴元礼身体健康状况允许,那么他会一直担任戴家的家长,直至自己决定将家长的权力交给下一代人。在戴家的治理过程中,戴元礼的妻子会以内当家的角色辅助戴元礼管理家庭内部事务,但是戴王氏的所有行为必须经过戴元礼的同意。戴家所有的家庭成员都明白这个道理,即戴家的当家人只有一个,便是戴元礼,同时只有戴元礼掌握着戴家决策权,戴家所有活动必须要在戴元礼的授权下才可进行,任何人不得忤逆戴元礼的决定。

（四）家长的更替

戴元礼在世的时候，戴家一直是由戴元礼作为当家人，主要是外当家，戴元礼的妻子戴王氏是内当家，和戴元礼一起商议着管理整个家庭。戴元礼去世后，戴王氏就成为戴家的当家人，处理家庭事务，但因为外界并不认可女性当家，所以戴家的对外事务都是由长子戴思祥出面代表戴家进行处理。后来，戴王氏也去世了，戴家的几个儿子就分家了，每个人都成为自己小家庭的当家人，为一家人的生计而忙碌。通常一个家庭更替当家人之后，家庭共有的财产、地契等贵重物品都会移交给新的当家人进行保管。邻居对家庭的称呼一般不会立即改变，除非是老当家人已经去世的情况，会改称是新当家人的家庭。若是老人让儿子当家，老人不会专门通知四邻或是保甲长，但是当外人有事找到老人时，老人会解释称"自己已经不当家了"，让对方找自己的儿子商议。时间久了，村子里的人就都会得知该家庭已经更替当家人的情况。

二、家户决策

戴家的大事小情都是由当家人戴元礼说了算，家外的事情由当家人戴元礼主要负责，重大事宜戴元礼也会与家里人一起商量，家庭内部的事情戴元礼会掌管一部分，主要由戴王氏负责，因为戴王氏常年在家中做家务，对家庭中的细事、琐事更为了解。戴元礼对于戴家的一切事情都有发言权并负责做出最终的决定，戴王氏只是会提供参考意见，当家人在家时，家里的其他小辈成员通常不会提出自己的观点和意见，甚至不会主动考虑家庭事务，一切等着当家人安排便好。若是当家人外出或是有其他要事缠身时，戴思祥便会主动承担起自己作为长子的责任，安排家中事务，因为当地有"长兄如父"的传统观念，所以戴家的其他成员都愿意听从戴思祥的安排，接受戴思祥的管理，不会与其对抗。

戴元礼出远门时，会将家里的事情委托给妻子戴王氏管理，同时会要求长子戴思祥协助，毕竟戴王氏不了解农业生产上的事务，而且在对外交往上当地对女性的认可度很低，需要家中的男性出面才可以。戴元礼在出门前，会在全家人都聚齐的饭桌上特意交代一下，将自己走后家里的事情做个简要的安排，并且会要求家里人都服从戴王氏和戴思祥的安排，有重大的事情要等到戴思祥回家后再做处理。在戴家当家人就是权威，当家人做出的任何决定家庭成员都必须绝对的服从，即使当家人的决策不正确，家庭成员也不敢提出，只能等当家人自己发现。戴家通常在遇到像是家庭的土地买卖、房屋拆建等直接涉及全家成员利益的大事件时，当家人才会同家庭成员商议，其他事情都是由当家人直接做主。商议一般都在饭桌上进行，因为吃饭是家里人聚得最齐全的时间，戴元礼会首先说明自己的想法，然后听听大家的想法，家里的成年男子都可以发表自己的意见，但是通常大家都是赞成当家人的做法，而不会提出反对意见。

三、家户保护

（一）社会庇护

戴家人在生产生活中与他人发生冲突和矛盾时，大多数情况都是由戴元礼出面代表戴家进行调解，其他人也可以进行调解，只是戴元礼作为戴家的当家人说话更有分量，戴家的成员会听从戴元礼的教训，对方也会尊重戴元礼当家人的身份。若是戴家的小孩子和别人家的小孩之间发生了矛盾，通常是由小孩子的母亲出面协调，因为小孩子的矛盾都是小事情很好解决，批评一下自己的孩子，安抚一下对方的孩子便好了。戴家人都老实本分，没有爱惹是生非的，所以一旦有家庭成员与别人发生矛盾，戴元礼都会出面了解情况进行协商，倘若发生的矛盾比较严重，戴家会根据事情的实际情况进行处理，自家孩子做错了事，戴家人不会帮着隐瞒，而是及时向对方道歉，如果是对方的孩子犯的错，戴家也会找到对方进行理论。戴元礼坚持"既要给自己的孩子立规矩，也不能容许自己的孩子吃亏"。

戴家人遇到麻烦时，戴家的家庭成员都会团结起来，一起帮忙想办法解决问题。若是戴家的家庭成员犯了错误，戴元礼作为当家人会代表戴家前去向对方道歉。有一次戴思祥在外面和别人吵架，戴元礼了解后得知是戴思祥的错误，戴元礼便代替戴思祥去向对方道歉，因为戴思祥当时没有深刻地认识到自己的错误，所以戴元礼并没有带他一起去给对方道歉，担心激化矛盾。若是孩子已经认识到自己的错误，戴元礼通常会带着孩子一起去道歉，给对方说"都是俺孩子的错，任你教育。"戴家的家庭成员犯错，只能由戴家的当家人来教训，其他人不敢进行处罚，在戴家只有长辈可以教训小辈，小辈不可以反抗和顶嘴。

一般自家的孩子做得很过分的，家长也会打孩子，让孩子长记性，如果不及时纠正，孩子尝到甜头就会学坏，别人家也会笑话孩子家庭的教育不成功，教出来的孩子光干坏事。如果戴家的人被欺负，家庭成员会为其讨回公道，当家人一般会出面交涉。"家丑不可外扬"，戴家没有发生过很大的丑闻，但是一般家里的事情不会主动说出去，如果哪一家有了丑闻，村子里的农户早晚也会知道。

（二）情感支持

戴家虽然家教严格，但是戴家人相互之间非常和谐友爱，戴家人在外受了委屈都会向家人诉说，尤其是向自己的父母诉说。戴印合在外面和别人打架了回家也会告诉自己的母亲，母亲一方面会教训戴印合，告诉他不可以和别人打架，另一方面也会安慰他，让他有委屈就告诉母亲。出嫁的姑娘如果在婆家受了委屈也会向自己的娘家人诉苦，若是受了严重的欺辱，姑娘的舅舅会出面找到婆家进行说理，为自己的外甥女讨要说法。一般的小矛盾，娘家人便会劝自家的姑娘想开一点，不要计较，一家人和和气气的最重要。戴家认为，家是心灵的港湾，在外面受到的苦难和委屈都可以向家人诉说，家里人都会包容、安慰和理解，因为只有生活在一起的一家人的心是凝聚在一起的，一家人相互扶持、相互宽慰。

（三）防备天灾

1.涝灾

1947 年以前，戴家遭受过涝灾和蝗灾。在戴印合十三四岁左右，有一年夏天雨水集中而且降雨量大，田屯村的河里沟里都是水，戴家的房屋、庭院中也都是过膝深的积水，接近一周的时间积水都没有退去。田屯村的草屋、泥巴房在这次暴雨袭击中垮塌多处，戴家的房子虽然没有垮塌，但是西屋的房顶均出现漏雨情况，时常是"屋外下大雨，屋里下小雨"，此时，戴元礼会组织家里人将西屋的贵重物品都搬到堂屋暂时存放，并且抓紧时间让几个儿子一起修缮房屋，以免影响正常家庭生活。地里的庄稼经过雨水的冲泡，很容易烂根而导致大面积减产，每亩地只能收几十斤粮食。农民都是靠天吃饭，看着漂在田地里的庄稼除了心疼和苦闷，别无他法。家庭条件好的人家里会有一些存粮来维持生活，平时就只能勉强糊口的人家便只能靠借粮或是外出讨饭营生。戴家就因为灾荒向"面粉厂"借过粮食,等到第二年庄稼收了再偿还。

2.蝗灾

田屯村在 1947 年之前还遭受过严重的蝗灾,村里人都不知是何原因,只看见突然从西北方向涌来大批的蝗虫,连天空都是黄色的。村里人只听见"咔嚓咔嚓"的声响,很快村里的庄稼、树叶就被吃得干干净净了。戴元礼带领家里人拿着筐到地里逮蝗虫,但是成群的蝗虫根本除不净,因为没有杀虫药,农民对于蝗虫的侵犯束手无策,只能干着急。那一次蝗灾过后,全村人颗粒无收。

3.抵御灾害

戴家在灾荒年景,往往会更加团结,全家人同舟共济一起想办法来渡过难关,没有趁乱只顾自己的。戴家在年景好的时候家里会有余粮,如果余粮特别多,就会卖掉一部分,大多数时候余粮都会储存起来,像是遇到灾荒时便可供全家人应急食用。灾荒年岁,戴家即使家里有存粮,也远不能满足全家人长时间的需求,通常戴家都是在粮食里掺些糠菜一起烙煎饼,以粗粮为主食,平时还会去山里挖些野菜来补充食物。戴家的粮食不会专门紧着一个人吃,全家人都得吃饭才能活下去,不能饿着任何人。但是因为粮食不足,戴家的成年人都会自觉地少吃一些,把饭菜留给家里的孩子和老人,当家人不会做出明确的指示安排。当家人会安排家里的妇女用细粮去换些粗粮,烙煎饼的粮食粗一些,小麦不去皮直接磨粉,熬得粥稀一点来节省粮食。

由于戴家人都不相信神明,所以在发生灾害时,都是全家人一起想办法克服困难,没有祈求过神明的保佑,田屯村也没有举行过拜神、求神、祈雨等活动。1947 年之前,若是发生灾害,村里人都是各家顾各自的生活,没有粮吃就自行想办法借食,村庄内不会提供救济,国家也没有相关的保护。一个家族中会相互之间多帮助一些,因为不能眼睁睁看着自己家族中的人饿死,家族人之间相互借粮食便不需要利息,戴元礼就向三弟家借过粮食,因为三弟是以木匠手艺过活,自然灾害对其生活影响不大,因此为戴家提供过很多的帮助。戴家为了顺利度过灾荒年景会采用很多的办法,在戴元礼小时候,戴家因为闹灾荒没有粮食吃还卖过 5 亩土地,像变卖土地、牲口等决定都必须由当家人做主才可以。

戴家没有因为灾害而逃荒,一般外出逃荒的人都是家里没有土地的,只要家里还有土地,村里人就会首先选择卖地来换粮食而不是逃荒,因为逃荒也是碰运气,把家里门一锁就一路去到淮北、淮南瞎碰运气,走到哪儿算哪儿,每天并不确定是否有饭吃。

(四)防备盗匪

1947 年之前,田屯村的村庄风气较好,少有土匪、强盗、小偷等进行偷盗和抢劫,偶尔出现的小偷、强盗也多是来自抱犊崮以北的山里等其他地方,本村人没有进行偷盗的。但是田屯村后面的山里有马子的聚点,马子是类似土匪一类的抢劫者,有组织、有头目,马子经常到田屯村来抢人或是抢牲口等,然后令其家人拿钱赎回,马子只抢劫村里的富裕家庭,至少是老中农以上的家庭,并且都是明着抢劫。马子看到什么就抢什么,抢人、抢牲口,比较少抢粮食。马子抢了人会拉到山里,然后派个人骑马到家里去报信要钱,不交钱不放人,富裕家庭都会花钱把家人赎回来,不会等着马子撕票。马子抢了牲口也会通知家里人拿钱赎回,若是没在规定时间内交钱,马子会将牲口卖掉换钱。马子伤了人,县官也不敢管,田屯村周围有很多马子。

为了防范家里的财物被偷盗,戴家的男劳力会在夜里轮流守夜打更,男劳力分上半夜和下半夜轮流值班,确保家中始终有人看守,一旦发现有人闯入便大声呼喊,戴家人都会起来一同制服盗贼。盗贼再猖狂也是怕人的,只要家中有人便不敢轻易入侵,所以戴家不论外出或是夜晚休息,家中都会留有专人看守。打更人会拿着家里找铁匠打制的洋炮①,在洋炮中装满"枪沙子",这样的洋炮是可以打死人的。此外,为了防范盗匪,戴家还修高了院墙,修成了用泥踩的三米多高的墙,并且将门楼修得更加结实。由于防范到位,戴家没有被抢劫过和被绑票,但即使是发现有人抢盗,将盗匪抓住后也不得自行处理,需要押至县衙告官,由县官进行发落,若是自行处决了盗匪,需要承担一定的责任。

(五)防备战乱

1938 年左右,日本军队进驻峄县,田屯村被日本军队占据,村里没有地道,全村人除了年老体弱跑不动的,其余人纷纷外出躲避日本军队。戴家只有戴元礼留在村里负责看家,日本军队没有伤害老人。戴家的其他人全部逃到了北庄的山里,因为山里是日本军队占据不了的地方,逃跑的时候戴家把小孩子放在筐里由男劳力挑着,年轻人照顾年老的。躲避日本军队时都是自家照顾自家人,戴家没有和别人联合。戴家人在山里呆了十天左右的时间,住在杏园村里,吃的是自家外逃时准备好的干粮,等到村里的情况相对稳定,戴家人才返回到田屯村。

田屯村经历过 8 年的抗日战争及 3 年自卫战,还抗击过峄县有名的汉奸头目王继美。战乱期间,田屯村每家每户都配有枪支,都是自己家从铁匠手里买来的,枪支主要由家里的男劳力保管和使用,不允许家里的小孩子随意触碰。戴家为了保护家庭安全,加筑了家里的院墙,但是因为没有钱没有修筑炮楼,田屯村在战争时期没有家庭自己修筑炮楼的。1947 年以前,田屯村没有组织村里人联合抵御敌人的活动,直到 1947 年以后共产党管理村庄才组织了村民进行巡夜,保护村民们的人身和财产安全。巡夜由村长组织,每家每户都得派出青年男劳力参加轮班,带着民兵发的枪在村里打更,防止村里有小偷小摸的行为,戴家是戴印合和戴印坤参与村庄巡夜。

(六)其他保护

戴家的经济条件在田屯村属于一般水平,平时会遇到上门来讨饭的乞丐,乞丐一般要不到吃食不会轻易离开,所以戴家都会给乞丐一些煎饼等食物来将乞丐打发走,但也不会给太多东西,以免日后乞丐常来讨饭或是其他乞丐听说后组团来讨饭,这样戴家是负担不起的。由于戴家本身的经济条件并不是很富裕,灾荒年份还要借粮生活,所以很少有人向戴家借钱,有时关系很近的亲戚会来向戴家借粮食,戴家只要有能力都会提供帮助,毕竟不能看着自己的亲戚饿死。若是借粮的亲戚家里实在有困难无法偿还,戴家也会借给他们,即使最后还不上也罢了,戴家不会去要,因为一个姓氏的也算得上是一家人,彼此间互相帮助是应该的。

四、家规家法

(一)默认家规及主要内容

1.家规约定俗成口口相传

戴家的家规、家训都是约定俗成,从老辈上传下来的规矩,因为戴家没有几个人念过书,

---

① 洋炮:方言,指土枪。

家里人都没有什么文化，所以没有形成成文的家规。但是戴家的老人都会教育孩子"忠厚传家远""一不能偷二不能抢""做了坏事到阎王爷那里还得受罪"，等等。戴家不会刻意地对孩子进行教育，通常是当家人在茶余饭后、日常生活中来引导孩子，对孩子形成潜移默化的影响，有时也会通过评论别人家的行为，来告诉戴家人什么应该做、什么不能做、哪些人可交、哪些人不可教。儿媳妇嫁进戴家后，戴王氏会告诉儿媳妇们一些在戴家需要遵守的家规。

戴家的家规、家训主要作用是规范戴家人的品行，遵循"严以律己、宽以待人"的原则，以族法为基础，以国法为根本，所以不会出现与其他规则相冲突的情况。戴家人按照家规、家训的要求规范言行，对促进戴家内部成员的团结和睦、家庭的良好发展以及在外界交往中建立起良好的声望具有积极作用。戴家的家规、家训强调"尽孝道""敦友爱""训子弟""睦乡党""务勤俭""正术业""饬品行""戒淫行""去贪欲"等等多个方面，明确男女分工，老少有别，虽然戴家的家规中没有明确注明每个人具体要做什么，但是每个人做任何事情都可以从中找到相应的准则与约束。当然，戴家家规的约束范围仅限于一个家庭，戴家以外的其他人均无须遵照戴家的家规准则，同样地，戴元礼会教育家人要尊重其他家庭的家规和家训，不能冒犯。

戴元礼将家规教给孩子们后，就希望戴家人在日常生活中都可以自觉遵循，若是有人违反，戴元礼会进行惩罚。戴家不允许家庭成员沾染鸦片、赌博等恶习，戴印合就曾因为在外面看别人赌牌而受到戴元礼的严惩。戴印合只是因为看别人赌牌便挨打，内心也有委屈和不服气，但是戴印合不敢反抗，只能默声听从教诲，因为一旦顶嘴或是反抗长辈的教育都会被认为是不孝的行为，会受到父母的严厉责骂。

除了戴元礼会时常教育家人的规矩外，戴家还在日常生产生活中自然而然地形成了一些默认的家规，这些规矩相对更为细致和具体，比如，"出门前与回家后要主动向当家人请示汇报""妇女要相夫教子照顾好家人"等。这些规矩戴元礼不会刻意强调，也不会进行专门的教导，但是戴家人都会自觉遵守，在日常生活中相互影响、相互提醒，若是有人没有做到，戴元礼会提醒，严重者才会受到惩罚。

2.妇女做饭、吃饭规矩多

戴家都是由妇女来负责做饭等家庭事务，由戴王氏管理。平日家里做饭由戴家的四个妯娌相互协作、轮流进行，通常由大嫂在前一天晚上来安排第二天的分工，推磨、掌勺、烧火、烙煎饼等都会轮流来做，戴王氏会进行监督和建议。戴家每天的饭菜相差不多，主食基本就是杂粮煎饼，妇女们会提前准备好摞在筐子里，每日烧的小菜主要是依据当季家中菜园里成熟的蔬菜，所以也不会时常变动。因此，戴家每天的饭菜不需要戴王氏逐日安排，戴家的媳妇便知道每天需要准备什么。逢年过节或是遇到特殊的情况戴家需要补充肉食时，戴王氏会做提前的安排。

戴家由于人口较多，家里没有可以容纳20多口人的桌子，所以家里人都不在一块儿吃饭。戴家的男人比较喜欢端着饭到门口去吃，在门口蹲着，可以和邻居一起聊聊天。妇女不可以端着饭碗到外面吃，妇女可以在厨房或者饭桌上吃。戴家对家庭成员的饭量没有规定，每个人能吃多少就吃多少，主食都是一次性准备好很多天的量，完全能够满足一家人的需求。同时，戴家对于剩饭也没有强制性的要求，剩下的饭菜可以留到下一顿继续吃，容易变质的饭菜会用来喂养牲口。但是，戴家会要求家庭成员盛稀饭时要"多次少量"，每个人能喝多少盛多少,盛到碗里的稀饭一定要喝完,不能剩下。戴家吃饭的主食大多数时候都是煎饼,早早的都烙好摞在筐子里,谁想吃都可以自己去拿。戴家的妇女会主动帮助戴元礼和戴王氏拿取,丈夫需要添饭时也会让妻子帮忙拿取,通常不会自己动手。小孩子的饭食都是母亲准备,不会让小孩子自己盛食,以免小孩子糟蹋了粮食。

戴家每天吃三顿饭,一般是固定在6时、12时及19时三个时间点。过年过节的时候,戴家的饭菜会比平日里稍微丰盛一些,由家里的妇女盛出摆放好,才吆喝全家人一起吃饭。农忙和农闲的时候,戴家的饭食也不一样。农忙的时候要保证男劳力的体力,饭菜会准备得比较丰盛,为了更抗饿,准备的糊嘟要比平时更浓稠。而农闲的时候,家里人的劳动消耗比较少,准备的饭食就会少一些,糊嘟会煮得稀一点,也是为了节省粮食。不论是农忙还是农闲,戴家人都是一样的吃饭,下地劳动和不下地劳动的人吃的饭菜是一样,只是下地劳动的人通常会吃得更多。抢种抢收的季节,男劳力通常要一整天待在田地里,中午饭也会在地里吃,由家里的妇女送到地里,戴家是几个媳妇协商着轮流去送饭。

戴家有孕妇和病人的时候,戴王氏会安排煮饭的妇女,专门为其煮个鸡蛋或是白粥补养身体,没有其他特别的营养品。戴家人吃饭动筷子讲究一定的顺序,平时一家人在一起吃饭时,戴家人会等戴元礼先动筷子,而后才会动筷子吃饭,妇女一般是最后动筷子。若是戴家来了客人一起吃饭,戴元礼会邀请客人先动筷子,然后戴元礼才会动筷子,接着一同吃饭的其他戴家人才会开始吃。吃完饭,碗筷由戴家的妇女统一收拾,几个媳妇商量着轮流负责,长辈和男性吃完饭就可以离开饭桌,桌椅的收拾和碗筷的洗刷都由妇女完成。

3.辈分为主排座次

戴家的堂屋八仙桌旁的太师椅平时只有戴元礼和戴王氏才可以坐,戴元礼坐左边,戴王氏坐右边,因为左边为上坐。戴家的其他成员平时都坐小板凳或是院子里的石台子,不可以坐到太师椅上。若是有重要的客人到戴家拜访,戴元礼会邀请客人坐在右边的太师椅上相互交谈,但若是家中其他成员的朋友到家里玩儿,则不可以坐太师椅。

到戴家做客的来宾,戴家通常会邀请其在戴家一起吃饭,而宴请的坐席安排、主次之分也非常有讲究。在峄县当地,讲究以正对着屋门的位置为上座,安排在上座就坐的来宾,对于戴家人来说都是"大客",一般是最尊贵或是辈分最大的人。若是来宾的辈分与戴元礼相同或是低于戴元礼,通常是戴元礼坐在上座位置,来宾坐在戴元礼的右手边,方便戴元礼尽地主之谊,为其夹菜。次之尊贵的客人,会安排坐在戴元礼的左手边,同样由戴元礼亲自照顾。还会有一个陪客坐在戴元礼的对面位置,便于接受戴元礼的安排,帮忙跑腿,拿取东西。落座时,主人与宾客之间会相互礼让,让对方先行落座。通常是主人让客人先坐下之后,主人再落座,然后其他陪客依次落座。若客人是戴家的本家亲戚,通常是按照辈分大小来确定坐席。戴家的媳妇们娘家来人到戴家做客,若来的客人是男性,戴家会由与其同辈的男性作陪;若来的客人是女性,则戴家就由女性出面作陪,在当地很少出现男性和女性同桌吃饭的情况。

当来访的客人是街坊邻居时,如果与戴家能够论得上辈分,便同样以辈分大小来区分坐席的主次。若是不能以辈分相论,那么就会依照年龄的大小来排列位置,年纪最大的坐在上座。戴家与村里的村长、乡贤绅士一起吃饭的机会很少,若是此类有名望的人到家中做客,会按照身份地位进行排序,辈分的影响非常微弱。若是宴请宾客的成员比较复杂,身份地位高的人会首先安排在上座,其他人按照辈分大小依次入座。若是难以进行辈分的排序则以年龄大小为标准安排坐席。戴家办理红白喜事都是"流水席",官员和家里的重要亲戚坐主桌,其他的亲戚、朋友、邻居等会按照与戴家的关系分别成桌。

4.重要事项需请示

戴家的大多数事务都由戴元礼做主决定,戴家成员想要进行什么活动都要向戴元礼或是戴王氏请示。戴家土地的经营管理是戴元礼说了算,戴家全年的农业生产和种植计划,戴元礼都会提前做好打算,将种子预留出来,把每一季土地种什么庄稼、种几亩都提前规划好,交代给几个儿子。戴家在生产劳动中需要借用农具、牲口时,都需要向戴元礼报告,由戴元礼代表戴家去借。即使戴元礼的年纪大了,不能去种地,但是戴元礼依然是戴家种地经验最丰富的人,清楚地了解作物喜好。因此,戴家人都愿意向戴元礼请示,不会自己擅自做主。

戴家煮饭的事情是由妇女负责,每餐吃什么需要向戴王氏请示,戴元礼不直接过问。特殊节日有特殊饮食需求时,戴王氏也会提前安排,不会等着请示。戴家人的衣服破了需要换新,同样需要向戴王氏请示,然后由戴王氏告知戴元礼购买布料。戴家的所有大事项都需要向戴元礼请示,不可以自己做主决定,只有吃饭穿衣的事情向戴王氏请示便可。戴家人平时外出需要告知戴元礼,若是戴元礼不在家就告知戴王氏,说清楚自己去什么地方干什么,当家人允许之后才能出门。只有外出干活不用请示,出门赶集、走亲戚等,都得先请示才行。若是戴家人在外结拜仁兄弟,也要先向当家人请示,戴元礼会交代其"拜仁兄弟可以,但是一定要选择准,不能随意结交人"。

戴家的请示活动都是以口头的形式简单汇报,没有专门召开过家庭会议。戴家的大小事务戴元礼都可以自己做主,即使有大事需要商议,晚上全家人在一起拉呱的时候顺便就说了。若是戴家人请示的内容没有得到戴元礼的认可和同意,戴家人就不能去做,也不敢与戴元礼解释和争辩。通常戴元礼决定的事情就没有商量的余地。

5.下帖请客,同辈陪客

戴家在有红白喜事时都会进行宴请,由戴元礼代表戴家出面邀请与戴家交往密切的人参加,红白事的邀请需要下帖子,戴家都是由戴思忠来写帖子。被邀请的人才会来戴家参加酒席,不邀请的人不会主动前往。戴家有喜事时,会邀请保甲长和村长参加,主要为了给他们面子,免得日后被他们找麻烦。戴家宴请的规格不大,一般是"十大碗"的标准,即4个凉菜和6个热菜。请专业的厨师掌勺,在戴家的院子和房前搭上棚子,设置"流水席",通常7个人一桌,每桌的饭菜都是一样的。宴请时戴家会提供酒水,都是在大缸里打的散酒,散酒往往都在60度以上,每桌不限制酒水数量,必须让客人喝尽兴。戴家还会找一些能喝酒的亲戚专门陪客,陪客的坐在席口,负责给客人夹菜倒酒。一般是男主陪男客,女主陪女客,陪客的通常都与客人同辈。席间主家要挨桌敬酒,感谢客人的到来,让客人吃好喝好。每桌的长辈先动筷子,每道菜都得长辈先吃,或者长辈用筷子指一下菜,算是吃过了,其他人就可以吃了。等到主客吃完放下碗说,"吃好了,咱走吧",同桌人才能离席。在峄县当地,舅舅和女婿算是贵客,舅舅通常由叔叔、大爷陪,女婿由娘家的兄弟坐陪。

6.居室设置及进出有规矩

戴家共有9间房,其中有6间房坐北朝南是堂屋,还有3间西屋。住房讲究东为上,所以戴家东边的三间堂屋是戴元礼和戴王氏的房间,西边的堂屋由长子戴思祥一家居住2间,最西边的一间住着戴思田一家。西屋由戴思海和戴思忠各住一间,另外一间是戴家的厨房。房屋分定后一直按此顺序居住,没有过变动。晚上,每个人都在自己的房间里睡觉,通常是戴元礼和戴王氏熄灯后,其他人也就准备睡了。早晨,几个儿媳先起床准备早饭,等戴元礼和戴王氏起床后就可以吃饭了,戴家人起床都是按照农忙的时间,一般是早晨四五点钟。

戴家的每个小家庭都有自己的一间房,彼此的房间不能随便进出。结婚后儿子媳妇可以进入公公婆婆的房间,但是要先敲门请示。当哥哥的不能进兄弟媳妇的房间,做父亲的不能进儿子媳妇的房间,若是贸然进入,会被全村人耻笑。其他家庭成员之间,敲门后,基本都可以相互进出房间。戴家人需要议事时,都是在戴元礼和戴王氏的房间进行,房间里有桌椅板凳。

7.制衣洗衣妇女负责

戴家的衣服都是家里的妇女制作的,妻子给丈夫做衣服,母亲给孩子做衣服,儿媳给公公婆婆做衣服。洗衣服也是家里的妇女负责,通常是每个小家庭的衣物单独清洗,由小家庭的妇女来洗,长辈的衣服由几个儿媳轮流洗。未成家的儿子的衣服是嫂子来洗,内裤由儿子自己洗,未出嫁女儿的衣服自己洗。戴家人洗衣服都是使用井水,用泥瓦罐挑水回家倒进大缸里储备着,洗衣服时就倒入专门洗衣服的大盆里。清洗衣物的污渍使用皂角或者撒些碱面,再用棒槌敲打,洗完衣服的污水会倒入排水沟里。戴家的院子里专门扯了一根绳子用来晾衣服,通常是谁洗的衣服,谁就负责晾晒和收取,收回衣服叠好后再送到各自房间。若是媳妇不小心将衣服洗破了,等衣服干了之后补上就行,不会有人责骂媳妇。

(二)家规家法的制定、执行

戴家的家规家法都是从祖辈继承而来,因为没有成文的家规家法,完全是依靠一代代人的口口相传,通过父辈的教育延续下来。戴家的家法家规在流传中没有发生过大的变动,只有一些具体细节的改变。戴家人一直严格遵循祖辈的教导,并且会一直遵循下去。戴元礼在平时的生活中都是按照家规家法要求戴家人,若是有人违反了戴家的家法家规将受到戴元礼严厉的批评和责骂。在严格要求戴家人的同时,戴元礼自己也会严格遵守,不做任何违反家规家法、损害家庭利益的事情。戴家的小孩子从小就会被父母教育要守规矩,不可以犯错误,若是小孩子不听话,其父母会进行训斥和教育,如若被戴元礼发现,小孩子可能会受到更严厉的惩罚。惩罚的目的是为了让其长记性,不要再次犯错,而并非为了出气。

(三)族规族法

戴家属于戴氏家族,田屯村的戴氏家族内部没有族规族法。戴氏家族的成员都是遵照自家的家法家规办事,没有族长统一的教育管理。当家族续家谱时,戴氏家族中最有威望的人会召集和安排,家族成员的家庭分家时,家族的长者也会出面见证。每年戴氏家族都会有一次集会,由戴氏家族的长者主持,批评教育戴氏成员中的行为不端者。

五、奖励惩罚

(一)对家庭成员的奖励

戴家成员如果表现得好,戴元礼不会对其进行物质奖励,因为都是一家人,长辈教育晚辈,晚辈听从长辈,这都是戴家人理应做到的,所以戴元礼不会专门准备物品进行奖励。但是戴家会注重精神上的鼓励,比如戴元礼会在吃饭的时候,当着一家人的面表扬一下表现好的人,鼓励家里的其他人向其学习。当家中有小孩子表现较好时,孩子的父母会在戴元礼和戴王氏的面前夸奖自己的孩子,戴元礼知道后也会称赞几句,以此激励小孩子更好的表现。

(二)对家庭成员的惩罚

在戴家长辈可以惩罚晚辈,丈夫可以惩罚妻子。戴家的孩子在外面和其他孩子发生矛盾,戴家都会先批评教育自家的孩子,男孩由父亲教育,女孩由母亲教育。如果小孩在外面发生了打架或是拿别人东西等较为严重的问题,戴元礼会带一些东西去到对方家里赔礼道歉。如果戴元礼不在家,孩子的父母会出面去道歉,为了邻居两家以后的和睦相处。若长辈打了晚辈,晚辈有委屈也不敢吭声,通常都会默默认错,不敢辩解和顶嘴。男孩一般是被父亲打骂,女孩会遭到母亲的责罚。戴元礼打骂孩子的时候,如果有邻居恰巧在场,邻居会进行劝阻,邻居出面戴元礼便不再动手打骂孩子,因为要给邻居面子。但若是夫妻二人发生争执,比如妻子拌饭时间晚了就会遭到丈夫的打骂,这时邻居即使在场也不会多加言语,毕竟"清官难断家务事"。

六、家族公共事务

戴氏家族由于经济条件有限,没有能力举办大型的家族公共活动,只是在每年春节前会把家族的人召集在一起举行"团拜会",最初是由长者组织召集的,后来逐渐成为戴氏家族的管理,由每家每户轮流组织,出钱出力。每年由主办的家庭在春节前任意选择一个时间,召集戴氏家族的人聚集在一起办长席,百十口人共同就餐,每家每户不论男女老少都要参加,由长者对过去一年戴氏家族的发展进行总结甚至是训话,家族成员之间也借此机会扩大交流、加深感情。

戴氏家族没有家庙、祠堂等,这些只有富裕的大家户才有能力建设,因此,戴氏家族未曾因大型活动而筹款、筹劳及举行家族祭祀活动,戴氏祭祖均由各家户自主进行。当家族中有人因家庭条件太差难以维持生活时,同族人员会依照交情主动提供帮助,家族不予组织、动员。戴元礼的兄弟因为家里"揭不开锅"了,戴家送去了20斤高粱帮其度日,戴元礼的兄弟非常感激,表示"救了一家人的性命,不论何时都不敢忘记这段恩情"。田屯村有一户宋家,每到临近春节的时候就会在村里到处转转,看到谁家断了粮食生活困难,就会主动送上10多斤粮食。因而,其在解放后的土地改革运动中没有受到村民们的批斗,大家都很感激宋家。

七、村庄公共事务

(一)参与主体

1.村务会议

1947年以前,田屯村很少召开会议,有什么事情都是由保长、甲长、村长的"狗腿子"直接通知安排,唯一召开的会议就是选举保长、甲长、村长等,人员都是早已选定好的,选举会议只是走形式,没有实质作用。村民们可以参加也可以不参加,不作强制要求。1947年之前,开会都是男性参与,女性没有资格参加村务的讨论,戴元礼代表戴家参加了会议,在会上只听便可,不需要发言,回家后戴元礼也不会向家人传达会议内容,最多便是告诉家人选举结果,其他均与家户无关。未参加会议的视为自动接受选举结果,从未有人提出过异议。1947

年之后，中国共产党领导土地改革时常召开村级会议，农闲的时候全村人都会积极参与，农忙的时候就每家派一个代表去开会，可以是家长，也可以是家长委派的其他家庭成员。因为中国共产党倡导"妇女翻身""妇女能顶半边天"的思想，所以 1947 年以后妇女也可以参与会议讨论并发言。戴家人由于本性老实，不爱言语，所以不曾在会议上主动发言。

2.修路、修庙、打井

田屯村有几座庙宇都是明朝时期修建的，几条平整的道路是清朝时期修整的，后来都是泥泞小道，无人问津。戴元礼当家期间，田屯村没有组织修建桥梁、道路以及庙宇的情况，只是在日本军队驻扎期间，每家每户出劳动力帮助修筑交通沟，强制每家每户都要提供人力，家中的男劳力可以轮流参加，没有报酬，不管饭食，要么自备干粮，要么由家中妇女按时送饭。田屯村只有一口公共的水井，是在非常早的时期打造完成后一直传承下来的，因为此水井一直有充足的水源，而且井水清甜，全村人都从中提水生活。相传水井是田屯村的村民集体出资打造的，有劳力的人家出力，没有劳力的人家就出钱，全凭大家自愿。因为水源是生活的必须条件，所以有很多家户自愿派出劳力帮助打造水井，水井前专门立碑纪念。

3.开展集体活动

田屯村人口不多，平日里少有集体活动，只有在每年的庙会上会有一些踩高跷、舞龙狮等娱乐活动，这些节目都是周边几个村子的村民自发进行的表演，没有人组织，也没有任何报酬，纯粹是为了增添节日的喜庆气氛。开展娱乐活动时，不需要通知，大家听到外面的热闹动静就知道表演要开始了，只需要给当家人说一声就可以出门看表演，男女老少都可以一起去看，小孩由大人领着，家里留一个人看门就好。

4.维护治安

1947 年以前田屯村发生战乱时，村级层面没有专门的防卫组织，各家户都是四散躲藏，戴家多去村后的山里避难，直到村内环境安定后才回家。1947 年之后，中国共产党管理村庄时号召村民们一起维护村庄治安，组织村民成立专门的治安小组进行巡夜，保护村民们的人身和财产安全。巡夜由村长组织，每家每户都得派出青年男劳力参加轮班，带着民兵发的枪在村里打更，戴家是戴印合和戴印坤参与村庄巡夜，防止村里有小偷小摸的行为。

(二)筹资

田屯村在打井的时候筹集过资金，筹资时按照一家一份的标准，由一个管事的人通常是村长来联络各家的当家人，由当家人代表家户出钱。但若家庭十分贫苦，无法负担该费用时也可以用劳动力来抵补，若是家中只有老幼贫弱，没有钱也没有劳动力，村长就会自动免去这一家应承担的资金份额，换做其他家户力所能及的方式来弥补，村民们相互间都了解情况不会提出反对意见。

(三)筹劳

田屯村需要筹劳时，通常是按照家户的劳动力情况进行名额分配，家里劳动力多的家庭就多出劳力，没有劳力的家庭就可以少出或者不出劳力，村长会直接找到每家的当家人通知这件事情，由当家人决定自家的劳力安排，家庭劳力多的可以轮流出工，田屯村组织进行集体治安管理时，戴元礼安排了身体素质最好的戴印合和戴印坤参与村庄巡夜。

八、国家事务

(一)纳"粮银子"

1947年以前当地人交的税称为"粮银子",属于皇粮,任何人都不能违抗,需要自己去峄县缴纳。交粮银子的时候以家户为单位,按照土地多少计算,峄县会下通知单到村里,当家人根据通知单的要求交粮银子。每家每户的土地在县里都有登记,农户的地的位置、四周的地邻是谁、地的面积大小都记录得十分详细,所以县里可以根据土地亩数来确定需要缴纳的粮银子。若兄弟们分家,同样需要到县里变更土地的情况,兄弟每一户单独交税。

一般在农忙时节地里的活儿会比较多,农民没时间专门到县城交粮银子,所以峄县主要在冬天催缴粮银子,因为冬天没有农活,农民有时间到县里交纳粮银子。粮银子是一年一收,县里会把相关的通知下达到村里,村长会挨门挨户地通知交粮银子,村庄会直接通知到当家的,告知每一户交多少、什么时间去交等信息。戴元礼年轻的时候都是由他亲自去峄县交税,后来戴元礼年纪大了腿脚不便,就安排几个儿子去交,从田屯村到峄县的距离有十八里路,都是家里的男劳力走着去交税。每户都是由自家人去交税,没有找人代交的,找别人不放心。必须要保证每年都按时纳税,不能够拖延,拖延村里会一遍遍地催,如果拖欠三次不交,县里就会下来抓人坐牢。税收负担不轻,但基本上还可以承受,戴家每次都要交好几块银元,没有出现过拖延或者不交税的情况。如果家里太穷,自己交不起税,也会借邻居的先应急,及时交上税,一旦不交税后果要自家承担,逃跑也不行,"跑得了和尚跑不了庙"。村长会把交粮银子的消息通知到当家人,当家人不在家就会让家里人捎话,并且会万般交代"一定要把话带给当家的",若交不上税县里抓人也是抓当家人,因为只有当家的手里才有钱,当家人最有分量。

(二)征兵

1.强制征兵,出钱交换

国民党时期,不光收马草、马料还强制征兵,村里人都不愿意去当兵,因为到处都在打仗,当兵很容易就会伤亡。为此,田屯村就大家伙一起凑钱,送给那个愿意去当兵的家里,这在当地称为"卖兵",算是大家伙一块凑钱买的。一个村出一个兵得出几块银元才行,由出兵的家里人在村里收取,为了自家人不被抓去当兵,村里人都愿意出这笔钱。通常只有家里穷的吃不上饭,在家也是等死的人才会自愿去当兵,一般家里都舍不得让孩子去当兵,因为当兵伤亡太严重。国民党军队有时候是给每个村子分指标征兵,有时候就是到街上随便抓人。分指标征兵没有严格的标准,都是国民党随意定的人数,也没有人敢提意见。国民党抓兵的时候很强硬,只抓年轻的男劳力,抓走就充兵了。戴思海在搞运输的路上就被抓到过,戴元礼花钱找关系自己去顶替的儿子,戴思海偷偷跑回家之后,国民党军队嫌戴元礼的年纪太大,把他放回家了。国民党抓兵也有仁义的地方,如果抓了一家子的兄弟两人,会主动放其中的一人回家去照顾家庭,对独子家庭没有照顾。当兵是有工资的,一个月能有一块银元。共产党时期自愿当兵,宣传当兵光荣,对家属还有照应,家里的耕地有专门的人帮忙干活。

当兵走了之后还有逃回来的,田屯村有一个叫王安义的就是逃兵,他在17岁那年主动"卖兵"走的,当兵有半年时间,后来在国民党驻徐州的时候,夜里偷跑回家了,像是这样的抓回去就得被枪毙。王安义先逃到附近的村里,找到一个老太婆,给老太婆磕了几个头,求老太婆把自己孩子的衣服借给他穿,把国民党的衣服换下来了,这样慢慢逃亡才回到家的,家里人看到王安义跑回来都高兴得不得了。1947年之后,万安义又参军了,当了共产党的兵。国民党打仗不驻庄,所以没有征购过军粮,到共产党的时候才开始有驻庄的,但是共产党讲仁义,不为难老百姓。

2.被抓壮丁,家人无助

国民党抓壮丁的时候看见人就抓,即便正在地里干着活儿也会被抓走,一般都是在路上抓,不进家里,抓去修炮楼出苦力。主要抓一些18岁到30岁的年轻人,老头子不抓,妇女、儿童不抓,只抓能干活的劳力。被抓走之后,家里人都不知道劳力是被抓到哪里去干活了,也不敢去求情。

(三)摊派劳役

戴家曾经被摊派过劳役,在日本军队来到田屯村的第二年,需要在村里修炮楼、挖交通沟、建花园,交通沟要挖成三米宽、七米深的防御沟。日本军队的人手不够,要求村里出人义务干活,摊牌的人数按家里的土地进行计算。村长会挨家挨户通知出人力,每家谁去干活由当家的安排,一般是按照劳动力人数轮流干活。戴家的劳动力基本都要去参加干活,不可不去,强制要求参与,戴元礼做过"推大火"就是为日本军队打扫卫生。村民给日本军队修炮楼、挖交通沟属于义务工,不给工钱也不提供食物和水,农民在进行劳役的时候都是自己带着饭去,自己烧水喝,干完活就能回家。日本军队驻村时期收的费用不多,国民党时期经常会有一些额外的税收,让农民该交钱的时候就得交钱,村里会有两个人背着大口袋直接上门收钱,他们有时候会多要钱,如果村民不愿意交钱,他们就会到处打、砸、抢。

(四)选举是形式

1947年以前,田屯村的村长、保长、甲长名义上是选举的,实际都是由乡长任命的,有权有势的人一般不愿意干这个。选举的时候全村开会,问大家同不同意谁当村长,一般人都不会反对,反对也没用,都是乡里早就定好的。只要开会的时候选出来,这个村长、保长、甲长就算当选了。开会的时候家里也可以不去人,但是开会后选举的结果必须要接受。若是选举时需要村里人投票,就由参会的当家人自己做主,选举之前戴家不会商量,选举都是走形式,和普通人家没有关系。

调查小记

在结束了上海市崇明区和山东省乳山市两个调研点的"百村观察"项目调研之后，时间已经到了 8 月份，距离暑假开学仅剩下不足一个月的时间，容不得有半点放松，回家之后，我马上投入家户制度调查的工作之中。自 2016 年成为华中师范大学中国农村研究院的推免生以来，我已经参与了三次学院寒暑期调研项目，与本次家户制度调查所不同的是，以往的调查以口述史为主，涉及土地改革、土地集体化、合作化、农村妇女等多个历史时期与专题，每位调查对象的访谈时间大多在两三个小时。而本次家户制度调查需要选择一位八十岁以上的老人进行超过 20 个小时的访谈，同时调查与写作技巧与以往的口述史调查也大不相同。面对全新的调查内容，在调查开始之前，我做好了充足的思想准备。

调查的第一个环节是寻找合适的访谈对象，根据以往的调查经验，找到一位合适的受访老人，是接下来调查活动能够顺利开展的基础保障。本次家户制度调查要求访谈对象在新中国成立以前生活在三代人同居共财的大家户内，并且在新中国成立以前不曾分家。根据访谈对象的要求，我首先把目光瞄准了以往做过口述史访谈的老年人身上，希望通过这种方式找到合适并且能够配合调查的受访者。然而当再次与过去两年中接受过访谈的老人联系时，才发现很多老人的身体每况愈下，更有几位老人已经离世。悲伤之余不免一番唏嘘，感谢过往的口述史调查经历让我和老人们结缘，也庆幸自己已用文字记录下老人那些独一无二的过往记忆。

在身体状况允许的老人中，我参照老人们的家庭情况进一步筛选，发现以往调查的老人要么在新中国成立以前家庭人口规模过少，要么是在父辈成婚的时候已经分家，大多无法作为此次家户制度调查的受访对象。其中只有两位老人的基本情况较为合适，我与两位老人联系好，着手开展试调查。经过两天的试调查，我发现这两位老人也难以作为最佳访谈对象，其中一位因年龄仅有 81 岁，对于新中国成立以前家中父辈及祖父辈的记忆较为模糊，而另一位老年人对访谈提纲中问题的回答出现前后不一致的逻辑错误，难以真实还原自家新中国成立前的治理实况，无奈之下只好放弃了对两位老人的调查。

一时间调查陷入了困境，我只得从头开始，重新找寻访谈对象。全家人发动亲戚朋友，共同帮助我寻找合适的访谈对象。最终确定了合适的访谈老人，老家位于市中区田屯村的戴印合老人，是母亲的姑父。联络妥当之后，我与母亲一同前往戴家，与受访老人见面。经过初步交谈，我了解到戴家在新中国成立以前是一个 21 口人的大家庭，依靠租佃生活，家庭规模适中，家户关系丰富，且戴印合老人思维清晰，记忆力较好，能够清楚地介绍自家在新中国成立前的生产和生活情况，是一位难得合适的访谈对象。

与老人沟通好之后，我每天在母亲的陪同下前往戴家对老人进行访谈调查。戴印合老人目前和老伴居住在一起,住址距离我家仅十分钟车程,因此我将调查分为上午两个小时、下午两个小时进行,中午回家修整,也让老人能够有时间歇息。

前三天的调查有条不紊地开展,每天约四个小时的访谈时长,帮助我获取到许多有效的调查信息,我对于戴家整个大家庭的治理状况有了大致的了解。但是每天四个小时的访谈对于年过八十的老人来说强度还是过大,老人的身体在第四天出现一些不适,我立刻中断了调查,让老人先好好休养身体。此时,老人的儿女们也对我的调研提出了质疑,抱怨调研时间过长,访谈内容太多,导致老人身体出现了异样。由于和我是亲戚关系,老人的子女没有明确表明停止访谈,但言语之中还是委婉地表达为了保证老人的身体健康,希望我能够就此结束调研。一时之间,我的调研再次面临危机。此时,戴印合老人站出来劝阻了儿女的行为,老人表示能够接受访谈,有人帮助记录自家的历史是一件好事,不能就这么草草地结束,老人坚决地表示要把调研完成。

为了老人的身体健康,也为了让老人的子女安心,我对之后的调查节奏进行了调整。为了让老人得到更多的休息时间,我之后的调查只在一天中的上午或下午进行,调查时间控制在每天两个小时左右。虽然调查的节奏放缓,但是能够最大程度保证调查质量,确保获取到最有效的访谈信息。在逐步适应了这种较慢的调查节奏后,老人的身体未再出现异常,老人的子女们便也放心了,对我帮助戴家记录新中国成立前的历史也颇感兴趣,给予了极大的支持。

经过十余天的时间,我对戴家的家户制度调查接近尾声。在调查结束前夕,我对老人表达了诚挚的感谢,老人对于我的离开同样表示不舍。老人告诉我,"我们这些上了岁数的人,平常很少有机会能见到孩子们,他们工作都忙,难得有你能耐心听我讲这些陈年旧事。你不用感谢我,反而是我要感谢你,感谢你们年轻人能来陪我们说说话"。听了老人的话,我不禁动容,我们作为子女,努力为老人们创造优质的生活条件,却不知老人最需要的是孩子们的陪伴。借助研究院提供的契机,我已经对数十位老人进行过访谈调查,与许多老人相谈甚欢。我们现在所做的调查,一方面是为了更好地进行学术研究,另一方面也为老人留下了一份难得的人生记录,在调查过程中让老人感受到来自年轻人的关心与陪伴。调研之路任重道远,我等自当继续努力!

附录　调查图片

受访者:孟广君 1943 年生人 大六份村人

孟氏下地村墓地

孟氏林东墓地

受访者孟广君与房屋合照

受访者段明杰

▲辅受访者罗菊群

▶受访者家户的族谱

受访者与吴祥

马致远与受访者

张德修居住的房子

受访者 戴印合 1931年出生 田屯村人

后 记

　　2016 年末,在徐勇教授和邓大才教授的主持下,作为华中师范大学中国农村研究院的"世纪工程"之一,"家户制度调查"顺利启动。"家户制度调查"以家户制度为核心,以家户关系为重点,对 1949 年以前的传统典型家户进行全面深入的调查,其内容涵盖家户的由来与特性、家户经济制度、家户社会制度、家户文化制度、家户治理制度等诸多方面。调查者通过对传统时期典型家户的当事人进行系统访谈,搜集了大量详实的第一手的文献资料、访谈资料、录音资料和图片资料,并在此基础上完成家户制度调查报告。本卷从调查员所撰写的家户调查报告中择优选择六篇编辑而成,力求以平实客观的文风、原汁原味的笔触还原传统时期典型家户的运行与变迁。

　　2017 年 1 月,"家户制度调查"开始试调查,同年 7 月,"家户制度调查"项目全面启动。两批共二百余位调查员分赴全国各地,实地采访仍然健在的传统典型家户的亲历者;大量搜集有关典型家户的各类家谱、族谱、账本等文字文本材料;走进乡镇、县市政府档案部门搜集查找典型家户相关资料;整理和撰写家户调查报告……正是调查员们前期深入的调查,中期不厌其烦的整理,后期认真仔细的写作,使本卷能收录到质量极高的调查报告。在此,感谢各位调查员们认真负责的态度、吃苦耐劳的精神以及对学术孜孜不倦的追求。

　　本卷的问世首先要感谢接受调查员访谈的孟广君、赵落凤、黄金群、张德修、王炳臣、戴印合等诸位老人。

　　同时还要感谢为家户制度调查员提供帮助和便利的赤峰市、晋城市、龙岩市、马鞍山市、肥城市、枣庄市等六个市县朋友们。感谢内蒙古赤峰市市民耿国生及其妻子郝艳丽,感谢孟广君的家人及孟昭杰夫妻、孟昭华夫妻对调研员刘倩倩在找到合适受访对象并且得以顺利访谈中的关心与帮助;感谢下村镇中村村民王广替、村民车先琴及赵落凤老人对调研员段明杰在找到合适受访对象并得以顺利访谈中的支持、关心和帮助;感谢文亨镇文岗村村委书记黄祯茂、妇女主任姚爱群、村民罗菊群对调查员黄莺在找到合适受访对象并得以顺利访谈中的支持、关心和帮助;感谢金河社区书记王继平和村民吴家会、倪大芳对调研员吴祥在找到合适受访对象并得以顺利访谈中的支持、关心和帮助;感谢肥城市丰园社区居民刘红云对调研员马致远在找到合适受访对象并得以顺利访谈中的支持、关心和帮助;感谢西河新村刘万云女士、田屯村戴成明、赵连英夫妇对调研员张毅在找到合适受访对象并得以顺利访谈中的支持、关心和帮助。这些提供支持和帮助者有各市、县的领导干部,也有调查员的亲友,正是在他们的支持和帮助下,我们的调查员才得以顺利完成调查并撰写出高质量的调查报告。

　　本卷得以顺利付梓,最为重要也是最要感谢的是徐勇教授和邓大才教授的倾力贡献。他们前瞻性、创造性地提出了"家户制度调查"这一重大调查领域,并持续推动着家户调查工作的进展。为了打造这一"学术三峡工程",徐勇教授和邓大才教授不辞辛苦、孜孜以求,为本卷内容的构思、写作、编排、出版倾注了极大的心血。从调查前的理论指导到调查提纲的设计修改,从调查培训到调研指导,从报告撰写再到报告定稿出版,两位老师全力支持、全程参与、全心投入。正是两位老师的心血倾注,才能使得本卷得以保质保量迅速完成。

本卷是《中国农村调查(总第 39 卷·家户类第 8 卷·大家户第 2 卷)》,分别收录了 6 位调查员的家户调查报告:一是刘倩倩的《三世同堂:务农为主的家户变迁》计 12.2 万字;二是段明杰的《种田为生:普通小农的家户延续》计 12.6 万字;三是黄莺的《商农兼业:多项经营的殷实大户》计 13 万字;四是吴祥的《农商并济:教育兴家的绅士家户》计 12.5 万字;五是马致远的《中户自立:四世共生的家户存续》计 12 万字;六是张毅的《聚人汇力:人多地少家庭的传承与治理》计 13 万字。感谢华中师范大学中国农村研究院黄振华老师对家户报告出版的指导和协助,同时感谢黄老师及张航、朱露、何婷对家户报告审核的倾力付出,正是他们卓有成效的工作,保证了调查报告的前期质量和水准。此外,还要感谢天津人民出版社王琤老师、郭雨莹老师等对著作出版的大力支持与辛勤劳动。本卷的统稿、编辑与校对工作由朱露负责,内容核实与修改工作由各位报告的撰写者负责,在此表示感谢。

由于编者的水平有限,错漏之处难以避免,敬请专家、学者及读者批评指正,我们将在今后的编辑中不断改进和完善。

编者谨记

2020 年 5 月